VIS à VIS
ITALIEN

VIS à VIS

ITALIEN

RV
VERLAG

EIN DORLING KINDERSLEY BUCH

TEXTE
Ros Belford, Susie Boulton, Christopher Catling,
Sam Cole, Paul Duncan, Olivia Ercoli, Andrew Gumbel,
Tim Jepson, Ferdie McDonald, Jane Shaw

FOTOGRAFIE
John Heseltine

ILLUSTRATIONEN
Stephen Conlin, Donati Giudici Associati srl, Stephen Gyapay,
Roger Hutchins, Maltings Partnership, Paul Weston, John Woodcock

KARTOGRAPHIE
Lovell Johns Ltd.,
Dorling Kindersley Cartography

REDAKTION UND GESTALTUNG
Dorling Kindersley Ltd.

•

© 1996 Dorling Kindersley Limited, London
Titel der englischen Originalausgabe:
Eyewitness Travel Guide Italy
Zuerst erschienen 1996 in Großbritannien
bei Dorling Kindersley Ltd.

© der deutschen Ausgabe:
RV Reise- und Verkehrsverlag GmbH, München • Stuttgart 1997

Alle Rechte vorbehalten, Reproduktionen, Speicherung in
Datenverarbeitungsanlagen oder Netzwerken, Wiedergabe auf
elektronischen, fotomechanischen oder ähnlichen Wegen, Funk
und Vortrag – auch auszugsweise – nur mit Genehmigung des
Copyrightinhabers

ÜBERSETZUNG Dr. Eva L. Dempewolf, Gabriele Krause, Erna Tom,
Andreas Stieber für GAIA Text, München
REDAKTION Dr. Klaus Kieser; Armin Sinnwell,
Prisma Verlag GmbH, München
SATZ UND PRODUKTION GAIA Text, München
LITHOGRAPHIE Colourscan, Singapur
DRUCK G. Canale & C., Italien

ISBN 3-89480-915-9

1 2 3 4 5 01 00 99 98 97

Für Hinweise, Verbesserungsvorschläge und Korrekturen
ist der Verlag dankbar. Bitte richten Sie Ihr Schreiben an:
RV Reise- und Verkehrsverlag
Neumarkter Straße 18
81673 München

◁ **Weinbau bei Panzano im toskanischen Chianti**

INHALT

BENUTZERHINWEISE 6

Berninis *David* in Rom

ITALIEN STELLT SICH VOR

ITALIEN AUF DER KARTE
10

EIN PORTRÄT ITALIENS
16

DIE GESCHICHTE ITALIENS *38*

DAS JAHR IN ITALIEN *62*

NORDOSTITALIEN

NORDOSTITALIEN STELLT SICH VOR *72*

VENEDIG *80*

KARTENTEIL VENEDIG
120

VENETO UND FRIAUL *132*

TRENTINO-SÜDTIROL *160*

NORDWESTITALIEN

NORDWESTITALIEN STELLT SICH VOR *172*

LOMBARDEI *180*

AOSTA-TAL UND PIEMONT *202*

LIGURIEN *222*

MITTELITALIEN

MITTELITALIEN STELLT SICH VOR *238*

Venezianische Gondeln im Labyrinth der Kanäle

EMILIA-ROMAGNA *246*

FLORENZ *262*

KARTENTEIL FLORENZ *297*

TOSKANA *304*

AVENTIN UND LATERAN *420*

ABSTECHER *428*

KARTENTEIL ROM *433*

LATIUM *444*

SÜDITALIEN

SÜDITALIEN STELLT SICH VOR *458*

NEAPEL UND KAMPANIEN *466*

ABRUZZEN, MOLISE UND APULIEN *484*

BASILIKATA UND KALABRIEN *498*

SIZILIEN *506*

SARDINIEN *528*

ZU GAST IN ITALIEN

ÜBERNACHTEN *538*

RESTAURANTS *576*

GRUND-INFORMATIONEN

PRAKTISCHE HINWEISE *612*

REISEINFORMATIONEN *626*

TEXTREGISTER *638*

BILDNACHWEIS *667*

SPRACHFÜHRER *671*

Traditioneller Laden im toskanischen Volterra

UMBRIEN *338*

DIE MARKEN *354*

ROM UND LATIUM

ROM UND LATIUM STELLEN SICH VOR *366*

DAS ANTIKE ROM *372*

UM DIE PIAZZA NAVONA *386*

DER NORDOSTEN ROMS *396*

VATIKAN UND TRASTEVERE *404*

Die 1228 begonnene Basilika San Francesco in Assisi

Wie benutze ich dieses Buch?

DIESER REISEFÜHRER soll Ihren Besuch zu einem Erlebnis machen, das durch keinerlei praktische Probleme getrübt wird. Der Abschnitt *Italien stellt sich vor* beschreibt das Land und stellt historische Zusammenhänge dar. In sechs Kapiteln samt *Rom, Florenz* und *Venedig* werden Sehenswürdigkeiten in Text und Bild beschrieben. Von uns empfohlene Hotels, Restaurants und Cafés werden im Kapitel *Zu Gast in Italien* beschrieben. Die *Grundinformationen* helfen Ihnen beim Zurechtfinden, sei es bei Sicherheitsmaßnahmen oder auf der Reise.

Rom

Das Zentrum von Rom ist in fünf Kapitel unterteilt. Jedes Kapitel beginnt mit einem Kurzporträt, das den Charakter und die Geschichte eines Viertels anreißt und alle Sehenswürdigkeiten auflistet. Diese sind mit Nummern versehen, die mit denen auf der Stadtteil- und Detailkarte sowie in den folgenden Erläuterungen identisch sind.

Alle Seiten, die auf Rom verweisen, haben eine rote Farbkodierung.

Eine Orientierungskarte zeigt die Lage des Stadtteils, in dem man sich befindet.

1 Stadtteilkarte
Die im jeweiligen Kapitel besprochenen Sehenswürdigkeiten sind auf der Karte durchnumeriert und im Kartenteil auf S. 433 ff dargestellt.

Sehenswürdigkeiten auf einen Blick führt das Wichtigste auf: Kirchen, Museen und Galerien, historische Gebäude, Straßen und Plätze.

2 Detailkarte
Aus der Vogelperspektive wird der hervorgehobene Kern eines Stadtteils gezeigt.

Die Routenempfehlung ist in Rot gekennzeichnet.

Sterne markieren herausragende Sehenswürdigkeiten.

3 Detaillierte Informationen
Alle Sehenswürdigkeiten Roms werden einzeln beschrieben, mit Adresse und praktischen Hinweisen. Die Symbole werden auf der hinteren Umschlagseite erklärt.

Führer durch Italien

Neben Rom, Florenz und Venedig ist Italien in diesem Buch in 15 Regionen unterteilt, denen jeweils ein Kapitel gewidmet ist. Die interessantesten Sehenswürdigkeiten sind auf einer *Regionalkarte* dargestellt.

1 Einführung
Landschaft, Geschichte und Charakter jeder Region werden hier beschrieben; die Einführung erklärt, wie sich das Gebiet über die Jahrhunderte entwickelt hat und sich heute präsentiert.

Jede Region italiens kann anhand der Farbkodierung auf der Umschlaginnenseite leicht gefunden werden.

2 Regionalkarte
Sie zeigt das Straßennetz und eine illustrierte Übersicht der ganzen Region. Alle Sehenswürdigkeiten sind numeriert; die Karte gibt auch hilfreiche Tips für das Erkunden des Gebiets mit Auto, Bus oder Bahn.

3 Detaillierte Informationen
Alle wichtigen Orte werden einzeln beschrieben. Die Reihenfolge entspricht der Numerierung auf der Regionalkarte. Zu jedem Ort gibt es detaillierte Informationen über die wichtigsten Sehenswürdigkeiten. Bei kleineren Orten wird der Name der Provinzhauptstadt genannt.

Kästen beleuchten Wissenswertes zu den Sehenswürdigkeiten.

Die Infobox enthält praktische Informationen, die für einen Besuch hilfreich sind.

4 Hauptsehenswürdigkeiten
Ihnen werden ein oder mehrere Seiten gewidmet. Historische Gebäude werden perspektivisch gezeigt; zu Museen und Galerien gibt es farbige Grundrisse, die die Orientierung erleichtern.

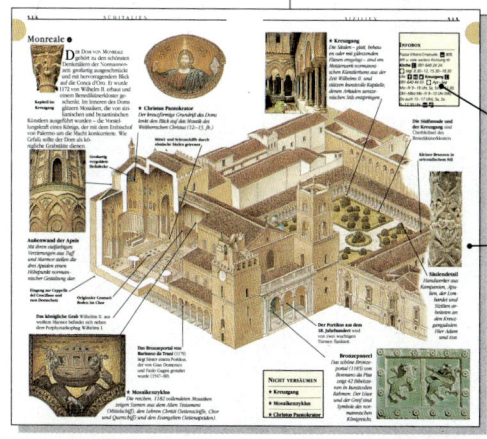

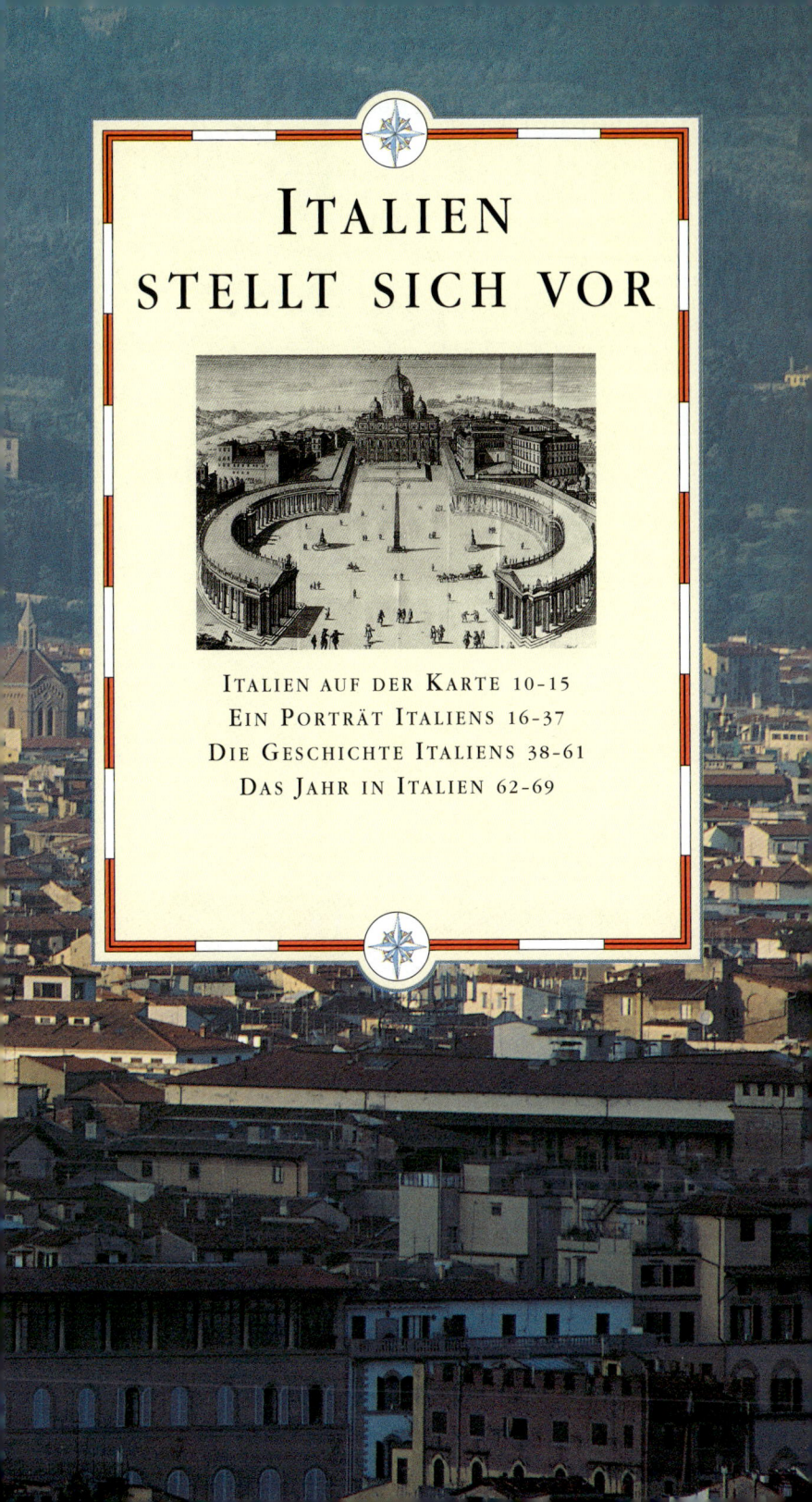

Italien stellt sich vor

Italien auf der Karte 10-15
Ein Porträt Italiens 16-37
Die Geschichte Italiens 38-61
Das Jahr in Italien 62-69

Italien auf der Karte

ITALIEN LIEGT AM MITTELMEER, vom übrigen Europa durch das gewaltige Alpenmassiv getrennt. Der Po, Italiens längster Fluß, erstreckt sich quer durch den industrialisierten Norden, während die Gebirgskette des Apennins die stiefelförmige Halbinsel in Längsrichtung zerteilt. Einschließlich Sizilien und Sardinien umfaßt Italien eine Fläche von 301 268 km² und hat 57,5 Millionen Einwohner, die von Rom aus regiert werden.

Luftansicht von Venedig mit dem Canal Grande

◁ Blick über Florenz auf den reichverzierten Dom und Campanile aus dem 15. Jahrhundert

ITALIEN AUF DER KARTE

Satellitenaufnahme Südeuropas und des Mittelmeers

LEGENDE

▬▬	Autobahn
▬▬	Hauptstraße
-----	Fährverbindung
– – –	Internationale Grenze

0 Kilometer 200

Norditalien

LINIENFLÜGE VERBINDEN die Städte Mailand, Turin, Bologna, Pisa, Verona und Venedig mit dem restlichen Kontinent. Eisenbahnlinien und Schnellstraßen bieten ebenfalls hervorragende Verbindungen zu Städten in ganz Europa. Entlang den Küsten sowie der großen Ost-West-Achse am Fuße der Alpen verlaufen zahlreiche Bahnlinien und Autobahnen. Mailand, Verona und Bologna sind die wichtigsten Verkehrsknotenpunkte, während Florenz das Zentrum der Verbindungen in Richtung Süden bildet.

Florenz mit dem Auto
Gut ausgebaute Straßen verbinden Florenz mit Pisa im Westen, Rom und Siena im Süden sowie Bologna im Norden.

FLORENZ UND UMGEBUNG

LEGENDE
- Fährhafen
- Flughafen
- FS Wichtiger Bahnhof
- – – Internationale Grenze
- – – Regionale Grenze
- Autobahn
- Hauptstraße
- Eisenbahn

Süditalien

INTERNATIONALE FLUGLINIEN unterhalten Verbindungen nach Rom, Neapel und Palermo in Süditalien. Die Verkehrssysteme der Region sind in der Regel weniger ausgebaut als im Norden, insbesondere im Landesinneren und auf den Inseln Sizilien und Sardinien. Die Straßen und Bahnlinien entlang der Küste sind jedoch gut, besonders jene zwischen Rom und Neapel, den beiden Knotenpunkten der Region. Zwei Autobahnen über den Apennin bilden die schnellsten Ost-West-Verbindungen.

SARDINIEN

Sizilien und Sardinien

Fähren nach Sizilien fahren von Neapel, Villa San Giovanni und Reggio di Calabria aus. Es bestehen Anschlußmöglichkeiten nach Malta und Tunesien. Sardinien wird von mehreren Häfen des Festlands aus angesteuert, hauptsächlich von Genua und Livorno.

LEGENDE

- Fährhafen
- Flughafen
- ▪ ▪ Internationale Grenze
- ▬ ▬ Regionale Grenze
- Autobahn
- Hauptstraße
- Eisenbahn

Ein Porträt Italiens

SEIT JAHRHUNDERTEN *fasziniert Italien Menschen auf der Suche nach Kultur und Romantik. Nur wenige Länder können sich mit seinem klassischen Erbe, der Kunst und Architektur, seiner Küche oder den musikalischen und literarischen Traditionen messen. Das moderne Italien ist zwar nach 1945 unter die zehn führenden Industrienationen der Welt aufgestiegen, doch haben sich viele der alten Gebräuche und regionalen Bindungen erhalten.*

Italien hat keine einheitliche kulturelle Identität. Zwischen den schneebedeckten Gipfeln der Dolomiten und den felsigen Küsten Siziliens wechseln sich unterschiedlichste Landstriche und Völker ab. Politisch gesehen, ist Italien ein junges Land: Vor 1861 existierte es nicht als Nationalstaat, und seine 21 Provinzen haben sich ihre kulturelle Individualität bewahrt. Häufig sind Besucher von der Verschiedenheit italienischer Dialekte, Küchen, Architektur und Kunst angenehm überrascht. Nicht zu übersehen ist jedoch die generelle Zweiteilung zwischen dem reichen industriellen Norden und dem ärmeren agrarwirtschaftlichen Süden, dem *Mezzogiorno* oder Land der Mittagssonne. Die Grenze zwischen beiden ist fließend und verläuft irgendwo zwischen Rom und Neapel.

Der Norden ist verantwortlich für Italiens Platz unter den zehn führenden Industrienationen. Er war der Motor des Wirtschaftswunders, dessen Erfolg von international renommierten Namen wie Fiat, Pirelli, Ferragamo, Olivetti, Zanussi, Alessi und Armani errungen wurde. Den Süden kennzeichnen dagegen hohe Arbeitslosig-

Hochzeits-Ferrari im typisch italienischen Stil

Eine abgelegene Villa, von Zypressen umsäumt, auf einem Hügel in der Toskana

◁ Drei Sonnenuhren bedecken die Fassade des Palazzo del Governatore auf der Piazza Garibaldi in Parma

keit, geringeres Pro-Kopf-Einkommen und das organisierte Verbrechen; einige Gegenden zählen zu den unterentwickeltsten Europas. Die historische Trennlinie zwischen Nord und Süd ist derzeit ein mächtiger politischer Faktor. Die neugebildete Föderalistenpartei Lega Nord baute ihre populäre Kampagne darauf auf und erhielt genug Stimmen, um in die Regierungskoalition einzuziehen. Befürworter der Trennung mokieren, der Süden sei eine Belastung: Mailand wird als effizient und reich angesehen, Neapel dagegen als chaotisch, schmutzig und korrupt. Sowohl Geschichte als auch Geographie haben zu dieser Teilung beigetragen. Der Norden ist auch in kultureller Hinsicht nah an Deutschland und Frankreich gebunden, hingegen erlebte der Süden zahllose Invasionen – Karthager und Griechen in der Antike, Sarazenen und Normannen im Mittelalter. Die spanischen Bourbonen herrschten hier bis um die Mitte des letzten Jahrhunderts.

Unterhaltung am Palazzo Farnese

TRADITION

Charakteristische regionale Verschiedenheiten resultieren auch aus der bergigen Landschaft mit ihren unzugänglichen Tälern. So sind die Silhouetten toskanischer und ligurischer Bergdörfer recht unterschiedlich, und Bauernhäuser in Apulien anders als jene in der Emilia-Romagna.

Für viele Urlauber endet die Italienreise in Kampanien. Weiter südlich wird die Landschaft exotischer, und Architektur, Sprache, Küche, ja selbst das Aussehen der Menschen haben größere Affinität zum Nahen Osten oder Nordafrika als zu Europa. Im äußersten Süden wurden in lokalen Dialekten Spuren von Altgriechisch und Albanisch entdeckt. Christliche und heidnische Rituale sind eng miteinander verbunden; manchmal wird die Jungfrau Maria als Erdgöttin Demeter dargestellt.

Quer durch Italien haben sich althergebrachte landwirtschaftliche Verfahren erhalten, und der Lebensunterhalt ist eng an Land und Jahreszeiten gebunden. Zu den Hauptprodukten zählen Weizen, Oliven und Weintrauben; farbenfrohe Osterfeiern *(siehe S. 62)* huldigen der Fruchtbarkeit der Erde. Der Nachkriegswohlstand des Nordens gründet sich zum einen auf die Industrie (insbesondere die Autoproduktion in Turin), zum anderen auf die Expansion von Familienbetrieben auf dem Kunsthandwerkssektor und den Export handgearbeiteter Waren. Die international erfolgreiche Bekleidungsfirma Benetton ist dafür ein Beispiel. Das Zeichen »Made in Italy« garantiert für Waren wie Kleidung oder Schuhe einen hohen Qualitätsstandard.

Cafébesucher in Marina di Pisa in der Toskana

Mittelalterliche Wolkenkratzer wachsen in San Gimignano aus der toskanischen Landschaft

KUNST UND KULTUR

Die Künste haben in Italien eine lange und ruhmreiche Geschichte, auf die die Italiener sehr stolz sind. Angesichts der Tatsache, daß es in Italien über 100 000 bedeutende Denkmäler (Ausgrabungsstätten, Kathedralen, Kirchen, Häuser und Statuen) gibt, verwundert es nicht, daß die Mittel für deren Unterhalt knapp sind. Viele Museen Italiens, insbesondere jene im Süden, sind ganz oder zum Teil geschlossen. Oft verbergen sich Kirchen in Venedig hinter Gerüsten, oder jene in Neapel sind wegen Erdbebenschäden nicht zugänglich. Da der Tourismus mittlerweile drei Prozent des italienischen Bruttosozialprodukts ausmacht, ist man jedoch bemüht, so viele Gebäude und Sammlungen wie möglich zu präsentieren.

Sophia Loren

Die darstellenden Künste erhalten ebenfalls wenig Unterstützung, doch gibt es einige spektakuläre Kulturfestivals und Veranstaltungen. Sehr beliebt ist die Oper; fast jede größere Stadt besitzt ihr eigenes Opernhaus. Das berühmteste, die Scala in Mailand, zeigt Weltklasseproduktionen mit Stars wie Luciano Pavarotti.

Das Kino ist eine weitere florierende Kunstform in Italien – praktisch seit seiner Erfindung. Auf den Sets der Cinecittà bei Rom drehten viele große Regisseure – Fellini, Pasolini, De Sica, Visconti und andere. Filme waren schon immer ein wichtiges Exportgut Italiens und bringen nach wie vor Kapital und

Berninis Fontana del Tritone in Rom

Verkaufsstand bei Positano in Kampanien

Anerkennung aus dem Ausland. In Italien sind die Künste sehr populär – die Oper wird von Leuten aller Schichten besucht, ebenso Kinos und Galerien.

UMGANGSFORMEN UND POLITIK

Die italienische Gesellschaft ist sehr traditionsbewußt, und Italiener können sehr förmlich sein. Zwischen den Generationen gibt es Stufen der Vertraulichkeit: Reservieren Sie *ciao* (Hallo oder Auf Wiedersehen) für gleichaltrige oder jüngere Freunde, und begrüßen Sie ältere Leute mit *piacere* (Sehr erfreut), *buon giorno* (Guten Tag) oder *buona sera* (Guten Abend), und verabschieden Sie sich mit *arrivederci* (Auf Wiedersehen). Fremde werden mit Händedruck begrüßt, Familie und Freunde jedoch mit einem Kuß.

Italienischer Schick im Armani-Stil

Eine Maxime der italienischen Mode besagt, daß Kleidung stets einen Eindruck von Reichtum vermitteln sollte. Tragen zwei Leute ein identisches Outfit, so liegt dies daran, daß Italiener in der Mode – wie in vielen anderen Dingen – Konformisten sind. Die italienische Politik ist dagegen weniger gut geregelt. Sämtliche Regierungen der Nachkriegszeit waren kurzlebige Koalitionen, die bis vor kurzem von den Christdemokraten dominiert wurden. 1993 erlebte Italien eine politische Krise, die das Parteiensystem völlig verschob. Ermittlungen bezüglich illegaler Parteienfinanzierung in Mailand deckten 1992 ein Netz von Bestechung und Korruption auf und belasteten zahllose Politiker und Geschäftsleute. Unter den Betroffenen befand sich auch Giulio Andreotti, der Führer der Christdemokraten und sechsmalige Ministerpräsident (bis 1992), den man direkter Kontakte zur Mafia bezichtigte. Silvio Berlusconi, Medienzar und Führer der neuen Partei Forza Italia, wurde 1994 Ministerpräsident, hielt sich jedoch nur kurze Zeit, da man auch ihn wegen korrupter Geschäftspraktiken anklagte.

MODERNES LEBEN

Essen und Fußball sind die großen Konstanten im Leben der Italiener. Viel Zeit wird auf die Zubereitung der Speisen und das Essen verwendet. Die italienische Küche, besonders die des Südens, zählt zu den gesündesten der Welt. Der Fußball ist eine nationale Lei-

Statue Kaiser Domitians in den Vatikanischen Gärten

Das Patentrezept gegen den dichten Verkehr auf Roms Piazza Barberini: Mopeds und Roller

denschaft und zieht in hohem Maße öffentliches Interesse und Medienpräsenz auf sich – weil er auch einen Weg bietet, Regionalbewußtsein auszuleben.

Was die Religion betrifft, so sinkt die Zahl der praktizierenden Katholiken seit Jahren. Obwohl Rom im Herzen des Weltkatholizismus liegt, sind heute viele Italiener nicht an Religion interessiert und scharen sich fast nur an Festtagen um die Altäre.

Konformität und aufrichtige Verpflichtung gegenüber der Institution Familie sind – ungeachtet der niedrigen und rückläufigen Geburtenrate des Landes – die beiden Schlüsselfaktoren der italienischen Gesellschaft. Großeltern, Kinder und Enkel leben zum Teil noch immer unter einem Dach. Alle Kinder werden gehätschelt, Jungen jedoch häufig bevorzugt. Die Frauenbewegung führte in den sechziger und siebziger Jahren eine gewaltige Kampagne durch und bewirkte viele Veränderungen hinsichtlich der beruflichen Gleichstellung, insbesondere in den Metropolen Nord- und Mittelitaliens. Doch ist die Vorstellung, daß Männer bei Hausarbeit und Erziehung mithelfen sollten, hier noch keineswegs heimisch.

Beim Spazieren durch einen der zahlreichen Säulengänge in Bologna

Das Wirtschaftswunder der Nachkriegszeit, bei dem Industrie, Technologie und Design zu einer Einheit verschmolzen, hat Italien zu einem modernen, erfolgreichen Land gemacht. Trotz der Auswirkungen der weltweiten Rezession Anfang der neunziger Jahre, der jüngsten Korruptionsskandale in allen Bereichen des öffentlichen Lebens sowie eines nie dagewesenen politischen Aufruhrs erscheint Italien dem Besucher aus dem Ausland unverändert. Die Fähigkeit des Landes, sich seine regionalen Identitäten und seine starken traditionellen Werte zu bewahren, läßt es jede Veränderung nahezu unversehrt überstehen.

Kunst des Mittelalters und der Frührenaissance

DIE ENTWICKLUNG der italienischen Kunst vom 13. bis zum späten 15. Jahrhundert vollzog sich in einer der fruchtbarsten Perioden der europäischen Kunstgeschichte. Zum erstenmal seit der klassischen Antike schufen Maler und Bildhauer einen überzeugenden Bildraum, in dem durchmodellierte Figuren zum Leben erweckt wurden. Diese Revolution in der Kunst brachte auch die Wiedereinführung der Freskotechnik mit sich, die den Malern großflächige Kompositionen ermöglichte.

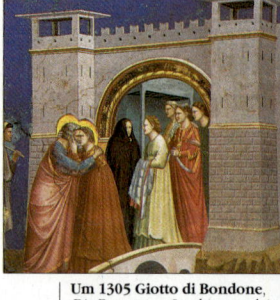

1235 Bonaventura Berlinghieri, *Altar des hl. Franziskus* (San Francesco, Pescia)

1285 Duccio di Buoninsegna, *Madonna Rucellai*, Tafel (Uffizien, Florenz). Duccio dominierte den Sieneser Malstil, der kräftige lineare Bewegungen mit einer neuen menschlichen Intimität verband.

Um 1305 Giotto di Bondone, *Die Begegnung Joachims und Annas an der Goldenen Pforte* (Cappella Scrovegni, Padua). Giotto wandte vom überladenen byzantinischen S ab, um Natürlichkeit und menschl Emotionen zu visualisieren. Seine zu arbeiten wurde später »Florenti Stil« getauft.

1339 Lorenzetti, *Das gute Gericht* (Palazzo Pubblico, Siena)

1220	1240	1260	1280	1300	1320
MITTELALTER				**VORLÄUFER DER RENAISSANCE**	
1220	1240	1260	1280	1300	1320

Um 1259 Nicola Pisano, Kanzel (Baptisterium, Dom von Pisa)

Um 1265 Coppo di Marcovaldo, *Madonna mit Kind* (San Martino ai Servi, Orvieto)

Um 1280 Cimabue, *Thronende Muttergottes mit Engeln und Propheten*, auch bekannt als *Madonna Santa Trinità* (Uffizien, Florenz)

Um 1291 Pietro Cavallini, *Das Jüngste Gericht*, Detail (Santa Cecilia, Trastevere, Rom)

Um 1328 Simone Martini, *Vision des hl. Martin* (Untere Kirche von San Francesco, Assisi)

Um 1297 Giovanni Pisano, Kanzel (Sant'Andrea, Pistoia)

Um 1336 Andrea Pisano, *Taufe Johannes' des Täufers*, Tafel (Südtür des Baptisteriums, Dom von Florenz)

EIN PORTRÄT ITALIENS

Um 1425–52 Lorenzo Ghiberti, *Paradiestür*, Tafel (Osttür des Baptisteriums, Dom von Florenz). Diese kunstvoll ausgeführten Türen kennzeichnen den Übergang vom gotischen Stil zu dem der Frührenaissance in Florenz.

Um 1435 Donatello, *David* (Bargello, Florenz)

1354–57 Andrea Orcagna, *Thronender Christus mit Muttergottes und Heiligen* (Strozzi-Altar, Santa Maria Novella, Florenz)

Um 1452–65 Piero della Francesca, *Der Traum des Konstantin* (Detail; San Francesco, Arezzo)

Um 1408 Nanni di Banco, *Vier gekrönte Märtyrer* (Orsanmichele, Florenz)

Um 1455 Paolo Uccello, *Schlacht von San Romano* (Uffizien, Florenz)

| 1360 | 1380 | 1400 | 1420 | 1440 | 1460 |

FRÜHRENAISSANCE

| 1360 | 1380 | 1400 | 1420 | 1440 | 1460 |

1423 Gentile da Fabriano, *Anbetung der Könige* (Uffizien, Florenz)

Um 1440 Fra Angelico, *Verkündigung* (San Marco, Florenz)

Um 1350 Francesco Traini, *Triumph des Todes* (Campo Santo, Pisa)

Um 1463 Piero della Francesca, *Auferstehung* (Pinacoteca, Sansepolcro)

Um 1465 Fra Filippo Lippi, *Madonna mit Kind und Engeln* (Uffizien, Florenz)

Um 1465 Andrea del Verrocchio, *David* (Bargello, Florenz)

Um 1425–28 Masaccio, *Der Zinsgroschen* (Cappella Brancacci, Florenz)

Um 1465–74 Andrea Mantegna, *Ankunft des Kardinals Francesco Gonzaga* (Palazzo Ducale, Mantua)

DIE FRESKOTECHNIK

Fresco bedeutet »frisch« und bezeichnet ein Verfahren, bei dem auf eine frische dünne Gipsputzschicht gemalt wird. Durch die Oberflächenspannung ziehen die Pigmente in den Gips ein und trocknen gemeinsam mit ihm. Der Kalk im Putz reagiert mit den Pigmenten und läßt kräftige Farben entstehen, wie z. B. in Masaccios *Zinsgroschen*.

Der Zinsgroschen von Masaccio (Cappella Brancacci, Florenz)

Kunst der Hochrenaissance

DIE HOCHRENAISSANCE (15. Jh.) stand im Zeichen eines Bemühens um realistische Darstellung in der religiösen Kunst sowie der technischen Meisterschaft berühmter Künstler wie Michelangelo oder Raffael. Trotz ihrer gemeinsamen Orientierung an antiken Vorbildern schufen die diversen Renaissanceschulen unterschiedliche Stile: Die Florentiner Malerei war für ihre kühle Klarheit bekannt, während sich venezianische Gemälde durch sanfte Farben und weiches Licht auszeichneten. In der Mitte des 16. Jahrhunderts wandelten sich diese Stile zur phantastischen Bildersprache des Manierismus.

1481/82 Wandfresken der Sixtinischen Kapelle von diversen Künstlern

Um 1481–83 Pietro Perugino, *Christus übergibt Petrus die Schlüssel zum Himmel*; Wandfresko (Sixtinische Kapelle, Rom)

Um 1483–88 Andrea del Verrocchio, beendet von Alessandro Leopardi, *Reiterdenkmal des Bartolomeo Colleoni* (Campo dei Santi Giovanni e Paolo, Venedig)

Um 1485 Giovanni Bellini, *San-Giobbe-Altar* (Accademia, Venedig)

Um 1503–05 Leonardo da Vinci, *Mona Lisa* (Louvre, Paris)

Um 1501 Andrea Mantegna, *Der tote Christus* (Brera, Mailand)

Um 1495–98 Leonardo da Vinci, *Das letzte Abendmahl* (Santa Maria delle Grazie, Mailand)

1505 Raffael, *Madonna mit dem Zeisig* (Uffizien, Florenz)

1519–26 Tizian, *Madonna di Ca' Pesaro* (Santa Maria Gloriosa dei Frari, Venedig)

1508–12 Michelangelo, Decke der Sixtinischen Kapelle (Vatikan, Rom). Über 200 Vorzeichnungen wurden für diese beeindruckende Vision der Macht Gottes und des geistigen Erwachens der Menschheit angefertigt.

1480 — **1500** — **1520**

HOCHRENAISSANCE

1480 — **1500** — **1520**

1485 Leonardo da Vinci, *Madonna in der Felsengrotte* (Louvre, Paris)

1499–1504 Luca Signorelli, *Höllenfahrt der Verdammten* (Cappella Nuova, Dom von Orvieto)

1501–1504 Michelangelo, *David* (Galleria dell'Accademia, Florenz)

1505 Giovanni Bellini, *Madonna mit Kind und Heiligen* (San-Zaccaria-Altar, Accademia, Venedig)

Um 1486 Leonardo da Vinci, *Die Proportionen des menschlichen Körpers* (Accademia, Venedig)

Um 1508 Giorgione, *Das Gewitter* (Accademia, Venedig)

1509 Raffael, *Die Schule von Athen* (Stanza della Segnatura, Vatikan, Rom). Maßstab, Großartigkeit und Harmonie dieses Freskos sind sinnbildlich für die Ideale der Hochrenaissance. Diese suchten eher übermenschliche als menschliche Werte auszudrücken.

1517 Sodoma, *Hochzeit Alexanders und Roxanas* (Villa Farnesina, Rom)

1516 Michelangelo, *Sterbender Sklave* (Louvre, Paris)

1512–14 Raffael, *Der Engel befreit den hl. Petrus*. Detail aus der *Befreiung d. hl. Petrus aus dem Gefängnis* (Stanza d'Eliodoro, Vatikan, Rom)

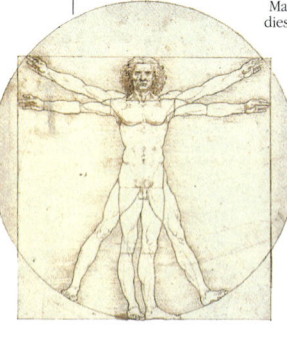

Um 1480 Sandro Botticelli, *Die Geburt der Venus* (Uffizien, Florenz)

EIN PORTRÄT ITALIENS

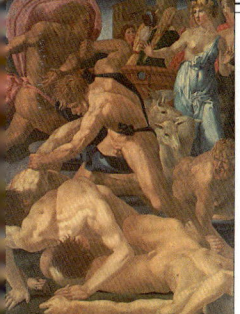

1528 Rosso Fiorentino, *Moses verteidigt die Töchter Jitros* (Uffizien, Florenz)

1530–32 Giulio Romano, Decken- und Wandfresken der Sala dei Giganti (Palazzo del Tè, Mantua)

Um 1532 Michelangelo, *Atlas-Sklave* (Galleria dell'Accademia, Florenz)

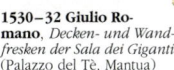

1534/35 Paris Bordone, *Überreichung des Rings durch den Fischer an den Dogen* (Accademia, Venedig)

Um 1562–66 Jacopo Tintoretto, *Auffindung des Leichnams des hl. Markus* (Brera, Mailand)

Um 1550–54 Moretto, *Ecce-Homo mit Engel* (Pinacoteca Tosio Martinengo, Brescia)

Um 1542 Tizian, *David und Goliath* (Santa Maria della Salute, Venedig)

1540	1560

MANIERISMUS

1540	1560

1538 Tizian, *Venus von Urbino* (Uffizien, Florenz)

1534–41 Michelangelo, *Das Jüngste Gericht*, Wandfresko (Sixtinische Kapelle, Rom)

Um 1535 Parmigianino, *Madonna mit Engeln* oder *Madonna mit dem langen Hals* (Uffizien, Florenz). Schlanke Proportionen und kontrastierende Farben machen dieses Bild zu einem guten Beispiel für den manieristischen Stil.

Um 1546 Tizian, *Porträt Papst Pauls III. Farnese mit seinen Neffen* (Museo di Capodimonte, Neapel)

1556 Veronese, *Triumph des Mordechai* (San Sebastiano, Venedig)

Um 1526–30 Correggio, *Himmelfahrt Mariens* (Kuppel des Doms zu Parma). Correggio, weder Manierist noch Maler der Hochrenaissance, war ein Meister der Illusion, der schwebende Figuren überzeugend darstellen konnte, wie im obigen Fresko zu sehen ist.

Um 1550 Agnolo Bronzino, *Porträt der Lucrezia Panciatichi* (Uffizien, Florenz). Gelängte Gliedmaßen wie Lucrezias Finger sind typisch für den übertriebenen Stil des Manierismus.

Italienische Architektur

Korinthisches Kapitell

DIE BAUGESCHICHTE Italiens umspannt fast 3000 Jahre und wurde von unterschiedlichsten Einflüssen geprägt. Etruskische und römische Bauten orientierten sich am antiken Griechenland, normannische, arabische und byzantinische Stilelemente bereicherten die romanische und gotische Architektur späterer Jahrhunderte. Klassisch inspiriert sind die Bauwerke der Renaissance, gefolgt von der Brillanz des Barock.

Der Dom von Orvieto *besitzt wie viele romanische und gotische Kathedralen reichen, kunstvoll gearbeiteten Skulpturenschmuck. Sein Bau dauerte vom 13. bis zum 16. Jahrhundert.*

Die Basilica di San Marco *(832–1094) in Venedig weist klassische, romanische und gotische Elemente auf, ist jedoch hauptsächlich von byzantinischer Architektur inspiriert (siehe S. 106 ff).*

Die Basilica di San Marco

200	400	600	800	1000
KLASSISCH		**BYZANTINISCH**		**ROMANISCH**
200	400	600	800	1000

Triumphbogen *wie der Konstantinsbogen (313 n. Chr.) in Rom waren eine römische Erfindung. Zum Gedenken an militärische Siege erbaut, wurden sie mit Reliefs geschmückt, die Episoden aus erfolgreichen Feldzügen darstellen (siehe S. 370).*

Der romanische Stil entwickelte sich nach dem Frühmittelalter in Bauten wie dem Dom von Modena. Die Kirchen besaßen schlichte Innenräume, die aus römischen Basiliken abgeleitet waren.

Der Bau von Kuppeln über viereckigen Flächen war eine der wichtigsten Neuerungen der byzantinischen Ära.

ETRUSKISCHE ARCHITEKTUR

Die praktisch einzigen architektonischen Zeugnisse der Etrusker sind ihre Friedhofsanlagen (6. Jh. v. Chr.), die hauptsächlich in der Toskana, im Latium und in Umbrien zu finden sind. Die engen kulturellen und wirtschaftlichen Beziehungen der Etrusker zu Griechenland lassen jedoch vermuten, daß sich ihre Baukunst stark an klassischen griechischen Vorbildern orientiert haben dürfte. Die frühe römische Architektur wiederum ließ sich von etruskischen Bauten inspirieren.

Modell eines etruskischen Tempels mit griechischem Portikus

Die Kathedrale von Monreale *auf Sizilien, im 12. Jahrhundert erbaut, enthält normannische Elemente, kombiniert mit arabischem und byzantinischem Dekor (siehe S. 514 f).*

EIN PORTRÄT ITALIENS

Bramantes Tempietto in San Pietro in Montorio in Rom (1502 begonnen) ist eine Huldigung des Renaissancezeitalters an die klassischen Tempel des antiken Roms (siehe S. 370).

Die klassischen Ideale der griechischen und römischen Antike fanden in der Renaissance erneut Eingang in die italienische Architektur.

Barocke Fassaden wurden gern älteren Kirchen aufgepfropft, so etwa der obigen, die zwischen 1728 und 1754 dem Dom von Syrakus angefügt wurde.

Päpstliches Patronat und die Energie der Gegenreformation beseelten den Barock, eine Periode architektonischen Erfindungsreichtums und großer Prachtentfaltung.

Industrielle Erfindungen für die Verarbeitung von Glas und Metall ermöglichten neue Konstruktionen, z. B. Mengonis Galleria Vittorio Emanuele II (1865) in Mailand (siehe S. 188).

Das Mole Antonelliana (1863–97) in Turin, von einem steilen Granitturm bekrönt, war zeitweilig das höchste Gebäude der Welt (S. 216).

Die 26 Stockwerke hohe **Torre Velasca** in Mailand (um 1950) war ein Pionierstück des Stahlbetonbaus.

1400	1600	1800	2000
RENAISSANCE	BAROCK	19. JAHRHUNDERT	20. JAHRHUNDERT
1400	1600	1800	2000

Den Dom von Siena (1136–1382), eine imposante romanisch-gotische Kathedrale, prägten 200 Jahre architektonischer Transformation (siehe S. 332 f).

Santa Maria Novella in Florenz hat eine Renaissance-fassade (1456–70) von Alberti und einen gotischen Innenraum.

Gian Lorenzo Bernini (1598–1680), Architekt des Petersplatzes, war eine dominierende Figur des römischen Barock.

Andrea Palladio (1508–80) erbaute neoklassische Villen und Paläste. Sein Stil wurde über zwei Jahrhunderte lang europaweit imitiert (siehe S. 76).

Laterne
Innere Schale
Kuppelgewölbe, von 24 Rippen getragen

Brunelleschis Kuppel des Florentiner Doms, 1436 vollendet, ist ein Meisterwerk der Renaissancebaukunst und eine brillante Ingenieursleistung (siehe S. 245).

Il Gesù in Rom wurde 1568 von Vignola für die Jesuiten entworfen. Mit ihrer schwungvollen Fassade und dem üppigen Dekor wurde sie zum Prototyp zahlloser anderer Barockkirchen (siehe S. 371).

Das Pirelli-Gebäude in Mailand, von Ponti und Nervi erbaut, ist ein großartiges Beispiel moderner italienischer Architektur (siehe S. 179).

Heilige und Symbole in der italienischen Kunst

HEILIGE UND SYMBOLE sind in der italienischen Kunst von großer Bedeutung. Sie sind Teil einer festen Bildersprache, anhand derer die Künstler den Kirchgängern Episoden aus Bibel und Kirchengeschichte erzählten. Darstellungen von Heiligen dienten dem persönlichen Gebet; ein jeder bot Hilfe in diversen Bereichen des täglichen Lebens. Schutzheilige wachten über Städte oder Berufe sowie über Personen, die ihren Namen trugen. Namenstage spielen in Italien noch immer eine wichtige Rolle.

DIE EVANGELISTEN
Die vier Evangelisten werden durch geflügelte Wesen repräsentiert, die für ihre himmlische Mission stehen.

Adler (hl. Johannes)

Der hl. Johannes trägt ebenfalls sein Evangelium.

Der hl. Thomas von Aquin wird meist mit einem Stern dargestellt, der in diesem Bild auf seiner Dominikanertracht zu erkennen ist.

Der hl. Domenikus wird in der Regel in seiner Ordenstracht dargestellt, zu seinen Attributen zählt die Lilie.

Die Heiligen Kosmas und Damian treten stets gemeinsam auf und tragen Arztkleidung.

Der Evangelist Markus hält oft sein Evangelienbuch in den Händen.

Der hl. Laurentius trägt einen Palmzweig und den Rost, auf dem er gemartert wurde.

Diese **Thronende Muttergottes mit Kind und Heiligen** *wurde um 1450 von dem Dominikanermönch Fra Angelico auf trokkenem Putz gemalt. Zu besichtigen im Museo di San Marco, Florenz (siehe S. 268).*

Die Jungfrau Maria, gewöhnlich in blaue Gewänder gehüllt, ist als Mater Amabilis dargestellt – als »liebenswürdige Mutter«.

Der hl. Petrus, hier mit Palmzweig, wird auch mit Kopfverletzung und einem Schwert in der Hand abgebildet.

SYMBOLE

Um verschiedene Heilige oder Märtyrer identifizieren zu können, gab man ihnen Attribute bei – bestimmte Objekte oder Kleidungsstücke. Es waren Dinge, die in ihrem Leben eine besondere Rolle gespielt hatten. So erkannte man z. B. Märtyrer an ihren Folterwerkzeugen. Symbolisch sind auch Tiere, Blumen, Farben und Zahlen.

Das Lamm *symbolisiert Christus, das Lamm Gottes, oder, in der frühchristlichen Kunst, den Sünder.*

Der Totenschädel *ist ein »memento mori«, das an Tod und Vergänglichkeit erinnern soll.*

EIN PORTRÄT ITALIENS

Geflügelter Mensch
(hl. Matthäus)

Geflügelter Löwe
(hl. Markus)

Geflügelter Stier
(hl. Lukas)

Giovanni Bellinis Gemälde *Madonna mit Kind und Heiligen* (siehe S. 115)

Der hl. Apostel Petrus, der »Fels«, auf dem die Kirche erbaut wurde, trägt die Schlüssel zum Himmelreich.

Die Madonna mit dem Christuskind ist ein Emblem perfekter Mutterliebe.

Die hl. Katharina von Alexandria ist hier mit einem Teil des Rades abgebildet, auf dem sie gemartert wurde.

Der hl. Hieronymus wird stets als alter Mann dargestellt, oft als Eremit, dessen Leben dem Studium gewidmet ist.

Detail aus **Madonna mit Kind und Heiligen** *von Giovanni Bellini. Das Gemälde wurde 1505 für den Altar der Kirche San Zaccaria in Venedig angefertigt, wo es noch heute zu besichtigen ist.*

Der Engel, ein Botschafter Gottes unter den Menschen, ist in dieser Szene als Himmelsmusiker dargestellt.

Die hl. Lucia trägt hier ihre eigenen Augen in einer Schale. Sie symbolisiert das Licht und wurde zur Schutzheiligen der Blinden.

Die Lilie, Blume der Jungfrau, ist das Symbol der Reinheit, der Keuschheit und der Auferstehung.

Die Herzmuschel repräsentiert meist eine Pilgerfahrt. Sie ist ein spezielles Attribut des hl. Rochus.

Die Palme repräsentiert in der christlichen Kunst den Triumph eines Märtyrers über den Tod.

Schriftsteller, Dichter und Dramatiker

ITALIEN HAT SCHRIFTSTELLER (lateinische und italienische) hervorgebracht, die Unsterblichkeit errangen. Jeder von ihnen bietet aufschlußreichen Einblick in die turbulente Vergangenheit des Landes. So geben die Dichter Vergil, Horaz und Ovid lebhafte Schilderungen der Welt des antiken Roms, während das mittelalterliche Florenz in der Dichtung Dantes und Petrarcas sowie den frivolen Erzählungen Boccaccios zu neuem Leben erweckt wird. In weniger als einem Jahrhundert schufen diese drei Autoren eine neue Literatursprache, die jeder anderen Europas ebenbürtig war. Italiens zeitgenössische Literatur zieht noch immer internationale Aufmerksamkeit auf sich.

Primo Levi *(1919–87) gab mit* Atempause *und* Ist das ein Mensch *eine mitreißende Darstellung seiner Erfahrungen im Holocaust und in der Nachkriegszeit.*

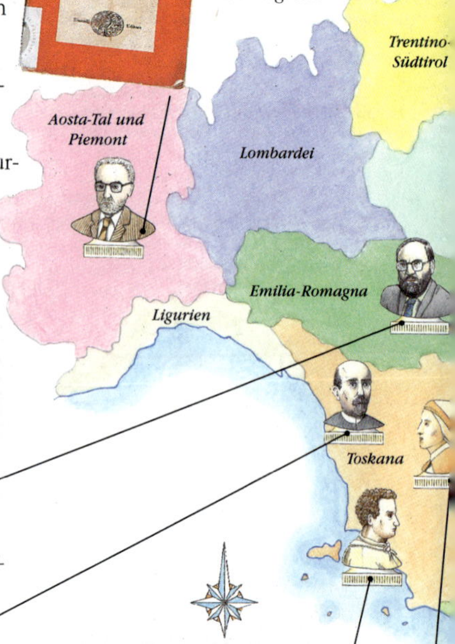

Umberto Eco *(geb. 1932), Professor an der Universität von Bologna, schrieb den Roman* Der Name der Rose, *der seine Begeisterung für das Mittelalter offenbart. Das Buch wurde 1986 verfilmt.*

Pinocchio, *1911 von Carlo Collodi verfaßt, ist eine der bekanntesten Kindergeschichten der Welt. »Collodi« war das Pseudonym Carlo Lorenzinis, der sich nach dem toskanischen Geburtsort seiner Mutter benannte.*

Giovanni Boccaccio *(1313–75) verdanken wir ein faszinierendes Zeugnis der sozialen Verhältnisse seiner Zeit. Das* Dekameron, *seine fesselnde Sammlung von 100 Novellen, spielt im von der Pest heimgesuchten Florenz des Jahres 1348.*

Dantes Göttliche Komödie *(um 1321) ist eine Reise durch Hölle, Fegefeuer und Paradies. Sie beinhaltet schreckenerregende Beschreibungen der Qualen, die die Verdammten erleiden.*

EIN PORTRÄT ITALIENS

Der venezianische Autor
Carlo Goldoni (1707–93) wandte sich gegen die satirische Tradition der Commedia dell'arte und zog es vor, wohlwollendere Stücke über die zeitgenössische Gesellschaft Venedigs zu schreiben.

KLASSISCHE RÖMISCHE SCHRIFTSTELLER

Lateinische Texte klassischer römischer Philosophen, Dichter, Dramatiker und Politiker zählen zu den Grundlagen der westlichen Kultur. Die Namen Vergil (*Aeneis*), Ovid (*Metamorphosen*) oder Plinius (*Historia Naturalis*) sind heute literarische Legenden. Faszinierende Geschichtsschreiber wie Livius (Frühgeschichte Roms), Caesar (Gallischer Krieg), Tacitus (*Annalen*) und Sueton (Kaiserbiographien) gewähren uns unschätzbare Einblicke in die römische Vergangenheit, ebenso die bissigen Satiren Juvenals. Viele lateinische Texte verdanken ihr Überleben den Mönchen des Mittelalters, die sie emsig kopierten und illustrierten. In der Renaissance wurden die *Metamorphosen* des Ovid von zahlreichen Autoren geplündert, und die Werke Ciceros hatten einen enormen Einfluß auf den Prosastil. Seneca galt als Meister der Tragödie.

Detail einer alten Ausgabe von Plinius' *Historia Naturalis*

Petrarca *(1304–74), einer der frühesten und größten lyrischen Dichter, verfaßte Werke, in denen sich erste Vorboten des Humanismus abzeichnen.*

Franz von Assisi *(1181–1226) war der erste Autor, der anstelle des formellen Latein Italienisch verwendete. Neben Briefen und Predigten schrieb er auch Gedichte und Lieder, darunter den beliebten Sonnengesang.*

Der römische Schriftsteller Alberto Moravia (1907–90) wird gewöhnlich als Neorealist bezeichnet. Seine Romane und Kurzgeschichten kreisen um die korrupten Wertvorstellungen der zeitgenössischen Gesellschaft. Zu seinen bekanntesten Werken zählen *Die Römerin* und *Agostino*.

Der sizilianische *Nobelpreisträger Luigi Pirandello (1867–1936) beschäftigte sich bevorzugt mit dem Thema der multiplen Persönlichkeit.* Sechs Personen suchen einen Autor *ist sein berühmtestes Werk.*

0 Kilometer 200

Musik und Oper in Italien

Vor der Vereinigung Italiens, insbesondere während des 17. und 18. Jahrhunderts, besaß jede größere Stadt ihre eigene Musiktradition. In Rom, der Residenz des Papstes, war das Musikleben weniger weltlich ausgerichtet als anderswo, und man mied die Oper. Um 1600 feierte in Florenz die Camerata Triumphe mit dem Versuch, das antike griechische Schauspiel wiederzubeleben. Venedig förderte die Kirchenmusik, und Neapel war im 18. Jahrhundert für die komische Oper berühmt. Im 19. Jahrhundert wurde die Mailänder Scala zum unbestrittenen Zentrum der italienischen Oper.

Stradivari-Geige

Mittelalter und Renaissance

Durch Boccaccio (siehe S. 30) und andere ist belegt, daß im Italien des Mittelalters und der Renaissance Gesang, Tanz und Poesie oft Hand in Hand ineinandergingen. Man verstand Musik als Teil eines Schauspiels, nicht als eine separate Kunstform.

Zu den bedeutenden Vertretern der Musik dieser Zeit zählen Guido d'Arezzo (um 995–1050), ein Mönch, der die Notenschrift weiterentwickelte, sowie Francesco Landini (1325–97), einer der ersten bekannten Komponisten, dessen Lieder um lyrischen Charakter bemüht sind. Die nächsten 150 Jahre wurden vom Stil der Ars perfecta geprägt, die in der Person Giovanni Palestrinas (1525–94) gipfelte. Sein Vokalstil unterwarf Dissonanzen strikter Kontrolle und wurde häufig in der Kirchenmusik angewandt. Auch Madrigale – Vokalvertonungen von Gedichten Petrarcas und anderer – waren beliebt.

Im frühen 17. Jahrhundert begannen Komponisten wie Carlo Gesualdo (um 1561–1613) und Claudio Monteverdi diese Traditionen in Frage zu stellen, indem sie verstärkt Deklamation und Überraschungsmomente einführten.

Die Kirche La Pietà in Venedig, in der Vivaldi auftrat

Die Ära des Barock

Die Musik Claudio Monteverdis markiert den Übergang vom Zeitalter der Renaissance zum Barock. Das Wort »Barock« bedeutet soviel wie »reich verziert« und bezieht sich auf die damalige Tendenz zu opulenter Ausschmückung. Monteverdis Madrigale, für die übliche Besetzung von vier Stimmen geschrieben, enthalten bereits dramatische Ausdruckskraft. Dies lag an der Begeisterung für einen individuellen Instrumentalstil und an der Entwicklung des Basso continuo – einer Instrumentalbegleitung (Orgel, Laute oder Cembalo), die Solos und Duette ermöglichte. Hier liegen auch die Anfänge des Streichorchesters.

Eine neue Art der Deklamation brachte es mit sich, daß man verschiedene Gefühlszustände mit Seufzern anstatt nur beschreibend wiedergab. In dem Bemühen, durch Verteilung der Musiker im Raum das akustische Potential des Markusdoms in Venedig auszu-

Berühmte italienische Komponisten verschiedener Epochen

Claudio Monteverdi *(1567–1643) ist vor allem durch seine Vespern von 1610 bekannt. Seine Madrigale und Opern gelten als Meilensteine in der Geschichte der Musik.*

Antonio Vivaldi *(1678–1741) komponierte über 600 Konzerte, viele davon für Violine. Sein Zyklus* Die vier Jahreszeiten *zählt heute zu den meistgespielten Werken klassischer Musik.*

Gioachino Rossini *(1792–1868) war für seine komischen Opern berühmt, so etwa den* Barbier von Sevilla. *Die romantische, expressive Seite seiner ernsteren Werke ist oft übersehen worden.*

EIN PORTRÄT ITALIENS

Luciano Pavarotti bei einem Auftritt vor modernem Hintergrund

schöpfen, folgten Monteverdis *Vespern* früheren Vorbildern. Um 1680 begann mit Arcangelo Corelli (1653–1713) eine neue Phase. Corelli war für das Concerto grosso berühmt, eine Gattung, in der die Solostreicher dem übrigen Ensemble gegenüberstehen. Ihm folgte Antonio Vivaldi (1678–1741), der vor allem das Solokonzert weiterentwickelte. Neben Violinen verwendete er Blas- und Zupfinstrumente.

DIE GEBURT DER OPER

DIE OPER trat zum erstenmal bei Hochzeitszeremonien wohlhabender italienischer Familien des 16. Jahrhunderts in Erscheinung. Monteverdi war der erste Komponist, dessen Werke sich fest im Opernrepertoire etablieren konnten. Alessandro Scarlatti (1660–1725) schuf ein Modell, das mit einer Orchesterouvertüre begann, gefolgt von Rezitativen, in denen die Geschichte erzählt wurde, und dreiteiligen Arien. Die Themen der ernsten Oper, der *opera seria*, entnahm man größtenteils der Mythologie, während die Inhalte der leichteren *opera buffa* oftmals unmittelbar auf den Traditionen der Commedia dell'arte aufbauten. Berühmt für seine komischen Opern, so etwa den *Barbier von Sevilla*, war Gioachino Rossini. Vincenzo Bellini (1801–35) und Gaetano Donizetti (1797–1848) entwickelten neben anderen den Belcanto, einen Gesangsstil, der feine Intonation und Ornamentierung hervorhob.

Die beiden berühmtesten Opernkomponisten der zweiten Hälfte des 19. Jahrhunderts waren Giuseppe Verdi und Giacomo Puccini (1858–1924). Als Vorlage für die Libretti dienten Verdi häufig die Werke Shakespeares und anderer Dichter, während Puccini sich wie viele andere dem neuen Trend des Verismo, eines zeitgenössischen Realismus, zuwandte. *La Bohème* ist eine der kunstvollsten Beispiele dieses Stils.

***Giuseppe Verdi** (1813–1901) gehört zu den bedeutendsten Opernkomponisten des 19. Jahrhunderts. Zu seinen meistgefeierten Werken zählen* Rigoletto *und* Aida.

Puccinis *Tosca* wurde 1900 uraufgeführt

DAS 20. JAHRHUNDERT

IM FRÜHEN 20. JAHRHUNDERT brachte Puccinis Werk *Das Mädchen aus dem goldenen Westen* Cowboys auf die Opernbühne, *Turandot* präsentierte Fernöstliches, und *Tosca* zeigte Folter und Mord. Einige Komponisten versuchten mit französischer und deutscher Musik zu wetteifern, doch nur wenige italienische Stücke, so etwa jene Ottorino Respighis (1879–1936), werden regelmäßig aufgeführt. Der wichtigste Vertreter der zeitgenössischen italienischen Musik ist Luciano Berio (geb. 1925), dessen Vokal- und Collagetechniken zahlreiche Nachahmer fanden. Berio schuf auch Musiktheaterwerke, die zwischen Schauspiel und Oper anzusiedeln sind. In jüngster Zeit wandte er sich mit seiner aufwendigen Produktion von *Un re in Ascolto* wieder der Tradition der großen Oper zu. Das erneuerte internationale Interesse an der Oper ist jedoch vermutlich Luciano Pavarotti zuzuschreiben. Seine Auftritte mit anderen Starsängern wie José Carreras und Plácido Domingo haben dem Operngesang ein weltweites Publikum beschert.

Das erleuchtete Innere des Teatro dell'Opera in Rom

Italienisches Design

ITALIEN HATTE GROSSEN ERFOLG bei der Entwicklung stilvoller Formen für Gegenstände des täglichen Gebrauchs. Seine Errungenschaften im 20. Jahrhundert lassen sich auf eine Handvoll fortschrittlicher Industriegiganten wie z. B. Olivetti zurückführen, die wichtige Produktentscheidungen talentierten Designern wie Ettore Sottsass überließen. Dieses Designgenie überdachte die Funktion von Konsumwaren, verwendete neue Technologien und machte den Gegenstand dekorativ.

Die stromlinienförmige Ästhetik des italienischen Designs begegnet einem auch bei Nudeln wie diesen Marille, die Autodesigner Giorgio Giugiaro 1983 für Voiello entwarf.

Das formschöne, von Ettore Sottsass entworfene Besteck der Firma Alessi (1988) verbindet optimale Zweckmäßigkeit mit Eleganz.

Der Alessi-Kessel (1985) – Design: Michael Graves – erfreute sich im ersten Jahr seiner Produktion einer solchen Beliebtheit, daß über 100 000 Stück verkauft wurden.

Eine der bekanntesten und noch immer enorm beliebten Kaffeemaschinen ist Bialettis Moka Express aus den dreißiger Jahren.

1966 wurde der Kunststoffstuhl von Vico Magistretti für Artemide entworfen, er verband Eleganz mit Funktionalität, war stabil und stapelbar.

Der Cumano-Klapptisch, 1979 von Achille Castiglione für Zanotta entworfen, wird noch heute als »Designerobjekt« verehrt.

Dieser Stuhl mit den ungewöhnlichen Armlehnen, die gleichzeitig Beine sind, wurde von William Sawaya für Sawaya & Moroni in Mailand konzipiert.

Pininfarinas stromlinienförmige Karosserie des Ferrari Testarossa (1986) läßt Autodesign beinahe zur Bildhauerei werden.

EIN PORTRÄT ITALIENS

Olivettis Valentine-Schreibmaschine, 1969 von Ettore Sottsass entworfen, revolutionierte die Schreibmaschine, denn sie war leicht und kompakt und ließ sich überallhin mitnehmen.

Babc

Der italienische Buchdrucker Giambattista Bodoni (1740–1813) entwarf die exquisite Schriftart, die seinen Namen trägt und 200 Jahre später noch immer beliebt ist.

Giorgio Armani in Mailand ist vor allem für seine Modernisierung klassischer Kleidungsstücke bekannt, denen er einen eleganten und bequemen Look gibt.

Das einflußreiche römische Modehaus Valentino zeichnet sich seit langem durch schicke, maßgeschneiderte Kleidung aus, die höchsten modischen Ansprüchen genügt.

Die Firma Artemide ist für ihre Kombinationen aus Glas und Metall berühmt, insbesondere für ihre Lampen.

Florenz hat einen exzellenten Ruf als Produzent hochwertiger handgearbeiteter Modeaccessoires wie Handtaschen, Schuhe, Gürtel, Schmuck oder Aktentaschen.

Unter Modebewußten wieder sehr gefragt sind die klassischen Lederaccessoires und Schuhe aus dem Hause Gucci.

Piaggios innovativer Vespa-Roller (1946) von Corradino D'Ascanio ermöglichte billigen, schnellen und zuverlässigen Transport zu einer Zeit, als nur wenige sich ein Auto leisten konnten. Die äußerst erfolgreiche Vespa ist noch immer ein weitverbreiteter Anblick auf Italiens Straßen.

Der Fiat 500 (1957) wurde – wie die Vespa – zu einem Symbol der Mobilität und Demokratisierung, einem Ausdruck des rapiden Wiederaufbaus der Nachkriegsära.

Wissenschaftler, Erfinder und Entdecker

ITALIEN KANN auf eine bedeutende Tradition wissenschaftlicher Forschung zurückblicken. In der Renaissance bemühten sich Männer wie Galilei um ein neues Verständnis des Universums, während Entdecker wie Kolumbus neue Welten erforschten – ein Prozeß, der im 13. Jahrhundert von Marco Polo initiiert wurde. Der wissenschaftliche Tatendrang Italiens ist ungebrochen: Im 20. Jahrhundert erfand man hier z. B. das Radio und leistete Pionierarbeit auf dem Gebiet der Nuklearphysik.

__Guglielmo Marconi__ erfand das erste System zur Übertragung von Radiowellen. 1901 gelang es ihm, ein Signal zu empfangen, das von England nach Neufundland gesendet wurde.

__Nachdem er entdeckt hatte__, daß elektrischer Strom Froschschenkel zucken läßt, erfand Alessandro Volta die erste Batterie, die aus metallenen Scheiben in einem Säurebad bestand. 1801 führte er sie Napoleon vor.

__Der in Genua__ geborene Christoph Kolumbus segelte 1492 von Spanien nach Westen. Mit Hilfe nautischer Instrumente wie dieses Astrolabiums erreichte er in drei Monaten Westindien.

__Der Seefahrer__ Amerigo Vespucci kam zu der Ansicht, daß die Neue Welt ein separater Kontinent sei. Eine Flugschrift bezeichnete ihn irrtümlich als den Entdecker, und so erhielt Amerika 1507 seinen Namen.

__Leonardo da Vinci__ kann als idealtypischer Mensch der Renaissance gelten – ein Virtuose sowohl in der Kunst als auch in der Wissenschaft. Seinen ersten Entwurf für eine Flugmaschine konzipierte er um 1488, also rund 400 Jahre bevor sich das erste Flugzeug in die Lüfte erhob. Das hier abgebildete Modell basiert auf einer seiner technischen Zeichnungen.

0 Kilometer 200

__Das Teleskop__ ermöglichte Astronomen die Erstellung akkurater Mondkarten. Domenico Cassini, Astronomieprofessor an der Universität von Bologna, verbesserte das Instrument. 1665 zeichnete er die Meridianlinie in der Kirche von San Petronio auf.

EIN PORTRÄT ITALIENS

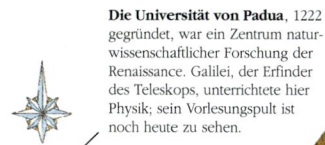

Die Universität von Padua, 1222 gegründet, war ein Zentrum naturwissenschaftlicher Forschung der Renaissance. Galilei, der Erfinder des Teleskops, unterrichtete hier Physik; sein Vorlesungspult ist noch heute zu sehen.

Der Venezianer Marco Polo reiste 1271 als junger Mann nach Asien und verbrachte bis zu seiner Rückkehr fast zwei Jahrzehnte am Hofe des Mongolenherrschers Khubilai Khan. Hier ist zu sehen, wie er, aus Indien kommend, in Hormus am Persischen Golf eintrifft.

Galileo Galilei bewies, daß die Erde um die Sonne kreist, und widerlegte damit die Doktrin der Kirche. 1633 wurde er wegen Ketzerei verurteilt. Hier zeigt er venezianischen Senatoren die Ringe des Saturns.

Der Gewinner des Physiknobelpreises 1938, Enrico Fermi, leitete die erste kontrollierte nukleare Kettenreaktion. Er erbaute den ersten stromerzeugenden Kernreaktor der Welt an der Universität von Chicago.

Plinius der Ältere verfaßte seinen Katalog des menschlichen Wissens, die *Historia Naturalis*, im Jahre 77 n. Chr. Zwei Jahre später starb er beim Ausbruch des Vesuvs. Sein Buch behielt rund 1500 Jahre lang wissenschaftliche Autorität.

Brillen wurden im 13. Jahrhundert in Italien erfunden. Sie sind zuerst in Venedig bezeugt, das noch heute ein bedeutendes Zentrum der Glasindustrie ist.

Der Mathematiker Archimedes wurde um 287 v. Chr. in Syrakus, einer griechischen Kolonie, geboren. Der Sage nach soll er das Prinzip des spezifischen Gewichts beim Baden entdeckt haben.

Emilia-Romagna
Die Marken
Umbrien
Latium
Abruzzen, Molise und Apulien
Kampanien
Basilikata und Kalabrien
Sizilien

TEMPLA DOMVM EXPOSITIS VICOS FORA MOENIA PONTES
VIRGINEAM TRIVII QVOD REPARARIS AQVAM
PRISCA LICET NAVTIS STATVAS DARE COMMODA PORTVS
ET VATICANVM CINGERE SIXTE IVGVM
PLVS TAMEN VRBS DEBET NAM QVAE SQVALORE LATEBAT
CERNITVR IN CELEBRI BIBLIOTHECA LOCO

DIE GESCHICHTE ITALIENS

DIE IDEE der geographischen Einheit Italiens reicht bis in die Zeit der Etrusker zurück, doch ist die Geschichte des Landes von Zwietracht und Teilung geprägt. Vor dem 19. Jahrhundert war die Halbinsel nur unter den Römern vereint, die bis zum 3. vorchristlichen Jahrhundert die anderen italischen Stämme unterworfen hatten. Rom wurde Hauptstadt eines gewaltigen Imperiums, das seine Sprache, seine Gesetze und seinen Kalender in ganz Europa verbreitete, bevor es im 5. Jahrhundert n. Chr. germanischen Invasoren unterlag.

Eine bedeutende Hinterlassenschaft des Römischen Reiches war das Christentum und die Stellung des Papstes als Oberhaupt der katholischen Kirche. Die Päpste des Mittelalters riefen die Franken zu Hilfe, um die Langobarden zu vertreiben, und krönten im Jahre 800 den Frankenkönig Karl den Großen zum Kaiser des Heiligen Römischen Reiches. Was wie der Beginn eines neuen Zeitalters aussah, erwies sich bald als dessen Gegenteil – fünf Jahrhunderte lang kämpften Päpste und Kaiser um die Vormachtstellung im Reich.

Julius Caesar

Eine Reihe von Invasoren, Normannen, Angevinen und Aragonier, nutzten die Situation, um ganz Süditalien zu erobern. Im Norden wuchsen unabhängige Stadtstaaten heran. Der mächtigste von ihnen war das durch den Orienthandel reich gewordene Venedig, gefolgt von Genua, Florenz, Mailand und Siena. Norditalien wurde zur blühendsten Region Westeuropas. Künstler und Gelehrte aus Florenz begründeten im 15. Jahrhundert die Renaissance.

Allerdings konnten kleine Stadtstaaten nicht mit Großmächten konkurrieren. Im 16. Jahrhundert fielen Italiens Königreiche an Spanien, und der Norden kam unter die Kontrolle Österreichs.

Nur das kleine Königreich Piemont blieb unabhängig, geriet aber 1796 im Krieg zwischen Österreich und Frankreich an Napoleon. Trotzdem war es Piemont, das im 19. Jahrhundert zum Zentrum der Bewegung für ein vereintes Italien wurde – ein Ziel, das nicht zuletzt dank der militärischen Großtaten Garibaldis 1870 erreicht wurde. In den zwanziger Jahren ergriffen die Faschisten die Macht, und 1946 schaffte man die Monarchie zugunsten der heutigen Republik ab.

Italienkarte des 16. Jahrhunderts, wie sie venezianische und Genueser Seefahrer benutzten

◁ Fresko von Melozzo da Forlì, das den Hof des mächtigen Renaissancepapstes Sixtus IV. (1471–84) zeigt

Das Zeitalter der Etrusker

DIE ETRUSKER, nach denen die Toskana benannt ist, waren die erste bedeutende Zivilisation Italiens. Fresken, Schmuck und Tonwaren aus ihren Grabstätten sind Zeugen eines hochkultivierten Volkes. Ihre Herkunft und Sprache liegen im ungewissen, doch verbreiteten sie sich ab dem 9. Jahrhundert v. Chr. in Mittelitalien. Ihre Hauptrivalen waren die Griechen im Süden. Etrurien war kein vereinigter Staat, sondern ein loser Städtebund. Im 6. Jahrhundert regierten etruskische Könige in Rom.

ITALIEN 650 V. CHR.

Etruskische Königreiche
Griechische Kolonien

Der Doppelaulos war eine Spezialität der Etrusker. Das Blasinstrument wurde bei Feiern und Beerdigungen gespielt.

Geflügelte Terrakottapferde
Dieses schöne Pferderelief (4. Jh. v. Chr.) zierte einst die Fassade des Tempels Ara della Regina in Tarquinia.

Bronzene Schafsleber
Die Inschriften dienten als Leitfaden zur Zukunftsweissagung aus Tiereingeweiden.

Aschenurne aus Terrakotta
Der Urnendeckel zeigt den Verstorbenen, der eine Schreibtafel hält. Die Etrusker führten das Alphabet in Italien ein.

GRABKAMMER DER LEOPARDEN

Trubel und Festlichkeiten sind häufige Themen der Fresken in etruskischen Grabkammern. Die Musikanten stammen aus einem Grabfresko (um 500 v. Chr.) in Tarquinia *(siehe S. 450).*

ZEITSKALA

900 v. Chr.	800 v. Chr.	700 v. Chr.
9. Jahrhundert v. Chr. Entlang den Flußtälern Etruriens entstehen dörfliche Siedlungen	**753 v. Chr.** Der Legende nach Jahr der Gründung Roms durch Romulus	**Um 700 v. Chr.** Erste Städte in Etrurien; früheste etruskische Inschriften
Um 900 v. Chr. Erste Spuren der Eisenzeit in Italien; Villanovakultur	**Um 800 v. Chr.** Griechen besiedeln Sizilien und Süditalien	**715–673 v. Chr.** Herrschaft des weisen Numa Pompilius, des zweiten Königs von Rom
		616 v. Chr. Etrusker übernehmen Herrschaft in Rom

Etruskische Goldohrringe

DIE GESCHICHTE ITALIENS

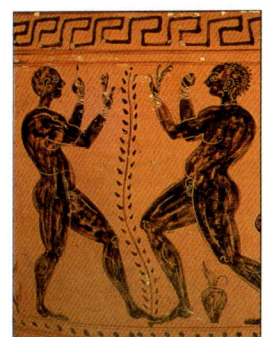

Ein Boxkampf
Bei Beerdigungen wurden sportliche Wettkämpfe abgehalten. Diese Vase (um 500 v. Chr.) wurde in Etrurien angefertigt und imitiert die schwarzen Figuren der griechischen Töpferkunst.

Der Realismus, mit dem die Musikanten und Tänzer dargestellt sind, verweist auf den Einfluß griechischer Kunst.

Die Lyra wurde aus einem Schildkrötenpanzer hergestellt und mit einem Plektron gespielt.

Apollo von Veii
Diese Apollostatue (um 500 v. Chr.) trägt die für die etruskische Kunst typischen stilisierten Gesichtszüge.

Bronzespiegel
Wohlhabende Etrusker lebten in großem Luxus. Die Frauen benutzten polierte Bronzespiegel mit gravierten Rückseiten. Dieser zeigt Helena und Aphrodite.

Poseidontempel
Der Tempel in Paestum (5. Jh. v. Chr.) ist ein Erbe der griechischen Kolonisierung.

WEGWEISER ZUM ITALIEN DER ETRUSKER

Felsengräber *wie diese bei Sovana (S. 336) sind in den Tuffsteinbergen Mittelitaliens verbreitet.*

Toskana, Latium und Umbrien sind reich an etruskischen Fundstätten und Gräbern. Größere Grabstätten finden sich z. B. im Latium in Cerveteri und Tarquinia (S. 450). Letzteres besitzt auch ein gutes Museum. Zu weiteren Museen mit bedeutenden Sammlungen etruskischer Kunst zählen die Villa Giulia (S. 430) und das Museo Gregoriano in Rom (S. 412), das Museo Archeologico in Florenz (S. 269), das Museo Civico in Chiusi (S. 322) und das Museo Guarnacci in Volterra (S. 324).

Aus Griechenland eingeführter Krater

509 v. Chr. Der letzte etruskische König, Tarquinius Superbus, wird aus Rom vertrieben; Gründung der römischen Republik

450 v. Chr. Aufzeichnung des römischen Rechts in den Zwölf Tafeln

390 v. Chr. Gallier plündern Rom; das Kapitol wird durch schnatternde Gänse gerettet

| 00 v. Chr. | 500 v. Chr. | 400 v. Chr. |

499 v. Chr. Schlacht am Regillus-See; Römer besiegen Allianz aus Latinern und Etruskern

474 v. Chr. Etruskische Flotte vor Cumae von den Griechen besiegt; schwerer Schlag für die etruskische Seemacht

Um 400 v. Chr. Gallier beginnen die Po-Ebene zu besiedeln

396 v. Chr. Veii, eine bedeutende Etruskerstadt im heutigen Latium, fällt an Rom

Relief der kapitolinischen Gänse, vom Forum Romanum

Republik und Kaiserzeit

UNTER DEN VIELEN Stämmen, die das antike Italien bevölkerten, setzten sich die Römer durch, eroberten die Halbinsel und zwangen den anderen ihre Sprache, Sitten und Gesetze auf. Roms Erfolg lag in seiner überragenden militärischen und zivilen Organisation. Der Staat war eine Republik, die von zwei jährlich gewählten Konsuln regiert wurde, doch als die Eroberungen sich ausweiteten, wechselte die Macht in die Hände von Generälen wie Julius Caesar. Caesars Erben wurden dann die ersten römischen Kaiser.

Römische Maske und Helm (1. Jh. v. Chr.)

Das südliche Alpenvorland wurde 202–191 v. Chr. annektiert.

Julius Caesar
Der Eroberer Galliens kehrte 49 v. Chr. nach Rom zurück, um seinen Rivalen Pompejus zu vertreiben. Sein Aufstieg zur Macht markierte das Ende der Republik.

Etrurien war ab 265 v. Chr. in römischer Hand.

Oskische Inschrift
Die Sprachen der von Rom eroberten Völker lebten jahrhundertelang weiter, bevor sie vom Latein verdrängt wurden. Die Osker waren im heutigen Kampanien heimisch.

Kriegselefant
218 v. Chr. zog der karthagische General Hannibal mit 37 Kriegselefanten über die Alpen und verbreitete Angst und Schrecken bei den Römern.

Römisches Aquädukt
Die römische Ingenieurskunst fand ihren spektakulärsten Ausdruck im Bau gewaltiger Aquädukte, die bis zu 80 km lang waren, wobei das Wasser allerdings meist unterirdisch geleitet wurde.

- Bergiges Gelände
- Luftschacht
- Stausee
- Unterirdischer Wasserkanal
- Arkadenbogen leiten das Wasser über Talstrecken

ZEITSKALA

312 v. Chr. Bau der Via Appia und des Aquädukts Aqua Appia

308 v. Chr. Tarquinia fällt an Rom

Um 287–212 v. Chr. Lebenszeit des Archimedes, des großen griechischen Mathematikers aus Syrakus

Via Appia

300 v. Chr.

275 v. Chr. Der griechische König Pyrrhos wird bei Beneventum von den Römern besiegt

265 v. Chr. Römer erobern letzte unabhängige Etruskerstadt

264–241 v. Chr. Erster Punischer Krieg (Rom/Karthago)

237 v. Chr. Römer besetzen Korsika und Sardinien

Hannibal, Führer Karthagos im Zweiten Punischen Krieg

250 v. Chr.

218 v. Chr. Zweiter Punischer Krieg; Hannibal überquert die Alpen

216 v. Chr. Römische Niederlage in der Schlacht von Cannae

200 v. Chr.

191 v. Chr Gallisches Territorium südlich der Alpen fällt an Rom

DIE GESCHICHTE ITALIENS

Cicero spricht vor dem Senat
Regierungsangelegenheiten wurden im Senat debattiert. Der Redner Cicero (106–43 v. Chr.) trat für die Republik ein.

Römischer Legionär
Diese Bronze stellt einen Legionär in der typischen Uniform dar, die aus Helm, Brustpanzer, Lederrock mit Eisenbeschlägen und Beinschienen bestand.

Die Via Appia wurde 190 v. Chr. von Capua bis Brindisi verlängert.

Sizilien wurde 227 v. Chr. zur ersten römischen Provinz.

Wegweiser zum Italien der republikanischen Ära

Republikanische Bauten sind rar, da sie meist schon in der Kaiserzeit verschwanden. Zu den bemerkenswerten Ausnahmen innerhalb Roms zählen die Tempel des Forum Boarium (S. 423) aus dem 2. Jahrhundert v. Chr. Die Hinterlassenschaften dieser Zeit sind jedoch allgegenwärtig. Zahllose Straßen wie die Via Appia Antica (S. 431) sowie Städte wurden von römischen Ingenieuren angelegt. Zwei faszinierende Beispiele original römischer Straßenaufteilung sind Lucca (S. 310f) und Como (S. 185).

Diese Basaltblöcke im sardischen Tharros (S. 535) waren Teil einer Römerstraße.

Römerstrassen

Nachdem sie andere Stämme unterjocht hatten, festigten die Römer ihre Autorität durch den Bau von Straßen, auf denen Legionen im Krisenfall schnell marschieren konnten. Sie legten Städte an. Viele davon, wie z. B. Ariminum (Rimini), waren »Kolonien« – Siedlungen für römische Bürger.

Luftansicht von Bologna
Die römische Straßenplanung ist noch heute in vielen Städten sichtbar. So verläuft etwa die Route der alten Via Aemilia mitten durch Bologna.

---

168 v. Chr. Ende des Dritten Mazedonischen Kriegs; Rom jetzt Herrin über Griechenland

Meilenstein von der Via Aemilia

146 v. Chr. Ende des Dritten Punischen Kriegs; Zerstörung Karthagos

104 v. Chr. Sklavenaufstand in Sizilien

89 v. Chr. Bürgerkrieg: Roms Verbündeten wird das Bürgerrecht gewährt

80 v. Chr. Bau des ersten Amphitheaters in Pompeji

73–71 v. Chr. Sklavenaufstand unter Führung des Spartakus

49 v. Chr. Caesar überschreitet den Rubikon und vertreibt Pompejus aus Rom

44 v. Chr. Ermordung Caesars; Ende der römischen Republik

45 v. Chr. Einführung des zwölfmonatigen Julianischen Kalenders

31 v. Chr. Oktavian besiegt Mark Anton in der Schlacht von Actium

30 v. Chr. Selbstmord Mark Antons und Kleopatras in Ägypten

150 v. Chr. | 100 v. Chr. | 50 v. Chr.

Das Goldene Zeitalter Roms

ROMS MACHT WUCHS von der Augusteischen bis zur Trajanischen Zeit, unter der sich das Reich von Britannien bis ans Rote Meer erstreckte. Trotz der Verschwendungssucht von Kaisern wie Nero blieb die Staatskasse durch Steuern und Kriegsbeute gefüllt. Unter der Regierung der Kaiser Trajan, Hadrian und Mark Aurel genossen die römischen Bürger im 2. Jahrhundert n. Chr. Wohlstand, während die Arbeit von Sklaven verrichtet wurde. Zum Unterhaltungsangebot zählten Besuche in Thermen, Theatern und im Zirkus. Die Stadt Pompeji, 79 n. Chr. bei einem Ausbruch des Vesuv verschüttet, hat viele faszinierende Details bewahrt.

RÖM. REICH 117 N. CHR.

Größte Ausdehnung

Gladiatorenmosaik
Blutrünstige Gladiatorenkämpfe waren beliebt. Bei den Gladiatoren handelte es sich um Sklaven aus eroberten Provinzen.

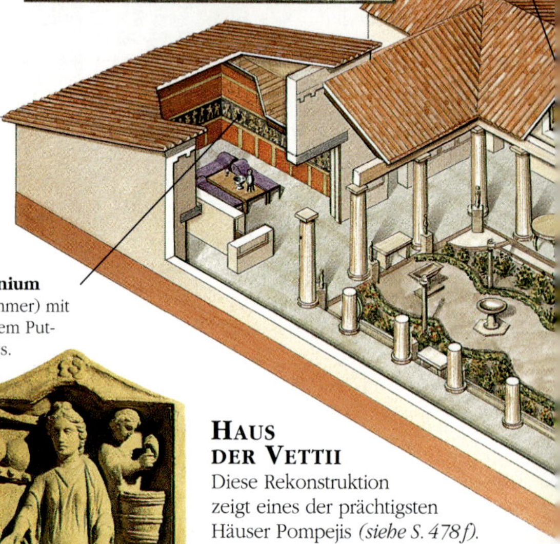

Fresken mit Girlanden und Medaillons

Trajanssäule
Das umlaufende Relief illustriert Trajans erfolgreiche Kriegszüge in Dakien (dem heutigen Rumänien) zu Beginn des 2. Jahrhunderts n. Chr.

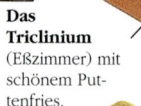

Das Triclinium
(Eßzimmer) mit schönem Puttenfries.

Römische Geschäfte
Kleine Geschäfte – wie diese Apotheke – säumten in den Städten die Häuser. Zur Straße hin offen, verschloß man sie nachts mit Brettern.

HAUS DER VETTII
Diese Rekonstruktion zeigt eines der prächtigsten Häuser Pompejis *(siehe S. 478f)*. Die Vettii waren Freigelassene, ehemalige Sklaven, die durch Handel ein Vermögen verdient hatten. Die Räume waren mit Fresken und Skulpturen reich verziert.

ZEITSKALA

9 v. Chr. Weihung der Ara Pacis *(siehe S. 400)* in Rom als Denkmal des Augusteischen Friedens

17 n. Chr. Tiberius zieht die Reichsgrenze entlang von Rhein und Donau

Bronzekochtöpfe aus einer Küche in Pompeji

79 n. Chr. Ausbruch Vesuv zers Pompeji u Herculane

50 v. Chr. | 1 n. Chr. | 50 n. Chr.

27 v. Chr. Oktavian nimmt den Namen Augustus an und wird de facto erster römischer Kaiser

37–41 n. Chr. Regierungszeit des Caligula

43 n. Chr. Eroberung Britanniens unter Kaiser Claudius

68 n. Chr. Absetzung und Selbstmord Neros

67 n. Chr. Überliefertes Datum des Martyriums der Heiligen Petrus und Paulus in Rom

80 n. Chr Spiele zur Eröffnung Kolosseu

Augustus

Der Adoptivsohn Julius Caesars wurde erster römischer Kaiser und regierte am machtlos gewordenen Senat vorbei.

Das Atrium hatte eine Öffnung im Dach, unter der sich ein Becken für Regenwasser befand.

Vordereingang

WEGWEISER ZUM KAISERLICHEN ROM

Den besten Einblick in das damalige Leben geben Pompeji *(S. 478 f)* und Herculaneum. Kunstwerke und Artefakte aus beiden Ausgrabungsstätten werden im Museo Archeologico in Neapel *(S. 474 f)* aufbewahrt. Zu den Sehenswürdigkeiten Roms zählen das Pantheon *(S. 394)* und das Kolosseum *(S. 383)*. Auch die in der Nähe Roms gelegene Villa Adriana und Ostia sind faszinierende Ziele, doch finden sich im ganzen Land Spuren der Größe Roms – vom Augustusbogen in Aosta *(S. 207)* bis zur Villa Romana del Casale *(S. 521)* auf Sizilien.

Das Forum Romanum *(S. 380 f)* mit Tempeln und Gerichtsgebäuden war das Zentrum des antiken Roms.

Empfangszimmer

Mosaik eines Banketts
Die Römer speisten auf flache Liegen gebettet. Eine beliebte Beilage zu zahlreichen Gerichten war garum, *eine salzige Soße aus getrocknetem Fisch.*

Peristyl oder Kolonnade

Hausschrein
Religiöse Riten wurden öffentlich und privat praktiziert. Dieser Schrein aus dem Haus der Vettii war den lares *geweiht, den Hausgöttern.*

Der innere Garten war ein Charakteristikum, das die Römer von den Griechen übernahmen.

---

117 n. Chr. Das römische Imperium erreicht unter Kaiser Trajan seine größte Ausdehnung

161–180 n. Chr. Regierungszeit des Mark Aurel

193–211 n. Chr. Regierungszeit des Septimius Severus

212 n. Chr. Römisches Bürgerrecht wird auf alle Teile des Reiches ausgedehnt

100 n. Chr. | **150 n. Chr.** | **200 n. Chr.**

...de des 1. Jahrhunderts n. Chr. Bau ...s Amphitheaters in ...rona

134 n. Chr. Villa Adriana in Tivoli vollendet

Kaiser Septimius Severus

216 n. Chr. Caracalla-Thermen in Rom vollendet

...n. Chr. Neubau des ...eons durch Hadrian

Der Zerfall des Reiches

EINE ENTSCHEIDENDE Wende in der Geschichte des Römischen Reiches bewirkte Kaiser Konstantin, der 312 n. Chr. zum Christentum übertrat und 330 den Kaisersitz nach Byzanz (Konstantinopel) verlegte. Anfang des 5. Jahrhunderts war das Reich in zwei Teile zerfallen. Das Weströmische Reich konnte der Welle germanischer Eindringlinge nicht standhalten und fiel erst an die Goten, dann an die Langobarden. Das Ostreich behielt nominelle Kontrolle über Teile Italiens dank seiner Festung in Ravenna, die zur reichsten und mächtigsten Stadt ihrer Zeit aufstieg, während die großen Paläste und Arenen Roms in Schutt und Asche versanken.

Glasflasche mit christlichem Symbol (4. Jh. n. Chr.)

ITALIEN 600 N. CHR.
- Byzantinische Territorien
- Langobardische Territorien

Die Konstantinische Schenkung
Eine mittelalterliche Legende berichtet, wie Konstantin Papst Silvester vorübergehend die Macht in Rom übergab.

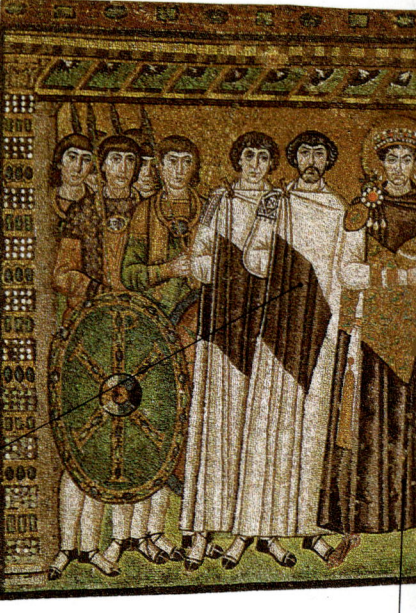

General Belisar eroberte weite Teile des von Goten besetzten Italiens zurück.

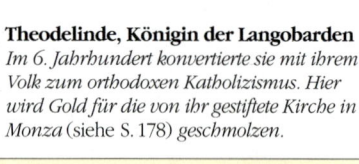

Theodelinde, Königin der Langobarden
Im 6. Jahrhundert konvertierte sie mit ihrem Volk zum orthodoxen Katholizismus. Hier wird Gold für die von ihr gestiftete Kirche in Monza (siehe S. 178) geschmolzen.

Justinian regierte 527–65. Er war ein großer Gesetzgeber u einer der mächtigsten byzantinischen Kaiser

ZEITSKALA

- **270** Bau des Aurelianswalls zum Schutze Roms vor germanischen Invasoren
- **303–05** Christenverfolgung im gesamten Reich unter Diokletian
- **312** Konstantin besiegt den Rivalen Maxentius an der Milvischen Brücke
- **313** Mailänder Edikt sichert den Christen Glaubensfreiheit zu
- **324** Christentum wird Staatsreligion
- **Um 320** Bau der ersten Peterskirche in Rom
- **404** Ravenna wird Sitz des weströmischen Kaisers
- **410** Plünderung Roms durch Westgotenkönig Alarich
- **476** Ende des Weströmischen Reichs
- **488** Italien wird von Ostgotenkönig Theoderich erobert
- **535** Belisar landet auf Sizilien; Rückeroberung weiter Teile Italiens durch Byzanz
- **547** S. Vitale Raven vollen
- **564** Langobarden fallen in Italien ein und gründen ihre Hauptstadt in Pavia

Goldmünze Theoderichs

DIE GESCHICHTE ITALIENS 47

Karl der Große
Zum Dank für die Vertreibung der Langobarden krönte der Papst den König der Franken 800 n. Chr. zum Kaiser des Heiligen Römischen Reiches.

Belagerung Messinas
843 eroberten afrikanische Moslems Sizilien. Sarazenische Piraten erreichten sogar Rom, wo Papst Leo IV. eine neue Mauer zum Schutze des Vatikans bauen ließ.

Der Kaiser hält eine große goldene Patene, einen Hostienteller für die Feier der heiligen Messe.

Maximian, Erzbischof von Ravenna

WEGWEISER ZUM BYZANTINISCHEN ITALIEN

Der Untergang des Römischen Reiches führte zu Kriegen, Hunger und Entvölkerung, doch bewahrte die christliche Religion viele Denkmäler aus spätrömischer und byzantinischer Zeit. In Rom finden sich die Katakomben (S. 432) und große Basiliken wie Santa Maria Maggiore (S. 403); in Ravenna, der Verwaltungshauptstadt des Byzantinischen Reichs, die Kirchen San Vitale und Sant'Apollinare (S. 260f). Auch in Süditalien und auf Sizilien gibt es zahlreiche byzantinische Kirchen; bestes Beispiel für die spätbyzantinische Architektur ist die Kreuzkuppelkirche San Marco in Venedig (S. 106ff).

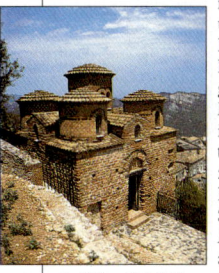

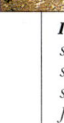

In Stilo, *Kalabrien, steht diese wunderschöne byzantinische Kirche des 10. Jahrhunderts, die Cattolica (S. 504).*

Priester

DER HOF JUSTINIANS
Byzantinische Kirchen waren mit prächtigen Mosaiken aus farbigem Glas und Blattgold dekoriert. Dieses Mosaik aus der Apsis der Kirche San Vitale in Ravenna, 547 vollendet, stellt Angehörige des kaiserlichen Hofes dar.

Santa Costanza *(4. Jh.; S. 431) als Mausoleum für Konstantins Tochter in Rom errichtet. Die Gewölbe sind mit spätrömischen Mosaiken bedeckt.*

---

n 595 Langobarden beherrschen zwei ttel Italiens

752 Langobardenkönig Aistulf besetzt die byzantinische Festung Ravenna

774 Karl der Große erobert Italien und nimmt die langobardische Krone an

800 Karl der Große wird in der Peterskirche zum Kaiser gekrönt

878 Sarazenen erobern das zu Byzanz gehörende Syrakus und bringen Sizilien unter ihre Kontrolle

600 | 700 | 800 | 900

Gregor der Große (590–604)

99 Papst Gregor vermittelt rieden zwischen Langobarden nd Byzantinischem Reich

754 Papst ruft Franken zu Hilfe; König Pippin dringt in Italien ein und besiegt die Langobarden

Langobardischer Goldhelm im Bargello-Museum, Florenz (siehe S. 275)

Der Aufstieg Venedigs

DAS MITTELALTERLICHE Italien erlebte Wellen ausländischer Invasoren, die sich in den Machtkampf zwischen Päpsten und Kaisern einmischten. In den Wirren erlangten viele Städte des Nordens Unabhängigkeit von den Feudalherren. Am mächtigsten war das von seinem Dogen und Großen Rat regierte Venedig, das durch den Osthandel und den Transport von Kreuzfahrern ins Heilige Land reich wurde. Seine Rivalen zur See waren Genua und Pisa an der Westküste.

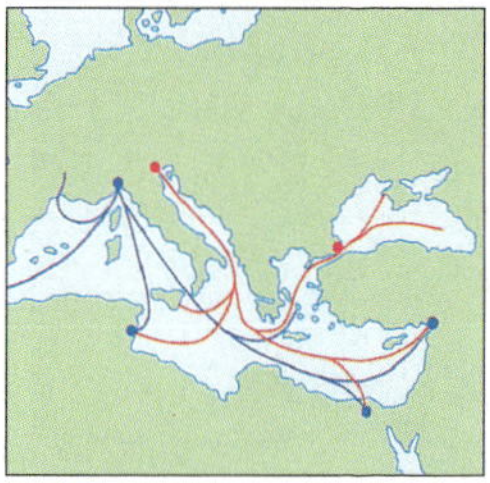

Enrico Dandolo, Doge von Venedig (um 1120–1205)

MITTELMEERRAUM UM 1250
— Genueser Handelsrouten
— Venezianische Handelsrouten

Mathilde von Tuszien
Mathilde, toskanische Markgräfin (1046–1115), unterstützte den radikalen Papst Gregor VII. gegen Kaiser Heinrich IV. Bei ihrem Tod hinterließ sie ihr Land der Kirche.

Verdeck über Zwischendeck

Segel – für zusätzliche Geschwindigkeit

Von Sklaven betätigte Ruder waren der Hauptantrieb.

Venezianische Galeere
Die von Venedig als Handels- und Kriegsschiffe benutzten Galeeren ähnelten antiken griechischen Schiffen.

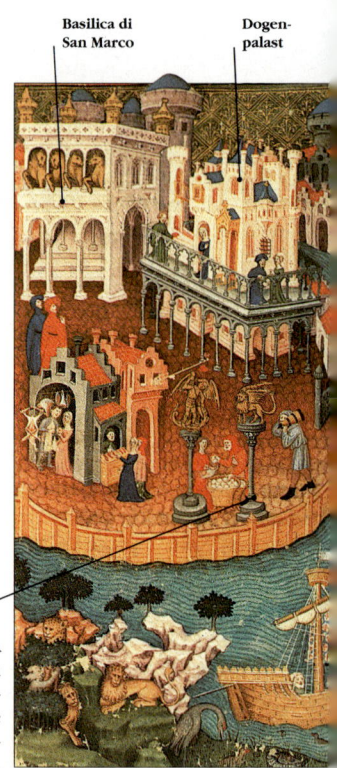

Die Säulengänge von San Marco und San Teodoro waren im 12. Jahrhundert erbaut worden.

Basilica di San Marco

Dogenpalast

MARCO POLOS ABFAHRT NACH CHINA
Venedig handelte mit über den Nahen Osten importierten chinesischen Stoffen und Gewürzen. Vor seinem Vater Nicolò war kein Venezianer in China gewesen. Marco Polo reiste 1271 mit seinem Vater ab und kehrte 25 Jahre später mit Geschichten aus seiner Zeit am Hofe Khubilai Khans zurück.

ZEITSKALA

Mittelalterliche Studente

1000 Pietro Orseolo II, Doge von Venedig, besiegt dalmatische Piraten in der Adria

11. Jahrhundert Rechtsschule in Bologna wird erste Universität Europas

1139 Neapel wird dem Königreich Sizilien angegliedert

1000	1050	1100	
1030 Der normannische Ritter Rainulf erhält vom Herzog von Neapel die Grafschaft Aversa	**1061** Die Normannen Robert Guiscard und Roger de Hauteville erobern Messina von den Arabern	**1084** Normannensturm in Rom	**1130** Ro wird zum nig von S lien gekr
		1076 Salerno, letzte lombardische Stadt, fällt an die Normannen	
	1063 Neubau von San Marco in Venedig	**1073–85** Papst Gregor VII. reformiert Kirche und Papsttum	**1115** Tod der Markgräfin Mathilde

DIE GESCHICHTE ITALIENS

Franz von Assisi
(1181–1226)
Im Traum Papst Innozenz' III. von Giotto, gemalt um 1290–95, stützt der Heilige das zerfallende Gebäude der römischen Kirche. Die franziskanische Armutsregel bewirkte eine religiöse Erneuerung als Reaktion auf den Reichtum der Kirche.

WEGWEISER ZUM FRÜHMITTELALTERLICHEN ITALIEN

Prächtige Beispiele der vielen Kirchen dieser Epoche sind San Marco in Venedig (S. 106ff.) Sant'Antonio in Padua (S. 152) und der Dom von Pisa (S. 314). Der Schiefe Turm (S. 316) stammt aus dem 12. Jahrhundert. Zu den schönsten Burgen dieser Zeit gehört das Castel del Monte Friedrichs II. in Apulien (S. 493).

Das Castello dell'Imperatore *in Prato, erbaut um 1240.*

Kloster Sant'Apollonia

Die heutige Riva degli Schiavoni

Nicolò Polo, sein Bruder Maffeo und sein Sohn Marco bereiten die Abfahrt vor. Sie segelten zuerst nach Akko in der Levante.

Vierter Kreuzzug
Unstimmigkeiten zwischen den Führern der Kreuzfahrer und Papst Innozenz III. gipfelten 1204 in der Plünderung Konstantinopels.

Friedrich II. *(1194–1250)*
Der Kaiser unterhielt in Sizilien einen Hof von Dichtern und Gelehrten. Durch Diplomatie gewann er Jerusalem von den Arabern, befand sich jedoch im ständigen Krieg gegen den Papst und den Lombardischen Städtebund.

1155 Friedrich Barbarossa wird zum Kaiser gekrönt

1198 Friedrich II. wird König von Sizilien

1204 Plünderung Konstantinopels

1209 Gründung des Franziskanerordens

1216 Gründung des Dominikanerordens

1250 Tod Friedrichs II.

1260 Urban IV. beruft Karl von Anjou zum Herrscher von Neapel und Sizilien

1265 Geburt Dantes

Friedrich Barbarossa im Kreuzfahrergewand

1220 Friedrich II. wird zum Kaiser des Heiligen Römischen Reiches gekrönt

1237 Lombardischer Städtebund besiegt Friedrich in der Schlacht von Cortenuova

1228 Gregor IX. exkommuniziert Friedrich II.; Auseinandersetzung der Guelfen (päpstliche Partei) und Ghibellinen (Kaisertreue)

1271 Marco Polo reist nach China ab

Das späte Mittelalter

DIE ALTE FEHDE zwischen Papst und Kaiser flammte im 14. Jahrhundert auf, genährt von den beiden gegnerischen Parteien der papsttreuen Guelfen und der den Kaiser favorisierenden Ghibellinen. Die Städte der Lombardei und Toskana nutzten die politischen Wirren, um ihre Macht auszubauen. Vor diesem turbulenten Hintergrund wurde durch Künstler wie Duccio und Giotto eine neue Ära der Malerei eingeleitet. Zur selben Zeit begründeten die Florentiner Dichter Dante und Petrarca die italienische Literatur.

Bischofsstab aus Siena

ITALIEN 1350 N. CHR.
- Päpstlicher Besitz
- Heiliges Römisches Reich
- Angevinisches Königreich Neapel

MITTELALTERLICHER STADTPLATZ

In Mittelitalien war der Stadtplatz Ausdruck von Bürgerstolz und Unabhängigkeit. Städte wie Perugia *(siehe S. 342f)* suchten ihre Rivalen mit der Pracht ihrer Rathäuser zu übertrumpfen. Das Zentrum von Perugia hat sich seit dem 14. Jahrhundert, als Siena die Hauptrivalin der Stadt war, kaum verändert.

Der Campanile oder Glockenturm

Ein Greif, Symbol Perugias

Condottieri
Städte bezahlten condottieri, Söldnerführer, um ihre Kriege auszufechten. Siena engagierte Guidoriccio da Fogliano, hier auf einem Fresko (1330) von Simone Martini abgebildet.

Der Hauptraum des Rathauses, die Sala dei Notari, ist mit den Wappen der Bürgermeister von Perugia geschmückt.

Dantes Inferno
Eine der schwersten Bestrafungen in Dantes Höllenvision ist korrupten Päpsten wie Bonifatius VIII. (1294–1303) vorbehalten, die kopfüber ins Feuer gehängt werden.

Die Fontana Maggiore, 1275 begonnen, wurde von Nicola Pisano mit Reliefs ausgestattet. Sie ist ein Symbol des Reichtums der Stadt.

ZEITSKALA

1282 Sizilianische Vesper: Aufstand gegen die französische Herrschaft in Palermo

1282 Peter von Aragón landet in Trapani, erobert Sizilien und wird in Palermo zum König gekrönt

1296 Beginn der Arbeiten am Dom von Florenz

1298 Marco Polo kehrt aus China zurück

1304 Geburt Petrarcas

Der Dichter und Gelehrte Petrarca

1309–43 Regierungszeit Roberts des Weisen von Neapel

1309 Klemens V. verlegt den Papstsitz nach Avignon

1310 Beginn der Arbeiten am Palazzo Ducale in Venedig

1313 Geburt Boccaccios

1321 Dante vollendet *Die Göttliche Komödie*

1337 To... Giotto

1275 — 1300 — 1325

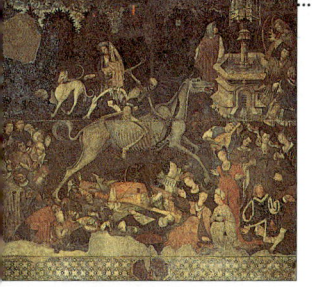

DIE GESCHICHTE ITALIENS

Wegweiser zum spätmittelalterlichen Italien

- Viele mittelitalienische Städte haben öffentliche Gebäude aus dem 13. und 14. Jahrhundert; Beispiele sind der beeindruckende Palazzo Vecchio in Florenz (S. 283) und der Palazzo Pubblico in Siena (S. 330). Zu den kleineren Orten mit mittelalterlichem Charakter zählen Volterra (S. 324) und Monteriggioni (S. 324) in der Toskana, Gubbio (S. 342) und Todi (S. 349) in Umbrien sowie Viterbo (S. 448f) im Latium. Der Dom von Orvieto (S. 348f) ist ein prächtiger gotischer Kathedralbau des späten 13. Jahrhunderts.

Der Schwarze Tod
Genuesische Schiffe brachten 1347 die Beulenpest vom Schwarzen Meer nach Italien. Sie tötete mehr als ein Drittel der Bevölkerung und ließ den Rest abergläubisch und voll Schrecken zurück.

Die Piazza dei Priori in Volterra (S. 324) ist einer der schönsten mittelalterlichen Plätze Italiens.

Die Kathedrale wurde 1350 begonnen. Sie besaß einst zum Platz hin eine Außenkanzel.

Bau von Alessandria
Nahezu alle Städte waren von starken Mauern umgeben. Dieses Fresko (1407) von Spinello Aretino ist ein wertvolles Zeugnis mittelalterlicher Bautechniken.

Rückkehr Papst Gregors XI. nach Rom (1377)
70 Jahre lang hatten die Päpste in französischem Exil in Avignon gelebt, während in Rom ein Machtkampf tobte.

1343 Simon Boccanegra wird erster Doge von Genua; Giovanna I Königin von Neapel

1347–49 Schwarzer Tod

Mittelalterlicher Arzt

1378–1415 Kirchenspaltung; rivalisierende Päpste und Gegenpäpste in Rom und Avignon

1380 Genueser Flotte ergibt sich bei Chioggia den Venezianern

| 1350 | 1375 | 1400 |

1354 Cola di Rienzo wird in Rom ermordet

1347 Cola di Rienzo versucht die römische Republik wiedereinzuführen

1377 Gregor XI. kehrt aus Avignon nach Rom zurück

1385 Gian Galeazzo Visconti wird Stadtherr von Mailand

1406 Pisa wird von Florenz annektiert

Die Renaissance

Leonardo da Vinci (1452–1519)

Das Italien des 15. Jahrhunderts erlebte eine Blüte der Kunst und Gelehrsamkeit, wie es sie seit den Tagen Griechenlands und Roms in Europa nicht mehr gegeben hatte. Architekten wandten sich von der Gotik ab und ließen sich von klassischen Vorbildern inspirieren, während die Malerei mit ihrem neuen Verständnis der Perspektive und Anatomie eine Generation von Künstlern hervorbrachte, zu der solche Meister wie Leonardo da Vinci, Raffael und Michelangelo gehörten. Das Patronat dieser »Wiedergeburt« übernahmen die reichen Familien aus den Stadtstaaten des Nordens, angeführt von den Medici in Florenz.

ITALIEN IM JAHRE 1492
- Republik Florenz
- Päpstlicher Bezirk
- Besitz Aragóns

Galeazzo Maria Sforza war der Sohn des Stadtherrn von Mailand.

Piero de' Medici, der Vater Lorenzos, trug den Spitznamen »der Gichtkranke«.

Schlüsselübergabe an Petrus
Peruginos Fresko in der Sixtinischen Kapelle (siehe S. 416) *verknüpft die Autorität des Papstes mit dem Neuen Testament und mit dem antiken Rom.*

Selbstporträt des Künstlers

Exekution des Savonarola (1498)
Der fanatische Mönch, der 1494 in Florenz die Macht ergriff, wurde als Ketzer gehängt und auf der Piazza della Signoria verbrannt.

ZEITSKALA

1420 Martin V. führt das Papsttum in Rom wieder ein

1434 Cosimo de' Medici kommt in Florenz an die Macht

1435 Veröffentlichung von Albertis Traktat *Über die Malerei*, der das erste System der Linearperspektive enthält

1436 Brunelleschi vollendet die Kuppel des Doms von Florenz

1442 Alfons von Aragón erobert Neapel

1444 Federico da Montefeltro wird Herzog von Urbino

1452 Geburt Leonardo da Vincis

1453 Untergang Konstantinopels

1458–64 Krieg zwischen den Häusern von Aragón und Anjou um das Königreich Neapel

1469 Lorenzo der Prächtige wird Stadtherr von Florenz

Cosimo de' Medici

Filippo Brunelleschi

DIE GESCHICHTE ITALIENS

Die Schlacht von Pavia *(1525)*
Bei dieser Schlacht gegen die Armee des Habsburger Kaisers Karl V. wurde der französische König François I gefangengenommen.

ZUG DER HEILIGEN DREI KÖNIGE

Benozzo Gozzolis Fresko (1459) im Palazzo Medici-Riccardi in Florenz stellt Angehörige der Medici-Familie und andere Größen der Zeit dar. Es enthält viele Anspielungen auf ein 1439 in Florenz abgehaltenes Kirchenkonzil.

WEGWEISER ZUM ITALIEN DER RENAISSANCE

Viele Städte waren im 15. Jahrhundert blühende Kunstzentren. Keine übertrifft Florenz *(S. 262ff)* mit ihren Palästen und den Uffizien *(S. 278ff)*, doch auch Venedig *(S. 80ff)*, Urbino *(S. 360f)* und Mantua *(S. 199)* haben Einzigartiges zu bieten. Verpassen Sie in Rom nicht die Sixtinische Kapelle und die Stanzen Raffaels im Vatikan *(S. 414ff)*.

Das Spedale degli Innocenti *in Florenz (S. 269) demonstriert die klassische Symmetrie und Zurückhaltung der Renaissance.*

Humanismus
In Carpaccios Gemälde des heiligen Augustinus vermutet man ein Porträt des Kardinals Bessarion (um 1395–1472), eines humanistischen Gelehrten, der das Interesse an klassischer Philosophie wiederbelebte.

Lorenzo de' Medici (»der Prächtige«) ist als einer der drei Könige auf dem Weg nach Bethlehem dargestellt.

Papst Julius II.
Während seiner Amtszeit (1503–13) machte der weltliche Julius das Papsttum zu einer bedeutenden Macht. Raffaels Porträt zeigt ihn als scharfsinnigen Staatsmann.

1483 Sixtus IV. weiht die Sixtinische Kapelle

1487 Geburt Tizians

1494 Italien wird von Charles VIII besetzt

1503 Giuliano della Rovere wird zum Papst Julius II. gewählt; er erweist sich als mächtigster der Renaissancepäpste

Niccolò Machiavelli

1527 Kaiserliche Truppen plündern Rom

1475 — 1500

1475 Geburt Michelangelos

Raffael

1483 Geburt Raffaels

1498 Savonarola hingerichtet; Machiavelli Sekretär des Florentiner Rats

1512 Michelangelo vollendet die Decke der Sixtinischen Kapelle

1513 Giovanni de' Medici zum Papst Leo X. gekrönt

1525 François I wird in der Schlacht von Pavia gefangengenommen

1532 Machiavellis Buch *Der Fürst* erscheint fünf Jahre nach seinem Tod

Die Gegenreformation

NACH DER PLÜNDERUNG ROMS 1527 befand sich Italien in der Hand Karls V., Kaiser des Heiligen Römischen Reiches und König von Spanien. Sein Gegner, Papst Klemens VII., krönte ihn in Bologna zum Kaiser. Als Antwort auf die wachsende Bedrohung durch den Protestantismus forderte die Gegenreformation, von der Inquisition unterstützt, strenge Orthodoxie. Neue Orden wie die Jesuiten wurden gegründet, um in Übersee für das »Seelenheil« der Menschen zu kämpfen. Der missionarische Geist der Epoche inspirierte die dramatischen Formen des Barock.

Gian Lorenzo Bernini

ITALIEN IM JAHRE 1550
- Spanische Besitzungen
- Verbündete Spaniens

Kaiser Karl V. und Papst Klemens VII.
Die beiden ehemaligen Feinde legten ihre Differenzen im Vertrag von Barcelona (1529) bei, der die Zukunft Italiens bestimmte.

Die Jungfrau Maria greift auf der Seite der Christen ein.

BAROCKE STUCKDEKORATION
Dieses Stuckrelief (um 1690) von Giacomo Serpotta im Oratorium von Santa Zita in Palermo ist ein hervorragendes Beispiel spätbarocken Überschwangs. Das Sujet ist ein beliebtes Bildthema der Zeit: die Schlacht von Lepanto (1571), ein Triumph für die Mächte der Christenheit gegen die Türken.

Das Zentrum dieses genialen Werkes bildet ein gerahmtes perspektivisches Gemälde.

Barocke Architektur
Guarino Guarinis Ausschmückung der Kuppel der Cappella della Sacra Sindone in Turin (siehe S. 213) wurde 1694 vollendet.

Der kleine Junge stützt seine Hand auf einen Helm, Symbol der siegreichen Christen.

ZEITSKALA

1530–37 Alessandro de' Medici Stadtherr von Florenz

1542 Inquisition in Rom eingesetzt

1545–63 Konzil von Trient bestimmt die Richtlinien der Gegenreformation

Andrea Palladio

1580 Tod des Architekten Palladio

1589 Palestrina vertont das lateinische Gesangbuch

1600 Philosoph Giordano Bruno in Rom als Ketzer verbrannt

1550 | 1575

1540 Gründung des Jesuitenordens

1541 Michelangelo vollendet *Das Jüngste Gericht* in der Sixtinischen Kapelle

1571 Sieg über die Türken in der Schlacht von Lepanto

1564 Geburt Galileis

1529 Karl V. zum Kaiser des Heiligen Römischen Reiches gekrönt

1560 Carlo Borromeo wird Bischof von Mailand

Giovanni Pierluigi da Palestrina

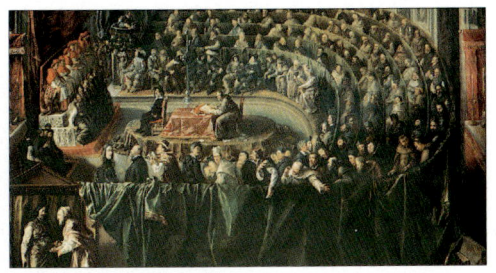

DIE GESCHICHTE ITALIENS

Der Prozeß gegen Galilei
Der große Astronom geriet häufig in Konflikt mit der Inquisition. Er wurde 1633 nach Rom zitiert und gezwungen zu widerrufen, daß Erde und Planeten um die Sonne kreisen.

Lepanto war die letzte große Seeschlacht, bei der venezianische Galeeren eine wichtige Rolle spielten.

Cherubim waren ein beliebtes Motiv barocker Dekorationen

Heiliger Ignatius von Loyola
Der spanische Heilige gründete den Jesuitenorden.

Der Turban, Symbol der besiegten Türken

Aufstand von Masaniello (1647)
Eine geplante Obststeuer löste diese gescheiterte Revolte gegen die spanische Herrschaft aus.

WEGWEISER ZUM BAROCKEN ITALIEN

Die Verzückung der heiligen Theresa *von Bernini (S. 402) besitzt eine ganz besondere dynamische Theatralik.*

Der Barock ist eng mit Rom verknüpft, insbesondere mit großen öffentlichen Plätzen wie der Piazza Navona (S. 388f) und den vielen Kirchen von Borromini und Bernini. Weitere Städte mit sehenswerter Barockarchitektur sind Lecce (S. 496f) in Apulien, Palermo (S. 510ff), Noto (S. 527) und Syrakus (S. 526f) auf Sizilien sowie Turin (S. 212ff).

1626 Weihe der neuen Peterskirche in Rom

1631 Herzogtum von Urbino wird dem Kirchenstaat angegliedert

1669 Venedig verliert die Insel Kreta an die Türken

1694 Andrea Pozzo vollendet das Deckenfresko der Kirche Sant'Ignazio in Rom

1678 Geburt Vivaldis

| 1625 | 1650 | 1675 |

1633 Galilei wird von den päpstlichen Autoritäten verurteilt

1642 *Die Krönung der Poppäa* von Monteverdi

1647 Revolte in Neapel wegen geplanter Obststeuer

1669 Größerer Ausbruch des Ätna

1693 Ostsizilien wird durch Erdbeben zerstört; fünf Prozent der Bevölkerung sterben

1674 Aufstand gegen die Spanier in Messina

Die Grand Tour

Der romantische Dichter Shelley, Italienreisender

DER VERTRAG VON AACHEN 1748 markierte den Beginn einer fünfzigjährigen Friedensperiode. In dieser Zeit wurde Italien mit seinen Kunstschätzen und antiken Ruinen zum ersten Touristenziel Europas. Junge englische Adlige besuchten Rom, Florenz und Venedig im Rahmen einer neuen Art Pilgerfahrt, der Grand Tour, während Künstler und Dichter in Roms Vergangenheit nach Inspiration suchten. Napoleon, der Italien eroberte und für kurze Zeit vereinte, drohte 1800 die alte Ordnung zu zerstören, doch wurde der Status quo 1815 wiederhergestellt.

Die Flotte Karls III. vor Neapel *(1753)*
Karl, Herrscher von Neapel zwischen 1734 und 1759, bemühte sich um echte politische Reformen.

Goethe in der römischen Campagna
Goethe bereiste 1786–88 Italien. Zu den Dichtern, die seinem Beispiel folgten, gehörten Keats, Shelley und Byron.

Farnesischer Herkules *(siehe S.475)*

Venezianischer Karneval
Der farbenfrohe Karneval zog viele Reisende an, doch Venedigs Glanzzeiten waren vorbei. 1797 wurde die stolze Seerepublik von Napoleon an Österreich abgetreten.

Sterbender Galater *(siehe S.376)*

GALERIE MIT ANSICHTEN DES ANTIKEN ROMS VON PANNINI

Giovanni Pannini (1691–1765) malte für Ausländer Ansichten römischer Ruinen. Dieses Gemälde ist ein Capriccio, eine imaginäre Szene, die viele bekannte Ansichten vereint.

ZEITSKALA

Wappen der Medici

1713 Im Frieden von Utrecht fallen Neapel und Sardinien an Österreich; Sizilien geht an Piemont

1725 *Die vier Jahreszeiten* von Vivaldi

1735 Der Frieden von Wien bestätigt Karl III. als König beider Sizilien (Neapel und Sizilien)

1748 Erste Grabungen in Pompeji

1755 Korsika an Frankreich verkauft

1700 — **1720** — **1740**

1707 Geburt des Dramatikers Carlo Goldoni

1720 Piemont und Sardinien werden unter dem Haus Savoyen vereint; Sizilien fällt an Österreich

1737 Ende der Medici-Dynastie in Florenz; Großherzogtum Toskana fällt an das österreichische Haus Lothringen

Antonio Vivaldi, der große venezianische Komponist

DIE GESCHICHTE ITALIENS

Ansicht des Forum Romanum
Die beliebte Radierfolge Vedute di Roma
*(Ansichten von Rom) von Giovanni Battista
Piranesi (1720–78) weckte neues Interesse
an den Ausgrabungen des antiken Roms.*

Das Kolosseum war im 18.
Jahrhundert ein ebenso
beliebtes Motiv wie auf
heutigen
Postkarten.

WEGWEISER ZUM ITALIEN DES 18. JAHRHUNDERTS

Das 18. Jahrhundert brachte zwei der meistgeliebten Touristenattraktionen Roms hervor: die Spanische Treppe (S. 399) und den Trevi-Brunnen (S. 400). Die neoklassischen Skulpturen Antonio Canovas (1757–1822) waren zu dieser Zeit enorm begehrt. Sein Grab befindet sich in Santa Maria Gloriosa dei Frari in Venedig (S. 94f). Imposantestes Beispiel neoklassischer Architektur ist der Palazzo Reale in Caserta (S. 480), ein gewaltiges Monument des aufgeklärten Despotismus.

Pauline Borghese, *die Schwester Napoleons,
saß Antonio Canova für seine* Venus *in der
Villa Borghese in Rom* (S. 429) *Modell.*

Laokoon
(siehe S. 407)

Ansicht des Pantheons
(siehe S. 394)

Napoleon
Als Napoleon Italien eroberte, wurde er von vielen als Befreier angesehen. Die Bewunderung verflog, als er Kunstwerke von unschätzbarem Wert mitnahm.

Wiener Kongreß *(1815)*
*Die Konferenz sprach Österreich die Lombardei
und Venedig zu und legte damit das Samenkorn der italienischen Vereinigungsbewegung.*

1760		1780		1800	
	Die Scala in Mailand (siehe S. 187)	**1796/97** Napoleons erste Feldzüge in Norditalien		**1800/01** Napoleon erobert Italien	**1809** Papst Pius VII. wird von Napoleon gefangengenommen
	1778 Die Scala in Mailand eröffnet			**1808** Murat wird König von Neapel	
1773 Papst löst Jesuitenorden auf		**1780** Joseph II. besteigt den österreichischen Thron; kleinere Reformen in der Lombardei		**1806** Joseph Bonaparte wird König von Neapel	
1765–90 Regierung Leopolds, des Großherzogs der Toskana, der aufgeklärte Reformen einführt		**1797** Venedig fällt an Österreich; Frankreich kontrolliert das übrige Norditalien		**1815** Wiener Kongreß stellt den Status quo Italiens wieder her; Österreich behält jedoch Venedig	

Das Risorgimento

DER BEGRIFF »RISORGIMENTO« (Wiederaufleben) bezeichnet die fünf Jahrzehnte des Kampfs um die Befreiung von der Fremdherrschaft, der 1861 in der Vereinigung Italiens gipfelte. 1848 erhoben sich Patrioten gegen die Österreicher in Mailand und Venedig, gegen die Bourbonen in Sizilien und gegen den Papst in Rom. Heldenhaft verteidigte Garibaldi die Republik, doch die Aufstände blieben zu lokal. Mit Vittorio Emanuele II an der Spitze war die Bewegung um 1859 besser organisiert. In zwei Jahren eroberte sie ganz Italien mit Ausnahme Venedigs und Roms.

Vittorio Emanuele

ITALIEN IM JAHRE 1861

☐ *Königreich Italien*

Die Gewehre waren alte umgebaute Steinschloßgewehre.

Giuseppe Mazzini
(1805–72)
Lange Zeit seines Lebens verbannt, kämpfte Mazzini an der Seite Garibaldis für ein vereintes Italien als Republik.

Das rote Hemd war das Markenzeichen der Garibaldini.

Italienische Eisenbahn
Die Strecke von Neapel nach Portici wurde 1839 eröffnet. Politisch zersplittert, baute Italien nur langsam ein effektives Eisenbahnnetz auf.

Aufstand von Messina
Als sich Messina erhob, unterzog Ferdinand II. die Stadt einem Bombardement und erwarb sich den Spitznamen König Bomba.

ZEITSKALA

1820

20er Jahre Geheimbund der Carbonari im Kirchenstaat aktiv

1831 Aufstand gegen die päpstliche Herrschaft in der Romagna und den Marken

1831 Mazzini gründet die Bewegung *Giovine Italia* (Junges Italien)

1830

1840 Erste Eisenbahnstrecken

Daniele Manin, Held des Aufstands von 1848

1840

1847 Wirtschaftskrise

1848 Revolutionen in ganz Italien

1849 Vittorio Emanuele II wird Herrscher im Piemont

1849 Rom von französischen Truppen überrann[t]

1850

1852 Cavour wird Premierminist[er] von Piemont

DIE GESCHICHTE ITALIENS

Schlacht von Solferino *(1859)*
Mit Hilfe einer französischen Armee nahmen die Piemonteser den Österreichern Mailand und die Lombardei.

An Bord zweier alter Schaufelraddampfer waren die Tausend aus Quarto gekommen.

WEGWEISER ZUM ITALIEN DES RISORGIMENTO

Quasi jede Stadt Italiens ehrt die Helden des Risorgimento mit einer Via Garibaldi, einer Via Cavour, einer Piazza Vittorio, Via Mazzini und Via XX Settembre (Tag der Kapitulation Roms, 1870). Viele Städte haben Risorgimento-Museen; eines der besten befindet sich in Turin *(S. 215)*.

Das Denkmal Vittorio Emanueles *(S. 374)* ist ein – nicht sehr beliebtes – Wahrzeichen Roms.

Graf Camillo di Cavour *(1810–61)*
Cavours Diplomatie als Premierminister von Piemont stellte sicher, daß das Haus von Savoyen das neue Italien regierte. Von ihm stammt auch der Begriff »Risorgimento«.

Die Boote lieh man sich von Schiffen, die im Hafen lagen.

Giuseppe Verdi *(1813–1901)*
Komponisten wie Verdi, Donizetti und Rossini machten das 19. Jahrhundert zur großen Ära der italienischen Oper. Verdis frühe Opern inspirierten das Risorgimento.

GARIBALDI UND DIE TAUSEND

Giuseppe Garibaldi (1807–82) war ein mutiger Anführer. 1860 landete er mit 1000 Freiwilligen in Marsala. Die Garnison von Palermo ergab sich, Sizilien fiel, und er zog weiter, um Neapel zu erobern, und konnte so Vittorio Emanuele ein halbes Königreich schenken.

1859 Schlachten von Magenta und Solferino; Piemont gewinnt die Lombardei sowie die Herzogtümer Parma, Modena und Toskana

1861 Ausrufung des Königreichs Italien mit der Hauptstadt Turin

Papst Pius IX., der wie ein Gefangener im Vatikan ausharrte, als Rom die Hauptstadt Italiens wurde

1882 Tod Garibaldis und Papst Pius' IX.

1893 Entsendung von Truppen zur Unterdrückung eines Aufstands in Sizilien

1860	1870	1880	1890

1866 Venedig fällt an Italien

1878 Tod Vittorio Emanueles; Thronbesteigung Umbertos I

1870 Rom fällt an die königlichen Truppen und wird Hauptstadt; Vatikan verkündet Doktrin der päpstlichen Unfehlbarkeit

1890 Die italienische Kolonie Eritrea wird durch königlichen Erlaß gegründet

1860 Garibaldi und die Tausend erobern das Königreich beider Sizilien

Italien im 20. Jahrhundert

DER FASCHISMUS UNTER MUSSOLINI (1922–43) versprach den Italienern Größe, führte jedoch nur zu Demütigung. Trotzdem wurde Italien eine der Industrienationen Europas, mit einem Lebensstandard, der um 1900 undenkbar gewesen wäre. Dies wurde angesichts großer Hindernisse bewerkstelligt. Seit 1946 erlebte die Republik zahlreiche Krisen – eine Reihe instabiler Koalitionen, die Terroristenattentate der siebziger Jahre und Korruptionsskandale, in die zahllose Minister und Beamte verwickelt sind.

1936 Fiat produziert den ersten »Topolino«

1922 Marsch der Faschisten auf Rom; Mussolini wird mit der Regierungsbildung beauftragt

1918 Österreichischer Vormarsch am Fluß Piave gestoppt

1940 Italien tritt in den Zweiten Weltkrieg ein

1915 Italien tritt in den Ersten Weltkrieg ein

1943 Italien unterzeichnet Waffenstillstand; die neue Regierung Badoglio erklärt Deutschland den Krieg

1900 Ermordung König Umbertos I

1911/12 Italien erobert Libyen

1908 Erdbeben zerstören viele Städte und Dörfer in Kalabrien und Ostsizilien; im fast völlig zerstörten Messina sterben über 200 000 Menschen

1936 Italien erobert Abessinien; Pakt mit Deutschland: antikommunistische »Achse« Berlin–Rom

20er Jahre Die Nachkriegszeit erlebt eine große Auswanderungswelle in die USA; hier jubeln Einwanderer an Bord der *Giulio Cesare* bei der Ankunft in New York

1943 Mussolini in Gefangenschaft; wird von Deutschen befreit

1946 Referendum, bei dem Italien die Errichtung einer Republik beschließt; Partei der Christdemokraten bildet die erste einer langen Reihe von Koalitionsregierungen

1917 Niederlage bei Caporetto an Italiens Nordostgrenze; italienische Truppen wie diese ziehen sich in Defensivpositionen zurück

1909 Im *Futuristischen Manifest* verurteilt Filippo Marinetti die traditionelle Kunst als zu statisch. Seine Vorstellung einer neuen, dynamischen Kunst materialisiert sich in Boccionis Plastik *Einmalige Formen der Kontinuität im Raum*

DIE GESCHICHTE ITALIENS

1960 *La Dolce Vita*, Federico Fellinis Filmsatire über Roms dekadente Gesellschaft, wird uraufgeführt

1966 Der Arno tritt über die Ufer, überflutet Florenz und zerstört viele Kunstwerke von unschätzbarem Wert

1978 Ministerpräsident Aldo Moro wird von den Roten Brigaden entführt und ermordet

1992 Skandale decken weitverbreitete Korruption im politischen System auf

1990 Fußballweltmeisterschaft in Italien

1993 Die italienische Modeindustrie wird immer erfolgreicher; hier Madonna im Dolce-e-Gabbana-Look

1995 Der Vorwurf finanzieller Unregelmäßigkeiten zwingt Berlusconi zum Rücktritt

1960	1980

1960	1980

1960 Olympische Spiele in Rom

1978 Wahl von Papst Johannes Paul II.

1983 Bettino Craxi wird Italiens erster sozialistischer Ministerpräsident

1969 Bombenattentat auf der Piazza Fontana in Mailand; 13 Tote, viele Verletzte

1982 Italienische Nationalmannschaft wird in Spanien Fußballweltmeister

1994 TV-Magnat Silvio Berlusconi wird nach Gründung der neuen Partei Forza Italia Ministerpräsident

1957 Römische Verträge; Italien wird eines der Gründungsmitglieder der Europäischen Wirtschaftsgemeinschaft

ITALIENISCHES KINO SEIT DEM ZWEITEN WELTKRIEG

Die sozialen Probleme Italiens wurden in einer neuen Form des Films aufgegriffen, die als Neorealismus bekannt wurde. Zu ihren herausragenden Figuren zählen Roberto Rossellini, der Regisseur von *Rom, offene Stadt* (1945), Vittorio De Sica, der *Die Fahrraddiebe* (1948) drehte, und Luchino Visconti. Danach haben die bedeutenden italienischen Regisseure unterschiedliche Stile kultiviert. Viscontis spätere Filme, wie *Der Tod in Venedig* (1971), kreisen um Schönheit und Dekadenz, während Federico Fellinis *La Dolce Vita* (1960) und *Roma* (1972) das Leben als grotesken Karneval darstellen. Italien produziert auch viele weniger ernste, kommerzielle Filme, von denen z. B. die Western Sergio Leones weltweite Popularität errangen.

Vittorio de Sica (1902–74)

Das Jahr in Italien

Was Mentalität und Lokalkolorit angeht, überrascht Italiens Vielfalt immer wieder. Das hängt mit dem gerade im Süden noch immer sehr ausgeprägten Regionalismus zusammen: Die Liebe zu ihrer Heimat sowie eine nach wie vor enge Verbundenheit mit der katholischen Kirche spiegeln sich in den Feierlichkeiten der Italiener. Begeistert wird jeder denkbare Anlaß aufgegriffen – von der Weinlese über kirchliche Prozessionen bis hin zu aufwendigen Gedächtnisfeiern. Dazu kommt die natürliche Vorliebe der Italiener für guten Wein und schmackhafte Kost.

Frühling

Im südlichen Italien wird es schon früh im Jahr warm, und die Städte und bedeutenden Sehenswürdigkeiten sind nur selten überlaufen (außer Rom an Ostern!). In Mittel- und Norditalien regnet es dafür häufig. Auf den Speisekarten tauchen Frühlingsspezialitäten wie Spargel, Spinat und Artischocken auf. Im Frühjahr wird gern und viel gefeiert; an Ostern zieht es Jahr für Jahr riesige Menschenmassen auf den Petersplatz, um dort den Segen des Papstes zu empfangen.

Grüner Spargel

März

Mostra Vini Spumanti (*Mitte März*), Madonna di Campiglio, Trentino-Südtirol. Schaumwein-Festival.
Sa Sartiglia, Oristano, Sardinien. Dreitägiger Karneval bis Faschingsdienstag.

Prozession der Trauernden Madonna auf der Insel Procida

Su e zo per i ponti (*zweiter So*), Venedig. Marathonartiges Rennen durch Gassen und über die Brücken von Venedig.

April

Prozession der Trauernden Madonna (*Karfreitag*), Procida, Kampanien. Farbenprächtige Prozession.
Heilige Woche (*Karwoche*). Zahlreiche Osterfeierlichkeiten im ganzen Land.
Päpstlicher Ostersegen (*Ostersonntag*), Rom. Der Papst spricht den Segen »Urbi et Orbi«.
Tanz der Teufel und des Todes (*Ostersonntag*), Prizzi, Sizilien. Der Teufel versucht im Tanz, Gott die Macht zu entreißen.
Scoppio del Carro (*Ostersonntag*), Florenz. Historischer Umzug mit prächtigem Feuerwerk.
Festa della Madonna che Scappa in Piazza (*Ostersonntag*), Suloma, Abruzzen. Religiöses Historienspiel: Der auferstandene Christus begegnet Maria.
Festa degli Aquiloni (*erster So nach Ostern*), San Miniato, Toskana. Flugdrachen-Festival.
Festa di San Marco (*25. Apr.*), Venedig. Eine Gondelwettfahrt zur Erinnerung an den heiligen Markus, den Schutzpatron Venedigs.
Mostra Mercato Internazionale dell'Artigianato (*letzte Woche*), Florenz. Bedeutende Kunsthandwerksmesse für Interessierte aus dem In- und Ausland.

Frühe Erdbeeren

Scoppio-del-Carro-Festival in Florenz

Sagra Musicale Lucchese (*Apr–Juli*), Lucca, Toskana. Konzerte geistlicher Musik in vielen romanischen Kirchen der Stadt.

Mai

Festa di Sant'Efisio (*1. Mai*), Cagliari, Sardinien. Festzug in sardischer Tracht.
Festa dei Ceri (*5. Mai*), Gubbio, Perugia. Volksfest, u. a. mit einem Rennen.
Festa di San Domenico Abate (*6. Mai*), Cocullo, Abruzzen. Lebende Schlangen winden sich um die Heiligenstatue, die bei der Prozession durch die Straßen getragen wird.
Festa della Mela (*Ende Mai*), Auer/Ora, Trentino-Südtirol. Großes Apfelfest im Südtiroler Ort Auer, dem »Tor zu den Dolomiten«.
Griechische Dramen (*Mai–Juni*), Syrakus, Sizilien. Theaterfestival mit griechischen Dramen.
Maggio Musicale (*Mai–Juni*), Florenz. Größtes Kunstfestival der Stadt mit Musik, Theater und Tanz.

DAS JAHR IN ITALIEN

Ganze Straßenzüge voller Blüten: die Infiorata in Genzano

SOMMER

Mit dem Sommer kommen die Touristen nach Italien. Die Italiener selbst flüchten spätestens im August ans Meer. Hotels sind häufig ausgebucht, vor den Sehenswürdigkeiten bilden sich lange Schlangen. Kirchliche Feste wechseln sich mit Folklore und Kunstfestivals ab.

JUNI

Festa della Fragola *(1. Juni)*, Borgo San Martino, Alessandria. Erdbeerfest mit Musik und viel Folklore.
Biennale *(Juni–Sep)*, Venedig. Die weltgrößte Ausstellung zeitgenössischer Kunst findet nur in Jahren mit ungerader Endzahl statt.
Infiorata *(Anf. Juni)*, Genzano, Castelli Romani. Prozession durch die blumenbedeckten Straßen einer südlich von Rom gelegenen Stadt.
Festa di San Giovanni *(Mitte Juni–Mitte Juli)*, Turin, Piemont. Auf das 14. Jahrhundert zurückgehendes Festival zu Ehren des Schutzheiligen der Stadt.
Calcio Storico Fiorentino *(24. Juni)*, Florenz: Festzug in Renaissancegewändern, Feuerwerk.

Festa di Sant'Andrea *(27. Juni)*, Amalfi, Kampanien. Feuerwerk und Prozessionen.
Festa dei Due Mondi *(Ende Juni–Anf. Juli)*, Spoleto, Umbrien. Internationales Musik-, Theater- und Tanzfestival.
Gioco del Ponte *(letzter So)*, Pisa. »Brückenparade« in altertümlichen Rüstungen.
Tevere Expo *(Ende Juni)*, Rom. Kunstgewerbe-, Imbiß- und Weinstände, Folkloremusik und Feuerwerk am Tiber.

JULI

Corsa del Palio *(2. Juli)*, Siena. Berühmteste Veranstaltung der Toskana *(siehe S. 331)* mit mittelalterlichen Kostümen, Fahnenwerfern und Pferderennen.
Festa della Madonna della Bruna *(erster So)*, Matera, Basilikata. Prozession mit Geistlichen und Rittern in historischen Gewändern und Rüstungen.
Festa dei Noiantri *(letzte 2 Wo)*, Rom. Farbenfrohes Wagenrennen.
Festa della Santa Maria del Carmine *(16. Juli)*, Neapel. Prächtiges Fest mit Illumination des Campanile.
Internationales Filmfestival *(Juli–Aug)*, Taormina, Sizilien.

Musikant beim Calcio in Florenz

Beim Palio in Siena

Opernfestival *(Juli–Aug)*, Verona, Veneto. Berühmtes Opernfestival *(siehe S. 137)*, das sich mit dem **Shakespeare-Festival** überschneidet. Musik, Theater und Tanz.

AUGUST

Palio *(erstes Wochenende)* Feltre, Veneto. Paraden und Bogenschießwettkämpfe wie im Mittelalter.
Festa del Mare *(15. Aug)*, Diano Marina, Ligurien. Das »Meeresfest« endet mit einem phantastischen Feuerwerk.
Corsa del Palio *(16. Aug)*, Siena, Toskana. Siehe Juli.
Festa dei Candelieri *(16. Aug)*, Sassari, Sardinien. Das »Kerzenfest« feierte man schon im 16. Jahrhundert.
Filmfestival *(Ende Aug–Anf. Sep)*, Venedig. Internationales Filmfestival am Lido.
Rossini-Festival *(Aug–Sep)*, Pèsaro, die Marken. Die Stadt feiert die Werke ihres berühmten Sohnes.
Settimane Musicali di Stresa *(Ende Aug–Ende Sep)*, Stresa, Lombardei. Vier Wochen mit Konzerten und Vorträgen.

Sonne, Sand und gute Laune – ein Tag am toskanischen Strand

HERBST

Der italienische Herbst ist eine eher beschauliche Jahreszeit. Neben den vielen religiösen Veranstaltungen erfreuen sich vor allem kulinarische Festivitäten großer Beliebtheit, egal, ob es dabei um Kastanien, regionale Käsesorten oder Pilze geht. Der Herbst ist auch die Jahreszeit der *vendemmia*, der Weinlese, die häufig Anlaß zu Festlichkeiten gibt, bei denen der Rebensaft in Strömen fließt. Das Wetter *(siehe S. 68f)* wird zum Spätherbst hin vor allem im Norden spürbar kühler und feuchter. Im Süden aber bleibt es oft bis in den Oktober hinein angenehm warm.

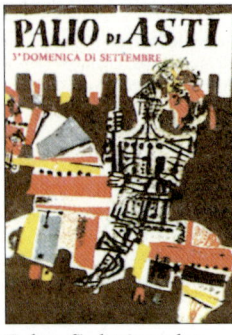

Werbung für den September-Palio in Asti im Piemont

SEPTEMBER

Sagra dell'Uva *(Anfang Sep)*, Rom. Erntedankfest mit viel Folklore; Trauben zu Spottpreisen.
Neapolitanischer Sängerwettstreit *(7. Sep)*, Piazza di Piedigrotta, Neapel. Die meisten Teilnehmer treten zu zweit an: Eine(r) singt und spielt Mandoline, der oder die andere Kastagnetten.
Festa di San Sebastiano e Santa Lucia *(1.–3. Sep)*, Sassari, Sardinien. Dazu gehört ein Wettkampf, bei dem improvisierte Reime vorgetragen werden.
Prozession der Macchina di Santa Rosa *(3. Sep)*, Viterbo, Latium. Festzug zur Erinnerung an die Überführung der Gebeine der Heiligen in die Kirche Santa Rosa im Jahre 1258.
Giostra del Saracino *(1. So)*, Arezzo, Umbrien. »Turnier« zwischen Sarazenen und Rittern, wie im 13. Jahrhundert.
Regata Storica *(1. So)*, Venedig. Prächtige Prozession mit historischen Booten, gefolgt von einer Gondelregatta.
Partita a Scacchi *(2. Wo)*, Marostica, Nähe Vicenza. Schachpartie mit lebenden Spielfiguren, in Jahren mit gerader Endzahl.
Rassegna del Chianti Classico *(2. Wo)*, Chianti, Toskana. Großes Weinfest.
Miracolo di San Gennaro *(19. Sep)*, Neapel. Große Messe im Dom zur Erinnerung an den Heiligen.
Palio *(3. So)*, Asti, Piemont. Prozession in mittelalterlichen Gewändern und ein Pferderennen ohne Sättel.

Der weitverbreitete Ölbaum

OKTOBER

Amici della Musica *(Okt–Apr)*, Florenz, Toskana. Beginn der Konzertsaison der »Musikfreunde«.
Fiera del Tartufo *(1. So)*, Alba, Piemont. Buntes Veranstaltungsprogramm rund um die hier wachsenden Trüffeln.
Festa di San Francesco *(4. Okt)*, Assisi, Umbrien. Fest zu Ehren des Heiligen.
Weinfest *(1. Woche)*, Castelli Romani, Latium.
Sagra del Tordo *(letzter So)*, Montalcino, Toskana. Drosselfest mit historischem Bogenschießwettkampf.
Festa dell'Uva *(Termin variabel)*, Bozen, Trentino-Südtirol. Traubenfest mit Live-Musik und aufwendiger Prozession.

Maroni gegen herbstliche Kühle

NOVEMBER

Festa dei Popoli *(Nov–Dez)*, Florenz, Toskana. Filmfestival; alle Filme werden im Original mit italienischen Untertiteln gezeigt.
Festa della Salute *(21. Nov)*, Venedig. Prozession zur Salute-Kirche zum Dank für die Erlösung von der Pest des Jahres 1630.

Schachpartie mit lebenden Spielfiguren auf der Piazza von Marostica

DAS JAHR IN ITALIEN

WINTER

AUCH IN DER KALTEN Jahreszeit wissen die Italiener Feste zu feiern. Die neapolitanischen Weihnachtskrippen sind nicht umsonst berühmt. Weihnachten selbst feiert man eher bescheiden; wesentlich lauter und prächtiger geht es z. B. auf dem Fest des heiligen Gennaro in Neapel oder dem Karneval von Venedig zu.

DEZEMBER

Festa di Sant'Ambrogio *(Anfang Dez)*, Mailand. Offizielle Eröffnung der Opernsaison in der Scala *(siehe S. 187)*.
Festa della Madonna di Loreto *(10. Dez)*, Loreto, die Marken. Festivität am Heiligen Haus der Jungfrau.
La Befana *(Mitte Dez–Mitte Jan)*, Rom. Kinder- und Weihnachtsmarkt auf der Piazza Navona.
Miracolo di San Gennaro *(19. Dez)*, Neapel. Siehe Sep.
Weihnachtsmarkt *(Mitte Dez)*, Neapel. Markt mit Krippenfiguren und Weihnachtsschmuck.
Fiaccole di Natale *(Heiligabend)*, Abbadia di San Salvatore, Toskana. Weihnachtsgesänge und Prozessionen zu Ehren der ersten Hirten.
Mitternachtsmesse *(24. Dez)*. In Kirchen im ganzen Land.
Weihnachtssegen *(25. Dez)*, Petersplatz, Rom. Weihnachtsansprache des Papstes.

Rom im Schnee – ein Bild mit Seltenheitswert

La Befana, Piazza Navona, Rom

JANUAR

Capodanno *(1. Jan)*, überall im Land. Mit Feuerwerk, Salven und Knallkörpern werden die bösen Geister des alten Jahres vertrieben und die guten des neuen begrüßt.
La Befana *(Mitte Dez–Mitte Jan)*, Rom. Der Kinder- und Weihnachtsmarkt geht weiter.
Pitti Immagine Uomo, Pitti Immagine Donna, Pitti Immagine Bimbo, Fortezza da Basso, Florenz. Internationale Modeschauen mit Frühjahrs- und Sommermode für Herren, Damen und Kinder.
Festa di San Sebastiano *(20. Jan)*, Dolceacqua, Ligurien. Ein Lorbeerbaum voller farbenprächtiger Kommunionshostien wird durch die Stadt getragen.

Karneval in Viareggio

Festa d'o' Cippo di Sant' Antonio *(17. Jan)*, Neapel. Prozession für den hl. Antonius, Schutzpatron der Tiere.
Carnevale *(22. Jan – 7. Feb)*, Viareggio, Toskana. Der hiesige Karnevalszug ist wegen seiner phantastisch geschmückten Wagen bekannt.
Festa di Santa Orsa *(30./31. Jan)*, Aosta, Aosta-Tal. Vielbesuchte Kunsthandwerksmesse.

FEBRUAR

Carnevale *(erste 10 Tage der Fastenzeit, Ende Faschingsdienstag)*, Venedig. Der berühmte Karneval – der Name heißt soviel wie »dem Fleisch adieu sagen« – umfaßt ein großes Festprogramm.
Sagra delle Mandorle in Fiore *(1. oder 2. Woche)*, Agrigent, Sizilien. Mandelblütenfest.
Bacanal del Gnoco *(11. Feb)*, Verona. Traditionelle Prozession mit geschmückten Festwagen, die zu internationalen oder kommunalen Themen Stellung nehmen. Maskenbälle auf den Plätzen der Stadt.
Carnevale *(Datum variabel)*, Mamoiada, Sardinien. An den Festzügen nehmen finstere *mamuthones* mit schwarzen Masken teil.

FEIERTAGE

Neujahr (1. Jan)
Hl. Drei Könige (6. Jan)
Ostersonn- und -montag
Tag der Befreiung (25. Apr)
Tag der Arbeit (1. Mai)
Ferragosto (15. Aug)
Allerheiligen (1. Nov)
Mariä Empfängnis (8. Dez)
Weihnachten (25. Dez)
Santo Stefano (26. Dez)

Karneval in Venedig

Sportveranstaltungen

FUSSBALL IST DER BEI WEITEM beliebteste Sport, und wenn die Nationalmannschaft *(azzurri)* spielt, sind alle internen Streitigkeiten vergessen. Aber auch andere Sportarten haben eine große Anhängerschaft. Eintrittskarten für die meisten großen Veranstaltungen bekommt man direkt beim Klub. Vorverkaufsstellen bieten gefragte Karten häufig mit saftigem Preisaufschlag an. Vorsicht auch beim Kauf von Schwarzhändlern; deren teure »Tickets« sind häufig nur wertloses, bunt bedrucktes Papier.

Weltcup-Fieber

Calcio Fiorentino, eine der wenigen landeseigenen Sportarten, gilt als mittelalterlicher Vorläufer des modernen Fußballs.

Coppa-Italia-Endspiel

Memorial-d'Aloia-Rudermeisterschaft, Umbrien

Italian Tennis Open, Rom

Der Giro d'Italia zählt zu den schwersten Radrennen der Welt. Gianni Bugno, links, gewann 1992 und 1993.

Die Wasserballsaison dauert von März bis Juli. Bei allen bisherigen Meisterschaften haben sich die Canottieri Napoli hervorragend geschlagen.

| Januar | Februar | März | April | Mai | Juni |

Leichtathletik-Hallenmeisterschaften

Internationales Reit- und Springturnier in Rom

Schwimmen ist ein besonders beliebter Wettkampfsport; im Februar finden die Hallenmeisterschaften statt. Luca Sacchi stand schon auf dem olympischen Siegertreppchen.

Der Circuito Mondiale in Mugello. 1991 hieß der Sieger Luca Cadalora.

Der Grand Prix von San Marino, genaugenommen kein italienisches Autorennen, wird alljährlich im Mai in Imola, in der Nähe der Ferrari-Werke, ausgetragen.

DAS JAHR IN ITALIEN

Die italienischen Schwimm-Meisterschaften werden jedes Jahr im Juli ausgetragen. Hier feiern Giorgio Lamberti und seine Teamkameraden einen Staffelsieg.

Einige der schönsten Wintersportorte der Welt liegen in Italien, das auch verschiedene Weltcup-Rennen ausrichtet. Oben Alberto Tomba, der Sieger der Saison 94/95.

Der Italienische Grand Prix, der alljährlich in Monza stattfindet, bringt die berühmtesten Formel-1-Piloten der Welt nach Italien. Rechts sind die ehemaligen Ferrari-Fahrer Jean Alesi und Gerhard Berger zu sehen.

Die Autorallye von San Remo, die alljährlich im Oktober stattfindet, wurde durch den Fahrer Micky Biason und den Lancia Delta Integrale berühmt.

Trofeo-dei-Templi-Rudermeisterschaften, Sizilien

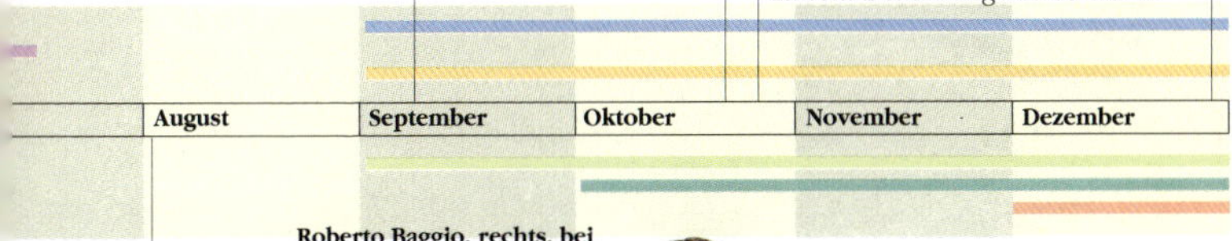

| August | September | Oktober | November | Dezember |

Palio in Siena (siehe S. 331), am 2. Juli und am 16. August

Roberto Baggio, rechts, bei der Weltmeisterschaft 1994 in voller Aktion

Die Fußballsaison dauert in Italien von September bis Juni und gipfelt in dem Endspiel um die Coppa Italia. Seinen Höhepunkt erreicht das Fußballfieber der Italiener aber erst bei den Weltmeisterschaften, die bekanntlich nur alle vier Jahre stattfinden.

LEGENDE DER SPORTSAISON

- Fußball
- Wasserball
- Rugby
- Basketball
- Volleyball
- Skilaufen

Leichtathletikmeisterschaften erfreuen sich in den letzten Jahren zunehmender Beliebtheit; im Hindernislauf machte sich Francesco Panetta einen Namen.

Das Klima

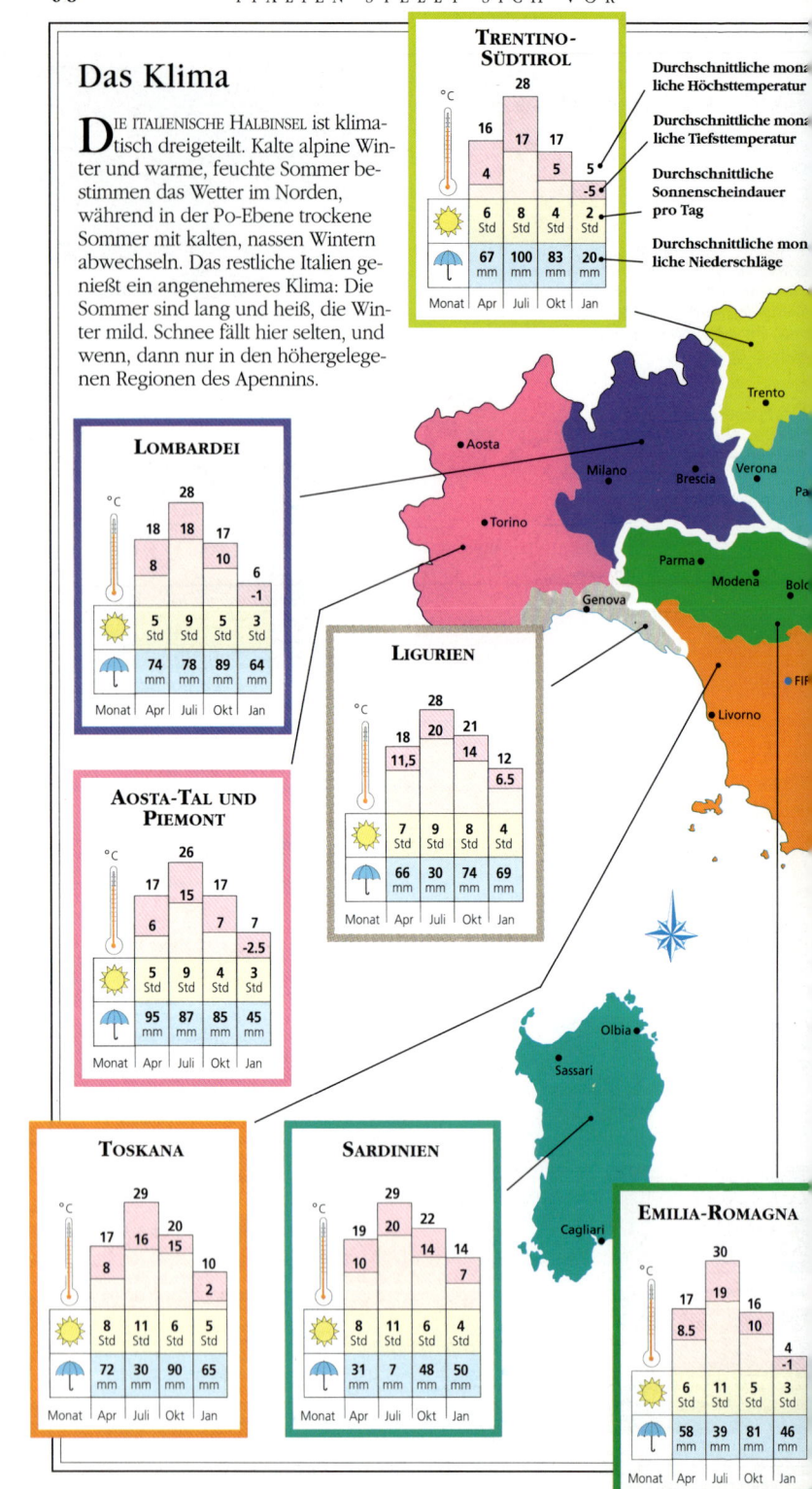

DIE ITALIENISCHE HALBINSEL ist klimatisch dreigeteilt. Kalte alpine Winter und warme, feuchte Sommer bestimmen das Wetter im Norden, während in der Po-Ebene trockene Sommer mit kalten, nassen Wintern abwechseln. Das restliche Italien genießt ein angenehmeres Klima: Die Sommer sind lang und heiß, die Winter mild. Schnee fällt hier selten, und wenn, dann nur in den höhergelegenen Regionen des Apennins.

TRENTINO-SÜDTIROL

°C	Apr	Juli	Okt	Jan
Höchsttemperatur	16	28	17	5
Tiefsttemperatur	4	17	5	-5
Sonnenscheindauer	6 Std	8 Std	4 Std	2 Std
Niederschläge	67 mm	100 mm	83 mm	20 mm

- Durchschnittliche monatliche Höchsttemperatur
- Durchschnittliche monatliche Tiefsttemperatur
- Durchschnittliche Sonnenscheindauer pro Tag
- Durchschnittliche monatliche Niederschläge

LOMBARDEI

°C	Apr	Juli	Okt	Jan
	18	28	17	6
	8	18	10	-1
Sonne	5 Std	9 Std	5 Std	3 Std
Regen	74 mm	78 mm	89 mm	64 mm

AOSTA-TAL UND PIEMONT

°C	Apr	Juli	Okt	Jan
	17	26	17	7
	6	15	7	-2,5
Sonne	5 Std	9 Std	4 Std	3 Std
Regen	95 mm	87 mm	85 mm	45 mm

LIGURIEN

°C	Apr	Juli	Okt	Jan
	18	28	21	12
	11,5	20	14	6,5
Sonne	7 Std	9 Std	8 Std	4 Std
Regen	66 mm	30 mm	74 mm	69 mm

TOSKANA

°C	Apr	Juli	Okt	Jan
	17	29	20	10
	8	16	15	2
Sonne	8 Std	11 Std	6 Std	5 Std
Regen	72 mm	30 mm	90 mm	65 mm

SARDINIEN

°C	Apr	Juli	Okt	Jan
	19	29	22	14
	10	20	14	7
Sonne	8 Std	11 Std	6 Std	4 Std
Regen	31 mm	7 mm	48 mm	50 mm

EMILIA-ROMAGNA

°C	Apr	Juli	Okt	Jan
	17	30	16	4
	8,5	19	10	-1
Sonne	6 Std	11 Std	5 Std	3 Std
Regen	58 mm	39 mm	81 mm	46 mm

DAS JAHR IN ITALIEN

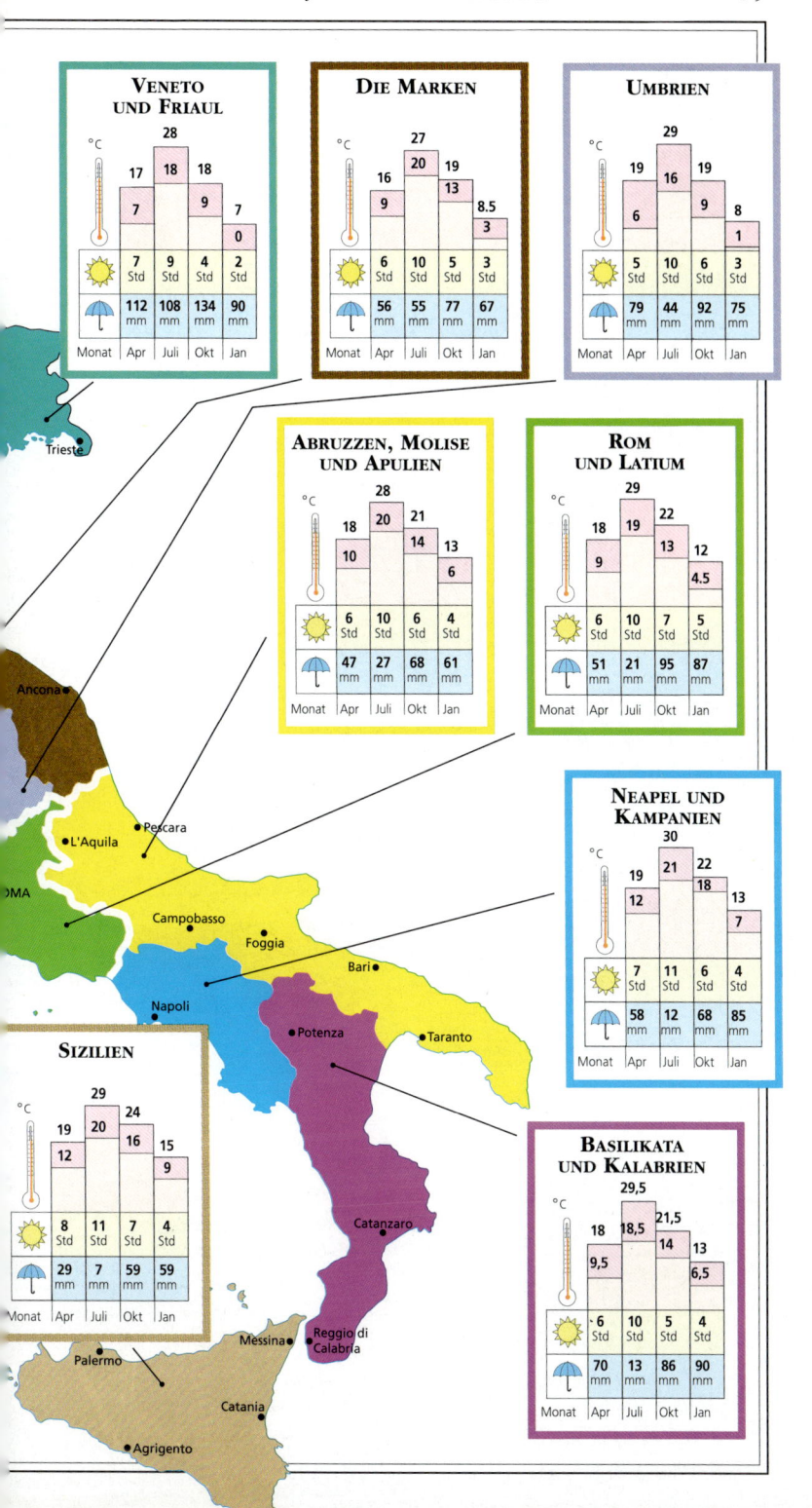

VENETO UND FRIAUL

Monat	Apr	Juli	Okt	Jan
°C max	17	28	18	7
°C min	7	18	9	0
☀	7 Std	9 Std	4 Std	2 Std
☂	112 mm	108 mm	134 mm	90 mm

DIE MARKEN

Monat	Apr	Juli	Okt	Jan
°C max	16	27	19	8.5
°C min	9	20	13	3
☀	6 Std	10 Std	5 Std	3 Std
☂	56 mm	55 mm	77 mm	67 mm

UMBRIEN

Monat	Apr	Juli	Okt	Jan
°C max	19	29	19	8
°C min	6	16	9	1
☀	5 Std	10 Std	6 Std	3 Std
☂	79 mm	44 mm	92 mm	75 mm

ABRUZZEN, MOLISE UND APULIEN

Monat	Apr	Juli	Okt	Jan
°C max	18	28	21	13
°C min	10	20	14	6
☀	6 Std	10 Std	6 Std	4 Std
☂	47 mm	27 mm	68 mm	61 mm

ROM UND LATIUM

Monat	Apr	Juli	Okt	Jan
°C max	18	29	22	12
°C min	9	19	13	4.5
☀	6 Std	10 Std	7 Std	5 Std
☂	51 mm	21 mm	95 mm	87 mm

NEAPEL UND KAMPANIEN

Monat	Apr	Juli	Okt	Jan
°C max	19	30	22	13
°C min	12	21	18	7
☀	7 Std	11 Std	6 Std	4 Std
☂	58 mm	12 mm	68 mm	85 mm

SIZILIEN

Monat	Apr	Juli	Okt	Jan
°C max	19	29	24	15
°C min	12	20	16	9
☀	8 Std	11 Std	7 Std	4 Std
☂	29 mm	7 mm	59 mm	59 mm

BASILIKATA UND KALABRIEN

Monat	Apr	Juli	Okt	Jan
°C max	18	29,5	21,5	13
°C min	9,5	18,5	14	6,5
☀	6 Std	10 Std	5 Std	4 Std
☂	70 mm	13 mm	86 mm	90 mm

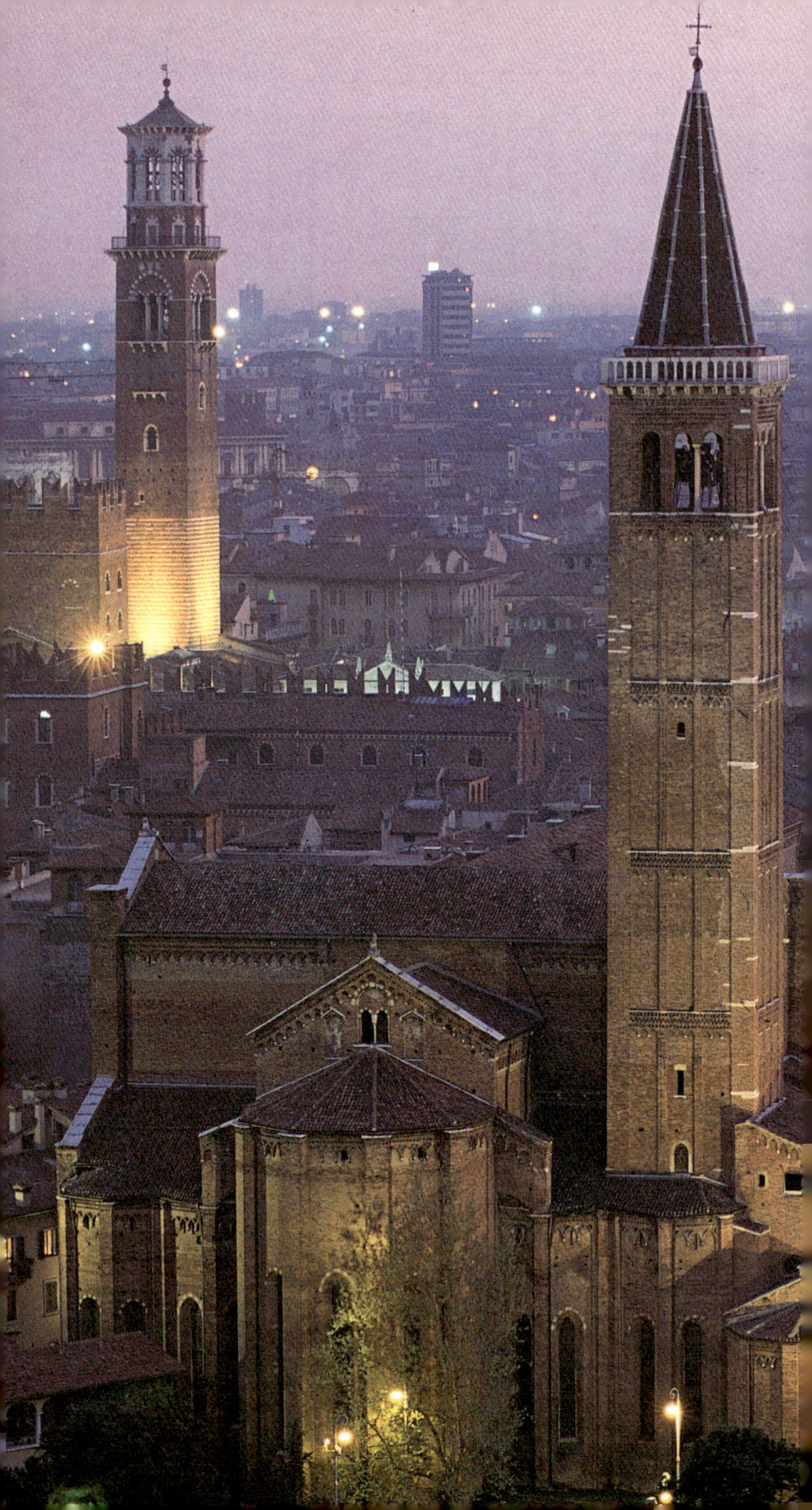

Nordost-Italien

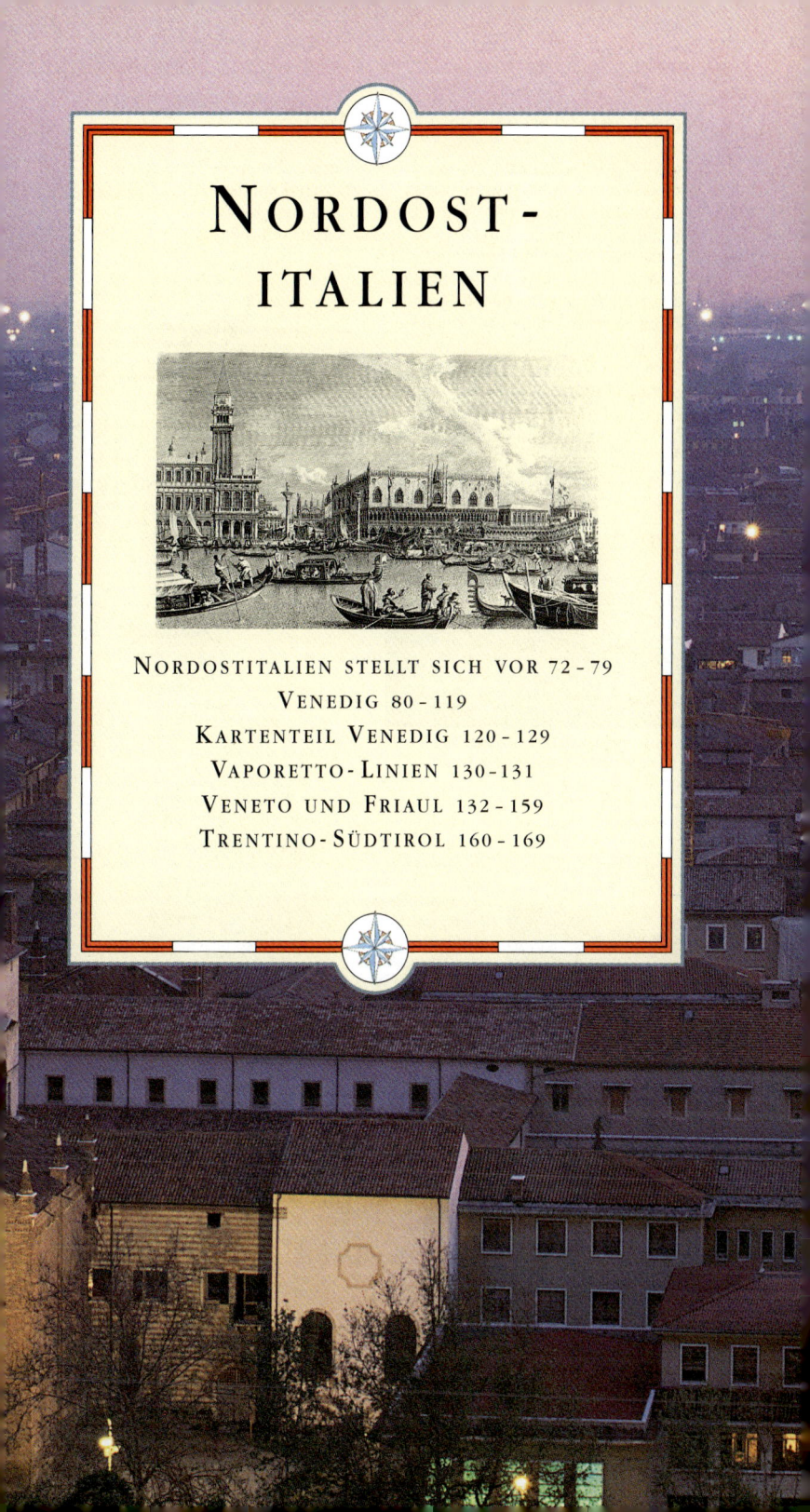

Nordostitalien stellt sich vor 72–79
Venedig 80–119
Kartenteil Venedig 120–129
Vaporetto-Linien 130–131
Veneto und Friaul 132–159
Trentino-Südtirol 160–169

Nordostitalien im Überblick

DIESER TEIL ITALIENS zählt zu den abwechslungsreichsten des Landes und lockt mit vielfältigen Attraktionen. Majestätisch dominieren die Dolomiten den Norden. Hier laden Wintersportorte, aber auch herrliche mittelalterliche Burgen zum Besuch. Verona, Vicenza und Padua, alle bereits im Flachland, verdanken ihren Ruhm herausragender Architektur und faszinierenden Museen, während das Hinterland mit wunderschönen Villen aufwartet. Venedig, die unvergleichliche Stadt, erhebt sich aus dem Wasser der Lagune. Weiter östlich, im Friaul, erinnert vieles an die Römer. Diese Karte zeigt einige Highlights der Region.

Castel Tirolo, Meran

TRENTINO-SÜDTIROL
(Siehe S. 160 ff)

Palazzo Pretorio, Trient

Veneto

Südtirol *(Alto Adige) ist eine Landschaft mit schneebedeckten Gebirgstälern, düsteren Burgen und vielen Kirchen mit den charakteristischen Zwiebeltürmen* (siehe S. 164 f).

Die Dolomiten (siehe S. 78 f) *bilden die spektakuläre Kulisse für viele Städte Nordostitaliens, darunter Trient, die Hauptstadt der Region* (siehe S. 168 f).

Ponte Scaligero, Verona

La Rotonda, Vicenza

0 Kilometer 40

Verona *zählt zu den reizvollsten Städten des Veneto. Zu den Opernaufführungen in der römischen Arena strömen Besucher aus aller Welt* (siehe S. 136 ff).

Vicenza, *die Bilderbuch-Renaissancestadt, steht ganz im Zeichen der Bauten Palladios wie dem Palazzo della Ragione und La Rotonda* (siehe S. 144 ff).

◁ **Stimmungsvolle Abenddämmerung über Verona, der Stadt Romeos und Julias**

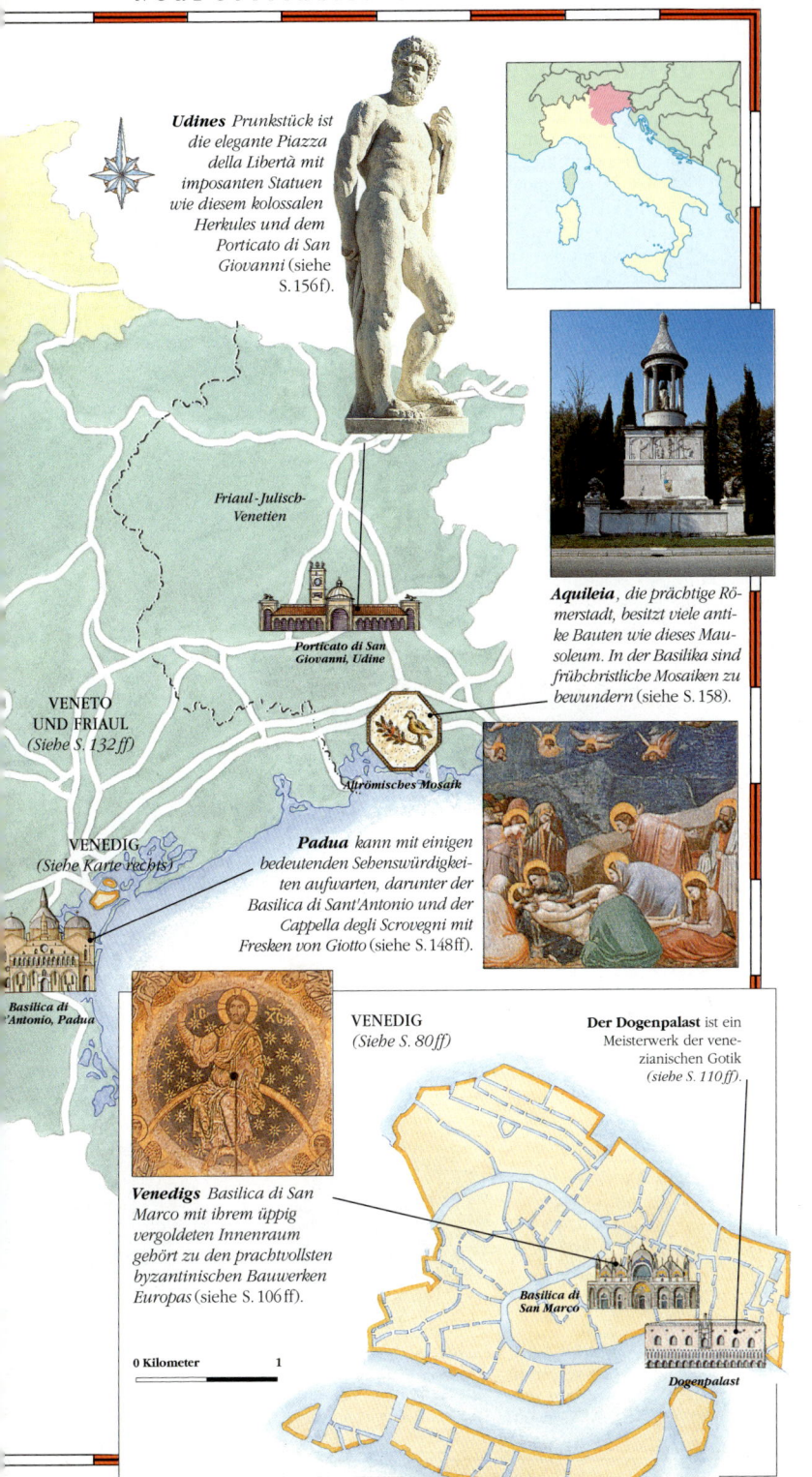

NORDOSTITALIEN STELLT SICH VOR 73

Udines Prunkstück ist die elegante Piazza della Libertà mit imposanten Statuen wie diesem kolossalen Herkules und dem Porticato di San Giovanni (siehe S. 156f).

Friaul-Julisch-Venetien

Porticato di San Giovanni, Udine

Aquileia, die prächtige Römerstadt, besitzt viele antike Bauten wie dieses Mausoleum. In der Basilika sind frühchristliche Mosaiken zu bewundern (siehe S. 158).

VENETO UND FRIAUL
(Siehe S. 132ff)

Altrömisches Mosaik

VENEDIG
(Siehe Karte rechts)

Padua kann mit einigen bedeutenden Sehenswürdigkeiten aufwarten, darunter der Basilica di Sant'Antonio und der Cappella degli Scrovegni mit Fresken von Giotto (siehe S. 148ff).

Basilica di Sant'Antonio, Padua

VENEDIG
(Siehe S. 80ff)

Der Dogenpalast ist ein Meisterwerk der venezianischen Gotik (siehe S. 110ff).

Venedigs Basilica di San Marco mit ihrem üppig vergoldeten Innenraum gehört zu den prachtvollsten byzantinischen Bauwerken Europas (siehe S. 106ff).

Basilica di San Marco

Dogenpalast

0 Kilometer 1

Regionale Spezialitäten

VIELE TRADITIONELLE VENEZIANISCHE Gerichte werden mit Fischen und Meeresfrüchten aus dem Gardasee oder der Lagune zubereitet. Dazu kommen frische landwirtschaftliche Produkte – Erbsen, Zucchini und Spargel aus Bassano del Grappa, Radicchio aus Treviso – sowie Fleisch und Käse. Pasta wird im gesamten Nordosten gern gegessen, landestypischer aber sind Polenta (aus Maismehl) und verschiedene Arten von Risotto. Den kulinarischen Einfluß der Nachbarstaaten und uralten Handelspartner im Orient schmeckt man in den süßen und würzigen Spezialitäten heraus, die zwischen den Bergdörfern im Norden und den Stränden im Süden serviert werden.

Eis

Für **Radicchio alla griglia** *werden die Blätter des leicht bitteren, roten Salats kurze Zeit über offenem Feuer gegrillt.*

Krabben
Miesmuscheln
Brasse
Tintenfisch
Garnelen
Jakobsmuscheln
Meerbarbe

Fiori di zucchini, *nur im Frühjahr auf der Speisekarte, sind mit delikater Fischmousse gefüllte Zucchiniblüten.*

Antipasto di frutti di mare *ist ein gemischter Vorspeisenteller mit eingelegten oder marinierten Meeresfrüchten. In Venedig, wo der Fisch frisch aus der Lagune kommt, eine besondere Spezialität.*

Brodo di pesce *oder Fischsuppe ist ein Klassiker der venezianischen Küche, der aber überall an der Küste serviert wird. Die Suppe enthält normalerweise verschiedene Fischarten und wird mit Safran abgeschmeckt.*

Risotto alle seppie *enthält Sepiatinte, die dem traditionsreichen Gericht seine charakteristische schwarze Farbe verleiht.*

Risi e bisi *ist ein weicher, fast suppenartiger Risotto, bestehend aus Reis mit jungen Erbsen und kleinen Schinkenstückchen.*

Carpaccio – *hauchdünn aufgeschnittenes Rinderfilet mit etwas Öl – ist hier mit Rucola und Parmesanscheiben angerichtet.*

Zuppa di cozze *ist ein klassisches Muschelgericht; die delikate Weißweinsauce schmeckt der Koch mit Knoblauch ab.*

Spaghetti alle vongole *gibt es oft an der Küste: Spaghetti mit Miesmuscheln und einer herzhaft-pikanten Chilipfeffersauce.*

Polenta, *ein dicker Maisbrei, wird kalt in Scheiben geschnitten, gegrillt und mit einer würzigen Sauce serviert.*

Sarde in saor, *eine venezianische Spezialität, besteht aus gegrillten Sardinen mit süßsaurer Sauce.*

Anguille in umido *heißt ein Gericht, für das Aal in Tomatensauce mit Weißwein und Knoblauch gedünstet wird.*

Fegato alla veneziana, *eine weitere venezianische Spezialität, besteht aus zarter Kalbsleber, auf Zwiebelringen serviert.*

Tiramisù, *das berühmteste italienische Dessert, ist eine Komposition aus kaffeegetränktem Biskuit und Mascarpone.*

DIE WEINE DES NORDOSTENS

Im Veneto werden große Mengen Tafelwein produziert – roter, weißer und rosé *(chiaretto).* Bei der Wahl zwischen unbekannten Weißweinen sollten Sie einem Bianco di Custoza den Vorzug vor einem beliebigen Soave geben. Doch gibt es auch empfehlenswerten Soave, vor allem Pieropan und Anselmi. Die besten Weißen der Region kommen aus Friaul von den Weingütern Puiatti, Schiopetto, Jermann und Gravner. In Trentino-Südtirol gedeihen die Trauben für herbe, trockene Weißweine, während aus der Region Bardolino und Valpolicella vorwiegend leichte, fruchtige rote kommen. Berühmt sind die phantastischen Weine von Allegrini und Masi. Recioto della Valpolicella ist ein schwerer, süßer Dessertwein, Recioto Amarone schmeckt weniger süß.

Recioto Amarone, *ein vollmundiger Rotwein, ist sehr fruchtig, aber auch sehr alkoholhaltig.*

Bianco di Custoza, *ein sehr trockener «Super-Soave», kommt vom Ostufer des Gardasees. Gute Weißweinkellereien im Veneto sind u. a. Pieropan, Anselmi, Maculan, Tedeschi, Allegrini und Cavalchina.*

Pieropan *produziert mit die besten Soaves. Eine Flasche dieses bekannten Weinguts ist nie die falsche Wahl.*

Prosecco, *der im Veneto gekelterte Sekt, eignet sich gut als Aperitif. Es gibt ihn secco (trocken) und amabile (lieblich).*

Bianco di Custoza

Collio Pinot Bianco

Collio Pinot Bianco *heißt ein Weißwein aus dem Hügelland an der slowenischen Grenze. Puiatti gilt als erstklassiger Produzent.*

Architektur in Venedig und im Veneto

ENGE HANDELSBEZIEHUNGEN mit der Levante führten in Venedig zur Entstehung eines eigenen Stils – der venezianischen Gotik –, bei dem sich byzantinische Kuppeln und islamische Minarette mit den Spitzbogen und Vierblättern der europäischen Gotik zu einer faszinierenden Synthese vereinen. Im 16. Jahrhundert stellte Palladio mit einer Reihe von Kirchen, öffentlichen Bauten und Villen seine Interpretation der klassischen Baukunst vor. Das 17. Jahrhundert brachte das Barock, dessen Überschwenglichkeit jedoch dank des palladianischen Erbes nur sehr maßvoll zum Ausdruck kam.

Andrea Palladio (1508–80)

VENEZIANISCHE BAUKUNST: BYZANTINISCH BIS BAROCK

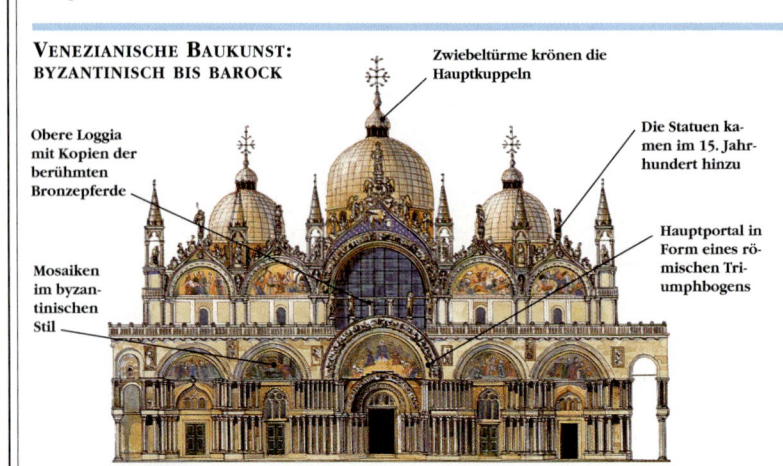

- Zwiebeltürme krönen die Hauptkuppeln
- Obere Loggia mit Kopien der berühmten Bronzepferde
- Die Statuen kamen im 15. Jahrhundert hinzu
- Mosaiken im byzantinischen Stil
- Hauptportal in Form eines römischen Triumphbogens

Die Basilica di San Marco *(vollendet im 11. Jh.), die prunkvollste byzantinische Kirche des Abendlandes, verdankt die reiche Ausstattung ihrer Doppelfunktion – als Schrein für die Reliquien des Evangelisten Markus und als Symbol venezianischer Selbstherrlichkeit* (siehe S. 106 ff.).

PALLADIO ALS BAUMEISTER

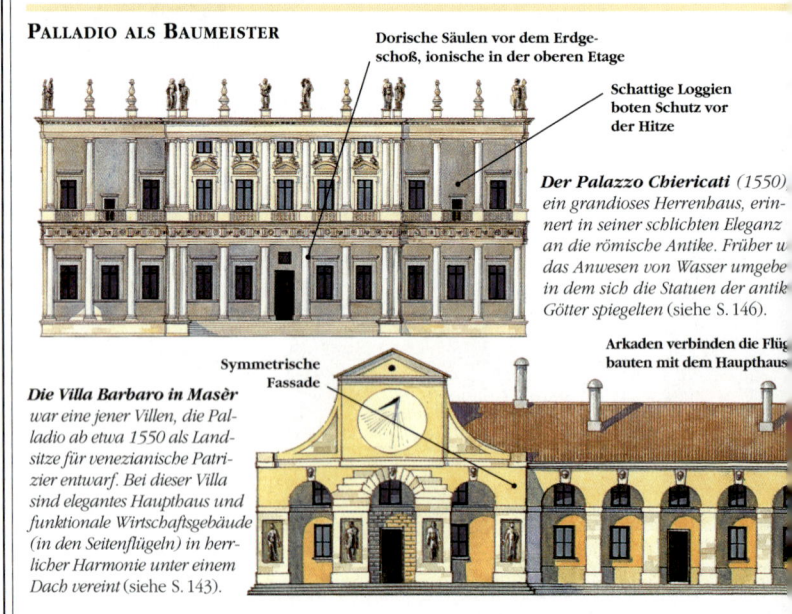

- Dorische Säulen vor dem Erdgeschoß, ionische in der oberen Etage
- Schattige Loggien boten Schutz vor der Hitze

Der Palazzo Chiericati *(1550), ein grandioses Herrenhaus, erinnert in seiner schlichten Eleganz an die römische Antike. Früher u[mgab] das Anwesen von Wasser umgebe[n], in dem sich die Statuen der antik[en] Götter spiegelten* (siehe S. 146).

- Symmetrische Fassade
- Arkaden verbinden die Flüg[el]bauten mit dem Haupthaus

Die Villa Barbaro in Masèr *war eine jener Villen, die Palladio ab etwa 1550 als Landsitze für venezianische Patrizier entwarf. Bei dieser Villa sind elegantes Haupthaus und funktionale Wirtschaftsgebäude (in den Seitenflügeln) in herrlicher Harmonie unter einem Dach vereint* (siehe S. 143).

WEGWEISER ZUR ARCHITEKTUR

Einen Überblick über die venezianische Baukunst gewinnt man während einer *vaporetto*-Fahrt auf dem Canal Grande *(S. 84ff)*. Zur Besichtigung offen stehen u. a. Ca' d'Oro, Ca' Rezzonico und Ca' Pesaro, in denen Museen untergebracht sind. Ein Besuch in der Basilica di San Marco und dem Dogenpalast ist absolutes Muß. Als Glanzpunkt unter den Palladio-Villen im Veneto gilt die Villa Barbaro *(S. 143)*, aber auch entlang der Brenta *(S. 154)* und in Vicenza *(S. 144ff)* kommen Anhänger des Architekten voll auf ihre Kosten. La Rotonda, sein berühmtester Bau, liegt in der Nähe der Stadt.

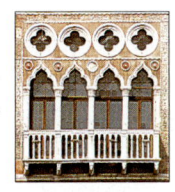

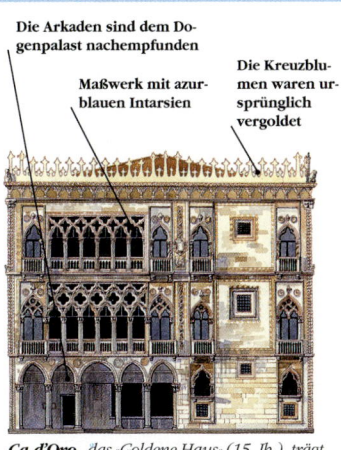

Fenster im Stil der venezianischen Gotik

Die Arkaden sind dem Dogenpalast nachempfunden

Maßwerk mit azurblauen Intarsien

Die Kreuzblumen waren ursprünglich vergoldet

Schlußsteine in Form behelmter Köpfe

Herrliches Spiel aus Licht und Schatten

Ornamentik mit Früchten, Bändern und Blüten

Ca d'Oro, *das »Goldene Haus« (15. Jh.), trägt mit den Kreuzblumen und den geschwungenen Spitzbogen auch orientalische Züge.*

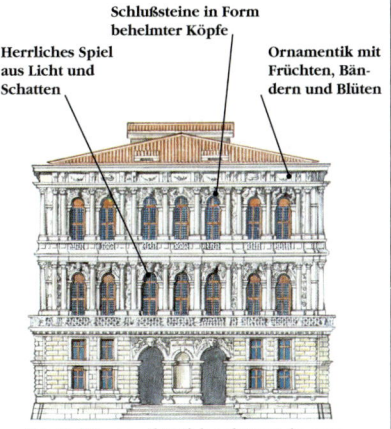

Die Ca' Pesaro *(17. Jh.) verkörpert das venezianische Barock – klassizistische Säulen und reiche, unaufdringliche Ornamentik (siehe S. 85).*

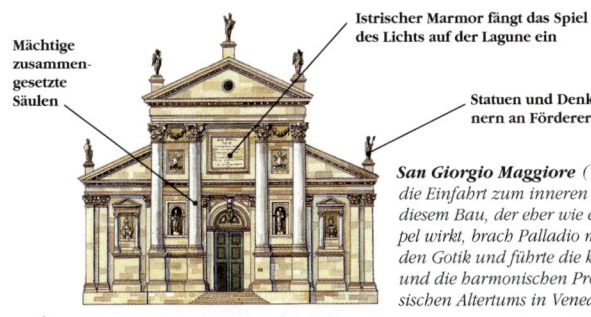

Mächtige zusammengesetzte Säulen

Istrischer Marmor fängt das Spiel des Lichts auf der Lagune ein

Statuen und Denkmäler erinnern an Förderer der Kirche

San Giorgio Maggiore *(1559–80) beherrscht die Einfahrt zum inneren Hafen Venedigs. Mit diesem Bau, der eher wie ein altrömischer Tempel wirkt, brach Palladio mit der vorherrschenden Gotik und führte die klare Linienführung und die harmonischen Proportionen des klassischen Altertums in Venedig ein (siehe S. 116f).*

Tympanon mit dem Familienwappen

Sonnenuhr

Die Dolomiten

DIE DOLOMITEN, GRANDIOSE GEBIRGSKULISSE NORDITALIENS, sind in der Trias aus Muschelkalk entstanden. Vor sechzig Millionen Jahren, beim Zusammenstoß zwischen Afrikanischer und Eurasischer Kontinentalplatte, wurden die Kalkschichten zusammengeschoben und aufgewölbt. Anders als die von Gletschern geschliffenen und gekerbten Sättel und Grate der Hauptalpen wurde diese Felslandschaft von Sonne, Wind und Wetter zu jenen wildzerklüfteten Zinnen und bizarren Felstürmen geformt, die wir heute sehen. Der östlich von Bozen gelegene Teil der Dolomiten zeigt die phantastischsten Formationen. Vor allem der Catinaccio (Rosengarten), morgens und abends von der Sonne in faszinierendes Rot getaucht, bietet einen unvergeßlichen Anblick.

Ein Zwiebelturm, typisch für die Region

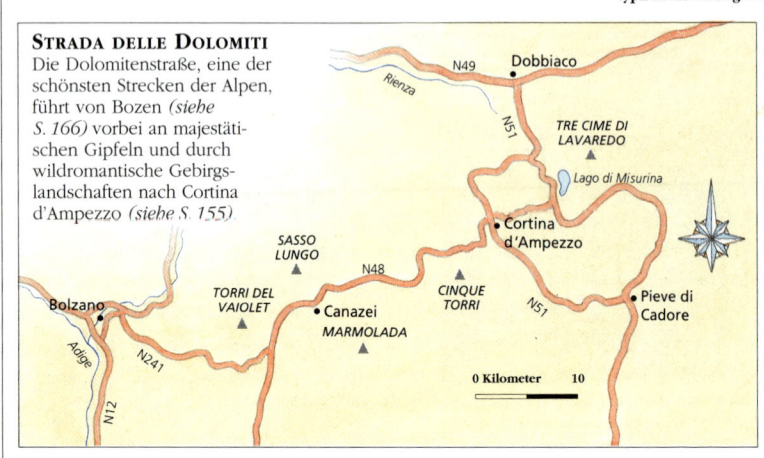

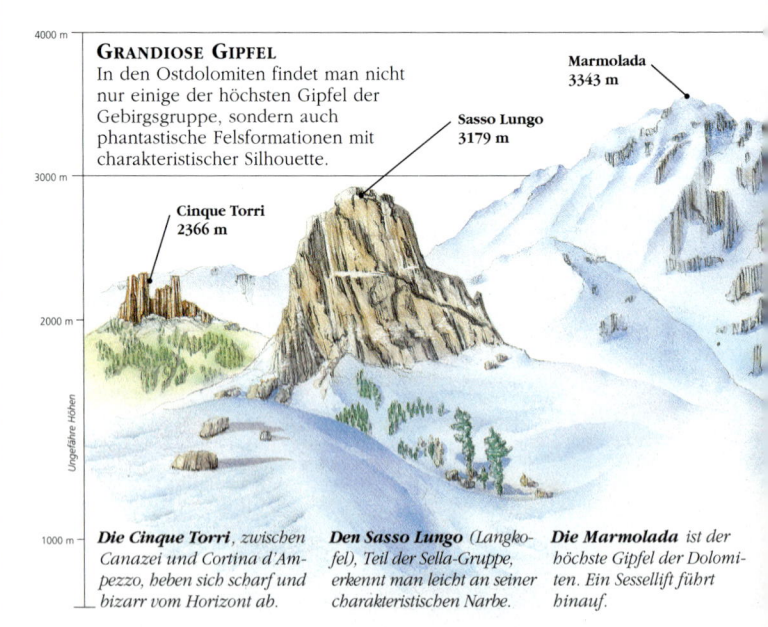

STRADA DELLE DOLOMITI

Die Dolomitenstraße, eine der schönsten Strecken der Alpen, führt von Bozen *(siehe S. 166)* vorbei an majestätischen Gipfeln und durch wildromantische Gebirgslandschaften nach Cortina d'Ampezzo *(siehe S. 155)*.

GRANDIOSE GIPFEL

In den Ostdolomiten findet man nicht nur einige der höchsten Gipfel der Gebirgsgruppe, sondern auch phantastische Felsformationen mit charakteristischer Silhouette.

Marmolada 3343 m

Sasso Lungo 3179 m

Cinque Torri 2366 m

Die Cinque Torri, zwischen Canazei und Cortina d'Ampezzo, heben sich scharf und bizarr vom Horizont ab.

Den Sasso Lungo (Langkofel), Teil der Sella-Gruppe, erkennt man leicht an seiner charakteristischen Narbe.

Die Marmolada ist der höchste Gipfel der Dolomiten. Ein Sessellift führt hinauf.

NORDOSTITALIEN STELLT SICH VOR 79

Der malerische Lago di Misurina liegt neben der gleichnamigen Ortschaft. Im kristallblauen Wasser des herrlich gelegenen, großen Sees spiegeln sich imposante Gipfel – hier die Tre Cime di Lavaredo – der majestätischen Gebirgskulisse wider.

Skifahrer und Bergsteiger kommen in dieser wildzerklüfteten Landschaft gleichermaßen auf ihre Kosten. In allen größeren Wintersportorten sorgen Sessellifte dafür, daß auch ungeübte Bergfreunde die atemberaubende Gebirgslandschaft bequem genießen können.

Torri del Vaiolet
2243 m

Tre Cime di Lavaredo
2999 m

Die Torri del Vaiolet gehören zur Catinaccio-Gruppe, bekannt für ihre prachtvolle Färbung.

Die Tre Cime di Lavaredo (Drei Zinnen) dominieren das Panorama nördlich des Lago di Misurina.

FLORA UND FAUNA DER DOLOMITEN

Die Pflanzenwelt ist die Heimat einer großen Artenvielfalt. Um in dem rauhen Klima überleben zu können, schmiegen sich die meisten Pflanzen eng an den Boden.

Pflanzenwelt

Aus Enzianwurzeln wird ein bitterer Schnaps gebrannt.

Die zartrote Alpenrose gedeiht an Südhängen.

Der attraktive Steinbrech bildet dichte Polster.

Die Glockenblume fällt durch zartrosa Blüten auf.

Tierwelt

Das Schneehuhn, das sich von Beeren und jungen Pflanzenschößlingen ernährt, ist zur Tarnung im Sommer braun gesprenkelt, im Winter schneeweiß.

Die Gemse, eine Antilopenart, genießt in den Nationalparks Schutz. Wegen Wilderei war ihr Bestand zurückgegangen.

Der Rotwildbestand hat zeitweise überhandgenommen, da seine natürlichen Feinde – Wolf und Luchs – längst ausgerottet sind.

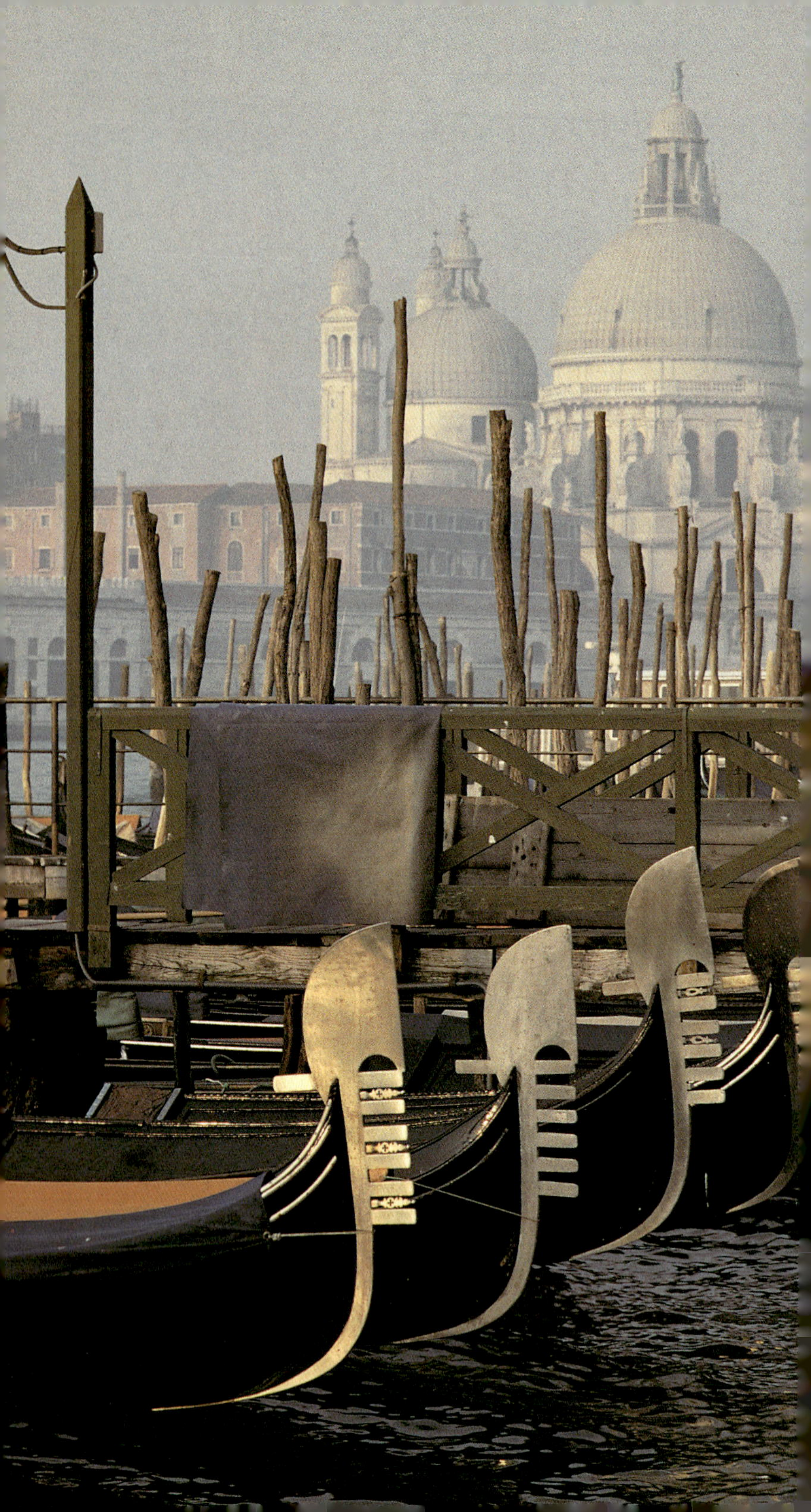

VENEDIG

Von jeher Tor zum Orient, begründete Venedig um das Jahr 1000 seinen Aufstieg zur Großmacht. Handelsprivilegien im Osten und die Eroberung Konstantinopels im Kreuzzug von 1204 sicherten Venedig Reichtum und politische Dominanz, die erst Jahrhunderte später abbröckelte. Heute lebt die einstige »Königin der Meere« vorwiegend vom Tourismus und unterhält wirtschaftlich enge Bande mit dem Veneto.

Wie keine zweite Stadt auf dem Erdkreis kann Venedig die Bezeichnung »einmalig« für sich in Anspruch nehmen. Wider Erwarten und allen Unbilden zum Trotz hat die auf Pfosten errichtete, regelmäßig überflutete Lagunenstadt bis heute überdauert – und ihre Chancen für die Zukunft stehen keineswegs schlecht. Unter der klugen Führung verschiedener Dogen gelang es der Serenissima, ihren Machtbereich im Mittelalter bis nach Konstantinopel (Istanbul) auszudehnen, und ein Großteil der vorwiegend durch Handel mit der Levante angehäuften Reichtümer wurde in Kunst und Architektur angelegt. Allein die Pracht von San Marco bezeugt die Vormachtstellung, die Venedig zwischen dem 12. und 15. Jahrhundert innehatte und der erst Napoleon 1797 ein Ende bereitete. 1866 trat Venedig dem nationalen Königreich bei, das Italien zum erstenmal in seiner Geschichte einte. Heute hat die Stadt eine neue Rolle für sich gefunden. Ihre Paläste beherbergen Museen, Geschäfte und Gourmettempel, und ihre Kirchen sind zu Zentren der Kunst (und Restaurierung) geworden. Trotzdem hat sich das Bild der Lagunenstadt in den letzten 200 Jahren wenig verändert: Ruderschläge und Rufe der Gondolieri bestimmen die Geräuschkulisse, unterbrochen von dem Tuckern des Motors eines Lastkahns oder *vaporetto*. Straßen und Brücken nämlich bleiben Fußgängern vorbehalten. Mehr als zwölf Millionen Besucher erliegen Jahr für Jahr dem Charme dieser unvergleichlichen Stadt.

Belebte Straße auf der Insel Burano, wo nahezu jedes Haus in einer anderen Farbe bemalt ist

◁ **Geparkte Gondeln mit den charakteristischen** *ferri* **(Bugeisen), im Hintergrund Santa Maria della Salute**

Überblick: Venedig

VENEDIG IST IN SECHS traditionsreiche Verwaltungsbezirke oder *sestieri* unterteilt: Cannaregio, Castello, San Marco, Dorsoduro, San Polo und Santa Croce. Ausgangspunkt der meisten Besichtigungstouren ist die belebte Piazza San Marco mit der prächtigen Basilika und dem Dogenpalast. Fast alle Attraktionen in der Stadt selbst sind zu Fuß erreichbar, zu den Inseln verkehren *vaporetti*.

AUF EINEN BLICK

Kirchen
Basilica di San Marco S. 106ff ⑱
Madonna dell'Orto ①
San Giacomo dell'Orio ⑥
San Giorgio Maggiore ㉛
San Giovanni Crisostomo ③
San Giovanni in Bragora ㉙
San Nicolò dei Mendicoli ⑬
San Pantalon ⑪
San Polo ⑦
San Rocco ⑩
San Sebastiano ⑭
San Zaccaria ㉗
Santa Maria Formosa ㉖
Santa Maria Gloriosa dei Frari S. 94f ⑧
Santa Maria dei Miracoli ④
Santa Maria della Salute ⑰
Santi Giovanni e Paolo ㉔
Santo Stefano ㉓

Gebäude und Denkmäler
Arsenale ㉚
Campanile ㉑
Palazzo Ducale S. 110ff ⑲
Reiterstandbild des Condottiere Colleoni ㉕
Rialto ⑤
Scuola di San Giorgio degli Schiavoni ㉘
Torre dell'Orologio ⑳

Museen und Galerien
Accademia S. 102f ⑮
Ca' d'Oro ②
Ca' Rezzonico ⑫
Collezione Peggy Guggenheim ⑯
Museo Correr ㉒
Scuola Grande di San Rocco S. 96f ⑨

Lagune
Burano ㉝
Murano ㉜
Torcello S. 118f ㉞

0 Meter   500

LEGENDE

- Detailkarte: San Polo *S. 92f*
- Detailkarte: Dorsoduro *S. 98f*
- Detailkarte: Piazza San Marco *S. 104f*
- Internationaler Flughafen
- **FS** Bahnhof
- Fähranlegestelle
- *Vaporetto*-Anlegestelle
- *Traghetto*-Verkehr (S. 636)
- Gondelanlegestelle
- Auskunft

Santa Maria della Salute an der Mündung des Canal Grande

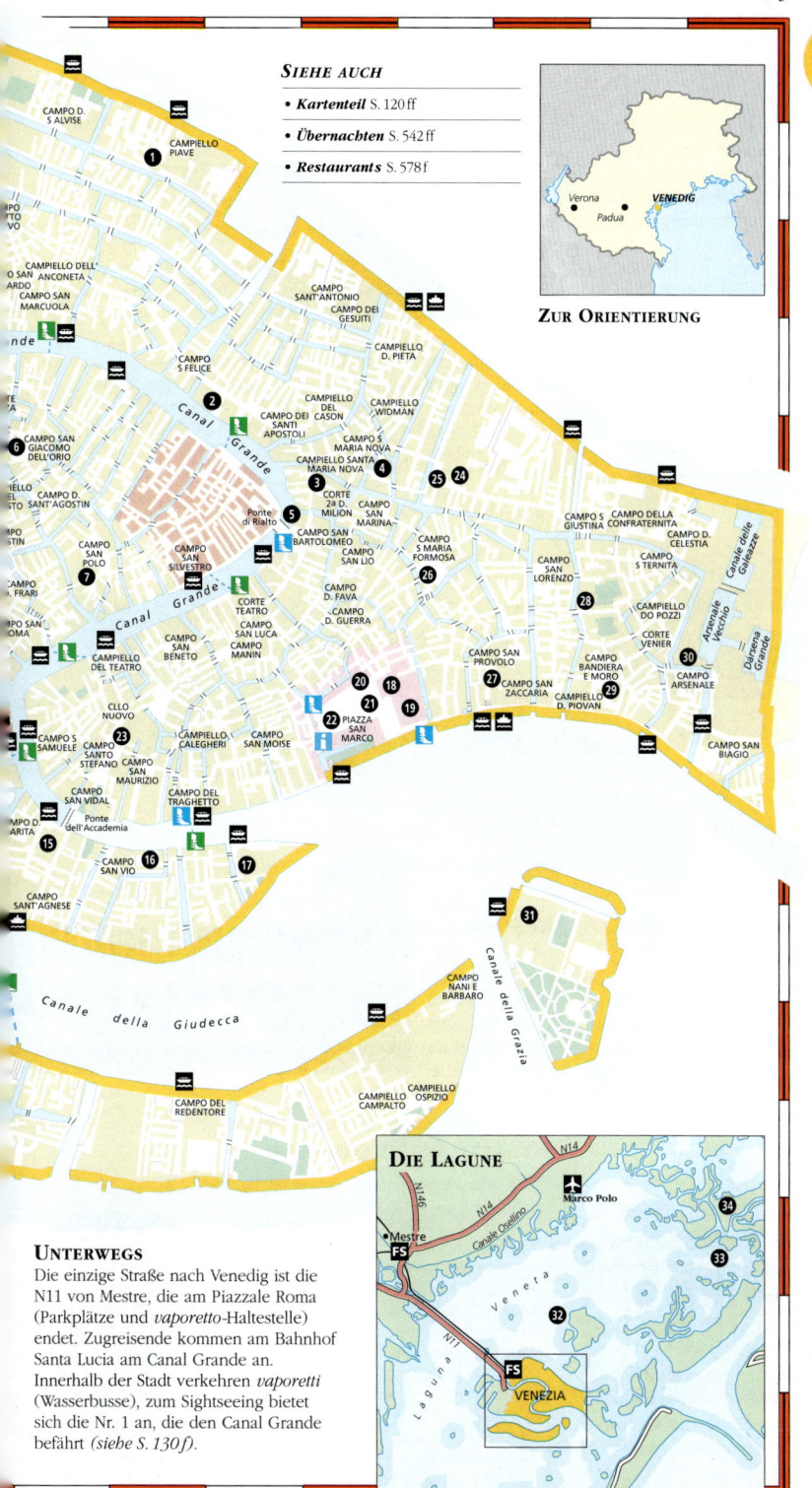

VENEDIG

SIEHE AUCH

- **Kartenteil** S. 120 ff
- **Übernachten** S. 542 ff
- **Restaurants** S. 578 f

ZUR ORIENTIERUNG

UNTERWEGS

Die einzige Straße nach Venedig ist die N11 von Mestre, die am Piazzale Roma (Parkplätze und *vaporetto*-Haltestelle) endet. Zugreisende kommen am Bahnhof Santa Lucia am Canal Grande an. Innerhalb der Stadt verkehren *vaporetti* (Wasserbusse), zum Sightseeing bietet sich die Nr. 1 an, die den Canal Grande befährt *(siehe S. 130 f)*.

DIE LAGUNE

Canal Grande: Santa Lucia bis Rialto

AM BESTEN LERNT man den Canal Grande von einem *vaporetto* aus kennen. In Frage kommen mehrere Linien *(siehe S. 637)*. Die Paläste, die den berühmten Kanal säumen und fast alle den Namen eines einst mächtigen venezianischen Geschlechts tragen, stammen aus fünf Jahrhunderten und bieten einen grandiosen Überblick über die Geschichte der Stadt.

San Marcuola
Die den Canal Grande überblickende Fassade der im 18. Jahrhundert neu errichteten Kirche blieb unvollendet.

San Geremia birgt die Reliquien der heiligen Lucia, hierher überführt aus der Kirche Santa Lucia, die dem gleichnamigen Bahnhof weichen mußte.

Palazzo Labia
1745–50 schmückte Giambattista Tiepolo den Ballsaal mit Szenen aus dem Leben der Kleopatra.

Canale di Cannaregio

Palazzo Corner-Contarini

San Marcuola

FS Ferrovia

Ponte degli Scalzi

Fondaco dei Turchi
Die einstige (17.–19. Jh.) Handelsniederlassung türkischer Kaufleute beherbergt heute das naturgeschichtliche Museum.

San Simeone Piccolo
Die barocke Kuppelkirche (18. Jh.) ist dem Pantheon in Rom nachempfunden.

VENEZIANISCHE GONDELN

Seit dem 11. Jahrhundert gehört die Gondel zum Stadtbild Venedigs. Der schlanke Bootskörper erhöht die Manövrierfähigkeit in den seichten, kurvenreichen Kanälen. Die asymmetrische Form gleicht das Gewicht des Gondoliere aus und verhindert, daß sich die Gondel im Kreise dreht. Ursprünglich bunt bemalt, tragen die Gondeln seit 1562 infolge eines Gesetzes gegen Protzerei einheitlich Schwarz. Bei besonderen Anlässen werden sie mit Blumen geschmückt. Heute zahlt man für eine zweifellos romantische Gondelfahrt gesalzene Preise *(siehe S. 637);* wer das Schaukeln billiger haben will, kann auch eine der Gondelfähren *(traghetti)* benutzen.

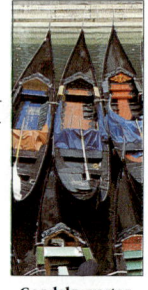

Gondeln warten auf Passagiere

VENEDIG

Ca' d'Oro
Zu der Kunstsammlung (siehe S. 90) *hinter der weltberühmten Fassade gehört auch ein Brunnenentwurf (um 1648) von Bernini.*

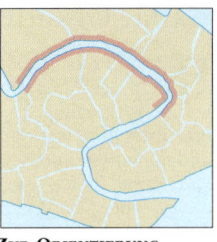

Zur Orientierung

Siehe Kartenteil Venedig, Karten 1, 2, 3

Palazzo Vendramin Calergi
Einer der schönsten Paläste Venedigs im Stil der Frührenaissance. Richard Wagner verstarb hier 1883.

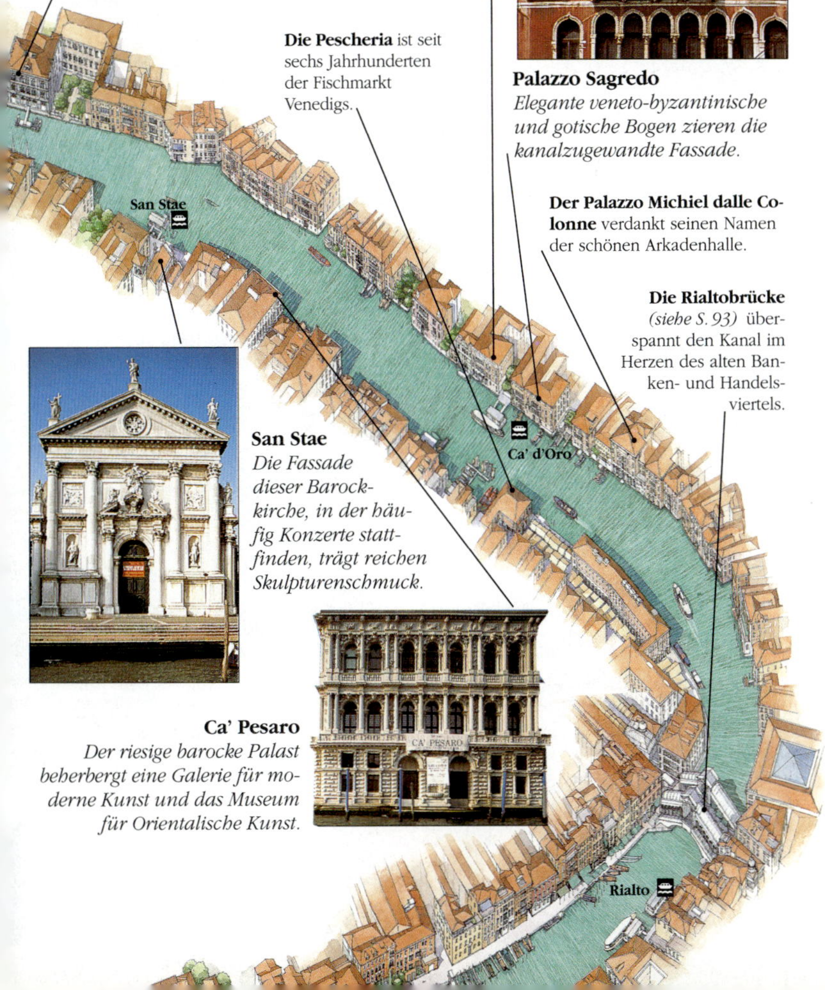

Die Pescheria ist seit sechs Jahrhunderten der Fischmarkt Venedigs.

Palazzo Sagredo
Elegante veneto-byzantinische und gotische Bogen zieren die kanalzugewandte Fassade.

Der Palazzo Michiel dalle Colonne verdankt seinen Namen der schönen Arkadenhalle.

Die Rialtobrücke (siehe S. 93) überspannt den Kanal im Herzen des alten Banken- und Handelsviertels.

San Stae
Die Fassade dieser Barockkirche, in der häufig Konzerte stattfinden, trägt reichen Skulpturenschmuck.

Ca' Pesaro
Der riesige barocke Palast beherbergt eine Galerie für moderne Kunst und das Museum für Orientalische Kunst.

San Stae

Ca' d'Oro

Rialto

Canal Grande: Rialto bis San Marco

HINTER DER RIALTOBRÜCKE vollzieht der Kanal eine weite, U-förmige Biegung, La Volta, hinter der er sich verbreitert und immer eindrucksvollere Panoramen bietet. Auch wenn die Fassaden verblichen und die Fundamente brüchig geworden sind, bleibt der Kanal doch, wie es 1495 der französische Botschafter formulierte, »die schönste Straße der Welt«.

Palazzo Mocenigo
In diesem Palast (18. Jh.) weilte Lord Byron 1818.

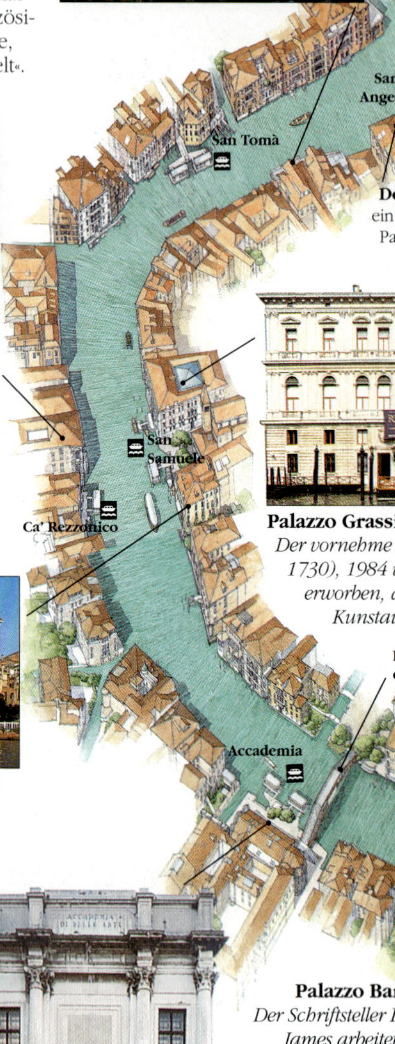

Der Palazzo Garzoni
ein renovierter gotischer Palast, gehört heute zur Universität

Ca' Rezzonico
Dieser Palast, heute ein Museum für venezianische Kultur (siehe S. 99), war der letzte Wohnsitz des Dichters Robert Browning.

Palazzo Grassi
Der vornehme Bau (um 1730), 1984 von Fiat erworben, dient heute Kunstausstellungen.

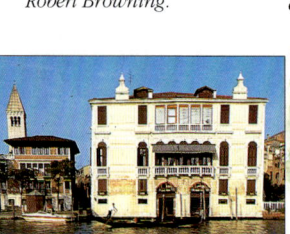

Palazzo Capello Malipiero
1622 erbaut, steht dieser Palast neben dem Campanile (12. Jh.) der Kirche San Samuele.

Accademia
In den Gebäuden der ehemaligen Scuola della Carità (siehe S. 102f) befindet sich die vollständigste Sammlung venezianischer Kunst. Die Fassade basiert auf einem Entwurf von Giorgio Massari.

Palazzo Barbaro
Der Schriftsteller Henry James arbeitete hier 1888 an Asperns Nachlaß.

Rialto

San Silvestro

Die Riva del Vin, auf der früher Wein abgeladen wurde, ist heute einer der wenigen Plätze am Canal Grande, auf dem man in Ruhe den Booten zuschauen kann.

ZUR ORIENTIERUNG

Siehe Kartenteil Venedig, Karten 6, 7

Der Palazzo Barzizza (13. Jh.) wurde im 17. Jahrhundert umgebaut.

Collezione Peggy Guggenheim *Dies ist eine der bekanntesten Sammlungen moderner Kunst* (siehe S. 100).

Santa Maria della Salute *Das gigantische Gewicht der Barockkirche ruht auf über einer Million Pfählen* (siehe S. 101).

Palazzo Gritti-Pisani *Der einstige Wohnsitz der Familie Gritti beherbergt heute das berühmte Luxushotel* (siehe S. 544).

San Marco Vallaresso

Santa Maria del Giglio

Salute

Harry's Bar, 1931 von Giuseppe Cipriani gegründet, serviert weltberühmte Cocktails.

Palazzo Dario *Mehrfarbige Ornamente schmücken die außergewöhnliche asymmetrische Fassade dieses (angeblich verfluchten) Palastes.*

Die Dogana di Mare, die ehemalige Zollstation aus dem 17. Jahrhundert, wird von zwei Atlanten bekrönt, die eine vergoldete Erdkugel samt Wetterfahne tragen.

Stilvoll und romantisch: eine Gondelfahrt auf dem Canal Grande ▷

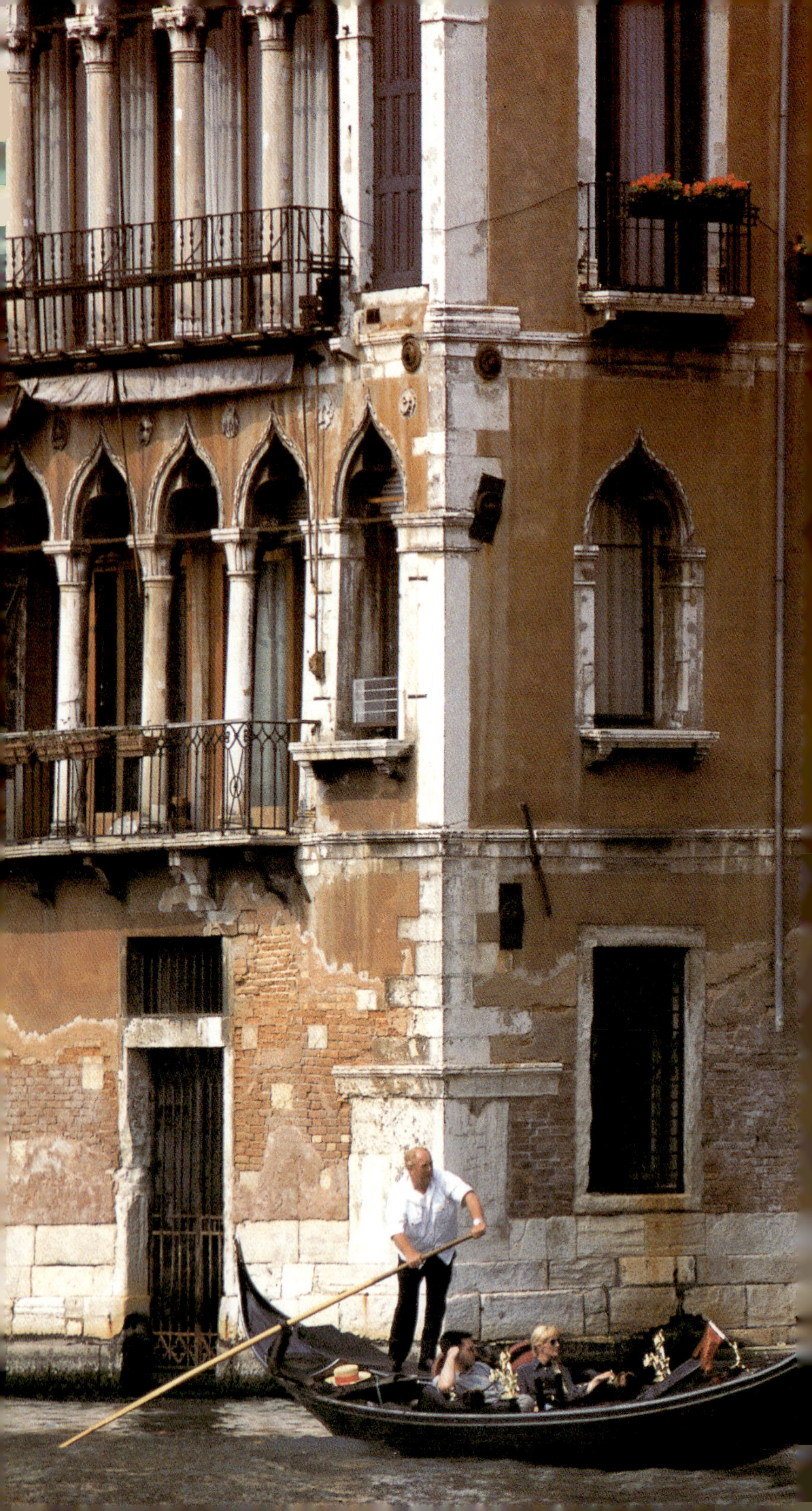

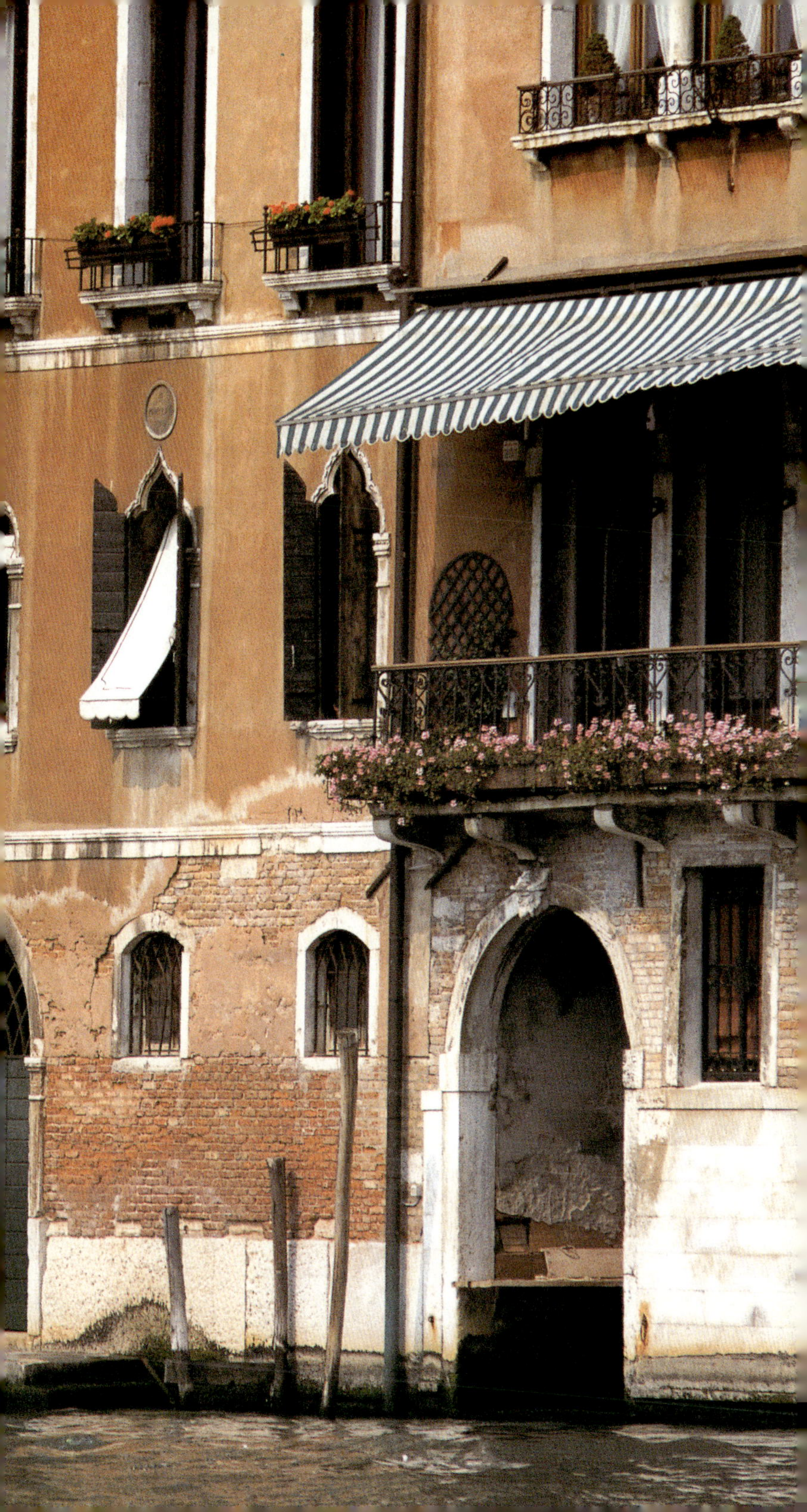

Madonna dell'Orto (15. Jh.), die wohl schönste spätgotische Kirchenfront Venedigs

Madonna dell'Orto ❶

Campo Madonna dell'Orto. **Karte** 2 F2. ☎ 041-71 99 33. 🚤 *Madonna dell'Orto.* 🕐 tägl. 9.30–12, 16.30–19 Uhr (Okt–März 17 Uhr).

DIESE BEZAUBERNDE, Mitte des 14. Jahrhunderts gegründete Kirche war ursprünglich dem heiligen Christophorus geweiht, dem Schutzheiligen der Fährleute, die Reisende zu den Inseln im nördlichen Teil der Lagune übersetzten. Eine Statue des Heiligen (15. Jh.) schmückt auch heute noch das Hauptportal, obwohl das kleine Gotteshaus schon Anfang des 15. Jahrhunderts verschiedene bauliche Veränderungen erfahren und eine neue Widmung erhalten hatte, nachdem in einem nahe gelegenen Gemüsegarten (*orto*) eine angeblich wunderwirkende Marienfigur entdeckt worden war.

Der große, helle Innenraum wirkt ausgesprochen schlicht. Gleich zur Rechten hängt Cima de Coneglianos *Johannes der Täufer mit den Heiligen Petrus, Markus, Hieronymus und Paulus* (um 1493). An den leeren Platz in der gegenüberliegenden Kapelle gehört Giovanni Bellinis herrliche *Muttergottes* (um 1478), die 1993 bereits zum dritten Mal gestohlen wurde.

Die nunmehr kostbarsten Schätze der Kirche sind Werke von Tintoretto, der Mitglied der Gemeinde von Madonna dell'Orto war und auch hier beigesetzt ist. Sein Grab liegt neben dem seiner Kinder in der rechten Chorkapelle. Zwei ausdrucksstarke Gemälde des Meisters schmücken den Altar (1562–64). An der rechten Wand hängt *Das Jüngste Gericht,* dessen Darstellung die Gemahlin des englischen Dichters John Ruskin so entsetzte, daß sie das Gotteshaus fluchtartig verlassen haben soll. Die Gestalt, die in der *Anbetung des Goldenen Kalbes* (links) das Tier trägt, ist wohl ein Selbstporträt des Künstlers. In der Cappella di San Mauro am Ende des rechten Seitenschiffs können Sie Giovanni de' Santis Marienstatue besichtigen, die seinerzeit die Neuweihung der Kirche auslöste.

Ca' d'Oro ❷

Calle Ca' d'Oro. **Karte** 3 A4. ☎ 041-523 87 90. 🚤 *Ca' d'Oro.* 🕐 tägl. 9.30–13.30 Uhr.

DER REICHE Patrizier Marino Contarini erteilte 1420 seinem Architekten den Auftrag, ihm den »prächtigsten Palast der ganzen Stadt« (*siehe S. 77*) zu errichten. Kunstfertige venezianische und lombardische Steinmetzen übernahmen die Ausführung der Arbeiten und schufen eine Fassade, die selbst heute noch – ohne die üppigen Blattgoldornamente und die rote und ultramarinblaue Dekoration – zu den auffälligsten am ganzen Canal Grande zählt.

Im Laufe der Zeit wurde der Palast mehrfach modifiziert, und im 18. Jahrhundert war er jämmerlich heruntergekommen. 1846 kaufte der russische Prinz Trubetskoi das Haus und schenkte es der berühmten Tänzerin Marie Taglioni. Ihren geradezu barbarischen Umbaumaßnahmen fielen u. a. die herrliche Außentreppe und ein Großteil der ursprünglichen Ausstattung zum Opfer. Retter in buchstäblich letzter Minute war schließlich der Baron Giorgio Franchetti, der die Ca' d'Oro aufwendig restaurieren ließ und sie zusammen mit seiner bedeutenden Kunstsammlung 1915 dem Staat schenkte.

Glanzstück der Sammlung im ersten der beiden Stockwerke ist Andrea Mantegnas *Heiliger Sebastian* (1506), eine der letzten Arbeiten des Meisters, für das Franchetti eine eigene kleine Kapelle einrichten ließ. Die meisten anderen bedeutenden Kunstwerke dieser Etage sind im *portego* zu bewundern: Tullio Lombardos herrlich modelliertes *Doppelporträt* (um 1493), Sansovinos Lünette *Madonna mit dem Christuskind* (um 1530) und mehrere Bronzereliefs von Andrea Briosco, genannt »Il Riccio« (1470–1532). Die Räume rechts vom *portego* enthalten zahlreiche Bronzen und Medaillen, darunter Arbeiten von Pisanello und Gentile Bellini. Auch ein Teil der Gemälde verdient besondere Aufmerksamkeit, so die Giovanni Bellini zugeschriebene *Madonna der schönen Augen,* eine vermutlich von Alvise Vivarini stammende *Muttergottes* (beide spätes 15. Jh.) und Carpaccios *Verkündigung* und *Marientod* (beide um 1504). Ein Raum links vom *portego* beherbergt Gemälde nicht-venezianischer Künstler mit Luca Signorellis *Geißelung Christi*

Tullio Lombardos Doppelporträt

Die herrliche gotische Fassade der Ca' d'Oro (Goldenes Haus)

VENEDIG

(um 1480) als Höhepunkt. Eine hübsche Treppe führt eine Etage höher, wo ein mit Wandteppichen geschmückter Raum den Besucher begrüßt. Außerdem gibt es Porträtbüsten von Alessandro Vittoria und Gemälde von Tizian und van Dyck.

Giovanni Bellinis Altarbild (1513) für San Giovanni Crisostomo

San Giovanni Crisostomo ❸

Campo San Giovanni Crisostomo. **Karte** 3 B5. 041-522 71 55. Rialto. tägl. 11–12.30, 15–17 Uhr.

Diese HÜBSCHE terrakottafarbene Kirche liegt in einem geschäftigen Viertel unweit der Rialtobrücke. 1479–1504 nach einem Entwurf von Mauro Coducci errichtet, wirkt der Innenraum des kleinen Gotteshauses ruhig und einladend.

Das berühmteste Kunstwerk der Kirche befindet sich über dem ersten Seitenaltar rechts: *Der heilige Hieronymus mit den Heiligen Christophorus und Augustinus* (1513), das vielleicht letzte Gemälde Giovanni Bellinis. Über dem Hochaltar hängt Sebastiano del Piombos Bild *Der heilige Johannes Chrysostomus mit sechs Heiligen* (1509–11).

Santa Maria dei Miracoli ❹

Campo dei Miracoli. **Karte** 3 B5. 041-528 39 03. Rialto. Mo–Fr 10–12, 15–18 Uhr.

EIN EXQUISITES JUWEL der Frührenaissance ist die Miracoli-Kirche, das bevorzugte Gotteshaus vieler Venezianer und zudem für Trauungen sehr beliebt. Sie liegt versteckt in einem Labyrinth aus kleinen Gassen und Wasserwegen im östlichen Teil von Cannaregio und wird, wohl aufgrund der buntfarbigen Marmortäfelung, den wunderschönen Basreliefs und des reichen Skulpturenschmucks, gern mit einem Schatzkästlein verglichen. Die Kirche wurde 1481–89 von Pietro Lombardo unter Mitarbeit seiner Söhne als Schrein für ein kleines Marienbild (1408) errichtet, das man damals als wundertätig verehrte. Es stammt von Nicolò di Pietro und kann heute noch über dem Altar bewundert werden.

Das Kircheninnere, das am schönsten zur Geltung kommt, wenn strahlendes Sonnenlicht durch die Fenster flutet, besticht durch seine in Grau- und Rosétönen gehaltene Marmorverkleidung. Die hohe Decke (1528) der tonnengewölbten Saalkirche ist mit fünfzig gemalten Prophetenbüsten geschmückt.

Die Heiligen Franziskus und Clara sowie eine Verkündigungsgruppe an der Balustrade zwischen Langhaus und Chor werden Tullio Lombardo zugeschrieben. Ebenfalls aus der Lombardo-Werkstatt stammen die Marmorinkrustation rund um den Hochaltar und die Tondobüsten der Evangelisten in den Kuppelspandrillen. Die Galerie über dem Hauptportal war den Nonnen des benachbarten Konvents vorbehalten.

Sockel des Chorpfeilers in der Miracoli-Kirche

SANTA MARIA DEI MIRACOLI
Die in zwei gleich hohe Geschosse unterteilte Fassade ist mit verschiedenfarbigen Marmortafeln verkleidet.

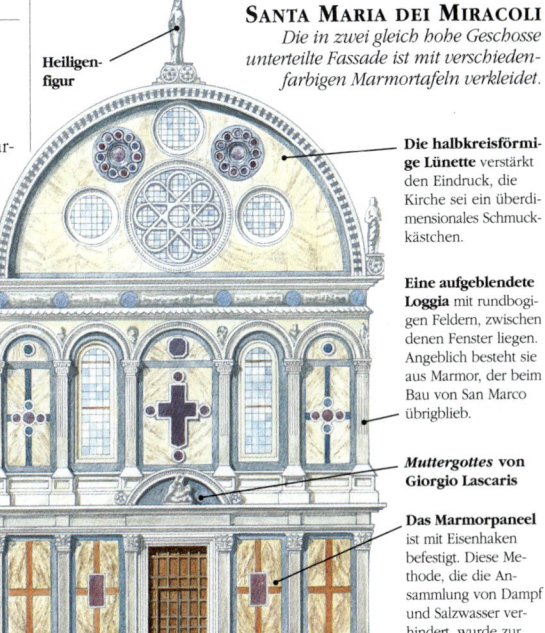

Heiligenfigur

Die halbkreisförmige Lünette verstärkt den Eindruck, die Kirche sei ein überdimensionales Schmuckkästchen.

Eine aufgeblendete Loggia mit rundbogigen Feldern, zwischen denen Fenster liegen. Angeblich besteht sie aus Marmor, der beim Bau von San Marco übrigblieb.

Muttergottes von Giorgio Lascaris

Das Marmorpaneel ist mit Eisenhaken befestigt. Diese Methode, die die Ansammlung von Dampf und Salzwasser verhindert, wurde zur Zeit der Renaissance erfunden.

Im Detail: San Polo

Die RIALTOBRÜCKE und zahlreiche Märkte locken viele Besucher in das traditionelle Handelszentrum der Stadt, in dem früher Bankiers, Makler und Kaufleute ihre Geschäfte tätigten. Souvenirstände und Pastaläden haben die einstigen Händler abgelöst, doch lohnen die Lebensmittelmärkte auch heute noch einen Besuch. Wenige hundert Meter hinter der Brücke werden die Straßen ruhiger und führen zu idyllischen Plätzen.

Auf den Rialto-Märkten werden seit Jahrhunderten hochwertige Waren angeboten. In der Pescheria bekommt man fangfrischen Fisch und Schalentiere.

San Cassiano (17. Jh.) birgt einen schönen Altar (1696) und eine *Kreuzigung* von Tintoretto (1568).

Sant'Aponals Fassade wird von gotischen Reliefs geschmückt. Die im 11. Jahrhundert geweihte Kirche dient nicht mehr sakralen Zwecken.

Zur Frari-Kirche

San Silvestro

San Giovanni Elemosinario, ein recht unscheinbares Gotteshaus, wurde Anfang des 16. Jahrhunderts neu erbaut. Der Glockenturm datiert jedoch aus dem späten 14. Jahrhundert. Die Kirche birgt interessante Fresken von Pordenone.

LEGENDE

– – – Routenempfehlung

0 Meter 75

NICHT VERSÄUMEN

★ Rialto

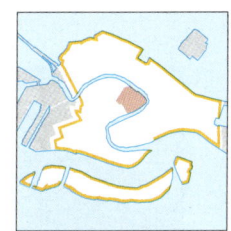

ZUR ORIENTIERUNG
Siehe Kartenteil Venedig, Karten 2, 3, 6, 7

In der Erberia werden frisches Obst und Gemüse feilgeboten

San Giacomo di Rialtos hübsche Uhr (1410) ist dafür bekannt, daß sie falsch geht. Die winzige Kirche soll übrigens die älteste der Stadt sein.

Rialto-Märkte

★ Rialto
Der Ponte di Rialto, eine der berühmtesten Sehenswürdigkeiten Venedigs, ist das Herz der Stadt und bietet eine schöne Aussicht. ❺

Rialto ❺

Ponte di Rialto. **Karte 7 A1.** *Rialto.*

DIE HOHEN UFER *(rivo alto)* des Rialto lockten schon früh Siedler in diese Gegend. Später Finanz- und Handelszentrum, zählt sie noch heute zu den belebtesten Orten der Stadt. Einheimische und Touristen drängen sich zwischen den bunten Marktständen der Erberia (Obst und Gemüse) und der Pescheria (Fischmarkt).

Schon im 12. Jahrhundert gab es in Venedig die ersten Steinbrücken, für den Ponte di Rialto aber faßte man erst 1524 eine massive Steinkonstruktion ins Auge. Die neue, 1591 fertiggestellte Brücke blieb bis 1854 (Bau der Accademia-Brücke) die einzige Möglichkeit, den Canal Grande zu Fuß zu überqueren.

Ein Besuch des Ponte di Rialto gehört zum festen Besichtigungsprogramm jedes Venedigbesuchers und lohnt sich schon allein wegen der Aussicht über das lebhafte Treiben auf dem Canal Grande.

San Giacomo dell'Orio ❻

Campo San Giacomo dell'Orio. Karte 2 E5. 041-524 06 72. *Riva di Biasio oder San Stae.* tägl. 8–12, 17–19 Uhr.

AN EINEM RUHIGEN, verträumten Platz gelegen, ist diese Kirche möglicherweise nach einem Lorbeerbaum *(alloro)* benannt, der ursprünglich in ihrer Nähe stand. San Giacomo wurde im 9. Jahrhundert gegründet, 1225 wesentlich umgebaut und auch danach immer wieder verändert, daher die bunte Mischung der Baustile. Glockenturm, Grundriß und die byzantinischen Säulen datieren aus dem 13. Jahrhundert, Holzgewölbe und die übrigen Säulen sind gotisch, und die Apsiden entstammen der Renaissance.

Wer die Decken- und Altargemälde in der neuen Sakristei besichtigen will, wende sich an den Küster.

San Polo ❼

Campo San Polo. **Karte 6 F1.** 041-523 76 31. *San Silvestro.* Mo–Sa 8–12, 15.30–18.30 Uhr, So 8–12 Uhr.

IM 9. JAHRHUNDERT gegründet, im 15. neu errichtet und im frühen 19. im neoklassizistischen Stil renoviert, verdient die Kirche San Polo ihres wunderschönen Seitenportals und der romanischen Löwen wegen einen Besuch. Die beiden bewachen den Fuß des Glockenturms; einer hält eine Schlange in seinen Pranken, der andere ein menschliches Haupt.

In der Sakristei verdient die *Via Crucis del Tiepolo* einen Besuch; einige der 14 Gemälde des Zyklus (1749 von Giandomenico Tiepolo) mit den Stationen des Kreuzwegs vermitteln einen lebendigen Eindruck vom Alltagsleben in der venezianischen Republik.

Einer der romanischen Löwen zu Füßen des Glockenturms von San Polo

Santa Maria Gloriosa dei Frari ⑥

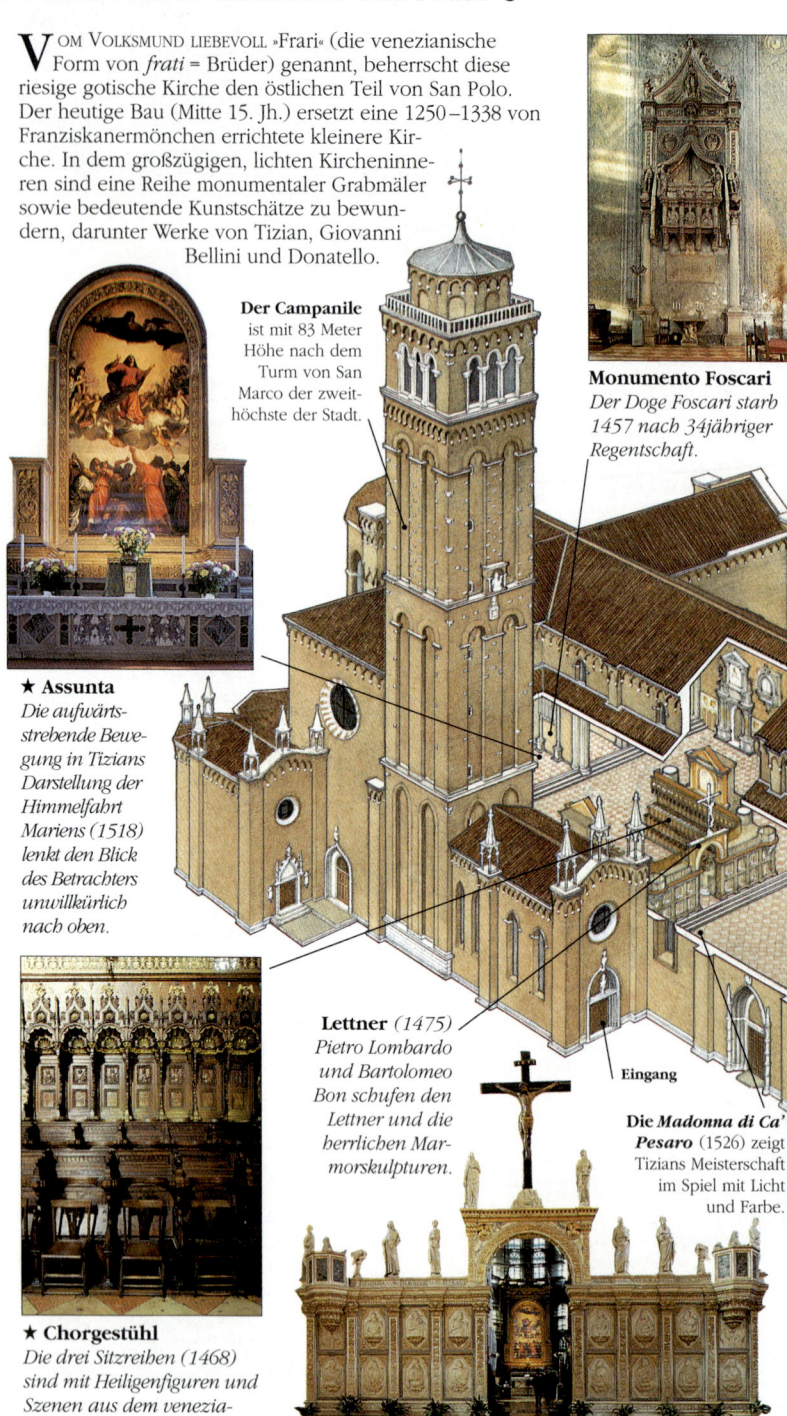

Vom Volksmund liebevoll »Frari« (die venezianische Form von *frati* = Brüder) genannt, beherrscht diese riesige gotische Kirche den östlichen Teil von San Polo. Der heutige Bau (Mitte 15. Jh.) ersetzt eine 1250–1338 von Franziskanermönchen errichtete kleinere Kirche. In dem großzügigen, lichten Kircheninneren sind eine Reihe monumentaler Grabmäler sowie bedeutende Kunstschätze zu bewundern, darunter Werke von Tizian, Giovanni Bellini und Donatello.

Der Campanile ist mit 83 Meter Höhe nach dem Turm von San Marco der zweithöchste der Stadt.

Monumento Foscari
Der Doge Foscari starb 1457 nach 34jähriger Regentschaft.

★ **Assunta**
Die aufwärtsstrebende Bewegung in Tizians Darstellung der Himmelfahrt Mariens (1518) lenkt den Blick des Betrachters unwillkürlich nach oben.

Lettner *(1475)*
Pietro Lombardo und Bartolomeo Bon schufen den Lettner und die herrlichen Marmorskulpturen.

Eingang

Die *Madonna di Ca' Pesaro* (1526) zeigt Tizians Meisterschaft im Spiel mit Licht und Farbe.

★ **Chorgestühl**
Die drei Sitzreihen (1468) sind mit Heiligenfiguren und Szenen aus dem venezianischen Leben geschmückt.

VENEDIG

GRUNDRISS

Unser Plan verweist auf die zwölf bedeutendsten Sehenswürdigkeiten der 90 Meter langen Kirche.

LEGENDE ZUM GRUNDRISS

1 Grabmal Canovas
2 Grabmal Tizians
3 Tizians *Madonna di Ca' Pesaro*
4 Chorgestühl
5 Seitenkapelle
6 Grabmal Monteverdis
7 Grabmal des Dogen Nicolò Tron
8 Hochaltar mit Tizians *Assunta* (1518)
9 Grabmal des Dogen Francesco Foscari
10 Donatellos *Johannes der Täufer* (um 1450)
11 B. Vivarinis Altargemälde (1474), Bernardokapelle
12 Bellinis *Muttergottes mit Kind und Heiligen* (1488)

INFOBOX

Campo dei Frari. **Karte** 6 D1.
📞 041-522 26 37.
🚤 San Tomà. 🕐 Mo–Sa 9–11.45, 14.30–17.30 Uhr, So, Feiertage 15–17.30 Uhr.
📷 außer Messe und Feiertage.
✝ regelmäßig.

★ Muttergottes mit Kind und Heiligen

Mit seiner subtilen Farbgebung zählt Bellinis Triptychon (1488) zu den schönsten Renaissancegemälden Venedigs.

Zum ehemaligen Kloster, dem heutigen Staatsarchiv, gehören zwei Kreuzgänge: Einer stammt von Palladio, der andere entstand im Stil Sansovinos.

Grabmal Canovas

1794 entwarf der große Bildhauer für Tizians Grab eine ähnliche neoklassizistische Marmorpyramide, die jedoch nie realisiert wurde. Nach seinem Tod 1822 benutzten seine Schüler diesen Entwurf als Vorlage für das Grabmal ihres Meisters.

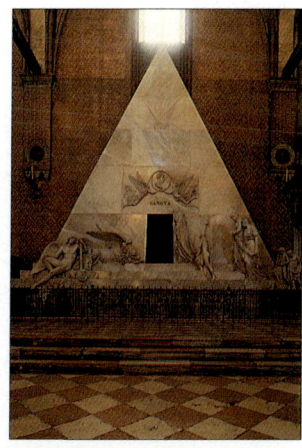

NICHT VERSÄUMEN

★ Assunta von Tizian

★ Madonna mit Kind von Bellini

★ Chorgestühl

Scuola Grande di San Rocco ❾

Das restaurierte Hauptportal der Scuola di San Rocco

Zu Ehren des heiligen Rochus (Schutzpatron der Pestkranken) gegründet, beherbergte diese Scuola einst eine der bedeutendsten karitativen Institutionen Venedigs. Die Bauarbeiten begannen 1515 unter Bartolomeo Bon und wurden später von Scarpagnino fortgesetzt und 1549 abgeschlossen. Finanziert wurde der Bau durch Spenden von Venezianern (die sich dadurch wohl Schutz vor der Seuche erhofften), und die Scuola war bald die reichste der Stadt. 1564 beauftragte die Bruderschaft Tintoretto mit der Ausgestaltung der Räume. Die ersten der mehr als fünfzig Arbeiten, die er insgesamt für die Scuola malte, finden Sie in der kleinen Sala dell'Albergo neben der oberen Halle. Seine späteren Bilder sind in der großen Halle im Erdgeschoß zu bewundern.

Tintorettos grandiose *Kreuzigung*, gemalt 1565 für die Sala dell'Albergo der Scuola di San Rocco

Halle im Erdgeschoss

Der Gemäldezyklus dieses Raums, 1583–87 entstanden, besteht aus acht großen Leinwandbildern mit Szenen aus dem Leben Mariä. Der Zyklus beginnt mit einer *Verkündigung* und endet mit einer miserabel restaurierten *Himmelfahrt*.

Flucht nach Ägypten, Maria Magdalena und *Maria Ägyptica* strahlen eine düstere Strenge aus; vor allem das letztgenannte Bild zeichnet den einsamen, meditierenden Menschen vor einer mit raschen Pinselstrichen hingezauberten Landschaft, die übrigens auch in den anderen Bildern wesentlicher Teil der gelungenen Komposition ist.

Detail aus Tintorettos *Flucht nach Ägypten* (1582–87)

Obere Halle und Sala dell'Albergo

Im oberen Teil, der mit zwei riesigen Gemälden dekoriert ist, die an die Pest von 1630 erinnern, führt Scarpagninos herrliche Treppenanlage (1544–46) hinauf zur oberen Halle, die Tintoretto 1575–81 mit eindrucksvollen Szenen aus der Heiligen Schrift schmückte.

Die Deckengemälde zeigen Episoden aus dem Alten Testament: Die drei rechteckigen Hauptbilder (*Moses schlägt Wasser aus dem Felsen, Das Wunder der Bronzeschlange* und *Mannawunder*) versinnbildlichen die Ziele der Bruderschaft, die im Namen des heiligen Rochus Durst, Krankheit und Hunger den Kampf ansagte. Alle drei Bilder sind dichte Kompositionen von kraftvoller Bewegtheit.

Die riesigen Wandgemälde des Saales befassen sich mit dem Neuen Testament: Zwei der herausragendsten stellen die *Heimsuchung Christi* und die *Anbetung der Hirten* dar. Wie die *Heimsuchung,* bei der ein ausgesprochen attraktiver Satan Christus zwei Laibe Brot entgegenstreckt, ist auch die *Anbetung* in zwei Bildhälften gegliedert und zeigt im oberen Teil eine weibliche Figur, Hirten und Ochsen und die Heilige Familie im unteren Teil.

Die wunderbaren allegorischen Figuren unterhalb der Bilder schuf Francesco Pianta im 17. Jahrhundert. In Altarnähe ist eine Darstellung Tintorettos mit Pinseln und Palette zu sehen, die die Malerei versinnbildlichen soll. Unweit vom Eingang zur Sala dell'Albergo können Sie auch ein Selbstporträt Tintorettos

VENEDIG

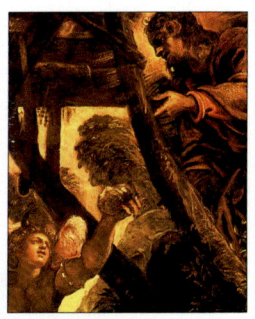

Detail aus Tintorettos *Heimsuchung Christi* (1578–81)

(1573) betrachten. Die kleine Sala dell'Albergo selbst beherbergt die *Kreuzigung* (1565), das wohl bewegendste seiner Meisterwerke, von dem Henry James schrieb, es zeige unendlich viel vom Leben und enthalte alles, auch die vollendetste Schönheit. Tintoretto begann den Gemäldezyklus

INFOBOX

Campo San Rocco. **Karte** 6 D1. 041-523 48 64. San Tomà. Apr-Okt tägl. 9–17 Uhr; Nov-März Mo-Fr 10–13 Uhr, Sa, So 10–16 Uhr (letzter Einlaß 30 Min. vor Schließung). 1. Jan, Ostern, 25. Dez.

1564, nachdem er mit seinem Deckengemälde *Der heilige Rochus im Glorienschein* den Wettbewerb um die Ausgestaltung der Scuola gewonnen hatte. An der Wand gegenüber der *Kreuzigung* hängen Szenen aus der Leidensgeschichte: *Christus vor Pilatus, Die Dornenkrönung* und *Der Gang nach Golgatha*.

Das beeindruckende Staffeleibild *Christus trägt das Kreuz*, früher Giorgione zugeschrieben, gilt heute als ein Werk Tizians.

DIE GEMÄLDE

HALLE IM ERDGESCHOSS
1 Verkündigung; **2** Anbetung der Könige; **3** Flucht nach Ägypten; **4** Der Kindesmord zu Bethlehem; **5** Maria Magdalena; **6** Maria Ägyptica; **7** Beschneidung im Tempel; **8** Himmelfahrt Mariens.

OBERE HALLE, WANDGEMÄLDE
9 Der hl. Rochus; **10** Der hl. Sebastian; **11** Anbetung der Hirten; **12** Taufe Christi; **13** Auferstehung; **14** Ölberg; **15** Abendmahl; **16** Vision des hl. Rochus; **17** Wunderbare Brotvermehrung; **18** Auferweckung des Lazarus; **19** Himmelfahrt; **20** Krankenheilung am Teich Bethesda; **21** Versuchung Christi.

OBERE HALLE, DECKE
22 Wasserwunder des Moses; **23** Durchzug durch das Rote Meer; **24** Samuel und Saul; **25** Jakobsleiter; **26** Elias auf dem Feuerwagen; **27** Elias von Engeln genährt; **28** Errettung Daniels; **29** Das jüdische Osterfest; **30** Mannawunder; **31** Opferung Isaaks; **32** Das Wunder der Bronzeschlange; **33** Jonas und der Wal; **34** Moses schlägt Wasser aus dem Felsen; **35** Adam und Eva; **36** Drei Kinder im Ofen; **37** Der brennende Dornbusch; **38** Samson; **39** Die Vision des Propheten Hesekiel; **40** Die Vision des Propheten Jeremia; **41** Elias verteilt den Frauen Brot; **42** Abraham und Melchisedek.

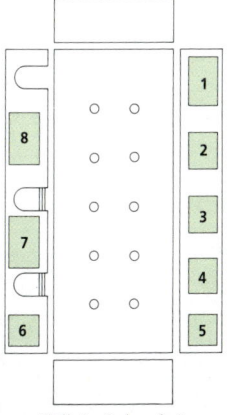

Halle im Erdgeschoß

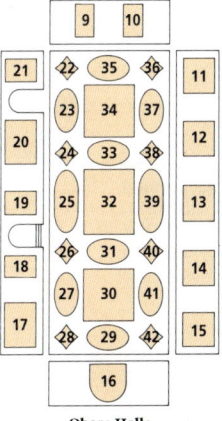

Obere Halle

San Rocco

Campo San Rocco. **Karte** 6 D1. San Tomà. tägl. 7.30–12.30, So 15–17 Uhr.

NEBEN DER GEFEIERTEN Scuola Grande di San Rocco steht die gleichnamige Kirche, die 1489 nach einem Entwurf von Bartolomeo Bon entstand, 1725 jedoch grundlegend umgebaut wurde und nun ein buntes Mischung verschiedener Stilelemente aufweist. Die Fassade wurde 1765–71 vorgesetzt.

Für den Chorraum des Gotteshauses hat Tintoretto vier Gemälde geschaffen, die die Wundertaten des heiligen Rochus glorifizieren.

San Pantalon

Campo San Pantalon. **Karte** 6 D2. San Tomà. Mo-Sa 8–11, 16–18.30 Uhr.

Fumianis meisterhaftes Deckenbild (1680–1704) in San Pantalon

DAS BEEINDRUCKENDSTE an dieser Kirche aus dem späten 17. Jahrhundert ist ihr riesiges, ehrfurchtgebietendes Deckengemälde, das doch zugleich die Illusion unendlicher Höhe erweckt. Es setzt sich aus vierzig Einzelszenen zusammen und ist, will man einigen Kunsthistorikern glauben, das größte Leinwandgemälde der Welt. Die Szenen zeigen Martyrium und Apotheose des heiligen Pantalon und gelten als Meisterwerk von Gian Antonio Fumiani, der daran 24 Jahre (1680–1704) arbeitete, bevor er vom Gerüst in den Tod stürzte.

Im Detail: Dorsoduro

Der Bezirk Dorsoduro (»harter Rücken«) ist nach dem für venezianische Verhältnisse ungewöhnlich festen Untergrund benannt. Am Campo Santa Margherita, dem Herz dieses Stadtteils, herrscht fast immer reges Treiben, vor allem frühmorgens, wenn hier Markt gehalten wird, sowie am späteren Abend, wenn die Studenten der Ca' Foscari (jetzt Teil der Universität von Venedig) herbeiströmen. Die umliegenden Straßen warten mit so manchem architektonischen Schmuckstück auf: Hier liegen u. a. die Ca' Rezzonico und die Scuola Grande dei Carmini, die Tiepolo mit Fresken ausschmückte. Den Rio San Barnaba, eine der malerischen Wasserstraßen der Gegend, betrachtet man am besten vom Ponte dei Pugni aus, wo der Kahn eines schwimmenden Obst- und Gemüsehändlers zum Ambiente beiträgt. Am Rio Terrà Canal liegen Cafés und ein Geschäft für Karnevalsmasken.

Santa Margherita

Am Campo Santa Margherita laden Cafés zur Pause ein.

Der Palazzo Zenobio (Ende 17. Jh.) beherbergt seit 1850 ein armenisches Kolleg. Um den prunkvollen Ballsaal (18. Jh.) zu besichtigen, braucht man eine Sondergenehmigung.

Für die Scuola Grande dei Carmini der Karmeliterbruderschaft schuf Tiepolo 1739–44 neun beeindruckende Deckengemälde.

In Santa Maria dei Carmini enthält die gotische Vorhalle byzantinische Reliefarbeiten.

Legende

– – – Routenempfehlung

0 Meter 50

Neben dem Rio San Barnaba, einem der hübschesten Kanäle des *sestiere*, verläuft die Fondamenta Gherardini.

VENEDIG

ZUR ORIENTIERUNG
Siehe Kartenteil Venedig, Karten 5, 6

Tiepolos Fresko Neue Welt, Teil des Zyklus in der Ca' Rezzonico

★ **Ca' Rezzonico**
Der Ballsaal nimmt die ganze Breite dieses Barockpalastes ein. ⑫

Im Palazzo Giustinian wohnte Wagner 1858.

Die Ca' Foscari, 1437 vollendet, wurde für den Dogen Francesco Foscari errichtet.

Ca' Rezzonico ⑫

Fondamenta Rezzonico 3136.
Karte 6 E3. 041-241 85 06.
Ca' Rezzonico. Apr–Sep 10–17 Uhr; Okt–März Sa–Do 10–16 Uhr. 1. Jan, 1. Mai, 25. Dez.

Dieser eindrucksvolle Palast, in dessen Räumen antikes Mobiliar, Fresken und Gemälde aus anderen Palästen oder Museen zusammengetragen sind, beherbergt das Museo del Settecento Veneziano. 1667 begann Longhena, Architekt der Salute-Kirche *(siehe S. 101)*, mit dem Bau, doch seinen Auftraggebern, der Familie Bon, ging das Geld aus. 1712 erwarben die Rezzonicos den Palast und ließen ihn von Giorgio Massari fertigstellen.

1888 verkauften die Rezzonicos das Gebäude an den Dichter Robert Browning und seinen Sohn Pen. Massaris Ballsaal nimmt die gesamte Breite des Gebäudes ein und ist mit Lüstern, Schnitzarbeiten von Andrea Brustolon und einem illusionistischen Deckenfresko geschmückt. In weiteren Räumen sind Fresken von Tiepolo zu bewundern, u. a. die berühmte *Hochzeit des Ludovico Rezzonico mit Faustina Savorgnan* (1758) und ein Werk seines Sohnes Giandomenico, das ursprünglich seine Villa in Zianigo zierte. Außerdem gibt es Gemälde von Longhi, Guardi und einen Canaletto. Im Obergeschoß sind eine Apothekeneinrichtung aus dem 18. Jahrhundert sowie ein Puppentheater ausgestellt.

Der Ponte dei Pugni war bis 1705 Schauplatz traditioneller Faustkämpfe. Dann wurden sie als zu blutig verboten.

San Barnaba besitzt einen ganz eigenen Charme, zu dem auch der Obst- und Gemüsehändler auf seiner Barke beiträgt, um den sich Einheimische wie Touristen scharen.

NICHT VERSÄUMEN

★ Ca' Rezzonico

San Nicolò dei Mendicoli, eine der ältesten Kirchen Venedigs

San Nicolò dei Mendicoli ⑬

Campo San Nicolò. **Karte** 5 A3.
📞 041-528 59 52. 🚤 *San Basilio.*
⭕ *tägl. 10 – 12, 16 – 18 Uhr.*

Anders als die leider recht heruntergekommenen Gebäude in ihrer unmittelbaren Umgebung wurde diese Kirche in den 70er Jahren äußerst sorgfältig restauriert und zählt zu den schönsten Venedigs. Im Rahmen der aufwendigen Sanierungsarbeiten, die nach der Überschwemmung im Jahre 1966 dringend notwendig waren, wurden der Kirchenboden, der 30 cm unter dem Wasserspiegel der Kanäle lag, angehoben, Dach und unteres Mauerwerk renoviert sowie Gemälde und Statuen restauriert.

Das im 7. Jahrhundert gegründete Gotteshaus hat im Laufe der Jahrhunderte viele Veränderungen erfahren. Die kleine Vorhalle an der Nordflanke stammt aus dem 15. Jahrhundert und bot einst den Bettlern oder *mendicanti* Obdach, nach denen die Kirche benannt ist.

Im Inneren besticht vor allem das Hauptschiff mit den schönen vergoldeten Holzstatuen (16. Jh.), darunter auch eine des Namenspatrons, des heiligen Nikolaus. An den Wänden erzählen Tafelbilder von Alvise dal Friso und anderen Schülern Veroneses Szenen aus dem Leben Christi (um 1553).

Vor der Kirche thront ein Steinlöwe auf einer kleinen Säule – eine recht bescheidene Nachbildung des berühmten Markuslöwen auf der Piazzetta.

San Sebastiano ⑭

Campo San Sebastiano. **Karte** 5 C3.
📞 041-28 24 87. 🚤 *San Basilio.*
⭕ *tägl. 14.30 – 17. 30 Uhr.*

In ihrer Ausstattung ist diese kleine Kirche eine der homogensten Venedigs. Dies ist Veronese zu verdanken, der 1555 – 60 und in den 70er Jahren des 16. Jahrhunderts den Auftrag erhielt, die Decke der Sakristei und des Hauptschiffs, Fries, östlichen Chor, Hochaltar sowie die Türen der Orgelvertäfelung und der Kanzel zu gestalten, und die Kirche in ein wahres Kleinod verwandelte.

Bei den Gemälden zeigt sich Veroneses Liebe zu kraftvoller Festlichkeit, prächtigen Gewändern und zum farblichen Überschwang. Die Decke der Sakristei stellt die *Marienkrönung* und *Die vier Evangelisten* dar. Unter den übrigen Bildern verdienen vor allem drei Werke Veroneses Erwähnung, die die Geschichte der Esther, Gemahlin Xerxes' I. von Persien, erzählen.

Veronese ist in der Kirche beigesetzt. Sein Grab finden Sie vor der Kapelle links vom Chor.

Accademia ⑮

Siehe S. 102 f.

Collezione Peggy Guggenheim ⑯

Palazzo Venier dei Leoni. **Karte** 6 F4.
📞 041-520 62 88. 🚤 *Accademia.*
⭕ *Mi–Mo 11 – 18 Uhr.*
⬤ *25. Dez.* 🎨

Ursprünglich als viergeschossiger Bau geplant, wuchs der Palazzo Venier dei Leoni jedoch niemals über das Sockelgeschoß hinaus

Der »Palazzo Nonfinito« beherbergt die Guggenheim-Sammlung

– daher auch sein Spitzname »Il Palazzo Nonfinito« (der unvollendete Palast). 1949 erwarb die amerikanische Millionärin Peggy Guggenheim (1898–1979) das Gebäude.

Sie war eine Sammlerin, Kunsthändlerin und Mäzenin und förderte die Karriere vieler abstrakter und surrealistischer Künstler, darunter auch die ihres zweiten Ehemanns Max Ernst.

Ihre Sammlung umfaßt 200 hervorragende Gemälde und Skulpturen, die einen Überblick über die gesamte moderne Kunst des 20. Jahrhunderts bieten. Im Speisezimmer befinden sich bemerkenswerte kubistische Arbeiten wie Picassos Bild *Der Dichter*, ein anderer Raum ist gänzlich Guggenheims bedeutendster »Entdeckung«, Jackson Pollock, gewidmet. Mit wichtigen Arbeiten vertreten sind auch Braque, Chagall, De Chirico, Dalí, Duchamp, Léger, Kandinsky, Klee, Mondrian, Miró, Bacon und Magritte, dessen surrealistisches *Reich der Lichter* (1953/54) in nächtlich verdunkeltes Haus vor taghellem Himmel zeigt. Die Skulpturensammlung, darunter Constantin Brancusis eleganter *Vogel im Raum* (um 1923), ist teils im Haus, teils im Garten zu bewundern.

Vogel im Raum von **Brancusi**

Das wohl provokanteste Kunstwerk ist Marino Marinis *Engel der Zitadelle* (1948), ein auch in seiner Männlichkeit hoch aufgerichteter Reiter, der von seinem Roß aus von der Terrasse den Canal Grande überschaut.

Das Guggenheim-Museum zählt zu den meistbesuchten Attraktionen Venedigs und ist für Liebhaber moderner Kunst ein Muß. Die hellen Räume und die großen Leinwände stehen in Kontrast zu den Renaissancegemälden vieler venezianischer Kirchen und Museen.

Der Garten wurde weitgehend umgestaltet und bildet nun den passenden Hintergrund für eine Vielzahl von Plastiken. Hier, zwischen den Gräbern ihrer Hunde, befindet sich auch Peggy Guggenheims Urnengrab.

In den Gebäuden außerhalb des Gartens steht Ihnen ein Museumsladen und ein Restaurant offen. Informieren Sie sich vorab telefonisch über aktuelle Wechselausstellungen.

Die Barockkirche Santa Maria della Salute beherrscht die Mündung des Canal Grande

Santa Maria della Salute ⑰

Campo della Salute. **Karte** 7 A4.
☎ 041-522 55 58. 🚤 Salute.
🕐 tägl. 8.30–12, 15–18 Uhr.
📷 zur Sakristei.

Diese grandiose Barockkirche, eines der eindrucksvollsten Bauwerke Venedigs, dominiert die Mündung des Canal Grande und den inneren Hafenbezirk. Die Kirche wurde nach dem Ende der Pestepidemie des Jahres 1630 zu Ehren der Jungfrau errichtet, die der Stadt Gesundheit (*salute*) gebracht hatte. Zum Gedenken an die Erlösung von der schrecklichen Seuche zieht jedes Jahr im November eine Prozession über eine Bootsbrücke zur Salute-Kirche.

Baldassare Longhena begann 1630, im Alter von 32 Jahren, mit der Planung des Bauwerks, das ihn den Rest seines Lebens beschäftigte und erst 1687, fünf Jahre nach dem Tod des Baumeisters, vollendet werden konnte.

Der Innenraum der Kirche – ein großer, achteckiger, kuppelüberwölbter Raum mit sechs vom Ambulatorium abzweigenden Seitenkapellen – wirkt vergleichsweise nüchtern. Der überkuppelte Chor und der grandiose Hochaltar beherrschen den Blick vom Hauptportal aus.

Die Skulpturengruppe am Altar, ein Werk Giusto Le Cortes, zeigt die Muttergottes mit Kind bei der Errettung Venedigs vor der Pest. Die bedeutendsten Gemälde befinden sich in der Sakristei, links vom Altar: Tizians frühes Altarbild *Der heilige Markus mit den Heiligen Cosmos, Damian, Rochus und Sebastian* (1511/12) sowie seine eindrucksvollen Deckengemälde *Kain und Abel*, *Das Opfer Abrahams* und *David und Goliath* (1540–49). *Die Hochzeit zu Kanaa* (1551) gegenüber dem Eingang schätzen Kunstkenner als eines der Hauptwerke von Jacopo Tintoretto.

Innenraum der Salute-Kirche mit ihrem achteckigen Grundriß

Accademia ⓯

FÜNF JAHRHUNDERTE umspannend, bietet die unvergleichliche Gemäldesammlung der Accademia einen nahezu kompletten Überblick über die venezianische Kunst – vom byzantinischen Mittelalter über die Renaissance bis hin zu Barock und Rokoko. Gegründet wurde die Accademia di Belle Arti 1750 von dem Maler Giovanni Battista Piazzetta, 1807 verlagerte Napoleon die Sammlung an ihren heutigen Ort und erweiterte sie um Kunstwerke aus verschiedenen Kirchen und Klöstern.

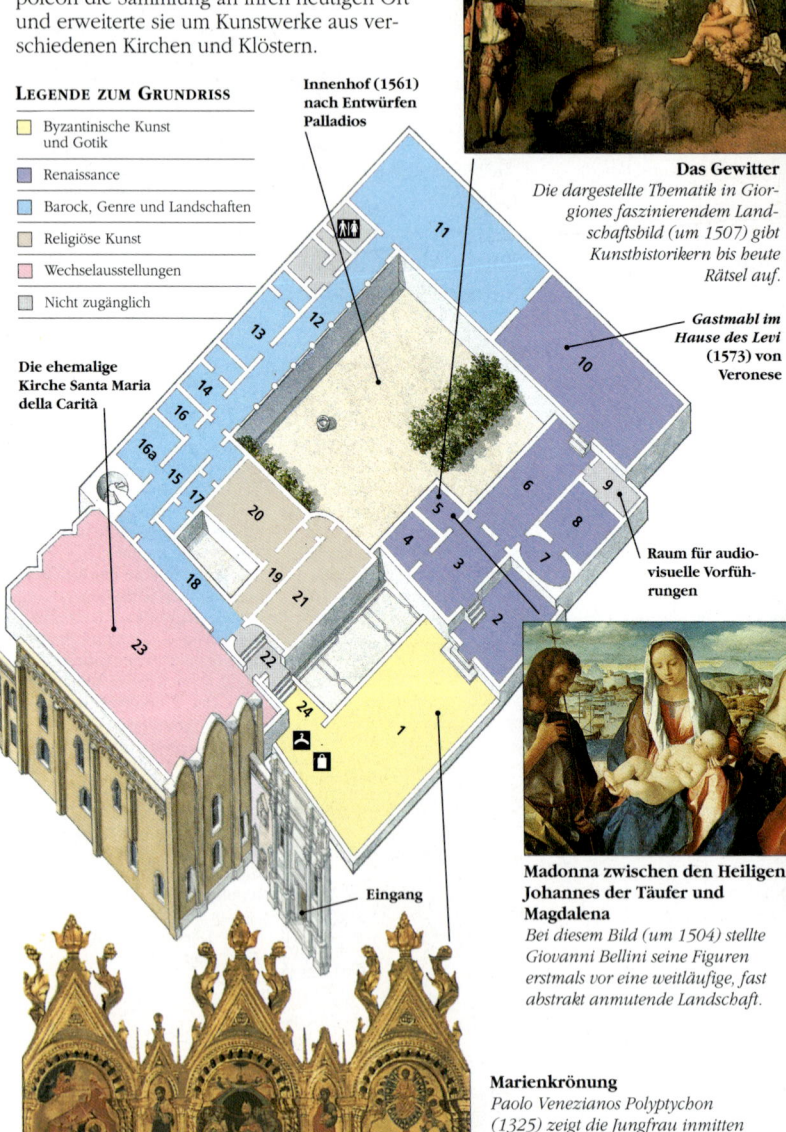

LEGENDE ZUM GRUNDRISS

- Byzantinische Kunst und Gotik
- Renaissance
- Barock, Genre und Landschaften
- Religiöse Kunst
- Wechselausstellungen
- Nicht zugänglich

Die ehemalige Kirche Santa Maria della Carità

Innenhof (1561) nach Entwürfen Palladios

Eingang

Das Gewitter
Die dargestellte Thematik in Giorgiones faszinierendem Landschaftsbild (um 1507) gibt Kunsthistorikern bis heute Rätsel auf.

Gastmahl im Hause des Levi (1573) von Veronese

Raum für audiovisuelle Vorführungen

Madonna zwischen den Heiligen Johannes der Täufer und Magdalena
Bei diesem Bild (um 1504) stellte Giovanni Bellini seine Figuren erstmals vor eine weitläufige, fast abstrakt anmutende Landschaft.

Marienkrönung
Paolo Venezianos Polyptychon (1325) zeigt die Jungfrau inmitten verschiedener Szenen aus dem Leben Christi und des heiligen Franziskus. Hier ein Ausschnitt.

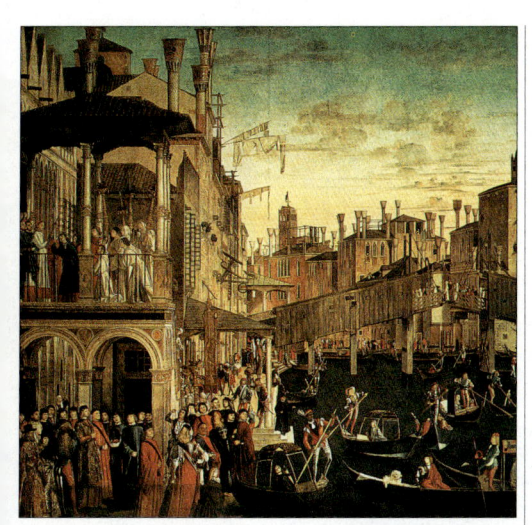

Heilung des Besessenen (um 1496) von Vittore Carpaccio

> **INFOBOX**
>
> Campo della Carità. **Karte** 6 E3.
> 041-522 22 47.
> Accademia. Mo–Sa
> 9–19 Uhr, So, Feiertage 9–14
> Uhr (letzter Einlaß 30 Min. vor
> Schließung). 1. Jan, 1. Mai,
> 25. Dez.

BYZANTINISCHE KUNST UND GOTIK

SAAL 1 ILLUSTRIERT den Einfluß von Byzanz auf die frühen venezianischen Maler. Bei Paolo Venezianos *Marienkrönung* (1325) ist die Linienführung unzweifelhaft gotisch, die überreiche Verwendung von Gold und Lapislazuli jedoch noch typisch byzantinisch. Michele Giambonos *Marienkrönung* (1448) prägt hingegen bereits ein gewisser Naturalismus, wie ihn die Gotik propagierte.

RENAISSANCE

DIE RENAISSANCE erreichte Venedig erst spät, hatte der Stadt in der zweiten Hälfte des 15. Jahrhunderts jedoch zu einer ernstzunehmenden Rivalin von Florenz und Rom werden lassen. Eine zentrale Rolle in der venezianischen Kunst dieser Zeit spielte die Sacra conversazione, eine Darstellung der Muttergottes mit Heiligen. Giovanni Bellinis Altarbild für San Giobbe (um 1487) in Saal 2 ist eines der schönsten Beispiele. Ganz anders dagegen der Überschwang der Hochrenaissance, wie er in Veroneses *Gastmahl im Hause des Levi* (1573) zum Ausdruck kommt. Dieses Bild nimmt eine ganze Wand in Saal 10 ein, in dem auch Tintorettos Meisterwerk *Der heilige Markus befreit einen Sklaven* (1548) zu bewundern ist.

BAROCK, GENREBILDER UND LANDSCHAFTEN

VENEDIG SELBST brachte keine Barockmaler hervor, doch hielten aus anderen Regionen kommende Künstler die venezianische Schule am Leben. In erster Linie ist hier der Genueser Bernardo Strozzi (1581–1644) zu nennen, ein großer Bewunderer Veroneses, wie man an seinem *Gastmahl im Hause des Simon* (1629) in Saal 11 sehen kann. Im selben Raum ist auch Tiepolo, der bedeutendste venezianische Maler des 18. Jahrhunderts, vertreten.

Der lange Gang (12) und die angrenzenden Räume sind vorwiegend den Landschafts- und Genrebildern des 18. Jahrhunderts gewidmet. Hier hängen Schäferszenen von Francesco Zuccarelli, Arbeiten von Marco Ricci, Szenen aus dem Alltagsleben von Pietro Longhi sowie eine Ansicht Venedigs von Canaletto, die sein Gespür für Perspektive verdeutlicht.

RELIGIÖSE KUNST

DIE SÄLE 20 UND 21 begleiten Sie zurück in die Renaissance. Hier sind die beiden grandiosen, mit liebevollen Details ausgeschmückten Gemäldezyklen (spätes 16. Jh.) zu bewundern, die Einblick in das damalige Leben, die Bräuche und das Stadtbild Venedigs bieten. Saal 20 birgt *Die Geschichten vom Heiligen Kreuz*, die führende venezianische Maler schufen, Saal 21 Carpaccios *Szenen aus der Legende der heiligen Ursula* (um 1490), in denen der Maler Realität, Phantasie und Legende zu einem Kaleidoskop des Lebens im 15. Jahrhundert zusammenfügte.

Gastmahl im Hause des Levi (1573) von Paolo Veronese

Im Detail: Piazza San Marco

IM LAUFE IHRER langen Geschichte erlebte die Piazza San Marco Festzüge, Prozessionen, Demonstrationen und ungezählte Karnevalsfeste. Zu Tausenden strömen die Touristen herbei, bietet der Platz doch neben den beiden bedeutendsten kulturhistorischen Sehenswürdigkeiten – Basilika und Dogenpalast – und weiteren Attraktionen wie Campanile, Museo Correr und Torre dell'Orologio auch allerlei Unterhaltsames: die Giardinetti Reali, Nobelboutiquen sowie Cafés wie das Quadri und das Florian, die eigene Orchester aufspielen lassen.

Löwe von San Marco

Torre dell'Orologio
Der Uhrturm stammt aus der Renaissance. ❷⓪

Im Bacino Orseolo, so benannt nach dem Dogen Pietro Orseolo, der hier 977 eine Pilgerherberge errichten ließ, liegen Gondeln vertäut.

Die Piazza beschrieb Napoleon als »schönsten Salon Europas«.

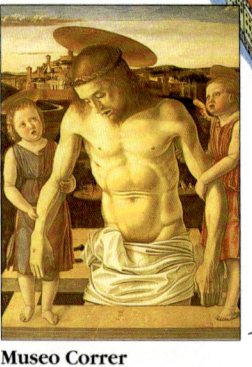

Museo Correr
Giovanni Bellinis Pietà (1455–60) ist nur eines von vielen Meisterwerken in den Galerien des Museums. ❷❷

In Harry's Bar, 1931 von Giuseppe Cipriani und seinem Freund Harry gegründet, gibt es gute amerikanische Drinks. Das Bild zeigt Ernest Hemingway, einen der vielen berühmten Gäste.

MERCERIE

PROCURATIE VECCHIE

PIAZZA SAN MARCO

PROCURATIE NUOVE

San Marco Vallaresso

VENEDIG

★ Basilica di San Marco
Dieses Fassadenmosaik (13. Jh.) illustriert die Überführung der Gebeine des heiligen Markus in die Basilika. ⓲

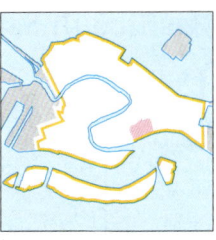

ZUR ORIENTIERUNG
Siehe Kartenteil Venedig, Karte 7

Campanile
Der heutige Turm ersetzt einen älteren, der 1902 einstürzte. ㉑

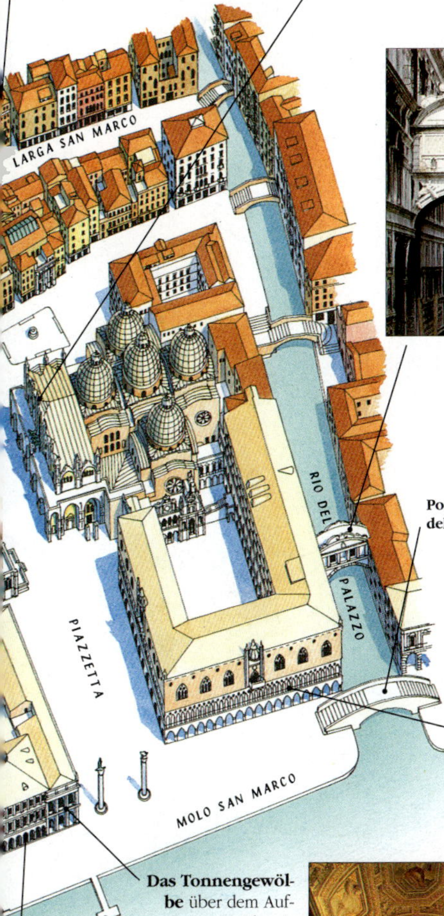

Die Seufzerbrücke (1600), als Verbindung zwischen Dogenpalast und Kerker erbaut, verdankt ihren Namen angeblich den Seufzern, die die Verurteilten auf dem Weg zum Verhör ausstießen.

Ponte della Paglia

★ Palazzo Ducale
Der ehemalige Amtssitz des Fürsten und hoher Staatsbeamter ist ein Meisterwerk gotischer Architektur. ⓳

Das Tonnengewölbe über dem Aufgang zur Libreria Sansoviniana (1588), heute Nationalbibliothek von San Marco, ist mit Fresken und Stuck verziert.

San Marco Giardinetti

Die Zecca, von Sansovino entworfen und 1537 begonnen, diente bis 1870 als Münze der Stadt und gab dem *zecchino*, dem venezianischen Dukaten, seinen Namen.

0 Meter — 75

NICHT VERSÄUMEN

★ Basilica di San Marco

★ Palazzo Ducale

Basilica di San Marco ⓲

IN VENEDIGS BERÜHMTER Basilika vereinen sich Architektur- und Dekorationsstile des Morgen- und Abendlandes zu einem riesigen juwelenbesetzten Reliquienschrein. Der Bau verdankt seine geradezu orientalische Pracht zahllosen Schätzen aus den überseeischen Besitztümern der Republik; so kamen etwa die Bronzepferde 1204 aus Konstantinopel. Die Hauptfassade trägt Marmor, Basreliefs, eine Fülle prächtiger Säulen und in den fünf Portalbogen Mosaiken aus verschiedenen Epochen. Das Hauptportal selbst schmücken grandiose romanische Steinmetzarbeiten (1240–65).

In der Pfingstkuppel fährt der Heilige Geist als Taube hernieder; möglicherweise war sie die erste Kuppel, die mit Mosaiken verziert wurde.

Hl. Markus und Engel
Die Statuen über dem Mittelbogen kamen Anfang des 15. Jahrhunderts hinzu.

Die eleganten Bogenfelder spiegeln die des darunterliegenden Geschosses wider.

★ **Pferde von San Marco**
Die Quadriga ist eine Kopie der vier vergoldeten Bronzerosse, die aus konservatorischen Gründen heute im Basilikamuseum stehen.

NICHT VERSÄUMEN

★ **Fassadenmosaiken**

★ **San-Marco-Pferde**

Romanische Steinmetzarbeiten schmücken die Bogen des Hauptportals.

Eingang

★ **Fassadenmosaiken**
Das Mosaik (17. Jh.) zeigt den Raub der Gebeine des heiligen Markus aus Alexandria; angeblich wurden sie unter Schweinefleisch versteckt geschmuggelt.

VENEDIG

Baldachin
Die kunstvollen Alabastersäulen des Altarbaldachins sind mit Szenen aus dem Neuen Testament geschmückt.

Die Mosaikverkleidung der Himmelfahrtskuppel (frühes 13. Jh.) stellt den Auferstandenen dar, mit Engeln, den zwölf Aposteln und der Jungfrau Maria.

Die Gebeine des heiligen Markus, die man durch das Feuer von 976 verloren glaubte, sollen bei der Weihung der neuen Kirche 1094 hier wiederaufgetaucht sein.

Die Bodenmosaiken zeigen Vögel und wilde Tiere.

Schatzkammer

Die Tetrarchen
Die bekannte, legendenumrankte Skulpturengruppe aus rotem Porphyr (4. Jh., wohl ägyptisch) stellt vermutlich den römischen Kaiser Diokletian und seine drei Mitregenten – Maximianus, Valerian und Constantius – dar.

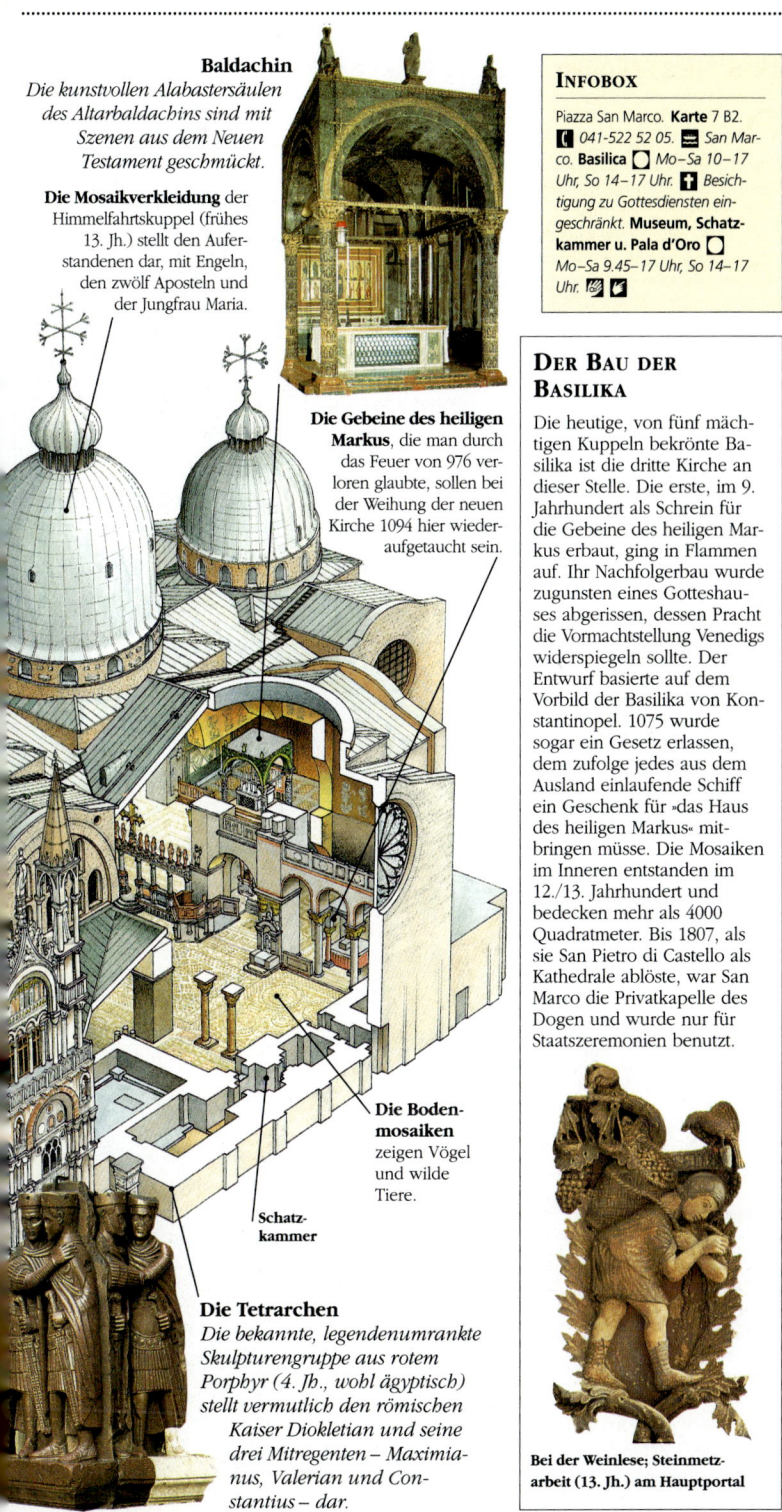

INFOBOX

Piazza San Marco. **Karte** 7 B2.
041-522 52 05. San Marco. **Basilica** Mo–Sa 10–17 Uhr, So 14–17 Uhr. Besichtigung zu Gottesdiensten eingeschränkt. **Museum, Schatzkammer u. Pala d'Oro** Mo–Sa 9.45–17 Uhr, So 14–17 Uhr.

DER BAU DER BASILIKA

Die heutige, von fünf mächtigen Kuppeln bekrönte Basilika ist die dritte Kirche an dieser Stelle. Die erste, im 9. Jahrhundert als Schrein für die Gebeine des heiligen Markus erbaut, ging in Flammen auf. Ihr Nachfolgerbau wurde zugunsten eines Gotteshauses abgerissen, dessen Pracht die Vormachtstellung Venedigs widerspiegeln sollte. Der Entwurf basierte auf dem Vorbild der Basilika von Konstantinopel. 1075 wurde sogar ein Gesetz erlassen, dem zufolge jedes aus dem Ausland einlaufende Schiff ein Geschenk für »das Haus des heiligen Markus« mitbringen müsse. Die Mosaiken im Inneren entstanden im 12./13. Jahrhundert und bedecken mehr als 4000 Quadratmeter. Bis 1807, als sie San Pietro di Castello als Kathedrale ablöste, war San Marco die Privatkapelle des Dogen und wurde nur für Staatszeremonien benutzt.

Bei der Weinlese; Steinmetzarbeit (13. Jh.) am Hauptportal

Überblick: Die Basilika

DER PRÄCHTIGE INNENRAUM ist mit einer unglaublichen Vielfalt goldgrundiger Mosaiken verkleidet, die im Narthex (Vorhalle) beginnen und in den Paneelen der Pfingst- und Himmelfahrtskuppel ihren Höhepunkt erreichen. Die Genesiskuppel zeigt die Erschaffung der Welt. Auch der Boden *(pavimento)* ist mit Mosaiken in Marmor und Glas geschmückt. Von der Vorhalle führen Stufen zum Museo Marciano hinauf, in dem die berühmten Bronzepferde auf einen Besuch warten. Weitere Schätze sind die mit Edelsteinen besetzte Pala d'Oro hinter dem Hochaltar, die Nikopeia-Ikone sowie die kostbaren Gold- und Silberobjekte.

Madonna di Nicopeia
Diese 1204 erbeutete byzantinische Ikone zählt zu den meistverehrten Bildwerken Venedigs.

Die Porta dei Fiori (Blumentür) schmücken Reliefarbeiten aus dem 13. Jahrhundert.

Cappella dei Mascoli

Nördliches Seitenschiff

★ Pfingstkuppel
Die Mosaikverkleidung (12. Jh.) dieser Kuppel zeigt die zwölf Apostel, die durch Feuerzungen mit dem Heiligen Geist verbunden sind.

Vorhalle

Treppe zum Museo Marciano

Cappella Zen

Baptisterium

★ Himmelfahrtskuppel
Im Zentrum der Vierungskuppel steht der auferstandene Christus. Das Meisterwerk entstammt der Hand venezianischer Künstler, die stark von der byzantinischen Kunst und Architektur beeinflußt waren.

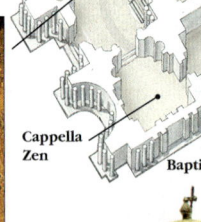

★ Schatzkammer
In der Schatzkammer lagern auch Beutestücke aus Konstantinopel; hier ein vergoldeter Reliquienschrein (11. Jh.).

VENEDIG

★ Pala d'Oro
Dieser Altaraufsatz, das berühmteste Kleinod der Basilika, besteht aus 250 edelsteinbesetzten Tafeln.

Die Tür zur Sakristei weist schöne Bronzereliefs von Sansovino auf, darunter Porträts von ihm selbst mit Tizian und Aretino.

Den Sakramentsaltar schmücken Mosaiken aus dem 12. und frühen 13. Jahrhundert. Sie zeigen Parabeln und Wunder Christi.

Die Säulen sind möglicherweise Überreste der ersten Basilika.

Südliches Seitenschiff

NICHT VERSÄUMEN

★ Pala d'Oro

★ Schatzkammer

★ Pfingst- und Himmelfahrtskuppel

MOSAIKEN

KUPPELN, WÄNDE UND BODEN der Basilika sind mit über 4000 Quadratmeter goldglänzender Mosaiken verkleidet. Die ältesten, im 12. Jahrhundert entstanden, sind das Werk von Mosaikkünstlern aus dem Osten. Venezianische Handwerker, die deren Techniken aufgriffen, führten die Ausschmückung fort und verbanden byzantinische Anregungen mit abendländischem Kunstverständnis. Im 16. Jahrhundert wurden Entwürfe von Tintoretto, Tizian, Veronese und anderen Künstlern als Mosaiken nachgearbeitet.

Zu den herrlichsten Einlegearbeiten zählen die der zentralen Himmelfahrtskuppel (13. Jh.) und der Pfingstkuppel (12. Jh.) über dem Hauptschiff.

PALA D'ORO

HINTER DER CAPPELLA di San Clemente liegt der Eingang zum kostbarsten Schatz von San Marco, der Pala d'Oro. Dieses juwelenbesetzte Altarbild hinter dem Hochaltar ist aus 250 auf Goldfolie befestigten Emailplatten zusammengesetzt und wird von einem vergoldeten gotischen Silberrahmen umschlossen. Das ursprünglich 976 in Byzanz in Auftrag gegebene Bild wurde immer reicher verziert und nachträglich mit Edelsteinen bestückt. 1797 ließ Napoleon einige davon stehlen, doch funkelt die *pala* nach wie vor unter Perlen, Rubinen, Saphiren und Amethysten.

MUSEO MARCIANO

VON DER VORHALLE führen Stufen zur Loggia dei Cavalli und dem Kirchenmuseum hinauf, von wo aus sich ein wunderbarer Blick in die Basilika eröffnet. Die vergoldeten Bronzepferde, die einen Raum für sich haben, wurden 1204 vom Dach des Hippodroms in Konstantinopel (Istanbul) gestohlen, doch ihre eigentliche Herkunft – römisch oder hellenistisch – bleibt unklar. Außer den Rossen beherbergt das Museum Mosaikfragmente, mittelalterliche Handschriften und kostbare Gobelins.

BAPTISTERIUM UND KAPELLEN

DIE TAUFKAPELLE wurde auf Veranlassung des Dogen Andrea Dandolo (1343–54) angebaut, der hier auch bestattet ist. Auch Sansovino, der den Taufstein entwarf, fand hier seine letzte Ruhestätte. Die angrenzende Cappella Zen (1504) ist nach einem hier beigesetzten Kardinal benannt, der dem Staat sein riesiges Vermögen hinterließ.

Die Cappella dei Mascoli, im linken Querhaus, präsentiert Szenen aus dem Marienleben. Nicht weit davon befindet sich die Madonna di Nicopeia, eine 1204 erbeutete Ikone.

Noah und die Sintflut; Mosaik aus dem 13. Jahrhundert in der Vorhalle

Palazzo Ducale ⓲

DER DOGENPALAST, seit dem 9. Jahrhundert Residenz des Dogen und Amtssitz der venezianischen Regierung, erhielt sein heutiges Erscheinungsbild im 14. und frühen 15. Jahrhundert. Für dieses anmutige Meisterwerk gotischer Architektur stellten die Venezianer die Proportionen gleichsam auf den Kopf und legten den massiven, aus rosafarbenem Veroneser Marmor bestehenden Hauptteil des Gebäudes entgegen aller Konvention in die oberen Etagen – über die grazilen Loggien und Arkaden aus weißem istrischem Stein.

Mars von Sansovino

★ **Scala dei Giganti**
Sansovinos Kolossalstatuen Mars und Neptun (16. Jh.) symbolisieren die Macht Venedigs zu Lande und zu Wasser.

Sala del Senato

Sala del Collegio

Anticollegio

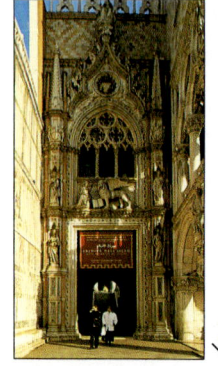

Der Arco Foscari mit Kopien von Antonio Rizzos Statuen von Adam und Eva (15. Jh.)

Haupteingang

★ **Porta della Carta**
Das gotische Tor (15. Jh.) bildet den Haupteingang zum Palast. Von hier führt ein Bogengang zum Arco Foscari und in den Innenhof.

Innenhof

★ **Sala del Maggior Consiglio**
In diesem Saal tagte der Große Rat der Republik Venedig. Tintorettos riesiges Paradies (1590) nimmt die gesamte Ostwand ein.

VENEDIG

Sala dello Scudo
Die Wände dieses Raums, der zu den Privatgemächern des Dogen gehörte, sind mit Landkarten bedeckt. Im Zentrum stehen zwei große Globen (18. Jh.).

INFOBOX
Piazzetta. **Karte** 7 C2.
041-522 49 51. San Marco. März–Sep tägl. 9–19 Uhr; Okt–Feb 9–17 Uhr (letzter Einlaß 1 Std. vor Schließung).
1. Jan, 1. Mai, 25. Dez.

Sala delle Quattro Porte

Sala del Consiglio dei Dieci

Sala della Bussola

Folterkammer
Verhöre fanden in der Folterkammer statt, in der man Häftlinge an den Handgelenken aufhängte, um ein Geständnis zu erpressen.

Seufzerbrücke

Der trunkene Noah
Diese Skulptur (15. Jh.) steht als Symbol menschlicher Schwäche an der Ecke des Palastes.

Der Ponte della Paglia,
aus istrischem Stein erbaut, trägt ein hübsches Geländer mit steinernen Kiefernzapfen.

Die Loggia
Jeder Bogen der Arkaden trägt zwei Bogen der Loggia, von der sich ein schöner Blick über die Lagune bietet.

NICHT VERSÄUMEN

★ **Scala dei Giganti**

★ **Porta della Carta**

★ **Sala del Maggior Consiglio**

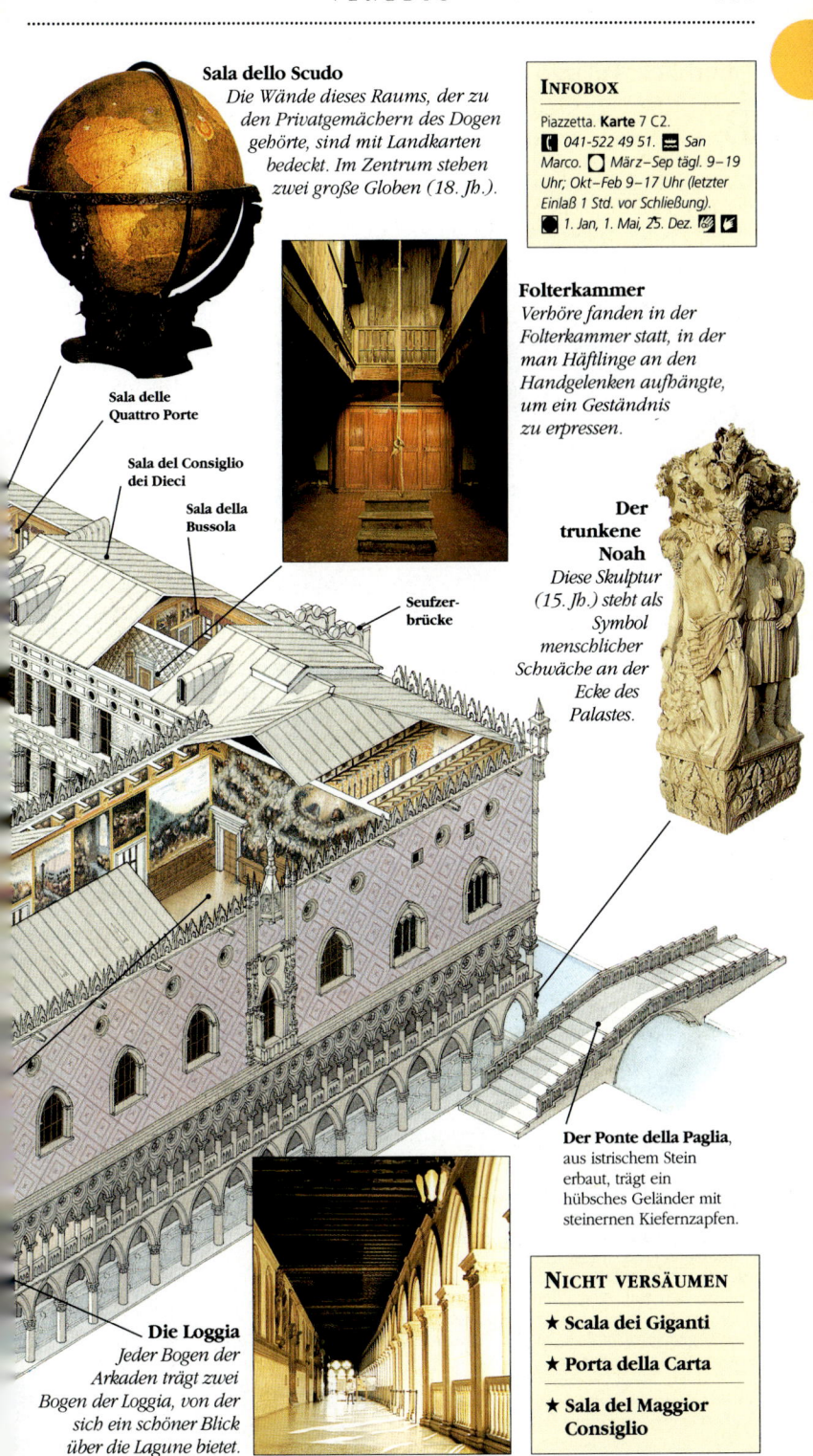

Überblick: Palazzo Ducale

BEI EINER TOUR durch den Dogenpalast sehen Sie eine Folge prächtiger Räume und Säle, die sich auf drei Etagen verteilen; sofern Sie nicht die Staatsgemächer (nur bei Ausstellungen zugänglich) besuchen wollen, beginnt der ausgeschilderte Rundgang im obersten Stock und endet mit der Seufzerbrücke und dem Kerker.

Jacopo und Domenico Tintorettos *Paradies*, eines der größten Leinwandbilder der Welt, hängt in der Sala del Maggior Consiglio

SCALA D'ORO UND INNENHOF

DURCH DIE PORTA DELLA CARTA gelangt man zum Innenhof mit Antonio Rizzos Prunktreppe Scala dei Giganti (15. Jh.), auf der einst der neue Doge mit der *zogia* (Dogenmütze) gekrönt wurde. Kasse und Eingang zum Palast liegen linker Hand. Die Scala d'Oro, die zu den oberen Etagen und dem Startpunkt des Rundgangs führt, verdankt ihren Namen – Goldene Treppe – dem Gewölbe, das Alessandro Vittoria 1554–58 mit prächtigen vergoldeten Stuckarbeiten verzierte.

VON DER SALA DELLE QUATTRO PORTE ZUR SALA DEL SENATO

GLEICH DER ERSTE RAUM, die Sala delle Quattro Porte, wartet mit einer Decke von Palladio und Fresken von Tintoretto auf. Auch im anschließenden Anticollegio sind Wandgemälde (Szenen aus der Mythologie) von Tintoretto zu bewundern, und gegenüber den Fenstern hängt Veroneses *Raub der Europa* (1580), eines der faszinierendsten Bilder des Palastes. Im nächsten Raum, der Sala del Collegio, empfingen die Dogen und ihre Ratsherren ausländische Gesandte und verhandelten Staatsangelegenheiten. Die herrliche Decke ist mit elf Gemälden (um 1577) von Veronese geschmückt. Wieder einen Raum weiter, in der Sala del Senato, diskutierte der Doge mit den 200 Senatoren die Außenpolitik der Republik.

VON DER SALA DEL CONSIGLIO DEI DIECI ZUR ARMERIA

DER RUNDGANG FÜHRT zurück durch die Sala delle Quattro Porte zur Sala del Consiglio dei Dieci, den Beratungsraum des mächtigen, 1310 ins Leben gerufenen Zehnerrats, dem die Überwachung der Staatssicherheit oblag. Zwei schöne Arbeiten

Veroneses *Dialectica* (um 1577), Sala del Collegio

Eine *bocca di leone* für Denunziationen

Veroneses schmücken die Decke: *Alter und Jugend* sowie *Juno beschenkt Venedig* (beide 1553/54). In der Sala della Bussola, in der die Angeklagten den Urteilsspruch des Zehnerrats erwarteten, befindet sich auch eine *bocca di leone* (Löwenmaul) für anonyme Denunziationen. Durch die Holztür gelangt man in die Räume der Inquisition, hinter denen Folterkammer und Kerker liegen. Weiter geht es zum Waffendepot, dessen Sammlungen die nächsten Räume füllen.

SALA DEL MAGGIOR CONSIGLIO

DIE SCALA DEI CENSORI führt zum ersten *piano nobile* im zweiten Stock und vorbei an der Sala del Guariento und Antonio Rizzos Marmorstatuen von Adam und Eva (um 1480) zur prächtigen Sala del Maggior Consiglio, in der einst der Große Rat zusammentrat. Mitte des 16. Jahrhunderts bestand der Große Rat aus rund 2000 Mitgliedern, da jeder venezianische Patrizier mit 25 Jahren das Recht auf einen Sitz erhielt – sofern er nicht unter Stand heiratete. Tintorettos riesiges *Paradies* (1587–90) nimmt die gesamte Ostwand ein. Mit 7,45 x 24,65 Metern ist es eines der größten Gemälde der Welt.

Der Rundgang schließt – wenig beschaulich – mit der Besichtigung der Seufzerbrücke und des düsteren Gefängnistrakts.

Torre dell'Orologio [20]

Piazza San Marco. **Karte** 7 B2.
San Marco. wg. Restaurierung.

DER REICH VERZIERTE Uhrturm an der Nordseite des Platzes datiert aus dem späten 15. Jahrhundert und soll auf einem Entwurf von Mauro Coducci basieren. Das blau-goldene Zifferblatt mit Mondphasen und Tierkreiszeichen war deutlich auf eine Seefahrernation ausgerichtet. In Venedig kursierte das Gerücht, daß man den beiden Erfindern des ausgefeilten Uhrwerks nach getaner Arbeit die Augen ausgestochen habe, damit sie nicht anderswo ähnliches schaffen könnten.

Der obere Teil der Torre zeigt den geflügelten Markuslöwen vor einem sternenübersäten Nachthimmel, und ganz oben schlagen zwei riesige Bronzefiguren, wegen ihrer dunklen Patina *mori* (Mauren) genannt, die vollen Stunden.

Das Zifferblatt der Torre dell' Orologio

Campanile [21]

Piazza San Marco. **Karte** 7 B2.
041-522 40 64. San Marco.
tägl. 9.30–19 Uhr. Jan.

DER AUSBLICK VOM Campanile von San Marco reicht über die ganze Stadt, weit über die Lagune und an klaren Tagen sogar bis zu den Alpen. Hier oben führte Galilei dem Dogen Leonardo Donà 1609 sein Teleskop vor. Er mußte damals die spiralförmige Rampe hinaufsteigen; heutige Besucher benutzen meist den Lift zur Glockenstube.

Der erste Bau an dieser Stelle, 1173 errichtet, fungierte als Leuchtturm und erleichterte Seeleuten die Orientierung in der Lagune. Weniger wohltätig war die Rolle, die der Turm im Mittelalter übernahm, als man verurteilte Straftäter in einem Käfig auf halber Höhe vor einem Fenster baumeln und manchmal auch dort sterben ließ. Abgesehen von diversen Restaurierungsmaßnahmen im 16. Jahrhundert stand der Campanile unverändert – bis seine Fundamente am 14. Juli 1902 plötzlich nachgaben und der Turm vor den Augen einer schaulustigen Menge ganz allmählich umkippte. Dank großzügiger Spenden konnte schon im folgenden Jahr mit dem Wiederaufbau des Campanile *dov'era e com'era* (wo und wie er war) begonnen werden. Die feierliche Einweihung erfolgte am 25. April 1912 (dem Tag des heiligen Markus).

Museo Correr [22]

Procuratie Nuove. Eingang in der Ala Napoleonica. **Karte** 7 B2.
041-522 56 25. San Marco.
Mi–Mo 10–17 Uhr.
1. Jan, 1. Mai, 25. Dez.

TEODORO CORRER vermachte der Stadt Venedig 1830 seine umfangreiche Kunstsammlung, die den Grundstock dieses Museums bildet. Vor der passenden neoklassizistischen Kulisse der ersten Räume sind frühe Statuen von Antonio Canova (1757–1822) zu bewundern; der rest des Erdgeschosses illustriert anhand von Landkarten, Münzen, Waffen und anderen Exponaten die Geschichte der Republik Venedig. Im Obergeschoß ist die Gemäldegalerie untergebracht, die einem Vergleich mit der der Accademia durchaus standhalten kann. Die Bilder hängen in chronologischer Reihenfolge, weshalb man die Entwicklung der venezianischen Malerei wunderbar mitverfolgen und auch den Einfluß nachvollziehen kann, den Künstler aus Ferrara, Padua und den Niederlanden ausübten.

Die berühmtesten Gemälde der Sammlung sind Carpaccios *Porträt eines jungen Mannes mit rotem Hut* (um 1490) und *Zwei venezianische Damen* (um 1507), das wegen der tiefdekolletierten Kleider der Abgebildeten jahrelang unter dem Titel *Die Kurtisanen* bekannt war.

Carpaccios *Junger Mann mit rotem Hut* (um 1490); Museo Correr

Das herrliche Kielgewölbe der Kirche Santo Stefano

Santo Stefano [23]

Campo Santo Stefano. **Karte** 6 F2.
041-522 50 61. Accademia oder Sant'Angelo. Mo–Sa 8–12, 16–19 Uhr, So 7.30–12.30, 18–20 Uhr.

OBWOHL Santo Stefano – eine der hübschesten Kirchen Venedigs – wegen hier begangener Bluttaten sechsmal neu geweiht wurde, hat sich die Kirche eine feierliche Serenität bewahrt. Im 14. Jahrhundert errichtet und im 15. umgebaut, weist sie ein Portal von Bartolomeo Bon und einen typisch schiefen Campanile auf. Im Inneren bezaubern ein prachtvolles Kielgewölbe und eine Fülle bedeutender Gemälde in der Sakristei.

Santi Giovanni e Paolo

SANTI GIOVANNI E PAOLO, volkstümlich zu San Zanipolo verschmolzen, ist neben der Frari-Kirche *(siehe S. 94f)* der größte gotische Sakralbau der Stadt. Er beeindruckt vor allem durch seine Größe und architektonische Strenge. Dennoch beruht der Ruhm von San Zanipolo vorwiegend auf den kunstvollen Grabmälern – nicht weniger als 25 Dogen sind hier, im »Pantheon von Venedig« beigesetzt –, die von führenden Bildhauern der Zeit geschaffen wurden.

Die Bronzestatue erinnert an den Dogen Sebastiano Venier, der bei Lepanto die venezianische Flotte befehligte.

Das Hauptschiff
Holzbalken und mächtige Steinsäulen tragen das Kreuzgewölbe der lichten Baustruktur.

★ **Grabmal des Nicolò Marcello**
Dieses prachtvolle Renaissancedenkmal für den 1474 verstorbenen Dogen stammt von Pietro Lombardo.

Das Portal, mit byzantinischen Reliefs und Steinmetzarbeiten von Bartolomeo Bon geschmückt, ist eines der frühesten Beispiele der Renaissancearchitektur in Venedig.

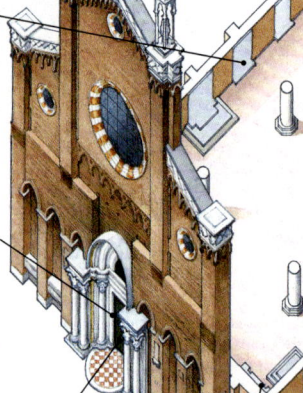

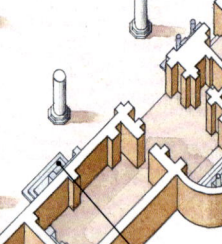

Eingang

★ **Grabmal des Pietro Mocenigo**
Pietro Lombardos grandioses Monument (1481) feiert die militärischen Erfolge des Dogen.

★ **Polyptychon**
Bellinis Gemälde (um 1465) zeigt den spanischen Bußprediger Vinzenz Ferrer mit den Heiligen Christophorus und Sebastian.

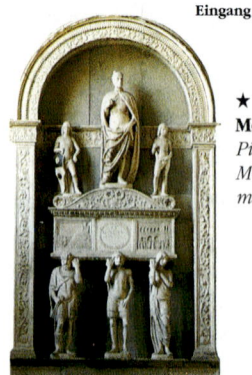

VENEDIG   115

INFOBOX

Campo Santi Giovanni e Paolo
(auch San Zanipolo). **Karte** 3 C5.
📞 041-523 75 10.
🚤 Fondamente Nuove oder
Ospedale Civile. ⬜ Mo – Sa
7.30 – 12.30, 15 – 19.15 Uhr, So
14 – 18.30 Uhr.

Den Barockaltar,
1619 begonnen,
soll Baldassare
Longhena geschaffen haben.

**Bronzestatuen
(16. Jh.) von
Vittoria**

**Die Fresken
(16. Jh.) werden
Palma il Giovane
zugeschrieben**

★ **Grabmal des Andrea
Vendramin**
Lombardo gab seinem
Meisterstück (1476 – 78) die
Form eines Triumphbogens.

NICHT VERSÄUMEN

★ **Dogengrabmäler**

★ **Bellinis Polyptychon**

Reiterstandbild des Condottiere Colleoni ㉕

Campo Santi Giovanni e Paolo.
Karte 3 C5. 🚤 Ospedale Civile.

BARTOLOMEO COLLEONI, der berühmt-berüchtigte *condottiere* (Söldnerführer), vermachte sein riesiges Vermögen dem Staat – mit der Auflage, daß man ihm vor San Marco ein Standbild errichte. Da die Republik solchen Personenkult ablehnte und zudem fürchtete, einen Präzedenzfall zu schaffen, das Geld aber unbedingt haben wollte, griff der Senat zu einer List und ließ die Statue nicht vor der Basilika, sondern vor der Scuola di San Marco aufstellen. Das Reiterstandbild des stolzen Kriegers (1481 – 88) stammt von dem Florentiner Andrea Verrocchio, wurde aber erst nach dessen Tod von Alessandro Leopardi in Bronze gegossen.

Santa Maria Formosa ㉖

Campo Santa Maria Formosa.
Karte 7 C1. 🚤 Rialto.

VON MAURO CODUCCI 1492 entworfen, besitzt diese Kirche zwei Fassaden – eine überblickt den gleichnamigen Platz, die andere den Kanal. Der 1688 errichtete Campanile ist vor allem wegen der Maske an seinem Sockel berühmt. Im Inneren verdienen zwei Gemälde einen Besuch: ein Triptychon (1473) von Bartolomeo Vivarini und Palma il Vecchios *Heilige Barbara* (um 1510). Barbara ist die Schutzheilige der Artilleristen – daher die Kanonen zu ihren Füßen.

San Zaccaria ㉗

Campo San Zaccaria. **Karte** 8 D2.
📞 041-522 12 57. 🚤 San Zaccaria.
⬜ tägl. 10 – 12, 16 – 18 Uhr. 💶 nur
für die Kapellen.

AN EINEM RUHIGEN PLATZ, nur einen Steinwurf von der Riva degli Schiavoni entfernt, stellt diese Kirche eine gelungene Mischung aus Hochgotik

Palma il Vecchios *Heilige Barbara*
(um 1510) in Santa Maria Formosa

und klassischer Renaissance dar. Die Fassade des im 9. Jahrhundert gegründeten Gotteshauses entwarf Antonio Gambello ganz im Stil der Gotik. Nach seinem Tod 1481 vollendete Mauro Coducci unter Verwendung zahlreicher Renaissanceelemente der oberen Geschosse.

Kunsthistorischer Glanzpunkt des Innenraums ist Giovanni Bellinis strenge und zugleich doch in farblichem Überschwang gemalte *Madonna mit Kind und Heiligen* (1505) im nördlichen Seitenschiff. Rechter Hand führt eine Tür zur Cappella di San Atanasio und weiter zur Cappella di San Tarasio, die Fresken (1442) des Florentiner Künstlers Andrea del Castagno und Polyptycha (1443/44) von Antonio Vivarini und Giovanni d'Alemagna birgt.

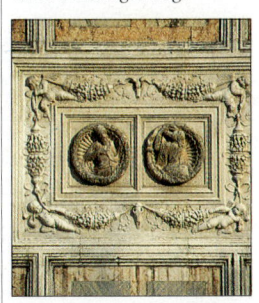

**Fassadendetail von Coducci an der
Kirche San Zaccaria**

Scuola di San Giorgio degli Schiavoni ㉘

Calle Furlani. **Karte** 8 E1.
📞 041-522 88 28. 🚤 San Zaccaria.
🕐 Apr–Sep Di–So 9.30–12.30 Uhr,
Di–Sa auch 15–18.30 Uhr; Okt–März
tägl. 10–18 Uhr. ⚫ 1. Jan, 1. Mai,
25. Dez.

In diesem Bruderschaftsgebäude verstecken sich einige der schönsten Bilder Vittore Carpaccios, die er im Auftrag der Schiavoni-Gemeinde (dalmatische Slawen) malte.

Die 1451 errichtete Scuola wurde 1551 umgebaut, seither aber kaum verändert. Der herrliche Fries zeigt Szenen aus dem Leben der dalmatischen Heiligen Georg, Trifon und Hieronymus. Jede Episode dieses Zyklus besticht durch lebhafte Farbgebung und liebevolle Treue zum Detail. Den Hintergrund zu den Geschichten bildet häufig ein historisch exaktes Abbild Venedigs. Besondere Beachtung verdienen: *Der heilige Georg tötet den Drachen*, *Der heilige Hieronymus und der Löwe* sowie *Die Vision des heiligen Hieronymus*.

San Giovanni in Bragora ㉙

Campo Bandiera e Moro. **Karte** 8 E2.
📞 041-520 59 06. 🚤 Arsenale.
🕐 tägl. 8–11,15–17 Uhr.

Die heutige Kirche ist vorwiegend gotisch (1475–79), und in ihrem hübschen Inneren gibt es mehrere Kunstwerke zu bewundern, die den Übergang von der Gotik zur Frührenaissance veranschaulichen. Bartolomeo Vivarinis unzweifelhaft gotisches Altarbild *Madonna mit Kind und Heiligen* (1478) steht in auffälligem Gegensatz zu Cima da Coneglianos *Taufe Christi* (1492–95), das den Hauptaltar ziert.

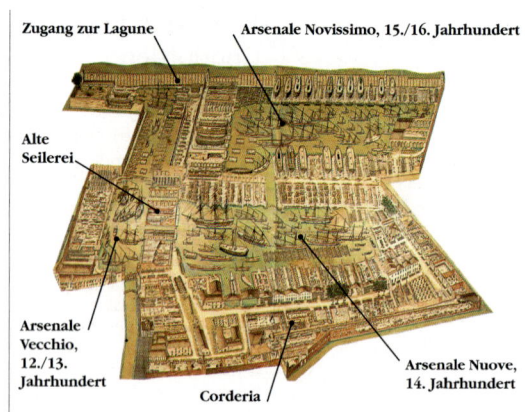

Zugang zur Lagune — **Arsenale Novissimo, 15./16. Jahrhundert**
Alte Seilerei
Arsenale Vecchio, 12./13. Jahrhundert
Corderia
Arsenale Nuove, 14. Jahrhundert

Das Arsenal, Stich aus dem 18. Jahrhundert

Arsenale ㉚

Karte 8 F1. 🚤 Arsenale oder Tana.
Museo Storico Navale Campo San Biagio. **Karte** 8 F3. 📞 041-520 02 76. 🕐 Mo–Sa 9–13. ⚫ 1. Jan, 1. Mai, 25. Dez, rel. Feiertage.

Im 12. Jahrhundert gegründet, war das Arsenale im 16. Jahrhundert zur größten Schiffswerft der Welt aufgestiegen, in der dank einer hochmodern anmutenden Fertigungsstraße binnen 24 Stunden eine komplett ausgerüstete Galeere gebaut werden konnte. Von hohen Mauern umgeben, war das Arsenal eine eigene kleine Stadt. Heute liegen große Teile der Anlage brach. Das Portal, die Zwillingstürme und die Wache haltenden Löwen kann man vom Vorplatz aus bewundern. Das Tor, eine Arbeit von Antonio Gambello, wird häufig als erstes Renaissancebauwerk Venedigs bezeichnet. Wer mehr sehen will, kann mit dem *vaporetto* 23 oder 52 bis ins Herz des Arsenale Vecchio fahren.

Gleich um die Ecke, am Campo San Biagio, dokumentiert das **Museo Storico Navale** die Geschichte der venezianischen Seefahrt.

San Giorgio Maggiore ㉛

Karte 8 D4. 📞 041-528 99 00. 🚤 San Giorgio. 🕐 tägl. 9–12, 14.30 Uhr–Sonnenuntergang. **Fondazione Cini** 🕐 nur Ausstellungen.

Wie eine grandiose Theaterkulisse erhebt sich die majestätische Kuppelkirche San Giorgio Maggiore von der Piaz-

Carpaccios *Der heilige Georg tötet den Drachen* (1502–08) in der Scuola di San Giorgio degli Schiavoni

VENEDIG

zetta aus gesehen aus dem Wasser. Kirche und Kloster entstanden 1559–80 nach Plänen Andrea Palladios *(siehe S. 76f)*. Die perfekten Proportionen und die kühle Eleganz der tempelähnlichen Fassade und des lichtdurchfluteten Innenraums spiegeln sich in der Erlöserkirche Il Redentore wider, die 1577–92 auf der Nachbarinsel Giudecca errichtet wurde.

Im Chor von San Giorgio Maggiore sind Tintorettos *Letztes Abendmahl* und *Mannawunder* (beide 1594) zu bewundern; sein letztes Werk, die von seinem Sohn vollendete *Kreuzabnahme* (1592–94), befindet sich in der Kapelle.

Vom Campanile aus bietet sich ein wunderschöner Panoramablick über Stadt und Lagune. Von dort oben sieht man auch in den Kreuzgang des ehemaligen Klosters, der heute zur **Fondazione Cini** gehört, einem der bedeutendsten Kulturinstitute Italiens.

Palladios San Giorgio Maggiore

Murano ❷

🚤 52 von San Zaccaria; 12, 13, 23 von Fondamente Nuove.

WIE DIE LAGUNENSTADT selbst setzt sich auch Murano aus einer Reihe kleinerer Inseln zusammen, die über Brücken miteinander verbunden sind. Seit 1291 die Schmelzöfen der Feuergefahr und Rauchbelästigung wegen aus Venedig verbannt wurden, befinden sich hier die bedeutenden Glaswerkstätten. Einige Häuser stammen aus derselben Zeit.

Kolonnadenschmuck an der Basilica dei Santi Maria e Donato auf Murano

🏛 Museo Vetrario
Palazzo Giustinian, Fondamenta Giustinian. 📞 041-73 95 86. ⏰ Do–Di 10–17 Uhr (Okt–März 10–16 Uhr)

Im 15. und 16. Jahrhundert war Murano unumstrittenes Zentrum der europäischen Glasmanufaktur, und auch heute kommen die meisten Besucher allein wegen des Glases. Das Museo Vetrario (Glasmuseum) im Palazzo Giustinian präsentiert eine Auswahl herrlicher alter Meisterwerke der Glasbläserkunst. Wertvollstes Stück der Sammlung ist eine Hochzeitsschale (1470–80) aus blauem Glas, die Angelo Barovier mit Emailbildnissen verzierte.

🔒 Basilica dei Santi Maria e Donato
Fondamenta Giustinian. 📞 041-73 90 56. ⏰ tägl. 9–12, 16–18.30 Uhr.

Architektonischer Höhepunkt ist die Basilica dei Santi Maria e Donato. Trotz einer unrühmlichen, plumpen Restaurierung im 19. Jahrhundert hat sich diese Kirche (12. Jh.) viel von ihrer ursprünglichen Schönheit bewahrt. Beachten Sie die veneto-byzantinischen Säulen, das venezianische Schiffsgewölbe, das Apsismosaik und den Mosaikboden.

Burano ❸

🚤 12 von Fondamente Nuove; 14 von San Zaccaria.

BURANO, DIE FARBENFROHESTE Laguneninsel, erkennt man schon von ferne an ihrem hohen Kirchturm. Im Gegensatz zum verlassenen Torcello ist Burano dicht besiedelt, und buntgestrichene Häuser wie die Casa Bepi säumen die Kanäle. An der Via Baldassare Galuppi, nach dem hier gebürtigen Komponisten (1706–85) benannt, kann man an zahlreichen Marktständen Klöppelspitzen kaufen und in malerischen Gaststätten fangfrischen Fisch verzehren.

🏛 Scuola dei Merletti
Piazza Baldassare Galuppi. 📞 041-73 00 34. ⏰ Di–So. 🔒 1. Jan, 24., 25. Dez.

Die meisten Einwohner Buranos leben vom Fischfang oder von der Spitzenklöppelerei, doch während man noch häufig Männer beim Lackieren ihrer Boote oder beim Netzeflicken beobachten kann, sind die Klöpplerinnen rar geworden. Im 16. Jahrhundert wurden hier die feinsten Spitzen Europas gefertigt. Sie waren so zart, daß sie den Namen *punto in aria* (Punkte in der Luft) erhielten.

Nach einem zeitweiligen Niedergang wurde der Handwerkszweig Ende des 19. Jahrhunderts wiederentdeckt, und 1872 kam es zur Gründung der Scuola dei Merletti, an der traditionelle Spitzenfertigung unterrichtet wird.

Venezianisches Glas

Die vielfarbige Casa Bepi auf der Insel Burano

Torcello ❸❹

ZWISCHEN DEM 5. und 6. Jahrhundert besiedelt, kann Torcello mit dem ältesten Bauwerk der Lagune aufwarten – der Kathedrale Santa Maria dell'Assunta. 639 gegründet, enthält sie wunderschöne Mosaiken. Auch die Kirche Santa Fosca, ein byzantinischer Bau, erinnert an die einstige Bedeutung Torcellos – vor dem Niedergang, der mit dem Aufstieg Venedigs einherging, lebten hier 20 000 Menschen.

★ Apsismosaik
Die Muttergottes (13. Jh.) zählt zu den herrlichsten Meisterwerken byzantinischer Mosaikarbeit in Venedig.

★ Das Weltgericht
Die Mosaiken vom Jüngsten Gericht bedecken die gesamte Westwand.

Kanzel
Die heutige Basilika (1008) birgt viele ältere Elemente. Die Kanzel enthält Fragmente der ersten Kirche (7. Jh.).

Der römische Sarkophag
unter dem Altar soll die sterblichen Überreste des heiligen Heliodorus bergen.

★ Ikonostase
Die exquisiten byzantinischen Marmortafeln des Lettners sind mit Pfauen, Löwen und Blüten geschmückt.

Säulenarkaden
Zwei Reihen aus insgesamt 18 schlanken Marmorsäulen begrenzen das Mittelschiff. Die wunderschöne Kapitellornamentik stammt aus dem 11. Jahrhundert.

VENEDIG

INFOBOX

14 von San Zaccaria. **Santa Maria dell'Assunta** 041-73 00 84. tägl. 10–12.30, 14–18.30 Uhr. **Campanile** nicht zugänglich. **Santa Fosca** 041-73 00 84. tägl. 10–12.30, 14–18.30 Uhr. Mosaiken. **Museo dell'Estuario** 041-73 07 61. Di–So 10–12.30, 14–17.30 Uhr (Okt–Apr 16 Uhr). Feiertage.

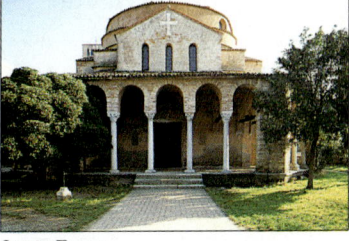

Torcellos letzte Kanäle
Die Verschlammung seiner Kanäle und die Malaria beschleunigten den Niedergang Torcellos. Einer der wenigen erhaltenen Kanäle verläuft zwischen vaporetto-Haltestelle und Basilika.

Der moderne Altar (1939) steht unter einem Holzrelief der *Schlafenden heiligen Fosca* (15. Jh.).

Hauptkuppel und Kreuzarme ruhen auf Säulen aus griechischem Marmor mit korinthischen Kapitellen.

Santa Fosca
Auf dem Grundriß eines griechischen Kreuzes errichtet, bezaubert diese Kirche (11./12. Jh.) durch ihren schön gegliederten byzantinischen Innenraum.

Der Portikus von Santa Fosca schmückt drei Seiten der Kirche; die eleganten Arkaden dürften aus dem 12. Jahrhundert datieren.

Zur vaporetto-Anlegestelle

Im Museo dell'Estuario sind alte Kirchenschätze ausgestellt.

Attilas Thron
Der Hunnenkönig (gest. 453) soll diesen Marmorsitz als Thron benutzt haben.

NICHT VERSÄUMEN

★ **Apsismosaik**

★ **Das Weltgericht**

★ **Ikonostase**

KARTENTEIL VENEDIG

SÄMTLICHE KARTENVERWEISE für Sehenswürdigkeiten, Hotels und Restaurants in Venedig beziehen sich auf die folgenden Seiten. Die Übersichtskarte (unten) zeigt Ihnen, welche Stadtteile erfaßt sind. Die erste Zahl des Kartenverweises nennt die Kartenseite, Buchstabe und zweite Zahl betreffen das Quadratraster, in dem Sie den gesuchten Ort finden. Alle Karten in diesem Buch sind nach der üblichen italienischen Schreibweise beschriftet; in Venedig tragen einige Straßen jedoch Bezeichnungen im venezianischen Dialekt, was sich meist auf geringfügig andere Schreibung beschränkt (z. B. Sotoprotico/Sotoportego), manche Namen sehen aber auch ganz anders aus. So ist die Kirche Santi Giovanni e Paolo *(Karte 3)* häufig als »San Zanipolo« ausgeschildert. Auf die Stadtpläne folgt eine Karte mit den *vaporetto*-Linien.

STRASSENNAMEN

Sie werden vielleicht schon wissen, daß *calle* Straße, *rio* Kanal und *campo* Platz heißt, doch die Venezianer haben ein reichhaltiges Vokabular für das Labyrinth von Gassen und Gäßchen ihrer Stadt. Hier die wichtigsten Begriffe:

FONDAMENTA S.SEVERO
Als Fondamenta wird ein gepflasterter Weg bezeichnet, der an einem Kanal entlang verläuft.

RIO TERRA GESUATI
Rio Terrà ist ein zugeschütteter Kanal, also Gehweg; ähnlich *piscina*, ein aufgefülltes Becken.

SOTOPORTEGO E PONTE S.CRISTOFORO
Sotoportico oder **Sotoportego** heißen Wege, die durch Torbogen hindurchführen.

SALIZADA PIO X
Salizada ist eine größere Straße.

RIVA DEI PARTIGIANI
Riva heißen größere *fondamente,* häufig an der Lagune.

RUGAGIUFFA
Ruga ist eine Einkaufsstraße.

CORTE DEI DO POZZI
Corte ist ein Hof oder eine Sackgasse.

RIO MENUO O DE LA VERONA
Viele Straßen und Kanäle Venedigs haben mehr als einen Namen: *o* bedeutet »oder«.

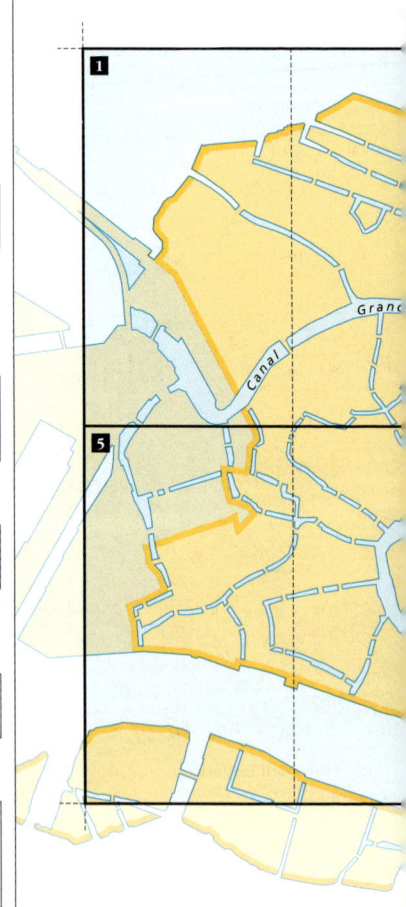

0 Meter 500

KARTENTEIL VENEDIG

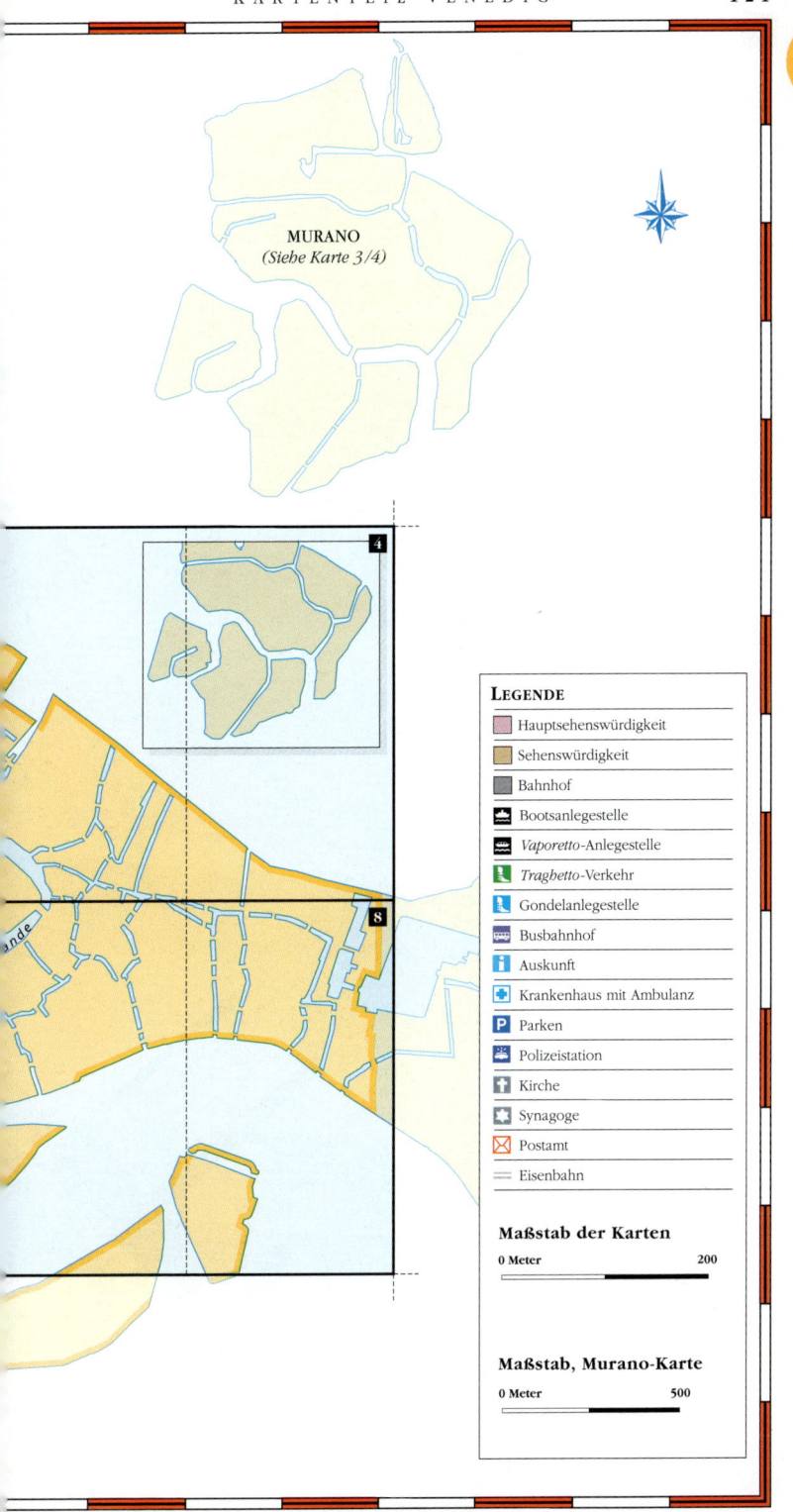

MURANO
(Siehe Karte 3/4)

LEGENDE

- Hauptsehenswürdigkeit
- Sehenswürdigkeit
- Bahnhof
- Bootsanlegestelle
- *Vaporetto*-Anlegestelle
- *Traghetto*-Verkehr
- Gondelanlegestelle
- Busbahnhof
- Auskunft
- Krankenhaus mit Ambulanz
- Parken
- Polizeistation
- Kirche
- Synagoge
- Postamt
- Eisenbahn

Maßstab der Karten

0 Meter — 200

Maßstab, Murano-Karte

0 Meter — 500

Map Grid 1

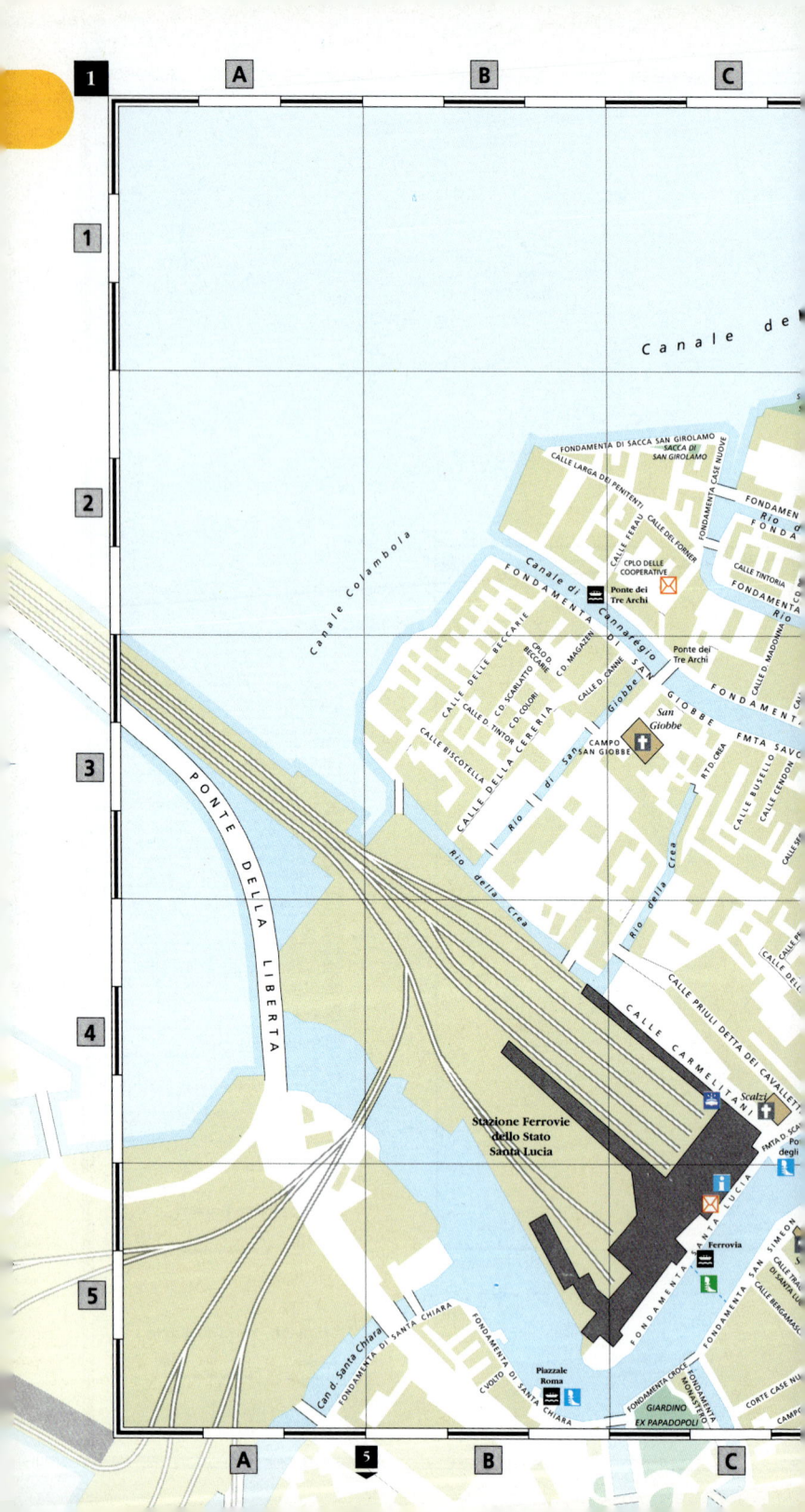

Grid Reference: A, B, C (columns) × 1, 2, 3, 4, 5 (rows)

Labels visible on map

- Canale de...
- FONDAMENTA DI SACCA SAN GIROLAMO
- SACCA DI SAN GIROLAMO
- CALLE LARGA DEI PENITENTI
- FONDAMENTA CASE NUOVE
- CALLE FERAU
- CALLE DEL FORNER
- FONDAMEN... Rio d... FONDA...
- Canale Colombola
- CPLO DELLE COOPERATIVE
- Ponte dei Tre Archi
- CALLE TINTORIA
- FONDAMENTA Rio
- Canale di Cannaregio
- FONDAMENTA DI
- CALLE DELLE BECCARIE
- CPL O.D. BECCARIE
- C.D. MAGAZEN
- C.D. SCARLATO
- C.D. COLORI
- CALLE D. TINTOR
- CALLE DI CIANNE
- CALLE MADONNA
- FONDAMENTA
- CALLE BISCOTELLA
- CALLE DELLA CERERIA
- Rio di San Giobbe
- GIOBBE
- FMTA SAVO...
- CAMPO SAN GIOBBE
- San Giobbe
- RTD. CREA
- CALLE BUSELLO
- CALLE CENDON
- CALLE SE...
- Rio della Crea
- CALLE PE...
- CALLE DELL...
- PONTE DELLA LIBERTA
- CALLE PRIULI DETTA DEI CAVALLETTI
- CALLE CARMELITANI
- Scalzi
- FMTA D. SCAL...
- Po... degli...
- Stazione Ferrovie dello Stato Santa Lucia
- FONDAMENTA SANTA LUCIA
- Ferrovia
- CALLE TRA... DI SANTA LU...
- CALLE BERGAMAS...
- FONDAMENTA SAN SIMEON...
- Can. d. Santa Chiara
- FONDAMENTA DI SANTA CHIARA
- C. VOTO DI SANTA CHIARA
- Piazzale Roma
- FONDAMENTA CROCE
- FONDAMENT... MONASTER...
- CORTE CASE NU...
- GIARDINO EX PAPADOPOLI
- CAMP...

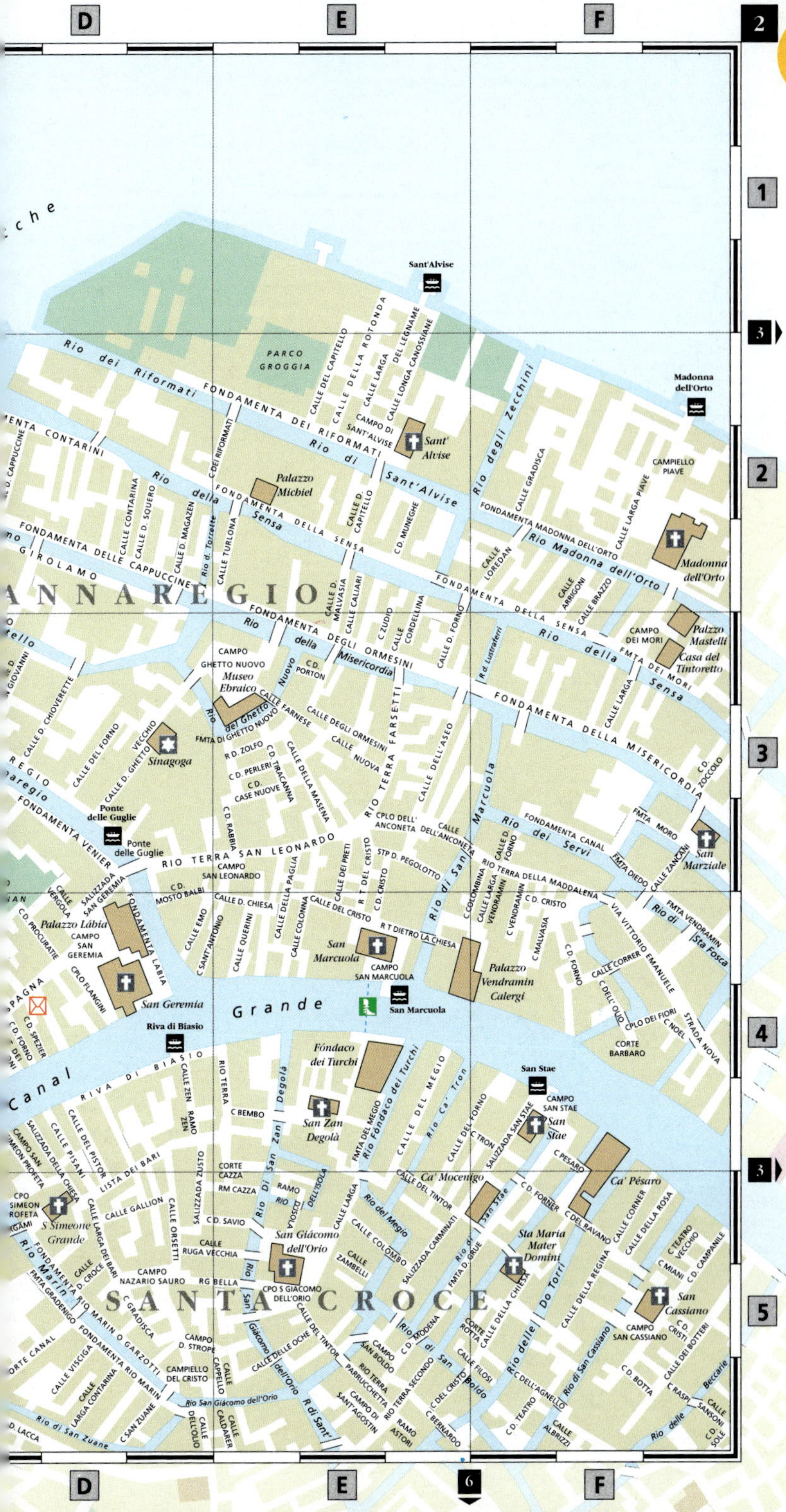

D
E
F
2
1
2
3
4
5
3
6
Sant'Alvise
Madonna dell'Orto
PARCO GROGGIA
Rio dei Riformati
FONDAMENTA DEI RIFORMATI
Rio di Sant'Alvise
Sant' Alvise
CAMPO DI SANT'ALVISE
CALLE DEL CAPITELLO
CALLE DELLA ROTONDA
CALLE LARGA
CALLE DEL LEGNAME
CALLE LONGA CANOSSIANE
Rio degli Zecchini
CALLE GRADISCA
CAMPIELLO PIAVE
CALLE LARGA PIAVE
FONDAMENTA CONTARINI
Rio della Sensa
FONDAMENTA DELLA SENSA
Palazzo Michiel
CALLE CONTARINA
CALLE D. SQUERO
CALLE D. MAGAZEN
C. DEI RIFORMATI
Rio d. Torrette
CALLE TURLONA
CALLE D. CAPITELLO
C.D. MUNEGHE
FONDAMENTA MADONNA DELL'ORTO
Rio Madonna dell'Orto
CALLE LOREDAN
FONDAMENTA DELLE CAPPUCCINE
CANNAREGIO
CALLE D. MALVASIA
CALLE CALIARI
C. ZUDIO
CALLE CORDELLINA
CALLE D. FORNO
FONDAMENTA DELLA SENSA
CALLE ARRIGONI
CALLE BRAZZO
CAMPO DEI MORI
Palazzo Mastelli
Casa del Tintoretto
FMTA DEI MORI
Rio della Sensa
FONDAMENTA DEGLI ORMESINI
Rio della Misericordia
C.D. PORTON
CAMPO GHETTO NUOVO
Museo Ebraico
Rio del Ghetto
CALLE FARNESE
CALLE DEGLI ORMESINI
FMTA DI GHETTO NUOVO
Sinagoga
R.D. ZOLFO
C.D. PERLERI
C.D. CASE NUOVE
C.D. TIRACANNA
CALLE DELLA MASENA
CALLE NUOVA
RIO TERRA FARSETTI
CALLE DELL'ASEO
Rd. Lustraferri
FONDAMENTA DELLA MISERICORDIA
CALLE LARGA
C.D. ZOCCOLO
CALLE D. CHIOVERETTE
CALLE DEL FORNO
CALLE D. GHETTO VECCHIO
FONDAMENTA VENIER
Ponte delle Guglie
C.D. RABBIA
CPLO DELL' ANCONETA
CALLE DELL'ANCONETA
Rio di San Marcuola
Rio dei Servi
FONDAMENTA CANAL
FMTA MORO
San Marziale
RIO TERRA SAN LEONARDO
CAMPO SAN LEONARDO
STP D. PEGOLOTTO
RIO TERRA DELLA MADDALENA
CALLE D. FORNO
FMTA DIEDO
CALLE ZANCANI
C.D. MOSTO BALBI
CALLE VERGOLA
SALIZZADA SAN GEREMIA
FONDAMENTA LABIA
CALLE D. CHIESA
CALLE DELLA PAGLIA
CALLE DEI PRETI
R T DEL CRISTO
CALLE DEL CRISTO
C.D. CRISTO
C. COLOMBINA
CALLE LARGA VENDRAMIN
C VENDRAMIN
C.D. CRISTO
VIA VITTORIO EMANUELE
Rio di Sta Fosca
FMTA VENDRAMIN
Palazzo Lábia
CAMPO SAN GEREMIA
C.D. PROCURATIE
CALLE EMO
C SANT'ANTONIO
CALLE QUERINI
CALLE COLONNA
R T DIETRO LA CHIESA
San Marcuola
CAMPO SAN MARCUOLA
Palazzo Vendramin Calergi
C MALVASIA
C.D. FORNO
CALLE CORRER
C.D. SPEZIER
CPLO FLANGINI
San Geremia
Canal Grande
San Marcuola
C.D. FORNO
C.DELL'OLIO
CPLO DEI FIORI
C NOEL
STRADA NOVA
CORTE BARBARO
Riva di Biasio
RIVA DI BIASIO
CALLE ZEN
RAMO ZEN
RIO TERRA
C BEMBO
Rio di San Zan Degolà
Fóndaco dei Turchi
Rio Fondaco dei Turchi
FMTA DEL MEGIO
CALLE DEL MEGIO
Rio Ca' Tron
CALLE DEL FORNO
C TRON
San Stae
CAMPO SAN STAE
SALIZZADA SAN STAE
San Stae
San Zan Degolà
C PESARO
Ca' Pésaro
CALLE DEL PISTOR
CALLE PISANI
SALIZZADA DELLA CHIESA
CAMPO SAN SIMEON PROFETA
LISTA DEI BARI
SALIZZADA ZUSTO
CORTE CAZZA
RM CAZZA
RAMO RIO D'ISOLA
DELL'ISOLA
CALLE LARGA
Rio del Megio
Ca' Mocenigo
CALLE DEL TINTOR
C.D. FORNER
CPO SIMEON PROFETA
S Simeone Grande
CALLE GALLION
CALLE ORSETTI
CALLE LARGA DEI BARI
C.D. SAVIO
CALLE RUGA VECCHIA
San Giácomo dell'Orio
CALLE COLOMBO
SALIZZADA CARMINATI
Rio di San Stae
C DEL RAVANO
CALLE CORNER
CALLE DELLA ROSA
Sta Maria Mater Domini
CALLE ZAMBELLI
FMTA D. GRUE
C TEATRO VECCHIO
C MIANI
C.D. CAMPANILE
Rio Marin
FONDAMENTA RIO MARIN
FMTA GRADENIGO
CALLE D. CROCE
CAMPO NAZARIO SAURO
RG BELLA
Rio San Giácomo dell'Orio
CPO S GIACOMO DELL'ORIO
SANTA CROCE
CALLE DELLA REGINA
CALLE DELLA CHIESA
Rio Do Torri
San Cassiano
C.D. GRADISCA
RIO MARIN O GARZOTTI
CAMPO D. STROPE
CALLE DELLE OCHE
CALLE DEL TINTOR
Rio di San Boldo
C.D. MODENA
CORTE ROTTA
CAMPO SAN CASSIANO
C.D. CRISTI
CALLE DEI BOTTERI
CORTE CANAL
CALLE VISCIGA
CALLE LARGA CONTARINA
FONDAMENTA RIO MARIN
CAMPIELLO DEL CRISTO
CALLE CAPPELLO
CAMPO SAN BOLDO
RIO TERRA PARRUCCHETTA
RIO TERRA SECONDO
CALLE FILOSI
Rio delle Do Torri
C DELL'AGNELLO
Rio di San Cassiano
C.D. BOTTA
C RASPI
Rio delle Beccarie
CALLE SANSONI
C.D. SOLE
C.D. LACCA
Rio di San Zuane
C SAN ZUANE
CALLE DELL'OLIO
CALLE CALDARER
R di Sant'
CAMPO DI SANT'AGOSTIN
RAMO ASTORI
C BERNARDO
C DEL CRISTO
C.D. TEATRO
CALLE ALBRIZZI

3
A
B
C
1
2
3
4
5
2
7
Canale delle Fondamente Nuove
Canale degli
Sacca della Misericordia
Fondamenta Gasparo Contarini
Corte d. Muti
R. d. Muti
Corte Vecchia
C. e Cplo d. Trevisan
Fondamenta dell'Abazia
Santa Maria della Misericórdia
Calle Larga Lezze
Rio della Misericordia
Canale della Misericordia
Fmta Trapolin
Rio di Noale
Calle Salamon
Fmta San Felice
Rio di San Felice
Calle della Racchetta
Rio della Racchetta
C.d. Stua
Fmta d. Chiesa
Calle Larga Doge Priuli
Calle d. Forno
Campo S Felice
C S Felice
Calle Zotti
Calle d. Pistor
Calle delle Vele
Rio di Santa Sofia
Calle Priuli
Strada Nova
Ca' d'Oro
C d. Ca' d'Oro
Campo Santa Sofia
Canal Grande
Fmta dell'Olio
Pescheria
Rio delle Beccarie
Campo d. Pescheria
C Beccarie
C. Primo d. Donzella
Ruga d. Speziali
Calle del Bo
Calle San Mattio
Calle Arco
Rg Vecchia S Giovanni
Ruga degli Orefici
Campo Rialto Nuovo
Fabbriche Nuove
Erboria
San Giácomo di Rialto
Calle Lunga Santa Caterina
C. della Masena
Fondamenta Santa Caterina
Rio di Santa Caterina
Corte Sq Vecchio
Fmta Sant'Andrea
Calle Corrente
C. degli Albanesi
Ramo Albanesi
Ruga do Pozzi
Calle del Forno
C. del Verde
C. del Duca
Calle Dragan
C. d. Oca
Calle Bembo
Salizzada del Pistor
Calle Zanardi
Rio di Ca' Dolce
Fondamente Nuove
Calle Marco Foscarini
Calle d. Cadene
C dei Legnami
Sal dei Specchieri
Campo Sant'Antonio
Oratorio dei Crociferi
Gesuiti
Campo dei Gesuiti
Fondamenta Zen
C.d. Sartori
Sal Seriman
Calle dei Volti
Calle Venier
Fmta dei Sartori
Calle d. Squero
Sal l. Borgato
Calle del Remer
Rio Terra Barba Fruttariol
Calle dei Tagliapietra
R T d. Franceschi
C Larga d. Proverbi
Rio Terra d. Santi Apostoli
C.d. Posta
Calle d. Forno
Calle del Traghetto
Santi Apostoli
Campo dei Santi Apostoli
Cplo d. Cason
Rio dei Santi Apostoli
Calle d. Magazen
Rio Terra Bagatin
Salizzada San Canciano
Rio San Giovanni Crisostomo
San Giovanni Crisostomo
Sal San Giovanni Crisostomo
C Modena
C Aseo
Corte 2ª d. Milion
C.d. Forno
Rio di San Lio
R di San Lio
C Scaletta
Calle d. Dose
Campo San Marina
Rio di San Marina
Rio dei Gesuiti
Ramo Dona
C.d. Croci
Calle d. Vida
Calle d. Magazen
C della Pietà
Cplo d. Pietà
Calle Larga dei Botteri
Corte Carita
Calle dei Cordoni
Calle del Fumo
C.d. Volto
C Moro
C.d. Madonna
Calle Varisco
Campiello Widman
Calle Bondi
C Comello
Calle Widman
Campo S Maria Nova
Cplo Santa Maria Nova
Santa Maria dei Miracoli
Fmta Piovan
C Castelli
Calle delle Erbe
Rio Terra dei Biri
Calle Stella
Rio della Panada
C Larga G Gallina
Calle della Testa
Bartolomeo Colleoni
C.d. Cavallo
Calle Bressana
C.d. Madonna
Fmta Felzi
Calle Gabriella
Corte d Paludo
Calle dello Squero
C Larga Berlendis
Rio dei Mendicanti
Fondamenta dei Mendicanti
Scuola di S Marco
Fondamente Nuove

MURANO

- CAMPO SPORTIVO
- FONDAMENTA STRADA
- COM.D CIMITERO
- CALLE SAN BERNARDO
- CALLE DELL'ARTIGIANO
- CALLE DEL CONVENTO
- CALLE D'OLTA
- CALLE BRUSSA
- CAMPO SAN BERNARDO
- CAMPO SAN SALVADOR
- CALLE CONTERIE
- FONDAMENTA SEBASTIANO VENIER
- Canale
- VIA BAROVIER
- CALLE DEL CRISTO
- SEBASTIANO SANTI
- FONDAMENTA SAN DONATO
- FMTA SAN LORENZO
- FONDAMENTA LORENZO RADI
- Venier
- degli Angeli
- CALLE VIVARINI
- RAMO DA MULA
- FMTA DA MULA
- Palazzo da Mula
- CALLE DEL MISTRO
- SS Maria e Donato
- Museo dell'Arte Vetraria
- FONDAMENTA GIUSTINIAN
- Ponte San Donato
- Fondamenta Cavour
- Ponte Vivarini
- Canal Grande di Murano
- Museo
- FONDAMENTA ANDREA NAVAGERO
- CALLE S GIACOMO
- San Pietro Martire
- FMTA ANTONIO COLLEONI
- CPO STO STEFANO
- Navagero
- C PARADISO
- Canale Serenella
- STRADA VIGNA MURO
- C BERTOLINI
- CALLE SAN CIPRIANO
- FMTA DEI VETRAI
- C MANIN
- CPLO TURELLA
- CPLO BIGAGLIA
- FMTA SAN GIOVANNI DEI BATTUTI
- Canale Ondello
- CALLE BERTOLINI
- FONDAMENTA DEI VETRAI
- FMTA RIO DEI VETRAI
- CALLE DELL'OLIO
- CALLE MIOTTI
- VIALE GARIBALDI
- VIA BRIATI
- FMTA PIAVE
- Faro
- FONDAMENTA SERENELLA
- Colonna
- Faro
- Canale dei Marani

Canale delle Fondamente Nuove

- FONDAMENTE NUOVE
- Ospedale Civile
- CALLE DELLE CAPPUCCINE
- Rio di Santa Giustina
- FONDAMENTA DI SANTA GIUSTINA
- Celestia
- FMTA CASE NUOVE
- CALLE D. MOSCHETTE
- C.D. CAFFETTIER
- CALLE SAN FRANCESCO
- San Francesco della Vigna
- CALLE DEGLI ORTI
- C SAGREDO

SANTA CROCE

A1 Canale di Santa Chiara · Campo Sant'Andrea · Canale di Santa Maria Maggiore · Canale Scomenzera

B1 CAMPO SANT'ANDREA · PIAZZALE ROMA · Fondamenta Papadopoli · GIARDINO EX PAPADOPOLI · C.llo NUOVO TABACCHI · Fondamenta Sant'Andrea · C. T. SANT'ANDREA · Fondamenta Fabbrica Tabacchi · Rio delle Burchielle · Fondamenta delle Burchielle · Calle dei Pensieri · C. BERNARDO · CAMPAZZO TRE PONTI · F.TA TRE PONTI · CALLE PAZIENZE · C.LLO CRESCHEDA

C1 CORTE DEI TOLENTINI · San Nicolò da Tolentino · FMTA CONDULMER · FMTA MAGAZEN · Rio dei Malcanton · FMTA DEL GAFFARO · Fondamenta Minotto · Fondamenta Papadopoli · F.TA RIO NUOVO · MISERICORDIA · C. SORIANA · C. DELLA GALIZZA · CALLE E.

A2–B2 Rio Terrà dei Pensieri · CORTE CORRER · Rio della Cazziola · FMTA DI S.MARIA MAGGIORE · FMTA DI SANTA MARIA MAGGIORE · F.TA MADONNA · Fondamenta delle Procuratie · FMTA RIZZI · CALLE CHIOVERE · C.LLO CRODA · C. LLE D. CRODA · CAPELLO · Fondamenta dei Cereri · Rio del Tintor · Fondamenta Rossa · CALLE RAGUSEI · CALLE N. · CORTE CONTARINI · CALLE LARGA RAGUSEI · CALLE DEL RIO N.

A3–B3 C. LARGA S.MARIA · FONDAMENTA SANTA MARTA · Rio Terrà dei Secchi · CALLE NUOVA TERESE · Rio delle Terese · FONDAMENTA DELLE TERESE · FMTA DELL'AZZIRO · C. AUGUSTA · Rio dell'Azziro · FMTA DELLE TERESE · F.TA DEL CRISTO · C. NUOVA · C. STRETTA · C. MAGGIORE · C. ISIDORO · C. LLO TRON · FONDAMENTA BARBARIGO · CALLE DEI GUARDIANI · C. DELL'OLIO · C. CAMERINI · FONDAMENTA DI PESCHERIA · CORTE LARDONA · F.TA IZZA · FMTA DI SAN NICOLÒ · Rio di San Nicolò · F.TA DEI BARI · Campo San Nicolò · San Nicolò dei Mendicoli · CPLO D. STENDARDO · CPLO D. RIMORCHIANTI · C. DIETRO AI MEGAZZINI · CPO ANGELO RAFFAELE · Angelo Raffaele · CALLE BEVILACQUA · CALLE NAVE · C. D. FRATI · C. NUOVA · San Sebastiano · CORTE DEI VECCHI · CALLE DELL'AVOGARIA · CALLE BALASTRO · FONDAMENTA SAN BASEGIO · CALLE CHIESA · Rio di San Sebastian · CALLE MADDALENA · Rio dell'Angelo Raffaele · FONDAMENTA BRIATI · Collegio Armeno · Santa Maria dei Carmini · Rio dei Carmini · Rio del Soccorso

DORSODURO

C3 C. DELLA MASENA · C. RELLA D. MORTI

B3–C3 Stazione Marittima · SALIZZADA SAN BASEGIO · BANCHINA DI SAN BASEGIO · FMTA ZATTERE PON... · San Basilio

A3 BANCHINA DEL PORTO COMMERCIALE

Canale di Fusina

Sacca Fisola

GIUDECCA

A5–B5 FONDAMENTA BEATA GIULIANA · CALLE DELLA SCUOLA · CALLE DEI FIGHERI · CALLE DEL VAPORETTO · CALLE DELLA SACCA · CALLE FISOLA · C. MONTALCONE · FONDAMENTA BEATA GIULIANA · C. SERIGALLIA · CALLE RIMINI · CAMPO DELLA CHIESA · CALLE LARGA DEI LAVRANERI · FMTA SAN GERARDO SAGREDO · Can Sacca Fisola San Biagio

C5 Mulino Stucky · Rio di San Biagio · FONDAM... · Canale dei Lavraneri · CAMPIELLO PRIULI · FMTA DELLE CONVERTITE · Rio delle Convertite

D
E
2
F
6
SAN POLO
SAN MARCO
Canal Grande
Canale della Giudecca
Santa Maria Gloriosa dei Frari
San Giovanni Evangelista
San Rocco
Scuola di San Rocco
San Polo
San Aponal
Museo Goldoni
Palazzi Grimani
Sant'Angelo
San Tomà
Palazzi Contarini
Palazzi Mocenigo
Museo Fortuny
Palazzi Foscari
S Pantalon
Ca' Rezzónico
Ca' Rezzonico
San Samuele
Santo Stéfano
Ponte dei Pugni
San Bárnaba
Santa Maria Zobenigo
Accademia
Ponte dell'Accademia
Collezione Peggy Guggenheim
Palazzo Cini
Palazzo Dario
San Trovaso
Squero di San Trovaso
Santa Maria della Visitazione
Gesuati
Ponte Lungo
Zattere
Sant' Eufemia
Sant' Eufemia
CAMPO SAN POLO
CAMPO SAN STIN
CAMPO D. FRARI
CAMPO SAN ROCCO
CAMPO SAN TOMA
CAMPO SAN BENETO
CAMPO SANT'ANGELO
CAMPO SANTO STEFANO
CAMPO SAN MAURIZIO
CAMPO SAN VIDAL
CAMPO D. CARITA
CAMPO SAN VIO
CAMPO SANT'AGNESE
CAMPO SAN PANTALON
CAMPO SANTA MARGHERITA
CMPO S BARNABA
CPO SAN SAMUELE
CAMPIELLO CALEGHERI
Rio di San Stin
Rio dei Frari
Rio di San Polo
Rio della Madonnetta
Rio di Ca' Foscari
Rio di San Barnaba
Rio Malpaga
Rio della Toletta
Rio di San Trovaso
Rio del Duca
Rio San Vidal
Rio del Santissimo
Rio di San Maurizio
Rio della Fornace
Rio di San Vio
Rio Piccolo del Legname
Rio delle Eremite
Rio di Sant'Eufemia
ZATTERE PONTE LUNGO
FONDAMENTA ZATTERE AI GESUATI
FONDAMENTA ZATTERE ALLO SPIRITO SANTO
FONDAMENTA SANT'EUFEMIA
FMTA DI PONTE PICCOLO
CALLE DEL TRAGHETTO
CALLE DEGLI AVVOCATI
CALLE DELLO SPEZIER
CALLE DEI FRATI
CALLE BERNARDO
CALLE DELLA TOLETTA
CALLE DELLA CHIESA
CALLE LARGA NANI
CALLE CORFU
CALLE NAVARO
RIO TERRA SAN VIO
CALLE MADONNETTA
SALIZZADA SAN ROCCO
CALLE DEI PRETI CROSERA
1
2
3
4
5
7
7
D
E
F

7
A
3
B
C
1
2
3
4
5
6
Ponte di Rialto
Fóndaco dei Tedeschi
Rialto
San Bartolomeo
San Silvestro
Palazzi Dandolo
Sarsetti
Palazzo Loredàn
San Salvatore
Santa Maria della Fava
S Maria Formosa
Fondazione Querini Stampalia
San Zulìan
Museo Guidi
SAN MARCO
Palazzo Contarini del Bóvolo
San Fantin
La Fenice
Museo Corrér
Museo Archeologico
Torre dell'Orologio
Basilica San Marco
Palazzo Ducale
Museo Diocesano
Ponte dei Sospiri
Hotel Danieli
Ponte della Paglia
PIAZZA SAN MARCO
Campanile
Zecca
Libreria Sansoviniana
Colonne di San Marco e San Teodoro
GIARDINETTI REALI
San Moisè
Ridotto
Harry's Bar
San Marco
Bacino di San Marco
Santa Maria del Giglio
Salute
Dogana di Mare
Santa Maria della Salute
Zitelle
Le Zitelle
GIUDECCA
RIVA DEL VIN
RIVA DEL CARBON
MERCERIA S SALVATORE
MERCERIA SAN ZULIAN
MERCERIA DELL'OROLOGIO
CALLE LARGA XXII MARZO
CALLE LARGA SAN MARCO
PROCURATIE VECCHIE
PROCURATIE NUOVE
FREZZERIA
CALLE VALLARESSO
FONDAMENTA DELLE FARINE
CAMPO DELLA SALUTE
FMTA DOGANA ALLA SALUTE
FONDAMENTA ZATTERE AI SALONI
RIO TERRA AI SALONI
FONDAMENTA DELLE ZITELLE
FONDAMENTA SAN GIOVANNI
Rio di San Salvador
Rio della Fava
Rio di San Zulian
Rio di San Luca
Rio dei Barcaroli
Rio San Moisè
Rio dell'Albero
Rio della Salute
Rio dei Giardinetti
Rio del Palazzo
Rio di Santa Maria Formosa
Bacino Orseolo
SALIZZADA SAN LIO
CAMPO MANIN
CAMPO SAN LUCA
CAMPO SANTA MARIA FORMOSA
PIAZZETTA DEI LEONCINI
CALLE CANONICA
CALLE DEGLI ALBANESI
CALLE DELLE RASSE

Map 8 — Castello / Arsenale / San Giorgio Maggiore

Grid references: D, E, F (columns) × 1–5 (rows)

Row 1 (Castello area)

- C. Zen
- C Rga Giovanni Laterano
- Campo Giustina
- Calle Zorzi
- Campo della Confraternita
- San Francesco della Vigna
- C.D. Cimitero
- Corte D. Mughe
- Corte D. Munghe
- San Lorenzo
- Campo San Lorenzo
- Calle Cappellera
- Calle del Fondaco
- Rio di San Francesco
- Campo S. Ternità
- Campo Celestia
- Fondamenta San Lorenzo
- Calle Larga San Lorenzo
- Salizzada Santa Giustina
- Sal. S. Francesco
- C. Erizzo
- Calle del Morion
- Rio di Santa Ternità
- Rio della Celestia
- ARSENALE
- Canale delle Galeazze

Row 2

- Corte Nuova
- Calle Schiavoni
- Fmta S. Lorenzo
- Calle dell'Olio
- C. Dona
- C. Magno
- C. Dell'Angelo
- Scuola di S Giorgio d. Schiavoni
- Rio di Santa Ternità
- Cpo D. Gatte
- Calle del Lion
- Calle dei Furlani
- Campiello do Pozzi
- C. Forno
- C. Muneghette
- Rio delle Gorne
- Arsenale Vecchio
- Calle del Magazen
- Fmta Furlani
- Rio della Pietà
- Salizzada Sant'Antonin
- Calle D. Arco
- C. S. Martin
- Pol. S. Martino
- Corte Venier
- Fmta Penini
- Fmta delle Gorne
- Rio dell'Arsenale
- Dársena Grande
- San Giorgio dei Greci
- Sal. dei Greci
- Corte Bosello
- Campo Bandiera e Moro
- Calle del Pestrin
- Calle Venier
- Campo Arsenale
- San Zaccaria
- Calle Dietro la Pietà
- La Pietà
- San Giovanni in Bràgora
- Calle del Forno
- Calle Griti
- Calle Arsenale
- San Martino
- Fmta della Madonna
- C. Bosello
- Calle di Pietà
- Cplo D. Piovan
- Rio Cà di Dio
- Calle Chiovere
- Calle del Forno
- C. Docce
- Erizzo
- Calle delle Crosette
- C. Mulvasia Vecchia
- C. Bullarengola

Row 3

- RIVA DEGLI SCHIAVONI
- Rampa Pescaria
- C.D. Dose
- Calle dei Torni
- Arsenale
- Campo della Tana
- Tana
- Fmta dell'Arsenale
- C. della Vida
- Campo San Biagio
- Museo Stórico Navale
- Ch.co La Chiesa
- Rio della Tana
- Fmta della Tana
- Calle Grimani
- Corte Nuova
- Calle del Forno
- RIVA CA' DI DIO
- RIVA SAN BIAGIO
- VIA GIUSEPPE GARIBALDI
- RIVA DEI SETTE MARTIRI
- Calle Pedrocchi

Row 4

- Canale di San Marco
- Campo San Giorgio
- San Giorgio Maggiore

Row 5

- SAN GIORGIO MAGGIORE
- Teatro Verde
- Canale della Grazia

Vaporetto-Linien

ROUTE DURCH DIE LAGUNE

- Torcello ⑭
- Mazzorbo ⑫⑭
- Burano ⑫⑭
- Sant' Erasmo ⑬
- Treporti ⑬⑭
- Vignole ⑭,14,17
- Punta Sabbioni ⑭⑰
- San Nicolò ⑭⑰
- Santa Maria Elisabetta ①⑥⑭⑰㊷㊿
- Casino ㊾

Siehe Hauptkarte

Laguna Veneta

MARE ADRIATICO

Die *vaporetto*-Linien

Der Verkehrsverbund ACTV unterhält einen regelmäßigen Bootsservice durch die Stadt und zu den meisten Inseln. Einige Linien haben feste Strecken, andere erweitern während der Hochsaison ihre Route. Informationen zu den vaporetti-Typen und deren Benutzung finden Sie auf den Seiten 636 f.

- Sant'Alvise ㊾
- Ponte dei Tre Archi ㊾
- Ponte delle G ㊾
- San Ma ①
- Ferrovia ①③④㊾㊷ FS
- Riva di Biasio ①
- Tronchetto B ③④㊷
- Automezzi Venezia-Lido ⑰
- Piazzale Roma ①④㊾㊷
- San Tomà ①㊷
- San Sa ③④
- Ca' Rezzonico ①
- Accademia ①㊷
- Santa Marta ㊾㊷
- San Basilio ㊷
- Zattere ⑯㊾㊷
- *Fusina*
- Sacca Fisola
- Sant'Eufemia ㊾㊷
- Palan ㊷

Canale delle Sacche

Bacino della Stazione Marittima

Canale di Fusina

Canale della Giude

GIUDECCA

0 Meter 500

131

Legende

12	*Vaporetto*-Route
82	Saisonale Verlängerung
	Fähranlegestelle
	Vaporetto-Anlegestelle
FS	Bahnhof
P	Parken

Routen

① Piazzale Roma–Lido
③ Rundfahrt (Uhrzeigersinn)
④ Rundfahrt (gegen Uhrzeigersinn)
⑥ San Zaccaria–Lido
⑩ Venedig–San Clemente
⑫ Venedig–Burano
⑬ Venedig–Treporti
⑭ Venedig–Torcello
⑭ Venedig–Punta Sabbioni
⑯ Venedig–Fusina (saison. Fähre)
⑰ Venedig–Lido (Autofähre)
⑳ Venedig–San Lazzaro
㉓ Rundfahrt (saisonal)
㊵ Zitelle–Murano–Lido
㊾ Murano–Piazzale Roma
㊷ Rundfahrt (zum Lido, saisonal)

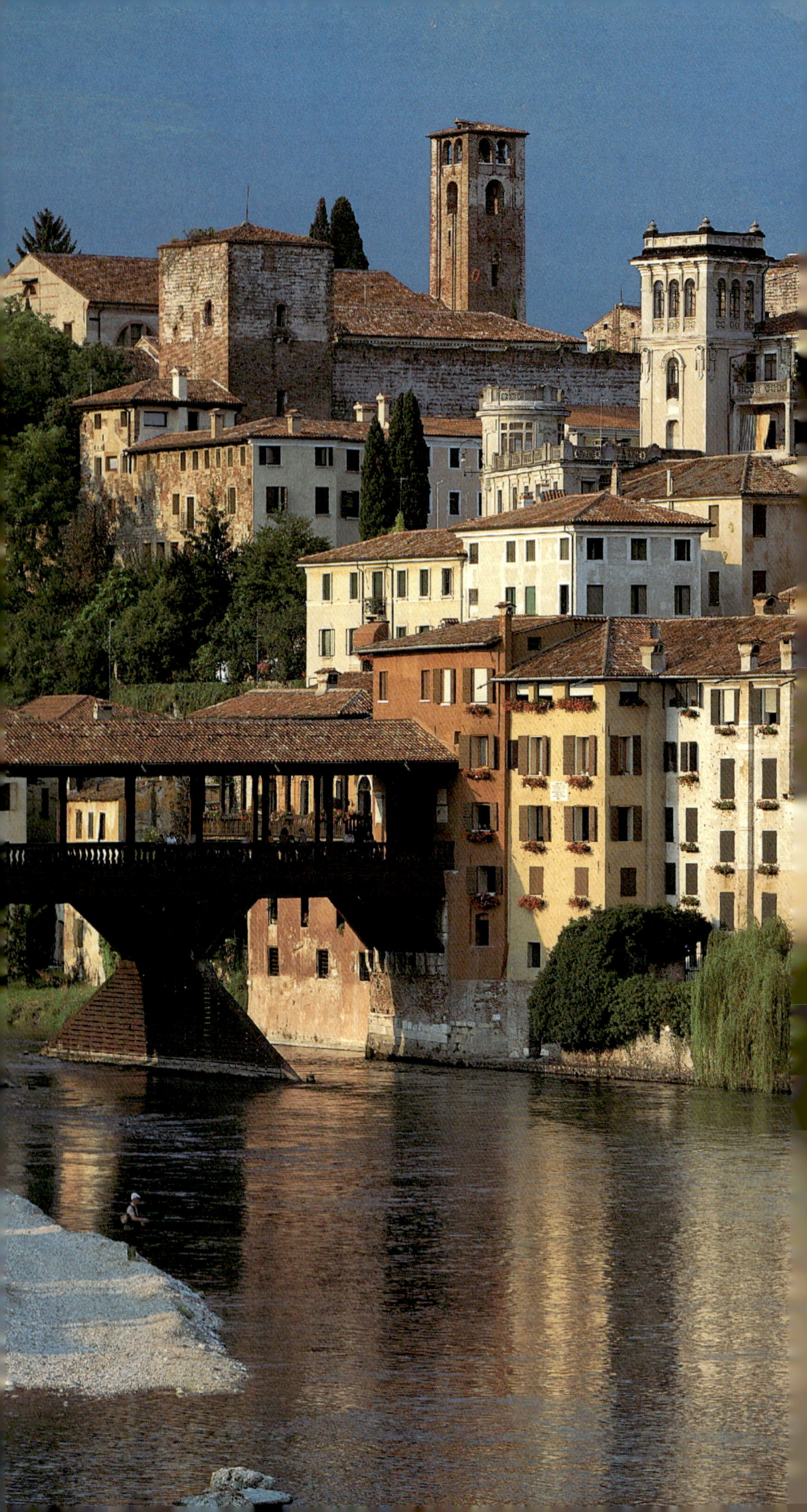

VENETO UND FRIAUL

VON DER SCHÖNHEIT *der Dolomiten über den Gardasee bis zum sanften Hügelland der Euganeen ist das Veneto eine Landschaft voll faszinierender Kontraste und – mit Städten wie Verona, Vicenza und Padua – auch herausragender kultureller Sehenswürdigkeiten. Friaul-Julisch-Venetien, das im Osten an Slowenien grenzt, wartet mit den Karnischen Alpen, der Römerstadt Aquileia und dem florierenden Hafen Triest auf.*

Römische Grenzposten errichteten auf diesem Landstrich die ersten befestigten Siedlungen, die im Laufe der Jahrhunderte zu bedeutenden Städten – Vicenza, Padua, Verona und Treviso – anwuchsen. Im Zentrum des römischen Straßennetzes gelegen, florierten sie schon zur Blütezeit des Weltreichs. Germaneneinfälle brachten im 5. Jahrhundert einen Rückschlag, doch erholte sich die Region unter der Herrschaft Venedigs schnell.

Aufgrund ihrer strategisch günstigen Lage im Knotenpunkt bedeutender Handelsrouten wie der Serenissima, die die Hafenstädte Venedig und Genua verband, und dem Brennerpaß, über den der Warenverkehr nach Mittel- und Nordeuropa ablief, häuften die Städte im Mittelalter große Reichtümer an, und die Einnahmen aus Landwirtschaft, Handel und Kriegsbeute finanzierten herrliche Renaissancebauten. Häufig zeichnete als Architekt Palladio, dessen Paläste und Villen beredte Zeugnisse des müßigen Lebenswandels der damaligen Patrizierklasse sind. Heute lebt das Veneto von Weinbau, Textilindustrie und Landwirtschaft, während sich Friaul zunehmend zum Technologiezentrum entwickelt. Wenngleich im Schatten Venedigs, sind beide Regionen beliebte Urlaubsziele und bieten eine Vielzahl an Attraktionen.

Geruhsame *passeggiata* durch die malerische Altstadt von Verona

◁ *Palladios Renaissancebrücke in Bassano del Grappa im Veneto*

Überblick: Veneto und Friaul

HINTER DEM VENEZIANISCHEN Tiefland erhebt sich die majestätische Gebirgskulisse der Dolomiten, die zugleich die Nordwestgrenze des Veneto bilden. Friaul, die nordöstlichste Region Italiens, stößt im Norden an Österreich, im Osten an Slowenien. Im Süden werden das Veneto und Friaul von der Adria begrenzt, und die dortigen Strände und Häfen stehen in reizvollem Gegensatz zu dem sanften grünen Hügelland, der Weite des Gardasees und den vielen nicht nur architektonisch interessanten antiken Städten.

Blick vom Teatro Romano auf Verona

LEGENDE

- Autobahn
- Hauptstraße
- Nebenstraße
- Panoramastraße
- Fluß
- Aussichtspunkt

VENETO UND FRIAUL

SIEHE AUCH
- *Übernachten* S. 544 ff
- *Restaurants* S. 580 ff

UNTERWEGS

Ein gut ausgebautes Schienennetz sowie Busverbindungen ermöglichen es, die Region umweltfreundlich zu erkunden. Autobahnen oder Schnellstraßen verbinden die größeren Städte. Wer es stilvoll-luxuriös liebt, sollte mit dem Venedig-Simplon-Orient-Expreß anreisen, der von London und Düsseldorf nach Venedig fährt.

Brücke in Cividale del Friuli

Malerisches Chalet in Cortina d'Ampezzo

AUF EINEN BLICK

Aquileia ⑲
Asolo ④
Bassano del Grappa ③
Belluno ⑫
Brenta-Kanal ⑨
Castelfranco Veneto ⑤
Cividale del Friuli ⑰
Conegliano ⑪
Cortina d'Ampezzo ⑬
Euganeen ⑧
Gorizia ⑱
Lago di Garda ②
Padua S. 148 ff ⑦
Pordenone ⑮
Tolmezzo ⑭
Treviso ⑩
Triest ⑳
Udine ⑯
VENEDIG S. 80 ff
Verona S. 136 ff ①
Vicenza S. 144 ff ⑥

Verona ●

VERONA IST EINE wirtschaftlich wie kulturell florierende Metropole und zugleich die nach Venedig größte und bedeutendste Stadt des Veneto. Ihr antiker Stadtkern birgt zahlreiche römische Baudenkmäler, die denen Roms kaum nachstehen, sowie viele mittelalterliche Paläste aus *rosso di Verona,* dem rötlichen Kalkstein der Region. Verona besitzt drei Hauptattraktionen: die herrliche Arena aus dem 1. Jahrhundert n. Chr., die Piazza Erbe, einen der malerischsten Marktplätze ganz Italiens, und die Kirche San Zeno Maggiore *(siehe S. 140f),* deren außergewöhnliche mittelalterliche Bronzeportale Szenen aus der Bibel und dem Leben des heiligen Zeno illustrieren.

Scaligerdenkmal im Castelvecchio

Blick vom Museo Archeologico auf Verona

Die Herrscher

1263 begann die Regierungszeit der Scaliger. In jeder Hinsicht rücksichtslos, scheuten sie vor keiner Schandtat zurück und bauten ihre Stellung immer weiter aus. Einmal an der Macht, brachten sie der von Unruhen gespaltenen Stadt jedoch inneren Frieden. 1301 hießen sie Dante an ihrem Hof willkommen, der den letzten Teil der *Göttlichen Komödie* dem Fürsten Cangrande I widmete. Grabmäler und das Castelvecchio halten die Erinnerung an die Fürsten wach.

1387 fiel Verona an die Mailänder Familie Visconti, und es folgte eine Reihe anderer Herrscher – Venedig, Frankreich und Österreich –, bevor das Veneto 1866 in das junge Königreich Italien integriert wurde.

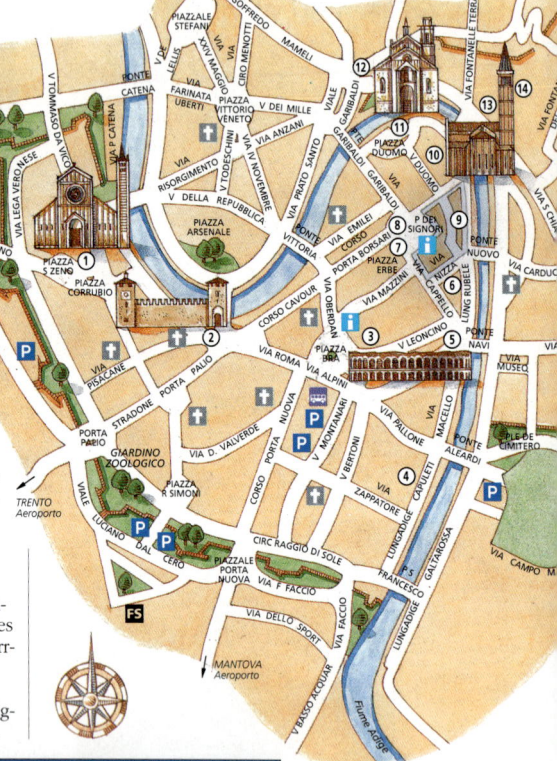

Blick von der Piazza Brà auf die imposante römische Arena

LEGENDE

- **FS** Bahnhof
- Busbahnhof
- **P** Parken
- **i** Auskunft
- Kirche

VERONA

Der Ponte Scaligero, Teil des alten Festungswalls des Castelvecchio

INFOBOX

255 000. ✈ Villafranca 14 km SW. 🚆 Porta Nuova, Piazza XXV Aprile. 🚌 Piazza Cittadella. ℹ Via Leoncino 61 (045-59 28 28). 🗓 tägl. 🎟 Kombi- oder Einzelticket für die Kirchen. 🎭 Apr: Vinitaly-Weinmesse; Juni–Aug: Estate Teatrale Veronese; Juli–Aug: Opernfestival.

Castelvecchio

Corso Castelvecchio 2. ☎ 045-59 47 34. 🗓 Di.–So. 🎟 ♿

Diese Festung, die Cangrande II 1355–75 errichten ließ, beherbergt heute eine der wertvollsten Kunstsammlungen des Veneto.

Die erste Abteilung ist der spätrömisch-frühchristlichen Zeit gewidmet und enthält u. a. Tafelsilber, Broschen aus dem 5. Jahrhundert und bemaltes Glas sowie die kunstvoll gearbeiteten Marmorsarkophage der Heiligen Sergius und Bacchus (1179).

Die nächste Sektion, die die Kunst des Mittelalters und der Frührenaissance umfaßt, verdeutlicht den Einfluß Mitteleuropas auf die einheimischen Maler. Anstelle feierlichen Ernstes liegt der Schwerpunkt hier auf geradezu brutalem Realismus. Unter den Werken der Spätrenaissance sind wunderschöne Madonnenbildnisse (15. Jh.) zu bewundern.

Schmuckgegenstände, Rüstungen, Schwerter und Schilde, Veroneses *Kreuzabnahme* (1565) und ein Porträt, das manche Kunsthistoriker Tizian, andere Lorenzo Lotto zuschreiben, sind in anderen Gebäudeteilen ausgestellt.

Ein Weg führt zur Flußseite des Kastells und bietet eine grandiose Aussicht auf die Etsch und den **Ponte Scaligero** sowie ein Reiterstandbild Cangrandes I (14. Jh.).

Arena

Piazza Brà. ☎ 045-800 32 04. 🗓 Di.–So. 🚫 Feiertage. 🎟 📷

Das Amphitheater von Verona ist (nach dem Kolosseum in Rom und dem Amphitheater in Santa Maria Capua Vetere bei Neapel) das drittgrößte der Welt. 30 n. Chr. fertiggestellt, faßte es damals praktisch die gesamte Bevölkerung des römischen Veronas. Von überall kamen Schaulustige, um sich an Gladiatorenkämpfen und Tierhetzen zu ergötzen. Heute finden hier die mittlerweile weltberühmten Opernfestspiele statt.

San Fermo Maggiore

Via San Fermo. ☎ 045-800 72 87. 🗓 tägl. 🎟 📷

Genaugenommen besteht San Fermo Maggiore aus zwei Kirchen. Am besten sieht man das außen, an der uneinheitlichen Chorpartie, an der über den romanischen Rundbogen die Spitzbogen des jüngeren gotischen Baus emporragen. Die Unterkirche, 1065 an der Stelle eines älteren Heiligtums geweiht, weist freskengeschmückte Arkaden auf. Eindrucksvoller freilich wirkt die Oberkirche (1313), die neben einem herrlichen Kielgewölbe reichen Freskenschmuck enthält – darunter Arbeiten von Stefano de Zevico (musizierende Engel). Gleich daneben befindet sich Giovanni di Bartolos Brenzoni-Mausoleum (um 1440) und ein *Verkündigungs*-Fresko (1426) von Pisanello (vor 1395–1455).

AUF EINEN BLICK

Arena ③
Castelvecchio ②
Casa di Giulietta ⑥
Dom ⑪
Giardino Giusti ⑮
Museo Archeologico ⑭
Piazza Erbe ⑦
Piazza dei Signori ⑧
San Fermo Maggiore ⑤
San Giorgio in Braida ⑫
San Zeno Maggiore (S. 140 f) ①
Sant'Anastasia ⑩
Scaligergrabstätte ⑨
Teatro Romano ⑬
Tomba di Giulietta ④

Apsis (11. Jh.) der Unterkirche von San Fermo Maggiore

Überblick: Verona

SEIT DER RÖMERZEIT bildet die malerische Piazza Erbe – an der Stelle des antiken Forums gelegen – das Herz der Stadt, und die herrlichen Paläste, Kirchen und Denkmäler sind fast genauso alt; einige der schönsten entstanden im Mittelalter.

Der Brunnen (14. Jh.) auf der Piazza Erbe

Piazza Erbe

Die Piazza Erbe ist nach dem alten Kräutermarkt der Stadt benannt. Die heutigen Marktstände offerieren alles Erdenkliche: von lecker gewürztem Spanferkel bis hin zu frischem Obst und aromatischen Waldpilzen.

Vor dem barocken, statuenbekrönten **Palazzo Maffei** (1668), an der Nordseite des Platzes, erinnert ein **Markuslöwe** daran, daß Verona 1405 unter die Herrschaft Venedigs fiel. An der Westseite erhebt sich die **Casa dei Mercanti**, ein größtenteils im 17. Jahrhundert entstandenes Gebäude, das jedoch Elemente eines Vorgängerbaus von 1301 enthält. Gegenüber sind oberhalb der Cafés noch Reste farbiger Fresken auszumachen.

Der **Brunnen** im Zentrum des Platzes wird inmitten der zahlreichen bunten Marktbuden häufig übersehen. Die Frauenstatue stammt aus der Römerzeit und ruft in Erinnerung, daß die langgestreckte Piazza Erbe seit 2000 Jahren fast ununterbrochen als Marktplatz dient.

Piazza dei Signori

Torre dei Lamberti 045-803 27 26. Di–So. Feiertage.

Im Zentrum der Piazza dei Signori erhebt sich ein **Denkmal** (19. Jh.) des Dichters Dante, dessen Blick auf den festungsartigen **Palazzo del Capitano**, Sitz des Veroneser Stadtkommandanten, gerichtet scheint. Neben diesem liegt der gleichermaßen bedrohlich wirkende **Palazzo della Ragione**, Palast der Vernunft oder Justizpalast. Beide entstanden im 14. Jahrhundert. Im Innenhof ist eine 1446–50 hinzugefügte elegante Freitreppe zu bewundern. Wer die 84 Meter hohe **Torre dei Lamberti** an der Westseite des Innenhofs erklimmt, wird mit einem schönen Gebirgsblick belohnt.

In Dantes Rücken befindet sich die hübsche Ratskammer, **Loggia del Consiglio**, deren Gesims Statuen berühmter, aus Verona gebürtiger Römer trägt – darunter Plinius d. Ä. und der Architekturtheoretiker Vitruv.

Die freskengeschmückte Renaissancefassade der Loggia del Consiglio an der Piazza dei Signori

Scaligergrabstätte

Via Arche Scaligeri.

Neben dem Portal der winzigen romanischen Kirche **Santa Maria Antica**, einst Pfarrkirche des Scaligergeschlechts, häufen sich bizarre Monumente der Veroneser Herrscherfamilie, und über dem Kirchenportal prangt das imposante Grabmal des Cangrande I (gest. 1329). Das Reiterdenkmal ist allerdings nur eine Kopie; das Original steht im Castelvecchio *(siehe S. 137)*. Die übrigen Scaligergrabstätten, ein kleines Stück entfernt, schirmt ein kunstvolles schmiedeeisernes Gitter ab, das als wiederkehrendes Motiv eine Leiter enthält – schließlich hieß die Familie della Scala *(scala = Leiter)*. Dieser Zaun wird überragt von den wimpergbekrönten Grabmonumenten Mastinos II (gest. 1351) und Cansignorios (gest. 1375). Schlichtere Grabmäler markieren die letzte Ruhestätte weiterer Familienmitglieder.

Scaligergrab (14. Jh.)

Sant'Anastasia

Piazza Sant'Anastasia. 045-800 43 25. tägl.

1290 begonnen, besitzt dieses riesige Gotteshaus ein gotisches Doppelportal mit verwitterten Fresken (15. Jh.) und Reliefszenen aus dem Leben des heiligen Petrus. Im Inneren verdienen die beiden Weihwasserbecken am ersten Pfeilerpaar Beachtung. Sie werden von zwei realistisch gestalteten Bettlerfiguren getragen, die im Volksmund *i gobbi*, die Buckligen, heißen. Die linke entstand 1495, die rechte ein Jahrhundert später. Die Sakristei birgt Antonio Pisanellos Fresko *Der heilige Georg und die Prinzessin* (1433–38).

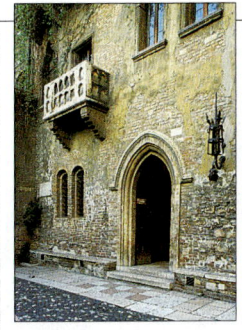

VERONA

Romeo und Julia

Die tragische Liebesgeschichte von Romeo und Julia – zwei Liebenden aus tödlich verfeindeten Familien –, die Luigi da Porto aus Vicenza in den 20er Jahren des 16. Jahrhunderts niederschrieb, hat zahllose Dichter, Dramatiker und andere Künstler inspiriert.

Bei der **Casa di Giulietta** (Haus der Julia), Via Cappello 27, handelt es sich in Wahrheit um ein restauriertes Gasthaus (13. Jh.). Massenweise strömen die Touristen zu dem marmornen Julia-Balkon, den Romeo erklommen haben soll, doch nur wenige suchen auch die heruntergekommene **Casa di Romeo** in der Via delle Arche Scaligeri auf (östlich der Piazza dei Signori).

Die sogenannte **Tomba di Giulietta** kann in der Krypta der ehemaligen Kirche San Francesco al Corso besichtigt werden. Der leere Marmorsarkophag schafft ein stimmungsvolles Ambiente.

Die sogenannte Casa di Giulietta

🛆 Dom
Piazza Duomo. 📞 045-59 56 27. ⊙ tägl.

Das prachtvolle romanische Portal der 1139 begonnenen Kathedrale Veronas ist ein Werk des berühmten Meisters Nicolò, eines der beiden Bildhauer, die auch die Fassade von San Zeno *(siehe S. 140 f)* gestalteten. Hier meißelte er die Ritter Oliver und Roland, deren Taten im Dienste Karls des Großen in der mittelalterlichen Dichtung oft besungen wurden. Neben ihnen stehen langbärtige, starr blickende Heilige und Evangelisten. Das gleichfalls romanische Südportal zeigt Jonas mit dem Walfisch und groteske Karyatiden.

Glanzpunkt der Innenausstattung des Doms ist Tizians *Mariä Himmelfahrt* (1535–40). Besuchen Sie auch den romanischen Kreuzgang, in dem Ausgrabungen von Vorgängerbauten zu sehen sind. Das Baptisterium San Giovanni in Fonte (8. Jh.) birgt ein sehenswertes Taufbecken (1200).

🛆 Teatro Romano
Rigaste Redentore 2. 📞 045-800 03 60. ⊙ Di–So.

Von der ursprünglichen Bühne dieses antiken Theaters ist wenig erhalten, doch die halbkreisförmigen Sitzreihen haben die Zeiten relativ gut überdauert. Die meisten Besucher kommen allerdings der Aussicht wegen; im Vordergrund liegt die Rekonstruktion einer römischen Brücke.

🏛 Museo Archeologico
Rigaste Redentore 2. 📞 045-800 03 60. ⊙ Di–So 8–18.30 Uhr.

Vom Teatro Romano bringt Sie ein Aufzug zu dem darüberliegenden ehemaligen Kloster, das heute ein archäologisches Museum beherbergt. Die Sammlung umfaßt sorgfältig restaurierte Mosaiken, Keramik, Glas und Grabsteine. Ausgestellt ist auch eine Bronzebüste des ersten römischen Kaisers Augustus Caesar (63 v. Chr.– 14 n. Chr.), dem es 31 v. Chr. gelang, seine Konkurrenten Mark Anton und Kleopatra endgültig auszuschalten.

Statuenschmuck im Giardino Giusti

♣ Giardino Giusti
Via Giardino Giusti 2. 📞 045-803 40 29. ⊙ tägl.

Der Giardino Giusti ist einer der schönsten Renaissancegärten Italiens. Er wurde 1580 angelegt und stellt Natur und Kunst bewußt nebeneinander. Der strengen unteren Anlage mit Formbäumen und Skulpturenschmuck stehen die eher naturbelassenen oberen Terrassen gegenüber.

Der englische Schriftsteller John Evelyn bezeichnete den Giardino Giusti als schönsten Garten Europas.

🛆 San Giorgio in Braida
Lungadige San Giorgio. 📞 045-834 02 32. ⊙ tägl.

Diese Renaissancekirche wurde um 1530 nach Plänen von Michele Sanmicheli begonnen. Beachten Sie Paolo Veroneses Altarbild *Martyrium des heiligen Georg* (1566) sowie die *Taufe Christi* über dem Westportal, die Tintoretto (1518– 94) zugeschrieben wird.

Die imposante Fassade des Doms von Verona, Santa Maria Matricolare

140   NORDOSTITALIEN

Verona: San Zeno Maggiore

Fassadendetail

SAN ZENO, 1123–35 als Schrein für den Schutzheiligen der Stadt errichtet, ist die am reichsten verzierte romanische Kirche Norditaliens. Die Fassade schmücken eine herrliche Fensterrosette, Marmorreliefs und ein eleganter Portalbaldachin. Glanzlichter sind jedoch die faszinierenden Bronzetürfelder (11./12. Jh.). In dem mächtigen Wehrturm nördlich von San Zeno soll König Pippin (777–810) begraben sein.

Kielgewölbe
Das Mittelschiff überspannt ein prachtvolles Kielgewölbe, so genannt, weil es einem umgekehrten Bootskörper ähnelt. Es wurde 1386 beim Neubau der Apsis ergänzt.

Der Glockenturm, 1045 begonnen, erreichte 1178 seine heutige Höhe (72 m).

Hochaltar von Mantegna
Der Heiligenschein der Muttergottes in dem dreiteiligen Altarbild (1457–59) spiegelt die Form der gegenüberliegenden Fensterrosette wider.

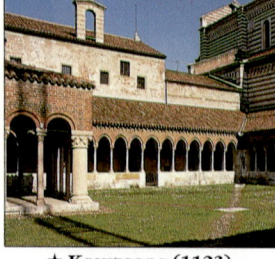

Ehemaliger Waschraum

★ **Kreuzgang (1123)**
Romanische Rundbogen und gotische Spitzbogen tragen die Arkaden.

Krypta
In der Krypta befindet sich das Grab des heiligen Zeno, der, 362 zum Bischof von Verona ernannt, 380 starb.

Hauptschiff und -altar

Die Kirche ist einer altrömischen Basilika (Gerichtshalle) nachempfunden. Der Hauptaltar liegt auf einer erhöhten Tribuna (Apsis), auf der der Platz des Richterstuhls gewesen wäre.

INFOBOX

Piazza San Zeno. 045-800 61 20. Mo–Sa 8–12, 15–18 Uhr (letzter Einlaß 30 Min. vor Schließung). Gottesdienst.

BRONZETÜRFELDER

Die 48 Bronzereliefs am Westportal sind in ihrer Darstellung biblischer Szenen und Episoden aus dem Leben des heiligen Zeno primitiv, aber ausdrucksstark. Der linke Türflügel (1030) stammt von einem Vorgängerbau. Die rechte Hälfte entstand nach einem Erdbeben 1137. Die Tafeln, Arbeiten dreier verschiedener Künstler, sind durch Masken miteinander verbunden. Riesige Glotzaugen und osmanische Kopfbedeckungen, Rüstungen und Architektur bestimmen das Bild. Die Bedeutung einiger Szenen ist bis heute ungeklärt, andere zeigen Adam und Eva, Salome mit dem Haupt des Johannes oder Christus in der Vorhölle.

Christus in der Vorhölle — **Himmelfahrt Christi** — **Menschenkopf**

Gestreiftes Mauerwerk ist ein typisches Merkmal romanischer Bauten in Verona. Dunkler Veroneser Backstein wechselt sich ab mit hellem Tuff.

Die Fensterrosette (frühes 12. Jh.) ist als Glücksrad gestaltet: Die Randskulpturen zeigen Aufstieg und Fall des Menschen.

Die romanische Vorhalle zählt zu den schönsten ihrer Art in ganz Norditalien. Auf dem Basrelief (1138) über dem Hauptportal ist der heilige Zeno zu sehen.

Die marmornen Wandfelder (1140) seitlich vom Portal illustrieren links das Leben Jesu, rechts Szenen aus der Schöpfungsgeschichte.

NICHT VERSÄUMEN

★ Westportal

★ Kreuzgang

★ Westportal

Die 24 Bronzetafeln des zweiflügeligen Holzportals sind so zusammengefügt, daß der Eindruck einer massiven Bronzetür entsteht. Das Tympanonrelief zeigt das Volk von Verona und den heiligen Zeno.

Lago di Garda ❷

DER GARDASEE, das größte Binnengewässer Italiens, grenzt an drei Regionen: Trentino im Norden, im Westen die Lombardei und im Süden und Osten das Veneto. Während der Südteil geradezu mediterran anmutet, wird die Uferlandschaft nach Norden hin zunehmend gebirgiger, und am Nordende ragen eindrucksvolle, bisweilen bewaldete Felswände empor. Optimale Wassersportbedingungen, viele kulturelle Sehenswürdigkeiten und die spektakuläre Gebirgskulisse machen den See zu einem bevorzugten Urlaubsort.

INFOBOX

Brescia, Verona u. Trento. ℹ *Via Roma 8, Gardone Riviera* (0365-29 04 11). Ⓕ*Peschiera del Garda u. Desenzano del Garda.* 🚌 *zu allen Orten.* **Villa il Vittoriale**, Via Vittoriale 12, Gardone. ☎ *0365-201 30.* ⏱ *Di–So.* 🎫
Rocca Scaligeri, Sirmione. ☎ *030-91 64 68.* ⏱ *Di–So.* 🎫

Ostspitze der Halbinsel Sirmione
Hinter der Ortschaft führt ein hübscher Spazierweg, vorbei an Schwefelquellen, am Ufer entlang.

Das Städtchen Riva liegt im Schutze einer alten Scaligerfestung. Windsurfer schätzen die steten ablandigen Winde.

Gardone verdankt seine Beliebtheit einem exotischen botanischen Garten und der (Art-déco-)Villa il Vittoriale, in der der Dichter Gabriele D'Annunzio lebte.

In Salò, einem eleganten Städtchen mit pastellfarben getünchten Häusern und einem Altarbild von Veneziano, rief Mussolini 1943 die sogenannte Republik von Salò aus.

Malcesine liegt am Fuße einer mittelalterlichen Burg. Vom Gipfel des Monte Baldo (1745 m; eine Seilbahn erleichtert den Aufstieg) bietet sich ein prachtvoller Rundblick.

Von den Tragflügelbooten, Katamaranen und Dampfern des Sees sieht man viele Villen und Gärten, die andernfalls den Blicken verborgen bleiben.

Der See ist nach dieser malerischen Ortschaft benannt.

Bardolino verlieh dem berühmten Rotwein seinen Namen.

Peschieras geschützten Hafen und die Festung bauten die Österreicher in den 60er Jahren des 19. Jahrhunderts, zur Zeit der italienischen Unabhängigkeitskriege.

Sirmione
Die mächtige Scaligerburg (Rocca Scaligeri) bewacht das Städtchen Sirmione. An der Nordspitze der Halbinsel liegen römische Ruinen.

LEGENDE

- ••• Dampferroute
- ••• Autofähre
- ⚓ Segelklub oder -zentrum
- ℹ Auskunft
- 🎋 Aussichtspunkt

VENETO UND FRIAUL

Eine Holzbrücke (16. Jh.) von Palladio in Bassano del Grappa

Bassano del Grappa ❸

Vicenza. 39 000. FS
Largo Corona d'Italia 35 (0424-52 43 51). Di, Sa.

Dieses friedvolle Städtchen am Fuße des Monte Grappa besitzt mit dem schönen Ponte degli Alpini, der die Brenta überspannt, eine echte Palladio-Brücke. Sie wurde 1569 aus Holz erbaut, weil dieses Material den alljährlichen Frühjahrsüberschwemmungen am besten standhielt. Berühmt ist Bassano auch für seine Majoliken (glasierte Töpferware); edle Stücke sind im **Palazzo Sturm** zu bewundern. Der Ort ist auch Namensgeber des gleichnamigen italienischen Branntweins Grappa, der aus Trestern *(graspa)* gebrannt wird, die bei der Weinproduktion abfallen. Über den Destillierungsprozeß informiert das **Museo degli Alpini**.

🏛 Palazzo Sturm
Via Schiavonetti. 0424-52 49 33. Di–So.
🏛 Museo degli Alpini
Via Anagarano 2. 0424-50 36 62. Di–So.

Asolo ❹

Treviso. 2000. Piazza D'Annunzio (0423-52 90 46). Sa.

Asolo liegt idyllisch inmitten zypressenbewaldeter Hänge im Vorland der Dolomiten. Einige Jahre wurde die winzige befestigte Stadt von Königin Caterina Cornaro (1454–1510) regiert, der venezianischen Gemahlin des Königs von Zypern, die ihren Ehemann vergiftete, damit sein Reich an Venedig fiel. Kardinal Pietro Bembo prägte das Verb *asolare,* um das bittersüße Nichtstun zu beschreiben, zu dem sie hier verurteilt war. Der englische Dichter Robert Browning verlieh seiner Liebe zu Asolo Ausdruck, als er 1889 einen Gedichtband *Asolanda* benannte.

Umgebung: In Masèr, zehn Kilometer östlich von Asolo, steht die beispielhaft in die Landschaft eingebundene **Villa Barbaro** *(siehe S. 76f),* die Palladio um 1555 mit Paolo Veronese entwarf und deren herrliche Symmetrie und lichtdurchflutete Räume grandios mit den wunderbaren, teils allegorischen Trompe-l'œil-Fresken harmonieren.

🏛 Villa Barbaro
Masèr. 0423-92 30 04. Di, Sa, So, Feiertage.

Castelfranco Veneto ❺

Treviso. 30 000. Via Francesco M. Preti 39 (0423-49 50 00). Do vorm., Fr vorm.

Von den Herren Trevisos 1199 als Bollwerk gegen das benachbarte Padua gegründet, liegt der historische Stadtkern von Castelfranco inmitten guterhaltener, hoher Mauern. In der **Casa di Giorgione**, dem angeblichen Geburtshaus Giorgiones (1478–1510), erinnert ein Museum an den Künstler, über dessen Leben so wenig bekannt ist und der so herrliche Werke wie *Das Gewitter (siehe S. 102)* schuf. Eine weitere der wenigen mit Sicherheit authentischen Arbeiten wird im **Dom** gehütet: die *Muttergottes mit den Heiligen Liberal und Franziskus* (1504), besser bekannt als *Madonna del Castelfranco.*

Umgebung: Etwa acht Kilometer nordöstlich von Castelfranco steht in dem Dorf Fanzolo die **Villa Emo** (um 1555), ein typischer Entwurf Palladios: Das kubische Haupthaus wird von zwei symmetrischen Flügeln flankiert, die als Kornspeicher dienten. Zelotti malte die Villa mit üppigen Fresken aus.

🏛 Casa di Giorgione
Piazzetta del Duomo. 0423-49 12 40. Di–So. Feiertage.
🏛 Villa Emo
Fanzolo di Vedelago. 0423-47 64 14. März–Okt Di, Sa, So.

Veroneses Fresko-Porträt der Hausherrin (um 1561) in der Villa Barbaro

144 NORDOSTITALIEN

Im Detail: Vicenza ❻

Detail an der Contrà Porti Nr. 21

Man nennt Vicenza auch die Stadt Andrea Palladios (1508–80) – ein Maurer, der der einflußreichste Baumeister seiner Zeit wurde. Verfolgen Sie bei einem Spaziergang die Entwicklung seines unverwechselbaren Stils. Im Zentrum der Stadt, umgeben von den Palästen, die er für die wohlhabenden Bürger der Stadt erbaute, befinden sich die eindrucksvolle Basilica Palladiana und das Teatro Olimpico.

Die Contrà Porti wird von einigen der schönsten Paläste Vicenzas gesäumt.

Loggia del Capitaniato
1571 von Palladio erbaute Säulenhalle.

Palazzo Valmarana Braga
Palladios eindrucksvolles Gebäude aus dem Jahre 1566 mit Stützpfeilern und mythologischen Szenen wurde erst 1680, hundert Jahre nach seinem Tod, fertiggestellt.

San Lorenzo

Piazza Stazione

Dom
Die im Zweiten Weltkrieg schwer beschädigte Kathedrale Vicenzas, nur Fassade und Chor waren übriggeblieben, wurde sorgfältig wiederaufgebaut.

Andrea Palladio
Das Denkmal des berühmtesten Sohnes der Stadt steht inmitten von Marktständen.

0 Kilometer 2

LEGENDE

- - - Routenempfehlung

NICHT VERSÄUMEN

★ Piazza dei Signori

VICENZA

Eine riesige Halle ist alles, was vom Palazzo della Ragione aus dem 15. Jahrhundert übrigblieb.

Torre di Piazza, die Säule aus dem 12. Jahrhundert, ist ganze 82 Meter hoch.

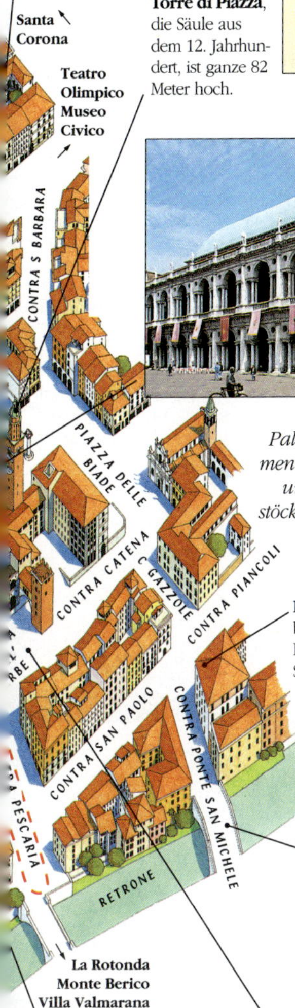

Santa Corona

Teatro Olimpico Museo Civico

INFOBOX

115 000. Piazza Stazione. Piazza Matteotti 5 (0444-32 08 54). Do.
6. Jan: Dreikönigsfest; Mai u. Sep: Theatersaison; Sep: Fiera di Settembre.

Der Löwe des heiligen Markus blickt auf die Piazza dei Signori

Piazza dei Signori
Basilica 0444-32 36 81.
Di–So, Feiertage.

Der Platz im Herzen der Stadt wird beherrscht vom Palazzo della Ragione, der heutigen **Basilica Palladiana**, deren grünes Kupferdach der Form nach an einen umgekehrten Schiffsrumpf erinnert. Die Balustrade zieren Statuen griechischer und römischer Götter. Die übereinandergestellten Säulen wurden 1549 von Palladio gebaut, um das alte Rathaus zu stützen. Palladios erster städtischer Auftrag wurde eines seiner bedeutendsten Bauwerke. Direkt daneben steht die Torre di Piazza aus dem 12. Jahrhundert.

Die **Loggia del Capitaniato** (ehem. Sitz des venezianischen Stadthalters) wurde 1571 von Palladio gebaut; im Obergeschoß tagt heute der Stadtrat.

★ Piazza dei Signori
Palladios elegante Paläste säumen die Piazza dei Signori, darunter die majestätische zweistöckige Pfeilerhalle der Basilika, die den alten Palazzo della Ragione umschließt.

Das Quartiere delle Barche besitzt zahlreiche sehenswerte Paläste, erbaut im gotischen Stil des 14. Jahrhunderts.

CONTRA S BARBARA
PIAZZA DELLE BIADE
CONTRA CATENA
C. GAZZOLE
CONTRA PIANCOLI
CONTRA SAN PAOLO
CONTRA PONTE SAN MICHELE
RBE
PESCARIA
RETRONE

La Rotonda
Monte Berico
Villa Valmarana ai Nani

Die Piazza delle Erbe, der Marktplatz der Stadt, steht im Schatten eines Gefängnisturms (13. Jh.).

Ponte San Michele
Elegante Steinbrücke aus dem Jahre 1620 mit herrlichem Blick auf die Stadt.

Contrà Porti
Contrà (von *contrada* = Gegend) nennt man hier eine Straße. Auf der einen Seite wird sie gesäumt von herrlichen gotischen Gebäuden, die an die Zeit erinnern, als Vicenza zum Herrschaftsgebiet Venedigs gehörte.

Hier finden sich auch mehrere elegante Palastbauten von Palladio: Palazzo Porto Barbarano (Nr. 11), Palazzo Thiene (Nr. 12) und Palazzo Iseppo da Porto (Nr. 21) sind zusammengenommen ein eindrucksvolles Beispiel der Vielseitigkeit des großen Baumeisters. Interessant ist, daß der Palazzo Thiene, gebaut aus billigen, leichten Ziegeln, aufgrund besonderer Behandlung aussieht, als bestünde er aus Felsgestein.

Casa Pigafetta
Das herrliche Haus aus dem 15. Jahrhundert ist die Geburtsstätte von Antonio Pigafetta, der 1519 mit Magalhães zur Weltumsegelung aufbrach.

Überblick: Vicenza

VICENZA, DIE STADT PALLADIOS und eine der reichsten Städte des Veneto, ist berühmt für seine großartige Architektur. Sie wartet ihren Besuchern aber auch mit eleganten Geschäften und Cafés auf.

Deckengemälde von Carpione in der Eingangshalle des Museo Civico

🏛 Museo Civico
Piazza Matteotti. 0444-32 13 48. Di–So.

Das herrliche Museo Civico in dem von Palladio 1550 erbauten **Palazzo Chiericati** (siehe S. 76) ist u. a. berühmt für sein Deckengemälde von Giulio Carpione, das die Sonne in Gestalt eines nackten Wagenlenkers darstellt, der scheinbar über die Eingangshalle fliegt. In den oberen Räumen befindet sich eine Pinakothek mit gotischen Altarwerken aus den Kirchen Vicenzas, darunter der Mittelteil von Hans Memlings *Kreuzigung Christi* (1468–70). Außerdem sind Werke heimischer Meister wie Bartolomeo Montagna (um 1450–1523) zu sehen.

🏠 Santa Corona
Contrà Santa Corona. 0444-32 36 44. tägl.

Dieses gotische Gotteshaus wurde 1261 für eine Reliquie der Dornenkrone Jesu erbaut. In der Cappella Porto liegen die Gebeine von Luigi da Porto, Autor des Romans *Romeo und Julia,* der Shakespeare zu seinem berühmten Drama anregte. Zu den bemerkenswerten Malereien zählen Giovanni Bellinis *Taufe Christi* (um 1500) und *Die Anbetung der Könige* (1573) von Paolo Veronese.

🎭 TEATRO OLIMPICO
Piazza Matteotti. 0444-32 37 81. tägl.

Das älteste gedeckte Theater Europas ist eine bemerkenswerte Konstruktion aus Holz und Stuck, die durch einen Anstrich ein marmornes Äußeres erhielt. Palladio hat den Bau 1579 begonnen, doch da er schon ein Jahr später starb, hat ihn sein Schüler, Vincenzo Scamozzi, rechtzeitig zur Premiere von Sophokles' *Ödipus Rex* am 3. März 1585 vollendet.

Fresken im Odeon
Die Götter des Olymp, nach denen das Theater benannt ist, schmücken die Decke des Odeons, in dem heute Konzerte stattfinden.

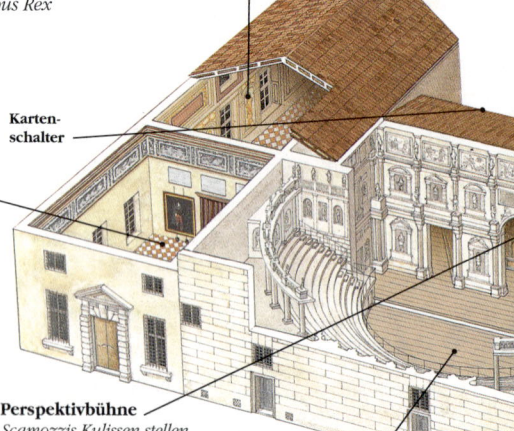

Das Anteodeon enthält Fresken mit Szenen aus der ersten Vorstellung und Öllampen der frühesten Bühnendekoration.

Kartenschalter

Perspektivbühne
Scamozzis Kulissen stellen die griechische Stadt Theben dar. Die Straßen sind perspektivisch gemalt, und der Bühnenboden steigt leicht an, so daß der Eindruck großer Weite entsteht.

Der Zuschauerraum wurde von Palladio nach dem Vorbild griechischer und römischer Arenen entworfen, wie z. B. der Arena von Verona (siehe S. 137), mit »Stein«-Bänken und einem Deckengemälde, das den Himmel widerspiegelt.

VICENZA

🏛 San Lorenzo
Piazza San Lorenzo. ◯ *tägl.*

Beachtenswert ist u.a. das mit Reliefs der Jungfrau Maria, des Kindes Jesu, des heiligen Franziskus und der heiligen Klara verzierte steinerne Portal der Kirche. Im Inneren befinden sich bedeutende Grabmäler und Fresken. Der Klosterbau auf der Nordseite der Kirche ist ein Ort des Friedens.

🏛 Monte Berico
Basilica di Monte Berico. ◯ *tägl.*
Refektorium ◯ *mit vorheriger Erlaubnis.*

Monte Berico ist der grüne, mit Zypressen bewachsene Berg im Süden der Stadt, auf dem einst in ihren Villen wohlhabende Stadtbewohner Zuflucht vor der Hitze des Sommers suchten. Heute verbindet eine von schattigen Bäumen gesäumte breite Straße die Stadt mit der Kirche auf dem Berg. Der im 15. Jahrhundert erbaute und im 18. Jahrhundert erweiterte Kuppelbau ist der Jungfrau Maria geweiht, die die Bürger der Stadt Vicenza 1426–28 vor der Pest bewahrt haben soll.

Zu bewundern ist eine *Pietà* von Bartolomeo Montagna, eine Fossiliensammlung im Kloster und das Veroneser Gemälde *Das Gastmahl Gregors des Großen* (1572) im Refektorium.

La Rotonda (1550–52), berühmtestes Bauwerk Palladios

Die Statuen in den Nischen der Frontfassade stellen die Mitglieder der Akademie dar.

Im Garten, der das Theater umgibt, stehen herrliche Skulpturen, allesamt Stiftungen von Mitgliedern der Olympischen Akademie, der Gesellschaft, die den Bau möglich gemacht hat.

Haupteingang

Die barocke Wallfahrtskirche Basilica di Monte Berico

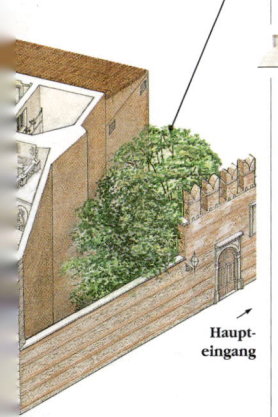

🏛 Villa Valmarana ai Nani
Via dei Nani. ☎ 0444-54 39 76. ◯ *Mitte März–Nov Di–So nachm.*

Die Zwerge, die sich auf der Mauer um die Villa Valmarana, erbaut 1688 von Antonio Muttoni, tummeln, haben ihr ihren Namen *ai Nani* (von den Zwergen) gegeben.

Die Innenseite der Mauer ist mit mythologischen Fresken von Tiepolo verziert; dargestellt werden die Götter des Olymps, die, auf Wolken schwebend, Szenen aus den Epen von Homer und Vergil betrachten. Im angrenzenden Gästehaus finden sich Fresken aus dem 18. Jahrhundert von Tiepolos Sohn Giandomenico, die, obgleich nicht weniger eindrucksvoll, eher die irdische Realität widerspiegeln.

Die Villa ist nur zehn Minuten zu Fuß von der Basilica di Monte Berico entfernt. Anschließend spaziert man am besten die Via Massimo d'Azeglio hinunter zum Kloster und dort weiter auf der Via San Bastiano.

🏛 La Rotonda
Via Rotonda 29. ☎ 0444-32 17 93.
Villa ◯ *15. März–15. Okt Mi.*
Garten ◯ *Di, Do.*

Dieser quadratische Bau mit Kuppel namens Villa Capra Valmarana ist Palladios *(siehe S. 76f)* berühmteste Villa. Die äußere Form, angefangen von der Kuppel, die sich über dem quadratischen Bau erhebt, ist einfach und zugleich eindrucksvoll. Die Arbeit Palladios wurde schon von seinen Zeitgenossen als besonders gelungen gelobt, vor allem auch weil sich die Villa so herrlich in die schöne hügelige Landschaft einfügt. Einen angenehmen Kontrast bilden die Terrakottadachziegel, die weißen Mauern und der grüne Rasen.

Die zwischen 1550 und 1552 erbaute Villa hat viele Nachahmer inspiriert, die ähnliches sogar in London, St. Petersburg und Delhi gebaut haben. Kennern des Films *Don Giovanni* sei gesagt, daß Joseph Losey hier teilweise gedreht hat.

Im Detail: Padua ❼

PADUA ist eine alte Universitätsstadt, aus der viele Gelehrte hervorgegangen sind. Von den zahlreichen Kunstschätzen und architektonischen Sehenswürdigkeiten sollen zwei besonders hervorgehoben werden. Die nördlich vom Stadtzentrum gelegene Cappella degli Scrovegni *(siehe S. 150f)* ist berühmt für die Fresken von Giotto. Direkt daneben befinden sich Museen und die Eremitani-Kirche. Die Basilica di Sant'Antonio im Mittelpunkt des südlichen Teils der Stadt ist eine der berühmtesten Pilgerstätten Italiens.

Palazzo del Capitanio
Der zwischen 1599 und 1605 erbaute Palast besitzt einen Uhrturm mit einer astronomischen Uhr aus dem Jahre 1344.

Die Piazza dei Signori wird gesäumt von einladenden Arkaden, in denen sich kleine Geschäfte, Cafés und altmodische Bars befinden.

Corte Capitaniato, die Kunstakademie aus dem 14. Jahrhundert (geöffnet für Konzerte), enthält Fresken, darunter ein seltenes Porträt des Dichters Petrarca.

Ufficio di Turismo

Loggia della Gran Guardia
Dieser herrliche Renaissancebau aus dem Jahre 1523 beherbergte einst den Rat der Edlen. Heute dient er als Konferenzzentrum.

★ Dom und Baptisterium
Im Baptisterium aus dem 12. Jahrhundert befinden sich einige der besterhaltenen mittelalterlichen Fresken in ganz Italien. Gemalt hat sie Giusto de' Menabuoi im Jahre 1378.

Der Palazzo del Monte di Pietà umschließt mit seinen Säulen und Arkaden aus dem 16. Jahrhundert ein mittelalterliches Gebäude.

LEGENDE

– – – Routenempfehlung

0 Kilometer 2

NICHT VERSÄUMEN

★ Dom und Baptisterium

PADUA

INFOBOX

👥 250 000. 🚉 Piazzale della Stazione. 🚌
ℹ Piazza Boscetti (049-875 06 55). 🛍 tägl. 🎵 Okt–Apr: Konzertsaison.

Caffè Pedrocchi

Das im Stil eines klassizistischen Tempels erbaute Café ist seit seiner Eröffnung im Jahr 1831 ein beliebter Treffpunkt für Professoren und Studenten.

Die Bronzestatue einer Frau (1973) von Emilio Greco steht inmitten dieses als Fußgängerzone ausgewiesenen Platzes.

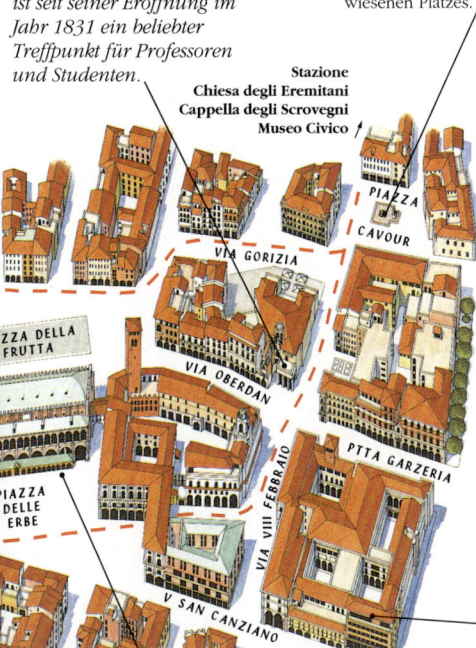

Stazione
Chiesa degli Eremitani
Cappella degli Scrovegni
Museo Civico

Basilica di Sant'Antonio
Orto Botanico

Universität
Elena Piscopia war die erste Frau, die 1678 an der zweitältesten Universität des Landes (gegründet 1222) ihre Abschlußprüfung ablegte.

...er Palazzo della ...gione, im Mittelalter als ...richtsgebäude erbaut, ...thält herrliche Fresken.

Piazza delle Erbe
Von der Loggia (15. Jh.) des Palazzo della Ragione aus dem 13. Jahrhundert bietet sich ein herrlicher Blick auf Marktplatz.

🏛 Dom und Baptisterium
Piazza Duomo. **Baptisterium**
📞 049-66 28 14. 🕐 tägl. (Nov–März Di–So). 🎟

Der Dom wurde 1552, teilweise nach Plänen von Michelangelo, auf den Grundmauern einer Kathedrale aus dem 14. Jahrhundert erbaut. Direkt daneben steht das Baptisterium (um 1200), dessen Inneres mit herrlichen Fresken des Florentiners Giusto de' Menabuoi geschmückt ist. Dargestellt sind Szenen aus der Bibel, darunter die Schöpfungsgeschichte, die Leiden Christi, die Kreuzigung und die Auferstehung.

🏛 Palazzo della Ragione
Piazza delle Erbe. 📞 049-820 50 06.
🕐 tägl. 🎟 ♿

Der »Palast der Vernunft«, auch »Salone« genannt, entstand 1218 als Gerichtsgebäude. Der riesige Saal enthielt ursprünglich Fresken von Giotto, die jedoch durch ein Feuer im Jahre 1420 sämtlich zerstört wurden. Der Salone ist allein durch seine Größe überwältigend; mit 80 Meter Länge, 27 Meter Breite und 27 Meter Höhe ist er der größte mittelalterliche Saal Europas. Die Wände sind mit 333 Fresken von Nicola Miretto geschmückt: Sie stellen die Monate des Jahres, die dazugehörigen Götter und Sternzeichen dar. Eine Nachbildung des riesigen Gattamelata-Pferdes *(siehe S. 152)* von Donatello aus dem Jahre 1466 steht am Ende des Saals, dessen Größe dadurch noch betont wird.

🏛 Caffè Pedrocchi
Via VIII Febbraio 2.
📞 049-876 25 76.
🕐 tägl.

Das im Jahre 1831 eröffnete Café gehörte zu den berühmtesten Kaffeehäusern Europas. Heute ist es ein beliebter Treffpunkt für jung und alt, man spielt Karten oder beobachtet die Welt. Die oberen, im maurischen, ägyptischen, mittelalterlichen und griechischen Stil eingerichteten Räume werden heute für Konzerte und Vorträge genutzt.

Padua: Cappella degli Scrovegni

MIT DEM BAU (1303) der Kapelle wollte Enrico Scrovegni seinen toten Vater, einen Wucherer, vor der ewigen Verdammnis bewahren, die Dante in seinem *Inferno* beschrieb. Das Innere der Kapelle enthält einen weltberühmten Freskenzyklus von Giotto, mit dem dieser zwischen 1303 und 1305 Szenen aus dem Leben Christi darstellte. Die ausdrucksvollen Werke beeinflußten die gesamte spätere Kunst in Europa.

Die Geburt
Die menschliche Darstellung der Jungfrau Maria markiert eine Abwendung von der byzantinischen Tradition, desgleichen das natürliche Blau des Himmels.

Austreibung der Händler
Die zusammengekauerten Händler und ein verschrecktes Kind sind ein Beispiel für die Ausdruckskraft der Werke Giottos.

Die Coretti
Eine perspektivische Darstellung, die die optische Täuschung eines Bogens mit einem dahinterliegenden Raum hervorruft.

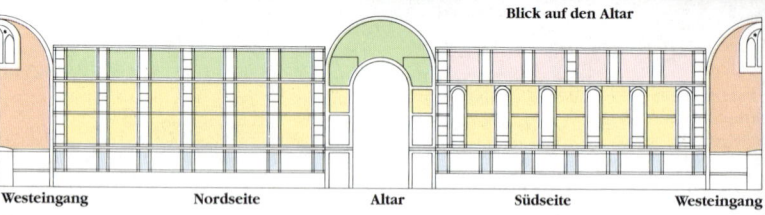

Blick auf den Altar

Westeingang Nordseite Altar Südseite Westeingang

KURZFÜHRER
Die chronologisch angeordneten Szenen werden auf kleinen Tafeln, die am Eingang erhältlich sind, in mehreren Sprachen beschrieben. Wegen des begrenzten Raums in der Kapelle wird nur eine bestimmte Anzahl von Besuchern zugelassen, so daß, vor allem in der Hochsaison, mit Wartezeiten zu rechnen ist. Bei großem Besucherandrang ist auch die Besichtigungsdauer festgelegt. Wer dem entgehen will, kommt am besten ganz früh morgens oder am späten Nachmittag.

LEGENDE
- Die Geschichte Joachims u. Annas
- Die Geschichte Mariens
- Geschichten vom Leben und Tod Christi
- Die Tugenden und die Laster
- Das Jüngste Gericht

PADUA

Das Jüngste Gericht
Dieses Fresko, das wahrscheinlich teilweise von Schülern des Meisters stammt, erinnert in seiner strengen Anordnung mehr als andere Fresken an die byzantinische Tradition. In der unteren linken Hälfte übergibt Scrovegni der Jungfrau Maria ein Modell der Kapelle.

INFOBOX

Piazza Eremitani. ☎ 049-820 45 50. 🚌 *bis Piazzale Boschetti.* ⊙ *tägl. 9–19 Uhr (Okt–März Di–So).* ● *1. Jan, 1. Mai, 15. Aug, 25., 26. Dez.*

Maria im Tempel
Giotto verstand es, seine Fresken so zu malen, daß der Betrachter ein räumliches Bild vor Augen hat.

Ungerechtigkeit
Tugenden und Laster sind einfarbig dargestellt. Die Ungerechtigkeit symbolisieren Krieg, Mord und Diebstahl.

Blick auf den Eingang

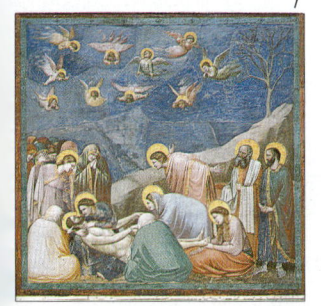

Wehklagen um den toten Jesus
Die Trauernden umarmen sich oder ergehen sich in wilden Gesten.

GIOTTO

Der große Florentiner Maler Giotto (1266–1337) gilt als Vater der westlichen Kunst. Mit seinen Werken, die sich durch räumliche Darstellung, Naturalismus und Beredsamkeit auszeichnen, wendet er sich in aller Deutlichkeit von der byzantinischen Kunst ab. Er ist der erste italienische Meister, dessen Name in die Geschichte eingeht, aber obwohl er schon zu Lebzeiten Ruhm und Ansehen genoß, sind nur wenige Werke, die ihm zugeschrieben werden, eindeutig identifizierbar.

Überblick: Padua

PADUA IST KUNSTHISTORISCH überaus interessant: Ein eindrucksvolles Beispiel dafür ist der Museumskomplex im ehemaligen Kloster aus dem 14. Jahrhundert direkt neben der Eremitani-Kirche des Augustinerordens. Die Eintrittskarte berechtigt auch zum Besuch der angrenzenden Cappella degli Scrovegni *(siehe S. 150f)*. Padua besitzt darüber hinaus eine der berühmtesten Kirchen des Landes – die herrliche Basilica di Sant'Antonio – und eine der ältesten Universitäten auf der Apenninenhalbinsel.

🏛 Chiesa degli Eremitani und Museo Civico Eremitani

Piazza Eremitani. 049-65 48 51. tägl. 1. Jan, 24.–26. Dez.

Die zwischen 1276 und 1306 erbaute Kirche enthält herrliche Grabmäler, darunter das Renaissancegrabmal des Rechtsgelehrten Marco Benavides (1489–1582), ein Werk des Florentiner Baumeisters Ammanati (1511–92). Sehenswert sind auch die Fresken (1454–57) von Mantegna, von denen jedoch seit dem Zweiten Weltkrieg nur noch zwei in der Cappella Ovetari erhalten sind: *Das Martyrium des heiligen Johannes* und *Das Martyrium des heiligen Christophorus*.

Im Museo Civico Eremitani befinden sich eine Münzsammlung, eine Altertümersammlung und eine Gemäldegalerie.

Zu den Schätzen im Museo Bottacin gehören seltene römische Medaillons und ein fast kompletter venezianischer Münzsatz.

Die umfassende archäologische Sammlung enthält interessante römische Gräber, wunderschöne Mosaiken und lebensgroße Statuen. Unter den Bronzearbeiten aus der Renaissance findet sich auch der lustige *Trinkende Satyr* von Il Riccio (1470–1532). In der Quadreria Emo Capodilista sind neben dem herrlichen Kruzifix aus dem 14. Jahrhundert aus der Cappella degli Scrovegni auch Werke von Giotto sowie Gemälde venezianischer und flämischer Meister zu sehen.

Ein Grab (1. Jh. n. Chr.) in der Altertümersammlung

Himmlische Heerscharen (15. Jh.) von Guariento, Museo Civico Eremitani

🔒 Basilica di Sant'Antonio

Piazza del Santo.

Diese herrliche Kirche mit byzantinisch anmutenden Türmen, kurz »Il Santo« genannt, wurde 1232 gebaut, um die Gebeine des heiligen Antonius von Padua aufzunehmen, des Heiligen, der sich als Nachfolger Franz von Assisis sah. Obwohl der Heilige zu Lebzeiten ein äußerst bescheidener Mensch war, wurde ihm eine der prächtigsten Kirchen der Christenheit erbaut.

Deutlich sichtbar ist der Einfluß byzantinischer Stilformen: Über sieben Rundkuppeln erhebt sich ein spitzes Kegeldach; die Fassade vereint gotische und romanische Elemente.

Im Inneren sind vor allem die Arbeiten von Donatello (1444/45) am Hochaltar (Wunderwerke des heiligen Antonius, Kreuzigung Christi, die Jungfrau und andere Heilige) sehenswert. Die Grabkapelle des heiligen Antonius im linken Querschiff ist mit vielen Votivbildern geschmückt; ringsherum auf großen marmornen Reliefs ist das Leben des Heiligen abgebildet. Im südlichen Querschiff befindet sich ein herausragendes Fresko der Kreuzigung von Altichiero da Zevio (um 1380).

🐎 Reiterbild des Gattamelata

Neben dem Eingang der Basilika steht eines der bedeutendsten Werke der Renaissance: ein Bronzedenkmal des Soldaten Gattamelata, der sich als Befehlshaber des Landesheeres der Republik Venedig große Verdienste erworben hat. Der Künstler Donatello erlangte mit dieser Arbeit, die die größte ihrer Art seit dem Altertum war, noch zu Lebzeiten Berühmtheit.

Basilica di Sant'Antonio und Donatellos Reiterbild des Gattamelata

VENETO UND FRIAUL

🏛 Scuola del Santo und Oratorio di San Giorgio
Piazza del Santo. 049-66 39 44.
☐ tägl. 🖼 ♿

In diesen beiden miteinander verbundenen Gebäuden befinden sich herrliche Fresken, darunter auch die frühesten bekannten Werke Tizians. Sehenswert in der Scuola del Santo sind zwei Fresken mit Szenen aus dem Leben des heiligen Antonius, gemalt 1511 von Tizian. Die Arbeiten (1378–84) in San Giorgio stammen von Altichiero da Zevio und Jacopo Avenzo.

🌿 Orto Botanico
Via Orto Botanico 15. 049-65 66 14. ☐ Apr–Okt vorm. 🖼 ♿

Paduas botanischer Garten ist der älteste seiner Art in Europa; er wurde 1545 eröffnet und hat sich sein Aussehen größtenteils bis heute bewahrt. In den Gärten und Glashäusern wurden erstmals Flieder (1568), Sonnenblumen (1568) und Kartoffeln (1590) gezüchtet.

🏛 Palazzo del Bo
Via Marzolo 8. 049-828 31 11.
☐ tägl. vorm. 🖼

Im alten Hauptgebäude der Universität, das seinen Namen von der Taverne *Il Bo* (der Ochse) herleitet, war ursprünglich die berühmte medizinische Fakultät untergebracht. Einer der berühmtesten Schüler und Lehrer war Gabriele Fallopio (1523–62). Im Hallenhof aus dem 16. Jahrhundert beginnt die Führung, im Laufe derer man den Saal besichtigt, in dem Galilei von 1592 bis 1610 Physik lehrte, und das hölzerne »Anatomische Theater«, in dem anatomische Vorlesungen stattfanden.

Das »Anatomische Theater« aus dem 16. Jahrhundert ist der älteste Vorlesungssaal der Universität von Padua

Die Euganeen, ein Hügelland vulkanischen Ursprungs

Euganeen ❽
FS 🚌 bis Terme Euganee, Montegrotto Terme. 🛈 Viale Stazione 60, Montegrotto Terme (049-79 33 84).

DIE KEGELFÖRMIGEN Euganeischen Berge, Überbleibsel längst erloschener Vulkane, erheben sich ganz unvermittelt aus dem sie umgebenden Flachland. Weltberühmt sind die heißen Quellen und Thermalbäder in Abano Terme und Montegrotto Terme, wo der Bedürftige sich rundherum verwöhnen lassen kann. Schon die alten Römer kurten hier; in Montegrotto Terme sind die Ruinen der römischen Bäder und Theater zu besichtigen.

🔒 Abbazia di Praglia
Via Abbazia di Praglia, Bresseo di Teolo.
049-990 00 10. ☐ Di–So.

Die sechs Kilometer westlich von Abano Terme gelegene Benediktinerabtei in Praglia ist eine Oase der Ruhe, in der die Mönche hauptsächlich Kräuter anbauen und alte Manuskripte restaurieren. Sie führen aber auch durch die prächtige, zwischen 1490 und 1548 erbaute Kirche im Renaissancestil. In Chor und Refektorium sind herrliche Schnitzarbeiten zu bewundern, in der Kuppel außerdem Fresken von Zelotti, dem Meister aus Verona.

🏛 Casa di Petrarca
Via Valleselle 4, Arquà Petrarca.
0429-71 82 94. ☐ Di–So. 🖼

Der malerische Ort Arquà Petrarca am Südrand der Euganeen wurde benannt nach seinem berühmtesten Sohn, dem Dichter Francesco Petrarca (1304–74), der hier die letzten Jahre seines Lebens verbrachte, und zwar in dem ebenfalls nach ihm benannten Haus mit dem Blick über Olivenhaine und Weinberge. Die sterblichen Überreste liegen in einem einfachen Grabmal vor der Kirche.

Die Casa di Petrarca (teilweise 14. Jh.) in Arquà Petrarca

🏛 Villa Barbarigo
Valsanzibio. 0444-913 00 42.
☐ März–Nov. 🖼

Nördlich von Arquà liegt bei Valsanzibio die Villa Barbarigo aus dem 18. Jahrhundert mit einem der schönsten Barockgärten im ganzen Veneto. Angelegt hat den Garten mit den Brunnen, einem Irrgarten, Teichen und Zypressenalleen Antonio Barbarigo im Jahre 1669.

Villa Foscari in Malcontenta am Brenta-Kanal (16. Jh.)

Brenta-Kanal ❾

Padova und Venezia. *Venezia Mestre, Dolo, Mira.* nach Mira, Dolo und Strà. *Via Don Minzoni, Mira (041-42 49 73).* **Kanalfahrten auf *Il Burchiello:*** Via Trieste 42, Padua. 049-66 09 44.

UM EINE VERSCHLAMMUNG der Lagune von Venedig zu verhindern, hat man schon vor langer Zeit damit begonnen, die in sie mündenden Flüsse umzuleiten. Die Brenta wurde in zwei Abschnitten kanalisiert: Der ältere Teil zwischen Padua und Fusina (unmittelbar westlich von Venedig) stammt aus dem 16. Jahrhundert und ist 36 Kilometer lang. Da man den Kanal auch bald für die Schifffahrt nutzte, entstanden entlang dem Wasserweg zahlreiche herrliche Villen.

Viele dieser Gebäude sind bis heute erhalten geblieben – die N11 verläuft fast immer direkt am Kanal entlang –, und drei davon sind zu besichtigen: die **Villa Pisani** aus dem 18. Jahrhundert in der Nähe von Strà, deren prächtigen Ballsaal ein großes Deckengemälde aus der Hand von Tiepolo schmückt; die **Villa Widmann-Foscari** im Rokokostil in der Nähe des hübschen Dorfes Mira, die 1719 erbaut und im 19. Jahrhundert umgestaltet wurde; und in Malcontenta die bekannte **Villa Foscari** oder Villa Malcontenta, eines der Meisterstücke von Palladio *(siehe S. 76f)* aus dem Jahre 1560, die zudem noch herrliche Fresken von Zelotti enthält.

Alle drei Villen können im Verlauf eines eintägigen Bootsausflugs von Padua oder Venedig aus besucht werden. Ein solcher Ausflug auf der Motorbarkasse *Il Burchiello* ist allerdings kein billiges Vergnügen.

Villa Pisani
Via Pisani, Strà. 049-50 20 74. tägl.
Villa Widmann-Foscari
Via Nazionale 420, Mira Porte. 0330-26 15 10. Di–So.
Villa Foscari
Via dei Turisti, Malcontenta. 041-547 00 12. Di, Sa vorm. Dez–März.

Treviso ❿

82 000. *FS* Via Toniolo 41 (0422-54 76 32). Di, Sa vorm.

OBWOHL ES IMMER wieder mit Venedig verglichen wird, hat die hübsche Stadt Treviso einen ganz eigenen Charakter.

Ein guter Ausgangspunkt für eine Stadtbesichtigung entlang schmucken Häusern und alten Kanälen ist **Calmaggiore**, die Straße zwischen Dom und dem Palazzo dei Trecento, dem wiederaufgebauten Rathaus aus dem 13. Jahrhundert.

Der **Dom**, dessen Anfänge auf das 12. Jahrhundert zurückgehen, wurde mehrere Male umgebaut. Im Inneren befinden sich Tizians Gemälde *Verkündigung* (1570) sowie die *Anbetung der Könige* (1520) von Tizians Erzrivalen Pordenone. Weitere Arbeiten von Tizian u. a. finden sich im **Museo Civico**.

Der lebhafte Fischmarkt, der ebenfalls auf das Mittelalter zurückgeht, findet auf einer kleinen Insel inmitten des Flusses Sile statt; so werden die Abfälle auf direktem Weg wieder dem Fluß zugeführt.

Die weiträumige Dominikanerkirche **San Nicolò** direkt neben der Stadtmauer enthält interessante Grabmäler und Fresken, darunter im Kapitelsaal die erste Darstellung einer Brille. Das Grabmal (1500) von Antonio Rizzo ziert ein herrliches Fresko von Lorenzo Lotto (um 1500).

Museo Civico
Borgo Cavour 24. 0422-513 37. Di–So.

Häuser der mittelalterlichen Stadt Treviso entlang alten Kanälen

VENETO UND FRIAUL

Fassade und Eingang des Palazzo dei Rettori in Belluno

Conegliano ⓫

Treviso. 35 000. Via Colombo 45 (0438-212 30). Fr.

DAS INMITTEN VON Weinbergen gelegene Conegliano ist berühmt für seine Winzerschule. Entlang der gewundenen Hauptstraße Via XX Settembre befinden sich herrliche Paläste aus dem 15. bis 18. Jahrhundert, viele davon mit verblassenden Fresken bemalt. Im **Dom** sehen Sie eines der Kunstwerke der Stadt, das große Altarbild *Muttergottes mit Christuskind, Heiligen und Engeln* (1493) des einheimischen Künstlers Cima da Conegliano (1460–1518).

Kopien der bekanntesten Werke Cimas sind in der **Casa di Cima**, im Geburtshaus des Künstlers, ausgestellt. Die schön gestalteten Landschaften im Hintergrund seiner Bilder sind Motive aus der Umgebung der Stadt; man sieht sie noch heute, wenn man vom Kastell aus den Blick schweifen läßt.

Fabelwesen vor Coneglianos Theater

☖ Casa di Cima
Via Cima. 0438-226 60. Sa, So.

Belluno ⓬

36 000. FS Via Rodolfo Pesaro 21 (0437-94 00 83). Sa.

DAS MALERISCHE BELLUNO, Hauptstadt der Provinz Belluno, hat sich schon immer als Brücke zwischen den beiden unterschiedlichen Teilen des Veneto verstanden, den weiten Ebenen im Süden und den hochaufragenden Dolomiten im Norden. Von der **Porta Ruga**, am Südende der Hauptstraße der Altstadt, der Via Mezzaterra, sieht man beide Landschaften. Atemberaubend ist jedoch der Blick vom Glockenturm des **Doms** (16. Jh.). Im Baptisterium befindet sich ein Taufstein, den eine Darstellung Johannes des Täufers von Andrea Brustolon (1662–1732) ziert. Weitere Arbeiten des Künstlers befinden sich in den Kirchen San Pietro (Via San Pietro) und Santo Stefano (Piazza Santo Stefano). Auf der Nordseite des Doms stehen das eleganteste Gebäude der Stadt, der **Palazzo dei Rettori** (1491) – ehemals Sitz der Stadthalter Venedigs – und die **Torre Civica** (12. Jh.) als letzter Rest des mittelalterlichen Kastells.

Im **Museo Civico** hängen Bilder von Bartolomeo Montagna (1450–1523) und Sebastiano Ricci (1659–1734); zu sehen ist auch eine bemerkenswerte archäologische Sammlung. Wendet man sich vom Museum nach Norden, gelangt man bald zum schönsten Platz Bellunos, der **Piazza del Mercato**, mit dem uralten Brunnen in der Mitte und gesäumt von herrlichen Renaissancepalästen.

Südlich der Stadt liegt das Skigebiet der Alpe del Nevegal; im Sommer fährt man mit dem Sessellift von Faverghera bis hinauf auf 1600 Meter Höhe, um die atemberaubende Aussicht zu genießen.

🏛 Museo Civico
Via Duomo 16. 0437-94 48 36. Di–Sa. Okt–Mitte Apr Sa nachm., Feiertage.

Cortina d'Ampezzo ⓭

Belluno. 7000. Piazzetta San Francesco 8 (0436-32 31). Di, Fr.

IM BERÜHMTESTEN SKIORT Italiens treffen sich vorwiegend die Schönen und Reichen aus Turin und Mailand. Umgeben von den gewaltigen Höhen der zerklüfteten Dolomiten *(siehe S. 78 f)*, liegt der Ort in einzigartiger Lage im weiten Ampezzo-Tal.

Cortina verfügt infolge der Winterolympiade, die hier 1956 stattfand, über ein großes Sportangebot. Neben Abfahrtspisten und Loipen für Langlauf stehen den Gästen Sprungschanze, Rennschlitten, Eisstadion, mehrere Hallenbäder, Tennisplätze und Reitställe zur Verfügung.

Im Sommer ist Cortinas Umgebung ein ideales Wanderparadies. Auskunft über Wanderpfade und geführte Wanderungen erhält man im Fremdenverkehrsamt oder im Club Alpino Italiano nebenan *(siehe S. 625)*.

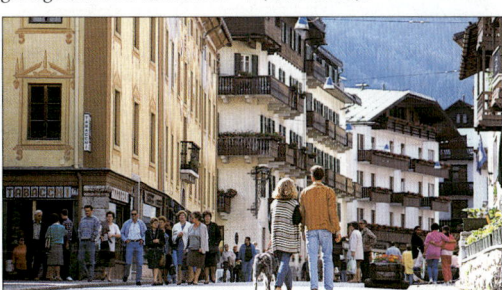

Der Corso Italia in Cortina d'Ampezzo, Italiens berühmtestem Skiort

Kupfertöpfe aus Karnien im Museo Carnico in Tolmezzo

Tolmezzo

Udine. 10 000. *Via Umberto I 15, Arta Terme (0433-92 92 90).* Mo.

TOLMEZZO IST DER HAUPTORT der Region Karnien, benannt nach einem hier im 4. Jahrhundert ansässigen keltischen Stamm. Der Ort ist umgeben von den Karnischen Alpen, darunter auch der pyramidenförmige Monte Amariana (1906 m). Mit einer Besichtigung beginnt man am besten im **Museo delle Arti Popolari** mit volkstümlichen und kunstgewerblichen Ausstellungsstücken.

Im Südwesten windet sich eine malerische Straße in das 14 Kilometer entfernt gelegene Skigebiet der **Sella Chianzutan**, das sich im Sommer für ausgedehnte Wanderungen anbietet. Westlich von Tolmezzo gibt es weitere Skiorte, darunter auch **Ampezzo**, von wo eine schmale Straße entlang dem Fluß Lumiei nach Norden führt. Die Strecke bis zur Ponte-di-Buso-Brücke und dem **Lago di Sauris** ist eine ausgezeichnete Annäherung an die herrlichen Karnischen Alpen. Im Winter ist die höher gelegene Straße oftmals unpassierbar, im Sommer fährt und wandert man durch blühende Wiesen bis hinauf zur Sella di Razzo und wieder zurück entlang dem **Pesarina-Tal** via Comeglians und Ravascletto. Wieder im Süden, gelangt man nach **Zuglio**, das zur Römerzeit Forum Iulii Carnicum hieß und die Straße über den Paß bewachte.

🏛 Museo delle Arti Popolari
Piazza Garibaldi 2. *0433-432 33.* Di–So. 1. Jan, 1. Mai, 25. Dez.

Pordenone

Udine. 49 000. *Corso Vittorio Emanuele II 30 (0434-52 12 18).* Mi, Sa.

DER ALTE ORT BESTEHT aus einer einzigen Straße, dem **Corso Vittorio Emanuele**, die von hübschen Häusern aus rosarotem Stein und teilweise verblaßten Fresken gesäumt wird. Der gotische **Palazzo Comunale** mit seinen minarettartigen Seitentürmen (13. Jh.) und dem Glockenturm (16. Jh.) bildet einen ungewöhnlichen Abschluß der Straße. Gegenüber befindet sich das **Museo Civico** im Palazzo Richieri (17. Jh.), in dem Arbeiten des einheimischen Künstlers Il Pordenone (1484–1539) zu sehen sind.

Unweit davon stößt man auf den Dom mit dem herrlichen Altarbild *Madonna della Misericordia* (1515) von Il Pordenone. Der Glockenturm direkt neben dem Dom gehört zu den eindrucksvollsten Italiens.

🏛 Museo Civico
Corso Vittorio Emanuele 51. *0434-39 23 11.* Di–So. Feiertage.

Udine

99 000. *Piazza I Maggio 7 (0432-50 47 43).* Sa.

UDINE IST EINE STADT voller Überraschungen. Im Zentrum befindet sich die **Piazza della Libertà**, an die der gotische Palazzo del Comune (1448–56) aus rosafarbenem Stein neben dem Art-déco-Caffè Contarena (1915) angrenzt. Direkt gegenüber wird die Symmetrie der Porticato (oder Loggia) di San Giovanni durch den Uhrturm (Torre dell'Orologio, 1527) unterbrochen; zwei Mohren zeigen durch Gongschlag die Stunde an. Sehenswert sind auch der Brunnen (1542), die beiden Statuen (18. Jh.) und die Säule mit dem Markuslöwen.

Von der Anhöhe hinter dem Platz bietet sich ein wunderbarer Blick auf die Stadt. Über eine Treppe hinter dem **Arco Bollani**, einem Tor von Palladio aus dem Jahre 1556, gelangt man hinauf zum Kastell (16. Jh.), in dem heute die **Musei Civici e Galleria di Storia e Arte Antica** mit archäologischer Sammlung und Gemälden zu bewundern sind.

Südlich der Piazza Matteotti, dem Marktplatz, befinden sich am Ende der Via Savorgnana die Kapelle **Oratorio della Purità** und der **Dom** mit achteckigem Glockenturm. Kapelle und Dom enthalten Fresken von Giambattista Tiepolo (1696–1770), dessen andere Arbeiten im **Palazzo Arcivescovile** zu bewundern sind.

Der künstliche See Lago di Sauris in den Karnischen Alpen über Tolmezzo

Die Arkaden des Porticato di San Giovanni in Udine

UMGEBUNG: 24 Kilometer westlich steht in Codroipo die prächtige **Villa Manin**. Da eine öffentliche Straße über das Anwesen führt, kann man das ansonsten nicht zugängliche herrliche Feriendomizil und den Garten des letzten Dogen von Venedig, Ludovico Manin (1725–1802), wenigstens von außen bewundern.

Musei Civici e Galleria di Storia e Arte Antica
Castello di Udine. 0432-50 28 72. Di–Sa (So vorm.). 1. Jan, 1. Mai, 25. Dez.
Palazzo Arcivescovile
Piazza Patriarcato. 0432-250 03. Mi–So.
Villa Manin
Passariano. 0432-90 66 57. Gärten Mi–Fr vorm., Sa, So. 25., 26. Dez.

Cividale del Friuli ⑰

Udine. 11 000. Corso Paolino Aquileia 10 (0432-73 13 98). Sa.

Durch ein Tor in der mittelalterlichen Stadtmauer gelangt man auf die Hauptstraße von Cividale, die zum Fluß Natisone führt. Er teilt das Städtchen in zwei Hälften und wird von der mittelalterlichen **Ponte del Diavolo** überspannt.

Oberhalb des Nordufers steht der aus dem 8. Jahrhundert stammende **Tempietto Longobardo**, wegen seiner originalen Ausstattung und Architektur einer der bedeutendsten Bauten im Friaul. Im ausgezeichneten **Museo Archeologico Nazionale** sieht man römische Funde und eine lombardische Sammlung einschließlich Schmuck, Elfenbein und Waffen.

Direkt daneben befindet sich der **Dom**, 1453 durch Feuer zerstört und wiederaufgebaut, mit seinem wunderschönen silbernen Altar (13. Jh.). Das **Museo Cristiano** bietet Skulpturen aus der ursprünglichen Kirche: bemerkenswert vor allem der Kastenaltar mit den herrlichen Schnitzereien, gestiftet vom lombardischen Herzog Ratchis und späteren König von Italien (737–44). Interessant ist auch das ungewöhnliche achteckige Taufbecken des Kirchenfürsten Callisto (737–56) mit spätantiken Säulen, Kapitellen und Reliefs.

Tempietto Longobardo
Piazzetta San Biagio.

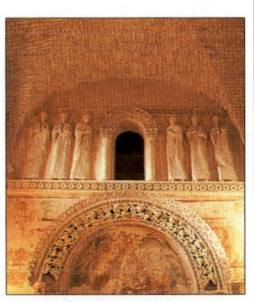

Das Innere des Tempietto Longobardo in Cividale del Friuli

Museo Archeologico Nazionale
Palazzo dei Provveditori Veti, Piazza del Duomo 13. 0432-73 11 19. tägl. vorm. 1. Jan, Ostern, 1. Mai, 25. Dez.
Museo Cristiano
Piazza del Duomo. tägl.

Gorizia ⑱

40 000. Via Diaz 16 (0481-53 38 70). Do.

Die auf deutsch Görz genannte Provinzhauptstadt war in beiden Weltkriegen Schauplatz heftiger Kämpfe; im Friedensvertrag von Paris (1947) wurde sie geteilt, eine Hälfte erhielt Italien, die andere das damalige Jugoslawien.

Die im Zweiten Weltkrieg schwer beschädigte Stadt wurden sorgfältig wiederaufgebaut. Ein Besuch im Museo Provinciale della Grande Guerra im Keller des **Museo Provinciale** bietet einen faszinierenden Einblick in die Realität des Krieges. Anhand von Videos, Bildern, Schützengräben und Kanonen in Originalgröße wird die Sinnlosigkeit und Grausamkeit des Krieges dargestellt. In den oberen Räumen werden Wanderausstellungen gezeigt sowie Stücke aus der städtischen Kunstsammlung, darunter Arbeiten einheimischer Künstler.

Der Markuslöwe über dem Eingang zu Gorizias Kastell

Auf einem nahe gelegenen Hügel steht das Kastell mit seiner Burgmauer aus dem 16. Jahrhundert. Von hier oben bietet sich ein herrlicher Blick auf die Stadt und die dahinterliegenden Berge.

UMGEBUNG: Südwestlich von Gorizia führen malerische Landstraßen durch die Ausläufer des Karstes, eines Kalksteinplateaus, das sich bis nach Triest erstreckt. Überall auf dem Plateau finden sich von Trockenmauern umgebene Felder, Höhlen und unterirdische Bäche.

Museo Provinciale
Borgo Castello 3. 04831-53 39 26. Di–So.

Der hübsche Hafen von Grado, südlich von Aquileia

Aquileia

Udine. 3500. **i** Piazza Capitolo 4 (0431-91 94 91). Di.

AQUILEIA, HEUTE ein Dorf, umgeben von verfallenen palastartigen Villen, Bädern und Tempeln, ist ein eindrucksvolles Beispiel für die Vergänglichkeit des Römischen Reiches.

Hier in Aquileia empfing Kaiser Augustus im Jahre 10 v. Chr. König Herodes, und hier fand im Jahre 381 n. Chr. das erste große christliche Konzil statt, im Verlauf dessen erste kirchliche Richtlinien festgelegt wurden. Im 5. Jahrhundert war die Stadt nach mehreren Plünderungen verlassen. Glücklicherweise sind große Teile der frühen Basilika mit dem größten Schatz der Stadt, dem herrlichen Mosaikfußboden, bis heute erhalten geblieben.

⛪ Basilika
Piazza del Capitolio. **C** 0431-845 58. tägl. 1. Jan, 1. Mai, 25. Dez.

Der erste Bau geht auf das Jahr 313 n. Chr. zurück; bis heute zu sehen sind ein Großteil der Außenmauern sowie die herrlichen Mosaikfußböden im Kirchenschiff und in der darunterliegenden **Cripta degli Scavi** mit herrlichen geometrischen Mustern sowie Darstellungen biblischer Geschichten und Szenen aus dem Leben der Stadt im 4. Jahrhundert. Fresken zeigen die Geschichte Jonas': Jonas, der vom Wal verschluckt wird, während die Fischerboote von Delphinen und Tintenfischen beäugt werden.

🏛 Museo Archeologico Nazionale
Via Roma 1. **C** 0431-910 16. tägl. 1. Jan, 1. Mai, 25. Dez.

Die Mosaikarbeiten in der Basilika stehen ganz in der Tradition der Handwerkskunst, die im 2. Jahrhundert n. Chr. hier zur Blüte kam. Ausgestellt sind weiterhin Funde aus dem 1. bis 3. Jahrhundert, Glas- und Bernsteinarbeiten sowie Kameen, ehemals Schmuckstücke reicher Römerinnen.

🏛 Museo Paleocristiano
Località Monastero. **C** 0431-911 31. tägl. vorm. 1. Jan, 1. Mai, 25. Dez.

Dieses Museum, unweit des antiken Hafens von Aquileia neben dem ursprünglich schiffbaren Fluß Natissa, gibt Auskunft über die Entwicklung der Kunst zwischen dem 4. und 6. Jahrhundert.

UMGEBUNG: Grado, im 2. Jahrhundert n. Chr. Hafen von Aquileia, liegt wie Venedig auf einer Vielzahl von niedrigen Inseln in der großen Lagune, die durch lange Dämme mit dem Festland verbunden sind. Hier suchten die Bewohner der Stadt Zuflucht vor den Überfällen der Langobarden. Heute ist Grado einer der beliebtesten Urlaubsorte an der Adriaküste; man findet gute Fischrestaurants, einen langen Sandstrand und einen Jachthafen.

Im Zentrum der Altstadt steht der **Dom**, dessen Inneres im 6. Jahrhundert mit Fresken ausgemalt wurde, ähnlich den Fresken, die das Gewölbe von San Marco in Venedig bedecken *(siehe S. 106 ff)*. In der nahe gelegenen kleinen Kirche **Santa Maria delle Grazie** befinden sich weitere Mosaikarbeiten aus dem 6. Jahrhundert.

FRÜHCHRISTLICHE SYMBOLE

Die Christen wurden verfolgt, bis ihnen Konstantin der Große im Jahre 313 im Toleranzedikt von Mailand Religionsfreiheit zusicherte. Davor verständigten sie sich untereinander mittels verschiedener Symbole, die teilweise heute noch in den Mosaiken von Aquileia zu sehen sind. Viele dieser und weitere Symbole fanden später ihren Weg in die Volkskunst und das Kunsthandwerk.

Teil des Bodenmosaiks (4. Jh.) in der Basilika von Aquileia

Die geflügelte Siegesgestalt mit Lorbeerzweig war ein klassisches Symbol für Sieg und Heiligkeit. Später wurde sie zum Symbol für die Auferstehung Christi sowie den Sieg über den Tod schlechthin.

Triest ⓴

🏠 235 000. ✈ 🚉 🚌 ℹ *Via San Niccolò* (040-36 98 81). 🛒 *Di–So.*

TRIEST IST eine lebhafte, charmante Hafenstadt im äußersten Nordostwinkel des Adriatischen Meeres. Der schmucke Hafen ist umgeben von alten stattlichen Häusern.

🏛 Acquario Marino
Via Campo Marzio 5. ☎ *040-30 62 01.* 🕐 *Di–So (Okt–Apr nur nachm.).* ● *Feiertage.* 📷 ♿

Das Aquarium der Stadt am Hafen in der Nähe des Fischmarktes ist eine der großen Attraktionen, denn hier findet man die ganze Tier- und Pflanzenvielfalt der Adria.

♜ Castello di San Giusto
Piazza Cattedrale 3. ☎ *040-31 36 36.* 🕐 *Di–So.* ● *1. Jan, 25. Dez.* 📷

Über dem Hafen erhebt sich das alte, von den venezianischen Statthaltern im 14. Jahrhundert erbaute Kastell, das einen atemberaubenden Blick über den Golf von Triest bietet. Heute beherbergt das Kastell ein Museum mit Gemälden und Drucken von Triest aus dem 19. Jahrhundert sowie eine Waffen- und Rüstungssammlung.

🏛 Basilica Paleocristiana
Via Madonna del Mare 11. ☎ *040-436 31.* 🕐 *Mi vorm.*

Neben dem Kastell befinden sich die Überreste der römischen Basilika aus dem 1. Jahrhundert n. Chr., die auch römische Gerichtsstätte war. Sehenswert sind Bank und Thron des Statthalters.

🏛 Dom
Piazza Cattedrale. 🕐 *tägl.* ♿

In der Kirche **San Giusto** wurden nach dem Vorbild der römischen Basilika Richterbank und Thron des Bischofs und der Geistlichkeit gebaut. Es gibt jedoch jeweils zwei, denn die heutige Kirche entstand durch Vereinigung zweier nebeneinanderstehender Kirchen (14. Jh.), deren mit herrlichen Mosaikarbeiten verzierte Seitenschiffe zu einem Mittelschiff wurden.

🏛 Museo di Storia dell'Arte
Palazzo Economo, Piazza della Libertà 7. ☎ *040-436 31.* 🕐 *Mo–Sa.* ● *Feiertage.* 📷

Die wichtige archäologische Sammlung vermittelt Einblicke in den ausgedehnten Handel Triests mit den Griechen in der Antike.

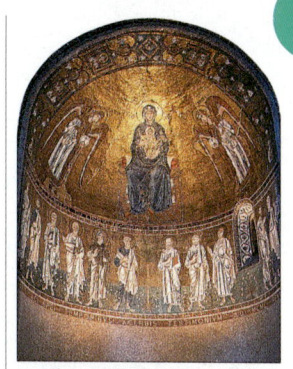

Das Castello del Miramare an der Bucht von Triest

Mosaiken aus dem 13. Jahrhundert im Dom San Giusto

UMGEBUNG: Von der am Nordrand der Stadt gelegenen **Villa Opicina** bietet sich ein herrlicher Blick auf die Stadt, die Bucht und die Küste. Etwas dahinter liegt die **Grotta del Gigante**, eine riesige Höhle mit atemberaubenden Tropfsteingebilden in Form von »Orgelpfeifen«.

Acht Kilometer nordwestlich der Stadt steht bei Grignano das **Castello del Miramare**, ein weißes Schloß mit Originaleinrichtung aus damaliger Zeit, inmitten üppiger grüner Gärten vor dem glitzernden Hintergrund der Adria. Erbaut wurde es 1856–60 für den Habsburger Erzbischof Maximilian, einige Jahre bevor er als Kaiser von Mexiko ermordet wurde.

🏞 Grotta del Gigante
Via Machiavelli 17, Borgo Grotta Gigante. ☎ *040-32 73 12.* 🕐 *Di–So.* 📷

♜ Castello del Miramare
Miramare, Grignano. ☎ *040-22 41 43.* 🕐 *tägl.* ♿

Die Schildkröte, *die sich unter ihrem Panzer versteckt, symbolisiert Dunkelheit, Unwissenheit, der Gockel, der bei Tagesanbruch kräht, dagegen Licht und Erleuchtung.*

ICHTHUS, Fisch, *war das Kurzwort für* Iesous CHristos THeou Uios Soter *– Jesus Christus, Sohn Gottes, Erlöser.*

Farbenprächtige Vögel, *wie beispielsweise der Pfau, symbolisierten Unsterblichkeit und die Erlösung der Seele im Himmel.*

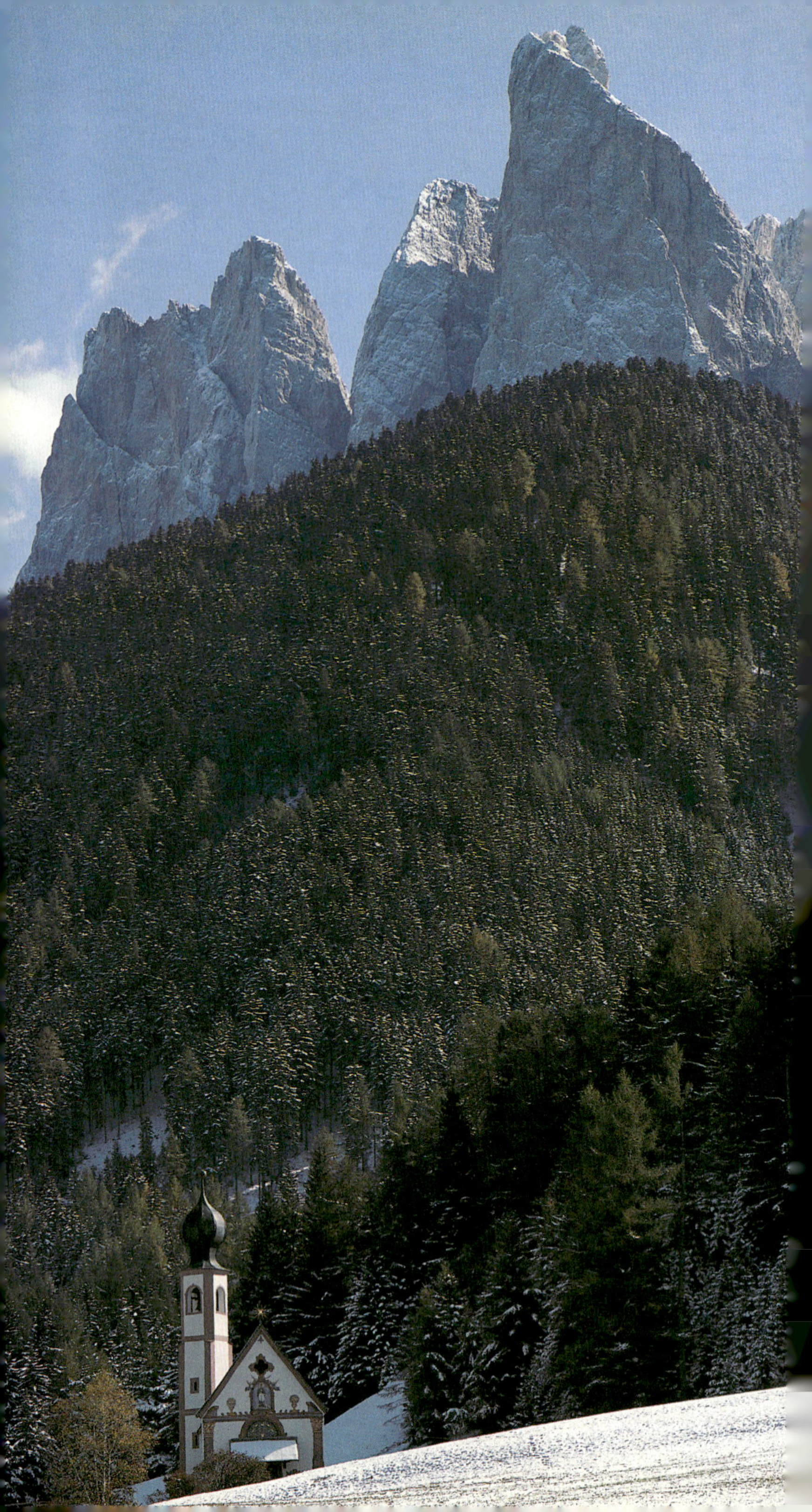

TRENTINO-SÜDTIROL

EINE GEMEINSAME *Geschichte und Kultur haben das italienischsprachige Trentino – so benannt nach der Hauptstadt der Region, Trient – und das deutschsprachige Südtirol (Alto Adige/Oberes Etschtal) nicht; was sie verbindet, ist das majestätische Alpenmassiv der Dolomiten, das die eine Hälfte des Jahres verschneit und die andere Hälfte von herrlichen, in allen Farben blühenden Alpenpflanzen bedeckt ist.*

Gletscher haben vor langer Zeit tiefe, zum Teil breite, zum Teil schmale Täler in die Felsen gegraben. Weil sich viele davon nach Süden öffnen, ist es hier auch im Winter verhältnismäßig warm und sonnig. Schon vor Hunderten, ja Tausenden von Jahren waren die Täler bewohnt, was der 1991 entdeckte, 5000 Jahre alte »Ötzi« beweist. Die durch den Schnee mumifizierte Leiche trug mit Heu ausgestopfte Lederstiefel und war mit einem kupfernen Eispickel bewaffnet.

Die Pfade der ersten Bewohner wurden später von den Römern ausgebaut, die entlang diesen Straßen viele Städte gründeten. Im Mittelalter entwickelte sich in Südtirol unter der Herrschaft der Grafen von Tirol eine blühende Kultur, 1363 vermachte Margarete Maultasch das Land den Habsburgern. Viele der zahlreichen Schlösser, die Tiroler Adelige zum Schutz vor Überfällen entlang den Tälern errichteten, sind bis heute erhalten geblieben und zu besichtigen. Überlebt hat auch die sprichwörtliche Gastfreundschaft der Bewohner Südtirols, die zum großen Teil vom Tourismus leben. Typisch für ihre Häuser sind die hölzernen Balkone, auf denen man auch im Winter die Sonne genießen kann, und die überhängenden Dächer, die vor dem Schnee schützen. Gemütlich, mit offenen Kaminen und Südtiroler Spezialitäten, sind sie die ideale Ausgangsbasis für Wanderer im Sommer und Skifahrer im Winter.

Skifahrer auf den Hängen des Monte Spinale in der Nähe von Madonna di Campiglio

◁ Blick auf die Dolomiten zwischen Brixen und St. Ulrich

Überblick: Trentino-Südtirol

IN TRENTINO-SÜDTIROL kommt sowohl der Natur- als auch der Sportfreund voll auf seine Kosten. In den kleineren Nebentälern, die dem Etschtal zuströmen, findet man Seen, Bäche und Flüsse, Wälder, Weinberge und Almen voller Schmetterlinge, Vögel und Blumen. Im Süden erheben sich die einzigartigen Kalksteingipfel der Dolomiten, die sich gen Norden mit den gewaltigen Alpen vereinen.

Via Ponte Aquila in Brixen

AUF EINEN BLICK
- Bozen ❻
- Brixen ❺
- Bruneck ❹
- Canazei ❽
- Castello di Avio ❻
- Cavalese ❾
- Cembra ⓫
- Madonna di Campiglio ⓬
- Mals im Vinschgau ❶
- Meran ❷
- Rovereto ⓮
- San Martino di Castrozza ❿
- Sankt Ulrich ❼
- Sterzing ❸
- Trient ⓭

LEGENDE
- Autobahn
- Hauptstraße
- Nebenstraße
- Panoramastraße
- Fluß
- Aussichtspunkt

0 Kilometer 25

TRENTINO-SÜDTIROL

Schloß Tirol oberhalb von Meran

Blick von Madonna di Campiglio auf die Dolomiten

UNTERWEGS

Die Hauptverkehrsader der Region ist die Straße über den Brennerpaß: Sie führt von Österreich nach Italien, von Bozen und Trient an der Etsch entlang und bis nach Verona. Sowohl Autobahn als auch Landstraße gehören zu den am stärksten befahrenen Straßen Europas, und sogar die Straßen in die Seitentäler sind im Winter verstopft. In die Städte kommt man zwar mit öffentlichen Verkehrsmitteln, in die kleineren Ortschaften aber nur mit dem Auto.

SIEHE AUCH

- *Übernachten* S. 547 ff
- *Restaurants* S. 582 ff

Marienberg (12. Jh.) in der Nähe von Mals

Mals im Vinschgau ❶
MALLES VENOSTA

Bolzano. 4600.
Piazza Peter Glückh 3 (0473-83 11 90). Mi.

Hoch droben im Grenzland zwischen Italien, Österreich und der Schweiz liegt Mals, im Mittelalter wichtiger Grenzkontrollpunkt. Übriggeblieben sind mehrere gotische Kirchen, deren Türme dem Ort ein ansprechendes, den zackigen Bergen ähnliches Aussehen verleihen. Die älteste ist die Kirche **San Benedetto**, erbaut im 9. Jahrhundert von den Karolingern, mit Fresken, die ihre Heiligen darstellen.

UMGEBUNG: Die mittelalterliche **Burg Churburg (Castel Coira)** ragt vier Kilometer südöstlich von Mals bei Schluderns in den Himmel. Von hier aus wurde einst das Tal entlang der Etsch bewacht, heute dient die Burg als Ausstellungsort für eine Waffen- und Rüstungssammlung.

Fünf Kilometer nördlich von Mals liegt über der Ortschaft Burgeis die im 12. Jahrhundert gegründete und später erweiterte Benediktinerabtei **Marienberg (Abbazia di Monte Maria)**. In der Krypta der Kirche befinden sich herausragende Fresken aus dem 12. Jahrhundert.

Burg Churburg
Churburg, Schluderns. 0473-61 52 41. Mitte März–Nov Di–So.

Marienberg
Straße nach Mals. 0473-83 13 06. Mo–Fr (Apr–Sep auch Sa vorm.). Feiertage. Spende.

Meran ❷
MERANO

Bolzano. 40 000.
Corso della Libertà 35 (0473-23 52 23). Di, Fr.

Der Kurort Meran gilt als die Perle Südtirols, gleichermaßen beliebt bei Österreichern, Deutschen und Italienern, die alle zum Baden und Kuren herkommen und nebenbei die Köstlichkeiten der einheimischen Küche genießen. Auf dem Corso Libertà, der Meraner Freiheitsstraße mit den eleganten Geschäften und Hotels, findet man auch das 1914 erbaute **Kurhaus**, in dem heute häufig Konzerte stattfinden. Die **Landesfürstliche Burg (Castello Principesco)**, Stammsitz des Habsburger Erzherzogs Sigismund, ist noch originalgetreu eingerichtet. Gärten säumen die Promenade, die sich durch die Stadt windet. Die Winterpromenade führt entlang dem Nordufer zur Römischen Brücke, die Sommerpromenade entlang dem Südufer zur Passerbrücke.

UMGEBUNG: Das romantische **Schloß Tirol**, Stammsitz der Grafen von Tirol, denen die Region ihren Namen verdankt, liegt vier Kilometer außerhalb der Stadt. Heute beherbergt das Schloß ein Heimatmuseum.

Landesfürstliche Burg
Via Galilei. 0473-23 78 34. Apr–Okt Mo–Fr, Sa vorm. Feiertage.

Schloß Tirol
Via Castello 24, Tirolo. 0473-22 02 21. Mitte Mai–Okt tägl.

Die Jugendstilfassade des Kurhauses in Meran

Sterzing ❸
VIPITENO

Bolzano. 5500.
Piazza Città 3 (0472-76 53 25). unterschiedlich.

Sterzing ist ein typisches Tiroler Städtchen, umgeben von mineralhaltigen Tälern. Auf dem Straßenzug der Neustadt erhebt sich auch das **Rathaus (Palazzo Comunale)** mit seinen Skulpturen und Gemälden. Den Abschluß der Straße bildet das Symbol der Stadt, der Zwölferturm.

Schmiedeeiserne Hausschild in Ster

Im **Multscher-Museum** sind Holzarbeiten von Hans Multscher, dem bayerischen Meister, der den Altar der **Pfarrkirche** schnitzte, zu besichtigen. Im Westen schließt sich das **Ratschingstal (Val di Racines)** mit Wasserfällen und einer natürlichen Steinbrücke an.

Rathaus
Via Città Nuova. 0472-76 51 08. Mo–Fr. Feiertage. Spende.

Multscher-Museum
Via della Commenda. Mai–Okt Mo–Sa. Feiertage. Spende.

Über Bruneck erhebt sich die mittelalterliche Burg

Bruneck ❹
BRUNICO

Bolzano. 12 000. FS 🚌 ℹ *Via Europa (0474-55 57 22).* 🛒 *Mi.*

IM HÜBSCHEN Städtchen Bruneck, Hauptort des Pustertals, das im Schatten seiner mittelalterlichen **Burg** steht, findet man Stadtbefestigungen aus dem 14. Jahrhundert und ein Gewirr aus kleinen Sträßchen und Gäßchen, das sich nur zu Fuß erkunden läßt. Am Ursulinentor steht die Kirche **St. Ursula** mit einer Reihe von herausragenden Altarbildern (15. Jh.). Im **Volkskundemuseum (Museo Etnografico di Teodone)** erfährt man Wissenswertes über die Landwirtschaft sowie einheimische Sitten und Gebräuche. Zu sehen ist u. a. die Nachbildung eines Bauernhauses aus dem 16. Jahrhundert samt Stallungen.

Sonnenuhr, Tor von St. Ursula in Bruneck

🏛 **Volkskundemuseum**
Via Duca Teodone 24. ✆ *0474-55 20 87.* ⬜ *Mitte Apr–Okt Di–Sa.* ⬛ *Feiertage.* 🎟 ♿ *nur Erdgeschoß.*

Brixen ❺
BRESSANONE

Bolzano. 17 000. FS 🚌 ℹ *Viale Stazione 9 (0472-83 64 01).* 🛒 *Mo.*

DIE SCHMALEN mittelalterlichen Gassen von Brixen drängen sich um den Dom und die Bischöfliche Burg, Sitz der ehemaligen Herren der Stadt. Der im 12. Jahrhundert erbaute und im 18. Jahrhundert erneuerte **Dom** verfügt über einen sehr schönen Kreuzgang. Die Bischöfliche Burg, ein bedeutender Renaissancebau, beherbergt heute das **Diözesanmuseum (Museo Diocesano)** mit dem wertvollen Domschatz sowie das **Krippenmuseum (Museo del Presepi)** mit herrlichen Krippenfiguren.

UMGEBUNG: Acht Kilometer südwestlich von Brixen steht in Feldthurns (Velturno) das für seine wunderschönen Fresken berühmte **Renaissanceschloß**, einst Sommerresidenz der Herren von Brixen. Drei Kilometer nördlich von Brixen liegt das **Kloster Neustift (Abbazia di Novacella)** mit einer Reihe prachtvoller Bauwerke und einem herrlichen Fresken-Kreuzgang. Etwas weiter nördlich gelangt man am **Mühlbach (Rio di Pusteria)** an die befestigte Stadtgrenze von Brixen, die in früheren Zeiten den Kontrollpunkt zwischen Tirol und Görz darstellte.

Hoch über dem Pustertal gelegen, thront das wuchtige **Schloß Rodeneck (Castello Rodengo)**. Im Schloß selbst erhalten geblieben sind herrliche Fresken aus dem 13. Jahrhundert mit vielen Schlachtszenen, Bildern vom Jüngsten Gericht und Illustrationen des *Iwein*-Epos nach dem mittelalterlichen Poeten Hartmann von Aue.

🏛 **Diözesanmuseum**
Palazzo Vescovile, Piazza Hofburg. ✆ *0472-83 05 05.* ⬜ *Mitte März–Okt Mo–Sa.* 🎟

🏛 **Krippenmuseum**
Palazzo Vescovile, Piazza Hofburg. ✆ *0472-83 05 05.* ⬜ *Mitte Dez–Mitte Feb, Mitte März–Okt tägl.* ⬛ *24., 25. Dez.* 🎟

🏰 **Schloß Velthurn**
Velturno. ✆ *0472-85 55 25.* ⬜ *März–Nov Di–So.* 🎟 ♿ *nur Erdgeschoß.*

🏛 **Kloster Neustift**
Varna. ✆ *0472-83 61 89.* ⬜ *Mo–Sa.* ⬛ *Feiertage.* 🎟 ♿

🏰 **Schloß Rodeneck**
Rodengo. ✆ *0472-45 40 56.* ⬜ *Mai–Mitte Okt Di–So.* 🎟 ♿

Der Kreuzgang des Doms von Brixen mit Fresken aus dem 15. Jahrhundert

Barocke Pfarrkirche von St. Ulrich

Bozen
BOLZANO

98 000. Piazza Walther 8 (0471-97 06 60). Sa.

Bozen ist die Hauptstadt der gleichnamigen Provinz und steht an der Schwelle zwischen dem italienischsprachigen und dem deutschsprachigen Teil der Region Trentino-Südtirol. Das Zentrum der Stadt ist der **Waltherplatz (Piazza Walther)**, an den der gotische **Dom** (15. Jh.) mit seinen vielfarbigen Dachziegeln und dem hohen filigranen Turm angrenzt. Welch wichtige Rolle der Weinbau im Leben der Stadt Bozen spielt, verdeutlicht die wunderbar geschnitzte »Weintür« im Inneren des gotischen Doms.

Filigraner Turm des Doms in Bozen

Auf dem Waltherplatz steht das Denkmal des Minnesängers Walther von der Vogelweide, der der Legende nach aus der Gegend um Bozen stammen soll. Auf der Nordseite des Platzes tritt man in die Laubengasse mit ihren schönen Erkerhäusern und den freskenverzierten, pastellfarbenen Fassaden ein, die am anderen Ende auf den Obst- und Gemüsemarkt auf der Piazza Grano mündet. Geht man vom Ende des Marktes in der Via dei Portici geradeaus weiter, gelangt man zum **Städtischen Museum (Museo Civico)**, das archäologische Funde, Bauernstuben, Volkskunst und zahlreiche Trachten zeigt. In der **Dominikanerkirche (Chiesa dei Domenicani)** am Dominikanerplatz und im angrenzenden Kreuzgang sind Fresken aus dem 14. Jahrhundert *(Triumph des Todes)* zu sehen.

Städtisches Museum
Via Cassa di Risparmio 14. 0471-97 46 25. Di–Sa. Feiertage.

Sankt Ulrich
ORTISEI

Bolzano. 4200. Via Rezia 1 (0471-79 63 28). Fr.

St. Ulrich ist der Hauptort des Grödnertals und das Zentrum der Holzschnitzerei. Überall im Ort werden die einheimischen Schnitzereien angeboten; wer sie nur anschauen möchte, kann dies ausführlich im Grödner **Heimatmuseum (Museo della Val Gardena)** und in der Pfarrkirche **St. Ulrich** tun.

Südlich von St. Ulrich befindet sich die **Seiser Alm (Alpe di Siusi)**, die größte Alpe Europas mit vielen herrlichen Wanderwegen und einer phantastischen Bergblumenpracht. Am besten nimmt man von St. Ulrich aus die Seilbahn, um oben in einer Höhe von 2000 Meter zu wandern.

Heimatmuseum
Via Rezia 83. 0471-79 75 54. wg. Renovierung.

Canazei

Trento. 1700. Via Roma 34 (0462-60 11 13). Sa.

Der am Fuße der Dolomitenpässe Sella, Pordoi und Fedeja malerisch gelegene Ort ist der ideale Ausgangspunkt für die Erkundung der Dolomiten. Im Sommer nimmt man die Seilschwebebahn, um von ganz oben die atemberaubenden Aussichten über die umliegenden Bergmassive zu genießen. Einer der beliebtesten Aussichtspunkte ist Belvedere I, den man von der Via Pareda in Canazei erreicht: Im Norden sieht man die Zacken der Sella-Gruppe und im Süden die Marmolada, mit 3343 Metern der höchste und mächtigste Bergstock der Dolomiten.

Skifahrer genießen den Blick auf die Dolomiten oberhalb von Canazei

UMGEBUNG: 13 Kilometer südwestlich von Canazei steht in der Nähe von **Vigo di Fassa** das **Ladinische Museum (Museo Ladino)**, das den ladinischen (rätoromanischen) Bewohnern des Fassa-Tals gewidmet ist. Obwohl das Ladinische – eine Mischung aus Deutsch und Italienisch – heute kaum noch gesprochen wird, erfreuen sich die alten Trachten, Bräuche und Musik nach wie vor großer Beliebtheit.

🏛 Ladinisches Museum
Frazione San Giovanni, Vigo di Fassa.
📞 0462-642 67. ⬤ wg. Renovierung.

Cavalese ❾

Trento. 🏘 3600. 🚌 ℹ️ Via Fratelli Bronzetti 60 (0462-24 11 11).
🛒 letzter Di im Monat.

Weinberge an den Hängen des Cembra-Tals

Die freskenverzierte Fassade des Palazzo della Magnifica Comunità

CAVALESE IST DER Hauptort der Val di Fiemme (Fleimstal), einer Region saftiger Weiden, bewaldeter Täler und Tiroler Architektur. Mittelpunkt des Ortes ist der **Palazzo della Magnifica Comunità**. Der im 13. Jahrhundert begonnene Bau war im Mittelalter Sitz der Herrscher der halbautonomen Region. Heute sind darin holzvertäfelte Säle, Gemälde einheimischer Künstler und eine archäologische Sammlung zu bewundern. Die meisten Gäste reisen jedoch wegen der ausgezeichneten Sportmöglichkeiten – im Sommer wie im Winter – an und lassen sich mit der Seilbahn auf die 2229 Meter hohe **Alpe Cermis** bringen.

UMGEBUNG: Die Kirche in **Tesero**, dem nächstgelegenen Ort im Osten, ist mit herrlichen Fresken eines unbekannten Künstlers aus dem 15. Jahrhundert ausgemalt. Die Kirche, die auf das Jahr 1450 zurückgeht, besitzt mehrere gotische Gewölbe und dazu eine moderne Darstellung der Kreuzigung.

Etwa 13 Kilometer östlich, in der Nähe von **Predazzo**, informiert sich der Interessierte im **Museo Geologico e Mineralogico** über die geologische und mineralische Vielfalt der einheimischen Bergwelt.

🏛 Palazzo della Magnifica Comunità
Piazza Battisti 2. 📞 0462-34 03 65.
⬤ Ostern, Juli–Aug, 23. Dez–6. Jan tägl. nachm. ⬤ 15. Aug, 25. Dez. 🛒
🏛 Museo Geologico e Mineralogico
Piazza Santi Filippo e Giacomo 2.
📞 0462-50 23 92. ⬤ 20. Dez–6. Jan, Mitte Juni–Mitte Sep Mo–Sa; März–Mitte Juni, Mitte Sep–Okt Mo–Fr nachm. ⬤ Feiertage.

San Martino di Castrozza ❿

Trento. 🏘 600. 🚌 ℹ️ Via Passo Rolle 165 (0439-76 88 67).

DER FERIENORT San Martino ist einer der schönsten Orte in den südlichen Dolomiten, gleichermaßen geeignet für Freunde des Sommer- und Wintersports. Sessellifte gibt es hinauf zu der auf 2163 Meter gelegenen **Alpe Tognola** und zur 2609 Meter hohen **Cima della Rosetta**. Von beiden Bergspitzen bieten sich atemberaubende Ausblicke auf die zerklüftete, schneebedeckte Pala-Gruppe, die aus einem Meer von grünen Weiden und Wäldern emporragt. San Martino ist umgeben von Wäldern, aus denen einst die Venezianer das Holz für ihre Schiffe holten. Heute ist der Wald Naturschutzgebiet, in dem eine prächtige alpine Tier- und Pflanzenwelt gedeiht.

Cembra ⓫

Trento. 🏘 1500. 🚌 ℹ️ Viale IV Novembre 3 (0461-68 31 10). 🛒 Mi.

DER WEINORT liegt in der landschaftlich reizvollen Val di Cembra (Zimmertal). Ungefähr sechs Kilometer östlich von Cembra befinden sich die **Piramidi di Segonzano**, eine Gruppe von bizarren, bis zu 30 Meter hohen Steinpfeilern, auf deren Spitze jeweils ein Felsbrocken sitzt. Entlang dem gut ausgeschilderten Fußweg zu den Steinpfeilern findet der Wanderer auf Tafeln Informationen über die Entstehung der bizarren Steinformationen, die der Form nach riesigen Termitenhügeln gleichen. Ihre Lage inmitten von herrlichen Wäldern läßt den etwas mühsamen Aufstieg schnell vergessen. Des weiteren entschädigt der herrliche Ausblick von oben über das Cembra-Tal und bis zur Brenta-Gruppe der Dolomiten.

Piramidi di Segonzano bei Cembra

🌲 Piramidi di Segonzano
Strada Statale 612 nach Cavalese.
📞 0461-68 31 10. ⬤ tägl.

Die eindrucksvollen Cascate di Nardis bei Madonna di Campiglio

Madonna di Campiglio ⓬

Trento. 🚶 1100. 🚌 🛈 Via Pradalago 4 (0465-44 20 00). 📅 Juni–Sep Di, Do.

Madonna di Campiglio ist der Hauptferienort in der Val Meledrio. Dank seiner Lage zwischen der Brenta- und Adamello-Gruppe ist der Ort ideale Ausgangsbasis für Wanderer und Skifahrer. Zahlreiche Sessellifte bringen den Gast in alle Himmelsrichtungen.

UMGEBUNG: Die Kirche im 14 Kilometer südwestlich gelegenen **Pinzolo** verfügt über ein guterhaltenes Fresko, das einen *Totentanz* (1539) darstellt. Die dafür typische Prozession von Arm und Reich wird durch einen Text in einheimischem Dialekt kommentiert.

Nördlich von Pinzolo gelangt man über die Straße von Carisolo in die hübsche und beliebte **Val Genova**. Nach ungefähr vier Kilometern erreicht man den herrlichen, etwa 90 Meter hohen Wasserfall **Cascate di Nardis**. Die beiden riesigen Felsblöcke am Fuße des Wasserfalls sollen versteinerte Dämonen sein.

Trient ⓭

🚶 105 000. 🚆 🚌 🛈 Via Alfieri 4 (0461-98 38 80). 📅 Do.

Trient, Hauptstadt der Region, die nach ihr benannt ist, ist auch bei weitem die interessanteste Stadt im ganzen Trentino; zu bewundern sind ein romanischer Dom, ein mächtiges Schloß und schmucke Straßen mit schönen Häusern im Renaissancestil. Wegen seiner zentralen Lage wurde hier in drei Etappen das **Konzil von Trient** (1545–63) abgehalten, auf dem über Reformen beraten wurde, die Abtrünnige, wie beispielsweise die deutschen Protestanten, wieder an die Mutterkirche binden sollten. Die Reformen, die schließlich zur Gegenreformation führten, waren nur teilweise von Erfolg gekrönt.

Mit dem Bau des **Doms**, in dem einige Sitzungen abgehalten wurden, begann man im 13. Jahrhundert, vollendet wurde er jedoch erst 300 Jahre später. Aufgrund des einheitlichen Baustils, der durch die Jahrhunderte verfolgt wurde, gilt der Dom heute als eindrucksvolles Beispiel romanischer Architektur. Die **Piazza Duomo** geht auf die Römer zurück, denen sie als Forum und Marktplatz diente. Weiteres Wahrzeichen von Trient, dessen römischer Name Tridentum lautete, ist der barocke Neptunbrunnen aus dem 18. Jahrhundert auf der Piazza Duomo.

Arkadenhof des Magno Palazzo

🏛 Museo Diocesano Tridentino
Piazza Duomo 18. ☎ 0461-23 44 19. 📅 Mo–Sa. 📅 Feiertage.

Das Museum befindet sich im **Palazzo Pretorio**, einem dreigeschossigen Bau aus dem Mittelalter. Ausgestellt sind Elfenbeinreliquien sowie flämische Wandteppiche und Bilder, die das Konzil von Trient darstellen.

⚜ Castello del Buonconsiglio
Via Bernardo Clesio. ☎ 0461-23 37 70. 📅 Di–So (Okt–März Di–Sa). 📅 1. Jan, 15. Aug, 25. Dez.

Das prächtige Schloß, mit dessen Bau im 13. Jahrhundert begonnen und das später immer wieder erweitert wurde, war Teil der Befestigungsanlagen der Stadt. Trient war eine wichtige Feste an der Hauptverbindungsstraße zwischen Italien und den Ländern jenseits der Alpen.

Zum Schloß gehört auch der prachtvolle fürstbischöfliche Residenzpalast **Magno Palazzo** (1530); die Bischöfe waren vom römischen Kaiser, der sie als Verbündete brauchte, mit immenser weltlicher Macht ausgestattet worden. Die herrliche Innenausstattung (darunter auch Fresken von Gerolamo Romanino, 1531/32), zeugt von Reichtum und einem verschwenderischen Lebensstil. Im Südflügel des Palastes befindet sich heute das **Museo Provinciale** mit Holzschnitzereien aus dem 15. Jahrhundert sowie einer archäologischen Sammlung. Die angrenzende **Torre dell' Aquila** enthält den berühmten

Palazzo Pretorio und Dom in Trient

Die imposante Campana dei Caduti in Rovereto

Freskenzyklus der Monatsbilder, der um das Jahr 1400 herum entstand.

UMGEBUNG: Im Westen von Trient nimmt man am besten die malerische gewundene Straße zur Ostseite des **Monte Bondone**, um dann in Richtung **Vezzano** auf der Westseite zurückzufahren. Die Aussicht vor allem von Vaneze und Vason ist traumhaft. Im Osten von Trient steht Pergine am Eingang zur **Val Sugana**, einem breiten Tal mit herrlichen Seen. In dem Bergen nördlich des Levico-Sees liegt der Kurort **Levico Terme** mit hübschen neoklassizistischen Gebäuden inmitten schöner Parkanlagen.

Rovereto ⓮

Trento. 33 000. FS Via Dante 63 (0464-43 03 63). Di.

NACHDEM ROVERETO im Ersten Weltkrieg Schauplatz heftiger Kämpfe war, wurde die im 15. Jahrhundert erbaute venezianische Burg in ein **Militärmuseum (Museo Storico della Guerra)** umgewandelt, in dem anhand von Bildern und anderen Exponaten in eindrucksvoller Deutlichkeit die Geschichte der beiden Weltkriege dargestellt wird. Unweit vom Eingang des Museums gelangt man auf eine Anhöhe, von der man einen herrlichen Blick auf die Riesenglocke zum Gedenken an die Gefallenen aller Nationen hat – **Campana dei Caduti**. Es handelt sich um eine der größten Glocken Italiens, die nach dem Zweiten Weltkrieg aus geschmolzenen Kanonen gegossen und in den tempelartigen Bau oberhalb der Stadt gesetzt wurde. Von hier aus hat man einen herrlichen Blick über die ganze Stadt. Unterhalb des Militärmuseums befindet sich das **Museo Civico** mit einer archäologischen, einer Kunst- und Naturgeschichtssammlung.

UMGEBUNG: Ungefähr acht Kilometer nördlich von Rovereto liegt die herrliche **Castel Beseno**. Die größte Burg des Trentino, im 12. Jahrhundert gegründet und bis zum 18. Jahrhundert immer wieder erweitert, diente als Schutzburg für drei Täler. Übriggeblieben ist kaum mehr als eine Ruine, die jedoch derzeit sorgfältig restauriert wird. Auch von einem Freskenzyklus aus dem 16. Jahrhundert sind nur noch Reste erhalten.

Südlich von Rovereto fährt man auf der Hauptstraße durch eine Landschaft, die von haushohen Felsbrocken übersät ist. Sie sind durch Erdrutsche dorthin gelangt und, da in Dantes *Inferno* erwähnt, unter dem Namen **Ruina Dantesca** bekannt.

🏛 **Museo Storico della Guerra**
Via Castelbarco 7. 0464-43 81 00. Apr–Juli, Sep–Nov Di–So.

🏛 **Museo Civico**
Borgo Santa Caterina. 0464-43 90 55. wg. Renovierung

♜ **Castel Beseno**
Besenello. 0464-23 37 70. Apr–Okt Di–So.

Castello di Avio ⓯

Via Castello, Sabbionara d'Avio. 0464-68 44 53. FS bis Vo, dann 2 km zu Fuß. Feb–Sep Di–So 10–13, 14–18 Uhr; Okt–Nov Di–So 10–13, 14–17 Uhr.

Castello di Avio

IM ETSCHTAL folgt eine Burg der anderen, aber nur wenige sind so leicht erreichbar wie das südwestlich von Ala gelegene Castello di Avio, das im 12. Jahrhundert gegründet wurde. Heute bietet sich von dort ein herrlicher Ausblick. Obwohl die Burg derzeit restauriert wird, ist sie zur Besichtigung geöffnet, und die Besucher können bei den Renovierungsarbeiten zusehen. Unter den zahlreichen Fresken mit weltlichen Motiven ist in der Casa delle Guardie ein Zyklus mit Schlachtszenen zu sehen.

Die ausgedehnten Mauern des Castel Beseno oberhalb von Rovereto

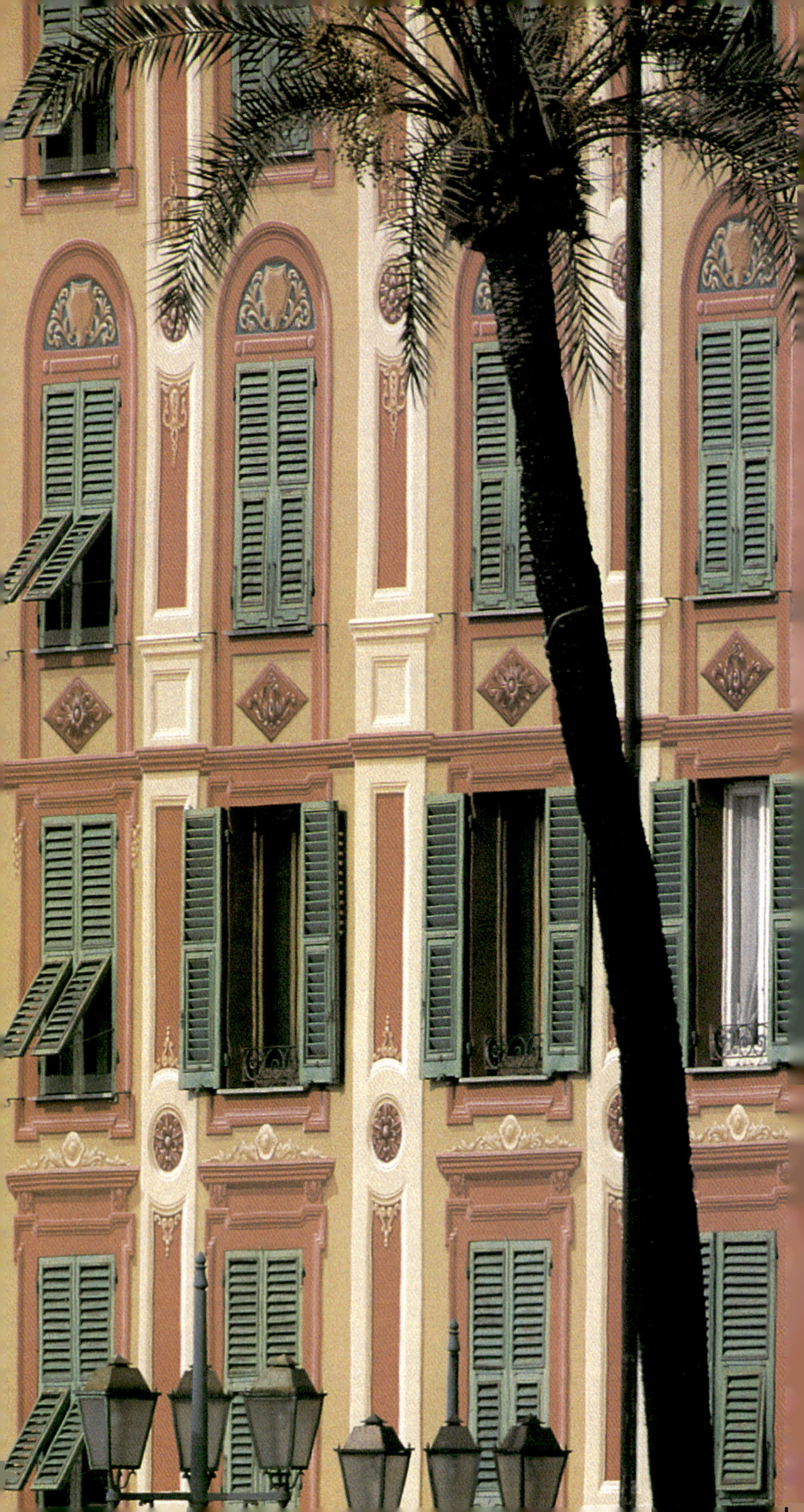

Nordwest-
Italien

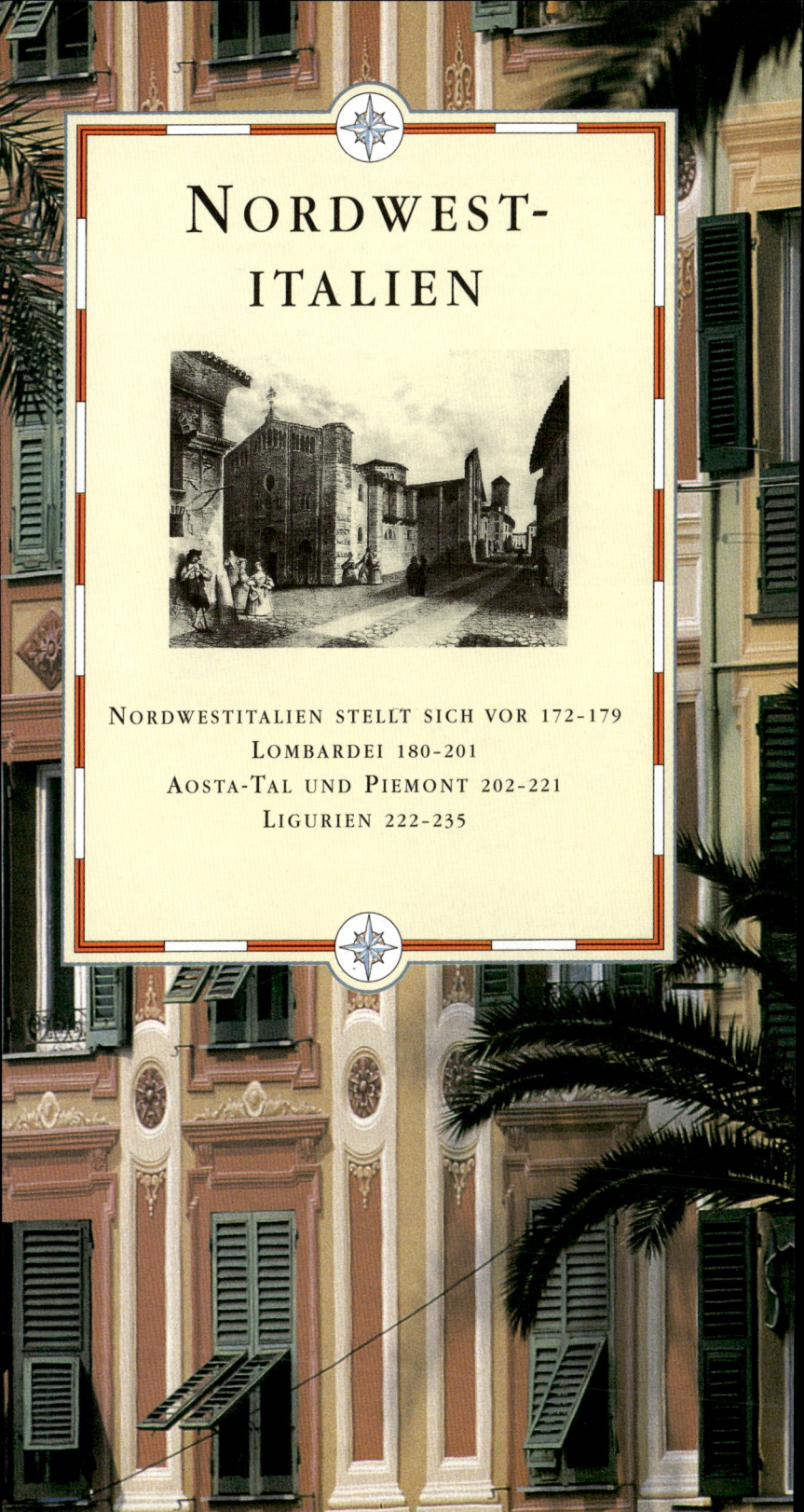

Nordwestitalien stellt sich vor 172–179
Lombardei 180–201
Aosta-Tal und Piemont 202–221
Ligurien 222–235

Nordwestitalien im Überblick

DER NORDWESTEN von Italien weist drei geologische Elemente auf: die zerklüfteten Alpen, die weite Ebene und die geschwungene Mittelmeerküste. Und hier in diesem Teil des Landes, der mitunter immer noch wild und unberührt ist, gibt es noch viele Spuren einer einzigartigen Vergangenheit. Die wichtigsten Sehenswürdigkeiten des Aosta-Tals, Piemonts, Liguriens und der Lombardei finden Sie auf nebenstehender Karte.

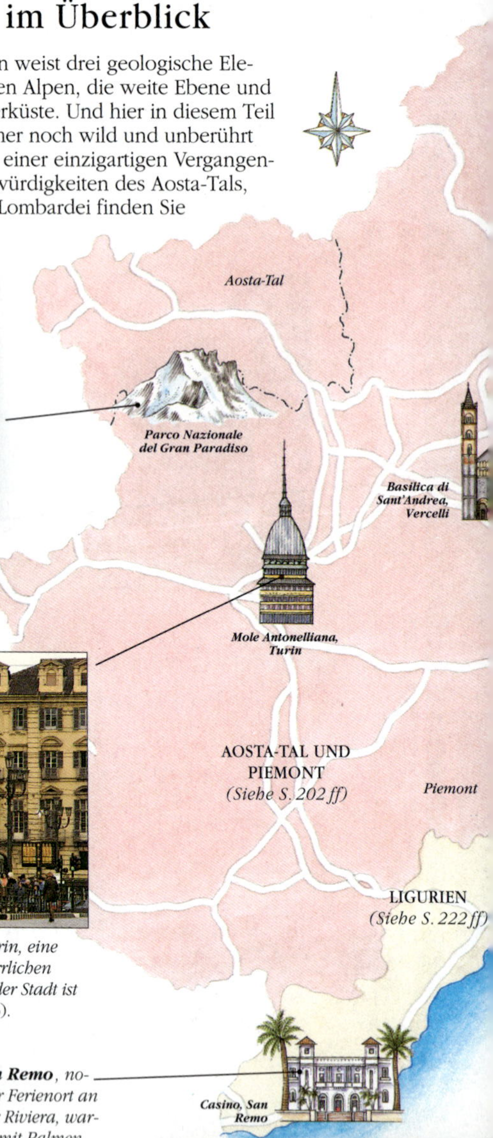

Aosta-Tal

Parco Nazionale del Gran Paradiso

Basilica di Sant'Andrea, Vercelli

Mole Antonelliana, Turin

Der Parco Nazionale del Gran Paradiso *ist ein herrlicher Naturpark mit seltener Flora und Fauna* (siehe S. 208 f).

AOSTA-TAL UND PIEMONT
(Siehe S. 202 ff)

Piemont

LIGURIEN
(Siehe S. 222 ff)

Die Hauptstadt Piemonts *ist Turin, eine elegante und lebhafte Stadt mit herrlichen Barockbauten. Das Wahrzeichen der Stadt ist die Mole Antonelliana* (siehe S. 216).

San Remo, *nobler Ferienort an der Riviera, wartet mit Palmen und einem Casino auf. Der Zwiebelturm der russisch-orthodoxen Kirche verleiht der Stadt ein exotisches Flair* (siehe S. 226).

Casino, San Remo

Die Basilica di Sant'Andrea *in Vercelli ist ein romanisches Bauwerk, in dem auch gotische Elemente verwendet wurden* (siehe S. 220).

◁ Typische Häuserfassaden in Santa Margherita Ligure

NORDWESTITALIEN STELLT SICH VOR

LOMBARDEI
(siehe S. 180 ff)

Isola Bella, Lago Maggiore

Dom, Mailand

Certosa di Pavia

Portofino

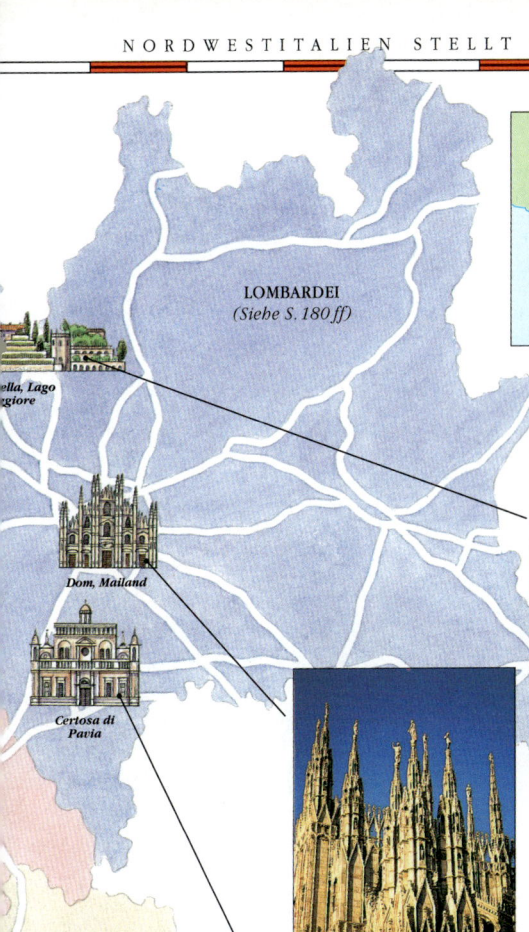

Isola Bella, die schöne Insel, ist ein Inselchen im Lago Maggiore. Nicht weit davon liegt der Lago di Como (siehe S. 184f).

Der Mailänder Dom mit seinen filigranen Strebepfeilern ist eines der vielen architektonischen Schmuckstücke dieser eleganten Stadt (siehe S. 187).

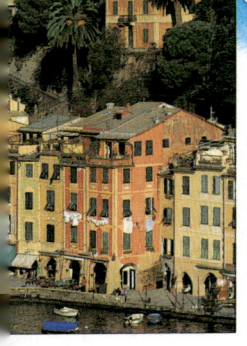

Portofino gehört zu den teuersten Ferienorten Italiens. Hübsche pastellfarbene Häuser schmiegen sich an die Hänge um die Bucht und den Jachthafen (siehe S. 232).

Certosa di Pavia, die weltberühmte weitläufige Klosteranlage, verfügt u. a. über eine herrliche gotische Kirche mit prächtiger Renaissancefassade (siehe S. 196f).

0 Kilometer 50

Regionale Küche

GESCHMACKLICHE VIELFALT und Herzhaftigkeit kennzeichnen die Küche des Nordwestens. Hier wird im Gegensatz zum übrigen Italien genausoviel Butter wie Öl zum Kochen verwendet. Weil sich hier die Reiskammer Italiens befindet, darf natürlich das Risotto neben den Pastagerichten nicht fehlen. Berühmt ist die Region auch für ihren Käse, ihre Trüffeln – die im lehmhaltigen Piemonteser Boden gut gedeihen – und ihre Nüsse. Knoblauch, Safran, Basilikum und Wein sind weitere Zutaten einer köstlichen Sauce. Grissini, knusprige dünne Brotstangen, die man auf jedem Restauranttisch findet, kommen aus Turin.

Grissini

Focaccia, hier mit Zwiebeln und Kräutern, ist eine gedeckte Pizza, die auch mit Oliven oder Tomaten gebacken wird.

Grüne Paprika
Rote Paprika
Orange Paprika
Bagna cauda
Frühlingszwiebeln
Sellerie
Gelbe Paprika

Bresaola, dünne Scheiben rohen Rindfleischs, werden mit Olivenöl und Zitrone als Vorspeise gereicht.

Farinata ist ein flaches Brot aus Öl und Kichererbsenmehl, das an Pfannkuchen erinnert und als Snack gegessen wird.

Bagna cauda, die heiße Sardellensauce mit Knoblauch, Olivenöl, Butter und manchmal Trüffeln, in die robes Gemüse gedippt wird, gehört zu den absoluten Klassikern im Piemont.

Risotto alla milanese ist eine Mailänder Reisspezialität, die mit Wein, Zwiebeln und Safran gegart und mit Parmesan verfeinert wird.

Trenette al pesto sind Bandnudeln mit einer Sauce aus Basilikum, Knoblauch, Pinien und Öl.

Pansotti aus Ligurien sind mit Spinat gefüllte Teigdreiecke, die mit einer Sauce aus Nüssen, Knoblauch und Olivenöl auf den Tisch kommen.

NORDWESTITALIEN STELLT SICH VOR

Manzo al barolo ist mageres Rindfleisch, das in Rotwein und Knoblauch mariniert und dann langsam geschmort wird.

Cacciucco heißt ein Fischeintopf aus Livorno, der mit Wein, Knoblauch und Kräutern verfeinert wird.

Costolette alla milanese sind panierte Kalbskoteletts, die mit einem Schnitz Zitrone serviert werden.

Ossobuco ist Kalbshaxe Mailänder Art, die in Scheiben geschnitten und in einer Sauce langsam gegart wird.

Fagiano tartufato – Fasan gefüllt mit weißen Trüffeln und Schweinefleisch, umwickelt mit Speckscheiben und gebraten.

Spezzatino di pollo ist ein Hähnchenviertel, das in Tomatensauce mit Wein und manchmal Trüffeln geschmort wird.

KÄSE

Die saftigen Wiesen und Weiden des Alpenlandes sind Voraussetzung für einige der besten Käsesorten Italiens. Dazu gehören der Edelpilzkäse Gorgonzola, der Frischkäse Mascarpone und der vollfette Weichkäse Taleggio; sie stammen allesamt aus der Lombardei. Aus dem Aosta-Tal kommt der nach Nüssen und leicht süßlich schmeckende Fontina.

Fontina Taleggio

Gorgonzola

Spinaci alla piemontese ist eine Beilage aus Spinat, Sardellen, Butter, Knoblauch und Croutons.

Amaretti sind kleine, knusprige Makronen aus Süß- und Bittermandeln, die überall zum Kaffee gereicht werden.

Torta di nocciole ist eine Piemonteser Nußtorte aus frisch gerösteten Haselnüssen und anderen Zutaten.

Zabaglione ist eine Weinschaumcreme aus Eiern, Zucker und Marsala, zu der Löffelbiskuits gereicht werden.

Panettone aus Mailand ist ein Hefekuchen mit kandierten Früchten, der zu Ostern und Weihnachten auf den Tisch kommt.

Die Weine Nordwestitaliens

Ü BERALL IM Nordwesten wachsen Trauben – man begegnet ihnen an der felsigen Küste Liguriens ebenso wie im Aosta-Tal. Die besten Weine, vor allem zwei der besten Rotweine Italiens, stammen jedoch aus dem Piemont, und zwar von den Langhe-Bergen südwestlich von Turin: der kräftige Barolo und der ihm an Qualität nur wenig nachstehende Barbaresco. Beide sind die besten Beweise für die Qualität moderner Weinbaumethoden und für ein neues Interesse an Qualitätsweinen. Leichtere Weine, die ebenfalls gut zur einheimischen Küche passen, sind der Dolcetto und der beliebte Barbera. Als letzte Spezialität sei der Schaumwein Asti Spumante erwähnt, der auf keiner Feier fehlt.

Mittelalterlicher Traubenstampfer

Castiglione Falletto im Herzen Piemonts

Barbera d'Alba, ein Wein aus der robusten Barbera-Traube, die fast auf jedem Weinberg wächst. Aufgrund ihrer vielseitigen Natur können die Weine sowohl leicht und fruchtig als auch gehaltvoll und kräftig sein. Zu den guten Weingütern gehören Aldo Conterno, Voerzio, Pio Cesare, Altare, Gaja, Vajra und Vietti.

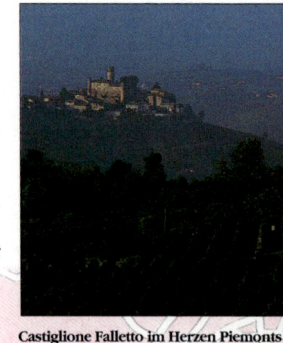

Dolcetto ist ein junger Wein, der in sieben verschiedenen Anbaugebieten wächst. Der Dolcetto d'Alba ist von rubinroter Farbe und hat ein volles Bouquet. Am besten schmeckt er als junger Wein, denn dann ist er spritzig bis fruchtig oder gehaltvoll wie die Spitzenweine des Weingutes Giuseppe Mascarello.

Barolo, der berühmteste Wein Piemonts, hat viele Auszeichnungen für sein Bouquet und seine milde Säure bekommen; er wird aus der Nebbiolo-Traube gekeltert und kann bis zu 20 Jahre reifen. Vigna Colonnello ist ein Barolo von Aldo Conterno, der nur in sehr guten Jahren wie 1993, 1990 und 1989 hergestellt wird.

LEGENDE

- Barolo
- Barbaresco
- Andere Weinbaugebiete

0 Kilometer 25

Die weißen Trüffeln von Alba sind eine Herbstspezialität aus den Langhe-Bergen. Die vielgepriesene Köstlichkeit paßt gut zum Barolo.

NORDWESTITALIEN STELLT SICH VOR

Moscato d'Asti wird sowohl als Aperitif als auch als leichter Dessertwein gereicht. Er wird aus der fruchtigen Muskateller-Traube gewonnen, ist leicht und hat einen süßen Nachgeschmack. Es gibt ihn auch als Perlwein. Er eignet sich ganz wunderbar zur Erfrischung des Gaumens nach einem herzhaften Piemonteser Mahl, vor allem wenn er gut gekühlt serviert wird.

DIE TRAUBEN

Aus der Nebbiolo-Traube werden zwei der besten Rotweine Italiens gekeltert, der Barolo und der Barbaresco, aber auch viele andere Weine aus Valtellina und Turin. Bei der Nebbiolo-Traube handelt es sich um eine empfindliche Rebsorte, die erst nach Jahren den Säuregehalt verliert. Trotzdem sind die Piemonteser stolz auf das, was sie dem Weinkenner vorsetzen können: Der Barolo ist ein voller Rotwein, der erst nach Jahren seinen Geschmack entfaltet. Der Barbaresco ist unkomplizierter, aber elegant und intensiv. Dolcetto und Barbera sind leichtere Weine, die den Weinen aus der Nebbiolo-Traube an Qualität kaum nachstehen. Die älteste weiße Traube Piemonts ist die Muskateller-Traube, aus der Asti Spumante hergestellt wird. Die besten Trauben bleiben dem Moscato d'Asti vorbehalten.

Nebbiolo-Trauben

DAS ETIKETT

Der Name des Weins steht in der Mitte; *bricco* nennen die Einheimischen einen Weinberg in guter Hanglage.

Name des Erzeugers

Zeichen des Erzeugers

Jahrgang

Alkoholgehalt

Inhalt

Die offizielle Kategorie; in diesem Fall ein Tafelwein der Langhe-Berge.

Name und Adresse des Abfüllers

Gute Jahrgänge
Gute Jahrgänge für Barolo und Barbaresco: 1993, 1990, 1989, 1988, 1985.

Ein Barolo muß mindestens zwei Jahre in Fässern reifen, bevor er in Flaschen abgefüllt werden kann. Er reift in der großen *botte* oder der kleineren *barrique*, die dem Wein den typischen Eichengeschmack verleiht.

Die Architektur Nordwestitaliens

OBWOHL DIE GEBÄUDE im Nordwesten Italiens eher robust und imposant anmuten, gibt es hier im Gegensatz beispielsweise zu Venedig, Florenz und Rom keinen charakteristischen und einheitlichen Baustil. Statt dessen findet man die unterschiedlichsten, teilweise adaptierten Stile: verträumte mittelalterliche Burgen, prächtige romanische und gotische Bauten, ungewöhnliche barocke Formen. Der Nordwesten ist darüber hinaus reich an moderner Architektur – vor allem was Design und Materialien anbetrifft –, beeinflußt durch die industrielle Entwicklung der Region und ihren Drang zur innovativen Form, die sich jedoch oftmals an früheren Stilen orientiert.

*Castello Sforzesco,
1451–66 (siehe S. 186)*

BESONDERHEITEN DER ARCHITEKTUR NORDWESTITALIENS

Zweifache Burgmauer — **Hölzerner Balkon** — **Wenige Fenster** — **Massiver Hauptturm** — **Spitzer Wartturm** — **Zinnenkranz**

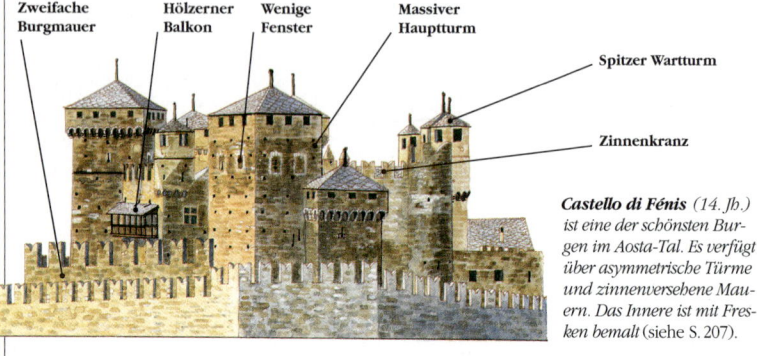

Castello di Fénis (14. Jh.) *ist eine der schönsten Burgen im Aosta-Tal. Es verfügt über asymmetrische Türme und zinnenversehene Mauern. Das Innere ist mit Fresken bemalt (siehe S. 207).*

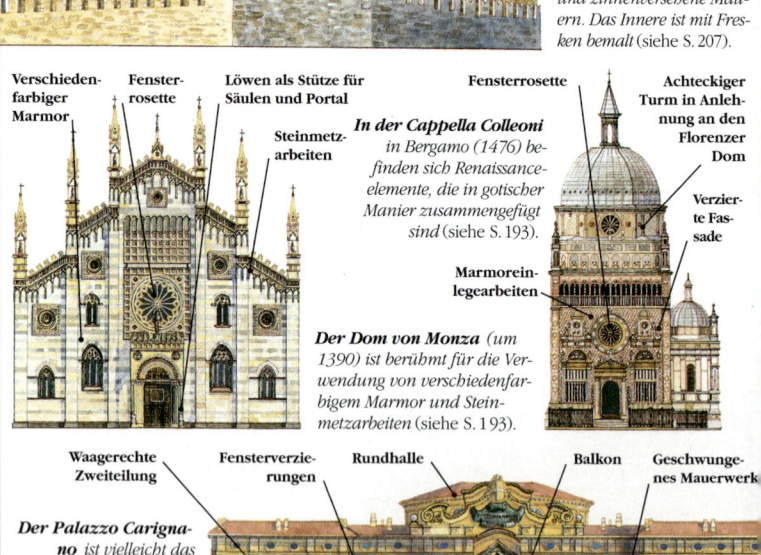

Verschiedenfarbiger Marmor — **Fensterrosette** — **Löwen als Stütze für Säulen und Portal** — **Steinmetzarbeiten** — **Fensterrosette** — **Achteckiger Turm in Anlehnung an den Florenzer Dom** — **Verzierte Fassade** — **Marmoreinlegearbeiten**

In der Cappella Colleoni in Bergamo (1476) befinden sich Renaissanceelemente, die in gotischer Manier zusammengefügt sind (siehe S. 193).

Der Dom von Monza (um 1390) *ist berühmt für die Verwendung von verschiedenfarbigem Marmor und Steinmetzarbeiten (siehe S. 193).*

Waagerechte Zweiteilung — **Fensterverzierungen** — **Rundhalle** — **Balkon** — **Geschwungenes Mauerwerk**

Der Palazzo Carignano ist vielleicht das schönste Werk der eigenständigen barocken Schule Turins. Guarini versah sein Meisterwerk (1679) mit einer Backsteinfassade und einer schönen Rundhalle (siehe S. 215).

NORDWESTITALIEN STELLT SICH VOR

WEGWEISER ZUR ARCHITEKTUR

Die Straße nach Aosta wird von mittelalterlichen Burgen gesäumt *(siehe S. 206)*, während man romanische und gotische Kirchen eher in der Lombardei findet – in Monza *(S. 193)*, Pavia *(S. 195)*, Mailand *(S. 186ff)* und Como *(S. 184f)*. Die Certosa di Pavia aus dem 15. Jahrhundert *(S. 196f)* ist ebenso wie die hübsche Stadt Mantua *(S. 199)* ein Muß. Turin *(S. 212ff)* ist berühmt für seine barocke Schule, Bergamo für seinen üppigen Reichtum. Die Architektur der letzten zwei Jahrhunderte kommt am besten in Mailand und Turin zur Geltung, wogegen in Genua Altes wieder neu entdeckt wird.

Renzo Pianos Mastenplastik (1992) in Genuas restauriertem Hafen

ARCHITEKTUR DES 19. UND 20. JAHRHUNDERTS

Die Spitze ragt 167 Meter hoch in den Himmel

Die Galleria Vittorio Emanuele II, eine Glas-und-Eisen-Konstruktion, ist Mailands erste Einkaufspassage, die 1865 nach Plänen von Mengoni gebaut wurde *(siehe S. 188)*.

Hauptkuppel

Mosaiken

Ursprüngliches Granitdach durch Aluminium ersetzt

Quadratischer Turm

Glasbalkon

Überhängende Obergeschosse

Streben stützen die Obergeschosse

Die Mole Antonelliana (1863–97) war zum Zeitpunkt der Erbauung das höchste Gebäude der Welt (siehe S. 216).

Die Torre Velasca in Mailand ist ein Bürohochhaus in der Nähe des Doms, das um 1950 nach dem Vorbild einer mittelalterlichen Burg erbaut wurde.

Elliptische Form

Höhere Fenster

Konische Streben

Spiralförmige Rampen   **Dach war Rennstrecke**   **Verstärkter Beton**

Das Lingotto-Gebäude in Turin war einst Stammsitz der Fiat-Werke und das erste große moderne Gebäude Italiens (errichtet 1915–18). Die Konstruktion der Rampen bis nach oben erinnert an das Innere von Guarinis barocker Kuppel von San Lorenzo in Turin.

Das Pirelli-Gebäude in Mailand ist ein von Ponti und Nervi entworfener Wolkenkratzer von 1959.

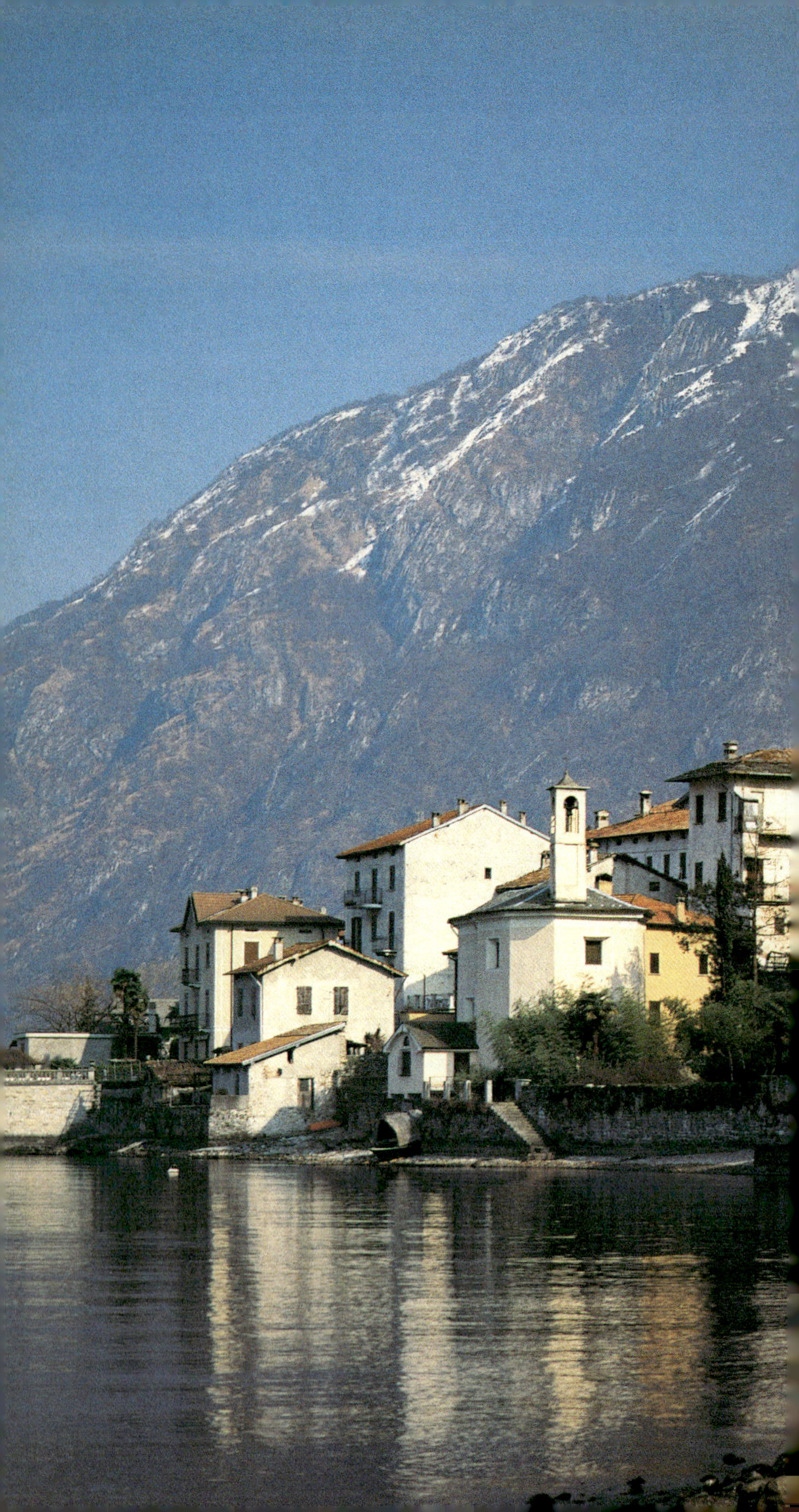

LOMBARDEI

DIE LOMBARDEI *erstreckt sich von den Alpen und der Grenze zur Schweiz über den Lago di Como und den Lago Maggiore bis zur weiten Po-Ebene. Die Region ist bekannt für ihre zahlreichen Seen, ihre blühenden Gärten, ihre reichen Städte mit Palästen und Kirchen, aber auch für ihre Industrie und ihre Landwirtschaft. Außerdem ist sie wirtschaftliches Zentrum Italiens; repräsentiert wird die Lombardei durch ihre elegante Hauptstadt Mailand.*

Ihren Namen hat die Lombardei von den Langobarden, einem Barbarenstamm, der im 6. Jahrhundert in Italien einfiel. Im Mittelalter gehörte die Lombardei zum Heiligen Römischen Reich, wenngleich sie den Kaisern aus dem Norden nicht immer die Treue hielt. Die klugen Lombarden, die ein Geschick für Finanzgeschäfte entwickelten, wehrten sich gegen jede fremde Einmischung.

Im 12. Jahrhundert formierte sich der Lombardische Städtebund, der sich zu einer mächtigen Separatistenliga entwickelte, die Kaiser Friedrich Barbarossa im Jahre 1176 schließlich besiegte. Danach übernahmen die an der Gründung der Liga beteiligten Familien die Herrschaft im Lande; in Mailand waren es die Visconti und die Sforza. Die Herren der Städte waren gleichfalls große Förderer der Künste; sie ließen Paläste, Kirchen und Kunstwerke errichten, die vielerorts heute noch zu sehen sind. In Bergamo, Mantua und Cremona, ganz zu schweigen von Mailand selbst, finden sich deshalb viele herausragende Kunstschätze, darunter die Certosa di Pavia, Leonardo da Vincis *Abendmahl* und die herrlichen Gemälde in der Pinacoteca di Brera in Mailand.

Die Lombardei, Geburtsland so berühmter Künstler wie Vergil, Monteverdi, Stradivari und Donizetti, bietet dem Besucher eine große Vielfalt, die von romantischen Seenlandschaften bis hin zu eleganten, lebhaften Städten reicht.

Ein Bummel durch die gigantische Galleria Vittorio Emanuele II

◁ **Das friedliche Ufer des herrlichen Comer Sees, südwestlich von Bellagio**

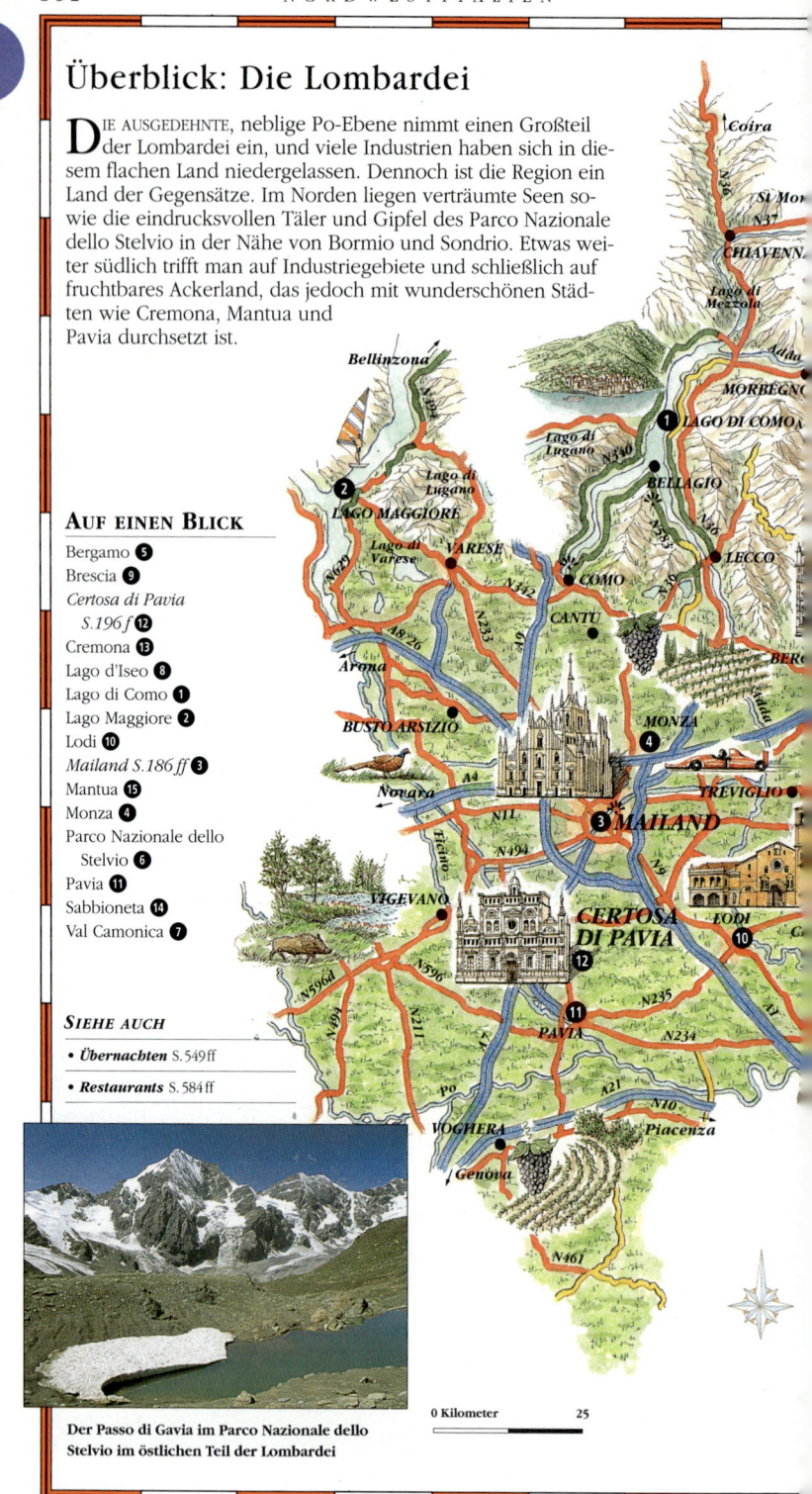

Überblick: Die Lombardei

Die ausgedehnte, neblige Po-Ebene nimmt einen Großteil der Lombardei ein, und viele Industrien haben sich in diesem flachen Land niedergelassen. Dennoch ist die Region ein Land der Gegensätze. Im Norden liegen verträumte Seen sowie die eindrucksvollen Täler und Gipfel des Parco Nazionale dello Stelvio in der Nähe von Bormio und Sondrio. Etwas weiter südlich trifft man auf Industriegebiete und schließlich auf fruchtbares Ackerland, das jedoch mit wunderschönen Städten wie Cremona, Mantua und Pavia durchsetzt ist.

Auf einen Blick

- Bergamo ❺
- Brescia ❾
- *Certosa di Pavia S.196 f* ⓬
- Cremona ⓭
- Lago d'Iseo ❽
- Lago di Como ❶
- Lago Maggiore ❷
- Lodi ❿
- *Mailand S.186 ff* ❸
- Mantua ⓯
- Monza ❹
- Parco Nazionale dello Stelvio ❻
- Pavia ⓫
- Sabbioneta ⓮
- Val Camonica ❼

Siehe auch

- *Übernachten* S.549 ff
- *Restaurants* S.584 ff

Der Passo di Gavia im Parco Nazionale dello Stelvio im östlichen Teil der Lombardei

0 Kilometer 25

LOMBARDEI

Die Isola Bella, die Schöne, im Lago Maggiore

Die farbenprächtige Fassade der Cappella Colleoni in Bergamo

LEGENDE

- Autobahn
- Hauptstraße
- Nebenstraße
- Panoramastraße
- Fluß
- Aussichtspunkt

UNTERWEGS

Mailand verfügt über zwei internationale Flughäfen, die lombardische Ebene dagegen über ein gut ausgebautes Straßen- und Schienennetz, so daß man jede größere Stadt problemlos erreicht. Die Seenlandschaften sollte man allerdings mit dem Auto erkunden; wem dies nicht möglich ist, der kann die beiden großen Städte mit dem Zug, den Rest mit Bus oder Boot erreichen. Der Parco Nazionale dello Stelvio und die Berge sind zwar noch abgelegener, aber Touristen finden hier jede Annehmlichkeit.

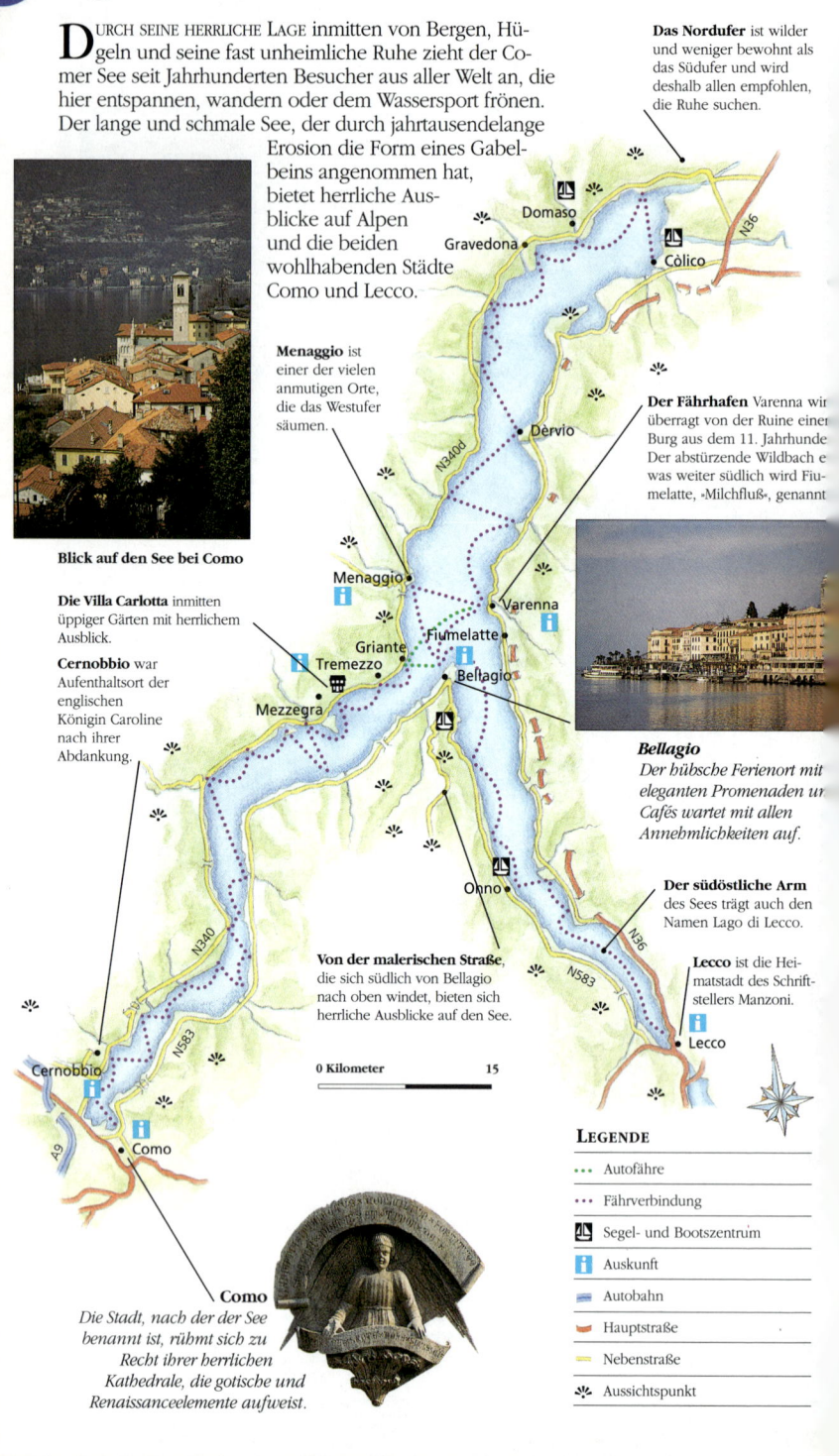

Lago di Como ❶

DURCH SEINE HERRLICHE LAGE inmitten von Bergen, Hügeln und seine fast unheimliche Ruhe zieht der Comer See seit Jahrhunderten Besucher aus aller Welt an, die hier entspannen, wandern oder dem Wassersport frönen. Der lange und schmale See, der durch jahrtausendelange Erosion die Form eines Gabelbeins angenommen hat, bietet herrliche Ausblicke auf Alpen und die beiden wohlhabenden Städte Como und Lecco.

Das Nordufer ist wilder und weniger bewohnt als das Südufer und wird deshalb allen empfohlen, die Ruhe suchen.

Blick auf den See bei Como

Menaggio ist einer der vielen anmutigen Orte, die das Westufer säumen.

Der Fährhafen Varenna wir überragt von der Ruine einer Burg aus dem 11. Jahrhunde Der abstürzende Wildbach e was weiter südlich wird Fiumelatte, »Milchfluß«, genannt

Die Villa Carlotta inmitten üppiger Gärten mit herrlichem Ausblick.

Cernobbio war Aufenthaltsort der englischen Königin Caroline nach ihrer Abdankung.

Bellagio
Der hübsche Ferienort mit eleganten Promenaden u Cafés wartet mit allen Annehmlichkeiten auf.

Von der malerischen Straße, die sich südlich von Bellagio nach oben windet, bieten sich herrliche Ausblicke auf den See.

Der südöstliche Arm des Sees trägt auch den Namen Lago di Lecco.

Lecco ist die Heimatstadt des Schriftstellers Manzoni.

0 Kilometer 15

Como
Die Stadt, nach der der See benannt ist, rühmt sich zu Recht ihrer herrlichen Kathedrale, die gotische und Renaissanceelemente aufweist.

LEGENDE

···	Autofähre
···	Fährverbindung
⛵	Segel- und Bootszentrum
🛈	Auskunft
🛣	Autobahn
—	Hauptstraße
—	Nebenstraße
✤	Aussichtspunkt

LOMBARDEI

> **INFOBOX**
>
> Como. **FS** *Como, Lecco.* 🚌 in alle Orte. 🛈 *Piazza Cavour 17, Como (031-26 20 91); Via Sauro 6, Lecco (0341-36 23 60).*

Tadolines Kopie (1834) von Canovas *Amor und Psyche* in der Villa Carlotta

UMGEBUNG: Im Herzen von **Como** liegt die elegante Piazza Cavour, und unweit davon erhebt sich der wunderschöne **Dom** aus dem 14. Jahrhundert mit Skulpturen, Fresken und Gräbern aus dem 15. und 16. Jahrhundert. Die Kuppel aus dem 18. Jahrhundert stammt von Turins berühmtestem Barockarchitekten, Filippo Juvarra. Neben dem Dom steht das weiß, rosa und grau gestreifte ehemalige Rathaus (Broletto) sowie der hohe Stadtturm (Torre del Comune). Die **Villa Carlotta** ist eine für ihre blühenden Gärten berühmte elegante Sommerresidenz aus dem 18. Jahrhundert. Im Inneren der Villa befindet sich eine herrliche Kunstsammlung.

Lecco, eine kleine Industriestadt am südlichen Ende des Ostteils des Sees, ist die Geburtsstadt des liberalen katholischen Schriftstellers Alessandro Manzoni (1785–1873). In seinem Elternhaus, der **Casa Natale di Manzoni**, befindet sich eine Ausstellung zum Leben und Werk des Künstlers. Auf der Piazza Manzoni hat die Stadt dem Autor des Romans *Die Verlobten* ein Denkmal gesetzt.

🏛 **Villa Carlotta**
Tremezzo, Como. **C** *0344 - 404 05.* ⏱ *tägl.* ⬛ *Nov–Mitte März.*

🏛 **Casa Natale di Manzoni**
Largo Caleotto, Lecco. **C** *0341-48 14 47.* ⏱ *Di.–So.* ⬛ *1. Jan, Ostern, 1. Mai, 15. Aug, 25. Dez.*

Lago Maggiore ❷

Verbania. **FS** 🚌 ⛴ *Stresa, Verbania, Baveno, die Inseln.* 🛈 *Via Principe Tommaso 70–72, Stresa (0323–304 16).*

DER LAGO MAGGIORE ist ein langgestreckter See, den sich das Piemont mit der Schweiz teilt. Der See verbreitet eine wärmere Atmosphäre und unverblümtere Romantik als der Comer See. Auf den sanften Hängen entlang dem See gedeiht Verbene, ein Kraut, dem der See seinen alten Namen – Lago Verbano – verdankt, aber auch Kamelien und Azaleen. Mitten im See liegen die drei Borromäischen Inseln, friedliche Refugien, die nach ihrem Schirmherrn, Carlo Borromeo, benannt sind. In **Arona** hat man ihm ein Denkmal errichtet, denn hier wurde er 1538 geboren. Man kann das Denkmal besteigen und aus seinen Augen auf den See blicken. Zu besichtigen sind ferner eine Burgruine sowie die Kapelle Santa Maria, die der berühmten Familie Borromeo geweiht war.

Am Nordwestufer des Sees liegt **Stresa**, der wohl beliebteste Ort am See und idealer Ausgangspunkt für Bootsfahrten zu den Inseln; schon seit vielen Jahren treffen sich hier die Reichen und Schönen. Hinter Stresa erhebt sich der Monte Mottarone mit seiner schneebedeckten Spitze, von der man einen atemberaubenden Blick auf die umgebenden Berge genießen kann.

Die **Borromäischen Inseln** liegen glitzernden Juwelen gleich in der Mitte des Sees. Auf der **Isola Bella** hat man aus steiniger Landschaft ein Meisterwerk italienischer Gartenbaukunst geschaffen. Ein prächtiger Palast, der **Palazzo Borromeo**, befindet sich inmitten von Terrassen, Springbrunnen, Pfauen, Statuen und Grotten. Die Isola Madre beherbergt einen botanischen Garten, und San Giovanni ist die kleinste, aber exklusivste Insel, auf der die Villa des großen Dirigenten Arturo Toscanini (1867–1957) steht.

Je weiter man sich der Schweiz nähert, desto ruhiger wird der See, obgleich er von vielen eleganten Villen gesäumt wird. Die **Villa Taranto** am Stadtrand von Verbania beherbergt eine kleine botanische Sammlung.

Etwa drei Kilometer westlich von **Cannobio**, einem kleinen Marktflecken nahe der Schweizer Grenze, bietet sich dem Besucher ein

Das Denkmal Carlo Borromeos in Arona

Naturschauspiel ganz besonderer Art: der Wasserfall Orrido di Sant'Anna, der nur auf dem Wasserweg zu erreichen ist.

🏛 **Palazzo Borromeo**
Isola Bella. ⛴ *von Stresa.* **C** *0323-305 56.* ⏱ *Apr–Sep tägl.*

🏛 **Villa Taranto**
Via Vittorio Veneto, Verbania. **C** *0323-55 66 67.* ⏱ *Apr–Okt tägl.*

Der Palazzo Borromeo mit Garten (17. Jh.) auf der Isola Bella

Mailand ❸

Statuen am Dom

IN MAILAND LAUFEN die Fäden der Wirtschaft, Mode und Politik zusammen – und deshalb hat man das Gefühl, als pulsiere das Leben hier schneller als anderswo. Die Stadt, in der Geld wichtiger scheint als Phantasie, wirkt eher steril als attraktiv. Die Goten, die die Stadt von den Römern eroberten, nannten sie die »Stadt des Mai«, einen Ort der Wärme und Inspiration. Durch die Lage an der Kreuzung transalpiner Handelswege sicherte sich Mailand schon früh seine führende Stellung als Handelsmetropole und Sitz mächtiger Herrscher.

Porträt einer jungen Frau von Pollaiuolo im Museo Poldi-Pezzoli

⚜ Castello Sforzesco
Piazza Castello. ☎ 02-62 08 39 46. ○ Di.–So. ● Feiertage. 🎨 ♿

Die erste von der Familie Visconti an dieser Stelle errichtete Burg wurde Mitte des 15. Jahrhunderts mit Beendigung ihrer Herrschaft zerstört. Der neue Herrscher Francesco Sforza errichtete einen gewaltigen Renaissancepalast, der außen häßlich, innen wunderschön ist. Der Palast ist um mehrere Innenhöfe herum angelegt, dessen schönster, der Cortile della Rocchetta, von Bramante und Filarete erbaut wurde. Heute ist der Palast Sitz der städtischen Museen **Civiche Raccolte d'Arte Antica**; zu sehen sind unter anderem Möbel, Antiquitäten sowie Gemälde, darunter auch Michelangelos unvollendete *Pietà Rondanini*. Die Bilder in der Gemäldegalerie von der Renaissancezeit bis zum 18. Jahrhundert sind besonders sehenswert. Die Cappella Ducale enthält gotische Fresken eines unbekannten Meisters.

🏛 Museo Poldi-Pezzoli
Via Alessandro Manzoni 12. ☎ 02-79 48 89. ○ Di.–So. 🎨

Nach dem Tod des wohlhabenden Adligen Giacomo Poldi-Pezzoli ging diese herrliche Kunstsammlung in den Besitz des Staates über. Das berühmteste Bild ist Antonio Pollaiuolos *Porträt einer jungen Frau* aus dem 15. Jahrhundert, aber auch die Künstler Piero della Francesca, Botticelli und Mantegna sind vertreten. Ebenso gehören Teppiche, Stoffe, Glas-, Email- und Porzellanwaren sowie Skulpturen, Schmuck und Sonnenuhren zu der umfangreichen Hinterlassenschaft Poldi-Pezzolis.

AUF EINEN BLICK

Castello Sforzesco ①
Dom ⑦
Galleria Vittorio Emanuele II ⑥
Museo Poldi-Pezzoli ④
Palazzo Reale (Civico Museo d'Arte Contemporanea, Museo del Duomo) ⑧
Pinacoteca Ambrosiana ⑩
Pinacoteca di Brera S. 190f ②
San Lorenzo Maggiore ⑫
San Satiro ⑨
Sant'Ambrogio ⑪
Teatro alla Scala ⑤
Via Monte Napoleone ③

Michelangelos *Pietà Rondanini* (um 1564) im Castello Sforzesco

0 Meter 500

LEGENDE

M	Metro-Station
	Busbahnhof
P	Parken
i	Auskunft
	Kirche

MAILAND

🏛 Teatro alla Scala
Piazza della Scala. ☎ 02-86 18 31 44. ♿ **Museo Teatrale** ☎ 02-805 34 18. ◯ Di.–Sa. 📷

Das 1778 eröffnete neoklassizistische Opernhaus, La Scala genannt, gehört zu den renommiertesten Opernhäusern der Welt. Auf der größten Opernbühne Europas werden großartige Produktionen unter Mitwirkung der besten Opernsänger dargeboten. Die

Die Fassade der berühmten Scala

INFOBOX
🚶 1 465 000. ✈ Malpensa 55 km NW; Linate 8 km O. 🚆 Stazione Centrale, Piazza Duca d'Aosta. 🚌 Piazza Castello. ℹ Via Marconi 1 (02- 80 96 62); Stazione Centrale (02- 669 05 32). 🛒 tägl., Hauptmarkt am Sa. 🎉 7. Dez: Sant'Ambrogio.

⛪ Dom
Piazza del Duomo. ☎ 02-86 46 34 56. 📷 Aussicht vom Dach. ♿

Mitten im Zentrum von Mailand steht dieser Dom, der zu den größten gotischen Kirchen der Welt zählt; er ist 157 Meter lang und an der breitesten Stelle 92 Meter breit. Begonnen wurde mit dem Bau im 14. Jahrhundert unter Fürst Gian Galeazzo Visconti, beendet wurde er erst 500 Jahre später. Eines der interessantesten Details des Doms ist sein ungewöhnliches Dach, auf dem 135 Fialen, die den Außenbau gliedernden Strebepfeiler krönen, sowie unzählige Statuen und Wasserspeier zu bewundern sind. Die Vorderfront des Doms bietet ein Sammelsurium an Stilen, gotische, Renaissance- und neoklassizistische Elemente. Die bronzenen Türen sind mit Flachreliefs verziert, die Szenen aus dem Leben der Jungfrau Maria und des heiligen Ambrosius, des Schutzpatrons von Mailand, sowie die Geschichte der Stadt darstellen. Innen wird der fünfschiffige Bau von riesigen Pfeilern gestützt, die ein Rippengewölbe tragen. Herrlich sind auch die prächtigen Glasfenster. Halten Sie in dem feinen Maßwerk an den Fenstern der Altarnische Ausschau nach dem Familienwappen der Viscontis sowie nach der Darstellung des heiligen Bartholomäus, der seine Haut in Händen hält. Sehenswert ist auch der Domschatz unter dem Hauptaltar sowie die Taufkirche San Giovanni alle Fonti aus dem 4. Jahrhundert.

Vorstellungen in der Scala sind meist schon Monate im voraus ausverkauft. Wer keine Karte mehr bekommt, sollte das angrenzende **Museo Teatrale** besuchen, in dem Kostüme und Bühnendekorationen früherer Produktionen sowie Ausstellungsstücke bis hin zur Römerzeit zu sehen sind. Von dort hat man auch einen herrlichen Blick auf den Zuschauerraum.

Der gotische Dom mit Strebepfeilern und Fialen

Überblick: Mailand

Neben dem weltberühmten Dom und dem Schloß bietet Mailand eine ganze Reihe von interessanten und sehenswerten Museen, Kirchen und öffentlichen Gebäuden. Ebensowenig mangelt es in dieser eleganten und geschäftigen Metropole an kulturellen Aktivitäten, gastronomischen Abenteuern, teuren Designergeschäften oder einfach nur an Spaziergängen.

Die Glaskuppel der Galleria Vittorio Emanuele II

Galleria Vittorio Emanuele II
Haupteingänge: Piazza del Duomo und Piazza della Scala.

Diese prachtvolle Einkaufspassage, die von den Mailändern liebevoll »Il salotto de Milano«, der Salon, genannt wird, entstand 1865–77 nach Plänen von Giuseppe Mengoni, der jedoch kurz vor der Einweihung seines Baus vom Dach stürzte und starb. Hier trifft man die Schönen und Reichen der Stadt gleichermaßen, denn die eleganten Läden, Cafés und Restaurants üben einen geradezu magischen Reiz aus. In der Passage gibt es angeblich den besten Kaffee der Stadt; im Savini, so heißt es, speist man am besten.

Der Grundriß der Galerie ist ein Kreuz, in dessen achteckigem Mittelpunkt ein herrliches Bodenmosaik zu bewundern ist; es stellt vier Kontinente (Europa, Amerika, Afrika und Asien) dar und enthält Motive aus Kunst, Landwirtschaft, Wissenschaft und Industrie. Das schönste an der Galerie ist allerdings ihr Dach aus Stahl und Glas, das von einer riesigen Kuppel gekrönt wird. Das Dach war die erste tragende Konstruktion aus Stahl und Glas in Italien. Alle Böden sind mit Mosaiken aus dem Tierkreis verziert; Einheimische treten hin und wieder auf die Genitalien des Stiers, denn das soll angeblich Glück bringen.

Museo del Duomo
Palazzo Reale, Piazza del Duomo 14.
02-86 03 58. Di–So.
25. Dez.

Das Museum befindet sich südlich vom Dom im Palazzo Reale, der jahrhundertelang von den Viscontis und anderen Herrscherfamilien Mailands bewohnt wurde. Das Museum widmet sich der Geschichte des Doms, von den Anfängen im 14. Jahrhundert (und der Kirche, die früher an der Stelle stand) bis zur Ausschreibung des Wettbewerbs zur Neugestaltung der Fassade im Jahre 1886.

Zu den Ausstellungsstücken gehören auch interessante Holzmodelle des Doms aus dem 16. und 17. Jahrhundert sowie viele Statuen aus dem Mittelalter – darunter angeblich auch Skulpturen von Gian Galeazzo Visconti und Galeazzo Maria Sforza. Sehenswert sind auch die Buntglasfenster, Gemälde, Wandteppiche und zwei wunderschöne Chorgestühle.

Civico Museo d'Arte Contemporanea
Palazzo Reale, Piazza del Duomo 12.
02-62 08 39 43. Di–So.
Ostern.

Das Museum für zeitgenössische Kunst (kurz CIMAC genannt) im zweiten Stock des Palazzo Reale ist ansprechend und zeitgemäß. Es wurde 1984 eröffnet und wird ständig erweitert, das Hauptinteresse gilt jedoch nach wie vor der italienischen Kunst: von Werken aus dem 19. Jahrhundert bis zu Werken von Künstlern des Futurismus (insbesondere Umberto Boccioni), von abstrakter Kunst bis zur Kunst von heute. Halten Sie Ausschau nach Werken von Carlo Carrà (1881–1966), Filippo de Pisis, Giorgio Morandi (1890–1964) und Tancredi, aber auch nach Arbeiten von Modigliani (1884–1920) und

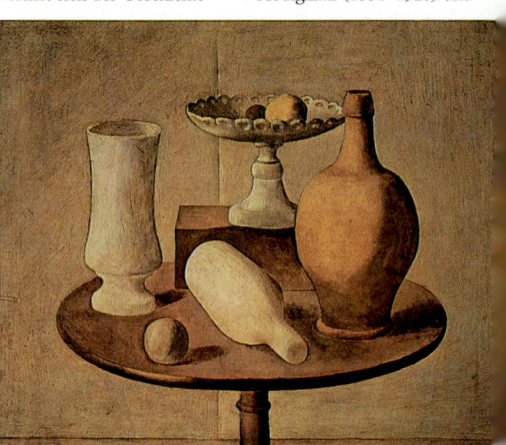

Stilleben (1920) von Giorgio Morandi im Museo d'Arte Contemporanea

De Chirico (1888–1978). Zu den hier vertretenen ausländischen Künstlern zählen Postimpressionisten (van Gogh, Cézanne, Gauguin) sowie Klee, Picasso, Mondrian und Matisse.

🏛 Pinacoteca Ambrosiana
Piazza Pio XI 2. 📞 *02-86 45 14 36.* ⬤ *wg. Renovierung bis 1997 geschlossen.*

Die Ambrosiana beherbergt die mit 30 000 Manuskripten bestückte herrliche Bibliothek von Kardinal Federico Borromeo. Sehenswert sind vor allem auch die Illustrationen der *Ilias* aus dem 5. Jahrhundert, frühe Ausgaben von Dantes *Göttlicher Komödie* (1353) und Leonardos *Atlantikkodex* (15. Jh.).

Im gleichen Gebäude befindet sich außerdem eine interessante Kunstsammlung von Borromeo, die von seinem breitgefächerten, wenngleich etwas obskuren Geschmack zeugt. Heute enthält die Sammlung Werke aus dem 14. bis 19. Jahrhundert. Zu den ausgestellten Gemälden zählen auch das *Porträt eines Musikers*, das Leonardo da Vinci (1452–1519) zugeschrieben wird, und das *Porträt einer jungen Frau*, das von seinem Schüler Ambrogio da Predis stammen soll. Weitere Meisterwerke sind die *Madonna vom Thron* von Botticelli (15. Jh.), eine Nachbildung von Raffaels Fresko *Die Schule von Athen* im Vatikan (16. Jh.) und Caravaggios *Obstkorb* (das erste italienische Gemälde mit diesem Motiv). Zu bewundern sind außerdem venezianische Meister wie Tiepolo, Tizian, Giorgione und Bassano.

Obstkorb (um 1596) von Caravaggio in der Pinacoteca Ambrosiana

🔒 San Satiro
Via Torino. 📞 *02-86 68 83.* ⬤ *tägl.*

Diese unscheinbare Kirche, die eigentlich Santa Maria presso San Satiro heißt, ist einer der schönsten Renaissancebauten in Mailand. Die erste Kirche stand hier schon im 9. Jahrhundert, von der nur die Cappella della Pietà und ein Glockenturm übriggeblieben sind.

Das Innere wurde scheinbar in Form eines griechischen Kreuzes errichtet, denn Baumeister Bramante, der auch ein Scheinpresbyterium schuf, verstand sich auf optische Täuschung. Über dem Altar befindet sich ein herrliches Fresko aus dem 13. Jahrhundert, ein achteckiges Baptisterium mit Terrakottafries liegt rechts vom Hauptschiff. Die Außenfassade der Kirche wurde erst im 19. Jahrhundert fertiggestellt.

DESIGNERMODE IN MAILAND

Die Italiener sind ein sehr modebewußtes Volk; so mangelt es auch in Mailand nicht an eleganten Geschäften, die sich auf vier Straßen konzentrieren (Via Monte Napoleone, Via Sant'Andrea, Via della Spiga und Borgospesso), in denen die besten Designer Italiens ihre modischen Kunstwerke verkaufen.

Im Gegensatz zur Pariser Mode, die sich gern auffallend gibt, trifft man in Mailand eher auf klassische Eleganz: gutgeschnittene Kostüme, elegante Accessoires, schicke und doch bequeme Schuhe. Im Grunde findet man hier nichts anderes als das, was man auf den Straßen aller anderen italienischen Städte sieht: Stil und Komfort bleiben gleich, nur die schwindelerregenden Preise erinnern daran, daß diese vier Straßen zum teuersten Pflaster der Welt gehören.

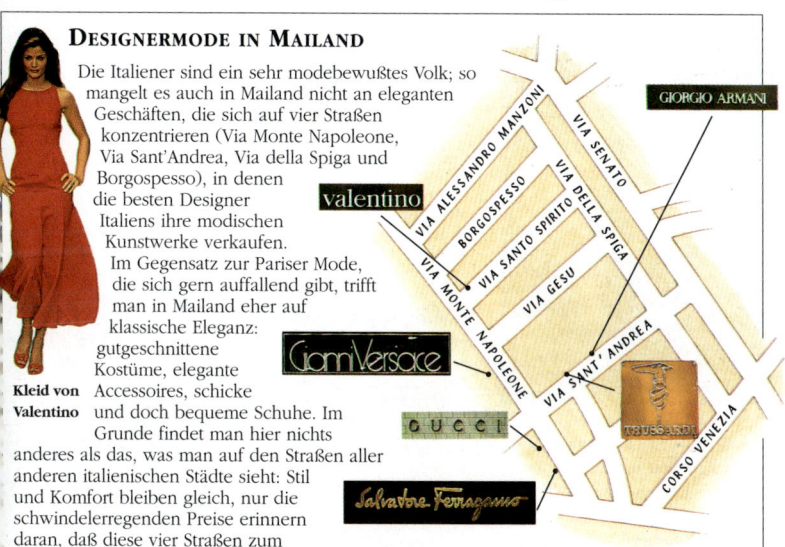

Kleid von Valentino

Via Monte Napoleone mit Mailands elegantesten Geschäften

Mailand: Pinacoteca di Brera

MAILANDS UMFANGREICHSTE Gemäldesammlung befindet sich im mächtigen Palazzo di Brera aus dem 17. Jahrhundert. Hier wurde im 18. Jahrhundert die Accademia di Belle Arti gegründet, neben der sich die Gemäldesammlung entwickelte. Im Inneren des Palastes hängen die schönsten Werke der italienischen Renaissance und des Barock, darunter Werke von Piero della Francesca, Mantegna, Bellini, Raffael, Tintoretto, Veronese und Caravaggio. Ausgestellt sind aber auch Arbeiten der bedeutendsten modernen italienischen Künstler.

Mutter und Sohn (um 1917)
Das metaphysische Gemälde von Carlo Carrà stellt eine Traumwelt voller seltsamer Symbole dar.

Moisè Kisling
Modiglianis winkliges Porträt verdeutlicht sein Interesse an afrikanischen Skulpturen.

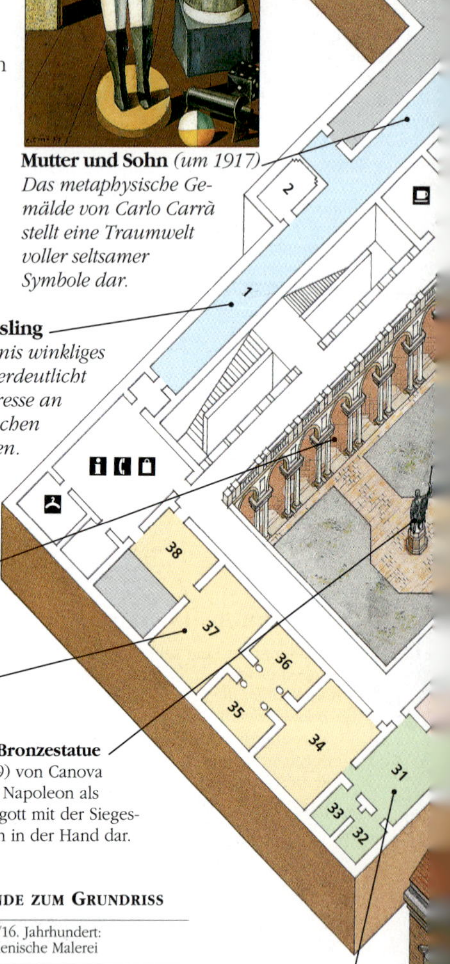

Eine doppelläufige Treppe führt zum Eingang im ersten Stock.

Die Bronzestatue (1809) von Canova stellt Napoleon als Halbgott mit der Siegesgöttin in der Hand dar.

★ **Der Kuß** (1859)
Francesco Hayez' Gemälde gehört zu den meistkopierten Werken Italiens des 19. Jahrhunderts. Das patriotische und sentimentale Bild wurde zum Symbol für die Einigung des Landes.

LEGENDE ZUM GRUNDRISS

- 15./16. Jahrhundert: Italienische Malerei
- 16./17. Jahrhundert: Holländische und flämische Malerei
- 17. Jahrhundert: Ital. Malerei
- 18./19. Jahrhundert: Italienische Malerei
- 20. Jahrhundert: Italienische Malerei und Skulpturen
- Keine Ausstellungsfläche

Rembrandt, Rubens und van Dyck zählen zu den hier ausgestellten ausländischen Meistern.

MAILAND

INFOBOX

Via Brera 28. 02-72 26 31.
M Lanza, Monte Napoleone,
Duomo. 60, 61. Di–Sa
9–17.30 Uhr, So, Feiertage
9–13 Uhr (letzter Einlaß 30 Min.
vor Schließung). 1. Jan, 1.
Mai, 25. Dez.

★ Der tote Christus
Licht und Perspektive dieser Grablegung von Mantegna (1431–1506) machen das Gemälde zu einem seiner Meisterwerke.

KURZFÜHRER
Die Sammlung, deren erste Bilder aus aufgelösten Kirchenbesitzen stammen, ist auf 38 Räume verteilt. Meist sind wegen Restaurierungs- und Forschungsarbeiten nicht alle Räume zu besichtigen.

Doppelte Säulen
stützen die Arkaden im Hof.

Die Steinfassade
vermittelt einen gleichmäßigen und strengen Eindruck.

Madonna della Candeletta *(um 1490)
Dieses reichverzierte und mit vielen Einzelheiten versehene Gemälde von Carlo Crivelli stammt von einem Flügelaltar.*

Haupteingang
in der Via Brera

NICHT VERSÄUMEN

★ **Der tote Christus von Mantegna**

★ **Mariä Vermählung von Raffael**

★ Mariä Vermählung
Auf dem runden Tempel des herrlichen Altarbildes (1504) von Raffael ist die Signatur des Meisters zu sehen.

Mailand: Südwestlich vom Zentrum

DIE SAKRALBAUTEN DER STADT stellen ihre größten Kunstschätze dar: Die alten Klöster und Kirchen sind architektonische Meisterleistungen wie auch Fundstätten von Schätzen, die bis in die Römerzeit zurückreichen. In Mailand befindet sich auch eines der berühmtesten Gemälde überhaupt, Leonardos Meisterwerk *Das letzte Abendmahl*.

Der Eingang von Sant'Ambrogio zwischen zwei Glockentürmen

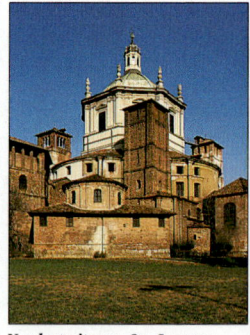

Nordostseite von San Lorenzo Maggiore

🛈 Sant'Ambrogio
Piazza Sant'Ambrogio 15. 📞 02-86 45 08 95. 🕐 tägl. ♿

Der heilige Ambrosius, Schutzpatron der Stadt, war so redegewandt, daß der Legende nach sogar die Bienen in seinen Mund flogen, weil sie Honig auf seiner Zunge schmeckten. Im 4. Jahrhundert kämpfte er als Bischof von Mailand gegen die Spaltung der Kirche. 379 gründete er diese Kirche, der heutige Bau geht jedoch größtenteils auf das 10. Jahrhundert zurück. Ein mittelalterlicher Eingang führt zu den Bronzetüren zwischen den beiden Glockentürmen. Im Inneren sind vor allem das schwere Gewölbe, die herrliche Kanzel und der von einem Baldachin gekrönte Hochaltar (9. Jh.) mit vergoldeten Reliefs und wertvollen Edelsteinen sehenswert. In der Kapelle an der Südseite befinden sich herrliche Mosaiken in der Kuppel. In der Krypta liegen die Gebeine des Schutzheiligen. Über der Vorhalle informiert ein kleines Museum über die Geschichte der Kirche.

🛈 San Lorenzo Maggiore
Corso di Porta Ticinese. 📞 02-89 40 41 29. 🕐 tägl.

Die Kirche ist bedeutendstes Zeugnis des römischen und frühchristlichen Mailands. Die achteckige Basilika (4. Jh.) wurde höchstwahrscheinlich auf den Überresten eines römischen Amphitheaters errichtet; sie wurde im 12. und 16. Jahrhundert umgebaut.

Vor der Kirche stehen 16 römische Marmorsäulen und eine Statue Kaiser Konstantins, unter dessen Herrschaft mit dem Edikt von Mailand die Verfolgung der Christen aufgehoben wurde. Schöne Mosaiken (4. Jh.) schmücken die frühchristliche Cappella di Sant'Aquilino mit den zwei Sarkophagen. Weitere römische Überreste sind in der Kammer unter der Kapelle zu sehen.

🛈 Santa Maria delle Grazie
Piazza Santa Maria delle Grazie 2. 📞 02-498 75 88. **Cenacolo** 🕐 Di-So vorm. ⬛ Feiertage. 📷

Dieser herrliche Klosterbau aus dem 15. Jahrhundert mit dreischiffiger Kirche und einem kleinen, von Bramante erbauten Kreuzgang enthält eines der bedeutendsten Gemälde des Abendlandes, Leonardo da Vincis *Letztes Abendmahl*. Leonardo hat Jesus und seine Jünger in dem Augenblick festgehalten, in dem Jesus ihnen mitteilt, daß einer von ihnen ihn verraten werde. Die Christusfigur hat der Meister, der sich zu gering erachtete, um sie zu vollenden, unfertig gelassen.

Leonardo hat hier seine Fresken zum erstenmal nicht auf nassen Untergrund, sondern auf trockenen Gips gemalt. Leider sind die Fresken dadurch mehr der Verwitterung anheimgegeben, die Restaurierung erweist sich als besonders schwierig.

Leonardo da Vincis *Letztes Abendmahl* (1495–97) im Speisesaal von Santa Maria delle Grazie

Das Edikt von Mailand

Mailand wurde schon bald nach seiner Gründung 222 n. Chr. zum Handelszentrum im oberitalienischen Raum. Nachdem das Römische Reich geteilt worden war, zogen die römischen Kaiser das zentral gelegene Mediolanum, den Ort der Mitte, ihrer alten Hauptstadt Rom vor. Aus diesem Grund wurde hier 313 auch das Edikt von Mailand erlassen, mit dem die Christenverfolgung beendet und das Christentum schließlich Staatsreligion wurde. Der Kaiser soll durch eine Vision zum Christentum bekehrt worden sein, doch der Übertritt war der einzige Weg, das zerrissene Reich zu einigen.

Kaiser Konstantin

ren schmaler Eisenring aus einem Nagel des Kreuzes Christi geschmiedet sein soll, hat vermutlich schon Kaiser Konstantin getragen. Weitere Schätze befinden sich im **Museo Serpero**, darunter die silberne Henne mit sieben Küken, Symbol für die Lombardei und ihre sieben Provinzen, sowie ein Zahn, der Johannes dem Täufer gehört haben soll.

Autodromo
Parco di Monza. 039-248 21. tägl. 25. Dez.
Dom
Piazza Duomo. 039-32 34 04.
Museo Serpero Di–So.

Bergamo

150 000. Piazzale Marconi 106 (035-24 22 26). Mo.

Das in lichter Höhe gelegene Bergamo verdankt einen Großteil seiner künstlerischen Inspiration und architektonischen Schönheit dem Einfluß von Venedig, dem es vom 15. bis 18. Jahrhundert unterstand. Die Stadt setzt sich aus zwei sehr unterschiedlichen Teilen zusammen: der hochgelegenen Altstadt Bergamo Alta und der darunterliegenden Neustadt Bergamo Bassa.

Das Schmuckstück der Altstadt ist die **Piazza Vecchia**, der alte Platz, um den herum die schönste Architektur der ganzen Region zu bewundern ist. Da wären die Torre del Comune aus dem 12. Jahrhundert mit der herrlichen Sperrzeitglocke, die allabendlich um 22 Uhr läutet, die Biblioteca Civica (Stadtbibliothek) aus dem 16. Jahrhundert und der Palazzo della Ragione aus dem 12. Jahrhundert, den die Löwen von Venedig zieren.

Durch die Arkaden des Palazzo della Ragione gelangt man zur Piazza del Duomo,

Leonello d'Este (um 1440) von Pisanello in der Accademia Carrara in Bergamo

den Vorplatz des Doms, der von der Fassade der **Cappella Colleoni** (siehe S. 178) beherrscht wird. In der 1476 erbauten Kapelle befindet sich das Grab des berühmtesten Heerführers der Stadt, Bartolomeo Colleoni. Die Kapelle wird umrahmt vom achteckigen Baptisterium (14. Jh.) und der romanischen Kirche Santa Maria Maggiore, deren strenges Äußeres im Widerspruch zu ihrem reichverzierten barocken Inneren steht; hier ist der berühmte Musikersohn der Stadt, Gaetano Donizetti (1797–1848), begraben.

Schmuckstück der Unterstadt ist die **Galleria dell'Accademia Carrara**, eine Gemäldesammlung mit Arbeiten venezianischer und einheimischer Maler, aber auch Künstlern aus dem restlichen Italien: Pisanello, Crivelli, Mantegna, Giovanni Bellini und Botticelli (15. Jh.), Tizian, Raffael und Perugino (16. Jh.), Tiepolo, Guardi und Canaletto (18. Jh.). Zu den ausländischen Meistern der hier ausgestellten Werke zählen Holbein, Dürer, Brueghel und Velázquez.

Skulptur an der Cappella Colleoni

Galleria dell'Accademia Carrara
Piazza dell'Accademia. 035-39 94 26. Mi–Mo. Feiertage.

Monza

Milano. 125 000. Palazzo Comunale, Piazza Carducci (039-32 32 22). Do, Sa.

Heute ist Monza kaum mehr als eine Vorstadt von Mailand. Bekanntheit erlangte sie jedoch durch ihren berühmten Formel-1-Rennkurs **Autodromo** in einem Park am Rande der Stadt. Auf dem Parkgelände befinden sich auch ein dreiflügeliges Jagdschloß, die Villa Reale, und ein riesiger Golfplatz. Einst zählte Monza zu den wichtigsten Städten der Lombardei; Theodelinde, Königin der Langobarden, ließ hier den ersten Dom erbauen, in dem noch heute die eiserne Krone der Langobarden aufbewahrt wird.

Der **Dom** mit seiner grünweißen Fassade und den herrlichen Fresken, auf denen das Leben Theodelindes dargestellt ist, steht mitten im Zentrum. Die eiserne Krone, de-

Schattiger Weg durch den Parco Nazionale dello Stelvio

Parco Nazionale dello Stelvio ❻

Trento, Bolzano, Sondrio, Brescia.
🚌 von Bormio bis Santa Caterina u. Madonna dei Monti. 🛈 Via Monte Braulio 56, Bormio (0342-90 51 51).

DER STILFSER NATIONALPARK, Italiens größtes Naturschutzgebiet, ist das Tor der Lombardei zu den faszinierenden Dolomiten. Mehr als 50 Seen liegen zwischen den bis zu 3900 Meter hohen Gletschern der Cevedale- und Ortler-Massive. Auf der kurvenreichen Straße hinauf zum Stilfser Joch findet alljährlich eine Etappe des berühmt-berüchtigten Radrennens Giro d'Italia statt. Für Wanderer und Bergsteiger hält diese Landschaft unzählige Touren mit unterschiedlichstem Schwierigkeitsgrad bereit und bietet damit Zugang zu einer Bergwelt, die sonst nur von Steinböcken, Gemsen und Adlern gesehen wird. Der bekannteste Ort ist **Bormio**, in dem sportbegeisterte Gäste sowohl im Sommer als auch im Winter auf ihre Kosten kommen. Bormio ist idealer Ausgangspunkt für alle Bergwanderungen. Im **Orto Botanico** können sich Interessierte über die einheimische Pflanzenwelt informieren.

🌿 **Orto Botanico**
Via Monte Braulio, Bormio. ⌚ Okt–Juni Mo–Sa; Juli–Sep tägl. 💳

Val Camonica ❼

Brescia. 🚆 🚌 Capo di Ponte. 🛈 Via Briscioli, Capo di Ponte (0364-420 80).

DAS BREITE GLETSCHERTAL verdient besondere Erwähnung, denn hier finden sich prähistorische Felszeichnungen, die zwischen Lago d'Iseo und Capo di Ponte ein riesiges Freiluftgemälde bilden. Das gesamte Tal wurde von der UNESCO zum bedeutenden Kulturdenkmal Italiens erklärt. Mehr als 180 000 Felsgravuren aus neolithischer bis römischer Zeit sind hier bis in die 70er Jahre entdeckt worden; die schönsten findet man im **Parco Nazionale delle Incisioni Rupestri** um Capo di Ponte. Lassen Sie sich auf keinen Fall den Felsen von Naquane entgehen, auf dem mindestens 1000 Gravuren aus der letzten Eiszeit zu sehen sind. Das **Museo Archeologico di Val Camonica** in Cividate Camuno widmet sich ganz den römischen Ansiedlungen in diesem Tal.

🏛 **Museo Archeologico di Val Camonica**
Via Nazionale, Cividate Camuno.
📞 0364-34 43 01. ⌚ Di–So vorm. 💳

Lago d'Iseo ❽

Bergamo, Brescia. 🚆 🚌 Iseo.
🛈 Lungolago Marconi 2, Iseo (030-98 02 09).

DER SEE INMITTEN von Weinbergen ist nicht nur von hohen Bergen und Wasserfällen umgeben, er besitzt sogar seine eigene, kleine Erhebung in Form eines 600 Meter hohen Inselbergs namens Mont'Isola. Am See gelegen sind mehrere Fischerdörfer, darunter Sale Marasino und Iseo. Von Marione am Ostufer führt eine Straße zum fünf Kilometer entfernten **Cislano**, wo pfeilerartige Felsformationen zu sehen sind, die jeweils von einem Felsblock

Prähistorische Felsgravuren (Jäger und Beute) in der Val Camonica

LOMBARDEI

Der Ponte Coperto über den Ticino in Pavia

gekrönt werden. Diese im Laufe von Jahrmillionen entstandenen wunderschönen Pfeiler und seltsamen Naturwunder der Lombardei heißen im Volksmund »Feen des Waldes«.

Brescia

200 000. Corso Zanardelli 34 (030-434 18). Sa.

DIE ZWEITE STADT der Lombardei nach Mailand ist stolz auf ihr kulturelles Erbe – angefangen von den römischen Tempeln bis hin zu den Denkmälern aus der Mussolini-Ära, zu denen auch die Piazza Vittoriale zählt. Im Mittelalter war die Stadt Sitz eines langobardischen Herzogtums. Zu den wichtigsten Sehenswürdigkeiten zählen die römischen Ausgrabungsstätten um die Piazza del Foro mit dem **Tempio Capitolino**, einem Kapitol aus dem Jahre 73, das heute Museum und Theater beherbergt, die **Pinacoteca Civica Tosio Martinengo**, in der Werke von Raffael, Lorenzo Lotto u. a. ausgestellt sind, und der alte **Dom** (11. Jh.) mit der weißen Fassade (17. Jh.). Die **Piazza della Loggia**, auf der samstags Markt abgehalten wird, ist nach der Loggia benannt, die teilweise von Palladio stammt. Die Kirche San Nazaro e San Celso aus dem 18. Jahrhundert enthält ein herrliches Altarbild von Tizian.

Tempio Capitolino
Via Musei 57a. 030-460 31. Di-So. 1. Jan, 1. Mai, 1. Nov, 25. Dez.

Pinacoteca Civica Tosio Martinengo
Via Martinengo da Barco. 030-377 49 99. Di-So. 1. Jan, 1. Mai, 1. Nov, 25. Dez.

Lodi

Milano. 43 000. Piazza Broletto 4 (0371-42 13 13). Mi, Do, Sa, So.

LODI IST EIN hübsches mittelalterliches Städtchen mit pastellfarbenen Häusern, schmiedeeisernen Toren, hübschen Innenhöfen und Gärten. Unweit von der Piazza della Vittoria mit ihrem Dom (12. Jh.) steht die herrliche Renaissancekirche **Incoronata**. Der prächtige achteckige Innenraum ist mit wertvollen Gemälden verziert, eine der Kapellen enthält Fresken (15. Jh.) von Bergognone.

Pavia

81 000. Via Fabio Filzi 2 (0382-272 38). Mi, Sa.

WÄHREND IHRER BLÜTEZEIT war Pavia die Hauptstadt der Langobarden; Karl der Große und Friedrich Barbarossa empfingen hier die Krone. Aber auch nachdem die Stadt 1359 die Vorherrschaft an Mailand verloren hatte, bewahrte sie sich ihren Ruf, von dem heute noch Kirchen, Türme und andere Denkmäler zeugen.

Neben der berühmten Certosa di Pavia *(siehe S. 196 f)* ist die aus Sandstein errichtete **Basilica di San Michele** unweit des Corso Garibaldi sehenswert. Sie stammt aus dem 7. Jahrhundert, mußte nach einem Blitzschlag (12. Jh.) jedoch größtenteils neu aufgebaut werden. Keine andere Kirchenfassade ist so reich mit Skulpturen geschmückt, aber auch im Inneren befinden sich prächtige Arbeiten. In einer der Kapellen wird ein silbernes Kruzifix (7. Jh.) aufbewahrt.

Auch im Zentrum der Stadt gibt es viel zu sehen: das mittelalterliche **Rathaus** (Broletto) mit der Fassade aus dem 16. Jahrhundert und der **Dom**, den man ab 1488 schrittweise nach Plänen von Amadeo, Leonardo da Vinci und Bramante erbaute. Die Kuppel wurde erst vor gut hundert Jahren fertiggestellt. Die Torre Civica stürzte 1989 ein. Der **Ponte Coperto**, die gedeckte Brücke über den Ticino, wurde nach dem Zweiten Weltkrieg wiederaufgebaut.

Pavia besitzt außerdem eine der ältesten Universitäten Europas (1361) mit einem bis heute ausgezeichneten Ruf; die verschiedenen Fakultäten sind entlang der Strada Nuova untergebracht. Folgt man dieser Straße nach Norden, gelangt man zum Castello Visconteo, in dem sich heute das **Museo Civico** befindet.

Nordwestlich der Piazza Castello steht die Kirche **San Pietro in Ciel d'Oro** (12. Jh.), deren namensgebende vergoldete Decke zwar nicht mehr zu sehen ist, dafür jedoch der herrliche Schrein des heiligen Augustinus, dessen Gebeine der Legende nach im 8. Jahrhundert aus Karthago hierhergebracht wurden. In der Krypta begraben ist der große Philosoph Boethius (um 480–524).

Museo Civico
Castello Visconteo, Piazza Castello. 0382-338 53. Di-Fr vorm., Sa. Feiertage.

Der römische Tempio Capitolino in Brescia

Certosa di Pavia ⓬

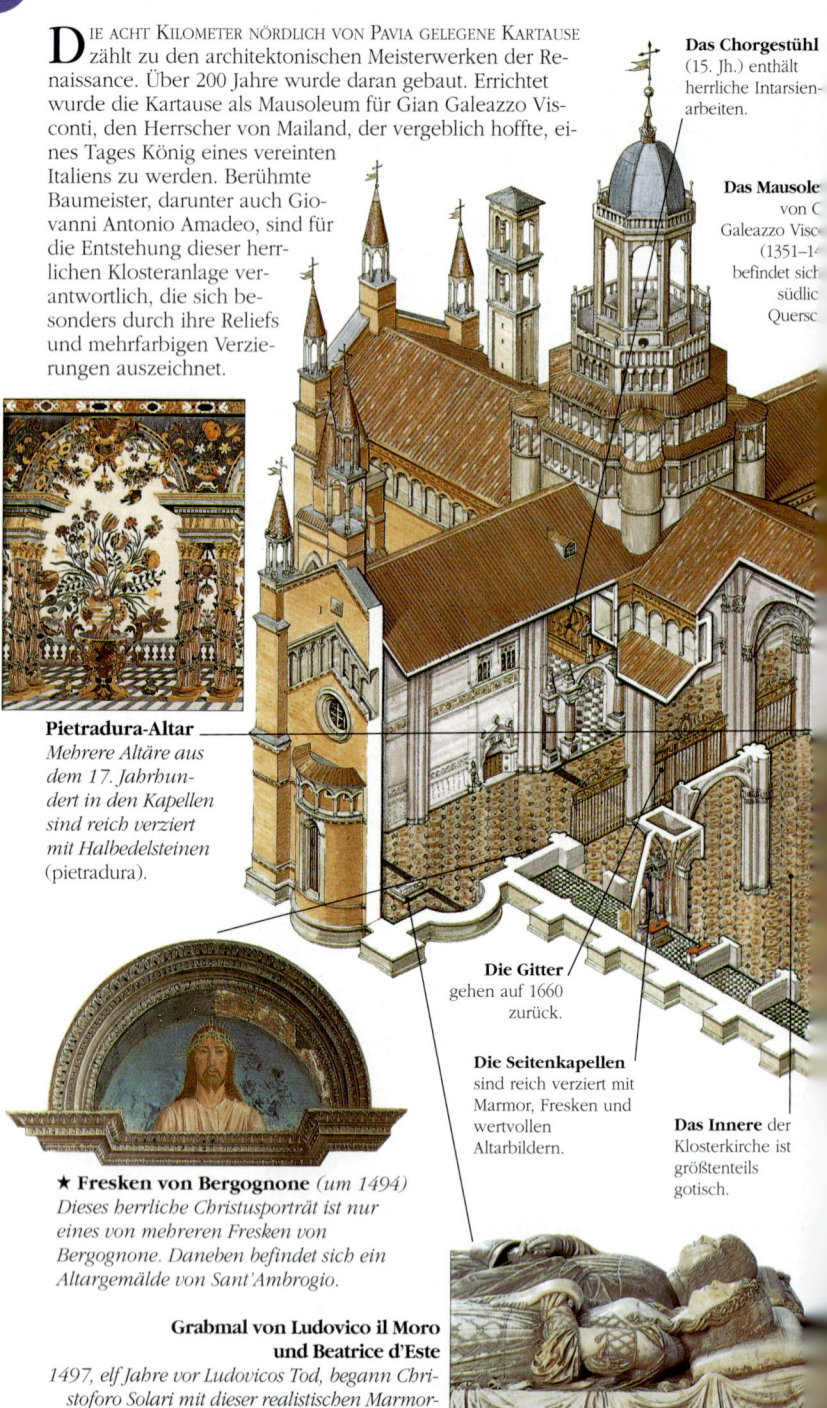

DIE ACHT KILOMETER NÖRDLICH VON PAVIA GELEGENE KARTAUSE zählt zu den architektonischen Meisterwerken der Renaissance. Über 200 Jahre wurde daran gebaut. Errichtet wurde die Kartause als Mausoleum für Gian Galeazzo Visconti, den Herrscher von Mailand, der vergeblich hoffte, eines Tages König eines vereinten Italiens zu werden. Berühmte Baumeister, darunter auch Giovanni Antonio Amadeo, sind für die Entstehung dieser herrlichen Klosteranlage verantwortlich, die sich besonders durch ihre Reliefs und mehrfarbigen Verzierungen auszeichnet.

Das Chorgestühl
(15. Jh.) enthält herrliche Intarsienarbeiten.

Das Mausole
von G
Galeazzo Visc
(1351–1⸺
befindet sich
südlic
Quersc

Pietradura-Altar
Mehrere Altäre aus dem 17. Jahrhundert in den Kapellen sind reich verziert mit Halbedelsteinen (pietradura).

Die Gitter
gehen auf 1660 zurück.

Die Seitenkapellen
sind reich verziert mit Marmor, Fresken und wertvollen Altarbildern.

Das Innere der Klosterkirche ist größtenteils gotisch.

★ Fresken von Bergognone *(um 1494)*
Dieses herrliche Christusporträt ist nur eines von mehreren Fresken von Bergognone. Daneben befindet sich ein Altargemälde von Sant'Ambrogio.

Grabmal von Ludovico il Moro und Beatrice d'Este
1497, elf Jahre vor Ludovicos Tod, begann Christoforo Solari mit dieser realistischen Marmorskulptur von Ludovico und seiner jungen Braut.

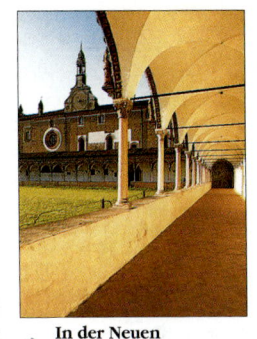

LOMBARDEI

Großer Kreuzgang
Den großen, an drei Seiten von Mönchszellen umgebenen Kreuzgang erreicht man durch den kleinen Kreuzgang. Durch eine lukenartige Öffnung neben der Zelle wurde den Mönchen das Essen gereicht.

INFOBOX

Viale del Monumento, Pavia.
0382-92 56 13. von Pavia.
Certosa. Beide Male zusätzlich 1 km zu Fuß. Di–So (u. Mo, falls Feiertag) 9–11.30, 14.30–17.30 Uhr (Okt–März 18 Uhr; letzter Einlaß 30 Min. vor Schließung). **Spende** *bei Führungen.*

In der Neuen Sakristei befinden sich farbenprächtige Deckenfresken.

Mönchszelle

Der herrliche kleine Kreuzgang mit schönen Terrakottareliefs umschließt einen kleinen, gepflegten Garten.

Haupteingang der Kartause

★ **Renaissancefassade**
Der untere Teil der Fassade (15. Jh.) ist eine monumentale Schauwand mit Figuren römischer Kaiser, Heiliger (hier Petrus), Apostel und Propheten. Der obere Teil stammt aus dem Jahre 1500.

★ **Altarbild von Perugino**
Sechs Flügel waren es im Jahre 1499, erhalten geblieben ist jedoch nur einer – Gottvater; die beiden Seitenflügel stammen von Bergognone.

NICHT VERSÄUMEN

★ Renaissancefassade

★ Altarbild von Perugino

★ Fresken von Bergognone

Der Dom auf der Piazza del Comune in Cremona

Cremona ⓭

🏠 76 000. 🚉 ℹ️ *Piazza del Comune 5 (0372-232 33).* 🎪 *Mi, Sa.*

Cremona ist nicht nur berühmt wegen seiner Küche, sondern auch wegen der Musik, besser gesagt wegen des berühmten Komponisten Claudio Monteverdi (1567–1643) und des Geigenbauers Stradivari. Zentrum der Stadt ist die schöne, von herrlichen Gebäuden umgebene Piazza di Comune.

Die erste Sehenswürdigkeit ist jedoch der teilweise romanische **Dom** und sein Glockenturm, **Torrazzo** genannt, höchster mittelalterlicher Turm ganz Italiens, zwischen denen sich eine Loggia spannt. Die Krönung der herrlichen Fassade aus dem 13. Jahrhundert sind die große Fensterrosette und der reiche Skulpturenschmuck. Das Innere des Doms ist mit prächtigen Fresken aus dem 16. Jahrhundert, flämischen Wandteppichen und herrlichen Altarbildern ausgestattet. Vom Torrazzo aus bietet sich ein Panoramablick über die ganze Stadt. Sehenswert ist auch die neben dem Dom stehende Kanzel, von der schon der heilige Bernhardin von Siena zum Volk sprach.

Neben dem Dom stehen außerdem das achteckige Baptisterium aus dem 12. Jahrhundert sowie die Arkadenhalle aus dem späten 13. Jahrhundert, die **Loggia dei Militi**, ehemaliger Sitz der Stadtkommandanten.

Ebenfalls an der Piazza Duomo steht der im 13. Jahrhundert umgebaute **Palazzo del Comune** (die Fenster sind neueren Datums); darin ausgestellt sind vier kostbare Geigen: je eine von Guarneri del Gesù, Andrea und Niccolò Amati und Stradivari. Im **Museo Stradivariano** sind Zeichnungen, Modelle und vom Meister selbst gefertigte Geigen zu sehen. Das **Museo Civico** in einem Palast aus dem 16. Jahrhundert beherbergt eine Pinakothek, dazu Schnitzereien, den Domschatz, Keramiken und eine archäologische Abteilung.

Verläßt man die Stadt in östlicher Richtung, gelangt man zur Renaissancekirche **San Sigismondo**, in der 1441 die Vermählung von Francesco Sforza und Bianca Visconti stattfand. Das Innere ist reich geschmückt mit Altarbildern und Fresken von Künstlern der Schule von Cremona (Gebr. Campi, Gatti und Boccaccino).

🗼 **Torrazzo**
Piazza del Comune. ☐ *Ostern – 1. Nov tägl.*

🏛 **Palazzo del Comune**
Piazza del Comune. 📞 *0372-221 38.* ☐ *Di–So.* ● *Feiertage.*

🏛 **Museo Stradivariano**
Via Palestro 17. 📞 *0372-46 18 86.* ☐ *Di–So.* ● *Feiertage.*

🏛 **Museo Civico**
Via Ugolani Dati 4. 📞 *0372-46 18 85.* ☐ *Di–So.* ● *Feiertage.*

Sabbioneta ⓮

Mantua. 🏠 *4600.* 🚉 🚌 ℹ️ *Piazza d'Armi (0375-520 39).* 🎪 *Mi nachm.* 🎭 *im Fremdenverkehrsamt erfragen.*

Sabbioneta ist beispielhaft für die Architektur der Renaissance. Der Mann, der dieses Städtchen erbauen ließ, hieß Vespasiano Gonzaga (1531–91). Innerhalb der sechseckigen Stadtbefestigung liegt ein rechtwinkliges Straßennetz mit zwei Plätzen, an denen sich die wichtigsten Gebäude befinden. Zu den schönsten gehören das Teatro Olimpico, erbaut nach Plänen von Scamozzi, der Palazzo Ducale und der freskenverzierte Palazzo del Giardino.

ANTONIO STRADIVARI UND SEINE GEIGEN

In Cremona wurde die Geige sozusagen »erfunden«. Der Instrumentenbauer Andrea Amati stellte sie um 1535 als erster her, und schon bald kam sie an den Höfen Europas groß in Mode, denn ihr Klang übertraf die bis dahin gebauten Fiedeln um ein Vielfaches.

Aber erst mit Antonio Stradivari (1644–1737) – Schüler von Andrea Amatis Enkel Niccolò –

Stich von Antonio Stradivari (19. Jh.)

wurde das Handwerk zur genialen Kunst. Aus den großen Wäldern der Dolomiten holte er sich das richtige Holz und stellte im Laufe seines Lebens mehr als 1100 Streichinstrumente her, von denen heute noch 400 Exemplare existieren. Ihr Klang ist nach wie vor unübertroffen. Wer auf den Spuren Stradivaris wandeln will, sollte das Museo Stradivariano, den Geigenraum im Palazzo del Comune und das Denkmal des großen Meisters auf der Piazza Roma besichtigen.

Deckengemälde von Mantegna in der Camera degli Sposi, Palazzo Ducale

Mantua ⑮

🏠 55 000. 🚉 🚌 🛈 *Piazza Andrea Mantegna 6 (0376-32 82 53)*. 🚢 *Do.*

Das auf dem trockengelegten Mündungsgebiet des Mincio erbaute Mantua war eigentlich eine feste Insel im Fluß. Weil im 19. Jahrhundert auch der südliche See trockengelegt wurde, ist Mantua heute nur noch auf drei Seiten von Wasser umgeben. Dies sorgt für eine hohe Luftfeuchtigkeit, die die Stadt jedoch durch ihre große Geschichte mehr als wettmacht: In Mantua wurde der Dichter Vergil geboren, und die Gonzaga-Herzöge bestimmten drei Jahrhunderte lang die Geschicke der Stadt. Mantegna wurde in Mantua geboren, Shakespeare entsandte seinen Romeo nach Mantua, und Mantua ist Schauplatz von Verdis Oper *Rigoletto*. Ganz in der großen Theatertradition steht auch das **Teatro Scientifico Bibiena**, das Mozarts Vater als das schönste der Welt bezeichnete.

Das Leben in Mantua konzentriert sich um drei Plätze herum: die Piazza dell'Erbe, die Piazza del Broletto mit dem Palazzo gleichen Namens aus dem 13. Jahrhundert, in dessen Mauernische Vergil verewigt ist, und die kopfsteingepflasterte Piazza Sordello. Auf einer Seite der Piazza Sordello steht der **Dom** mit einer Fassade aus dem 18. Jahrhundert und herrlichen Stuckarbeiten im Inneren von Giulio Romano (um 1492–1546), auf der anderen der Palazzo Bonacolsi mit der hohen Gefängnismauer. Die Piazza dell'Erbe wird beherrscht von der nach den Plänen des Renaissancearchitekten Alberti erbauten **Basilica di Sant'Andrea** (15. Jh.). Ebenfalls sehenswert sind die Rotonda di San Lorenzo aus dem 11. Jahrhundert und der Palazzo della Ragione aus dem 13. Jahrhundert mit dem zweihundert Jahre jüngeren Glockenturm.

Ornament am Glockenturm an der Piazza dell'Erbe

🏛 Palazzo Ducale
Piazza Sordello. 📞 *0376-32 02 83.* ⏰ *Mo–Sa, So vorm.* ⬛ *1. Jan, 1. Mai, 25. Dez.* 💶

Der prächtigste Bau Mantuas ist der Palazzo Ducale, ehemals Residenz der Familie Gonzaga. Zu dem langgestreckten Bau gehören das Castello San Giorgio – ein Kastell aus dem 14. Jahrhundert –, eine Hofkirche und der eigentliche Palast. Im Inneren sind viele herrliche Kunstschätze zu bewundern, darunter ein unvollendeter Freskenzyklus von Pisanello aus dem 15. Jahrhundert mit Szenen aus der Artus-Legende, ein großes Porträt der herzoglichen Familie von Rubens aus dem 17. Jahrhundert und der Freskenzyklus (1465–74) von Mantegna im Ehegemach, der **Camera degli Sposi**; zu sehen ist Lodovico Gonzaga mit Familie. Die Wände sind geschmückt mit Darstellungen von Edelleuten und Phantasielandschaften, die Decke zeigt einen blauen Himmel mit Engeln *(siehe S. 220 f)*.

🏛 Palazzo del Tè
Viale Tè. 📞 *0376-32 32 66.* ⏰ *Di–So.* ⬛ *1. Jan, 1. Mai, 25. Dez.* 💶

Am anderen Ende der Stadt erhebt sich der Palazzo del Tè aus dem frühen 16. Jahrhundert; erbaut wurde er von Giulio Romano als Jagdschloß für die Familie Gonzaga. Der Baumeister verstand es, Architektur und Kunst auf verblüffende Weise miteinander zu verschmelzen: So scheinen in der **Sala dei Giganti** die Titanen die Säulen, auf denen dieser Saal steht, einzureißen. Bemerkenswert ist auch die mit mythologischen Szenen ausgestaltete Camera di Psiche, die die Liebe von Federico II Gonzaga zu seiner Mätresse verherrlichen soll. Weitere Räume sind mit Pferden und Darstellungen der Tierkreiszeichen ausgemalt.

Fassade des Palazzo Ducale (13. Jh.) an der Piazza Sordello

Fresko von Mantegna (15. Jh.) in der Camera degli Sposi im Palazzo Ducale ▷

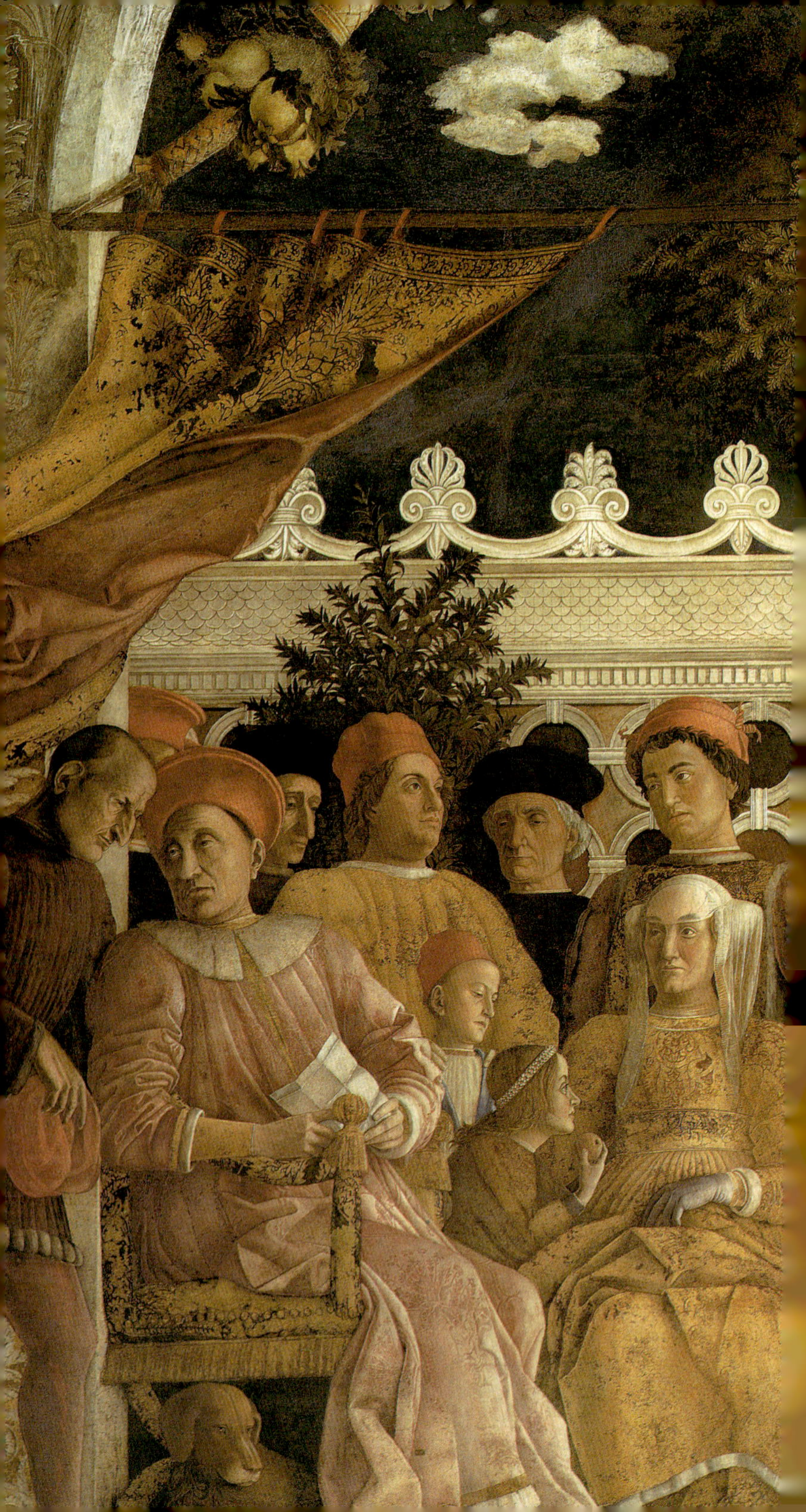

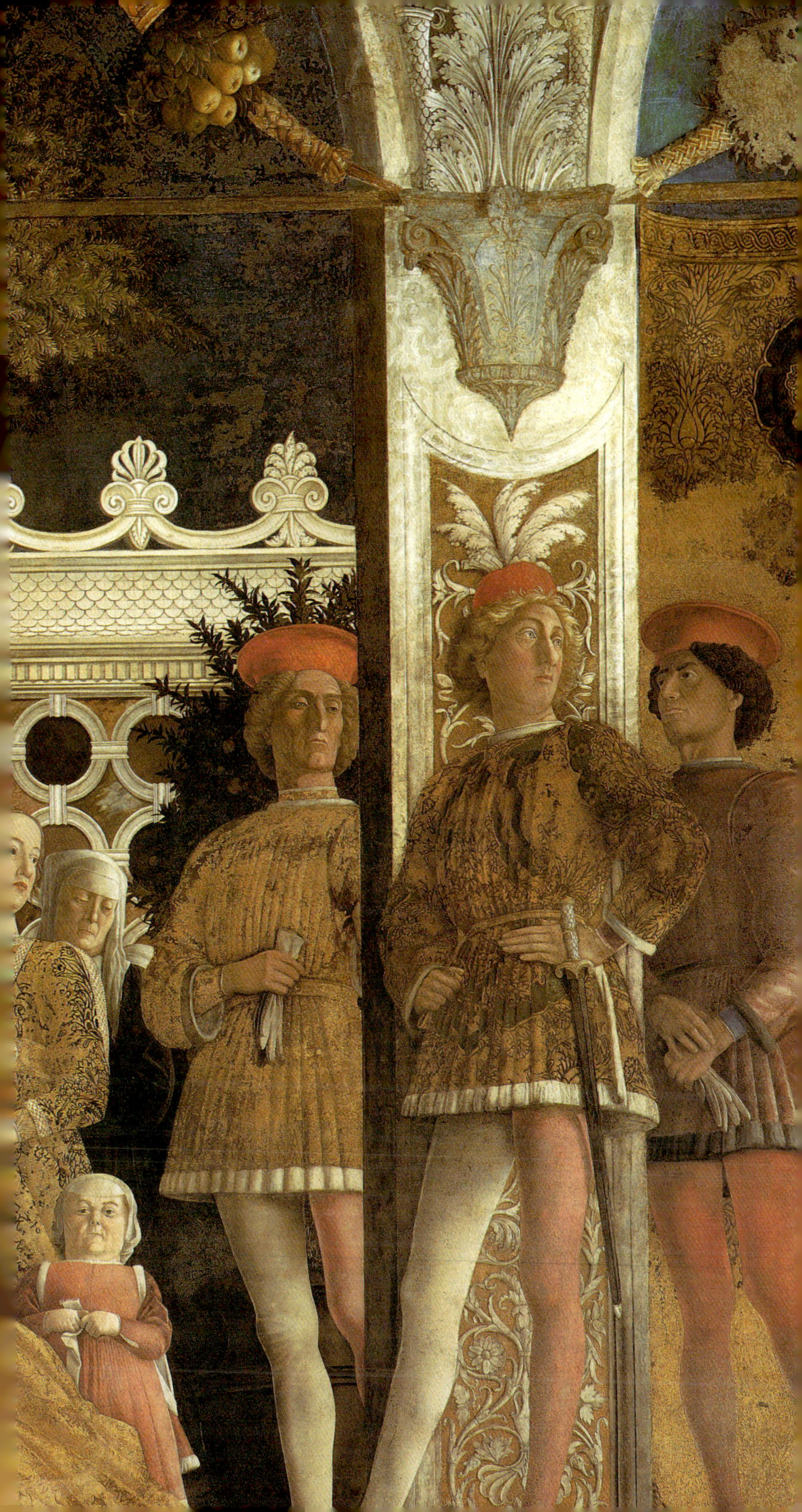

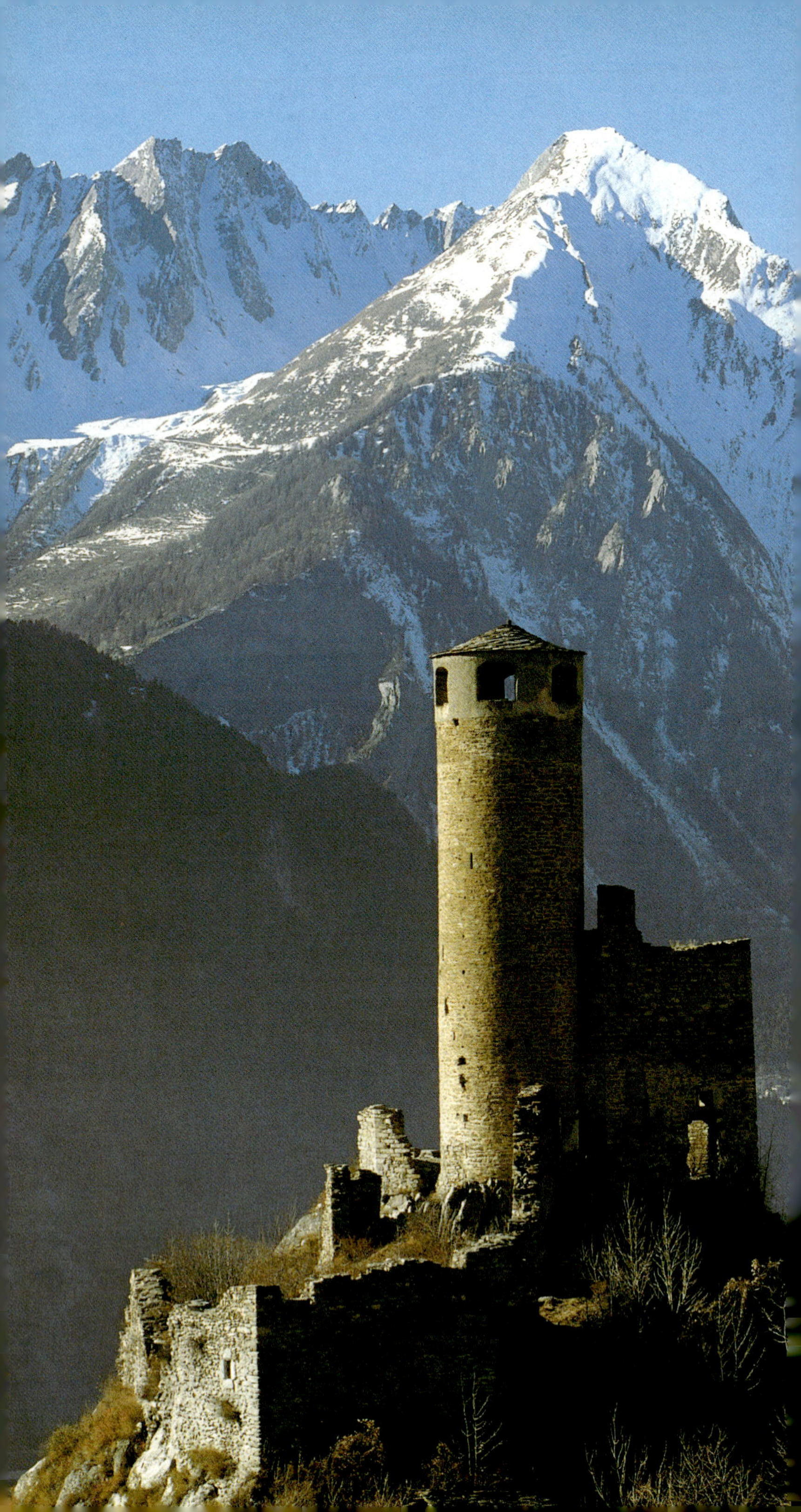

Aosta-Tal und Piemont

Das Piemont und das benachbarte Aosta-Tal *sind – mit Ausnahme von Turin – im wesentlichen Natur pur. Im Norden liegen die Alpen mit Wintersportorten wie Courmayeur und die unwegsamen Hänge des Nationalparks Gran Paradiso, im Süden die Weinberge rund um Barolo und die scheinbar endlosen Reisfelder der großen Po-Ebene.*

Der Nordwesten hat auch viel Geschichte und Kultur vorzuweisen. Vom 11. bis 18. Jahrhundert standen das grüne Aosta-Tal und das Piemont unter der Herrschaft Savoyens, weshalb man in abgelegenen Tälern selbst heute noch ein altes Französisch spricht. Erst unter Herzog Emanuele Filiberto kam die Region endgültig unter italienischen Einfluß, später spielte sie eine wichtige Rolle in der Risorgimento-Bewegung *(siehe S. 58 f.)*, die die Einigung des Landes unter einem Piemonteser König durchsetzte. Die Spuren der Geschichte finden sich in den mittelalterlichen Burgen und in den vielen Kapellen, den *sacri monti,* am Fuße der Alpen. In Vercelli war eine bekannte Gruppe von Malern beheimatet, deren Arbeiten in den kleinen Pfarrkirchen, aber auch in mehreren ausgezeichneten Gemäldegalerien zu besichtigen sind. Architektonische Schätze gibt es dagegen nur in Turin, der vielmals unterschätzten und überraschend eleganten Barockstadt, in der unter anderem eines der weltweit besten Museen ägyptischer Kunst zu finden ist. Das Piemont ist bekannt für seine Industrie – Fiat in Turin, Olivetti in Ivrea, Textilfabriken in Biella –, aber es hat seine landwirtschaftlichen Ursprünge nicht vergessen, was sich vor allem darin äußert, daß Essen und Trinken nach wie vor eine wichtige Rolle im Leben der Menschen spielen. Und schließlich muß man wissen, daß an den Berghängen Piemonts einige der besten Rotweine Italiens wachsen.

Beim gemütlichen Plausch in einem Turiner Café

◁ **Die Burgruine von Châtelard (13. Jh.) im Aosta-Tal**

//
Überblick: Aosta-Tal und Piemont

Die flache, weite Po-Ebene mit ihren ausgedehnten Reisfeldern um Vercelli und Novara wird im Westen von den majestätischen Alpen begrenzt, in deren Schatten am Rande der Ebene Turin, größte Stadt der Region und Hauptstadt Piemonts, liegt. Etwas weiter nordwestlich öffnen sich die hübschen, von weißen Gipfeln eingerahmten Alpentäler rund um Aosta mit ihren Dörfern, Städten und Burgen. Der Parco Nazionale del Gran Paradiso ist genau das, was der Name verspricht: ein Naturparadies von atemberaubender Schönheit.

Reisfelder rund um Vercelli

AUF EINEN BLICK

Aosta ❺
Asti ㉒
Avigliana ⑪
Basilica di Superga ⑮
Bossea ㉔
Colle del Gran San Bernardo ❷
Cuneo ㉓
Domodossola ⑰
Garessio ㉕
Lago d'Orta ⑲
Lago di Ceresole Reale ❼
Monte Bianco ❶
Monte Cervino ❸
Monte Rosa ❹
Novara ⑳
Parco Nazionale del Gran Paradiso S. 208f ❻
Pinerolo ⑫
Sacra di San Michele ⑩
Santuario d'Oropa ⑯
Stupinigi ⑭
Susa ❾
Turin S. 212ff ⑬
Varallo ⑱
Vercelli ㉑
Via Lattea ❽

AOSTA-TAL UND PIEMONT

Turin, Hauptstadt Piemonts, in der Po-Ebene

UNTERWEGS

Eine direkte Autobahnverbindung zwischen Frankreich und dem Nordwesten Italiens gibt es nicht, wohl aber eine über die Schweiz, genauso wie eine Zugverbindung über den Simplonpaß. Innerhalb Italiens gibt es ausgezeichnete Verkehrsverbindungen, einschließlich der Eisenbahn, nach Turin und hinauf bis nach Aosta; in die abgelegeneren Orte gelangt man mit Sicherheit mit dem Bus. Es ist jedoch unbestritten, daß sich hier in den Bergen das eigene Fahrzeug ganz besonders bezahlt macht.

Burg Fénis im Aosta-Tal

SIEHE AUCH

- **Übernachten** S. 551 ff
- **Restaurants** S. 586 ff

0 Kilometer 25

LEGENDE

- Autobahn
- Hauptstraße
- Nebenstraße
- Panoramastraße
- Fluß
- Aussichtspunkt

Monte Bianco ❶

Aosta. FS Pré-St-Didier.
Courmayeur. Piazzale Monte Bianco 13, Courmayeur (0165-84 20 60).

DER WEISSE BERG – weltweit bekannt unter dem Namen Mont Blanc und mit 4810 Metern der höchste Gipfel der Alpen –, beherrscht das westliche Aosta-Tal und seinen hübschen Ferienort **Courmayeur**.
Wer von Entrèves mit dem Sessellift zur Aiguille du Midi hinauffährt, kann einen der atemberaubendsten Ausblicke der ganzen Alpen genießen. Pré-St-Didier ist der ideale Ausgangspunkt für eine Erkundung des **Kleinen St. Bernhard**.

Colle del Gran San Bernardo ❷

Aosta. FS Aosta. Strada Statale Gran San Bernardo 13, Etroubles (0165-785 59).

WER ST. BERNHARD SAGT, denkt an die Hunderasse gleichen Namens, die hier seit dem 11. Jahrhundert von katholischen Mönchen gezüchtet wird. Das **Mönchshospiz**, das um 1050 vom heiligen Bernhard gegründet wurde, steht genaugenommen auf Schweizer Seite, und zwar am Rande eines hübschen Sees.
Im herrlichen San-Bernardo-Tal liegen das Dorf Etroubles inmitten eines kleinen Wäldchens, der Ort St-Oyen mit der schönen Pfarrkirche und der Ferienort St-Rhémy-en-Bosses.

Bernhardiner

Mönchshospiz
Colle San Bernardo, Schweiz.
00 41-26-87 12 36.
Juni–Sep tägl.

Monte Cervino ❸

Aosta. FS Breuil-Cervinia.
Via Carrel 29, Breuil-Cervinia (0166-94 91 36).

DAS DREIECKIGE, leicht erkennbare Matterhorn (Monte Cervino) ragt 4478 Meter in den Himmel. Zu seinen Füßen liegen die schmucken Dörfer Antey-St-André, Valtournenche (dem das Tal seinen Namen verdankt) und der Ferienort **Breuil-Cervinia**. Von Breuil gelangt man mit der Seilbahn zu den Cime Bianche, die einen unvergleichlichen Panoramablick bieten. Wanderer und Skifahrer fühlen sich hier gleichermaßen wohl.

Monte Rosa ❹

Aosta. FS Verrès. St-Jacques.
Route Varasc, Champoluc (0125-30 71 13).

NÖRDLICH VON Val di Gressoney und Val d'Ayas liegt der Monte Rosa. Das tiefer gelegene Ayas-Tal wird von der hoch auf einem Felsen thronenden Ruine des **Castello di Graines** beherrscht. Vom höher gelegenen Champoluc kann man die Seilbahn hinauf zur **Testa Grigia** (3315 Meter) nehmen. Das Gressoney-Tal ist die Heimat der Walser, die heute noch ein altes Deutsch sprechen. In der Nähe des Ortes Pont-St-Martin sollte man sich die gut erhaltene Römerbrücke nicht entgehen lassen, ebensowenig wie **Issime** mit seiner Kirche aus dem 16. Jahrhundert und dem herrlichen Fassadenfresko.

Castello di Graines
Graines, Strada Statale 506.
tägl.

AUF DEN SPUREN DES MITTELALTERS IM AOSTA-TAL

Da die Berge den verstreuten Reichen des Aosta-Tals nur unzureichenden Schutz boten, versuchten die Herrscher und Gebieter über kleine Bezirke ihre leicht zu gefährdende Macht durch Burgen zu schützen. Von den unzähligen, die im Mittelalter errichtet wurden, sind ungefähr 70 erhalten geblieben; man sieht sie teilweise, wenn man vom Mont-Blanc-Tunnel nach Italien und von Aosta nach Pont-St-Martin fährt.
 Die frühen Burgen waren nichts anderes als Schutz- und Trutzburgen; beeindruckende Beispiele dafür sind **Montmayer** im Valgrisenche und der Turm von **Ussel**, der vom Felsen über das Tal wacht.
 Die im 14. Jahrhundert errichteten Burgen **Fénis** und **Verrès** wurden bereits als komfortable Wohn- und Hofanlagen gebaut. Man wußte zu leben im ausgehenden Mittelalter. Auch auf **Issogne** folgte man diesem Hang zum Luxus mit herrlichen Fresken, Loggien und Springbrunnen.
 Vittorio Emanuele II, der Besitzer von **Sarre**, legte Wert auf ein schönes Aussehen und ließ die spartanische Burg zu einem opulenten Jagdschloß mit allem Komfort umbauen. Und die Herren der hoch oben in den Weinbergen gelegenen Burg **Châtelard** waren nicht nur Ritter, sondern auch Weinbauern.

Die strategisch günstig gelegene Burg von Verrès

Kreuzgang von Sant'Orso aus dem 12. Jahrhundert mit 40 Marmorsäulen

Aosta ❺

37 000. FS ➤ ℹ️ *Piazza Chanoux 8 (0165-23 66 27).* 🚌 *Di.*

DAS IN HERRLICHER Berglandschaft gelegene Aosta bietet eine unvergleichliche Mischung aus Kultur und Natur. Um 25 v. Chr. unterwarfen die Römer hier die keltischen Salasser und nannten die Stadt fortan Augusta Praetoria. Auch heute noch begegnet man den Römern im »Rom der Alpen« auf Schritt und Tritt.

Im Mittelalter wurde die Stadt zuerst von den Herren von Challant, dann von den Herzögen von Aosta weiter befestigt; letztere ließen entlang der alten Mauer 18 Wachttürme bauen.

Das moderne Aosta ist eine geschäftige Stadt mit wachsenden Vororten und Durchgangsort für Touristen auf dem Weg in die Berge. Nur das Stadtzentrum präsentiert sich heute noch genauso wie vor 2000 Jahren, als regelmäßiges Rechteck mit rechtwinklig zueinander verlaufenden Straßen und herrlichen Bauwerken.

🏛 Römische Bauwerke
Römisches Theater, Via Baillage. 🕐 *tägl.* ⬤ *25. Dez.* **Amphitheater**, Convento di San Giuseppe, Via dell'Anfiteatro. 📞 *0165-36 21 49.* 🕐 *nur nach Voranmeld.* 🎟 ♿
Römisches Forum, Piazza Giovanni XXIII. 🕐 *tägl.* ⬤ *25. Dez.*
In römischer Zeit gelangte man über die **Brücke** im Osten der Stadt (hinter der neuen Brücke) und durch den **Augustusbogen** nach Aosta hinein. Außer dem Dach aus dem 18. Jahrhundert ist alles an diesem Triumphbogen original. Unweit davon befindet sich die **Porta Pretoria** mit ihren immens dicken Mauern und einem Turm aus dem Mittelalter. Auch das **römische Theater** ist gut erhalten geblieben; zu sehen ist ein Teil der 20 Meter hohen Fassade. Das in elliptischer Form angelegte **Amphitheater** auf der Nordseite erreicht man durch das Kloster San Giuseppe. Neben der Kathedrale befand sich vermutlich das **römische Forum**, von dem ein gewaltiger Kryptoportikus erhalten blieb; über die Funktion dieses zwei Meter unter Straßenniveau liegenden Saals kann man nur rätseln.

Mittelalterliches Bodenmosaik in der Kathedrale von Aosta

🏛 Dom
Piazza Giovanni XXIII. 🕐 *tägl.* **Museo del Tesoro** 🕐 *Apr–Sep tägl.; Okt–März So, Feiertage nachm.* 🎟
Dieses relativ bescheidene, Johannes dem Täufer geweihte Gotteshaus geht auf das 12. Jahrhundert zurück. Das Innere ist gotisch und enthält ein wertvolles geschnitztes Chorgestühl sowie einen Mosaikfußboden. Nebenan befindet sich das **Museo del Tesoro** mit dem Domschatz sowie mittelalterlichen Schreinen und Reliquien.

🏛 Sant'Orso
Via Sant'Orso. 📞 *0165-26 20 26.* 🕐 *tägl.* ♿
Östlich der Stadt liegt eine weitere Sehenswürdigkeit von Aosta: ein interessanter mittelalterlicher Klosterkomplex. Die Kirche Sant'Orso hat eine einfache, aber ungewöhnliche gotische Fassade mit einem hohen, schmalen Portal. Das Innere ist geschmückt mit Fresken aus dem 11. Jahrhundert und einer Krypta, in der auch die Gebeine des heiligen Orso, des Schutzpatrons von Aosta, liegen. Unbedingt sehen sollte man den **Kreuzgang** mit seinen Säulen und Kapitellen.

UMGEBUNG: Die zwölf Kilometer östlich der Stadt gelegene Burg **Fénis** *(siehe S. 206)* gehört zu den wenigen, deren Innenräume samt Fresken und Holzgalerie gut erhalten sind. Aber auch das 38 Kilometer südöstlich befindliche, um 1490 restaurierte Schloß **Issogne** enthält herrliche Originalfresken. Im Hof steht ein schmiedeeiserner Brunnen in Form eines Granatapfels.

🏰 Castello di Fénis
Fénis. 📞 *0165-76 42 63.* 🕐 *tägl.* ⬤ *1. Jan, 25. Dez.* 🎟
🏰 Castello di Issogne
Issogne. 📞 *0125-92 93 73.* 🕐 *tägl.* ⬤ *1. Jan, 25. Dez.* 🎟

Imposante Überreste des römischen Forums in Aosta

Parco Nazionale del Gran Paradiso ❻

EINE ATEMBERAUBENDE Landschaft mit schneebedeckten Gipfeln und saftigen Wiesen ist Gran Paradiso, Italiens berühmtester Nationalpark, ehemals königliches Jagdrevier des Hauses Savoyen. Es ist ein Paradies für Mensch und Tier, im Sommer kommen wegen der seltenen alpinen Flora und Fauna vor allem Wanderer auf ihre Kosten, im Winter wird der Nationalpark auch von Skilangläufern genutzt. König des Parks ist der Steinbock, den es nirgendwo mehr sonst in Europa gibt und der deshalb natürlich unter Naturschutz steht, genau wie Gemse, Schneehuhn, Adler, seltene Schmetterlinge und Murmeltier.

Castello di Aymavilles
Mittelalterliche Ecktürme bewachen das Schloß (18. Jh.).

Der Goletta-Wasserfall ist ein herrliches Naturschauspiel in der Nähe des Lago di Goletta.

Steinbock
Der Steinbock lebt oberhalb der Baumlinie. Rudel sieht man in der Abend- und Morgendämmerung um den Col Lauson und im Juni in der Gegend von Pont.

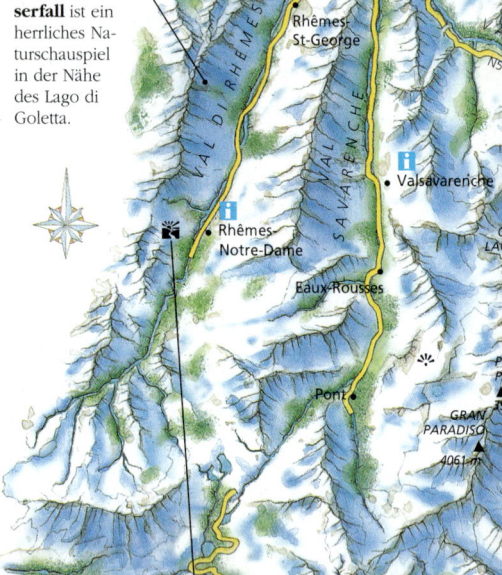

Val di Rhêmes-Notre-Dame
Dieses friedliche, breite Tal hält wunderbare Naturschauspiele bereit, vor allem Wasserfälle und schnell fließende Gebirgsbäche.

AOSTA-TAL UND PIEMONT

Cascata di Balma
Dieser rauschende Wasserfall östlich des kleinen Dorfes Lillaz ist nach der Schneeschmelze im Frühjahr am beeindruckendsten.

Cogne, bedeutendster Ferienort im Nationalpark, ist idealer Ausgangspunkt für die Erkundung des Parks. Karten gibt es im Fremdenverkehrsamt.

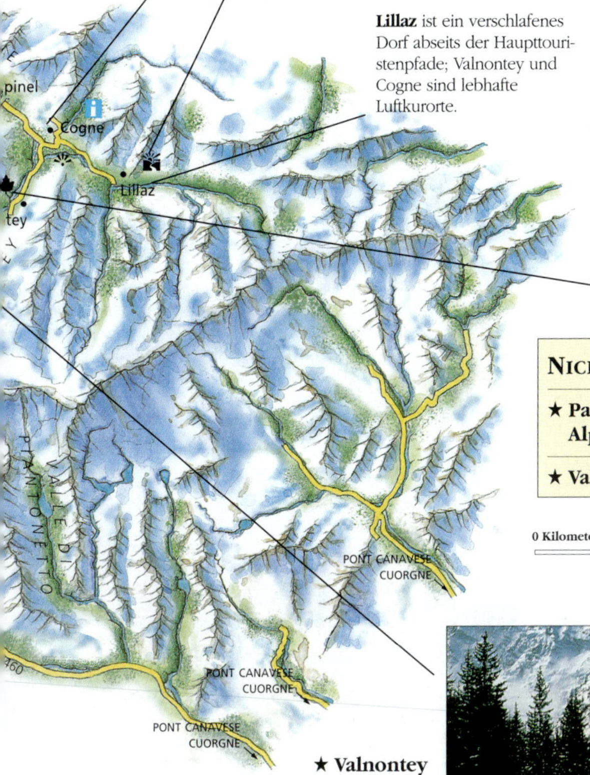

Lillaz ist ein verschlafenes Dorf abseits der Haupttouristenpfade; Valnontey und Cogne sind lebhafte Luftkurorte.

INFOBOX

Piemonte, Valle d'Aosta.
🛈 Segreteria Turistica, Via Umberto I 1, Noasca (0124-90 10 70). Weitere Informationen in Ceresole Reale u. Cogne. ◯ Juli, Aug, Feiertage. **FS** Aosta u. Pont Canavese. 🚌 von Aosta oder Pont Canavese in die Täler.
Paradisia-Alpengarten, Valnontey, Cogne. ☎ 0165-740 40. ◯ Mitte Juni–Mitte Sep tägl.

★ Paradisia-Alpengarten
In diesem botanischen Garten entdeckt man eine herrliche Vielfalt seltener Pflanzen.

NICHT VERSÄUMEN

★ Paradisia-Alpengarten

★ Valnontey

0 Kilometer 5

LEGENDE

🛈 Auskunft

━ Hauptstraße

❀ Aussichtspunkt

★ Valnontey
Dieses hübsche Tal, nach dem der Ort benannt ist, ist umgeben von schneebedeckten Bergen mit herrlichen Wanderwegen.

Der kleine Ferienort Ceresole Reale im Winter

Lago di Ceresole Reale ❼

Torino. ▭ bis Ceresole Reale.
ℹ April – Okt Corso Vercelli 1, Ivrea (0124-95 31 86); Nov – März Comune di Ceresole (0124-95 31 21).

Am Südrand des großen Parco Nazionale del Gran Paradiso *(siehe S. 208 f)* liegt der kleine Ort Ceresole Reale an einem herrlichen Gebirgssee. Die Straße von Cuorgne windet sich durch das bergige Land bei Canavese und folgt dann der N460 entlang einer schmalen Schlucht mit reißendem Bach. Bei **Noasca** rauscht hoch über den Häusern ein Wasserfall in die Tiefe.

Das in einer Talsohle gelegene Ceresole Reale ist umgeben von Wiesen, Lärchenwald und schneebedeckten Berggipfeln – dem Gran-Paradiso-Massiv im Norden, dem Levanna-Massiv im Süden –, die sich im klaren Wasser des Stausees, der Turin mit Strom versorgt, widerspiegeln. Diese herrliche Landschaft ist beliebt bei Wanderern und Bergsteigern, im Winter auch bei Skifahrern.

Via Lattea ❽

Torino. FS Oulx. ▭ bis Sauze d'Oulx. ℹ Piazzale Agnelli 4, Sestriere (0122-75 51 70).

Der Turin am nächsten gelegene Gebirgszug ist deshalb ein beliebtes Ausflugsziel und heißt im Volksmund »Milchstraße«. Dörfer wie **Bardonecchia** und **Sauze d'Oulx** bezaubern durch alte Stein- und Holzhäuser, die sich im Laufe der Jahrhunderte nicht verändert haben. In der kleinen Kirche von Bardonecchia befindet sich ein herrliches geschnitztes Chorgestühl aus dem 15. Jahrhundert. Der supermoderne Komplex in **Sestriere** bietet dagegen alle Annehmlichkeiten für Skifahrer im Winter und Wanderer im Sommer.

Von Bardonecchia fährt man mit dem Sessellift hinauf zur südlich gelegenen **Punta Colomion**, wo man in 2054 Meter Höhe einen herrlichen Ausblick hat.

Susa ❾

Torino. ⌂ 7000. FS ▭ ℹ Corso Inghilterra 39 (0122-62 24 70). ▭ Di.

Dieses herrliche Städtchen geht auf die Römerzeit zurück: Der im 8. Jahrhundert v. Chr. erbaute **Augustusbogen** erinnert an die Freundschaft zwischen dem gallischen Stammeshäuptling und Kaiser Augustus. Zu den weiteren Zeugnissen der Römer gehören zwei Bogen eines Aquädukts, Teile eines Amphitheaters und Überreste der alten Stadtmauer. Der imposante römische Torbogen **Porta Savoia** (4. Jh.) wurde im Mittelalter umgebaut.

Das Zentrum des Städtchens zeigt größtenteils mittelalterliche Spuren, sowohl die Burg der Herzogin Adelaide als auch der **Dom** stammen aus dem 11. Jahrhundert. Im mehrfach umgebauten Dom befinden sich ein mehrflügeliger Altar (um 1500), der Bergognone zugeschrieben wird, sowie ein wertvolles flämisches Altarbild aus dem 14. Jahrhundert, das die Jungfrau und Heilige darstellt. Südlich des Städtchens liegt die von frühmittelalterlichen Häusern umgebene gotische Kirche **San Francesco**.

Der imposante, teils römische Torbogen Porta Savoia in Susa

Straße in Bardonecchia

Figurale Kapitelle an der Porta dello Zodiaco der Sacra di San Michele

Sacra di San Michele ❿

Strada Sacra San Michele. 011-93 91 30. Juli–Aug von Avigliana u. Turin. Di–So 9–12, 15–18 Uhr.

Die in 610 Meter Höhe, auf halbem Weg zum Monte Pirchiriano gelegene Benediktinerabtei Sacra di San Michele wurde um das Jahr 1000 gegründet und war mehr als sechshundert Jahre lang bedeutendes religiöses Zentrum.

Da alle Wallfahrer auf dem Weg nach Rom hier Station machten, gelangte das Kloster zu enormem Reichtum und Macht, die ihm über einhundert Jahre lang die Vorherrschaft über alle anderen italienischen, spanischen und französischen Klöster sicherten. Obwohl es von außen an eine Festung erinnert, wurde es mehrmals angegriffen und verwüstet, bis es 1662 schließlich dem Verfall preisgegeben wurde.

154 steile, in den Stein gehauene Stufen führen hinauf zum Kloster, von dem man einen herrlichen Ausblick weit übers Land hat. An oberster Stelle der Treppe mit dem Namen Scalone dei Morti befindet sich die romanische Porta dello Zodiaco, ein Torbogen mit Kapitellen, die mit Figuren aus dem Tierkreis verziert sind. Hinter dem Torbogen gelangt man in die im 12. und 13. Jahrhundert erbaute Kirche. Den Innenraum schmücken Gemälde und Fresken aus dem 15. und 16. Jahrhundert sowie ein dreiflügeliger Altar aus dem 16. Jahrhundert von dem Piemonteser Künstler Defendente Ferrari.

In der Krypta befinden sich die Gräber der frühen Herzöge und Prinzen des Hauses Savoyen-Carignano.

Avigliana ⓫

Torino. 9500. Piazza del Popolo 6 (011-93 86 50). Do.

An einem sonnigen Tag ist der Anblick dieses Ortes zwischen zwei gletschergespeisten Seen und umgeben von weißen Bergen atemberaubend schön. Über Avigliana erhebt sich die Ruine einer Burg aus dem 10. Jahrhundert, die bis ins frühe 15. Jahrhundert Sitz der Herzöge von Savoyen war.

Die mittelalterlichen Häuser sind größtenteils originalgetreu erhalten geblieben, vor allem um die beiden wichtigsten Plätze, die Piazza Santa Maria und die Piazza Conte Rosso. Andere sehenswerte Gebäude sind die Casa della Porta Ferrata an der Via Omonima sowie die Casa dei Savoia an der Via XX Settembre aus dem 15. Jahrhundert. In der Kirche San Giovanni (13./14. Jh.) befinden sich Bilder von Defendente Ferrari (frühes 16. Jh.).

Pinerolo ⓬

Torino. 36 000. Viale Giolitti 7–9 (0121-79 55 89). Mi, Sa.

Dort, wo sich Lemina-Tal und Chisone-Tal treffen, liegt inmitten der Berge die Kleinstadt Pinerolo. Im 14. und 15. Jahrhundert war sie Sitz der Familie Acaia, einer Nebenlinie des Hauses Savoyen, die den schönen Künsten zugetan war und sie entsprechend förderte. Der Stadt war jedoch keine Beständigkeit vergönnt: Zwischen dem 15. und 18. Jahrhundert wurde sie fünfmal von den Franzosen besetzt, die aus Verteidigungsgründen viele alte Gebäude der Stadt zerstörten. Angeblich soll hier auch der »Mann mit der eisernen Maske« gefangengehalten worden sein. Heute ist die Stadt Handels- und Industrieort.

Eine Reihe von Gebäuden ist jedoch erhalten geblieben. Der im 15. und 16. Jahrhundert im gotischen Stil umgebaute **Dom** weist ein herrliches Portal und einen gewaltigen Glockenturm auf. Die Via Principi d'Acaia führt hinauf zum Schloß der Fürsten von Acaia aus dem 14. Jahrhundert und zur Kirche **San Maurizio** aus dem 15. Jahrhundert, die auch Grabstätte der Familie Acaia ist. Neben der Kirche steht ein Glockenturm aus dem 14. Jahrhundert.

Die mittelalterlichen Arkaden um die Piazza Conte Rosso in Avigliana

Turin ⑬

WER TURIN HÖRT, denkt zuerst an Autoindustrie und an norditalienischen Wohlstand. Obwohl die Stadt zweifellos ein wichtiges Wirtschaftszentrum ist, verfügt sie über sehr viel Charme und wartet mit barocker Architektur, ausgezeichneten Museen und einer unvergleichlichen Lage am Fuße der Alpen auf. Außerdem ist Turin auch Heimat des Turiner Grabtuchs, der Fiat-Werke und des Fußballvereins Juventus.

Überblick: Turin
Obwohl von den Römern gegründet (die **Porta Palatina** ist ein eindrucksvolles Monument aus dem 1. Jahrhundert n. Chr.) und seit dem Mittelalter Universitätsstadt, wurde Turin erst bedeutend, als die Savoyer 1574 ihre Residenz hierher verlegten. Es folgten drei Jahrhunderte des Wohlstands. Später war Turin die treibende Kraft für die Einigung Italiens, und von 1861–65 war sie sogar Hauptstadt des vereinten Italiens.

Firmenlogo von Fiat

1899 wurde die Fabbrica Italiana Automobili Torino (**Fiat**) gegründet, die sich schon bald zu einem der größten Unternehmen in Europa entwickelte. Nach dem Zweiten Weltkrieg strömten Italiener aus dem armen Süden auf der Suche nach Arbeit in den Norden, vor allem nach Turin. Obwohl dies immer wieder zu Spannungen führt, ist davon nichts zu spüren, wenn es um Fußball geht: die Juventus-Mannschaft gehört nämlich Firmenchef Agnelli.

Kaiser-Augustus-Denkmal vor der römischen Porta Palatina

Dom
Piazza San Giovanni. ◯ tägl.
Das 1498 fertiggestellte und Johannes dem Täufer geweihte Gotteshaus ist der einzige Renaissancebau in Turin. Die Spitze des Glockenturms, der

ZENTRUM VON TURIN
Armeria Reale ⑤
Dom ②
Mole Antonelliana ⑨
Museo Egizio und
  Galleria Sabauda ⑦
Palazzo Carignano ⑧
Palazzo Madama ⑥
Palazzo Reale ④
Porta Palatina ①
San Lorenzo ③

LEGENDE
- P Parken
- i Auskunft
- Kirche
- FS Bahnhof

Der Dom (15. Jh.), dahinter die Cappella della Sacra Sindone

INFOBOX

1 000 000. Caselle 15 km N. Porta Nuova, Piazza Felice. Porta Susa, Piazza XXII Dicembre. Corso Inghilterra.
Via Roma 226 (011-53 51 81). Stazione-Zugang, Porta Nuova (011-53 13 27).
Sa. 24. Juni: Festa di San Giovanni.

30 Jahre älter ist als der Dom, wurde erst 1720 von Filippo Juvarra fertiggestellt. Der Glockenturm bildet einen krassen Gegensatz zu den sonstigen ausladenden barocken Gebäuden der Stadt. Das Innere des Doms ist mit Ausnahme der Ausschmückung der Seitenkapellen recht einfach. Durch einen marmornen Torbogen gelangt man in die **Cappella della Sacra Sindone**, die eigentlich schon zum Palazzo Reale (siehe S. 216) gehört. Die Kapelle ist ein kreisförmiger Raum mit einer Kuppel von Guarino Guarini (1624–83) und einem ungewöhnlichen Inneren. Eine Urne auf dem Altar enthält das Grabtuch Christi.

Palazzo Madama
Piazza Castello. 011-54 38 23. wg. Renovierung bis 1998.

Auf dem größten Platz Turins stand einst ein mittelalterliches Kastell, das Teile der ursprünglichen römischen Stadtmauer in sich vereinte. Auf Wunsch einer königlichen Witwe wurde das Kastell im 18. Jahrhundert umgebaut und vergrößert. Fortan hieß der Palast mit der herrlichen Fassade Juvarras Palazzo Madama.

Das Innere, dessen Treppe und Obergeschoß ebenfalls von Juvarra stammen, ist heute Sitz des **Museo Civico d'Arte Antica** mit einer wichtigen Sammlung Turiner Kunst von der griechisch-römischen Zeit bis ins 19. Jahrhundert. Zu den wichtigsten Ausstellungsstücken zählen das berühmte und mysteriöse *Porträt eines unbekannten Mannes* von Antonello da Messina aus dem 15. Jahrhundert und das herrliche *Stundenbuch* des Jean de Berry aus dem Jahre 1420. Aber auch Schmuck, Glas, Textilien und Möbel sind zu besichtigen.

Die Fassade (1718–21) des Palazzo Madama von Filippo Juvarra

DAS TURINER GRABTUCH

Die vielleicht berühmteste – aber auch zweifelhafteste – Reliquie aller Zeiten wird im Turiner Dom aufbewahrt. Auf dem Grabtuch, in das angeblich der Leichnam Christi gehüllt war, ist ganz deutlich das Abbild eines Gekreuzigten mit Dornenkrone und Wundmalen zu sehen.

Das Grabtuch ist eine der berühmtesten mittelalterlichen Reliquien. Seine Herkunft ist ungeklärt, sicher ist nur, daß es um 1430 in den Besitz des Hauses Savoyen gelangte, das von 1668 bis 1694 eine eigene Kapelle dafür bauen ließ. Das »originale« Grabtuch wird in einem silbernen Behältnis in der Urne auf dem Altar aufbewahrt; zu sehen ist nur eine Kopie, neben der diverse wissenschaftliche Erklärungen über die mögliche Herkunft des Tuches zu lesen sind. 1988 wurde jedoch mittels neuester Untersuchungsmethoden festgestellt, daß das Tuch frühestens aus dem 12. Jahrhundert stammen kann. Nichtsdestotrotz wird es weiterhin als Heiligtum verehrt.

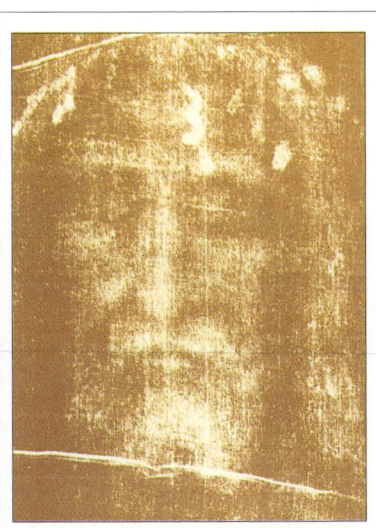

Rätselhaftes Turiner Leichentuch (12. Jh.)

Überblick: Turin

Turin ist zu Recht stolz auf seine zahlreichen interessanten Museen, die häufig in herrlichen Palästen und öffentlichen Gebäuden untergebracht sind. Das Zentrum ist relativ klein, die Straßen, die im rechten Winkel zueinander liegen, sind von Cafés und hübschen Geschäften gesäumt. Die Stadt ist auch bekannt für ihre Küche und rühmt sich einiger der besten Restaurants des Landes.

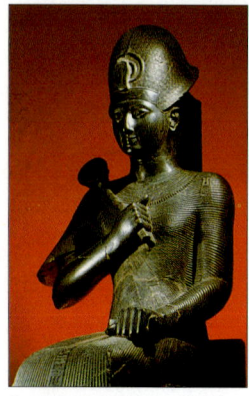

Granitstatue von Ramses II. (13. Jh. v. Chr.) im Museo Egizio

🏛 Museo Egizio
Via Accademia delle Scienze 6.
📞 011-561 77 76. 🕐 Di–So.
⚫ 1. Jan, 1. Mai, 25. Dez.

Turin verdankt sein herrliches Ägyptisches Museum, das zu den bedeutendsten der Welt gehört, vor allem dem Piemonteser Bernardo Drovetti, der unter Napoleon französischer Generalkonsul in Ägypten war. Seine Privatsammlung bildete den Grundstock für dieses außergewöhnliche Museum. Im Erdgeschoß befinden sich riesige Skulpturen sowie Nachbildungen von Tempeln, im Obergeschoß Papyrussammlungen und Alltagsgegenstände. Zu den eindrucksvollsten Skulpturen gehören die schwarze Granitstatue Ramses' II. aus dem 13. Jahrhundert v. Chr. (19. Dynastie), die etwas ältere Statue Amenophis' II. und die Basaltstatue von Gemenef-Har-Bak aus der 26. Dynastie. Im Nubiersaal steht eine atemberaubende Nachbildung des **Felsentempels von Ellessya** (15. Jh. v. Chr.).

Im Obergeschoß sind neben Wand- und Grabmalereien Alltagsgegenstände sowie Web-, Fisch- und Jagdwerkzeuge zu sehen. Das Grab von Kha und Merit aus dem 14. Jahrhundert, das mit allen Beigaben, die den Toten für ihr nächstes Leben mitgegeben wurden, ausgestattet ist, ist besonders faszinierend. Die herrliche Papyrussammlung ist vor allem für Wissenschaftler und Gelehrte interessant, denn sie ist der Zugang zum Verständnis der ägyptischen Sprache und Geschichte – auf einem der Dokumente, dem *Papyrus der Könige*, sind alle Pharaonen bis zur 17. Dynastie mit vollständigen Jahreszahlen aufgeführt.

Petrus und ein Schenker von G. Ferrari (16. Jh.), Galleria Sabauda

🏛 Galleria Sabauda
Via Accademia delle Scienze 6.
📞 011-54 74 40. 🕐 Di–So vorm.

Der Palazzo dell'Accademia delle Scienze, in dem auch das Museo Egizio untergebracht ist, beherbergt daneben die Savoyen-Pinakothek mit einer herrlichen Sammlung italienischer, französischer, flämischer und holländischer Malerei in den beiden obersten Stockwerken.

Die Sammlung geht auf die erste Hälfte des 15. Jahrhunderts zurück und wurde seitdem ständig erweitert. Vertreten sind auch Piemonteser Künstler, die in anderen Sammlungen oft vernachlässigt werden: Zu den sehenswertesten gehören vier Gemälde von Gaudenzio Ferrari (um 1475–1546) und zwei von Defendente Ferrari aus dem frühen 16. Jahrhundert. Weitere italienische Meisterwerke sind Antonio und Piero Pollaiuolos *Tobias und der Erzengel Raffael* aus dem 15.

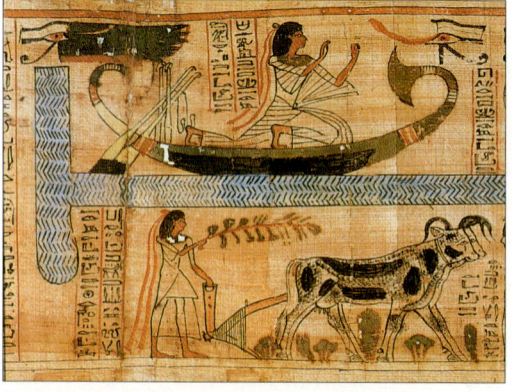

Detail eines Totenbuchs aus der 18. Dynastie im Museo Egizio

Jahrhundert und eine *Geburt der Venus* von einem Schüler Botticellis aus dem späten 15. Jahrhundert. Vertreten sind unter anderem Mantegna, Bellini, Bronzino und Veronese.

Zu den holländischen und flämischen Meisterwerken gehören Jan van Eycks *Heiliger Franziskus* (15. Jh.) und Rembrandts *Alter schlafender Mann* (17. Jh.) sowie Porträts von van Dyck, darunter eine Studie der Kinder Karls I. und sein *Tommaso di Savoia-Carignano* (1634). Zu den französischen Arbeiten zählen Landschaftsbilder aus dem 17. Jahrhundert von Claude Lorrain und Poussin.

🏛 Palazzo Carignano
Via Accademia delle Scienze 5. 011-562 11 47. tägl. 1. Jan, 25. Dez.

Arkaden an Turins lebhafter Via Roma

Fassade des Palazzo Carignano von Guarini

Dieser barocke Palast ist nicht nur Guarinis Meisterwerk, sondern mit seiner herrlichen vorspringenden Backsteinfassade und der Rotunde zweifellos das schönste Bauwerk der Stadt. Es wurde 1679 für die Familie Carignano – eine Nebenlinie des Hauses Savoyen – erbaut. Der erste König Italiens, Vittorio Emanuele II, wurde hier 1829 geboren, und nach der Einigung des Landes im Jahre 1861 war der Palast Sitz des italienischen Parlaments.

Heute beherbergt der Palast das **Museo Nazionale del Risorgimento**, in dem anhand von Bildern und anderen Exponaten die Geschichte der Einigung erzählt wird. Hier lernt der Besucher Mazzini, Cavour und Garibaldi kennen – drei Schlüsselfiguren während der Einigung des Landes *(siehe S. 58f).*

🚋 Via Roma
Die Via Roma, die mitten durch die Altstadt führt, ist Turins Hauptstraße. Sie beginnt im Norden an der Piazza Castello und verläuft über die Piazza San Carlo bis zur stilvollen Fassade des Bahnhofs Stazione Porta Nuova, dem Mittelpunkt auf der Südseite der Stadt. Der 1868 erbaute Bahnhof steht gegenüber der begrünten Piazza Carlo Felice aus dem 19. Jahrhundert. Der Platz wird von Geschäften und Cafés gesäumt und bietet einen herrlichen Blick auf die Via Roma. Die Via Roma selbst ist eine elegante Flaniermeile mit teuren Geschäften und schattigen Arkaden, die nur hin und wieder von kopfsteingepflasterten Plätzen und Straßenbahnschienen unterbrochen wird. Zu beiden Seiten der Via Roma gehen kleinere Straßen ab, die ebenfalls zum Bummeln einladen.

🚋 Piazza San Carlo
Die herrliche Barockarchitektur dieses Platzes in der Mitte der Via Roma zwischen Bahnhof und der Piazza Castello hat ihm den Spitznamen »Salon« eingebracht. Am Südende stehen die Kirchen Santa Cristina und San Carlo; beide wurden um 1630 erbaut, aber nur **Santa Cristina** hat eine Barockfassade mit Statuen von Juvarra aus dem frühen 18. Jahrhundert.

Im Mittelpunkt des Platzes steht das Reiterdenkmal Emanuele Filibertos von Carlo Marocchetti; es ist eines der Wahrzeichen der Stadt. An allen Ecken des Platzes sieht man Fresken, die das Turiner Grabtuch darstellen. Die **Galleria San Federico** ist eine elegante Einkaufspassage.

Die Piazza San Carlo ist auch berühmt wegen ihrer Cafés, in denen man sich zu allen Tageszeiten trifft. In einem davon hat Antonio Benedetto Carpano zum erstenmal den berühmten Wermut gemixt, der in Turin bis heute getrunken wird.

🌳 Parco del Valentino
Corso Massimo D'Azeglio. tägl. **Borgo Medioevale** 011-669 93 72. tägl. **Orto Botanico** tägl.

In diesem am Fluß gelegenen wunderschönen Park befindet sich der **Borgo Medioevale**, ein mittelalterliches Dorf samt Burg, das anläßlich der Weltausstellung 1884 in Turin gebaut wurde. Es handelt sich um naturgetreue Nachbildungen mittelalterlicher Häuser und Burgen aus Piemont und dem Aosta-Tal.

Der **Orto Botanico** direkt neben dem mittelalterlichen Komplex ist ein herrlicher botanischer Garten in reizvoller Umgebung.

Blick auf die elegante Piazza San Carlo, Turins »Salon«

Turin: Wahrzeichen der Stadt

IN TURINS ARCHITEKTUR spiegelt sich die Wandlung der Stadt vom Königssitz zum Industriezentrum wider. Auf der einen Seite stehen die barocken Paläste des Hauses Savoyen, auf der anderen die futuristische Mole Antonelliana, Sinnbild für das moderne Industriezeitalter. Ein Großteil der Geschichte der Stadt in unserem Jahrhundert wurde vom Automobil bestimmt: Fiat machte die Stadt zu ihrem Hauptsitz, und die Arbeiter der Stadt dankten dies, indem sie dem Unternehmen zum Erfolg verhalfen. Turins Automobilmuseum sollte man gesehen haben, dort erfährt man alles über die italienische Autoindustrie.

Die Mole Antonelliana (19. Jh.) ragt über Turin in den Himmel

Mole Antonelliana
Via Montebello 20. 011-817 04 96. Di–So. Feiertage.

Dieses exzentrische Gebäude ist die Antwort Turins auf den Pariser Eiffelturm: ein nicht zu übersehendes Wahrzeichen, das jedoch keine klare Funktion hat. Es erinnert ein bißchen an einen riesigen Blitzableiter, und tatsächlich wurde die 47 Meter hohe Spitze vom Blitz gefällt und mußte 1954 wiederaufgebaut werden. Das 167 Meter hohe Wahrzeichen von Alessandro Antonelli (1798–1888) wurde als Synagoge begonnen, aber als die Stadt 1897 den Bau beendete, wurde er zum Kulturzentrum umfunktioniert. Die Mole – eine Zeitlang war sie das höchste Bauwerk der Welt – wurde zum Symbol für die Einheit Italiens. Heute ist sie ein Ausstellungszentrum mit einer per Lift zu erreichenden Aussichtsplattform auf halber Höhe, von der man einen herrlichen Ausblick auf die Stadt und die Alpen hat.

Kuppel von San Lorenzo

Palazzo Reale
Piazzetta Reale. 011-436 14 55. Di–So. 1. Jan, 1. Mai, 25. Dez.

Der Palazzo Reale war von 1646 bis zur Einigung Italiens königlicher Palast. Hinter der strengen Fassade von Amedeo di Castellamonte liegen die verschwenderisch ausgestatteten königlichen Gemächer; die Deckengemälde von Morello, Miel und Seyter stammen aus dem 17. Jahrhundert, das herrliche Mobiliar, die Wandteppiche und Malereien aus dem 17. bis 19. Jahrhundert. Dazu gehören das wunderschöne Chinesische Zimmer von Juvarra, das Alkovenzimmer, der prunkvolle Thronsaal und die Scala delle Forbici, die doppelläufige Treppe, von Juvarra aus dem Jahre 1720. Hinter dem Palast erstreckt sich der ausgedehnte Garten.

Links vom Haupteingang befindet sich die königliche Kapelle **San Lorenzo**. Gebaut hat diese herrliche Barockkirche (1667–80) mit hallenartigem Inneren und großartiger Kuppel Guarino Guarini.

Verschwenderisch gestaltete Galerie im Palazzo Reale, bis zur Einigung Sitz des Königshauses

Armeria Reale
Piazza Castello 191. 011-54 38 89. Di–So vorm. (auch Di, Do nachm.). 1. Jan, 1. Mai, 25. Dez.

Ein Flügel des Palazzo Reale beherbergt die vielleicht umfangreichste und sicherlich atemberaubendste Waffensammlung der Welt.

Die Sammlung, ursprünglich im Besitz des Königshauses, wurde 1837 der Öffentlichkeit zugänglich gemacht. Die herrlichen Räume, darunter die von Juvarra 1733 gestaltete Galleria Beaumont, enthält Waffen aus der Zeit der Römer und Etrusker bis ins 19. Jahrhundert. Zu den besonders wertvollen und schönen Exponaten aus dem Mittelalter und der Renaissance gehören Einzelstücke der besten Waffenschmiede der damaligen Zeit und eine Pistole Karls V. Ausgestellt sind auch Waffen und Rüstungen aus dem Orient.

Die angrenzende Bibliothek enthält eine Sammlung von Zeichnungen und Manuskripten, einschließlich eines Selbstporträts von Leonardo da Vinci.

UMGEBUNG: Ungefähr drei Kilometer außerhalb der Stadt steht das riesige Gebäude, das in den 60er Jahren für das berühmte **Museo dell'Automobile** gebaut wurde. In dem 1932 gegründeten Museum befinden sich heute über 150 wertvolle Oldtimer –

Bugattis, Maseratis, Lancias, Fiats und eine Reihe von ausländischen Autos. Das erste in Italien hergestellte Benzinauto (1896) ist ebenfalls zu sehen, genauso wie der erste Fiat (1899) und Isotta Fraschinis Coupé aus dem Jahre 1929, das Gloria Swanson in *Sunset Boulevard* benutzte. In einer ganzen Reihe von Sportwagen aus den 50er Jahren befindet sich das Lenkrad auf der rechten Seite – ein kurzer Trend, mit dem man den großen englischen Autoherstellern wie Aston Martin huldigte. Das Museum enthält weiterhin eine Bibliothek und ein Dokumentationszentrum.

Entwürfe (1949) für den Ferrari 166 MM

🏛 **Museo dell'Automobile**
Corso Unità d'Italia 40. 📞 011-67 76 66. ⭕ Di–So. ⚫ 1. Jan, 25. Dez.

Stupinigi ⓮

Piazza Principe Amedeo 7, Stupinigi.
📞 011-358 12 20. 🚌 63 bis Piazza Caio Mario u. dann Nr. 41.
⭕ Di–So. ⚫ Feiertage.

Innenraum der Palazzina di Caccia di Stupinigi aus dem 18. Jahrhundert

Gebaut wurde das herrliche Jagdschloß Stupinigi, auch Palazzina di Caccia di Stupinigi oder Villa Reale di Stupinigi genannt, nach den Plänen des Architekten Filippo Juvarra (1678–1736). Das Jagdschloß mit dem eindrucksvollen Grundriß, das in seinem Aussehen an das Schloß von Versailles erinnert, wurde für Vittorio Amedeo II entworfen. Es liegt in wahrhaft herrlicher Umgebung ungefähr neun Kilometer südwestlich von Turin.

Den sternförmigen Komplex, dessen rundes Hauptgebäude von einer großen Kuppel gekrönt wird, dominiert ein Ehrenhof. Der mittlere Teil des Schlosses wird von Balustraden mit Urnen und Figuren aufgelockert; auf der Kuppel thront ein Bronzehirsch aus dem 18. Jahrhundert. Im weitläufigen Inneren befinden sich verschwenderisch gestaltete Räume mit wertvollen Fresken mit Jagdmotiven, im Großen Saal ist beispielsweise Diana auf der Jagd dargestellt *(Triumph der Diana)*. In ungefähr 40 Räumen ist das Einrichtungsmuseum der Stadt, das sehenswerte **Museo d'Arte e di Ammobiliamento**, mit Einrichtungsgegenständen aus dem 17. und 18. Jahrhundert untergebracht. Viele Ausstellungsstücke stammen aus anderen königlichen Residenzen.

Das Schloß ist umgeben von einem wunderschön angelegten, großzügigen Park mit eleganten, breiten Wegen und bunten französischen Gärten.

Basilica di Superga ⓯

Strada Basilica di Superga 73, Comune di Torino. 📞 011-898 00 83. 🚆 Sassi. 🚌 79 von Sassi. ⭕ Juli–Mai tägl. 8.30–12, 15–17 Uhr. ⚫ Juni, 8. Sep. **Gräber** ⚫ Fr, Feiertage. **Spende**.

Die von Juvarra zwischen 1717 und 1731 erbaute Barockkirche gilt als das Meisterwerk des Architekten. Sie liegt auf einem Hügel östlich von Turin und ist per Auto oder Bahn zu erreichen. Anlaß für die Errichtung war das Gelöbnis des Herzogs Vittorio Amedeo II, zum Dank für den Sieg über die Franzosen ein Gotteshaus zu bauen.

Die herrliche Fassade wird von einer klassizistischen Vorhalle bestimmt. Rechts und links von der Basilika stehen zwei Glockentürme. Das Innere ist in Hellblau und Gelb gehalten und enthält schöne Bilder und Schnitzereien.

In der Krypta unter der Kirche liegen die Sarkophage der Könige von Sardinien sowie der savoyischen Herzöge und Fürsten. Eine Gedenktafel hinter der Kirche erinnert an die Opfer des Turiner Flugzeugabsturzes 1949, bei dem auch die Fußballmannschaft der Stadt ums Leben kam.

Selbst wer sich für die Kirche nicht sonderlich interessiert, sollte den Weg nicht scheuen, denn der Blick über Turin bis hin zu den Alpen ist einfach überwältigend.

Eindrucksvolle Fassade der barocken Basilica di Superga von Filippo Juvarra (18. Jh.)

Basilica dell'Assunta aus dem 17. Jahrhundert in Varallo

Santuario d'Oropa ⓰

Via Santuario d'Oropa 480, Comune di Biella. 015-245 59 20.
FS Biella. von Biella. tägl.

Hoch über der Textilstadt Biella liegt die meistbesuchte Wallfahrtsstätte Piemonts; den Mittelpunkt der Anlage bildet die dreischiffige Renaissancekirche Basilica di Oropa mit achteckiger Kuppel.

Das Heiligtum, das größtenteils auf das 17. und 18. Jahrhundert zurückgeht, wurde der Legende nach bereits im 4. Jahrhundert vom heiligen Eusebius, Bischof von Vercelli, gegründet, und zwar zu Ehren der »Schwarzen Madonna«, einer hölzernen Marienfigur, eine Arbeit des heiligen Lukas, die er aus dem Heiligen Land mitbrachte.

Die Marienfigur wird in der restaurierten **Chiesa Vecchia** aufbewahrt, deren Fassade von Filippo Juvarra (1678–1736) gestaltet wurde. Hinter dem barocken Heiligtum entstand zwischen 1885 und 1960 die neoklassizistische **Chiesa Nuova**.

Hinter der Neuen Kirche gelangt man nach einem kurzen Fußmarsch zur Seilbahn, die zum Monte Mucrone mit der herrlichen Aussicht hinauffährt; von dort ist es nur ein kurzer Weg bis zu einem hübschen Bergsee. Auf einem Hügel südwestlich des Komplexes stehen entlang einer Straße 19 Kapellen, teilweise erbaut zwischen 1620 und 1720, mit Fresken, die das Leben der Jungfrau Maria darstellen.

Domodossola ⓱

Verbania. 20 000. FS
Corso Ferraris 49 (0324-48 13 08).
Sa.

Domodossola ist ein hübsches Gebirgsstädtchen, dessen Anfänge bis in die Römerzeit zurückreichen. Das Zentrum bildet die von Arkaden und Häusern aus dem 15. und 16. Jahrhundert gesäumte **Piazza del Mercato**, der Marktplatz.

Die Stadt liegt im Ossola-Tal, inmitten von grünen Weiden, Wäldern mit Flüssen und Bächen. Zu den hübschen Orten nördlich von Domodossola zählen **Bagni di Crodo** mit seinen Mineralquellen und **Baceno**, in dessen Kirche, der bedeutendsten der Gegend, herrliche Fresken und Holzschnitzereien zu finden sind.

Noch weiter nördlich gelangt man zum Antigorio- und Formazza-Tal mit Feigenbäumen und Weinbergen. Kurz vor La Frua rauscht ein Wasserfall 145 Meter in die Tiefe, wenn das Wasser nicht gerade zur Stromerzeugung gestaut wird. Zauberhaft ist auch die Valle Vigezzo östlich von Domodossola.

Varallo ⓲

Vercelli. 7900. FS
Corso Roma 38 (0163-512 80).
Di.

Der kleine Touristenort Varallo im Sesia-Tal ist zu Recht stolz auf seine Kirche **Santa Maria delle Grazie**. Die Kirche, die am Ende des 15. Jahrhunderts erbaut wurde, ist berühmt für ihren wunderschönen Freskenzyklus von Gaudenzio Ferrari (um 1475–1546), auf dem Stationen aus dem Leben Christi dargestellt sind.

Eine lange Treppe hinter der Kirche führt zum **Santuario del Sacro Monte**, einer Abtei in 610 Meter Höhe. Gegründet wurde sie 1486 als Heiligtum, und der Erzbischof von Mailand, Carlo Borromeo, hielt seine schützende Hand über sie.

Die Basilica dell'Assunta mit ihrer Fassade aus dem 19. Jahrhundert und einem herrlichen barocken Innenraum steht in ruhiger Umgebung zwischen Palmen und einem Brunnen. Einen Stationsweg säumen mehr als 40 Kapellen mit Darstellungen der heiligen Geschichte und Fresken, die von Gaudenzio Ferrari, Tanzio da Varallo und anderen Künstlern geschaffen wurden.

Kreuzigung Christi (16. Jh.) in einer der Kapellen von Sacro Monte

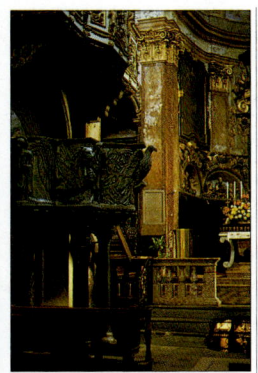

Innenraum der Kirche San Giulio auf der Insel im Lago d'Orta

Lago d'Orta ⓳

Novara. FS 🚌 ⛴ Orta.
🛈 Via Olina 9, Orta San Giulio (0322-91 19 37).

Der Lago d'Orta gehört zu den am wenigsten besuchten Seen Italiens, obwohl er eines der schönsten Gewässer am Fuße der Alpen ist.

Hauptort am See ist das kleine Städtchen **Orta San Giulio** mit historischem Zentrum voll schmucker Paläste und Häuser mit schmiedeeisernen Balkonen. An der am See gelegenen **Piazza Principale** steht der Palazzo della Comunità, ein freskenverzierter Arkadenbau aus dem Jahre 1582. Auf einem Hügel thront die Kirche **Santa Maria Assunta** aus dem 15. Jahrhundert (erneuert im 17. Jh.) mit romanischem Portal und wertvollen Fresken und Gemälden im Inneren aus dem 17. Jahrhundert.

Oberhalb von Orta San Giulio liegt das dem heiligen Franziskus geweihte Heiligtum **Sacro Monte**, an dem von 1591 bis 1770 gebaut wurde. Der Pfad hinauf zur Kirche bietet herrliche Ausblicke auf den See und wird von 21 Kapellen gesäumt, die Fresken und Plastiken mit Szenen aus dem Leben des Heiligen enthalten.

In der Mitte des Sees liegt die **Isola San Giulio**. Die Insel trägt den Namen des christlichen Predigers, der sie im 4. Jahrhundert von Schlangen und Ungeheuern befreit haben soll. Auf der Insel steht die antike Kirche San Giulio, berühmt wegen ihrer Marmorkanzel (12. Jh.), die mit Tiergestalten und Fresken des 15. Jahrhunderts verziert ist, darunter *Maria mit dem Kind*, das Gaudenzio Ferrari zugeschrieben wird.

Novara ⓴

🏠 105 000. FS 🚌 🛈 Via Dominioni 4 (0321-39 84 94). 🗓 Mo, Do, Sa.

Teil eines Freskos mit Reiter (17. Jh.) von Morazzone in San Gaudenzio, Novara

Nubliaria – »vom Nebel umgeben« – nannten die Römer die Stadt. Heute strahlen ihre arkadengesäumten Straßen, Plätze und historischen Gebäude einen gewissen Wohlstand aus. Die meisten interessanten Gebäude stehen an der Piazza della Repubblica. Dazu zählt der herrliche Renaissanceinnenhof des **Rathauses** (Broletto), der immer wieder Kunststudenten anzieht, die Backsteinarkaden und Treppe auf Papier festhalten. Heute beherbergen die insgesamt vier Gebäude das kleine **Museo Civico** mit archäologischer Sammlung und Gemäldegalerie.

Auf der gegenüberliegenden Seite der Piazza erhebt sich der nach Plänen von Alessandro Antonelli um 1865 im neoklassizistischen Stil errichtete **Dom** mit seinem riesigen Portal. Im Inneren befinden sich Renaissancebilder der Schule von Vercelli sowie flämische Wandteppiche und Überreste eines Vorgängerbaus mit Fresken aus dem 12. Jahrhundert in der Kapelle San Siro und im Kreuzgang aus dem 15. Jahrhundert. Das achteckige **Baptisterium** daneben stammt aus dem 5. Jahrhundert und enthält mittelalterliche Fresken, die eine schreckliche Apokalypse darstellen.

Nur wenige Straßen entfernt steht die Kirche **San Gaudenzio** mit einem herrlichen Kuppelturm von Antonelli. Der Turm erinnert an die Mole Antonelliana in Turin *(siehe S. 216)*. Auf dem 121 Meter hohen Kuppelturm thront eine Statue des heiligen Gaudenzio. Im Inneren der Kirche aus dem 16. Jahrhundert befinden sich herrliche Renaissance- und Barockbilder von Piemonteser Künstlern, darunter eine sehenswerte Schlachtszene aus dem 17. Jahrhundert von Tanzio da Varallo, ein Altarbild von Gaudenzio Ferrari aus dem 16. Jahrhundert und ein Fresko von Pier Francesco Morazzone (um 1572–1626).

🏛 **Museo Civico**
Via Fratelli Rosselli 20. 📞 0321-62 70 37. 🕐 Di–So. 🔴 Feiertage. 🚫

🔒 **Baptisterium**
Piazza della Repubblica. 📞 0321-39 30 31. 🕐 Info in der Curia Arcivescovile.

Blick über den Lago d'Orta zur Isola San Giulio

Vercelli

🚶 50 000. 🚆 🚌 ℹ️ *Viale Garibaldi 90 (0161-25 78 88).* 🛒 *Di, Fr.*

VERCELLI, DIE Stadt inmitten der großen Po-Ebene, ist das Zentrum des Reisanbaus in Europa. Die riesigen Reisfelder schimmern wie glänzendes Metall weithin sichtbar in der Sonne. Im 16. Jahrhundert fand sich in Vercelli ein Malerkreis zusammen, der sich zur Schule von Vercelli entwickelte. Die **Basilica di Sant'Andrea** aus dem 13. Jahrhundert ist ein architektonisches Kleinod.

Die Basilika gegenüber des Bahnhofs ist eine der ersten italienischen Kirchen, deren Baumeister sich an der gotischen Baukunst Nordfrankreichs orientierten – achten Sie vor allem auf das gewölbte Hauptschiff, die Stützpfeiler und die gotischen Elemente. Insgesamt ist das Gotteshaus jedoch eine romanische Meisterleistung, die zwischen 1219 und 1227 als Abteikirche für den päpstlichen Gesandten Kardinal Guala Bicchieri erbaut wurde. Die Fassade ist farblich unterteilt, der untere Teil ist blaugrau, der obere rot, und die durch zweifache Arkaden verbundenen Türme sind schließlich weiß. Sehenswert sind auch die Skulpturenfragmente von Antelami aus dem 12. Jahrhundert.

Durch die große Fensterrosette fällt das Licht in einen dreischiffigen Innenraum, der durch hohe, schlanke Pfeiler gestützt wird. An der Nordseite schließt sich der prachtvolle Kreuzgang mit seinen Arkaden (13. Jh.) an.

Die anderen historischen Gebäude Vercellis liegen nicht weit entfernt: der gewaltige **Dom** aus dem 16. Jahrhundert, das **Ospedale Maggiore** (13. Jh.) und die Kirche **San Cristoforo** mit Fresken und einer besonders schönen Madonna (sämtlich um 1529) von Gaudenzio Ferrari. Wer sich die Bilder der Schule von Vercelli ansehen will, geht am besten ins **Museo Civico Borgogna**. Die wichtigste Einkaufsstraße der Stadt, der Corso Libertà, ist gesäumt von Häusern und Innenhöfen aus dem 15. Jahrhundert.

🏛️ **Museo Civico Borgogna**
Via Antonio Borgogna 8. 📞 *0161-25 27 76.* 🕐 *Di–Fr nachm., Sa, So vorm.* ⚫ *1. Jan, 15. Aug, 1. Nov, 25. Dez.* **Spende.**

Kreuzgang der Basilica di Sant'Andrea in Vercelli (13. Jh.)

Asti

🚶 74 000. 🚆 🚌 ℹ️ *Piazza Alfieri 34 (0141-53 03 57).* 🛒 *Mi, Sa.*

IN ERSTER LINIE wird Asti mit dem süßen Schaumwein in Verbindung gebracht, und zu Recht, denn Asti, die elegante Stadt mit mittelalterlichen Türmen, herrlichen Kirchen und warmen Ziegeldächern, ist das Zentrum einer der berühmtesten Weinregionen des Landes *(siehe S. 176f).*

Figuren am Eingangsportal des Doms von Asti aus dem 15. Jahrhundert

Nördlich vom Bahnhof liegt die Piazza del Campo del Palio, der größte Platz in Asti und Schauplatz des jährlichen Pferderennens. Das Rennen, das Ende September zeitgleich mit dem Weinfest stattfindet, ist eine Konkurrenzveranstaltung zum Palio in Siena *(siehe S. 331)* und bietet mittelalterliches Schauspiel und Reitkunst.

Hinter diesem Platz liegt die dreieckige **Piazza Alfieri**, auf der ein Denkmal an den einheimischen Dichter Vittorio Alfieri (1749–1803) erinnert, nach dem dieser Platz und die Hauptstraße benannt sind.

Der Corso Alfieri verläuft quer durch die Altstadt. Am östlichen Ende steht die Kirche **San Pietro in Consavia** aus dem 15. Jahrhundert mit Terrakottaarbeiten und einem schönen Kreuzgang, daneben das runde romanische **Baptisterium**, das auf das 10. Jahrhundert zurückgeht und einst den Rittern des Ordens des heiligen Johannes von Jerusalem als Hauptsitz diente.

Westlich der Piazza Alfieri stößt man auf die nach Astis Schutzpatron benannte **Collegiata di San Secondo** (13.–15. Jh.); im Inneren befindet sich ein mehrflügeliges Renaissancealtarbild von Gandolfino d'Asti und Fresken aus dem 15. Jahrhundert. In diesem Teil der Stadt sieht man noch einige der einst berühmten mittelalterlichen Geschlechtertürme, darunter die Torre dei Comentini, die elegante Torre Troyana und die Torre Romana. Letztere

Unter Wasser stehende Reisfelder bei Vercelli

wurde auf den Ruinen eines Turms erbaut, in dem der römische Soldat San Secondo gefangengehalten wurde. Der gotische **Dom** (14. Jh.) mit dem Portal aus dem 15. Jahrhundert weist im Inneren Fresken aus dem 18. Jahrhundert sowie ein Weihwasserbecken und Figuren aus dem 12. und 13. Jahrhundert im Querschiff auf.

Cuneo ㉓

56000. Corso Nizza 17 (0171-69 32 58). Di.

Cuneo kommt von *cuneato*, was soviel wie »Keil« bedeutet, und keilförmig liegt die Stadt tatsächlich am Zusammenfluß der beiden Flüsse Gesso und Stura di Demonte. Anfang November findet hier die Käsemesse statt.

Auf dem Marktplatz, der **Piazza Galimberti**, mit seinen alten Arkaden bieten jeden Dienstag Händler und Bauern ihre Waren feil. Weil ein Großteil der Stadt im 18. und 19. Jahrhundert umgebaut wurde, verfügt sie heute über breite Boulevards, das eindrucksvolle Viadukt entlang der Bahnlinie stammt allerdings aus den 30er Jahren unseres Jahrhunderts. Die Kirche **San Francesco** aus dem 13. Jahrhundert besitzt ein schönes Portal aus dem 15. Jahrhundert, die Kirche **Santa Croce** aus dem 18. Jahrhundert eine ungewöhnliche Fassade von Francesco Gallo.

Cuneo ist idealer Ausgangspunkt für die Erkundung der umliegenden Täler, wie beispielsweise die Valle Stura mit ihren seltenen Pflanzenarten.

Bossea ㉔

Località Bossea, Comune Frabosa Soprana. 0174-34 92 40. Mondovì. von Mondovì. tägl., nur Führungen.

Etwa 25 Kilometer südlich von Mondovì liegen am Ende einer landschaftlich schönen Straße, die hinauf zu den Seealpen führt, die Höhlen von Bossea, die zu den großartigsten ihrer Art in Italien gehören. In den ineinander übergehenden Höhlen, die dem Verlauf unterirdischer Flüsse und Seen folgen, finden sich Stalagtiten unterschiedlichster Größe und Form, entstanden im Laufe von Jahrmillionen. Die zum Teil überraschend großen Höhlen – in einer befindet sich das Skelett eines prähistorischen Bären – können mit Führer besichtigt werden.

Nehmen Sie immer einen Pullover mit – dort unten ist es selten wärmer als neun Grad.

Das Castello di Casotto in den Bergen oberhalb von Garessio

Garessio ㉕

Cuneo. 4000. Via al Santuario 2 (0174-811 22). Fr.

Das hübsche, weitverstreute Dorf in den Seealpen ist umgeben von Wäldern und Kastanienbäumen. Es ist zudem beliebter Luftkurort.

Der Legende nach besitzt das Wasser von Garessio heilende Kräfte: Um das Jahr 980 war der betagte Ritter Aleramo von seinen Nierenschmerzen und Durchblutungsstörungen geheilt worden, nachdem er das mineralhaltige Wasser getrunken hatte. Seit dieser Zeit wird das Wasser vor allem zur Behandlung von Harn- und Verdauungsbeschwerden verabreicht.

Umgebung: Ungefähr 16 Kilometer westlich von Garessio erhebt sich die herrlich gelegene Sommerresidenz des Hauses Savoyen, das **Castello di Casotto**. Die fürstliche Familie hielt sich hier wegen des heilenden Wassers, der grandiosen Landschaft und der außergewöhlich guten Luft besonders gerne auf.

Das zwölf Kilometer südwestlich gelegene Städtchen **Ormea** ist sehenswert wegen seiner Burgruine, seiner Kirche mit gotischen Fresken aus dem späten 14. Jahrhundert und seiner schmucken Häuser.

Castello di Casotto
Garessio. 0174-35 11 31. tägl.

Markttag auf der riesigen Piazza Galimberti im Zentrum von Cuneo

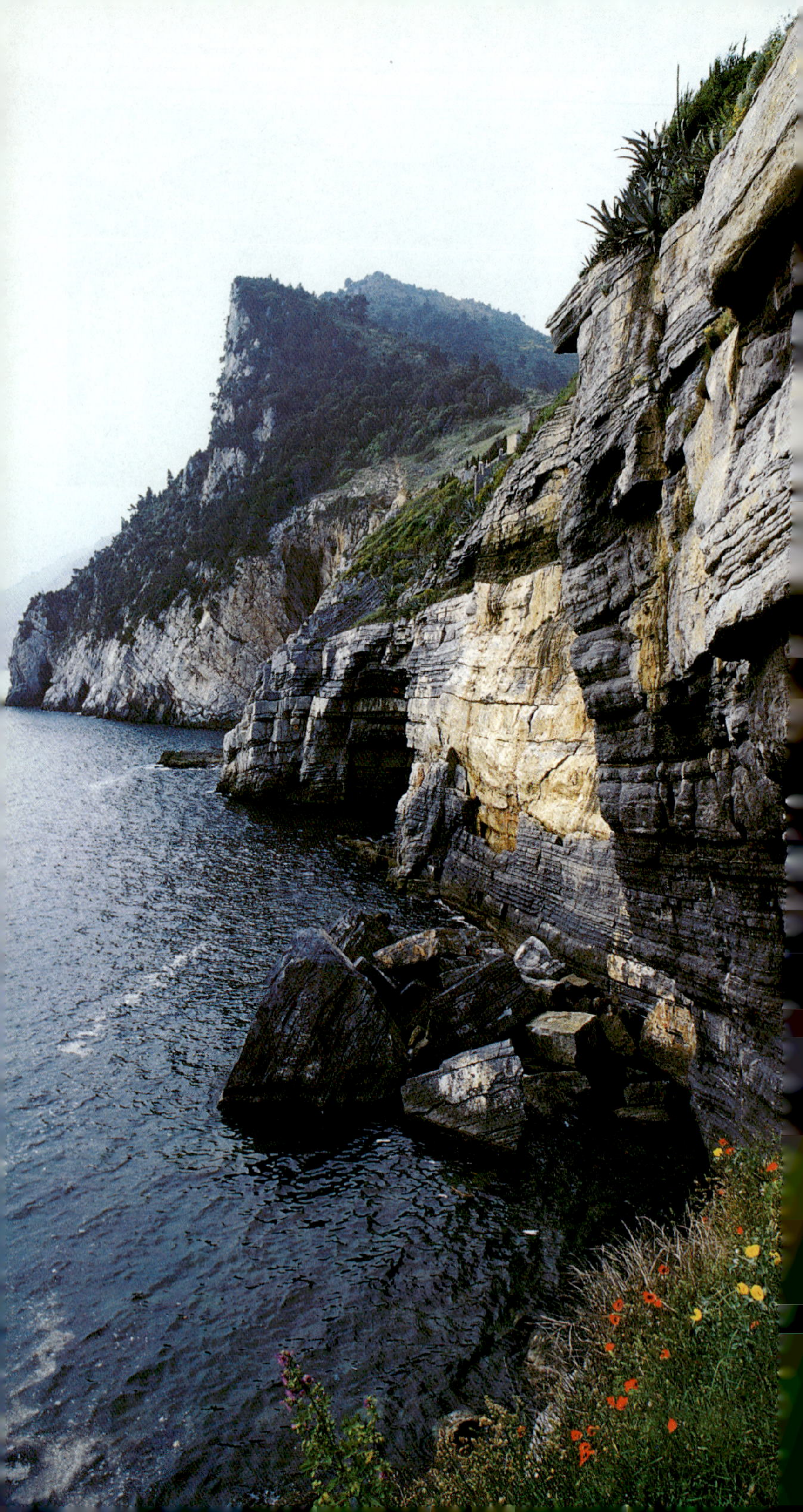

LIGURIEN

LIGURIEN IST EIN LANGER, SCHMALER *Küstenstreifen am Fuße üppiger Weinberge, hinter denen sich malerisch die Seealpen erheben. Pastellfarbene Häuser schlummern in der mediterranen Sonne samt ihren Gärten, die dank des milden Klimas in allen Farben leuchten. Viele Seebäder, darunter Portofino und San Remo, säumen die Küste; einzige Großstadt ist die lebhafte Hafenstadt Genua.*

Genua blickt auf eine lange Geschichte als Seefahrerstadt zurück; schon zu Zeiten der Griechen und Phönizier brachte es die Stadt zu Macht und Ansehen. Später war Genua Hauptstadt eines kleinen Handelsimperiums, das für kurze Zeit sogar die Vorherrschaft über Venedig erlangte. Der große Seefahrer Andrea Doria wurde hier geboren, auch Christoph Kolumbus.

Genuas Aufstieg begann im 12. Jahrhundert, als es der Stadt gelang, die Sarazenen von den Küsten Liguriens zu vertreiben. Danach machte sich blühender Wohlstand in der Stadt breit, man verdiente an den Kreuzfahrern und an der Seefahrt. Das Goldene Zeitalter als starke Seemacht sollte bis ins 16. Jahrhundert und bis zur Herrschaft Andrea Dorias andauern, der die Kassen der Stadt noch einmal füllte, indem er die Kriege von Genuas Verbündeten durch die Hausbank der Stadt finanzierte. Aber Streit unter den herrschenden Häusern und die Eroberung durch Franzosen und Österreicher sorgten im 17. und 18. Jahrhundert für den Niedergang der Stadt. Erst im frühen 19. Jahrhundert konnte sich Genua durch Giuseppe Mazzini und den Revolutionär Garibaldi, die beide für die Einheit kämpften, einen Teil des alten Glanzes zurückerobern.

Heute findet man an den Hängen über dem Meer entlang der gesamten Küste die verblichene Eleganz alter Häuser, vor allem in San Remo, Ende des letzten Jahrhunderts Winterdomizil des europäischen Adels.

Grüne Fensterläden und ockerfarbene Hauswände sind charakteristisch für Portofino

Zerklüftete Küstenlandschaft entlang der ligurischen Riviera di Levante

Überblick: Ligurien

LIGURIEN TEILT SICH in zwei Hälften. Der westliche Küstenabschnitt, die Riviera di Ponente, ist ein schmaler, flacher Küstenstreifen, der sich bis zur französischen Grenze erstreckt, während der östliche Küstenabschnitt, die Riviera di Levante, in dramatischer Weise steil ins Meer abfällt. Zwischen den beiden Abschnitten liegt Genua, die Hauptstadt und wichtigste Hafenstadt der Region. Die verblichene Eleganz der beschaulichen Küstenorte steht in krassem Gegensatz zu der geschäftigen, lauten Hafenstadt, die zwischen Meer und Alpen an der Küste eingekeilt ist.

Das Wappen der Stadt Cervo über dem Portal der Kathedrale

Marktstand mit Obst und Gemüse in Genua

AUF EINEN BLICK

Albenga ⑦
Balzi Rossi ①
Bussana Vecchia ⑤
Camogli ⑩
Cervo ⑥
Cinque Terre ⑬
Dolceacqua ③
Genua S. 228 ff ⑨
Grotte di Toirano ⑧
Lerici ⑮
Portofino ⑪
Portovenere ⑭
Rapallo ⑫
San Remo ④
Villa Hanbury ②

LEGENDE

- Autobahn
- Hauptstraße
- Nebenstraße
- Panoramastraße
- Fluß
- Aussichtspunkt

0 Kilometer 25

LIGURIEN

Der Badeort San Remo an der Riviera di Ponente, westlich von Genua

SIEHE AUCH

- *Übernachten* S. 554 f
- *Restaurants* S. 589

Häuser schmiegen sich an den Fels: Riomaggiore, Cinque Terre

UNTERWEGS

Entlang der Küste gibt es keine Probleme mit der Fortbewegung. Die Autobahn A10, ab Genua die A12, führt entlang der Küste von der französischen Grenze bis in die Toskana, desgleichen die Bahn, deren wichtigste Stationen Ventimiglia, San Remo, Imperia, Savona, Genua und La Spezia sind. Zwischen Genua, Mailand und Turin gibt es gute Straßen- und Bahnverbindungen. Das Innere der Region ist wegen der Berge etwas weniger leicht zugänglich. Busverbindungen gibt es jedoch von der Küste in alle hübschen Bergdörfer. Wer mit dem Auto unterwegs ist, nimmt am besten die N28 von Imperia Richtung Garessio im Piemont, die N334 von Albisola oder die N456 von Voltri Richtung Mailand.

Der prächtige Garten der Villa Hanbury bei Ventimiglia

Balzi Rossi ❶

Imperia. FS *Ventimiglia, Mentone.* *von Ventimiglia bis Ponte San Luigi, dann ca. 10 Min. zu Fuß.*

Von außen sind die Höhlen, die zu den bedeutendsten in ganz Italien zählen, unscheinbar. Im Inneren bieten sie jedoch unvergleichliche Einblicke in die Lebensweise unserer prähistorischen Vorfahren. Die Höhlen enthalten u. a. Grabstätten, die mit unzähligen Muscheln geschmückt sind. Im **Museo Nazionale dei Balzi Rossi** sind außerdem Werkzeuge, Waffen und 100 000 Jahre alte Höhlenzeichnungen zu sehen. In einer der Höhlen befindet sich die Darstellung eines Pferdes.

🏛 Museo Nazionale dei Balzi Rossi
Via Balzi Rossi 9, Frazione di Balzi Rossi. 📞 *0184-381 13.* ⭕ *tägl.* ⬤ *1. Jan, 1. Mai, 25. Dez.*

Villa Hanbury ❷

Corso Monte Carlo 43, Località La Mortola. 📞 *0184-22 95 07.*
FS *Ventimiglia.* *von Ventimiglia.*
⭕ *tägl. (Okt–März Do–Di).*

Der englische Botaniker Sir Thomas Hanbury und sein Bruder erwarben diese Villa im Jahre 1867. Das milde und sonnige ligurische Klima veranlaßte sie, einen herrlichen Garten mit unzähligen exotischen Pflanzen anzulegen.

Viele der Pflanzen hat Hanbury eigenhändig aus Afrika und Asien mitgebracht, heute gedeihen und blühen hier weit mehr als 3000 tropische Arten.

Der jetzt im Staatsbesitz befindliche Garten gehört zu den wohl bedeutendsten botanischen Gärten ganz Italiens. Sogar im Winter können sich Besucher von der Farben- und Artenvielfalt bezaubern lassen.

Dolceacqua ❸

Imperia. 🏘 *1900.* FS *Via Patrioti Martiri 22 (0184-20 66 66).*
⬤ *Do.*

Dieses hübsche, acht Kilometer nördlich von Ventimiglia gelegene Weindorf wurde zu beiden Seiten des Flusses Nervia erbaut; die beiden Hälften sind durch eine 33 Meter lange mittelalterliche Steinbrücke verbunden. Sehenswert ist vor allem die Ruine der **Burg** (12.–15. Jh.), die im 16. Jahrhundert von der mächtigen Genueser Familie Doria bewohnt wurde. Die beiden rechteckigen Türme davor bestimmen das Bild des Dorfes. Von den umliegenden Weinbergen stammt ein robuster Rotwein namens Rossese oder Vino di Dolceacqua.

San Remo ❹

Imperia. 🏘 *60 000.* FS
📍 *Largo Nuvoloni 1 (0184-57 15 71).*
⬤ *Di, Sa.*

Das Casinò Municipale in San Remo, 1906 fertiggestellt

San Remo ist ein elegantes Strandbad, dessen große Zeit jedoch längst vorbei ist. Im ausgehenden 19. Jahrhundert entdeckten hier Aristokraten und Künstler, darunter Tschaikowsky und Alfred Nobel, zum erstenmal die Reize der italienischen Riviera. Sie wohnten allesamt in den herrlichen Häusern an der palmengesäumten Uferpromenade Corso dell'Imperatrice. Mittelpunkt der Stadt ist heute wie damals das Casino. Unweit davon erblickt man den Zwiebelturm der russisch-orthodoxen Kirche.

Ein Blumenmarkt findet frühmorgens auf dem Corso Garibaldi statt, dahinter schmiegen sich die hübschen Häuser der Altstadt an den Hügel namens La Pigna. Mit einer Zahnradbahn gelangt man hinauf zum Monte Bignone, von wo sich ein herrlicher Ausblick auf Stadt und Meer bietet.

Bussana Vecchia ❺

Imperia. An der Straße San Remo–Arma di Taggià.

Bussana Vecchia ist eine hübsche kleine Geisterstadt, denn im Februar 1887 wurden Häuser und Barockkirche von einem Erdbeben zer-

Das Dorf Dolceacqua mit mittelalterlicher Brücke und Burgruine

stört. (Einer der Überlebenden, Giovanni Torre del Merlo, erfand später die Eiswaffel.)

Zwei Kilometer näher am Meer entstand die Neustadt Bussana Nuova. Im alten Städtchen hielten schließlich Künstler Einzug, die die Gebäude zum Teil restaurierten, so daß im Sommer hier Konzerte und Ausstellungen stattfinden können.

Cervo ❻

Imperia. 1400.
Piazza Santa Caterina 2 (0183-40 81 97). Do.

Cervo ist das hübscheste der Dörfer am Meer östlich von Imperia, ein richtiges Bilderbuchdorf mit engen Kopfsteinpflasterstraßen und kleinen Häusern, die sich an den Berg schmiegen. An der Stelle mit der schönsten Aussicht steht die Kirche **San Giovanni Battista**, vor der im Juli und August Kammermusikkonzerte gegeben werden. Im Volksmund wird die Kirche auch »Corallina« genannt, nach den Korallenfischern, die einst für den Wohlstand des Dorfes sorgten. Heute ist Cervo ein bezaubernder ligurischer Ferienort mit schmucken Hotels in der Nähe des Strands.

Baptisterium (5. Jh.) in Albenga

San Giovanni Battista in Cervo

Ungewöhnliche Felsformation in den Höhlen von Toirano

Albenga ❼

Savona. 21 000.
Via Bernardo Ricci (0182-55 47 52). Mi.

Bis ins Mittelalter war der antike römische Hafen Albium Ingaunum eine wichtige Seefahrerstadt. Da sich das Wasser jedoch immer weiter zurückzog, wurde Albenga schließlich vom Meer abgetrennt. Besonders eindrucksvoll ist die romanische Backsteinarchitektur, allen voran die drei Türme aus dem 13. Jahrhundert um die Kathedrale **San Michele**. Das Innere der Kathedrale wurde in den 60er Jahren unseres Jahrhunderts in seiner mittelalterlichen Form restauriert. Südlich davon steht das außen zehneckige, innen achteckige **Baptisterium** aus dem 5. Jahrhundert. Erhalten geblieben sind die weißblauen Taubenmosaiken, die die zwölf Apostel darstellen. Nördlich der Kathedrale befindet sich die Piazza dei Leoni, benannt nach den drei steinernen Löwen, die dort stehen.

Der Palast (14. Jh.) an der Piazza San Michele beherbergt heute das 1950 in Erinnerung an das Schiffsunglück um das Jahr 100 v. Chr. gegründete **Museo Navale Romano**; in dem Museum befinden sich Schiffsteile des alten Schiffes sowie neuere Funde.

🛉 Baptisterium
Piazza San Michele. 0182-512 15. Di.–So. 1. Jan, Ostern, 25. Dez.
🏛 Museo Navale Romano
Piazza San Michele 12. 0182-512 15. Di.–So. 1. Jan, Ostern, 25. Dez.

Grotte di Toirano ❽

Piazzale delle Grotte, Toirano.
0182-980 62. von Albenga bis Borghetto Santo Spirito. bis Borghetto Santo Spirito oder Loano, dann mit dem Bus. tägl. 9–12, 14–17 Uhr. Mitte Nov–Mitte Dez, 25. Dez.

Unterhalb der hübschen mittelalterlichen Stadt Toirano befindet sich eine Reihe von interessanten Höhlen mit Funden aus paläolithischer Zeit, das heißt um 80 000 v. Chr.

In der **Grotta della Basura** findet man bemerkenswerte prähistorische Spuren menschlicher und tierischer Herkunft, im »Bärenfriedhof« eine Sammlung von Knochen und Zähnen.

In der **Grotta di Santa Lucia** präsentiert sich eine herrliche Wunderwelt aus Stalagmiten und Stalagtiten.

Besuchen Sie auch das **Museo Preistorico della Val Varatella** am Eingang zur Grotta della Basura mit Funden aus den Höhlen und einem Bärenskelett.

🏛 Museo Preistorico della Val Varatella
Piazzale delle Grotte. 0182-980 62. tägl. 15. Nov–15. Dez, 25. Dez.

Im Detail: Genua ❾

GENUA ist der bedeutendste Handelshafen des Landes und hat etwas liebenswert Derbes an sich. Im Gegensatz zu den mondänen und lieblichen Ferienorten entlang der Küste verkehren in den schmalen Gassen der Altstadt hauptsächlich Seeleute und Prostituierte.

Dank seines natürlichen Hafens konnte sich Genua im Schutz der Berge zur Seemacht entwickeln. Unter der Herrschaft der Familie Doria erlebte die Stadt im 16. Jahrhundert eine Blütezeit in Wirtschaft und Kunst.

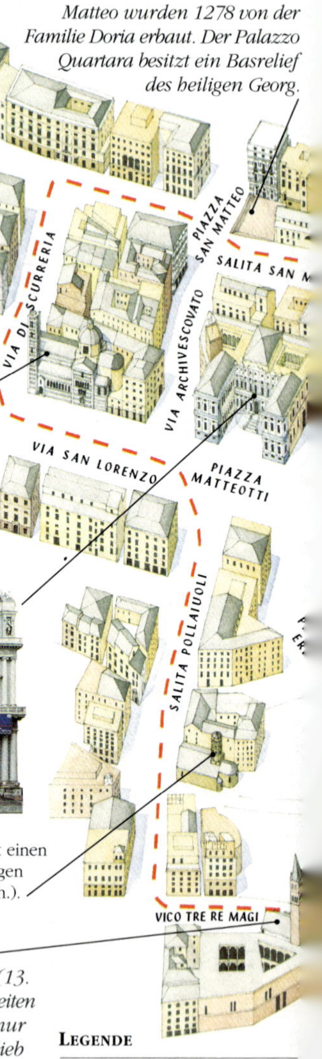

Piazza San Matteo
Gebäude und Kirche von San Matteo wurden 1278 von der Familie Doria erbaut. Der Palazzo Quartara besitzt ein Basrelief des heiligen Georg.

← Palazzo Bianco

← Hafen und Palazzo Reale

San Lorenzo
Die schwarzweiß gestreifte gotische Fassade des Doms geht auf das 13. Jahrhundert zurück.

Palazzo Ducale
Die ehemalige Residenz der Dogen von Genua in dem eleganten Gebäude mit den beiden schönen Innenhöfen aus dem 16. Jahrhundert beherbergt heute ein Kulturzentrum.

San Donato besitzt einen herrlichen achteckigen Glockenturm (12. Jh.).

Sant'Agostino
Kirche und Kloster (13. Jh.) wurden im Zweiten Weltkrieg zerstört, nur der Glockenturm blieb erhalten. Im Kreuzgang sind Skulpturenfragmente wie dieses von Pisano (1311) vom Grab Margarethes von Brabant zu sehen.

LEGENDE

- - - - Routenempfehlung

0 Meter — 100

GENUA

Il Gesù
Diese Barockkirche, erbaut zwischen 1589 und 1606, ist auch unter dem Namen Santi Ambrogio e Andrea bekannt.

INFOBOX
765 000. Cristoforo Colombo 6 km W. **FS** Stazione Principe, Piazza Acquaverde. Stazione Marittima, Ponte dei Mille. Via Roma 11 (010-57 67 91); Stazione Principe (010-246 26 33). Mo, Mi, Do. 25. Juni: Sagra di San Pietro; Juli: Genova Si Apre (Konzerte, Shows, Ausstellungen); Okt: Fiera Nautica.

An der Piazza De Ferrari befindet sich das neoklassizistische Gebäude der Banco di Roma, die Accademia sowie das restaurierte Teatro Carlo Felice.

Der Bronzebrunnen auf der Piazza De Ferrari wurde 1936 errichtet.

Porta Soprana
Das östliche Stadttor besteht aus mächtigen halbrunden Türmen und befindet sich in der Nähe des Christoph-Kolumbus-Hauses.

Sant'Andrea
Dieser Kreuzgang aus dem 12. Jahrhundert in einem kleinen Garten ist alles, was von dem ehemaligen Kloster übrigblieb.

Löwe aus dem 19. Jahrhundert auf den Stufen zum Domportal

San Lorenzo (Dom)
Piazza San Lorenzo. 010-29 68 17. tägl. **Museo del Tesoro** 010-29 66 95. wg. Renovierung.

In der schwarzweiß gestreiften Marmorfassade des Doms vereinen sich alle Architekturstile der Stadt, vom romanischen Seitenportal von San Giovanni aus dem 12. Jahrhundert bis zu den barocken Elementen der Seitenkapellen. Die drei Portale am Westende verraten französischen gotischen Einfluß. Die prächtigste der Seitenkapellen ist Johannes dem Täufer, dem Schutzpatron der Stadt, geweiht; in einem Sarkophag sollen vormals die Gebeine des Heiligen geruht haben. Über eine Treppe gelangt man von der Sakristei zum momentan geschlossenen **Museo del Tesoro di San Lorenzo**, der Schatzkammer, in der wertvolle Kostbarkeiten aufbewahrt werden: darunter ein Glas aus dem 1. Jahrhundert n. Chr. und der Teller, auf dem angeblich Salome der Kopf des Täufers gereicht wurde.

Hafen
Der Hafen, von dem aus im 11. und 12. Jahrhundert Reichtum und Macht ihren Anfang nahmen, ist bis heute das Herz der Stadt. Geschäftiges Treiben bestimmt das Leben am Hafen, der von vielbefahrenen Straßen sowie Lager- und Bürohäusern umgeben ist. Übriggeblieben vom einstigen mittelalterlichen Glanz ist lediglich die **Lanterna** (der Leuchtturm) in der Nähe der Stazione Marittima. In früheren Tagen wurde von hier den Schiffen der Weg in den Hafen gewiesen. Daß das Leben heute im Hafen wieder pulsiert, ist teilweise dem von Renzo Piano *(siehe S. 179)* erbauten Konferenzzentrum zu verdanken. Den besten Blick auf den Hafen hat man vom Wasser aus; eine Hafenrundfahrt beginnt am Ponte dei Mille.

Überblick: Genua

WER SICH ENTSCHLIESST, die Stadt in aller Ruhe zu besichtigen, wird reichlich belohnt, denn Genua ist eine Stadt voll von Geschichte. Die Paläste der Via Balbi und Via Garibaldi sowie die Gemälde und Skulpturen in Kirchen und Museen gehören zu den bedeutendsten Italiens. Auch die Umgebung hat viel zu bieten, ganz gleich, ob man sich für die Küste oder das Bergland entscheidet.

Innenhof der Universität an der Via Balbi

⛪ Sant'Agostino
Piazza Sarzano 35. ☎ 010-20 16 61. ◷ Di–Sa nachm. ⬤ Feiertage.
Museo di Architettura e Scultura Ligure ◷ Di–Sa, So vorm. ⬤ Feiertage. 📷

Der 1260 begonnene gotische Kirchenbau Sant'Agostino wurde im Zweiten Weltkrieg vollständig zerstört. Erhalten geblieben ist lediglich der ursprünglich gotische, keramikverzierte Glockenturm. Das Kloster, zu dem die Kirche einst gehörte, wurde ebenfalls ausgebombt. Nur zwei Kreuzgänge sind übriggeblieben, davon ist einer der einzige dreieckige Bau der Stadt. Die vor kurzem restaurierten Kreuzgänge beherbergen heute das **Museo di Architettura e Scultura Ligure**. Ausgestellt sind Skulpturen und Fragmente von Fresken, Überreste aus den anderen zerstörten Genueser Kirchen. Das wohl schönste Stück ist ein Skulpturenfragment vom Grab Margarethes von Brabant. Die im Jahre 1311 verstorbene Margarethe war die Frau Kaiser Heinrichs VII., der 1310 in Italien einfiel. Die von Giovanni Pisano stammenden Skulpturen am Sarg wurden 1987 restauriert. Aufgrund der Haltung der Figuren, die in einfachen zeitgenössischen Gewändern gekleidet sind, könnte man annehmen, daß sie der Königin helfen, sich in den Sarg zu legen.

🏛 Palazzo Reale
Via Balbi 10. ☎ 010-247 06 40. ◷ tägl. ⬤ 1. Jan, 1. Mai, 25. Dez.

Der strenge Palast, der dem Haus Savoyen seit dem 17. Jahrhundert als Residenz diente, besitzt einzigartige Rokokoprunkräume – allen voran Ballsaal und Spiegelsaal. Sehenswert sind aber auch die Gemälde von Parodi und Carlone sowie eine *Kreuzigung* von van Dyck. Zum Palast gehört ein Garten mit Blick auf den Hafen und einem Kopfsteinmosaik um den Brunnen, das Häuser und Tiere darstellt.

Gegenüber steht die von Bartolomeo Bianco 1650 erbaute **Universität**; vom gleichen Architekten stammt auch ein Großteil der Via Balbi. Das Gebäude wurde auf vier Ebenen erbaut, um den Höhenunterschied auszugleichen.

🏛 Palazzo Bianco
Via Garibaldi 11. ☎ 010-29 18 03. ◷ Di–So vorm. ⬤ **Palazzo Rosso** ◷ wie Palazzo Bianco. 📷

Der Palazzo Bianco steht an der schönsten Straße Genuas, der **Via Garibaldi**, nahe den prächtigen Herrenhäusern und Palästen aus dem 16. Jahrhundert. Heute beherbergt der Palazzo Bianco die größte Gemäldesammlung der Stadt mit dem Schwerpunkt auf Genueser und ligurischen Malern wie Luca Cambiaso, Bernardo Strozzi, Domenico Piola und Giovanni Benedetto Castiglione. Zu den bekannteren Künstlern

Porträt von Kolumbus in der Villa Doria in Pegli

CHRISTOPH KOLUMBUS IN GENUA

Der Name Christoph Kolumbus ist in Genua allgegenwärtig. Als erstes trifft man, wenn man vom Porta-Principe-Bahnhof kommt, auf der Piazza Acquaverde auf sein Denkmal; mehrere öffentliche Gebäude sind nach ihm benannt; sogar der Flughafen trägt seinen Namen. Im Palazzo Belimbau, im 17. Jahrhundert auf der alten Stadtmauer erbaut, hat der Genueser Künstler Tavarone das Leben Kolumbus' auf Fresken dargestellt, in der Sala del Sindaco des Palazzo Tursi (Rathaus) sind drei Briefe von Kolumbus zu sehen. Eigentlich ist ungewiß, ob Kolumbus in Genua, im 15 Kilometer entfernten Savona oder möglicherweise sogar außerhalb Italiens geboren wurde. In den Büchern der Stadt sind lediglich sein Vater, Weber von Beruf, und mehrere Häuser der Familie verzeichnet. In dem kleinen Haus in der Nähe der Porta Soprana könnte Kolumbus seine Kindheit verbracht und seine Liebe zur See entdeckt haben.

Hier soll Kolumbus gewohnt haben

Der romantische Garten der Villa Durazzo-Pallavicini in Pegli

zählen Filippino Lippi, Veronese, van Dyck und Rubens. Gegenüber steht der **Palazzo Rosso**; auch er beherbergt eine Gemäldesammlung mit Werken von Dürer und Caravaggio; weiterhin zu sehen sind Keramiken, Möbel und Münzen. Im *piano nobile* im oberen Stockwerk befinden sich Fresken aus dem 17. Jahrhundert von Genueser Künstlern wie de Ferrari und Piola.

⌘ Friedhof von Staglieno
Piazzale Resaco, Staglieno. 010-87 01 84. tägl. Feiertage.

Herrliche Grabsteine auf dem Friedhof von Staglieno

Dieser herrliche, 1844 angelegte Friedhof an den Hängen entlang dem Fluß Bisagno nordöstlich von Genua ist so groß (160 ha), daß eigens für ihn eine Buslinie eingerichtet wurde. Der Friedhof ist eine Miniaturstadt aus Kathedralen, ägyptischen Tempeln und Jugendstilpalästen. Das berühmteste Grab ist das des Genueser Revolutionärs Giuseppe Mazzini, der 1872 unweit von Pisa starb.

UMGEBUNG: Bis zum Zweiten Weltkrieg war das sechs Kilometer westlich vom Stadtzentrum entfernte **Pegli** beliebtes Wochenenddomizil für reiche Genueser. Obwohl Pegli heute zu Genua gehört, hat es sich dank seiner Parks und der beiden Anwesen **Villa Durazzo-Pallavicini** (17. Jh.) und **Villa Doria** (16. Jh.) seine Beschaulichkeit bewahrt. In letzterem ist heute ein Marinemuseum untergebracht, das über Genuas ruhmreiche Vergangenheit informiert: Zu sehen sind Globen, Kompasse, Karten, Schiffsmodelle und ein Porträt Christoph Kolumbus' aus dem Jahre 1525, das Ghirlandaio zugeschrieben wird. Die Villa Durazzo-Pallavicini beherbergt ein archäologisches Museum mit Exponaten aus vorrömischer Zeit. Im Garten der Villa befinden sich romantische Grotten, Pavillons und Brunnen.

Acht Kilometer östlich von Genua liegt **Nervi**; auch in diesem Städtchen, berühmt wegen seiner Uferpromenade **Passeggiata Anita Garibaldi** (so benannt nach Garibaldis brasilianischer Frau), haben sich einst die Reichen Genuas erholt. Von dort spaziert man am besten entlang einer Straße, die in den Fels gehauen wurde, denn so hat man den schönsten Ausblick aufs Meer. Sehenswert ist auch der prächtige **Parco Municipale**, ehemals Garten zweier Villen – der Villa Serra und der Villa Gropallo. Der Park wartet mit seltenen exotischen und mediterranen Bäumen auf.

Die Villa Serra an der Via Capolungo beherbergt die **Galleria d'Arte Moderna** mit moderner italienischer Malerei. Die **Villa Luxoro** an der Via Aurelia ist sehenswert wegen ihrer Sammlung von Uhren, Stoffen, Möbeln und Spitzen. Von hier machte sich Garibaldi mit seinen tausend Mannen nach Sizilien auf, um Italien zu einigen. Ein Denkmal bei Quarto dei Mille erinnert daran, daß die Freiwilligen im Mai 1860 hier mit ihrem Anführer zusammentrafen *(siehe S. 58f)*.

⌘ Villa Doria
Piazza Bonavino 7, Pegli. 010-696 98 85. Di–Sa, 1. u. 3. So im Monat. Feiertage.

⌘ Villa Durazzo-Pallavicini
Via Pallavicini 11, Pegli. 010-698 10 48. Di–Sa, 2. u. 4. So im Monat. Feiertage.

⌘ Galleria d'Arte Moderna
Villa Serra, Via Capolungo 3, Nervi. 010-28 26 41. Di–Sa. Feiertage.

⌘ Villa Luxoro
Via Mafalda di Savoia 3, Nervi. 010-32 26 73. Di–Sa. Feiertage.

Pinien (um 1920) von Rubaldo Merello in der Galleria d'Arte Moderna in Nervi

Pastellfarbene Häuser in der Nähe des Kieselstrands von Camogli

Camogli ⓾

Genova. 6500. FS 🚌 ⛴
🛈 Via XX Settembre 33 (0185-77 10 66). 🏠 Mi.

DIE MUSCHELVERZIERTEN pastellfarbenen Häuser des Fischerstädtchens klammern sich regelrecht an die Hänge hinter dem Meer, und aus den kleinen Restaurants dringt der verlockende Geruch von gebratenem Fisch. In der Nähe des Kieselstrands und des Fischerhafens steht das Castello della Dragonara, das heute das **Aquarium** beherbergt.

Am zweiten Sonntag im Mai begeht man in Camogli alljährlich das Fest der Fischer, bei dem in riesigen Gußeisenpfannen die Fische gebraten werden, die als Dank an den Schutzpatron der Fischer kostenlos an Einheimische und Touristen verteilt werden.

🏛 **Acquario Tirrenico**
Castello della Dragonara. ☎ 0185-77 33 75. ◯ Mo, Sa, So, Feiertage. 🌐

Portofino ⓫

Genova. 🚌 Portofino. 🛈 Via Roma 35 (0185-26 90 24).

PORTOFINO IST DER exklusivste und teuerste Ferienort in ganz Italien; wie früher liegen auch heute nur die Jachten der ganz Reichen in der Bucht. Man erreicht Portofino mit dem Auto – die Innenstadt ist allerdings reine Fußgängerzone – oder per Schiff von Santa Margherita Ligure. Oberhalb der Stadt thronen die Kirche **San Giorgio** und eine Festung.

Auf der anderen Seite der Halbinsel, die ohne weiteres in zwei Stunden zu Fuß oder per Boot zu erreichen ist, liegt die **Abbazia di San Fruttuoso**, so benannt nach dem Heiligen des 3. Jahrhunderts, dessen Anhänger hier Schiffbruch erlitten und der Legende nach von drei Löwen gerettet wurden. Die weiße Abtei inmitten von Pinien und Olivenbäumen geht auf das 11. Jahrhundert zurück, nur die imposante Torre dei Doria ist 500 Jahre jünger.

Das Schloß (16. Jh.) am Hafen von Rapallo

Empfehlenswert ist ein Bootsausflug zur Bronzestatue **Cristo degli Abissi**, die mitten im Meer die Seeleute beschützt. Nach kurzer Fahrt in westlicher Richtung erreicht man den Felsvorsprung Punta Chiappa, wo das Farbenspiel des Meeres ganz besonders schön ist.

🔒 **Abbazia di San Fruttuoso**
San Fruttuoso. ☎ 0185-77 27 03. ◯ Di–So (Dez–Feb nur Feiertage u. Tag davor). ● Nov. 🌐

Rapallo ⓬

Genova. 🚶 30 000. FS 🚌 ⛴
🛈 Via Diaz 9 (0185-23 03 46). 🏠 Do.

GESCHICHTSINTERESSIERTE kennen sicherlich die Verträge von Rapallo, Filmfreunde hingegen dürften wissen, daß Charlie Chaplin hier 1954 *Die barfüßige Gräfin* gedreht hat. In Rapallo vermitteln Villen, Reitställe, Golf- und Tennisplätze allesamt ein Gefühl der Nostalgie. Die palmengesäumte Esplanade führt zu einem kleinen **Schloß** aus dem 16. Jahrhundert, in dem in unregelmäßigen Abständen interessante Kunstausstellungen stattfinden. Oberhalb der Stadt erhebt sich die Wallfahrtskirche **Santuario di Montallegro** aus dem 16. Jahrhundert mit einer byzantinischen Ikone.

🔒 **Santuario di Montallegro**
Montallegro. ☎ 0185-23 90 00.

Luxuriöse Jachten im berühmten Hafen von Portofino

Die dramatische Küste bei Corniglia, Cinque Terre

Cinque Terre 🔴

La Spezia. 🚆 in alle Städte. 🚢 Monterosso, Vernazza. ℹ️ Via Figina, Monterosso (0187-81 75 06).

Die Cinque Terre – das ist ein geschützter felsiger Küstenstrich an der Riviera di Levante zwischen Monterosso al Mare und Riomaggiore im Südosten. Cinque Terre – das sind auch fünf kleine Dörfer, die scheinbar an den schwindelerregenden Klippen kleben: Monterosso al Mare, Vernazza, Corniglia, Manarola und Riomaggiore. Die Dörfer sind am besten mit dem Schiff zu erreichen, denn es gibt auch heute noch keine Straße, die alle fünf miteinander verbindet. Nur über einen alten Fußweg namens Sentiero Azzurro entlang der Küste gelangt man von einem zum anderen; fast überall bietet sich ein herrlicher Blick auf die grünen Weinberge, von denen die trockenen Cinque-Terre-Weißweine stammen.

Die von steilen Klippen umgebenen Dörfer sind mehr oder weniger autark, obwohl immer mehr Einheimische abwandern. Das am Nordwestende gelegene **Monterosso al Mare** ist das größte der fünf Dörfer; es besitzt eine herrliche Bucht mit einladendem Sandstrand. In **Vernazza** gelangt man über steile Treppen *(arpaie)* von einer Straße zur anderen. In dem auf einer steilen Anhöhe sitzenden Dorf **Corniglia** scheint die Zeit stehengeblieben zu sein, genauso wie in **Manarola**, das mit **Riomaggiore** durch die berühmte Via dell'Amore, die Straße der Liebe, verbunden ist. Da diese Dörfer mit dem Auto zu erreichen sind, sind hier auch mehr Touristen anzutreffen.

Portovenere 🔴

La Spezia. 🚆 4600. 🚌 🚢 ℹ️ Piazza Bastreri (0187-79 06 91). 🗓️ Mo.

Über dem Portal von San Lorenzo in Portovenere

Das nach der Göttin Venus benannte Städtchen mit seinen schmalen Gassen und schönen pastellfarbenen Häusern ist sicher eines der romantischsten an der ligurischen Küste. Im oberen Teil befindet sich die Kirche **San Lorenzo**. Eine Skulptur über dem Portal stellt das Martyrium des heiligen Laurentius (er wurde einst lebendigen Leibes geröstet) dar. Auf einem Felsvorsprung steht die kleine schwarzweiße Kirche **San Pietro**. Von hier oben und auch von der Burg am Nordwestrand des Städtchens hat man den besten Ausblick auf die Cinque Terre und das 400 Meter vor der Küste gelegene kleine Inselchen Palmaria.

Lerici 🔴

La Spezia. 🚆 13.000. 🚌 🚢 ℹ️ Via Gerini 40 (0187-96 73 46). 🗓️ Sa nachm.

Lerici war einst der Pilgerort romantischer Seelen, so auch der Schriftsteller Yeats und D. H. Lawrence, und im Dorf San Terenzo auf der gegenüberliegenden Seite der Bucht hat der Dichter Percy B. Shelley die letzten vier Jahre seines Lebens verbracht, bevor er von seinem Haus, der Casa Magni, 1822 nach Livorno aufbrach und im Meer ertrank.

Das ehemals verschlafene Fischerdorf Lerici ist inzwischen ein äußerst beliebter Ort für Touristen. Man sitzt an der herrlichen Bucht und schaut hinaus aufs Meer oder genießt den Anblick der schönen pastellfarbenen Häuser. Die mittelalterliche Pisaner **Burg** thront heute wie damals eindrucksvoll und majestätisch am Südende der Bucht über Häuser und Hafen.

🏰 **Castello di Lerici**
Piazza San Giorgio. 📞 010-96 51 08. 🗓️ tägl.

Der Hafen von Vernazza, Cinque Terre

Atemberaubender Blick vom Sentiero Azzurro auf Manarola ▷

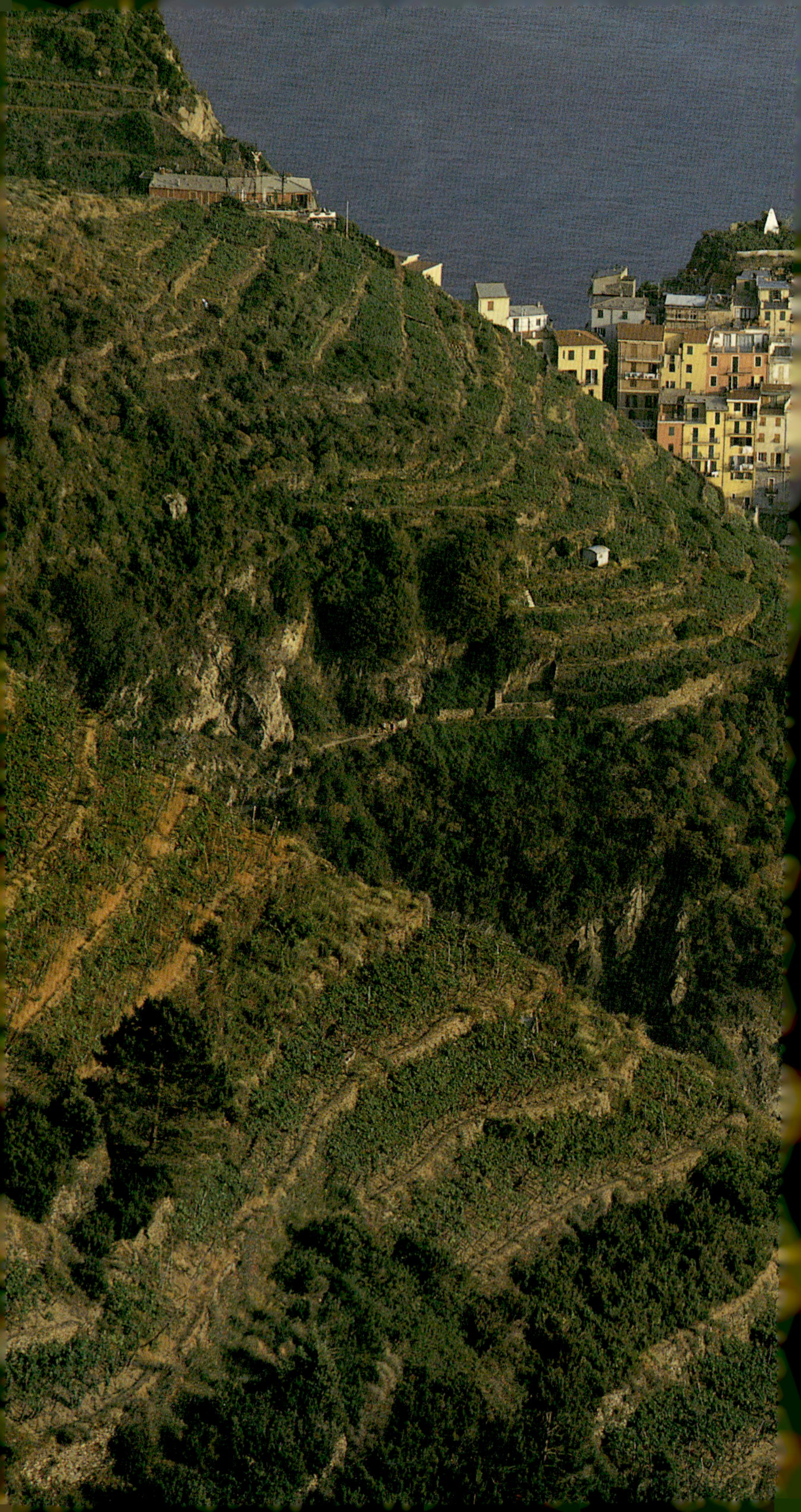

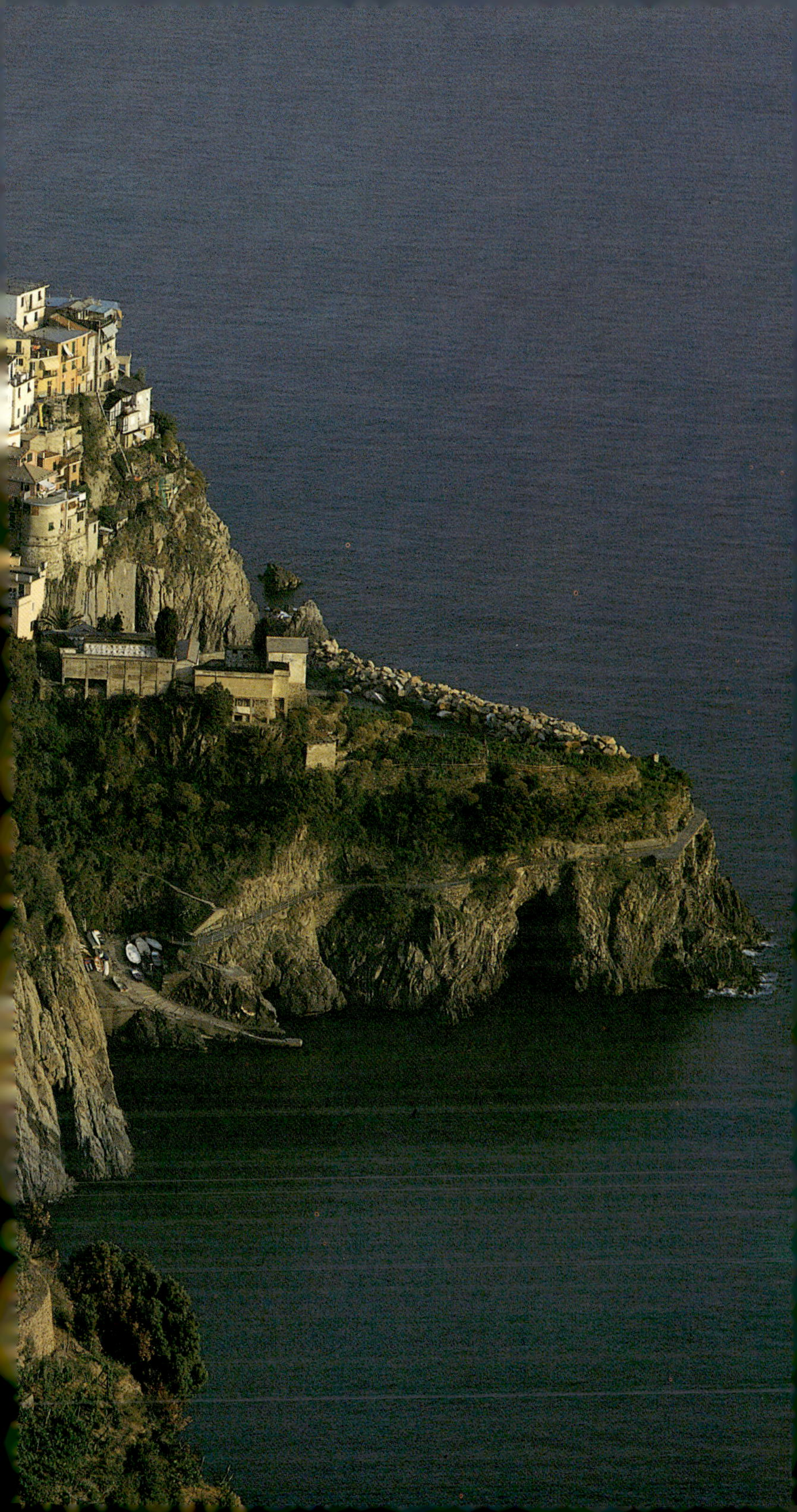

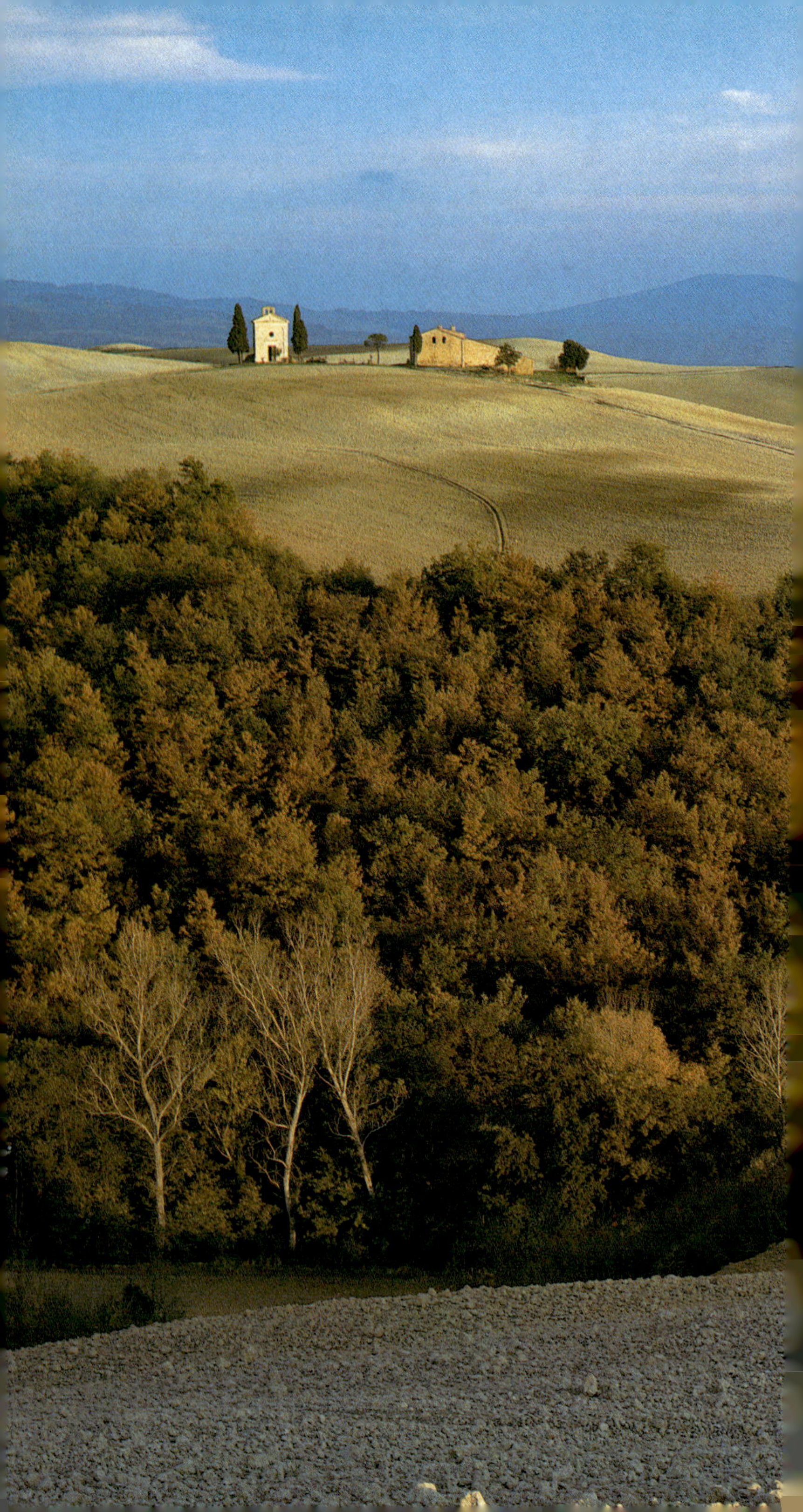

Mittelitalien

Mittelitalien stellt sich vor 238–245
Emilia-Romagna 246–261
Florenz 262–296
Kartenteil Florenz 297–303
Toskana 304–337
Umbrien 338–353
Die Marken 354–363

Mittelitalien im Überblick

DER MITTLERE Teil Italiens ist ein beliebtes Reiseziel, weil sich hier herrliche Landschaften sowie geschichts- und kulturträchtige Städte zu einem eindrücklichen Erlebnis verbinden. Die Emilia-Romagna ist die Heimat des vielgerühmten Po-Deltas, eines unvergleichlichen Vogelparadieses. In der Toskana liegt Florenz, eine der schönsten Städte Italiens. In Umbrien und den Marken findet man beschauliche Landschaften und malerische Dörfer. Die wichtigsten Sehenswürdigkeiten finden Sie auf dieser Seite.

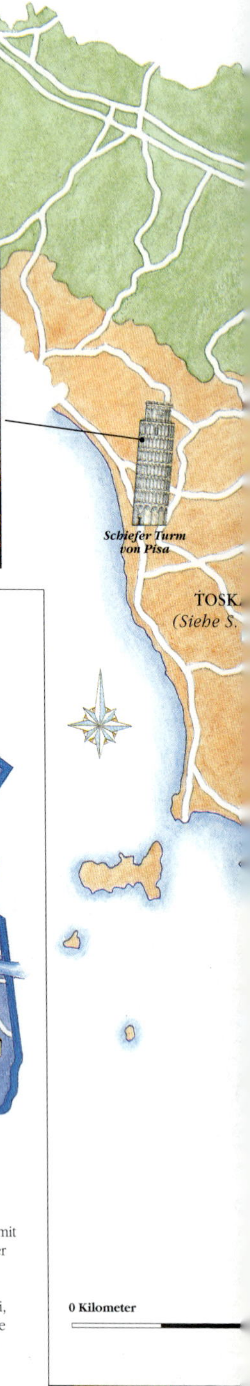

Der Schiefe Turm von Pisa und der Dom (siehe S. 314ff), herausragende Beispiele der Architektur des 12. und 13. Jahrhunderts, zeugen von arabischem Einfluß und einer komplexen geometrischen Bauweise.

Schiefer Turm von Pisa

TOSK...
(Siehe S...)

FLORENZ
(Siehe S. 262ff)

Dom, Campanile und Baptisterium
Uffizien
Palazzo Pitti

Dom *und Baptisterium sind Zentrum und Mittelpunkt der Stadt* (siehe S. 272ff). *Der mächtige Dom zieht viele Blicke auf sich.*

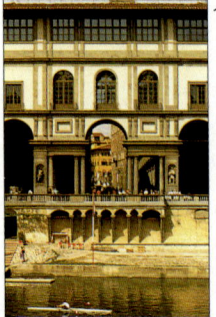

Die Uffizien *beherbergen eine der prächtigsten Kunstsammlungen der Welt* (siehe S. 278ff).

Der Palazzo Pitti, mit dessen Bau 1457 der Bankier Luca Pitti begann, wurde Residenz der Medici, die dort ihre Schätze hinterlassen haben (siehe S. 294f).

0 Kilometer 1

0 Kilometer

◁ Herbstfarben in den toskanischen Hügeln der Val d'Orchia, südlich von Siena

MITTELITALIEN STELLT SICH VOR

San Vitale in Ravenna ist ein Kleinod byzantinischer Kunst (siehe S. 260). In der Kirche erhalten geblieben sind Mosaiken aus dem 6. Jahrhundert.

EMILIA-ROMAGNA
(siehe S. 246 ff)

San Vitale, Ravenna

Der Palazzo Ducale in Urbino wurde im 15. Jahrhundert vom Regenten der Stadt, Federico, nach Plänen von Laurana (siehe S. 360 f) erbaut. Der Renaissancepalast beherbergt heute die Galleria Nazionale delle Marche.

SAN MARINO

FLORENZ
(kleine Karte)

Palazzo Ducale, Urbino

Dom, Siena

UMBRIEN
(Siehe S. 338 ff)

DIE MARKEN
(Siehe S. 354 ff)

Basilica di San Francesco, Assisi

Siena ist eine traditionsreiche mittelalterliche Stadt, deren Leben sich um den Campo herum abspielt (siehe S. 328 ff). Im Juli und August findet hier das berühmte Pferderennen Corsa del Palio statt.

Giottos Freskenzyklus in der Basilica di San Francesco in Assisi stammt aus dem 13. Jahrhundert (siehe S. 344 ff). Die Kirche wird alljährlich von unzähligen Gläubigen besucht.

Regionale Küche

Artischocke

Die Küche in der Toskana, in Umbrien und in den Marken ist einfach und herzhaft. Es ist eine ländliche Küche, in der die Zutaten verwendet werden, die in reichem Maß vorhanden sind: Olivenöl, Tomaten, Bohnen, Schinken und Salami. Die traditionelle Küche der Emilia-Romagna ist feiner; Sahne, verschiedene Fleischsorten, einschließlich Wild, Parmaschinken und Mortadella sowie diverse Käse, darunter Parmesan, gehören zum Mahl. Frischen Fisch gibt es an der Küste, er ist aber häufig teurer als Fleisch.

Aceto Balsamico *stammt aus Modena in der Emilia-Romagna. Der weltbekannte Essig muß bis zu sieben Jahren in Eichenfässern reifen, bevor er dunkel und fein im Geschmack auf den Tisch kommt.*

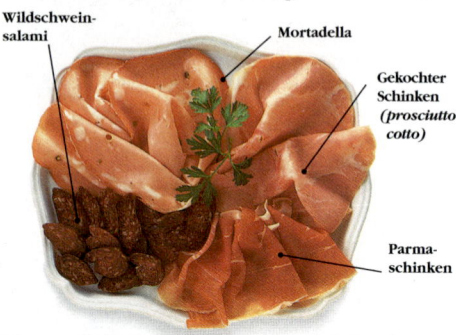

Wildschweinsalami — Mortadella — Gekochter Schinken (prosciutto cotto) — Parmaschinken

Wurst und Schinken *sind wichtige Bestandteile der italienischen Küche. Der berühmteste Schinken kommt aus Parma in der Emilia-Romagna, wo die Schweine mit der Molke gemästet werden, die bei der Parmesanherstellung abfällt.*

Panzanella *ist ein erfrischender Sommersalat aus Tomaten, Zwiebeln, Knoblauch, in Öl eingeweichtem Brot und Basilikum.*

Tortelloni, *die größere Ausgabe von Tortellini, werden mit Fleisch- oder Käsefüllung und Sauce gereicht.*

Leberpaste — Tomatenpaste — Olivenpaste — Sardellenpaste

Crostini *sind getoastete und mit Sardellen-, Oliven-, Leberwurst- oder Tomatenpaste bestrichene Brotscheiben.* Bruschetta *ist Knoblauchbrot.*

Spaghetti al ragù *ist ein Gericht aus Bologna, bei uns unter dem Namen Spaghetti bolognese bekannt.*

Cannelloni *sind Nudelrollen, die ebenfalls mit Fleisch oder Käse und Spinat gefüllt und mit einer Tomaten- oder Käsesauce serviert werden.*

MITTELITALIEN STELLT SICH VOR 241

Baccalà *ist ein schmackhaftes Gericht aus getrocknetem Fisch mit Knoblauch und Petersilie. In der Toskana wird es meist mit Tomatensauce gereicht.*

Bistecca alla fiorentina *ist ein über offenem Feuer gegrilltes zartes Steak, das mit Öl und Kräutern gewürzt und mit Zitrone serviert wird.*

Scottiglia di cinghiale *sind Wildschweinkoteletts, die in der Maremma ganz besonders gut zubereitet werden.*

Pecorino

Parmesan

Torta di limone *ist eine der gehaltvolleren Nachspeisen aus der Emilia-Romagna. Hauptzutaten sind Zitrone und Sahne.*

Torta di riso *ist ein traditioneller toskanischer Kuchen, zu dem Kompott oder Obst gereicht werden.*

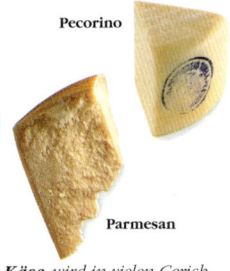

Käse *wird in vielen Gerichten verwendet, er kommt zusammen mit Obst, als Hauptgericht oder letzter Gang auf den Tisch.*

Panforte

Panforte *ist ein schwerer Nuß-Früchte-Kuchen mit Zimt und Nelken.* **Ricciarelli** *bestehen aus gemahlenen Mandeln, Orangenschalen und Honig.*

Cantucci *sind süße Plätzchen, zu denen oft der Dessertwein* vin santo *gereicht wird.*

Ricciarelli

PILZE UND TRÜFFELN

Waldpilze gelten in Mittelitalien als Delikatesse, und sowohl frische als auch getrocknete Pilze finden häufige Verwendung in der regionalen Küche. Während der Pilzsaison im Herbst sind die Restaurants meist bis auf den letzten Platz ausgebucht. Die schwarzen Trüffel (*tartufi neri*) mit ihrem intensiven Aroma und ihrer festen Konsistenz sind teuer und werden deshalb genau wie Steinpilze sparsam verwendet. Steinpilze kommen gegrillt oder mit Knoblauch geschmort als Hauptgericht oder zusammen mit Nudeln auf den Tisch.

Pfifferling
(*Cantarello* oder *Gallinaccio*)

Ritterling
(*Agarico nudo*)

Schirmling
(*Mazza da tamburo*)

Steinpilz
(*Porcini*)

Austernpilz
(*Ostrica*)

Schwarzer Trüffel
(*Tartufo nero*)

Regionale Weinsorten

Römisches Mosaik eines traubenpickenden Vogels

ÜBERALL IN MITTELITALIEN sieht man Weinberge, von den wogenden zypressengesäumten Hügeln der Toskana bis zu den weiten Ebenen der Emilia-Romagna. Die besten Rotweine kommen aus der südöstlichen Toskana: Chianti Classico, Brunello di Montalcino und Vino Nobile di Montepulciano. Die Verbindung von modernen und traditionellen Weinbaumethoden ist Garant für die Qualität der einheimischen Weine.

Der Chianti Classico ist sicherlich der berühmteste Rotwein Italiens. Den Zusatz »Classico« darf nur ein Chianti tragen, der aus dem klassischen Anbaugebiet kommt. Der Preis gibt in der Regel Auskunft über die Qualität.

Vernaccia di San Gimignano ist ein toskanischer Wein mit langer ehrenwerter Tradition. Während er früher kräftig und dunkel war, ist er heute blaßgolden, leicht und elegant. Das Weingut Teruzzi e Puthod ist bekannt für seine gleichbleibende Qualität.

Vino Nobile di Montepulciano wird aus der gleichen Traube wie der Chianti gekeltert, ist jedoch im Vergleich zu ihm feiner. Die Weinberge umgeben das hoch gelegene Dorf Montepulciano.

Brunello di Montalcino, der aus der Sangiovese-Traube gekeltert wird, kann bis zu zehn Jahre lagern, bevor sich sein volles Bouquet entfaltet. Der Rosso di Montalcino kann sehr viel jünger getrunken werden.

0 Kilometer   50

TAFELWEINE

In den 70er Jahren haben erfinderische Weinbauern neue, ausgezeichnete Tafelweine kreiert. Dieser Trend, der mit Antinoris Tignanello (hergestellt aus einer Traubenmischung, vor allem Sangiovese und Cabernet Sauvignon) begann, hat zu einer erneuten Beliebtheit der toskanischen Weine geführt.

Sassicaia, ein Rotwein aus der Cabernet-Sauvignon-Traube

MITTELITALIEN STELLT SICH VOR

Chianti-Weingut in der Toskana

LEGENDE

- Chianti
- Chianti Classico
- Vernaccia di San Gimignano
- Brunello di Montalcino
- Vino Nobile di Montepulciano
- Orvieto Classico
- Orvieto
- Verdicchio dei Castelli di Jesi
- Lambrusco

DIE TRAUBENSORTEN

Die Sangiovese-Traube ist die in Mittelitalien am häufigsten anzutreffende Traube. Aus ihr werden Chianti, Vino Nobile di Montepulciano, Brunello di Montalcino und viele der neuen Tafelweine gekeltert. Zu den bekanntesten weißen Trauben gehören Trebbiano und Malvasia. Eine immer größere Rolle spielen importierte Rebsorten wie die weiße Chardonnay- und die rote Cabernet-Sauvignon-Traube, die oftmals einheimischen Weinen beigemischt wird.

Sangiovese-Trauben

DAS ETIKETT

Name des Weinerzeugers

DOCG-Weine sind Weine mit kontrollierter Herkunftsbezeichnung.

CASTELGIOCONDO
BRUNELLO DI MONTALCINO
denominazione di origine controllata e garantita
1988
Imbottigliato all'origine da Tenuta di Castelgiocondo dei Marchesi de' Frescobaldi Montalcino Italia

Jahrgang

Alkoholgehalt

Name und Adresse des Abfüllers geben Auskunft über die Herkunft des Weines.

Verdicchio ist ein trockener Weißwein aus den Marken. Heute gewinnen Weine, die aus Trauben nur eines Weinberges, beispielsweise Umani Ronchis CaSal di Serra, gekeltert werden, immer mehr Beachtung.

Orvieto Classico ist der bekannteste Weißwein Umbriens. Die leichte, trockene Version des Weingutes Antinori ist beispielhaft für einen modernen Orvieto. Die etwas süßere Version heißt Abboccato.

GUTE WEINERZEUGER

Chianti: Antinori, Badia a Coltibuono, Brolio, Castello di Ama, Castello di Rampolla, Fattoria Selvapiana, Felsina Berardenga, Il Palazzino, Isole e Olena, Monte Vertine, Riecine, Rocca delle Macie, Ruffino, Tenuta Fontodi.
Brunello di Montalcino: Argiano, Altesino, Caparzo, Castelgiocondo, Costanti, Il Poggione, Villa Banfi.
Vino Nobile di Montepulciano: Avignonesi, Le Casalte, Poliziano.
In Umbrien: Adanti, Lungarotti.

Gute Chianti-Jahrgänge
1993, 1990, 1988, 1985, 1983, 1975, 1971, 1970, 1967, 1964, 1961.

Die Architektur in Mittelitalien

IN MITTELITALIEN GIBT es herrliche Renaissancebauten, viele davon in und um Florenz. In Anlehnung an die Antike zeichnen sie sich durch klare Linien, elegante Einfachheit und harmonische Proportionen aus; ihre Baumeister kehrten der Gotik den Rücken und suchten Anregung beim klassischen römischen Stil. Die Anfänge der meisten Gebäude liegen im ausgehenden 15. Jahrhundert, finanziert wurden sie entweder von der katholischen Kirche oder adligen Familien, wie den Medici in Florenz.

Palazzo Ducale in Urbino (Baubeginn 1465)

SAKRALBAUTEN

Dreiteilung der Fassade durch **Bogenfenster**.

Eine von zwölf Rundnischen von Luca della Robbia

Kleines rundes Fenster

Kleine Kuppel

Wappen von Papst Pius II.

Symmetrischer Grundriß über griechischem Kreuz.

Harmonische Proportionen

Der Dom in Pienza wurde 1459 von Bernardo Rossellino für Papst Pius II. erbaut. Der Bau sollte Teil einer idealen Renaissancestadt werden (siehe S. 323).

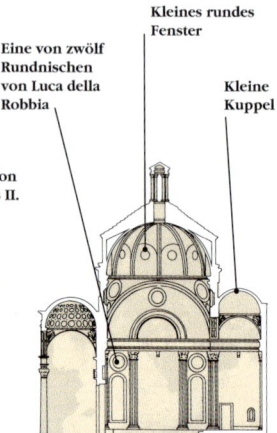

Die Pazzi-Kapelle der Kirche Santa Croce in Florenz (1433) gehört zu den herausragendsten Arbeiten Brunelleschis; die Ausstattung stammt von della Robbia (siehe S. 276 f.).

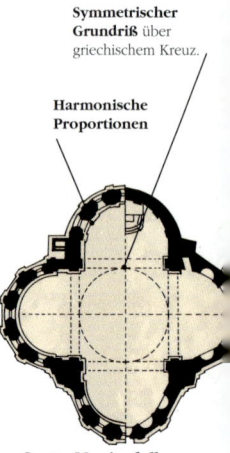

Santa Maria della Consolazione in Todi, Baubeginn 1508, nach Plänen von Bramante errichtet (siehe S. 349).

PROFANBAUTEN

Keilförmige Steine

Betonung der Horizontalen

Das Kranzgesims sollte um Mittag Schatten spenden.

Eckige Fenster nur im Erdgeschoß.

Der Palazzo Strozzi in Florenz (1489–1536) ist ein typisches Beispiel eines toskanischen Stadtpalastes. Jedem der drei Stockwerke kommt die gleiche Bedeutung zu, das massive Mauerwerk vermittelt den Eindruck von Stärke und Macht (siehe S. 285).

WEGWEISER ZUR ARCHITEKTUR

Obwohl Florenz Geburtsstätte und Mittelpunkt der Renaissance war, wurde der Renaissancestil außerhalb der Stadt anders interpretiert. Albertis Tempio Malatestiano in Rimini *(siehe S. 258)* gilt als erstes Beispiel dafür, daß ein antikes Gebäude Vorbild für ein einzigartiges Renaissancebauwerk wurde. Urbino gelang es mit seinem Palazzo Ducale *(siehe S. 360f)*, die Vollkommenheit einer Ära einzufangen und somit ein wahrhaft herrschaftliches Bauwerk zu schaffen. Weniger imposant, dabei aber nicht minder beeindruckend sind die Renaissancezentren solch eleganter Städte wie Ferrara *(siehe S. 253)*, Pienza *(siehe S. 323)* und Urbania *(siehe S. 359)*.

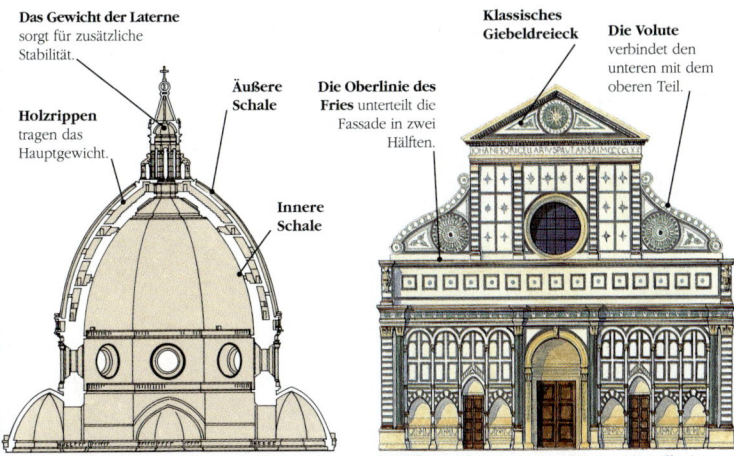

Allee im Boboli-Garten in Florenz

Das Gewicht der Laterne sorgt für zusätzliche Stabilität.

Holzrippen tragen das Hauptgewicht.

Äußere Schale

Innere Schale

Klassisches Giebeldreieck

Die Oberlinie des Fries unterteilt die Fassade in zwei Hälften.

Die Volute verbindet den unteren mit dem oberen Teil.

Der Dom von Florenz *mit seiner einzigartigen Kuppel (1436) von Brunelleschi, die aufgrund ihres Umfangs ohne Gerüst gebaut werden mußte. Die Holzkonstruktion wird von einer äußeren und inneren Schale gehalten (siehe S. 270 f).*

Die Fassade von Santa Maria Novella in Florenz *(1458–70) wurde von Leon Battista Alberti gestaltet. Er hat diesen typischen Renaissancebau mit einigen gotischen Elementen versehen (siehe S. 288f).*

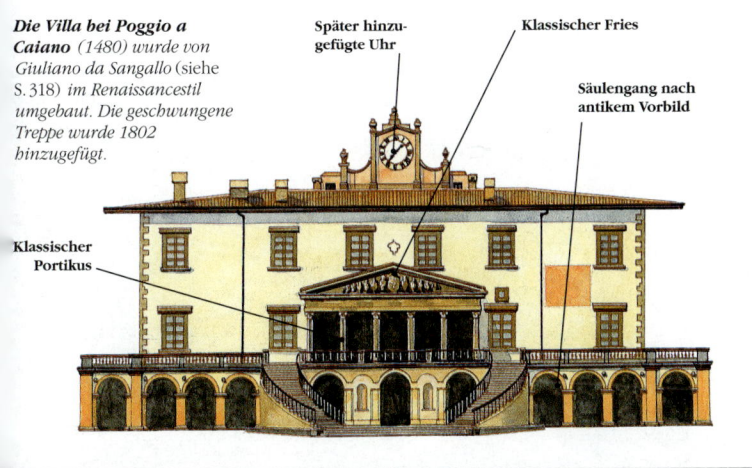

Die Villa bei Poggio a Caiano *(1480) wurde von Giuliano da Sangallo (siehe S. 318) im Renaissancestil umgebaut. Die geschwungene Treppe wurde 1802 hinzugefügt.*

Klassischer Portikus

Später hinzugefügte Uhr

Klassischer Fries

Säulengang nach antikem Vorbild

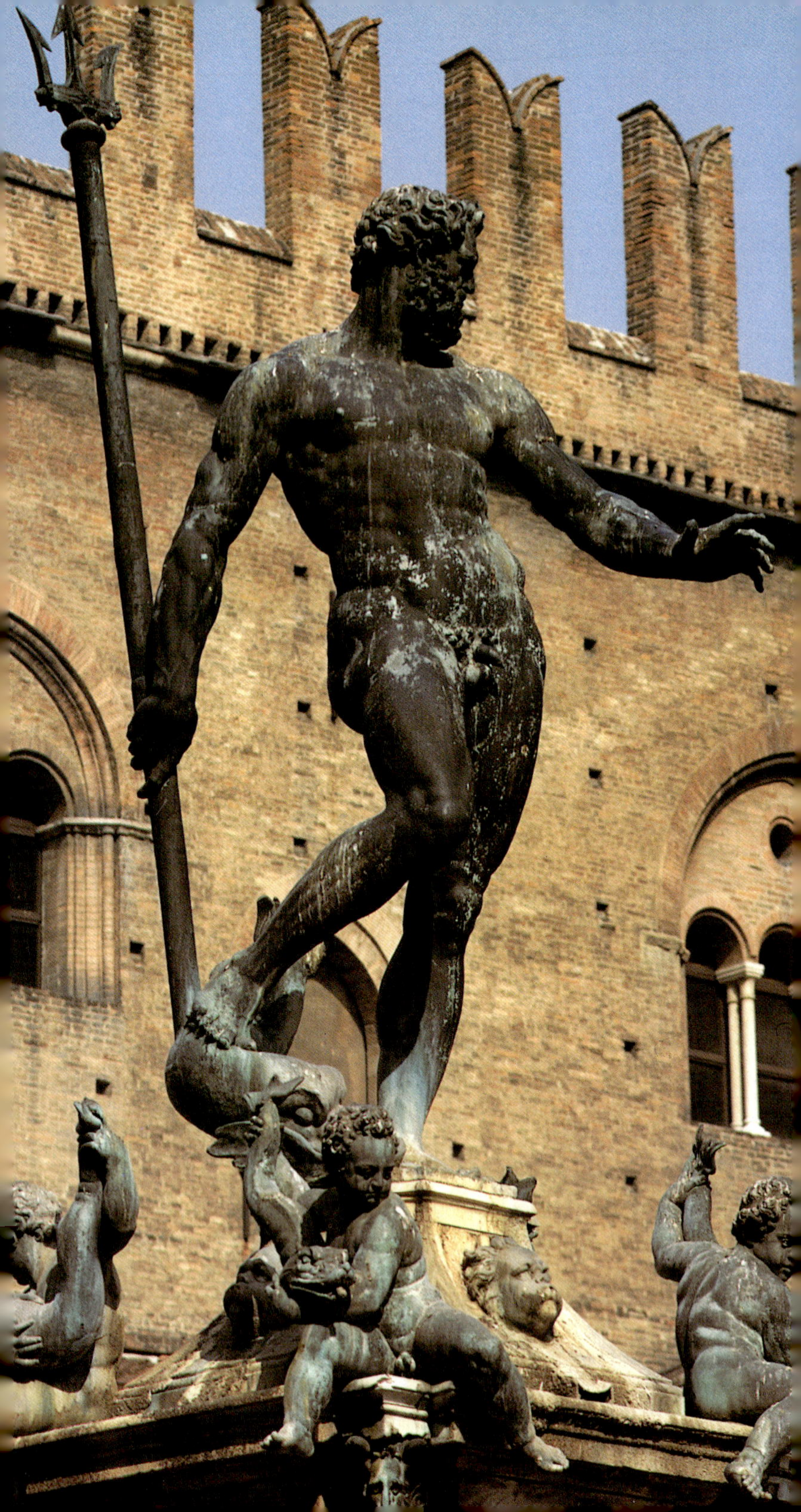

EMILIA-ROMAGNA

DIE EMILIA-ROMAGNA *bildet einen breiten Korridor durch die weite, hügelige Landschaft der Po-Ebene, der Wasserscheide zwischen dem alpinen Norden und dem mediterranen Süden. Fruchtbares Acker- und Weideland, historische Städte und florierende Wirtschaft machen sie zu einer der reichsten Regionen Italiens.*

Die bedeutendsten Städte der Emilia-Romagna liegen an der Via Aemilia, einer 187 v. Chr. erbauten Römerstraße, die Rimini an der Adriaküste mit der Garnisonsstadt Piacenza verband. Noch vor den Römern hatten hier die Etrusker von ihrer Hauptstadt Felsina, dem heutigen Bologna, aus das Land regiert. Nach dem Untergang Roms verlagerte sich der Mittelpunkt der Region nach Ravenna, das zu einem wichtigen Teil des Byzantinischen Reichs wurde.

Im Mittelalter pilgerten die Gläubigen weiterhin auf der Via Aemilia nach Rom. Die politische Macht aber ging an einflußreiche Adelsfamilien über – die Malatesta in Rimini, die Bentivoglio in Bologna, die d'Este in Ferrara und Modena und die Farnese in Parma und Piacenza. Große Höfe wuchsen im Umkreis dieser Familien empor und zogen neben Dichtern wie Dante oder Ariost auch Maler, Bildhauer und Architekten an. Ihre Werke zieren noch heute das Zentrum dieser Städte. Die moderne Emilia-Romagna wurde in den 60er Jahren des 19. Jahrhunderts aus mehreren päpstlichen Besitzungen gebildet und erhielt ihre heutigen Grenzen im Jahre 1947. Die Emilia, der westliche Teil der Provinz, gilt traditionell als vom Norden geprägt und hat eine eher fortschrittliche politische Ausrichtung. Die Region Romagna, mit der Hauptstadt Ravenna, blickt dagegen seit je gen Süden für kulturelle und politische Inspirationen.

Durch die seit langer Zeit intensiv betriebene Landwirtschaft der Po-Ebene hat sich das Gebiet Beinamen wie »Kornkammer« und »Fruchtkorb« Italiens verdient, und manche berühmte Spezialität, etwa Parmaschinken oder Parmesankäse, hat hier ihren Ursprung.

Der mittelalterliche Palazzo del Comune in Ferrara

Fontana del Nettuno in Bologna

Überblick: Emilia-Romagna

DIE EBENE DER EMILIA-ROMAGNA liegt als Schachbrettmuster von Feldern zwischen dem Po im Norden und den waldbedeckten Hängen des Apennins im Süden. Als Ausgangspunkt einer Rundfahrt durch die Region ist das zentral gelegene Bologna bestens geeignet. Modena, lange eine wichtige Konkurrentin Bolognas, wartet mit der prächtigsten romanischen Kathedrale des Landes auf. Parma wirkt etwas provinzieller, und in Ferrara herrscht eine ausgesprochen ungezwungene Atmosphäre.

Piazza Cavalli im Zentrum von Piacenza

Von Schilf gesäumtes Flußufer im Po-Delta

SIEHE AUCH
- *Übernachten* S. 555 ff
- *Restaurants* S. 590 f

AUF EINEN BLICK
Bologna S. 254 ff ❼
Castell'Arquato ❷
Faenza ❽
Ferrara ❻
Fidenza ❸
Modena ❺
Parma ❹
Piacenza ❶
Po-Delta ⓫
Ravenna S. 258 ff ❿
Rimini ❾

EMILIA-ROMAGNA

UNTERWEGS

Hervorragende Straßen- und Bahnverbindungen sowie die weitgehend flache Landschaft machen die Fortbewegung in dieser Region schnell und problemlos. Bologna ist durch die A1 mit Florenz verbunden und durch die A14 mit Ferrara und Venedig. Auf der vielbefahrenen A1 gelangt man von Bologna über Piacenza, Fidenza und Parma auch nach Mailand. Die A15 verbindet Parma und La Spezia und die A21 Piacenza und Cremona.

Der Strand von Cesenatico an der Adria nördlich von Rimini

LEGENDE

- Autobahn
- Hauptstraße
- Nebenstraße
- Panoramastraße
- Fluß
- Aussichtspunkt

0 Kilometer 25

Der Palazzo Pretorio in Castell'Arquato aus dem 13. Jahrhundert

Piacenza ❶

🏛 105 000. FS 🚌 ℹ *Piazzetta dei Mercanti 7 (0523-32 93 24).* 🗓 *Mi, Sa.*

DIE GESCHICHTE Piacenzas geht bis auf das Römische Reich zurück. In der Nähe des Po gelegen, diente es als befestigtes Lager, das die Ebene der Emilia vor den Einfällen sowohl Hannibals als auch der Gallier schützte. Das Stadtzentrum läßt noch immer die römischen Grundrisse erkennen.

Piacenza hat eine angenehm unprätentiöse Altstadt mit Gebäuden aus dem Mittelalter und der Renaissance. Den ersten Rang nehmen aber zwei bronzene **Reiterstatuen** auf der zentralen Piazza Cavalli ein. Sie sind das Werk von Francesco Mochi, einem Bildhauer des 17. Jahrhunderts und Schüler Giambolognas. Die beiden barocken Meisterwerke stellen den Heerführer Alessandro Farnese und dessen Sohn Ranuccio dar, beides Herrscher von Piacenza im 16. Jahrhundert.

Hinter den Statuen erhebt sich der rote Ziegelbau des auch als »Il Gotico« bekannten **Palazzo del Comune**, ein zinnenbewehrter lombardisch-gotischer Palast aus dem ausgehenden 13. Jahrhundert. Der **Dom** am Ende der Via XX Settembre hat ein etwas wuchtiges lombardisch-romanisches Äußeres (Baubeginn 1122) und einen Campanile (14. Jh.). Im Inneren schmücken mittelalterliche Malereien und Fresken von Guercino die Kuppeln der Apsis und der Querhäuser.

Das **Museo Civico** bietet eine bunte Mischung von Skulpturen und Gemälden, deren herausragendstes Stück Botticellis (1444–1510) *Madonna mit Kind und Johannes dem Täufer* ist. Daneben gibt es auch eine archäologische Abteilung mit dem sogenannten *Fegato di Piacenza*, ein etruskisches Bronzeabbild der Schafslebern, die Priester einst zur Weissagung benutzten.

🏛 Museo Civico
Palazzo Farnese, Piazza Cittadella. ☎ 0523-32 82 70. 🕓 Di–So. 🗓 Feiertage. ♿

Castell'Arquato ❷

Piacenza. 🏛 4500. 🚌 ℹ *Viale Remondini 1 (0523-80 30 91).* 🗓 *Mo.*

VERSTECKT IN DEN Hügeln zwischen Fidenza und Piacenza, liegt Castell'Arquato, eines der hübschesten der vielen Dörfer, die über die Landschaft südlich des Po verstreut sind. An Wochenenden kommen viele Tagesausflügler aus den Städten der Emilia in die Ortschaft und bevölkern der Restaurants und Bars um die **Piazza Matteotti**. Hier steht auch die ehrwürdige romanische Basilika **Palazzo Pretorio** aus dem 13. Jahrhundert. Eindrucksvoll ist die Festung **Rocca Viscontea** (14. Jh.) an der Piazza del Municipio. Durch seine Hügellage bietet das Dorf zudem wunderbare Aussichten, vor allem über das Tal der Arda im Osten.

Fidenza ❸

Parma. 🏛 23 000. FS 🚌 ℹ *Piazza Duomo 2 (0524-840 47).* 🗓 *Mi, Sa.*

WIE VIELE ORTE entlang dem Po verdankte Fidenza seine frühe Bedeutung der alten Römerstraße Via Aemilia. Im Mittelalter nahm er eine wichtige Stellung als Etappenziel für Pilger auf dem Weg nach Rom ein. Heute besucht man Fidenza vor allem, um den großartigen **Dom** an der Piazza Duomo (13. Jh.) zu sehen, dessen Architektur lombardische, romanische und gotische Stilelemente vereint. Am auffälligsten ist die opulent gestaltete Fassade, die vermutlich eine Arbeit derselben Handwerker ist, die Benedetto Antelami am Dom von Padua zur Seite standen. Im Inneren sieht man an den Wänden noch Reste von mittelalterlichen Fresken, und die Krypta beherbergt die Reliquien des Kirchenpatrons Donnino.

Detail der Fassade des Doms von Fidenza

EMILIA-ROMAGNA

Inneres des Baptisteriums in Parma

Parma ❹

🏠 175 000. 🚉 🚌 ℹ️ *Piazza Duomo 5 (0521-23 47 35).*
🛒 *Mi, Do (Flohmarkt), Sa.*

NUR WENIGE italienische Städte sind so wohlhabend und urban wie Parma, das keineswegs nur für gutes Essen steht, sondern auch für einen Schatz an Gemälden, Skulpturen und mittelalterlichen Bauwerken.

Der lombardisch-romanische **Dom** an der Piazza Duomo, einer der schönsten in Norditalien, ist berühmt für das Gemälde *Himmelfahrt Mariens* (1534) von Antonio da Correggio, das die Kuppel ausfüllt. Das Mittelschiff schmücken Werke der Schüler Correggios, und im südlichen Querhaus findet man ein geschnitztes Fries (1178) von Benedetto Antelami, der auch einen Großteil des etwas südlich der Kathedrale gelegenen **Baptisteriums** (1196) schuf. Die Reliefs an der Fassade und im Inneren, darunter die Monatsdarstellungen, zählen zu den bedeutendsten ihrer Zeit in Italien.

Östlich des Doms steht die Kirche **San Giovanni Evangelista** (1498–1510 erneuert), dessen Kuppelfresko von Correggio die *Vision des Evangelisten Johannes in Patmos* zeigt. Hier sowie in der Kirche **Madonna della Steccata** an der Via Dante findet man weitere Fresken von Parmigianino, einem Schüler Correggios.

🏛 Palazzo Pilotta
Piazzale della Pilotta 15. **Galleria**
📞 0521-23 33 09. ⏰ *Mo–So vorm.*
⛔ *1. Jan, 1. Mai, 25. Dez.* 📷 ♿
Museo 📞 *0521- 23 37 18.* ⏰ *Di–Sa.* ⛔ *siehe Galleria.* 📷

Dieser gewaltige Palast wurde im 16. Jahrhundert für die Familie Farnese errichtet und nach Bombenschäden im Zweiten Weltkrieg wiederaufgebaut. Der Komplex besteht aus mehreren Teilen, darunter das **Teatro Farnese** (1628), eine komplett aus Holz bestehende Kopie des hinreißenden Theaters von Palladio in Vicenza.

In der **Galleria Nazionale** sind neben Parmigianino und Correggio auch Werke von Fra Angelico, Bronzino und El Greco sowie zwei monumentale Gemälde von Ludovico Carracci aus dem späten 16. Jahrhundert zu sehen.

Im **Museo Archeologico Nazionale** sind Exponate aus der etruskischen Nekropolis Velleia sowie von verschiedenen vorgeschichtlichen Fundstellen um Parma ausgestellt.

🏛 Camera di San Paolo
Via Melloni. 📞 *0521-23 33 09.*
⏰ *tägl.* ⛔ *1. Jan, 1. Mai, 25. Dez.*
📷 ♿

Dieser frühere Speisesaal des Benediktinerklosters San Paolo wurde 1518 von Correggio mit mythologischen Fresken ausgestattet.

Campanile und Baptisterium in Parma

DIE HERSTELLUNG VON PARMESANKÄSE UND PARMASCHINKEN

Kaum ein Käse ist so berühmt und wichtig für die italienische Küche wie Parmesan *(parmigiano)*. Es gibt davon zwei Sorten, den hochwertigen Parmigiano-Reggiano und den Grana von etwas minderer Qualität. Die Herstellungstechniken haben sich in den vergangenen Jahrhunderten kaum verändert. Ein Gemisch aus teilweise entrahmter Milch und Molke fördert die Gärung, und Lab bringt die Milch zum Gerinnen. Anschließend wird der Käse gesalzen und geformt.

Geschäft mit Parmesan und Parmaschinken

Parmaschinken verdankt seine Qualität speziellen Herstellungstechniken und den besonderen Bedingungen, unter denen er luftgetrocknet wird. Das Fleisch stammt von Schweinen, die mit der übrigen Molke aus der Parmesanproduktion gefüttert werden. Sein natürlicher Geschmack macht nur noch etwas Salz und Pfeffer nötig, um den berühmten *prosciutto crudo* zu erhalten. Die luftigen Hügel von Langhirino bieten ideale Bedingungen für die Trocknung der Schinken, die bis zu zehn Monate reifen.

Flora von Carlo Cignani (1628–1719) in der Galleria Estense in Modena

Modena ❺

🏛 175 000. 🚆 🚌 ℹ *Piazza Grande (059-20 66 60).* 📅 *Mo.*

DIE MEISTEN ITALIENER denken bei Modena an schnelle Autos, denn sowohl Ferrari als auch Maserati haben hier Produktionsstätten. Zeugnisse aus vergangenen Zeiten machen die Stadt aber zu einem der anregendsten historischen Reiseziele der Emilia. Das schon als römische Kolonie blühende Modena stieg aufgrund seiner ausgedehnten Landwirtschaft und des Zuzugs des Adelsgeschlechts d'Este 1598 aus Ferrara zu großer Bedeutung auf. Die Familie beherrschte die Stadt bis zum 18. Jahrhundert.

🏛 Dom
Corso Duomo. ☎ *059-21 60 78.* 🕐 *tägl.*

Der stattliche Dom erhebt sich an der alten Römerstraße Via Aemilia (heute Via Emilia). Er zählt zu den bedeutendsten romanischen Bauwerken der Region, begründet durch die toskanische Markgräfin Mathilde, die in Modena herrschte (11. Jh.). Der Entwurf stammt von Lanfranco, und unter dem Chor liegt der Steinsarg des Schutzheiligen der Stadt, Geminiano. Zuerst fällt die schiefe **Torre Ghirlandina** auf, deren Baubeginn mit dem des Doms zusammenfiel, jedoch erst 200 Jahre später fertiggestellt wurde. Im Turm wird die *Secchia* von Modena aufbewahrt. Der Diebstahl dieses hölzernen Eimers aus Bologna 1325 soll einen Krieg zwischen den beiden Städten provoziert haben. Die Geschichte griff im 17. Jahrhundert der Dichter Alessandro Tassoni in dem spöttischen Epos *Der geraubte Eimer* auf – sie ist Sinnbild für die immer noch andauernde Rivalität der beiden Städte.

Die großen Reliefs an der westlichen Fassade des Doms sind das Werk von Wiligelmus (12. Jh.). Im Inneren bildet eine große, geschnitzte Tribuna (Lettner) mit Passionsdarstellungen (12. Jh.) den Höhepunkt.

🏛 Palazzo dei Musei
Largo di Porta Sant'Agostino.
Galleria Estense ☎ *059-22 21 45.* 🕐 *Di–Fr, So.* 🚫 *1. Jan, 31. Jan, Ostern, 25. Apr, 25. Dez.* ♿
Biblioteca Estense ☎ *059-22 22 48.* 🕐 *Mo–Sa.* 🚫 *Feiertage.*

Nordwestlich des Doms erreicht man durch ein reizvolles Gewirr enger, alter Straßen den Palazzo dei Musei. Das frühere Waffenlager und Armenhaus ist heute das Prachtstück unter den städtischen Museen. Seine schönste Abteilung, die **Galleria Estense**, ist der privaten Kunstsammlung der d'Este gewidmet, die hierher verlegt wurde, nachdem Ferrara, die ehemalige Bastion der Familie, an den Kirchenstaat überging. Der Großteil der Gemälde stammt von Künstlern der Emilia und aus Ferrara, aber es sind auch Werke von Bernini, Velázquez, Tintoretto und Veronese zu sehen.

Zur ständigen Ausstellung in der **Biblioteca Estense**, der Privatbibliothek der d'Este, gehört eine Ausgabe von Dantes *Göttlicher Komödie* aus dem Jahre 1481 sowie Dutzende von teilweise Jahrhunderte alten Landkarten und diplomatischen Noten. Eine Karte von 1501 war eine der ersten, auf der Kolumbus' Reise in die Neue Welt 1492 eingetragen war. Das Juwel der Sammlung bildet die herrlich illuminierte Bibel des Borso d'Este mit mehr als 1200 Miniaturen von Künstlern des 15. Jahrhunderts.

UMGEBUNG: Die Ferrari-Werke

Die Torre Ghirlandina in Modena

liegen 20 Kilometer im Süden. Die Firma, die heute Fiat gehört und 2500 Autos im Jahr produziert, wurde 1945 von Enzo Ferrari gegründet. In der **Galleria Ferrari** kann man eine kleine Ausstellung mit seinem rekonstruierten Arbeitszimmer sowie Motoren und vielen Oldtimern besichtigen.

🏛 Galleria Ferrari
Via Dino Ferrari 43, Maranello. ☎ *0536-94 32 04.* 🕐 *Di–So.* 🚫 *1. Jan, 25. Dez.* ♿ ♿

Der 1959–62 gebaute Ferrari 250 SWB

Ferrara

140 000. FS *Corso Giovecca 21 (0532-20 93 70).*
Mo, Fr.

DIE ADELSDYNASTIE der d'Este übte einen prägenden Einfluß auf Ferrara aus. Im 13. Jahrhundert übernahm die Familie unter Nicolò II die Macht in der Stadt, die sie bis 1598 innehatte, als der Papst sie zum Umzug nach Modena zwang.

♖ Castello Estense
Largo Castello. *0532-29 92 79.*
Di–So.

Der befestigte Familiensitz der d'Este mit seinen Gräben und Türmen (Baubeginn 1385) ragt beherrschend über das Stadtzentrum empor. In seinen zugigen Kerkern waren Ferrante und Giulio d'Este inhaftiert, nachdem sie den Sturz von Alfonso I d'Este betrieben hatten. Parisina d'Este, die Gattin des skrupellosen Nicolò III, wurde hier hingerichtet, weil sie eine Affäre mit ihrem unehelichen Stiefsohn Ugo hatte.

Fassade des Doms in Ferrara

Das eindrucksvolle mittelalterliche Castello Estense in Ferrara

♖ Palazzo del Comune
Piazza Comunale.
Bronzestatuen von Nicolò III und Borso d'Este, einem der angeblich 27 Kinder Nicolòs, schmücken den mittelalterlichen Palast (Baubeginn 1243). Sie sind Kopien der von Leon Battista Alberti geschaffenen Originale (15. Jh.).

🏛 Museo della Cattedrale
Cattedrale di Ferrara. *0532-20 74 49.* *tägl.* *Feiertage.* **Spende**.
Der in einem romanisch-gotischen Mischstil erbaute **Dom** Ferraras wurde im 12. Jahrhundert von Wiligelmus begonnen. Reliefs an der Fassade stellen Szenen des Jüngsten Gerichts dar. Das hervorragende **Museum** zeigt eine Reihe schöner Marmorreliefs mit Monatsdarstellungen (spätes 12. Jh.), zwei von Cosmè Tura bemalte Orgeljalousien (1469) sowie ein Madonnengemälde (1408) von Jacopo della Quercia.

♖ Palazzo Schifanoia
Via Scandiana 23. *0532-641 78.*
tägl. *25., 26. Dez.*
Die Sommerresidenz der d'Este wurde 1385 begonnen und ist berühmt für ihren Salone dei Mesi mit seinen Wandgemälden von Tura und anderen Malern aus Ferrara, die Alltagsszenen im Jahreskreislauf zeigen. Sie wurden von Borso d'Este in Auftrag gegeben, der auch auf vielen der Tafeln zu sehen ist.

🏛 Museo Archeologico Nazionale
Palazzo di Ludovico il Moro, Via XX Settembre 124. *0532-662 99.*
wg. Restaurierung bis 1997.
Besonders interessant sind hier Ausgrabungsstücke aus dem griechisch-etruskischen Handelsposten Spina nahe Comacchio im Po-Delta.

🏛 Palazzo dei Diamanti
Palazzo dei Diamanti, Corso Ercole I d'Este 21. *0532-20 58 44.* *Di–So vorm.* *1. Jan, 1. Mai, 25. Dez.*
Dieser Palast hat seinen Namen von den Diamantmotiven an seiner Fassade und beherbergt ein modernes Kunstmuseum sowie die Pinacoteca Nazionale, in der Werke wichtiger Renaissancekünstler der Schulen von Ferrara und Bologna zu sehen sind.

DIE DYNASTIE DER FAMILIE D'ESTE

Auf dem Höhepunkt ihrer Macht stand die Familie d'Este an der Spitze eines der führenden Herrscherhöfe Europas und verband die Rolle blutrünstiger Despoten mit der aufgeklärter Renaissancemäzene. Nicolò III ließ seine Frau und ihren Liebhaber brutal ermorden. Alfonso I (1476–1534) ehelichte Lucrezia Borgia aus einer der verrufensten Familien Italiens, während Ercole I (1431–1505) versuchte, einen Neffen zu vergiften, der ihn stürzen wollte (und den er schließlich hinrichten ließ). Zugleich aber zog der Hof auch Schriftsteller wie Petrarca, Tasso und Ariost an sowie Maler wie Mantegna, Tizian und Bellini. Ercole I erneuerte Ferrara und schuf dabei eine der prächtigsten Renaissancestädte Europas.

Porträt des Alfonso I d'Este von Tizian (um 1485–1576)

Im Detail: Bologna ❼

Detail der Fassade von San Petronio

Das historische Zentrum von Bologna bildet ein Ensemble von Backsteingebäuden und mit Säulengängen ausstaffierte Straßen. Herrschaftliche Paläste gruppieren sich um die beiden zentralen Plätze Piazza Maggiore und Piazza del Nettuno, an die sich die Kirchen San Petronio und San Domenico anschließen. Hier ist auch der ehrwürdige Archiginnasio, der ehemalige Sitz der Universität von Bologna. Etwas weiter entfernt erkennt man die Türme Asinelli und Garisenda sowie den Campanile von Santo Stefano.

Fontana di Nettuno
Der berühmte Neptunbrunnen (1566) wurde von Tommaso Laureti entworfen und von Giambologna mit herrlichen Bronzefiguren verziert.

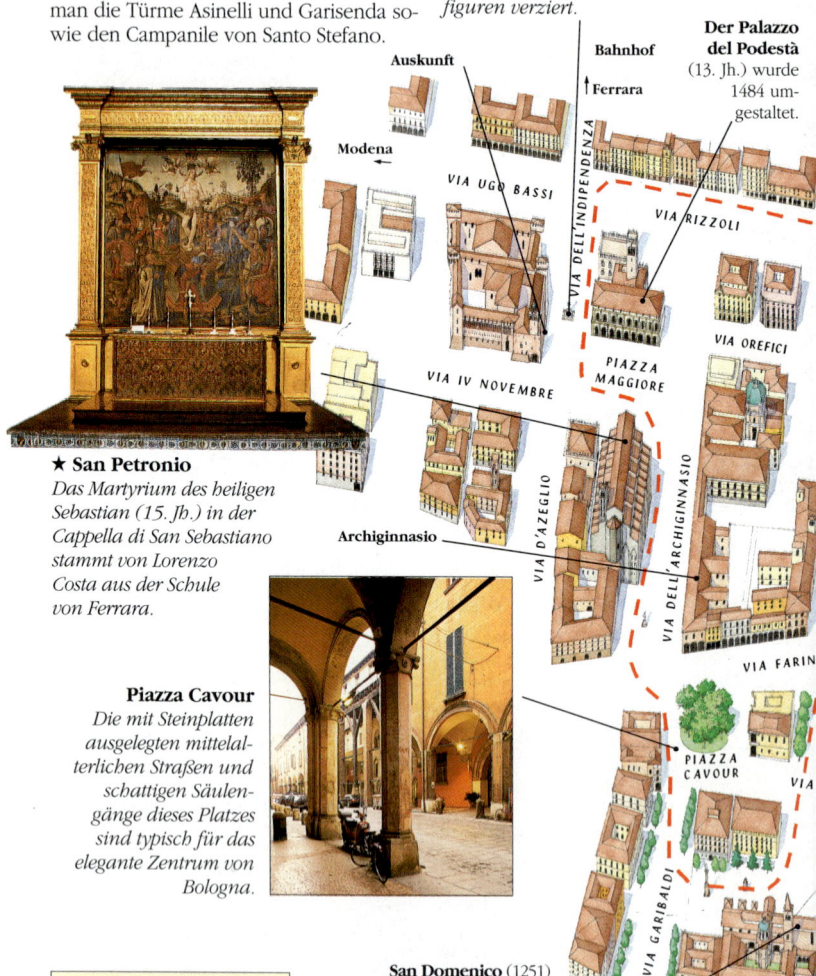

Der Palazzo del Podestà (13. Jh.) wurde 1484 umgestaltet.

Auskunft
Bahnhof ↑ Ferrara
Modena
VIA UGO BASSI
VIA DELL'INDIPENDENZA
VIA RIZZOLI
VIA OREFICI
PIAZZA MAGGIORE
VIA IV NOVEMBRE
VIA D'AZEGLIO
VIA DELL'ARCHIGINNASIO
Archiginnasio
VIA FARIN
PIAZZA CAVOUR
VIA GARIBALDI

★ San Petronio
Das Martyrium des heiligen Sebastian (15. Jh.) in der Cappella di San Sebastiano stammt von Lorenzo Costa aus der Schule von Ferrara.

Piazza Cavour
Die mit Steinplatten ausgelegten mittelalterlichen Straßen und schattigen Säulengänge dieses Platzes sind typisch für das elegante Zentrum von Bologna.

San Domenico (1251) ist dem heiligen Dominikus geweiht, der hier in einem eindrucksvollen Grabmal beigesetzt ist.

NICHT VERSÄUMEN

★ San Petronio

BOLOGNA

INFOBOX
390 000. Marconi 9 km NW. Piazza Medaglia d'Oro. Piazza XX Settembre. Piazza Maggiore 6 (051-23 96 60); Stazione Centrale (051-24 65 41). Fr, Sa. Apr–Juni: Musikfestival; Juni: Campionara; Juni–Sep: Bologna Sogna.

San Giacomo Maggiore
Das Fresko Triumph des Todes *(1483–86) von Costa schmückt die Cappella Bentivoglio.*

Pinacoteca Nazionale
Museo di Anatomia Umana Normale
Ravenna
Firenze

Torri degli Asinelli e Garisenda
Die Kolosse sind zwei der wenigen noch existierenden Türme, die mächtige Familien Bolognas seit dem 12. Jahrhundert errichten ließen.

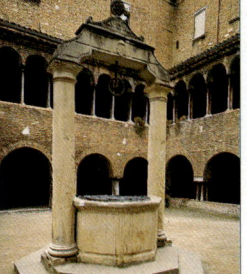

Abbazia di Santo Stefano
Die Fontana di Pilato im Hof hat ein Becken mit lombardischen Inschriften aus dem 8. Jahrhundert.

LEGENDE
– – – Routenempfehlung

0 Kilometer 150

San Giacomo Maggiore
Piazza Rossini. 051-22 59 70. tägl.

Die 1267 begonnene und seitdem stark veränderte romanisch-gotische Kirche wird hauptsächlich wegen der Cappella Bentivoglio besucht, einer herrlichen Familienkapelle, die 1445 von Annibale Bentivoglio gegründet und 1486 geweiht wurde. Besonders sehenswert ist das einfühlsame Porträt der Mäzene aus der Hand Lorenzo Costas (1460–1535), der auch die Fresken *Apokalypse* und *Triumph des Todes* schuf. Das Altarbild (1488), das die *Jungfrau und Heilige mit zwei musizierenden Engeln* zeigt, ist ein Werk von Francesco Francia. Gegenüber der Kapelle ist die Familie Bentivoglio ein weiteres Mal im Grabmal des Antonio Galeazzo Bentivoglio (1435) verewigt, eines der letzten Werke des Bildhauers Jacopo della Quercia aus Siena. Im Oratorium Santa Cecilia sind bemerkenswerte Fresken (1504–06) von Costa und Francesco Francia zum Leben der Heiligen Cäcilia und Valerian zu sehen.

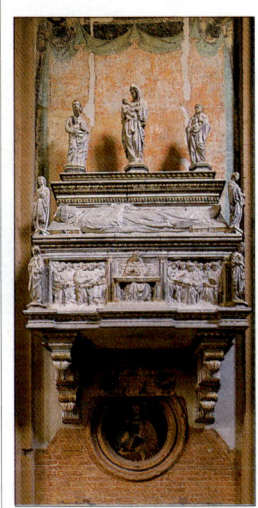

Das Grabmal Bentivoglios (1435) von Jacopo della Quercia

Überblick: Bologna

MONUMENTE DES kulturellen Erbes von Bologna sind über die ganze Stadt verteilt, von den schiefen Türmen und der Kirche San Petronio im historischen Zentrum bis zur Pinacoteca Nazionale im Universitätsviertel.

Torri degli Asinelli e Garisenda
Piazza di Porta Ravegnana. ○ tägl.

Die *torri pendenti*, die schiefen Türme – Torre degli Asinelli und Torre Garisenda –, zählen zu den wenigen Geschlechtertürmen, die erhalten sind. Mehr als 200 prägten einst das Zentrum von Bologna. Beide wurden im 12. Jahrhundert begonnen; Dante erwähnt im *Inferno* zwei Türme an der gleichen Stelle. Die Torre Garisenda wurde nur wenige Jahre nach der Errichtung vorsichtshalber gekürzt, weicht aber noch immer um rund drei Meter von der Senkrechten ab. Mit 97 Metern ist die Torre Asinelli nach denen von Cremona, Siena und Venedig der vierthöchste Turm Italiens. Nach einem Aufstieg über 500 Stufen hat man einen herrlichen Ausblick.

Abbazia di Santo Stefano
Via Santo Stefano. 051-22 32 56.
○ tägl.

Santo Stefano ist eine kuriose Ansammlung aus vier unter einem Dach vereinten mittelalterlichen Kirchen. Die Chiesa del Crocifisso aus dem 11. Jahrhundert bietet nunmehr lediglich

Außenansicht der Abbazia di Santo Stefano

SAN PETRONIO
Piazza Maggiore. 051-22 21 12. ○ tägl.

Die dem Bischof des 5. Jahrhunderts geweihte Kirche zählt zu den bedeutendsten mittelalterlichen Bauten Italiens. Sie wurde 1390 gegründet und sollte die Peterskirche in Rom an Größe übertreffen. Man stutzte jedoch die geplanten Ausmaße, nachdem kirchliche Stellen Geldmittel zugunsten des Palazzo Archiginnasio umgeleitet hatten. Als Folge der finanziellen Probleme entstand eine asymmetrische Kirche mit einer Säulenreihe an der östlichen Fassade, die ein zusätzliches Seitenschiff tragen sollte. Diese Mißwirtschaft soll zur Auflehnung Martin Luthers gegen den Katholizismus mit beigetragen haben.

Das Altarbild *Martyrium des heiligen Sebastian* entstammt der späten Schule von Ferrara.

Das Rosa und Weiß des Innenraums trägt zur insgesamt hellen und luftigen Wirkung bei.

Das Hauptportal besticht durch wunderbare biblische Reliefs (1425–38) von Jacopo della Quercia.

Gotischer Innenraum
Anmutige Säulen tragen das Dach im luftigen Innenraum. Zum Mittelschiff hin öffnen sich 22 abgetrennte Kapellen. Um der Pest zu entgehen, wurde 1547 das Konzil von Trient (siehe S.168) vorübergehend hierher verlegt.

Eingang

Unvollendete obere Fassade

Die Meridianlinie auf dem 60. Längengrad zwischen Nord- und Südpol wurde 1655 durch den Astronomen Gian Domenico Cassini angebracht.

Die Buntglasfenster (1464–66) dieser Kapelle stammen von Jakob von Ulm.

einen Durchgang zur vieleckigen San Sepolcro, dem reizendsten Mitglied des Quartetts. Ebenfalls dem 11. Jahrhundert entstammt eine herrlich übertriebene Nachahmung der Grabeskirche in Jerusalem mit dem Grabmal des heiligen Petronius. Im Innenhof steht die Fontana di Pilato, ein Becken aus dem 8. Jahrhundert.

Santi Vitale e Agricola geht auf das 5. Jahrhundert zurück und ist somit die älteste Kirche der Stadt. Sie wurde im 8. und 11. Jahrhundert erneuert. Im Inneren befinden sich die Sarkophage der im 4. Jahrhundert gemarterten Heiligen Vitalis und Agricola. Santa Trinità ist ein kleines Museum angeschlossen mit Gemälden und Objekten wie den von Simone dei Crocifissi bemalten Holzfiguren (um 1370).

Glockenturm

Chorgestühl
Raffaello da Brescia schuf 1521 das Chorgestühl mit Intarsien in der Kapelle des Heiligen Sakraments.

🏛 Pinacoteca Nazionale
Via delle Belle Arti 56.
☎ 051-24 32 49.
◯ Di–So vorm.
● 1. Jan, Ostern, 1. Mai, 15. Aug, 25. Dez.

Die wichtigste Gemäldegalerie Bolognas mit einer der bedeutendsten Sammlungen im Norden Italiens steht am Rand des Universitätsviertels mit Bars, Buchläden und preiswerten Restaurants. Die Ausstellung konzentriert sich in der Hauptsache auf Maler aus Bologna wie Vitale da Bologna, Guido Reni, Guercino und die Familie Carracci. Daneben sind auch Werke aus der Schule von Ferrara zu sehen, etwa von Francesco del Cossa und Ercole de' Roberti. Hervorzuheben ist das um 1515 geschaffene berühmte Meisterwerk *Die heilige Cäcilia* von Raffael, der auch in Bologna gearbeitet hat.

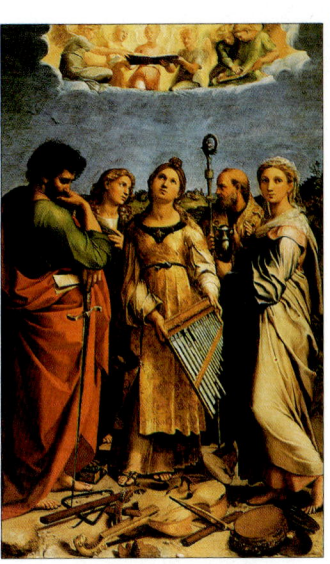

Raffaels *Heilige Cäcilia* (um 1515) in der Pinacoteca Nazionale von Bologna

🏛 Museo di Anatomia Umana Normale
Via Irnerio 48. ☎ 051-24 44 67.
◯ Mo–Fr. ● 25. Dez, 1. Jan, Ostern, 1. Mai.

Obwohl es mit Sicherheit nicht zu den touristischen Anziehungspunkten zählt, ist das Museum für Anatomie eines der bemerkenswertesten kleineren Museen von Bologna. Es wurde 1742 als Anatomiehörsaal errichtet und 1907 in ein Museum umgewandelt, das heute eine bisweilen schauerliche Sammlung von Wachsarbeiten zeigt. Es gibt Modelle von Organen, Gliedmaßen und hautlosen Körpern zu sehen. Die Exponate, zu Skulpturen geformte Kunststücke, wurden bis ins 19. Jahrhundert als Lehrmaterial eingesetzt.

🏛 San Domenico
Piazza di San Domenico.
☎ 051-640 04 11. ◯ tägl.

San Domenico kann den Rang der wichtigsten dominikanischen Kirche Italiens für sich beanspruchen. Sie wurde 1221 begonnen, um den Leichnam des heiligen Domenikus zu beherbergen. Das als Arca di San Domenico bekannte Grabmal ist ein herrliches, in Gemeinschaftsarbeit entstandenes Kunstwerk; die Statuen sind von Nicola Pisano, und die Reliefs zeigen Szenen aus dem Leben des Heiligen und stammen ebenfalls von Pisano und seinen Schülern; der Baldachin wird Nicola di Bari zugeschrieben, während die Engelsfiguren und die Heiligen Proculus und Petronius frühe Schöpfungen Michelangelos sind. Der Reliquienschrein (1383) hinter dem Sarkophag enthält Domenikus' Kopf.

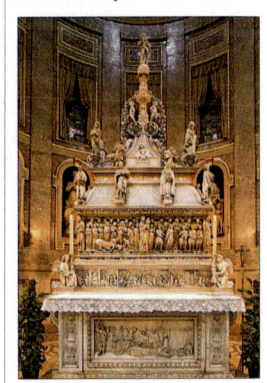

Die Arca di San Domenico in der Kirche San Domenico

Fresko von Malatesta und dem heiligen Sigismund (1451) von Piero della Francesca im Tempio Malatestiano in Rimini

Faenza ❽

Ravenna. 54 000. Piazza del Popolo 1 (0546-252 31). Di, Do, Sa.

FAENZA IST BEKANNT für die Fayencen, denen sie den Namen gab. Die seit über 500 Jahren in ganz Europa geschätzten blauen und ockerfarbenen Tonwaren werden in zahllosen kleinen Fabriken überall in der Stadt hergestellt.

Besonders sehenswert ist hier das **Museo Internazionale delle Ceramiche** mit einer der größten Keramiksammlungen Italiens. Die Ausstellung umfaßt neben Tonwaren auch Stücke aus anderen Ländern und verschiedenen historischen Epochen, darunter römische Keramik und mittelalterliche Majoliken. Eine Abteilung beschäftigt sich zudem mit der modernen Keramikkunst von Picasso, Matisse und Chagall.

🏛 Museo Internazionale delle Ceramiche
Viale Baccarini 19. 0546-212 40. Di–So. 1. Jan, Ostern, 25. Apr, 1. Mai, 15. Aug, 25. Dez.

Rimini ❾

130 000. Piazza Fellini 3 (0541-37 10 57). Mi, Sa.

RIMINI WAR EINMAL ein kleiner Erholungsort am Meer, dessen unschuldiger Charme in den frühen Filmen des hier geborenen Regisseurs Fellini gefeiert wurde. Heute ist es das größte Seebad Europas. Sein fast 15 Kilometer langer, gut gepflegter Strand ist von Restaurants und Bars gesäumt. An einigen privaten Abschnitten muß allerdings Eintritt bezahlt werden.

Die Altstadt Riminis ist dagegen angenehm ruhig. Im Mittelpunkt der reizvollen gepflasterten Straßen liegt die **Piazza Cavour**, die von dem **Palazzo del Podestà** aus dem 14. Jahrhundert beherrscht wird. Das schönste Gebäude der Stadt ist der ursprünglich als Franziskanerkirche errichtete **Tempio Malatestiano**, den Leon Battista Alberti, der große Florentiner Architekt, 1450 in eines der bedeutendsten Bauwerke der italienischen Renaissance verwandelte. Auftraggeber war Sigismondo Malatesta (1417–68), ein Abkömmling der mittelalterlichen Herrscherfamilie Riminis und einer der bösartigsten Männer seiner Zeit. Zunächst als Kapelle ausgelegt, war der Tempio schließlich kaum mehr als ein Denkmal für Malatesta. Im Inneren findet man Skulpturen von Agostino di Duccio und ein Fresko (1451) von Piero della Francesca, das Malatesta kniend vor dem heiligen Sigismund zeigt.

Die Initialen von Malatesta und seiner vierten Frau Isotta degli Atti sind ein wiederkehrendes Schmuckmotiv. Daneben gibt es Reliefs mit Merkwürdigkeiten wie in sonderbaren Stellungen verharrende Elefanten (ein Emblem der Familie Malatesta). All dies veranlaßte Papst Pius II., das Gebäude als »Tempel der Teufelsverehrung« zu verdammen und Malatesta aufgrund einer mit »Mord, Notzucht, Ehebruch, Inzest, Frevel und Meineid« begründeten Anklage zu brandmarken.

UMGEBUNG: Weiter entlang der Küste, abseits von Rimini, sind die Badeorte relativ ruhig. **Cesenatico**, 18 Kilometer nördlich, bietet weniger überfüllte Strände.

🏛 Tempio Malatestiano
Via IV Novembre. tägl.

Ravenna ❿

135 000. Via Salara 8–12 (0544-354 04). Mi, Sa.

DIE MEISTEN BESUCHER kommen nach Ravenna, um die byzantinischen Mosaiken (siehe S. 260 ff) zu sehen, aber die Stadt bietet auch eine angenehme Mischung aus alten Straßen, Geschäften und Plätzen.

Renaissancefassade des Tempio Malatestiano in Rimini

EMILIA-ROMAGNA

Die Piazza del Popolo, der zentrale Platz Ravennas

Im **Museo Nazionale** kann man eine breite Palette von Ikonen und archäologischen Funden bewundern. Der beste Ort, um etwas auszuspannen, ist die Piazza del Popolo, ein herrliches Ensemble mittelalterlicher Gebäude.

🏛 Museo Nazionale
Via Fiandrini. 0544-344 24.
Di–So.

Po-Delta

Ferrara. Ferrara. bis Goro oder Gorino. ab Porto Garibaldi, Goro u. Gorino. Via Buonafede 12, Comacchio (0533-31 01 47).

Der Po ist Italiens längster Fluß. Die Po-Ebene umfaßt etwa 15 Prozent der Fläche des Landes und bietet Unterhalt für ungefähr ein Drittel der Bevölkerung. Obwohl der Fluß an vielen Stellen verschmutzt ist, hat sein Lauf auch wunderbare Landschaften zu bieten – von Pappelreihen durchquerte, dunstverhangene Felder und weite Ausblicke über weiche, braune Erde oder über den Sand, die Sümpfe und die Inseln des Deltas.

Das Po-Delta wird auch als die »italienische Carmargue« bezeichnet. Es gibt Pläne, das gesamte Gebiet, ein Areal von etwa 30 000 Hektar, in einen Naturpark umzuwandeln, der sich von der Lagune Venedigs bis zu den Küstenwäldern bei Ravenna erstrecken würde.

Einige Feuchtgebiete nördlich von Ravenna wie die **Valli di Comacchio** sind jetzt schon geschützt und geben damit vielen Zugvögeln einen sicheren Platz zum Überwintern. Ornithologen kommen hierher, um Möwen, Bläßhühner, Gänse oder Seeschwalben, aber auch seltenere Arten wie Silberreiher, Kornweihen und Zwergscharben zu beobachten. Die nächste Ortschaft, **Comacchio**, ist eines von vielen Fischerdörfern, die über das Gebiet verteilt sind. Der bekannteste Fang sind Aale, wozu nicht selten alte Methoden eingesetzt werden wie Schleusen, die bis auf die Zeit der Römer zurückgehen.

Ein anderes Naturschutzgebiet ist der **Bosco della Mesola**, ein altes Waldgebiet, das von den Etruskern angepflanzt und über die Jahrhunderte von Mönchen gepflegt wurde. Man kann unter seinem schattigen Dach spazieren oder radfahren und dabei oft große Rehherden erspähen.

Um einen Überblick über die gesamte Region zu bekommen, folgt man der N 309 – ein Teil der alten Via Romea, einer Pilgerroute nach Rom –, die von Nord nach Süd durch den geplanten Park führt. Viele Pfade zweigen von der Straße ab in die Wildnis hinein. Einige der entlegeneren Ecken erreicht man mit dem Boot: Abfahrtsstellen sind Ca' Tiepolo, Ca' Vernier und Taglio di Po.

Kornweihe im Po-Delta

Friedliche Uferlandschaft im Po-Delta

Rundgang durch Ravenna

DER AUFSTIEG RAVENNAS begann im ersten Jahrhundert v. Chr. unter Kaiser Augustus, der einen Hafen und einen Flottenstützpunkt im nahen Classis anlegte. Nach dem Niedergang Roms wurde Ravenna zur Hauptstadt des Weströmischen Reichs (402 n. Chr.) und behielt diese Stellung auch während der gotischen und byzantinischen Herrschaft im 5. und 6. Jahrhundert. Ravenna ist berühmt für seine frühchristlichen Mosaiken. Die Mosaiken umfassen die Zeit von der römischen bis zur byzantinischen Herrschaft und bieten gute Vergleichsmöglichkeiten zwischen dem Stil der Antike und späteren byzantinischen Motiven.

Mosaikendetail aus San Vitale

Der gute Hirte ②
Dieses Mosaik schmückt das Mausoleo di Galla Placidia. Das 430 begonnene Bauwerk hat vermutlich nie die sterblichen Überreste der Placidia, Gattin eines Barbarenkaisers, beherbergt.

San Vitale ①
Die Mosaiken in der Apsis (526–47) zeigen Christus, den heiligen Vitalis (dem die Märtyrerkrone überreicht wird), zwei Engel und den Bischof Ecclesius, den Gründer der Kirche (siehe S. 46f).

Taufe Christi ③
Die aus dem 5. Jahrhundert stammende Taufkapelle Battistero Neoniano ist nach dem Bischof Neon benannt, der wohl ihre Ausschmückung, einschließlich dieses Mosaiks, veranlaßte. Sie wurde neben einem ehemaligen römischen Badehaus errichtet und ist das älteste Denkmal Ravennas

EMILIA-ROMAGNA

Baptisterium der Arianer ⑤
Das Kuppelmosaik dieses Baptisteriums (5. Jh.) zeigt die Apostel kreisförmig angeordnet um eine zentrale Darstellung der Taufe Christi.

INFOBOX

San Vitale u. Mausoleo di Galla Placidia, Via Fiandrini. (0544-342 66. Apr–Sep tägl. 9–19 Uhr; Okt–März 9–16.30 Uhr (letzter Einlaß 15 Min. vor Schließung). 1. Jan, 25. Dez.
Battistero Neoniano, Via Battistero. (0544-21 85 59. wie oben. 1. Jan, 25. Dez.
Tomba di Dante, Via Dante. Apr–Sep tägl. 9–19 Uhr; Okt–März tägl. 9–12, 14–17 Uhr (letzter Einlaß 15 Min. vor Schließung). 1. Jan, 25. Dez.
Battistero degli Ariani, Via degli Ariani. (0544-344 24. Apr–Sep tägl. 8.30–19 Uhr; Okt–März 8.30–16.30 Uhr (letzter Einlaß 15 Min. vor Schließung). 1. Jan, 1. Mai.
Sant'Apollinare Nuovo, Via di Roma. (0544-390 81. Apr–Sep tägl. 9–19 Uhr; Okt–März 9–16.30 Uhr (letzter Einlaß 15 Min. vor Schließung). 1. Jan, 25. Dez.
Kombiticket erhältlich.

Sant'Apollinare Nuovo ⑥
Die Kirche (6. Jh.) ist nach dem ersten Bischof von Ravenna benannt. Das Innere wird von zwei Mosaikreihen beherrscht, die Märtyrerprozessionen und Jungfrauen mit Geschenken für Christus und Maria zeigen.

Grabmal Dantes ④
Nach seiner Verbannung aus Florenz führten die Wanderungen Dantes den Dichter nach Ravenna, wo er 1321 starb. Von Florenz gespendetes Öl speist eine Lampe in seinem Grabmal (1780).

LEGENDE

– – – Routenempfehlung
P Parken
i Auskunft

0 Meter 200

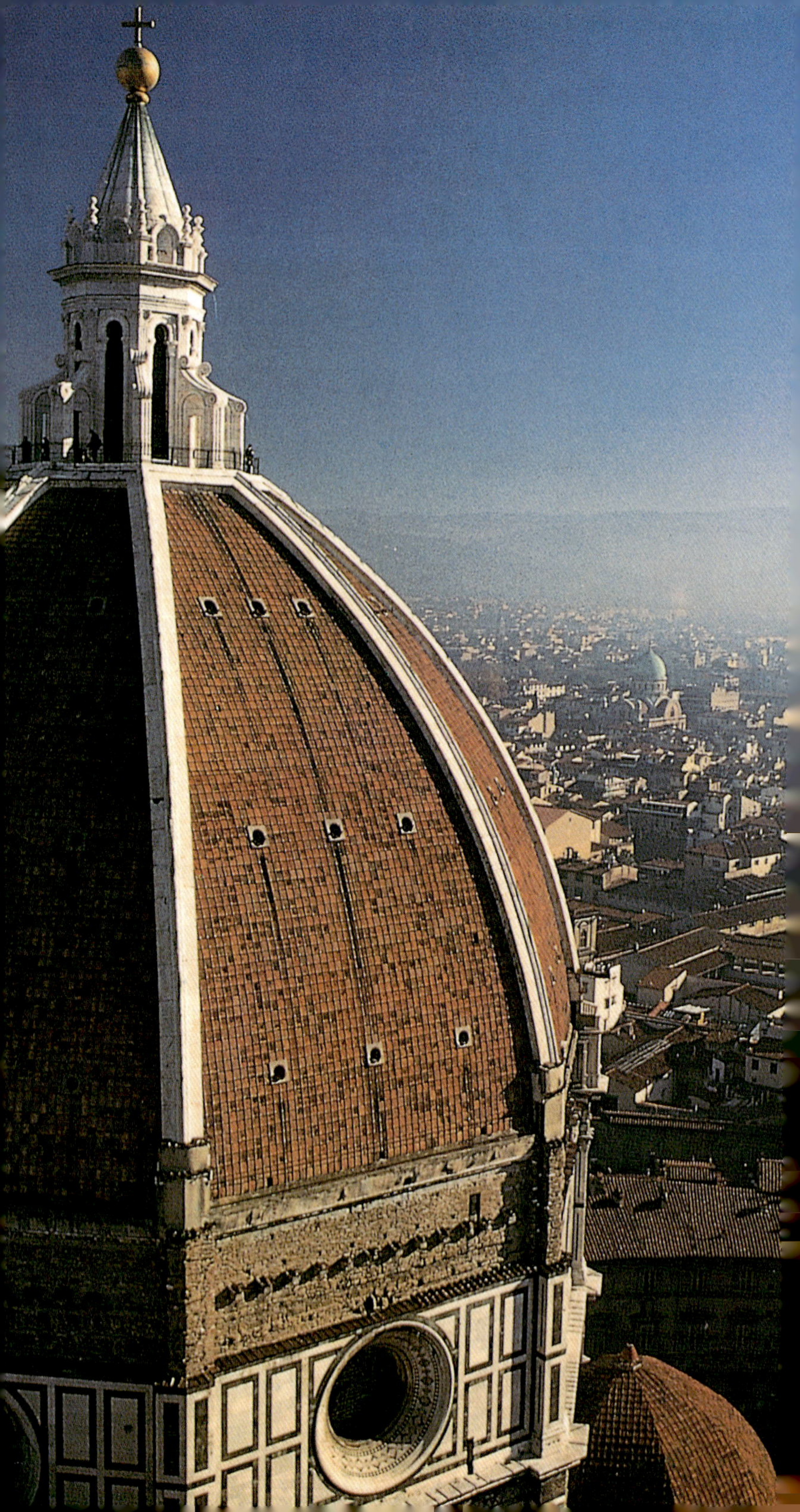

FLORENZ

FLORENZ IST EIN *gewaltiges, wunderbares Denkmal der Renaissance, der Epoche des Wiedererwachens von Kunst und Kultur im 15. Jahrhundert. Schriftsteller wie Dante, Petrarca und Machiavelli trugen zum literarischen Erbe der Stadt bei, aber es waren die Gemälde und Skulpturen von Künstlern wie Botticelli, Michelangelo und Donatello, die sie zu einer der bedeutendsten Kulturstädte der Welt machten.*

Während die Etrusker schon lange die Berge um Fiesole besiedelt hatten, erwachte Florenz im Jahr 59 v. Chr. als römische Kolonialstadt zum Leben. Die im 6. Jahrhundert von den Langobarden eingenommene Siedlung ging später als unabhängiger Stadtstaat aus dem frühen Mittelalter hervor. Im 13. Jahrhundert hatte dann mit der Unterstützung einer starken Finanzwirtschaft der blühende Woll- und Textilhandel die Stadt zu einer der führenden Mächte Italiens werden lassen. Die politische Macht wurde zunächst von den Zünften ausgeübt. Im Laufe der Zeit ging die Herrschaft der Republik Florenz immer mehr an wichtige Adelsgeschlechter über, von denen die Medici am einflußreichsten waren. Florenz blieb drei Jahrhunderte lang unter ihrer Führung. Während dieser Zeit war die Stadt das kulturelle und geistige Zentrum Europas, in dem ihre kosmopolitische Atmosphäre und ihre reichen Mäzene für eine Periode unübertroffener künstlerischer Entwicklung sorgten.

Maler, Bildhauer und Architekten drängten in die Stadt und füllten ihre Straßen, Kirchen und Paläste mit Werken, die zu den großartigsten der Renaissance gehören. Nach dem Tod der letzten Medici übernahm 1737 Österreich (und später auch kurzfristig Napoleon) die Herrschaft, bis Italien 1861 vereint wurde. Von 1865 bis 1871 war Florenz die Hauptstadt des Königreichs Italien.

Spaziergang vor der Kulisse des Ponte Vecchio (1345), der alten, von Geschäften gesäumten Brücke

◁ Die Kuppel des Doms von Florenz, entworfen von Brunelleschi und fertiggestellt 1436

Überblick: Florenz

Das historische Florenz ist relativ übersichtlich, und die meisten Sehenswürdigkeiten sind mühelos zu Fuß erreichbar. Das erste Ziel von Besuchern ist in der Regel der Dom, der ideale Ausgangspunkt zur Erkundung des Campanile, des Baptisteriums und des Museo dell'Opera del Duomo. Südlich davon liegt die Piazza della Signoria, flankiert vom Palazzo Vecchio, dem Rathaus sowie den Uffizien, einer der führenden Gemäldegalerien Italiens. Im Osten findet man die Kirche Santa Croce mit Fresken von Giotto. Im Westen steht die zweite bedeutende Kirche der Stadt, Santa Maria Novella, deren Kapellen ebenfalls reichlich mit Fresken geschmückt sind. Jenseits des Ponte Vecchio und des Arno, der die Stadt in zwei Hälften teilt, liegt der Bezirk Oltrarno mit der Kirche Santo Spirito und dem immensen Palazzo Pitti, dessen Galerien Werke großer Künstler der Renaissance, darunter Raffael und Tizian, beherbergen.

Glockenturm, Palazzo Vecchio

Unterwegs

Florenz hat ein hervorragendes Busnetz, das die öffentlichen Verkehrsverbindungen praktisch und schnell macht. Das relativ kleine Zentrum ist für den privaten Verkehr gesperrt und leicht zu Fuß zu erkunden.

Legende

- Detailkarte: Rund um San Marco S. 266f
- Detailkarte: Rund um den Dom S. 270f
- Detailkarte: Um die Piazza della Repubblica S. 284f
- Detailkarte: Oltrarno S. 292f
- **FS** Bahnhof
- **P** Parken
- **i** Auskunft
- — Stadtmauer

Der Ponte Vecchio, im Vordergrund der Ponte Santa Trinità

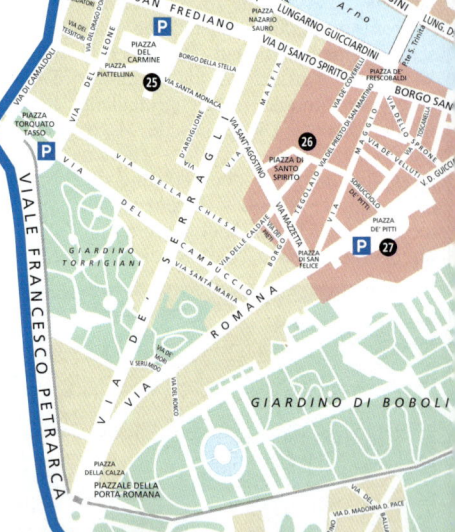

FLORENZ 265

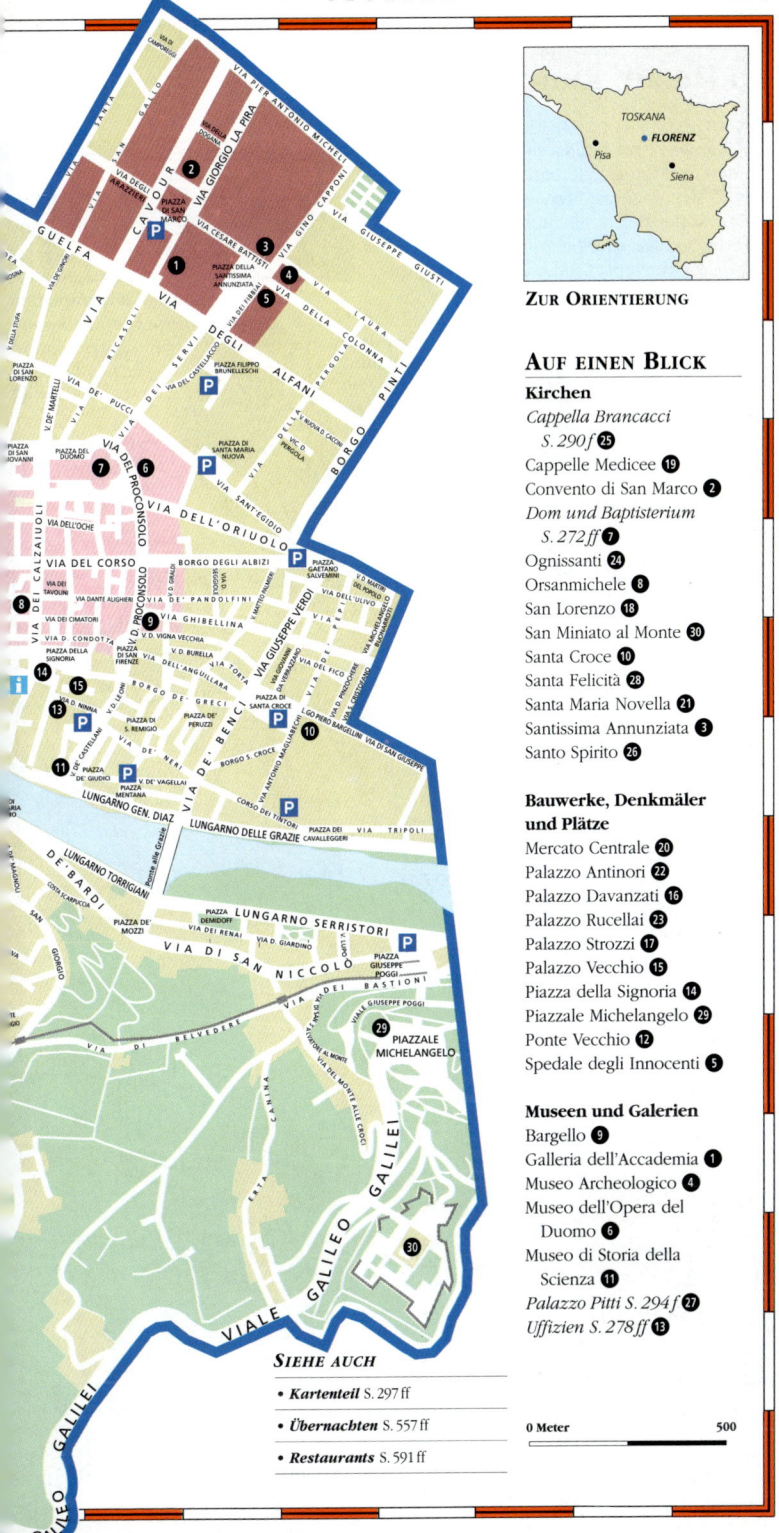

Zur Orientierung

Auf einen Blick

Kirchen
Cappella Brancacci S. 290f ㉕
Cappelle Medicee ⑲
Convento di San Marco ②
Dom und Baptisterium S. 272ff ⑦
Ognissanti ㉔
Orsanmichele ⑧
San Lorenzo ⑱
San Miniato al Monte ㉚
Santa Croce ⑩
Santa Felicità ㉘
Santa Maria Novella ㉑
Santissima Annunziata ③
Santo Spirito ㉖

Bauwerke, Denkmäler und Plätze
Mercato Centrale ⑳
Palazzo Antinori ㉒
Palazzo Davanzati ⑯
Palazzo Rucellai ㉓
Palazzo Strozzi ⑰
Palazzo Vecchio ⑮
Piazza della Signoria ⑭
Piazzale Michelangelo ㉙
Ponte Vecchio ⑫
Spedale degli Innocenti ⑤

Museen und Galerien
Bargello ⑨
Galleria dell'Accademia ①
Museo Archeologico ④
Museo dell'Opera del Duomo ⑥
Museo di Storia della Scienza ⑪
Palazzo Pitti S. 294f ㉗
Uffizien S. 278ff ⑬

Siehe auch
- *Kartenteil* S. 297 ff
- *Übernachten* S. 557 ff
- *Restaurants* S. 591 ff

0 Meter 500

Im Detail: Rund um San Marco

Die Gebäude in diesem Teil von Florenz standen einst am Rande der Stadt und dienten als Pferdeställe und Kasernen. Hier befand sich auch die Menagerie der Medici. Heute ist der Bezirk ein Studentenviertel, und die Straßen sind oft voller junger Leute, die an der Universität oder der 1563 gegründeten Accademia di Belle Arti, der ältesten Kunstakademie der Welt, studieren.

Santissima Annunziata
Diese herrliche Renaissancekirche hat ein opulentes barockes Inneres. ❸

Der Palazzo Pandolfini wurde 1516 von Raffael entworfen.

★ **Convento di San Marco**
Die Verkündigung *(um 1445)* ist ein Beispiel der hervorragenden Freskenmalerei von Fra Angelico. ❷

Sant'Apollonia wartet mit einem Fresko des *Letzten Abendmahls* von Andrea del Castagno auf (1450).

Luigi Cherubini (1760–1842), der Florentiner Komponist, wurde im Konservatorium ausgebildet.

Galleria dell'Accademia
Dieses Detail stammt aus dem Altarbild Madonna mit Heiligen *von einem unbekannten Künstler.* ❶

Giambolognas Statue von Herzog Ferdinando I wurde 1608 von Tacca gegossen.

Legende

– – – Routenempfehlung

0 Meter 50

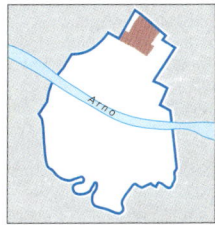

Teil von Lo Scheggias *Cassone Adimari* in der Accademia

ZUR ORIENTIERUNG
Siehe Kartenteil Florenz, Karte 2

Spedale degli Innocenti
Das 1444 eröffnete Waisenhaus von Brunelleschi ist mit Medaillons von Andrea della Robbia geschmückt. ❺

Der Giardino dei Semplici wurde 1543 eröffnet.

Museo Archeologico
Viele der hier ausgestellten Objekte gehörten ursprünglich zur Sammlung der Medici. ❹

NICHT VERSÄUMEN

★ **Convento di San Marco**

★ **Galleria dell'Accademia**

Galleria dell'Accademia ❶

Via Ricasoli 60. **Karte** 2 D4. 055-238 86 12. Di–Sa 8.30–19 Uhr, So 9–14 Uhr. 1. Jan, 1. Mai, 25. Dez.

DIE AKADEMIE der Schönen Künste, 1563 gegründet, war die erste speziell für den Unterricht in den Techniken des Zeichnens, Malens und der Bildhauerei eingerichtete Schule Europas. Die hier ausgestellte Kunstsammlung wurde 1784 als Anschauungsmaterial für die Schüler zusammengestellt.

Das berühmteste Werk der Ausstellung ist Michelangelos *David* (1504), ein kolossaler Akt des biblischen Helden. Die Statue wurde von der Stadt in Auftrag gegeben und sollte die Piazza della Signoria schmücken; um sie zu schützen, kam sie 1873 dann aber in die Obhut der Accademia. Heute befindet sich noch eine Kopie an ihrem ursprünglichen Standort *(siehe S. 282 f)* und eine weitere auf dem Piazzale Michelangelo. Die *David*-Statue erhob den damals 29jährigen Michelangelo in den Rang des bedeutendsten Bildhauers seiner Zeit.

Zu den anderen Meisterwerken Michelangelos in der Accademia zählen die zwischen 1521 und 1523 geschaffenen Statuen für die *Vier Gefangenen*, die das Grabmal des Papstes Julius II. schmücken sollten und 1564 durch den Neffen des Künstlers, Leonardo, den Medici geschenkt wurden. Die muskulösen Figuren scheinen sich aus dem Stein befreien zu wollen und gehören zu den dramatischsten Werken Michelangelos. Sie wurden später in der Grotta Grande im Boboli-Garten aufgestellt, in dem heute Abgüsse zu sehen sind.

Die Accademia besitzt auch eine bedeutende Gemäldesammlung Florentiner Künstler des 15. und 16. Jahrhunderts, wie Filippino Lippi, Bronzino und Ridolfo del Ghirlandaio. Unter den wichtigsten Werken sind die *Madonna del Mare*, die Botticelli (1445–1510) zugeschrieben wird, und das nach einer Zeichnung Michelangelos entstandene Bild *Venus und Amor* von Jacopo Pontormo (1494–1556). Außerdem befindet sich hier auch eine prachtvoll bemalte Holztruhe, der *Cassone Adimari* (1440–45) von Lo Scheggia. Sie war ursprünglich Teil der Aussteuer einer wohlhabenden Braut und ist mit Darstellungen des Lebens, der Mode und der Architektur verziert. Das Brautpaar ist vor dem Baptisterium abgebildet.

Im Salone della Toscana sind weniger bedeutende Gemälde und Skulpturen von Mitgliedern der Accademia aus dem 19. Jahrhundert zu sehen sowie Gipsmodelle aus der Hand des Bildhauers Lorenzo Bartolini.

Michelangelos *David*

Die lichtdurchflutete Bibliothek, entworfen von Michelozzo

Convento di San Marco ❷

Piazza di San Marco. **Karte** 2 D4.
☎ 055-238 86 08. ◯ tägl. 7–12.30, 16–20 Uhr. ✞ ◉ **Museo di San Marco** ☎ 055-238 85. ◯ Di–So 9–14 Uhr. ● 1. Jan, 1. Mai, 25. Dez.

Das Kloster San Marco wurde im 13. Jahrhundert gegründet und 1437 vergrößert, als dominikanische Mönche aus Fiesole auf Einladung von Cosimo il Vecchio hierher zogen. Dieser ließ sich den Umbau des Klosters durch seinen Lieblingsarchitekten Michelozzo eine beachtliche Summe kosten. Der schlichte Kreuzgang und die einfachen Zellen bilden den Hintergrund für eine Reihe schöner Fresken (um 1438–45) des Florentiner Malers und Dominikaners Fra Angelico. Heute sind das Kloster und seine Kunstsammlungen zum **Museo di San Marco** verschmolzen.

Gleich hinter dem Eingang liegt der prächtige **Chiostro di Sant'Antonino** von Michelozzo, ein nach dem ersten Prior Antonino Pierozzi (1389–1459) benannter Kreuzgang. Der Großteil der verblaßten Fresken von Bernardino Poccetti beschreibt Szenen aus dem Leben des Heiligen. Die Tafelbilder in der Ecke sind von Fra Angelico. An der rechten Seite des Gangs führt eine Türe zum **Ospizio dei Pellegrini**, ein Raum, in dem Pilger und Besucher Aufnahme fanden. Heute sind hier die frei stehenden Bilder des Museums untergebracht, darunter zwei berühmte Meisterwerke, Fra Angelicos *Kreuzabnahme* (um 1435–40), ein Altarbild, das für die Kirche Santa Trinità gemalt wurde, und die *Madonna dei Linaioli*, die 1433 im Auftrag der Leinweberschaft entstand.

Vom Innenhof aus erreicht man die gewölbte **Sala Capitolare**, die eine bemerkenswerte, aber etwas zu stark restaurierte *Kreuzigung mit Heiligen* (1440) von Fra Angelico schmückt.

Im kleinen **Refektorium** bedeckt *Das letzte Abendmahl* (um 1480) von Domenico Ghirlandaio eine gesamte Wand. Stufen führen vom Hof in das Obergeschoß, in dem der Besucher auf Fra Angelicos *Verkündigung* (um 1445) stößt, die von vielen als eines der schönsten Renaissancebilder der Stadt angesehen wird. Hier umgeben die 44 winzigen **Mönchszellen** des Klosters den Kreuzgang an drei Seiten. Sie sind mit Szenen aus dem *Leben Christi* (1439–45) von Fra Angelico und seinen Gehilfen ausgemalt. Die Zellen Nummer 1 und 11 werden allgemein Fra Angelico selbst zugeschrieben, ebenso wie das herrliche Fresko der Madonna mit Heiligen an der rechten Seite des Gangs *(siehe S. 28)*.

Die Zellen 12 bis 14 waren einst von Savonarola bewohnt, dem Dominikanermönch und leidenschaftlichen Bußprediger, der 1491 Prior von San Marco wurde. Unter anderem setzte er eine Rebellion der Florentiner gegen die Medici in Gang und veranlaßte die Verbrennung zahlreicher Kunstwerke. Als Häretiker verurteilt, starb er schließlich 1498 auf dem Scheiterhaufen auf der Piazza della Signoria.

Der dritte Gang führt zu einer luftigen Säulenhalle, einer ehemaligen öffentlichen **Bibliothek**, die Michelozzo 1441 im Auftrag von Cosimo il Vecchio entwarf. Dahinter gelangt man in die beiden Zellen (38 und 39), in die sich Cosimo zurückzog.

Ausschnitt aus Fra Angelicos Kreuzabnahme (um 1440)

Fra Angelicos allegorisches Fresko Verspottung Christi (um 1442) zeigt Christus, wie er von einem römischen Wachmann mißhandelt wird

FLORENZ

Mariä Geburt (1514) von del Sarto in Santissima Annunziata

Santissima Annunziata ❸

Piazza della Santissima Annunziata.
Karte 2 E4. 055-239 80 34.
Mo–Sa 7–12, 16–19 Uhr, So 7–13.30, 16–19, 21–21.45 Uhr.

Die vom Servitenorden 1250 gegründete Verkündigungskirche wurde zwischen 1444 und 1481 von Michelozzo erneuert. In der Säulenvorhalle ist eine Reihe gefeierter Fresken der Manieristen Rosso Fiorentino, Andrea del Sarto und Jacopo Pontormo zu sehen. Die vielleicht schönsten sind *Der Zug der Heiligen Drei Könige* (1511) und *Mariä Geburt* (1514) von Andrea del Sarto.

Der dunkle, reichhaltig verzierte Innenraum hat ein Deckenfresko, das 1669 von Pietro Giambelli fertiggestellt wurde. Hier befindet sich auch eines der am meisten verehrten Heiligtümer der Stadt, ein Gemälde der Jungfrau Maria, das 1252 von einem Mönch begonnen wurde und von dem gläubige Florentiner behaupten, es sei auf wunderbare Weise von einem Engel zu Ende gemalt worden. Zahlreiche Jungvermählte besuchen das Bild (links neben dem Eingang der Kirche), um der Jungfrau Blumen darzubieten und für eine lange, kinderreiche Ehe zu beten.

Eine Tür führt vom nördlichen Querhaus in den **Chiostrino dei Morti** (Kreuzgang der Toten), der so heißt, weil er früher als Friedhof diente. Heute ist er vor allem wegen des Freskos *Madonna del Sacco* (1525) von del Sarto bekannt.

Die Kirche liegt an der Nordseite der **Piazza della Santissima Annunziata**, eines der schönsten Renaissanceplätze von Florenz. Rechts davon bildet eine anmutige neunbogige Arkade von Brunelleschi die Fassade des Spedale degli Innocenti, und in der Mitte des Platzes erhebt sich eine bronzene Reiterstatue von Herzog Ferdinand I., ein 1608 von Giambologna begonnenes Standbild.

Museo Archeologico ❹

Via della Colonna 38. **Karte** 2 E4.
055-235 75. Di–Sa 9–14 Uhr, So 9–13 Uhr. 1. u. 3. So im Monat.

Das archäologische Museum von Florenz ist in einem Palast untergebracht, den Giulio Parigi 1620 für die Prinzessin Maria Maddalena de' Medici erbaute. Heute ist hier eine vorzügliche Sammlung etruskischer, griechischer, römischer und ägyptischer Kunstwerke untergebracht, die allerdings zum Teil noch als Folge der Flutkatastrophe von 1966 restauriert werden müssen. Im Obergeschoß befindet sich eine Sammlung etruskischer Bronzearbeiten sowie die berühmte *Chimäre* (4. Jh. v. Chr.), eine mythologische Löwengestalt mit Ziegenkopf und einer Schlange als Schwanz. Ähnlich beeindruckend ist der nahe dem Trasimenischen See in Umbrien gefundene bronzene *arringatore* (Redner) des 1. Jahrhunderts, der den Namen Aulus Metellus als Inschrift trägt.

Etruskischer Krieger, Museo Archeologico

Spedale degli Innocenti ❺

Piazza della Santissima Annunziata 12.
Karte 2 E4. 055-247 93 17.
Mo, Di, Do–Sa 8.30–14 Uhr, So 8–13 Uhr. Feiertage.

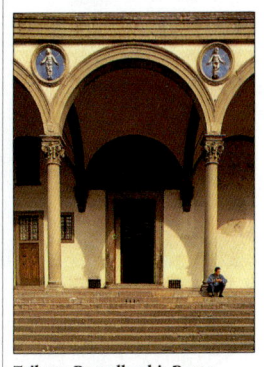

Teil von Brunelleschis Bogenloggia, Spedale degli Innocenti

Dieses nach Herodes' biblischem Kindermord benannte »Hospital« wurde 1444 als erstes Waisenhaus Europas eröffnet. Ein Teil des Gebäudes dient noch immer diesem Zweck. Brunelleschis Loggia ist mit glasierten Terrakottamedaillons geschmückt, die um 1498 von Andrea della Robbia hinzugefügt wurden und auf denen Wickelkinder abgebildet sind. Am linken Ende des Säulengangs sieht man die *rota*, einen drehbaren Steinzylinder, auf den Mütter anonym ihre unerwünschten Kinder legen konnten, um dann die Glocke des Waisenhauses zu läuten, damit sie aufgenommen würden.

Im Inneren des Gebäudes befinden sich zwei elegante Kreuzgänge: der **Chiostro degli Uomini**, der zwischen 1422 und 1445 entstand und mit Sgraffito von Hähnen und Putten verziert ist, sowie ein kleinerer Frauen-Kreuzgang (1438).

Im Detail: Rund um den Dom

WÄHREND DER RENAISSANCE wurde Florenz zwar weitgehend neu erbaut, im östlichen Teil der Stadt aber hat sich eine ausgeprägt mittelalterliche Atmosphäre erhalten. Das verschlungene Labyrinth würde Dante (1265–1321), der vermutlich hier in den engen Gassen zur Welt kam, wohl noch immer vertraut sein. Er würde die Badia Fiorentina wiedererkennen, in der er zuerst Beatrice erblickte, sowie die strengen Linien des Bargello. Auch das Baptisterium, eines der ältesten Gebäude der Stadt, wäre ihm bekannt, nicht aber der Campanile und der Dom, dessen Fundamente erst in den letzten Lebensjahren des Dichters gelegt wurden.

Glasfenster im Dom

★ **Dom und Baptisterium**
Der Dom und das Baptisterium sind außen mit Marmor und Reliefs wie diesem am Dom reich verziert. ❼

In der Loggia del Bigallo (1358) wurden einst ausgesetzte Kinder aufgenommen. Wenn sich niemand meldete, um sich ihrer anzunehmen, kamen sie in ein Waisenhaus.

Orsanmichele
Die Figuren in den Nischen dieser Kirche stellen die Schutzheiligen der Zünfte dar, wie diese Kopie von Donatellos heiligem Georg. ❽

LEGENDE

– – – – Routenempfehlung

0 Meter　　　　100

Die Via dei Calzaiuoli ist die belebteste Straße der Stadt.

Piazza della Signoria

FLORENZ

Museo dell'Opera del Duomo
In diesem Museum sind vom Dom, vom Campanile und vom Baptisterium stammende Kunstwerke ausgestellt. ❻

Pegna verkauft erlesene Weine, Speiseöl und Honig.

ZUR ORIENTIERUNG
Siehe Kartenteil Florenz, Karte 6

Relief von Luca della Robbia im Museo dell'Opera del Duomo

Museo dell'Opera del Duomo ❻

Piazza del Duomo 9. **Karte** 2 D5 (6 E2). 055-230 28 85. Apr–Okt Mo–Sa 9–18.50 Uhr; Nov–März Mo–Sa 9–18 Uhr (letzter Einlaß 40 Min. vor Schließung). 25. Dez, 1. Jan, Ostern.

D AS DOMMUSEUM mit seiner Skulpturensammlung, die nur von der des Bargello übertroffen wird, beherbergt die im Laufe der Jahre von den Fassaden des Doms, des Campanile und des Baptisteriums entfernten Kunstwerke.

Seine ersten beiden Räume sind Brunelleschi und der Errichtung des Doms gewidmet und zeigen Steinmetzwerkzeuge des 15. Jahrhunderts und ein Modell, das während des Baus der Kuppel entstand.

Im Hauptraum des Erdgeschosses ist eine Abbildung der Originalfassade des Doms von Arnolfo di Cambio zu sehen sowie Statuen wie Donatellos *Evangelist Johannes* (1408–15) und di Cambios bemerkenswerte *Madonna mit den Glasaugen* (1296).

Michelangelos *Pietà* (vor 1555) hat einen Ehrenplatz im Zwischengeschoß und stimmt so auf die herrlichen Choremporen aus weißem Marmor von Donatello und Luca della Robbia im Obergeschoß ein. Donatellos bemerkenswerte Statue *La Maddalena* (1455) ist der perfekte Gegenpol zu seiner Figur des Propheten Habakuk (1423–25) im selben Raum. Unweit davon stehen vier restaurierte Portaltafeln Ghibertis vom Baptisterium (siehe S. 274).

Badia Fiorentina, die 978 gegründete Abteikirche, beherbergt *Die Madonna erscheint dem heiligen Bernhard* (1485) von Filippino Lippi.

Die Casa di Dante, ein restauriertes mittelalterliches Gebäude, soll das Geburtshaus Dantes sein.

★ **Bargello**
In dem ehemaligen Gefängnis ist eine Kunstsammlung untergebracht, zu der auch der Merkur *(1564) von Giambologna zählt.* ❾

NICHT VERSÄUMEN

★ **Dom und Baptisterium**

★ **Bargello**

Dom und Baptisterium ❼

Sir John Hawkwood von Paolo Uccello im Dom

IM HERZEN DER STADT gelegen, sind der Dom – Santa Maria del Fiore – und seine Kuppel zum Wahrzeichen von Florenz geworden. Im seinerzeit typischen Florentiner Bestreben, in jeder Hinsicht führend zu sein, erbaute man die viertgrößte Kirche Europas, die auch heute noch das höchste Gebäude der Stadt ist. Das Baptisterium mit seinen Bronzeportalen geht auf das 4. Jahrhundert zurück und ist damit eines der ältesten Bauwerke der Stadt. Der Campanile wurde 1334 von Giotto entworfen, aber erst 1359, 22 Jahre nach dessen Tod, fertiggestellt.

Campanile
Mit 85 Metern ist der Glockenturm um sechs Meter niedriger als die Kuppel. Er ist mit weißem, grünem und rosafarbenem toskanischem Marmor verkleidet.

Gotische Fenster

Die neogotische Marmorfassade
ist im Stil von Giottos Campanile gehalten, wurde aber erst 1871–87 hinzugefügt.

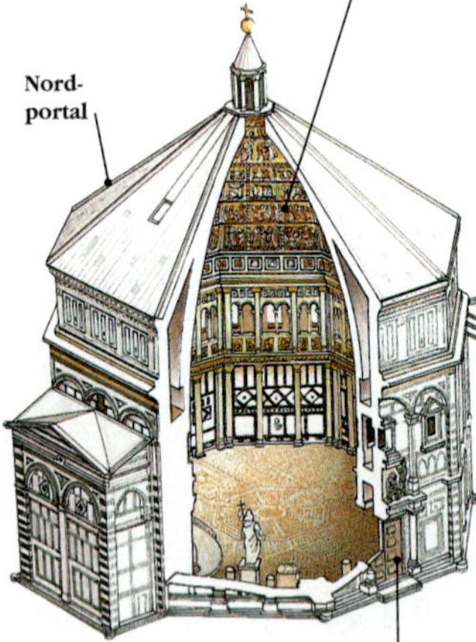

★ **Baptisterium**
Prächtige Mosaiken (13. Jh.) mit Darstellungen vom Jüngsten Gericht schmücken die Kuppel über dem achteckigen Becken, in dem unter anderem auch Dante getauft wurde. Die Portale sind von Andrea Pisano (Süden) und Lorenzo Ghiberti (Norden, Osten).

Nordportal

Ostportal
(Siehe S. 274)

Haupteingang

Südportal

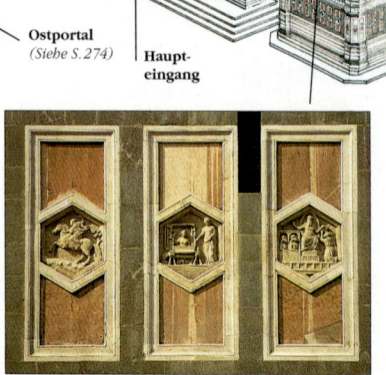

Reliefs des Campanile
Reliefs von Andrea Pisano am ersten Stock des Campanile zeigen die Erschaffung des Menschen, die Künste und das Handwerk. Diese Szenen illustrieren die Jagd, die Weberei und die Rechtsprechung.

FLORENZ

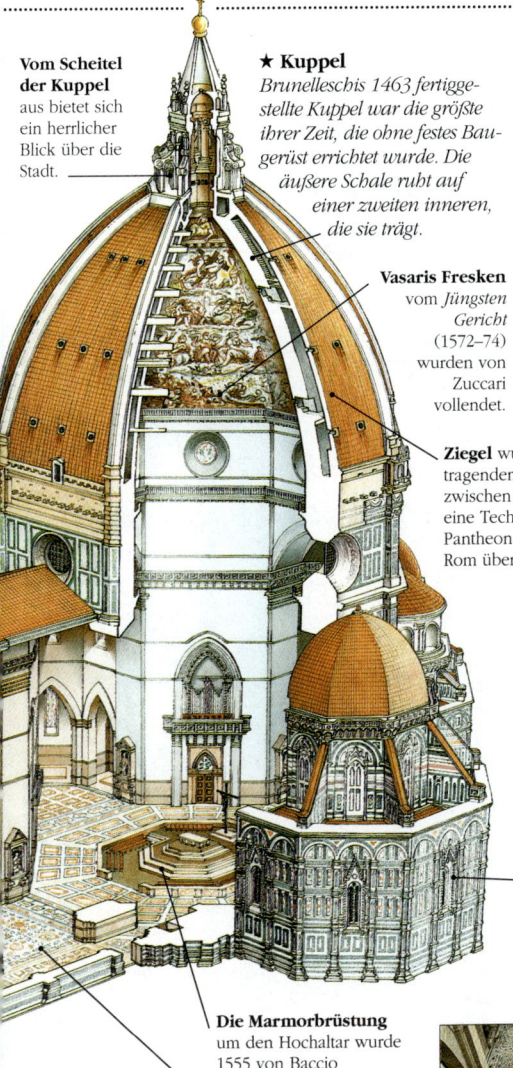

Vom Scheitel der Kuppel aus bietet sich ein herrlicher Blick über die Stadt.

★ Kuppel
Brunelleschis 1463 fertiggestellte Kuppel war die größte ihrer Zeit, die ohne festes Baugerüst errichtet wurde. Die äußere Schale ruht auf einer zweiten inneren, die sie trägt.

Vasaris Fresken
vom *Jüngsten Gericht* (1572–74) wurden von Zuccari vollendet.

INFOBOX

Piazza del Duomo. **Karte** 2 D5 (6 E2). 055-29 45 14. 1, 11, 17, 23a. Mo–Sa 10–17 Uhr, So, Feiertage 13–17 Uhr. **Krypta u. Kuppel** Mo–Fr 9–18 Uhr, Sa 8.30–17 Uhr, So 13–17 Uhr. kirchl. Feiertage. **Campanile** 055-230 28 85. Apr–Sep tägl. 9–20 Uhr; Okt–März tägl. 9–17 Uhr (letzt. Einlaß 40 Min. vor Schließung). 1. Jan, Oster-So., 25. Dez. **Baptisterium** Mo–Sa 13.30–18 Uhr, So, Feiertage 9–12 Uhr.

Ziegel wurden in einer sich selbst tragenden Fischgrätenkonstruktion zwischen Marmorrippen gesetzt – eine Technik, die Brunelleschi vom Pantheon in Rom übernahm.

Kapellen im Osten
Jede der drei Apsiden hat fünf Kapellen und ist gekrönt von einer kleineren Kuppel. Die Glasfenster (15. Jh.) stammen von Ghiberti.

Die Marmorbrüstung
um den Hochaltar wurde 1555 von Baccio Bandinelli geschaffen.

Zugang zu den 463 Stufen, die hinauf zur Kuppel führen

Marmorpflaster
Der farbenprächtige, kunstvoll verlegte Marmorboden (16. Jh.) wurde teilweise von Baccio d'Agnolo und Francesco da Sangallo entworfen.

Dante erläutert die Göttliche Komödie *(1465)*
Das Gemälde von Michelino zeigt den Dichter außerhalb von Florenz mit dem Fegefeuer, der Hölle und dem Paradies im Hintergrund.

NICHT VERSÄUMEN

★ **Kuppel von Brunelleschi**

★ **Baptisterium**

Das Ostportal des Baptisteriums

DIE BRONZETÜREN Lorenzo Ghibertis wurden 1401 zum Gedenken an die Erlösung der Stadt von der Pest in Auftrag gegeben. Die von Ghiberti und Brunelleschi eingereichten Probearbeiten – auch führende Künstler wie Donatello und Jacopo della Quercia nahmen am Wettbewerb teil – unterscheiden sich vor allem im Einsatz von Perspektive und Individualität der dargestellten Figuren so stark von der Florentiner Gotik, daß sie vielfach als die ersten Kunstwerke der Renaissance bezeichnet werden.

Ghibertis Wettbewerbsbeitrag

DIE »PARADIESPFORTE«
Nachdem er 21 Jahre lang am Nordportal gearbeitet hatte, erhielt Ghiberti den Auftrag für das Ostportal (1424–52), dem Michelangelo begeistert den Namen »Paradiespforte« gab. Die zehn Originale der Relieftafeln mit ihren biblischen Darstellungen sind heute im Museo dell'Opera del Duomo *(siehe S. 271)* zu sehen; am Baptisterium befinden sich Kopien.

Abraham und die Opferung Isaaks
Die Felsen symbolisieren Abrahams Schmerz und betonen durch ihre sorgfältige Anordnung den Akt der Opferung.

Verkauf des Joseph in die Sklaverei
Ghiberti erreicht die Illusion von Tiefe mit einer besonders flachen Modellierung der Architektur im Hintergrund.

DIE TAFELN DES OSTPORTALS

1	2
3	4
5	6
7	8
9	10

1 Vertreibung aus dem Paradies
2 Kain ermordet seinen Bruder Abel
3 Trunkenheit Noahs und sein Opfer
4 Abraham und die Opferung Isaaks
5 Esau und Jakob
6 Verkauf des Joseph in die Sklaverei
7 Moses empfängt die Gesetzestafeln
8 Der Fall von Jericho
9 Schlacht gegen die Philister
10 Salomon und die Königin von Saba

Figuren von Donatello an der Außenmauer von Orsanmichele

Orsanmichele ❽

Via dei Calzaiuoli. **Karte** 3 C1 (6 D3).
◯ tägl. 9–12, 16–18 Uhr. ♿

Das 1337 als Getreidemarkt errichtete Gebäude wurde später in eine Kirche umgewandelt, die ihren Namen vom Orto di San Michele erhielt, einem Klostergarten. Aus den Arkaden entstanden Fenster, die inzwischen wiederum zugemauert wurden, aber noch immer das gotische Maßwerk zeigen. Die Ausschmückung der Kirche übertrug man den wichtigsten Florentiner *arti* (Zünften), die über einen Zeitraum von 60 Jahren Statuen ihrer Schutzheiligen für die 14 Nischen der Außenmauern in Auftrag gaben. Viele dieser Figuren, die unter anderem von Lorenzo Ghiberti, Donatello und Verrocchio stammen, sind heute durch Kopien ersetzt.

Im besinnlichen Inneren kann man einen opulenten Altar (14. Jh.) von Andrea Orcagna, eine *Madonna mit Kind* (1348) von Bernardo Daddi und die *Madonna mit Kind und heiliger Anna* (1522) von Francesco da Sangallo bewundern.

Bargello ❾

Via del Proconsolo 4. **Karte** 4 D1 (6 E3). ☎ 055-238 86 06. 🚌 19.
◯ Di–So 9–14 Uhr. ● 1. Jan, 25. Apr, 1. Mai, 25. Dez (einige Säle sind im Winter geschlossen). ♿ nur Erdgeschoß.

Das nach den Uffizien wichtigste Museum in Florenz beherbergt eine beeindruckende Zusammenstellung verschiedener Kunstwerke und die bedeutendste Sammlung von Renaissanceskulpturen Italiens. Im Jahre 1255 begonnen, diente das festungsartige Gebäude zunächst als Rathaus (und ist damit der älteste Regierungssitz der Stadt) und später als Gefängnis und Dienststelle des Polizeipräsidenten (des *bargello*). Bekannt wurde es auch als Ort von Hinrichtungen, die bis 1786, als Großherzog Pietro Leopoldo die Todesstrafe abschaffte, im Innenhof vollstreckt wurden.

Die Ausstellung umfaßt drei Stockwerke und beginnt mit dem nach der Flut von 1966 neugestalteten Michelangelo-Saal. Drei kontrastierende Werke des Künstlers sind über den Raum verteilt, wobei der etwas beschwipst wirkende *Bacchus* (1497), Michelangelos erste frei stehende Skulptur, das berühmteste ist. Die anderen beiden sind *Brutus* (1539/40), die einzige bekannte Büste Michelangelos, und ein wunderbar einfühlsames Rundrelief *Madonna mit dem Kind und dem jungen Johannes dem Täufer* (1503–05). Daneben sind im selben Raum zahlreiche Skulpturen anderer Bildhauer zu sehen, wie etwa der *Merkur* (1564) des manieristischen Genies Giambologna und mehrere Bronzen von Benvenuto Cellini (1500–71).

Auf der anderen Seite des Hofs, der voller Figuren und den Wappen ehemaliger Amtsinhaber im Bargello ist, gibt es zwei weitere Räume mit Skulpturen von verschiedenen Stellen der Stadt. Eine Außentreppe führt vom Hof in das erste Obergeschoß, in dem der Besucher auf herrlich exzentrische Bronzegestalten von Giambologna stößt. Rechts davon ist der Salone del Consiglio Generale, ein ehemaliger Gerichtssaal mit den besten Stücken der Sammlung aus der Frührenaissance. An erster Stelle steht hier Donatellos heroischer *Heiliger Georg* (1416), in den Worten Vasaris der Inbegriff von »Jugend, Tapferkeit und Mut«. Die von der Zunft der Waffenschmiede bestellte Statue wurde 1892 aus Orsanmichele hierher verlegt.

In direktem Kontrast dazu steht in der Mitte des Raums Donatellos *David* (um 1430), der als erste Aktfigur eines abendländischen Künstlers seit der Antike berühmt ist. Leichter zu übersehen sind zwei an der rechten Wand etwas verborgene Reliefs von der *Opferung Isaaks* (1402), die von Brunelleschi beziehungsweise Lorenzo Ghiberti als Beiträge für den Wettbewerb zur Gestaltung der Portale des Baptisteriums entstanden.

Jenseits des Saals verlagert sich die Ausrichtung des Bargello auf die Gebrauchskunst. Hier sind mehrere aufeinanderfolgende Räume Teppichen, Keramik, Silber und zahlreichen anderen Exponaten gewidmet. Besonders beachtenswert ist der Salone del Camino im zweiten Obergeschoß mit der bedeutendsten Sammlung kleiner Bronzen in Italien. Ein Teil der Werke reproduziert antike Vorlagen, und andere sind verkleinerte Kopien von Statuen der Renaissance. Zu den vertretenen Künstlern zählen Giambologna, Cellini und Antonio Pollaiuolo.

Donatellos *David* (um 1430) im Bargello

Brunelleschis *Opferung Isaaks* (1402) im Bargello

Bacchus (1497) von Michelangelo

Santa Croce ❿

DIE GOTISCHE Kirche Santa Croce birgt die Grab- und Denkmäler zahlreicher berühmter Florentiner wie Michelangelo, Galilei oder Machiavelli und glänzt mit Fresken des frühen 14. Jahrhunderts von Giotto und seines begnadeten Schülers Taddeo Gaddi. Im Kreuzgang neben der Kirche steht die Cappella de' Pazzi, ein Meisterwerk der Renaissance von Brunelleschi.

Grabmal des Leonardo Bruni *(1447)*
Rossellinos Bildnis des Humanisten war mit seinem einfühlsamen Realismus für seine Entstehungszeit ungewöhnlich.

Grabmal des Michelangelo *(1570)*
Die Figuren von Vasari symbolisieren Malerei, Bildhauerei und Architektur.

Verkündigung von Donatello (15. Jh.)

Grab des Machiavelli

Die neogotische Fassade von Niccolò Matas wurde 1863 hinzugefügt.

Grab des Galilei

Eingang zur Kirche

Ausgang

Cimabues Kreuzigung
Dieses bei der Überschwemmung von 1966 schwer beschädigte Meisterwerk (13. Jh.) ist eines der Glanzlichter des Museums, ebenso wie Taddeo Gaddis Letztes Abendmahl (um 1355–60).

Eingang zum Kreuzgang und zur Cappella de' Pazzi

Eingang zum Museum

★ **Cappella de' Pazzi**
Brunelleschis 1443 begonnene Kapelle zeigt die klassischen Proportionen. Die Medaillons (um 1442–52) schuf Luca della Robbia.

FLORENZ

Infobox

Piazza di Santa Croce. **Karte** 4 E1 (6 F4). ☎ 055-24 46 19. 🚌 11, 19, 31, 32. **Basilika** ☐ Apr–Okt tägl. 8–18.30 Uhr; Nov–März tägl. 8–12.30, 15–18.30 Uhr. **Museum, Kreuzgang, Cappella de' Pazzi** ☐ Do–Di 10–12.30, 14.30–18.30 Uhr (Nov–März 15–17 Uhr) (letzter Einlaß 15 Min. vor Schließung). ● 1. Jan, 25. Dez.

Der neogotische Campanile wurde 1842 hinzugebaut.

Die Cappella Baroncelli mit den zwischen 1332 und 1338 gemalten Fresken Taddeo Gaddis zeigt die erste nächtliche Szene der abendländischen Kunst.

Sakristei

★ **Fresken der Cappella Bardi**
Die Fresken der Bardi- und der Peruzzi-Kapelle rechts vom Hochaltar schuf Giotto zwischen 1315 und 1330. Diese bewegende Szene zeigt den Tod des heiligen Franziskus (1317).

Nicht versäumen

★ **Fresken der Cappella Bardi**

★ **Cappella de' Pazzi**

Museo di Storia della Scienza ⓫

Piazza de' Giudici 1. **Karte** 4 D1 (6 E4). ☎ 055-29 34 93. ☐ Mo–Sa 9.30–13 Uhr, Mo, Mi, Fr 14–17 Uhr. ● 1. Jan, 25. Apr, 1. Mai, 24. Juni.

DIESES MUSEUM widmet seine über zwei Geschosse verteilten Räume wissenschaftlichen Themen und illustriert sie mit zahllosen Exponaten und einer reichhaltigen Palette kunstvoll gefertigter alter Instrumente. Es bildet auch ein Denkmal für Galileo Galilei (1564–1642). So sind zwei Teleskope des Naturwissenschaftlers zu sehen und daneben Rekonstruktionen seiner Experimente zur Bewegung, Masse, Geschwindigkeit und Beschleunigung. Andere Ausstellungsstücke stammen von der Accademia del Cimento (Akademie der experimentellen Wissenschaft), die Großherzog Ferdinand II. 1657 stiftete.

Die ersten Zimmer konzentrieren sich auf Instrumente der Astronomie, Mathematik und Navigation und werden ergänzt durch Galerien, die sich mit Galilei selbst, mit Teleskopen und mit optischen Spielen beschäftigen. Einige der schönsten Stücke sieht man in Raum 7, der voll von frühen Landkarten, Globen und Astrolabien ist, sowie unter den antiken Mikroskopen, Thermometern und Barometern in den angrenzenden Sälen. Das zweite Obergeschoß kann nicht ganz so sehr begeistern, zeigt aber schöne alte Uhren, mathematische Instrumente und Rechenmaschinen sowie eine Sammlung chirurgischer Instrumente (19. Jh.) und einige Anschauungsstücke zur Anatomie.

Astrolabium, Museo di Storia della Scienza

Ponte Vecchio ⓬

Karte 4 D1 (6 E4).

DER PONTE VECCHIO, die älteste Brücke der Stadt, wurde 1345 als letzte einer Reihe von Brücken errichtet, die seit der Römerzeit an dieser Stelle den Fluß überspannten. Von einem Schüler Giottos, Taddeo Gaddi, entworfen, gehörten ihre Läden ursprünglich Schmieden und Fleischern (für die der Fluß praktische Dienste bei der Abfallbeseitigung leistete). Der Lärm und Gestank der Werkstätten rief Proteste hervor, und 1593 wurden die Inhaber schließlich durch Juweliere und Goldschmiede ersetzt, die zudem auch höhere Mieten zahlen konnten. Der Corridoio Vasariano verläuft im ersten Stock entlang der Ostseite der Brücke. Er entstand 1565 nach den Plänen von Giorgio Vasari und erlaubte es den Mitgliedern der Familie Medici, sich zwischen ihren Residenzen zu bewegen, ohne mit dem Volk in Berührung zu kommen. Besucher kommen wegen der schönen Aussicht hierher, aber auch, um in den Antiquitäten- und Juweliergeschäften zu stöbern.

Blick vom Ponte Santa Trinità auf den Ponte Vecchio

Uffizien ⓭

DIE BEDEUTENDSTE KUNSTGALERIE Italiens entstand 1560–80 zur Unterbringung von Büros *(uffici)* für Herzog Cosimo I. Der Architekt Vasari setzte zur Verstärkung Eisenträger ein, wodurch sein Nachfolger Buontalenti eine nahezu durchgängige Glaswand im Obergeschoß ergänzen konnte. Diese benutzte dann Francesco I, um die Kunstschätze der Medici auszustellen. Im 19. Jahrhundert teilte man die Sammlung: Antikes ging an das archäologische Museum und die Skulpturen ans Bargello, während die Gemälde in den Uffizien blieben.

Bacchus *(um 1589)*
Die Arbeit Caravaggios zeigt den Gott des Weines als blassen Jüngling. Die Stimmung des Verfalls spiegelt sich in dem faulenden Obst, das die Darstellung zu einem der ersten Stilleben des Abendlandes macht.

Die Galeriedecken wurden im 16. Jahrhundert mit Kopien von Groteskmalereien in römischen Grotten bemalt.

Verkündigung *(1333)*
Dies ist eines der Meisterwerke des von der französischen Gotik beeinflußten Malers Simone Martini aus Siena. Die beiden Heiligen sind aus der Hand von Martinis Schüler und Schwager, Lippo Memmi.

KURZFÜHRER

Die Kunstsammlung befindet sich im obersten Geschoß. In den Galerien entlang der Innenseite (Ost-, West- und Südgalerie) stehen griechische und römische Skulpturen. Die Gemälde sind in den angrenzenden Räumen chronologisch angeordnet und lassen die Entwicklung der Florentiner Kunst von der byzantinischen Zeit bis zur Renaissance erkennen. Die Gotik findet man in den Räumen 2–6, die frühe Renaissance in 7–14, den Manierismus in 15–29 und spätere Werke in 30–45.

Madonna aus Ognissanti *(um 1310)*
Giottos Darstellung räumlicher Tiefe und körperlicher Schwere macht dieses Altarbild zum Meilenstein in der Entwicklung perspektivischer Malerei.

LEGENDE

- ☐ Ostgalerie
- ☐ Westgalerie
- ☐ Südgalerie
- ☐ Galerieräume 1–45
- ☐ Keine Ausstellungsfläche

FLORENZ

INFOBOX
Loggiata degli Uffizi 6. **Karte** 4 D1 (6 D4). 055-238 85. 3, 11, 15, 23. Di–Sa 9–19 Uhr, So 9–14 Uhr (letzter Einlaß 45 Min. vor Schließung). 1. Jan, 1. Mai, 25. Dez. Saal 45 wg. Renovierung.

Herzog und Herzogin von Urbino *(um 1465–70)*
Piero della Francescas Porträts von Federico da Montefeltro und seiner Gattin Battista Sforza entstanden nach dem Tod der 26jährigen. Ihr Porträt beruht wohl auf ihrer Totenmaske.

Die Tribuna, rot und gold verziert, beherbergt die von den Medici am meisten geschätzten Werke.

Die Geburt der Venus *(um 1485)*
Botticelli zeigt die Göttin der Liebe, wie sie auf einer Muschel stehend von Zephyros, dem Gott des Westwindes, ans Ufer geweht wird. Der Mythos symbolisiert die Geburt des Schönen durch die göttliche Befruchtung der Materie.

Die Heilige Familie *(1508)*
Michelangelo brach in diesem Werk mit der Konvention, Christus immer auf dem Schoß der Jungfrau zu zeigen, und inspirierte die Manieristen durch seine Behandlung von Farbe und Form.

Vasaris klassische Fassade zum Arno (begonnen 1560)

Der Vasari-Korridor führt über den Arno zum Palazzo Pitti.

Venus von Urbino *(1538)*
Tizians sinnlicher, von Giorgiones Gemälde Ruhende Venus *inspirierter Akt ist in Wirklichkeit vielleicht das Porträt einer Kurtisane, der die Schönheit einer Göttin zugesprochen wurde.*

Überblick: Uffizien

Die Uffizien bieten die Gelegenheit, nicht nur die bedeutendsten italienischen Gemälde der Renaissance zu sehen, sondern auch Meisterwerke aus den Niederlanden, Spanien und Deutschland. Die Sammlung wurde über Jahrhunderte von den Medici zusammengetragen und zuerst 1581 hier untergebracht. Anna Maria Lodovica, die letzte der Medici, schenkte sie schließlich den Bewohnern von Florenz.

Gotik

Nach den antiken Statuen in Saal 1 beginnt das eigentliche Reich der Uffizien mit drei Altarbildern der *Maestà*, der thronenden Madonna, von Giotto, Duccio und Cimabue, die zu den größten italienischen Malern des 13. Jahrhunderts gehören. Jedes dieser Werke markiert einen Schritt auf dem Weg von den Konventionen der byzantinischen Kunst zu den freieren Formen von Gotik und Renaissance. Am deutlichsten wird diese Entwicklung in Giottos Version des Themas (bekannt als *Madonna aus Ognissanti*), die in den vielschichtigen Emotionen der Heiligen und Engeln und der sorgfältig herausgearbeiteten plastischen Darstellung des Throns der Jungfrau ein neues Gefühl für Tiefe und Detailreichtum zeigt.

Giottos naturalistischer Einfluß ist auch in Saal 4 ersichtlich, der den Werken der Florentiner Schule des 14. Jahrhunderts gewidmet ist und einen interessanten Kontrast zu den Gemälden Duccios aus Siena in Saal 3 bildet. Hier sind Gemälde von Ambrogio und Pietro Lorenzetti sowie Simone Martinis *Verkündigung* zu sehen.

Saal 6 zeigt Werke der Gotik, des dekorativen und ausdrucksstarken Stils der Hochgotik, der beispielhaft in Gentile da Fabrianos *Anbetung der Könige* von 1423 verwirklicht ist.

Madonna mit Kind und Engeln (1455–66) von Fra Filippo Lippi

Frührenaissance

Ein neues Verständnis für Geometrie und Formen brachte im 15. Jahrhundert die künstlerische Erkundung von Tiefe und Raum. Keiner wurde mehr in den Bann dieser neuen Möglichkeiten der Komposition gezogen als Paolo Uccello (1397–1475), der mit seiner *Schlacht von San Romano* (1456) in Saal 7 eines der wirkungsvollsten Werke der Galerie schuf.

Im gleichen Raum sind auch zwei Tafeln (1460) von Piero della Francesca zu sehen, einem weiteren mit der Kunst der Perspektive beschäftigten Maler. Diese ersten Renaissanceporträts zeigen den Herzog und die Herzogin von Urbino auf einer Seite und ihre Tugenden auf der anderen.

Diese Werke können kühl und experimentell wirken, hingegen ist Fra Filippo Lippis *Madonna mit Kind und Engeln* (1455–66) in Saal 8 ein Meisterwerk, das Wärme und Menschlichkeit ausstrahlt. Wie viele Künstler der Renaissance

Sandro Botticellis Allegorie Primavera (1480)

FLORENZ

verwendet Lippi religiöse Themen, um irdische Freuden wie Landschaften oder weibliche Schönheit zu feiern. Eine ähnliche Herangehensweise zeigt Botticelli, dessen berühmte Gemälde in den Sälen 10–14 weithin als Höhepunkt der gesamten Sammlung gelten. In der *Geburt der Venus* zum Beispiel nimmt die Göttin den Platz der Jungfrau ein und drückt so eine für Künstler der Zeit typische Faszination gegenüber der klassischen Mythologie aus. Gleiches gilt für seine *Primavera* (1480), die sich in ihrer Darstellung heidnischer Frühlingsbräuche von der religiösen Malerei löst.

Ausschnitt aus Leonardo da Vincis *Verkündigung* (1472–75)

HOCHRENAISSANCE UND MANIERISMUS

IN SAAL 15 sind Werke des jungen Leonardo da Vinci zu sehen, allen voran die *Verkündigung* (1472–75), in der die Ansätze seines späteren Stils bereits erkennbar sind, und seine *Anbetung der Könige* (1481), die er unvollendet hinterließ, als er nach Mailand ging, um *Das letzte Abendmahl* (1495–98) zu malen.

Der auch als Tribuna bekannte Saal 18 wurde 1594 von Buontalenti zur Aufnahme der Lieblingsstücke der Medici entworfen. Das berühmteste Werk ist hier die sogenannte Medici-Venus, die römische Kopie einer griechischen Skulptur, die in der Antike als sehr erotisch galt. Die Kopie erwies sich als nicht minder sinnlich und wurde durch Cosimo III aus der Villa Medici in Rom entfernt, um die Kunststudenten der Stadt nicht auf Abwege zu führen.

Weitere Glanzlichter in Saal 18 sind Agnolo Bronzinos Porträts von *Cosimo I* und *Eleonora di Toledo* (beide um 1545) und das Porträt von *Cosimo il Vecchio* (1517).

Die Exponate der Säle 19 bis 23 konzentrieren sich nicht mehr auf die Florentiner Kunst, sondern zeigen, wie schnell sich die Vorstellungen und Techniken der Renaissance über die Toskana hinaus verbreiteten. Neben Malern aus Umbrien, etwa Perugino, sind deutsche und flämische Werke stark vertreten. Am eindrucksvollsten sind aber vielleicht die venezianischen und norditalienischen Künstler wie Mantegna, Carpaccio, Correggio und Bellini.

Saal 25 führt dann wieder nach Florenz zurück und ist beherrscht von dem einzigen Werk Michelangelos, das im Besitz der Galerie ist: *Die Heilige Familie* oder *Doni-Tondo* (1508), die einen außerordentlich großen Einfluß auf die nachfolgende Malergeneration, vor allem Bronzino (1503–72), Pontormo (1494–1556) und Parmigianino (1503–40) hatte. Letzterer schuf die *Madonna mit dem langen Hals* (um 1534) in Saal 29. Diese Darstellung mit ihrer verkrümmten Anatomie, der unnatürlichen Farbgebung und merkwürdigen Komposition ist ein Meisterwerk des Stils, der später als Manierismus bekannt wurde. Frühere, aber nicht weniger bemerkenswerte Leistungen in den Sälen 26 und 28 sind Raffaels vor-

Raffaels *Madonna mit dem Zeisig* (1506)

Madonna mit dem langen Hals (um 1534) von Parmigianino

treffliche *Madonna mit dem Zeisig* (1506) und Tizians *Venus von Urbino* (1538), die Mark Twain als das »abscheulichste, schändlichste, obszönste Bild der Welt« brandmarkte. Andere halten das Werk für einen der schönsten Akte, der je gemalt wurde.

SPÄTERE GEMÄLDE

VON SO VIELEN herausragenden Gemälden fast schon übersättigt, neigen Besucher oft dazu, die letzten Räume der Uffizien nur noch oberflächlich zu betrachten. Die Säle 30 bis 35 – mit Werken hauptsächlich aus dem Veneto und der Emilia-Romagna – zeigen nur wenig Außergewöhnliches, aber die Räume 41–45 sind dann wieder durchaus beachtenswert. In Saal 43 sieht man drei Gemälde von Caravaggio: *Medusa* (1596–98), das für einen römischen Kardinal gemalt wurde, *Bacchus* (um 1589), eines seiner frühesten Werke, und die *Opferung Isaaks* (um 1590). Saal 44 ist Rembrandt und der Malerei des Nordens gewidmet. Hier sind Rembrandts *Bildnis eines Alten* (1665) sowie zwei Selbstporträts des Künstlers als junger (1634) beziehungsweise als alter Mann (1664) zu sehen. Canaletto, Goya, Tiepolo und andere Meister des 18. Jahrhunderts beschließen die Sammlung.

Piazza della Signoria ⑭

Savonarola (1452–98)

SEIT JAHRHUNDERTEN stehen die Piazza della Signoria und der Palazzo Vecchio im Mittelpunkt des politischen Lebens von Florenz. Die große Glocke, mit der früher die Bürger zum *parlamento* (öffentliches Treffen) gerufen wurden, und der Platz selbst sind beliebte Anziehungspunkte für Besucher und Einheimische. Die Statuen auf dem Platz erinnern an die großen Ereignisse der Stadtgeschichte, auch wenn der bekanntesten Begebenheit lediglich durch eine einfache Schmuckplatte im Pflaster nahe der Loggia gedacht wird: der Hinrichtung Girolamo Savonarolas.

David
Michelangelos berühmte Skulptur symbolisiert den Sieg über die Tyrannei. Das Original (siehe S. 267) stand hier bis 1873.

Wappenfries
Die gekreuzten Schlüssel auf dem Schild stehen für die Herrschaft der Medici.

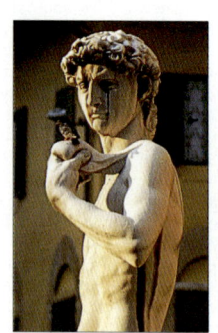

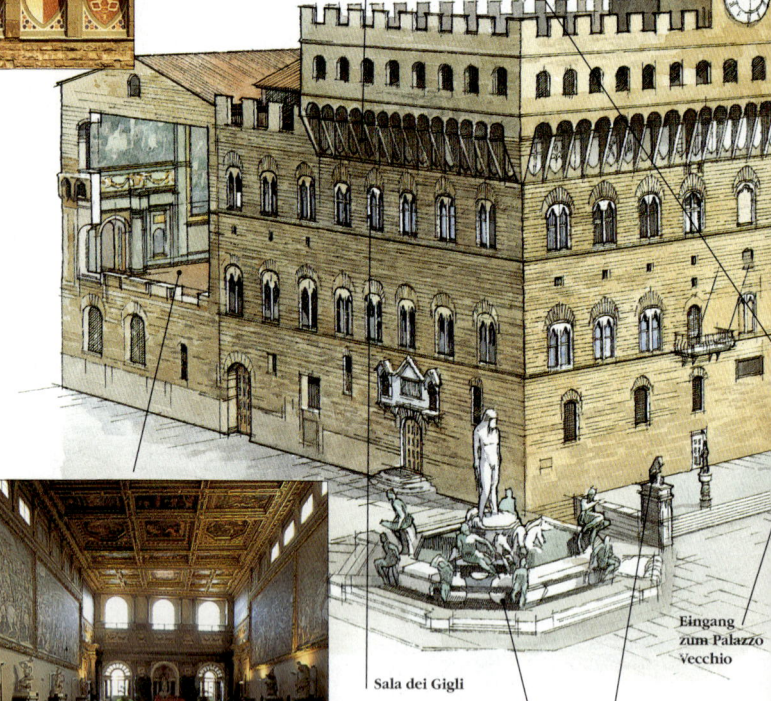

Sala dei Gigli

Eingang zum Palazzo Vecchio

Salone dei Cinquecento *(1495)*
Dieser riesige Saal ist mit einer Statue Michelangelos und Fresken von Vasari zu dem Sieg der Stadt über Pisa und Siena geschmückt.

Die Fontana di Nettuno, Ammanatis Brunnen mit der von Wassernymphen umgebenen Figur des römischen Meeresgottes (1575), erinnert an siegreiche Seeschlachten.

Der Marzocco ist eine Kopie des 1420 von Donatello geschaffenen Wappen-Löwen von Florenz. Das Original befindet sich im Bargello.

Palazzo Vecchio

Piazza della Signoria. **Karte** 4 D1 (6 D3). 055-276 83 25. 19, 23, 31, 32. Mo–Mi, Fr, Sa 9–19 Uhr, So 8–13 Uhr (letzter Einlaß 1 Std. vor Schließung). 1. Jan, 1. Mai, 15. Aug, 25. Dez.

Der «ALTE PALAST» erfüllt noch immer seine Funktion als Rathaus. Die Bauarbeiten fanden 1322 mit dem Setzen einer Glocke in den riesigen Glockenturm ihren Abschluß. Herzog Cosimo I ließ bei seinem Einzug 1540 das Innere des heute noch in seiner Erscheinung weitgehend mittelalterlichen Palasts neu gestalten. Für die Einrichtung sollten Leonardo und Michelangelo beauftragt werden, aber es war Vasari, der die Arbeiten schließlich ausführte und dabei großartige Fresken (1563–65) zu den Errungenschaften der Stadt schuf. Michelangelos Statue *Genius des Sieges* ziert den Salone dei Cinquecento, von dem auch ein winziger *studiolo* (Arbeitszimmer) abgeht, den führende Florentiner Maler des Manierismus 1569–73 gestalteten. Weitere Glanzlichter sind die Cappella di Eleonora mit Fresken (1540–45) von Bronzino, die Loggia mit ihrem herrlichen Blick über die Stadt und die Sala dei Gigli, in der Donatellos Plastik *Judith und Holofernes* (um 1455) sowie Fresken mit römischen Helden (1485) von Ghirlandaio zu sehen sind.

★ **Palazzo Vecchio** *(1332 fertiggestellt)*
Dieser republikanische Fries über dem Palasteingang trägt die Inschrift »Christus ist der König«, die besagt, daß kein sterblicher Herrscher absolute Macht hat.

★ **Der Raub der Sabinerinnen**
(1583) Die bewegenden Figuren von Giambolognas berühmter Marmorgruppe sind aus einem einzigen Block gehauen.

Uffizien

Die Loggia dei Lanzi (1382) wurde von Orcagna gestaltet. Die Landsknechte, die Cosimo I als Leibwache dienten, hatten hier ihr Quartier.

Römische Statuen, die möglicherweise Kaiser darstellen, in der Arkadenhalle.

★ **Perseus**
Cellinis Bronzestatue (1554) des Perseus, wie er die Medusa enthauptet, sollte den Feinden Cosimos I eine Warnung sein.

NICHT VERSÄUMEN

★ Palazzo Vecchio

★ Perseus von Cellini

★ Der Raub der Sabinerinnen von Giambologna

Eine Kopie von Verrocchios Putto-Brunnen steht im Innenhof

Im Detail: Um die Piazza della Repubblica

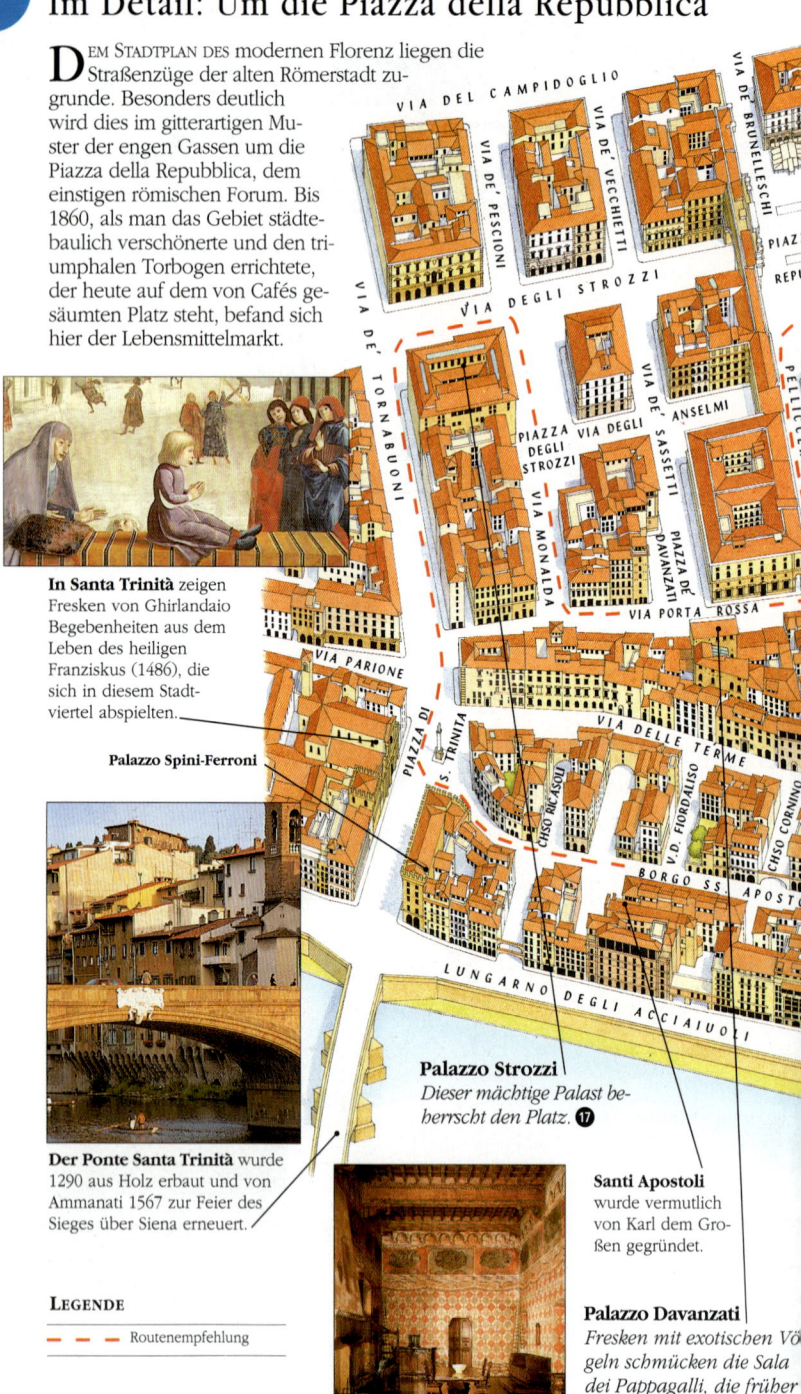

DEM STADTPLAN DES modernen Florenz liegen die Straßenzüge der alten Römerstadt zugrunde. Besonders deutlich wird dies im gitterartigen Muster der engen Gassen um die Piazza della Repubblica, dem einstigen römischen Forum. Bis 1860, als man das Gebiet städtebaulich verschönerte und den triumphalen Torbogen errichtete, der heute auf dem von Cafés gesäumten Platz steht, befand sich hier der Lebensmittelmarkt.

In Santa Trinità zeigen Fresken von Ghirlandaio Begebenheiten aus dem Leben des heiligen Franziskus (1486), die sich in diesem Stadtviertel abspielten.

Palazzo Spini-Ferroni

Der Ponte Santa Trinità wurde 1290 aus Holz erbaut und von Ammanati 1567 zur Feier des Sieges über Siena erneuert.

LEGENDE

– – – Routenempfehlung

0 Meter   200

Palazzo Strozzi
Dieser mächtige Palast beherrscht den Platz. ⓱

Santi Apostoli wurde vermutlich von Karl dem Großen gegründet.

Palazzo Davanzati
Fresken mit exotischen Vögeln schmücken die Sala dei Pappagalli, die früher als Speisesaal dieses Palastes (14. Jh.) diente. ⓰

ZUR ORIENTIERUNG
Siehe Kartenteil Florenz, Karte 5, 6

Die Piazza della Repubblica aus dem 19. Jahrhundert ist gesäumt von einigen der ältesten und beliebtesten Cafés der Stadt.

Im Mercato Nuovo, dem »Neuen Markt« (1547), werden heute Souvenirs verkauft.

Der Palazzo di Parte Guelfa war der Sitz der Guelfen, der wichtigsten politischen Partei im mittelalterlichen Florenz.

Ponte Vecchio *(siehe S. 277)*

Eine mittelalterliche Romanze auf einem Fresko im Palazzo Davanzati

Palazzo Davanzati ⓰

Via Porta Rossa 13. **Karte** 3 C1 (5 C3). 055-238 86 10. wg. Renovierung.

DIESES HERRLICHE, auch als Museo dell'Antica Casa Fiorentina bekannte Museum zeigt die Originalausstattung eines typischen Stadthauses des 14. Jahrhunderts. Im ruhigen Innenhof, der durch eine Treppe mit den oberen Stockwerken verbunden ist, findet man einen Brunnen und einen Flaschenzug – damals ein ausgesprochener Luxus, da die meisten Haushalte ihr Wasser aus öffentlichen Brunnen holen mußten. In jedem Raum gibt es Interessantes, am eindrucksvollsten sind jedoch die Sala dei Pappagalli, die ihren Namen nach den Papageimotiven ihrer Fresken trägt, die wunderbar gestaltete Sala Pavoni oder Camera Nuziale (Hochzeitssaal) und die rustikale Küche im Obergeschoß.

Palazzo Strozzi ⓱

Piazza degli Strozzi. **Karte** 3 C1 (5 C3). **Piccolo Museo di Palazzo Strozzi** wg. Restaurierung.

DER PALAZZO STROZZI fällt allein schon durch seine Größe auf; zwar umfaßt das Gebäude nur drei Stockwerke, jedes davon übertrifft an Höhe aber bereits einen normalen Palast. Es wurde von dem wohlhabenden Bankier Filippo Strozzi in Auftrag gegeben, der dafür 15 andere Häuser niederreißen ließ. Er wollte damit den Palästen der Medici etwas Ebenbürtiges entgegensetzen. Strozzi starb 1491, zwei Jahre nach der Grundsteinlegung.

Die Arbeiten am Gebäude gingen bis 1536 weiter, wobei drei bedeutende Architekten zu seiner endgültigen Gestalt beitrugen, Giuliano da Sangallo, Benedetto da Maiano und Simone del Pollaiuolo (auch Cronaca genannt). Das Äußere besteht aus riesigen, roh behauenen Quadern. Beachtenswert sind die Fackelhalter, die Lampen und die Ringe zum Anbinden von Pferden, die als Originale aus der Zeit der Renaissance stammen. Ein kleines Museum im Hof dokumentiert die Geschichte des Gebäudes, das heute hauptsächlich als Veranstaltungsort für größere Ausstellungen dient.

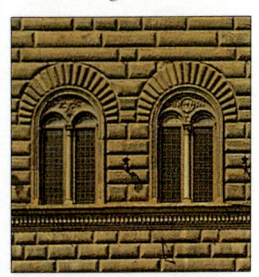

Bossenwerk an der Fassade des Palazzo Strozzi

San Lorenzo ⑱

SAN LORENZO war die Hauskirche der Medici, die 1419 Brunelleschi den Auftrag gaben, sie im Stil der Renaissance zu erneuern. Nahezu ein Jahrhundert später erstellte Michelangelo mehrere Entwürfe für die Fassade und begann mit den Arbeiten an den Grabmälern der Medici in der Sagrestia Nuova. Er entwarf auch eine Bibliothek für die Manuskripte der Familie, die Biblioteca Mediceo-Laurenziana. Das prächtige Mausoleum der Medici, die Cappella dei Principi, wurde 1604 begonnen.

Cappella dei Principi
Das Mausoleum der Medici wurde 1604 von Matteo Nigetti begonnen und bildet einen Teil der Cappelle Medicee.

Die riesige Kuppel Buontalentis erinnert an die des Doms (siehe S. 272f.).

Die Alte Sakristei wurde von Brunelleschi entworfen und von Donatello ausgeschmückt.

Campanile

Treppe der Bibliothek
Einer der kühnsten Entwürfe Michelangelos ist sein manieristischer Treppenaufgang, der 1559 von Ammanati umgesetzt wurde.

Michelangelo entwarf die Pulte und die Decke der Bibliothek, in der regelmäßig Manuskripte der Medici-Sammlung ausgestellt werden.

Der Klostergarten ist mit Buchsbaumhecken, Granatapfel- und Orangenbäumen bepflanzt.

Das Martyrium des hl. Laurentius
Bronzinos manieristisches Fresko von 1659 ist mehr eine meisterlich komponierte Studie der menschlichen Gestalt als eine Reaktion auf die Leiden des Heiligen.

Eingang zur Kirche

FLORENZ

INFOBOX

Piazza di San Lorenzo. **Karte** 1 C5 (6 D1). 1, 10, 17, 19.
Basilika 055-21 66 34. *tägl. 7–12, 15.30–18.30 Uhr.*
Bibliothek 055-21 44 43. *Mo–Sa 9–13 Uhr.*

Eine schlichte Steinplatte verweist auf das bescheidene Grab von Cosimo il Vecchio (1389–1464), dem Begründer des Hauses Medici.

Zum Komplex der Cappelle Medicee zählen die Cappella dei Principi und ihre Krypta, die Sagrestia Nuova *(siehe rechts)*.

Donatellos Bronzekanzeln
Die Bronzekanzeln im Mittelschiff sind die letzten Arbeiten des Künstlers und wurden 1640 von seinen Schülern vollendet. Die Reliefs fangen den Schmerz der Passion und die Herrlichkeit der Auferstehung ein.

Joseph und Christus in der Werkstatt, ein beeindruckendes Werk von Pietro Annigoni (1910–88), einem der wenigen modernen Künstler, die in Florenz zu sehen sind, zeigt den jungen Jesus mit seinem Vater.

Michelangelo erstellte mehrere Entwürfe für die Fassade von San Lorenzo, die jedoch bis heute unvollendet ist.

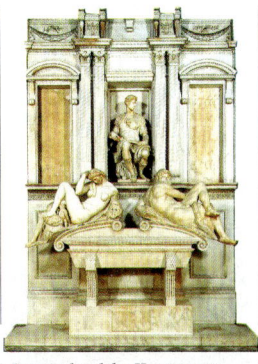

Das Grabmal des Herzogs von Nemours (1520–34) von Michelangelo in den Cappelle Medicee

Cappelle Medicee ⓳

Piazza di Madonna degli Aldobrandini. **Karte** 1 C5 (6 D1). 055-238 86 02. viele Linien. *Di–So 9–14 Uhr (letzter Einlaß 30 Min. vor Schließung).* *1. Jan, 1. Mai, 25. Dez.*

DIE MEDICI-KAPELLEN teilen sich deutlich in drei verschiedene Bereiche. Gleich hinter dem Eingang liegt, mit niedrigen Gewölben und entsprechend gedämpftem Licht, die Krypta mit den Gräbern weniger bedeutender Familienmitglieder. Von hier gelangt man über eine kleine Treppe zur achteckigen **Cappella dei Principi**, ein riesiges Mausoleum, das 1604 von Cosimo I angelegt wurde. Nur wenige Bauten in Florenz sind ähnlich kostbar ausgeschmückt: mit leuchtenden Fresken und großen Mosaiken aus Halbedelsteinen. In ihm befinden sich die Gräber von sechs Großherzögen der Medici. Ein Gang führt zur **Neuen Sakristei**, die von Michelangelo als Kontrapunkt zu Brunelleschis Alter Sakristei von San Lorenzo entworfen wurde. Drei Gruppen von Statuen, zwischen 1520 und 1534 von Michelangelo geschaffen, sind an den Wänden postiert: die Gruppe gleich links markiert das *Grabmal des Herzogs von Urbino* (Enkel von Lorenzo dem Prächtigen), und gegenüber ist das *Grabmal des Herzogs von Nemours* (Lorenzos 3. Sohn). Neben der nie vollendeten *Madonna mit Kind* (1521) steht der Sarkophag Lorenzos des Prächtigen und seines ermordeten Bruders.

Mercato Centrale ⓴

Piazza del Mercato Centrale. **Karte** 1 C4 (5 C1). *tägl. 7–14 Uhr (Sep–Juni Sa 16–20 Uhr).*

IM HERZEN DES Straßenmarkts von San Lorenzo ist der Mercato Centrale der geschäftigste Lebensmittelmarkt von Florenz. Er ist in einem zweistöckigen Gebäude untergebracht, das 1874 von Giuseppe Mengoni errichtet wurde.
Im Erdgeschoß werden Fleisch, Geflügel, Fisch, Salami und Olivenöl verkauft, aber auch toskanische Spezialitäten zum Mitnehmen wie *porchetta* (Spanferkel), *lampredotto* (Innereien vom Schwein) und *trippa* (Kutteln). Obst, Gemüse und Blumen gibt es im Obergeschoß: Im Herbst sind Pilze und Trüffeln und im Frühling die jungen Artischocken besonders empfehlenswert.

Gelbe Zucchiniblüten und anderes Gemüse auf dem Mercato Centrale

Santa Maria Novella ㉑

Die Kirche Santa Maria Novella wurde zwischen 1279 und 1357 von den Dominikanern errichtet. Bei der Neugestaltung der Fassade 1456–70 arbeitete der für die Renaissance wegweisende Architekt Leon Battista Alberti den unteren Teil der alten romanischen Fassade in die von ihm entworfene neue mit ein. Das gotische Innere schmücken Fresken, darunter die *Dreifaltigkeit* von Masaccio. Der Grüne Kreuzgang mit seinen Fresken von Paolo Uccello und die verzierte Spanische Kapelle sind heute ein Museum.

Die Arkaden sind durch grau-weiße Streifen hervorgehoben.

Klostergebäude

Das Mittelschiff
Der Abstand zwischen den Pfeilern wird zum Altar hin immer geringer. Durch diesen perspektivischen Kunstgriff erscheint die Kirche wesentlich länger, als sie tatsächlich ist.

Die Cappellone degli Spagnuoli,
die Kapelle des spanischen Hofgefolges Eleonoras von Toledo, ist mit Fresken zum Thema Erlösung und Verdammnis geschmückt.

Der Chiostro Verde
hat seinen Namen von dem grünen Farbton der Fresken Uccellos, die bei dem Hochwasser von 1966 schwer beschädigt wurden.

Dreifaltigkeit
Das epochemachende Fresko (um 1428) von Masaccio ist als Meisterstück der Perspektive und Porträtkunst berühmt. Die knienden Figuren sind die Mäzene des Werks, Lorenzo Lenzi mit Gattin.

Eingang

Eingang zum Museum

Cappella Strozzi
Dantes Göttliche Komödie *lieferte die Vorlage für die Fresken (14. Jh.) von Nardo di Cione und seinem Bruder Andrea Orcagna.*

INFOBOX

Piazza di Santa Maria Novella. **Karte** 1 B5 (5 B1). viele Linien. **Kirche** 055-21 01 13. Mo–Sa 7–11.30, 15.30–18 Uhr, So, kirchl. Feiertage 8–12, 15.30–17 Uhr.
Museum 055-28 21 87. Mo–Do, Sa 9–14 Uhr, So 8–13 Uhr (letzter Einlaß 1 Std. vor Schließung). 1. Jan, Ostersonntag, 1. Mai, 15. Aug, 25. Dez.

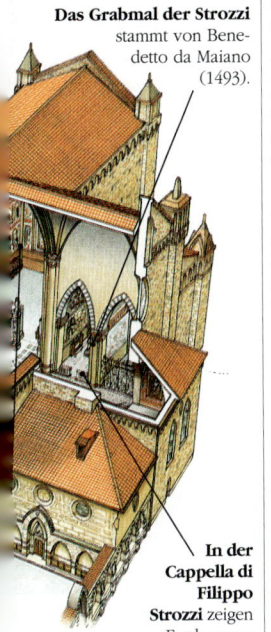

Das Grabmal der Strozzi stammt von Benedetto da Maiano (1493).

In der Cappella di Filippo Strozzi zeigen Fresken von Filippino Lippi, wie Drusiana von den Toten erweckt wird und Philippus einen Drachen tötet.

Cappella Tornabuoni
Ghirlandaios Freskenzyklus *Das Leben Johannes' des Täufers* (1485) zeigt in den biblischen Szenen Florentiner Aristokraten in zeitgenössischer Bekleidung.

Ghirlandaios *Madonna della Misericordia* (1472) in Ognissanti

Palazzo Antinori ㉒

Via de' Tornabuoni. **Karte** 1 C5 (5 C2). für die Öffentlichkeit. **Cantinetta Antinori** Mo–Fr 12.30–14.30, 19–22.30 Uhr.

DER PALAZZO ANTINORI wurde 1461–66 erbaut und zählt zu den schönsten Renaissancepalästen von Florenz. Die Familie Antinori kaufte 1506 das Gebäude, das sich heute noch immer in ihrem Besitz befindet. Die Antinori, denen Güter in der Toskana und Umbrien gehören, erzeugen Weine, Speiseöle und Liköre, die man – mit guten toskanischen Gerichten – in der Weinbar im Innenhof, der Cantinetta Antinori, kosten kann.

Palazzo Rucellai ㉓

Via della Vigna Nuova 16. **Karte** 1 C5 (5 B2). 055-21 33 70. Do–Di 10–19.30 Uhr, Fr, Sa 22–23.30 Uhr. Feiertage.

DIESER 1446/47 errichtete Renaissancepalast ist einer der am reichsten geschmückten Prachtbauten der Stadt. Der Auftraggeber war Giovanni Rucellai, dessen Reichtum auf der Einfuhr eines roten Farbstoffs beruhte, der aus einer nur auf Mallorca vorkommenden Flechte gewonnen wurde. Der Name Rucellai geht auf *oricello*, den Namen dieses Farbstoffs, zurück.

Rucellai beauftragte den Architekten Leon Battista Alberti mit dem Bau mehrerer Gebäude, und es war auch Alberti, der diesen Palast als anschauliche Beispielsammlung für nahezu alle antiken Formen entwarf. Heute beherbergt der Palast das Museo Alinari. Die Brüder Alinari begannen bereits in den 40er Jahren des 19. Jahrhunderts, Fotografien von Florenz zu machen. Sie verkauften Drucke, Postkarten und Kunstbücher an Reisende, die während des letzten Jahrhunderts die Stadt besuchten. Die Wechselausstellungen mit dem reichhaltigen Material des Museumsarchivs bieten lehrreiche Einblicke in die jüngere Geschichte von Florenz.

Ognissanti ㉔

Borgo Ognissanti 42. **Karte** 1 B5 (5 A2). 055-239 87 00. tägl. 8–12, 16–19 Uhr.

DIE KIRCHE OGNISSANTI, oder »Zu allen Heiligen«, war die Hauskirche der Familie Vespucci, aus der Amerigo Vespucci stammte, nach dem im 15. Jahrhundert Amerika benannt wurde. Der junge Amerigo ist in der zweiten Kapelle rechts auf Ghirlandaios Fresko *Madonna della Misericordia* (1472) abgebildet, zwischen der Jungfrau und dem Mann mit dem roten Umhang. Amerigo reiste zweimal in die Neue Welt und machte in seinen Briefen Angaben, mit denen Kartographen die ersten Karten des Landes zeichnen konnten.

In Ognissanti befindet sich auch das Grab Botticellis, dessen Fresko *Augustinus in der Studierstube* (1480) an der Südwand zu sehen ist. Der Kirche angeschlossen sind ein Kreuzgang und ein Refektorium mit Ghirlandaios Fresko *Das letzte Abendmahl* (1480).

Cappella Brancacci ㉕

DIE KIRCHE SANTA MARIA DEL CARMINE ist berühmt für die Brancacci-Kapelle mit ihrem Freskenzyklus *Szenen aus dem Leben Petri,* die der Florentiner Kaufmann Felice Brancacci um 1424 in Auftrag gab. Der Zyklus wurde zwar 1425 von Masolino begonnen, aber viele Szenen stammen auch von seinem Schüler Masaccio (der vor ihrer Vollendung starb) und von Filippino Lippi, der schließlich 1480 die Arbeiten abschloß. Masaccios innovativer Einsatz von Perspektive, seine erzählerische Dramatik und seine realistischen Figuren sicherten ihm einen Platz unter den führenden Malern der Renaissance. Viele Künstler, darunter auch Leonardo und Michelangelo, besuchten später die Kapelle, um seine Arbeit zu studieren.

In jeder Szene ist Petrus durch seinen orangeroten Umhang von der Menge abgehoben.

Petrus heilt die Kranken
Masaccios realistische Darstellung von Krüppeln und Bettlern war für seine Zeit geradezu revolutionär.

Die Gruppierungen stilisierter Figuren in Masaccios Fresken zeigen deutlich sein Interesse an den Skulpturen Donatellos.

Masaccios ungekünstelter Stil ohne ablenkende Details macht den Blick für die zentralen Figuren frei.

Vertreibung aus dem Paradies
Masaccios Fähigkeit, Emotionen darzustellen, zeigt sich in seiner Darstellung der Vertreibung aus dem Garten Eden. Die Gesichter Adams und Evas sind erfüllt von Schmerz, Scham und der Last der Selbsterkenntnis.

FLORENZ

LEGENDE ZU DEN FRESKEN: KÜNSTLER UND THEMEN

- ☐ Masolino
- ☐ Masaccio
- ☐ Lippi

1 Vertreibung aus dem Paradies
2 Der Zinsgroschen
3 Predigt des Petrus
4 Paulus besucht Petrus im Kerker
5 Petrus erweckt den Sohn des Herrschers; Thronender Petrus
6 Petrus heilt die Kranken
7 Petrus tauft neue Gläubige
8 Petrus hilft den Lahmen und erweckt Tabita
9 Sündenfall
10 Petrus und Johannes verteilen Almosen
11 Kreuzigung Petri; Vor dem Prokonsul
12 Der Engel befreit Petrus

INFOBOX

Piazza del Carmine. **Karte** 3 A1 (5 A4). 055-238 21 95. 15. Mo, Mi–Sa 10–17 Uhr; So 13–17 Uhr (letzter Einlaß 30 Min. vor Schließung). 25. Dez.

Masolinos *Sündenfall* ist im Gegensatz zu Masaccios kraftvoller, emotionsgeladener Darstellung eher sanft und manierlich.

Frau mit Turban
In diesem Medaillon, das 500 Jahre hinter dem Altar verborgen war, ist noch die Frische von Masaccios Farben erkennbar.

Petrus ist vor dem Hintergrund Florentiner Gebäude dargestellt.

Zwei Figuren
Masolinos Arbeiten sind im allgemeinen formaler, nicht so naturalistisch und weniger bewegt als die Masaccios.

Vor dem Prokonsul
Filippino Lippi wurde 1480 mit der Fertigstellung des Freskenzyklus beauftragt. Er fügte diese Szene hinzu, in der Petrus durch den Prokonsul zum Tode verurteilt wird.

Im Detail: Oltrarno

Wappen der Medici

OLTRARNO IST zum größten Teil ein beschauliches Viertel mit kleinen Häusern, ruhigen Plätzen und Geschäften, die Antiquitäten, Geschenkartikel und Lebensmittel verkaufen. Die vielbefahrene Via Maggio widerspricht zwar diesem Bild, aber in den Seitenstraßen kann man durchaus noch das malerische alte Florenz mit seinen preiswerten Restaurants entdecken. In den zahlreichen Ateliers und Werkstätten werden vor allem Antiquitäten restauriert. Zu den Sehenswürdigkeiten zählen die Kirche Santo Spirito und der Palazzo Pitti, der Kunstsammlungen beherbergt, die nur von denen der Uffizien übertroffen werden.

Santo Spirito
Brunelleschis schlichte Kirche wurde erst nach dem Tod des Architekten vollendet. ㉖

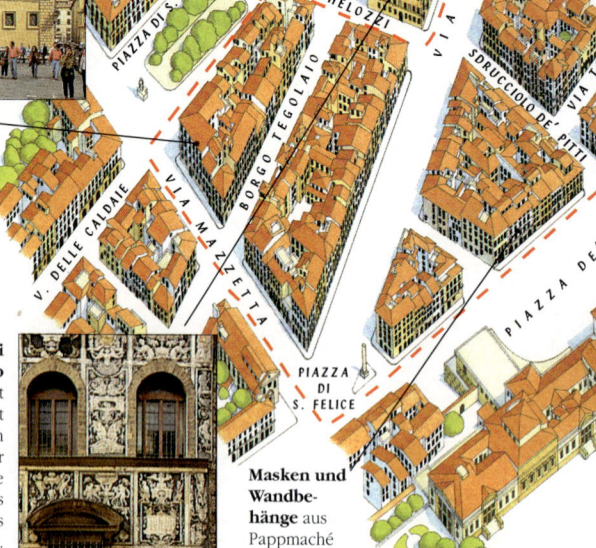

Ponte Santa Trinità

Der Cenacolo di Santo Spirito, das ehemalige Refektorium eines nicht mehr vorhandenen Klosters, besitzt ein ausdrucksvolles Fresko (um 1360), das Orcagna zugeschrieben wird.

Der Palazzo Guadagni (1500) hatte als erster Palast der Stadt eine Loggia und wurde so zum modischen Vorbild für aristokratische Bauherren.

Der Palazzo di Bianca Cappello (1579) ist überzogen mit herrlichem Sgraffito. Hier lebte einst die Mätresse des Großherzogs Francesco I.

Masken und Wandbehänge aus Pappmaché werden in diesem Geschäft in Handarbeit gefertigt.

Santo Spirito ㉖

Piazza di Santo Spirito. **Karte** 3 B2 (5 B4). ☎ 055-21 00 30. ◯ Di–Do 8.30–12, 16–18 Uhr.

Der Brunnen und der Wasserspeier (16. Jh.) auf der Piazza de' Frescobaldi wurden von Buontalenti entworfen, ebenso wie die Fassade der nahen Kirche Santa Trinità.

Zur Orientierung
Siehe Kartenteil Florenz, Karten 3, 5

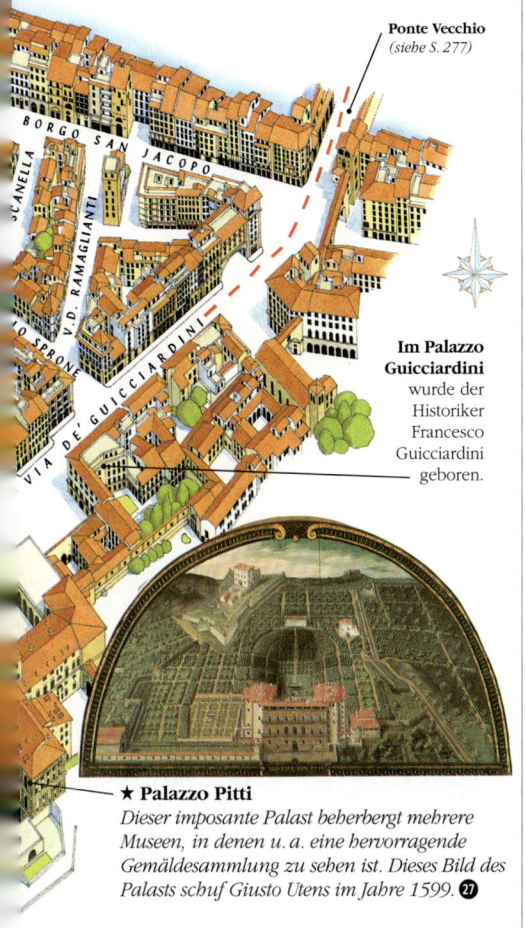

Ponte Vecchio (siehe S. 277)

Im Palazzo Guicciardini wurde der Historiker Francesco Guicciardini geboren.

★ **Palazzo Pitti**
Dieser imposante Palast beherbergt mehrere Museen, in denen u. a. eine hervorragende Gemäldesammlung zu sehen ist. Dieses Bild des Palasts schuf Giusto Utens im Jahre 1599. ㉗

Legende
- - - Routenempfehlung

0 Meter 100

Nicht versäumen
★ Palazzo Pitti

Die Gründung dieser Kirche durch den Augustinerorden geht auf das Jahr 1250 zurück. Das heutige Gebäude, das die nördliche Seite der Piazza di Santo Spirito beherrscht, wurde 1435 von Brunelleschi entworfen und erst im späten 15. Jahrhundert fertiggestellt. Die unvollendete, schlichte Fassade kam im 18. Jahrhundert hinzu.

Im Inneren bringt der mit einem aufwendigen Baldachin ausgestattete barocke Hochaltar, der 1607 von Giovanni Caccini hinzugefügt wurde, ein wenig die harmonischen Proportionen durcheinander. Die Kirche besitzt 38 Nebenaltäre, die mit Malereien und Skulpturen des 15. und 16. Jahrhunderts, darunter Werke von Domenico Ghirlandaio und Filippino Lippi, verziert sind. Letzterer malte eine großartige *Madonna mit Kind* (1466) für die Nerli-Kapelle im südlichen Querhaus.

Eine Tür unterhalb der Orgel führt vom nördlichen Seitenschiff in ein Vestibül mit einer reichverzierten Kassettendecke. Diese Vorhalle wurde 1491 von Simone del Pollaiuolo, besser bekannt unter dem Namen Cronaca, errichtet. Neben dem Vestibül ist die 1489 von Giuliano da Sangallo ausgeschmückte Sakristei, in der zwölf riesige Säulen auf engstem Raum gedrängt stehen.

Säulengang im Seitenschiff von Santo Spirito

Palazzo Pitti ㉗

DER PALAZZO PITTI WURDE URSPRÜNGLICH für den Bankier Luca Pitti errichtet. Die immensen Maßstäbe des 1457 begonnenen Bauwerks zeigen deutlich, wie entschlossen Pitti war, durch die Zurschaustellung von Reichtum die Medici zu übertreffen. Ausgerechnet die Medici waren es jedoch, die später, als die Erben Pittis von den Baukosten ruiniert wurden, den Palast kauften. Im Jahre 1550 machte ihn die mächtige Familie zu ihrer Hauptresidenz, und danach lebten hier alle Herrscher der Stadt. Heute beherbergt er unermeßliche Schätze aus der Sammlung der Medici.

Die Giorgione zugeschriebenen *Drei Alter des Menschen* (um 1510).

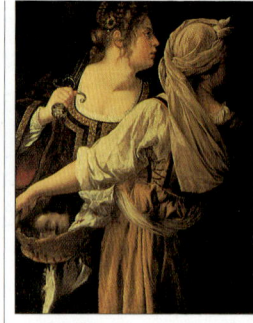

Judith (1620–30) von Artemisia Gentileschi

GALLERIA PALATINA

DIE GALLERIA PALATINA ist das Herzstück des Museumskomplexes und zeigt zahllose Meisterwerke von Botticelli, Tizian, Perugino, Gentileschi, Andrea del Sarto, Tintoretto, Veronese und Giorgione. Die von den Großherzögen der Medici zusammengetragenen Bilder sind noch immer in etwa so angeordnet, wie es die Herrscher wünschten, ohne Rücksicht auf Themen oder Chronologie. Die Galerie besteht aus elf prunkvollen Räumen, von denen die ersten fünf mit allegorischen Deckenfresken zum Ruhm der Medici ausgestattet sind. Sie wurden 1641 von Pietro da Cortona begonnen und 1665 durch seinen Schüler Ciro Ferri fertiggestellt. In Saal 1 (Sala di Venere) ist Antonio Canovas Statue der *Venus Italica* (1810) zu sehen, die Napoleon als Ersatz für die *Mediceische Venus* in Auftrag gab. Saal 2 (Sala di Apollo) zeigt Tizians *Bildnis eines Edelmannes* (1540), vielleicht das schönste unter den in der Galerie ausgestellten Bildern des Künstlers. Weitere herausragende Werke zieren die Säle 4 und 5, darunter Gemälde von Perugino, Andrea del Sarto und Raffael. Die großartigsten aus der Hand von Raffael sind die im Stil der Hochrenaissance gemalte *Madonna della Seggiola* (um 1515) und die *Donna Velata* (um 1516), für die angeblich die Mätresse des Künstlers Modell stand. Weitere eindrucksvolle Bilder in den übrigen Räumen sind unter anderem Fra Filippo Lippis Mitte des 15. Jahrhunderts entstandene *Madonna mit Kind* sowie ein *Schlafender Amor* (1608) von Caravaggio.

Madonna della Seggiola (um 1515) von Raffael

Galleria Palatina

Im Museo degli Argenti, der Silbersammlung, sind auch kostbare Kunstobjekte zu sehen.

Boboli-Garten

Eingang zu den Museen und Galerien

Brunelleschi entwarf die Fassade des Palasts, die schließlich auf das Dreifache ihrer geplanten Länge ausgedehnt wurde.

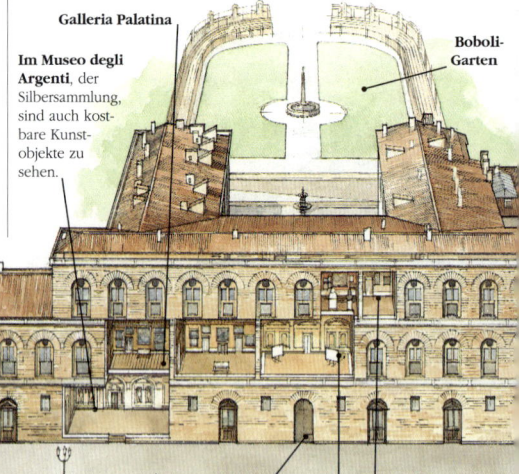

Appartamenti Monumentali

Die Galleria d'Arte Moderna ist eine Galerie von 30 Räumen mit Gemälden aus der Zeit von 1784 bis 1924.

Die Rotunde von Palmieri von Giovanni Fattori (1825–1908)

APPARTAMENTI MONUMENTALI

Die Königsgemächer im Obergeschoß des Südflügels des Palasts wurden im 17. Jahrhundert erbaut und sind mit Fresken von verschiedenen Florentiner Künstlern ausgestattet. Außerdem sind hier eine Reihe von Porträts der Medici aus der Hand des flämischen Malers Justus Sustermans zu sehen, der zwischen 1619 und 1681 am Hof tätig war, sowie eine kleine Gobelinsammlung des 18. Jahrhunderts. Nachdem die Herzöge von Lothringen die Herrschaft der Stadt von den Medici übernommen hatten, wurden im späten 18. und frühen 19. Jahrhundert die Räume vollständig im neoklassizistischen Stil umgebaut.

Die Gemächer sind mit Goldverzierungen und weißen Stuckdecken üppig ausgeschmückt. Besonders eindrucksvoll sind vor allem die Wände des Papageiensaals, die mit luxuriösem, karmesinrotem Stoff mit eingearbeiteten Vogelmotiven überzogen sind.

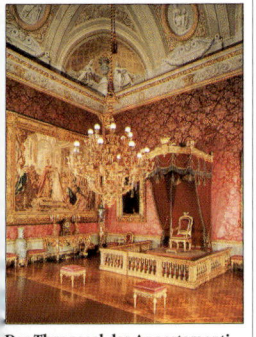

Der Thronsaal der Appartamenti Monumentali

Galleria del Costume

Aus Edelsteinen bestehendes Bild der Piazza della Signoria

ANDERE SAMMLUNGEN

Die 1983 eröffnete Galleria del Costume spiegelt den Geschmackswandel in der höfischen Mode vom ausgehenden 18. Jahrhundert bis zu den 20er Jahren des 20. Jahrhunderts wider und ist zugleich Veranstaltungsort zahlreicher Sonderausstellungen. Mit der Eintrittskarte zur Galerie kann man auch das Museo degli Argenti (Silbersammlung) in der Sommerresidenz der Medici besichtigen. In der umfangreichen Sammlung tritt der verschwenderische und gelegentlich zweifelhafte Geschmack der Familie deutlich zutage. Zu sehen sind hier herrliche römische Glasarbeiten, Teppiche, Stücke aus Elfenbein, Kristall und Bernstein. Höhepunkte sind die 16 *pietra-dura*-Vasen, die einst im Besitz von Lorenzo dem Prächtigen waren. Glanzlichter der Galleria d'Arte Moderna sind die Gemälde der »Macchiaioli« (Kleckser), einer Gruppe toskanischer Maler mit einem Stil ähnlich dem der französischen Impressionisten.

INFOBOX

Piazza de' Pitti. **Karte** 3 C2 (5 B5). 15, 32, 37, 42.
Appartamenti Monumentali
055-21 34 40.
Di-Sa 9–19 Uhr, So 9–14 Uhr.
Feiertage.
Boboli-Garten Apr, Mai, Sep tägl. 9–17.30 Uhr; Juni–Aug tägl. 9–19.30 Uhr.
1. u. 4. Mo im Monat.

BOBOLI-GARTEN

Kopie von Giambolognas *Ozeanusbrunnen* (1576)

Den Boboli-Garten, in dem man sich vorzüglich von den Anstrengungen der Stadtbesichtigung ausruhen kann, ließen die Medici anlegen, nachdem sie 1549 den Palazzo Pitti gekauft hatten. Dieses hervorragende Beispiel für die Gartenkunst der Renaissance wurde 1766 der Öffentlichkeit zugänglich gemacht. Die formalen Teile der Anlage, nahe dem Palast, bestehen aus zu geometrischen Mustern gestutzten Buchsbaumhecken. Diese führen den Besucher zu freier wachsenden Pflanzungen von Stecheichen und Zypressen, wodurch ein Kontrast zwischen Kunst und Natur entsteht. Zahlreiche Statuen schmücken die Anlage. Hoch über dem Garten thront der Forte di Belvedere, den Buontalenti 1590 für die Großherzöge der Medici entwarf.

Die Jungfrau Maria aus Pontormos *Verkündigung* (1528)

Santa Felicità ㉘

Piazza di Santa Felicità. **Karte** 3 C2 (5 C5). 055-21 30 18. tägl. 8–12, 15.30–18.30 Uhr.

An dieser Stelle steht schon seit dem 4. Jahrhundert eine Kirche. Das heutige, im 11. Jahrhundert begonnene Gebäude wurde 1736–39 von Ferdinando Ruggieri umgebaut, wobei die Vorhalle von Vasari (1564 hinzugekommen) und viele der ursprünglichen, gotischen Elemente der Kirche erhalten blieben.

In der Kapelle der Familie Capponi rechts vom Eingang befinden sich zwei Werke von Jacopo Pontormo: *Verkündigung* und *Kreuzabnahme*. Mit ihrer ungewöhnlichen Komposition und Farbgebung zählen diese Fresken zu den größten Meisterwerken des Manierismus.

Piazzale Michelangelo ㉙

Piazzale Michelangelo. **Karte** 4 E3. 12, 13.

Kein anderer Aussichtspunkt von Florenz – wie etwa der Dom oder der Campanile – bietet einen solch herrlichen Rundblick über die Stadt wie der Piazzale Michelangelo. Der Mitte des 19. Jahrhunderts von Giuseppe Poggi angelegte Platz mit seinen hohen Balkonen und den Kopien von Statuen Michelangelos zieht endlose Schlangen von Reisebussen, zahlreiche Besucher sowie die unvermeidlichen Scharen von Souvenierhändlern an. Dennoch ist der geschäftige Platz vor allem in der Abenddämmerung von besonderem Reiz.

San Miniato al Monte ㉚

Via del Monte alle Croci. **Karte** 4 E3. 055-234 27 31. 12, 13. tägl. 8–12, 14–19 Uhr (Okt–März 14.30–18 Uhr). Feiertage.

San Miniato ist eine der schönsten romanischen Kirchen Italiens. Im Jahr 1018 begonnen, wurde sie über dem Grab des heiligen Minias errichtet, eines reichen armenischen Kaufmanns, den im 3. Jahrhundert Kaiser Decius wegen seines Glaubens enthaupten ließ. Die um 1090 begonnene Fassade weist die geometrische Marmorinkrustation auf, wie sie für die Architektur der Pisaner Romanik typisch ist. Auf dem Giebel sieht man die Skulptur eines Adlers, der einen Stoffballen trägt, das Symbol der mächtigen Arte di Calimala (Tuchhändlerzunft), die

Fassade der Kirche Miniato al Monte

im Mittelalter die Kirche finanzierte. Das Mosaik aus dem 13. Jahrhundert zeigt Christus, Maria und den heiligen Minias. Diese erscheinen auch auf dem Apsismosaik im Inneren der Kirche, das sich über der mit Säulen aus alten römischen Gebäuden erbauten Krypta befindet. Den Fußboden des Langhauses schmücken sieben Mosaikfelder von Tieren und Sternzeichen (1207).

Weitere Höhepunkte sind Michelozzos frei stehende Cappella del Crocifisso (1448) und die Cappella del Cardinale del Portogallo (1480) mit ihren Terrakottamedaillons (1461) von Luca della Robbia an der Decke. In der Sakristei ist ein Freskenzyklus mit den *Legenden des heiligen Benedikt* (1387) von Spinello Aretino zu sehen.

Blick vom Piazzale Michelangelo auf den Ponte Vecchio und den Arno

# KARTENTEIL FLORENZ

KARTENVERWEISE zu Sehenswürdigkeiten im Kapitel über Florenz beziehen sich auf die Karten der folgenden Seiten. Wenn zwei Angaben gemacht werden, bezieht sich die eingeklammerte auf die Detailkarten, die Karten 5 und 6. Es wird auch auf Hotels *(siehe S. 557ff)*, Restaurants *(siehe S. 591ff)* und nützliche Adressen in den Kapiteln *Zu Gast in Italien* und *Grundinformationen* am Ende des Buches verwiesen. Die folgende Karte zeigt das durch den *Kartenteil Florenz* abgedeckte Stadtgebiet. Die verwendeten Symbole sind unten erläutert. Die Hausnummern in Florenz teilen sich in zwei Gruppen: Rote sind für Firmen und Geschäfte, während schwarze oder blaue Wohnhäuser bezeichnen.

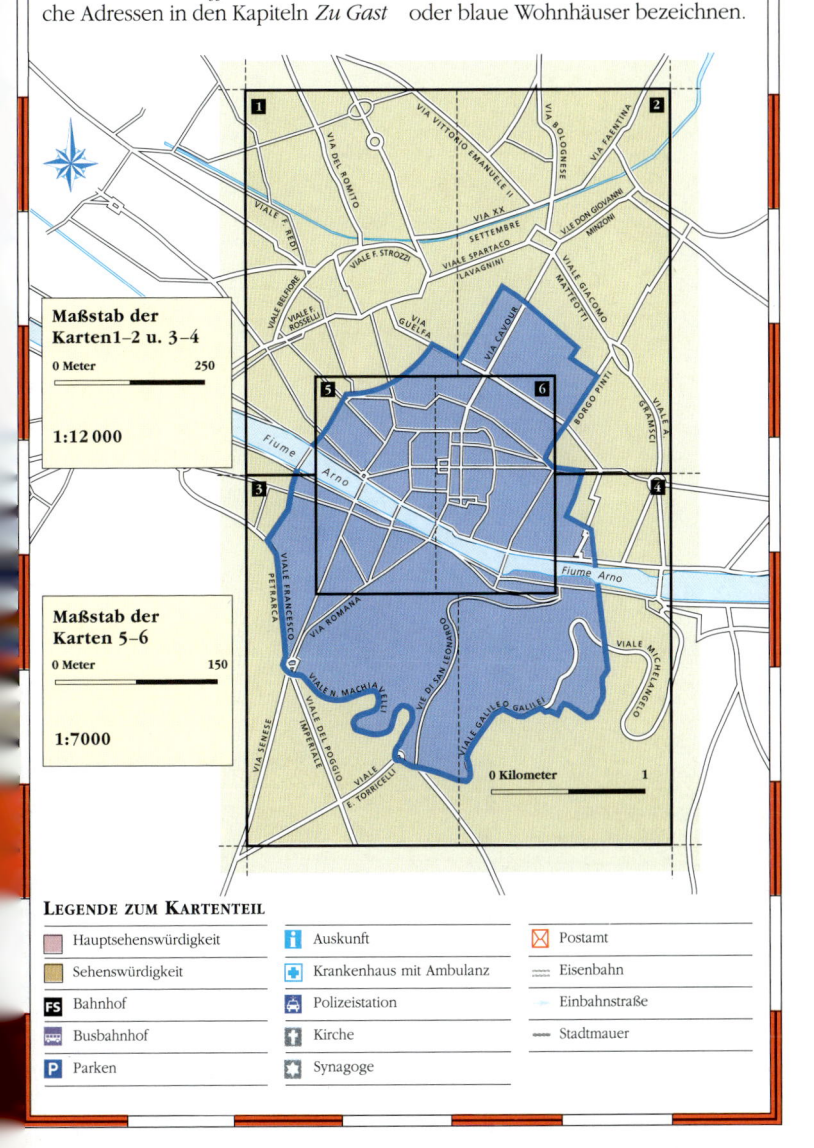

Maßstab der Karten 1–2 u. 3–4
0 Meter — 250
1:12 000

Maßstab der Karten 5–6
0 Meter — 150
1:7000

0 Kilometer — 1

LEGENDE ZUM KARTENTEIL

- Hauptsehenswürdigkeit
- Sehenswürdigkeit
- **FS** Bahnhof
- Busbahnhof
- **P** Parken
- **i** Auskunft
- Krankenhaus mit Ambulanz
- Polizeistation
- Kirche
- Synagoge
- Postamt
- Eisenbahn
- Einbahnstraße
- Stadtmauer

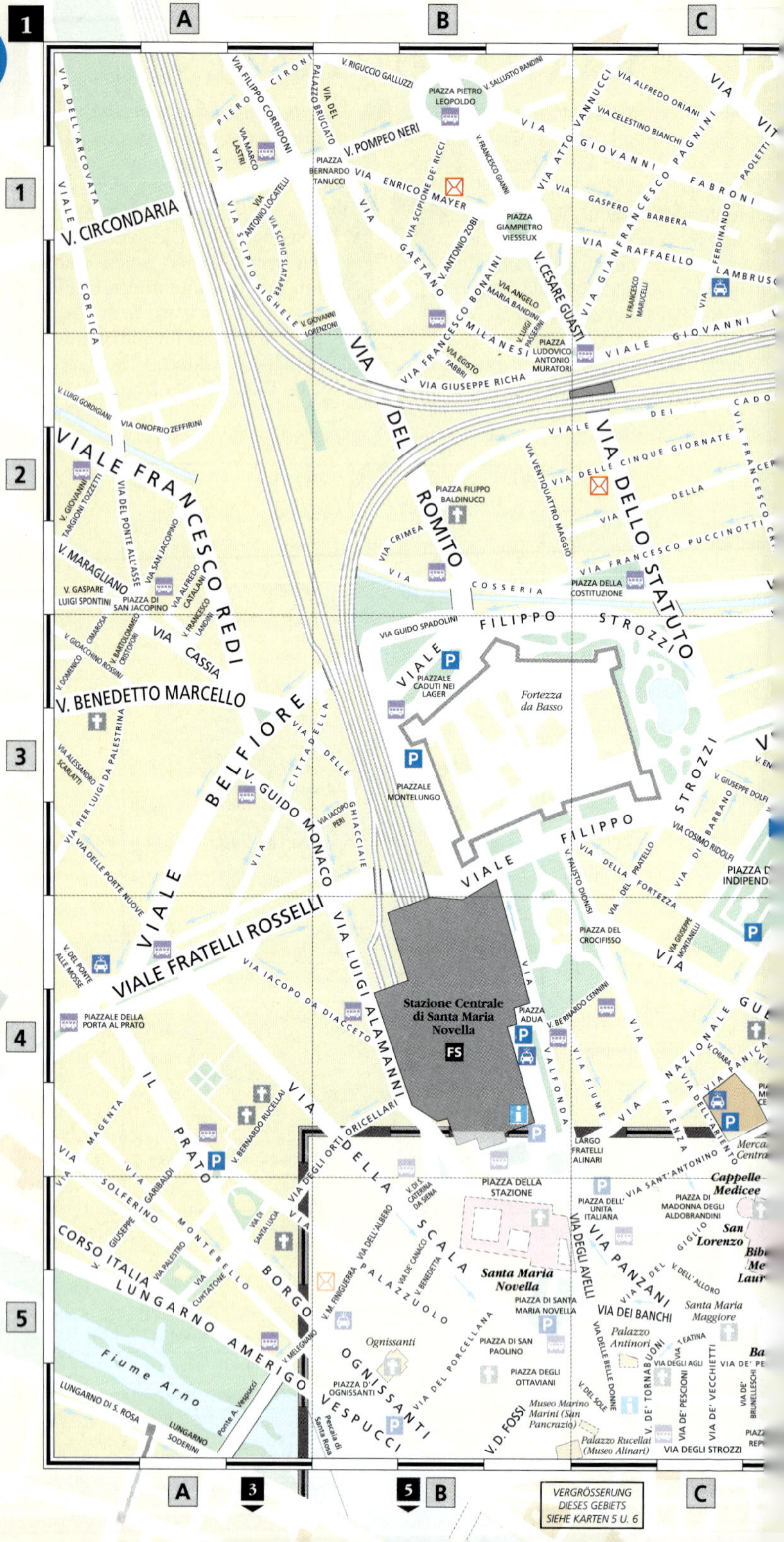
1
A
B
C
2
3
4
5
V. CIRCONDARIA
VIALE DELL'ARCOVATA
CORSICA
VIA FILIPPO CORRIDONI
VIA PIERO CIRONI
VIA MARCO LASTRI
VIA DEL PALAZZO BRUCIATO
V. RIGUCCIO GALLUZZI
V. SALLUSTIO BANDINI
PIAZZA PIETRO LEOPOLDO
V. POMPEO NERI
PIAZZA BERNARDO TANUCCI
VIA ENRICO MAYER
VIA SCIPIONE DE' RICCI
V. FRANCESCO GIANNI
VIA GIOVANNI FABBRONI
VIA ATTO VANNUCCI
VIA ALFREDO ORIANI
VIA CELESTINO BIANCHI
VIA GIANFRANCESCO PAGNINI
VIA GASPERO BARBERA
VIA RAFFAELLO LAMBRUSCHINI
VIA FERDINANDO PAOLETTI
PIAZZA GIAMPIETRO VIESSEUX
V. CESARE GUASTI
V. FRANCESCO MARUCELLI
VIA ANTONIO LOCATELLI
VIA SCIPIO SLATAPER
VIA SCIPIO SIGHELE
V. GIOVANNI LORENZONI
VIA GAETANO MILANESI
V. ANTONIO ZOBI
VIA FRANCESCO BONAINI
VIA ANGELO MARIA BANDINI
V. LUIGI PASSERINI
VIA EGISTO FABBRI
PIAZZA LUDOVICO ANTONIO MURATORI
VIALE GIOVANNI
VIA GIUSEPPE RICHA
VIA DEL ROMITO
V. LUIGI GORDIGIANI
VIA ONOFRIO ZEFFIRINI
VIALE FRANCESCO REDI
V. GIOVANNI TARGIONI TOZZETTI
VIA DEL PONTE ALL'ASSE
VIA SAN JACOPINO
V. MARAGLIANO
V. GASPARE LUIGI SPONTINI
PIAZZA DI SAN JACOPINO
VIA ALFREDO CATALANI
V. FRANCESCO LANDINI
VIA CASSIA
V. BENEDETTO MARCELLO
VIALE BELFIORE
V. GUIDO MONACO
VIA DELLA CITTADELLA
VIA DELLE GHIACCIAIE
VIA JACOPO PERI
VIA ALESSANDRO SCARLATTI
VIA PIER LUIGI DA PALESTRINA
VIA DELLE PORTE NUOVE
VIALE FRATELLI ROSSELLI
V. DEL PONTE ALLE MOSSE
PIAZZALE DELLA PORTA AL PRATO
VIA JACOPO DA DIACCETO
VIA LUIGI ALAMANNI
PIAZZA FILIPPO BALDINUCCI
VIA CRIMEA
VIA COSSERIA
VIALE DEI CADORNA
VIA DELLE CINQUE GIORNATE
VIA VENTIQUATTRO MAGGIO
VIA DELLO STATUTO
VIA FRANCESCO PUCCINOTTI
PIAZZA DELLA COSTITUZIONE
VIA GUIDO SPADOLINI
VIALE FILIPPO STROZZI
PIAZZALE CADUTI NEI LAGER
Fortezza da Basso
PIAZZALE MONTELUNGO
V. GIUSEPPE DOLFI
VIA COSIMO RIDOLFI
VIA DI BARBANO
V. FAUSTO DIONISI
VIA DEL PRATELLO
VIA DELLA FORTEZZA
VIA GIUSEPPE MONTANELLI
PIAZZA DEL CROCIFISSO
PIAZZA D. INDIPEND.
Stazione Centrale di Santa Maria Novella
FS
PIAZZA ADUA
V. BERNARDO CENNINI
VIA VALFONDA
VIA FIUME
VIA NAZIONALE
VIA FAENZA
V. CHIARA
VIA PANICALE
VIA DELL'ARIENTO
Mercato Centrale
LARGO FRATELLI ALINARI
VIA SANT'ANTONINO
IL PRATO
VIA MAGENTA
VIA GARIBALDI
VIA SOLFERINO
GIUSEPPE
MONTEBELLO
V. BERNARDO RUCELLAI
VIA DELLA SCALA
VIA DEGLI ORTI ORICELLARI
VIA DI SANTA LUCIA
BORGO
VIA PALESTRO
VIA CURTATONE
CORSO ITALIA
LUNGARNO AMERIGO VESPUCCI
V. MELEGNANO
Fiume Arno
LUNGARNO DI S. ROSA
LUNGARNO SODERINI
Ponte A. Vespucci
V. DI S. CATERINA DA SIENA
PIAZZA DELLA STAZIONE
VIA DELL'ALBERO
V. M. FINIGUERRA
VIA PALAZZUOLO
VIA DE' CANACCI
V. BENEDETTA
Santa Maria Novella
PIAZZA DI SANTA MARIA NOVELLA
VIA DEGLI AVELLI
PIAZZA DELL' UNITÀ ITALIANA
VIA PANZANI
VIA DEI BANCHI
Ognissanti
PIAZZA D'OGNISSANTI
BORGO OGNISSANTI
Pescaia di Santa Rosa
VIA DEL PORCELLANA
PIAZZA DI SAN PAOLINO
PIAZZA DEGLI OTTAVIANI
V. D. FOSSI
Museo Marino Marini (San Pancrazio)
Palazzo Rucellai (Museo Alinari)
V. DEL SOLE
VIA DELLE BELLE DONNE
Palazzo Antinori
V. DE' TORNABUONI
VIA DEGLI AGLI
VIA DE' PESCIONI
VIA DE' VECCHIETTI
VIA DE' BRUNELLESCHI
VIA DEGLI STROZZI
Santa Maria Maggiore
V. DELL'ALLORO
VIA DEL GIGLIO
PIAZZA DI MADONNA DEGLI ALDOBRANDINI
Cappelle Medicee
San Lorenzo
3
5
VERGRÖSSERUNG DIESES GEBIETS SIEHE KARTEN 5 U. 6

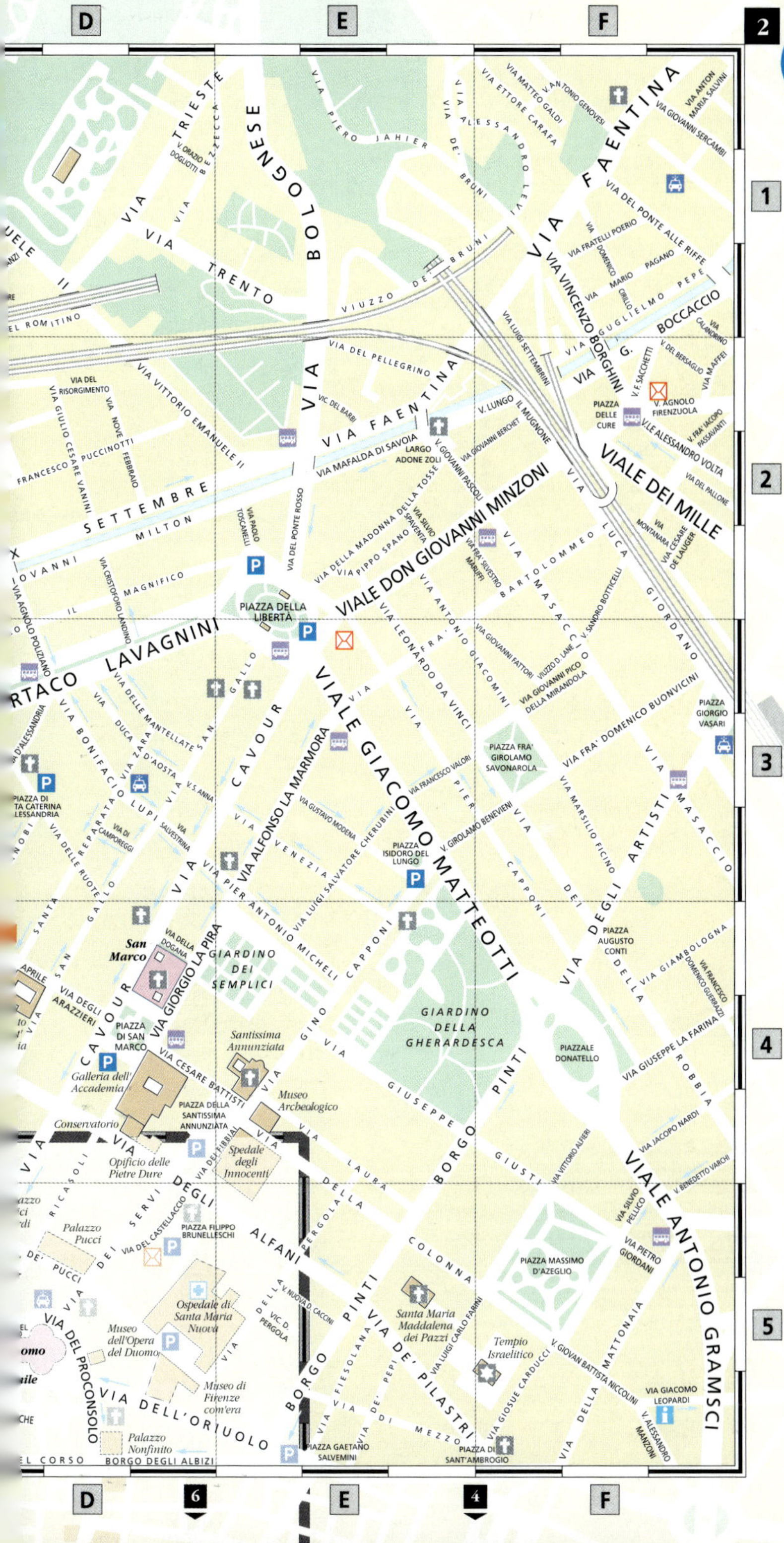
D
E
F
2
1
2
3
4
5
6
4
VIA FAENTINA
VIA ANTON MARIA SALVINI
VIA GIOVANNI SERCAMBI
VIA MATTEO GALDI
V. ANTONIO GENOVESI
VIA ETTORE CARAFA
VIA ALESSANDRO LEVI
VIA DE' BRUNI
VIA PIERO JAHIER
VIUZZO DE' BRUNI
VIA DEL PONTE ALLE RIFFE
VIA FRATELLI POERIO
VIA DOMENICO CIRILLO
VIA MARIO PAGANO
VIA VINCENZO BORGHINI
VIA GUGLIELMO PEPE
VIA G. BOCCACCIO
VIA CALANDRINO
V. DEL BERSAGLIO
VIA MAFFEI
V. F. SACCHETTI
V. AGNOLO FIRENZUOLA
PIAZZA DELLE CURE
V.LE ALESSANDRO VOLTA
VIA FRA' IACOPO PASSAVANTI
VIA DEL PALLONE
VIALE DEI MILLE
VIA MONTANARA
VIA CESARE DE LAUGIER
VIA LUIGI SETTEMBRINI
IL MUGNONE
V. LUNGO IL MUGNONE
VIA TRIESTE
V. ORAZIO DOGLIOTTI
VIA BEZZECCA
VIA BOLOGNESE
VIA TRENTO
VIALE II
VIA DEL ROMITINO
VIA DEL PELLEGRINO
VIA FAENTINA
VIC. DEL BARBI
VIA DEL RISORGIMENTO
VIA VITTORIO EMANUELE II
VIA NOVE FEBBRAIO
VIA GIULIO CESARE VANINI
VIA FRANCESCO PUCCINOTTI
VIALE XX SETTEMBRE
VIA MILTON
VIALE GIOVANNI MILTON
VIA PAOLO TOSCANELLI
VIA DEL PONTE ROSSO
VIA MAFALDA DI SAVOIA
LARGO ADONE ZOLI
V. GIOVANNI PASCOLI
VIA GIOVANNI BERCHET
VIA DELLA MADONNA DELLA TOSSE
VIA SILVIO SPAVENTA
VIA PIPPO SPANO
VIALE DON GIOVANNI MINZONI
VIA FRA' SILVESTRO MARUFFI
VIA BARTOLOMMEO
VIA LUCA GIORDANO
VIA MASACCIO
VIA CRISTOFORO LANDINO
VIA IL MAGNIFICO
VIA AGNOLO POLIZIANO
PIAZZA DELLA LIBERTÀ
VIALE SPARTACO LAVAGNINI
VIA ANTONIO GIACOMINI
VIA FRA' LEONARDO DA VINCI
VIA GIOVANNI FATTORI
VIUZZO D. LANE
V. SANDRO BOTTICELLI
VIA GIOVANNI PICO DELLA MIRANDOLA
PIAZZA GIORGIO VASARI
VIA FRA' DOMENICO BUONVICINI
PIAZZA FRA' GIROLAMO SAVONAROLA
VIA SAN GALLO
VIA DELLE MANTELLATE
VIA DUCA D'AOSTA
VIA ZARA
VIA BONIFACIO LUPI
V. S. ANNA
VIA SALVESTRINA
VIA CAVOUR
VIA ALFONSO LA MARMORA
VIALE GIACOMO MATTEOTTI
VIA FRANCESCO VALORI
VIA PIER CAPPONI
VIA GUSTAVO MODENA
VIA LUIGI SALVATORE CHERUBINI
PIAZZA ISIDORO DEL LUNGO
V. GIROLAMO BENIVIENI
VIA MARSILIO FICINO
VIA DEGLI ARTISTI
VIA MASACCIO
VIA D'ALESSANDRIA
PIAZZA DI SANTA CATERINA D'ALESSANDRIA
VIA REPARATA
VIA DI CAMPOREGGI
VIA DELLE RUOTE
VIA SANTA REPARATA
VIA VENEZIA
VIA PIER ANTONIO MICHELI
VIA DELLA DOGANA
San Marco
VIA GIORGIO LA PIRA
GIARDINO DEI SEMPLICI
VIA GINO CAPPONI
PIAZZA AUGUSTO CONTI
VIA GIAMBOLOGNA
VIA DOMENICO GUERRAZZI
VIA FRANCESCO
VIA DELLA ROBBIA
VIA DEGLI ARAZZIERI
VIA 27 APRILE
PIAZZA DI SAN MARCO
Santissima Annunziata
GIARDINO DELLA GHERARDESCA
PIAZZALE DONATELLO
VIA GIUSEPPE LA FARINA
Galleria dell'Accademia
VIA CESARE BATTISTI
Museo Archeologico
VIA GIUSEPPE GIUSTI
VIA PINTI
VIA JACOPO NARDI
PIAZZA DELLA SANTISSIMA ANNUNZIATA
Conservatorio
Opificio delle Pietre Dure
VIA DEI SERVI
VIA DEL FIBBIAIO
Spedale degli Innocenti
VIA DELLA LAURA
BORGO PINTI
VIA VITTORIO ALFIERI
VIALE ANTONIO GRAMSCI
V. BENEDETTO VARCHI
VIA SILVIO PELLICO
VIA RICASOLI
Palazzo Pucci
VIA DEGLI ALFANI
PIAZZA FILIPPO BRUNELLESCHI
VIA DEL CASTELLACCIO
VIA DELLA PERGOLA
VIA DELLA COLONNA
PIAZZA MASSIMO D'AZEGLIO
VIA PIETRO GIORDANI
VIA DE' PUCCI
Ospedale di Santa Maria Nuova
V. NUOVA D. CACCINI
VIC. D. PERGOLA
Santa Maria Maddalena dei Pazzi
VIA LUIGI CARLO FARINI
Tempio Israelitico
V. GIOVAN BATTISTA NICCOLINI
VIA DELLA MATTONAIA
VIA DEL PROCONSOLO
Museo dell'Opera del Duomo
Museo di Firenze com'era
VIA DELL'ORIUOLO
BORGO PINTI
VIA FIESOLANA
VIA DE' PEPI
VIA DI MEZZO
VIA DE' PILASTRI
VIA GIOSUÈ CARDUCCI
VIA GIACOMO LEOPARDI
V. ALESSANDRO MANZONI
Palazzo Nonfinito
VIA DEL CORSO
BORGO DEGLI ALBIZI
PIAZZA GAETANO SALVEMINI
PIAZZA DI SANT'AMBROGIO
VIA DELLA MATTONAIA

3
A
B
C
1
2
3
4
5
VERGRÖSSERUNG DIESES GEBIETS SIEHE KARTEN 5 U. 6
LUNGARNO SODERINI
PIAZZA DI CESTELLO
Pescaia di S. Rosa
PIAZZA CARLO GOLDONI
V. D. VIGNA NUOVA
Palazzo Corsini
LUNGARNO CORSINI
Fiume Arno
Palazzo Strozzi
PIAZZA DEGLI STROZZI
V. D. ANSELMI
PIAZZA DE' DAVANZATI
V. P.TA ROSSA
Palazzo Davanzati
Mercato Nuovo
Orsanmichele
PIAZZA DELLA REPUBBLICA
V. DE' TORNABUONI
V. D. INFERNO
VIA DEL PURGATORIO
VIA PARIONE
Santa Trinita
P. DI S. TRINITA
Palazzo Bartolini-Salimbeni
Palazzo Spini-Feroni
Palazzo di Parte Guelfa
V. D. TERME
Santi Apostoli
LUNGARNO D. ACCIAIOLI
P.te S. Trinita
P.te alla Carraia
P.te Vecchio
PIAZZA DI VERZAIA
V. LUNGO LE MURA D. S. ROSA
VIA LORENZO BARTOLINI
V. SANT'ONOFRIO
VIA DEL PIAGGIONE
PIAZZA DEL TIRATOIO
BORGO SAN FREDIANO
San Frediano in Cestello
PIAZZA DE' NERLI
VIA DEI CARDATORI
VIA DEI TESSITORI
VIA DEL DRAGO D'ORO
VIA DELL'ORTO
VIA DEL LEONE
VIA DI CAMALDOLI
VIALE LUDOVICO ARIOSTO
VIA SAN GIOVANNI
PIAZZA DEL CARMINE
PIAZZA PIATTELLINA
Cappella Brancacci (Santa Maria del Carmine)
PIAZZA TORQUATO TASSO
PIAZZA NAZARIO SAURO
LUNGARNO GUICCIARDINI
VIA DI SANTO SPIRITO
BORGO DELLA STELLA
VIA SANTA MONACA
VIA MAFFIA
Santo Spirito
Cenacolo di Santo Spirito
VIA DE' COVERELLI
PIAZZA DE' FRESCOBALDI
BORGO SAN JACOPO
VIA DELLO SPRONE
VIA TOSCANELLA
PIAZZA DI S. FELICITA
Santa Felicita
VIA MAGGIO
VIA DE' VELLUTI
V. D. GUICCIARDINI
VIA D'ARDIGLIONE
VIA SANT'AGOSTINO
VIA SERRAGLI
PIAZZA DI SANTO SPIRITO
VIA DEL PRESTO DI SAN MARTINO
SDRUCCIOLO DE' PITTI
Palazzo Pitti
PIAZZA DE' PITTI
VIA TEGOLAIO
VIA MAZZETTA
BORGO
VIA DEI PRETI
VIA DELLE CALDAIE
PIAZZA DI SAN FELICE
VIA DELLA CHIESA
VIA DEL CAMPUCCIO
VIA SANTA MARIA
VIA ROMANA
Museo La Specola
VIA DI SAN FRANCESCO DI PAOLA
VIA VILLANI
VIALE FRANCESCO PETRARCA
GIARDINO TORRIGIANI
VIA GIANO DELLA BELLA
VIA DEL CASONE
VIA DE' SERRAGLI
VIA DE' MORI
V. SERUMIDO
VIA DEL RONCO
GIARDINO DI BOBOLI
Forte di Belvedere
VIA IPPOLITO PINDEMONTE
VIA VINCENZO MONTI
PIAZZA DELLA CALZA
PIAZZALE DELLA PORTA ROMANA
VIA UGO FOSCOLO
VIA PIETRO METASTASIO
VIA GIOVANNI PRATI
VIA DELLE CAMPORA
VIA SENESE
VIA CANTAGALLI
VIALE NICCOLÒ MACHIAVELLI
VIA DEL BALUARDO
VIA D. MADONNA D. PACE
VIA DEL MASCHERINO
VIA DEL BOBOLINO
VIA DANTE DA CASTIGLIONE
V. FARINATA DEGLI UBERTI
VIA MICHELE DI LANDO
VIALE DEL POGGIO IMPERIALE
V. DI SANT'ILARIO A COLOMBAIA
VIA DI SAN LEONARDO
VIA BENEDETTO DA FOIANO
PIAZZALE GALILEO
V. PAOLO MASCAGNI
V.LE EVANGELISTA TORRICELLI
VIA LORENZO BELLINI
VIA BENEDETTO CASTELLI
VIALE LORENZO MAGALOTTI
VIA DEL GELSOMINO
VIA LEONARDO XIMENES
VIA GIOVANNI ALFONSO BORELLI
VIA V. VIVIANI
VIA GUGLIELMO RIGHINI

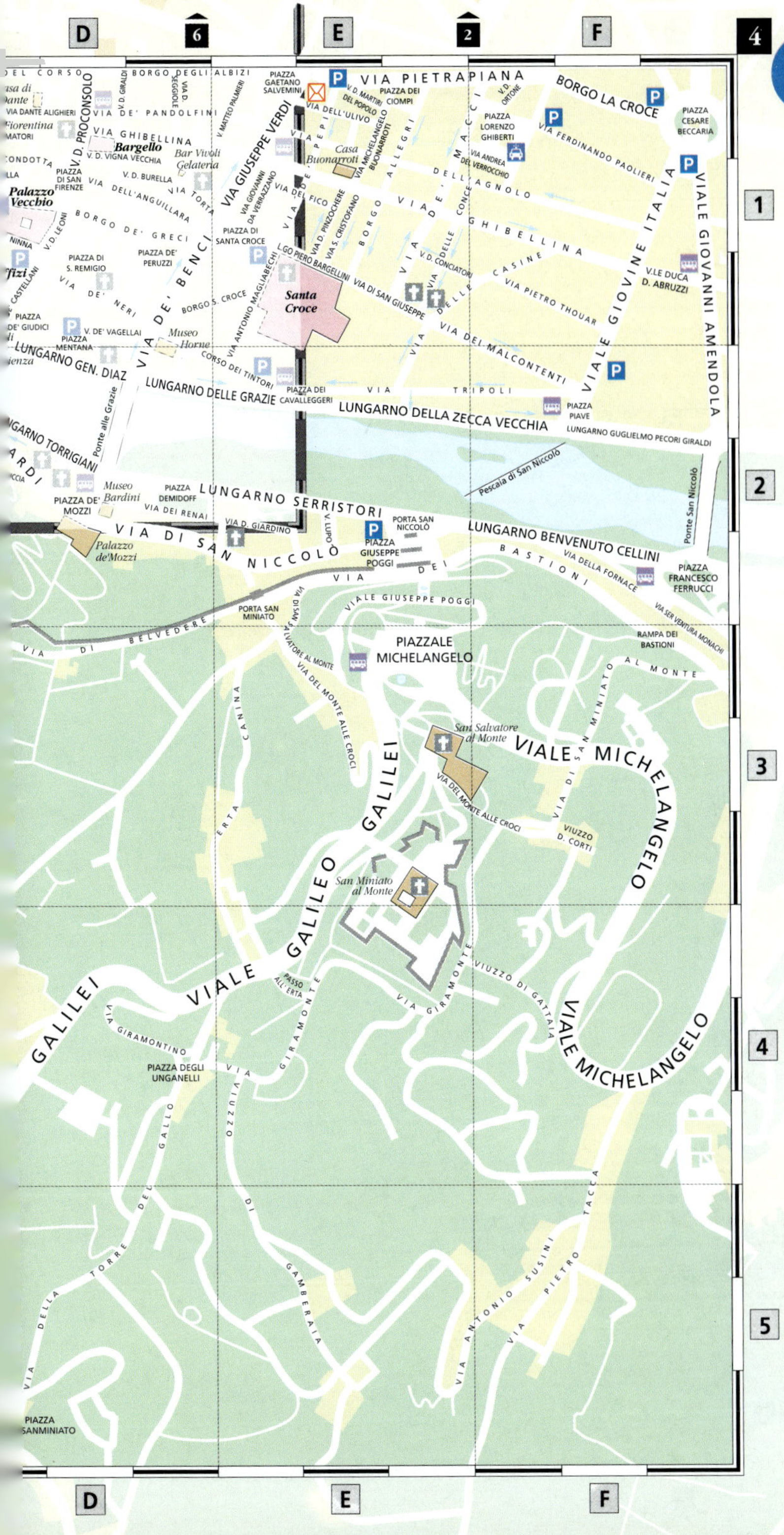
D
6
E
2
F
4
1
2
3
4
5
VIA PIETRAPIANA
BORGO LA CROCE
PIAZZA CESARE BECCARIA
PIAZZA GAETANO SALVEMINI
PIAZZA DEI CIOMPI
V. D. ORTONE
PIAZZA LORENZO GHIBERTI
VIA FERDINANDO PAOLIERI
VIALE GIOVANNI AMENDOLA
VIALE GIOVINE ITALIA
BORGO DEGLI ALBIZI
VIA D. SEGGIOLE
VIA DE' PANDOLFINI
VIA DANTE ALIGHIERI
VIA GHIBELLINA
V. D. PROCONSOLO
Bargello
V. D. VIGNA VECCHIA
Bar Vivoli Gelateria
VIA GIUSEPPE VERDI
V. MATTEO PALMIERI
VIA DELL'ULIVO
V. D. MARTIRI DEL POPOLO
VIA DE' PEPI
Casa Buonarroti
VIA MICHELANGELO BUONARROTI
BORGO ALLEGRI
VIA DE' MACCI
VIA ANDREA DEL VERROCCHIO
VIA DELL'AGNOLO
VIA GHIBELLINA
Palazzo Vecchio
PIAZZA DI SAN FIRENZE
V. D. BURELLA
VIA DELL'ANGUILLARA
VIA TORTA
VIA GIOVANNI DA VERRAZZANO
VIA DEL FICO
V. D. LEONI
BORGO DE' GRECI
PIAZZA DI SANTA CROCE
VIA D. PINZOCHERE
VIA S. CRISTOFANO
VIA DELLE CONCE
V. D. CONCIATORI
VIA DELLE CASINE
V.LE DUCA D. ABRUZZI
PIAZZA DI S. REMIGIO
PIAZZA DE' PERUZZI
L.GO PIERO BARGELLINI
VIA DI SAN GIUSEPPE
VIA PIETRO THOUAR
Santa Croce
VIA DE' NERI
VIA DE' BENCI
BORGO S. CROCE
VIA ANTONIO MAGLIABECHI
VIA DEL MALCONTENTI
PIAZZA DE' GIUDICI
V. DE' VAGELLAI
PIAZZA MENTANA
Museo Horne
CORSO DEI TINTORI
LUNGARNO GEN. DIAZ
LUNGARNO DELLE GRAZIE
PIAZZA DEI CAVALLEGGERI
VIA TRIPOLI
PIAZZA PIAVE
LUNGARNO DELLA ZECCA VECCHIA
LUNGARNO GUGLIELMO PECORI GIRALDI
Ponte alle Grazie
LUNGARNO TORRIGIANI
Pescaia di San Niccolò
Museo Bardini
PIAZZA DEMIDOFF
LUNGARNO SERRISTORI
PIAZZA DE' MOZZI
VIA DEI RENAI
Ponte San Niccolò
Palazzo de'Mozzi
VIA D. GIARDINO
V. LUPO
PORTA SAN NICCOLÒ
PIAZZA GIUSEPPE POGGI
LUNGARNO BENVENUTO CELLINI
VIA DI SAN NICCOLÒ
VIA DEI BASTIONI
VIA DELLA FORNACE
PIAZZA FRANCESCO FERRUCCI
VIALE GIUSEPPE POGGI
VIA SER VENTURA MONACHI
PORTA SAN MINIATO
VIA DI SAN SALVATORE AL MONTE
VIA DI BELVEDERE
RAMPA DEI BASTIONI
PIAZZALE MICHELANGELO
VIA DEL MONTE ALLE CROCI
VIA DI SAN MINIATO AL MONTE
VIA CANINA
San Salvatore al Monte
VIALE MICHELANGELO
ERTA CANINA
VIALE GALILEO GALILEI
VIUZZO D. CORTI
San Miniato al Monte
VIUZZO DI GATTAIA
PASSO ALL'ERTA
VIA GIRAMONTE
VIA GIRAMONTINO
PIAZZA DEGLI UNGANELLI
VIUZZO DEL GALLO
VIA DELLA TORRE DEL GALLO
VIA DI GAMBERAIA
VIA ANTONIO SUSINI
VIA PIETRO TACCA
PIAZZA SANMINIATO
D
E
F

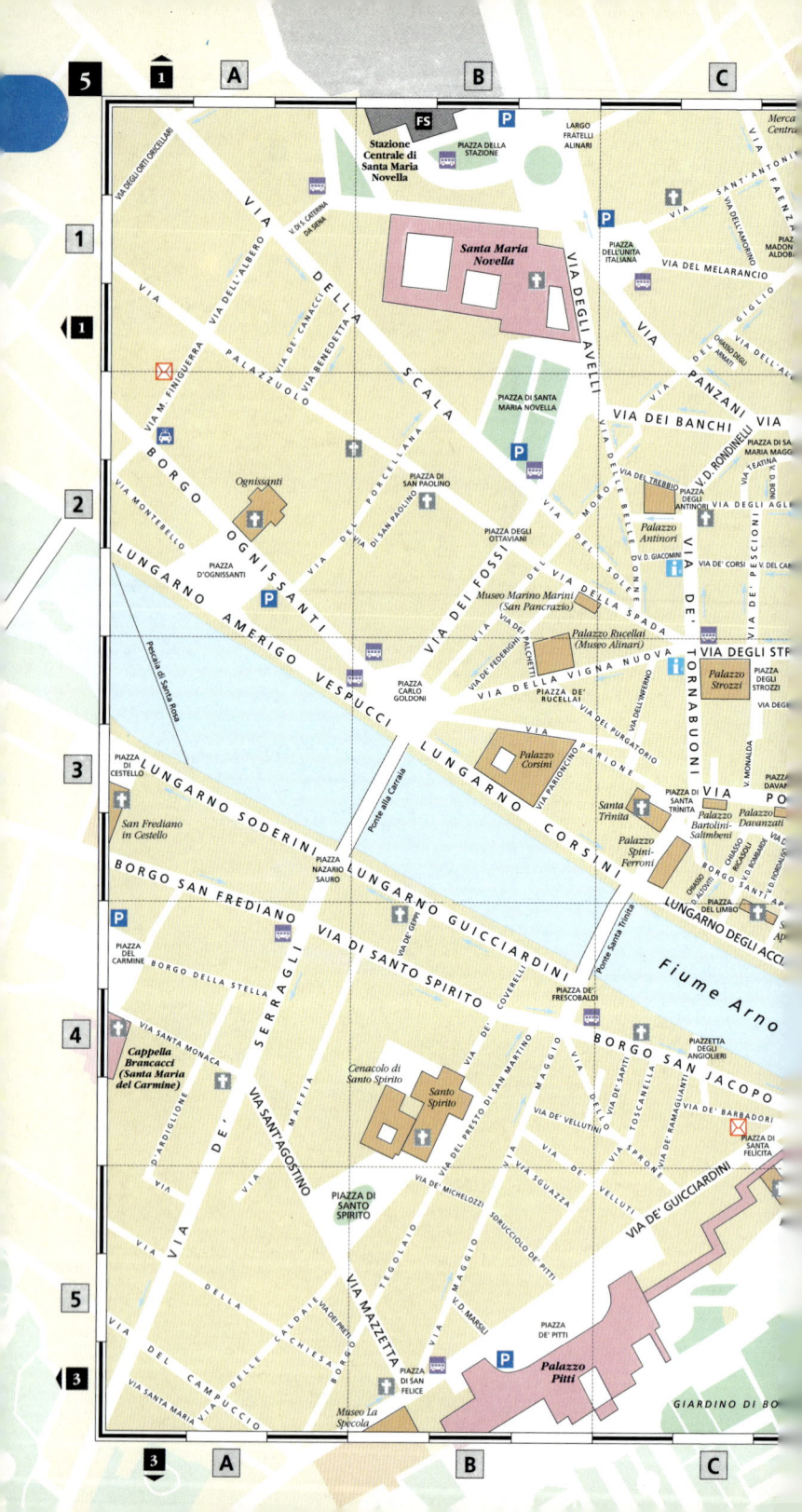

D
E
F
2
6
1
2
3
4
5
4
Conservatorio
Opificio delle Pietre Dure
Spedale degli Innocenti
V. D. COLONNA
VIA DEGLI ALFANI
VIA DEI FIBBIAI
VIA DEI SERVI
VIA RICASOLI
VIA CAVOUR
VIA DE' GINORI
VIA DELLA STUFA
BORGO LA NOCE
Palazzo Medici Riccardi
PIAZZA FILIPPO BRUNELLESCHI
VIA DEL CASTELLACCIO
PIAZZA DI SAN LORENZO
VIA DE' GORI
VIA DE' PUCCI
Palazzo Pucci
VIA DE' BIFFI
San Lorenzo
Biblioteca Medicea Laurenziana
BORGO SAN LORENZO
VIA DE' MARTELLI
PIAZZA DI SAN MICHELE VISDOMINI
VIA MAURIZIO BUFALINI
VIA DELLA PERGOLA
VIC. D. PERGOLA
Ospedale di Santa Maria Nuova
ETANI
PIAZZA DI SAN GIOVANNI
PIAZZA DEL DUOMO
Duomo
Battistero
Campanile
VIA DEL PROCONSOLO
Museo dell'Opera del Duomo
PIAZZA DI SANTA MARIA NUOVA
VIA FOLCO PORTINARI
Museo di Firenze com'era
VIA SANT'EGIDIO
BORGO PINTI
VIA DELL'ORIUOLO
VIA ROMA
VIA DE' TOSINGHI
V. D. CAMPANILE
PIAZZA DEL CAPITOLO
VIA D. CANONICA
VIA DELL'OCHE
V. DEI BONIZZI
VIA DELLO STUDIO
VIA DE' MEDICI
VIA DEI CALZAIUOLI
VICOLO D. GIGLIO
PIAZZA D. GIGLIO
VIA S. ELISABETTA
Palazzo Nonfinito
VOLTA D. CIECHI
PIAZZA DELLA REPUBBLICA
V. D. SPEZIALI
VIA DEL CORSO
BORGO DEGLI ALBIZI
PIAZZA DE' PAZZI
PIAZZETTA CALAMANDREI
VIA DI SAN PIER MAGGIORE
Casa di Dante
V. S. MARGHERITA
VIA DEL PRESTO
VIA DEI GIRALDI
VIA D. SEGGIOLE
VIA MATTEO PALMIERI
V. D. BADESSE
Orsanmichele
VIA D. TAVOLINI
VIA DANTE ALIGHIERI
VIA DE' PANDOLFINI
VIA CALIMALA
V. D. ARTE D. LANA
PIAZZA D. CIMATORI
VIA DEI CIMATORI
VIA DE' LAMBERTI
V. D. MAGAZZINI
Badia Fiorentina
VIA GHIBELLINA
V. D. CROCIFISSO
VIA GIUSEPPE VERDI
VIA D. ROSA
VIA DE' CERCHI
VIC. D. CERCHI
VIA PORTA ROSSA
VIA D. CONDOTTA
Bargello
VIA DELLA VIGNA VECCHIA
Bar Vivoli Gelateria
Mercato Nuovo
CALIMARUZZA
P.ETTA DI S. CECILIA
PIAZZA DELLA SIGNORIA
PIAZZA DI SAN FIRENZE
VIA DELL'ACQUA
VIA D. BURELLA
VIA ISOLA D. STINCHE
VIA DEI LAVATOI
VIA GIOVANNI DA VERRAZZANO
V. D. FICO
Palazzo di Parte Guelfa
Erboristeria
VIA DE' GONDI
VIA DELL'ANGUILLARA
VIA D. BENTACCORDI
VIA TORTA
PIAZZA DE' SALTARELLI
Palazzo Vecchio
BORGO DE' GRECI
VIA DELLA NINNA
V. D. LEONI
V. D. CORNO
VIA DEL PARLASCIO
VIA DE' MAGALOTTI
VIA DE' RUSTICI
PIAZZA DI SANTA CROCE
V. DE' PEPI
VIA LAMBERTESCA
CHIASSO DE' BARONCELLI
PIAZZALE DEGLI UFFIZI
Uffizi
VIA VINEGIA
V. D. CASTELLANI
PIAZZA DI SAN REMIGIO
V. D. CANTO RIVOLTO
PIAZZA DE' PERUZZI
VIA DE' BENCI
VIA MAGLIABECHI
Santa Croce
San Stefano al Ponte
V. D. GEORGOFILI
V. D. GIROLAMI
VIA DE' NERI
V. D. CASTELLO D'ALTAFRONTE
V. OSTERIA D. GUANTO
V. D. MOSCA
VIA DELLE BRACHE
BORGO S. CROCE
VIA ANTONIO
V. D. ARCHIBUSIERI
LUNG. A. M. LUISA D. MEDICI
Museo di Storia della Scienza
PIAZZA DE' GIUDICI
VIA DEI SAPONAI
VIA DE' VAGELLAI
CORSO DEI TINTORI
Museo Horne
VOLTA D. TINTORI
PIAZZA MENTANA
VIA VINCENZO MALENCHINI
LUNGARNO GENERALE DIAZ
LUNGARNO DELLE GRAZIE
PIAZZA DI SANTA MARIA SOPRARNO
RAMPA D. COSTE
COSTA DE' MAGNOLI
COSTA DI SAN GIORGIO
VIA DE' BARDI
LUNGARNO TORRIGIANI
PIAZZA DE' BONSI
VIA DEL CANNETO
COSTA SCARPUCCIA
Ponte alle Grazie
LUNGARNO SERRISTORI
PIAZZA DEMIDOFF
VIA DEI RENAI
PIAZZA DE' MOZZI
Palazzo de' Mozzi
Museo Bardini
D
E
F
4

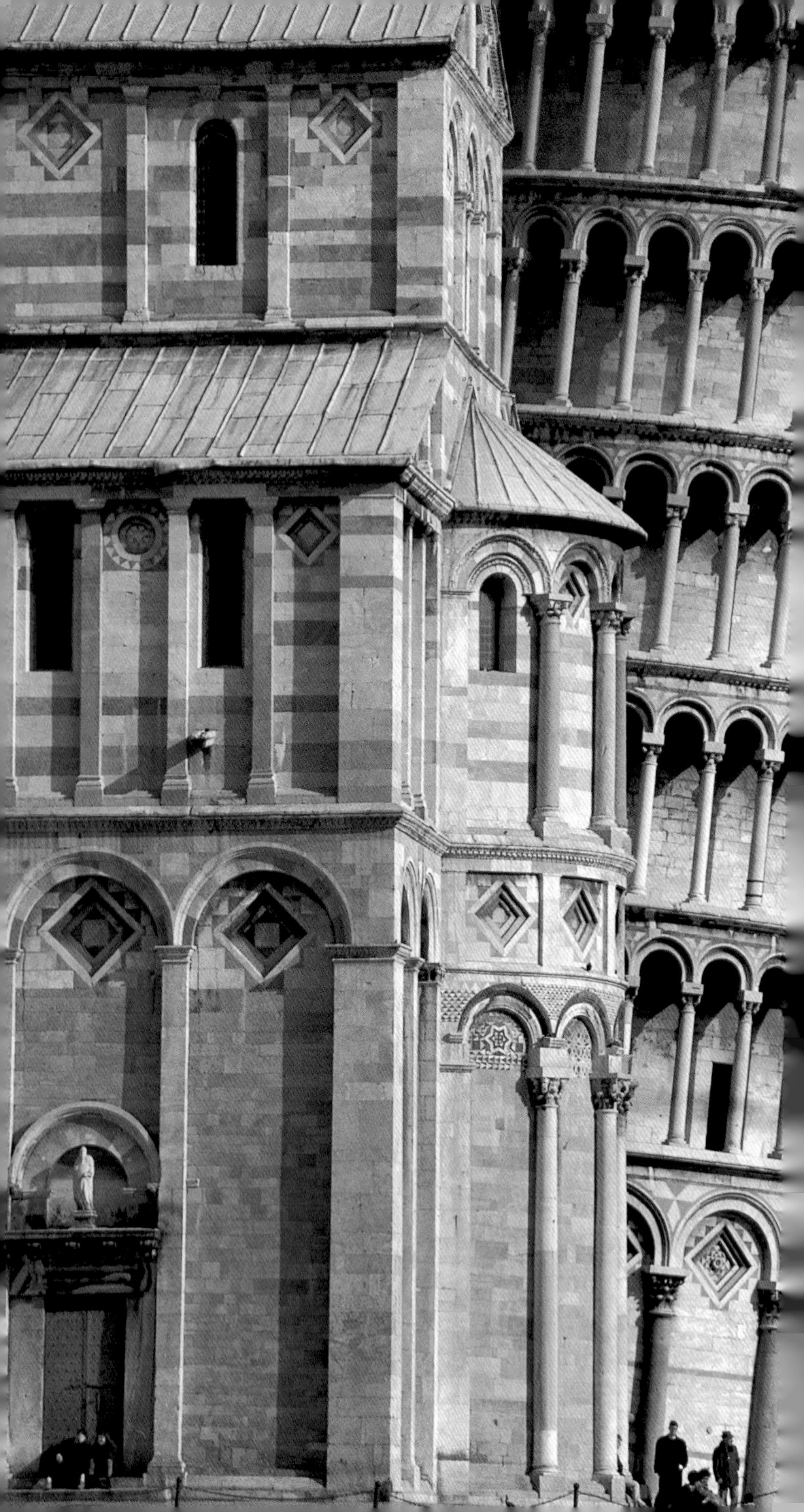

TOSKANA

DIE TOSKANA *ist eine Region, in der sich Vergangenheit und Gegenwart harmonisch vereinen. Idyllische Bergdörfer blicken über das Land, viele davon umgeben von etruskischen Mauern und schlanken Zypressen. Ansehnliche Paläste zeugen vom Wohlstand der Region, und mittelalterliche Rathäuser verweisen auf die alte Tradition von Selbstbestimmung und Demokratie.*

Zwischen Weinbergen und Olivenhainen liegen Weiler und Bauernhäuser neben befestigten Villen und Burgen, die an die gewaltvollen Konflikte der Städte erinnern, von denen die Toskana im Mittelalter zerrissen wurde. Mehrere solcher Landhäuser und Burgen entstanden im Auftrag der Medici, der großen Mäzene der Renaissance, die herausragende Wissenschaftler wie Galilei unterstützten.

Die nördliche Toskana und die dicht bevölkerte Ebene zwischen Florenz und Lucca sind von Industrie geprägt, zwischen den Städten und den unwegsameren Bergen wird intensiv Landwirtschaft betrieben.

Der wirtschaftliche Mittelpunkt der Region ist heute das Gebiet um Livorno und Pisa. Vom 11. bis zum 13. Jahrhundert beherrschte Pisa, damals auf der Höhe seiner Macht, den gesamten westlichen Mittelmeerraum. Mit Hilfe ihrer Flotte erschloß sich die Stadt ausgedehnte Handelsrouten nach Nordafrika und brachte die Errungenschaften der arabischen Wissenschaft und Kunst nach Italien. Im 16. Jahrhundert begann jedoch die Arno-Mündung zu verlanden, und die Vorherrschaft Pisas neigte sich dem Ende zu.

Im Herzen der Toskana liegt Siena, das lange Zeit in einer erbitterten Auseinandersetzung mit Florenz verwickelt war. Seinen höchsten Triumph erlebte es 1260 in der siegreichen Schlacht von Montaperti. Im 14. Jahrhundert wurde die Stadt aber von der Pest verwüstet und erlitt nach der Belagerung durch Florenz 1554/55 schließlich eine vernichtende Niederlage.

Blick auf das den Zeitläufen entrückte Leben in Casole d'Elsa bei San Gimignano

◁ **Die komplexe Architektur des Doms von Pisa (begonnen 1063) mit dem Schiefen Turm (begonnen 1173)**

Überblick: Toskana

In den Städten der Toskana wie Florenz, Siena und Pisa, aber auch in kleineren Orten wie Lucca, Cortona oder Arezzo findet man Kunstschätze, die zu den bedeutendsten Italiens zählen. Im Herzen der idyllischen Landschaft, für die die Region ebenso bekannt ist, liegen mittelalterliche Dörfer wie San Gimignano mit seinen berühmten Türmen oder das kleine Renaissancejuwel Pienza. Anderswo reichen die Landschaften von den schroffen Bergen der Alpi Apuane bis zu den sanften Hügeln des Chianti.

Auf einen Blick

- Arezzo S. 319ff ⑭
- Artimino ⑪
- Bagni di Lucca ③
- Carrara ①
- Chiusi ⑰
- Cortona ⑯
- Crete Senesi ㉑
- Elba ㉘
- Fiesole ⑬
- FLORENZ (siehe S. 262ff)
- Garfagnana ②
- Lucca S. 310ff ⑥
- Maremma ㉛
- Massa Marittima ㉗
- Montalcino ⑳
- Monte Argentario ㉜
- Montepulciano ⑱
- Monteriggioni ㉓
- Pienza ⑲
- Pisa S. 314f ⑦
- Pistoia ⑨
- Pitigliano ㉚
- Prato ⑩
- San Galgano ㉖
- San Gimignano S. 334f ㉔
- San Miniato ⑫
- Sansepolcro ⑮
- Siena S. 328ff ㉒
- Sovana ㉙
- Torre del Lago Puccini ⑤
- Viareggio ④
- Vinci ⑧
- Volterra ㉕

Blick auf Cortona in der östlichen Toskana

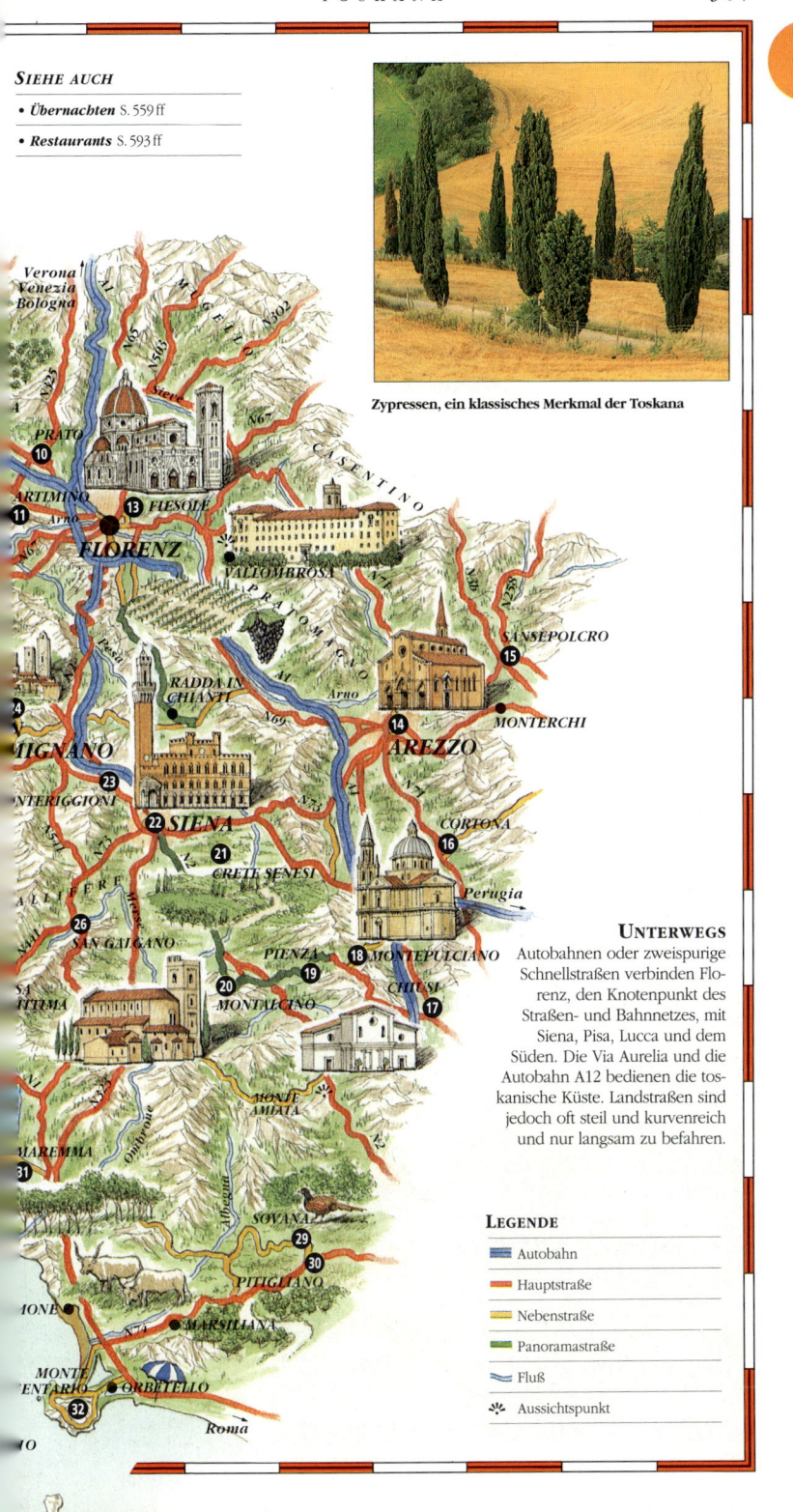

TOSKANA

SIEHE AUCH

- **Übernachten** S. 559 ff
- **Restaurants** S. 593 ff

Zypressen, ein klassisches Merkmal der Toskana

UNTERWEGS

Autobahnen oder zweispurige Schnellstraßen verbinden Florenz, den Knotenpunkt des Straßen- und Bahnnetzes, mit Siena, Pisa, Lucca und dem Süden. Die Via Aurelia und die Autobahn A12 bedienen die toskanische Küste. Landstraßen sind jedoch oft steil und kurvenreich und nur langsam zu befahren.

LEGENDE

- Autobahn
- Hauptstraße
- Nebenstraße
- Panoramastraße
- Fluss
- Aussichtspunkt

Carrara ●

Massa Carrara. 70 000. FS
Piazza Gino Menconi 6b (0585-63 22 18). Mo.

DEN MAKELLOSEN weißen Stein aus den weltbekannten Marmorbrüchen schätzen seit Jahrhunderten die bedeutenden Bildhauer von Michelangelo bis Henry Moore. Die über 300 Brüche der Region gehen bis auf die Römerzeit zurück und machen den Landstrich damit zu einem der ältesten fortwährend industriell genutzten Gebiete der Welt. In vielen Marmorsägewerken und Vorführräumen der Stadt sind Besucher willkommen, denen man gern einen Einblick in die Bearbeitungstechniken von Marmor und Quarz ermöglicht. Diese Techniken – und viele Ausstellungsstücke – sind auch im **Museo Civico del Marmo** zu sehen.

Der örtliche Marmor kommt auch gut zur Geltung im **Dom** an der Piazza del Duomo, und zwar vor allem in der schönen Fassade mit ihrer anmutigen Fensterrosette. Am Platz vor dem Dom steht auch das Haus, in dem sich Michelangelo aufhielt, wenn er in Carrara war, um Marmorblöcke auszusuchen. Es gibt hier aber auch andere herrliche Stellen, allen voran die elegante Piazza Alberica. Die meisten zieht es jedoch in die für Besichtigungen offenen Steinbrüche im nahen **Colonnata** und in **Fantiscritti**, wo ein Museum Techniken des Marmorabbaus zeigt (man nimmt den Bus oder folgt mit dem Auto den Schildern zum »Cave di Marmo«).

Marmorbruch in den Hügeln um Carrara

🏛 **Museo Civico del Marmo**
Viale XX Settembre. 0585-84 57 46. Mo–Sa (Okt–März nur vorm.).

Garfagnana ●

Lucca. FS Castelnuovo di Garfagnana. Castelnuovo di Garfagnana (0583-64 43 54).

DAS HERRLICH GRÜNE, stille Tal zwischen den Orecchiella-Bergen und den Alpi Apuane erkundet man am besten von **Seravezza**, **Barga** oder **Castelnuovo di Garfagnana** aus. Als Ausgangspunkt ist Barga mit seiner Kathedrale aus gelbbraunem Stein und seinen reizvollen Straßen sicher am schönsten, aber Castelnuovo ist für Fahrten und Wanderungen in die umliegenden Berge praktischer gelegen. **San Pellegrino in Alpe** in den Orecchiella-Bergen bietet mit seinem **Museo Etnografico** ein Folkloremuseum. Eine Besichtigung läßt sich gut mit einem Besuch des **Orto Botanico Pania di Corfino** im **Parco dell'Orecchiella** in Pania di Corfino mit seiner Baumsammlung aus den Bergen der Region kombinieren.

Im Parco Naturale delle Alpi Apuane finden Sie in spektakulärer Landschaft Wanderwege und Panoramastraßen.

🏛 **Museo Etnografico**
Via del Voltone 15, San Pellegrino in Alpe. 0583-64 90 72. Juni–Sep tägl.

🌿 **Parco dell'Orecchiella**
Centro Visitatori, Orecchiella.
0583-61 90 98. Juli–Mitte Sep tägl.; Mitte Sep–Juni nur nach Vereinbarung.

🌿 **Orto Botanico Pania di Corfino**
Parco dell'Orecchiella. 0583-61 90 98. Mitte Juni–Mitte Sep tägl.

Der Parco Naturale delle Alpi Apuane am Rande der Garfagnana

Eines der zahlreichen Strandcafés im beliebten Badeort Viareggio

Bagni di Lucca ❸

Lucca. 7 400. Via Umberto I 139 (0583-879 46). Mi, Sa.

ÜBERALL IN DER TOSKANA gibt es heiße Quellen vulkanischen Ursprungs wie Bagni di Lucca. Die Römer nutzten sie als erste und bauten Badehäuser für die in Florenz und Siena lebenden Armeeveteranen. Im Mittelalter und der Renaissance kamen weitere Heilbäder dazu, und bis heute werden sie für Kuren gegen vielfältige Leiden, wie etwa Arthritis, empfohlen.

Richtig zur Geltung kamen die Badeorte im frühen 19. Jahrhundert, als Bagni di Lucca regelmäßig von Aristokraten und Mitgliedern der Königshäuser besucht wurde und seine Blütezeit als einer der vornehmsten Kurorte Europas erlebte. Die Gäste kamen nicht nur wegen der Thermalquellen, sondern auch, um das **Casino** (1837) zu besuchen, das eines der ersten lizenzierten Spielhäuser Europas war. Heute ist der Ort eher verschlafen, und seine Hauptattraktionen sind die neogotische **Englische Kirche** (1839) an der Via Crawford und der **Cimitero Anglicano** (protestantischer Friedhof) an der Via Letizia, beide aus dem 19. Jahrhundert.

UMGEBUNG: Südöstlich von Bagni di Lucca liegt ein weiterer beliebter Badeort, **Montecatini Terme**. Die Architektur der Kurgebäude umfaßt die verschiedensten Stilrichtungen, vom Neoklassizismus bis zum Jugendstil.

Viareggio ❹

Lucca. 55 000. Viale Carducci 10 (0584-96 22 33). Do.

VIAREGGIO IST nicht nur für seinen Karneval bekannt, sondern ist auch das beliebteste Seebad an der Küste der Versilia. Die Hotels, Villen und Cafés sind berühmt für ihren »Liberty«-Baustil. Sie entstanden in den 20er Jahren, nachdem die ursprüngliche Bretterpromenade und die aus Holz erbauten Chalets 1917 in Flammen aufgegangen waren. Das schönste Beispiel ist das **Gran Caffè Margherita** am Ende der Passeggiata Margherita, dessen Entwurf von Galileo Chini stammt, dem Vater des italienischen Jugendstils.

Torre del Lago Puccini ❺

Lucca. 11 000. Via Marconi 225 (0584-35 98 93). Fr, So.

EINE HERRLICHE ALLEE, die Via dei Tigli, verbindet Viareggio mit Torre del Lago Puccini, einst Wohnort des Opernkomponisten Giacomo Puccini (1858–1924). Er ist auf dem Gelände seines ehemaligen Hauses beigesetzt. Heute befindet sich hier das **Museo Villa Puccini**, in dem das Klavier zu sehen ist, auf dem der Meister viele seiner bekanntesten Werke schuf. Beachtenswert ist auch das Waffenzimmer, in dem Puccini sein Jagdgewehr aufbewahrte. Der **Lago Massaciuccoli** ist ein wichtiges Schutzgebiet für seltene Vögel und liefert außerdem einen eindrucksvollen Hintergrund für die Freiluftaufführungen von Puccinis Werken.

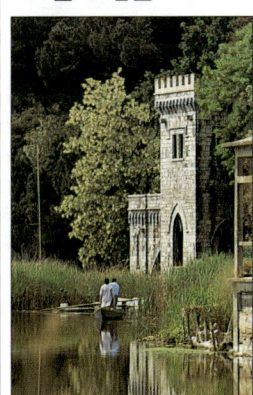

🏛 Museo Villa Puccini
Piazzale Belvedere Puccini. 0584-34 14 45. tägl.

Unweit von Puccinis Wohnhaus in Torre del Lago Puccini

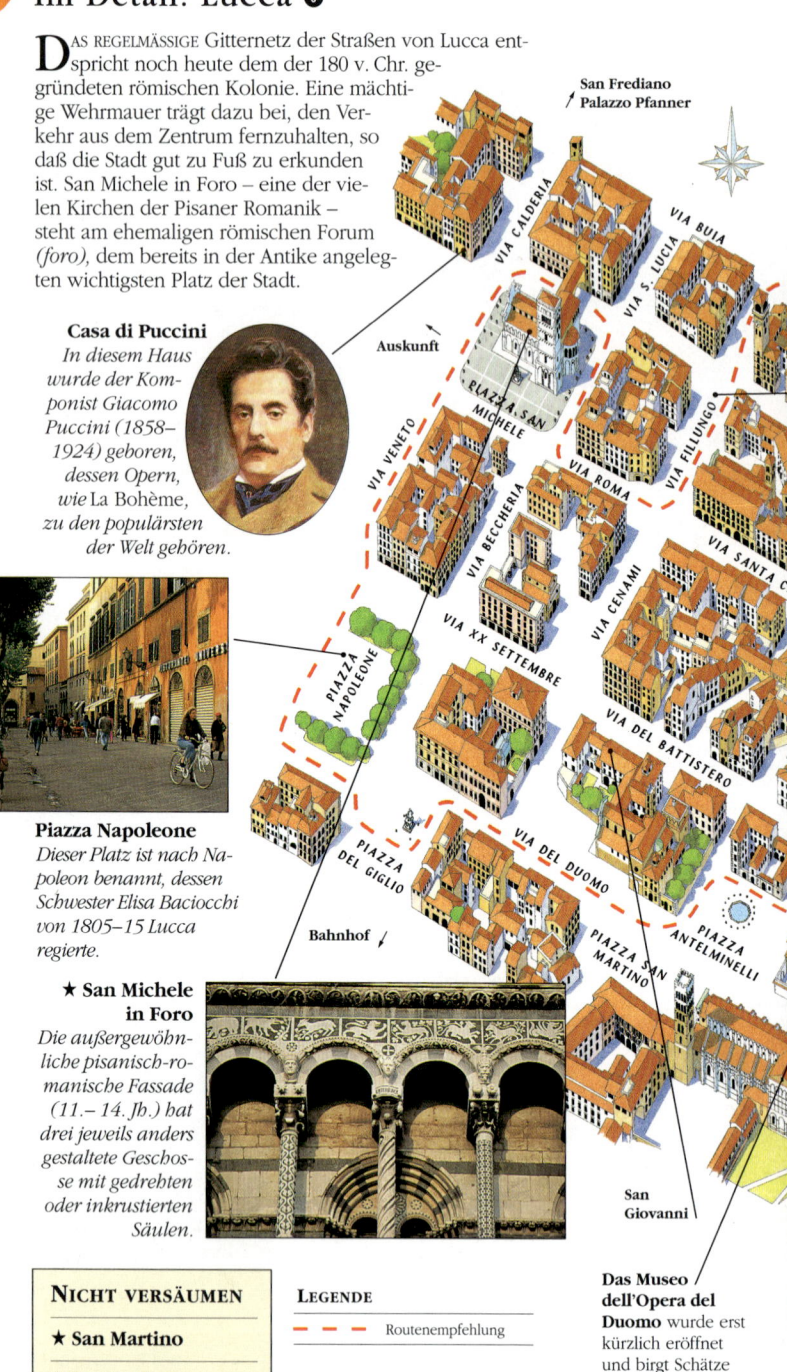

Im Detail: Lucca ❻

DAS REGELMÄSSIGE Gitternetz der Straßen von Lucca entspricht noch heute dem der 180 v. Chr. gegründeten römischen Kolonie. Eine mächtige Wehrmauer trägt dazu bei, den Verkehr aus dem Zentrum fernzuhalten, so daß die Stadt gut zu Fuß zu erkunden ist. San Michele in Foro – eine der vielen Kirchen der Pisaner Romanik – steht am ehemaligen römischen Forum *(foro)*, dem bereits in der Antike angelegten wichtigsten Platz der Stadt.

Casa di Puccini
In diesem Haus wurde der Komponist Giacomo Puccini (1858–1924) geboren, dessen Opern, wie La Bohème, *zu den populärsten der Welt gehören.*

Piazza Napoleone
Dieser Platz ist nach Napoleon benannt, dessen Schwester Elisa Baciocchi von 1805–15 Lucca regierte.

★ **San Michele in Foro**
Die außergewöhnliche pisanisch-romanische Fassade (11.–14. Jh.) hat drei jeweils anders gestaltete Geschosse mit gedrehten oder inkrustierten Säulen.

Das Museo dell'Opera del Duomo wurde erst kürzlich eröffnet und birgt Schätze aus dem Dom San Martino.

NICHT VERSÄUMEN
★ San Martino
★ San Michele in Foro

LEGENDE

- - - - Routenempfehlung

0 Meter   300

LUCCA

INFOBOX

100 000. Piazza Ricasoli. Piazzale Verdi. Piazzale Verdi 2 (0583-41 96 89). Mi, Sa, 3. So im Monat (Antikmarkt). 12. Juli: Palio della Balestra; Apr–Sep: Estate Musicale; 13. Sep: Luminara di Santa Croce; Sep: Settembre Lucchese.

In der Via Fillungo, der Haupteinkaufsstraße von Lucca, sind eine Reihe von Fassaden mit Jugendstilornamenten geschmückt.

Anfiteatro Romano
S. ANT'ANDREA
VIA SANT'ANASTASIO
VIA SANTA CROCE
VIA GUINIGI
Torre dei Guinigi
Villa Bottoni
Pinacoteca Nazionale
VIA DELL'ARCIVESCOVADO
Giardino Botanico

n Martino
as herrlicher Dom aus dem hrhundert ist ein typisches iel für die Pisaner nik.

Apostel zieren das Fassadenmosaik von San Frediano in Lucca

San Frediano
Piazza San Frediano. tägl.
Die Fassade von San Frediano zeigt ein buntes Mosaik, die *Himmelfahrt Christi* (13. Jh.), das auf den stimmungsvollen Innenraum vorbereitet. Hier ist rechts ein romanisches Taufbecken besonders sehenswert, an dessen Seiten Szenen aus dem Leben Christi eingraviert sind. Man beachte die Darstellung von Moses und seinen Anhängern (als mittelalterliche Ritter), wie sie das geteilte Rote Meer durchqueren. In der zweiten Kapelle des nördlichen Querschiffs erzählen Aspertinis Fresken (1508/09) die Geschichte der Reliquie von Lucca, des Volto Santo – einer Schnitzarbeit, die angeblich aus der Zeit der Kreuzigung stammt. Das Altarbild (1422) in der vierten Kapelle stammt von Jacopo della Quercia.

San Michele in Foro
Piazza San Michele. tägl.
Direkt am alten römischen Forum *(foro)* schmückt ein Ensemble von gedrehten Säulen und Cosmatenarbeit (Marmorinkrustationen) die Fassade von San Michele, die zu den ausgefallensten der Pisaner Romanik gehört. Die Verzierungen des zwischen dem 11. und 14. Jahrhundert errichteten Bauwerks sind sehr weltlich. Lediglich die Figur des Erzengels Michael auf dem Giebel weist auf eine Kirche hin. Im Inneren gibt es nur wenig von Interesse, mit Ausnahme des Gemäldes der Heiligen Helena, Hieronymus, Sebastian und Rochus von Filippino Lippi (1457–1504).

Casa di Puccini
Via di Poggio. 0583-58 40 28.
Di–So.
Das Geburtshaus Giacomo Puccinis (1858–1924) aus dem 15. Jahrhundert ist heute dem Gedenken des Komponisten gewidmet. Zu sehen sind Porträts des Künstlers, Kostümentwürfe für die Aufführungen und das Klavier, auf dem er seine letzte Oper, *Turandot,* komponierte.

Via Fillungo
Die Haupteinkaufsstraße von Lucca schlängelt sich in Richtung Anfiteatro Romano. Am nördlichen Ende entdeckt man eine Reihe von Geschäften mit Metallarbeiten des Jugendstils, und auf halbem Weg zurück liegt die säkularisierte Kirche San Cristoforo (13. Jh.) mit einem sehenswerten Innenraum.

Einige der vielen Bars und Geschäfte in der Via Fillungo

Überblick: Lucca

SCHMALE GASSEN winden sich zwischen den mittelalterlichen Gebäuden hindurch, weiten sich zu kleinen Plätzen und öffnen sich vor Kirchen oder Denkmälern, zu denen auch ein römisches Amphitheater gehört.

Mittelalterliche Gebäude säumen das ehemalige römische Amphitheater

Anfiteatro Romano
Piazza del Anfiteatro.
Das römische Luca wurde 180 v. Chr. gegründet. Die Steine des Amphitheaters wurden abgetragen und zum Bau von Kirchen und Palästen zweckentfremdet, so daß heute nur noch eine Handvoll Bruchstücke des Originals aus dem Boden der Piazza del Mercato ragen. Bis 1830 standen auf der Piazza Häuser eines Armenviertels, die seinerzeit auf Geheiß von Marie Louise, der Bourbonenherrscherin, abgerissen wurden. Daraufhin kam die Form des ursprünglichen Theaters wieder zum Vorschein, ein anschauliches Zeugnis des reichen römischen Erbes. Niedrige Torbogen markieren die Eingänge, durch die Tiere und Gladiatoren die Arena betraten.

🏛 Museo dell'Opera del Duomo
Via Arcivescovado. 0583-49 05 30.
Di–So.
Das im erzbischöflichen Palast (14. Jh.) untergebrachte Museum zeigt die Kunstschätze des Doms San Martino. Zu sehen sind hier der von der Fassade stammende steinerne Kopf ei-

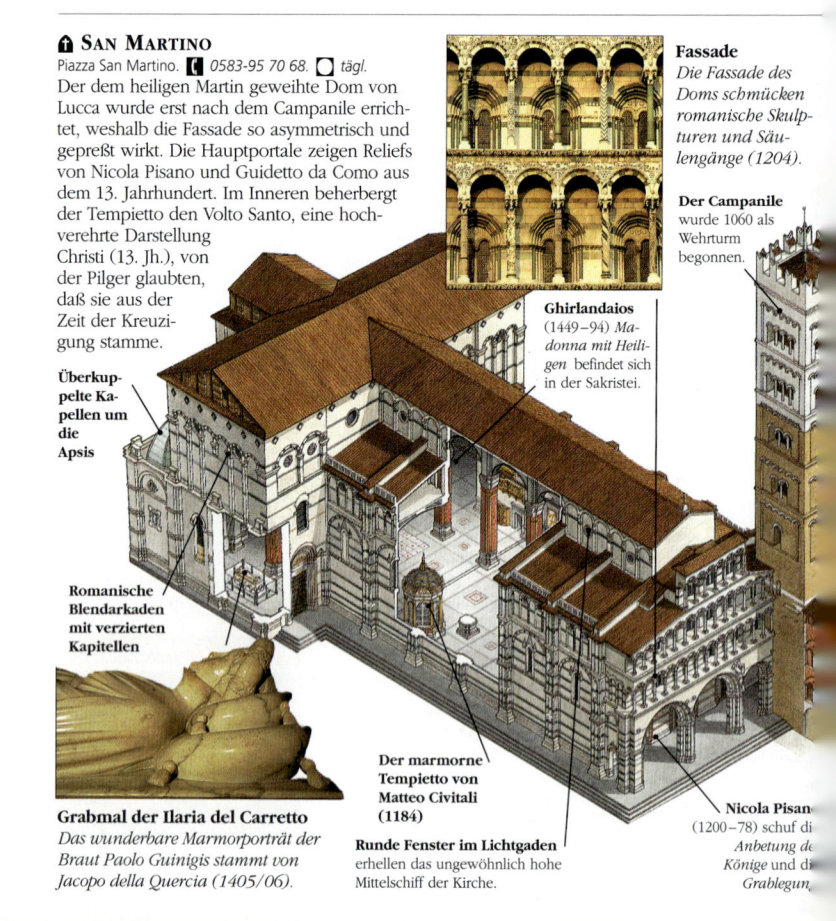

🔒 SAN MARTINO
Piazza San Martino. 0583-95 70 68. tägl.
Der dem heiligen Martin geweihte Dom von Lucca wurde erst nach dem Campanile errichtet, weshalb die Fassade so asymmetrisch und gepreßt wirkt. Die Hauptportale zeigen Reliefs von Nicola Pisano und Guidetto da Como aus dem 13. Jahrhundert. Im Inneren beherbergt der Tempietto den Volto Santo, eine hochverehrte Darstellung Christi (13. Jh.), von der Pilger glaubten, daß sie aus der Zeit der Kreuzigung stamme.

Fassade
Die Fassade des Doms schmücken romanische Skulpturen und Säulengänge (1204).

Der Campanile wurde 1060 als Wehrturm begonnen.

Ghirlandaios (1449–94) *Madonna mit Heiligen* befindet sich in der Sakristei.

Überkuppelte Kapellen um die Apsis

Romanische Blendarkaden mit verzierten Kapitellen

Grabmal der Ilaria del Carretto
Das wunderbare Marmorporträt der Braut Paolo Guinigis stammt von Jacopo della Quercia (1405/06).

Der marmorne Tempietto von Matteo Civitali (1184)

Runde Fenster im Lichtgaden erhellen das ungewöhnlich hohe Mittelschiff der Kirche.

Nicola Pisano (1200–78) schuf di Anbetung de Könige und di Grablegun

LUCCA

Barocke Figuren von Göttern und Göttinnen im Garten des Palazzo Pfanner

nes Königs (11. Jh.) und eine wertvolle Porzellanschatulle (12. Jh.), die vielleicht für eine Reliquie des heiligen Thomas Becket geschaffen wurde. Die 1411 von Vincenzo di Michele gefertigte Croce dei Pisani ist ein Meisterwerk der Goldschmiedekunst. Es zeigt Christus im Kreise von Engeln, der Jungfrau Maria, Johannes und den anderen Evangelisten.

Palazzo Pfanner
wg. Renovierung.
Der elegante Palazzo Pfanner von 1667 besitzt eine herrliche Außentreppe. Er wartet außerdem mit einem der schönsten französischen Gärten der Toskana auf. Die zentrale Allee des im 18. Jahrhundert angelegten Parks ist von barocken Statuen römischer Götter gesäumt. Man kann die Anlage auch gut bei einem Spaziergang auf der Stadtmauer einsehen.

Das Gebäude beherbergt eine Sammlung von höfischen Kostümen aus dem 18. und 19. Jahrhundert. Viele davon sind aus Seide, auf deren Herstellung sich der mittelalterliche Wohlstand Luccas gründete.

Stadtmauer
Ein besonders eindrucksvolles Erlebnis ist ein Spaziergang auf der Stadtmauer, die von dem mit Bäumen gesäumten Fußweg zauberhafte Blicke auf die Stadt freigibt. Die Arbeiten an der Mauer begannen um 1500, als die alten mittelalterlichen Befestigungen der weiterentwickelten Militärtechnik nicht mehr standhielten. Bei ihrer Fertigstellung 1645 war die Wehrmauer eine der modernsten ihrer Zeit. Die weite, offene Fläche vor der Anlage sollte es Angreifern unmöglich machen, in Bäumen oder Gebüsch Deckung zu finden. Tatsächlich jedoch mußte sie nie verteidigt werden und wurde im 19. Jahrhundert in einen öffentlichen Park umgewandelt.

Die Stadtmauer von Lucca aus dem 17. Jahrhundert

Santa Maria Forisportam
Piazza di Santa Maria Forisportam.
tägl.
Die Kirche wurde Ende des 12. Jahrhunderts errichtet. Ihr Name, Forisportam, bedeutet »vor dem Tor«. Blendarkaden zieren die unvollendete pisanisch-romanische Marmorfassade, und über dem mittleren Portal sieht man ein Relief von der *Krönung der Jungfrau* (17. Jh.). Im Zuge einer Neugestaltung des Innenraums im 16. Jahrhundert wurden auch das Langhaus und die Querhäuser erhöht. Der vierte Altar im südlichen Seitenschiff zeigt ein Gemälde der heiligen Lucia und das nördliche Querhaus *Mariä Himmelfahrt*, beides von Guercino (1591–1666).

Museo Nazionale di Villa Guinigi
Via della Quarquonia. 0583-460 33. *Di–So.*
Die Renaissancevilla wurde 1418 im Auftrag von Paolo Guinigi erbaut, dem Oberhaupt der Adelsfamilie, die im 15. Jahrhundert in Lucca herrschte. Ein Wahrzeichen der Stadt ist der zinnenbewehrte Turm, die Torre dei Guinigi, auf deren Spitze Eichenbäume wachsen. Der Turm bietet einen schönen Blick über Lucca und die Alpi Apuane, und im Garten findet man die Reste eines römischen Mosaiks sowie steinerner romanischer Löwen.

Romanischer Löwe im Museo Nazionale di Villa Guinigi

Der erste Stock ist der Bildhauerei gewidmet. Höhepunkte sind Werke von Matteo Civitali und Jacopo della Quercia neben romanischen Reliefs, die von verschiedenen Kirchen Luccas hierher gebracht wurden. Der Großteil der Bilder in der Galerie des darüberliegenden Stockwerks stammen von weniger bedeutenden Malern aus der Umgebung. Ausnahmen bilden zwei Gemälde von Fra Bartolomeo (um 1472–1517), *Gott, der Vater, mit der heiligen Katharina und Maria Magdalena* und die *Madonna della Misericordia*. Hier sind auch Meßgewänder und Chorgestühl aus der Kathedrale mit Intarsien, die Ansichten der Stadt von 1529 zeigen, zu sehen.

Pisa ❼

Marmorintarsie, Domfassade

IM MITTELALTER SICHERTE die Flotte Pisas lange die Vorherrschaft der Stadt im westlichen Mittelmeer. Handelsbeziehungen mit Spanien und Nordafrika führten nicht nur zu Wohlstand, sondern auch zu revolutionären wissenschaftlichen und kulturellen Neuerungen, die sich in den berühmten Bauwerken spiegeln – Dom, Baptisterium und Schiefer Turm. Der Machtverlust setzte 1284 mit der Niederlage gegen Genua ein und wurde durch die Verlandung des Hafens beschleunigt. 1406 eroberte Florenz die Stadt, aber die ärgste Krise kam 1944 mit den Bomben der Alliierten.

Kanzelrelief im Dom

Baptisterium, Dom und Schiefer Turm am Campo dei Miracoli in Pisa

🕍 Schiefer Turm
Siehe S. 316.

🏛 Dom und Baptisterium
Piazza Duomo. 📞 050-56 05 47. 🔲 tägl.

Pisas Schiefer Turm ist das bekannteste Bauwerk am Campo dei Miracoli. Er war ursprünglich als Glockenturm für den Dom gedacht, der 1604, fast ein Jahrhundert zuvor, von Buscheto begonnen worden war. Heute gilt der Dom mit seiner viergeschossigen Fassade von cremefarbenen Säulengängen und Blendarkaden als eines der schönsten Bauwerke der Pisaner Romanik. Buschetos Grab liegt unter dem linken Bogen der Fassade. Weitere Besonderheiten der Außenansicht sind der Portale di San Ranieri (der in das südliche Querhaus führt) und die Bronzetüren (1180), deren Reliefs von Bonanno Pisano, dem ersten Architekten des Schiefen Turms, gegossen wurden. Die Höhepunkte im Innenraum bilden die Kanzel (1302–11) von Giovanni Pisano, das Grabmal Kaiser Heinrichs VII. (1315) von Tino da Camaino und ein Apsismosaik mit dem thronenden Christus, das 1302 von Cimabue vollendet wurde.

Das Baptisterium, eine anmutige Ergänzung zum Dom, wurde 1152 in romanischem Stil begonnen und ein Jahrhundert später – nach einer finanziell bedingten Bauverzögerung – im üppigeren Stil der Gotik von Nicola und Giovanni Pisano fertiggestellt. Ersterer schuf die großartige Marmorkanzel (1260) im Inneren, mit den Reliefs *Geburt Jesu, Anbetung der Könige, Darstellung im Tempel, Kreuzigung* und *Das Jüngste Gericht*. Die Säulen, auf denen die Kanzel steht, zeigen allegorische Darstellungen der Tugenden. Das Taufbecken (1246) stammt von Guido da Como.

🕆 Camposanto
Piazza dei Miracoli. 📞 050-56 05 47. 🔲 tägl.

Der Camposanto – das »Heilige Feld« oder der Friedhof – ist das vierte Element im mittelalterlichen Ensemble des Campo dei Miracoli. Die Marmorarkaden dieses 1278 von Giovanni di Simone begonnenen rechteckigen Bauwerks umschließen nach der Überlieferung Erde aus dem Heiligen Land. Bombenangriffe im Zweiten Weltkrieg zerstörten die Fresken und hinterließen nur Spuren des Großgemäldes *Triumph des Todes* (1360–80).

Fresko aus dem Zyklus Triumph des Todes im Camposanto

PISA

Santa Maria della Spina am Ufer des Arno in Pisa

INFOBOX

👥 100 000. ✈ Galileo Galilei 5 km S. 🚆 Pisa Centrale, Piazza della Stazione. 🚌 Piazza Sant'Antonio. ℹ Piazza del Duomo (050-56 04 64); Piazza della Stazione (050-422 91). 🛒 Mi, Sa. 🎉 17 Juni: Regata di San Ranieri; letzter So im Juni: Gioco del Ponte.

🏛 Museo dell'Opera del Duomo

Piazza Arcivescovado 6. ☎ 050-56 18 20. 🕐 tägl.

Dieses Museum im ehemaligen Kapitelsaal der Kathedrale zeigt Exponate, die aus Dom, Baptisterium und Camposanto stammen. Besonders sehenswert ist der Hippogryph (halb Pferd, halb Greifvogel) aus dem 10. Jahrhundert. Die von maurischen Künstlern in Bronze gegossene Figur wurde während der Sarazenenkriege von Pisaner Abenteurern erbeutet. Interessant sind auch Werke von Nicola und Giovanni Pisano, etwa Giovannis *Madonna mit Kind* (1300), die für den Hochaltar des Doms geschaffen wurde. Weitere Exponate sind römische und etruskische Fundstücke.

Bronzener Hippogryph (10. Jh.)

🏛 Museo Nazionale di San Matteo

Lungarno Mediceo, Piazza San Matteo 1. ☎ 050-54 18 65. 🕐 Di–So.

Dieses Museum ist in einem mittelalterlichen Konvent untergebracht. Das von einer eleganten Fassade geschmückte Gebäude am Ufer des Arno diente im 19. Jahrhundert auch als Gefängnis. Leider ist ein Großteil des Museums geschlossen, manche Räume sind nicht numeriert, und zudem sind einige Exponate nur schlecht beschildert. Dennoch bietet das Museum einen hervorragenden Überblick über die Pisaner und Florentiner Kunst vom 12. bis zum 17. Jahrhundert. Die ersten Räume sind der Bildhauerei und der frühen Malerei der Toskana gewidmet. Sehenswert sind hier die Polyptychen *Szenen aus dem Leben des heiligen Dominikus* von Francesco Traini (14. Jh.) und die *Madonna mit Heiligen* (1321) von Simone Martini. Schön ist auch die Statue *Madonna del Latte* (14. Jh.), die Andrea Pisano zugeschrieben wird. Diese halbhohe Figur aus vergoldetem Marmor zeigt das Christuskind an der Mutterbrust. Weitere Glanzpunkte der Ausstellung sind in Raum 6 zu besichtigen: Masaccios *Heiliger Paulus* (1426), Gentile da Fabrianos glanzvolle *Madonna* (15. Jh.) und Donatellos Büste des *San Rossore* (1424–27). In anderen Räumen hängen Gemälde von Guido Reni, Benozzo Gozzoli und Rosso Fiorentino sowie ein Fra Angelico (um 1395–1455) zugeschriebenes Christusbild.

🏛 Santa Maria della Spina

Lungarno Gambacorti. ☎ 050-53 24 74. 🕐 nur mit Genehmigung.

Das Dach dieser kleinen Kirche beim Ponte Solferino ist reichlich ausgestattet mit spitzen gotischen Fialen, kleinen Türmchen und Nischen mit Statuen von Aposteln und Heiligen. Die Verzierungen spiegeln die Entstehungsgeschichte der Kirche wider, die zwischen 1230 und 1323 erbaut wurde, um einen Dorn *(spina)* aus der Dornenkrone Christi aufzubewahren. Früher stand die Kirche noch näher am Arno. Sie wurde 1871 zum Schutz vor Überschwemmungen an ihren heutigen Standort versetzt.

🏛 Piazza dei Cavalieri

An der Nordseite dieses Platzes steht der prächtige Palazzo dei Cavalieri, der ein ganz besonderes Universitätskolleg von Pisa beherbergt, die Scuola Normale Superiore. Das 1562 von Vasari entworfene Bauwerk ist mit schwarzem und weißem Sgraffito (in den feuchten Putz geritzte Verzierungen) reich geschmückt und diente einst als Sitz der Cavalieri di Santo Stefano, eines 1561 von Cosimo I gegründeten Ritterordens. Die Reiterstatue vor dem Gebäude stellt Cosimo I dar.

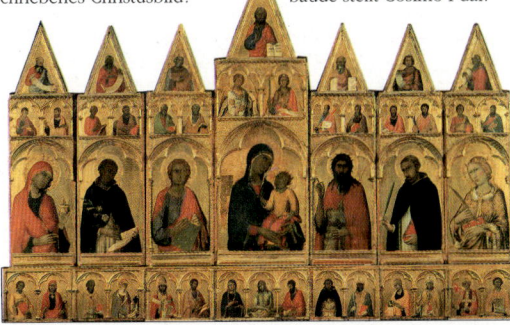

Madonna mit Heiligen (1321) von Simone Martini im Museo Nazionale

Der Schiefe Turm von Pisa

BAUBEGINN DES Schiefen Turms war das Jahr 1173. Bereits vor der Fertigstellung des dritten Stockwerks 1274 begann sich das auf sandigem Schwemmlandboden errichtete Gebäude zu neigen. Ungeachtet der flachen Fundamente aber gingen die Arbeiten bis zu seiner Vollendung im Jahre 1350 weiter. Seitdem zieht der scheinbar den Gesetzen der Schwerkraft trotzende Turm zahllose Besucher an, zu denen auch Galilei zählte, der aus Pisa stammte und hier seine berühmten Experimente zur Fallgeschwindigkeit durchführte. Zur Zeit ist der Turm wegen Restaurierung geschlossen.

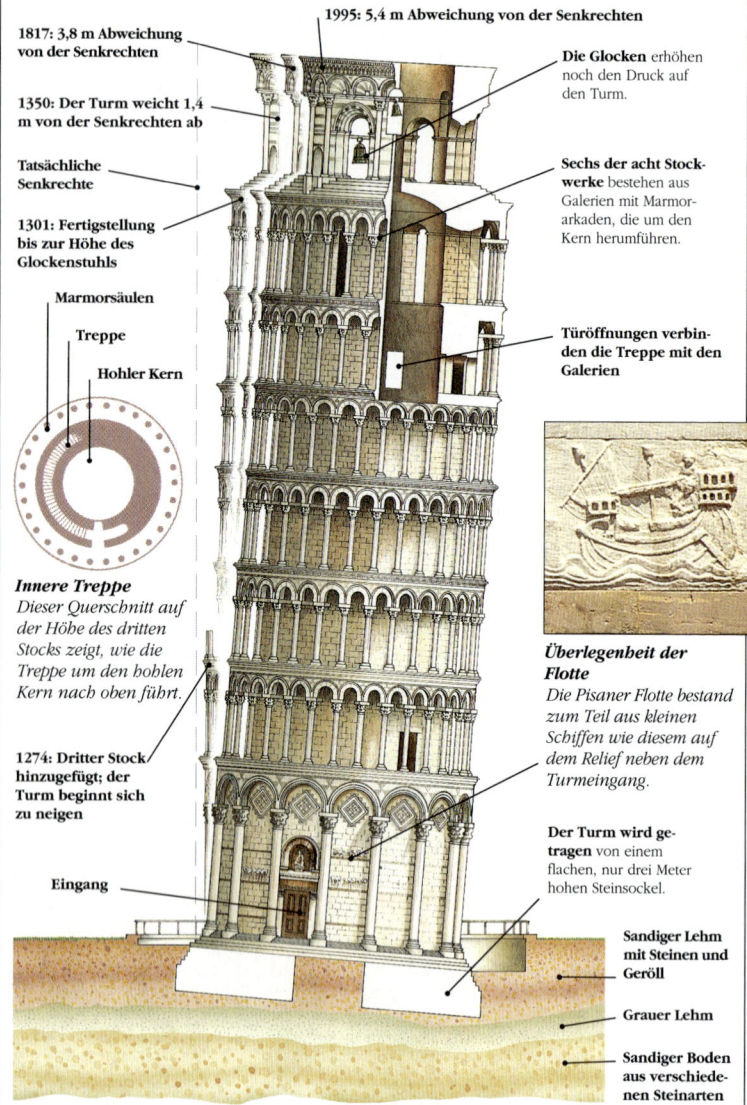

Galileo Galilei (1564–1642)

1995: 5,4 m Abweichung von der Senkrechten

1817: 3,8 m Abweichung von der Senkrechten

1350: Der Turm weicht 1,4 m von der Senkrechten ab

Tatsächliche Senkrechte

1301: Fertigstellung bis zur Höhe des Glockenstuhls

Marmorsäulen

Treppe

Hohler Kern

Innere Treppe
Dieser Querschnitt auf der Höhe des dritten Stocks zeigt, wie die Treppe um den hohlen Kern nach oben führt.

1274: Dritter Stock hinzugefügt; der Turm beginnt sich zu neigen

Eingang

Die Glocken erhöhen noch den Druck auf den Turm.

Sechs der acht Stockwerke bestehen aus Galerien mit Marmorarkaden, die um den Kern herumführen.

Türöffnungen verbinden die Treppe mit den Galerien

Überlegenheit der Flotte
Die Pisaner Flotte bestand zum Teil aus kleinen Schiffen wie diesem auf dem Relief neben dem Turmeingang.

Der Turm wird getragen von einem flachen, nur drei Meter hohen Steinsockel.

Sandiger Lehm mit Steinen und Geröll

Grauer Lehm

Sandiger Boden aus verschiedenen Steinarten

Vinci

Firenze. 1500. Mi.

DIESES AUF EINEM HÜGEL gelegene Städtchen ist als Geburtsort Leonardo da Vincis (1452–1519) bekannt. Es ehrt das Genie mit dem in der Burg (13. Jh.) untergebrachten **Museo Leonardiano**. Hier sind Modelle seiner Erfindungen ausgestellt, die auf den Skizzen aus seinen Notizheften beruhen. Zu sehen sind etwa ein Fahrrad sowie Leonardos Vorstellung eines Autos, eines Panzers und sogar eines Maschinengewehrs.

🏛 Museo Leonardiano
Castello dei Conti Guidi. 0571-560 55. tägl.

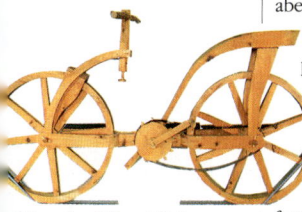

Fahrradmodell nach Entwürfen von Leonardo da Vinci

Pistoia

93 000. Palazzo dei Vescovi, Piazza del Duomo (0573-216 22). Mi, Sa.

DIE BÜRGER VON Pistoia waren einst für ihre Gewalttätigkeit und Tücke bekannt. Ihr schlechter Ruf stammt aus den mittelalterlichen Fehden zwischen den *bianchi* und den *neri* (Weißen und Schwarzen). Deren Lieblingswaffe war ein kleiner Dolch, die *pistola*. Heute wie früher konzentriert man sich auf die Metallverarbeitung von Bussen bis zu Sprungfedern. Im Stadtzentrum sind eine Reihe gut erhaltener historischer Gebäude zu sehen.

🔒 Dom
Piazza del Duomo. tägl.

Die Piazza del Duomo, der wichtigste Platz von Pistoia, wird vom Dom San Zeno mit seinem massiven Glockenturm (12. Jh.) beherrscht. Im Inneren des Doms findet man zahlreiche Grabmäler. Das schönste ist das von Cino da Pistoia im südlichen Seitenschiff. Pistoia war ein Freund Dantes und ebenfalls Dichter. Er ist auf einem Relief (1337) dargestellt.

Nicht weit davon entfernt steht die Kapelle des heiligen Jakobus mit einem Silberaltar, den über 600 Statuen und Reliefs schmücken. Die ältesten stammen aus dem Jahre 1287, aber der Altar selbst wurde erst 1456 vollendet. Unter den beteiligten Künstlern war auch Brunelleschi, der seine Laufbahn als Silberschmied begann, bevor er sich der Architektur zuwandte. An der Piazza del Duomo steht auch das 1359 fertiggestellte Baptisterium.

🔒 Ospedale del Ceppo
Piazza Giovanni XXIII.

Das Kranken- und Waisenhaus, 1277 gegründet, ist nach dem *ceppo* (ausgehöhlter Baumstumpf) benannt, in dem man Spenden für die Arbeit des Ospedale sammelte. Die Hauptfassade ist geschmückt mit den *Sieben Werken der Barmherzigkeit* (1514–25) aus Terrakotta von Giovanni della Robbia.

Der Fries (1514–25) von Giovanni della Robbia am Ospedale del Ceppo

🔒 Cappella del Tau
Corso Silvano Fedi 70. Mo–Sa vorm.

Der Name der Cappella del Tau rührt von dem griechischen Buchstaben »T« *(tau)* her, den die Mönche auf ihren Kutten trugen. Er symbolisierte eine Krücke und bezeichnete die Krankenpflege der Mönche. Im Innenraum sind Fresken von Niccolò di Tommaso, *Die Schöpfung* und *Das Leben des heiligen Antonius Abbas* (1370), zu sehen. Etwas weiter findet man im **Palazzo Tau** Arbeiten des Künstlers Marino Marini.

Der Sündenfall (1372) von Tommaso in der Cappella del Tau

🔒 San Giovanni Fuorcivitas
Via Cavour. tägl.

Die außergewöhnliche, zwischen dem 12. und 14. Jahrhundert erbaute Kirche San Giovanni Fuorcivitas (wörtl.: »Hl. Johannes vor der Stadt«) stand früher tatsächlich außerhalb der Stadtmauer. Die Nordfassade ist gestreiftem Marmor gearbeitet, und über dem Portal befindet sich ein Relief vom *Letzten Abendmahl*. Im Inneren ist ein von Giovanni Pisano (1245–1320) geschaffenes Weihwasserbecken aus Marmor mit Darstellungen der Tugenden zu sehen sowie eine meisterhafte Kanzel (1270) von Guglielmo da Pisa mit Szenen aus dem Neuen Testament.

Die pisanisch-romanische Fassade des Doms San Zeno in Pistoia

Prato

Firenze. 170 000. Via Cairoli 48 (0574-241 12). Mo.

DEN ERSTEN EINDRUCK von Prato prägen die Textilfabriken. Den Besucher erwartet aber auch ein schöner historischer Stadtkern mit Kirchen und Museen. Von der Außenkanzel des 1211 begonnenen **Doms** – die Verzierung stammt von Donatello und Michelozzo – wird den Gläubigen mehrmals jährlich die Mariengürtelreliquie präsentiert, ein Gürtel, den Maria vor ihrer Himmelfahrt dem Apostel Thomas gegeben haben soll. Der Dom birgt Fra Filippo Lippis Meisterwerk *Das Leben Johannes' des Täufers* (1452–66) und einen Freskenzyklus (1392–95) Agnolo Gaddis mit der Gürtellegende. *Die Madonna del Ceppo* (15. Jh.), auch ein Werk Lippis, hängt im **Museo Civico**. Weitere Sehenswürdigkeiten sind die von Giuliano da Sangallo entworfene Renaissancekirche **Santa Maria delle Carceri**, das **Castello dell'Imperatore**, eine 1237 unter Kaiser Friedrich II. erbaute Burg, und das Textilmuseum **Museo del Tessuto**.

🏛 Museo Civico
Palazzo Pretorio, Piazza del Comune. 0574-45 23 02 24. Mi–Mo.

🏰 Castello dell'Imperatore
Piazza delle Carceri. Mi–Mo.

🏛 Museo del Tessuto
Palazzo Comunale. 0574-61 61. nach Vereinbarung.

Madonna del Ceppo von Fra Filippo Lippi im Museo Civico in Prato

Buontalentis Villa di Artimino mit ihren vielen Schornsteinen

Artimino

Prato. 400.

EINE DER GRÖSSTEN Attraktionen dieses hübschen Dörfchens ist seine stimmungsvolle romanische Kirche **San Leonardo**. Außerhalb der Befestigungsmauern liegt die 1594 von Buontalenti für den Großherzog Ferdinand I. entworfene **Villa di Artimino** mit insgesamt 32 malerischen Schornsteinen. Sie beherbergt das **Museo Archeologico Etrusco** mit einer archäologischen Sammlung aus der Zeit der Etrusker.

UMGEBUNG: *Die Heimsuchung* (1530) lockt vor allem Pontormo-Liebhaber in die Kirche **San Michele** (Carmignano, fünf Kilometer nördlich von Artimino). Weiter östlich liegt die älteste Renaissancevilla Italiens, **Poggio a Caiano**, die 1480 nach einem Entwurf Giuliano da Sangallos für Lorenzo de' Medici *(siehe S. 245)* gebaut wurde.

🏛 Villa di Artimino
Viale Papa Giovanni 23. **Villa** 055-879 20 40. Di vorm. nach Vereinb. **Museum** 055-871 81 24. Do–Di vorm.

🏛 Poggio a Caiano
Piazza Medici. 055-87 70 12. Di–So.

San Miniato

Pisa. 3900. Piazza del Popolo 3 (0571-427 45). Di.

AUF EINEM HÜGEL oberhalb des stark industrialisierten Arno-Tals liegt dieser Ort. Dem Besucher sticht sofort die Festung ins Auge, die im 13. Jahrhundert für Friedrich II., Kaiser des Heiligen Römischen Reiches Deutscher Nation, gebaut wurde. Ganz in der Nähe liegt das **Museo Diocesano** mit einer Filippo Lippi zugeschriebenen *Kreuzigung* (um 1430), der *Jungfrau mit dem heiligen Gürtel* von Andrea del Castagno (um 1417–57) und einer Christusbüste aus Terrakotta, die von Verrocchio (1435–88) stammen soll. Daneben ragt die romanische Backsteinfassade (12. Jh.) des **Doms** auf. Die in die Fassade eingelassenen Majolikaplatten sollen vermutlich den Polarstern sowie den Großen und den Kleinen Bären darstellen – die drei Orientierungspunkte der frühen Seefahrer.

🏛 Museo Diocesano
Piazza Duomo. 0571-41 82 71. März–Okt Di–So; Nov–Feb Sa, So

Fassade des Doms von San Miniato

Fiesole

Firenze. 15 000. Piazza Mino da Fiesole 37 (055-59 87 20). Sa.

INMITTEN LIEBLICHER Hügel und idyllischer Olivenhaine, acht Kilometer nördlich von Florenz, liegt Fiesole. Die stetige kühle Brise, bedingt durch die Berglage, lockt jeden Sommer zahllose Sommerfrischler an. Die im 7. Jahrhundert v. Chr. an dieser Stelle gegründete Etruskersiedlung war lange ein bedeutendes Machtzentrum, das

TOSKANA

Blick von der Via di San Francesco auf Fiesole und die umliegenden Hügel

seine Dominanz erst mit der Gründung von Florenz (1. Jh. v. Chr.) verlor.

Der 1028 begonnene **Dom San Romolo** an der Piazza Mino da Fiesole zeichnet sich durch seinen massigen Glockenturm und sein schlichtes romanisches Interieur aus. Die Säulenkapitelle stammen aus Kirchen der römischen Antike. Im Grabungsbereich hinter dem Dom findet man Überreste eines **römischen Theaters** (1. Jh. v. Chr.), einer **etruskischen Stadtmauer** (4. Jh. v. Chr.) sowie das **Museo Faesulanum** mit einer Skulpturen-, Keramik- und Schmucksammlung aus der Bronzezeit.

Die Via di San Francesco, eine steile Straße mit herrlicher Aussicht, führt hinauf zum Franziskanerkloster **San Francesco** (14. Jh.) und zur Kirche **Sant'Alessandro** (9. Jh.) mit neoklassizistischer Fassade.

Über die Via Vecchia Fiesolana gelangt man zum Dorf **San Domenico**. Die gleichnamige Kirche (15. Jh.) birgt Fra Angelicos *Madonna mit Kind, Engeln und Heiligen* (um 1430). Vom selben Künstler stammt auch die *Kreuzigung* (um 1430) im Kapitelsaal des Konvents. In der nahe gelegenen Via della Badia dei Roccettini steht die hübsche romanische Kirche **Badia Fiesolana** mit gestreifter Marmorfassade und grauem Sandstein (*pietra serena*) im Inneren.

🏛 **Museo Faesulanum**
Via Portigiani 1. 📞 055-594 77. 🕐 tägl. (Okt–März Mi–Mo).

Arezzo ⑭

🏠 92 000. 🚌 🛈 *Piazza della Repubblica (0575-37 76 78).* 🛒 *Sa.*

AREZZO, eine der reichsten Städte der Toskana, verdankt seinen Wohlstand im wesentlichen der Schmuckindustrie. Der mittelalterliche Stadtkern wurde im letzten Krieg zwar großteils zerstört – oft traten breite Straßen an die Stelle der engen Gassen –, dennoch hat Arezzo einiges an Sehenswürdigkeiten zu bieten, insbesondere Piero della Francescas berühmte Fresken in der Kirche **San Francesco** *(siehe S. 320f)*. Ganz in der Nähe, am Corso Italia, steht die **Pieve di Santa Maria** mit einer der schönsten romanischen Fassaden dieser Region. Hinter der Kirche liegt die nach Norden ansteigende **Piazza Grande** mit einer von Vasari entworfenen Loggia (1573) und dem **Palazzo della Fraternità dei Laici** (1377–1552). Letzterer birgt Bernardo Rossellinos Relief der *Madonna della Misericordia*. Der imposante **Dom** ist für die Buntglasfenster (16. Jh.) und Piero della Francescas (1416–92) Fresko der *Heiligen Magdalena* bekannt. Das **Museo del Duomo** beherbergt drei hölzerne Kruzifixe (12. u. 13. Jh.), ein Flachrelief der *Verkündigung* (1434) von Rossellino sowie einige Werke Vasaris. Weitere Werke Vasaris findet man in der **Casa di Vasari**, dem Haus, das der Künstler 1540 für sich selbst baute, sowie im **Museo d'Arte Medioevale e Moderna**, das darüber hinaus vor allem für seine Majolikasammlung bekannt ist.

Herrliche Ausblicke bietet die **Fortezza Medicea**, die Ruine einer von Antonio da Sangallo im Auftrag der Medici errichteten Festung (16. Jh.).

🏛 **Museo del Duomo**
Piazzetta del Duomo 13. 📞 0575-239 91. 🕐 Di–Sa vorm. 🎫

🏠 **Casa di Vasari**
Via XX Settembre 55. 📞 0575-30 03 01. 🕐 tägl.

🏛 **Museo d'Arte Medioevale e Moderna**
Via di San Lorentino 8. 📞 0575-30 03 01. 🕐 tägl.

🏰 **Fortezza Medicea**
Parco il Prato. 📞 0575-37 76 66. 🕐 tägl. 🎫

Der monatliche Antiquitätenmarkt auf der Piazza Grande in Arezzo

Arezzo: San Francesco

Die Kirche San Francesco (13. Jh.) birgt einen der bedeutendsten Freskenzyklen Italiens: Piero della Francescas *Legende des Wahren Kreuzes* (1452–66). Die Szenen an den Wänden des Chors schildern die Geschichte des Kreuzes Christi, das aus einem Ableger des Baumes der Erkenntnis geschnitzt, von Salomon zum Bau einer Brücke und später von der Königin von Saba zum Bau eines Tempels verwendet wurde, bis Helena, die Mutter Kaiser Konstantins, es schließlich entdeckte.

Anbetung des Kreuzes
Die Gläubigen knien ehrfürchtig nieder, als das Kreuz nach Jerusalem zurückgebracht wird.

Das Kreuz kehrt nach Jerusalem zurück.

Auffindung des Kreuzes
Das hier dargestellte Jerusalem ist eigentlich eine Ansicht Arezzos aus dem 15. Jahrhundert.

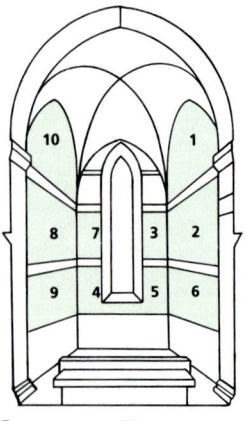

Legende der Fresken

1 Tod Adams, aus dessen Grab ein Ableger vom Baum der Erkenntnis wächst; **2** Die Königin von Saba besucht Salomon und erkennt beim Anblick der aus diesem Baum gefertigten Brücke das Holz für das Kreuz, an dem der größte König aller Zeiten sterben wird; **3** Salomon bezieht dies auf sich und läßt die Brücke vergraben; **4** Ein Engel erscheint Helena und fordert sie auf, das Kreuz zu suchen; **5** Konstantin hört im Traum eine Stimme, die ihm sagt, daß er im Zeichen des Kreuzes siegen wird; **6** Sieg Konstantins über seinen Rivalen Maxentius; **7** Judas wird gefoltert und verrät, wo das Kreuz vergraben wurde; **8** Drei Kreuze werden ausgegraben, Konstantins Mutter Helena erkennt das Wahre Kreuz; **9** Der Perserkönig Chosroes, der das Kreuz geraubt hatte, wird besiegt; **10** Das Kreuz nach Jerusalem zurückgebracht.

Der Sieg über Chosroes schildert die Schlacht, in der das Kreuz von Heraklius zurückerobert wird.

Judas verrät, wo das Kreuz vergraben wurde.

Das Kruzifix
Das Kruzifix (13. Jh.) ist ein Zentralmotiv des Freskenzyklus. Die Figur zu Füßen des Kreuzes stellt den heiligen Franziskus, den Schutzpatron der Kirche, dar.

AREZZO

Der Tod Adams
Die sehr natürliche Darstellung von Adam und Eva belegt Pieros fundierte Anatomiekenntnisse. Er war einer der ersten Renaissancekünstler, die Akte malten.

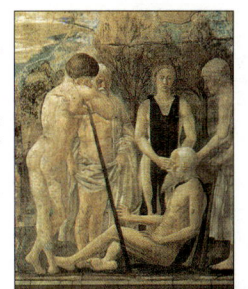

> **INFOBOX**
>
> Piazza San Francesco, Arezzo.
> 0575-206 30. tägl.
> 8.30–12, 14–19 Uhr. tägl.
> 10, 11, 18 Uhr.

Die Propheten scheinen nur als Dekoration in den Freskenzyklus aufgenommen worden zu sein.

Die Bauten sind in dem zu Pieros Zeiten gerade aufgekommenen Renaissancestil gemalt.

Das Holz des Kreuzes wird vergraben.

Konstantin träumt vor der Schlacht gegen Maxentius vom Kreuz.

Konstantin zieht im Zeichen des Kreuzes in den Krieg.

Die Königin von Saba erkennt das Holz des Kreuzes.

Salomons Handschlag
Die Königin gibt Salomon die Hand – ein Symbol für die Hoffnung auf Vereinigung von orthodoxer und römisch-katholischer Kirche.

Piero della Francescas *Auferstehung* (1463)

Sansepolcro ⓯

Arezzo. 16 000. Piazza Garibaldi 2 (0575-74 05 36). Di, Sa.

SANSEPOLCRO IST der Geburtsort Piero della Francescas (1410–92). Das hiesige **Museo Civico** birgt zwei seiner Meisterwerke – *Die Auferstehung* (1463) und die *Madonna della Misericordia* (1462) – sowie Luca Signorellis *Kreuzigung* (15. Jh.). Rosso Fiorentinos (1494–1541) manieristische *Kreuzabnahme* ist in der Kirche **San Lorenzo**, in der Via Santa Croce, zu bewundern.

Ein weiteres Werk Piero della Francescas, die *Madonna del Parto* (1460), ziert die Friedhofskapelle von Monterchi (Via Reglia 1, 13 km südwestlich von Sansepolcro).

🏛 **Museo Civico**
Via Aggiunti 65. 0575-73 22 18. tägl. Feiertage.

Cortona ⓰

Arezzo. 23 000. FS Via Nazionale 42 (0575-63 03 52). Sa.

CORTONA, eine der ältesten Städte der Toskana, geht auf eine Etruskersiedlung zurück. Noch im Mittelalter war Cortona ein bedeutendes Machtzentrum, das sich sogar gegen größere Städte wie Siena und Arezzo behaupten konnte. Viele stimmungsvolle Gassen und mittelalterliche Bauten sind bis heute erhalten, etwa der **Palazzo Comunale** an der Piazza Signorelli. Etruskische Kunstgegenstände, Zeugnisse der frühen Stadtgeschichte, finden sich im **Museo dell'Accademia Etrusca**, das auch noch einige ägyptische und römische Exponate zu bieten hat. Im kleinen **Museo Diocesano** hängen einige sehenswerte Gemälde, darunter eine *Kreuzigung* des Renaissancekünstlers Pietro Lorenzetti, eine *Kreuzabnahme* von Luca Signorelli und eine äußerst sehenswerte *Verkündigung* (um 1434) von Fra Angelico. Das Grab Signorellis befindet sich ebenso wie eine barocke *Verkündigung* Pietro da Cortonas in der Kirche **San Francesco** (1245). Am südlichen Stadtrand liegt die Kirche **Madonna del Calcinaio** (1485) – ein Kleinod der Renaissancearchitektur.

Der Palazzo Comunale (13. Jh.) von Cortona

🏛 **Museo dell'Accademia Etrusca**
Palazzo Casali, Piazza Signorelli 9. 0575-63 04 15. Di–So.

🏛 **Museo Diocesano**
Piazza del Duomo 1. 0575-628 30. Di–So.

Chiusi ⓱

Siena. 10 000. FS Via Porsenna 73 (0578-22 76 67). Di.

CHIUSI war eines der großen Machtzentren im etruskischen Zwölf-Städte-Bund und erlebte seine Blütezeit im 7. und 6. Jahrhundert v. Chr. *(siehe S. 41)*. Aus den vielen Etruskergräbern der Umgebung stammen die Ausstellungsstücke des städtischen **Museo Nazionale Etrusco**. Das 1871 gegründete Museum birgt Graburnen, mit schwarzen Figuren verzierte Vasen und schwarzglänzende Tongefäße.

Die Säulen im Inneren des romanischen **Doms** an der Piazza del Duomo stammen samt ihrer Kapitelle aus der Zeit der römischen Antike. Die freskenartigen Wandverzierungen der Seitenschiffe gehen auf Arturo Viligiardi (1887) zurück. Hingewiesen sei außerdem auf das römische Mosaik unter dem Hochaltar. Das im benachbarten Kapitelsaal untergebrachte **Museo della Cattedrale**, in dem unter anderem Plastiken christlicher, langobardischer und mittelalterlicher Künstler der Region ausgestaltet sind, veranstaltet Führungen zu den etruskischen Katakomben.

🏛 **Museo Nazionale Etrusco**
Via Porsenna 17. 0578-201 77. tägl.

🏛 **Museo della Cattedrale**
Piazza del Duomo. 0578-22 64 90. tägl.

Etruskischer Fries im Museo Nazionale Etrusco in Chiusi

TOSKANA

Bernardo Rossellino entwarf 1459 die Piazza Pio II in Pienza

Montepulciano ⓲

Siena. 🏠 14 000. 🚌 🚻 Via Ricci 9 (0578-75 86 87). 🚩 Do.

VON DEN STADTMAUERN einer der höchstgelegenen Städte der Toskana überblickt man weite Teile Umbriens und der südlichen Toskana, einschließlich der Weinberge, in denen der berühmte Vino Nobile angebaut wird. Das Stadtbild prägen Renaissancebauten. Die steile Hauptstraße, der Corso, führt hinauf zum **Dom** (1592–1630), der eines der Meisterwerke der Sieneser Schule birgt: Die *Himmelfahrt* (1401) von Taddeo di Bartolo. Der im Stil der Spätrenaissance erhaltene **Tempio di San Biagio** (1518–34) liegt an der Straße nach Pienza.

Pienza ⓳

Siena. 🏠 2300. 🚌 🚻 Piazza Pio II (0578-74 85 02). 🚩 Fr.

PIENZA IST EIN stimmungsvolles Dorf, dessen Ortskern im 15. Jahrhundert unter Papst Pius II. umgestaltet wurde. Damals, als der Ort noch Corsignano hieß, erblickte 1405 Aeneas Sylvius Piccolomini das Licht der Welt, der zu einem der führenden Humanisten seiner Zeit heranreifen sollte, bevor er 1458 Papst wurde. Ein Jahr später beschloß er, seinen Geburtsort umzubauen, der fortan Pienza heißen sollte. Der florentiner Architekt und Bildhauer Bernardo Rossellino wurde mit dem Bau des Doms, des päpstlichen Palastes und des Rathauses beauftragt. Alle drei Bauten wurden innerhalb von drei Jahren fertiggestellt (1459–62). Auch wenn nicht der gesamte Plan des Papstes – eine völlige Umgestaltung im Renaissancestil – zur Ausführung gelangte, vermittelt doch der **Palazzo Piccolomini**, der einstige Papstpalast, in dem die Piccolomini noch bis 1968 wohnten, einen guten Eindruck von den städtebaulichen Ambitionen Pius' II. Der Öffentlichkeit zugänglich sind das päpstliche Schlafgemach und die Bibliothek. Dem Besucher bietet sich von der Loggia an der Südfront des Palastes oder von dem davorgelegenen Garten eine atemberaubende Aussicht. Auch die Befestigungsmauern laden zu einem Panoramaspaziergang ein.

Der Altar im benachbarten **Dom** *(siehe S. 244)* zeichnet sich durch seine sechs Altarbilder der *Madonna mit Kind* aus, allesamt Werke führender Vertreter der Sieneser Schule. Rossellino mußte den Dom auf schlechtem Untergrund bauen, was natürlich Statikprobleme mit sich brachte. Heute ist vor allem das östliche Querschiff einsturzgefährdet.

🏛 **Palazzo Piccolomini**
Piazza Pio II. 📞 0578-74 85 03.
🕐 Di–So.

Montalcino ⓴

Siena. 🏠 5100. 🚌 🚻 Costa del Municipio 8 (0577-84 93 31). 🚩 Fr.

MONTALCINO LIEGT auf einem Hügel inmitten der Weinberge, in denen der Brunello, einer der besten italienischen Rotweine, angebaut wird. Für eine Weinprobe empfiehlt sich die *enoteca* (Weinstube) der **Festung** aus dem 14. Jahrhundert. Auch ein Spaziergang durch die Gassen hat seine Reize, allerdings gibt es außer dem **Palazzo Vescovile**, dem Bischofspalast, in dem drei Museen mit Gemälden, Plastiken und archäologischen Funden untergebracht sind, kaum nennenswerte Sehenswürdigkeiten.

♜ **Festung**
Piazzale della Fortezza. 📞 0577-84 92 11. **Weinstube** 🕐 Mitte Juli–Ende Sep tägl.; Okt–Mitte Juli Di–So. 🎫 für Befestigungswälle.
🏛 **Palazzo Vescovile**
Via Spagni 4. 📞 0577-84 81 35.
Museo Civico, Museo Diocesano, Museo Archeologico 🕐 Di–So.

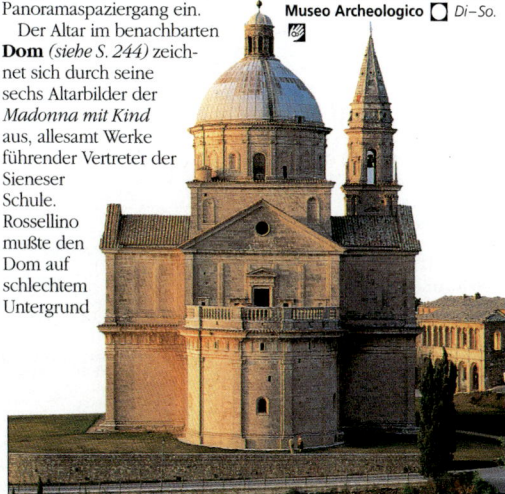

Der Tempio di San Biagio, etwas außerhalb von Montepulciano

Die bizarren Crete Senesi

Crete Senesi ㉑

Siena. 🚆 🚌 ℹ️ *Corso Matteotti (0577-71 95 16).*

Südlich von Siena liegen die Crete Senesi, Lehmhügel, die der Regen im Laufe der Jahrhunderte kahlgewaschen hat. In dieser auch als »toskanische Wüste« bezeichneten Landschaft gedeiht praktisch nichts. Zypressen und Pinien, die man an Straßen und um einzelne Bauernhäuser herum als »Windbrecher« gepflanzt hat, sind charakteristisch für diese kahle Landschaft im Süden der Toskana. Die einheimischen Schafe liefern die Milch für den berühmten Pecorino, der Käseliebhabern ein Begriff ist.

Siena ㉒

Siehe S. 328 ff.

Monteriggioni ㉓

Siena. 🏛️ 7000. 🚌

Die mittelalterliche Stadt liegt auf einem Hügel. Der Ort wurde bereits zehn Jahre nach seiner Gründung (1203) zur Garnisonsstadt. Um die Stadt wurden hohe Befestigungsmauern mit 14 Wehrtürmen angelegt. Monteriggioni diente fortan als nördlicher Vorposten Sienas zur Abwehr Florentiner Truppen.

Dante ließ sich in seinem Werk *Inferno* von den wuchtigen Türmen der Zitadelle inspirieren, die er als »Giganten, die in der Hölle stehen« umschrieb. Die noch völlig intakten Ringmauern sieht man am besten von der Straße nach Colle di Val d'Elsa aus. Beachtenswert sind vor allem der große Platz, eine schöne romanische Kirche sowie einige Kunsthandwerksläden, Restaurants und Weinhandlungen, in denen man den ausgezeichneten hiesigen Castello di Monteriggioni bekommt.

Umgebung: Drei Kilometer westlich von Monteriggioni liegt die Zisterzienserabtei **Abbadia dell'Isola** (12. Jh.). Die romanische Kirche, die nach dem Einsturz der Kuppel im 18. Jahrhundert wiederaufgebaut wurde, birgt neben einem Renaissancealtarbild auch Fresken von Taddeo di Bartolo und Vincenzo Tamagni.

Detail aus der Kanzel im Dom von Volterra

San Gimignano ㉔

Siehe S. 334 f.

Volterra ㉕

Pisa. 🏛️ 13 000. 🚌 ℹ️ *Via Giusto Turazza 2 (0588-861 50).* 🛍️ *Sa.*

Wie viele Etruskerstädte liegt auch Volterra erhöht und bietet daher einen schönen Ausblick. Die alten etruskischen Mauern sind an vielen Stellen noch erhalten. Das **Museo Guarnacci** umfaßt eine hochkarätige Sammlung etruskischer Kunst. Interessant sind die über 600 etruskischen Graburnen aus Alabaster oder Terrakotta.

Der **Palazzo dei Priori** (Baubeginn 1208) an der Piazza dei Priori, in dem sich im Mittelalter die Bürgerschaft versammelte, ist das älteste Rathaus der Toskana. Das Innere zieren Fresken aus dem 14. Jahrhundert. Der im Stil der Pisaner Romanik erbaute **Dom** an der Piazza San Giovanni zeichnet sich durch seine verzierte Kanzel aus. Volterras **Pinacoteca e Museo Civico** ist Gemäldesammlung und Museum zugleich. Hier findet man Werke Florentiner Künstler. Ghirlandaios *Christus in der Glorie* (1492) zeigt Christus auf einem Wolkenthron. Luca Signorelli hat bei seiner *Madonna mit Kind und Heiligen* (1491) zum Teil auf römische Stilelemente zurückgegriffen, etwa bei den Reliefs auf dem Sockel des Throns. Eine besonders ausgewogene Komposition ist auch seine im selben Jahr entstandene *Verkündigung*. Empfohlen sei Rosso Fiorentinos manieristische *Kreuzabnahme* (1521).

Volterra ist berühmt für seine Alabasterwerkstätten, in denen der einheimische Alabaster verarbeitet wird.

Die guterhaltene Stadtmauer von Monteriggioni im Herzen der Toskan

Die Klosterruine von San Galgano liegt inmitten dichter Wälder

🏛 Museo Guarnacci
Via Don Minzoni 15. ☎ 0588-863 47.
⭘ tägl. 📷

🏛 Pinacoteca e Museo Civico
Via dei Sarti 1. ☎ 0588-875 80.
⭘ tägl. 📷

San Galgano ㉖

Siena. 🚌 von Siena. ☎ 0577-75 10 44. **Abtei u. Oratorium** ⭘ tägl.

Das ehemalige Zisterzienserkloster San Galgano liegt etwas abgelegen, dafür jedoch in einmalig schöner Landschaft. Der heilige Galgano (1148–81) war ein Lebemann, der nach einer Vision allem Weltlichen abschwor. Zum Zeichen seiner Abkehr vom ausschweifenden Leben stieß er sein Schwert in einen Stein, aus dem es nicht mehr zu befreien war, was er als Zustimmung Gottes betrachtete. Hier ließ er um 1185 eine kreisrunde Kapelle, das Oratorium von **Montesiepi**, auf einem Hügel oberhalb des Klosters errichten, und hier starb er auch ein Jahr später als Einsiedler. Seine Heiligsprechung erfolgte unter Papst Urban III.

Das 1218 begonnene gotische Klostergebäude spiegelt deutlich französische Züge. Die Mönche lebten in völliger Isolation. Trotz der Abkehr von weltlichen Reichtümern gelangte das Kloster durch den Verkauf von Holz zu gewissem Reichtum. Korruption und Niedergang setzten Mitte des 14. Jahrhunderts ein.

Ende des 14. Jahrhunderts wurde San Galgano von Sir John Hawkwood geplündert, und später wurde das Gebäude als Steinbruch ausgeschlachtet. Die Auflösung erfolgte schließlich 1652.

Noch heute steckt im Inneren des **Oratoriums** ein Schwert in einem Felsblock. Die Fresken in der gotischen Kapelle (14. Jh.) stammen von Ambrogio Lorenzetti (1344), sind aber leider schlecht erhalten. Sie zeigen Szenen aus dem Leben des heiligen Galgano.

Massa Marittima ㉗

Grosseto. 🏠 9500. 🚌 🛈 Palazzo del Podestà, Piazza Garibaldi (0566-90 22 89). 🛒 Mi.

Eingebettet in die Colline Metallifere, in denen schon zur Zeit der Etrusker Blei-, Kupfer- und Silbererz abgebaut wurden, liegt die sehenswerte Industriestadt Massa Marittima. Den Besucher erwarten herrliche romanische Bauten aus der Zeit, als die Stadt unabhängige Republik war (1225–1335). Der romanisch-gotische **Dom** an der Piazza Garibaldi ist dem heiligen Cerbone (6. Jh.) geweiht, dessen Leben im Architrav des Eingangsportals geschildert wird. Die *Madonna delle Grazie* wird Duccio zugeschrieben (um 1316).

Alles über die Techniken des Bergbaus, die dafür nötigen Geräte und die in der Region vorkommenden Mineralien erfährt man im **Museo della Miniera**, das in einem stillgelegten Bergwerk untergebracht ist.

Die Ausstellungsstücke des **Museo Archeologico** reichen vom Paläolithikum bis zur römischen Antike. Es beherbergt auch eine Gemäldegalerie.

🏛 Museo della Miniera
Via Corridoni. ☎ 0566-90 22 89.
⭘ Di–So (Juli, Aug tägl.). 📷

🏛 Museo Archeologico
Palazzo del Podestà, Piazza Garibaldi.
☎ 0566-90 22 89. ⭘ Di–So. 📷

Blick auf die Dächer von Massa Marittima

Kahle Lehmhügel kennzeichnen die Landschaft südöstlich von Siena ▷

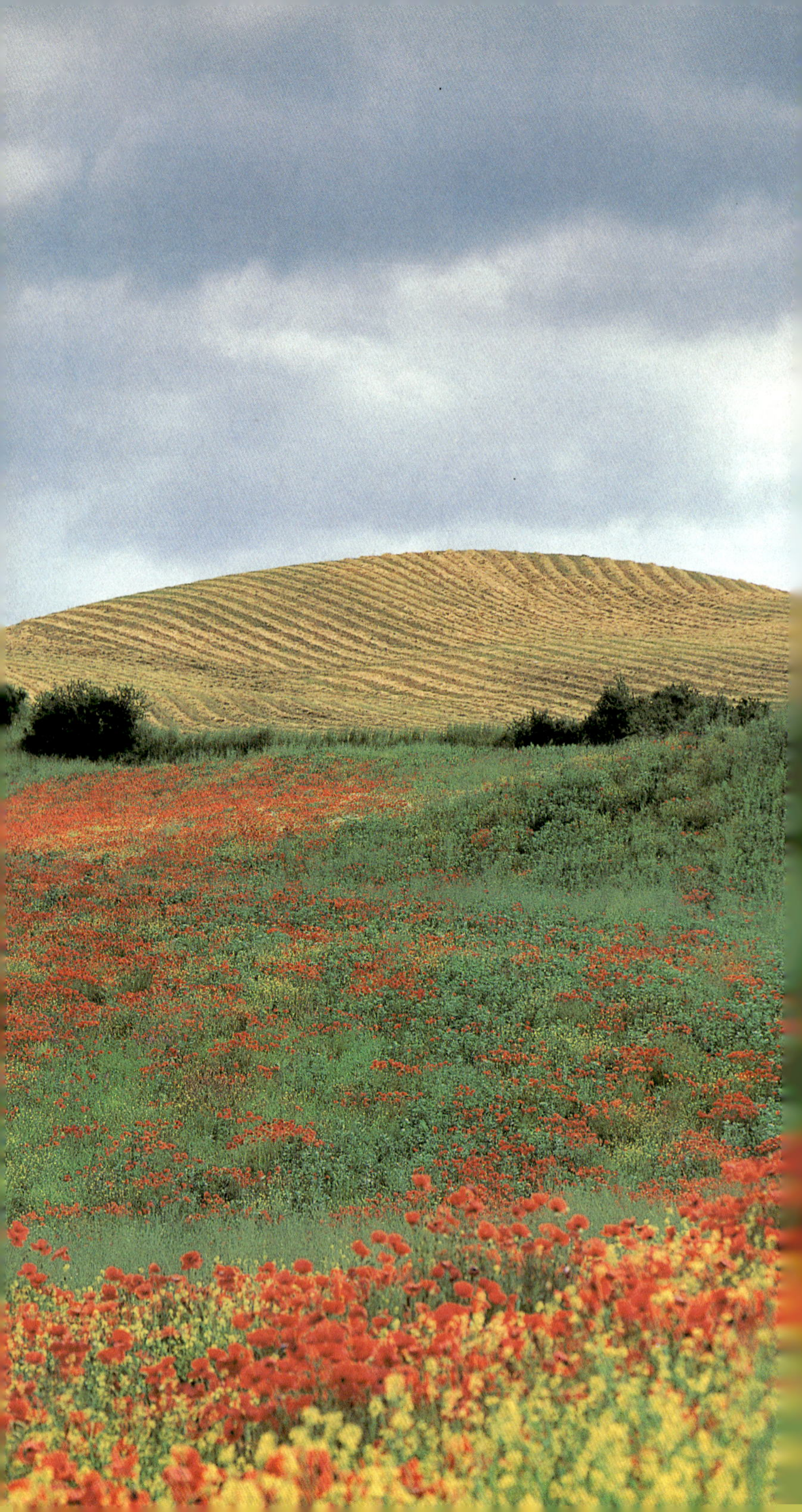

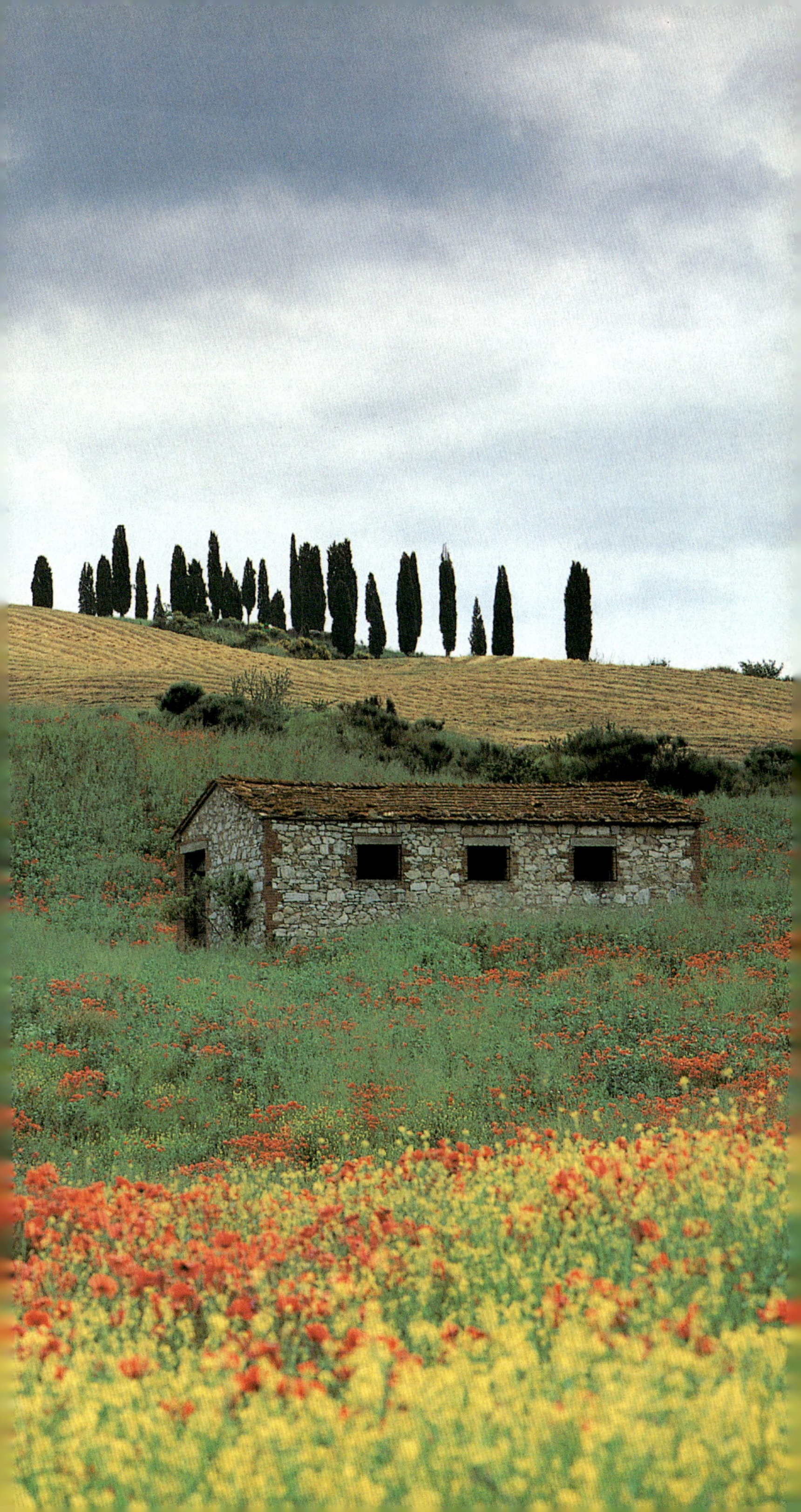

Im Detail: Siena ㉒

Einhorn, *contrada*-Symbol

SIENAS Hauptsehenswürdigkeiten liegen in den engen Straßen und Gassen um die Piazza del Campo, einen der schönsten mittelalterlichen Plätze Europas. Der Platz liegt im Zentrum der 17 *contrade* (Gemeinden), in die die Stadt gegliedert ist. Die zur Stadtgeschichte gehörigen Rivalitäten der *contrade* werden in dem zweimal jährlich stattfindenden Palio *(siehe S. 331)* ausgetragen. Jeder Sieneser ist patriotischer Anhänger seiner Geburtsgemeinde, und überall sieht man auf Fahnen, Tafeln oder an Mauern die Tiersymbole der *contrade*. Fußgänger kommen dank der Hügellage Sienas oft in den Genuß eines herrlichen Ausblicks.

Der Dom beherrscht das Stadtbild Sienas

Die Via della Galluzza führt zum Haus der hl. Katharina.

Das Baptisterium birgt sehenswerte Fresken und ein Taufbecken mit Reliefs von Donatello, Jacopo della Quercia und Ghiberti.

★ Dom
Schwarzweißgestreifte Marmorsäulen unter einer Galerie mit 172 Papstbüsten stützen das mit goldenen Sternen bemalte, nachtblaue Tonnengewölbe des Doms.

Jedes Geschoß des Campanile hat ein Fenster mehr als das darunterliegende.

Museo dell'Opera del Duomo
Duccios Maestà, *eines der schönsten Werke der Sieneser Schule, wurde nach seiner Vollendung 1311 durch die Straßen der Stadt getragen. Noch Jahre später beeinflußte es die hier ansässigen Maler.*

LEGENDE

- - - - Routenempfehlung

0 Meter — 300

SIENA

Loggia della Mercanzia
Unter diesen 1417 errichteten Arkaden tätigten Kaufleute und Geldverleiher im Mittelalter ihre Geschäfte.

INFOBOX
- 58 000. **FS** Piazzale Rosselli.
- Piazza San Domenico.
- **i** Piazza del Campo 56 (0577-28 05 51). Mi. 2. Juli, 16. Aug: Palio; Juli: Settimana Musicale Chigiana (klassische Musik).

Piazza del Campo
Der schönste Platz Italiens liegt dort, wo einst das Forum Romanum stand, und war in den Anfängen der Stadtgeschichte lange Zeit der Hauptmarktplatz. Seine heutige Muschelform bekam er ab 1293, als der »Rat der Neun« Land erwarb, um einen Platz für die Bürger anzulegen. Die Arbeiten am roten Backsteinpflaster begannen 1327 und dauerten bis 1349. Die neun Segmente stehen für den »Rat der Neun« und sollen die Falten des Mariengewandes symbolisieren. Der Platz war von jeher Mittelpunkt des Geschehens. Hier fanden Hinrichtungen und Stierkämpfe statt, und noch heute wird hier der Palio *(siehe S. 331)*, ein Pferderennen in historischen Kostümen, veranstaltet. Der von Cafés, Restaurants und Palästen gesäumte Platz wird völlig von **Palazzo Pubblico** (1297–1342) und der 1348 errichteten **Torre del Mangia** *(siehe S. 330)* beherrscht, so daß man die kleine **Fonte Gaia** am Nordrand des Platzes erst auf den zweiten Blick bemerkt. Der Brunnen ist eine Replik aus dem 19. Jahrhundert. Das Original wurde von Jacopo della Quercia 1409–19 mit Reliefs versehen, darunter die *Tugenden, Adam und Eva* sowie eine *Madonna mit Kind*. Die Originale sind in der Loggia des Palazzo Pubblico aufgestellt. Noch heute wird der Brunnen über einen 500 Jahre alten Aquädukt mit Wasser versorgt.

Die Logge del Papa wurde 1462 als Ehrenloggia für Pius II. gebaut.

Auskunft

Trommler beim Sieneser Palio

Fonte Gaia
Die Reliefs sind Kopien (19. Jh.). Die Originale stammen von Jacopo della Quercia.

★ Palazzo Pubblico
Dieses elegante gotische Rathaus wurde 1342 fertiggestellt. Der Glockenturm, Torre del Mangia, ist mit 102 Metern der zweithöchste mittelalterliche Turm Italiens.

NICHT VERSÄUMEN
- ★ Dom
- ★ Palazzo Pubblico

Blick auf die Piazza del Campo mit der Fonte Gaia

Überblick: Siena

SIENA, DAS IM Mittelalter lange mit Florenz rivalisierte, hat den Charme seiner Blütezeit (1260–1348) in unverfälschter Form bewahren können. Der beste Ausgangspunkt für eine Erkundung des Stadtkerns ist die Piazza del Campo mit dem umliegenden Gassengewirr.

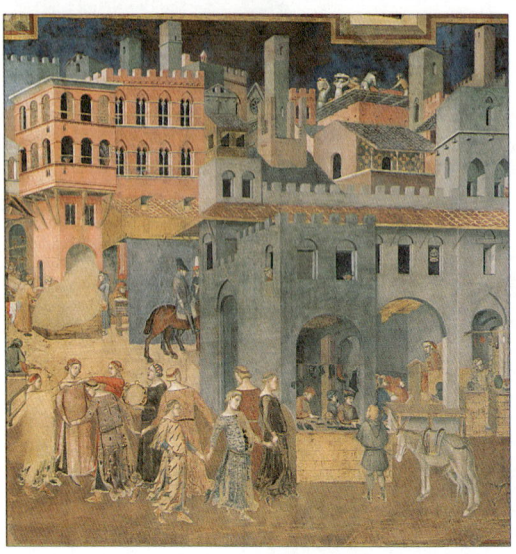

Lorenzettis *Gutes Regiment* (1338) im Palazzo Pubblico

Palazzo Pubblico

Piazza del Campo 1. 0577-29 22 63. **Museo Civico u. Torre del Mangia** tägl. (**Torre** Nov–März).
Der Palazzo fungiert zwar auch heute noch als Rathaus, trotzdem können einige der mittelalterlichen Räume – zum Teil mit Werken von Malern der Sieneser Schule – besichtigt werden. Auch das **Museo Civico** ist hier untergebracht. Der größte Sitzungssaal, die Sala del Mappamondo, wurde nach der Weltkarte benannt, die Ambrogio Lorenzetti Anfang des 14. Jahrhunderts schuf. Die eine Schmalseite ziert eine *Maestà* (1315) von Simone Martini. Dargestellt ist die Jungfrau Maria als Himmelskönigin, umgeben von Aposteln, Heiligen und Engeln. Gegenüber ist ein ebenfalls Simone Martini zugeschriebenes, eventuell aber auch später entstandenes Fresko zu sehen, das den Söldner *Guidoriccio da Fogliano* (1330) zeigt. Die *Szenen aus dem Marienleben* (1407) an den Wänden der Ratskapelle stammen von Taddeo di Bartolo. Die Schnitzarbeiten und Intarsien des Chorgestühls stellen Szenen aus der Bibel dar. Die Sala della Pace birgt Ambrogio Lorenzettis *Allegorien des guten und des schlechten Regiments* (Fertigstellung 1338). Dabei handelt es sich um einen der bedeutendsten profanen Freskenzyklen des Mittelalters. *Das gute Regiment* illustriert anhand verschiedener Symbole das ungetrübte Gemeinwohl, dem im *Schlechten Regiment* verdreckte Straßen und Ruinen gegenüberstehen.

Die Einigung Italiens unter Vittorio Emanuele II ist Gegenstand der Fresken (19. Jh.) in der Sala del Risorgimento.

Der Aufgang zur **Torre del Mangia**, zum Glockenturm des Palastes, befindet sich im Hof. Mit seinen 102 Metern zählt der Campanile zu den Wahrzeichen Sienas. Er wurde zwischen 1138 und 1148 errichtet und nach dem ersten Glöckner benannt, der wegen seiner Faulheit *Mangiaguadagni* (Dukatenfresser) genannt wurde. 505 Stufen gilt es zu bezwingen, bevor man mit einem einmaligen Blick auf die umliegende Landschaft belohnt wird.

Casa di Santa Caterina

Hotel Alma Domus, Via Camporegio 37. 0577-441 77. tägl.
Sienas Schutzheilige Caterina Benincasa (1347–80) war die Tochter eines Wollfärbers. Mit acht Jahren weihte sie ihr Leben Gott und wurde wegen ihrer Visionen und ihrer Stigmatisation (des Empfangs der Wunden Christi) bereits zu Lebzeiten berühmt. Wie ihre Namensvetterin, die heilige Katharina von Alexandria, soll sie in einer Vision mit Christus verlobt worden sein – ein Motiv, das viele Künstler aufgriffen. Sie bewegte Papst Gregor XI. nach 67 Jahren des päpstlichen Exils in Avignon zur Rückkehr nach Rom (1376). Sie starb in Rom und wurde 1461 heiliggesprochen.

Im Laufe der Zeit sind mehrere Kapellen rings um das Elternhaus Katharinas gebaut worden. So entstand im Garten das Oratorio del Crocifisso (1623) mit einem romanischen Tafelkreuz (Ende des 12. Jh.), vor dem die Heilige 1375 die Stigmata empfangen haben soll. Das Haus wurde von Künstlern, unter ihnen auch Francesco Vanni und Pietro Sorri, mit Szenen aus der Vita der Heiligen verziert.

Säulenhof in der Casa di Santa Caterina, dem Elternhaus der Sieneser Schutzheiligen

Palazzo Piccolomini
Via Banchi di Sotto 52. (0577-412 71.) Mo–Sa vorm.

Der imposanteste Stadtpalast Sienas wurde zwischen 1460 und 1495 vom Florentiner Architekten und Bildhauer Bernardo Rossellino für die wohlhabenden Piccolomini gebaut. Heute ist hier das Staatsarchiv untergebracht. Die Rechnungsbücher reichen bis ins 13. Jahrhundert zurück. Mit der Gestaltung der hölzernen Einbandtäfelchen beauftragte man führende Künstler der Zeit. Ihre Werke können in der Sala di Congresso bewundert werden. Dargestellt sind meistens Stadtansichten oder Ereignisse aus der Stadtgeschichte.

Weitere Exponate sind ein Boccaccio zugeschriebenes Testament sowie der zwischen dem Rat der Stadt und Jacopo della Quercia geschlossene Vertrag über den Bau der Fonte Gaia (siehe S. 329).

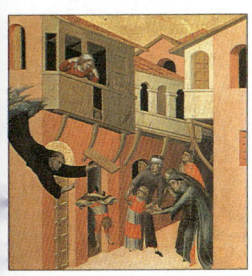

Detail aus Simone Martinis *Agostino Novello* (um 1330)

Pinacoteca Nazionale
Via San Pietro 29. (0577-28 11 61.) Di–So.

Die im Palazzo Buonsignori (14. Jh.) untergebrachte Gemäldesammlung umfaßt eine herausragende Zusammenstellung überwiegend Sieneser Malerei, die in chronologischer Reihenfolge – vom 13. Jahrhundert bis zum Manierismus (1520–1600) – angeordnet ist. Zu den Hauptattraktionen zählen Duccios *Madonna der Franziskaner* (1285), Simone Martinis *Wundertaten des Agostino Novello* (um 1330), eine *Landschaft* von Pietro Lorenzetti und Pietro Domenicos *Anbetung des Christuskindes* (um 1510), letzteres ein deutlicher Beleg für den anhaltenden Einfluß der byzantinischen Kunst auf die Sieneser Maler, obwohl sich im restlichen Europa bereits seit langem der für die Renaissance so typische Naturalismus durchgesetzt hatte.

Das spartanisch-schlichte Äußere von San Domenico (Baubeginn 1226)

San Domenico
Piazza San Domenico.) tägl.

Der vergoldete Altartabernakel in der Cappella di Santa Caterina birgt die Kopfreliquie der heiligen Katharina. Der Bau dieser gewaltigen gotischen Predigerordenskirche wurde 1226 begonnen, die Kapelle jedoch erst 1460 hinzugefügt. Die von Sodoma stammenden Fresken (1526) beiderseits des Altars zeigen die Vision und Ohnmacht der heiligen Katharina. Über dem Altar hängt das einzige – vielleicht noch zu ihren Lebzeiten entstandene – Bildnis der Heiligen, ein Werk des mit ihr befreundeten Malers Andrea Vanni.

Der Palio

Der jedes Jahr am 2. Juli und am 16. August auf der Piazza del Campo stattfindende Palio ist das größte Volksfest der Toskana. Die Tradition dieses Pferderennens läßt sich bis 1283 zurückverfolgen. Jede der 17 Sieneser *contrade* (Bezirke) geht mit einem eigenen Jockey an den Start. Die Pferde werden ausgelost und in einer Kirche ›ihrer‹ *contrada* gesegnet. Vor Beginn des

Contrada-Wappen

Rennens ziehen zunächst die Abordnungen der *contrade* feierlich in historischen Kostümen ein. Das Rennen selbst dauert dann nur 90 Sekunden. Tausende von Zuschauern drängen sich dabei auf dem Platz. Der Gewinner bekommt einen seidenen *palio* (ein Banner). Die Siegesfeiern ziehen sich oft über Wochen hin – ebenso die Vorwürfe an die Verlierer.

Fahnenschwinger vor Beginn des Palio

Siena: Dom

SIENAS DOM (1136–1382) zählt zu den schönsten Italiens. Was ihn so außergewöhnlich macht, ist die Mischung aus Pisaner Romanik und Gotik, kombiniert mit meisterlichen Arbeiten berühmter Bildhauer und Maler. Hätte man den Dom im 14. Jahrhundert – wie geplant – umgestaltet, wäre er heute das größte Gotteshaus der christlichen Welt. Der Plan wurde jedoch mit Ausbruch der Pest 1348 ganz aufgegeben. Zu den Hauptattraktionen des Doms zählen Meisterwerke von Nicola Pisano, Donatello und Michelangelo sowie der mit Intarsien verzierte Fußboden und ein eindrucksvoller Freskenzyklus Pinturicchios.

Symbol der Auferstehung an der Fassade

Taufbecken
Jacopo della Quercias und Donatellos Renaissancetaufbecken steht im Baptisterium.

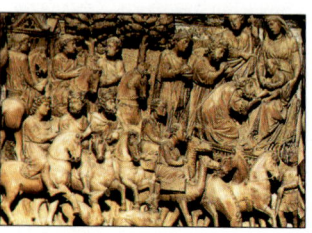

Die Kanzel
Das achteckige Becken der 1265–68 von Nicola Pisano, seinem Gehilfen Arnolfo di Cambio und seinem Sohn Giovanni geschaffenen Kanzel ist mit Bildfeldern verziert, die Szenen aus der Vita Christi zeigen.

Die Kuppel ruht auf schwarzweißen Marmorsäulen.

Kapelle Johannes' des Täufers

Im nördlichen Seitenschiff stehen Heiligenstatuen (1501–04) von Michelangelo.

Intarsienfußboden
Der Bethlehemitische Kindermord ist eines von 56 Bildfeldern, die führende Sieneser Künstler zwischen 1349 und 1547 für den Fußboden des Doms schufen.

Piccolomini-Bibliothek
Pinturicchios Fresken (1509) schildern Szenen aus dem Leben des Piccolomini-Papstes Pius II. – hier bei der Trauung Friedrichs III. mit Eleonora von Aragón.

SIENA

Das Museo dell'Opera del Duomo ist im Seitenschiff des unvollendet gebliebenen neuen Langhauses untergebracht, das zu diesem Zweck überdacht wurde.

Der Campanile wurde 1313 hinzugefügt.

Durchgang zum Baptisterium

Die Fassade zeigt, wie groß das geplante neue Langhaus hätte werden sollen

Das geplante Langhaus wäre 50 Meter lang und 30 Meter breit gewesen.

Eingangsportal

Die Portale entstanden 1284–97, der Rest der Fassade dagegen erst im Jahrhundert später.

Fassadenstatuen
Viele der Statuen wurden durch Kopien ersetzt. Die Originale stehen im Museo dell'Opera del Duomo.

INFOBOX
Piazza del Duomo. 0577-473 21. Pollicino.
tägl. 7.30–19.30 Uhr (Nov–März tägl. 7.30–13.30, 14.30–17 Uhr). Piccolomini-Bibliothek 9–19.30 Uhr (Nov–März 10–13, 14–17 Uhr).

🏛 Museo dell'Opera del Duomo
Piazza del Duomo 8. 0577-28 30 48. tägl. Feiertage.
Hier sind die Originale der Statuen zu sehen, die einst die Fassade des Doms zierten, darunter ein Renaissancetondo der *Madonna mit Kind* (vermutlich von Donatello) sowie mehrere gotische Statuen von Giovanni Pisano und Jacopo della Quercia. Die Hauptattraktion ist Duccios imposante *Maestà* (1308–11), eines der Meisterwerke der Sieneser Schule. Dargestellt sind auf der einen Seite die Madonna mit Kind und auf der anderen Szenen aus dem Leben Christi. Diese Altarbilder hingen über dem Hochaltar des Doms, wurden aber durch die *Madonna mit den großen Augen* (1220–30) ersetzt.

Die Statuen der Domfassade stehen heute zum Teil im Dommuseum

🏰 Fortezza Medicea
Viale Maccari. **Fortezza** tägl. **Enoteca** 15–24 Uhr. **Theater** Juni–Sep tägl.

Die gewaltige Backsteinfestung wurde 1560 von Baldassare Lanci für Cosimo I gebaut, nachdem die Florentiner Siena im Krieg 1554/55 besiegt hatten. Nach einer 18monatigen Belagerung, die über 8000 Sieneser das Leben kostete, wurden die städtischen Wollfabriken und Banken aufgelöst und die Bautätigkeit mehr oder minder eingestellt.

Heute gibt es hier eine Freilichtbühne und die Enoteca Italica, eine Weinstube, in der man gemütlich ein Gläschen trinken kann; hier kann man auch sehr guten Wein kaufen.

Im Detail: San Gimignano ⓔ

DIE DREIZEHN TÜRME, die San Gimignanos »Skyline« beherrschen, entstanden im 12. und 13. Jahrhundert im Auftrag reicher Familien. Damals brachten die Pilger, die auf der Durchreise nach Rom hier Station machten, der Stadt den Wohlstand. Der Niedergang wurde durch die Pestepidemie 1348 und das Aufkommen neuer Pilgerstätten ausgelöst. Jedenfalls ist das mittelalterliche Stadtbild bis heute nahezu vollständig erhalten. San Gimignano hat viele Kunstschätze, gute Geschäfte und Restaurants zu bieten.

San Gimignanos berühmte »Skyline« ist seit dem Mittelalter nahezu unverändert

Collegiata
Fresken von Bartolo di Fredi, darunter Die Schöpfung *(1367), schmücken diese Kirche (11. Jh.).*

Palazzo del Popolo
Der Ratssaal des eindrucksvollen Rathauses (1288–1323) birgt eine Maestà *von Lippo Memmi.*

Verkündigung
Dieses 1482 vollendete Fresko von Ghirlandaio ziert die Loggia del Battistero (Collegiata).

Einheimische Spezialitäten bekommt man in den Geschäften der Via San Giovanni

TOSKANA

INFOBOX

Siena. 7000. Porta San Giovanni. Piazza del Duomo 1 (0577-94 00 08). Do. 31. Jan: San Gimignano; 12. März: Santa Fina (beides Patronatsfeste); 1. Woche im Feb: Karneval; 1. Mo im Aug: Fiera di Santa Fina; 29. Aug: Fiera di Sant'Agostino; 8. Sep: Festa della Madonna di Panacole; 15. Sep: Fiera della Bertesca.

Die Piazza del Duomo ist von historischen Bauten gesäumt, darunter auch dem Palazzo Vecchio del Podestà (1239) mit dem wohl ältesten Turm der Stadt.

Piazza della Cisterna
Der Platz wurde nach dem Brunnen in seiner Mitte benannt.

Das Museo Civico ist zugleich der Aufgang zum höchsten der 13 noch erhaltenen Türme.

LEGENDE

— — Routenempfehlung

Meter 250

⛫ Museo Civico

Palazzo del Popolo, Piazza del Duomo. 0577-94 03 40. **Museum u. Turm** ☐ tägl. (Nov–März Di–So).

Die Fresken im Hof des Museums zeigen die Wappen der Bürgermeister und Magistrate sowie eine *Madonna mit Kind* (14. Jh.) von Taddeo di Bartolo. Der erste der Öffentlichkeit zugängliche Raum ist die Sala di Dante. Eine Inschrift in der Wand erinnert an den Besuch des großen Dichters im Jahre 1300. An den Wänden sind Jagdszenen und eine riesige *Maestà* (1317) von Lippo Memmi zu sehen. Im Obergeschoß ist eine kleine Kunstsammlung untergebracht, die Werke Pinturicchios, Bartolo di Fredis, Benozzo Gozzolis und Filippino Lippis umfaßt. Der Freskenzyklus von Memmo di Filippucci (frühes 14. Jh.) zeigt ein Paar im Bad und beim Zubettgehen – ein für die Zeit eher ungewöhnliches Motiv.

⛪ Collegiata

Piazza del Duomo. ☐ tägl.
Diese romanische Kirche (12. Jh.) zeichnet sich durch ihren Freskenreichtum aus. Bartolo di Fredis Fresken im nördlichen Seitenschiff zeigen 26 Episoden aus dem Alten Testament (1367). Die gegenüberliegende Mauer hat Lippo Memmi mit *Szenen aus dem Leben Christi* (1333–41) verziert, während man im hinteren Teil Taddeo di Bartolos *Weltgericht* bewundern kann. Die Cappella di Santa Fina und die benachbarte Loggia schmücken Fresken von Ghirlandaio (1475).

⛪ Sant'Agostino

Piazza Sant'Agostino. ☐ tägl.
Die schlichte Fassade dieser 1298 geweihten Kirche steht in krassem Gegensatz zu Vanvitellis prunkvollem Rokokointerieur (um 1740). Das Bild über dem Hauptaltar zeigt die *Krönung Mariens* von Piero Pollaiuolo (datiert 1483). Die Chorkapelle wurde vom Florentiner Künstler Benozzo Gozzoli vollständig ausgemalt. In der Cappella di San Bartolo rechts des Hauptportals steht ein sehr schöner Marmoraltar (1495 von Benedetto da Maiano fertiggestellt).

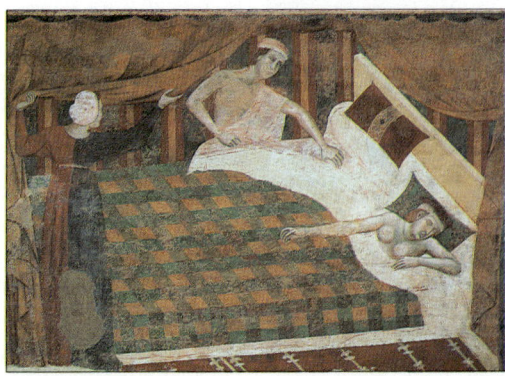

Die mit goldenen Sternen bemalte Decke der Collegiata

Bartolo di Fredis Christus, Sant'Agostino

Memmo di Filippuccis Fresko (frühes 14. Jh.) im Museo Civico zeigt ein Paar beim Zubettgehen

Elba 28

Livorno. 29 000. Portoferraio
Calata Italia 26 (0565-91 46 71). Portoferraio: Fr.

Berühmtester Bewohner der Insel war Napoleon, der hier 1814 neun Monate verbrachte. Heute ist Elba überwiegend von Touristen bevölkert, die mit der Fähre vom zehn Kilometer entfernten Piombino auf dem Festland herüberkommen. Der Hauptort Portoferraio besitzt einen von modernen Hotels und Fischrestaurants gesäumten alten Hafen.

Die Landschaft ist vielgestaltig. An der ruhigeren Westküste findet man Sandstrände, an denen Wassersportler voll auf ihre Kosten kommen. Die Ostküste – an der Porto Azzurro, der zweitgrößte Hafen der Insel, liegt – ist etwas zerklüfteter. Hier wechseln sich Steilküsten mit Sandstränden ab. Olivenhaine und Weinberge schmiegen sich an die Hänge der Berge des Hinterlands. Eine der schönsten Routen ins Inselinnere ist die Straße, die von Marciana Marina zu dem mittelalterlichen Dorf Marciana Alta führt. Über eine kleinere Straße gelangt man zur Talstation der Seilbahn auf den Monte Capanne (1018 m) – der Ausblick lohnt den Weg.

Marciana Marina auf Elba

Sovana 29

Grosseto. 100.

Sovana zählt zu den malerischsten Dörfern der südlichen Toskana. Es gibt nur eine kleine Dorfstraße, die in die Piazza del Pretorio mündet. Hier steht die kleine Kirche Santa Maria mit schönen Fresken und einem Ziborium (9. Jh.). Ein Stück weiter führt eine Allee zum romanischen Dom. Die Umgebung zeichnet sich durch die schönsten etruskischen Grabanlagen der Toskana aus. Der Weg dorthin ist meist gut beschildert, so daß die Gräber vom Dorf aus bequem zu erreichen sind.

Blick auf Pitigliano mit seinen steilen Felsen und Felshöhlen

Pitigliano 30

Grosseto. 4400. Via Roma 6 (0564-61 44 33). Mi.

Pitigliano liegt hoch auf einem Felsen oberhalb des Lente-Tals. Sehenswert ist das Judenghetto im Herzen des mittelalterlichen Gassengewirrs. Hier tauchten im 17. Jahrhundert Juden auf der

Maremma 31

Grosseto. Maremma Centro Visite, Alberese (0564-40 70 98). **Gesamtgelände** zu den Eingängen ab Alberese. tägl. 7–19 Uhr. **Innerer Park** von Alberese zur Tour-Abfahrtsstelle. tägl. 7–19 Uhr. nur Juni–Sep Wandertouren um 7 (4 Std.), 8 (3 Std.), 16 Uhr (3 Std.).

Die Etrusker waren die ersten, die das sumpfige Küstengebiet trockenlegten und landwirtschaftlich nutzten. Danach taten die Römer es ihnen gleich. Mit dem Niedergang des römischen Imperiums kamen jedoch Versumpfung und Malariaverseuchung, was zur Folge hatte, daß die Region bis zum 18. Jahrhundert praktisch unbewohnt blieb. Erst nach der Trockenlegung der Sümpfe florierte die Landwirtschaft auf dem neugewonnenen fruchtbaren Boden wieder. 1975 erklärte man das Gebiet zum Parco Naturale della Maremma, um die einheimische Flora und Fauna zu bewahren und den Badetourismus fernzuhalten. Weite Teile des Naturparks darf man nur zu Fuß oder mit dem Bus von Alberese aus erkunden. Leichter zugänglich sind dagegen der traumhafte Strand von Marina di Alberese und die Umgebung des südlicher gelegenen Talamone.

Bewässerte Salzwiesen
Trappola
Fiume Ombrone
Strände

Die Ombrone-Mündung ist mit Pinienwäldern, Sümpfen und Dünen ein idealer Lebensraum für Flamingos Seeadler, Racken und Bienenfresser

Legende

━━━ Straße
━━━ Wanderweg
━━━ Kanäle und Flüsse
- - - Tagestouren

0 Kilometer 2

Flucht vor ihren katholischen Verfolgern unter. Der **Palazzo Orsini** wird über einen eindrucksvollen, 1545 gebauten Aquädukt mit Wasser versorgt. Er beherbergt das **Museo Zuccarelli** mit einer Sammlung der Werke des einheimischen Künstlers Francesco Zuccarelli (1702–88), der auch die Altarbilder im **Dom** an der Piazza San Gregorio schuf. Im **Museo Etrusco** sind Funde aus den ehemaligen Etruskersiedlungen ausgestellt.

🏛 Museo Zuccarelli
Palazzo Orsini, Piazza della Fortezza Orsini 4. 0564-61 55 68.
März–Juli Di–So; Aug tägl.; Sep-Dez Sa, So.

🏛 Museo Etrusco
Piazza della Fortezza Orsini.
Di–So.

Monte Argentario ㉜

Grosseto. 13 000. Corso Umberto 55, Porto Santo Stefano (0564-81 42 08). Di.

MONTE ARGENTARIO war noch bis zu Beginn des 18. Jahrhunderts eine Insel. Dann versandete jedoch der Wasserstreifen, der die Insel vom Festland trennte, und heute verbinden zwei Landstege *(tomboli)* beiderseits der Lagune von Orbetello die Insel mit dem Festland. **Orbetello**, die geschäftige Kleinstadt auf dem Festland, wurde 1842 durch einen Damm mit der Insel verbunden. Die beiden Hafenorte **Porto Ercole** und **Porto Santo Stefano** erweisen sich jedes Jahr aufs neue als Touristenmagnete. Ruhiger

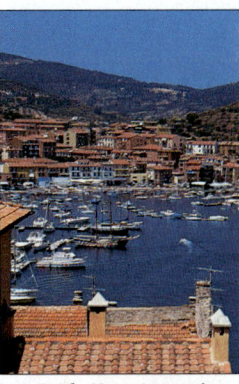

Porto Ercole, Monte Argentario

geht es auf den Straßen im Hinterland zu. Empfohlen sei die an Felshöhlen, steilen Felsküsten und Buchten vorbeiführende Strada Panoramica.

Eintrittskarten bekommt man bei der Parkverwaltung in Alberese.

Wildschweine
Der imposanteste Vertreter der einheimischen Fauna ist das Wildschwein, das etwas kleiner ist als der anderswo in der Toskana anzutreffende osteuropäische Vetter.

San Rabano, die Ruine eines Zisterzienserklosters (12. Jh.), liegt unweit des höchsten Punktes im Naturpark.

Pinienkerne werden auch heute noch in den Wäldern des Parks gesammelt.

Die Monti dell'Uccellina laden zu einem Spaziergang durch Nadelwälder und wohlriechende Macchia ein.

Greifvögel wie der Baum- oder der Wanderfalke sind in den einsameren Gegenden beheimatet.

Unberührte Küste

Markierte Wege
Mehrere markierte Wege führen durch den Park, man kann aber auch auf eigene Faust quer durch Wälder und Dünen streifen.

Dieses Fischerdorf liegt besonders schön.

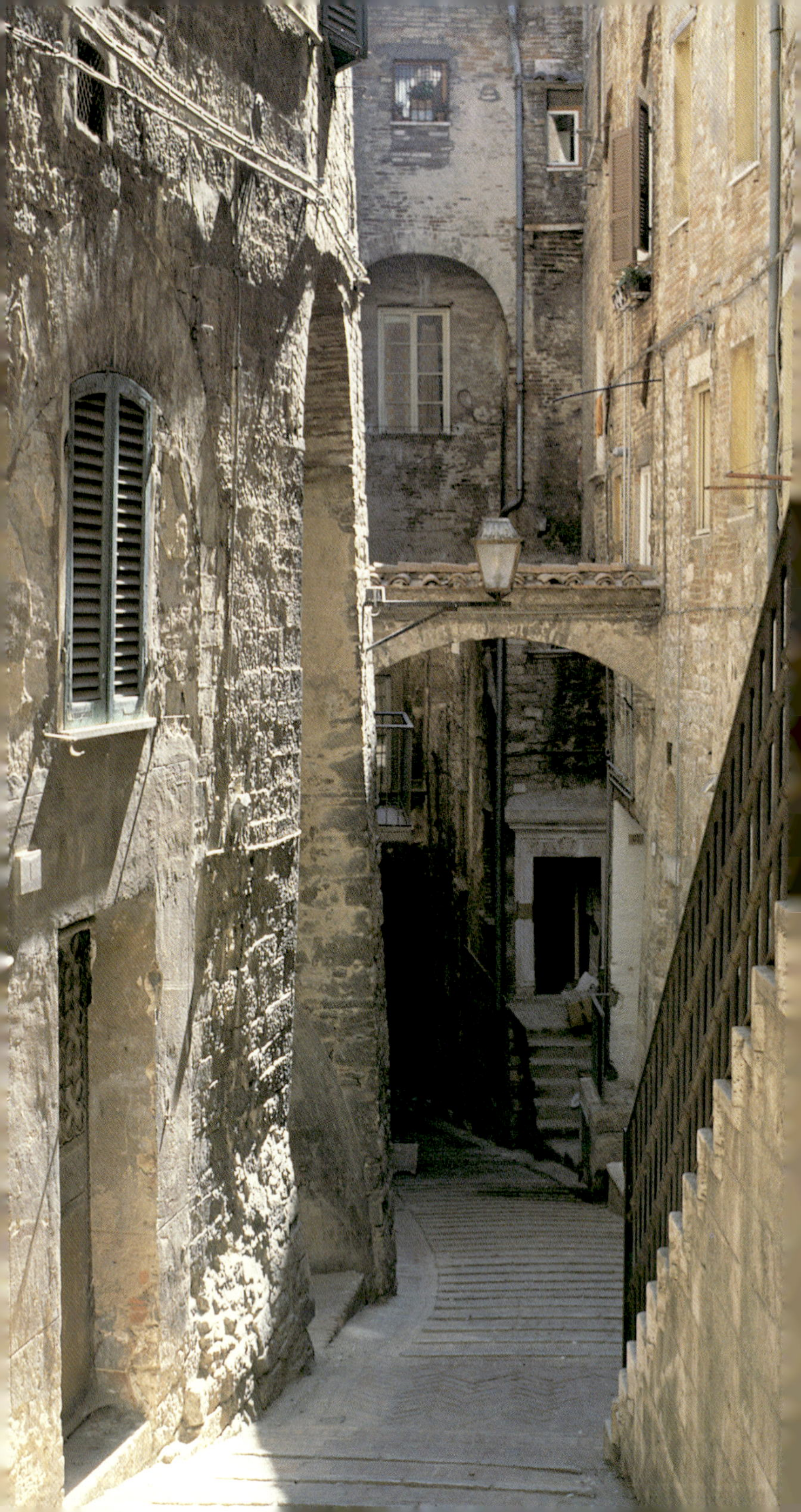

UMBRIEN

Das lange als »flache Schwester der Toskana« verkannte Umbrien ist vor einiger Zeit aus dem Schatten seiner westlichen Nachbarregion hervorgetreten. Nicht nur grüne Wiesen, sondern auch romantische Berglandschaften prägen das Bild dieser malerischen Region, die auch »das grüne Herz Italiens« genannt wird. Darüber hinaus ist Umbrien für seine mittelalterlichen Dörfer bekannt.

Im 8. Jahrhundert v. Chr. wohnten hier die Umbrer, friedliche Bauern. Später wurde Umbrien etruskische und dann römische Kolonie. Im Mittelalter gründeten die Langobarden hier ein Herzogtum. Im 13. Jahrhundert hatte sich die Region in viele Stadtstaaten aufgesplittert, von denen die meisten schließlich an den Kirchenstaat fielen, dem sie bis zur nationalen Einigung 1861 angehörten.

Heute sind die alten Städte der ganze Stolz Umbriens. Sowohl Perugia als auch die kleineren Orte wie Gubbio, Montefalco und Todi haben zahllose romanische Kirchen, Paläste, Freskenzyklen und Zeugnisse mittelalterlicher Architektur zu bieten. Das für sein Kunstfestival bekannte Spoleto kann zum Beispiel einzigartige Monumente aus dem Mittelalter oder aus der römischen Antike sowie einige der ältesten Kirchen Italiens vorweisen, und auch das Umland, das Tal von Spoleto mit seinen traditionsreichen Dörfern, ist ausgesprochen reizvoll.

Assisi, die Geburtsstadt des heiligen Franziskus, lockt mit der teilweise von Giotto mit Fresken ausgemalten Basilica di San Francesco, während das auf vulkanischen Felsen gelegene Orvieto mit seiner etruskischen Vergangenheit und einer der schönsten romanisch-gotischen Kirchen Italiens aufwarten kann.

Die Eichenwälder, die Flüsse und der fruchtbare Boden bescheren vielerlei Delikatessen: Trüffeln, Forellen, Olivenöl, Linsen aus Castelluccio, Geräuchertes aus Norcia oder auch herzhafter Bergkäse, und auch der Wein aus der Umgebung von Torgiano und Montefalco kann sich sehen lassen.

Eine Auswahl der besten Schinken-, Wurst- und Salamisorten Italiens in einem Geschäft in Norcia

Enge Gasse im altehrwürdigen Todi

Überblick: Umbrien

Assisi und Spoleto, die schönsten Städte Umbriens, sind zugleich auch die besten Ausgangspunkte für Ausflüge in die Region. Diese beiden mittelalterlichen Kleinode muß man einfach gesehen haben – ebenso wie den alten Stadtkern der Hauptstadt Perugia oder die erhöht gelegenen Orte wie Gubbio, Spello, Montefalco und Todi. Umbriens Landschaften sind nicht minder abwechslungsreich als die Städte: vom geradezu elegischen Piano Grande über die eindrucksvollen Monti Sibillini im gleichnamigen Nationalpark (den man am besten von Norcia erreicht) bis hin zum Valnerina und zu den Stränden des Lago Trasimeno.

Auf einen Blick

- Assisi S. 344 f ❷
- Gubbio ❶
- Lago Trasimeno ❹
- Montefalco ❽
- Monti Sibillini ❿
- Norcia ⓫
- Orvieto ❺
- Perugia ❸
- Spello ❾
- Spoleto ❼
- Todi ❻
- Valnerina ⓬

Siehe auch

- *Übernachten* S. 561 ff
- *Restaurants* S. 595 ff

Olivenernte unweit von Orvieto in der umbrischen Landschaft

Unterwegs

Umbrien bietet exzellente Straßen-, Zug- und Busverbindungen. Die A1 von Florenz führt an Orvieto vorbei. Von hier gelangt man auf der N448 nach Todi. Die N75 verbindet Perugia, Assisi und Spello, von wo aus man auf der N3 nach Trevi, Spoleto und Terni weiterfahren kann. Orvieto liegt an der Eisenbahnstrecke Rom–Florenz, Spoleto an der Strecke Rom–Ancona (Umsteigemöglichkeit nach Perugia, Spello und Assisi).

UMBRIEN 341

Castelluccio (östlich von Norcia) vor der Kulisse der Monti Sibillini

Seitenstraße im mittelalterlichen Gubbio in Nordumbrien

LEGENDE

- Autobahn
- Hauptstraße
- Nebenstraße
- Panoramastraße
- Fluß
- Aussichtspunkt

0 Kilometer 25

Gubbio ❶

Perugia. 32 000. ☒ ☐ ℹ️ *Via Asidei 32 (075-922 06 93); Corso Garibaldi (075-922 00 66).* 📅 *Di.*

Gubbio zählt mit Assisi zu den schönsten Städten Umbriens. Die Schönheit der verwinkelten mittelalterlichen Gassen und der mit Terrakotta gedeckten Häuser kommt vor der Kulisse des Apennins besonders gut zur Geltung. Die erste Siedlung, Tota Ikuvina, wurde von den Umbrern gegründet (3. Jh. v. Chr.). Größere Bekanntheit erreichte sie erst später (1. Jh. n. Chr.) als römisches Munizipium namens Eugubium. Im 11. Jahrhundert wurde die am Monte Ingino emporgewachsene Stadt zur freien Kommune. 1387–1508 regierten die Herzöge von Montefeltro über Gubbio.

Die Gewölbeform des **Doms** (13. Jh.) erinnert an zum Gebet gefaltete Hände. Die mittelalterliche Via dei Consoli führt zum **Palazzo del Bargello,** einem düsteren Steinbau (13. Jh.). Zum Palast gehört die sogenannte **Fontana dei Matti**, von der es heißt, daß jeder, der sie dreimal umschreitet, dem Wahnsinn verfällt.

Ähnlich unheimlich sind die zugemauerten **Porte della Morte,** die man noch heute an verschiedenen Häusern – etwa in der Via dei Consoli – erkennt. Es heißt, durch diese Türen sei ein Sarg aus dem Haus getragen worden. Die auf diese Weise »entweihte« Tür wurde zugemauert und nie wieder benutzt. Heute geht man jedoch davon aus, daß die Türen eher Verteidigungszwecken dienten.

Die im 15. Jahrhundert neu aufgebaute Kirche San Pietro in Perugia

Im unteren Stadtteil steht die Kirche **San Francesco** (1259–82). Die 1408–15 von Ottaviano Nelli geschaffenen Fresken zeigen *Szenen aus dem Leben Mariens.* Gegenüber befindet sich der **Tiratoio** (Weberloggia), unter dessen Arkaden einst die Wolle trocknete. Westlich von hier steht die Ruine eines römischen Amphitheaters (1. Jh. n. Chr.).

🏛 Palazzo dei Consoli

Piazza della Signoria.
📞 *075- 927 42 98.*
🕒 *tägl. vorm.*
🚫 *1. Jan, 25. Dez.*

Im Salone dell'Arengo des 1332–37 von Gattapone errichteten Palastes ist das Museo Civico mit seinen Eugubinischen Tafeln (250–150 v. Chr.) untergebracht. Die 1444 entdeckten Bronzetafeln tragen umbrisch-etruskische oder umbrisch-lateinische Inschriften, vermutlich die phonetische Transkription von Gebeten. Die Gemäldesammlung umfaßt Werke einheimischer Künstler.

Eugubinische Tafel in Gubbio

🏛 Palazzo Ducale

Via Ducale. 📞 *075-927 58 72.* 🕒 *tägl.* 🚫 *1. Jan, 1. Mai, 25. Dez.* ♿

Der Francesco di Giorgio Martini zugeschriebene Palast wurde 1470 auf Geheiß der Montefeltro nach dem Vorbild des herzöglichen Palastes in Urbino *(siehe S. 360f)* gebaut. Auch der Arkadenhof ist im Renaissancestil gehalten.

Fassade des Palazzo dei Consoli in Gubbio

Assisi ❷

Siehe S. 344 f.

Perugia ❸

160 000. ☒ ☐ ℹ️ *Piazza Duomo 34 (075-572 33 27).* 📅 *tägl.*

Perugias Altstadt liegt beiderseits des Corso Vannucci, der nach dem einheimischen Maler Pietro Vannucci (Perugino) benannt wurde. Am nördlichen Ende, auf der Piazza IV Novembre steht die **Fontana Maggiore,** ein Brunnen, den Nicola und Giovanni Pisano schufen (13. Jh.).

Dahinter erhebt sich der **Dom** (15. Jh.), dessen Eingangsportal von einer Statue Papst Julius' II. (1555) und einer für den heiligen Bernhardin von Siena (1425) gebauten Kanzel flankiert wird. Die Cappella del Santo Anello birgt den »Trauring« der Heiligen Jungfrau, einen Achatring, der angeblich je nach Träger die Farbe wechselt. An einem mit Votivgaben verzierten Pfeiler des Mittelschiffs ist die *Madonna delle Grazie* des Renaissancemalers Gian Nicola di Paolo zu sehen. Vor diesem Bildnis knien oft Mütter mit ihren frischgetauften Kindern. Im Querhaus befinden sich die Gräber der Päpste Urban IV. und Martin IV.

Abseits des Corso liegt das **Oratorio di San Bernardino** (1457–61) an der Piazza San Francesco. Die farbenprächti-

UMBRIEN

ge Fassade stammt von Agostino di Duccio. Am Borgo XX Giugno steht **San Pietro**, die prächtigste Kirche Perugias, die im 10. Jahrhundert gegründet und 1463 neu aufgebaut wurde. Sehenswert ist vor allem das Chorgestühl (1526).

An der Piazza Giordano Bruno ragt **San Domenico** (1305–1632), die größte Kirche Umbriens, gen Himmel. Sie birgt ein Grabmal Papst Benedikts XI. und einen Altar von Agostino di Duccio.

Museo Archeologico Nazionale dell'Umbria

San Domenico, Piazza Giordano Bruno. 075-572 71 41. tägl. 1. Jan, 1. Mai, 25. Dez.

Das im Kloster von San Domenico untergebrachte Museum umfaßt prähistorische, etruskische und römische Funde.

Palazzo dei Priori

Corso Vannucci. 075-574 12 47. tägl. 1. Jan, 1. Mai, 25. Dez.

Seine monumentalen Mauern und Zinnen machen den imposanten Palazzo dei Priori zu einem der schönsten Paläste Umbriens *(siehe S. 50 f).* Von den herrlichen Räumen sei vor allem die Sala dei Notari (um 1295), der Rathaussaal, erwähnt. Die aus der Schule Cavallinis stammenden Fresken stellen Szenen aus dem Alten Testament dar. Das Eingangsportal wird von zwei gewaltigen Bronzeplastiken (1274) bewacht: einem welfischen Löwen und einem Greif,

Eingang zum Palazzo dei Priori, Perugia

Mittelalterliche Gasse in Perugia

dem mittelalterlichen Wappentier der Stadt. Die um 1390 im gotischen Stil entstandene Sala di Udienza del Collegio della Mercanzia mit ihrer vornehmen Holzvertäfelung und den Einlegearbeiten (15. Jh.) war einst der Ratssaal der Kaufmannsgilde.

Erwähnenswert ist außerdem der Collegio del Cambio (Baubeginn 1452), der ehemalige Audienzsaal der Bankiersgilde, mit Fresken (1498–1500) von Perugino. Sie zeigen klassizistische und biblische Motive. Der Künstler selbst blickt düster von einem Selbstporträt in der Mitte der linken Wand herab. Einige Bildfelder der rechten Wand tragen dagegen die Handschrift seines Schülers Raffael.

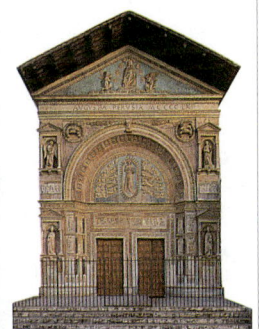

Galleria Nazionale dell'Umbria

Palazzo dei Priori, Corso Vannucci. 075-572 03 16. tägl. (So vorm.). 1. Jan, 1. Mai, 25. Dez.

Die meisten Werke der größten Gemäldesammlung stammen von einheimischen Künstlern aus dem 13. bis 18. Jahrhundert. Die Hauptattraktion sind die Altarbilder von Piero della Francesca und Fra Angelico.

Lago Trasimeno

Perugia. Castiglione del Lago. Piazza Mazzini 10, Castiglione del Lago (075-965 24 84).

SANFTE HÜGEL UND fruchtbares Land umschließen den viertgrößten See Italiens.

Die künstliche Entwässerung begann bereits unter den Römern. Heute trocknet der See jedoch von selbst aus. Auf einem in den See hineinragenden Felsplateau liegt **Castiglione del Lago**, ein Ort mit ungezwungenem Ambiente und kleinem Sandstrand. Im Sommer finden im **Schloß** Konzerte statt. Die Kirche **Santa Maria Maddalena** (Baubeginn 1836) birgt eine schöne *Madonna mit Kind* (um 1500) von Eusebio di San Giorgio.

Etwas belebter geht es auf der Uferpromenade in **Passignano sul Trasimeno** zu. Von diesem Ort kann man ebenso wie von Castiglione aus zur **Isola Maggiore** übersetzen, auf der heute noch Spitzen von Hand gefertigt werden.

Die prächtige Fassade des Oratorio di San Bernardino, Perugia

---

DIE SCHLACHT AM LAGO TRASIMENO

Im Jahre 217 v. Chr. erlitten die Römer am Trasimenischen See eine ihrer schwersten Niederlagen. Der karthagische Feldherr Hannibal lockte die von Flaminius angeführten Römer unweit des heutigen Ossaia (»Ort der Knochen«) und Sanguineto (»Ort des Bluts«) in einen Hinterhalt. Rund 16 000 römische Soldaten fanden am sumpfigen Seeufer den Tod. Hannibal verlor dagegen nur 1500 Männer. Das Schlachtfeld mit seinen über 100 Massengräbern liegt in der Nähe von Tuoro sul Trasimeno.

Hannibal (Medaille aus dem 19. Jh.)

Assisi: Basilica di San Francesco

DIE BASILIKA MIT DEM Grab des Franz von Assisi wurde 1228, zwei Jahre nach dem Tod des Heiligen, begonnen. Im darauffolgenden Jahrhundert wurden die führenden Künstler der damaligen Zeit mit der Gestaltung der Ober- und der Unterkirche beauftragt. Giottos Freskenzyklus *Das Leben des heiligen Franz* ist in ganz Italien berühmt. Die das Stadtbild beherrschende Basilika zählt zu den kostbarsten christlichen Schreinen und zieht das ganze Jahr über zahllose Pilger an.

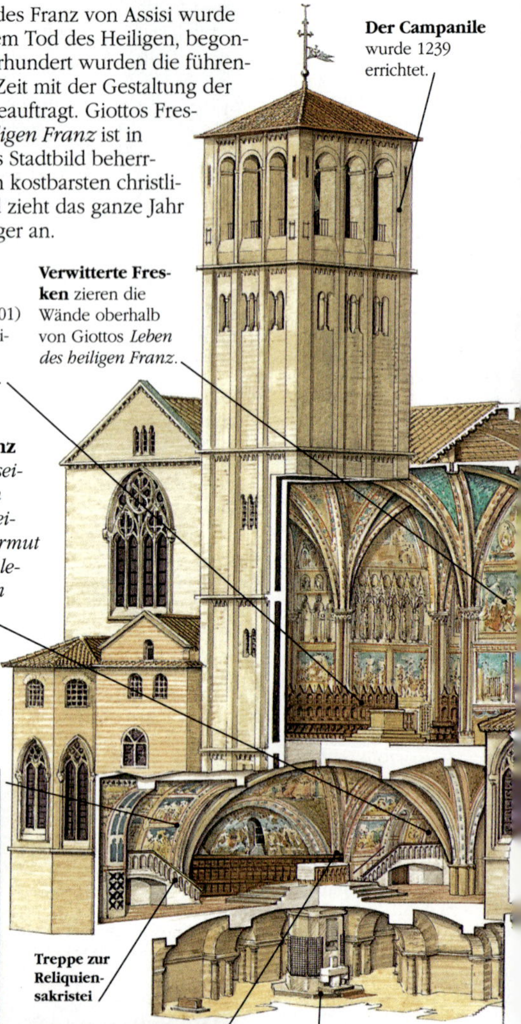

Der Campanile wurde 1239 errichtet.

Verwitterte Fresken zieren die Wände oberhalb von Giottos *Leben des heiligen Franz*.

Der Chor (1501) birgt einen steinernen Papstthron (13. Jh.).

Der heilige Franz
Cimabue hat in seinem Bildnis (um 1280) die Bescheidenheit des in Armut und Keuschheit lebenden Heiligen eingefangen.

Treppe zur Reliquiensakristei

Die Krypta birgt das Grabmal des heiligen Franz.

★ Fresken von Lorenzetti
Die kühne Komposition von Pietro Lorenzettis *Kreuzabnahme* (1323) zeigt ein unvollständiges Kreuz und hebt so den Schmerzensmann Christus in den Vordergrund.

Unterkirche
Die Seitenkapellen wurden im 13. Jahrhundert für die wachsende Anzahl von Pilgern gebaut.

NICHT VERSÄUMEN

★ Fresken von Giotto

★ Fresken von Lorenzetti

★ Cappella di San Martino

Assisi

Perugia. 25 000. Piazza del Comune 12 (075-81 25 34). Sa.

Die beschauliche mittelalterliche Kleinstadt verwaltet das Erbe des in der **Basilica di San Francesco** begrabenen Franz von Assisi (1181–1226).

Die Piazza del Comune beherrscht der **Tempio di Minerva**, ein fast vollständig erhaltener Tempel aus der Augusteischen Zeit. Der gegenüberliegende Palazzo Comunale beherbergt die **Pinacoteca Comunale**, eine Gemäldegalerie mit Werken einheimischer Künstler aus dem Mittelalter.

Am Corso Mazzini liegt die **Basilica di Santa Chiara** mit dem Grab der heiligen Klara, die sich dem heiligen Franz angeschlossen und den Bettelorden der Klarissinnen begründet hatte. In einer der Kapellen befindet sich der »Gekreuzigte«, der dem heiligen Franz in der hübschen, südlich der Porta Nuova gelegenen Kirche **San Damiano** befohlen haben soll, »Gottes Kirche wiederherzurichten«.

Der **Dom (San Rufino)** (12./13. Jh.) zeichnet sich durch seine herrliche romanische Fassade aus. Sehenswert sind auch das Dommuseum mit kleiner Gemäldesammlung und die Krypta mit archäologischen Funden. Über die Via Maria delle Rose gelangt man zur 1367 wiederaufgebauten, größtenteils restaurierten, aber nach wie vor eindrucksvollen **Rocca Maggiore**.

Die schlichte, sorgfältig restaurierte Kirche **San Pietro** an der Piazza San Pietro stammt aus dem 13. Jahrhundert. Das nahe gelegene **Oratorio dei Pellegrini**, ein Pilgerhospiz (15. Jh.), birgt guterhaltene Fresken von Matteo da Gualdo.

INFOBOX
Piazza San Francesco. 075-81 33 37. Assisi. tägl. 8–12, 14–19 Uhr.

Oberkirche
Das hohe, luftige Innere der Oberkirche (13. Jh.) ist eines der ersten Zeugnisse italienischer Gotik. Viele spätere Franziskanerkirchen wurden von ihr beeinflußt.

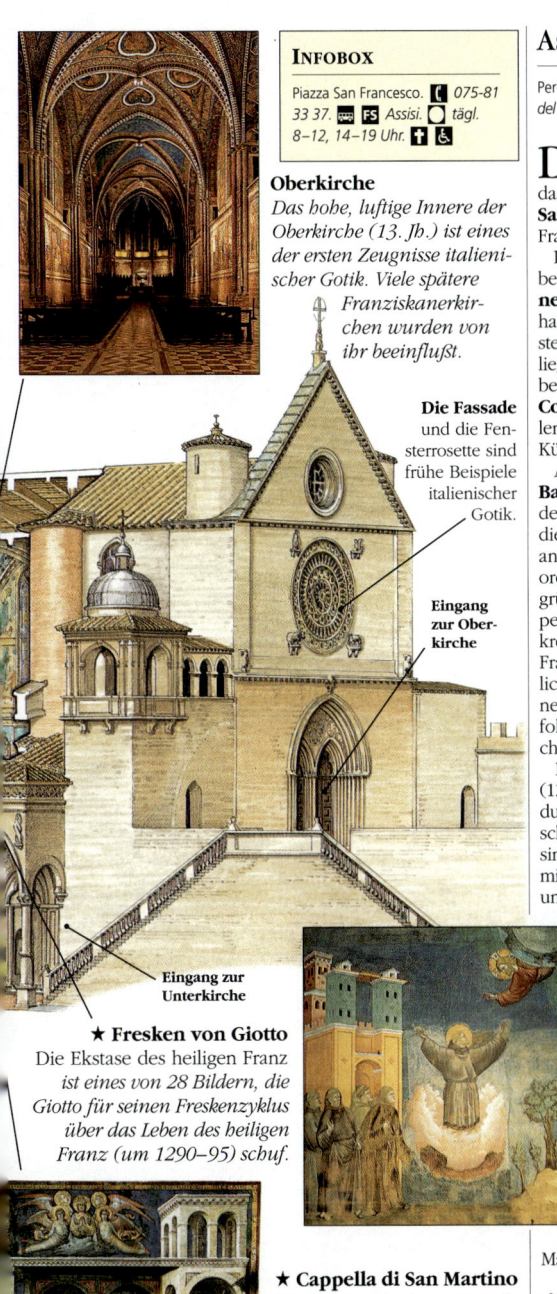

Die Fassade und die Fensterrosette sind frühe Beispiele italienischer Gotik.

Eingang zur Oberkirche

Eingang zur Unterkirche

★ Fresken von Giotto
Die Ekstase des heiligen Franz ist eines von 28 Bildern, die Giotto für seinen Freskenzyklus über das Leben des heiligen Franz (um 1290–95) schuf.

★ Cappella di San Martino
Die Fresken in dieser Kapelle zeigen Szenen aus dem Leben des heiligen Martin (um 1315) von Simone Martini. Dieses Bild zeigt den Tod des Heiligen. Auch die herrlichen Buntglasfenster sind ein Werk Martinis.

🏛 **Pinacoteca Comunale**
Piazza del Comune. 075-81 25 79. tägl. 1. Jan, 25. Dez.

🏛 **Dommuseum u. Krypta**
Piazza San Rufino. 075-81 22 83. Apr–Okt, 24. Dez–6. Jan tägl.

🏛 **Oratorio dei Pellegrini**
Via San Francesco. 075-81 22 67. tägl. Feiertage.

Giottos Fresko *Der heilige Franz erscheint den Mönchen von Arles* (um 1295) in der Basilica di San Francesco

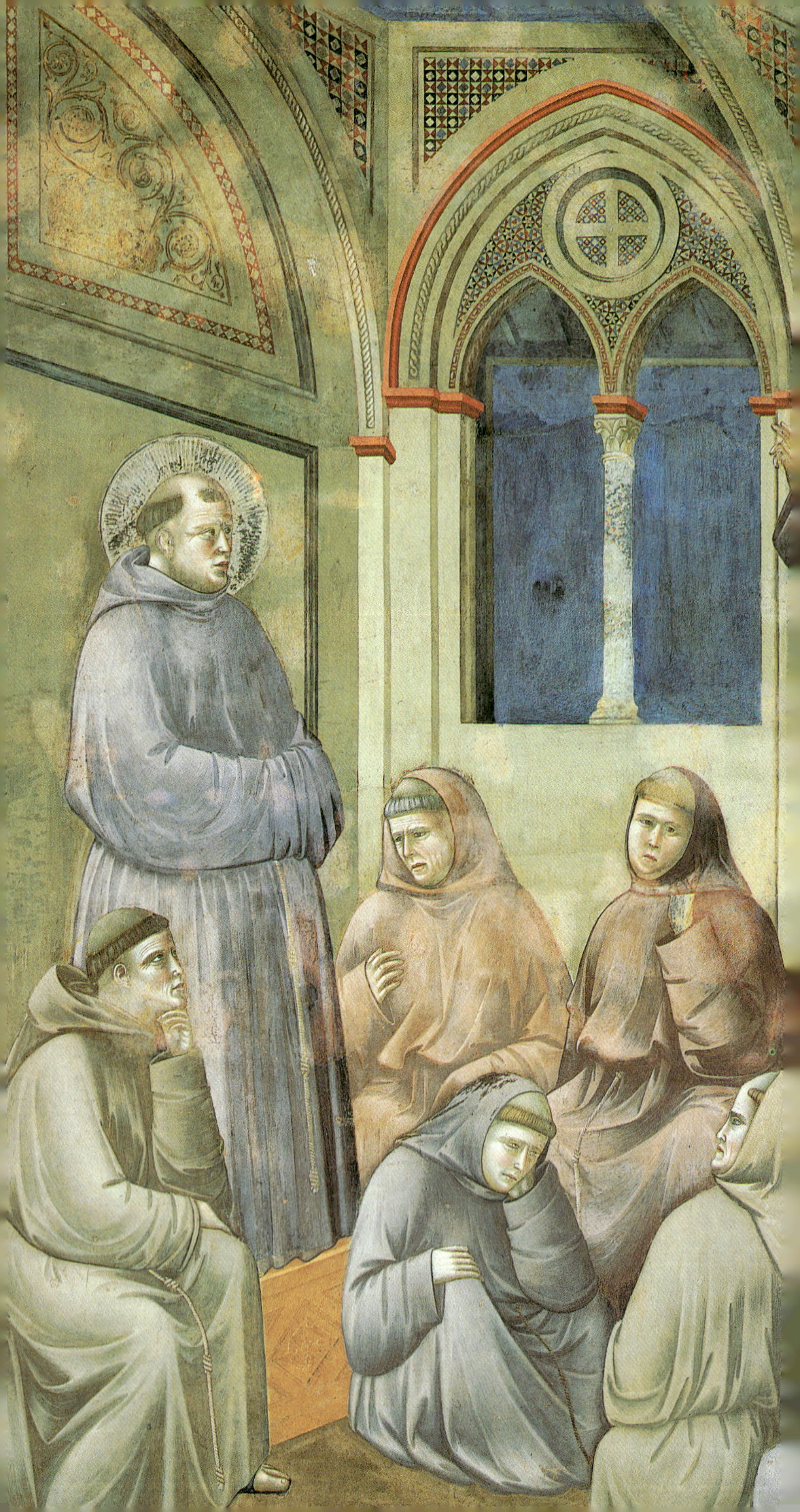

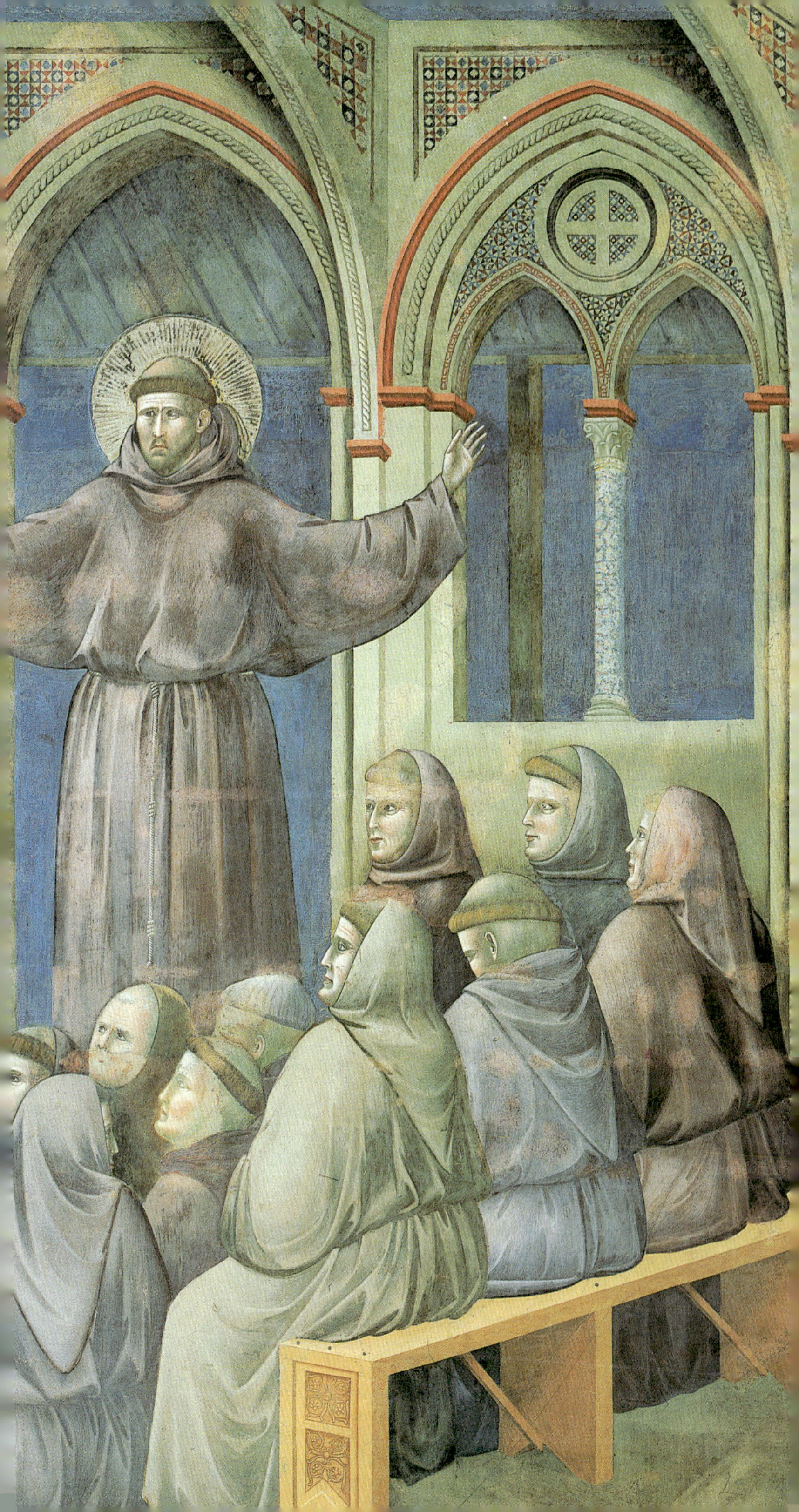

Orvieto ❺

Terni. 22 000. FS 🚌 **i** *Piazza Duomo 24 (0763-34 17 72).* Do, Sa.

ORVIETO HAT IN jeder Hinsicht etwas zu bieten. Von der Stadt, auf einem Felsplateau in 300 Meter Höhe gelegen, blickt man auf die Weinbaugebiete in der Ebene. Hauptanziehungspunkt für die Touristen ist der **Dom**, eines der schönsten romanisch-gotischen Gotteshäuser Italiens.

Am Ende der Via Scalza liegt die winzige Kirche **San Lorenzo in Arari** (13. Jh.), deren Fresken das Martyrium des heiligen Laurentius schildern. Der Altar wurde aus einer etruskischen Opferplatte gefertigt. Die Via Malabranca führt zur Kirche **San Giovenale**, die nahezu vollständig mit Fresken (15. und 16. Jh.) ausgemalt ist und zudem einen herrlichen Blick auf die umliegende Landschaft bietet. An der Piazza della Repubblica ragt der Turm von Sant'Andrea auf. Ungewöhnlich ist vor allem der zwölfseitige Grundriß, Teil eines Bauwerks aus dem 12. Jahrhundert.

🏛 Museo dell'Opera del Duomo
Piazza Duomo.
☎ 0763-34 24 77.
● wg. Renovierung.

Diese kleine »Schatzkammer« zeigt einige sehenswerte Stücke wie Gemälde von Lorenzo Maitani (gest. 1330) und Plastiken von Andrea Pisano (um 1270–1348).

Blick in den Pozzo di San Patrizio in Orvieto

🏛 Museo Archeologico Faina und Museo Civico
Piazza Duomo. ☎ 0763-34 37 68.
○ Di–So. ● 1. Jan, 1. Mai, 25. Dez. 💶 📷 &

Das archäologische Museum birgt eine bekannte Sammlung etruskischer Funde, darunter auch viele griechische Vasen aus den umliegenden Etruskergräbern, das Museo Civico dagegen griechische Werke der Antike sowie etruskische Kopien griechischer Arbeiten.

🏛 Museo d'Arte Moderna »Emilio Greco«
Palazzo Soliano, Piazza Duomo.
☎ 0763-34 46 05. ○ Di–So.
● 1. Jan, 25. Dez. 💶 &

Dieses Museum ist dem modernen sizilianischen Bildhauer Emilio Greco gewidmet, der u. a. die Bronzeportale des Doms (1964–70) schuf.

🏛 DOM VON ORVIETO

Piazza Duomo. ☎ 0763-34 11 67.
○ tägl. & 📷

Rund 300 Jahre dauerten die Bauarbeiten am Dom (Beginn 1290) mit seiner atemberaubenden Fassade. Er wurde zur Erinnerung an das Blutwunder von Bolsena errichtet. Dabei soll in einer Kirche im nahe gelegenen Bolsena echtes Blut von einer geweihten Hostie auf die Altardecke getropft sein.

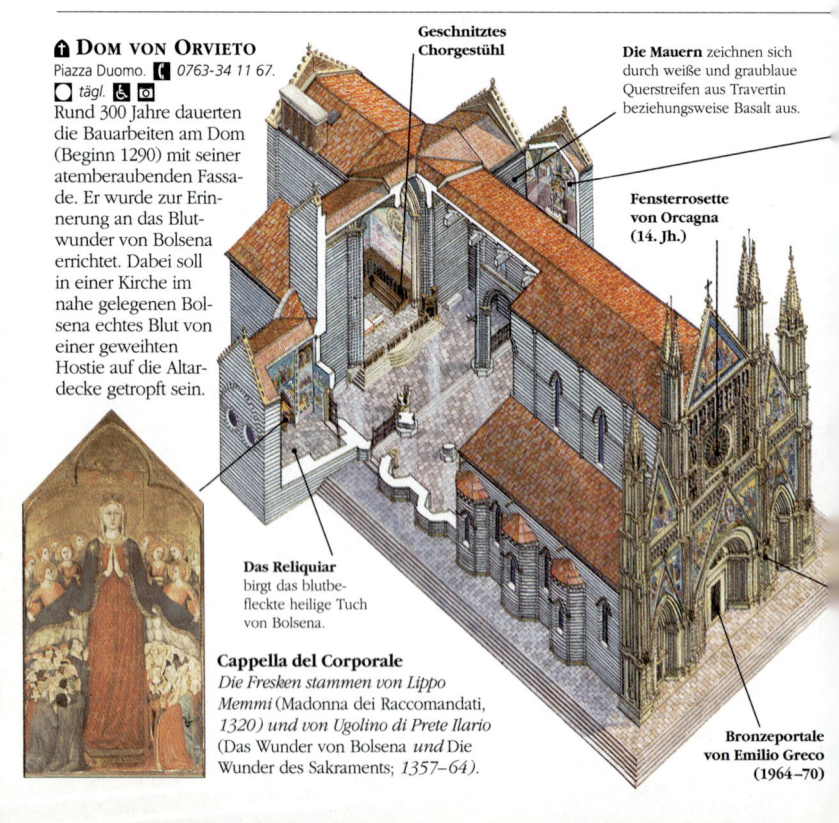

Geschnitztes Chorgestühl

Die Mauern zeichnen sich durch weiße und graublaue Querstreifen aus Travertin beziehungsweise Basalt aus.

Fensterrosette von Orcagna (14. Jh.)

Das Reliquiar birgt das blutbefleckte heilige Tuch von Bolsena.

Cappella del Corporale
Die Fresken stammen von Lippo Memmi (Madonna dei Raccomandati, 1320) und von Ugolino di Prete Ilario (Das Wunder von Bolsena und Die Wunder des Sakraments; 1357–64).

Bronzeportale von Emilio Greco (1964–70)

UMBRIEN

🜄 Pozzo di San Patrizio
Viale San Gallo. 📞 0763-34 37 68.
🕑 tägl. ⬤ 1. Jan, 25. Dez. 📷

Dieser riesige Brunnen wurde 1527 von Papst Klemens VII. in Auftrag gegeben und nach einem Entwurf des Architekten Antonio da Sangallo aus Florenz angelegt. Er sollte im Angriffsfall die Wasserversorgung gewährleisten. Zwei parallel verlaufende Wendeltreppen mit jeweils 248 Stufen führen hinab in die Finsternis. Zehn Jahre dauerten die Bauarbeiten an diesem 62 Meter tiefen Schacht aus Tuff- und Ziegelstein.

⛩ Necropoli del Crocifisso del Tufo
Viale Crispi. 📞 0763-34 36 11. 🕑 tägl. ⬤ 1. Jan. 📷 ♿

Die Grabkammern dieser etruskischen Totenstadt (6. Jh. v. Chr.) wurden aus Tuffstein errichtet. Die Gräber tragen etruskische Inschriften, vermutlich die Namen der Verstorbenen.

Cappella Nuova
Luca Signorellis großartiger Freskenzyklus vom Jüngsten Gericht (1499–1504) schmückt diese Kapelle, in der zuvor bereits Fra Angelico und Benozzo Gozzoli wirkten.

Fassade
Die minutiös gearbeiteten Basreliefs (um 1320–30) in den Flächen zwischen den Portalen stammen von Lorenzo Maitani. Sie zeigen Szenen aus dem Alten und Neuen Testament.

Todi – hoch über dem Tiber in Südumbrien

Todi ❻

Perugia. 🜨 17 000. 🚆 🚌 🛈 Via Ciuffelli 8 (075-894 38 67). 🛒 Sa.

DIE AUF EINEM HÜGEL oberhalb des Tiber gelegene Stadt hat von allen umbrischen Städten wohl den schönsten Blick zu bieten. Die einstige Etrusker- und spätere Römersiedlung konnte ihren mittelalterlichen Charme vollständig bewahren. Den Besucher erwarten viele Kirchen, drei strenge Paläste und viele stimmungsvolle Winkel.

Die meisten Touristen zieht es sofort zur **Piazza del Popolo**, an der auch der **Dom** (13. Jh.) mit seiner herrlich schlichten Fassade aufragt. Das Innere wirkt etwas düster, dafür birgt die Apsis eines der schönsten Chorgestühle (1521–30) Umbriens. Man beachte Ferraù da Faenzas riesiges Fresko (1596) im hinteren Teil des Doms – eine nicht ganz gelungene Kopie von Michelangelos *Jüngstem Gericht* – und das auf Gian Nicola di Paolo (einen Schüler Peruginos) zurückgehende Altarbild. Ebenfalls an diesem Platz stehen der **Palazzo dei Priori** (1293–1337) sowie der **Palazzo del Capitano** (1290) und der mit ihm verbundene **Palazzo del Popolo** (1213). Der Palazzo del Capitano mit seinem mittelalterlichen Interieur beherbergt das **Museo Etrusco-Romano** – etruskische und römische Funde aus der Umgebung – und die **Pinacoteca Comunale** mit Altarbildern und sakralen Gegenständen.

Die nach dem ersten Bischof der Stadt benannte Kirche **San Fortunato** (1292–1462) mit ihren einzigartigen marmorverkleideten gotischen Portalen (1415–58) und einem weiträumigen Inneren braucht keinen Vergleich zu scheuen. Die Kirche erinnert an die Hallenkirchen der deutschen Spätgotik, aber auch an die frühchristlichen Säulenbasiliken der Toskana. Sie zeichnet sich durch ein flaches Gewölbe, eine polygonale Apsis und gleich hohe Schiffe aus. Zu den Hauptattraktionen zählen das Chorgestühl (1590) und insbesondere die *Madonna mit Kind* (1432) von Masolino da Panicale (4. Kapelle rechts). In der Krypta befindet sich das Grab des Jacopone da Todi (um 1228–1306), eines berühmten Poeten und Mystikers des Mittelalters.

Rechts der Kirche liegt ein Park, von dem aus ein schattiger Weg (am winzigen Schloß vorbei) zur Kirche **Santa Maria della Consolazione** (1508–1607), etwas abseits der N79, führt. Diese schöne Renaissancekirche wird Bramante zugeschrieben. Die prächtige Fassade ist ein gelungener Kontrapunkt zum majestätisch-strengen Inneren.

🏛 Museo Etrusco-Romano und Pinacoteca Comunale
Palazzi Comunali. 📞 075-895 61. 🕑 Di–So. ⬤ Feiertage. 📷 ♿

Santa Maria della Consolazione in Todi

Spoleto ❼

Perugia. 38 000.
Piazza della Libertà 7 (0743-22 03 11). Di, Fr.

SPOLETO GEHT AUF EINE umbrische Siedlung zurück, die später zu einem der bedeutendsten römischen Munizipien Italiens wurde. Die Langobarden taten ein übriges und machten Spoleto im 7. Jahrhundert zur Hauptstadt eines ihrer drei italienischen Herzogtümer. Die Stadt war dann eine Zeitlang freie Kommune, bevor sie 1354 an den Vatikan fiel.

Spoleto ist wohl die schönste der umbrischen Hügelstädte. Ihr Ambiente gewinnt noch zusätzlich durch das Festival dei Due Mondi, ein bedeutendes europäisches Kunst- und Kulturfestival, das alljährlich im Juni und Juli stattfindet.

Ponte delle Torri in Spoleto

Am Südrand der Piazza del Mercato steht der **Arco di Druso**, ein römischer Triumphbogen aus dem 1. Jahrhundert, daneben die Kirche **Sant'Ansano** mit einer Krypta, deren Fresken aus dem 6. Jahrhundert stammen dürften. Im Norden führt die Via Aurelio Saffi zu der schlichten romanischen Kirche **Sant'Eufemia** (10. Jh.), in der vor allem das »Matroneum« auffällt, die Empore, auf der die Frauen getrennt von den Männern der Messe beiwohnten.

Ein Stückchen weiter ragt der **Dom** (12. Jh.) mit seiner harmonisch-eleganten Fassade auf. Im barocken Inneren ist vor allem die mit einem Freskenzyklus (1467–69) ausgeschmückte Apsis zu erwähnen. Es handelt sich dabei um das letzte Werk Fra Lippo Lippis. Dargestellt sind Szenen aus dem *Marienleben*. Die Cappella Erioli birgt Pinturicchios unvollendete *Madonna mit Kind* (1497). **San Salvatore** (4. Jh.) liegt etwas außerhalb auf dem städtischen Friedhof, hier scheint den Besucher ebenso wie im Inneren der Kirche die Ewigkeit anzuwehen. Ganz in der Nähe steht **San**

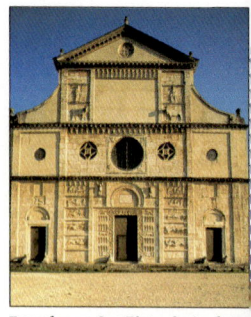

Fassade von San Pietro in Spoleto

Ponziano mit einer dreistöckigen Fassade im typischen Stil der umbrischen Romanik.

Die romanische Kirche **San Gregorio** an der Piazza Garibaldi stammt eigentlich aus dem Jahre 1069, allerdings findet man auch noch Fragmente antiker römischer Bauten. Im Inneren erwarten den Besucher ein aufgestocktes Presbyterium, eine Säulenkrypta und stellenweise guterhaltene Fresken an den Wänden zwischen den strengen steinernen Beichtstühlen. Rund 10 000 christliche Märtyrer sollen in dem römischen **Amphitheater** – die Ruine ist noch heute in der Via del Anfiteatro zu sehen – den Tod gefunden haben und unweit der Kirche begraben worden sein.

🌉 Ponte delle Torri
Der eindrucksvolle, 80 Meter hohe Aquädukt aus dem 14. Jahrhundert wurde von Gattapone aus Gubbio entworfen.

ROMANISCHE KIRCHEN IN UMBRIEN

Die umbrischen Kirchen waren stark von den römischen Basiliken inspiriert, in denen für jede der zahllosen Märtyrer- und Heiligenreliquien eine eigene Kapelle errichtet wurde. Viele umbrische Kirchen haben dreigeschossige Fassaden, häufig mit einer Fensterrosette und drei Eingangsportalen, die im Inneren ihre Entsprechung in Form eines Mittelschiffs und zweier Seitenschiffe haben. Das Presbyterium ist oft aufgestockt, so daß darunter Platz für eine Krypta bleibt, die meist die Reliquien eines Heiligen oder Märtyrers birgt. Oft zogen sich die Bauarbeiten über Jahrhunderte hin, und viele Kirchen wurden auch im Laufe der Zeit umgestaltet, wie man an den Stilelementen aus Gotik, Barock und Renaissance unschwer erkennt.

San Lorenzo di Arari in Orvieto wurde nach einem etruskischen Altar (arari) benannt. Die Kirche hat eine sehr schlichte Fassade (siehe S. 348).

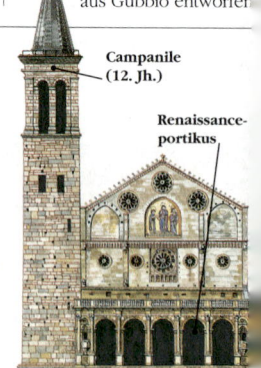

- Campanile (12. Jh.)
- Renaissanceportikus

Der Dom von Spoleto (1198) hat acht Fensterrosetten und einen Renaissanceportikus (1491). Der Turm besteht zum Teil aus Fragmenten antiker Bauten.

und ist das berühmteste Bauwerk der Stadt. Von oben blickt man auf die **Rocca Albornoz**, eine gewaltige päpstliche Festung, die zwischen 1359 und 1364 errichtet wurde, ebenfalls nach einem Entwurf Gattapones. Leider kann die Festung nicht besichtigt werden. Jenseits der Brücke führt ein Weg zur Strada di Monteluco. An dieser Straße liegt die Kirche **San Pietro** mit ihrer einzigartigen Fassade (12. Jh.).

🏛 Pinacoteca Comunale
Palazzo Comunale, Piazza del Municipio. 📞 0743-21 81.
🕙 Di–So. ⓧ 1. Jan, 25. Dez.

Die städtische Gemäldesammlung umfaßt vier hübsche Räume mit Werken von Perugino und seinem hiesigen Protegé Lo Spagna (um 1450–1528), darunter auch ein Bild der Madonna mit Kind und Heiligen.

Montefalco ⓼

Perugia. 🚗 4900. 🚌 Mo.

MONTEFALCO (wörtlich »Falkenberg«) ist ein treffender Name für dieses hoch gelegene Dorf mit seinem einmaligen Panorama. Die Gassen sind für Autos fast zu eng, aber in weniger als fünf Minuten ist das Dorf bequem zu Fuß zu durchqueren. Man kann aber auch einen ganzen Vormittag für Montefalco einplanen, insbesondere für das in der ehemaligen Kirche San Francesco untergebrachte **Museo Civico**.

Ausschnitt aus Gozzolis Freskenzyklus (1452) im Museo Civico, Montefalco

Die Hauptattraktion ist Benozzo Gozzolis *Leben des heiligen Franz* (1452), ein ausdrucksvoller Freskenzyklus, der stark an Giottos Freskenzyklus in Assisi *(siehe S. 344ff)* erinnert. Darüber hinaus sind Werke umbrischer Künstler des Mittelalters ausgestellt, unter ihnen Perugino, Tiberio d'Assisi und Nicolò Alunno.

Die schlichte gotische Kirche **Sant'Agostino** (Baubeginn 1279) am Corso Mameli hat neben den Fresken aus dem 14. bis 16. Jahrhundert auch noch drei Mumien zu bieten.

Auf dem Hauptplatz kann man einheimische Weine kaufen, wie zum Beispiel den roten Sagrantino di Montefalco. Jenseits der Stadtmauern liegt **Sant'Illuminata**. Die dortigen Fresken stammen von Francesco Melanzio. Nach rund zwei Kilometern kommt man zur hübsch gelegenen Kirche **San Fortunato** mit Fresken von Gozzoli und Tiberio d'Assisi.

UMGEBUNG: Das am schönsten gelegene Dorf im Tal von Spoleto ist wohl **Trevi**. Die Fresken in den Kirchen **San Martino** (16. Jh., an der Passeggiata di San Martino) und **Madonna delle Lacrime** (1487–1522, südlich von Trevi an der Hauptstraße) stammen zum Teil von Perugino und Tiberio d'Assisi.

🏛 Museo Civico di San Francesco
Via Ringhiera Umbra 9. 📞 0742-37 95 98. 🕙 Apr–Sep tägl.; Okt–März Di–So.
ⓧ 1. Jan, 25. Dez.

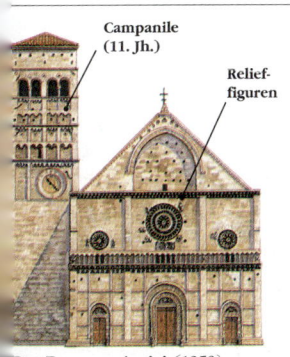

Der Dom von Assisi *(1253)* besitzt die typische dreigeschossige Fassade (siehe S. 345). Weitere Merkmale sind der große Spitzbogen und die Arkadenreihe.
- Campanile (11. Jh.)
- Relieffiguren

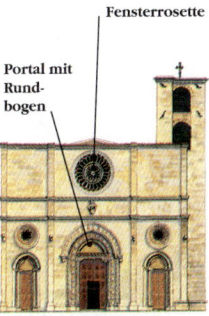

Der Dom von Todi wurde im 12. Jahrhundert begonnen, die Arbeiten dauerten jedoch bis ins 17. Jahrhundert (siehe S. 349).
- Fensterrosette
- Portal mit Rundbogen

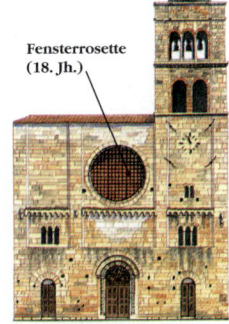

San Michele *(um 1195)* in Bevagna schmückt ein schönes Portal, das romanische Elemente mit Fragmenten aus der Antike verbindet (siehe S. 352).
- Fensterrosette (18. Jh.)

Spello ⑨

Perugia. 8000. FS
Piazza Matteotti 3 (0742-30 10 09). Mi.

SPELLO ZÄHLT zu den bekannteren Dörfern im Tal von Spoleto, was nicht zuletzt auf Pinturicchios berühmten Freskenzyklus zurückzuführen ist, der in der Cappella Baglioni in **Santa Maria Maggiore** (12./13. Jh.) an der Via Consolare zu sehen ist. Der Ortskern birgt die gotische Kirche **Sant'Andrea** (13. Jh.) in der Via Cavour, die in die Via Garibaldi übergeht. Diese führt wiederum zu der Barockkirche **San Lorenzo** (12. Jh.).

Auch Zeugnisse der Augusteischen Zeit findet man heute noch in Spello, zum Beispiel die **Porta Consolare** am Ende der Via Consolare und die **Porta Venere** mit ihren Zwillingstürmen (erreichbar über die Via Torri di Properzio).

Lohnend ist auch eine Fahrt auf der herrlichen Panoramastraße, die von Spello über den **Monte Subasio** nach Assisi führt.

UMGEBUNG: Fast noch ein Geheimtip im Tal von Spoleto ist der Ort **Bevagna**. Ebenso wie Spello war er eigentlich nur eine Zwischenstation an der Via Flaminia (einer durch diesen Teil Umbriens verlaufenden Römerstraße). Die mittelalterliche Piazza Silvestri wird von zwei romanischen Kirchen flankiert, von denen **San Silvestro** (1195) nicht zuletzt dank des stimmungsvollen Inneren und der Krypta wohl die sehenswertere ist, aber auch **San Michele** (Ende 12. Jh.) hat ein sehr schönes, von zwei Wasserspeiern eingerahmtes Portal.

Die Gipfel der Monti Sibillini in Ostumbrien

Monti Sibillini ⑩

Macerata. FS *Spoleto.* Visso.
Largo Giovanni Battista Antinori 1, Visso (0737-955 26).

DIE VOR EINIGER ZEIT zum Nationalpark erklärten Monti Sibillini sind das landschaftliche Highlight Ostumbriens. Die wildromantische Bergkette gehört zum Apennin, der sich durch ganz Italien zieht. Die höchste Erhebung und zugleich der dritthöchste Berg Italiens ist der **Monte Vettore** mit 2476 Metern. Die Bergkuppe liegt unweit der Höhle der aus der Mythologie bekannten Sibylle, nach der das gesamte Massiv benannt wurde.

Gute Landkarten und Wege lassen jedes Wandererherz höher schlagen. Besondere Erwähnung verdient der **Piano Grande**, eine von Bergen umringte, idyllische Hochebene, auf der Schafe friedlich zwischen Heuhaufen weiden. Jedes Jahr im Frühling schmückt ein bunter Blumenteppich die Landschaft, während im weiteren Jahresverlauf Linsen in diesem riesigen Gemüsegarten heranreifen. Der einzige Ort ist **Castelluccio**, ein urwüchsig-malerisches Bergdorf, das mittlerweile restauriert wird. Man erreicht es über die Straße von Norcia oder Arquata del Tronto.

Ladenfassade einer Metzgerei in Norcia

Norcia ⑪

Perugia. 4700. *Piazza San Benedetto (0743-82 80 44).* Do.

DER GEBURTSORT des heiligen Benedikt ist eine in Berge eingebettete Kleinstadt und zugleich ein guter Ausgangspunkt für Ausflüge ins Valnerina und in die Monti Sibillini. Norcia zählt zu den kulinarischen Hochburgen Italiens und ist vor allem für Trüffeln, Schinken und Salami bekannt.

Die Hauptsehenswürdigkeiten säumen die **Piazza San Benedetto**. An der Ostseite steht die Kirche **San Benedetto** mit einem Portal aus dem 14. Jahrhundert, das von den Statuen des heiligen Benedikt und seiner Schwester, der heiligen Scolastica, flankiert wird. Es heißt, der Heilige sei genau an dieser Stelle geboren wor-

Pinturicchios Verkündigung (um 1500) in Santa Maria Maggiore in Spello

Blick auf das Kloster San Pietro in Valle (8. Jh.) im idyllischen Valnerina

den. Wahrscheinlicher ist, daß hier früher einmal ein römischer Tempel stand, denn hier befand sich einst auch das Forum des römischen Munizipiums Nursia.

Links der Kirche befindet sich der vor kurzem restaurierte **Palazzo Comunale**, ein Relikt aus dem 13. und 14. Jahrhundert, als die Stadt freie Kommune war. Auf der gegenüberliegenden Seite des Platzes steht die alles beherrschende **Castellina**, eine Trutzburg, die sozusagen als verlängerter Arm des Vatikans in dieser aufmüpfigen Bergregion Diziplin und Ordnung gewährleisten sollte. Der **Dom** (1560) linker Hand ist im Laufe der Jahrhunderte durch wiederholte Erdbeben stark in Mitleidenschaft gezogen worden. Zur Vermeidung weiterer Schäden wurden alle Häuser ziemlich niedrig und mit dicken Mauern gebaut. Eine Verlockung der besonderen Art sind die Metzgereien an der Piazza San Benedetto mit ihren appetitlichen Auslagen. Unweit davon, in der Via Anicia, liegt **Sant'Agostino** mit einigen sehr schönen Fresken aus dem 16. Jahrhundert. Von hier ist es nicht mehr weit bis zur Piazza Palatina und dem **Oratorio di Sant'Agostinaccio**, das schon allein wegen seiner Decke (17. Jh.) einen Abstecher wert ist.

Valnerina ⑫

Perugia. FS ⊟ Spoleto. 🅸 Piazza Garibaldi 1, Cascia (0743-714 01).

DAS »KLEINE NERA-TAL« zieht sich durch weite Teile Ostumbriens. Viele Gebirgsbäche aus den Monti Sibillini und den Bergen um Norcia speisen die Nera, die ihrerseits in den Tiber mündet. Die Hänge sind teils felsig, teils bewaldet. An vielen Stellen sieht man Dörfer, zum Teil mit massiven Befestigungsanlagen.

An den Hängen des Tals liegt auch **San Pietro in Valle**, ein idyllisches Kloster oberhalb von Colleponte. Das im 8. Jahrhundert gegründete Kloster ist eines der wenigen noch erhaltenen Zeugnisse aus der Zeit der Langobarden, die Spoleto zur Hauptstadt eines ihrer italienischen Herzogtümer gemacht hatten. Das Haupthaus des Klosters stammt noch aus dieser Zeit, ebenso wie der Hochaltar. Die Mauern des Langhauses sind mit Fresken aus dem 12. Jahrhundert verziert.

Deutlich spektakulärer sind die **Cascate delle Marmore** bei Terni, die mit 165 Metern zu den höchsten Wasserfällen Europas zählen. Sie wurden eigentlich von den Römern als Teil eines Entwässerungssystems angelegt und liefern heute mit Ausnahme weniger Tage ganzjährig Wasserkraft. Man sieht sie sowohl von Marmore aus als auch von der N209.

🏛 **San Pietro in Valle**
Località Ferentillo, Terni. ☎ 0744-78 03 16. ⊙ tägl.
🌊 **Cascate delle Marmore**
7 km auf der N209 von Terni. ⊙ unregelmäßig. Näheres im Fremdenverkehrsamt.

Die Piazza San Benedetto mit gleichnamiger Kirche in Norcia

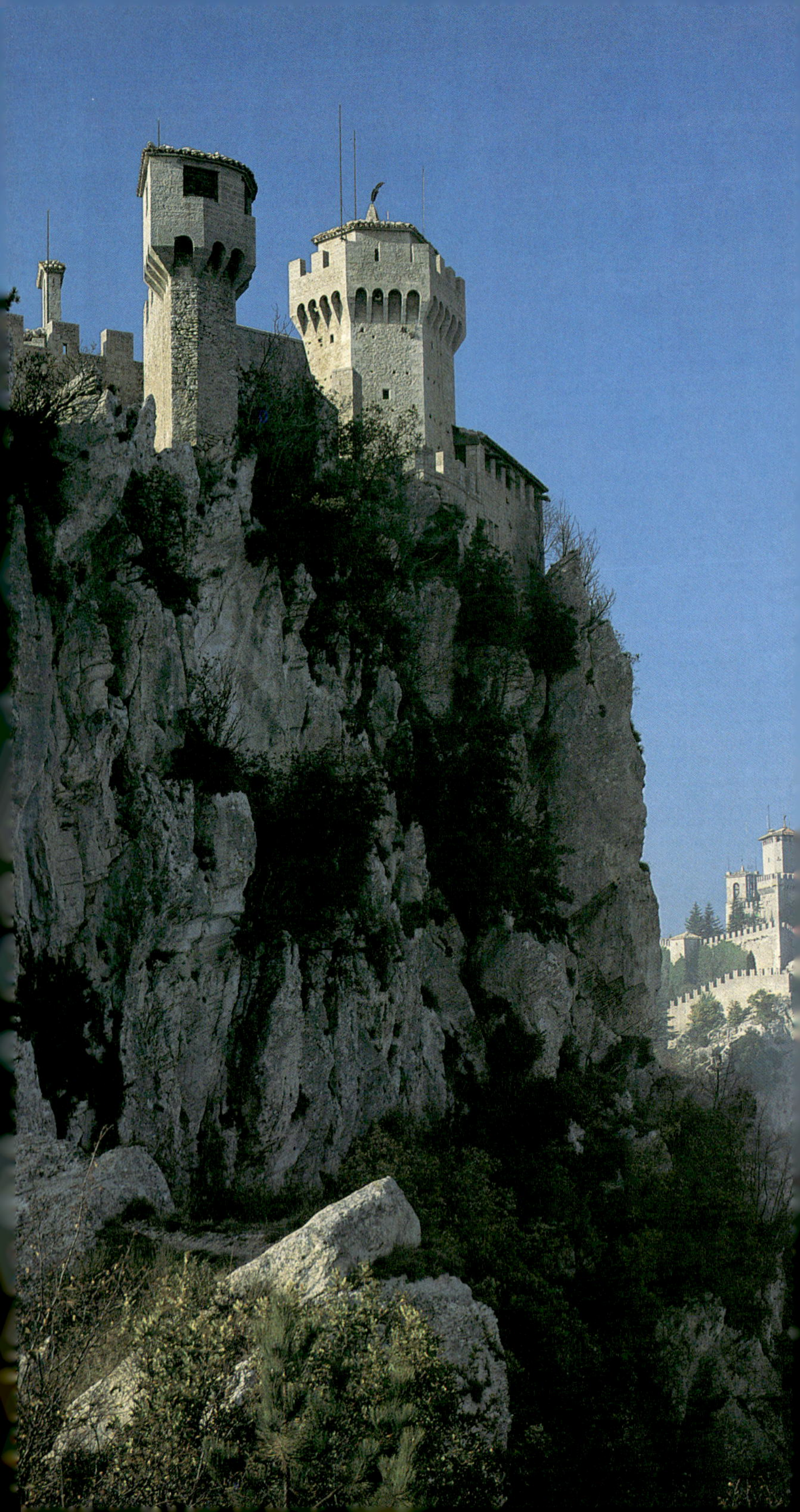

DIE MARKEN

DIE MARKEN *liegen zwischen Adria und Apennin. Das abwechslungsreiche Landschaftsbild reicht von ländlichen Gegenden über historische Städte und liebliches Hügelland bis hin zu langen Sandstränden. In vorchristlicher Zeit siedelten sich hier die Picenter an, ein Stamm, der schließlich mit den Römern verschmolz.*

Bereits im 4. Jahrhundert v. Chr. ließen sich Auswanderer aus Magna Graecia in weiten Teilen der Region nieder, deren bedeutendste Stadt, Ancona, der nördlichste Punkt der griechischen Einflußsphäre auf der italienischen Halbinsel war. Im frühen Mittelalter verlief hier die Grenze des Heiligen Römischen Reiches Deutscher Nation. Aus dieser Zeit stammt auch der Name der Region *(march* = Grenzgebiet).

Ihre Blütezeit erlebten die Marken im 15. Jahrhundert unter Federico da Montefeltro. Noch heute spürt man die einstige Grandezza, vor allem in Federicos prächtigem Palazzo Ducale, der heute die Galleria Nazionale delle Marche beherbergt. Sehenswert ist auch die Stadt Ascoli Piceno, deren Piazza del Popolo zu den stimmungsvollsten Plätzen Italiens zählt. Aber auch Städte wie San Leo und Urbania oder die Republik San Marino haben sehenswerte Zeugnisse aus dem Mittelalter zu bieten.

Die Touristen zieht es aber nicht nur in die Städte und an die Küste, sondern auch in das bergige Hinterland. Von besonderem Reiz sind die schneebedeckten Gipfel der Monti Sibillini, die jedes Wandererherz höher schlagen lassen.

Zu den Delikatessen der einheimischen Küche zählen Trüffeln, Bergkäse, Schinken, Salami, *olive ascolane* (Oliven mit Fleisch- und Kräuterfüllung) und *brodetto,* eine Fischsuppe, die in vielen Varianten angeboten wird. Der bekannteste einheimische Wein ist der Verdicchio, aber auch unbekanntere Sorten wie Bianchello del Metauro erfreuen sich immer größerer Beliebtheit.

Klatschmohn und Olivenbäume im Herzen der Marken

◁ **Mittelalterliche Festungswälle und Wehrtore in der Republik San Marino**

Überblick: Die Marken

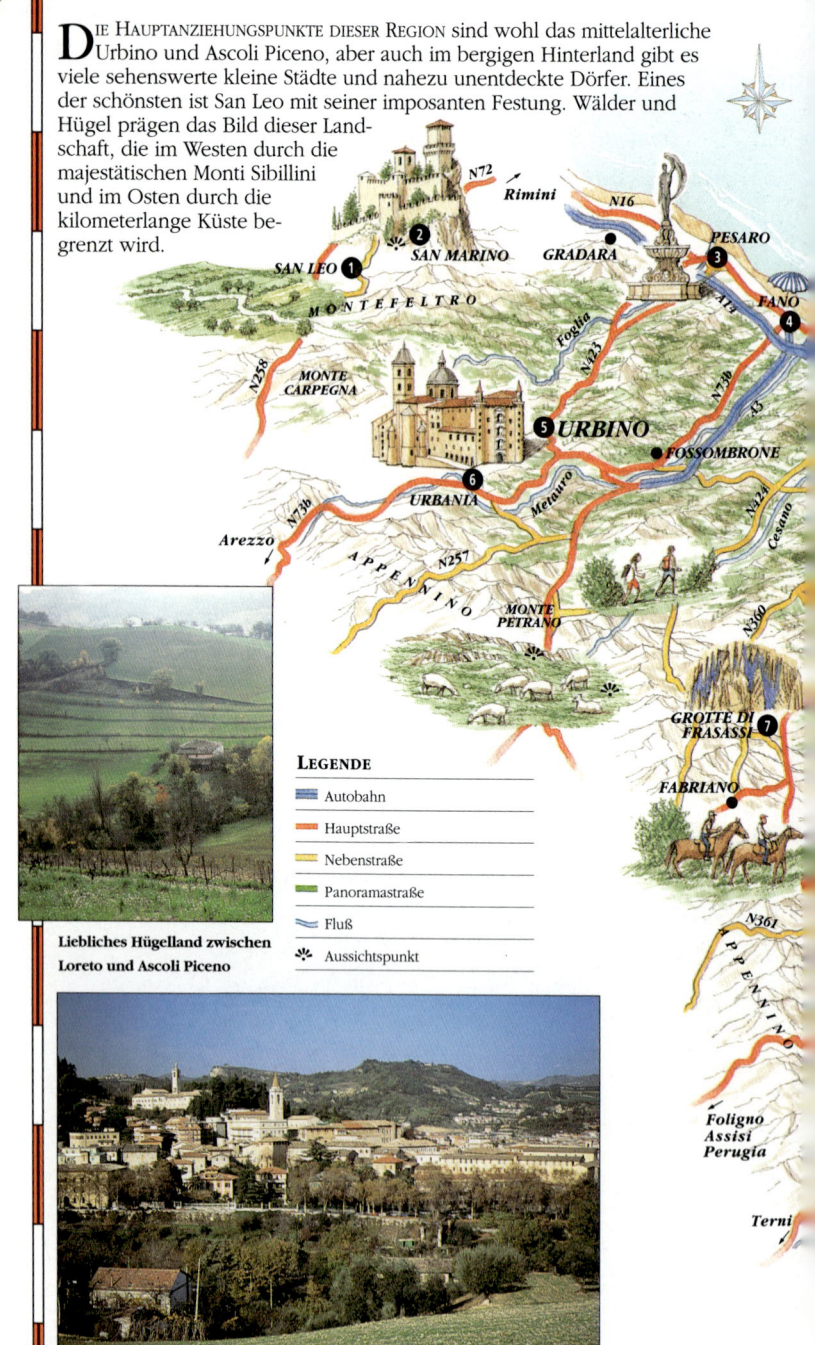

Die Hauptanziehungspunkte dieser Region sind wohl das mittelalterliche Urbino und Ascoli Piceno, aber auch im bergigen Hinterland gibt es viele sehenswerte kleine Städte und nahezu unentdeckte Dörfer. Eines der schönsten ist San Leo mit seiner imposanten Festung. Wälder und Hügel prägen das Bild dieser Landschaft, die im Westen durch die majestätischen Monti Sibillini und im Osten durch die kilometerlange Küste begrenzt wird.

Legende

- Autobahn
- Hauptstraße
- Nebenstraße
- Panoramastraße
- Fluß
- Aussichtspunkt

Liebliches Hügelland zwischen Loreto und Ascoli Piceno

Blick auf Ascoli Piceno, eine der schönsten Städte der Marken

DIE MARKEN

AUF EINEN BLICK

Ancona ❾
Ascoli Piceno ⓬
Conero ❿
Fano ❹
Grotte di Frasassi ❼
Iesi ❽
Loreto ⓫
Pèsaro ❸
San Marino ❷
San Leo ❶
Urbania ❻
Urbino S. 360 f ❺

Felsküste bei Portonovo auf der Halbinsel Conero

UNTERWEGS

Die Küstenorte sind über die A14 gut zu erreichen. Von ihr führen Schnellstraßen nach Urbino, Iesi und Ascoli Piceno, die Nord-Süd-Verbindungen im Hinterland sind allerdings meist weniger ausgebaut. Die Busverbindungen sind gut, nur im Hinterland verkehren die Busse zum Teil seltener. Hervorragend sind dagegen die Zugverbindungen an der Küste und auch im Herzen der Region.

Markt in Fano

SIEHE AUCH

• *Übernachten* S. 564 f

• *Restaurants* S. 597 f

Der Glockenturm des Doms von San Leo beherrscht die Landschaft

San Leo ❶

Pèsaro. 🛈 *Fortezza, Via Pugliano 5 (0541-91 62 31).* 🚌 *von Rimini, umsteigen in Villanova.*

NUR WENIGE FESTUNGEN sind so imposant wie die von San Leo. Dante ließ sich bei seinem *Purgatorio* von dieser gewaltigen Szenerie inspirieren, und Machiavelli betrachtete die Zitadelle als eines der Meisterwerke italienischer Festungsarchitektur. In der Antike stand auf diesem Felsen, dem Mons Feretrius, ein Jupitertempel.

Danach errichteten die Römer eine Festung, die im 18. Jahrhundert als vatikanisches Gefängnis fungierte. Der berühmteste Insasse war wohl der sagenumwobene Graf Cagliostro, ein Schwindler, Spiritist, Quacksalber und Alchimist. Cagliostro wurde 1791 wegen Ketzerei zu lebenslanger Haft verurteilt. Seine Zelle kann man ebenso besichtigen wie die kleine Gemäldegalerie, einige Prunkzimmer und den mächtigen Festungswall, den der Renaissancearchitekt Francesco di Giorgio Martini im 15. Jahrhundert im Auftrag der Herzöge von Montefeltro baute. Im Zentrum des Dorfs befindet sich die **Pfarrkirche** aus dem 9. Jahrhundert, die zum Teil aus den Steinen der Mons-Feretrius-Ruine errichtet wurde. Vorgängerbau war eine Kapelle aus dem 6. Jahrhundert.

Unweit davon steht der **Dom** (12. Jh.), ein schönes Renaissancebauwerk, dessen korinthische Kapitelle und römische Säulen vom Mons Feretrius stammen. Der Deckel vom Sarkophag des heiligen Leo befindet sich in der Krypta.

⛰ **Festung**
Via Leopardi. 📞 *0541-91 62 31.* 🕐 *tägl.*

San Marino ❷

🚌 *San Marino Città.* 🛈 *Contrada Omagnano 20, San Marino (0549-88 24 00).*

DIE ÄLTESTE REPUBLIK Europas soll vom heiligen Marinus gegründet worden sein, einem Steinmetzen und Mönch, der auf diese Weise im 4. Jahrhundert der Christenverfolgung unter Diokletian entgehen wollte. Mitbegründer war der heilige Leo, der auch das nahe gelegene San Leo gegründet hatte. Der am Monte Titano gelegene Zwergstaat – von Grenze zu Grenze sind es an der breitesten Stelle zwölf Kilometer – hat seine eigene Münze, eigene Briefmarken, eine eigene Fußballmannschaft und sogar ein 1000-Mann-Heer.

Die Republik mit gleichnamiger Hauptstadt lockt mit ihren vielen Souvenirshops und der Möglichkeit des zollfreien Einkaufs ganzjährig wahre Horden konsumfreudiger Besucher an. **Borgomaggiore**, die größte Stadt der Republik, liegt am Fuße des Monte Titano. Von hier kann man mit der Seilbahn in die Hauptstadt hinauffahren.

Pèsaro ❸

🚆 *91 000.* 🚉 🚌 🛈 *Via Trieste 164 (0721-693 41).* 🗓 *Di u. 1. Do im Monat.*

Detail aus Bellinis *Krönung Mariens* (um 1470) in den Musei Civici

PÈSARO ZÄHLT ZWAR zu den größeren Badeorten an der Adria, konnte sich aber dennoch sein gediegenes Ambiente bewahren. Hinter der Uferpromenade liegt eine reizvolle Stadt mit mittelalterlichem Flair.

Zu den Ausstellungsstücken der **Musei Civici** zählen unter anderem Bellinis prächtiges Polyptychon *Krönung Mariens* (um 1470) sowie eine bedeutende Keramiksammlung.

Das **Museo Archeologico Oliveriano** birgt historische Funde von der Antike bis zur Eisenzeit aus der Nekropolis des nahe gelegenen Novilara.

Nicht verpassen sollte man **Sant'Agostino** am Corso XI Settembre mit seinem schönen Chorgestühl. Die aufwendigen Einlegearbeiten zeigen unter anderem Landschaften.

Pèsaro ist auch eine Pilgerstätte für Musikfreunde. 1792 wurde hier der Komponist Gioachino Rossini geboren.

Duty-free-Shop in San Marino

Sein Geburtshaus, die **Casa Rossini**, birgt einige Erinnerungsstücke. Das Klavier und die Originalpartituren werden dagegen im **Conservatorio Rossini** aufbewahrt und seine Opern jedes Jahr im August im **Teatro Rossini** aufgeführt.

🏛 Musei Civici
Piazza Mosca 29. 0721-312 13. Di–So (Okt–März nur vorm.).
🏛 Museo Archeologico Oliveriano
Via Mazza 97. 0721-333 44. Mo–Sa vorm. Feiertage.
Casa Rossini
Via Rossini 34. 0721-38 73 57. Di–So (Okt–März nur vorm.).
Conservatorio Rossini
Piazza Olivieri 5. 0721-336 70. Mo–Sa vorm. Feiertage.

Fano ❹

Pèsaro. 53 000.
Via Cesare Battisti 10 (0721-80 35 34). Mi, Sa.

Fano hebt sich durch seine stimmungsvolle Altstadt und seine vielen historischen Monumente von den anderen Badeorten südlich von Pèsaro ab. Der nach einem heidnischen, der Glücksgöttin Fortuna geweihten Tempel benannte Ort war Endpunkt der Via Flaminia (einer der großen von Rom ausgehenden Konsularstraßen) und eines der größten römischen Munizipien an der Adria. Der **Arco d'Augusto** (aus dem Jahre 2 n. Chr.) in der Via Arco d'Augusto ist das bedeutendste Monument der Stadt. Er ist der völligen Zerstörung durch Federico da Montefeltro, der Fano 1463 in seiner Eigenschaft als päpstlicher *condottiere* belagerte, nur knapp entgangen.

Die **Fontana della Fortuna** (16. Jh.) auf der Piazza XX Settembre ist der Göttin Fortuna geweiht. Der dahinter aufragende **Palazzo Malatesta** wurde um 1420 erbaut und 1544 im Auftrag der Malatesta erweitert. Er beherbergt das **Museo Civico** und die **Pinacoteca Malatestiana** mit Werken von Guercino, Guido Reni und Michele Giambono aus Venedig.

🏛 Museo Civico und Pinacoteca Malatestiana
Piazza XX Settembre. 0721-82 83 62. Di–So (Okt–März Di–So vorm.). 1. Jan, Ostern, 10. Juli, 25., 26. Dez.

Eingang des Palazzo Ducale in Urbania

Urbino ❺

Siehe S. 360 f.

Urbania ❻

Pèsaro. 7200. Corso Vittorio Emanuele 24 (0722-31 72 11). Do.

Die Stadt mit den vielen Arkaden wurde nach Papst Urban VIII. (1623–44) benannt, der das mittelalterliche Dorf namens Castel Durante in eine Renaissancestadt umbauen lassen wollte.

Hauptattraktion ist ein Monument älteren Datums, der gewaltige **Palazzo Ducale**, den die eigentlich am Hof von Urbino residierenden Herzöge von Montefeltro als Zweitresidenz am Ufer des Metauro errichten ließen. Er wurde im 13. Jahrhundert begonnen und im 15. und 16. Jahrhundert umgebaut. Der Palast beherbergt heute eine nette Gemäldegalerie, ein nettes Museum, alte Landkarten und Globen sowie die Überreste von Federicos berühmter Bibliothek.

🏛 Palazzo Ducale
Palazzo Ducale. 0722-31 99 85. Di–Sa (Okt–März Öffnungszeiten in der Bibliothek erfragen). Feiertage.

Fontana della Fortuna in Fano

Urbino: Palazzo Ducale

ITALIENS SCHÖNSTER Renaissancepalast wurde von 1444 bis 1482 im Auftrag Federico da Montefeltros, des Herzogs von Urbino, errichtet. Federico war nicht nur ein mutiger Söldner, sondern auch ein Kunstliebhaber. Sein architektonisch kaum zu übertreffender Palast mit der dazugehörigen Bibliothek und der Gemäldegalerie zeugt noch heute von den hohen Idealen der Renaissance.

★ Geißelung Christi
Die auf diesem Fresko (15. Jh.) von Piero della Francesca dargestellte Szene wirkt durch die Perspektive besonders dramatisch.

Der Palast in Urbino

Laurana zugeschriebene Türme

Der schlichte Ostflügel wurde vor 1460 von Maso di Bartolomeo entworfen.

Cortile d'Onore
Der aus Dalmatien stammende Architekt Luciano Laurana (1420–79) entwarf den Renaissancehof.

Hau einga

Die Bibl
zählte da zu den gr Europas.

Idealstadt
Die auf dem Luciano Laurana zugeschriebenen Gemälde (15. Jh.) dargestellte Renaissancestadt zeichnet sich durch ihre harmonischen Proportionen aus.

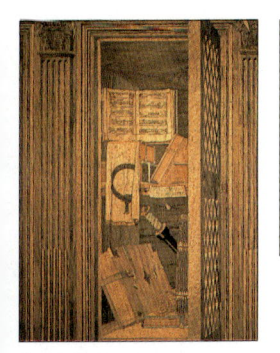

Urbino

Pèsaro. 16 000. Via Rinascimento 1 (0722-24 41). Sa.

INMITTEN DER GASSEN mit ihren zahllosen Zeugnissen aus Mittelalter und Renaissance liegt die Piazza Federico mit dem 1789 gebauten **Dom**, der unter anderem Federico Baroccis (um 1535–1612) *Das letzte Abendmahl* birgt. Im **Museo Diocesano** sind Glas, Keramik und sakrale Gegenstände aller Art ausgestellt.

In Raffaels Geburtshaus, der **Casa Natale di Raffaello**, fühlt man sich in die Zeit des großen Meisters (1483–1520) zurückversetzt.

In der Via Barocci liegen das für seine Weihnachtskrippe *(presepio)* berühmte mittelalterliche **Oratorio di San Giuseppe** und das **Oratorio di San Giovanni Battista** (14. Jh.). Das Innere wurde von Jacopo und Lorenzo Salimbeni im 15. Jahrhundert vollständig mit Fresken ausgemalt. Dargestellt sind die *Kreuzigung* und *Das Leben Johannes' des Täufers*.

Die **Fortezza dell'Albornoz** (15. Jh.) am Viale Bruno Buozzi ist Teil der noch erhaltenen Befestigungsanlagen aus dem 16. Jahrhundert.

🏛 Museo Diocesano
Piazza Pascoli 2. 0722-28 50.
Mo–Sa (Okt–März Küster fragen).

Casa Natale di Raffaello
Via di Raffaello 57. 0722-32 01 05.
tägl. (So nur vorm.). 1. Jan, 25. Dez.

INFOBOX

Piazza Duca Federico. 0722-27 60. Piazza del Mercatale.
Juli–Sep Mo 9–14 Uhr, Di–Sa 9–19 Uhr, So 9–13 Uhr;
Okt–Juni Mo–Sa 9–14 Uhr, So 9–13 Uhr (letzter Einlaß 30 Min. vor Schließung). 1. Jan, 1. Mai, 25. Dez.

★ **Studiolo**
Die Intarsien (Holzeinlegearbeiten) im ehemaligen Studierzimmer Federico da Montefeltros stammen zum Teil von Botticelli.

Herzog Federico
Der Herzog – hier mit seinem Sohn – wurde wegen einer Gesichtsverletzung immer von links im Profil porträtiert, so auch auf diesem Gemälde von Pedro Berruguete aus dem 15. Jahrhundert.

Hängender Garten

Die Gemächer der Herzogin waren in diesem Flügel untergebracht.

★ **Die Stumme**
Raffaels Gemälde könnte ein Porträt der Florentiner Adligen Maddalena Doni sein.

NICHT VERSÄUMEN

★ Geißelung Christi von Piero della Francesca

★ Die Stumme von Raffael

★ Studiolo

Typisches mittelalterliches Straßenbild in Urbino

Meeresfrüchte und Fischerboote im Hafen von Ancona

Grotte di Frasassi

Ancona. 0732-97 30 39. San Vittore di Genga. nur zu Führungen (1 Std. 10 Min.). 1. Jan, 4., 25. Dez.

Eine der größten zugänglichen Höhlen Europas liegt in dem vom Sentino ausgewaschenen Höhlensystem südwestlich von Iesi. Von den insgesamt 18 Kilometer Höhlen und Gängen sind immerhin rund 1000 Meter zugänglich. In der bis zu 240 Meter hohen **Grotta del Vento** hätte sogar der Mailänder Dom Platz. Hier wurden Verhaltensstudien durchgeführt, um herauszufinden, wie der einzelne auf den Verlust der Sinneswahrnehmungen beziehungsweise ganze Gruppen in ihrem zwischenmenschlichen Verhalten auf längere Isolation reagieren.

Iesi

Ancona. 41 000. Piazza della Repubblica 11 (0731-597 88). Mi, Sa.

Hoch oben auf einem Felskamm liegt Iesi, inmitten von lieblichen, grünen Hügeln. Hier wird der Verdicchio angebaut, ein trockener Weißwein mit langer Tradition. Abgefüllt wird er in Glasnachbildungen der Terrakottaamphoren, in denen der Wein in der Antike nach Griechenland ausgeführt wurde. In Iesi selbst gibt es keine Kellereien, dafür aber viele Weingüter in der näheren Umgebung.

Die **Pinacoteca e Musei Civici** sind im Palazzo Pianetti (18. Jh.) untergebracht. Hier hängen unter anderem schöne Spätwerke von Lorenzo Lotto. Nicht minder attraktiv ist der Große Salon, ein Traum in Rokoko – das einstige Herzstück des Palastes. Der nahe gelegene **Palazzo della Signoria** beherbergt eine interessante archäologische Sammlung, Liebhabern von Fresken sei dagegen die Kirche **San Marco** (14. Jh.) außerhalb der Altstadt mit einigen guterhaltenen, an Giotto erinnernden Werken empfohlen.

Pinacoteca e Musei Civici
Via XV Settembre. 0731-53 83 43. Di–So.

Palazzo della Signoria
Piazza Colocci. 0731-53 83 45. Mo–Sa. Feiertage.

Ancona

105 000. Via Thaon de Revel 4 (071-349 38). Di, Fr.

Die Geschichte der Hauptstadt, die auch über den größten Hafen der Region verfügt, reicht mindestens bis ins 5. Jahrhundert v. Chr. zurück, als sich hier die ersten griechischen Auswanderer aus Syrakus ansiedelten. Der Name ist vom griechischen *ankon* (= Ellbogen) abgeleitet, eine Anspielung auf die gekrümmte Landzunge, der Ancona sein natürliches Hafenbecken verdankt.

Die mittelalterlichen Häuser wurden im Zweiten Weltkrieg großteils zerbombt. Eines der wenigen Bauwerke aus der Blütezeit im 15. Jahrhundert ist die **Loggia dei Mercanti** (die Warenbörse) in der Via della Loggia. Nördlich der Loggia steht die romanische Kirche **Santa Maria della Piazza** mit ihrer sehenswerten Fassade. In der Nähe liegt die **Pinacoteca Comunale F. Podesti e Galleria d'Arte Moderna** mit Werken Tizians, Lorenzo Lottos und Carlo Crivellis. Das **Museo Archeologico Nazionale delle Marche** bietet Exponate aus der Zeit der Griechen, Gallier und Römer. Der **Arco di Traiano** am Hafen wurde 115 n.Chr. gebaut und ist relativ gut erhalten.

Eine von vielen imposanten Höhlen der Grotte di Frasassi

Der Strand von Sirolo auf der Halbinsel Conero

🏛 **Pinacoteca Comunale F. Podesti e Galleria d'Arte Moderna**
Via Pizzecolli 17. 071-222 50 45.
tägl. Feiertage.
🏛 **Museo Archeologico Nazionale delle Marche**
Palazzo Ferretti, Via Ferretti 6. 071-207 53 90. tägl. (Okt–Mai tägl. vorm.). 1. Jan, 25. Dez.

Conero ❿

Ancona. Ancona.
von Ancona bis Sirolo oder Numana. Via Thaon de Revel 4, Ancona (071-332 49).

Die hübsche, von Felsküsten gesäumte Halbinsel nördlich von Ancona ist die einzige Unterbrechung der kilometerlangen Sandstrände entlang der Küste. Sie ist bequem zu erreichen und bietet eine zum Teil noch unberührte, schöne Landschaft, einheimischen Wein (vor allem Rosso del Conero) sowie lauschige Buchten, Strände und malerische kleine Urlaubsorte.

Der schönste Ort ist **Portonovo**. Über dem Strand ragt **Santa Maria di Portonovo** gen Himmel, eine romanische Kirche (11. Jh.), die schon Dante im Canto XXI seines *Paradiso* erwähnte. Die Dörfer **Sirolo** und **Numana** sind etwas überlaufener, man kann der Menge jedoch durch eine Besteigung des Monte Conero (572 m) entfliehen oder auch durch einen Bootsausflug zu einem der kleineren Strände abseits der Ferienorte.

Loreto ⓫

Ancona. 11 000. Via Solari 3 (071-97 02 76). Fr.

Einer Legende zufolge erhob sich 1294 das Haus der Heiligen Jungfrau **(Santa Casa)** im Heiligen Land in die Lüfte und wurde von Engeln zu einem Lorbeerhain *(loreto = Lorbeer)* südlich von Ancona gebracht, und so ziehen denn auch die **Santa Casa** und die **Basilika** von Loreto jedes Jahr rund drei Millionen Pilger an. Die Basilika wurde nach Entwürfen von Bramante, Sansovino und Giuliano da Sangallo gebaut (Baubeginn 1468) und teilweise von Luca Signorelli ausgeschmückt. Das **Museo-Pinacoteca** birgt Werke Lorenzo Lottos (16. Jh.).

Santa Casa in Loreto

⛪ **Basilika und Santa Casa**
Piazza Santuario. 071-97 01 08.
tägl.
🏛 **Museo-Pinacoteca**
Palazzo Apostolico. 071-97 77 59.
tägl. Di–So

Ascoli Piceno ⓬

53 000. Piazza del Popolo (0736-25 52 50). Mi, Sa.

Diese hübsche Stadt wurde nach den Picentern benannt, die 89 v. Chr. von den Römern besiegt wurden. Die römische Straßenanordnung des einstigen Asculum Picenum ist erhalten geblieben. Besucher kommen aber wegen der mittelalterlichen Zeugnisse.

Wahrzeichen der **Piazza del Popolo** sind der **Palazzo dei Capitani del Popolo** (13. Jh.) mit seiner von Cola dell'Amatrice entworfenen Fassade und **San Francesco**, eine gotische Kirche, die zwischen 1262 und 1549 errichtet wurde.

Die Via del Trivio führt nördlich zu einem mittelalterlichen Stadtviertel am Ufer des Tronto. In der Via Cairoli liegt die Dominikanerkirche **San Pietro Martire** (13. Jh.), gegenüber die Kirche **Santi Vincenzo e Anastasio** (11. Jh.), deren Krypta auf einer Lepra-Heilquelle errichtet worden sein soll.

Unweit der Piazza dell'Arringo steht der **Dom** (12. Jh.) – heute in barockem Prunk. Die Cappella del Sacramento birgt ein Polyptychon des Venezianers Carlo Crivelli (15. Jh.). Weitere Werke Crivellis sowie Werke Guido Renis, Tizians und Alemannos findet man in der **Pinacoteca Civica**. Das **Museo Archeologico** gewährt dagegen Einblicke in die Zeit der Picenter, Römer und Langobarden.

🏛 **Pinacoteca Civica**
Palazzo Comunale, Piazza Arringo.
0736-29 82 13. tägl.
Feiertage.
🏛 **Museo Archeologico**
Palazzo Panighi, Piazza Arringo.
0736-25 35 62. Di–So (Apr–Okt auch Mo nachm.).
1. Jan, 1. Mai, 25. Dez.

Das mittelalterliche Straßenbild von Ascoli Piceno

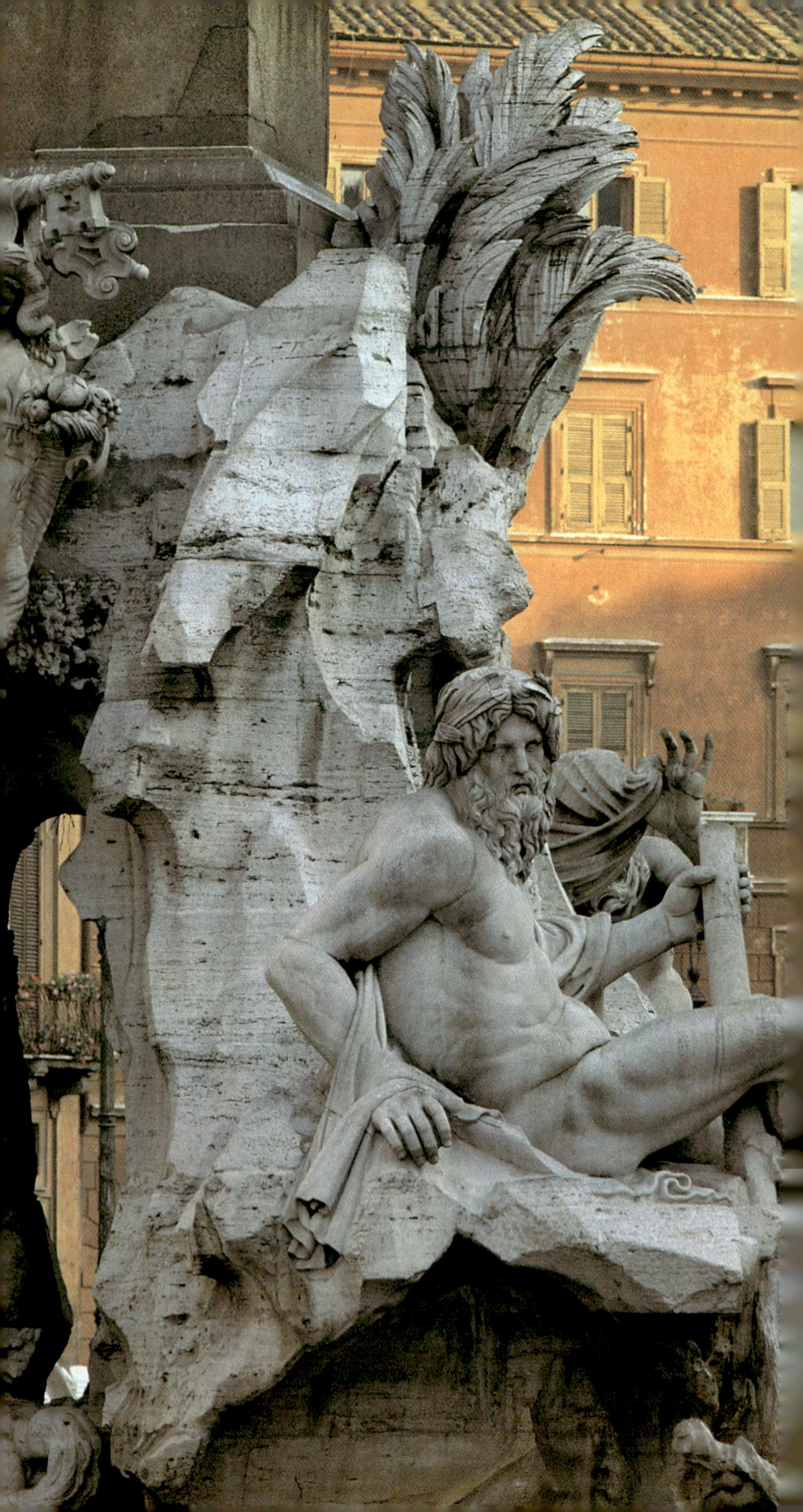

Rom und Latium

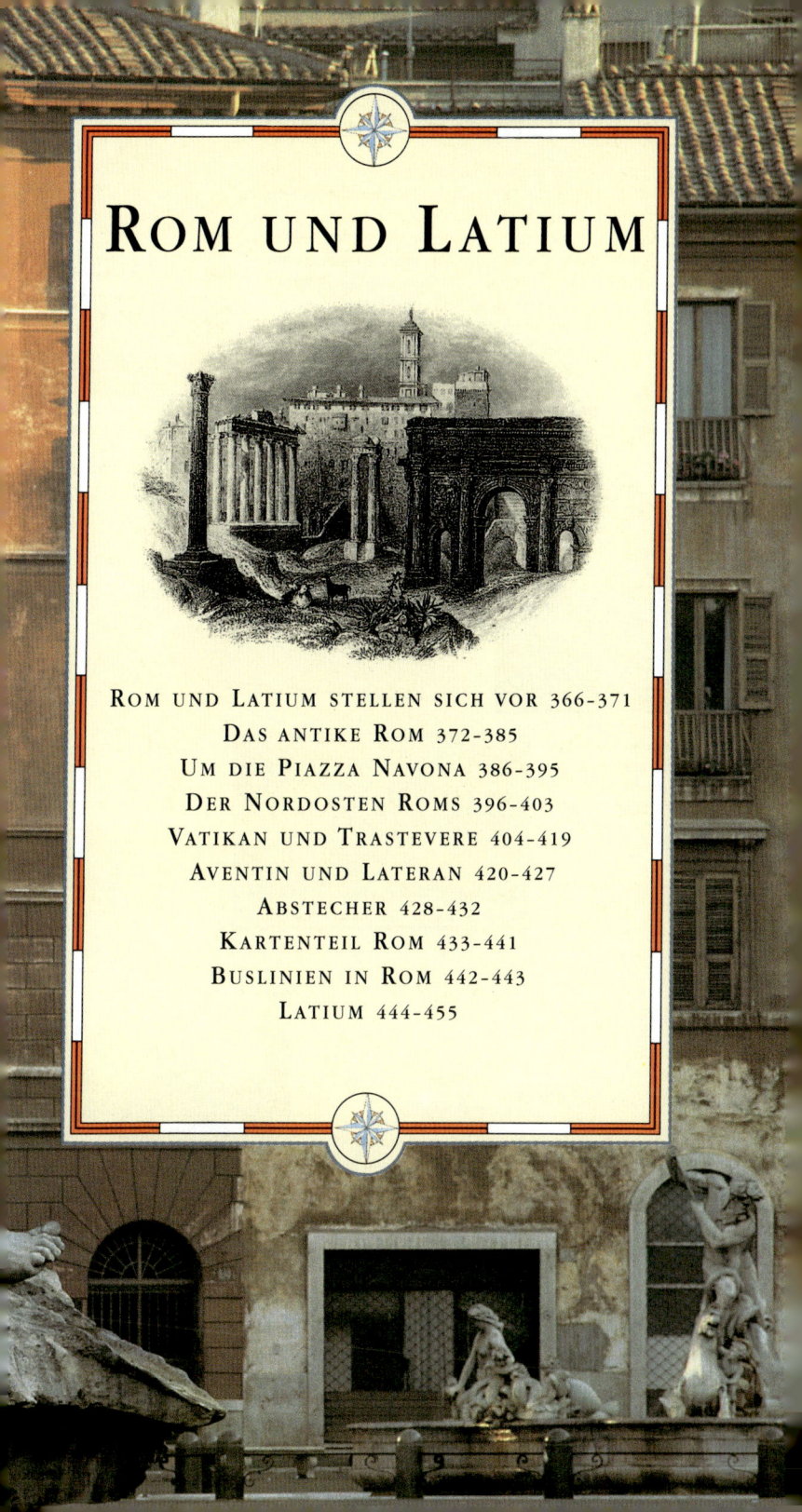

Rom und Latium stellen sich vor 366-371
Das antike Rom 372-385
Um die Piazza Navona 386-395
Der Nordosten Roms 396-403
Vatikan und Trastevere 404-419
Aventin und Lateran 420-427
Abstecher 428-432
Kartenteil Rom 433-441
Buslinien in Rom 442-443
Latium 444-455

Rom und Latium im Überblick

DIE ERSTEN SIEDLUNGEN im Latium gehen auf die Etrusker zurück, die sich schon früh im Norden dieser Region niederließen. Rom wurde das Zentrum eines riesigen Reiches und blieb auch nach dessen Spaltung der Nabel der christlichen Welt. Künstler und Architekten kamen auf Geheiß der Päpste, vor allem im Zeitalter der Renaissance und des Barock, als in Rom und Umgebung viele grandiose Bauwerke entstanden. Glücklicherweise ist ein großer Teil dieses reichen Erbes erhalten geblieben.

Die Piazza Navona ist von zahllosen Cafés gesäumt. Zu den architektonischen Highlights zählen drei Barockbrunnen, darunter auch Berninis Meisterwerk: die Fontana dei Quattro Fiumi (siehe S. 389).

Der Petersdom mit Michelangelos majestätischer Kuppel ist eine besonders prunkvolle Basilika (16. Jh.) (Siehe S. 408f).

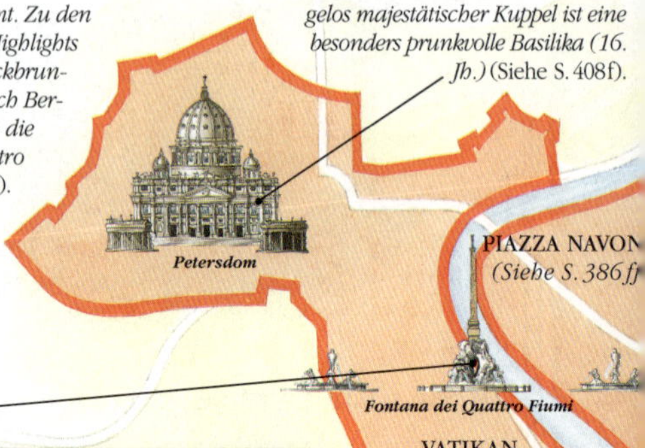

Petersdom

PIAZZA NAVONA
(Siehe S. 386ff)

Fontana dei Quattro Fiumi

Santa Maria in Trastevere, vermutlich die erste christliche Kirche Roms, birgt einige schöne Mosaiken, wie dieser Ausschnitt aus Cavallinis Szenen aus dem Marienleben (1291) bestätigt (siehe S. 418).

VATIKAN UND TRASTEVERE
(Siehe S. 404ff)

Santa Maria in Trastevere

LATIUM
(Siehe S. 444ff)

Cerveteri-Gräber

ROM
(siehe Hauptkarte)

0 Kilometer 15

Cerveteri ist eine von vielen etruskischen Totenstädten. Die größeren Tumuli waren oft mit Fresken ausgeschmückt. Nicht selten wurden den Toten auch nützliche Gebrauchsgegenstände mitgegeben (siehe S. 450).

◁ Berninis allegorischer »Vierströmebrunnen« in der Mitte der Piazza Navona

Das Pantheon, errichtet 118–25 n. Chr., ist mit seiner Kuppel und seinem klassizistischen Portikus einer der Höhepunkte römischer Baukunst (siehe S. 394).

Siehe auch

- **Übernachten** S. 565 ff
- **Restaurants** S. 599 ff

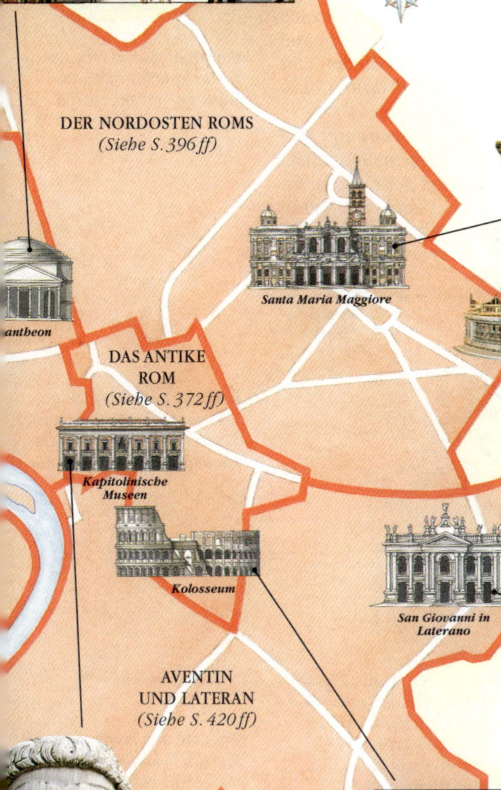

Santa Maria Maggiore verbindet im Inneren mehrere Stilrichtungen. Sehenswert ist z. B. dieser Baldachin aus dem 18. Jahrhundert (siehe S. 403).

DER NORDOSTEN ROMS
(Siehe S. 396 ff)

Santa Maria Maggiore

DAS ANTIKE ROM
(Siehe S. 372 ff)

Kapitolinische Museen

Kolosseum

San Giovanni in Laterano

AVENTIN UND LATERAN
(Siehe S. 420 ff)

San Giovanni in Laterano ist der eigentliche Dom der Stadt – hier die prachtvolle Corsini-Kapelle (um 1730) (siehe S. 426).

Die Kapitolinischen Museen beherbergen seit der Renaissance antike Skulpturen, darunter diese imposante Büste Konstantins aus dem 4. Jahrhundert (siehe S. 376 f).

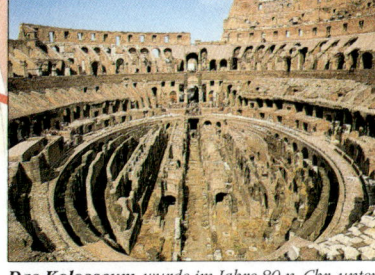

0 Meter 750

Das Kolosseum wurde im Jahre 80 n. Chr. unter Kaiser Vespasian errichtet, der sich durch Spektakel wie blutige Gladiatorenkämpfe beim Volk beliebt machen wollte (siehe S. 383).

Regionale Küche

DIE TRADITIONELLE *cucina romanesca* basiert von jeher auf den frischen Zutaten aus dem Umland, die auf allen Märkten der Stadt angeboten werden. Pilze und Artischocken werden je nach Saison in Dutzenden von Varianten zubereitet. Auch *misticanza*, ein Salat aus den leicht bitter schmeckenden Blättern der *rughetta* (Rucola) und *puntarelle* (Endivie), ist im Sommer nicht zu verachten. Typische Gewürze der römischen Küche sind Zwiebeln, Knoblauch, Rosmarin, Salbei und Lorbeer. Sehr geschätzt wird von den Einheimischen auch der sogenannte *quinto quarto* (das »fünfte Viertel«, d. h. Innereien, Kutteln usw.), der durch Olivenöl, Gewürze, *pancetta* (Speck) und *guanciale* (Schweinebacke) seinen deftigen Geschmack bekommt. Viele Gerichte werden mit geriebenem Pecorino, einem herzhaften Schafkäse, serviert, während der etwas mildere Ricotta gern für Pizza oder auch für Süßspeisen wie die *torta di ricotta* verwendet wird.

Salbeiblätter

Supplì di riso *ist eine typisch römische Köstlichkeit aus fritierten, mit Mozzarella gefüllten Reisbällchen.*

Fritierte Artischockenherzen

Fritierte Zucchiniblüten

Filetti di baccalà *(fritiertes Kabeljaufilet), eine ursprünglich jüdische Spezialität, sind fester Bestandteil der römischen Küche.*

Ein antipasto *ist eine Vorspeise. Meist werden Vorspeisenteller mit verschiedenen Gemüsen (je nach Saison) – entweder roh, gegrillt oder in Essig und Öl mariniert – serviert. Im Frühjahr sind Artischockenherzen und Zucchiniblüten besonders zu empfehlen. Sie kommen in verschiedenen Varianten auf den Tisch, zum Beispiel in Teig ausgebacken als* fritto misto.

Gnocchi alla romana *sind Kartoffel- oder Grießnockerln, die mit Tomatensauce oder nur mit Butter gegessen werden.*

Risotto alla romana – *dieses Reisgericht wird mit einer Sauce aus Leber, Kalbsbries und sizilianischem Marsala serviert.*

Bucatini all'amatriciana *sind spaghettiähnliche Nudeln mit Speck, Tomaten, Zwiebeln und geriebenem Pecorino.*

Spaghetti alla carbonara *sind ein römisches Nudelgericht, das mit Speck, Eiern, Parmesan und Pfeffer verfeinert wird.*

Was trinkt man im Latium?

Das warme Klima und die fruchtbaren Böden sind geradezu ideal für den Weinbau – eine Tradition, die von den alten Römern begründet wurde. Heute wird zum Essen immer Wein getrunken, und gerade aus dem Latium kommt eine ganze Reihe trockener Weißweine, die in allen Bars und Restaurants der Stadt serviert werden, zum Beispiel Castelli Romani, Marino, Colli Albani und Velletri. Am bekanntesten ist jedoch der Frascati. Alle genannten Sorten werden aus Trebbiano-Reben gekeltert. Die etwas edleren Tropfen enthalten darüber hinaus noch einen Hauch Malvasia-Traube. Die Rotweine kommen meist aus anderen Regionen Italiens. Das gleiche gilt für Schnäpse und Aperitifs wie zum Beispiel Campari. Natürlich bekommt man auch überall Bier, wie zum Beispiel das beliebte Nastro Azzurro. Wer alkoholfreie Getränke vorzieht, kann sich in jeder Bar auch einen frischgepreßten Orangensaft (*spremuta*) bestellen. Das römische Trinkwasser ist wohlschmeckend und steht zudem in ausreichender Menge zur Verfügung.

Coda alla vaccinara *ist ein römisches Gericht aus geschmortem Ochsenschwanz mit Kräutern und Tomatensauce.*

Torta di ricotta, *ein Käsekuchen mit Ricottafüllung, Marsala und Zitrone, wird gerne als Dessert gegessen.*

Frascati, der bekannteste hiesige Wein

Torre Ercolana *wird nur in kleinen Mengen hergestellt und gilt im allgemeinen als einer der besten latinischen Rotweine. Er wird aus Cesanese- und den robusteren Chardonnay-Reben gekeltert und muß mindestens fünf Jahre reifen.*

Saltimbocca alla romana *ist ein Kalbsschnitzel mit Schinken und Salbei (oft eingerollt und mit Zahnstocher zusammengehalten).*

Das römische Trinkwasser ist im Gegensatz zu dem vieler anderer Städte des Mittelmeerraums ausgezeichnet. Rom wird nämlich ständig aus den umliegenden Bergen durch über- und unterirdische Wasserleitungen, die noch fast genauso aussehen wie die Aquädukte der Antike, mit frischem Wasser versorgt. Auch das Wasser der römischen Brunnen kann man ohne weiteres trinken, es sei denn, es ist irgendwo ein Schild acqua non potabile *(»kein Trinkwasser«) angebracht.*

Römischer Brunnen mit frischem Trinkwasser

Kaffee *hat in Rom fast noch mehr Tradition als Wein. Den starken, schwarzen Espresso kann man zu jeder Tageszeit trinken, während viele zum Frühstück oder am Nachmittag einen Cappuccino oder einen* caffellatte *mit viel Milch vorziehen.*

Fave al guanciale – *für dieses Gericht werden dicke Bohnen mit Schweinebacke* (guanciale) *in Olivenöl und Zwiebeln gedünstet.*

Espresso    **Cappuccino**    **Caffellatte**

Römische und latinische Architektur

IM ALTEN ROM waren zunächst noch etruskische und griechische Einflüsse prägend. Allmählich entwickelte sich jedoch ein neuer, unverwechselbarer Baustil, dessen zentrale Stilelemente Bogen, Gewölbe und Kuppel waren. In der frühchristlichen Zeit entstanden zunächst einfache Basiliken mit rechteckigem Grundriß – eine Form, die im 12. Jahrhundert in der Romanik wiederaufgegriffen wurde. Die Renaissance war – wie in Florenz – durch eine Rückkehr zu den klassischen Idealen der Schlichtheit und Harmonie gekennzeichnet, und im 17. Jahrhundert wurde Rom schließlich zum Tummelplatz barocker Baumeister.

Rom im Glanz barocker Pracht – die Fontana di Trevi

VON DEN ETRUSKERN BIS ZUR ANTIKE

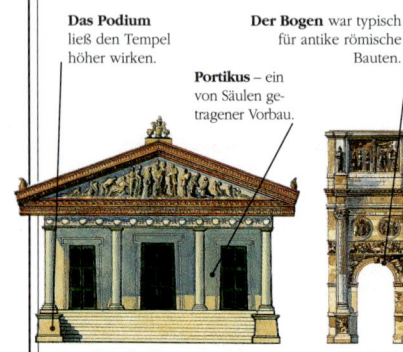

Das Podium ließ den Tempel höher wirken.

Portikus – ein von Säulen getragener Vorbau.

Der Bogen war typisch für antike römische Bauten.

Reliefs stammten oft von früheren Bauwerken.

Dreischiffige Basilika

Etruskische Tempel nach griechischem Vorbild prägten die frühe römische Architektur. Ein Portikus war der einzige Eingang.

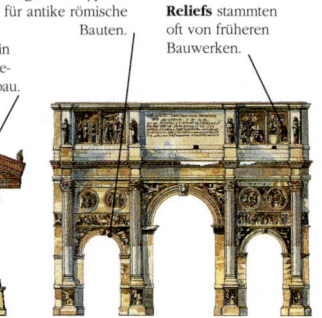

Der Konstantinsbogen (315 n. Chr., Höhe 25 m) ist ein für das antike Rom typischer Triumphbogen (siehe S. 379).

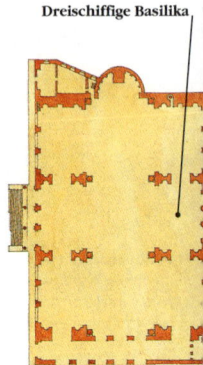

Frühchristliche Basiliken (4. Jh.) hatten einen rechteckigen Grundriß.

VON DER RENAISSANCE ZUM BAROCK

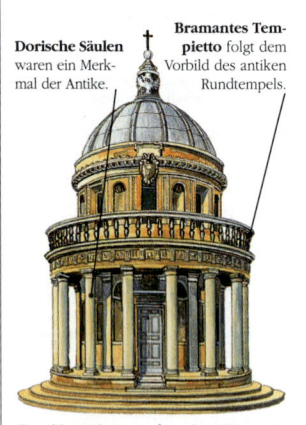

Dorische Säulen waren ein Merkmal der Antike.

Bramantes Tempietto folgt dem Vorbild des antiken Rundtempels.

Rustika-Mauerwerk – Quader mit Kantenschlag wurden zum Bau der Paläste verwendet.

Ionische Pilaster lassen die oberen Stockwerke luftiger wirken.

Die zweiarmige Treppe ist typisch für den Manierismus.

Der Tempietto neben San Pietro in Montorio (1502) ist ein Musterbeispiel für schlichte, geometrisch-harmonische Renaissancearchitektur.

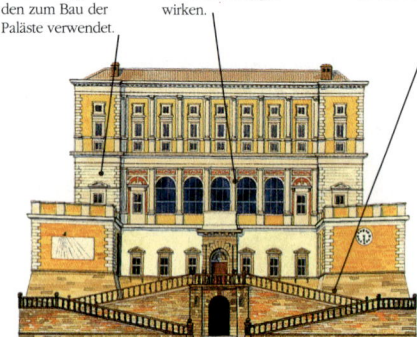

Der Palazzo Farnese in Caprarola, ein 1575 fertiggestellter Bau mit fünfeckigem Grundriß (siehe S. 449), verbindet manieristische Stilelemente mit den strengen geometrischen Formen der Renaissance.

WEGWEISER ZUR ARCHITEKTUR

In den Seitenstraßen im Zentrum bekommt man Meisterwerke aus nahezu jeder Epoche zu Gesicht. Die ältesten Kulturdenkmäler sind sieben ägyptische Obelisken, einer davon auf dem Rücken des Bernini-Elefanten *(siehe S. 394)*. Triumphbogen und Tempel wie das Pantheon *(siehe S. 394)* sind Zeugnisse der Antike. Romanische Elemente findet man in San Clemente *(siehe S. 425)*, aus der Renaissance stammt die Kuppel der Peterskirche *(siehe S. 408 f)*, und gerade die Zeit des Barock hat der Stadt in Form zahlloser Brunnen ihren Stempel aufgedrückt. Zu den herausragenden Sehenswürdigkeiten außerhalb Roms zählen die Villen der Spätrenaissance wie die in Caprarola *(siehe S. 449)*.

Kopfansicht von Berninis Elefantenskulptur

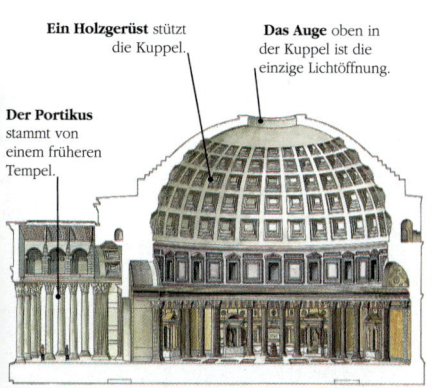

Ein Holzgerüst stützt die Kuppel.

Das Auge oben in der Kuppel ist die einzige Lichtöffnung.

Korinthische Säule mit Akanthuskapitell.

Dorische Säule mit schlichtem Kapitell.

Der Portikus stammt von einem früheren Tempel.

Ionische Säule mit Volutenkapitell.

Das Pantheon (siehe S. 394) zählt zu den bedeutendsten Bauwerken der spätrömischen Antike. Der 125 n.Chr. fertiggestellte Bau ist ein Musterbeispiel vollendeter Weiterentwicklung des griechischen Rundtempels.

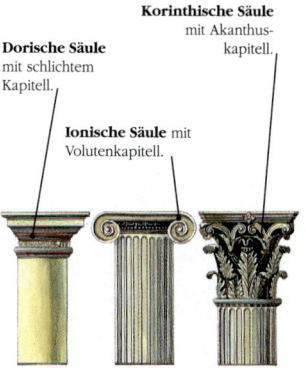

Die Säulenordnungen *kennzeichneten verschiedene Stilrichtungen der griechischen Antike. Unterscheidungsmerkmale waren z. B. die Kapitelle.*

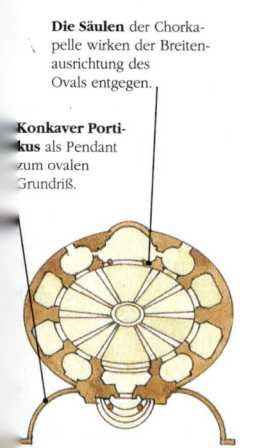

Die Säulen der Chorkapelle wirken der Breitenausrichtung des Ovals entgegen.

Tiefe Nischen schaffen raffinierte Licht-Schatten-Effekte.

Zwei übereinandergelegte gleichseitige Dreiecke ergeben den hexagonalen Grundriß.

Freipfeiler ersetzen die Pilaster aus der Renaissance.

Konkaver Portikus als Pendant zum ovalen Grundriß.

Das Queroval *der Barockkirche Sant'Andrea al Quirinale (siehe S. 401) besticht durch die Raumaufteilung.*

Die Fassade *von Il Gesù (1584) wurde zur Zeit der Gegenreformation in der gesamten katholischen Welt häufig kopiert (siehe S. 393).*

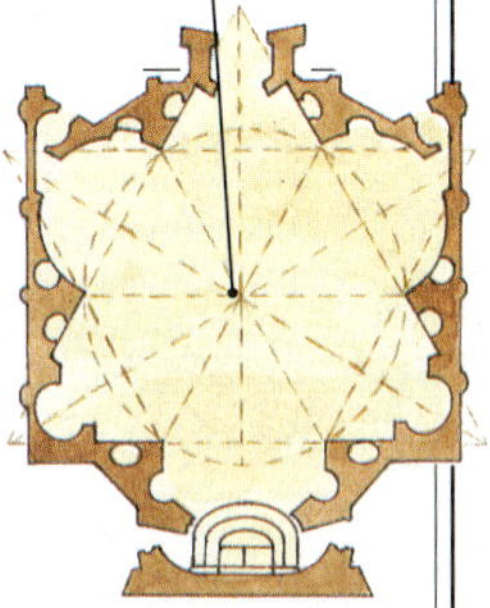

Sant'Ivo alla Sapienza *(1642) – ein Sieg ausgefallener Geometrie über klassische Ideale (siehe S. 390).*

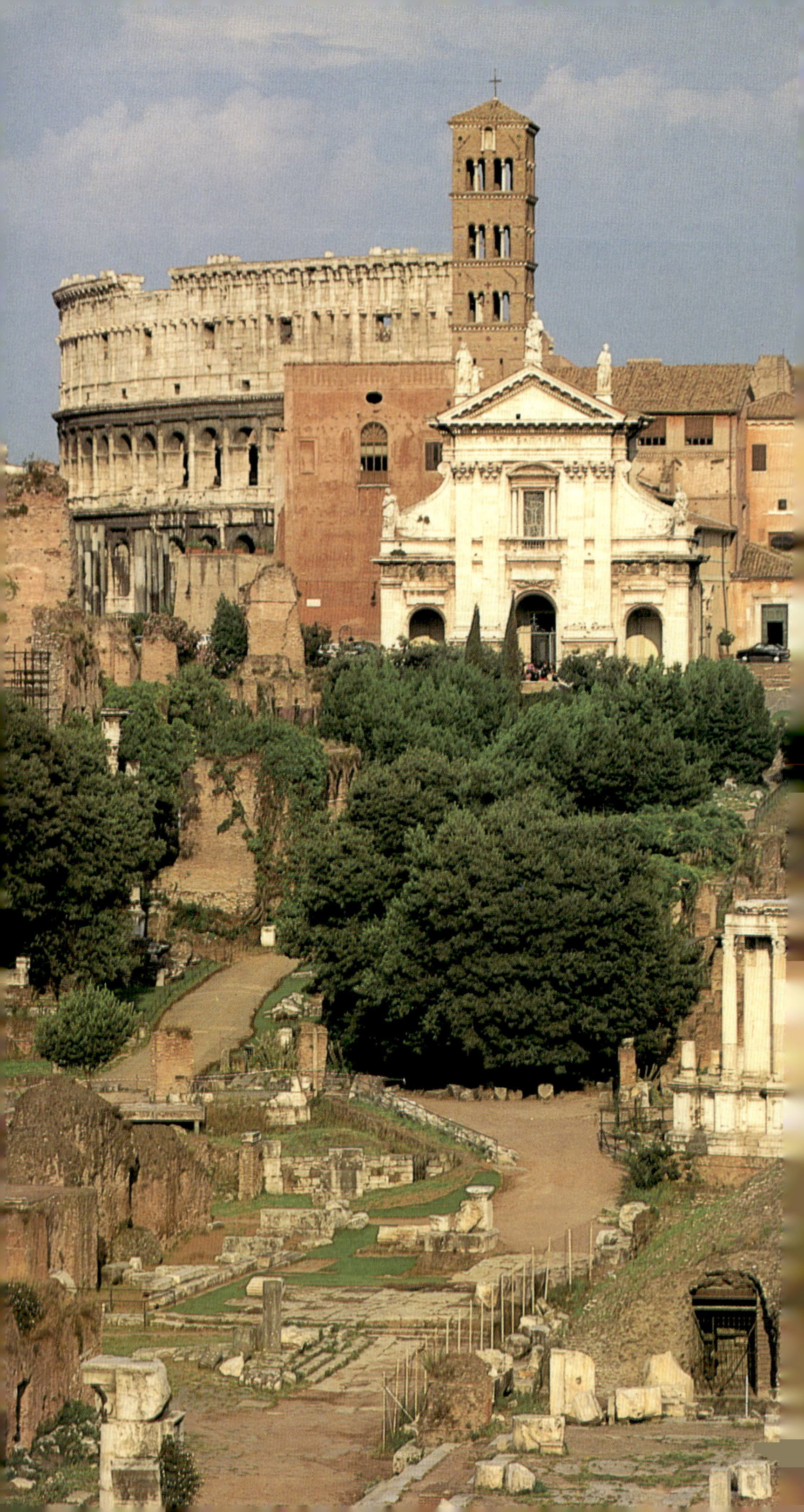

DAS ANTIKE ROM

DAS KAPITOL IST von jeher das symbolische Zentrum Roms gewesen. Hier standen die bedeutendsten Tempel der Stadt. Sie waren Jupiter Optimus Maximus, dem Beschützer Roms, Minerva, der Göttin des Krieges und der Weisheit, und der Schutzgöttin Juno Moneta geweiht. Unterhalb des Kapitols liegen das Forum Romanum, das früher Mittelpunkt des politischen, gesellschaftlichen und wirtschaftlichen Lebens war, die Kaiserforen und das Kolosseum, einst Schauplatz makabrer Unterhaltungsspektakel. Das Forum liegt in einer Senke zwischen dem Kapitol und dem Palatin, wo Romulus im 8. Jahrhundert v. Chr. Rom gegründet haben soll.

Kapitolinische Wölfin mit Romulus und Remus

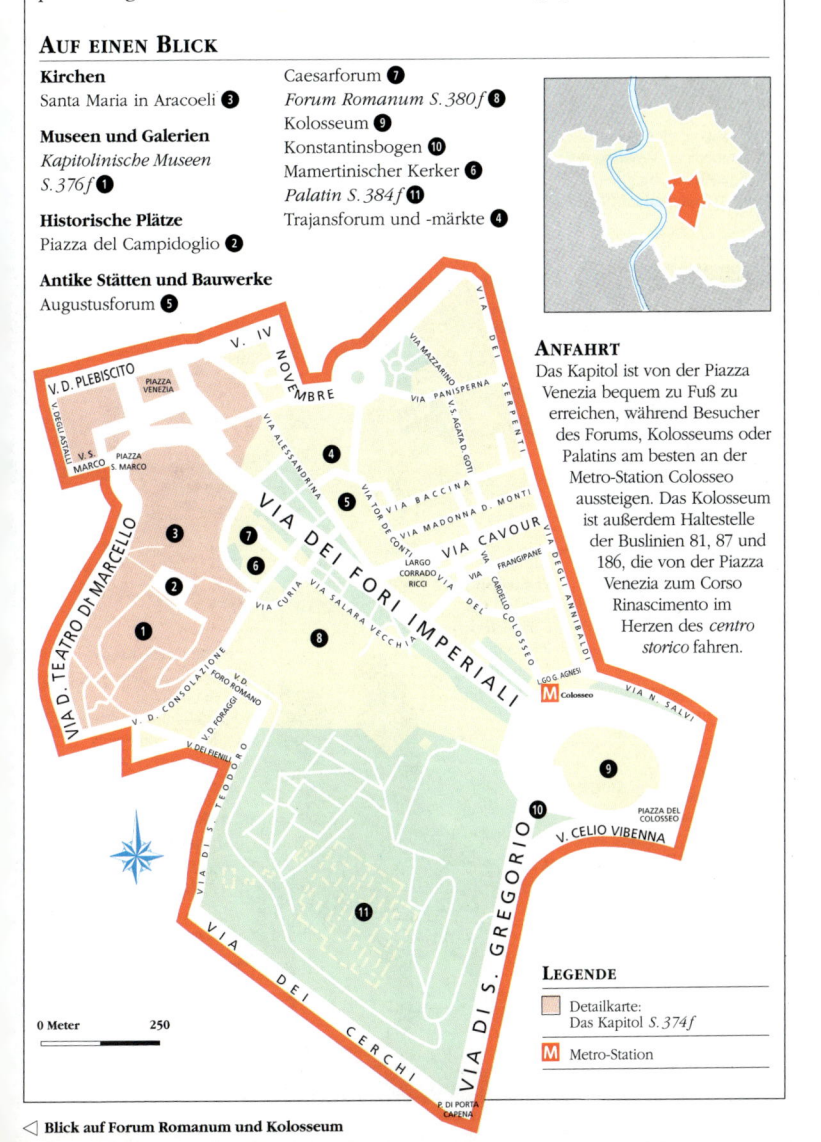

AUF EINEN BLICK

Kirchen
Santa Maria in Aracoeli ❸

Museen und Galerien
Kapitolinische Museen S. 376f ❶

Historische Plätze
Piazza del Campidoglio ❷

Antike Stätten und Bauwerke
Augustusforum ❺
Caesarforum ❼
Forum Romanum S. 380f ❽
Kolosseum ❾
Konstantinsbogen ❿
Mamertinischer Kerker ❻
Palatin S. 384f ⓫
Trajansforum und -märkte ❹

ANFAHRT
Das Kapitol ist von der Piazza Venezia bequem zu Fuß zu erreichen, während Besucher des Forums, Kolosseums oder Palatins am besten an der Metro-Station Colosseo aussteigen. Das Kolosseum ist außerdem Haltestelle der Buslinien 81, 87 und 186, die von der Piazza Venezia zum Corso Rinascimento im Herzen des *centro storico* fahren.

LEGENDE
Detailkarte: Das Kapitol *S. 374f*
Ⓜ Metro-Station

◁ Blick auf Forum Romanum und Kolosseum

Im Detail: Das Kapitol

DAS KAPITOL, auf dem einst die Zitadelle des antiken Roms aufragte, wurde im 16. Jahrhundert von Michelangelo neu gestaltet. Auf sein Konto gehen die trapezoide Piazza del Campidoglio und die Cordonata, die zum Kapitol hinaufführende Rampentreppe. Drei Paläste säumen die Piazza: der Palazzo Nuovo und der Palazzo dei Conservatori mit den Kapitolinischen Museen (einer Skulpturen- und Gemäldesammlung) sowie der Palazzo Senatorio. Lohnend ist auch ein Spaziergang zum Tarpejischen Felsen mit Blick auf das darunterliegende Forum.

Das Denkmal für Vittorio Emanuele II wurde 1885 begonnen und 1911 zu Ehren des ersten Königs des geeinten Italiens enthüllt.

San Marco, eine dem Schutzheiligen Venedigs geweihte Kirche, birgt herrliche Apsismosaiken (9. Jh.).

PIAZZA VENEZIA

Der Palazzo Venezia, der einstige Sitz Mussolinis, beherbergt heute ein Museum. Zu den Exponaten gehört auch dieser vergoldete, emaillierte Engel aus dem Mittelalter.

Die Freitreppe wurde 1348 anläßlich des Endes der Pestepidemie fertiggestellt.

Die Cordonata wird von den imposanten Statuen des Kastor und Pollux flankiert.

VIA DEL TEATRO DI MARCELLO

★ **Kapitolinische Museen**
Die Fresken- und die Antikensammlung umfassen unter anderem dieses Reiterstandbild des Kaisers Mark Aurel, das früher auf dem Kapitolsplatz stand. ❶

NICHT VERSÄUMEN

★ Kapitolinische Museen

LEGENDE

– – – Routenempfehlung

0 Meter   75

DAS ANTIKE ROM

Santa Maria in Aracoeli

Die Backsteinkirche birgt Kunstschätze wie Pinturicchios Fresko Beisetzung des heiligen Bernhardin *(15. Jh.).* ❸

ZUR ORIENTIERUNG
Siehe Kartenteil Rom, Karte 3

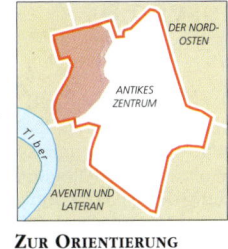

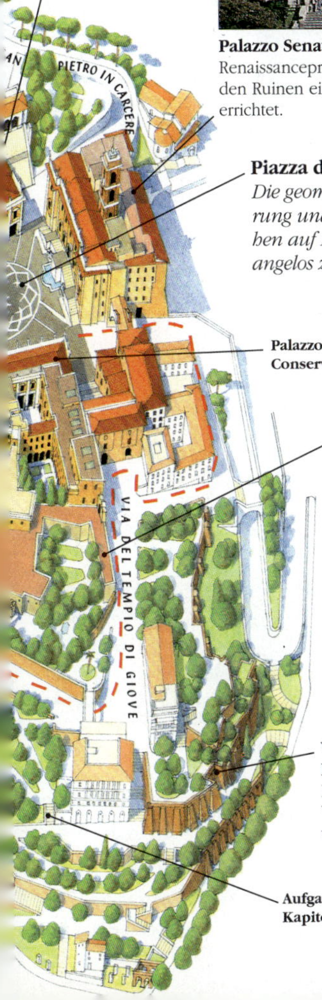

Der Palazzo Nuovo wurde 1734 zu einem staatlichen Museum.

Palazzo Senatorio – dieser Renaissanceprachtbau wurde auf den Ruinen eines Tabulariums errichtet.

Piazza del Campidoglio
Die geometrische Pflasterung und die Fassaden gehen auf Entwürfe Michelangelos zurück. ❷

Palazzo dei Conservatori

Der Tempel auf dieser Münze war Jupiter Optimus Maximus, dem höchsten römischen Gott, geweiht, von dem es hieß, er habe die Macht, Rom zu schützen oder zu vernichten.

Vom Tarpejischen Felsen sollen im alten Rom Verräter und Verbrecher herabgestürzt worden sein.

Aufgang zum Kapitol

Kapitolinische Museen ❶

Siehe S. 376 f.

Piazza del Campidoglio ❷

Karte 3 B5. 64, 65, 70, 75.

Als Kaiser Karl V. 1536 seinen Rombesuch ankündigte, beauftragte Papst Paul III. Michelangelo damit, dem Kapitol ein neues Gesicht zu geben. Daraufhin sanierte man die Fassaden der Paläste, gestaltete den Platz neu und legte die Rampentreppe an, die Cordonata, die am oberen Ende von den Statuen der Dioskuren Kastor und Pollux flankiert wird.

Santa Maria in Aracoeli ❸

Piazza d'Aracoeli. **Karte** 3 B5.
06-679 81 55. 64, 65, 70, 75.
tägl. 7–12, 16–17.30 Uhr (Juni–Sep 18.30 Uhr).

Früher stand ein Junotempel an der Stelle dieser auf das 7. Jahrhundert zurückgehenden Kirche, die heute vor allem für ihre vergoldete Holzdecke und ihre Pinturicchio-Fresken (um 1480) berühmt ist. Letztere schildern Szenen aus dem Leben des heiligen Bernhardin von Siena. Eine weitere Attraktion, die wundertätige Statue des *Santo Bambino*, wurde 1994 gestohlen; an ihrer Stelle steht heute eine Kopie.

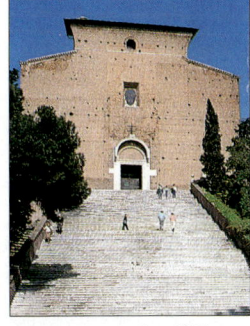

Marmortreppe vor der schlichten Fassade von Santa Maria in Aracoeli

Kapitolinische Museen ❶
Palazzo Nuovo

DIE ANTIKENSAMMLUNG AUF DEM KAPITOL wurde 1471 von Papst Sixtus IV. angeregt, der damals der Stadt eine Reihe von Bronzeskulpturen schenkte. Heute umfassen die Museen sowohl Skulpturen als auch Gemälde und Fresken. Die Skulpturensammlung des Palazzo Nuovo wurde der Öffentlichkeit erstmals 1734 unter Papst Klemens XII. zugänglich gemacht.

ZUR ORIENTIERUNG

Discobolus
Der verrenkte Oberkörper war einst Teil einer griechischen Diskuswerfer-Statue. Ein Bildhauer (18. Jh.) machte daraus einen verwundeten Krieger.

Mosaik mit vier Tauben
Das naturalistische Mosaik aus dem 1. Jahrhundert zierte einst den Fußboden der Villa Adriana bei Tivoli (siehe S. 452).

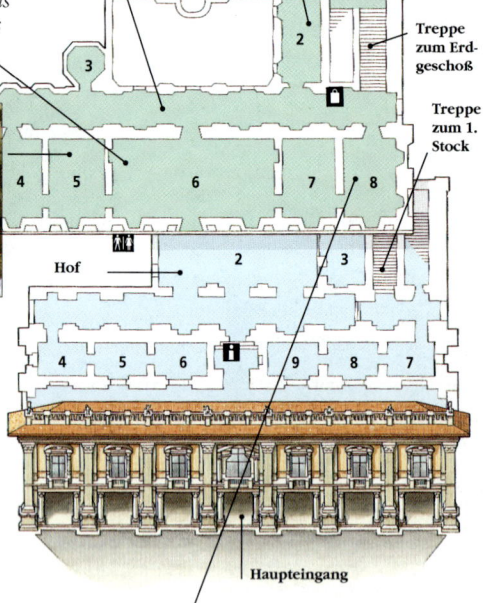

Alexander Severus als Jäger
Diese Marmorstatue aus dem 3. Jahrhundert zeigt den Kaiser als Perseus, der triumphierend das Haupt der Medusa hochhält.

Sala dei Filosofi
Der Saal wurde nach den hier ausgestellten Büsten griechischer Politiker, Gelehrter und Dichter benannt, mit denen römische Patrizier gern ihre Häuser schmückten.

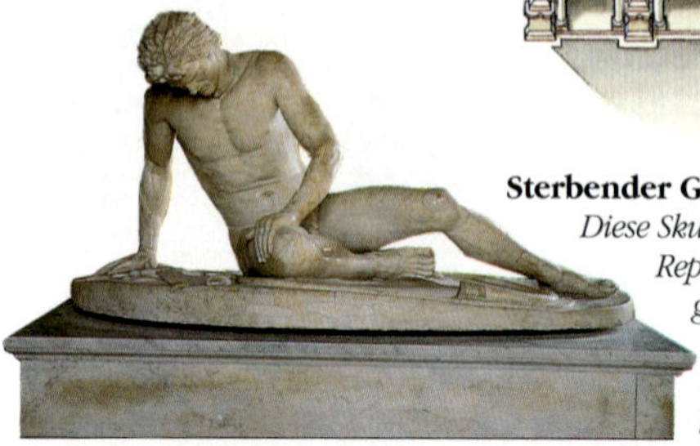

Treppe zum Erdgeschoß

Treppe zum 1. Stock

Hof

Haupteingang

Sterbender Galater
Diese Skulptur ist die Replik eines griechischen Originals aus dem 3. Jahrhundert v. Chr.

LEGENDE ZUM GRUNDRISS
- Erdgeschoß
- Erster Stock
- Zweiter Stock
- Keine Ausstellungsfläche

DAS ANTIKE ROM   377

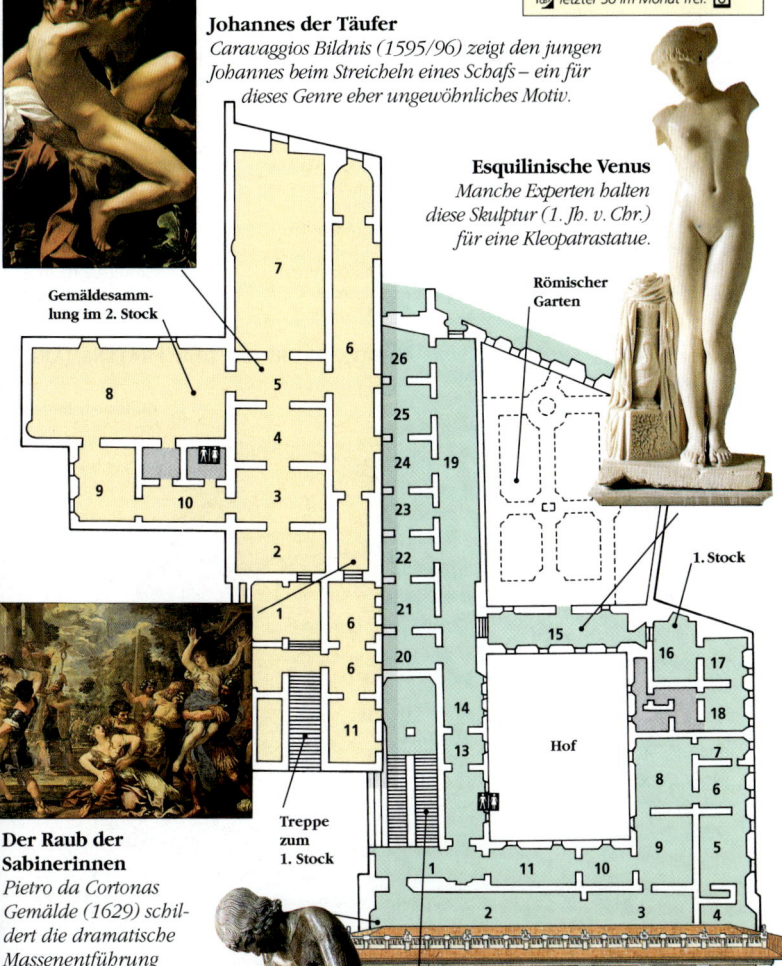

Palazzo dei Conservatori

DER PALAZZO DEI CONSERVATORI war im Mittelalter Sitz des römischen Magistrats, und auch heute noch werden einige der freskenverzierten Säle für offizielle Empfänge benutzt. Im Erdgeschoß befindet sich das Standesamt. Das Museum zeigt zwar überwiegend Skulpturen, darunter auch Fragmente einer Riesenstatue Kaiser Konstantins, im zweiten Stock sind aber auch Gemälde von Veronese, Tintoretto, Caravaggio, van Dyck und Tizian ausgestellt.

INFOBOX

Musei Capitolini, Piazza del Campidoglio. **Karte** 3 B5.
06-67 10 20 71. 44, 64, 70, 110 u. viele weitere Verbindungen via Piazza Venezia.
Di–Sa 9–13.30 Uhr, Di, Sa auch 17–20 Uhr (Apr–Sep Sa 20–23 Uhr), So 9–13 Uhr (letzter Einlaß 30 Min. vor Schließung).
1. Jan, 29. Juni, 15. Aug, 25. Dez.
letzter So im Monat frei.

Johannes der Täufer
Caravaggios Bildnis (1595/96) zeigt den jungen Johannes beim Streicheln eines Schafs – ein für dieses Genre eher ungewöhnliches Motiv.

Gemäldesammlung im 2. Stock

Esquilinische Venus
Manche Experten halten diese Skulptur (1. Jh. v. Chr.) für eine Kleopatrastatue.

Römischer Garten

1. Stock

Treppe zum 1. Stock

Hof

Der Raub der Sabinerinnen
Pietro da Cortonas Gemälde (1629) schildert die dramatische Massenentführung durch die Römer.

Spinario
Diese Bronzeplastik (1. Jh. v. Chr.) zeigt einen Knaben beim Entfernen eines in den Fuß getretenen Dorns.

Treppe zum Erdgeschoß

Haupteingang

Trajansforum und -märkte ❹

Karte 3 B4. **Trajansforum**, Via dei Fori Imperiali. ● *für die Öffentlichkeit*. **Trajansmärkte**, Via IV Novembre. ○ *Di–Sa 9–17 Uhr, So 9–13 Uhr* ● *Feiertage*

Dieses Forum ließ Trajan 107 n. Chr. zum Gedenken an seine Siege über die Daker (101/02 und 105/06 n. Chr.) errichten. Sein Forum war noch grandioser als die der anderen Kaiser. Zentrum war ein riesiger Platz mit einem Reiterstandbild Trajans in der Mitte. Darüber hinaus umfaßte es eine Basilika, zwei Bibliotheksgebäude und die 30 Meter hohe **Trajanssäule**, die auch heute noch die Ruinen des Forums beherrscht. Sie stand zwischen den beiden Bibliotheken. Der umlaufende Relieffries schildert die Heldentaten Trajans im Kampf gegen die Daker. Es beginnt mit der Mobilmachung der Römer und endet mit der Vertreibung der Daker aus ihrer Heimat. Die Reliefs waren so angelegt, daß man sie von den Obergeschossen der Bibliotheken gut sehen konnte, und sind daher von unten schwer zu erkennen. Einzelne Details sieht man am besten an den Gipsabgüssen im Museo della Civiltà Romana *(siehe S. 432)*.

Die **Trajansmärkte** oberhalb des Trajansforums sind etwas älteren Datums. Wie das Forum wurden wohl auch die Märkte – sozusagen das Einkaufszentrum des alten Roms – vom Architekten Apollodorus aus Damaskus

Trajanssäule

Via Biberatica – die Hauptstraße des Trajansforums

entworfen. In rund 150 Läden wurden unter anderem orientalische Gewürze und Seidenstoffe sowie Obst, Fisch und Blumen verkauft. Hier wurden auch kostenlose Getreiderationen an die Bürger verteilt (die *annone*). Diese Tradition ging auf einen Politiker der frühen Republik zurück, der auf diese Weise Wählerstimmen kaufen und zugleich Aufstände in Zeiten der Nahrungsmittelknappheit verhindern wollte.

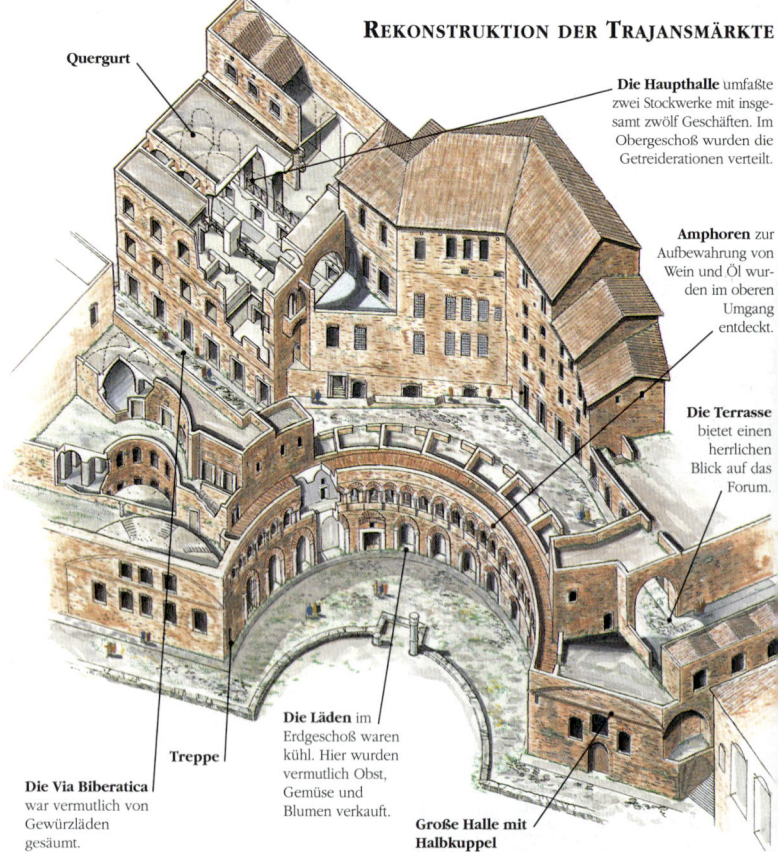

REKONSTRUKTION DER TRAJANSMÄRKTE

Quergurt

Die Haupthalle umfaßte zwei Stockwerke mit insgesamt zwölf Geschäften. Im Obergeschoß wurden die Getreiderationen verteilt.

Amphoren zur Aufbewahrung von Wein und Öl wurden im oberen Umgang entdeckt.

Die Terrasse bietet einen herrlichen Blick auf das Forum.

Treppe

Die Läden im Erdgeschoß waren kühl. Hier wurden vermutlich Obst, Gemüse und Blumen verkauft.

Die Via Biberatica war vermutlich von Gewürzläden gesäumt.

Große Halle mit Halbkuppel

Augustusforum

Piazza del Grillo 1. **Karte** 3 B5.
06-67 10 20 70. 11, 27, 81, 85, 87, 186. nur nach Voranmeldung.

Das Augustusforum wurde im Jahre 41 v. Chr. zum Gedenken an Augustus' Sieg über Brutus und Cassius, die Mörder Julius Caesars, angelegt. Es ist daher nicht verwunderlich, daß ein Tempel des Rachegottes Mars den Mittelpunkt des Forums bildete. Von diesem Tempel sind heute noch der verwitterte Treppenaufgang, das Podium und einige korinthische Säulenstümpfe erhalten. Ursprünglich stand hier auch noch eine Marsstatue mit den Zügen des Kaisers Augustus. Aus Angst, man könne die Ähnlichkeit womöglich nicht erkennen, ließ auf der Kaiser zusätzlich ein riesiges Standbild von sich in der Aula del Colosso aufstellen.

Podium vom Tempel des Mars Ultor (Augustusforum)

Kupferstich (19. Jh.) – Mamertinischer Kerker

Mamertinischer Kerker

Clivo Argentario 1. **Karte** 3 B5.
06-67 10 20 70. 81, 85, 87, 186. Apr–Sep tägl. 9–12.30, 14.30–18 Uhr; Okt–März tägl. 9–12, 14–17 Uhr. **Spende.**

Unter der Kirche San Giuseppe dei Falegnami (16. Jh.) befindet sich ein Verlies, in dem der Legende zufolge die zwei berühmtesten Gefangenen – Petrus und Paulus – einst Quellwasser in ihre Zelle haben sprudeln lassen, um damit zwei Wärter zu taufen. Der Kerker befand sich in einer alten Zisterne mit Anschluß an den Hauptabwasserkanal Roms, die Cloaca Maxima. Hinrichtungen fanden in der unteren Zelle statt. So kam es jedoch nicht immer, denn viele Gefangene verhungerten schon vorher.

Caesarforum

Via del Carcere Tulliano. **Karte** 3 B5.
06-67 10 20 70. 11, 27, 81, 85, 87, 186. nur nach Voranmeldung.

Das älteste der römischen Kaiserforen wurde unter Julius Caesar als Erweiterung des Forum Romanum gebaut. Caesar gab einen großen Teil des bei seinem Gallienfeldzug erbeuteten Vermögens für den Ankauf und Abriß der störenden Häuser aus. Das Prunkstück seines Forums war der 46 v. Chr. geweihte Tempel der Venus Genetrix (Caesar verwies immer gern auf seine Abstammung von der Göttin Venus). Dieser Tempel barg früher eine Caesar-, eine Kleopatra- und eine Venusstatue, heute sind jedoch nur noch das Podium und drei korinthische Säulenstümpfe erhalten. Die äußere Begrenzung des Forums bestand aus einer Doppelkolonnade mit Geschäften, die im Jahre 80 n. Chr. abbrannte, dann aber unter Domitian und Trajan wiederaufgebaut wurde. Letzterer ließ auch die Basilica Argentaria, ein Treffpunkt für Geldverleiher und Kaufleute, hinzufügen.

Forum Romanum

Siehe S. 380 f.

Kolosseum

Siehe S. 383.

Konstantinsbogen

Zwischen Via di San Gregorio und Piazza del Colosseo. **Karte** 7 A1.
81, 85, 87. 13. Colosseo.

Dieser 315 n. Chr. errichtete Triumphbogen zählt zu den letzten Bauwerken der römischen Cäsaren. Kurz danach machte Konstantin Byzanz zur Hauptstadt des Römischen Reiches. Der Triumphbogen wurde zum Gedenken an den Sieg Konstantins 312 n. Chr. über seinen Rivalen Maxentius an der Milvischen Brücke gebaut. Konstantin führte seinen Sieg auf einen Traum zurück, in dem ihm geheißen worden war, die Buchstaben Chi und Rho, die griechischen Initialen Jesu Christi, auf die Schilde seiner Männer zu schreiben. Der christlichen Überlieferung zufolge soll Konstantin mitten in der Schlacht eine Vision des Heiligen Kreuzes gehabt haben.

Palatin

Siehe S. 384 f.

Nordseite des Konstantinsbogens

Forum Romanum ⑧

ZUR ZEIT DER FRÜHEN REPUBLIK befanden sich im Forum Lebensmittelstände und Bordelle ebenso wie Tempel und der Sitz des Senats. Im 2. Jahrhundert v. Chr. wollten die Stadtväter Ordnung in das Zentrum Roms bringen und ließen die Stände und Bordelle durch Geschäfte und Tribunale ersetzen. Nachdem die alten Gebäude abgerissen und neue Bauwerke errichtet worden waren, wurde das Forum zum repräsentativen Zentrum der Stadt.

Der Bogen des Septimus Severus *wurde 203 n. Chr. anläßlich des 10. Jahrestages der Thronbesteigung dieses Kaisers errichtet.*

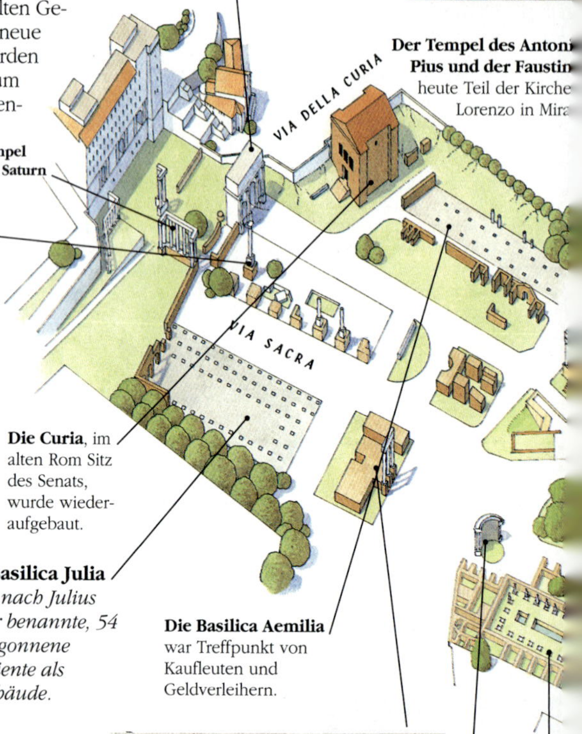

Der Tempel des Antoninus Pius und der Faustina heute Teil der Kirche Lorenzo in Mira

Tempel des Saturn

Rostra war die Bezeichnung für die Rednertribüne.

Die Curia, im alten Rom Sitz des Senats, wurde wiederaufgebaut.

Basilica Julia
Die nach Julius Caesar benannte, 54 v. Chr. begonnene Basilika diente als Gerichtsgebäude.

Die Basilica Aemilia war Treffpunkt von Kaufleuten und Geldverleihern.

Rundtempel der Vesta

Tempel des Kastor und Pollux
Der ursprüngliche Bau geht auf das 5. Jahrhundert v. Chr. zurück, Säulen und Dachgesims stammen dagegen aus dem Jahre 6 n. Chr. Damals wurde der Tempel neu aufgebaut.

NICHT VERSÄUMEN

★ Haus der Vestalinnen

★ Konstantinsbasilika

★ **Haus der Vestalinnen**
In diesem rechteckigen, um einen zentralen Garten angelegten Gebäude lebten die Hüterinnen des heiligen Feuers des Vestatempels.

0 Meter 75

DAS ANTIKE ROM

★ Konstantinsbasilika
Die drei Wölbungen des östlichen Seitenschiffs sind alles, was heute noch vom größten Bauwerk des Forums erhalten ist. Wie andere Basiliken diente auch diese als Gerichtsgebäude.

INFOBOX

Haupteingang Largo Romolo e Remo. **Karte** 3 B5. 06-699 01 10. 11, 27, 85, 87, 186. Colosseo. 13. März–Okt Mo–Sa 9 Uhr–Sonnenuntergang, So 9–13 Uhr; Nov–Feb Mo–Sa 9–15 Uhr, So 9–13 Uhr (letzter Einlaß 1 Std. vor Schließung). gilt auch für den Palatin.

Der Tempel des Romulus, heute Teil der dahinter errichteten Kirche Santi Cosma e Damiano, besitzt noch die originalen Bronzeportale aus dem 4. Jahrhundert.

Titusbogen
Diesen Bogen ließ Kaiser Domitian 81 n. Chr. zum Gedenken an die von seinem Vater Vespasian und seinem Bruder Titus befohlene Plünderung Jerusalems errichten.

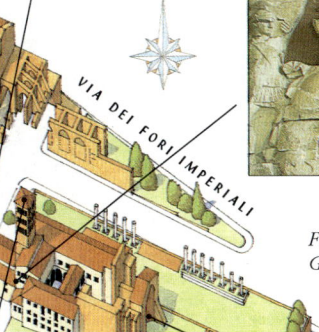

Antiquarium Forense
Dieses kleine Museum birgt Funde aus dem Forum – von Graburnen aus der Eisenzeit bis hin zu diesem Äneasfries aus der Basilica Aemilia.

Der Tempel der Venus und der Roma wurde 135 n. Chr. nach einem Entwurf Hadrians errichtet.

VIA DEI FORI IMPERIALI

VIA SACRA

Kolosseum

Palatin

Santa Francesca Romana
Diese Kirche mit ihrem romanischen Glockenturm ist eine von vielen Kirchen, die zwischen den Ruinen des Forums errichtet wurden.

DIE VESTALINNEN

Der Vestakult (Vesta war die Göttin des Feuers) geht mindestens auf das 8. Jahrhundert v. Chr. zurück. Sechs Jungfrauen hüteten das heilige Feuer der Vesta in deren Rundtempel. Die aus wohlhabenden Familien stammenden Mädchen wurden zwischen dem 6. und dem 10. Lebensjahr zur Vestalin erkoren. Jede mußte 30 Jahre im Dienst der Vesta bleiben. Die Vestalinnen waren sehr angesehen und zudem finanziell abgesichert. Brachen sie jedoch ihr Zölibat, wurden sie lebendig begraben, und erlosch das heilige Feuer, wurden sie vom Hohepriester ausgepeitscht.

Ehrenstatue einer Vestalin

Überblick: Forum Romanum

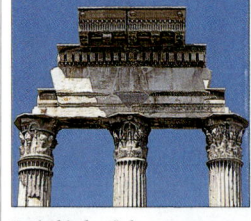

BEVOR MAN SICH in die Vielfalt der Tempelruinen, Triumphbogen und Basiliken des Forum Romanum stürzt, sollte man sich einen Gesamteindruck verschaffen. Den schönsten Blick auf die Anlage hat man vom Kapitol aus. Von dort kann man die besser erhaltenen Ruinen ausmachen und den Verlauf der Via Sacra verfolgen. Diese Straße wurde für Triumphzüge und Prozessionen benutzt, die mit Dankopfern im Jupitertempel oben auf dem Kapitol.endeten *(siehe S. 375).*

Korinthische Säulen vom Tempel des Kastor und Pollux

Hauptsehenswürdigkeiten

Das erste Bauwerk nach dem Eingang ist die **Basilica Aemilia**, eine 179 v. Chr. errichtete Hallenkirche mit rechteckigem Grundriß, in der sich Geldverleiher, Kaufleute und Steuereintreiber trafen. Außer dem von Säulenstümpfen flankierten pastellfarbenen Marmorfußboden ist zwar nur wenig erhalten, aber auch heute noch findet man oxidierte Bronzefragmente, bei denen es sich um Münzen handeln soll, die im 5. Jahrhundert, als die Basilika von den Goten niedergebrannt wurde, geschmolzen sind.

Die Curia, das Backsteingebäude neben der Basilika, birgt die **Anaglypha Traiani**, die von Trajan oder Hadrian in Auftrag gegebenen Relieftafeln, die einst die *rostra* (die Rednertribüne) auf dem Forumsplatz zierten. Eine Tafel zeigt einen Stapel Rechnungsbücher von Steuereintreibern. Diese Bücher ließ Trajan vernichten, um die Bürger von ihren Steuerschulden zu befreien. Das besterhaltene Monument ist der **Bogen des Septimus Severus**. Die Reliefs schildern die Siege über die Araber und die Parther.

Der **Saturntempel** war Schauplatz der im Dezember stattfindenden Saturnalien: In dieser Zeit schlossen die Schulen für eine Woche, die Sklaven speisten zusammen mit ihren Herren, es wurden Geschenke ausgetauscht, und es fand ein Jahrmarkt statt.

Oberhalb der Basilica Julia stehen drei guterhaltene kannelierte Säulen mit einem reliefverzierten Gebälk. Sie gehören zum **Tempel des Kastor und Pollux**. Die beiden Brüder der schönen Helena sollen in der Schlacht am Regillussee 490 v. Chr. den Römern zum Sieg über die Etrusker verholfen haben. Zum Dank wurde ihnen dieser Tempel geweiht.

Der elegante **Rundtempel der Vesta**, der Göttin des Feuers, zählte zu den heiligsten Stätten im alten Rom. Das von den Vestalinnen gehütete heilige Feuer war ein Symbol für den Bestand der Republik. Erlosch es, galt dies als Omen für den bevorstehenden Untergang

Restaurierter Teil des Vestatempels

der Stadt. Der Tempel, ein korinthischer Bau auf kreisförmigem Grundriß, wurde 1930 zum Teil wiederaufgebaut. Dahinter liegt das **Haus der Vestalinnen**, in dem die Vestapriesterinnen wohnten. Der Komplex mit seinen 50 Räumen war einst mit dem Tempel verbunden. Am besten erhalten sind die Räume mit Blick auf einen Innenhof mit Ehrenstatuen der Vestalinnen, Seerosenteichen und Rosensträuchern.

Auf der anderen Seite des Forums steht die eindrucksvolle Ruine der **Konstantinsbasilika**, die 306 n. Chr. unter Maxentius begonnen wurde und daher auch Maxentiusbasilika genannt wird.

Konstantin ließ sie fertigstellen, nachdem er seinen Rivalen 312 n. Chr. in der Schlacht an der Milvischen Brücke besiegt hatte. Die Überreste des Gewölbes vermitteln einen guten Eindruck von der einstigen Größe der öffentlichen Gebäude. Drei ursprünglich marmorverkleidete Kassettenwölbungen (mit einer Scheitelhöhe von 35 m) sind heute noch erhalten. Die Innenwände waren im unteren Teil marmor-, im oberen Teil dagegen stuckverziert. Vereinzelt liegen noch Fragmente einer Wendeltreppe auf der Erde.

Die Apsis der Basilika sowie die Bogen dienten vielen Renaissancearchitekten auf ihrer Suche nach klassischer Symmetrie und Harmonie als Vorbild. Zu ihnen zählte auch Michelangelo, der sich während seiner Arbeit an der Peterskirche eingehend mit der Architektur dieser Basilika beschäftigt haben soll.

Innenhof im Haus der Vestalinnen

Kolosseum

Gladiatorenschild

Roms grösstes Amphitheater wurde 72 n. Chr. von Kaiser Vespasian in Auftrag gegeben. Kaiser und wohlhabende Familien ließen hier Gladiatoren- und Tierkämpfe abhalten, um sich beim Volk beliebt zu machen. Meist kam es zu einem wahren Massenschlachten. Allein bei den Einweihungsspielen 80 n. Chr. wurden 9000 wilde Tiere getötet. Das Kolosseum bot bis zu 55000 Zuschauern Platz, die je nach Status saßen.

INFOBOX

Piazza del Colosseo. **Karte 7 B1**.
06-700 42 61. 11, 27, 81, 85, 87. 13. Mo, Di, Do, Sa 9–16.30 Uhr (Mitte März–Mai 17.30 Uhr; Juni–Sep 19 Uhr; Okt 17 Uhr; Nov–Dez 16 Uhr), Mi, So 9–13 Uhr. Feiertage. für die oberen Ränge. teilw.

Das Velarium, ein riesiges Segel, bot Schutz vor der Sonne. Es wurde an Masten des oberen Geschosses aufgezogen.

Korridore
Durch diese konnten die Zuschauermassen schnell zu ihren Sitzen geschleust werden.

Der Colosso
Vermutlich wurde das auf Neros Grund und Boden errichtete Amphitheater nach der unweit davon aufgestellten Kolossalstatue Neros benannt.

Tonnengewölbte Gänge und Treppen führten zu den Sitzen der Geschoßebenen. Kaiser und Konsul hatten einen eigenen Eingang.

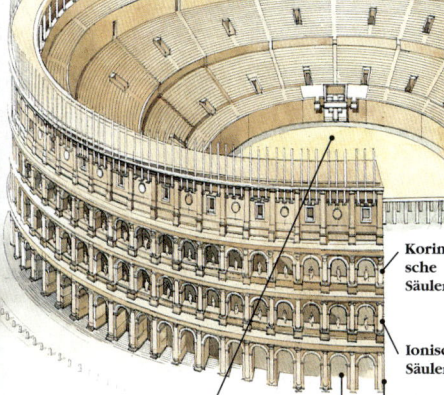

Korinthische Säulen

Ionische Säulen

Dorische Säulen

Unter der Arena befanden sich Hebebühnen sowie die Käfige der wilden Tiere.

Eingänge

Dorisch, ionisch und korinthisch
Viele Renaissancearchitekten ließen sich von diesem Bauwerk inspirieren und nutzten es zugleich als Steinbruch zum Bau von Palästen. Auch ein Teil der Peterskirche besteht aus Fragmenten des Kolosseums.

Gladiatoren
Ursprünglich handelte es sich um das Training der römischen Soldaten, dann wurde ein Sport daraus: Gefangene mußten gegen die Gladiatoren antreten – ein Todesurteil.

Kaiser Vespasian
Er ließ das Kolosseum als Akt der Wiedergutmachung der neronischen Tyrannei auf Neros Grund und Boden erbauen.

ROM UND LATIUM

Palatin ⓫

Statue der Göttin Cybele

DER PALATIN, einst Residenz der Cäsaren und Aristokraten, ist das schönste Überbleibsel des alten Roms. Hier stehen unter anderem die Ruinen der Villa, in der Kaiser Augustus gelebt haben soll, sowie die Domus Flavia und die Domus Augustana, die beiden Flügel eines prunkvollen, unter Domitian errichteten Palastes.

Das Haus des Romulus soll hier gestanden haben. Heute deuten Pfostenlöcher auf die Existenz mehrerer eisenzeitlicher Hütten (8. Jh. v. Chr.) hin.

Tempel der Fruchtbarkeitsgöttin Cybele

Das Haus des Augustus soll der für offizielle Anlässe genutzte Teil der kaiserlichen Residenz gewesen sein.

★ **Haus der Livia**
In den Privatgemächern des Kaisers Augustus und seiner Gattin Livia sind noch viele Wandmalereien erhalten.

★ **Domus Flavia**
Der Innenhof der Domus Flavia, die die römischen Dichter für die schönste Villa Roms hielten, war mit farbigem Marmor gepflastert.

Die Domus Augustana war die Privatresidenz des Kaisers.

NICHT VERSÄUMEN

★ Domus Flavia

★ Haus der Livia

0 Meter 75

Kaiser Septimius Severus ließ im Laufe seiner Herrschaft (193–211 n. Chr.) die Domus Augustana ausbauen und zudem einen riesigen Thermenkomplex anlegen.

DAS ANTIKE ROM

Kryptoportikus
Diesen unterirdischen stuckverzierten Gang ließ Nero anlegen.

INFOBOX

Via di San Gregorio oder durch das Forum Romanum am Largo Romolo e Remo. **Karte** 6 F1. 06-679 90 10. 11, 15, 27, 81, 85, 87, 186. M Colosseo. Apr–Sep Mo–Sa 9–19 Uhr, So 9–14 Uhr; Okt–März Mo–Sa 9–15 Uhr, So 9–14 Uhr (letzter Einlaß 1 Std. vor Schließung). Feiertage. inkl. Eintritt zum Forum Romanum.

Den Innenhof der Domus Flavia ließ Domitian mit spiegelndem Marmor fliesen, um potentielle Attentäter sofort ausmachen zu können.

Die Exedra des Stadions hatte vielleicht einmal einen Balkon.

Eingang zum Forum

Stadion
Dieses zum kaiserlichen Palast gehörige Stadion war möglicherweise der Privatgarten Domitians.

Palast des Septimius Severus
Diese Erweiterung der Domus Augustana ruht auf imposanten Bogen.

DIE GESCHICHTE DES PALATINS

Die Römer der Verfallszeit von Thomas Couture (1815–79)

Die Stadtgründung
Der Überlieferung nach wurden die Zwillinge Romulus und Remus von einer Wölfin auf den Palatin gebracht. Hier soll Romulus, nachdem er seinen Bruder getötet hatte, ein Dorf – das spätere Rom – gegründet haben. Diese Version wird gestützt durch die hier entdeckten Spuren eisenzeitlicher Hütten aus dem 8. Jahrhundert v. Chr.

Die Republik
Im 1. Jahrhundert v. Chr. war der Palatin eines der vornehmsten Viertel Roms. Hier residierten die Würdenträger der Republik. Wer hier wohnte – unter anderem Cicero und der Poet Catull –, sparte in der Regel nicht an Geld. Daher haben viele Villen Elfenbeinportale, Bronzefußböden oder freskenverzierte Wände.

Die Kaiserzeit
Im Jahre 63 v. Chr. wurde Augustus auf dem Palatin geboren, und hier lebte er auch als Kaiser in einem bescheidenen Haus. Der Hügel wurde zum Palastbezirk. Domitians Prunkvilla, die Domus Flavia (1. Jh. n. Chr.), und seine Privatresidenz, die Domus Augustana (Augustus war die allgemeine Bezeichnung für Kaiser), waren über 300 Jahre lang die offizielle Residenz aller nachfolgenden Cäsaren.

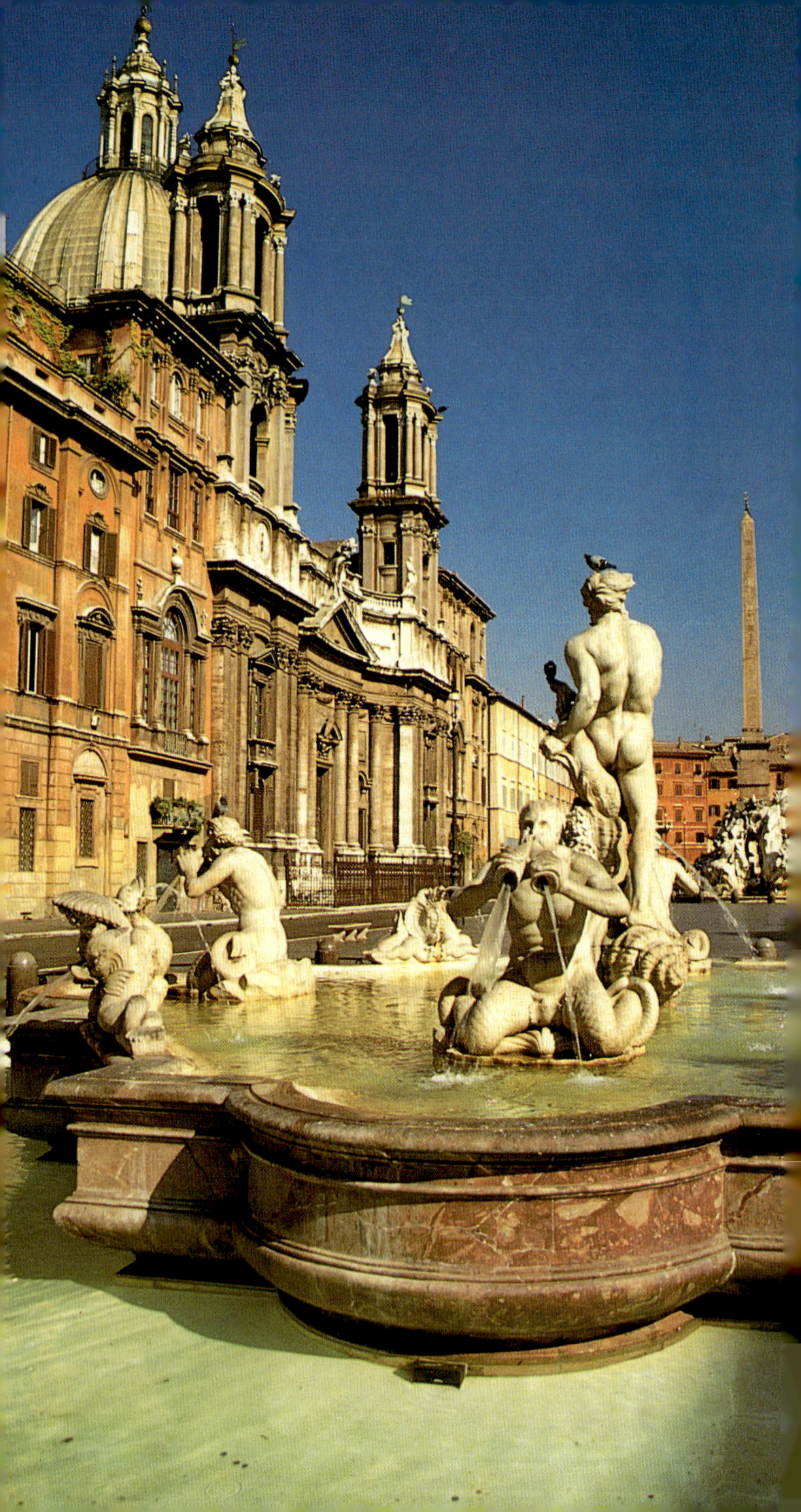

Um die Piazza Navona

Der Bezirk um die Piazza Navona ist seit mindestens 2000 Jahren bewohnt. Der Platz selbst war in der Antike ein Stadion, das Pantheon besteht seit dem Jahre 27 n. Chr., und auch das inzwischen in ein Wohnhaus umgewandelte Marcellustheater im Ghetto geht auf das Jahr 13 v. Chr. zurück. Die Blütezeit des Viertels begann im 15. Jahrhundert mit der Rückkehr der Päpste. Zur Zeit der Renaissance und des Barock ließen sich hier Adlige und Kardinäle nieder, und mit ihnen kamen die Künstler, die für sie Paläste, Kirchen und Brunnen bauten.

Marienbild (18. Jh.)

Auf einen Blick

Kirchen und Tempel
Chiesa Nuova ❻
Il Gesù ❽
La Maddalena ❷⓪
San Luigi dei Francesi ❸
Sant'Agostino ❹
Sant'Ignazio di Loyola ❶❼
Sant'Ivo alla Sapienza ❷
Santa Maria sopra Minerva ❶❺
Santa Maria della Pace ❺

Museen und Galerien
Palazzo Doria Pamphilj ❶❹
Palazzo Spada ❶⓪

Antike Bauwerke
Area Sacra di Largo Argentina ❶❷
Pantheon ❶❻

Historische Bauwerke
Palazzo della Cancelleria ❼
Palazzo Farnese ❾

Historische Plätze und Viertel
Campo de' Fiori ❽
Ghetto und Tiberinsel ❶❶
Piazza Colonna ❶❽
Piazza di Montecitorio ❶❾
Piazza Navona ❶

Anfahrt
Viele Buslinien fahren über den Corso Vittorio Emanuele II, den Largo Argentina und den Corso Rinascimento. Im *centro storico* verkehrt nur die Buslinie 119.

Legende
- Detailkarte: Um die Piazza Navona S. 388f
- Detailkarte: Um das Pantheon S. 392f
- Ⓟ Parken

◁ Die Piazza Navona mit der Fontana del Moro (1633) und der Kirche Sant'Agnese in Agone (17. Jh.)

Im Detail: Um die Piazza Navona

DIE PIAZZA NAVONA stellt alle anderen Plätze Roms in den Schatten. In den eleganten Cafés trifft sich ganz Rom. Kein Wunder, denn auf dem für den Autoverkehr gesperrten Platz mit den drei prächtigen Barockbrunnen ist immer etwas los. Barock sind auch die vielen Kirchen dieses Viertels. Liebhaber älterer Stilepochen können sich die Renaissancefassaden in der Via del Governo Vecchio anschauen, durch Antiquitätengeschäfte bummeln und das Ganze mit einem Essen in einer Trattoria krönen.

Die Torre dell'Orologio
von Borromini (1648) war Teil des Oratorio dei Filippini.

Chiesa Nuova
Die Kirche wurde 1575 für den von Filippo Neri gegründeten Orden wiederaufgebaut. ❻

Im Oratorio dei Filippini
(1637) fanden spirituelle Lobgesänge statt, auf die die Gemeinde im Chor antwortete – so entstand das Oratorium.

Die Via del Governo Vecchio
zeichnet sich durch ihre Renaissancefassaden aus.

Santa Maria della Pace
Diese Renaissancekirche birgt die Sibyllen Raffaels. Der Innenhof ist ein Werk Bramantes, der Barockportikus stammt dagegen von Pietro da Cortona. ❺

Der Pasquino ist eine hellenistische Menelaosstatue (3. Jh. v. Chr.). Im 16. Jahrhundert hefteten die Römer Spottverse an den Sockel.

Nicht versäumen
★ Piazza Navona

Der Palazzo Braschi, ein von Cosimo Morelli entworfenes Gebäude aus dem späten 18. Jahrhundert, hat einen herrlichen Balkon.

Sant'Andrea della Valle, begonnen 1591, hat eine eindrucksvolle Barockfassade. Die beiden Engel mit den ausgebreiteten Flügeln stammen von Ercole Ferrata. Die Kirche ist Schauplatz des ersten Aktes der Puccini-Oper *Tosca*.

Fontana del Moro

Campo de' Fiori

LEGENDE

– – – Routenempfehlung

0 Meter 75

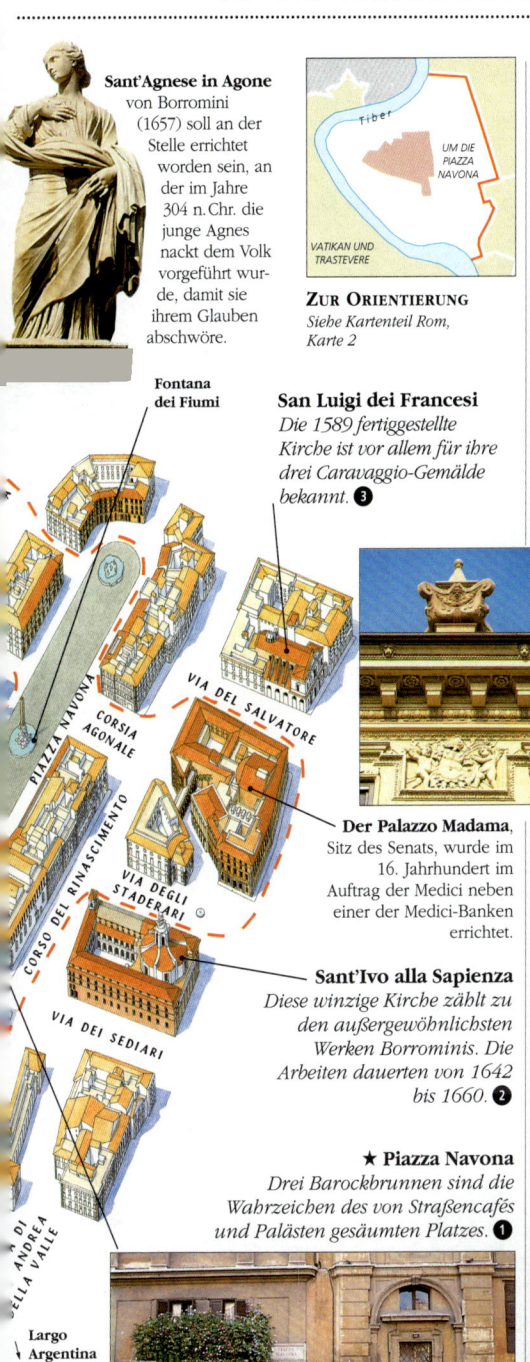

Um die Piazza Navona

Sant'Agnese in Agone von Borromini (1657) soll an der Stelle errichtet worden sein, an der im Jahre 304 n.Chr. die junge Agnes nackt dem Volk vorgeführt wurde, damit sie ihrem Glauben abschwöre.

Fontana dei Fiumi

Zur Orientierung
Siehe Kartenteil Rom, Karte 2

San Luigi dei Francesi
Die 1589 fertiggestellte Kirche ist vor allem für ihre drei Caravaggio-Gemälde bekannt. ❸

Der Palazzo Madama, Sitz des Senats, wurde im 16. Jahrhundert im Auftrag der Medici neben einer der Medici-Banken errichtet.

Sant'Ivo alla Sapienza
Diese winzige Kirche zählt zu den außergewöhnlichsten Werken Borrominis. Die Arbeiten dauerten von 1642 bis 1660. ❷

★ Piazza Navona
Drei Barockbrunnen sind die Wahrzeichen des von Straßencafés und Palästen gesäumten Platzes. ❶

Piazza Navona ❶

Karte 2 F3. 🚌 46, 62, 64, 87.

Der Grundriss des schönsten Barockplatzes Roms deckt sich mit dem im 1. Jahrhundert n.Chr. unter Domitian errichteten Stadion für Leichtathletikwettbewerbe *(agones)*, Wagenrennen und andere Sportarten. Noch heute sind Überreste des Stadions unter der Kirche Sant'Agnese in Agone zu sehen. Diese wurde einer Märtyrerin geweiht, die sich an dieser Stelle öffentlich geweigert hatte, einen Heiden zu heiraten.

Ihre jetzige Form nahm die Piazza Navona im 17. Jahrhundert an, als Papst Innozenz X., der hier seinen Familienpalast hatte, eine Kirche, einen Palast und einen Brunnen in Auftrag gab. Die Fontana dei Fiumi ist Berninis schönster Brunnen. Auf dem Sockel unterhalb des Obelisken befinden sich allegorische Statuen von vier großen Flüssen (Nil, Río de la Plata, Ganges und Donau). Auf Bernini geht auch der muskulöse Maure der Fontana del Moro zurück. Die Statue ist allerdings eine Replik. Bis zum 19. Jahrhundert wurde der Platz jedes Jahr im August durch Verstopfen der Brunnenabflüsse überflutet. Die Reichen fuhren dann in Kutschen über den Platz, während die Armen in Booten durchs Wasser paddelten. Auch heute noch ist die Piazza Navona der Nabel Roms.

Der Nil in der Gestalt eines Gottes (Fontana dei Fiumi)

Sant'Ivo alla Sapienza ❷

Corso del Rinascimento 40. **Karte** 2 F4. 🕾 *70, 81, 87, 90.* ⏰ *zur Messe So 10–12 Uhr.* ⊘ *Juli–Aug.* 📷 ♿

Auch wenn Sant'Ivo versteckt im Hof des Palazzo della Sapienza, der ehemaligen römischen Universität, liegt, ist der Glockenturm fester Bestandteil der römischen Skyline. Die von 1642 bis 1660 von Borromini errichtete Kirche ist erstaunlich komplex – eine geniale Kombination konkaver und konvexer Formen. Drei Päpste erlebten die Bauarbeiten mit und drückten der Kirche ihren persönlichen Stempel auf. Typische Motive sind die Biene Urbans VIII., die Taube mit Ölzweig von Innozenz X. und der Stern aus dem Wappen Alexanders VII.

Spiralturm von Sant'Ivo

San Luigi dei Francesi ❸

Via Santa Giovanna d'Arco. **Karte** 4 F4. 📞 *06-68 82 71.* 🚌 *70, 87, 90, 186.* ⏰ *tägl. 8–12.30, 15.30–19 Uhr.* ⊘ *Do nachm.* 📷

Die Kirche der französischen Gemeinde Roms (16. Jh.) ist für ihre drei Caravaggio-Gemälde in der Cerasi-Kapelle bekannt. Die zwischen 1597 und 1602 entstandenen Gemälde – *Die Berufung des Matthäus*, *Das Martyrium des Matthäus* und *Der Evangelist Matthäus* – waren die ersten bedeutenden Werke Caravaggios. Vom letzten der genannten Werke wurde die erste Version abgelehnt, weil der Heilige als alter Mann mit schmutzigen Füßen dargestellt war.

Sant'Agostino ❹

Via della Scrofa 80. **Karte** 2 F3. 📞 *06-68 80 19 62.* 🚌 *81, 87, 90b, 492.* ⏰ *tägl. 8–12, 16.30–19.30 Uhr.*

Im frühen 16. Jahrhundert besuchte ein erlesener Kreis aus Malern, Schriftstellern und Kurtisanen in dieser Kirche die Messe. Ihrem Gönner, John Goritz, verdanken wir Raffaels Jesajafresko (am dritten Pfeiler links) und die darunter befindliche marmorne *Anna selbdritt*, ein Werk Andrea Sansovinos. Im Jahre 1520 schuf dessen Schüler Jacopo Sansovino die *Madonna del Parto* an der Innenfassade im hinteren Teil der Kirche. Caravaggios *Madonna dei Pellegrini*, eine Madonna mit zwei armselig wirkenden Pilgern, entstand 1605.

Santa Maria della Pace ❺

Vicolo dell'Arco della Pace 5. **Karte** 2 E3. 📞 *06-686 11 56.* 🚌 *81, 87, 186, 492.* ⏰ *wg. Renovierung.* 📷 ♿

Die 1656 von Pietro da Cortona entworfene Fassade umschließt einen kleinen Platz. Die Kirche selbst geht ungefähr auf das Jahr 1480 zurück. Ihren Namen bekam sie von Papst Sixtus IV. nach dem Friedensschluß des Kirchenstaats mit Venedig. Der elegante Kreuzgang – Bramantes erstes Werk in Rom – wurde 1504 hinzugefügt. Raffaels Sibyllenfresko finanzierte ein Bankier namens Agostino Chigi.

Detail aus Caravaggios *Berufung des Matthäus* (1597–1602) in San Luigi dei Francesi

Fassade der Chiesa Nuova

Chiesa Nuova ❻

Piazza della Chiesa Nuova. **Karte** 2 E4. 📞 *06- 687 52 89.* 🚌 *46, 62, 64.* ⏰ *tägl. 8–12, 16.30–19 Uhr.* 📷 ♿

Der heilige Filippo Neri ließ diese Kirche 1575 anstelle des mittelalterlichen Baus errichten, die Papst Gregor XIII. seinem Orden geschenkt hatte. Neri, der von seinen Gefolgsleuten Demut verlangte, setzte junge Adlige beim Bau der Kirche als Arbeiter ein.

Entgegen Neris Wünschen wurden Mittelschiff, Kuppel und Apsis von Pietro da Cortona nach Neris Tod mit reichem Goldstuck und Fresken verziert. Seitlich und oberhalb des Altars sind drei Werke von Rubens zu sehen. Die erste Version wurde als zu glänzend abgelehnt. Also malte Rubens sie noch einmal auf Kiefer und schmückte mit den Originalen das Grab seiner Mutter in Grenoble.

Palazzo della Cancelleria ❼

Piazza della Cancelleria. **Karte** 2 E4. 📞 *06-69 88 48 16.* 🚌 *46, 62, 64, 492.* ⏰ *Mo–Sa 16–20 Uhr, nur mit Genehmigung.*

Dieses Meisterwerk der Frührenaissance wurde 1485 begonnen und soll durch die Spielgewinne einer einzigen Nacht finanziert worden sein. Auftraggeber war Kardinal Raffaele Riario, ein Neffe Papst Sixtus' I., der mit 17 Jahren Kardinal geworden war. Riario war 1478 in die Verschwörung gegen die Medici verwickelt gewesen, und als Giovanni de' Medici 1513 Papst Leo XIII. wurde, rächte er sich an Riario, indem er diesen enteignete und seinen Palast zum Sitz der päpstlichen Magistratur machte. Der Palast ist nur selten offen, dafür finden aber immer wieder Konzerte in dem mit Rosen verzierten dorischen Innenhof statt.

Der Ponte Cestio (46 v. Chr.) verbindet die Tiberinsel mit Trastevere

Campo de' Fiori ❽

Karte 2 F4. 🚌 46, 62, 64, 492.

DER CAMPO DE' FIORI (»Blumenfeld«) war im Mittelalter und in der Renaissance eines der belebtesten und gefährlichsten Viertel. Caravaggio, der hier einmal Tennis spielte und unterlag, tötete kurzerhand seinen Gegner, und auch der Goldschmied Cellini ermordete kaltblütig einen Konkurrenten aus der Nachbarschaft. Auch heute noch ist hier immer etwas los. Auf dem Markt sowie in den vielen Trattorien und einfachen Bars herrscht noch dieselbe lebhafte, herzliche, wenn auch etwas rauhe Stimmung wie früher.

In der Renaissance entstanden die Wirtshäuser rund um den Platz. Viele davon gehörten der Kurtisane Vannozza Catanei, der Mätresse Papst Alexanders VI.

Auch Hinrichtungen fanden hier statt. Die Statue im Zentrum des Platzes ist die des Philosophen Giordano Bruno, der hier 1600 wegen Ketzerei verbrannt wurde; er hatte behauptet, die Erde drehe sich um die Sonne.

Palazzo Farnese ❾

Piazza Farnese. Karte 2 E5. 🚌 46, 64, 87, 492. ● für die Öffentlichkeit.

URSPRÜNGLICH WAR der Palast für Kardinal Alessandro Farnese bestimmt, der 1534 Papst Paul III. wurde. Antonio da Sangallo begann die Arbeiten, die nach seinem Tod von Michelangelo fortgeführt wurden.

Heute ist der Palast Sitz der französischen Botschaft und daher nicht zugänglich. Wenn jedoch abends die Kandelaber leuchten, erhascht man vielleicht einen Blick auf die freskenverzierte Decke der Galerie, ein auf Ovids *Metamorphosen* basierendes illusionistisches Meisterwerk von Annibale Carracci (1560–1609).

Palazzo Spada ❿

Piazza Capo di Ferro 13. Karte 2 F5. 📞 06-686 11 58. 🚌 46, 64, 87, 492. ● Di–Sa 9–19 Uhr, So 9–13.30 Uhr.

DIE FASSADE des Palazzo Spada (1540) ist mit einer eleganten Stuckdekoration überzogen. In den Nischen stehen Statuen römischer Könige und Kaiser. 1637 kaufte der Kunstliebhaber Kardinal Bernardino Spada den Palast und beauftragte Borromini, einen Gang zum Innenhof anzulegen, der durch Scheinperspektive eine viel größere Länge vortäuschen sollte. Die in der Galleria Spada ausgestellte Kunstsammlung des Kardinals umfaßt Werke von Dürer, Guercino, del Sarto und Artemisia Gentileschi.

Ghetto und Tiberinsel ⓫

Karte 3 A5. 🚌 44, 56, 60, 170.

DIE ERSTEN JUDEN brachte Pompejus der Große als Sklaven nach Rom. Zur Kaiserzeit wurden die Juden wegen ihrer kaufmännischen und medizinischen Kenntnisse sehr geschätzt. Die Verfolgung begann im 16. Jahrhundert, als Papst Paul IV. alle Juden in ein von einer Mauer umschlossenes Viertel, das heutige Ghetto, zwangsumsiedeln ließ. Die Via del Portico d'Ottavia führt vorbei an römisch-jüdischen Lebensmittelläden bis zur Synagoge.

Vom Ghetto aus gelangt man zur Tiberinsel. Das dortige Krankenhaus steht für eine lange Tradition des Heilens, die auf die Gründung eines Äskulaptempels im Jahre 293 v. Chr. zurückgeht.

Obststände auf dem Campo de' Fiori

Im Detail: Um das Pantheon

Im Gassengewirr um das Pantheon herum verstecken sich belebte Restaurants und Cafés sowie einige der schönsten Sehenswürdigkeiten Roms. Hier sind Politik und Hochfinanz unter anderem in Form des Parlaments und der Börse vertreten. Das Pantheon selbst ist ein imposanter Kuppelbau und war lange Zeit *das* Wahrzeichen Roms.

Sant'Ignazio di Loyola
Die Decke dieser Kirche hat Andrea Pozzo 1685 mit Illusionsmalerei verziert. ⓱

★ Palazzo Doria Pamphili
Zu den Meisterwerken dieser Gemäldesammlung zählt auch Tizians Salome (1516). ⓮

Der Hadrianstempel ist heute die Fassade der Börse.

Auf der Piazza della Minerva ist Berninis Elefant als Sockel für einen ägyptischen Obelisken der Blickfang.

★ Pantheon
Das Pantheon, ein »allen Göttern geweihter Tempel«, ist das besterhaltene antike Bauwerk Roms. Es wurde im 1. Jahrhundert n. Chr. gebaut. ⓰

★ Santa Maria sopra Minerva
Der zu den wenigen gotischen Kirchen Roms zählende Bau birgt Werke Michelangelos, Berninis und Filippino Lippis. ⓯

Legende

- - - - Routenempfehlung

UM DIE PIAZZA NAVONA

Area Sacra di Largo Argentina ⓬

Largo di Torre Argentina. **Karte** 2 F5. 🚌 44, 46, 64, 90. 🕐 *nur mit Genehmigung (siehe S. 614).*

ZUR ORIENTIERUNG
Siehe Kartenteil Rom, Karte 3

Über die Via della Gatta thront die Marmorskulptur einer Katze *(gatta)*, nach der die Straße benannt wurde.

Der Pie' di Marmo, ein riesiger antiker Marmorfuß, ist vermutlich Teil einer Kolossalstatue aus dem Isistempel.

Der Palazzo Altieri umfaßt auch die Behausung einer alten Frau, die sich im 17. Jahrhundert, als der Palast gebaut wurde, gegen den Abriß ihres Heims gewehrt hatte.

Il Gesù
Die im späten 16. Jahrhundert errichtete Jesuitenkirche diente vielen Jesuitenkirchen als Vorbild. ⓭

NICHT VERSÄUMEN

★ Pantheon

★ Palazzo Doria Pamphili

0 Meter   75

In den 20er Jahren entdeckte man die Überreste von vier Tempeln in der Mitte des Largo Argentina. Die Tempel stammen aus der Zeit der Republik und zählen zu den ältesten, die je in Rom entdeckt wurden. Zur leichteren Unterscheidung hat man sie einfach mit den Buchstaben A, B, C und D gekennzeichnet. Der älteste Tempel (C) stammt aus dem 4. Jahrhundert v. Chr. und stand auf einem hohen Podium. Davor stand ein Altar – ein typisches Merkmal italischer Tempel, die sich dadurch von den griechischen unterscheiden. Tempel A datiert aus dem 3. Jahrhundert v. Chr., im Mittelalter wurde auf seinem Podium allerdings die kleine Kirche San Nicola errichtet, von der heute noch die zwei Apsiden zu sehen sind. Die Säulenstümpfe im Norden gehörten zu einem Portikus, dem sogenannten Hekatostylum. Zur Kaiserzeit wurden an dieser Stelle zwei Marmorlatrinen angelegt. Die Überreste der einen sind hinter Tempel A zu sehen. Hinter den Tempeln B und C, unweit der Via di Torre Argentina, befinden sich die Überreste einer riesigen Plattform aus Tuffquadern, die man als Teile der Curia des Pompejus, des einstigen Senatssitzes, identifiziert hat, wo Julius Caesar von Brutus, Cassius und ihren Komplizen ermordet wurde.

Area Sacra mit den Ruinen des Rundtempels B

Legros' *Triumph der Religion über die Häresie* (Il Gesù)

Il Gesù ⓭

Piazza del Gesù. **Karte** 3 A4. 📞 06-678 63 41. 🚌 44, 64, 81, 90. 🕐 *tägl. 6–12.30, 16.30–19.15 Uhr (Okt–März 16–19 Uhr).* 📷

Der Bau der ersten Jesuitenkirche Roms dauerte von 1568 bis 1584. Der Jesuitenorden wurde 1537 in Rom von einem baskischen Soldaten namens Ignatius von Loyola gegründet, der sich zum christlichen Glauben bekannte, nachdem er in einer Schlacht verwundet worden war. Die enthaltsamen Jesuitenmönche übernahmen häufig missionarische Aufgaben und waren immer wieder in Religionskriege verwickelt.

Il Gesù wurde gerade zur Zeit der Gegenrevolution oft kopiert. Die Kirche ist einschiffig und hat zwei Seitenkanzeln. Blickfang für die Gemeinde ist der Hauptaltar. Die Illusionsmalerei auf Decke und Kuppel (17. Jh.) schuf Il Baciccia.

Das Langhaus wird beherrscht vom *Triumph des Namens Jesu*. Die Botschaft ist klar: Gläubige Katholiken kommen in den Himmel, während Protestanten in die Hölle geworfen werden. Die gleiche Botschaft findet man auch in der mit Lapislazuli, Silber und Gold verzierten Cappella di Sant'Ignazio. Die Marmorgruppe von Pierre Legros, *Triumph der Religion über die Häresie*, zeigt die Religion in Gestalt einer Frau, die gerade den Kopf der als Schlange dargestellten Häresie zertritt. Das gleiche Motiv findet man in der Gruppe von Théudon, *Der Glaube bekämpft die Idolatrie*.

Palazzo Doria Pamphili ⓮

Piazza del Collegio Romano 1a.
Karte 5 A4. 06-679 43 65.
56, 60, 62, 64, 90. Di, Fr, Sa, So 10–13 Uhr. Feiertage.
Privaträume nach Voranmeldung.

DER PALAZZO DORIA PAMPHILI ist ein riesiger Komplex im Herzen Roms. Die ältesten Gebäudeteile stammen aus dem Jahre 1435. Beim Einzug 1647 ließ die Familie Pamphili einen neuen Flügel, eine Kapelle und ein Theater hinzufügen.

Die Gemäldesammlung der Pamphili umfaßt über 400 Werke aus dem 15. bis 18. Jahrhundert, darunter auch ein Porträt Papst Innozenz' X. von Velázquez sowie Werke von Tizian, Guercino, Caravaggio und Claude Lorrain. Die Einrichtung der prunkvollen Privatgemächer stammt großenteils noch aus der damaligen Zeit.

Velázquez' *Papst Innozenz X.* (1650)

Santa Maria sopra Minerva ⓯

Piazza della Minerva 42. **Karte** 4 F4.
06-679 39 26. 56, 64, 81, 119. tägl. 7–12, 16–19 Uhr.

DIE IM 13. JAHRHUNDERT gebaute Dominikanerkirche, eine der wenigen gotischen Kirchen Roms, steht auf den Ruinen eines Minervatempels. Die Dominikaner erwiesen sich oft als besonders fanatische Inquisitoren. Sie waren es auch, die Galileo Galilei im angrenzenden Konvent verhörten.

Das Innere birgt zahllose Malereien und Skulpturen: von Cosmatengräbern aus dem 13. Jahrhundert bis hin zu einer Büste von Bernini. Zu den Höhepunkten zählen Antoniazzo Romanos *Verkündigung* (ein Engel präsentiert den Stifter, Kardinal Juan de Torquemada, den Onkel des fanatischen spanischen Großinquisitors) sowie die Carafa-Kapelle mit den vor kurzem restaurierten Fresken Filippino Lippis.

Die Aldobrandini-Kapelle birgt die Grabmonumente für Leo X. und seinen Vetter Klemens VII. Unweit der Stufen steht Michelangelos muskulöse *Erlöser*-Skulptur.

Unter den hier beigesetzten Berühmtheiten befinden sich auch die 1380 gestorbene heilige Katharina von Siena sowie der Maler und Dominikanermönch Fra Angelico (gestorben 1455). Vor der Kirche steht Berninis obeliskentragender Elefant.

Innenansicht des Pantheons – letzte Ruhestätte der italienischen Könige

Pantheon ⓰

Piazza della Rotonda. **Karte** 3 F4.
06-68 30 02 30. 64, 70, 75, 119. Mo–Sa 9–17.30 Uhr (Juli–Sep 18 Uhr; Okt–März 16.30 Uhr), So, Feiertage 9–13 Uhr. 15. Aug, 25., 26. Dez.

DAS PANTHEON, ein »allen Göttern geweihter Tempel«, ist das herausragendste Bauwerk der römischen Antike. Den Vorgängerbau, einen konventionellen Tempel mit rechteckigem Grundriß, ließ Agrippa zwischen 27 und 25 v. Chr. errichten. Der heutige Bau entstand 118 n. Chr. – vermutlich nach einem Entwurf Kaiser Hadrians.

Von vorn sieht das Pantheon aus wie ein überkuppelter Backsteinzylinder hinter einer Vorhalle mit Giebel und hoher Attika. Erst im Inneren offenbaren sich dem Betrachter die ganze Großartigkeit und Schönheit. Der Radius der imposanten Kuppel entspricht genau der Höhe des zylindrischen Unterbaus, was die Gesamtkonstruktion perfekt proportioniert wirken läßt. Einzige Lichtöffnung ist das sogenannte »Kuppelauge« (Okulus).

Im 7. Jahrhundert wurde das Pantheon in eine christliche Kirche umgewandelt. Heute birgt es die Grabmäler zahlreicher Berühmtheiten: vom bescheidenen Grabmal Raffaels bis hin zu den riesigen Königsgrabmälern aus Marmor und Porphyr.

Das Mittelschiff von Santa Maria sopra Minerva

Sant'Ignazio di Loyola ⓱

Piazza di Sant'Ignazio. **Karte** 3 A4.
📞 06-679 44 06. 🚌 56, 60, 90, 119. 🕐 tägl. 7.30–12.30, 16–19.15 Uhr. 📷

Die 1626 auf Kosten des Kardinals Ludovisi erbaute Kirche ist Ignatius von Loyola geweiht, dem Gründer des Jesuitenordens, der sich vehement in der Gegenreformation engagierte.

Zusammen mit Il Gesù *(siehe S. 393)* bildet Sant'Ignazio das Herz des römischen Jesuitenviertels. Das Innere dieser besonders prunkvollen Barockkirche ist mit verschiedenfarbigem Marmor, Stuck, Gold und Malereien verziert. Der einschiffige Bau in Form eines lateinischen Kreuzes hat mehrere Kapellen an den Langhausseiten. Auf die geplante Kuppel wurde verzichtet, da die Nonnen eines nahe gelegenen Klosters monierten, diese würde ihnen die Aussicht von ihrem Dachgarten versperren. Daraufhin wurde die Kuppel perspektivisch auf eine in der Vierung angebrachte Leinwand gemalt.

Noch grandioser ist das Deckenfresko Andrea Pozzos. Das Meisterwerk barocker Illusionsmalerei (1685) ist eine propagandistische Verherrlichung der jesuitischen Missionstätigkeit. Die vier bekannten Erdteile in Frauengestalt, Engel und junge Menschen zieht es aus allen Winkeln in Richtung Himmel.

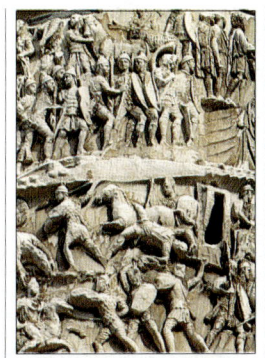

Detail der Mark-Aurel-Säule (180 n. Chr.) auf der Piazza Colonna

Piazza Colonna ⓲

Karte 3 A3. 🚌 56, 60, 85, 119.

Die Piazza Colonna mit dem Palazzo Chigi, dem Sitz des Premierministers, wurde nach der riesigen Mark-Aurel-Säule in ihrer Mitte benannt. Die Ehrensäule wurde 180 n. Chr. nach dem Tod des Mark Aurel zum Gedenken an seine Siege über die barbarischen Stämme an der Donau aufgestellt. Wie auf der Trajanssäule *(siehe S. 378)* werden auch hier die Kriegstaten in einem umlaufenden Relieffries geschildert. 80 Jahre lagen zwischen der Entstehung der beiden Säulen – Zeit genug für einen künstlerischen Wandel: Die Reliefs an Mark Aurels Ehrensäule sind einfacher, dafür aber plastischer. Auf klassische Proportionen wurde zugunsten der Übersichtlichkeit verzichtet.

Piazza di Montecitorio ⓳

Karte 3 A3. 🚌 56, 60, 85, 119.

Der Obelisk im Zentrum der Piazza di Montecitorio war einst der Zeiger einer riesigen Sonnenuhr. Er war von Augustus aus dem ägyptischen Heliopolis nach Rom gebracht worden; im 9. Jahrhundert verschwand er auf unerklärliche Weise und wurde erst zur Zeit der Herrschaft Julius' II. (1503–13) unter mittelalterlichen Häusern wiederentdeckt.

Der Platz wird von der verwitterten Fassade des Palazzo di Montecitorio beherrscht. Seit Ende des 19. Jahrhunderts ist der Palast der Sitz des italienischen Parlaments.

Stuckfassade von La Maddalena

La Maddalena ⓴

Piazza della Maddalena. **Karte** 3 A3.
📞 06-679 77 96. 🚌 70, 81, 85, 87, 492. 🕐 tägl. 7.30–12, 17–19.45 Uhr. 📷

Die Rokokofassade dieser unweit des Pantheons gelegenen Kirche (1735) ist eine typisch spätbarocke Ode an Licht und Bewegung. Trotz der Proteste neoklassizistischer Fanatiker, die den bemalten Stuck als Zuckerbäckerstil abqualifizierten, wurde die Fassade im barocken Stil restauriert.

Die Kirche ist zwar klein, was jedoch die Innenausstatter im 17. und 18. Jahrhundert keineswegs daran gehindert hat, sie bis unter die elegante Kuppel mit Gemälden und Zierat aller Art anzufüllen.

Barocke Illusionsmalerei von Andrea Pozzo (Sant'Ignazio di Loyola)

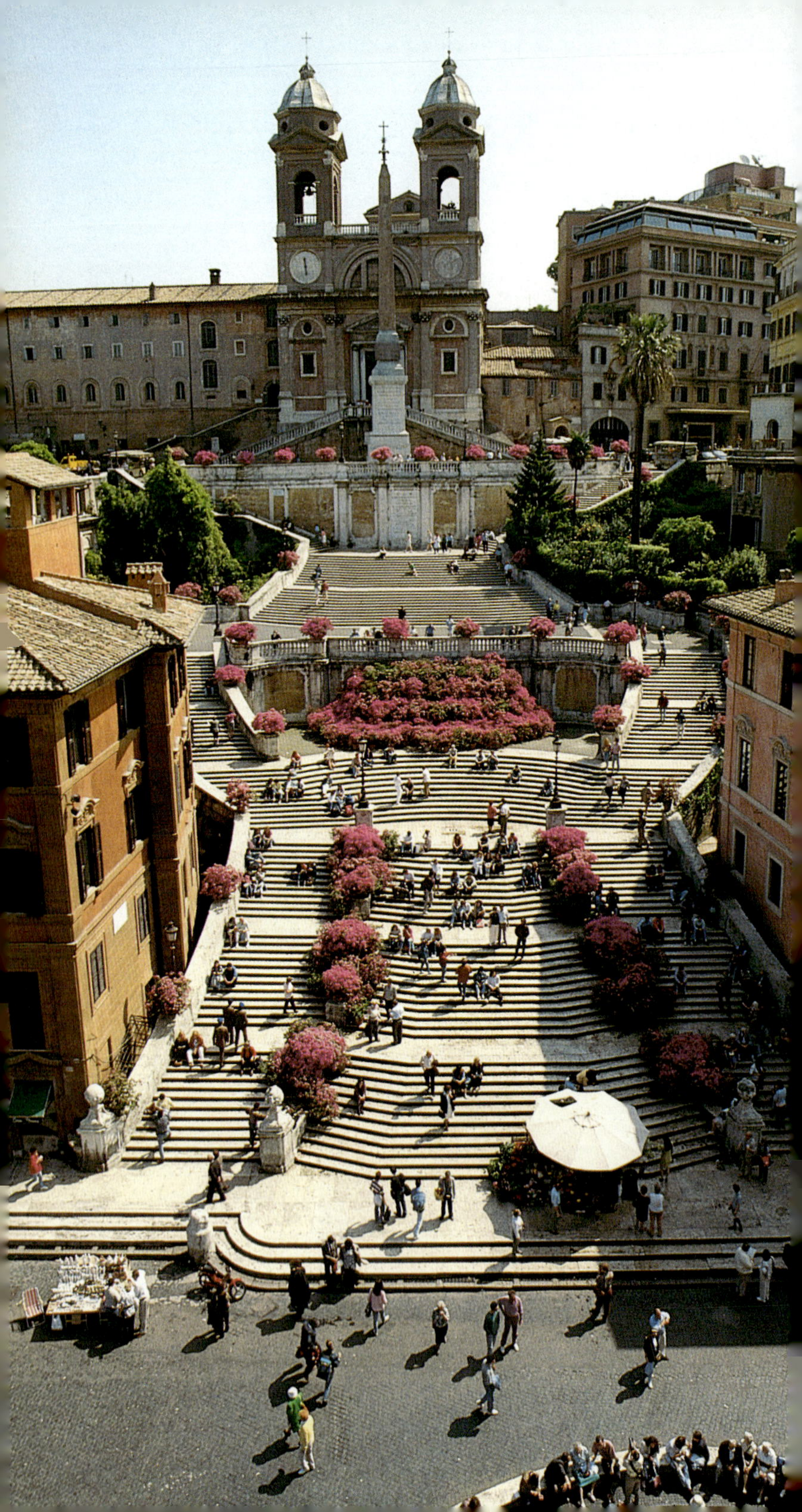

Der Nordosten Roms

Dieses Viertel erstreckt sich von den schicken Einkaufsstraßen um die Piazza di Spagna bis zum Esquilin, einem früher vornehmen, mittlerweile aber eher ärmlichen Viertel mit vielen frühchristlichen Kirchen. Die Viertel um die Piazza di Spagna und die Piazza del Popolo entstanden im 16. Jahrhundert. Damals baute man eine Straße, um die ständig wachsende Zahl von Pilgern möglichst direkt in den Vatikan zu schleusen. Ungefähr zur selben Zeit entstand die Papstresidenz auf dem Quirinal. Als Rom 1870 Hauptstadt Italiens wurde, verwandelten sich die Straßen um die Via Veneto in ein schickes Wohnviertel.

Löwenbrunnen auf der Piazza del Popolo

Auf einen Blick

Kirchen
San Carlo alle Quattro Fontane ❽
San Pietro in Vincoli ⓴
Sant'Andrea al Quirinale ❼
Santa Maria del Popolo ❸
Santa Maria della Concezione ❿
Santa Maria della Vittoria ⓫
Santa Maria Maggiore ⓯
Santa Prassede ⓭

Museen und Galerien
Museo Nazionale Romano ⓬
Palazzo Barberini ❾

Antike Stätten und Bauwerke
Ara Pacis ❹
Mausoleum des Augustus ❺

Historische Gebäude
Villa Medici ❷

Plätze und Brunnen
Piazza di Spagna und Spanische Treppe ❶
Fontana di Trevi ❻

Anfahrt
Die Metro-Stationen Repubblica, Barberini und Spagna (Linie A) sind die besten Ausgangspunkte für Erkundungen des Viertels. Außerdem verkehren die Buslinien 93 und 93b zwischen Termini, Santa Maria Maggiore und Via Merulana.

Legende
- Detailkarte: Piazza di Spagna S. 398f
- **FS** Bahnhof
- **M** Metro-Station
- **P** Parken
- **i** Auskunft
- Stadtmauer

0 Meter 250

◁ Im Frühjahr ist die Spanische Treppe mit Azaleen geschmückt

Im Detail: Piazza di Spagna

Das Gassengewirr um die Piazza di Spagna, eines der elegantesten Viertel Roms, zieht mit seinen exklusiven Geschäften Touristen und Römer gleichermaßen an. »Sehen und gesehen werden« heißt es von jeher in den Cafés des Platzes. Bereits im 18. Jahrhundert stiegen vergnügungssüchtige Aristokraten mit Vorliebe in den zahlreichen Hotels des Viertels ab. Es kamen aber auch viele Künstler, Schriftsteller und Komponisten, die mehr der geschichtlich-kulturellen Seite der Stadt zugewandt waren.

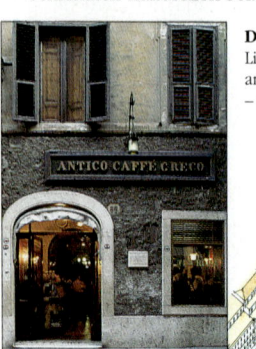

Das Caffè Greco zählte früher Literaten und Komponisten – unter anderen Goethe, Liszt und Wagner – zu seinen Stammkunden.

Trinità dei Monti heißt diese Kirche (16. Jh.) oberhalb der Spanischen Treppe. Von hier oben hat man einen herrlichen Blick auf Rom.

Babington's Tea Rooms wurden 1896 von zwei Engländerinnen gegründet. Noch heute bekommt man ausgezeichneten Tee.

★ **Piazza di Spagna und Spanische Treppe**
Beide sind seit dem 18. Jahrhundert wahre Touristenmagneten. ❶

Das Keats-Shelley-Haus, in dem Keats 1821 starb, ist heute ein Museum für Lyrik der englischen Romantik.

Die Colonna dell' Immacolata (1857) wurde anläßlich der Verkündigung des Dogmas von der Unbefleckten Empfängnis errichtet.

Der Collegio di Propaganda Fide wurde 1662 für die Jesuiten errichtet. Die Fassade stammt von Francesco Borromini.

LEGENDE

– – – Routenempfehlung

0 Meter 75

ZUR ORIENTIERUNG
Siehe Kartenteil Rom, Karte 3

Sant'Andrea delle Fratte birgt zwei Engel, die Bernini 1669 eigentlich für den Ponte Sant' Angelo geschaffen hatte, die Papst Klemens X. aber nicht der Witterung aussetzen wollte.

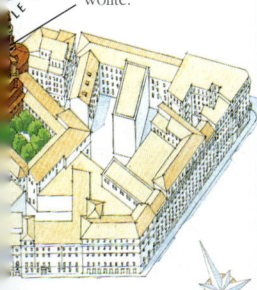

Die Fontana della Barcaccia am Fuße der Spanischen Treppe

Piazza di Spagna und Spanische Treppe ❶

Karte 3 A2. 119. Ⓜ *Spagna*.

DIE SCHERENFÖRMIGE, unregelmäßige Piazza di Spagna ist ganztägig – im Sommer auch einen großen Teil der Nacht – bevölkert. Der berühmteste Platz Roms wurde nach dem im 17. Jahrhundert als Sitz der spanischen Gesandtschaft beim Heiligen Stuhl errichteten Palazzo di Spagna benannt.

Die Piazza ist von jeher Treffpunkt ausländischer Touristen und Emigranten. Bereits im 18. und 19. Jahrhundert zogen die vielen Hotels dieses Viertels Besucher aus aller Welt an, von denen einige auf der Suche nach Weisheit und Inspiration waren, während andere lediglich Antiquitäten für ihr Heim kaufen wollten. Der englische Schriftsteller Charles Dickens schrieb nach seiner Besichtigung der Spanischen Treppe, diese sei mit Modellen bevölkert, die sich in der Hoffnung, das Interesse eines Malers zu wecken, als Madonnen, Heilige oder Kaiser ausstaffierten.

Die Treppe entstand kurz nach 1720 als Verbindung zwischen dem Platz und der französischen Kirche Trinità dei Monti. Die Franzosen wollten eine Statue Louis' XIV am oberen Ende der Treppe aufstellen, was jedoch am Protest des Papstes scheiterte. Erst dem italienischen Architekten Francesco de Sanctis gelang es, mit seinem prachtvollen Rokokoentwurf beide Seiten zufriedenzustellen. Die Fontana Barcaccia am Fuße der Treppe stammt von Pietro Bernini.

Villa Medici ❷

Accademia di Francia a Roma, Viale Trinità dei Monti 1. **Karte** 3 B1. 📞 *06-679 83 81*. Ⓜ *Spagna*. ☐ *Ausstellungen.* **Akademie u. Gärten** ☐ *zu unterschiedlichen Zeiten.* ☑ *obligatorisch.*

DIE AUF DEM PINCIUS gelegene Villa (16. Jh.) bekam ihren Namen 1576, als sie in den Besitz des Kardinals Ferdinando de' Medici überging. Heute ist sie Sitz der Französischen Akademie, die 1666 mit dem Ziel gegründet wurde, Künstlern ein Studium in Rom zu ermöglichen. Seit 1803 sind auch Musiker zugelassen. So studierten hier zum Beispiel auch Berlioz und Debussy.

Die Villa ist nur bei Ausstellungen zugänglich, die Gartenanlage mit ihren Repliken antiker Statuen kann man dagegen in bestimmten Monaten besichtigen.

Gartenfassade der Villa Medici (Kupferstich, 19. Jh.)

NICHT VERSÄUMEN

★ **Piazza di Spagna und Spanische Treppe**

Pinturicchios Fresko *Delphische Sibylle* (1509), Santa Maria del Popolo

Santa Maria del Popolo ❸

Piazza del Popolo 12. **Karte** 2 F1. 06-361 08 36. 90, 90b, 119, 495. **M** Flaminio. tägl. 7–12, 16–19 Uhr.

SANTA MARIA DEL POPOLO war eine der ersten Renaissancekirchen Roms. Sie wurde 1472 von Papst Sixtus IV. in Auftrag gegeben. Dank großzügiger Schenkungen von seiten seiner Nachfahren und anderer wohlhabender Familien birgt Santa Maria del Popolo heute eine unvergleichliche Sammlung an Kunstschätzen.

Kurz nach Sixtus' Tod 1484 schufen Pinturicchio und seine Schüler im Auftrag der Familie della Rovere Fresken für zwei Kapellen (die 1. und 3. rechts). Den Altar der ersten Kapelle ziert eine *Anbetung des Kindes*. Dargestellt ist ein Stall unterhalb einer klassizistischen Säule.

Als Sixtus' IV. Neffe Giuliano 1503 Papst Julius II. wurde, beauftragte er Bramante mit dem Bau einer neuen Apsis. Und wieder wurde Pinturicchio gerufen. Diesmal schmückte er das Gewölbe mit Sibyllen und Aposteln in einem Rahmenwerk aus Grotesken.

1513 schuf Raffael im Auftrag des reichen Bankiers Agostino Chigi die Chigi-Kapelle (die 2. links) – eine kühne Kombination sakraler und profaner Stilelemente wie zum Beispiel pyramidale Grabmäler und ein Mosaik in der Kuppel, das Gottvater als Schöpfer des Firmaments zeigt. Raffael starb noch vor der Vollendung der Kapelle, die daraufhin von Bernini fertiggestellt wurde. Dieser fügte die Statuen des Habakuk und Daniel hinzu. Die Cerasi-Kapelle birgt links vom Altar zwei realistische Werke Caravaggios – *Die Bekehrung Pauli* und *Die Kreuzigung Petri* (1601) –, die durch ihre Tiefenwirkung und Lichteffekte besonders ausdrucksstark wirken.

Relief an der Ara Pacis (Ausschnitt)

Ara Pacis ❹

Via di Ripetta. **Karte** 2 F2. 06-67 10 24 75. 81, 90, 119, 926. Di–Sa 9–17 Uhr, So 9–13 Uhr (letzter Einlaß 30 Min. vor Schließung).

DIE MINUTIÖS AUS zahllosen Fragmenten rekonstruierte und mit Reliefs verzierte Ara Pacis (Friedensaltar) wurde zum Zeichen der Befriedung des Römischen Reiches unter Kaiser Augustus errichtet. Sie wurde 13 v. Chr. vom römischen Senat in Auftrag gegeben. Vier Jahre danach waren die Arbeiten abgeschlossen. Die Dekoration der aus Carrara-Marmor bestehenden äußeren Umfassungsmauer des Altars ist so kunstvoll, daß Experten sie griechischen Künstlern zuschreiben. Die Reliefs an Nord- und Südseite zeigen einen Opferzug, der am 4. Juli im Jahre 13 v. Chr. stattfand. Man erkennt die kaiserliche Familie. Das Kind, das sich an seine Mutter (Antonia) klammert, ist Augustus' Enkel Lucius.

Mausoleum des Augustus ❺

Piazza Augusto Imperatore. **Karte** 2 F2. 06-67 10 20 70. 81, 90, 119, 926. nur mit Genehmigung der Comune di Roma, Ripartizione X, Piazza Campitelli 7.

DER VON Zypressen umringte Hügel war einst der vornehmste Friedhof Roms. Hier ließ Augustus 28 v. Chr., ein Jahr bevor er Alleinherrscher wurde, ein Mausoleum für sich und seine Nachfahren errichten. Der kreisrunde Bau hatte einen Durchmesser von 87 Metern. Den Eingang flankierten zwei Obelisken (heute auf der Piazza del Quirinale und der Piazza dell'Esquilino). Die vier Gänge im Inneren waren durch Korridore miteinander verbunden. Hier standen die Urnen der Angehörigen der kaiserlichen Familie, darunter auch die Urne mit der Asche des 14 n. Chr. gestorbenen Augustus.

Fontana di Trevi ❻

Piazza di Trevi. **Karte** 3 B3.

NICOLA SALVI vollendete den größten und berühmtesten Brunnen Roms im Jahre 1762. Die Zentralfigur des Neptun wird von Tritonen flankiert, von denen einer versucht, ein Seepferd zu bändi-

Roms größter und berühmtester Brunnen – die Fontana di Trevi

DER NORDOSTEN ROMS

gen, während der andere ein gefügiges Tier führt – eine Anspielung auf die gegensätzlichen Launen des Meeres.

Der Brunnen bildete den Abschluß der Wasserleitung Aqua Virgo, die 19 v. Chr. unter Agrippa, dem Schwiegersohn Augustus', angelegt wurde. Sie sollte die neuen Thermen mit Wasser versorgen. Eines der Reliefs zeigt ein Mädchen namens Trivia, nach dem der Brunnen vielleicht benannt wurde. Trivia soll die 22 Kilometer entfernte Quelle entdeckt und durstigen römischen Soldaten gezeigt haben.

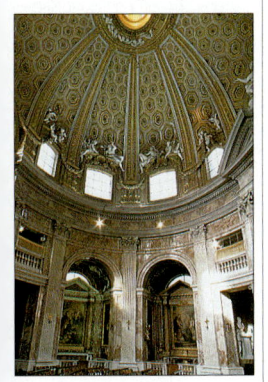

Borromini schuf die Kuppel von San Carlo alle Quattro Fontane

Sant'Andrea al Quirinale

Sant'Andrea al Quirinale ❼

Via del Quirinale 29. **Karte** 3 C3.
06-48 90 31 87. 56, 64, 70, 94. Mi–Mo 10–12, 16–19 Uhr. Aug. nachm.

SANT'ANDREA WURDE im Auftrag der Jesuiten von Bernini entworfen und zwischen 1658 und 1670 von dessen Gehilfen ausgeführt. Da der Bau groß, aber nicht sehr hoch werden sollte, entschied sich Bernini für eine Betonung der Querachse. Das auffällig gestaltete Gesims lenkt den Blick auf den Altar. Hier kombinierte Bernini Malerei mit Bildhauerei. So entstand zum Beispiel die eindrucksvolle Kreuzigung des heiligen Andrea. Der gekreuzigte Heilige auf dem Altarbild blickt hinauf zu seiner eigenen Stuckfigur in der Kuppel und zum Himmel, wo ihn Cherubim und der Heilige Geist erwarten.

San Carlo alle Quattro Fontane ❽

Via del Quirinale 23. **Karte** 3 C3.
06-488 32 61. 52, 56, 62, 492. Mo–Sa 9.30–12.30, Mo–Fr 16–18 Uhr.

BORROMINI wurde 1638 mit dem Entwurf einer Kirche beauftragt, die an der Kreuzung Via del Quirinale und Via delle Quattro Fontane stehen sollte. Die Kirche, von der man sagt, sie sei so klein, daß sie in einem der Kuppelpfeiler der Peterskirche Platz habe, besticht durch ihre geniale Architektur. Geschwungene Linien an der Fassade und im Inneren lassen den kleinen Bau lebendig und monumental erscheinen. Ein Geniestreich ist die Kuppel, die dank verdeckter Fenster, geschickter Kassettierung und winziger Laterne höher wirkt, als sie ist.

Palazzo Barberini ❾

Via delle Quattro Fontane 13. **Karte** 3 C2. 06-481 45 91. 52, 58, 490, 495. Barberini. Di–Sa 9–14, So, Feiertage 9–13 Uhr.

ALS MAFFEI BARBERINI 1623 Papst Urban VIII. wurde, ließ er einen prächtigen Familienpalast bauen. Dieser steht noch heute an der Piazza Barberini, auf der unaufhörlich der Autoverkehr an Berninis Tritonenbrunnen vorbeiströmt, war aber ursprünglich von Carlo Maderno als typische Landvilla für den Stadtrand konzipiert worden. Maderno starb kurz nach der Grundsteinlegung. Bernini und Borromini setzten sein Werk fort.

Der eindrucksvollste Raum ist der Gran Salone mit einem illusionistischen Deckenfresko (1633–39) von Pietro da Cortona.

Der Palast beherbergt einen Teil der Galleria Nazionale d'Arte Antica mit Werken Filippo Lippis, Tizians, Artemisia Gentileschis und Caravaggios. Das berühmteste Porträt ist das einer Kurtisane, die Raffaels Mätresse gewesen sein soll: *La Fornarina*. Das Werk stammt jedoch nicht von Raffael.

Detail des Deckenfreskos im Palazzo Barberini (1633)

Santa Maria della Concezione ❿

Via Veneto 27. **Karte** 3 C2. 06-487 11 85. 52, 56, 490, 495. Barberini. **Krypta** tägl. 9–12, 15–18 Uhr.

DIESE ÄUSSERLICH nichtssagende Kirche in der Via Veneto birgt eine Krypta, in der die Knochen und Schädel von 4000 Kapuzinern zu makabren Ornamenten zusammengefügt sind. So findet man zum Beispiel das Herz Jesu oder Dornenkronen aus zusammengebundenen Knochen – eine Inszenierung der Vergänglichkeit alles Irdischen.

Santa Maria della Vittoria ⓫

Via XX Settembre 17. **Karte** 4 D2.
☏ 06-482 61 90. 🚌 36, 37, 60, 61. Ⓜ Repubblica. ⏲ tägl. 6.30–12, 16.30–19 Uhr.

DIESE KLEINE Barockkirche ist im Inneren reich verziert. Die Cornaro-Kapelle (die 4. links) birgt eines der anspruchsvollsten Werke Berninis: *Die Verzückung der heiligen Theresa* (1646). Manche empfinden die völlige Entrückung der Heiligen, die mit geöffnetem Mund und geschlossenen Augen auf eine Wolke sinkt, nachdem sie ein Engel mit dem Pfeil der göttlichen Liebe durchbohrt hat, als schockierend. An den Seiten der Kapelle sind Theaterlogen angebracht, von denen aus die Statuen der Mitglieder der Familie Cornaro, die Stifter dieser Kapelle, das Geschehen beobachten.

Berninis *Verzückung der hl. Theresa* (Santa Maria della Vittoria)

Museo Nazionale Romano ⓬

Viale Enrico de Nicola 79. **Karte** 4 E2.
☏ 06-48 90 35 07. **Collegio Massimo**, Piazza Cinquecento. **Karte** 4 E3.
☏ 06-90 35 07. 🚌 57, 65, 170, 492. Ⓜ Termini. ⏲ Di–Sa 9–14 Uhr, So, Feiertage 9–13 Uhr. 📷 ♿

DAS MUSEO Nazionale ist zum Teil in den Thermen des Diokletian, der größten Thermenanlage des alten Roms, zum Teil in dem Kartäuserkloster Santa Maria degli Angeli untergebracht, das im 16. Jahrhundert auf den Ruinen der Thermen errichtet wurde.

Das 1889 gegründete Museum war einst das weltweit größte Museum für antike Kunst. Hier waren die meisten der seit 1870 in Rom entdeckten Antiken sowie bedeutende Sammlungen älteren Datums ausgestellt. Nach Jahren der Verwahrlosung wurde ein Teil der Sammlung in den nahegelegenen Collegio Massimo verlegt, darunter auch Statuen, Sarkophage, Mosaiken und abgelöste Fresken. Aber auch im ursprünglichen Museumsgebäude in den Thermen sind noch Mosaiken und Skulpturen verblieben, von denen besonders die römische Replik einer griechischen Statue, der *Diskuswerfer*, zu erwähnen ist. Der größte Teil dieses Museums ist jetzt römischen Schriften gewidmet. Zur Anlage gehört auch der von Michelangelo entworfene Kreuzgang des Kartäuserklosters sowie eine Gartenanlage (16. Jh.).

Santa Prassede ⓭

Via Santa Prassede 9a. **Karte** 4 D5.
☏ 06-488 24 56. 🚌 16, 93, 613. Ⓜ Vittorio Emanuele. ⏲ tägl. 7.30–12, 16–18.30 Uhr. 📷 ♿

DIE VON PAPST Paschalis II. im 9. Jahrhundert gegründete Kirche wurde mit byzantinischen Künstlern mit den schönsten Mosaiken Roms verziert. Das Apsismosaik zeigt Christus eingerahmt von der heiligen Praxedis und ihrer Schwester, die als byzantinische Kaiserinnen zwischen der Ältesten der Apokalypse, schlankbeinigen Lämmern, Palmwedeln und Mohn dargestellt sind. Das Ganze wird nur noch übertroffen von der Cappella di San Zeno, einem Kleinod von einem Mausoleum, das Papst Paschalis für seine Mutter Theodora bauen ließ.

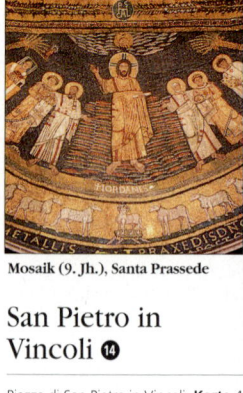

Mosaik (9. Jh.), Santa Prassede

San Pietro in Vincoli ⓮

Piazza di San Pietro in Vincoli. **Karte** 4 D5. ☏ 06-488 28 65. 🚌 11, 27, 81. Ⓜ Colosseo. ⏲ Mo–Sa 7–12.30, 15.30–19 Uhr (Okt–März 18 Uhr), So 8.45–11.45 Uhr. ♿

DIE KIRCHE (»Petrus in Ketten«) wurde nach den hier aufbewahrten Ketten benannt, die Petrus im Mamertinischen Kerker *(siehe S. 379)* angelegt worden sein sollen. Es heißt, eine Kette sei von der Kaiserin Eudoxia nach Konstantinopel geschickt worden. Als diese Kette nach Rom zurückgebracht wurde, soll sie mit der anderen verschmolzen sein.

Die Ketten sind unter dem Hochaltar zu sehen. San Pietro ist jedoch für das Grabmal Julius' II. berühmt, das Michelangelo 1505 im Auftrag des Papstes gestalten sollte. Dieser interessierte sich bald mehr für den Bau einer neuen Peterskirche, und so wurde das Projekt auf Eis gelegt. Nach dem Tod des Papstes 1513 nahm Michelangelo seine Arbeit wieder auf, konnte jedoch lediglich die Statuen *Sterbende Sklaven* (heute in Florenz und in Paris zu sehen) und *Moses* fertigstellen, da ihn sein nächster Auftrag, die Ausmalung der Decke in der Sixtinischen Kapelle, wieder aus seiner Arbeit riß. Charlton Heston soll seine Rolle als Moses in den *Zehn Geboten* angeblich wegen seiner Ähnlichkeit mit Michelangelos Statue bekommen haben.

Michelangelos *Moses* (San Pietro in Vincoli)

DER NORDOSTEN ROMS 403

Santa Maria Maggiore ⓯

INFOBOX

Piazza di Santa Maria Maggiore.
Karte 4 E4. 06 - 48 31 95.
16, 70, 71, 93b. 14, 516.
Cavour. tägl. 7–19 Uhr
(Okt–März 18 Uhr) (letzter Einlaß
15 Min. vor Schließung).

DIESE KIRCHE weist eine bunte Mischung verschiedener Stilepochen – von frühchristlich bis barock – auf und ist für ihre einmaligen Mosaiken berühmt. Das von Mosaiken (5. Jh.) geschmückte Langhaus der um 420 n. Chr. gegründeten Kirche bewahrt die Form der frühchristlichen Säulenbasilika. Cosmatenfußboden, Glockenturm, Triumphbogenmosaik und das Mosaik der Loggia stammen aus dem Mittelalter, die Kassettendecke aus der Renaissance, die Fassaden, Kuppeln und Kapellen aus der Zeit des Barock.

Die Marienkrönung
Eine der Szenen aus Jacopo Torritis einmaligem Apsismosaik aus dem 13. Jahrhundert.

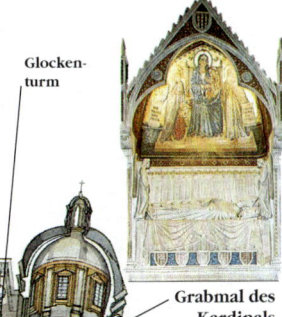

Glockenturm

Mosaiken (5. Jh.)

Grabmal des Kardinals Rodriguez
Dieses gotische Grab aus dem Jahre 1299 ist mit Cosmatenarbeiten verziert.

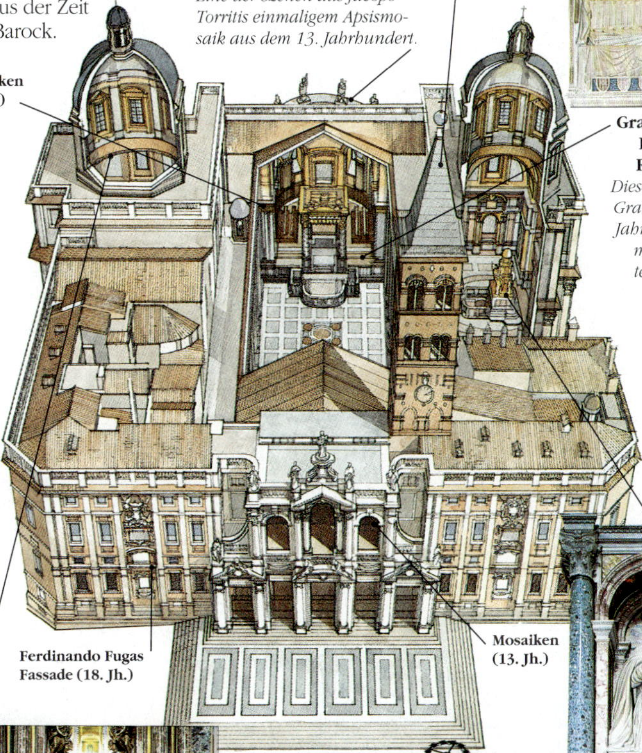

Ferdinando Fugas Fassade (18. Jh.)

Mosaiken (13. Jh.)

Cappella Paolina
Flaminio Ponzio, der Architekt der Villa Borghese, entwarf 1611 diese wundervolle Kapelle für Papst Paul V., der später hier beigesetzt wurde.

Säule auf der Piazza Santa Maria Maggiore
Die Bronzestatue der Jungfrau mit Kind wurde 1611 auf die antike Marmorsäule aus der Konstantinsbasilika gesetzt.

Cappella Sistina
Domenico Fontana schuf diese marmorverzierte Kapelle für Papst Sixtus V. (1585–90). Hier befindet sich auch das Grabmal des Papstes.

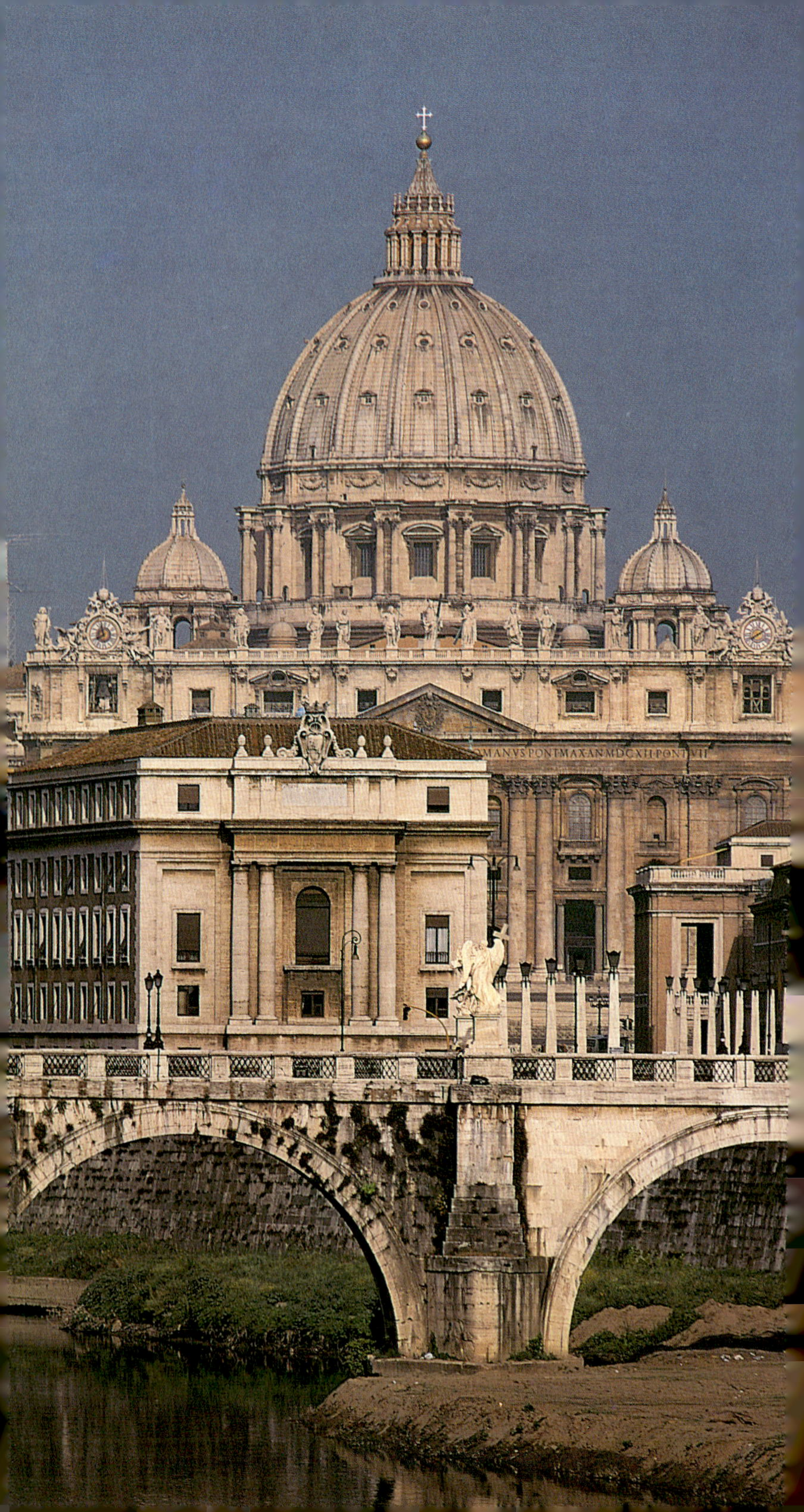
MANVS PONT MAX AN MDCXII PONT VII

# VATIKAN UND TRASTEVERE

DIE VON HOHEN Mauern umschlossene Vatikanstadt, die Wiege des Katholizismus, ist mit einer Fläche von 43 Hektarn der kleinste Staat der Welt. Dort, wo Petrus um 64 n. Chr. gekreuzigt und begraben worden sein soll, wollten seine Nachfolger fortan residieren. Die Vatikanischen Paläste neben der Peterskirche sind aber nicht nur päpstliche Residenz. Sie bergen Meisterwerke wie die Sixtinische Kapelle oder auch die Sammlungen der Vatikanischen Museen. Eine andere Welt scheint das benachbarte Trastevere zu sein, ein Viertel, dessen Bewohner sich als die einzigen echten Römer betrachten. Leider wird das proletarische Ambiente durch schicke Lokale und Geschäfte allmählich verdrängt.

Papst Urbans VIII. Wappen in der Peterskirche

AUF EINEN BLICK

ANFAHRT
Am bequemsten gelangt man mit der Metro-Linie A (Station Ottaviano nördlich der Piazza San Pietro) in den Vatikan. Alternativen sind die Buslinie 64 (Abfahrt Termini) oder die Linie 81 (Abfahrt Kolosseum). Trastevere erreicht man zu Fuß vom Campo de' Fiori aus oder mit den Bussen 23 (ab Vatikan) und 75 (ab Termini).

Kirchen
Peterskirche S. 408 f ❷
San Francesco a Ripa ❾
San Pietro in Montorio und Tempietto ❿
Santa Cecilia in Trastevere ❽
Santa Maria in Trastevere ❼

Museen und Galerien
Palazzo Corsini und Galleria Nazionale d'Arte Antica ❺
Vatikanische Museen S. 410 ff ❸

Historische Bauwerke
Castel Sant'Angelo ❶
Villa Farnesina ❹

Parks und Gärten
Botanischer Garten ❻

LEGENDE
Vatikan S. 406 f
P Parken
i Auskunft
— Stadtmauer

0 Meter 250

◁ Blick auf die Peterskirche (im Vordergrund der Ponte Sant'Angelo)

Vatikan

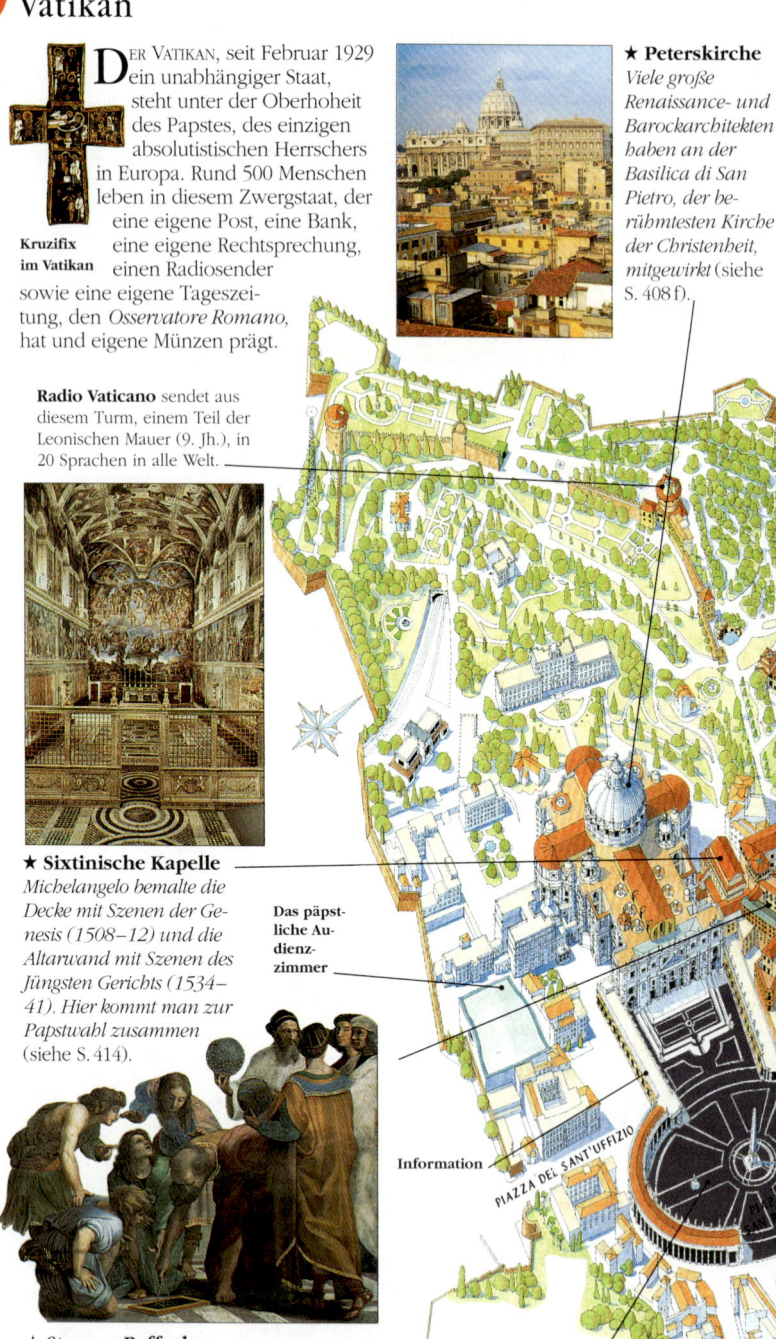

Kruzifix im Vatikan

Der Vatikan, seit Februar 1929 ein unabhängiger Staat, steht unter der Oberhoheit des Papstes, des einzigen absolutistischen Herrschers in Europa. Rund 500 Menschen leben in diesem Zwergstaat, der eine eigene Post, eine Bank, eine eigene Rechtsprechung, einen Radiosender sowie eine eigene Tageszeitung, den *Osservatore Romano*, hat und eigene Münzen prägt.

★ **Peterskirche**
Viele große Renaissance- und Barockarchitekten haben an der Basilica di San Pietro, der berühmtesten Kirche der Christenheit, mitgewirkt (siehe S. 408 f).

Radio Vaticano sendet aus diesem Turm, einem Teil der Leonischen Mauer (9. Jh.), in 20 Sprachen in alle Welt.

★ **Sixtinische Kapelle**
Michelangelo bemalte die Decke mit Szenen der Genesis (1508–12) und die Altarwand mit Szenen des Jüngsten Gerichts (1534–41). Hier kommt man zur Papstwahl zusammen (siehe S. 414).

Das päpstliche Audienzzimmer

Information

PIAZZA DEL SANT'UFFIZIO

★ **Stanzen Raffaels**
Raffael schmückte diese Räume im frühen 16. Jahrhundert mit Fresken. Werke wie Die Schule von Athen *machten ihn ebenso berühmt wie Michelangelo (siehe S. 417).*

Die Piazza San Pietro wurde zwischen 1656 und 1667 von Bernini gestaltet.

Zur Via della Conciliazione

VATIKAN UND TRASTEVERE

Die Treppe zu den Museen wurde 1932 von Giuseppe Momo in Form einer Doppelhelix entworfen. Auf der einen kann man hinauf-, auf der anderen hinuntergehen.

ZUR ORIENTIERUNG
Siehe Kartenteil Rom, Karte 1

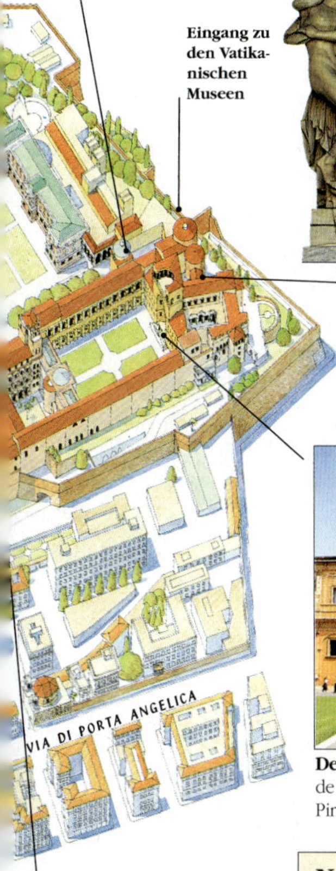

Eingang zu den Vatikanischen Museen

★ **Vatikanische Museen**
Die Laokoon-Gruppe *(1 n. Chr.) ist eines von vielen Kunstwerken im Vatikan* (siehe S. 410).

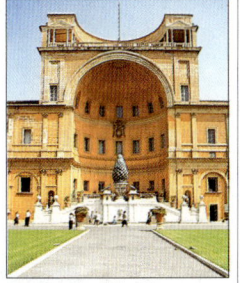

Der Cortile della Pigna wurde nach antiken bronzenen Pinienzapfen benannt.

Die Vatikanischen Gärten können nur im Rahmen von Führungen besichtigt werden.

Meter 75

NICHT VERSÄUMEN
★ Peterskirche
★ Vatikan. Museen
★ Sixtinische Kapelle
★ Stanzen Raffaels

Castel Sant'Angelo ❶

Lungotevere Castello. **Karte** 2 D3.
📞 06-687 50 36. 🚌 23, 64, 87, 280. Ⓜ Lepanto. 🕐 täglich 9–14 Uhr. ⬤ Feiertage.

DIE ENGELSBURG wurde nach einer Vision Papst Gregors (6. Jh.) benannt. Dieser hatte bei einer Prozession für ein Ende der Pest den Erzengel Michael über der Burg gesehen.

Die Burg wurde 139 n. Chr. als Mausoleum Hadrians erbaut und hat seither viele Funktionen gehabt. Sie war Brückenkopf in der Stadtmauer, im Mittelalter Zitadelle und Gefängnis und zudem in Zeiten politischer Unruhen ein uneinnehmbares Refugium für Päpste. 1227 wurde ein Verbindungsgang als Fluchtweg zu den Vatikanischen Palästen angelegt. Ein Rundgang durch die als Museum eingerichtete Burg bietet vieles: von den Verliesen bis hin zu den Renaissancegemächern der Päpste. Sehenswert sind die Sala Paolina mit ihren Fresken (1544–47) von Pellegrino Tibaldi und Pierin del Vaga sowie der Ehrenhof.

Peterskirche ❷

Siehe S. 408f.

Vatikanische Museen ❸

Siehe S. 410ff.

Blick vom Ponte Sant'Angelo auf die Engelsburg

Peterskirche ❷

ALS HAUPTKIRCHE der Christenheit zieht die marmorverkleidete Peterskirche Pilger und Touristen aus aller Welt an. Sie birgt Hunderte von wertvollen Kunstwerken, von denen einige noch aus der unter Konstantin errichteten Basilika aus dem 4. Jahrhundert stammen. Andere entstanden dagegen in der Renaissance oder zur Zeit des Barock. Die deutlichste Handschrift ist die Berninis. Er schuf den Baldachin unterhalb von Michelangelos gewaltiger Kuppel sowie die Cathedra Petri in der Apsis: Vier Heilige tragen einen Thron, von dem es heißt, er bestünde aus Fragmenten des Sessels, von dem aus Petrus seine erste Predigt hielt.

Kuppel der Peterskirche
Michelangelo erlebte die Fertigstellung der von ihm entworfenen Kuppel (136,5 m hoch) nicht mehr.

Eine Treppe mit 537 Stufen führt zur Kuppel hinauf.

Baldachin
Der von Papst Urban VIII. 1624 in Auftrag gegebene Baldachin befindet sich über Papstaltar und Petrusgrab.

Die Kirche ist 186 Meter lang.

Eingang zur Schatzkammer und Sakristei

Aufgang zur Kuppel

Der Papstaltar steht über dem mutmaßlichen Petrusgrab.

HISTORISCHER BAUPLAN DER PETERSKIRCHE

Petrus wurde 64 n. Chr. in der Totenstadt beim Circus des Nero, dem Ort seiner Kreuzigung, begraben. 324 n. Chr. ließ Konstantin eine Basilika über dem Grab errichten. Der Umbau der alten Kirche begann im 15. Jahrhundert, und noch im 16. und 17. Jahrhundert waren Architekten mit der Gestaltung der neuen Kirche beschäftigt, die 1626 geweiht wurde.

LEGENDE
- Circus des Nero
- Konstantinisch
- Renaissance
- Barock

Grabmal Alexanders VII.
Dieses Spätwerk Berninis wurde 1678 fertiggestellt. Es zeigt den Chigi-Papst, umringt von Allegorien der Gerechtigkeit, Klugheit, Liebe und Wahrheit.

VATIKAN UND TRASTEVERE

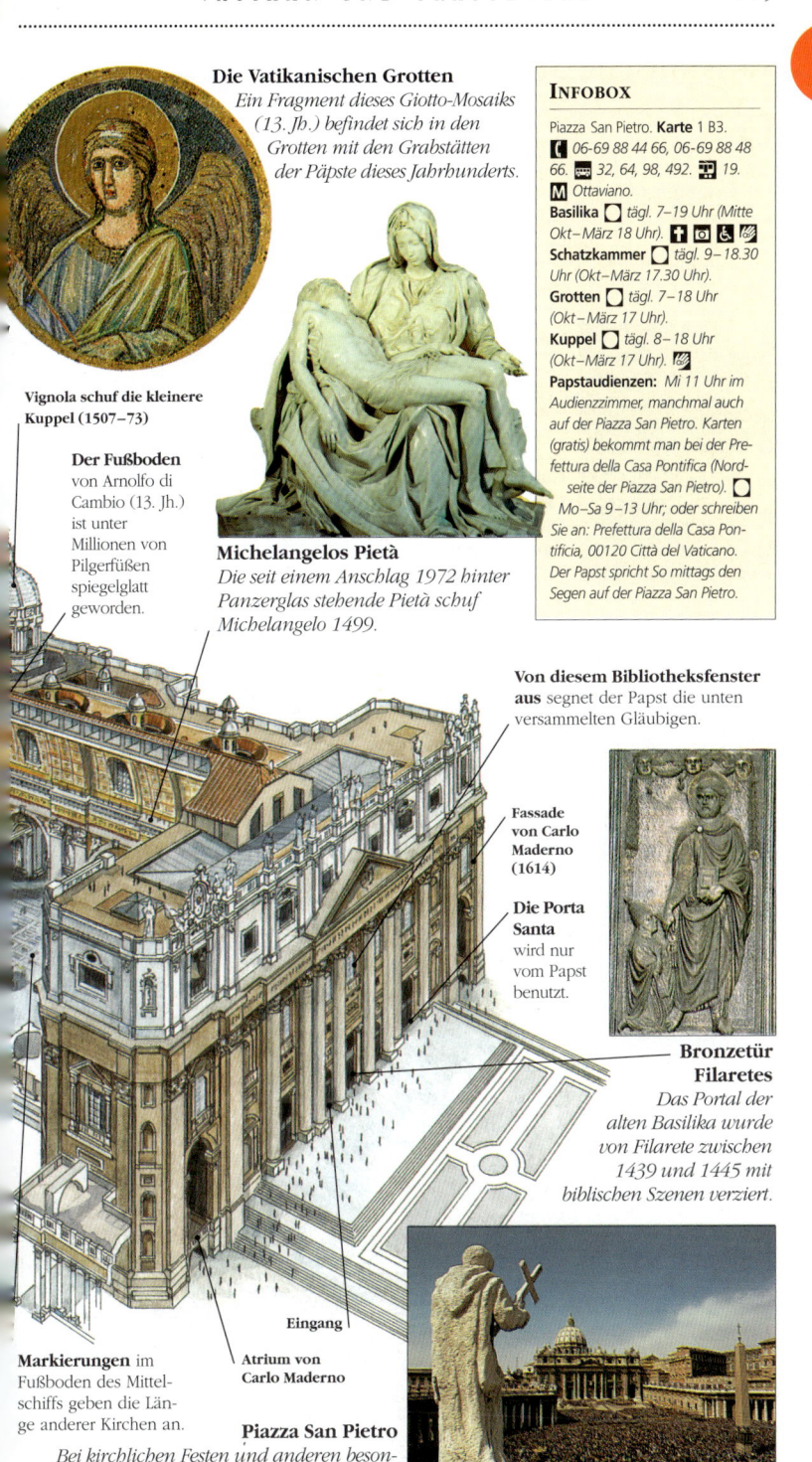

Die Vatikanischen Grotten
Ein Fragment dieses Giotto-Mosaiks (13. Jh.) befindet sich in den Grotten mit den Grabstätten der Päpste dieses Jahrhunderts.

INFOBOX

Piazza San Pietro. **Karte** 1 B3.
📞 06-69 88 44 66, 06-69 88 48 66. 🚌 32, 64, 98, 492. 🚊 19.
Ⓜ Ottaviano.
Basilika ☐ tägl. 7–19 Uhr (Mitte Okt–März 18 Uhr).
Schatzkammer ☐ tägl. 9–18.30 Uhr (Okt–März 17.30 Uhr).
Grotten ☐ tägl. 7–18 Uhr (Okt–März 17 Uhr).
Kuppel ☐ tägl. 8–18 Uhr (Okt–März 17 Uhr).
Papstaudienzen: Mi 11 Uhr im Audienzzimmer, manchmal auch auf der Piazza San Pietro. Karten (gratis) bekommt man bei der Prefettura della Casa Pontifica (Nordseite der Piazza San Pietro). ☐ Mo–Sa 9–13 Uhr; oder schreiben Sie an: Prefettura della Casa Pontificia, 00120 Città del Vaticano. Der Papst spricht So mittags den Segen auf der Piazza San Pietro.

Vignola schuf die kleinere Kuppel (1507–73)

Der Fußboden von Arnolfo di Cambio (13. Jh.) ist unter Millionen von Pilgerfüßen spiegelglatt geworden.

Michelangelos Pietà
Die seit einem Anschlag 1972 hinter Panzerglas stehende Pietà schuf Michelangelo 1499.

Von diesem Bibliotheksfenster aus segnet der Papst die unten versammelten Gläubigen.

Fassade von Carlo Maderno (1614)

Die Porta Santa wird nur vom Papst benutzt.

Bronzetür Filaretes
Das Portal der alten Basilika wurde von Filarete zwischen 1439 und 1445 mit biblischen Szenen verziert.

Eingang

Atrium von Carlo Maderno

Markierungen im Fußboden des Mittelschiffs geben die Länge anderer Kirchen an.

Piazza San Pietro
Bei kirchlichen Festen und anderen besonderen Anlässen wie Heiligsprechungen segnet der Papst die Gläubigen vom Balkon aus.

Vatikanische Museen ❸

DIE VATIKANISCHEN MUSEEN, die neben der Sixtinischen Kapelle und den Stanzen Raffaels auch noch eine der bedeutendsten Kunstsammlungen der Welt umfassen, sind in den Palästen der Renaissancepäpste (Julius II., Innozenz VIII. und Sixtus IV.) untergebracht. Spätere Anbauten erfolgten im 18. Jahrhundert, als die Kunstwerke der früheren Päpste zum erstenmal ausgestellt wurden.

Museo Gregoriano Etrusco
Die Sammlung etruskischer Kunst umfaßt unter anderem Funde aus der Tomba Regolini-Galassi in Cerveteri (7. Jh. v. Chr.) nördlich von Rom.

Galleria delle Carte Geografiche
Die Belagerung Maltas ist eine von 40 Landkarten Italiens, die Ignazio Danti (16. Jh.) hier an die Wände malte.

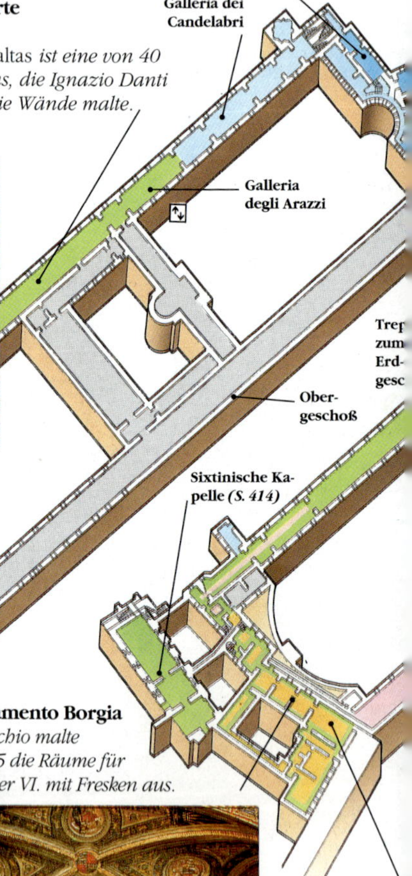

Galleria dei Candelabri

Stanzen Raffaels
Hier ein Detail aus der Vertreibung des Heliodor, einem der Fresken, die Raffael im Auftrag Julius' II. für die päpstlichen Gemächer schuf (siehe S. 417).

Galleria degli Arazzi

Obergeschoß

Trep zum Erdgesc

Sixtinische Kapelle *(S. 414)*

Sala dei Chiaroscuri

Raffael-Loggia

Appartamento Borgia
Pinturicchio malte 1492–95 die Räume für Alexander VI. mit Fresken aus.

KURZFÜHRER
Das Museum ist weitläufig: Die Sixtinische Kapelle ist 20 bis 30 Gehminuten vom Eingang entfernt. Nehmen Sie sich also Zeit. Wer Schwerpunkte setzen will, kann unter vier farbig markierten Rundgängen wählen, die zwischen 90 Minuten und fünf Stunden dauern.

Moderne religiöse Kunst
haben Künstler wie Bacon, Ernst und Carrà der Päpsten geschickt

VATIKAN UND TRASTEVERE

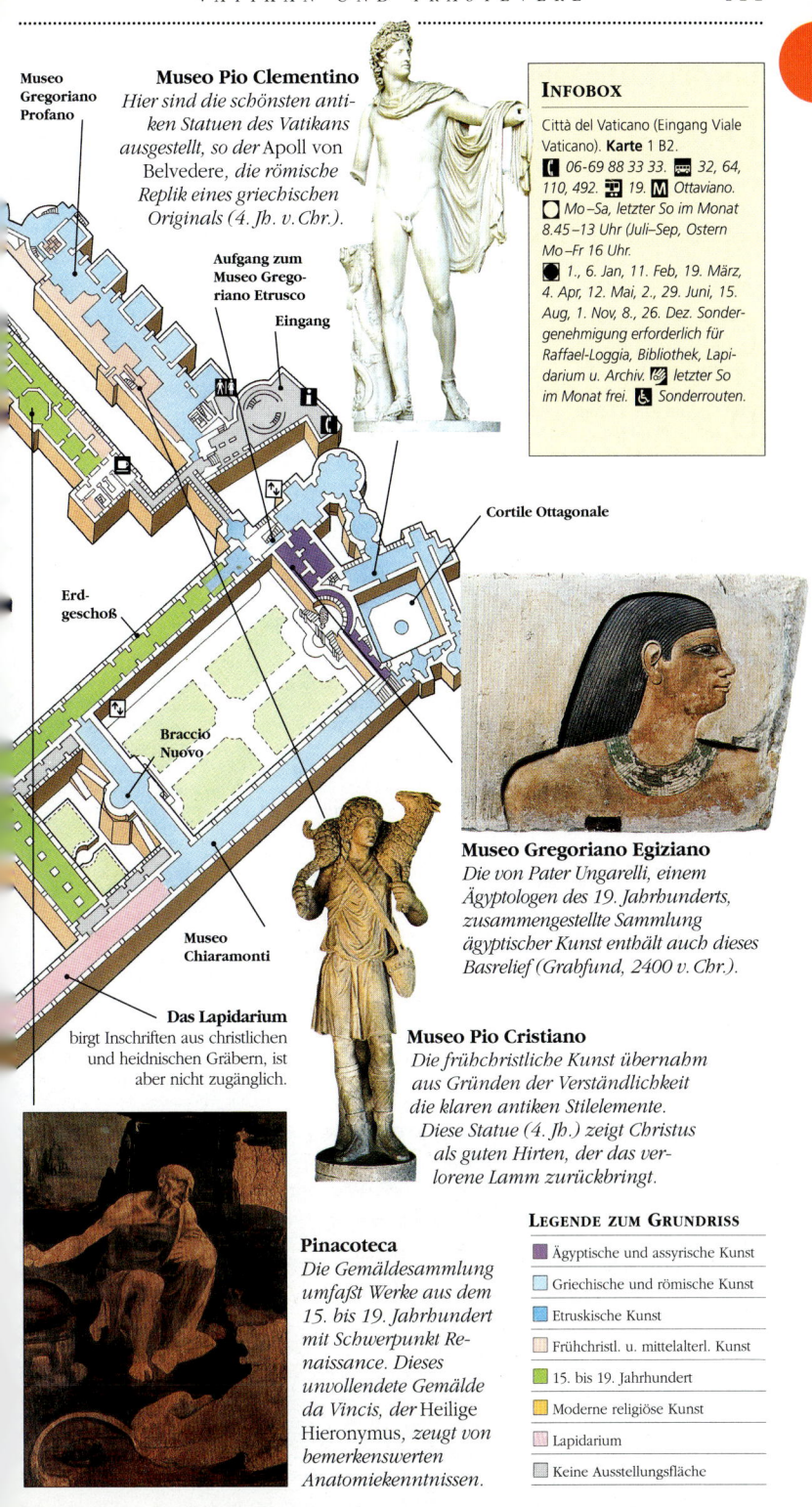

Museo Gregoriano Profano

Museo Pio Clementino
Hier sind die schönsten antiken Statuen des Vatikans ausgestellt, so der Apoll von Belvedere, *die römische Replik eines griechischen Originals (4. Jh. v. Chr.).*

Aufgang zum Museo Gregoriano Etrusco

Eingang

INFOBOX

Città del Vaticano (Eingang Viale Vaticano). **Karte** 1 B2.
06-69 88 33 33. 32, 64, 110, 492. 19. Ottaviano.
Mo–Sa, letzter So im Monat 8.45–13 Uhr (Juli–Sep, Ostern Mo–Fr 16 Uhr.
1., 6. Jan, 11. Feb, 19. März, 4. Apr, 12. Mai, 2., 29. Juni, 15. Aug, 1. Nov, 8., 26. Dez. Sondergenehmigung erforderlich für Raffael-Loggia, Bibliothek, Lapidarium u. Archiv. letzter So im Monat frei. Sonderrouten.

Cortile Ottagonale

Erdgeschoß

Braccio Nuovo

Museo Chiaramonti

Das Lapidarium
birgt Inschriften aus christlichen und heidnischen Gräbern, ist aber nicht zugänglich.

Museo Gregoriano Egiziano
Die von Pater Ungarelli, einem Ägyptologen des 19. Jahrhunderts, zusammengestellte Sammlung ägyptischer Kunst enthält auch dieses Basrelief (Grabfund, 2400 v. Chr.).

Museo Pio Cristiano
Die frühchristliche Kunst übernahm aus Gründen der Verständlichkeit die klaren antiken Stilelemente. Diese Statue (4. Jh.) zeigt Christus als guten Hirten, der das verlorene Lamm zurückbringt.

Pinacoteca
Die Gemäldesammlung umfaßt Werke aus dem 15. bis 19. Jahrhundert mit Schwerpunkt Renaissance. Dieses unvollendete Gemälde da Vincis, der Heilige Hieronymus, *zeugt von bemerkenswerten Anatomiekenntnissen.*

LEGENDE ZUM GRUNDRISS

■	Ägyptische und assyrische Kunst
■	Griechische und römische Kunst
■	Etruskische Kunst
■	Frühchristl. u. mittelalterl. Kunst
■	15. bis 19. Jahrhundert
■	Moderne religiöse Kunst
■	Lapidarium
■	Keine Ausstellungsfläche

Überblick: Die Vatikanischen Museen

DIE GRÖSSTEN KUNSTSCHÄTZE des Vatikans sind die einmalige griechische und römische Antikenkollektion sowie die vielen kunsthandwerklichen Funde, die man im 19. Jahrhundert in ägyptischen und etruskischen Gräbern entdeckt hat. Einige der größten Künstler Italiens wie Raffael, Michelangelo und Leonardo da Vinci sind in der Pinacoteca und Teilen der alten Paläste vertreten, deren Gemächer und Galerien sie mit Fresken geschmückt haben.

ÄGYPTISCHE UND ASSYRISCHE KUNST

DIE ÄGYPTISCHE Sammlung umfaßt Funde, die bei Grabungen im 19. und 20. Jahrhundert in Ägypten entdeckt wurden, Statuen, die zur Kaiserzeit nach Rom gebracht wurden, einige römische Repliken ägyptischer Originale aus der Villa Adriana *(siehe S. 452)* oder aus römischen Tempeln, die ägyptischen Göttern geweiht waren, wie etwa der Isis- und der Serapistempel.

Unter den ägyptischen Originalen, die im Erdgeschoß neben dem Museo Pio Clementino ausgestellt sind, befinden sich Statuen, Mumien, Sarkophage und ein Totenbuch. Eine der Hauptattraktionen ist die Kolossalstatue der Tuia, der Mutter Ramses' II., die in den Horti Sallustiani nahe der Via Veneto gefunden wurde. Bemerkenswert sind auch der Kopf einer Statue des Königs Mentuhotep IV. (21. Jh. v. Chr.), der schöne Sarkophag der Königin Hetepheretes und das Grabmal des Iri, des Wächters der Cheopspyramide. Letzteres stammt aus dem 22. Jahrhundert v. Chr.

GRIECHISCHE, ETRUSKISCHE UND RÖMISCHE KUNST

DER GRÖSSTE TEIL der Museen ist der griechischen und römischen Kunst gewidmet. Das Museo Gregoriano Etrusco beherbergt eine herausragende Sammlung etruskischer *(siehe S. 40)* und prärömischer Kunstgegenstände aus Etrurien und den griechischen Kolonien in Süditalien. Sehenswert ist der Schmuck, der Bronzethron, das Bett und der Totenwagen aus der Tomba Regolini-Galassi (650 v. Chr.) in Cerveteri *(siehe S. 450)*.

Griechische und römische Statuen sind im Museo Pio Clementino zu sehen, darunter römische Repliken griechischer Originale aus dem 4. Jahrhundert v. Chr., etwa der *Apoxyomenos* und der *Apoll von Belvedere*. Die *Laokoon-Gruppe* (1. Jh. n. Chr.) stammt aus Rhodos und wurde 1506 in den Ruinen von Neros Domus Aurea entdeckt. Werke wie diese inspirierten auch Michelangelo.

Im Korridor des Museo Chiaramonti sind antike Büsten aufgestellt, während der Braccio Nuovo eine Statue Augustus' (1. Jh. v. Chr.) birgt, die im Haus seiner Gattin Livia gefunden wurde und dem *Doryphoros* (Speerträger) des Bildhauers Polyklet (5. Jh. v. Chr.) nachempfunden ist. Die römische Replik dieser Statue steht gegenüber. Das in einem

Römische Replik des *Doryphoros*

Kopf eines Athleten (Mosaik aus den Caracalla-Thermen, 217 n. Chr.)

neuen Flügel untergebrachte Museo Gregoriano Profano zeigt die Entwicklung der sich von den griechischen Vorbildern emanzipierenden römischen Kunst.

Zu den griechischen Originalen dieses Museums zählen Marmorfragmente des Athener Parthenon. Von den römischen Werken sind vor allem zwei Reliefs hervorzuheben, darunter das *Rilievi della Cancelleria,* das Domitian 81 n. Chr. in Auftrag gab, um die Militärparaden seines Vaters Vespasian zu verewigen. Sehenswert sind auch die römischen Bodenmosaiken aus den Caracalla-Thermen *(siehe S. 427)* sowie ein auf das 3. Jahrhundert v. Chr. datiertes Mosaik aus den Otricoli-Thermen in Umbrien.

Die Bibliothek ziert ein römisches Fresko (1. Jh. n. Chr.), die *Aldobrandini-Hochzeit*. Es zeigt Roxane bei den Vorbereitungen für die Hochzeit mit Alexander dem Großen.

Römisches Mosaik aus den Otricoli-Thermen (Umbrien) im Runden Saal

FRÜHCHRSTLICHE UND MITTELALTERLICHE KUNST

DIE BEDEUTENDSTE Sammlung frühchristlicher Kunst befindet sich im Museo Pio Cristiano mit Inschriften und Skulpturen aus den Katakomben frühchristlicher Basiliken. Die plastischen Werke sind meist Sarkophagreliefs, die herausragendste Arbeit ist allerdings die Vollplastik des *Guten Hirten* – eine Kombination aus biblischen Elementen und heidnischer Mythologie. Die frühchristliche Kunst bevorzugt die Darstellung Christi als bartlosen jungen Mann, während die Apostel oft als bärtige Philosophen gezeigt werden.

Die ersten beiden Räume der Pinacoteca sind der Kunst des ausgehenden Mittelalters gewidmet. Ausgestellt sind überwiegend Altarbilder (Tempera auf Holz). Hauptattraktion ist Giottos *Stefaneschi-Triptychon* (um 1300), das den Hauptaltar der alten Peterskirche zierte.

Auch die Vatikanische Bibliothek birgt zahlreiche Schätze aus dem Mittelalter wie zum Beispiel kostbare Emailarbeiten oder Ikonen.

Giovanni Bellinis *Pietà* (um 1471–74) in der Pinacoteca Vaticana

Details aus Giottos *Stefaneschi-Triptychon* (um 1300) in der Pinacoteca

KUNST DES 15. BIS 19. JAHRHUNDERTS

DIE MEISTEN Päpste der Renaissance sahen es als ihre Pflicht an, die begabtesten Maler, Bildhauer und Goldschmiede zu fördern, und so arbeiteten namhafte Künstler zwischen dem 16. und dem 19. Jahrhundert unter anderem an der Gestaltung der Galerien um den Cortile del Belvedere.

Die Galleria degli Arazzi birgt Tapisserien, die in Brüssel nach Entwürfen von Raffaels Schülern hergestellt wurden. Das Gemach Papst Pius' V. zieren flämische Wandteppiche (15. Jh.), während den Besucher der Galleria delle Carte Geografiche Fresken (16. Jh.) von Karten Italiens erwarten.

Unweit der Stanzen Raffaels *(siehe S. 417)* befinden sich die Sala dei Chiaroscuri und die Privatkapelle Papst Nikolaus' V., die Fra Angelico 1447–51 mit Fresken ausmalte. Sehenswert ist auch das nach 1490 von Pinturicchio für den Borgia-Papst Alexander VI. ausgemalte Appartamento Borgia. Weitere faszinierende Fresken findet man in der Raffael-Loggia (Besichtigung nur auf Antrag möglich).

Die Pinacoteca birgt viele bedeutende Werke der Renaissance. Zu den Höhepunkten des 15. Jahrhunderts zählen Giovanni Bellinis *Pietà*, ein Ausschnitt seines Polyptychons *Krönung Mariens* aus einer Kirche in Pèsaro *(siehe S. 358)* und Leonardo da Vincis unvollendeter *Heiliger Hieronymus*. Die eine Hälfte dieses Kunstwerks hatte man als Kistendeckel in einem Antiquitätengeschäft entdeckt, die andere als Sitzfläche eines Stuhls bei einem Schuhmacher. Herausragende Werke des 16. Jahrhunderts sind Raffaels Wandteppichkartons sowie seine *Transfiguration* und *Madonna von Foligno* (Saal 8), eine *Grablegung* Caravaggios, ein Altarbild Tizians sowie Veroneses *Heilige Theresa*, das die Heilige als Adlige in prächtigem Gewand zeigt.

Pinturicchios *Anbetung der Hl. Drei Könige* (1490) im Appartamento Borgia

Sixtinische Kapelle: Decke

MICHELANGELO SCHUF das Deckenfresko zwischen 1508 und 1512 mit Hilfe eines extra dafür gebauten Gerüsts. Die zentralen Bildfelder, Schöpfungsgeschichte und Sündenfall, sind von Szenen aus dem Alten und Neuen Testament eingerahmt. Einzige Ausnahme sind die Sibyllen, die die Geburt Christi vorausgesagt haben sollen. Die Decke wurde in den 80er Jahren restauriert, wobei unerwartet leuchtende Farben zutage traten.

Libysche Sibylle
Die Seherin greift nach dem Buch der Weisheit. Michelangelo schuf wohl auch diese hübsche Frauengestalt wie die meiste seiner weiblichen Figuren nach dem Vorbild eines Mannes.

Scheinarchitektur

Erschaffung der Gestirne
Ein dynamischer, furchteinflößender Gott befiehlt der Sonne, ihr Licht auf die Welt zu werfen.

LEGENDE DER DECKENFRESKEN

GENESIS: 1 Erschaffung des Lichts; 2 Erschaffung der Gestirne; 3 Scheidung von Erde und Meer; 4 Erschaffung Adams; 5 Erschaffung Evas; 6 Sündenfall; 7 Opfer Noahs; 8 Sintflut; 9 Trunkenheit Noahs.

VORFAHREN CHRISTI: 10 Salomon mit Eltern; 11 Jesse mit Eltern; 12 Rehabeam mit Mutter; 13 Asa mit Eltern; 14 Usia mit Eltern; 15 Hiskia mit Eltern; 16 Serubbabel mit Eltern; 17 Josia mit Eltern.

PROPHETEN: 18 Jonas; 19 Jeremia; 20 Daniel; 21 Hesekiel; 22 Jesaja; 23 Joel; 24 Zacharias.

SIBYLLEN: 25 Libysche Sibylle; 26 Persische Sibylle; 27 Cumäische Sibylle; 28 Erythräische Sibylle; 29 Delphische Sibylle.

SZENEN AUS DEM ALTEN TESTAMENT: 30 Bestrafung Hamans; 31 Eherne Schlange; 32 David und Goliath; 33 Judith und Holofernes.

Der Sündenfall

Dargestellt sind Adam und Eva mit dem verbotenen Apfel vom Baum der Erkenntnis sowie ihre Vertreibung aus dem Paradies. Michelangelo malte den Satan als Schlange in Frauengestalt.

Die Bedeutung der »Ignudi« (männliche Akte) ist bisher nicht geklärt.

Restaurierung der Decke

Bei der letzten Restaurierung der Sixtinischen Kapelle wurden die Fresken mit Computern und Spektrometern vor der Restaurierung genau analysiert. Dabei wurde sorgfältig unterschieden zwischen Michelangelos Original und dem Werk früherer Restauratoren, wobei sich herausstellte, das diese versucht hatten, die Fresken mit Brot und Retsina zu reinigen. Nach der letzten Restaurierung hatten die schmutzig-eierschalenfarbenen Figuren plötzlich einen rosigen Teint, leuchtendes Haar und nicht minder leuchtende Gewänder – ein »Benetton-Michelangelo«, urteilte ein Kritiker, der behauptete, man habe auch die Schicht abgetragen, mit der Michelangelo seine Farben ein wenig habe dämpfen wollen. Nach genauerer Prüfung waren sich jedoch die Experten einig, daß die neue Farbigkeit durchaus dem Original entspreche.

Restaurierung der Libyschen Sibylle

Die Lünetten sind mit Fresken der Vorfahren Christi ausgemalt.

Sixtinische Kapelle: Wandzone

Die Wände der Sixtinischen Kapelle, der größten Kapelle der Vatikanischen Paläste, wurden von den bedeutendsten Künstlern des 15. und 16. Jahrhunderts mit Fresken bemalt. Die 12 Fresken der Seitenwände, unter anderem von Perugino, Ghirlandaio, Botticelli und Signorelli, schildern Szenen aus dem Leben Christi und Mose. Den Abschluß der Arbeiten bildete Michelangelos Altarfresko *Das Jüngste Gericht*, das der große Künstler zwischen 1534 und 1541 schuf.

Legende zu den Fresken: Künstler und Themen

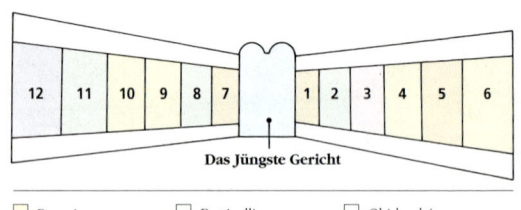

| 12 | 11 | 10 | 9 | 8 | 7 | | 1 | 2 | 3 | 4 | 5 | 6 |

Das Jüngste Gericht

☐ Perugino ☐ Botticelli ☐ Ghirlandaio
☐ Rosselli ☐ Signorelli ☐ Michelangelo

1 Taufe Christi
2 Versuchung Christi
3 Berufung von Petrus und Andreas
4 Bergpredigt
5 Schlüsselübergabe an Petrus
6 Letztes Abendmahl
7 Auszug aus Ägypten
8 Brennender Dornbusch
9 Durchzug durch das Rote Meer
10 Anbetung des Goldenen Kalbes
11 Bestrafung der Rotte Korah
12 Tod des Moses

MICHELANGELOS JÜNGSTES GERICHT

Das 1993 nach einem Jahr Restaurierung freigelegte *Jüngste Gericht* gilt als der Höhepunkt des Spätwerks Michelangelos. Bevor dieser im Auftrag Papst Pauls III. tätig werden konnte, mußten erst einige frühere Fresken und zwei Fenster über dem Altar entfernt werden. Es wurde eine neue Mauer hochgezogen, die zum Schutz vor Staubablagerungen leicht nach vorn geneigt war. Michelangelo arbeitete allein an dem Fresko. Die Arbeiten dauerten sieben Jahre und waren 1541 abgeschlossen.

Das Fresko zeigt unter anderem die Seligen auf ihrem Weg zu einem zornerfüllten Gott – ein für eine Altarwand seltenes Motiv, das der Papst jedoch in den Wirren der Reformation extra als warnendes Beispiel für alle Katholiken gewählt hatte. Außerdem spiegelt sich hier die bittere Religiosität des alternden Michelangelo wider.

Alle Figuren dieser dynamisch-emotionalen Darstellung scheinen in Bewegung zu sein. Die Toten werden förmlich aus ihren Gräbern zu einem unerbittlichen Christus gesogen, dessen muskulöse Gestalt im Zentrum der Bewegung erscheint.

Christus zeigt kein Mitleid mit den gemarterten Heiligen um ihn herum, und auch die Verdammten schickt er mit zorniger Geste in die Hölle, wo sie von Charon vom Boot aus in die Tiefen des Hades gestürzt werden. Sowohl Charon als auch Minos, der Richter der Hölle, sind von Dantes *Inferno* inspiriert. Minos ist mit Eselsohren dargestellt und trägt die Züge des päpstlichen Zeremonienmeisters Biagio da Cesena, der an den nackten Figuren Anstoß genommen hatte. Michelangelos Selbstporträt ist auf der abgezogenen Haut des Märtyrers Bartholomäus zu sehen.

Michelangelos *Jüngstes Gericht* zeigt einen zornigen Weltenrichter

Stanzen Raffaels

Papst Julius II. wollte seine Privaträume, die über denen seines verhaßten Vorgängers Alexander VI. lagen, neu gestalten lassen. Zu diesem Zweck beauftragte er Raffael mit der Umgestaltung der vier Räume *(stanze)*. Raffael und einige andere, darunter auch sein Lehrer Perugino, begannen 1508 damit, die bisherigen Werke zu ersetzen. Die neuen Fresken machten den jungen Künstler schnell bekannt. Raffael sollte allerdings die Vollendung der Arbeiten, die insgesamt 16 Jahre dauerten, nicht mehr erleben.

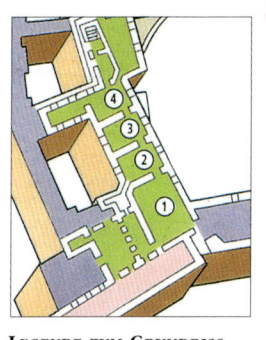

Legende zum Grundriss

1. Sala di Costantino
2. Stanza d'Eliodoro
3. Stanza della Segnatura
4. Stanza dell'Incendio

Detail aus Raffaels *Messe von Bolsena* (1512)

Sala di Costantino

Die Ausmalung dieses Raums begann 1517 und dauerte bis 1525, fünf Jahre nach Raffaels Tod. Die meisten Fresken stammen von Raffaels Schülern. Thema dieses Raumes ist der Triumph des Christentums über das Heidentum. Die vier Hauptbildfelder schildern Szenen aus dem Leben Konstantins, des ersten christlichen Kaisers, darunter die *Vision Konstantins* und Konstantins Sieg über seinen Rivalen Maxentius in der *Schlacht an der Milvischen Brücke* (nach einer Skizze Raffaels).

Stanza d'Eliodoro

Dieses Privatvorzimmer malte Raffael zwischen 1512 und 1514 aus. Die Hauptbildfelder enthalten allesamt Anspielungen auf die Macht des Vatikans. Benannt wurde der Raum nach einem Fresko auf der rechten Wand, der *Vertreibung des Heliodor*. Es zeigt Heliodor, der von einem Reiter aufgegriffen wird, nachdem er den Schatz des Tempels von Jerusalem geraubt hatte – eine Anspielung auf Papst Julius' II. Sieg über die in Italien eingefallenen Truppen. *Die Messe von Bolsena* an der linken Wand schildert ein Wunder aus dem Jahre 1263: Während einer Messe begann eine Hostie zu bluten und überzeugte damit einen zweifelnden Priester.

Stanza della Segnatura

Die zwischen 1508 und 1511 entstandenen Fresken sind die harmonischsten von allen. Die von Papst Julius II. vorgegebenen und von Raffael ausgeführten Motive sind Ausdruck der Überzeugung, daß sich antike Philosophie und christliche Theologie bei der Suche nach der Wahrheit keineswegs ausschließen. Das bekannteste Werk, *Die Schule von Athen*, schildert Platons und Aristoteles' Dialog über das Wesen alles Irdischen. Einige der Philosophen tragen die Züge von Raffaels Zeitgenossen, zum Beispiel die Leonardo da Vincis, Bramantes oder Michelangelos.

Stanza dell'Incendio

Der Raum war ursprünglich als Eßsaal gedacht, doch nach dem Abschluß der Arbeiten beschloß Papst Leo X., einen Musiksaal daraus zu machen. Sämtliche Fresken verherrlichen die regierenden Papst, indem sie die Taten seiner Vorgänger Leo III. und Leo IV. schildern. Die Hauptbildfelder wurden von Raffael entworfen und von dessen Gehilfen zwischen 1514 und 1517 fertiggestellt. Das berühmteste Fresko, *Der Borgobrand*, zeigt ein Wunder aus dem Jahre 847: Papst Leo IV. löscht einen Brand durch Schlagen des Kreuzzeichens. Im Vordergrund erkennt man den flüchtenden Äneas (mit seinem Vater Anchises auf dem Rücken vor dem brennenden Troja) – eine Anlehnung an Vergils *Aeneis*.

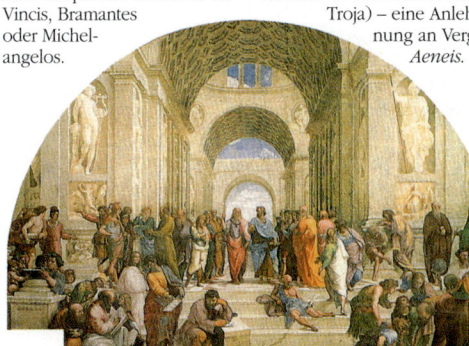

Die Schule von Athen (1511) mit Philosophen und Gelehrten

Villa Farnesina

Via della Lungara 230. **Karte** 2 E5.
06-68 80 17 67. 23, 65, 280.
Mo–Sa 9–13 Uhr.

BALDASSARRE PERUZZI wurde 1508 von seinem Sieneser Landsmann, dem sagenhaft reichen Bankier Agostino Chigi, mit dem Bau dieser Villa beauftragt. Da sich Chigis Hauptresidenz auf dem anderen Tiberufer befand, sollte der Neubau ausschließlich für festliche Veranstaltungen dienen. Hier wurden Künstlern, Dichtern, Kardinälen, Fürsten und dem Papst glanzvolle Empfänge bereitet. Chigi nutzte die Villa auch für Aufenthalte mit seiner Mätresse Imperia, die Raffael zu einer der *Drei Grazien* in der Amor-und-Psyche-Galerie inspirierte.

Dank ihrer harmonischen Schlichtheit gehört die Villa Farnesina mit ihrem Mittelbau und den beiden vorspringenden Flügeln zu den ersten echten Renaissancevillen. Teile wurden von Peruzzi selbst ausgemalt, zum Beispiel die Sala della Prospettiva im oberen Stockwerk, deren illusionistische Fresken dem Betrachter das Gefühl vermitteln, durch eine Marmorkolonnade über das Rom des 16. Jahrhunderts zu blicken. Andere Fresken, von Sebastiano del Piombo und Raffael, illustrieren Mythen der Antike, während das Deckengewölbe des Hauptsaales, der Sala di Galatea, mit astrologischen Szenen ausgeschmückt ist, die die Konstellation der Sterne zur Zeit von Chigis Geburt wiedergeben.

Raffaels *Drei Grazien* in der Villa Farnesina

Das Gemach der schwedischen Königin Christine im Palazzo Corsini

Palazzo Corsini und Galleria Nazionale d'Arte Antica

Via della Lungara 10. **Karte** 2 D5.
06-68 80 23 23. 23, 41, 65, 280. Di–Fr 9–19 Uhr, Sa 9–14 Uhr, (letzter Einlaß 30 Min. vor Schließung).
1. Jan, 15. Aug, 25. Dez.

DER ENDE des 15. Jahrhunderts für Kardinal Domenico Riario erbaute Palazzo Corsini beherbergte unter anderem Bramante, Michelangelo, Erasmus, Königin Christine von Schweden und Napoleons Mutter. Der Palast wurde 1736 von Ferdinando Fuga umgebaut, der die Fassade so positionierte, daß man sie von der Straße aus in einem Winkel sehen konnte, denn die Via della Lungara ist so eng, daß sie keine volle Frontalansicht zuläßt.

Als der Staat 1893 den Palast kaufte, verschenkte die Familie Corsini ihre Gemäldesammlung, die den Kern der später um andere Stiftungen erweiterten Kunstsammlung bildet, die Sammlung ist heute zwischen dem Palazzo Barberini und dem Palazzo Corsini aufgeteilt. Die besseren Werke befinden sich zwar in ersterem, doch auch im Palazzo Corsini gibt es einige schöne Bilder von van Dyck, Rubens, Murillo, Reni und Caravaggio; sehenswert sind vor allem ein androgyner *Johannes der Täufer* (um 1604) von Caravaggio und eine *Salome* (1638) von Reni.

Botanischer Garten

Largo Cristina di Svezia 24. **Karte** 2 D5.
06-686 41 93. 23, 65, 280.
Mo–Sa 9–19 Uhr (Okt–März 18 Uhr), So 10–17 Uhr. Feiertage.

MAMMUTBÄUME, Palmen, Orchideen und Ananasgewächse gehören zu den 7000 Pflanzen aus aller Welt, die im Botanischen Garten vertreten sind. Einheimische und exotische Arten sind so angeordnet, daß man ihre botanischen Familien und ihre Anpassung an unterschiedliche Klimazonen und Ökosysteme studieren kann. Hier wachsen auch Ginkgobäume und andere eigentümliche Urpflanzen.

Palmen im Botanischen Garten in Trastevere

Santa Maria in Trastevere

Piazza Santa Maria in Trastevere.
Karte 5 C1. 06-581 94 43.
44, 56, 65, 170. tägl. 8–13, 15–19 Uhr.

SANTA MARIA IN TRASTEVERE war wahrscheinlich die erste christliche Kultstätte Roms, denn diese Kirche wurde im 3. Jahrhundert von Papst Kalixt I. gegründet – zu einer Zeit also, da die Kaiser noch Heiden waren und sich nur eine Minderheit zum Christentum bekannte. Der Legende zufolge wurde sie an jener Stelle errichtet, an der am Tage von Christi Geburt eine Quelle entsprang. Die Basilika wurde zum Zentrum der Marienverehrung, und obwohl die heutige Kirche und ihre bemerkenswerten Mosaiken vor allem aus dem 12. und 13.

Apsismosaik mit der *Krönung Mariens*, Santa Maria in Trastevere

Jahrhundert stammen, wird der Raum auch heute noch von Madonnenbildern beherrscht. Die wahrscheinlich im 12. Jahrhundert entstandenen Fassadenmosaiken zeigen Jesus und Maria mit Lampenträgerinnen. In der Apsis befindet sich eine stilisierte *Krönung Mariens* (12. Jh.) und darunter eine Reihe realistischer Szenen aus dem Leben der Jungfrau von Pietro Cavallini (13. Jh.). Die älteste Mariendarstellung befindet sich auf einer Ikone aus dem 7. Jahrhundert: Die *Madonna di Clemenza* zeigt Maria als byzantinische Kaiserin.

Santa Cecilia in Trastevere ❽

Piazza di Santa Cecilia. **Karte** 6 D2. **℡** 06-589 92 89. 🚌 56, 60, 75, 710. ⌚ tägl. 10–12, 16–18 Uhr. **Cavallini-Fresko** ⌚ Di, Do 10–11.30 Uhr.

HIER ERLITT die heilige Cäcilia, Patriziertochter und Schutzpatronin der Musik, im Jahre 230 den Märtyrertod. Nachdem man drei Tage lang versucht hatte, sie in ihrem Bad mit heißen Dämpfen umzubringen, wurde sie enthauptet. An der Stelle, an der das Haus der Heiligen stand (das, zusammen mit Resten einer römischen Gerberei, noch unter der Kirche zu sehen ist), wurde wahrscheinlich schon im 4. Jahrhundert eine Kirche errichtet. Lange Zeit hindurch galten die sterblichen Überreste der Heiligen als verschollen, aber sie wurden später in den San-Callisto-Katakomben *(siehe S. 432)* entdeckt. Papst Paschalis I., der die Kirche im 9. Jahrhundert umbauen ließ, hat sie hier bestattet. Aus dieser Zeit ist ein schönes Apsismosaik erhalten geblieben. Zu dem Ziborium von Arnolfo di Cambio und zu dem Fresko *Das Jüngste Gericht* von Pietro Cavallini gelangt man über das angrenzende Kloster; beide Werke stammen aus dem 13. Jahrhundert, einer der wenigen Epochen, in denen Rom einen eigenständigen Kunststil pflegte.

San Francesco a Ripa ❾

Piazza San Francesco d'Assisi 88. **Karte** 6 D2. **℡** 06-581 90 20. 🚌 44, 75, 170, 710. ⌚ tägl. 7–11.30, 16–19 Uhr.

ALS DER HEILIGE FRANZISKUS 1219 Rom besuchte, wohnte er hier in einem Hospiz; sein steinernes Kopfkissen und sein Kruzifix werden noch heute in seiner Zelle aufbewahrt. Die Kirche errichtete einer seiner Anhänger, ein Edelmann namens Rodolfo Anguillara, der auf seinem Grabmal in einer Franziskanerkutte verewigt wurde.

Die in den 80er Jahren des 17. Jahrhunderts renovierte Kirche besitzt viele Skulpturen aus dem 17. und 18. Jahrhundert. Unbedingt sehenswert ist Berninis Spätwerk *Die Verzückung der seligen Ludovica Albertoni* (1674).

San Pietro in Montorio und der Tempietto ❿

Piazza San Pietro in Montorio 2. **Karte** 5 B1. **℡** 06-581 39 40. 🚌 41, 44, 75, 710. ⌚ tägl. 9–12, 16–18.30 Uhr. Falls geschlossen, an der Tür rechts der Kirche läuten.

Bramantes runder Tempietto, San Pietro in Montorio

IM HOF VON SAN PIETRO in Montorio steht der Tempietto, der »kleine Tempel«. Dieses Meisterwerk der Renaissancearchitektur wurde 1502 von Bramante vollendet. Seine kreisrunde Form erinnert an die frühchristlichen Martyria – das sind Kapellen, die man an jener Stelle errichtete, an der ein Heiliger den Märtyrertod erlitten hatte. Irrtümlich ging man davon aus, daß sich hier Neros Circus befunden habe, in dem der heilige Petrus gekreuzigt wurde.

Berninis *Verzückung der seligen Ludovica Albertoni*, San Francesco a Ripa

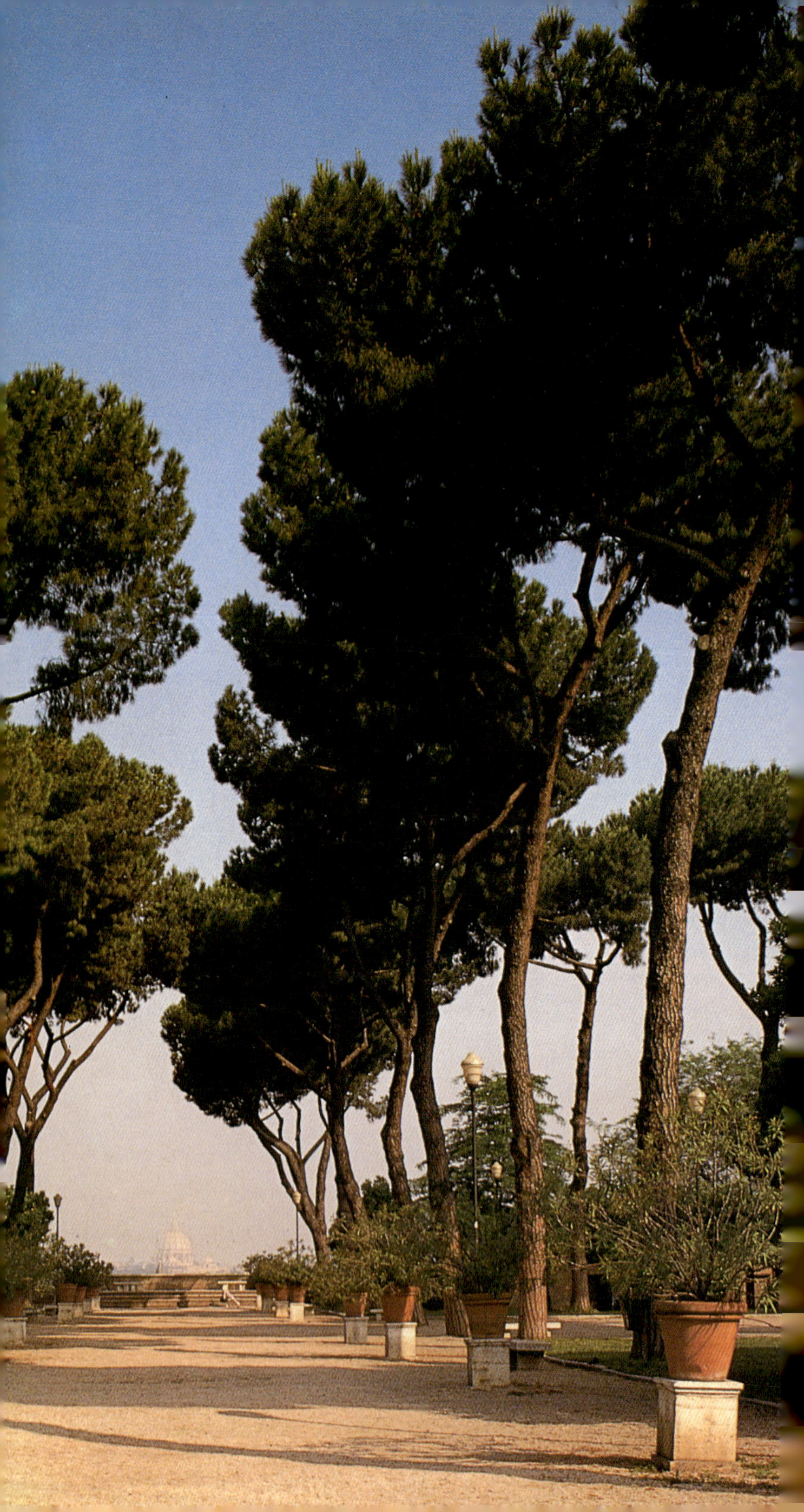

# Aventin und Lateran

DIESE GEGEND, die den Caelius und den Aventin sowie das übervölkerte Gebiet um San Giovanni in Laterano umfaßt, gehört zu den grünsten Teilen der Stadt. Der heute mit Kirchen übersäte Caelius war schon im kaiserlichen Rom eine beliebte Wohngegend. Etwas vom Glanz dieser Zeit haftet noch den Ruinen der Caracalla-Thermen an. Hinter diesen erhebt sich der Aventin, ein ruhiges Wohnviertel mit der imposanten Basilika Santa Sabina und schönen Ausblicken über den Tiber auf Trastevere und die Peterskirche. Im Tal darunter folgen Autos und Vespas der alten Wagenlenkerroute des Circus Maximus, während sich im Süden der Arbeiterbezirk Testaccio ausbreitet.

Mosaikfragment, Caracalla-Thermen

Auf einen Blick

Kirchen
San Clemente ❻
San Giovanni in Laterano ❼
Santa Maria in Cosmedin ❷
Santa Maria in Domnica ❸
Santa Sabina ⓫
Santi Quattro Coronati ❺
Santo Stefano Rotondo ❹

Antike Stätten und Bauwerke
Caracalla-Thermen ❽
Tempel des Forum Boarium ❶

Denkmäler und Gräber
Protestantischer Friedhof ❿
Pyramide des Caius Cestius ❾

Legende

	Detailkarte: Piazza della Bocca della Verità *S. 422f*
FS	Bahnhof
M	Metro-Station
P	Parken
—	Stadtmauer

Anfahrt
Bus 95 fährt von Piramide bis Piazza della Bocca della Verità. Der Caelius ist von den Metro-Stationen Colosseo und Circo Massimo aus erreichbar. Bus 94 fährt den Aventin hinauf und die Linie 118 von den Caracalla-Thermen nach San Giovanni in Laterano.

0 Meter 250

◁ **Pinien und Orangenbäume im Parco Savelli auf dem Aventin, im Hintergrund die Kuppel der Peterskirche**

Im Detail: Piazza della Bocca della Verità

IN DIESER Gegend Roms, die einst vom ersten Hafen der Stadt und ihrem Viehmarkt beherrscht wurde und die sich heute von der verkehrsreichen Straße am Tiber zum südlichen Fuß des kapitolinischen Hügels hinzieht, befand sich bis ins Mittelalter hinein eine Hinrichtungsstätte. Obwohl dieser Stadtteil hauptsächlich für die Bocca della Verità (Mund der Wahrheit) in Santa Maria in Cosmedin bekannt ist, die angeblich Lügnern die Hand abbeißt, gibt es hier viele andere Sehenswürdigkeiten, darunter zwei Tempel aus republikanischer Zeit. Im 6. Jahrhundert siedelten sich hier Griechen an, die San Giorgio in Velabro und Santa Maria in Cosmedin gründeten.

Die Casa dei Crescenzi weist eine Fülle von Fragmenten auf und enthält auch die Ruinen eines Wachturmes, den die mächtige Familie Crescenzi erbauen ließ (10. Jh.).

★ Tempel des Forum Boarium
Diese beiden Bauwerke sind die besterhaltenen Tempel aus republikanischer Zeit. ❶

Sant'Omobono steht an einer Grabungsstätte, deren Fundstücke auf das 6. Jahrhundert zurückgehen.

Ponte Rotto, wie dieser einsam aus dem Tiber ragende, halbzerfallene Bogen genannt wird, bedeutet »zerbrochene Brücke«. Ursprünglich hieß das Bauwerk Pons Aemilius (2. Jh. v. Chr.).

Die Fontana dei Tritoni, 1715 von Carlo Bizzaccheri vollendet, weist starke Einflüsse Berninis auf.

★ Santa Maria in Cosmedin
Die Bocca della Verità, ein mittelalterlicher Abflußdeckel, ist im Portikus eingelassen. ❷

LEGENDE

`- - -` Routenempfehlung

0 Meter 75

San Giovanni Decollato gehörte einer Bruderschaft, die zum Tode Verurteilte zur Reue ermunterte.

AVENTIN UND LATERAN

Santa Maria della Consolazione wurde nach einem Madonnenbild benannt, das hier 1385 für die zum Tode Verurteilten aufgestellt wurde.

Zur Orientierung
Siehe Kartenteil Rom, Karte 6

San Teodoro ist eine am Fuße des Palatins gelegene Kirche mit kreisförmigem Grundriß und wunderschönen Apsismosaiken (6. Jh.).

San Giorgio in Velabro – die Basilika (7. Jh.) wurde 1994 durch eine Explosion beschädigt und wird zur Zeit restauriert.

Arco degli Argentari

Der marmorgetäfelte Janusbogen aus dem 4. Jahrhundert am Rande des Forum-Boarium-Marktes war ein idealer Platz für Geschäfte aller Art.

Nicht versäumen

★ **Santa Maria in Cosmedin**

★ **Tempel des Forum Boarium**

Tempel des Forum Boarium ❶

Piazza della Bocca della Verità.
Karte 6 E1. 90, 92, 94, 95.

DIESE AUSGEZEICHNET erhaltenen Tempel aus der Zeit der Republik (2. Jh. v. Chr.) wirken am besten bei Mondschein; bei Tageslicht sehen sie inmitten des brausenden Verkehrs recht nüchtern aus. Sie blieben erhalten, da sie im Mittelalter von der ansässigen griechischen Kolonie als christliche Kirchen geweiht wurden. Der rechteckige Tempel, früher bekannt als Tempel der Fortuna Virilis, war wahrscheinlich Portunus, dem Gott der Flüsse und Häfen, geweiht. Das auf einer Plattform errichtete Gebäude hat vier ionische Travertinsäulen, die vorn kanneliert sind, und zwölf Halbsäulen, die in die Tuffsteinwand der Cella eingelassen sind – jener Raum, in dem sich das Götterbild befand. Im 9. Jahrhundert wurde der Tempel zur Kirche Santa Maria Egiziaca, benannt nach einer Prostituierten, die sich nach ihrer Bekehrung in die Einsiedelei zurückgezogen hatte (5. Jh.).

Der kleinere, aus massivem Marmor gebaute Rundtempel ist von 20 kannelierten Säulen umgeben und war Herkules geweiht. Wegen seiner Ähnlichkeit mit dem Vestatempel auf dem Forum hatte man lange geglaubt, daß auch er Vesta geweiht gewesen sei.

Die ionische Fassade des Portunustempels aus republikanischer Zeit

Apsismosaik aus dem 9. Jahrhundert: Madonna mit Kind in Santa Maria in Domnica

Santa Maria in Cosmedin ❷

Piazza della Bocca della Verità. **Karte** 6 E1. 06-678 14 19. 57, 90, 92. tägl. 9–13, 14.30–18 Uhr. Mo.

DIESE SCHÖNE, schlichte Kirche wurde im 6. Jahrhundert am Standort des ehemaligen Lebensmittelmarktes errichtet. Der Glockenturm und der Portikus wurden im 12. Jahrhundert angebaut. Im 19. Jahrhundert wurde eine Barockfassade entfernt und die Kirche in ihrer ursprünglichen Schlichtheit wiederhergestellt. Sie enthält schöne Cosmatenarbeiten, insbesondere den Mosaikfußboden; bemerkenswert sind auch der erhöhte Chor, der Bischofsstuhl und das Ziborium über dem Hauptaltar.

Eingelassen in die Wand des Portikus ist die Bocca della Verità, ein groteskes Marmorgesicht mit einem Mundschlitz, das wohl früher einmal als Abflußdeckel diente und der Legende zufolge Lügnern die Hand abbiß.

Cosmatenfußboden in Santa Maria in Cosmedin

Santa Maria in Domnica ❸

Piazza della Navicella 12. **Karte** 7 B2. 06-700 15 19. 15, 118, 673. tägl. 8.30–12, 15.30–19 Uhr (Okt–März 18 Uhr).

SANTA MARIA IN DOMNICA wurde wahrscheinlich im 7. Jahrhundert gegründet und im 9. Jahrhundert restauriert. Da die Römer zu jener Zeit die Kunst der Mosaikherstellung verlernt hatten, holte Papst Paschalis I. Handwerker aus Byzanz. Sie schufen ein prachtvolles Apsismosaik, das Maria und das Jesuskind mit Engeln in einem anmutigen Paradiesgarten zeigt. Paschalis I. kniet zu Füßen der Jungfrau. Sein quadratischer Heiligenschein besagt, daß das Bild noch zu seinen Lebzeiten entstand.

1513 baute Andrea Sansovino einen mit Löwenköpfen ausgeschmückten Portikus an.

Santo Stefano Rotondo ❹

Via di Santo Stefano 7. **Karte** 9 B2. 06-70 49 37 17. 15, 118, 673. Mo 15.30–18 Uhr, Di–Sa 9–13, 15.30–18 Uhr (Winter 13.30–16.20 Uhr).

SANTO STEFANO ROTONDO wurde zwischen 468 und 483 über einem kreisförmigen Grundriß mit vier Kapellen errichtet, die in der Form eines Kreuzes angeordnet sind. Der runde Innenraum ist von zwei konzentrischen Korridoren umgeben. Ein äußerer Korridor wurde 1453 auf Anordnung Leon Battista Albertis eingerissen. Im 16. Jahrhundert verzierten Niccolò Pomarancio, Antonio Tempesta und andere die Wände mit 34 Fresken.

Santi Quattro Coronati

Santi Quattro Coronati ❺

Via dei Santi Quattro Coronati 20. **Karte** 7 C1. 06-73 53 21. 15, 85, 87, 118. 13, 30b. Mo–Sa 9.30–12, 15.30–18 Uhr (Okt–März 9.30–12 Uhr).

DIESES BEFESTIGTE KLOSTER (4. Jh.) wurde für die sterblichen Überreste von vier persischen Steinmetzen gebaut, die den Märtyrertod erlitten, weil sie sich geweigert hatten, eine Statue zu Ehren des Gottes Äskulap anzufertigen. Nach normannischer Brandschatzung 1084 wurde es wiederaufgebaut. Sehenswert sind der Kreuzgang und die Sankt-Sylvester-Kapelle mit Fresken (12. Jh.) über Konstantins Bekehrung zum Christentum.

AVENTIN UND LATERAN 425

San Clemente ❻

Im Jahre 1857 begann Pater Mullooly, der irische Prior des Dominikanerklosters San Clemente, mit Ausgrabungen unter der im 12. Jahrhundert erbauten Basilika. Direkt unter ihr entdeckten er und seine Nachfolger eine Kirche aus dem 4. Jahrhundert und darunter noch eine Reihe altrömischer Gebäude. Beide Basiliken waren dem heiligen Klemens, dem vierten Papst, gewidmet. Zuunterst fand man dann noch einen Tempel, der dem Mithraskult gedient hatte.

INFOBOX

Via di San Giovanni in Laterano.
Karte 7 B1. 06-70 45 10 18.
81, 85, 186 bis Via Labicana.
Colosseo. 13, 30.
tägl. 9–12.30, 15.30–18.30 Uhr (Okt–März 18 Uhr). Ausgrabungen.

Cappella di Santa Caterina
Die restaurierten Fresken des Florentiner Malers Masolino (1383 – um 1440) zeigen Szenen aus dem Leben der heiligen Katharina von Alexandria.

Eingang

Apsismosaik
Im Sieg des Kreuzes (12. Jh.) sind fein gearbeitete Tiere und Akanthusblätter zu sehen.

Osterleuchter
Dieser im 12. Jahrhundert hergestellte gewundene und mit buntglitzernden Mosaikbändern verzierte Leuchter ist eine typische Cosmatenarbeit.

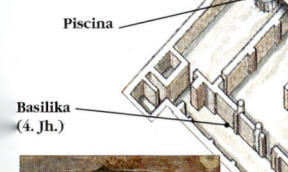

Basilika (12. Jh.)

Fassade (18. Jh.)

Piscina

Schola Cantorum

Basilika (4. Jh.)

Mithrastempel

Leben des heiligen Klemens
In der Unterkirche zeigen verblaßte Fresken Episoden aus dem Leben des vierten Papstes.

Triclinium
Ein dem Gott Mithras geweihter Altar zeigt diesen bei der Tötung eines Stiers. Der Altar steht im Triclinium, einem Raum für rituelle Festgelage.

San Giovanni in Laterano ❼

ROMS KATHEDRALE SAN GIOVANNI wurde im frühen 4. Jahrhundert von Kaiser Konstantin gegründet. Obwohl die Kirche mehrmals umgebaut wurde, insbesondere 1646, als Borromini ihr Inneres umgestaltete, bewahrte sie ihre Basilikaform. Der benachbarte Lateranpalast war bis 1309, als der Papst nach Avignon zog, die offizielle Papstresidenz. Das heutige Gebäude stammt aus dem Jahre 1589, aber ältere Teile, wie die Scala Santa, die Jesus bei seinem Prozeß emporgestiegen sein soll, sind erhalten geblieben.

INFOBOX

Piazza di San Giovanni in Laterano.
Karte 8 D2. 06-77 20 79 91.
4, 15, 714, 715. 13.
San Giovanni. **Kathedrale**
tägl. 7–18.45 Uhr (Okt–März 18 Uhr). **Kreuzgang u. Museum**
tägl. 9–18 Uhr (Okt–März 17 Uhr) (letzter Einlaß 15 Min. vor Schließung). **Baptisterium** wg. Restaurierung.

Baptisterium
In dem restaurierten achteckigen Baptisterium sind Mosaiken aus dem 5. Jahrhundert erhalten geblieben.

Nordseite

Ostseite
Das Hauptportal an der Ostseite (1735) ist mit Christus- und Apostelstatuen verziert.

Apsis

Museumseingang

Lateranpalast

Papstaltar
Der gotische Baldachin über dem Papstaltar ist mit Fresken aus dem 14. Jahrhundert verziert. Hier darf nur der Papst die Messe feiern.

Als Bischof von Rom erteilt der Papst von der Loggia aus der Stadt an jedem Gründonnerstag seinen Segen.

Haupteingang

Die Corsini-Kapelle
wurde in den 30er Jahren des 18. Jahrhunderts für Papst Klemens XII. errichtet, der in einem Porphyrsarkophag beigesetzt wurde.

Kreuzgang
Der um 1220 von der Familie Vassalletto erbaute Kreuzgang ist wegen seiner gewundenen Säulen und Marmormosaiken bemerkenswert.

Bonifatiusfresko
Dieses möglicherweise von Giotto geschaffene Fragment zeigt Papst Bonifatius VIII. bei der Verkündung des heiligen Jahres 1300.

AVENTIN UND LATERAN

Teilansicht eines der Gymnasien in den Caracalla-Thermen

Caracalla-Thermen ❽

Viale delle Terme di Caracalla 52.
Karte 7 A3. 06-575 86 26. 90, 160. Di–Sa 9–18 Uhr (Okt–März 17 Uhr), So, Mo 9–13 Uhr.
Feiertage.
Konzerte 06-575 83 02.

DIE GEWALTIGEN RUINEN der Caracalla-Thermen liegen am Fuße des Aventins. Ihr Bau wurde 206 von Kaiser Septimius Severus begonnen und von dessen Sohn Caracalla 217 abgeschlossen. Sie blieben bis zum 6. Jahrhundert, als die Goten die Wasserleitungen der Stadt zerstörten, in Betrieb.

Im alten Rom war ein Besuch in den Thermen ein gesellschaftliches Ereignis. Große Anlagen wie die für 1500 Gäste geplanten Caracalla-Thermen waren mehr als bloße »Badeanstalten«. Sie verfügten auch über reichhaltige Freizeitangebote, unter anderem Kunstgalerien, Gymnasien, Gärten, Bibliotheken, Konferenz- und Vortragsräume sowie Läden, in denen Eß- und Trinkbares verkauft wurde.

Ein römisches Bad war eine langwierige und komplizierte Prozedur: Man begann mit einem Dampfbad, dann verbrachte man einige Zeit im *calidarium,* einem großen heißen Raum mit Wasserbecken, die die Luft feucht hielten. Dann kam das lauwarme *tepidarium,* danach ein Besuch des zentralen Treffpunkts, bekannt als *frigidarium,* und schließlich folgte ein Sprung in die *natatio,* ein Schwimmbad im Freien. Die Wohlhabenden ließen sich am Ende mit einem parfümierten Wolltuch abreiben.

Der größte Teil der Marmordekorationen wurde im 16. Jahrhundert von der Familie Farnese geplündert und für die Ausschmückung ihres neuen Palastes *(siehe S. 391)* verwendet. Im Museo Archeologico in Neapel *(siehe S. 474 f)* und im vatikanischen Museo Profano *(siehe S. 412)* kann man aber noch Statuen und Mosaiken aus den Thermen bewundern.

Pyramide des Caius Cestius ❾

Piazzale Ostiense. **Karte** 6 E4. 11, 23, 94. 13, 30b. Ⓜ Piramide.

CAIUS CESTIUS, ein reicher, aber unbedeutender Praetor und Volkstribun, lebte im 1. Jahrhundert v. Chr. Weil damals die Skandale um Kleopatra eine Vorliebe für alles Ägyptische ausgelöst hatten, beschloß Caius, sich als Grabmal eine Pyramide bauen zu lassen.

In der Nähe der Porta San Paolo steht die aus Ziegeln gebaute und mit weißem Marmor verkleidete Pyramide. Sie wurde 12 v. Chr. in nur 330 Tagen errichtet.

Die Pyramide des Caius Cestius am Piazzale Ostiense

Protestantischer Friedhof ❿

Via di Caio Cestio 6. **Karte** 6 E4.
06-574 19 00. 11, 23, 27, 94.
13, 30b. Apr–Sep Di–So 9–18 Uhr (Okt–März 17 Uhr) (letzter Einlaß 30 Min. vor Schließung).
Spende.

NICHTKATHOLIKEN haben seit 1738 in diesem Friedhof hinter der Aurelianischen Mauer ihre letzte Ruhe gefunden. Im ältesten Teil (links vom Eingang) befindet sich das Grab des britischen Dichters John Keats, der 1821 in einem Haus an der Piazza di Spagna starb *(siehe S. 398).* Nicht weit von seinem Grab entfernt ruht die Asche von Percy Bysshe Shelley, der 1822 ertrank.

Santa Sabina: Innenansicht

Santa Sabina ⓫

Piazza Pietro d'Illiria 1. **Karte** 6 E4.
06-574 35 73. 94. tägl. 7–12.45, 15.30–18 Uhr.

HOCH OBEN auf dem Aventin erhebt sich eine formvollendete frühchristliche Basilika, die 422 von Peter von Illyrien gegründet wurde und später in den Besitz des Dominikanerordens überging. Sie wurde Anfang des 20. Jahrhunderts in ihrer ursprünglichen Schlichtheit wiederhergestellt. Das Tageslicht dringt nur schwach durch die aus dem 9. Jahrhundert stammenden Fenster im breiten Mittelschiff, das von korinthischen Säulen eingerahmt ist. Über dem Hauptportal erinnert eine Mosaikinschrift in Blau und Gold an den Gründer.

Abstecher

ABSTECHER IN DIE ETWAS ABGELEGENEREN TEILE ROMS lohnen sich – vor allem ein Besuch der Villa Giulia, in der das Museo Nazionale Etrusco untergebracht ist, und des Museo Borghese mit seiner Sammlung von Bernini-Statuen. Andere vom Stadtkern entfernte Sehenswürdigkeiten reichen von alten Kirchen und Katakomben bis zum Stadtteil EUR, einem seltsamen architektonischen Mischmasch, mit dessen Bau Mussolini in den 30er Jahren begann.

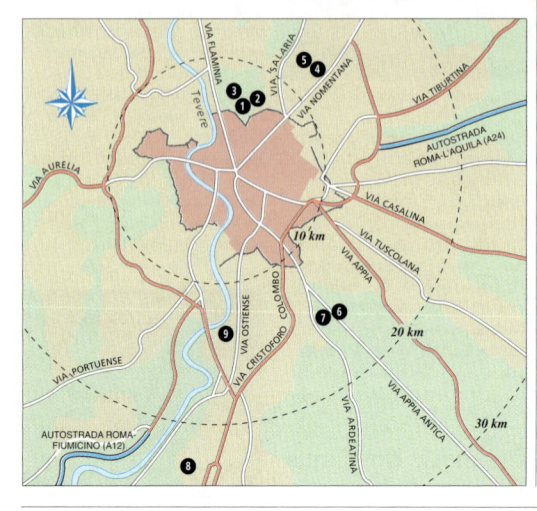

Auf einen Blick

Kirchen und Tempel
San Paolo fuori le Mura ❾
Sant'Agnese fuori le Mura ❹
Santa Costanza ❺

Museen und Galerien
Museo Borghese ❷
Villa Giulia ❸

Parks und Gärten
Villa Borghese ❶

Antike Straßen und Stätten
Katakomben ❼
Via Appia Antica ❻

Stadtteile
EUR ❽

Legende

▧	Zentrum
▧	Vororte
═	Autobahn
─	Hauptstraße
─	Nebenstraße
⋯	Stadtmauer

Villa Borghese ❶

Karte 3 B1. **☏** 06-321 65 64
🚌 52, 53, 57, 95. 🚊 19, 19b, 30b.
🕗 tägl. 8.30–16.30 Uhr (letzter Einlaß 15.30 Uhr). ● 1. Mai.

DIE VILLA UND IHR PARK wurden 1605 für Kardinal Scipione Borghese, den genußsüchtigen Neffen Papst Pauls V., entworfen. Als extravaganter Kunstmäzen trug er eine der schönsten Gemälde- und Altertümersammlungen Europas zusammen. Viele Stücke werden heute in der Villa gezeigt, die er eigens zur Unterbringung seiner antiken Skulpturen bauen ließ.

Der **Park** war mit seinen Alleen und mit Statuen verzierten Gärten einer der ersten seiner Art in Rom. Er enthielt 400 neugepflanzte Bäume, Gartenskulpturen von Berninis Vater Pietro und viele raffinierte Springbrunnen, »geheime« Blumengärten, Gehege für exotische Tiere und Vogelhäuser, ja sogar eine Grotte mit künstlichem Regen. Es gab einen sprechenden Roboter und einen Stuhl, der jeden, der sich auf ihn setzte, wie in einer Falle festhielt. Anfangs war das Gelände für die Öffentlichkeit zugänglich, doch nachdem ein Besucher an Scipiones Sammlung erotischer Bilder Anstoß genommen hatte, erklärte ihn Paul V. zum Privatpark.

1773 begann man mit der Umgestaltung des Parks im Sinne von Landschaftsarchitekten wie Claude Lorrain und Poussin, die natürlichere, romantischere Anlagen propagierten. In den folgenden Jahren wurden im Park Tempel, Brunnen und *casine* (Sommerhäuser) errichtet. 1902 erwarb der Staat Villa und Park, und 1911 wurde das Gelände als Standort für die Weltausstellung bestimmt. Viele Nationen bauten hier ihre Pavillons; am eindrucksvollsten ist der von Sir Edwin Lutyens erbaute **British School at Rome**. Im gleichen Jahr wurde auch im Zoo eröffnet – heute ein deprimie-

Zoo-Eingang, Villa Borghese

Die British School at Rome in der Villa Borghese

Äskulaptempel in der Villa Borghese (18. Jh.)

render Anblick mit seinen kleinen, vollgestopften Käfigen. Inzwischen bilden die Anwesen Villa Borghese, Villa Giulia und der Pincio-Garten einen einzigen großen Park, mit dem **Giardino del Lago** in der Mitte – so genannt nach einem künstlich angelegten See, auf dem man Boot fahren kann. Über seinem Haupteingang erhebt sich eine Nachbildung des Septimius-Severus-Bogens aus dem 18. Jahrhundert, während ein pseudo-ionischer Tempel auf der Insel im See dem griechischen Gott der Gesundheit, Äskulap, geweiht ist.

Im ganzen Park finden sich weitere pittoreske Kuriositäten, darunter ein runder Dianatempel zwischen der Porta Pinciana am Ende der Via Veneto und der Piazza di Siena und ein grasbewachsenes Amphitheater, in dem jeden Mai Roms internationale Pferdeschau stattfindet. Seine Schirmpinien inspirierten den Komponisten Ottorino Respighi zu seinen *Pini di Roma* (1924).

Museo Borghese ❷

Villa Borghese, Piazzale Scipione Borghese 5. **Karte** 2 F5. 06-854 85 77. 52, 53, 910. Di–Sa 9–19 Uhr (Okt–Apr 14 Uhr), So 9–13 Uhr. Feiertage. **Complesso San Michele** Via San Michele. 06-581 67 32.

Scipione Borgheses Villa wurde 1605 als typisches römisches Landhaus entworfen – mit Flügeln, die in die umliegenden Gärten hineinragten. Sie wurde von Flaminio Ponzio errichtet, dem Architekten Pauls V., und von Scipione zur Unterhaltung seiner Gäste und zur Ausstellung seiner Gemälde- und Skulpturensammlung genutzt. Zwischen 1801 und 1809 verkaufte Camillo Borghese, Ehemann von Napoleons Schwester Pauline, viele Bilder an seinen Schwager und tauschte 200 von Scipiones klassischen Statuen gegen ein Anwesen im Piemont. Da sich diese Statuen noch heute im Louvre befinden, hat die verbliebene Sammlung etwas an Anziehungskraft verloren. Doch der hedonistische Kardinal förderte auch die lebenden Künstler, und die Skulpturen, die er bei Bernini in Auftrag gab, gehören zu dessen berühmtesten Werken.

Die acht Räume im Erdgeschoß sind um eine zentrale Halle, den *salone*, gruppiert. Die bekannteste Statue, eines der schönsten Werke Berninis, *Apollo und Daphne* (1624), befindet sich in Saal 3: Der Nymphe Daphne sprießen Lorbeerblätter aus den Fingern und Wurzeln aus den Zehen, und eine rauhe Rinde umhüllt ihren Körper, denn sie beginnt, sich in einen Lorbeerbaum zu verwandeln, um der Entführung durch den Gott Apollo zu entgehen. Um eine Entführung geht es auch

Berninis *Apollo und Daphne* (1624)

bei *Pluto und Persephone*, ebenfalls von Bernini, in Saal 4: Pluto, der Gott der Unterwelt, trägt Persephone als seine Braut davon. Die Skulptur ist ein Meisterwerk, in dem der Künstler Plutos straffe Muskulatur mit dem weichen, nachgebenden Fleisch der Persephone lebensecht kontrastiert.

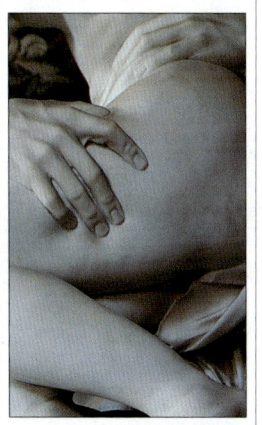

Die dritte berühmte Bernini-Skulptur, der *David* aus dem Jahre 1623, befindet sich in Saal 2. Der Künstler fängt den angespannten Gesichtsausdruck des jungen Mannes genau in dem Augenblick ein, bevor er den Stein gegen Goliath schleudert. Es heißt, Papst Urban VIII. habe Bernini von unten einen Spiegel in Richtung Gesicht gehalten, damit der Bildhauer das Gesicht des David nach seinem eigenen modellieren konnte. Im nächsten Saal steht das berüchtigste Werk der Villa Borghese, eine 1805 von Canova ausgeführte Skulptur der Pauline Borghese als *Venus Victrix*. Da die halbnackte, auf einer Chaiselongue liegende Pauline die Betrachter schokkierte, nahm ihr Ehemann die Statue unter Verschluß.

Im nächsten Saal befindet sich eine Auswahl antiker Fundstücke, darunter die römische Kopie eines pummeligen *Bacchus* des griechischen Bildhauers Praxiteles, der im 4. Jahrhundert v. Chr. gelebt hat, sowie Fragmente eines Mosaiks aus dem 3. Jahrhundert n. Chr., das auf einem der Borghese-Anwesen in Torrenova gefunden wurde und Gladiatoren beim Kampf mit wilden Tieren zeigt.

Das obere Stockwerk der Galleria Borghese ist zur Zeit wegen Restaurierungsarbeiten geschlossen, aber die meisten Werke dieser großartigen Sammlung von Gemälden aus der Barock- und Renaissancezeit kann man im Complesso San Michele in Trastevere bewundern.

Ausschnitt aus Berninis *Pluto und Persephone* im Museo Borghese

Villa Giulia ❸

DIESE VILLA WURDE 1550 als Refugium für Papst Julius III. erbaut. Sie entstand nach Entwürfen von Vignola und Ammanati und unter Mitarbeit von Michelangelo und Vasari und war eher als Unterkunft für die Gäste des Vatikans gedacht denn als ständiger Wohnsitz. Im Garten wurden 36 000 Bäume angepflanzt und viele Pavillons und Brunnen gebaut. Die Villa selbst beherbergte einst eine umfangreiche Statuensammlung: Nach dem Tod des Papstes 1555 wurden 160 mit Statuen und Ornamenten gefüllte Boote in den Vatikan transportiert.

Seit 1889 ist die Villa Sitz des Museo Nazionale Etrusco, einer Sammlung vorrömischer Fundstücke aus Mittelitalien.

INFOBOX

Piazzale di Villa Giulia 9.
06-322 65 71.
52, 95. 19, 19b, 30b.
Di–Sa 9–19 Uhr, So 9–13 Uhr.
1. Jan, 1. Mai, 25. Dez.
Ankündigung 7 Tage im voraus.
Konzerte Sa im Juli und Aug.

Die Säle 24–29 enthalten Funde aus dem Agro Falisco, einem Gebiet zwischen dem Tiber und dem Lago di Bracciano, insbesondere Tempel aus Falerii Vetere, der Hauptstadt der Falisker.

Faliskerkrug
In diesem Gefäß mit Henkeln in Schneckenform (4. Jh. v. Chr.) wurde Wein oder Öl aufbewahrt. Die Falisker waren ein von den Etruskern dominierter Stamm.

In den Sälen 11–18 findet man Haushalts- und Votivgegenstände sowie Keramiken, unter anderem die Chigi-Vase aus Korinth (6. Jh. v. Chr.).

Saal 19 zeigt Fundstücke aus der Castellani-Sammlung, darunter Keramiken und Bronzen aus dem 6. Jahrhundert.

Replik eines etruskischen Tempels

Ficoroni-Schatulle
Diese ornamentierte Hochzeitsschatulle (4. Jh. v. Chr.) enthielt Spiegel und andere Toilettengegenstände.

Sarkophag eines Ehepaares
Dieses Grabmal (6. Jh. v. Chr.) zeigt ein verstorbenes Paar, das im Jenseits speist. Die Zärtlichkeit in beiden Gesichtern zeugt vom Können der etruskischen Künstler.

In den Sälen 30–34 sind Funde aus verschiedenen Gegenden ausgestellt, zum Beispiel der Dianatempel von Nemi.

LEGENDE ZUM GRUNDRISS

- Erdgeschoß
- Erster Stock
- Keine Ausstellungsfläche

In den Sälen 1–10 sind unter anderem Fundstücke aus Vulci, Bisenzio, Veio und Cerveteri zu besichtigen.

Eingang

Apsismosaik in Sant'Agnese

Sant'Agnese fuori le Mura ❹

Via Nomentana 349. 06-861 08 40. 36, 36b, 60, 137. Mo–Sa 9–13 Uhr, Di–So, Feiertage 16–18 Uhr. Katakomben.

SANT'AGNESE FUORI LE MURA wurde im 4. Jahrhundert über der Krypta der 13jährigen Märtyrerin Agnes errichtet. Der Legende zufolge wurde sie von Konstantins Tochter Constantia gegründet, die hier von Lepra geheilt worden war.

In dem Apsismosaik erscheint die heilige Agnes als juwelengeschmückte byzantinische Kaiserin mit einem purpurnen Gewand und einer goldenen Stola. In diesem Ornat soll sie acht Tage nach ihrem Tod mit einem weißen Lamm in den Armen erschienen sein. Am 21. Januar werden hier zwei Lämmer gesegnet, aus deren Wolle ein Kleidungsstück namens *pallium* gewoben wird, das einem neuen Erzbischof geschenkt wird.

Santa Costanza ❺

Via Nomentana 349. 06-861 08 40. 36, 36b, 60, 137. Mo, Mi–Sa 9–12, 16–18 Uhr, So, Feiertage 16–18 Uhr.

DIESE RUNDKIRCHE wurde im frühen 4. Jahrhundert als Mausoleum für Kaiser Konstantins Töchter Constantia und Helena erbaut. Die Kuppel und ihr Tambour werden von einer Arkade getragen, die auf zwölf großartigen Säulenpaaren aus Granit ruht, während das Ambulatorium ein Tonnengewölbe hat, das mit den ältesten erhaltenen christlichen Mosaiken der Welt ausgeschmückt ist. Sie stammen aus dem 4. Jahrhundert, sollen Nachbildungen eines profanen römischen Fußbodens sein und zeigen Blumen, Vögel und andere Tiere. Es findet sich sogar eine Szene einer römischen Weinlese, obwohl Wein für die Christen Jesu Blut symbolisiert.

In einer Nische am anderen Ende der Kirche steht eine Replik von Constantias Porphyrsarkophag, der mit traubenpressenden Cherubim verziert ist. Das Original wurde 1790 in die Vatikanischen Museen gebracht.

Der runde Innenraum der Kirche Santa Costanza

Constantias Heiligkeit ist umstritten. Der Geschichtsschreiber Marcellinus schildert sie als leibhaftige Furie, die ihren ebenso unsympathischen Gemahl Hannibalianus ständig zur Gewalt reizte. Ihre Heiligsprechung beruht wohl auf einer Verwechslung mit einer Nonne gleichen Namens.

Via Appia Antica ❻

118, 218.

Die zypressengesäumte Via Appia

DER ERSTE ABSCHNITT der Via Appia entstand 312 v. Chr. auf Betreiben von Appius Claudius Caecus. Seit 190 v. Chr. verband die Straße Rom mit den Hafenstädten der Ostküste. Dieser Route folgten die Trauerprozessionen für den Diktator Sulla (78 v. Chr.) und für Kaiser Augustus (14 n. Chr.), und ebenfalls auf dieser Straße wurde der heilige Paulus im Jahre 56 als Gefangener nach Rom geführt. Die Kirche Domine Quo Vadis? bezeichnet die Stelle, an der Petrus auf seiner Flucht aus Rom Christus begegnet sein soll.

Die Straße ist von verfallenen Familiengrabmälern und anderen Monumenten sowie von kollektiven Bestattungsplätzen *(columbarie)* gesäumt. Beiderseits der Straße dehnt sich unter den Feldern ein Labyrinth von Katakomben aus.

Katakomben ⑦

Via Appia Antica 110. 🚌 *78, 118, 127*. **San Callisto** ☎ *06-513 67 25.* 🕐 *Fr–Mi 8.30–12, 14.30–17.30 Uhr.* ⬤ *Feiertage.* 📷 ✝ 📷 ♿ 🛗

Als die Urchristen ihre Toten in unterirdischen Friedhöfen vor den Mauern der Stadt beerdigten, taten sie dies im Einklang mit den damaligen Gesetzen, mit ihrer Verfolgung hat es jedenfalls nichts zu tun. Da hier auch viele Heilige bestattet wurden, entwickelten sich die Katakomben zu Wallfahrtsorten.

Heute sind mehrere Katakomben für die Öffentlichkeit zugänglich. Die aus vulkanischem Tuffstein gehauenen San-Callisto-Katakomben enthalten Nischen oder *loculi*, in denen mehrere Leichen beigesetzt wurden. In den San-Sebastiano-Katakomben sind die Mauern mit Graffiti bedeckt, in denen die Heiligen Petrus und Paulus angerufen werden, deren sterbliche Überreste einst hierher überführt wurden.

Szene einer christlichen Zeremonie in den San-Callisto-Katakomben

EUR ⑧

🚌 *765, 771, 791.* Ⓜ *EUR Fermi, EUR Palasport.* **Museo della Civiltà Romana** ☎ *06-592 61 35.* 🕐 *Di–Sa 9–19 Uhr, So, Feiertage 9–13 Uhr.* 📷

Die Esposizione Universale di Roma (EUR), ein Vorort im Süden der Stadt, wurde für eine internationale »Arbeitsolympiade« entworfen. Diese sollte 1942 stattfinden, kam aber wegen des Krieges nicht zustande. Mit ihrer Architektur sollte der Faschismus verherrlicht werden; auf den heutigen Betrachter wirkt der bombastische Stil der Gebäude hohl und schwülstig. Der bekannteste Bau ist wohl der Palazzo della Civiltà del Lavoro, eine unverkennbare Wegmarke für jeden, der aus Richtung Fiumicino kommt.

Das Projekt wurde in den 50er Jahren abgeschlossen. Trotz der fragwürdigen Architektur war es ein Planungserfolg, und die EUR ist nach wie vor eine beliebte Wohngegend. In den breiten Marmorgebäuden, die sich den Boulevards entlangziehen, befinden sich nicht nur Wohnungen, sondern auch viele Behörden und Museen. Hervorzuheben ist vor allem das Museo della Civiltà Romana, das berühmt ist für seine Abgüsse der Trajanssäulenreliefs und das großformatige Modell, das das Rom des 4. nachchristlichen Jahrhunderts mit all den Gebäuden zeigt, die sich damals innerhalb der Aurelianischen Mauern befanden. Im Süden des Vororts liegen ein See, ein schattiger Park und auch der riesige Kuppelbau des Palazzo dello Sport, der für die Olympiade 1960 erbaut wurde.

EUR: Palazzo della Civiltà del Lavoro oder »das Kolosseum im Quadrat«

San Paolo fuori le Mura ⑨

Via Ostiense 186. 🚌 *23, 93b, 170, 223.* Ⓜ *San Paolo.* ☎ *06-541 03 41.* 🕐 *tägl. 7.30–18.40 (letzter Einlaß 15 Min. vor Schließung).* ✝ 📷 ♿ 🛗

Die heutige Kirche ist eine getreue, wenn auch etwas seelenlose Rekonstruktion der großen Basilika aus dem 4. Jahrhundert, die 1823 durch einen Brand zerstört wurde. Von der älteren Kirche sind nur wenige Fragmente erhalten, unter anderem der Kreuzgang (1241) mit seinen farbigen, mit Einlegearbeiten versehenen Säulenpaaren, die als die schönsten von ganz Rom gelten.

Der Triumphbogen der Kirche ist auf der einen Seite mit stark restaurierten Mosaiken aus dem 5. Jahrhundert dekoriert, auf der anderen mit Mosaiken Pietro Cavallinis, die ursprünglich an der Fassade angebracht waren. Die schönen Apsismosaiken (1220) stellen Christus mit den Heiligen Petrus, Andreas, Paulus und Lukas dar.

Das herausragendste Kunstwerk ist das prächtige Marmorziborium, das Arnolfo di Cambio, vielleicht in Zusammenarbeit mit Pietro Cavallini, schuf (1285). Unter dem Altar befindet sich die *confessio*, die Stätte, an der angeblich einmal Paulus begraben war.

Die Fassade von San Paolo fuori le Mura mit Mosaiken (19. Jh.)

KARTENTEIL ROM

VERWEISE AUF KARTEN, die im Zusammenhang mit Sehenswürdigkeiten in Rom gemacht wurden, beziehen sich auf die nachfolgenden Karten. Kartenverweise finden sich auch für Hotels *(siehe S. 542 ff)* und Restaurants *(siehe S. 578 ff)* sowie für nützliche Anschriften in den Abschnitten *Zu Gast in Italien* und *Grundinformationen* am Ende des Buches. Die erste Zahl in den Kartenverweisen sagt Ihnen, in welcher Karte Sie nachschlagen müssen, während sich die Kombination von Buchstabe mit nachgestellter Ziffer auf das Suchgitter der betreffenden Karte bezieht. Die kleine Karte unten zeigt die Teile von Rom, die von den acht Seiten mit Karten abgedeckt werden; die entsprechende Kartennummer ist schwarz gedruckt.

LEGENDE DES KARTENTEILS

- Hauptsehenswürdigkeit
- Sehenswürdigkeit
- **FS** Bahnhof
- **M** Metro-Station
- Busbahnhof
- Straßenbahnhaltestelle
- **P** Parken
- **i** Auskunft
- Krankenhaus mit Ambulanz
- Polizeistation
- Kirche
- Synagoge
- Post
- Eisenbahn
- Einbahnstraße
- Stadtmauer

Maßstab des Kartenteils

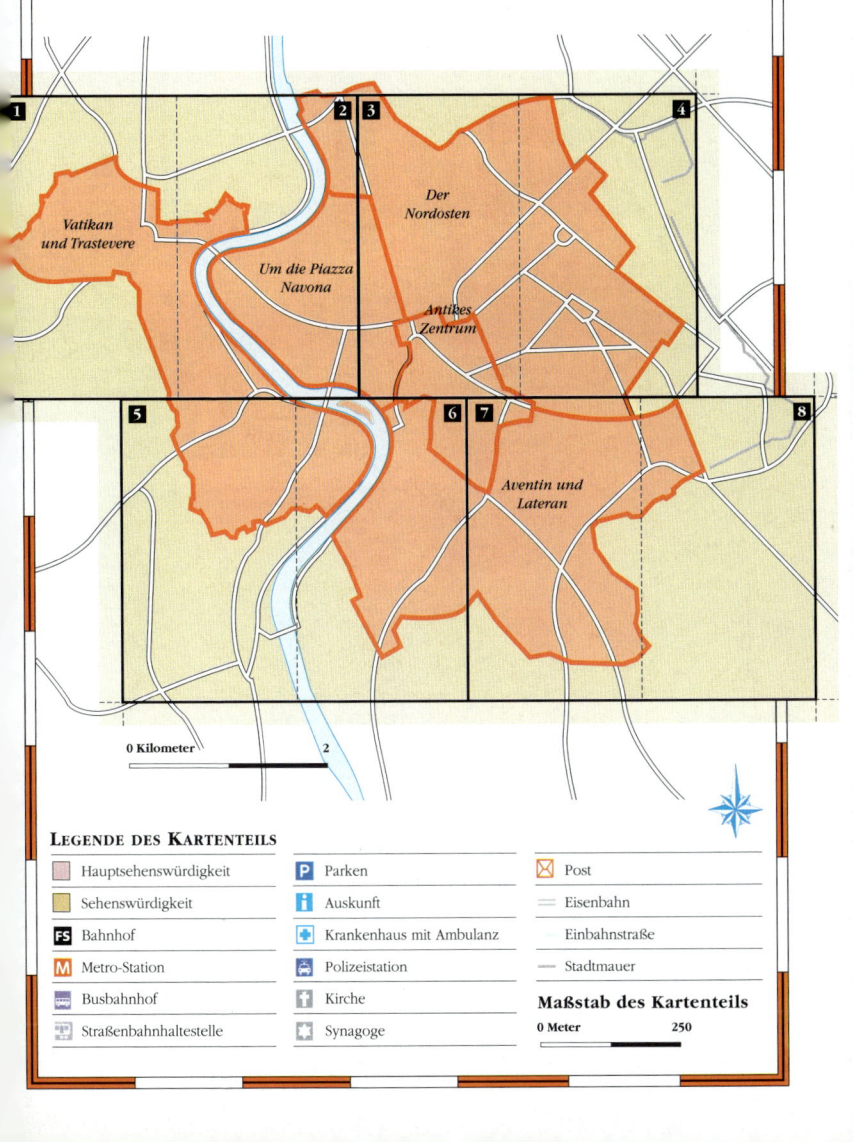

0 Meter — 250

1
A
B
C
2
3
4
5
VIA A. LABRIOLA
VIA P. GALLUPPI
V. G. BARZELLOTTI
VIA S. TOMMASO D'AQUINO
VIA C. PASSAGLIA
CIRCONVALLAZIONE TRIONFALE
VIA BERNARDINO TELESIO
VIA G. SAVONAROLA
VIA G. BRUNO
VIA TRIONFALE
VIA GIOVANNI BETTOLO
VIA V. ARMINJON
VIALE DELLE MILIZIE
V.LE DELLE MEDAGLIE D'ORO
V. LUIGI RIZZO
VIA T. CAMPANELLA
VIA P. GIANNONE
VIA P. POMPONAZZI
LARGO TRIONFALE
VIALE ANDREA DORIA
VIA LEONE IV
VIA OTRANTO
VIA OTTAVIANO
V. BARLETTA
Ottaviano
VIA FAMAGOSTA
VIA GIULIO CESARE
PIAZZALE DEGLI EROI
VIA CIPRO
VIA OSTIA
VIA TOLEMAIDE
VIA SANTAMAURA
VIA G. VENTICINQUE
VIA V. PISANI
VIA R. DI LAURIA
VIA F. CARACCIOLO
VIA MOCENIGO
VIA LA GOLETTA
VIA TUNISI
VIA CANDIA
VIALE DEGLI
VIA VESPASIANO
VIA GERMANICO
VIA G. SCALIA
VIA FRA' ALBENZIO
PIAZZA DI SANTA MARIA DELLE GRAZIE
VIA S. VENIERO
V.LE BASTIONI DI MICHELANGELO
VIA DEI GRACCHI
VIA CATONE
VIA DELLA MELORIA
VIA ANGELO EMO
V. R. FIORE
V. F. SIVORI
VIA M. BRAGADIN
V. A. CANAL
VIALE VATICANO
CLIVO D. MURA VATICANE
PIAZZA DEL RISORGIMENTO
VIA DELLA POSTA VECCHIA
VIA DI PORTA ANGELICA
VIA S. PORCARI
BORGO ANGELICO
VIA DEL MASCHERINO
V. GRAZIE
VIA PLAUTO
BORGO VITTORIO
VIC. DEL FALCO
B. FARINONE
V. VARRONE
P. LETO
Musei del Vaticano
CITTÀ DEL VATICANO
Radio Vaticana
Cappella Sistina
Stanze di Raffaello
Il Pass
VIA DEI CORRID
Palazzo dei Convertendi
San Pietro
PIAZZA S. PIETRO
PIAZZA PIO XII
VIA D. CONCIL
VIA P. PFEIFFER
BORGO
Santo Spirito in S
Stazione Vaticana
VIA DEL SANT'UFFIZIO
VIALE VATICANO
VIA NICOLÒ V
V. BENEDETTO XIV
VIA AURELIA
V. PORTA CAVALLEGGERI
GALLERIA PRINCIPE AMEDEO SAVOIA
PORTA CAVALLEGGERI
VIA VILLA ALBERICI
V. LEONE IX
VIA SERGIO I
VIA DI PORTA FABBRICA
V. ALESSANDRO III
VIA STAZIONE DI S. PIETRO
V. CARDINAL AGLIARDI
VIA DEL CROCIFISSO
VIA PAOLO II
VIA A. DE GASPERI
VIA S. MARIA ALLE FORNACI
VIA PAOLO III
VIA GREGORIO VII
VIA DI MONTE DEL GALLO
CLIVO DI MONTE DEL GALLO
VIA INNOCENZO III
VIA NICOLÒ III
V. S. MARIA MEDIATRICE
VIA DEL COTTOLENGO
VIA DEL GELSOMINO
V. CARD. SILJ
V. LAGO TERRIONE
VIA D. SILVERI
FS
Stazione di San Pietro
VIA DELLE FORNACI
VIC. M.TE D. GALLO
VIA DEL MONTE DEL GALLO
VIA D. ARGILLA
RAMPA BRANCALEONE
VIA DEL LAGO TERRIONE
VIA DELLE MURA
VIA G. MISURI
VIC. D. GELSOMINO
V. S. SILVERIO
V. A. CERIANI
PIAZZA F. BORGONCINI DUCA
VIA DELLA CAVA AURELIA
VICOLO DEL VICARIO
VIA ROVERELLA
VIA NUOVA D. FORNACI
VIALE DELLE FORNACI
VILLA ABAMELEK
Sant'On
Monumen A. Garib
AURELIE

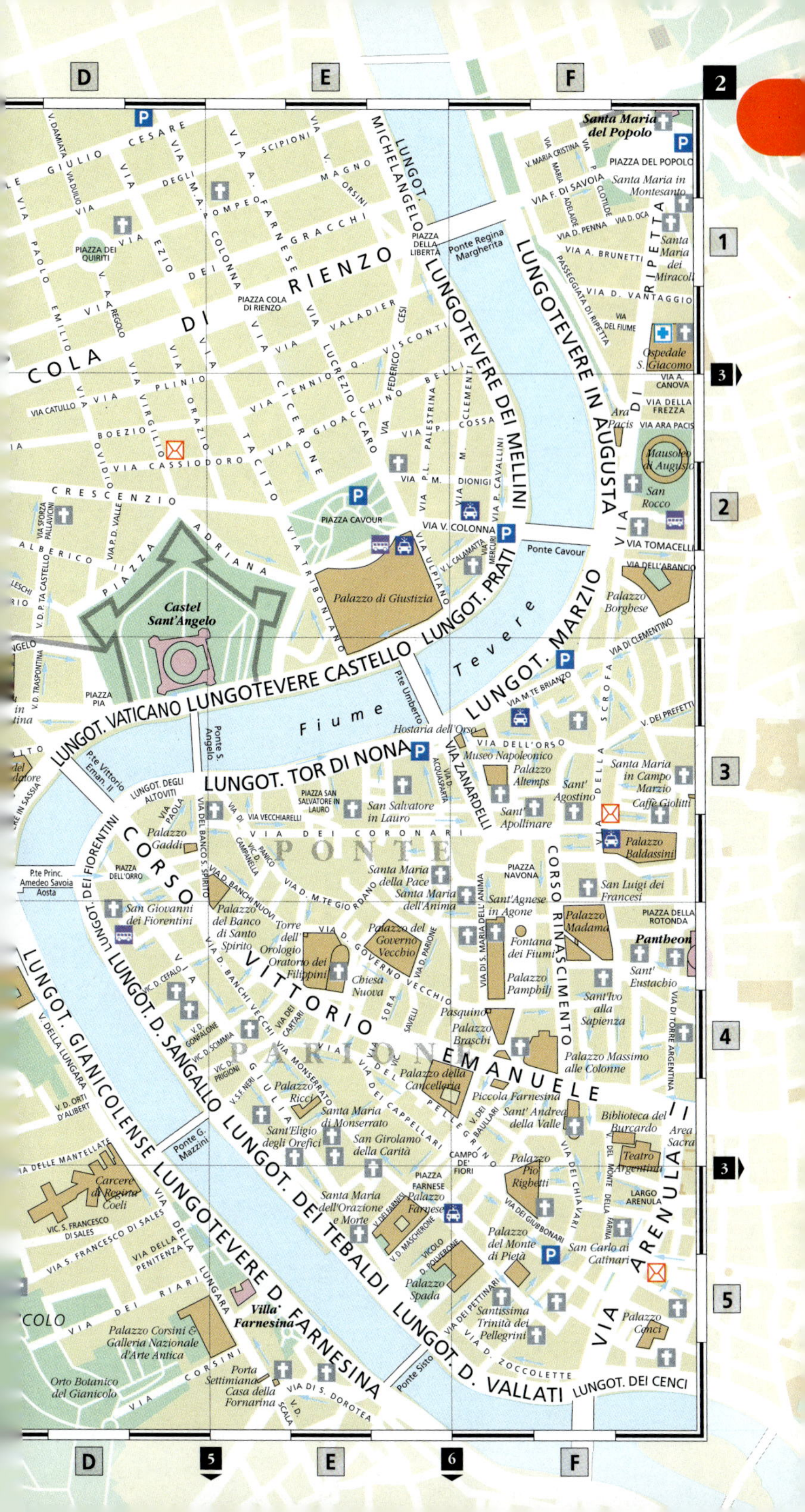

Map of Central Rome

Grid columns: A, B, C
Grid rows: 1, 2, 3, 4, 5

Row 1 / Area (Villa Borghese area)
- Il Pincio
- VILLA BORGHESE
- GALOPPATOIO
- Viale G. D'Annunzio
- Viale del Galoppatoio
- Viale S. Paolo del Brasile
- Viale della Pineta
- Viale del Museo Borghese
- VIA PINCIANA
- VIALE DEL MURO TORTO
- Villa Medici
- Via D. Fontanella
- Casa di Goethe
- Via Laurina
- VIA DI PORTA PINCIANA
- PORTA PINCIANA
- VIA VENETO

Row 2
- All Saints
- Via di Gesù e Maria
- Via S. Giacomo
- Via del Vittoria
- Via del Lupo
- Via della Croce
- Via V. delle Carrozze
- Via dei Greci
- Via Alibert
- Piazza di Spagna — **M Spagna**
- Babington's Tea Rooms
- Scalinata della Trinità dei Monti
- Trinità dei Monti
- Casino dell'Aurora
- Largo dei Lombardi
- Piazza Augusto Imperatore
- Santi Ambrogio e Carlo al Corso
- Via Tomacelli
- Caffè Greco
- Museo Keats-Shelley
- Piazza Mignanelli
- Colonna dell'Immacolata
- Collegio di Propaganda Fide
- Via degli Artisti
- Santa Maria della Concezione
- Fontana delle Api
- **M Barberini**
- Palazzo Margherita
- VIA LOMBARDIA
- VIA LUDOVISI
- VIA LIGURIA
- VIA SICILIA
- VIA MARCHE
- Via Cadore
- Via Sardegna
- Via Vergola
- Via Abruzzi
- Via Nicola
- Salita di S. Nicola
- Via Carso

Row 2 / lower
- Via Fontanella Borghese
- Via Leoncino
- Piazza San Lorenzo in Lucina
- Via Leone
- San Lorenzo in Lucina
- Piazza D. Torretta
- Via del Gambero
- Piazza San Silvestro
- Via del Pozzetto
- Via del Bufalo
- Sant'Andrea delle Fratte
- Via di Capo Le Case
- Via dei Maroniti
- Via Zucchelli
- Fontana del Tritone
- PIAZZA BARBERINI
- Palazzo Barberini
- VIA DELLE QUATTRO FONTANE
- Via degli Avignonesi
- VIA DEL TRITONE
- VIA FRANCESCO CRISPI
- VIA SISTINA
- VIA DUE MACELLI
- VIA DI VITE
- VIA FRATTINA
- VIA BORGOGNONA
- VIA CONDOTTI

Row 3
- Via di Campo Marzio
- Via del Parlamento
- Palazzo di Montecitorio
- PIAZZA DI MONTECITORIO
- Caffè Giolitti
- Caffè Capranica
- La Maddalena
- Tempio di Adriano
- Via dei Pastini
- Via di Pietra
- Via D. Muratte
- Via Minghetti
- Via D. Datarla
- Via S. Claudio
- Largo Chigi
- Palazzo Chigi
- Piazza Colonna
- Colonna di Marco Aurelio
- Santa Maria in Trivio
- Fontana di Trevi
- Accademia di San Luca
- Santi Vincenzo e Anastasio
- Via in Arcione
- Via Poli
- Via della Stamperia
- Via della Panetteria
- Via Rasella
- Via D. Giardini
- GIARDINI DEL QUIRINALE
- Traforo Umberto I
- Le Quattro Fontane
- San Carlo alle Quattro Fontane
- Sant'Andrea al Quirinale
- Palazzo del Quirinale
- Via Piacenza
- VIA DEL QUIRINALE
- VIA XXIV MAGGIO
- Palazzo delle Esposizioni
- PIAZZA DEL QUIRINALE

Row 4
- PIAZZA DELLA ROTONDA
- Via del Seminario
- Pantheon
- Sant'Ignazio di Loyola
- San Marcello al Corso
- Palazzo del Collegio Romano
- PIAZZA PILOTTA
- Università Gregoriana
- Castore e Polluce
- PIAZZA COLLEGIO ROMANO
- SS. Apostoli
- Palazzo Colescalchi
- Palazzo Colonna
- Museo delle Cere
- PIAZZA DEI SS. APOSTOLI
- Piazza Doria Pamphilj
- Palazzo Doria Pamphilj
- PIAZZA DELLA MINERVA
- Santa Maria sopra Minerva
- Palazzo Altieri
- V.D. PLEBISCITO
- Villa Aldobrandini
- Banca d'Italia
- Sant'Agata dei Goti
- Via Mazzarino
- Via Panisperna
- VIA IV NOVEMBRE

Row 5 (Capitoline / Fori area)
- LARGO DI TORRE ARGENTINA
- Piazza del Gesù
- Gesù
- Via dei Cestari
- Via D. Arco de Ginnasi
- Via D. Astalli
- Via S. Marco
- Via delle Botteghe Oscure
- PIAZZA VENEZIA
- Palazzo Venezia
- San Marco
- Colonna Traiana
- Torre delle Milizie
- Mercati Traianei
- Santa Maria dei Monti
- Santa Domenico e Sisto
- Casa dei Cavalieri di Rodi
- Foro di Augusto
- Foro di Nerva
- Largo Corrado Ricci
- Via Madonna dei Monti
- VIA DEI FORI IMPERIALI
- VIA D. TEATRO DI MARCELLO
- Fontana delle Tartarughe
- Casa di Lorenzo Manilio
- Santa Maria in Campitelli
- Portico d'Ottavia
- Via Catalana
- Sinagoga
- Teatro di Marcello
- LUNGOT. DEI CENCI
- Il Vittoriano
- Santa Maria in Aracoeli
- PIAZZA D'ARACOELI
- PIAZZA DEL CAMPIDOGLIO
- Palazzo Nuovo
- Musei Capitolini
- Palazzo dei Conservatori
- Palazzo Senatoro
- Tempio di Saturno
- Colonna di Foca
- Curia
- Basilica Emilia
- Santa Luca e Martina
- Carcere Mamertino
- Piazza del Foro di Cesari
- Il Foro
- Tempio di Antonino e Faustina
- Basilica Giulia
- Tempio di Castore e Polluce
- Tempio di Vesta
- Tempio di Romolo
- Basilica di Costantino e Massenzio
- S. Francesca Romana
- Rupe Tarpea
- Tempio di Giove
- FORO ROMANO
- Via della Consolazione
- Via Frangipane
- Via del Colosseo
- Via Cavour

D
E
F
1
2
3
4
5
7
8
CORSO D'ITALIA
VIA BERGAMO
PIAZZA ALESSANDRIA
VIA MESSINA
VIA NOMENTANA
VIA VILLINI
VIA M. MALPIGHI
Corpus Domini
PIAZZA FIUME
PORTA SALARIA
VIA ALESSANDRIA
V. ANCONA
PIAZZALE DI PORTA PIA
Ministero dei Lavori Pubblici
Ministero dei Trasporti
PORTA PIA
VIA PATRIZI
VIA VILLA
VIALE DEL POLICLINICO
PIAZZA DELLA CROCE ROSA
VIA PIAVE
VIA XX SETTEMBRE
V. VALENZIANI
V. BELISARIO
VIA COLLINA
VIA LUCANIA
VIA SICILIA
VIA PUGLIE
VIA NERVA
VIA BONCOMPAGNI
VIA PIEMONTE
VIA QUINTINO SELLA
PIAZZA SALLUSTIO
SALLUSTIANO
VIA FLAVIA
VIA S. TULLIO
VIA MONTEBELLO
VIA MENTANA
VIA SAPRI
VIALE CASTRO PRETORIO
CASTRO PRETORIO
Castro Pretorio
Biblioteca Nazionale
VIA CERNAIA
VIA CASTELFIDARDO
VIA GAETA
VIA GOITO
VIA MACAO
Ministeri del Bilancio e del Tesoro
VIA PASTRENGO
VIA SALANDRA
VIA AURELIANA
Ministero dell'Agricoltura e delle Foreste
Santa Maria della Vittoria
Fontana del Mosè
VIA PARIGI
V.E. ORLANDO
PIAZZA S. BERNARDO
San Bernardo alle Terme
Repubblica
PIAZZA DELLA REPUBBLICA
Museo Nazionale Romano
Terme di Diocleziano
Santa Maria degli Angeli
VIA VOLTURNO
V. SOLFERINO
V. CURTATONE
PIAZZA INDIPENDENZA
VIA S. MARTINO D. BATTAGLIA
VIA VICENZA
VIA PALESTRO
VIA SFORZESCA
VIA DEI MILLE
VIA MARGHERA
VIA VARESE
VIA MILAZZO
VIA MAGENTA
VIA MARSALA
V.LE E. DE NICOLA
PIAZZA DEI CINQUECENTO
Termini
V.LE EINAUDI
LARGO VILLA PERETTI
Teatro dell'Opera
VIA NAZIONALE
VIA FIRENZE
VIA TORINO
VIA VIMINALE
PIAZZA B. GIGLI
Stazione Centrale Roma Termini
FS
VIA CAVOUR
VIA GIOVANNI GIOLITTI
VIA CASTRO PRETORIO
VIA M. D'AZEGLIO
VIA PRINCIPE AMEDEO
VIA MANIN
VIA GIOBERTI
VIA NAPOLI
PIAZZA D. VIMINALE
VIA DEPRETIS
VIA A. ROSMINI
VIA URBANA
VIA CESARE BALBO
Santa Pudenziana
PIAZZA DELL'ESQUILINO
VIA D. ESQUILINO
VIA FARINI
VIA C. CATTANEO
VIA FILIPPO TURATI
V.E. CIALDINI
VIA RATTAZZI
Santa Maria Maggiore
V. LIBERIANA
PIAZZA S. MARIA MAGGIORE
VIA S. M. MAGGIORE
VIA PAOLINA
VIA D. OLMATA
VIA D. S. PRASSEDE
Santa Prassede
VIA CARLO ALBERTO
VIA NAPOLEONE III
VIA A. CAPPELLINI
VIA MAMIANI
VIA PRINCIPE AMEDEO
VIA B. RICASOLI
V.G. PEPE
VIA LAMARMORA
Arco di Gallieno
VIA S. VITO
VIA S. MARTINO AI MONTI
VIA P. ROSSI
Cavour
VIA GIOVANNI LANZA
VIA IN SELCI
PIAZZA S. MARTINO AI MONTI
San Martino ai Monti
VIA D. STATUTO
Vittorio Emanuele
PIAZZA VITTORIO EMANUELE II
Museo Nazionale d'Arte Orientale
Auditorio di Mecenate
LARGO LEOPARDI
VIA LEOPARDI
VIA CAIROLI
VIA PRINCIPE EUGENIO
VIA CONTE VERDE
VIA D. SETTE SALE
VIA MONTE OPPIO
PARCO DI TRAIANO
VIA D. TERME DI TRAIANO
Terme di Traiano
VIA MERULANA
ESQUILINO
VIA BUONARROTI
VIA MACHIAVELLI
V. FERRUCCIO
V. FOSCOLO
VIA EMANUELE FILIBERTO
VIA NINO BIXIO
VIA MECENATE
VIALE DEL MONTE OPPIO
Domus Aurea
MONTE OPPIO
VIA POLIZIANO
VIA C. BOTTA
VIA GIUSTI
PIAZZA DANTE
VIA PETRARCA
VIA T. TASSO
VIA ALFIERI

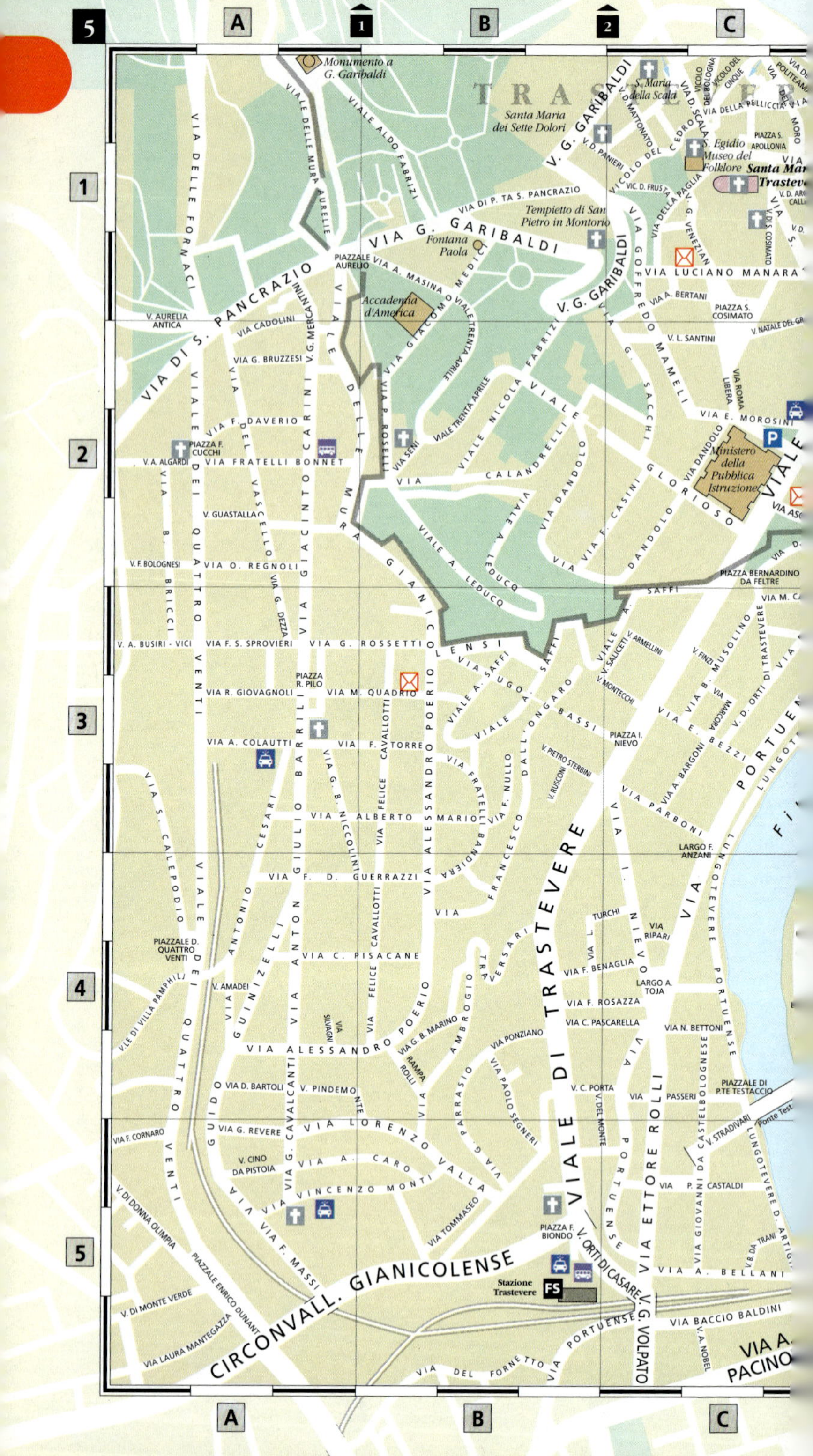

D
E
F
2
3
6
1
2
3
4
5
7
7
P.te Garibaldi
LUNGOT. R. SANZIO
LUNGOT. D. ANGUILLARA
PIAZZA G. BELLI
ISOLA TIBERINA
San Bartolomeo
Ponte Cestio
Ponte Rotto
Ponte Palatino
LUNGOT. PIERLEONI
San Nicola in Carcere
S. Giovanni Decollato
V. S. GIOVANNI DECOLLATO
Casa dei Crescenzi
Templi del Foro Boario
PIAZZA BOCCA D. VERITÀ
S. M. della Consolazione
VIA DEI FIENILI
San Teodoro
San Giorgio in Velabro
Arco di Giano
VIA DI S. TEODORO
Casa delle Vestali
Orti Farnesiani
Tempio di Cibele
Casa di Livia
Criptoportico
Domus Flavia
Casa di Romolo
Il Palatino
Domus Augustana
Stadio
Santa Maria in Cosmedin
V. DELLA GRECA
VIA DEI CERCHI
San Crisogono
LUNGARETTA
PIAZZA IN PISCINULA
VIA DELLA LUCE
VIA SANTINI
VIA ANICIA
VIA DEI SALUMI
VIA DEI GENOVESI
VIC. D. ATLETA
VIA DEI VASCELLARI
VIA SCARPETTA
P.D. PONZIANI
VIA P. PERETTI
Santa Cecilia in Trastevere
PIAZZA S. CECILIA
PIAZZA DEI MERCANTI
PIAZZA MASTAI
VIA MADONNA DELL'ORTO
V. DEL PORTO
VIA DI S. MICHELE
LUNGOTEVERE RIPA
LUNGOTEVERE AVENTINO
PORTO DI RIPA GRANDE
CLIVO DEI PUBLICII
PARCO DI S. ALESSIO
VIA DEL CIRCO MASSIMO
PARCO DEL CIRCO MASSIMO
Circo Massimo
PIAZZALE UGO LA MALFA
San Francesco a Ripa
PORTA PORTESE
P.te Sublicio
LUNGOTEVERE
VIA S. SABINA
VIA G. BERNIERO
VIA S. ALBERTO MAGNO
VIA CIACCONIO
VIA EUFEMIANO
RIPA
Santa Sabina
Santi Bonifacio e Alessio
LARGO ARRIGO VII
VIA D. TERME DECIANE
VIA ARA DI CONSO
VIA DI FONTE DI FAUNO
PIAZZA D. EMPORIO
PIAZZA DEI CAVALIERI DI MALTA
VIA S. DOMENICO
PIAZZA TEMPIO DI DIANA
VIA TEMPIO D. DIANA
VIA DI S. PRISCA
VIA D. VIA LICINIA
VIALE AVENTINO
VIA MARMORATA
VIA A. VESPUCCI
VIA R. PERSICHETTI
VIA GESSI
VIA CECCHI
VIA BRANCA
VIA DI PORTA LAVERNATE
VIA S. MELANIA
VIA MARCELLA
VIA S. GIOSAFAT
VIA S. ALESSIO
VIA DEI DECII
VIA ICILIO
VIA DI S. ANSELMO
PIAZZA ALBANIA
VIA B. PERUZZI
V. PIRRO LIGORIO
VIA AVENTINA
VIA RUBATTINO
VIA G. BIANCHI
VIA GIOVANNI
VIA VANVITELLI
VIA MASTRO GIORGIO
PIAZZA DI S. M. LIBERATRICE
VIA BODONI
PIAZZA TESTACCIO
VIA MANUZIO
VIA L. DELLA ROBBIA
PIAZZA DEI SERVILI
VIA O. DA CLUNY
VIA A. POLLIONE
VIALE M. GELSOMINI
V. D. PIRAMIDE CESTIA
VIA PONZIO
PIAZZA REMURIA
San Saba
VIA DI S. SABA
VIA FAUSTINA
VIA S. ROSA
VIA L. BATTISTA
VIA ALDO
VIA G. GHIBERTI
VIA GINORI
VIA VOLTA
LARGO M. GELSOMINI
PARCO DELLA RESISTENZA DELL'8 SETTEMBRE
VIA PONTELLI
VIA ANNIA
V. ZUCCARI
PIAZZA G. L. BERNINI
VIA BRAMANTE
VIA G. DELLA PORTA
V. MADERNO
VIA A. PALLADIO
VIA MARATTA
VIA FRANKLIN
VIA GALVANI
VIA N. ZABAGLIA
VIA P. CASELLI
TESTACCIO
PIAZZA DI P.TA S. PAOLO
Piramide di Caio Cestio
VIALE GIOTTO
VIALE DI PORTA ARDEATINA
Piramide
PIAZZALE OSTIENSE
Stazione Roma-Ostia
M
FS
Monte Testaccio
PARCO TESTACCIO
VIA CAIO CESTIO
Cimitero Protestante
VIA DI MONTE TESTACCIO
VIALE MARCO POLO
VIA VIGONI
V. GIROLAMO
VIA A. CADAMOSTO
VIA G. MIANI
V. DANDINI
V.LE DELLE CAVE ARDEATINE
VIA GIULIETTI
PIAZZA V. BOTTEGO
VIA DEI CONCIATORI
VIA RICCI
VIA B. BOSSI
V. DELLE CONCE
VIA OSTIENSE
VIALE DEL CAMPO BOARIO
VIA GIOVANNI DA EMPOLI
VIA STAZIONE OSTIENSE
PIAZZALE DEI PARTIGIANI
Stazione Roma Ostiense
VIA DEL PORTO FLUVIALE
V. PELLEGRINO MATTEUCCI
VIA DEL COMMERCIO
VIA DEI MAGAZZINI GENERALI
VIA G. ACERBI
VIA CABOTO
VIA DEL GAZOMETRO
VIA G. BOVE
VIA F. NANSEN
V. BERING
RIVA OSTIENSE

Map Labels

Grid reference: 7, A, 3, B, 4, C (top); 1, 2, 3, 4, 5, 6 (sides); A, B, C (bottom)

Streets and Areas
- VIA DI S. GREGORIO
- V. CELIO VIBENNA
- VIALE DOMUS AUREA
- VIA LABICANA
- VIA RUGGERO BONGHI
- V.A.L. MURATORI
- V.G.M. CRESCIMBENI
- V.LE DEL PARCO DEL CELIO
- VIA CLAUDIA
- VIA DEI SS. QUATTRO CORONATI
- VIA GIOVANNI IN LATER
- VIA DI STILIA
- VIA CAPO D'AFRICA
- VIA DEI QUERCETI
- V. MARCO AURELIO
- VIA ANNIA
- CLIVO DI SCAURO
- VIA S. PAOLO DELLA CROCE
- VIA DELLA NAVICELLA
- VIA DI S. STEFANO ROTONDO
- VIA DI VILLA FONSECA
- VIA DELL'AMBA ARAD
- VIA DI VALLE DELLE CAMENE
- V.D. TERME DI CARACALLA
- VIA DI VALERI
- VIA DI S. ERASMO
- VIA D. FERRATELLA IN LAT
- VIALE IPPE
- V. NORICO
- V. ANGLONA
- VIA DRUSO
- VIA ANTONINIANA
- VIA G. BACCELLI
- VIA DI S. BALBINA
- VIA ANTONINA
- VIA TRIA
- VIA PANNONIA
- V. NUMIZIA
- PARCO EGERIO
- VICOLO ANTONINIANO
- VIALE GUIDO BACCELLI
- VIA B. ALBERTI
- VIA B. GIOTTO
- VIA DI VILLA PEPOLI
- LARGO C. LAZZERINI
- VIA GUERRIERI
- VIA TATA
- VIA C. BELTRAMI
- LARGO G. CHIARINI
- VIA L. ROBECCHI BRICHETTI
- VIA A. CONTARINI
- VIA O. BECCARI
- V. LUCIO FABRO CILONE
- VIALE DI PORTA ARDEATINA
- VIA G.B. BELZONI
- VIA MIANI
- VIA DI PORTA S. SEBASTIANO
- LARGO DELLE TERME DI CARACALLA
- PORTA ARDEATINA
- V. CRISTOFORO COLOMBO
- VIALE MARCO POLO
- VIA CILICIA

Landmarks
- Antiquarium Forense
- Tempio di Venere e Roma
- Arco di Tito
- Colosseo
- Arco di Costantino
- PIAZZA DEL COLOSSEO
- Il Palatino
- Stadio
- PARCO DEL CELIO
- Tempio di Claudio
- San Clemente
- Santi Giovanni e Paolo
- PIAZZA CELIMONTANA
- Ospedale del Celio
- Ospedale S. Giovanni
- Sanatorio Umberto I
- Arco di Dolabella
- San Gregorio Magno
- PIAZZA DI PORTA CAPENA
- Santa Maria in Domnica
- Santo Stefano Rotondo
- Ospedale Britannico
- Ospizio di Addolorata
- CELIO
- VILLA CELIMONTANA
- Circo Massimo
- FAO
- PARCO DI PORTA CAPENA
- Santa Balbina
- STADIO DELLE TERME
- PIAZZA DI S. BALBINA
- San Sisto Vecchio
- PIAZZA DI P.TA METRONIA
- PIAZZALE METRONIO
- Santi Nereo e Achilleo
- Terme di Caracalla
- PIAZZALE NUMA POMPILIO
- LARGO E. FIORITTO
- San Cesareo
- San Giovanni a Porta Latina
- Colombario di Pomponio Hylas
- San Giovanni in Oleo
- Tomba degli Scipioni
- Bastione del Sangallo
- Arco di Druso
- Porta San Sebastiano

8
D
E
F
4
1
2
3
4
5
VIALE MANZONI
Manzoni
V. EMANUELE FILIBERTO
VIA S. QUINTINO
VIA STATILIA
VIA CARLO EMANUELE
VIA S. CROCE IN GERUSALEMME
V. GRATTONI
V.E TOTI
VIA SOMMEILLER
V. ELENIANA
VIA CASILINA
Sepolcri Repubblicani
Acquedotto Neroniano
Villa Wolkonski
VIA LUDOVICO DI SAVOIA
V.F. MENABREA
V. SESSORIANA
PIAZZA S. CROCE IN GERUSALEMME
Museo degli Strumenti Musicali
Santa Croce in Gerusalemme
Anfiteatro Castrense
VIA U. BIANCAMANO
VIA SCLOPIS
V. PROVANA
VIA ROSSO
V.D. FONTANA
VIA MATTEO BOIARDO
VIA F. BERNI
V. ALEARDI
TASSO
GALILEO
ARIOSTO
Scala Santa e Sancta Sanctorum
Palazzo Laterano
San Giovanni in Laterano
VIALE CARLO FELICE
VIALE CASTRENSE
V. NOLA
PIAZZA DI P.TA S. GIOVANNI
VIA ALTA MURA
Porta Asinaria
PIAZZALE APPIO
VIA LA SPEZIA
V. PUZZUOLI
VIA ISERNIA
VIA MONZA
VIA ORVIETO
VIA VOGHERA
VIA TERNI
VIA FOLIGNO
VIA TARANTO
San Giovanni
VIA LOCRI
VIA SANNIO
V. FAENZA
V. PONTREMOLI
VIA RIMINI
VIA VIBO VALENTIA
VIA URBINO
VIA CESENA
VIA SCIACCA
V. FIDENZA
VIA AOSTA
VIA CASORIA
VIA C. SANNITA
VIA MATERA
VIA PINEROLO
VIA TUSCOLANA
VIA VEIO
VIA FALERIA
V. VASTO
VIA FREGENE
VIA APPIA NUOVA
VIA AMITERNO
V. MAGNA GRECIA
VIA MARRUVIO
VIA APULIA
VIA METAPONTO
VIA OLBIA
V. CUMA
VIA ARDEA
VIA LAVINIO
Re di Roma
PIAZZA DEI RE DI ROMA
VIA VERCELLI
VIA SERMIDE
VIA BOBBIO
VIA PORDENONE
VIA CASALMONFERRATO
VIA CLATERNA
VIA LUNI
VIA CEREATE
V. GABI
VIA CERVETERI
V. SIPONTO
VIA SOANA
PIAZZA TUSCOLO
VIA BRITANNIA
VIA ASTURA
VIA POMEZIA
VIA CENEDA
VIA ALBALONGA
V. DOMODOSSOLA
VIA TORTONA
VIA ALBA
VIA MORTARA
V. FERENTO
VIA PANDOSIA
VIA IBERIA
VIA URBISAGLIA
VIA SATURNIA
VIA PIRGO
VIA E. RECINA
VIA COLLAZIA
VIA POMPEI
VIA ETRURIA
VIA SUSA
VIA CUTILIA
VIA ALTINO
VIA IMERA
VIA DON ORIONE
Ponte Lungo
VIA ALBENGA
PIAZZA EPIRO
VIA DACIA
PIAZZA ARMENIA
V. SINUESSA
VIA LUSITANIA
VIA POPULONIA
VIA GALAZIA
VIA CONCORDIA
VIA SOLUNTO
VIA MONDOVI
V. STABIA
V. NOVI
VIA ACQUI
V. CIVIDALE D. FRIULI
V. GALLIPOLI
VIA IVREA
VIA ACAIA
VIA SATRICO
VIA CAULONIA
PIAZZA ZAMA
VIA CAPPADOCIA
VIA APPIA
VIA VETULONIA
VIA LATINA
VIA VESCIA
VIA SIRIA
CIRCONVALLAZIONE APPIA
VIA TALAMONE
PIAZZA GALERIA
VIA M. TABARRINI
VIA MICHELE AMARI
VIA P. PARUTA
VIA D. DEGLI EFFETTI
V. FINALI
VIA BACCARINI
VIA TOLA
VIA B. VARCHI
PIAZZA S. AMMIRATO
VIA NUMANZIA
VIA G. MANTELLINI
VIA G. CAPPONI
VIA CILICIA
VIA BITINIA
VIA V. AQUARI
VIA ERACLEA
VIA SEGESTA
VIA LIDIA
VIA MESOPOTAMIA
VIA MACEDONIA
VIA G. FIORINI
VIA TOMMASO DA CELANO
VIA C. CORRENTI
V.P. COLLETTA
VIA L. CIBRARIO
VIA CENTURIPE
LARGO GREGOROVIUS
VIA GREGOROVIUS
VIA B. CAPASSO
VIA P. GIOVIO
VIA P. FEDELE
VIA F. UGHELLI

Buslinien in Rom

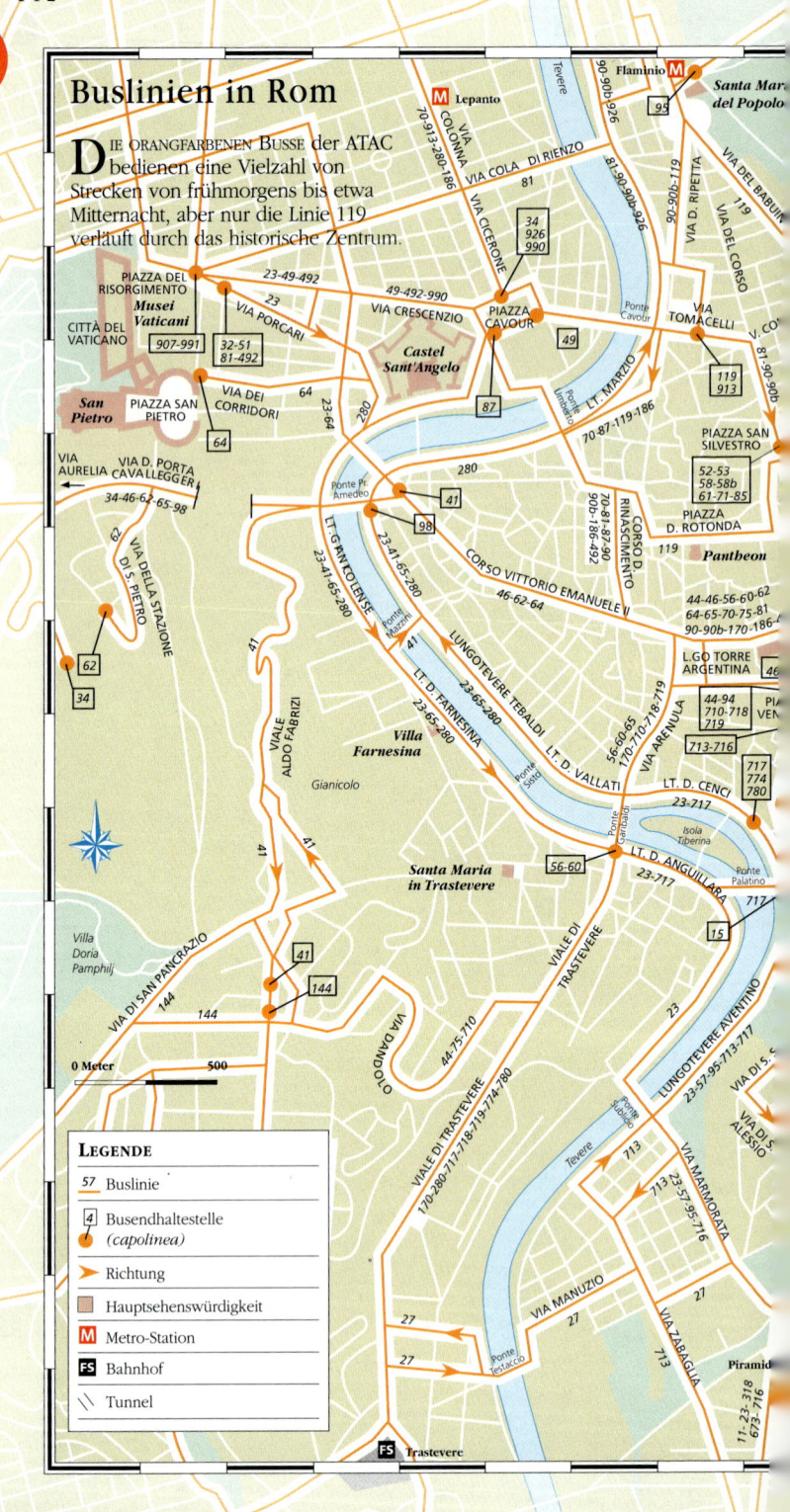

Die orangfarbenen Busse der ATAC bedienen eine Vielzahl von Strecken von frühmorgens bis etwa Mitternacht, aber nur die Linie 119 verläuft durch das historische Zentrum.

Legende

- **57** Buslinie
- **4** Busendhaltestelle (capolinea)
- ➤ Richtung
- Hauptsehenswürdigkeit
- **M** Metro-Station
- **FS** Bahnhof
- \\ Tunnel

443

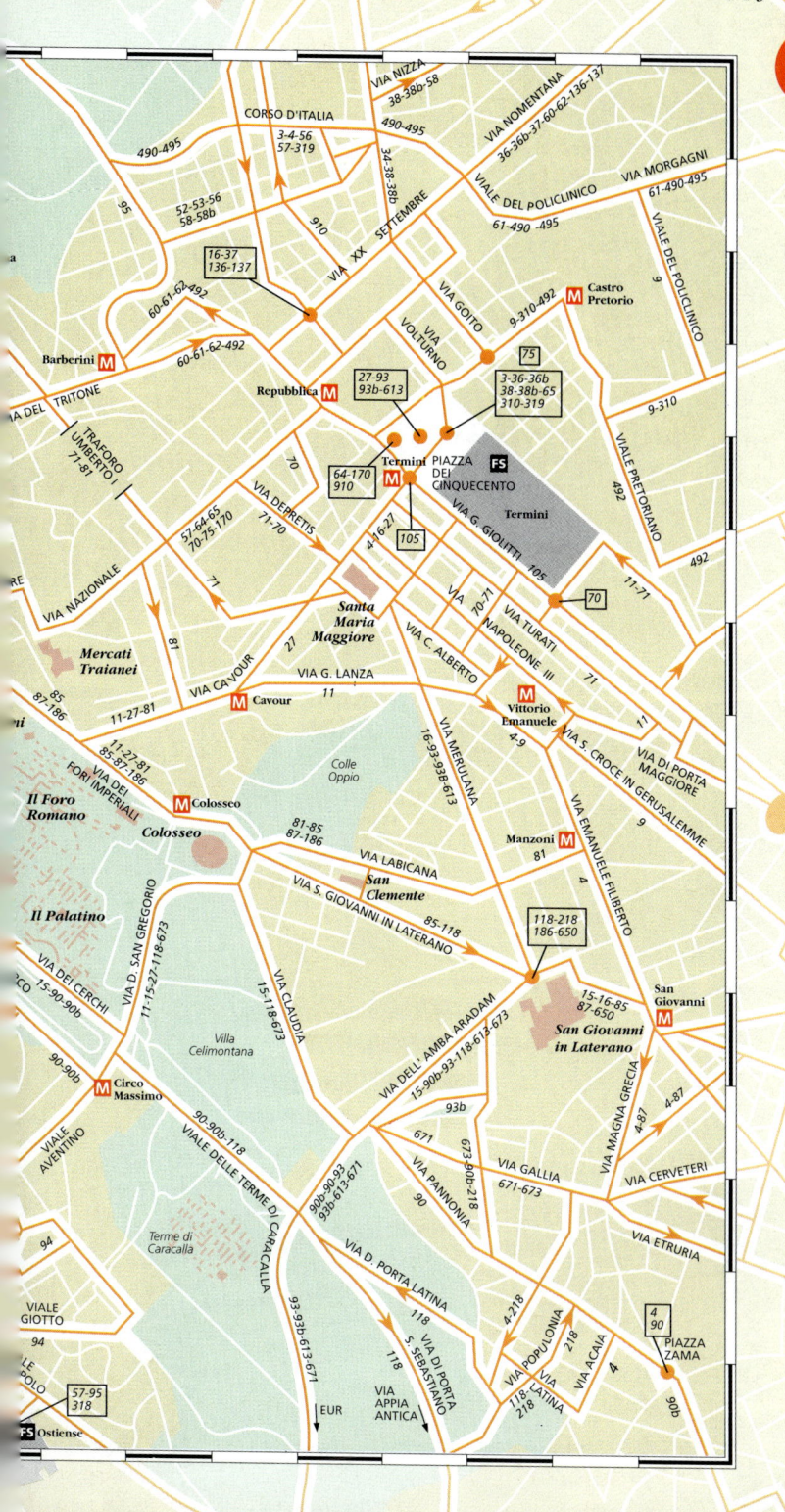

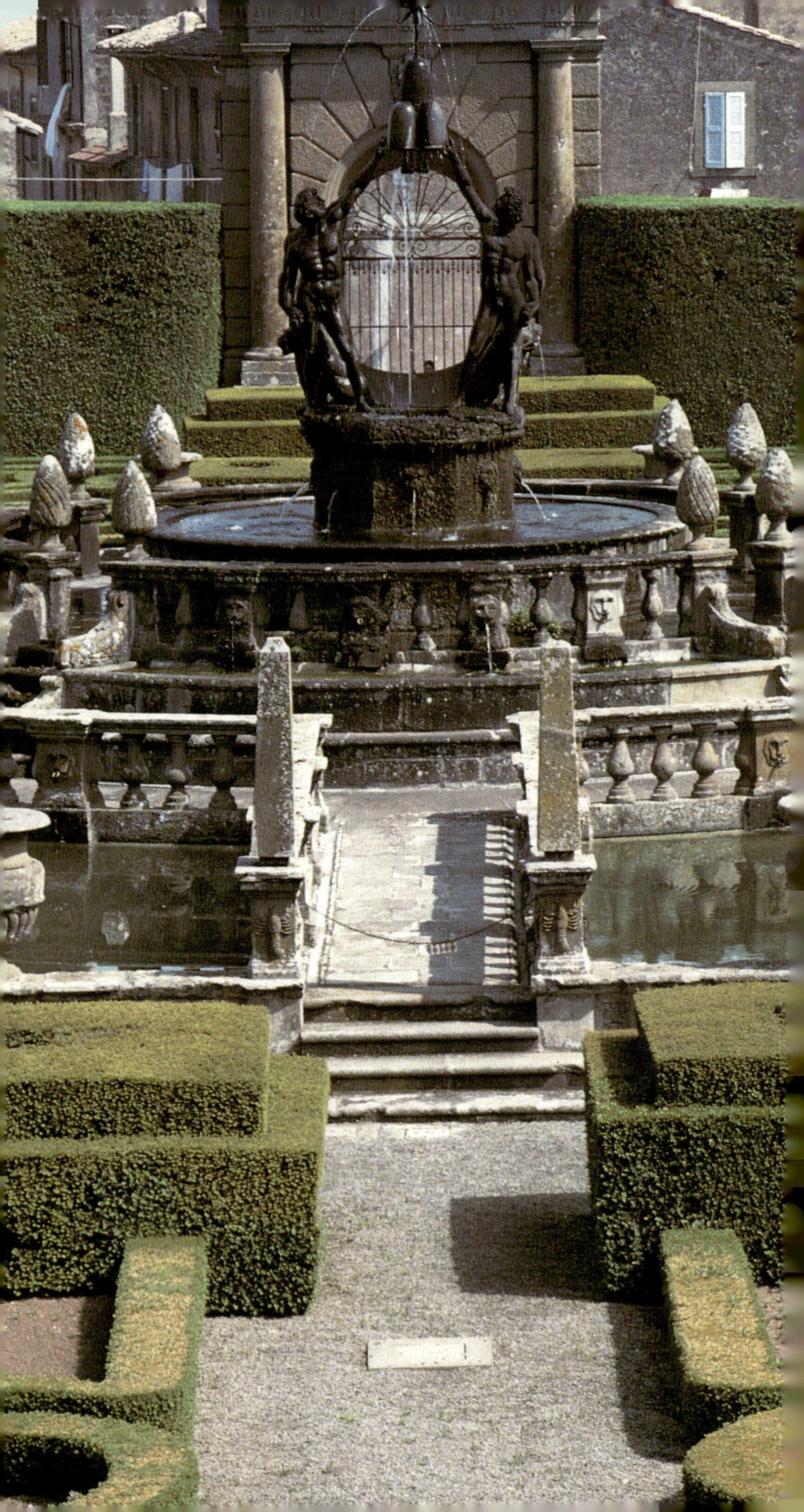

LATIUM

DAS ZWISCHEN DEM APENNIN *und dem Tyrrhenischen Meer gelegene Latium ist eine abwechslungsreiche Region mit vulkanischen Seen und Bergen, mit Schluchten, Weinbergen und Olivenhainen. Vor dem Aufstieg Roms war es von den Etruskern und verschiedenen italischen Stämmen, unter anderem von den Latinern, bevölkert, nach denen der Landstrich benannt wurde.*

Latium ist seit mindestens 60 000 Jahren besiedelt. Im 7. Jahrhundert v. Chr. erlebten im Norden die etruskische und die sabinische Kultur eine Blüte, während die südlichen Ränder der Region von den Latinern, Volskern und Hernikern kolonisiert wurden. Geschichte und Mythos vermischen sich in den Schilderungen Vergils, dem zufolge Äneas im Latium landete und die Tochter des Latinerkönigs heiratete. Aus dieser Verbindung gingen Romulus und Remus, die legendären Gründer Roms, hervor.

Nachdem Rom die etruskischen und latinischen Völker unterworfen hatte, verlagerte sich das Zentrum Latiums nach Rom. Wichtige Straßen und Aquädukte führten von der Stadt aus in das Umland, wo sich wohlhabende Patrizier Luxusvillen bauten.

Als im Mittelalter die weltliche Macht der Kirche wuchs, wurde Latium infolge der Gründung der Klöster in Subiaco und Montecassino zur Wiege des abendländischen Mönchtums und schließlich Teil des Kirchenstaates. Im 16. und 17. Jahrhundert versuchten sich die reichen Papstfamilien beim Bau prachtvoller Landhäuser und Gärten gegenseitig zu übertreffen, indem sie einige der besten Architekten der Renaissance- und Barockzeit in ihre Dienste nahmen.

Dennoch ist Latium seine ganze Geschichte hindurch von Rom vernachlässigt worden. Die Pontinischen Sümpfe waren bis in die 20er Jahre ein Malariagebiet. Erst dann wurden sie von Mussolini trockengelegt; gleichzeitig wurde die Infrastruktur der Gegend verbessert.

Blick über Caprarola bei einer *passeggiata* am frühen Abend

◁ **Vignolas anmutig angelegter Renaissancepark mit Brunnen in der Villa Lante bei Viterbo**

Überblick: Latium

Die Landschaft Latiums wurde durch den Ausbruch von Vulkanen bestimmt, die die Umgebung mit Lava bedeckten. In den Kratern bildeten sich Seen, und auf dem fruchtbar gewordenen Boden gediehen Wein, Oliven-, Obst- und Nußbäume. Eine weitere Folge des Vulkanismus sind die heißen Quellen, insbesondere in der Gegend um Tivoli und Fiuggi. Zentrum der Region ist Rom, das den bewaldeten Norden von den ehemaligen Sumpfgebieten im Süden trennt. Schwimmen und Segeln kann man im Bracciano-, Bolsena- und Albano-See, während Latiums schönste Meeresstrände zwischen Gaeta und Sabaudia liegen.

Auf einen Blick

- Anagni ⓯
- Bomarzo ❹
- Caprarola ❺
- Cerveteri ❼
- Frascati und Castelli Romani ❿
- Gaeta ⓳
- Lago di Bracciano ❽
- Montecassino ⓮
- Montefiascone ❸
- Ostia Antica ❾
- Palestrina ⓬
- *ROM S. 372ff*
- Sermoneta und Ninfa ⓰
- Sperlonga ⓲
- Subiaco ⓭
- Tarquinia ❻
- Terracina ⓱
- Tivoli ⓫
- Tuscania ❶
- Viterbo ❷

Siehe auch
- **Übernachten** S. 568 f
- **Restaurants** S. 601 f

Die fruchtbaren Tolfa-Hügel südwestlich des Lago di Bracciano

Legende

- Autobahn
- Hauptstraße
- Nebenstraße
- Panoramastraße
- Fluß
- Aussichtspunkt

LATIUM

Die Altstadt am Strand von Sperlonga

UNTERWEGS

Die Region erreicht man über die beiden Flughäfen Roms in Fiumicino und Ciampino. Die wichtigsten Autobahnen sind die Autostrada del Sole (A1) von Florenz nach Rom und von Rom nach Neapel sowie die Verbindung von Rom nach L'Aquila (A24). Die um Rom herumführende Ringstraße *(raccordo anulare)* verbindet die Autobahnen mit den Hauptstraßen.

Das Busunternehmen COTRAL fährt alle größeren Orte an und bietet Umsteigemöglichkeiten zu den kleineren Stationen in Rom sowie in Latina, Frosinone, Viterbo und Rieti. Die Zugverbindungen zwischen der Region und anderen italienischen Städten sind gut.

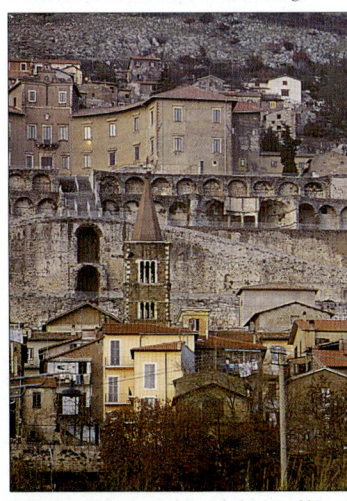

Palestrinas Terrassen ziehen sich den Hügel hinauf

0 Kilometer 15

Die üppig ornamentierte Loggia des Palazzo Papale in Viterbo

Tuscania ❶

Viterbo. 7500. *Via Pozzo Bianco (0761-43 63 71).* Fr.

VON DER ZWISCHEN Viterbo und Tarquinia gelegenen Tiefebene aus sind die Türme Tuscanias schon zu erkennen. Das Städtchen mit Gebäuden aus dem Mittelalter und der Renaissance, 1971 von einem Erdbeben erschüttert, ist inzwischen restauriert worden. Außerhalb, auf dem Colle San Pietro, stehen zwei Kirchen im lombardisch-romanischen Stil am Standort des alten Tuscana, einer größeren etruskischen Siedlung, die 300 v. Chr. von den Römern erobert wurde. **Santa Maria Maggiore** am Fuße des Hügels weist eine typische asymmetrische Fassade nach lombardisch-romanischer Art mit Blendarkaden und einer Fensterrosette auf. Über dem Mittelportal sieht man eine Madonna mit Kind aus Marmor. Im Inneren befindet sich ein Taufbecken aus dem 12. Jahrhundert. Die ebenfalls lombardisch-romanische Kirche **San Pietro** ist ein auffallendes Bauwerk aus ockerfarbenem Tuffstein und Bauelementen aus weißem Marmor. Sie steht auf einem Platz neben zwei mittelalterlichen Türmen und dem bischöflichen Palast. Die Fassade ist mit einer von seltsamen Reliefs eingerahmten Fensterrosette verziert. Mit seinen gedrungenen Säulen, gezackten Bogen, den mit stilisierten Pflanzen ornamentierten Kapitellen und dem Cosmatenfußboden hat das Innere seine im 8. Jahrhundert erhaltene Form bewahrt. Unterhalb der Kirche liegt eine eigenartige Krypta.

Fassade von San Pietro in Tuscania

Viterbo ❷

60000. Piazza San Carluccio 5 (0761-30 47 95). Sa.

VITERBO WAR BIS ZU SEINER Eroberung durch die Römer im 4. Jahrhundert v. Chr. eine bedeutende etruskische Siedlung. Seine Glanzzeit erlebte es im 13. Jahrhundert, als es vorübergehend Papstsitz war (1257–81). Im Zweiten Weltkrieg wurde es zerstört, aber der mittelalterliche Kern wurde inzwischen wiederaufgebaut.

In **San Pellegrino**, Viterbos ältestem Bezirk, säumen mittelalterliche Häuser die schmalen Straßen, die kleine, brunnengeschmückte Plätze miteinander verbinden.

An der Piazza San Lorenzo steht der **Dom** (12. Jh.) mit seinem schwarzweiß gestreiften Glockenturm, einer strengen Fassade (16. Jh.) und einem romanischen Inneren.

Der **Palazzo Papale** wurde im 13. Jahrhundert für Päpste gebaut, die als Gäste in der Stadt weilten; sehenswert ist vor allem die Loggia mit ihrer fein ausgearbeiteten Säulenreihe.

Die weltlichen Gebäude der Stadt drängen sich um die Piazza del Plebiscito. Am interessantesten ist der **Palazzo dei Priori** (15. Jh.), der innen von Baldassare Croce mit Fresken ausgeschmückt wurde; es handelt sich um Szenen aus der Geschichte der Stadt.

Vor den Stadtmauern weist die romanische Kirche **Santa Maria della Verità** am Viale Capocci Fresken von Lorenzo da Viterbo (15. Jh.) auf.

Der kleine, aber imposante Renaissancepark der Villa Lante gilt als Vignolas Meisterwerk

Umgebung: Mit dem Bau der **Villa Lante**, nordöstlich von Viterbo, begann Vignola 1562. Die für Kardinal Gambara erbaute Villa ist wegen ihres Renaissanceparks und Brunnens sehenswert. Hüten Sie sich aber vor einem Scherz aus dem 16. Jahrhundert: Viele Springbrunnen spritzen ohne Vorwarnung auf die Besucher!

Palazzo dei Priori
Piazza Plebiscito. 0761-34 07 29. Mo–Sa. Feiertage.
Villa Lante
Bagnaia. 0761-28 80 08. Di–So. 1. Jan, Ostern, 25. Dez. Park.

Die Hauptfassade des fünfeckigen Palazzo Farnese in Caprarola

Montefiascone ❸

Viterbo. 13 000. Piazza Roma 8 (0761-82 66 72). Mi.

Reichverziertes Kapitell (11. Jh.) von San Flaviano in Montefiascone

Dieses hübsche Städtchen liegt am Rande eines Vulkankraters zwischen den Stränden des Lago di Bolsena und der alten Via Cassia. Es wird von der achteckigen Kathedrale **Santa Margherita** beherrscht, deren Kuppel, die um 1670 von Carlo Fontana errichtet wurde, die zweitgrößte nach der der Peterskirche ist.

An der Via Cassia in Richtung Orvieto liegt **San Flaviano**, ein Doppeldecker-Gebäude mit einer nach Osten gerichteten Kirche (12. Jh.), die ihrerseits über einer nach Westen zeigenden Kirche aus dem 11. Jahrhundert erbaut wurde. Im Inneren befinden sich einige Fresken und verzierte Kapitelle (14. Jh.), die von der etruskischen Kunsttradition inspiriert sein sollen.

Umgebung: Der Badeort **Bolsena**, 15 Kilometer nördlich am Lago di Bolsena gelegen, besitzt eine mittelalterliche Burg. Man kann mit dem Boot zu den Inseln übersetzen.

Bomarzo ❹

Parco dei Mostri, Bomarzo. 0761-92 40 29. bis Viterbo oder Attigliano. von Viterbo oder Attigliano. 8–1 Std. vor Sonnenuntergang.

Der Sacro Bosco unterhalb des Städtchens wurde zwischen 1522 und 1580 von Herzog Vicino Orsini als Erinnerung an seine verstorbene Frau angelegt. Orsini ließ sich weniger von der Strenge typischer Renaissancegärten als von der Künstlichkeit und den Überspanntheiten der manieristischen Periode anregen: So ließ er schiefe Bauten aufziehen und Steinbrocken in Phantasiewesen verwandeln.

Eines der bizarren Steinmonster im Sacro Bosco in Bomarzo

Caprarola ❺

Viterbo. 4900. Via Filippo Nicolai 2 (0761-64 73 47). Di.

Das vielleicht prachtvollste aller Landhäuser, die die reichen Familien Roms im 17. Jahrhundert für sich bauen ließen, ist der **Palazzo Farnese** *(siehe S. 370)*, im Zentrum des Dorfes Caprarola. Er wurde zwischen 1559 und 1575 nach einem Entwurf von Vignola auf den Fundamenten einer fünfeckigen Festung errichtet, die Antonio da Sangallo der Jüngere ein halbes Jahrhundert zuvor gebaut hatte. Die Fresken im Hauptgeschoß, zu dem man über eine verzierte Wendeltreppe gelangt, stammen vor allem von den Gebrüdern Zuccari (1560); es handelt sich um heroische Darstellungen aus dem Leben des Herkules und der Familie Farnese.

Umgebung: Der Legende zufolge verdankt der **Lago di Vico** seine Entstehung Herkules, der hier seine Keule in den Boden stieß. Der See liegt vier Kilometer westlich von Caprarola. Diese idyllische Enklave ist von den Hängen der Cimini-Hügel umgeben, die größtenteils zum Naturschutzgebiet erklärt wurden. Eine Panoramastraße führt um den See herum; zum Baden eignet sich vor allem das Südostufer.

Palazzo Farnese
Caprarola. 0761-64 60 52. tägl. 1. Jan, 1. Mai, 25. Dez.

Etruskische Tumuli aus der Nekropolis bei Cerveteri

Tarquinia ❻

Viterbo. 14 000. FS
Piazza Cavour (0766-85 63 84).
Mi.

DAS ALTE Tarquinia (Tarxuna) war einer der bedeutendsten Orte Etruriens. Bis zu seiner Eroberung durch die Römer im 4. Jahrhundert v. Chr. lag es nordöstlich der heutigen Stadt auf einem strategisch wichtigen Bergkamm.

Ein Bummel durch Tarquinia lohnt sich wegen seiner mittelalterlichen Kirchen und seines Hauptplatzes, auch wenn das wichtigste Ziel das **Museo Archeologico** ist, das eine der besten Sammlungen etruskischer Fundstücke beherbergt. Figuren von Verstorbenen schmücken die Sarkophage im Erdgeschoß, aber die Hauptattraktion befindet sich im Zwischengeschoß: die geflügelten Terrakottapferde (4. Jh. v. Chr.).

Auf einem Hügel südöstlich der Stadt kann man die mit Wandmalereien versehenen Gräber der **Nekropolis** bewundern, die in den weichen Tuffstein eingegraben wurden. Es gibt fast 6000 Gräber, von denen 15 besichtigt werden können. Die Fresken sollen die Toten an das Leben erinnern; sie zeigen unter anderem Tänzer (Tomba delle Leonesse) und in liegender Position speisende Figuren (Tomba dei Leopardi).

🏛 Museo Archeologico
Piazza Cavour. 0766-85 60 36.
Di–So. Feiertage.
gilt auch für die Nekropolis.

Cerveteri ❼

Roma. 30 000. FS Piazza Risorgimento (06-995 18 58). Fr.

IM 6. JAHRHUNDERT V. Chr. war Cerveteri eine der am dichtesten bevölkerten und kulturell reichsten Städte des Mittelmeerraumes. Die Stadt unterhielt Handelsbeziehungen mit Griechenland und beherrschte ein großes Gebiet entlang der Küste. Die **Nekropolis**, eine vor der Stadt gelegene Totenstadt, ist tatsächlich ein Netz aus Straßen, die mit Gräbern aus dem 7.–1. Jahrhundert v. Chr. gesäumt sind. Einige der größeren Gräber, wie die Tomba degli Scudi e delle Sedie, sind wie Häuser angelegt. Die Tomba dei Rilievi ist mit Gipsreliefs von Werkzeugen, Haustieren und mythologischen Figuren ausgeschmückt. Auch wenn die besten Fundstücke aus dieser Nekropolis im Vatikan, in der Villa Giulia und im British Museum untergebracht sind, können einige im kleinen **Museo Nazionale Cerite** besichtigt werden.

UMGEBUNG: Weitere Spuren der Etrusker kann man in **Norchia** bewundern, wo die Gräber aus einer Felswand herausgehauen sind, und im Amphitheater von **Sutri**.

🏛 Nekropolis
Via delle Necropoli. 06-994 00 01.
Di–So. Feiertage.

🏛 Museo Nazionale Cerite
Piazza Santa Maria. 06-994 13 54.
Di–So. 1. Jan, 1. Mai, 25. Dez.

Lago di Bracciano ❽

Roma. FS Bracciano. Via Claudia 72, Bracciano (06-998 67 82).

Das mittelalterliche Anguillara am Lago di Bracciano

DER LAGO DI Bracciano ist ein großer See, der für seine Wassersportmöglichkeiten und Restaurants bekannt ist.

Das mittelalterliche **Anguillara** im Süden ist das hübscheste Städtchen am See. Der Hauptort **Bracciano** wird von der Orsini-Odescalchi-Festung beherrscht, einem fünfeckigen Bau (15. Jh.) mit Fresken von Antoniazzo Romano und weiteren toskanischen und umbrischen Künstlern.

⛪ Castello Orsini-Odescalchi
Via del Castello. 06-99 80 43 48.
Di–So.

Tänzer (Fresko, 4. Jh. v. Chr.) aus der Tomba del Triclinio im Museo Archeologico in Tarquinia

Ostia Antica ❾

Viale dei Romagnoli 717, Ostia.
📞 06-565 00 22. Ⓜ *Magliana,
dann Linie B* 🚆 *bis Ostia Antica.*
🕐 *tägl. 9–1 Std. vor Sonnenuntergang.* ⬤ *1. Jan, 1. Mai, 25. Dez.*

Über 600 Jahre lang war Ostia der Haupthafen Roms, bis Sumpffieber und die Rivalität mit dem Hafen Portus den Niedergang der Stadt einleiteten (5. Jh. n. Chr.). Schlick aus dem Tiber bedeckte ihre Gebäude und konservierte sie. Heute liegt Ostia fünf Kilometer landeinwärts.

Die Ruinen von Ostia vermitteln eine Vorstellung vom damaligen Leben. Der **Decumanus Maximus** führt durch das Forum mit Ostias ältestem Tempel, dem **Kapitol**, und vorbei am **Theater**, das im Sommer für Open-air-Konzerte benutzt wird. Die Straße ist gesäumt von Bädern, Geschäften, Werkstätten, Büros und mehrstöckigen Gebäuden. Es gibt sogar ein **Thermopolium**, das heißt eine Bar, mit einem Marmortresen und Malereien, die für Speisen und Getränke werben.

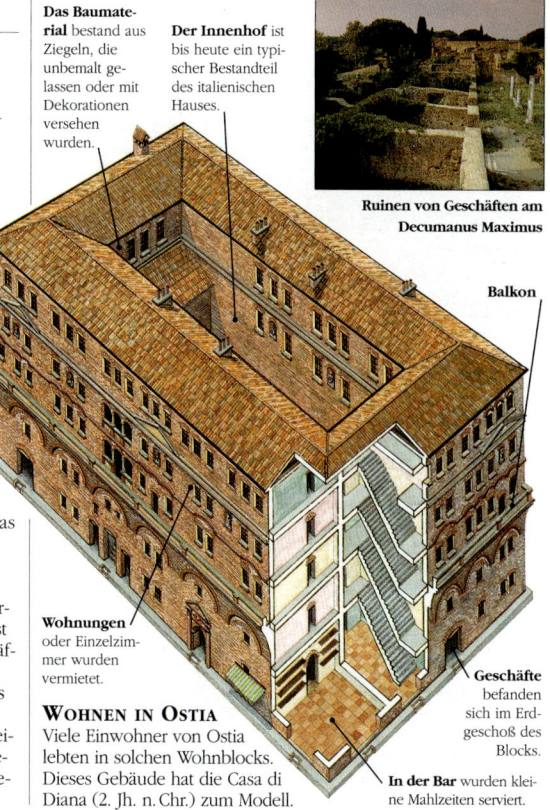

Das Baumaterial bestand aus Ziegeln, die unbemalt gelassen oder mit Dekorationen versehen wurden.

Der Innenhof ist bis heute ein typischer Bestandteil des italienischen Hauses.

Ruinen von Geschäften am Decumanus Maximus

Balkon

Wohnungen oder Einzelzimmer wurden vermietet.

WOHNEN IN OSTIA
Viele Einwohner von Ostia lebten in solchen Wohnblocks. Dieses Gebäude hat die Casa di Diana (2. Jh. n. Chr.) zum Modell.

Geschäfte befanden sich im Erdgeschoß des Blocks.

In der Bar wurden kleine Mahlzeiten serviert.

Frascati und Castelli Romani ❿

Roma. 🚆 🚌 *Frascati.* ℹ️ *Piazza Marconi 1, Frascati (06-942 03 31).*
Villa Aldobrandini 🕐 *nur mit Erlaubnis des Fremdenverkehrsamts.*

Die Albaner Berge waren bei den Römern lange Zeit als ländliches Refugium geschätzt. In klassischer Zeit waren sie übersät mit Landhäusern, im Mittelalter mit befestigten Burgen (daher der Name Castelli) und im 16. und 17. Jahrhundert mit Luxusvillen, spektakulären Gärten und Parks. Im Zweiten Weltkrieg bezogen die Deutschen hier eine Verteidigungsstellung; deshalb wurden viele Castelli-Städte durch Bomben schwer beschädigt. Heute sind die 13 auch für ihren Weißwein berühmten Hügelstädtchen beliebte Ziele von Tagesausflüglern.

Frascatis Mittelpunkt mit schöner Aussicht ist die Villa Aldobrandini, ein majestätischer Bau (17. Jh.), umgeben von einem herrlichen Park mit Grotten, Brunnen und Statuen.

Die befestigte Abtei San Nilo in **Grottaferrata** (3 km südlich) wurde 1004 gegründet; ihre Kapelle enthält einige schöne Fresken von Domenichino (17. Jh.). Über dem Lago di Albano (6 km weiter südlich) erhebt sich **Castel Gandolfo**, die Sommerresidenz des Papstes.

Um eine massive Burg aus dem 9. Jahrhundert liegt das für seine Erdbeeren berühmte **Nemi** (10 km weiter südöstlich), von wo man auf das spiegelglatte Wasser des gleichnamigen Sees hinunterblickt.

Das bewaldete Ufer des kleinen vulkanischen Lago di Nemi

Tivoli, ein beliebtes Ziel für alle, die der Sommerhitze entfliehen wollen

Tivoli ⓫

Roma. 57 000. FS Largo Garibaldi (0774-33 45 22). Mi.

Das auf einem Hügel gelegene Tivoli ist heute das beliebteste Ausflugsziel von Rombesuchern. Einst war es wegen des frischen Wassers und der Schwefelquellen ein geschätzter Erholungsort. Die Spuren der Tempel, die einst die Hügel bedeckten, sind noch an manchen Stellen erkennbar. Einige sind in mittelalterliche Gebäude integriert worden, andere, wie der Sibyllen- und der Vestatempel innerhalb des Parks des Sibilla-Restaurants (an der Via Sibilla), blieben unversehrt.

Die berühmteste Sehenswürdigkeit ist die **Villa d'Este**, ein Landsitz, den Pirro Ligorio im 16. Jahrhundert für Kardinal Ippolito d'Este aus dem Gemäuer eines Benediktinerklosters schuf. Sie ist in erster Linie für ihre Gärten bekannt, die auf steilen Terrassen angelegt und mit spektakulären, heute allerdings etwas ungepflegten, moosbewachsenen Springbrunnen übersät sind. Obwohl der Wasserdruck gering und das Wasser ungenießbar ist, vermitteln die Gärten einen lebhaften Eindruck von dem Luxus, mit dem sich die päpstlichen Familien umgaben. Besonders interessant sind die Viale dei Cento Fontane und die Fontana dell'Organo Idraulico, die, dank eines hydraulischen Systems, früher einmal Musik spielte. Am anderen Ende der Stadt liegt in einem Tal, in dem sich die Wege in eine Schlucht hinabwinden, die **Villa Gregoriana**.

Umgebung: Etwa fünf Kilometer westlich von Tivoli befinden sich die Ruinen der altrömischen **Villa Adriana**. Sie ist eine der größten Villen, die je im Römischen Reich erbaut wurden (ihre Ausdehnung war größer als das Zentrum des kaiserlichen Roms). Als begeisterter Reisender versuchte Kaiser Hadrian, hier einige der Wunderdinge nachzubilden, die er in der Welt gesehen hatte. So erinnert die Stoa Poikile, ein Fußweg um ein viereckiges Becken samt Garten, an die bemalte Kolonnade der Stoiker in Athen, während die Kanope das prachtvolle Heiligtum von Serapis in Alexandria ins Gedächtnis ruft. Es finden sich auch die Ruinen von zwei Badeanlagen, einer lateinischen und einer griechischen Bibliothek, eines griechischen Theaters und eines privaten Arbeitszimmers auf einer kleinen Insel, das als Teatro Marittimo bekannt ist.

Heute laden die Ruinen zur Entspannung und zum Picknicken, aber auch zu Erkundungszügen ein.

Villa d'Este
Piazza Trento. 0774-220 70.
Di–So. 1. Mai.

Villa Gregoriana
Piazza Massimo. tägl.

Villa Adriana
Villa Adriana. 0774-53 02 03.
tägl. 1. Mai.

Palestrina ⓬

Roma. 16 000. Piazza Santa Maria degli Angeli (06-957 31 76). Sa, 15. des Monats.

Mosaikfragment, Museo Nazionale Archeologico in Palestrina

Das mittelalterliche Palestrina dehnte sich über die Terrassen eines Tempels aus, der der Fortuna Primigenia, der Mutter aller Götter, geweiht war. Der im 8. Jahrhundert v. Chr. gegründete Tempel beherbergte eines der bedeutendsten Orakel. Die mit Bruchstücken von Säulen und Portiken übersäten Terrassen des Heiligtums führen zum **Palazzo Barberini**. In diesem über dem ehemaligen Rundtempel errichteten Bau ist das **Museo Nazionale Archeologico** untergebracht, das besonders für ein Mosaik (1. Jh. v. Chr.) bekannt ist, das den über die Ufer getretenen Nil darstellt.

Museo Nazionale Archeologico
Via Barberini. 06-953 81 00.
tägl. 1. Jan, 1. Mai.

Kopien von Wunderwerken aus aller Welt in der Villa Adriana

Subiaco ⓭

Roma. 🚶 9000. 🚌 ℹ️ *Via Cadorna 59 (0774-82 20 13).* 🗓️ Sa.

DER DEKADENZ Roms überdrüssig, verließ der heilige Benedikt die Stadt, um oberhalb von Subiaco als Einsiedler zu leben. Andere folgten ihm, und schließlich gab es hier nicht weniger als zwölf Klöster.

Nur zwei sind erhalten geblieben: **Santa Scolastica** ist um drei Kreuzgänge herum angeordnet, von denen der eine im Renaissancestil, der zweite im frühgotischen Stil und der dritte in Cosmatenmanier gestaltet ist. Das weiter oben gelegene **San Benedetto** (12. Jh.) ist ein lohnenderes Ziel. Über einer Schlucht erbaut, besteht es aus zwei übereinander gebauten Kirchen. Die obere ist mit Sieneser Fresken (14. Jh.) ausgeschmückt, die untere enthält die Höhle, in der Benedikt nach seinem Rückzug aus Rom drei Jahre lang lebte.

🏛️ **Santa Scolastica**
3 km östl. von Subiaco.
📞 0774-855 25. 🕐 tägl. 📷 ♿

🏛️ **San Benedetto**
3 km östl. von Subiaco.
📞 0774-850 39. 🕐 tägl. 📷 ♿

Montecassino ⓮

Cassino. 📞 0776-31 15 29.
🚆 *Cassino, dann Bus.* 🕐 tägl. 8.30–12, 15.30–18 Uhr.

DIE ABTEI Montecassino, Mutterkirche des Benediktinerordens und Zentrum mittelalterlicher Kunst, wurde um 529 von Benedikt über den Ruinen einer alten Akropolis errichtet. Im 8. Jahrhundert war sie bereits ein wichtiger Ort der Gelehrsamkeit, und bis zum 11. Jahrhundert hatte sie sich zu einem der reichsten Klöster Europas entwickelt.

1944 war sie deutscher Stützpunkt und Zielscheibe alliierter Bombenangriffe. Der größte Teil der Anlage wurde zerstört, so auch die Barockkirche, aber die Mauern blieben intakt, und die Abtei hielt der Belagerung drei Monate stand. Die angrenzenden Soldatenfriedhöfe erinnern an 30 000 Gefallene.

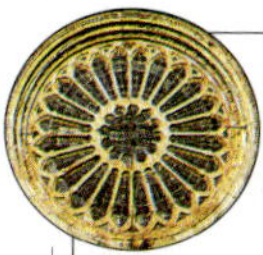

LATIUMS KLÖSTER

Fensterrosette, Fossanova

Der heilige Benedikt gründete um 529 die Abtei Montecassino, in der er seine Ordensregel formulierte, die auf Gebet, Studium und körperlicher Arbeit beruhte und zur Grundregel klösterlichen Lebens im Abendland wurde. Der Zisterzienserorden, ein Ableger der Benediktiner, kam im 12. Jahrhundert aus Burgund nach Italien. Die Zisterzienser waren Anhänger des heiligen Bernhard, dessen Credo auf Entbehrung und Selbstgenügsamkeit beruhte – Eigenschaften, die sich in der gotischen Architektur ihrer Klöster widerspiegeln. Ihre erste Abtei befand sich in Fossanova. Andere Zisterzienserabteien im Latium sind Valvisciolo (nordöstlich von Sermoneta) und San Martino in Cimino (beim Lago di Vico).

Die Abtei Montecassino wurde im Zweiten Weltkrieg zerstört, aber in der Form des 17. Jahrhunderts wiederaufgebaut.

Die Abtei San Benedetto in Subiaco wurde im 11. Jahrhundert über der Höhle des heiligen Benedikt errichtet. Eine Treppe führt zu der Grotte, in der er den Hirten predigte.

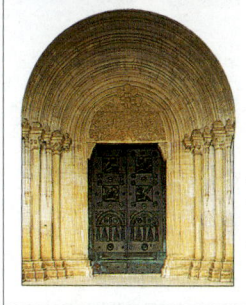

Die Abtei von Casamar (14 Kilometer östlich von Frosinone) wurde 1035 von Benediktinern gegründet und später den Zisterziensern überlassen, die sie 1203 umbauten.

Das verlassene mittelalterliche Dorf Ninfa – heute ein schöner Garten

Anagni ⓯

Frosinone. 19 000. FS
Piazza Innocenzo II (0775-72 78 52). Mi.

DER LEGENDE zufolge wurden im Südosten Latiums fünf Städte von Saturn gegründet, darunter Anagni, Alatri und Arpino. Die Gegend ist heute als La Ciociaria bekannt, abgeleitet von *ciocie* – jenen Sandalen aus Baumrinde, die bis vor 20 Jahren hier getragen wurden.

Bevor die Römer diesen Teil Latiums eroberten, war er von verschiedenen Stämmen – den Volskern, den Sanniten und den Hernikern – bewohnt. Über sie ist wenig bekannt, abgesehen von den spektakulären Mauern, mit denen sie ihre Siedlungen schützten. In späteren Jahren glaubte man, diese seien vom Zyklopen, jenen mythischen Riesen, erbaut worden – daher ihr heutiger Name »Zyklopenmauer«.

Anagni war bis zu seiner Zerstörung durch die Römer im Jahre 306 v. Chr. das wichtigste Heiligtum der Herniker. Im Mittelalter war es Geburtsort und Familiensitz mehrerer Päpste; aus dieser Zeit stammt der Palast Bonifatius' VIII. (13. Jh.) mit seinen Kreuzfenstern.

Der romanische **Dom** Santa Maria, der über der alten hernikischen Akropolis errichtet wurde, enthält einen Cosmatenfußboden (13. Jh.) sowie Sieneser Fresken (14. Jh.), während die San-Magno-Krypta mit einem Freskenzyklus des 12. und 13. Jahrhunderts ausgeschmückt ist.

UMGEBUNG: Alatri, auf einem mit Olivenbäumen bewachsenen Hang 28 Kilometer östlich von Anagni gelegen, war eine bedeutende hernikische Stadt. Hier ist eine imposante Doppelreihe von Zyklopenmauern einer Akropolis (7. Jh. v. Chr.) erhalten geblieben. In der mittelalterlichen Stadt unterhalb der Mauern befindet sich die romanische Kirche Santa Maria Maggiore, die im 13. Jahrhundert gründlich restauriert wurde.

Arpino, 40 Kilometer östlich von Alatri, ist eine lebendige Stadt mit einem mittelalterlichen Kern. Hier wurde Cicero geboren. Etwa drei Kilometer oberhalb von Arpino, wo sich das alte Civitavecchia erhob, kann ein Stück Zyklopenmauer mit einem Spitzbogentor besichtigt werden.

Sermoneta und Ninfa ⓰

Latina. FS *Latina Scalo.* von Latina. *Via Duca del Mare 19, Latina (0773-69 54 04 17).*
Ninfa *Juli–Okt 1. Wochenende im Monat; im Mai unregelmäßig.*

SERMONETA ist eine auf dem Gipfel eines Hügels gelegene Stadt mit Blick über die Pontinische Ebene, deren Gäßchen sich zwischen mittelalterlichen Häusern hindurchwinden. Im **Dom** wird ein Tafelbild von Benozzo Gozzoli (15. Jh.) aufbewahrt, das Maria, Sermoneta in den Händen wiegend, zeigt. Die Stadt wird vom Castello Caetani überragt. Hier finden sich Fresken eines Schülers von Pinturicchio mit mythologischen Szenen.

Im Tal darunter liegt das mittelalterliche Dorf **Ninfa**, das 1921 von der Familie Caetani in einen botanischen Garten umgewandelt wurde. Bäche und Wasserfälle setzen in dem Garten, der zwischen den romantischen Ruinen angelegt wurde, reizvolle Akzente.

Ein ungewöhnlicher Spitzbogen in der Zyklopenmauer bei Arpino

Terracina ⓱

Latina. 🏛 40 000. FS 🚌 ℹ Via Leopardi (0773-72 77 59). 🛒 Do.

Das römische, an der Via Appia gelegene Terracina war einst ein bedeutender Handelsplatz. Heute ist es ein beliebter Badeort. Sein historischer Kern besteht aus mittelalterlichen Gebäuden und römischen Ruinen. Im moderneren Teil der Stadt reihen sich Restaurants, Bars und Hotels aneinander.

Bombenangriffe im Zweiten Weltkrieg legten viele der alten Bauten Terracinas frei, insbesondere einen Abschnitt der Via Appia und das Originalpflaster des Forum Romanum auf der Piazza del Municipio. Der **Dom** (11. Jh.) entstand auf den Ruinen eines römischen Tempels und wird heute noch über die Stufen dieses älteren Baus betreten. Der mittelalterliche Portikus ist mit einem Mosaik aus dem 12. Jahrhundert ausgeschmückt; im Inneren ist noch ein Mosaikfußboden (13. Jh.) erhalten. Das **Museo Archeologico** im modernen Rathaus zeigt griechische und römische Fundstücke.

Drei Kilometer oberhalb der Stadt sieht man das Podest und die Fundamente, auf denen einst der Tempel des Jove Anxur (1. Jh. v. Chr.) errichtet wurde. Die riesige, mit Arkaden versehene Plattform wird nachts angestrahlt und bietet einen atemberaubenden Blick über Terracina.

🏛 Museo Archeologico
Piazza Municipio. ☎ 0773-70 22 20. ⏰ Mo–Sa. ⛔ Feiertage.

Der Dom von Terracina mit seinen römischen Stufen

Sperlonga ⓲

Latina. 🏛 4000. 🚌 ℹ Piazza della Rimembranza (0771-547 96). 🛒 Sa.

Sperlonga ist ein beliebter Badeort mit vielen Sandstränden. Die Altstadt – ein Gewirr von getünchten Häusern, Passagen, Plätzchen und Balkonen – sitzt auf einem Felsvorsprung. Von hier aus erhascht man gelegentlich einen Blick auf das Meer und den modernen Teil der Stadt, in dem es von Bars und Boutiquen nur so wimmelt.

Die Gegend um Sperlonga war während der Sommermonate ein Lieblingsrefugium der alten Römer. Sie bauten hier ihre Landhäuser und verwandelten die natürlichen Höhlen in den Klippen in Orte zum Speisen und Ausruhen. 1957 fanden Archäologen, die gerade die Anlage von Tiberius' Luxusvilla ausgruben, Kilometer südlich der Stadt in einer zum Meer hin offenen Höhle wunderschöne hellenistische Skulpturen. Diese aus dem 2. Jahrhundert v. Chr. stammenden Skulpturen, die Episoden aus Homers *Odyssee* darstellen, sollen von denselben Künstlern aus Rhodos stammen (Kaiser Tiberius wohnte einst dort), die auch die *Laokoon-Gruppe (siehe S. 407)* ausführten. Sie sind, neben anderen Fundstücken aus der Umgebung, im **Museo Archeologico Nazionale** zu sehen, das selbst zur Ausgrabungszone gehört.

⛏ Zona Archeologica
Via Flacca. ☎ 0771-540 28. ⏰ tägl. ⛔ 1. Jan, 1. Mai, 25. Dez. 💶

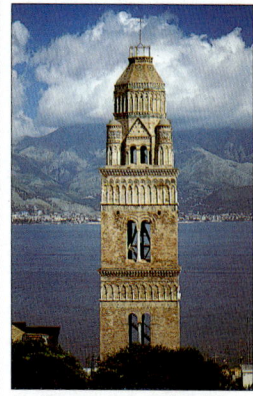

Glockenturm in Gaeta (12. Jh.)

Gaeta ⓳

Latina. 🏛 22 000. 🚌 ℹ Piazza Traniello 19 (0771-46 27 67). 🛒 Mi.

Vergil zufolge wurde Gaeta nach Äneas' Amme Caieta benannt, die hier begraben sein soll. Die Stadt thront, vom Monte Orlando überragt, auf der südlichen Landspitze des Golfo di Gaeta. Das historische Zentrum wird von einem aragonischen Kastell und den Fialen der pseudo-gotischen Kirche San Francesco beherrscht. Im Norden verbindet die Neustadt Gaeta mit der Bucht von Serapo, einem beliebten Badeort.

Gaetas schönstes Bauwerk ist der spätromanische Glockenturm des **Doms**, dessen Dach aus bunten Keramikziegeln besteht. Direkt am Meer steht die kleine Kirche **San Giovanni a Mare** (10. Jh.) mit ihren verblaßten Fresken und einem Fußboden, der abgeschrägt ist, damit das Meerwasser nach einer Überflutung ablaufen kann.

Sandstrände zwischen Gaeta und Terracina

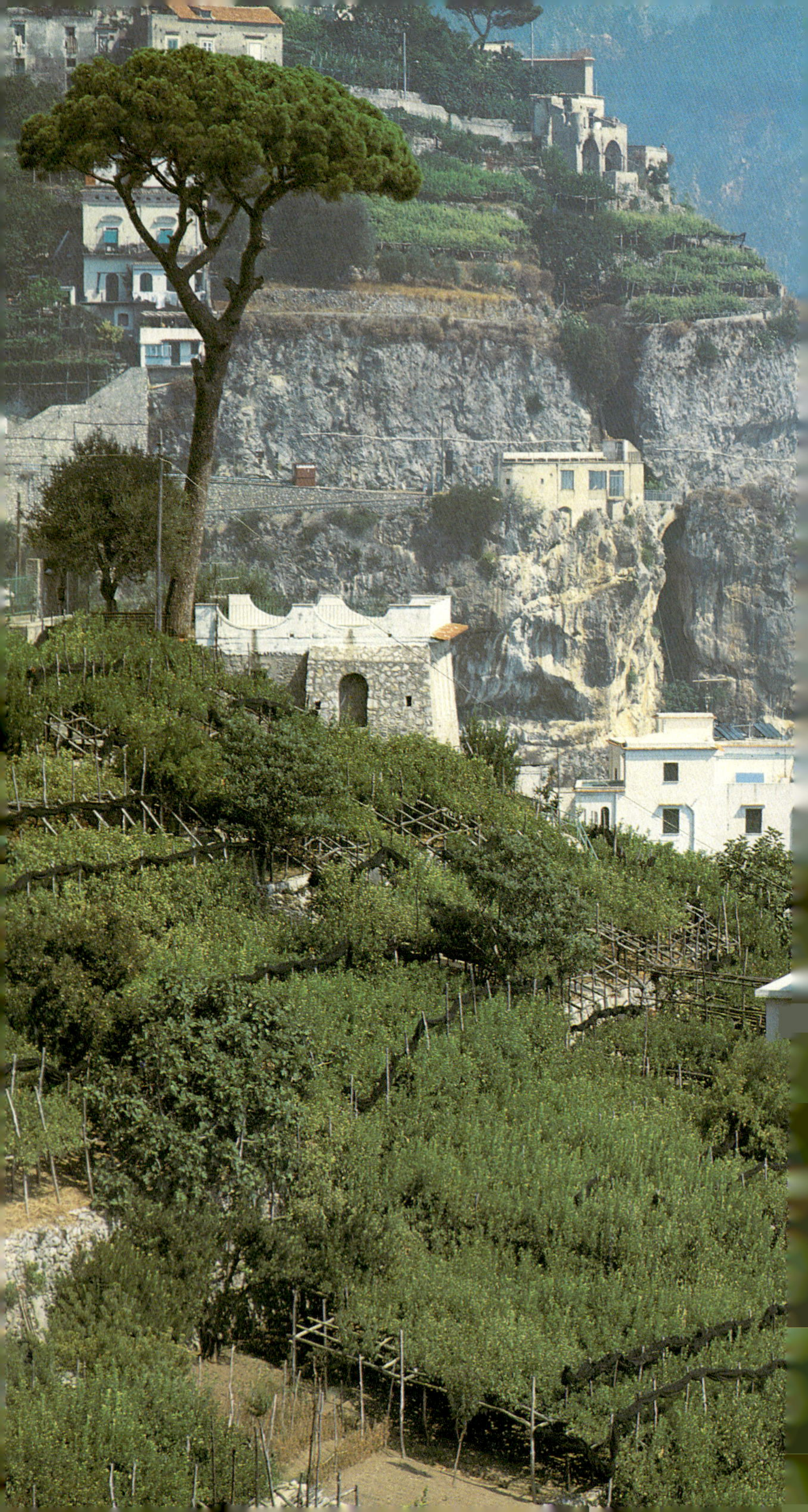

SÜD-ITALIEN

Süditalien stellt sich vor 458-465
Neapel und Kampanien 466-483
Abruzzen, Molise und Apulien 484-497
Basilikata und Kalabrien 498-505
Sizilien 506-527
Sardinien 528-535

Süditalien im Überblick

WER NACH SÜDITALIEN kommt, sieht sich einer Überfülle an archäologischen Funden gegenüber. Pompeji ist sicherlich der Inbegriff der Antike, aber auch Sizilien und die Südküste sind mit griechischen Ruinen geradezu übersät, und auf Sardinien finden sich geheimnisvolle prähistorische Bauten. Neapel, Apulien und Sizilien werden wegen ihrer Architektur bewundert, und im ganzen Süden gibt es grandiose Landschaften, eine reiche Tierwelt und viele Freizeitangebote. Schon die regionale Küche und die Gastlichkeit lohnen eine Reise durch die Küstenorte und Bergdörfer.

Im Parco Nazionale d'Abruzzo, einem großen Naturpark, leben unter anderem Wölfe, Bären und viele Vögel (siehe S. 490 f).

Su Nuraxi bei Barumini, erbaut um 1500 v. Chr., ist die berühmteste von Sardiniens rätselhaften Nuraghen (siehe S. 533).

SARDINIEN
(Siehe S. 528 ff)

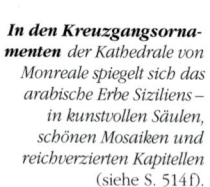

In den Kreuzgangsornamenten der Kathedrale von Monreale spiegelt sich das arabische Erbe Siziliens – in kunstvollen Säulen, schönen Mosaiken und reichverzierten Kapitellen (siehe S. 514 f).

Im Tal der Tempel bei Agrigent finden sich die besterhaltenen Ruinen außerhalb Griechenlands. Die im dorischen Stil errichteten Tempel stammen aus dem 5. und 6. Jahrhundert v. Chr. (siehe S. 520).

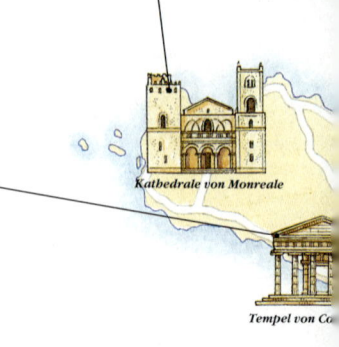

0 Kilometer 100

◁ Wein und Zitronenbäume gedeihen an der Costiera Amalfitana in Kampanien

SÜDITALIEN STELLT SICH VOR

Das Museo Archeologico Nazionale *beherbergt die Schätze von Pompeji, unter anderem Skulpturen, Gefäße und Haushaltsgegenstände, die uns einen detaillierten Einblick in das Leben der alten Römer erlauben (siehe S. 474 f).*

ABRUZZEN, MOLISE UND APULIEN
(Siehe S. 484 ff)

Molise

NEAPEL UND KAMPANIEN
(Siehe S. 466 ff)

Archeologico Nazionale

Pompeji

Apulien

Basilikata

Santa Croce

BASILIKATA UND KALABRIEN
(Siehe S. 498 ff)

Kalabrien

Zu den Ruinen des römischen Pompeji *zählt neben Straßen und Häusern auch ein Amphitheater (siehe S. 478 f).*

In der Kirche Santa Croce *in Lecce finden sich hervorragende Beispiele für den üppigen Barockstil, unter anderem eine kunstvolle Fensterrosette und reich ornamentierte Kapitelle (siehe S. 496 f).*

Ätna

SIZILIEN
(Siehe S. 506 ff)

Der Ätna*, einer der größten Vulkane der Erde, ist noch immer aktiv und schleudert aus seinen Flanken gelegentlich Lava in die Umgebung. Die nahe gelegene Stadt Catania wurde schon mehrfach beschädigt (siehe S. 523).*

Regionale Küche

DIE SÜDITALIENISCHE Küche ist so unterschiedlich wie die Landschaften, jede hat ihre eigenen Spezialitäten. Pasta wird zum Beispiel in ganz Italien gegessen, aber keine schmeckt wie die handgemachten *orecchiette* aus Apulien. Zu Neapel fällt einem hauchdünne Pizza ein. Sizilianische Küche ist rustikal und üppig. Überall im Süden werden die Gerichte mit Meeresfrüchten, fruchtigem, grünem Olivenöl und trockenem Weißwein zubereitet und bilden mit frischem Gemüse und riesigen, prallen Tomaten eine beneidenswert gesunde Ernährung.

Getrocknete Paprika

Oliven aus Apulien gehören zu den besten in Italien. Grüne und schwarze Oliven werden mit Öl und Knoblauch gereicht.

Gegrillter Schwertfisch

Tintenfisch

Sardellen

Ein Meeresfrüchteteller (frutti di mare) besteht aus Muscheln (cozze), *Austern* (ostriche), *Garnelen* (gamberetti) oder *Oktopus* (polpi), besprenkelt mit Olivenöl und einem Spritzer Zitrone als Geschmacksverstärker.

Garnelen

Gegrillter Thunfisch

Hummer

Muscheln

Gebratene rote Paprika

Gegrillte Zucchini

Gemüse in Scheiben, mit Olivenöl bestrichen und kurz gegrillt, wird oft als *antipasto* (Vorspeise) gereicht.

Pizza napolitana ist eine einfache Pizza mit Tomaten, Knoblauch, Basilikum und Sardellen.

Marinierte Artischockenherzen

Gegrillte Aubergine

Maccheroni con le sarde, ein sizilianischer Klassiker, Fenchel, Rosinen, Pinienkernen und Safran.

Pesce spada (Schwertfischsteak), mit Zitronen und Oregano, ist beliebt in Kampanien, Apulien und auf Sizilien.

Agnello arrosto (Lammbraten) ist eine sardische Spezialität und wird mit Rosmarin und Thymian am Spieß oder im Topf gebraten.

SÜDITALIEN STELLT SICH VOR

TYPISCHE WÜRZMITTEL

Süditalienisches Essen ist einfach, wird aber verfeinert mit Kräutern wie Oregano, Rosmarin, Basilikum, Minze, Salbei und Thymian sowie Knoblauch, Kapern, Tomaten, Sardellen und Sardinen.

Rosmarin

Oregano   **Kapern**

Sardinen   **Getrocknete Tomaten**

Sizilianische cassata besteht aus Ricotta-Eiscreme mit kandierten Früchten, Pistazien und Schokolade in Biskuit.

Nougat ist eine sardische Spezialität aus Nüssen, die auch mit Schokolade verfeinert werden kann.

Cannoli

Sizilianische Mandelschnitten

Viele Kuchen und Plätzchen werden an religiösen Festen oder zu Ehren von Heiligen gebacken. Sie werden fritiert, in Honig eingelegt, mit Mandeln bestreut oder gefüllt mit Ricotta, wie die auf Sizilien beliebten röhrenförmigen cannoli.

KÄSE AUS SÜDITALIEN

Käse gibt es in unendlicher Vielfalt. Die weiche Mozzarella aus Büffelmilch schmeckt am besten pur. Scamorza, auch ein Preßkäse, ist außergewöhnlich – besonders in der Basilikata. Es gibt ihn auch geräuchert. Provolone, ein fester Käse, ist mild oder pikant, und Ricotta aus Schafmilch ist cremig.

Provolone    **Scamorza**

Ricotta   **Mozzarella**   **Geräucherter Scamorza**

WEIN AUS SÜDITALIEN

Seit der Bronzezeit liefern die Hänge des Südens Wein. In Apulien wird mehr Wein erzeugt als in anderen italienischen Regionen, und Sizilien rühmt sich einiger der besten Weine Süditaliens. Zu den besten Erzeugern gehören Regaleali, Rapitalà, Corvo und Donnafugata. Der Dessertwein Marsala, ebenfalls aus Sizilien (siehe S. 518), wurde im 18. Jahrhundert entwickelt. De Bartoli ist ein hervorragender Erzeuger.

Sizilianischer Weißwein   **Süßer Marsala**

OLIVENÖL

Das beste Olivenöl *(olio di oliva)* kommt aus Süditalien. Die Bezeichnung *extra vergine* (besonders rein) bezieht sich auf das reine Öl der ersten Pressung. Chiliöl *(olio santo)* ist eine Variante mit roten Peperoni, die für gehaltvolle Würze und einen roten Farbton sorgen.

Chiliöl (Olio santo)   **Olivenöl (Olio di oliva)**

Architektur in Süditalien

DER ROMANISCHE Stil Süditaliens verdankt viel den Normannen, die im 11. Jahrhundert ihre Form von Architektur und Bildhauerei aus Frankreich mitbrachten. Im Südosten gibt es einen starken byzantinischen Einfluß; auf Sizilien ist er bestimmt von vielen traditionellen islamischen Motiven und kräftigen Farben, Mustern und Ornamenten. Diese Elemente tauchen später im sizilianischen Barock wieder auf und verbinden sich mit der Dynamik des römischen Barock – auf Sizilien ist jedoch alles lebhafter. Neapolitanischer Barock ist ausgefeilter und zeigt größere Vielfalt bei der kreativen Nutzung des Raums.

Barockskulpturen an der Villa Palagonia

BYZANTINISCHE UND ROMANISCHE ELEMENTE

- Flankentürme
- Kreuzbogenfries
- Bunter Marmor
- Goldgrundmosaiken aus Glas und Stuck
- Reiche Ornamente
- Kreuzbogenfries

Cefalù, begonnen 1131 von Roger II., gehört zu den normannischen Domen Siziliens (siehe S. 519). Seine Westfassade enthält viele romanische Elemente aus dem Norden, etwa die Türme.

Christus Pantokrator, ein byzantinisches Mosaik (um 1132) in der Apsis der Cappella Palatina (siehe S. 510).

Die Ostseite des normannischen Doms von Monreale, gegründet 1172 von Wilhelm II., besteht aus mehrfarbigem Stein und Kreuzbogenfriesen (siehe S. 514f.).

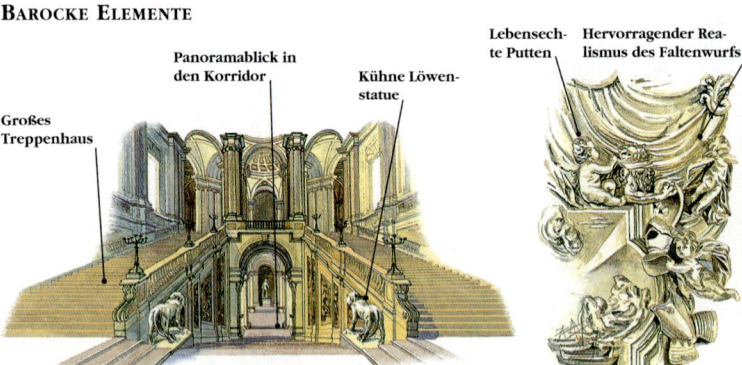

BAROCKE ELEMENTE

- Großes Treppenhaus
- Panoramablick in den Korridor
- Kühne Löwenstatue
- Lebensechte Putten
- Hervorragender Realismus des Faltenwurfs

Der prächtige Königspalast Palazzo Reale in Caserta wurde 1752 von Karl III. begonnen und ist wegen seiner Ausmaße berühmt (siehe S. 480). Ins reich geschmückte Innere gelangt man durch mehrere riesige Eingänge und über eindrucksvolle Prunktreppen. Das mächtige Gebäude wurde von Luigi Vanvitelli entworfen.

Die Stuckreliefs (1517–27) von Giacomo Serpotta im Oratorio di Santa Zita in Palermo belegen die Freude der Sizilianer an der Dekoration (siehe S. 513).

SÜDITALIEN STELLT SICH VOR 463

WEGWEISER ZUR ARCHITEKTUR

In Apulien und den Domstädten in Nordwestsizilien findet man die besten romanischen Beispiele. Die schönsten Kirchen in Apulien sind die von Trani *(siehe S. 493)*, Canosa, Molfetta und Bitonto sowie die von Ruvo di Puglia *(S. 494)*, San Leonardo di Siponto auf der Halbinsel Gargano und Martina Franca bei Alberobello. Süditalienischer Barock charakterisiert die Villen, Paläste und Kirchen von Neapel und Sizilien und zeigt sich in den reichen Ornamenten auf den Kirchenfassaden von Lecce *(S. 496f)* in Apulien. Der sizilianische Barock von Palermo *(S. 510ff)*, Bagheria *(S. 516)*, Noto, Modica und Ragusa *(S. 527)* sowie Syrakus *(S. 526f)* ist wohlbekannt, weniger die Kirchen von Piazza Armerina *(S. 521)*, Trapani *(S. 516)*, Palazzolo Acreide bei Syrakus und Acireale bei Catania.

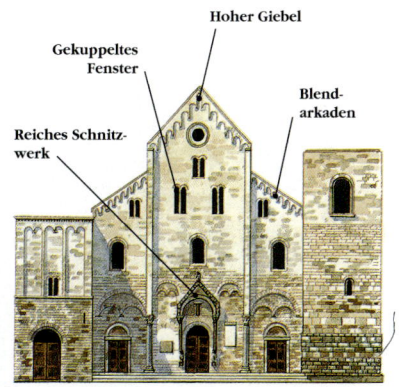

Portal des Doms in Ruvo di Puglia

Gekuppeltes Fenster — *Hoher Giebel* — *Blendarkaden* — *Reiches Schnitzwerk*

Die Basilica di San Nicola (erbaut 1087) in Bari diente als Modell für weitere Kirchen in Apulien (siehe S. 494). Ihre Fassade ist nach den Regeln normannischer Architektur von Türmen flankiert und durch ihre drei Bauabschnitte vertikal dreigeteilt.

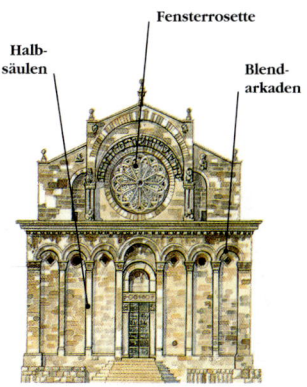

Halbsäulen — *Fensterrosette* — *Blendarkaden*

Die Fassade des Doms von Troia (1093–1125) verdankt ihren Entwurf Pisaner Architektur und ihre üppigen Ornamente byzantinischen und arabischen Vorbildern (siehe S. 492f).

Rollwerk — *Säulen* — *Dreistöckige Struktur* — *Zentraler Glockenturm* — *Geschwungene Oberfläche* — *Verzierung aus Stein gehauen*

Die Fassade des Doms von Syrakus, von Andrea Palma 1728 begonnen, wird durch gebrochene oder geschwungene Elemente belebt (siehe S. 526f).

San Giorgio in Ragusa (1744) hat eine Fassade von Gagliardi, deren Ornamentreihen stockwerksweise im Turm gipfeln (siehe S. 527).

Die Chiesa del Rosario (begonnen 1691) in Lecce wurde von Lo Zingarello aus Sandstein im Barockstil erbaut und verschwenderisch ausgestattet (siehe S. 496f).

Die antiken Griechen in Süditalien

IN SÜDITALIEN FINDET MAN einige der schönsten Ruinen der griechischen Antike. Syrakus, Selinunt, Segesta und Gela gehören zu den bekannten Orten auf Sizilien, Croton, Locri und Paestum befinden sich auf dem Festland. Der Sammelname für diese verstreuten griechischen Kolonien ist Magna Graecia. Die ältesten wurden im 11. Jahrhundert v. Chr. in der Gegend um Neapel gegründet. Viele Persönlichkeiten dieser Ära – wie Pythagoras, Archimedes und Äschylus – lebten in den weit verstreuten Siedlungen, und auch die antike Weinbaukunst blühte dort. Funde aus dieser Zeit sind in den hervorragenden archäologischen Museen von Neapel, Syrakus und Tarent ausgestellt.

Das alte Herakleia (Herculaneum) wurde nach seinem Schutzgott Herkules benannt. Es wurde 79 n. Chr. bei einem Ausbruch des Vesuv verschüttet (siehe S. 479).

Poseidonia (heute Paestum) war die Stadt des Meergottes Poseidon. Ihre Ruinen aus dem 6. Jahrhundert v. Chr. umfassen auch zwei gut erhaltene dorische Tempel (siehe S. 482 f).

Der Vulkan Ätna wurde für die Schmiede des Feuergottes Hephaistos (Vulcanus) oder des einäugigen Riesen Zyklop gehalten (siehe S. 523).

Tyndaris war eine der jüngsten griechischen Gründungen auf Sizilien.

Eryx, der Stadtgründer, war der Sohn von Aphrodite und Poseidon.

Der legendäre Gründer von Agrigent war Dädalus, der sich und seinem Sohn Ikarus Flügel baute, mit deren Hilfe sie flohen.

Egesta, erbaut 426–416 v. Chr., wurde von den Elymianern kolonisiert, die vielleicht aus Troja stammten. Zu den Ruinen der Stadt gehören ein halbfertiger Tempel und ein Theater (siehe S. 518). Die Griechen benutzten die Theater mehr für Schauspiele als für Wettkämpfe.

Gela blühte unter der Herrschaft von Hippokrates im 5. Jahrhundert v. Chr.

Der Dramatiker Äschylus starb 456 v. Chr. in Gela. Er gilt als Begründer der griechischen Tragödie und schrieb Sieben gegen Theben, Die Frauen von Aitne und Prometheus.

0 Kilometer   100

SÜDITALIEN STELLT SICH VOR

In Metapontion (Metapontum) lebte Pythagoras nach seiner Verbannung aus Kroton. Zu den Ruinen gehören dorische Tempel, der Tavole Palatine und ein Theater *(siehe S. 503)*.

In Taras lebten der Philosoph und Wissenschaftler Archytas und Aristoxenes, Verfasser der ersten Schrift über Musik.

GRIECHENLAND MIT KOLONIEN

▨ *7.–5. Jahrhundert v. Chr.*

Museo Archeologico Nazionale
• TARAS Taranto

Museo Nazionale di Metaponto
Basento
METAPONTION • Metaponto
SIRIS • Nova Siri

Die Sybariten waren für ihr Luxusleben bekannt, daher kommt auch »sybaritisch«. Der Reichtum von Sybaris stammte aus dem Handel mit den Etruskern.

SYBARIS • Sibari
THURII • Thuri
KROTON • Crotone

Taras, im 8. Jahrhundert v. Chr. von den Spartanern gegründet, war eine reiche und mächtige Stadt.

Um 540 v. Chr bestand in Kroton die wichtigste philosophische Schule von Pythagoras. Der große Denker und Mathematiker lebte hier 30 Jahre, bis die Regierung (die er unterstützte) gestürzt und er verbannt wurde.

Locri Epizefiri war die erste griechische Stadt mit schriftlichem Rechtskodex.

ANKLE-ESSENE
Messina
• LOKROI Locri Epizefiri
• RHEGION Reggio di Calabria
ni Naxos

In der Straße von Messina verzweifelte Odysseus, der Held von Homers Odyssee. Beim Zusammentreffen von zwei Meeren erzeugen die Strömungen einen »Wirbel« – Charybdis –, der die sichere Einfahrt nach Messina gefährdet (siehe S. 522). *Hier sieht man Odysseus an den Mast gebunden, um dem verführerischen Gesang der Sirenen zu widerstehen.*

Der Philosoph Plato besuchte Syrakus und beriet den Herrscher Dionysios II.

KOUSAI

Der Mathematiker und *Erfinder Archimedes wurde um 287 v. Chr. in Syrakus geboren. Er konstruierte die berühmte archimedische Schraube und verschiedene Waffen gegen die Römer* (siehe S. 526f).

DEMETER UND PERSEPHONE

Die komplizierte Mythologie war ein Bestandteil des täglichen Lebens der alten Griechen. Früher war Enna Zentrum des Kults der Erdgöttin Demeter. und 480 v. Chr. wurde ihr zu Ehren dort ein Tempel errichtet. Nach der Legende wurde Persephone, Tochter von Demeter und Zeus, von Hades in die Unterwelt entführt. Daraufhin verließ Demeter den Olymp und wanderte durch die Welt auf der vergeblichen Suche nach ihrer Tochter. Als sie entdeckte, daß Zeus die Entführung zugelassen hatte, belegte sie Sizilien mit einem Fluch: Es sollte so lange unfruchtbar bleiben, bis Persephone zurückkehrte. Schließlich erlaubte Hades die Rückkehr aus der Unterwelt, aber nur einige Monate im Jahr – vom Frühling bis zum Herbst. Demeter war zufrieden mit dieser Entscheidung und sorgte dafür, daß Sizilien der fruchtbarste Ort der Welt wurde.

Skulptur der Persephone

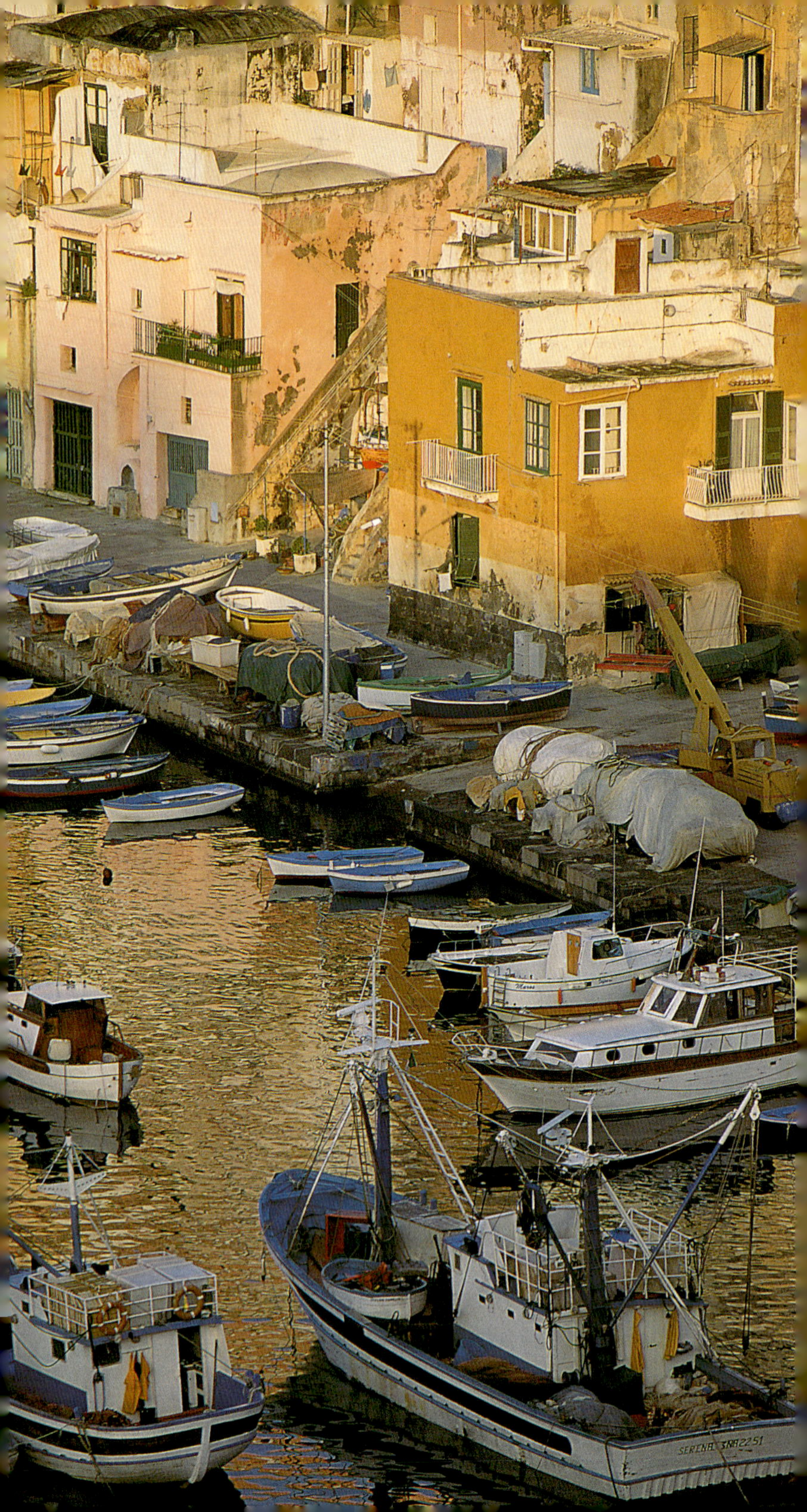
SERENA

Neapel und Kampanien

NEAPEL, DIE HAUPTSTADT VON KAMPANIEN, *ist eine der wenigen Städte des Altertums, die nie ganz zerstört wurden. Sie wurde von den Griechen gegründet, von den Römern vergrößert und verschönert und stellte in den folgenden Jahrhunderten die begehrteste Beute für ausländische Eroberer und Herrscher dar – vor allem für Normannen, Staufer, Franzosen und Spanier.*

Heute ist Neapel eine chaotische, aber sehenswerte Großstadt, die laut und dreckig den Golf von Neapel umgibt. Auf der Landseite liegt der Vesuv; auf der Seeseite findet man die hübschen Inseln Capri, Ischia und Procida. Pompeji und Herculaneum im Schatten des Vulkans, der sie zerstörte, sind die aufschlußreichsten römischen Ruinen in Italien.

Seit Jahrhunderten beherrscht Neapel Süditalien – den *Mezzogiorno*, das Land der Mittagssonne. Armut, Verbrechen und Arbeitslosigkeit treten hier massiert auf, aber die rauhe Überschwenglichkeit kann auch sehr charmant sein.

Die Geschichte Kampaniens ist verbunden mit den Etruskern und den Griechen, deren riesige Ruinen bei Paestum zu sehen sind. Es folgte eine große Blütezeit unter römischer Herrschaft; die archäologischen Beweise findet man in Benevent und Santa Maria Capua Vetere. Das Hinterland mit seinen reichen, wohlbestellten Ebenen wird gekrönt von der Küste von Amalfi mit der atemberaubenden Aussicht und die dramatische Küstenlandschaft des Cilento. Im bergigen Landesinneren, entlegen und isoliert, liegen Dörfer, die von Griechen gegründet, von Römern ausgebaut und später oft verlassen wurden.

Blick in die engen Gassen des Spanischen Viertels von Neapel

◁ **Das alte Fischerviertel auf der Insel Procida im Golf von Neapel**

Überblick: Neapel und Kampanien

Von der chaotischen grossen Stadt Neapel aus läßt sich Kampanien leicht erkunden. Im Norden erstrecken sich grüne Ebenen bis Santa Maria Capua Vetere. Im Osten liegt die einsame, bergige Provinz von Benevent. Das von Erdbeben verwüstete Avellino und seine Provinz liegen jenseits des Vesuv. Die Nordküste ist nicht so bezaubernd wie die römischen Ruinen, die sie an Orten wie Cuma säumen. Die Amalfi-Küste südlich von Neapel ist überwältigend. Jenseits der Spitze der Halbinsel von Sorrent und entlang der Küste des Cilento kann man herrlich baden, genauso wie auf Capri, Ischia und Procida.

Auf einen Blick

Amalfi-Küste ❻
Benevent ❺
Capri ❾
Caserta ❹
Ischia und Procida ❿
Neapel S. 470 ff ❶
Paestum ❽
Pompeji S. 478 f ❷
Salerno ❼
Santa Maria Capua Vetere ❸

Legende

- Autobahn
- Hauptstraße
- Nebenstraße
- Panoramastraße
- Fluß
- Aussichtspunkt

0 Kilometer 25

Typische Straße in Neapel

Blick auf die Amalfi-Küste von der Bergsiedlung Ravello

UNTERWEGS

Das nördliche Kampanien erreicht man leicht von Neapel auf der A1. Die A16 führt nach Apulien im Osten. Salerno und den Cilento erreicht man auf der A3. Die N18 zweigt von der A3 ab und führt tief in den Cilento. Zur Küste nimmt man die N267. Die Dörfer der Amalfi-Küste liegen entlang der landschaftlich schönen Strecke der N145. Zu den Inseln Capri, Ischia und Procida kommt man per Fähre von Mergellina (Hafen von Neapel), Sorrent, Positano, Amalfi und Salerno. Die wichtigsten Städte sind mit der Eisenbahn erreichbar. Das Busnetz ist ausgedehnt, wenn auch im Inneren des Cilento wenig befahren.

SIEHE AUCH

- *Übernachten* S. 569f
- *Restaurants* S. 602ff

Neapel ❶

Hl. Gennaro, Beschützer von Neapel

DAS ZENTRUM VON NEAPEL, voll von Palästen, Kirchen und Klöstern, drängt sich um nur wenige Straßen. Die Via Toledo (auch Via Roma genannt) führt von der Piazza del Plebiscito nach Norden zur Piazza Dante. Im Osten durchqueren die engen Via del Tribunale und Via San Biagio dei Librai das lärmende Herz der Stadt, die *Spaccanapoli* (Spalte Neapel). Südlich des Palazzo Reale liegt der Bezirk Santa Lucia. Im Westen findet man den Hafen von Mergellina und den Bezirk Vomero, der die Stadt überblickt.

Blick auf den Golf von Neapel und den Vesuv

Überblick: Der Nordosten

Viele der Kunst- und Architekturschätze der Stadt befinden sich in diesem Teil, so auch das Museo Archeologico Nazionale mit Kunstwerken aus Herculaneum und Pompeji. Die Architektur spannt einen weiten stilistischen Bogen: von der französischen Gotik des Doms bis zur Florentiner Renaissance der Porta Capuana.

Grab von Ladislaus, San Giovanni a Carbonara

San Giovanni a Carbonara

Via Carbonara 5. 081-29 58 73. tägl.

Einen großen und seltenen Erfolg in der Geschichte der Gebäuderestaurierung in Neapel stellt San Giovanni a Carbonara (erbaut 1343) dar, die nun wieder geöffnet ist nach ihrer Beschädigung 1943, langer Schließung und Vernachlässigung. Im Inneren findet man herrliche Denkmäler des Mittelalters und der Renaissance wie das Grab von Ladislaus hinter dem Hochaltar, ein Meisterwerk von Andrea da Firenze. Es wurde für König Ladislaus von Neapel (1386–1414), der die Kirche ausbaute, errichtet und besteht aus einer dreistöckigen Figuren- und Bogengruppe.

Porta Capuana und Castel Capuano

Piazza Enrico de Nicola.

Zwischen den Türmen des Capua-Tores und umgeben von einem großen, lärmenden Markt, findet man ein erlesenes Beispiel der Florentiner Renaissance im Süden. Von Giuliano da Maiano als Verteidigungstor entworfen (beendet 1490 von Luca Fancelli), ist die Porta Capuana das vielleicht schönste Renaissancetor in Italien. Gegenüber steht das Castel Capuano, begonnen vom Normannenkönig Wilhelm I. und vollendet von Friedrich II., das bis 1540 der Königspalast war und seither als Gerichtsgebäude dient.

Porta Capuana, ein wunderbares Renaissancetor

NEAPEL

AUF EINEN BLICK

Cappella Sansevero ⑥
Castel Nuovo ⑮
Dom ④
Galleria Umberto I und Teatro San Carlo ⑰
Gesù Nuovo ⑬
Monte della Misericordia ⑤
Monteoliveto ⑭
Museo Filangieri ⑨
Museo Archeologico Nazionale S. 474 f ①

Palazzo Reale ⑱
Porta Capuana und Castel Capuano ③
Quartieri Spagnoli ⑯
San Domenico Maggiore ⑪
San Giovanni a Carbonara ②
San Gregorio Armeno ⑧
San Lorenzo Maggiore ⑦
Sant'Angelo a Nilo ⑩
Santa Chiara ⑫

LEGENDE

M Metro-Station
🚠 Seilbahn
i Auskunft
✝ Kirche

Interieur des Doms

🛈 Dom
Via Duomo. ☎ 081-44 90 97.
🕒 tägl. ● 19. Sep.

Der Dom San Gennaro wurde von 1294 bis 1323 erbaut, die Fassade aber stammt überwiegend aus dem 19. Jahrhundert. Das Mittelschiff ist von antiken Säulen gesäumt, und es gibt eine interessante Sammlung von Herrscherdenkmälern und Gemälden von Lanfranco und Domenichino.

Der Dom beherbergt die Reliquien des heiligen Gennaro, des Schutzheiligen von Neapel, der 305 den Märtyrertod starb. Die reichverzierte Cappella San Gennaro enthält sein Haupt in einer versilberten Büste und Phiolen mit seinem geronnenen Blut, das sich wundersamerweise dreimal im Jahr verflüssigt. Nach der Tradition bringt es der Stadt Unglück, wenn es fest bleibt. Das Grab des Heiligen befindet sich in der Cappella Carafa, einem Meisterwerk der Renaissance, erbaut 1497–1506.

Vom nördlichen Seitenschiff gelangt man in die Basilica di Santa Restituta, die auf den Resten eines Tempels gegründet und im 14. Jahrhundert umgebaut wurde. Sie enthält Deckengemälde von Luca Giordano (1632–1705).

INFOBOX

👥 1 200 000. ✈ Capodichino 4 km NW. 🚆 *Napoli Centrale, Piazza Garibaldi.* 🚌 *Piazza Garibaldi.* ⛴ *Stazione Marittima, Molo Beverello u. Mergellina.* **i** *Piazza del Gesù Nuovo (081-551 27 01).* 🛒 *tägl.* 🎉 *19. Sep: San Gennaro.*

🛈 Monte della Misericordia
Via Tribunali 253. ☎ 081-44 69 73.
🕒 Mo–Sa vorm. ♿

In der achteckigen Kirche aus dem 17. Jahrhundert, die zu der mildtätigen Stiftung gehört, befindet sich das riesige Altarbild *Sieben Werke der Barmherzigkeit* von Caravaggio. Die Galerie umfaßt eine bedeutende Gemäldesammlung mit Werken von Luca Giordano und Mattia Preti.

🛈 Cappella Sansevero
Via Francesco de Sanctis 19. ☎ 081-551 84 70. 🕒 Mi–Mo. 📷

Die kleine Kapelle aus dem 16. Jahrhundert ist die Grabstätte der Fürsten von Sangro di Sansevero. Man findet sowohl christliche als auch Freimaurersymbolik, was die Kapelle einen eigenwilligen Charakter verleiht.

Die Kapelle enthält Plastiken des 18. Jahrhunderts. Antonio Corradinis ironische *Schamhaftigkeit* ist eine üppige, verschleierte Frauenfigur. Die *Auferstehung des Fürsten* von einem unbekannten Künstler spiegelt die *Auferstehung Christi* über dem Altar wider. Der *Verschleierte Christus* von Giuseppe Sammartino ist ein Werk atemberaubender Bildhauertechnik.

Mit der Kapelle ist auch der exzentrische Fürst Raimondo, ein Alchimist des 18. Jahrhunderts, verbunden. Er führte Experimente an Menschen durch und wurde deswegen exkommuniziert. Die Ergebnisse einiger Experimente sind in der Krypta zu sehen.

Sammartinos Verschleierter Christus *(1753) in der Cappella Sansevero*

Überblick: Das Zentrum von Neapel

DER STADTTEIL SANTA LUCIA, begrenzt von der Via Duomo im Osten, der Via del Tribunale im Norden, der Via Toledo (Roma) im Westen und dem Meer im Süden, ist das alte Herz von Neapel. Hier finden Besucher viel Sehenswertes, besonders Kirchen des 14. und 15. Jahrhunderts.

Das Innere von San Gregorio Armeno

San Lorenzo Maggiore
Via Tribunali 316. 081-45 49 48. tägl.

Die Franziskanerkirche wurde im 14. Jahrhundert (die Fassade im 18. Jahrhundert) während der Herrschaft von Robert dem Weisen von Anjou erbaut. Der Erzähler Giovanni Boccaccio (1313–75) soll seine Figur der Fiammetta nach Maria, König Roberts Tochter, gestaltet haben, die er am Abend vor Ostern 1334 hier traf. San Lorenzo Maggiore ist ein für Neapel ungewöhnliches gotisches Gebäude. Das Mittelschiff und der Umgang der Apsis sind von großartiger Schlichtheit. In der Kirche befinden sich einige interessante mittelalterliche Gräber, vor allem das von einem Schüler Giovanni Pisanos erbaute gotische Grabmal für Katharina von Österreich, die 1323 starb. Ausgrabungen im Kloster, in dem der Dichter Petrarca (1304–74) einmal zu Besuch war, legten die Reste einer römischen Basilika frei.

San Gregorio Armeno
Via San Gregorio Armeno 1. 081-552 01 86. tägl.

Die Kirche befindet sich immer noch in der Obhut von Benediktinerinnen. Das angeschlossene Kloster gilt als luxuriös, denn die Nonnen waren als Adlige ein verschwenderisches Leben gewöhnt.

Die üppige barocke Innenausstattung der Kirche umfaßt Fresken von Luca Giordano. Der Kreuzgang ist ein ruhiger Hafen, umgeben von Verkäufern neapolitanischer Krippenfiguren (presepi), deren Werkstätten die Via San Gregorio Armeno säumen.

🏛 Museo Filangieri
Palazzo Cuomo, Via Duomo 288. 081-20 31 75. Di–So. 1. Jan.

Im Palazzo Cuomo, im Renaissancestil des 15. Jahrhunderts erbaut, befindet sich das Museo Filangieri. Es wurde 1881 gegründet; die ursprüngliche Sammlung des Fürsten Gaetano Filangieri wurde im Zweiten Weltkrieg zerstört. Die neue Sammlung umfaßt Porzellan, Stickereien, Handschriften, italienische und spanische Waffen, antike Funde von lokalen archäologischen Grabungen und Gemälde von Künstlern wie Luca Giordano, Ribera und Mattia Preti.

Sant'Angelo a Nilo
Piazzetta Nilo. 081-551 62 27. tägl.

Grab des Kardinals Brancaccio in der Kirche Sant'Angelo a Nilo

Die Kirche (14. Jh.) enthält ein hervorragendes Bildhauerwerk der Renaissance: das Grab von Kardinal Rinaldo Brancaccio. Es wurde von Michelozzo entworfen, in Pisa gefertigt und nach der Fertigstellung 1428 nach Neapel verschifft. Angeblich schuf Donatello den rechten Engel, der den Vorhang wegzieht, das Flachrelief *Mariä Himmelfahrt* und den Kopf des Kardinals.

Die schlichte Gotik von San Lorenzo Maggiore, Blick vom Mittelschiff zur Apsis

San Domenico Maggiore
Piazza San Domenico Maggiore.
📞 081-55 73 11. 🕐 tägl. ♿

Die gotische Kirche (1289–1324) enthält hervorragende Beispiele von Denkmälern der Renaissance. Die Grabplatte des Johann von Durazzo (gest. 1335) von Tino da Camaino befindet sich im südlichen Querschiff. Die Sakristei ist geschmückt mit Fresken (18. Jh.) von Solimena. Zum Chor gehört ein Osterleuchter (1585) mit Figurenhaltern aus der Camaino. In der Cappellone del Crocifisso sieht man eine *Kreuzigung*, die angeblich zum heiligen Thomas von Aquin sprach. In der Chiesa Antica befindet sich das Grabmal Brancaccios von Jacopo della Pila (1492). Ebenfalls interessant ist die Cappella Saluzzo.

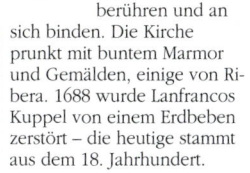

Die Diamantquaderfassade von Gesù Nuovo

Santa Chiara
Via Benedetto Croce. 📞 081-552 62 80. 🕐 tägl. ♿

Die Kirche (14. Jh.) mit freigelegter Originalstruktur in provenzalischer Gotik birgt die Grabmale der angevinischen Herrscher. Das Grab von Robert dem Weisen (gest. 1343) stammt von Giovanni und Pacio Bertini, das von Roberts Sohn Karl von Kalabrien (gest. 1328) stammt von Tino da Camaino und das von Karls Frau Maria von Valois (gest. 1331) von da Camaino und seinen Schülern. Ein Kloster mit einem angevinischen Kreuzgang schließt sich an, den Vaccaro 1742 gestaltet hat und der mit Majolikakacheln verziert ist.

Gesù Nuovo
Piazza del Gesù Nuovo 2. 📞 081-551 86 13. 🕐 tägl. ● 31. Jan, 16. Nov.

Die Jesuitenkirche aus dem 16. Jahrhundert wurde von Valeriano (und später Fanzago und Fuga) an den Severini-Palast (15. Jh.) angebaut, von dem nur die Diamantquaderfassade übrigblieb. Mit den überschwenglichen Verzierungen im Inneren (17. Jh.) wollten die Jesuiten – wie mit dem Theater – die Gläubigen emotional berühren und an sich binden. Die Kirche prunkt mit buntem Marmor und Gemälden, einige von Ribera. 1688 wurde Lanfrancos Kuppel von einem Erdbeben zerstört – die heutige stammt aus dem 18. Jahrhundert.

Monteoliveto
Piazza Monteoliveto. 📞 081-551 33 33. 🕐 tägl.

Die Kirche ist ein Schatzkästchen der Renaissancekunst; sie wurde 1411 erbaut und nach Bombenschäden restauriert.

Die Pietà von Guido Mazzoni in der Kirche von Monteoliveto

Schon am Portal erkennt man die reiche Ausstattung. Hier ist das Grab (1627) von Domenico Fontana, dem Architekten, der die Peterskirche in Rom nach Michelangelos Tod vollendete.

Die Cappella Mastrogiudice enthält ein *Verkündigungs*-Relief des Florentiner Bildhauers Benedetto da Maiano (1489) und die Cappella Piccolomini das Denkmal der Maria von Aragón von Antonio Rossellino (vollendet von da Maiano). In der Cappella del Santo Sepolcro befindet sich eine *Pietà* von Guido Mazzoni (1492). Ihre acht Terrakottafiguren gelten als lebensgroße Porträts von Zeitgenossen des Künstlers. Die alte Sakristei mit Fresken von Vasari (1544) besitzt Intarsienschränke von Giovanni da Verona (1510).

Majolikakacheln mit ländlichen Szenen im Kreuzgang von Santa Chiara

Neapel: Museo Archeologico Nazionale

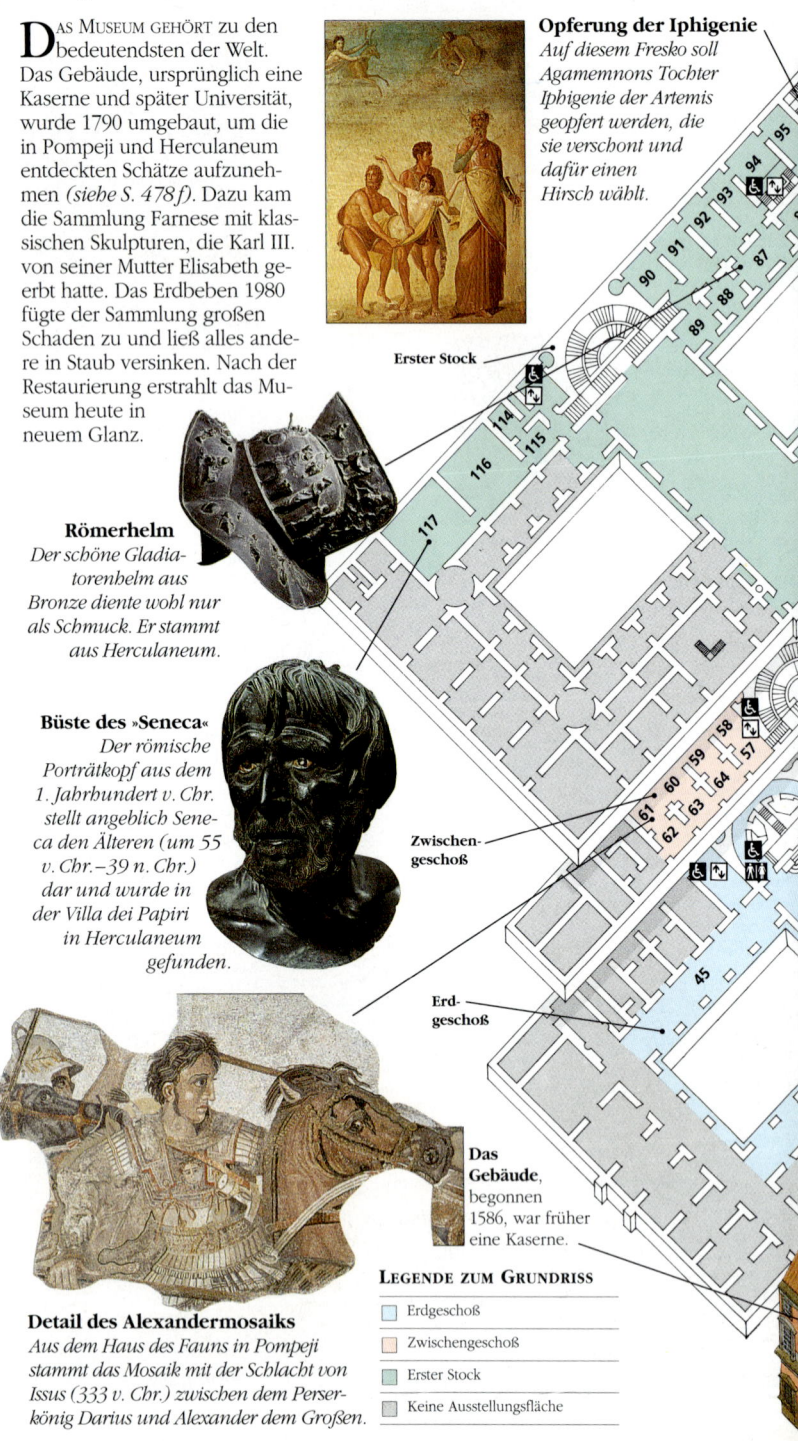

Das Museum gehört zu den bedeutendsten der Welt. Das Gebäude, ursprünglich eine Kaserne und später Universität, wurde 1790 umgebaut, um die in Pompeji und Herculaneum entdeckten Schätze aufzunehmen *(siehe S. 478f)*. Dazu kam die Sammlung Farnese mit klassischen Skulpturen, die Karl III. von seiner Mutter Elisabeth geerbt hatte. Das Erdbeben 1980 fügte der Sammlung großen Schaden zu und ließ alles andere in Staub versinken. Nach der Restaurierung erstrahlt das Museum heute in neuem Glanz.

Opferung der Iphigenie
Auf diesem Fresko soll Agamemnons Tochter Iphigenie der Artemis geopfert werden, die sie verschont und dafür einen Hirsch wählt.

Erster Stock

Römerhelm
Der schöne Gladiatorenhelm aus Bronze diente wohl nur als Schmuck. Er stammt aus Herculaneum.

Büste des »Seneca«
Der römische Porträtkopf aus dem 1. Jahrhundert v. Chr. stellt angeblich Seneca den Älteren (um 55 v. Chr. –39 n. Chr.) dar und wurde in der Villa dei Papiri in Herculaneum gefunden.

Zwischengeschoß

Erdgeschoß

Das Gebäude, begonnen 1586, war früher eine Kaserne.

Detail des Alexandermosaiks
Aus dem Haus des Fauns in Pompeji stammt das Mosaik mit der Schlacht von Issus (333 v. Chr.) zwischen dem Perserkönig Darius und Alexander dem Großen.

Legende zum Grundriss

- Erdgeschoß
- Zwischengeschoß
- Erster Stock
- Keine Ausstellungsfläche

Blaue Vase

In einem Grab in Pompeji fand man diese Glasvase, ein schönes Beispiel für die Kunst der Kameenschneider. In den Glasüberzug sind kelternde Amoretten geschnitten, die ein attraktives, komplexes Muster bilden.

INFOBOX

Piazza Museo Nazionale 19.
081-44 01 66. 185, 42.
Piazza Cavour. Juni–Sep tägl. 9–19 Uhr; Okt–Mai Mo–Sa 9–14 Uhr, So 9–13 Uhr (letzter Einlaß 1 Std. vor Schließung).
1. Jan, 25. Dez.

Frühlingsfresko

Aus Stabiae stammt das antike Fresko »Frühling«, das zarte Bild eines bekleideten Mädchens, das Blumen sammelt. Die Farben wirken noch zart und frisch.

Treppe zur ägyptischen Sammlung

Farnesischer Stier

In den Caracalla-Thermen (siehe S. 427) wurde die größte antike Skulpturengruppe (um 200 v. Chr.) ausgegraben. Sie stellt Amphion und Zethos dar, die Dirke an die Hörner eines Stiers binden.

KURZFÜHRER

Im Erdgeschoß befinden sich die Sammlung Farnese und Skulpturen aus Herculaneum, Pompeji und Kampanien. Im Zwischengeschoß sind Mosaiken aus Pompeji, im Obergeschoß Haushaltsgegenstände, Waffen, Bronzefiguren und Wandbilder aus Pompeji und Herculaneum ausgestellt. Im Untergeschoß befindet sich die ägyptische Sammlung. Teile des Museums können ohne Ankündigung geschlossen sein; einige werden nach Anmeldung geöffnet, wie die Münzausstellung und die erotische Kunst aus Pompeji.

Eingang

Farnesischer Herkules

Die große antike römische Kopie eines griechischen Originals von Lysippos ist die schönste Figur der Sammlung Farnese. Es heißt, daß Napoleon sie zurücklassen mußte, als er 1797 seine Beute aus Italien holte.

Überblick: Der Südosten Neapels

Im Gebiet südlich der Via A. Diaz liegen Neapels Burgen und der Königspalast sowie das enge Spanische Viertel. Am Rande der Altstadt befinden sich einige Museen in historischen Gebäuden.

♟ Castel Nuovo
Piazza Municipio. ☏ 081-551 96 62. ☐ Mo–Sa. ● einige Feiertage. &
Museo Civico ☐ Mo–Sa.

Die angevinische Festung wurde 1279–82 für Karl I. von Anjou erbaut und wird auch Maschio Angioino genannt. Abgesehen von den gedrungenen Türmen und der Cappella Palatina (mit Francesco Lauranas *Madonna* von 1474 über dem Portal), ist jedoch das meiste aragonisch.

Die Burg war früher königliche Residenz. In der Sala dei Baroni unterwarf Ferdinand I. von Aragón 1486 die aufständischen Barone. Die Aragonier konnten sehr grausam sein, aber sie waren auch große Förderer der Künste.

Der Triumphbogen am Burgeingang (begonnen 1454) ist ihr Werk. Er erinnert an den Einzug von Alfons von Aragón 1443 in Neapel. An dieser einfallsreichen Umsetzung des antiken Vorbilds arbeitete, zumindest teilweise, Laurana. Die originalen Bronzetore von Guillaume le Moine (1468) befinden sich im Palazzo Reale. Einen Teil des Gebäudes nimmt das **Museo Civico** ein.

Das bunte, enge Spanische Viertel

⌂ Quartieri Spagnoli
Via Toledo (Roma) bis Via Chiaia.

Das Spanische Viertel – westlich der Via Toledo bis hinauf zu San Martino und Vomero – ist einer der am dichtesten besiedelten Stadtteile. Es wurde nach den spanischen Truppen benannt, die im 17. Jahrhundert das Netz der schmalen Straßen anlegten. Hier findet man das typisch neapolitanische Straßenbild, bei dem quer über der Straße aufgehängte Wäsche die Sonne aussperrt. Tagsüber lebhaft, ist das Viertel bei Nacht etwas unheimlich.

⛫ Museo Nazionale di San Martino
Largo di San Martino 5. ☏ 081-578 17 69. ☐ Di–So vorm.

Hoch über Santa Lucia, hat man von der barocken Certosa di San Martino, im 14. Jahrhundert als Kartäuserkloster gegründet, einen großartigen Blick über den Golf von Neapel. Im Inneren befindet sich ein gutes Museum mit einer Sammlung von *presepi*, neapolitanischen Krippenfiguren. Das Kloster wurde 1623–29 von Cosimo Fanzago (dem Schöpfer des neapolitanischen Barock) nach dem Entwurf von Dosio fertiggestellt. Die Kirche und der Chor sind weitere Beispiele für sein Können.

Neben der Certosa liegt Castel Sant'Elmo, errichtet 1329–43 und im 16. Jahrhundert umgestaltet, mit schöner Aussicht auf den Golf.

⛫ Museo Principe di Aragona Pignatelli Cortes
Riviera di Chiaia 200. ☏ 081-66 96 75. ☐ Di–So. ● 1. Jan.

Weiter unten, im Chiaia-Viertel, befindet sich in der klassizistischen Villa Pignatelli ein Museum mit einer interessanten Sammlung von Porzellan, Stilmöbeln, Gemälden und Skulpturen.

Das kühne Castel Nuovo mit dem Eingang in Form eines Triumphbogens

NEAPEL

🏛 Galleria Umberto I
Via Toledo. ☎ 081-797 23 03.
◷ tägl. vorm. ⬤ 1. Jan, Ostern,
7.–21. Aug, 25. Dez.

Die Arkaden der Galleria Umberto I wurden 1887 errichtet. Sie waren der Treffpunkt der schicken Neapolitaner und sind heute noch hübsch. Gegenüber steht Italiens größtes Opernhaus: das **Teatro San Carlo**. Es wurde 1737 für Karl III. erbaut und später umgestaltet; das Innere umfaßt einen prachtvollen Zuschauerraum, der an anderen Königshöfen viel Neid erregte.

Lavinia Vecellio (um 1540) von Tizian im Museo di Capodimonte

Das großartige Innere der Galleria Umberto I unter einer Glaskuppel

🏛 Palazzo Reale
Piazza Plebiscito. **Museo** ☎ 081-580 81 11. ◷ Di–So. ⬤ 1. Jan, 1. Mai, 25. Dez. **Bibliothek** ☎ 081-42 71 77. ◷ Mo–Sa. ⬤ Feiertage.

Begonnen 1600 von Domenico Fontana für die spanischen Vizekönige und erweitert von den Nachfolgern, ist Neapels Königspalast ein herrlicher Bau mit Sälen, die angefüllt sind mit Möbeln, Wandbehängen, Gemälden und Porzellan. Das private Teatro di Corte (1768) wurde von Ferdinando Fuga erbaut. Die Biblioteca Nazionale nimmt einen großen Teil des Gebäudes ein. Das Palastäußere ist teilweise restauriert – beachtenswert sind die Statuen (19. Jh.), die die Dynastien Neapels darstellen. Die riesige Piazza del Plebiscito davor wurde restauriert und vom Verkehr befreit. Nach dem Vorbild des Pantheons in Rom gestaltete Kolonnaden rahmen die Kirche **San Francesco di Paola** (19. Jh.) ein.

🏛 Villa Floridiana
Via Cimarosa 77. ☎ 081-578 84 18. ◷ Di–Sa vorm. **Park** ◷ tägl. ⬤ 1. Jan, 1. Mai, 25. Dez.

Umgeben von Gärten, beherbergt die klassizistische Villa das **Museo Nazionale della Ceramica Duca di Martina**, das für seine Sammlung von Keramik, Porzellan und Majolika berühmt ist.

🏛 Museo di Capodimonte
Parco di Capodimonte. ☎ 081-744 13 07. ◷ tägl.

1738 als Jagdhütte von Karl III. errichtet, ist der **Palazzo Reale di Capodimonte** heute ein Museum mit einer großartigen Sammlung italienischer Gemälde. Dazu gehören Werke von Tizian, Botticelli, Perugino, Raffael und Sebastiano del Piombo; viele davon stammen aus der Sammlung Farnese. Es gibt auch eine Galerie mit Kunst des 19. Jahrhunderts, vorwiegend aus Süditalien.

🏛 Katakomben des heiligen Gennaro
Via di Capodimonte 16. ☎ 081-741 10 71. ◷ tägl.

Die Katakomben – das ursprüngliche Grab des heiligen Gennaro – liegen in der Nähe der Kirche San Gennaro in Moenia. Die kleine Kirche wurde im 8. Jahrhundert erbaut; zu ihr gehört ein Arbeitshaus (17. Jh.). Zwei Stockwerke von Katakomben (2. Jh.) durchziehen den Tuff, geschmückt mit Mosaiken und frühchristlichen Fresken. Ein Stück weiter erinnern die Katakomben von San Gaudioso an diesen Heiligen (5. Jh.), der hier ein Kloster gründete. Darüber liegt die Kirche Santa Maria della Sanità aus dem 17. Jahrhundert.

⚓ Castel dell'Ovo
Borgo Marinari. ◷ zu Ausstellungen.

Außerhalb des Zentrums steht Castel dell'Ovo auf einer Inselchen mit Blick auf den Bezirk Santa Lucia – früher war hier der Muschelmarkt von Neapel. Die Burg wurde 1154 begonnen. Unter den Normannen und Staufen war sie königliche Residenz; heute gehört sie der Armee.

Zu ihren Füßen befinden sich die Fischrestaurants der Porta Santa Lucia, und auf der Via Partenope, die daran vorbeiführt, kann man nach Mergellina im Westen spazieren.

Vorderansicht des Palazzo Reale, des Königspalastes von Neapel

Pompeji

Das antike Pompeji liegt verfallen am Fuß des Vesuv, der 79 n. Chr. ausbrach und es zerstörte. Bis zum 17. Jahrhundert blieb Pompeji unter der Asche unentdeckt. 1748 begannen die Ausgrabungen und enthüllten eine Stadt, in der die Zeit stehengeblieben war. Die erhaltenen Gebäude sind mit Gemälden und Statuen verziert. An den Wänden sind Graffiti, die Straßen gepflastert – die Geister der Vergangenheit sind hier fast greifbar.

Mysterienvilla

★ Haus der Vettii
Die Patriziervilla der reichen Kaufleute Aulus Vettius Conviva und Aulus Vettius Restitutus enthält Fresken (siehe S. 44f).

Thermen

★ Haus des Fauns
Die berühmte Villa des reichen Patriziers Casii wurde nach einer Bronzestatuette benannt. Von hier stammt das Alexandermosaik, heute im Museo Archeologico Nazionale in Neapel.

0 Meter 100

Forum

In der Bäckerei
von Modesto wurden verkohlte Brote gefunden.

Heiligtum der Laren
Am Forum neben dem Tempel des Vespasian sind die Statuen der Schutzgottheiten, der lares publici, zu sehen.

Nicht versäumen
- ★ Haus der Vettii
- ★ Haus des Fauns

Macellum
Der Marktplatz von Pompeji war ein wichtiges Handelszentrum in der Stadt.

NEAPEL UND KAMPANIEN

Die letzten Tage von Pompeji
Das dramatische Gemälde von Sanquirico (19. Jh.) wurde als Kulisse für die gleichnamige Oper benutzt; es zeigt die vor dem heftig ausbrechenden Vesuv fliehenden Pompejaner.

ZUR ORIENTIERUNG

INFOBOX

Piazza Esedra 5. 081-861 10 51. Villa dei Misteri, Circumvesuviana Linea Napoli–Sorrento. Circumvesuviana von Piazza Garibaldi, Napoli. 9–1 Std. vor Sonnenuntergang (letzter Einlaß 1 Std. vor Schließung). 1. Jan, Ostermontag, 1. Mai, 15. Aug, 25. Dez.

WESTTEIL

Auf der Detailzeichnung erkennt man eindrucksvolle römische Ruinen; manche sind bemerkenswert intakt. Im Ostteil wird noch gegraben.

Palestra
Teatro Grande

Via dell'Abbondanza
Die Straße war eine der wichtigsten im antiken Pompeji und ist gesäumt von vielen Gasthäusern.

DER VESUV UND DIE KAMPANISCHEN STÄDTE

Fast 2000 Jahre nach dem Ausbruch des Vesuvs ist man immer noch dabei, die Städte in seinem Schatten aus ihrer Umhüllung zu befreien. Pompeji und Stabiae (Castellammare di Stabia), im Südosten von Neapel und dem Vulkan, erstickten unter Asche und Bimsstein. Die Dächer brachen unter der Last des Vulkanschutts zusammen. Schmuck, Lebensmittel, Werkzeug und andere Gegenstände wurden meist zerstört. Im Westen versank Herculaneum in einer Schlammflut. Viele Gebäude blieben erhalten, mit intaktem Dach, und der Schlamm konservierte viele Gegenstände. Insgesamt starben etwa 2000 Pompejaner, aber wohl nur wenige Einwohner von Herculaneum. 79 n. Chr. war Plinius der Ältere, der römische Soldat, Schriftsteller und Naturforscher, Kommandant einer Flotte bei Misenum (dem heutigen Miseno) und beobachtete den drohenden Ausbruch von ferne. Er berichtete dies seinem Neffen, Plinius dem Jüngeren. Begierig, diese Naturkatastrophe aus der Nähe zu sehen, fuhr Plinius der Ältere nach Stabiae, wurde aber von den Dämpfen überwältigt und starb. Seine Schilderung der ersten Stunden des Ausbruchs, die sein Neffe in Briefen an Tacitus weitergab, wurde seitdem oft von Wissenschaftlern zitiert. Unser Wissen über den Alltag der antiken Römer stammt zum großen Teil von den Ausgrabungen in Pompeji und Herculaneum. Die meisten Gegenstände aus diesen Städten sowie aus Stabiae befinden sich heute im Museo Archeologico Nazionale in Neapel *(siehe S. 474f)* und bilden eine der faszinierendsten archäologischen Sammlungen der Welt. Seit 1944 ist der Vesuv nicht mehr ausgebrochen. Besucher erreichen ihn mit der Bahn oder dem Auto. In Pompeji gibt es so viel zu sehen, daß man dafür einen Tag einplanen sollte.

Vase aus Pompeji im Museo Nazionale Archeologico

Abguß einer sterbenden Mutter mit Kind im Museum in Neapel

Santa Maria Capua Vetere ❸

Caserta. 34 000. FS
Via Albana (0823-79 95 89).
Do, So.

Sehenswert ist die Ruine des römischen **Amphitheaters** (1. Jh. n. Chr.), einst das größte in Italien nach dem Kolosseum in Rom. Das Tunnelsystem darunter ist besser erhalten. Die Stadt selbst steht an der Stelle des antiken Capua, früher eine etruskische Stadt und dann ein blühendes Zentrum des römischen Imperiums. Hier fand 73 v. Chr. der Aufstand der Gladiatoren unter Spartakus statt. In der Nähe gibt es ein **Mithraeum** (2./3. Jh.) mit guterhaltenen Fresken. Fundstücke von den Grabungsstätten werden im **Museo Archeologico dell'Antica Capua** in Capua gezeigt.

🏛 Amphitheater
Piazza Adriano. 0823-79 88 64.
tägl. gilt auch für das Mithraeum tägl.

🏛 Museo Archeologico dell'Antica Capua
Via Roma, Capua. 0823-96 14 02.
Di–So vorm. 1. Jan, 25. Dez.

Tunnel unter dem Amphitheater in Santa Maria Capua Vetere

Caserta ❹

66 000. FS Palazzo Reale (0823-32 22 33). Mi, Sa.

Der oft mit Versailles verglichene, großartige und enorme **Palazzo Reale** beherrscht die Stadt Caserta. Er wurde für den extravaganten Bourbonenkönig Karl III. erbaut und hat über 1000 Räume, Treppenfluchten und mehrere reichgeschmückte königliche Gemächer. Der massige Bau wurde von Luigi Vanvitelli entworfen und 1752 begonnen. Der weite Park selbst ist eine Sehenswürdigkeit, mit Fontänen, verzierten Wasserspielen und Statuen. Die Ausmaße sind überwältigend.

Eine Fontäne im Garten des Palazzo Reale in Caserta

UMGEBUNG: Das mittelalterliche Städtchen **Caserta Vecchia** liegt zehn Kilometer nordöstlich. Der Dom aus dem 12. Jahrhundert ist ein gutes Beispiel für normannische Architektur im Süden. **San Leucio**, drei Kilometer nordwestlich von Caserta, wurde von Ferdinand IV. erbaut. Noch heute ist es Sitz einer ebenfalls vom König gegründeten Seidenindustrie.

🏛 Palazzo Reale
Viale Douhet. 0823-32 14 00.
tägl. 1. Jan, 25. Dez.

Benevent ❺

62 000. FS Via Sala 31 (0824-254 24). Fr, Sa.

Benevent, in einsamer, bergiger Gegend gelegen, beherbergt eines der interessantesten antiken römischen Denkmäler in Süditalien: den **Trajansbogen** an der Via Traiano. Das römische Benevent war ein wichtiges Zentrum. Hier endete die erste Verlängerung der Via Appia von Capua, und der Bogen wurde zu Ehren von Trajan über der alten Straße errichtet. Er wurde 114–166 n. Chr. aus parischem Marmor gebaut und ist sehr gut erhalten. Die Schmuckreliefs mit Szenen aus Trajans Leben und zu mythologischen Themen sind in hervorragendem Zustand.

Auch anderswo findet man Spuren der Römer; so in der Ruine des **römischen Theaters** aus der Zeit Hadrians und im **Museo del Sannio**, das Kunst aus der Region ausstellt, von antiken griechischen Funden bis zu moderner Kunst.

Im Zweiten Weltkrieg lag die Stadt direkt auf dem Weg der Alliierten von Süden her. Sie wurde schwer bombardiert, daher ihr heutiges modernes Erscheinungsbild. Der Dom (13. Jh.), nach dem Krieg wiederaufgebaut, besitzt eine Fassade mit Skulpturen, die nach schweren Schäden inzwischen restauriert wurde. Die Reste des byzantinischen Bronzeportals befinden sich im Inneren.

Verzierter Triumphbogen aus dem 2. Jahrhundert zu Ehren Trajans in Benevent

Das Heidentum konnte hier Jahrhunderte überdauern; daher heißt ein hier hergestellter Likör Strega (Hexe).

⌂ Römisches Theater
Piazza Gaio Ponzio Telesino. ☐ Di–So. ● Feiertage. 🏛 ♿
🏛 Museo del Sannio
Piazza Santa Sofia. 📞 0824-218 18. ☐ Di–So. ● Feiertage. 🏛 ♿

Amalfi-Küste ❻

Salerno. 🚌 🚢 Amalfi. ℹ Corso Roma 19–21, Amalfi (089-87 11 07).

Die bezauberndste und meistbefahrene Strecke in Kampanien führt entlang der Südküste der Halbinsel von Sorrent: die Amalfi-Küste (Costiera Amalfitana). Beliebt ist hier frischer, gegrillter Fisch zu eisgekühltem Lacrima Christi aus den Weinbergen des Vesuv; zwischen den Mahlzeiten fährt man von Strand zu Strand und macht Ausflüge zu den Klippen, um die Aussicht zu bewundern.

Von **Sorrent**, einem belebten Ferienort, schlängelt sich die Straße abwärts nach **Positano**, das sich einen Abhang hinunter bis zum Meer erstreckt. Dort ist es zwar teuer, aber Positano eignet sich gut zum Baden und als Abfahrtsort für Fähre oder Tragflächenboot nach Capri. Ein Stück weiter liegt das ebenso beliebte **Praiano**.

Amalfi ist die größte Stadt an der Küste. Ihr ganzer Stolz ist ein Dom (10. Jh.) mit einer reich verzierten Fassade (13. Jh.). Amalfi war eine Seemacht, bevor sie 1131 von König Roger von Neapel unterworfen wurde. Ihre berühmtesten Bürger wurden im Chiostro del Paradiso (13. Jh.) neben dem Dom begraben, dessen Bau die Stadt vom oberen Ende einer langen Freitreppe überblickt. Er ist im lombardisch-normannischen Stil gehalten; im Kreuzgang findet man sarazenische Einflüsse. Amalfi ist ein überaus beliebter Ferienort.

Von **Ravello** hat man die beste Aussicht. Hoch über Amalfi gelegen, sind die schönsten Aussichtspunkte die Gärten der Villa Cimbrone und der Villa Rufolo. Der Blick von letzterer inspirierte Wagner zu *Parsifal*. Der Dom (11. Jh.) besitzt Portale von Barisano da Trani (1179) und eine verzierte Ambo aus dem 13. Jahrhundert auf sechs Spiralsäulen. Die Kapelle San Pantaleone enthält das Blut ihres Namenspatrons aus dem 4. Jahrhundert, das sich jährlich im Mai und August verflüssigt.

Ein Stück weiter, hinter **Atrani**, erinnern die Ruinen einer römischen Villa bei **Minori** daran, daß diese Küste schon immer ein Ferienziel war.

Das Städtchen Atrani an der Amalfi-Küste

Atemberaubender Blick auf das Städtchen Positano an der Amalfi-Küste

Salerno ●

Salerno. FS 🚌 ⛴ Salerno. 🛈 *Piazza Ferrovia (089-23 14 32).*

SALERNO IST EIN geschäftiger Hafen. 1943 landeten hier die Alliierten und hinterließen eine Ruinenstadt. Früher war sie berühmt für ihre medizinische Schule (12. Jh.); heute besucht man sie wegen des **Doms**, der im 11. Jahrhundert auf den Resten einer Kirche des 10. Jahrhunderts errichtet wurde. Am schönsten ist das Atrium, dessen Säulen aus Paestum stammen. In der Krypta liegt das Grab des heiligen Matthäus.

Im **Museo Diocesano** befindet sich der größte Teil des Domschatzes, unter anderem eine Paliotto genannte elfenbeinerne Altarwand (11. Jh.). Bevor Sie den Corso Vittorio Emanuele entlanggehen, besichtigen Sie im **Museo Provinciale** archäologische Funde.

UMGEBUNG: Die bergige Landschaft **Cilento**, südlich von Salerno, ist einsam und grenzt an eine hübsche, ruhige Küste, die nur wenig bevölkert ist. Zu den Küstenstädtchen gehört **Agropoli**, ein geschäftiger Badeort 42 Kilometer südlich von Salerno. Bei Castellammare di Velia, weitere 28 Kilometer im Südosten, findet man die Ruinen der griechischen Stadt **Elea** (gegründet im 6. Jh. v. Chr.), die einst für ihre Philosophenschule berühmt war. Sie wurde oft von Römern besucht – Cicero war hier, und Horaz kam auf Anweisung seines Arztes zu einer Badekur im Meer. Ausgrabungen förderten ein römisches Tor (4. Jh.), die Porta Rosa, zutage, ferner Thermen, ein Tempelfundament und Reste der antiken Akropolis.

🏛 **Museo Diocesano**
Via Duomo. 📞 089-23 35 68. 🕐 *tägl.*

🏛 **Museo Provinciale**
Via San Benedetto. 📞 089-23 11 35. 🕐 *Mo–Sa vorm.* ● *1. u. 3. Mo im Monat.*

Hera-Tempel I (links) und Poseidontempel in Paestum

Paestum ●

Zona Archeologica. 📞 *0828-81 10 16.* 🚌 *von Salerno.* FS *Paestum.* 🕐 *tägl. 9 – 1 Std. vor Sonnenuntergang.* **Museum** 🕐 *1. u. 3. Mo im Monat u. einige Feiertage.* 🎫 ♿

DIES IST DIE wichtigste antike griechische Siedlung in Kampanien südlich von Neapel. Die Griechen, die die Stadt am Rande der Piana del Sele im 6. Jahrhundert v. Chr.

Capri ●

Napoli. ⛴ *Capri.* 🛈 *Piazza Umberto I, Capri (081-837 06 86).* **Grotta Azzurra** ⛴ *von Marina Grande.* ● *bei ruhiger See.* **Certosa** *Via Certosa, Capri.* 📞 *081-837 62 18.* 🕐 *Di–So vorm.* ♿ **Villa Jovis** *Via Tiberio.* 🕐 *tägl.* 🎫

CAPRIS RUF ALS PARADIES der Genußsüchtigen wird fast von dem einer Touristenfalle übertroffen. Wie dem auch sei, die großartige Aussicht bleibt von den Massen unbeeinflußt. Heimat von Kaisern, Sitz von Klöstern, Exil, einstiges Reich von Ziegen und Fischern, wandelte sich das Schicksal der Insel im 19. Jahrhundert, als ihr Charme von Engländern und Deutschen entdeckt wurde. Heute gibt es so gut wie keine Nebensaison; Bauern führen kleine Hotels, und Fischer vermieten Boote. In Capri scheint ständig die Sonne, und die Insel gilt zu Recht als ein Garten Eden.

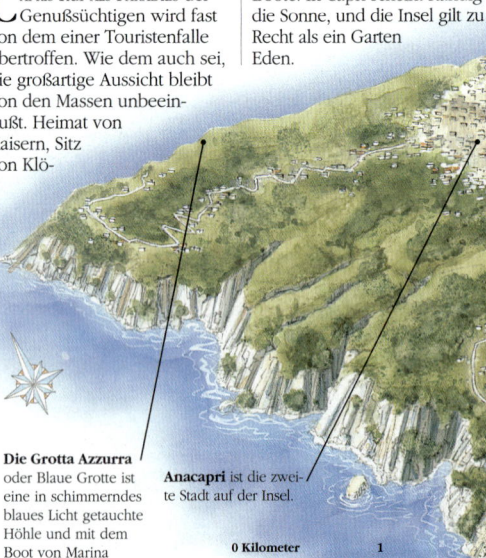

Der Hafen von Salerno

Die Grotta Azzurra oder Blaue Grotte ist eine in schimmerndes blaues Licht getauchte Höhle und mit dem Boot von Marina Grande erreichbar.

Anacapri ist die zweite Stadt auf der Insel.

0 Kilometer 1

NEAPEL UND KAMPANIEN

gründeten, nannten sie Poseidonia, Stadt des Poseidon. Die Römer eroberten sie 273 v. Chr. und tauften sie um. Sie verfiel und wurde im 9. Jahrhundert wegen der Malaria und der Sarazenenüberfälle verlassen. Im 18. Jahrhundert wurde sie wiederentdeckt.

Heute ist Paestum berühmt für drei dorische Tempel, die ausgezeichnet erhalten sind: die **Basilika** oder **Hera-Tempel I** (6. Jh. v. Chr.), der **Poseidontempel** (5. Jh. v. Chr.), der größte und vollständigste Tempel in Paestum, und der **Cerestempel**, zwischen den beiden anderen entstanden.

Ausgrabungen brachten die Reste der antiken Stadt ans Licht, ihre öffentlichen und religiösen Gebäude, Straßen und Schutzwälle. Die üppigen Funde sind in einem **Museum** zu sehen, unter anderem Grabmalereien und -schätze, einige Votivgaben aus Terrakotta, Gebäudefragmente und Statuen.

Blick vom höchsten Punkt von Procida, der Terra Murata

Ischia und Procida ❿

Napoli. Ischia Porto u. Procida Porto.
Via Iasolino, Ischia (081-99 11 46); Via Roma, Procida (081-810 19 68).

ISCHIA IST DIE größte Insel im Golf von Neapel und mit ihren Badeorten, Thermalquellen, Heilsandstellen und preiswerten Hotels fast so beliebt wie ihre glanzvollere Nachbarin Capri. Fähren landen in **Ischia Porto**, dem Hafen und modernen Teil der Stadt **Ischia**. **Ischia Ponte**, der ältere Teil, liegt einen kurzen Fußweg entfernt. Die Nord- und Westküste sind erschlossen; am ruhigsten ist der Südteil der Insel. Hier wird das Dorf **Sant'Angelo** vom mächtigen, lange erloschenen Vulkan **Epomeo** überragt, dessen Gipfel von 788 Meter Höhe eine herrliche Aussicht über den Golf auf Neapel bietet.

Procida ist das graue Mäuschen neben Ischia und Capri, sehr klein (nur 3,5 km lang) und weniger von Besucherscharen heimgesucht. Trotzdem kann man bei **Chiaiolella** gut baden, und es gibt wie auf Ischia preiswerte Übernachtungen. Die baufällige Hauptstadt heißt ebenfalls **Procida**; hier befindet sich der Hauptfährhafen **Marina Grande**.

Vom Norden der Insel blickt man auf den Vesuv und den Golf von Neapel.

Capri ist der Hauptort der Insel.

Marina Grande
Dies ist Capris Hauptanlegeplatz für Fähren von Neapel und anderen Häfen der tyrrhenischen Küste. Eine Reihe bunter Häuser blickt über den Hafen.

I Faraglioni

Marina Piccola erreicht man über die Via Krupp.

Villa Jovis
Die kaiserliche Villa bedeckt ein enormes Areal; von hier aus regierte Tiberius in seinen letzten Jahren das Römische Reich.

Certosa di San Giacomo
Das Kartäuserkloster wurde 1371 auf der Ruine einer Tiberius-Villa erbaut und 1808 aufgelöst; heute ist es teilweise eine Schule. Die fernen Felsen sind I Faraglioni.

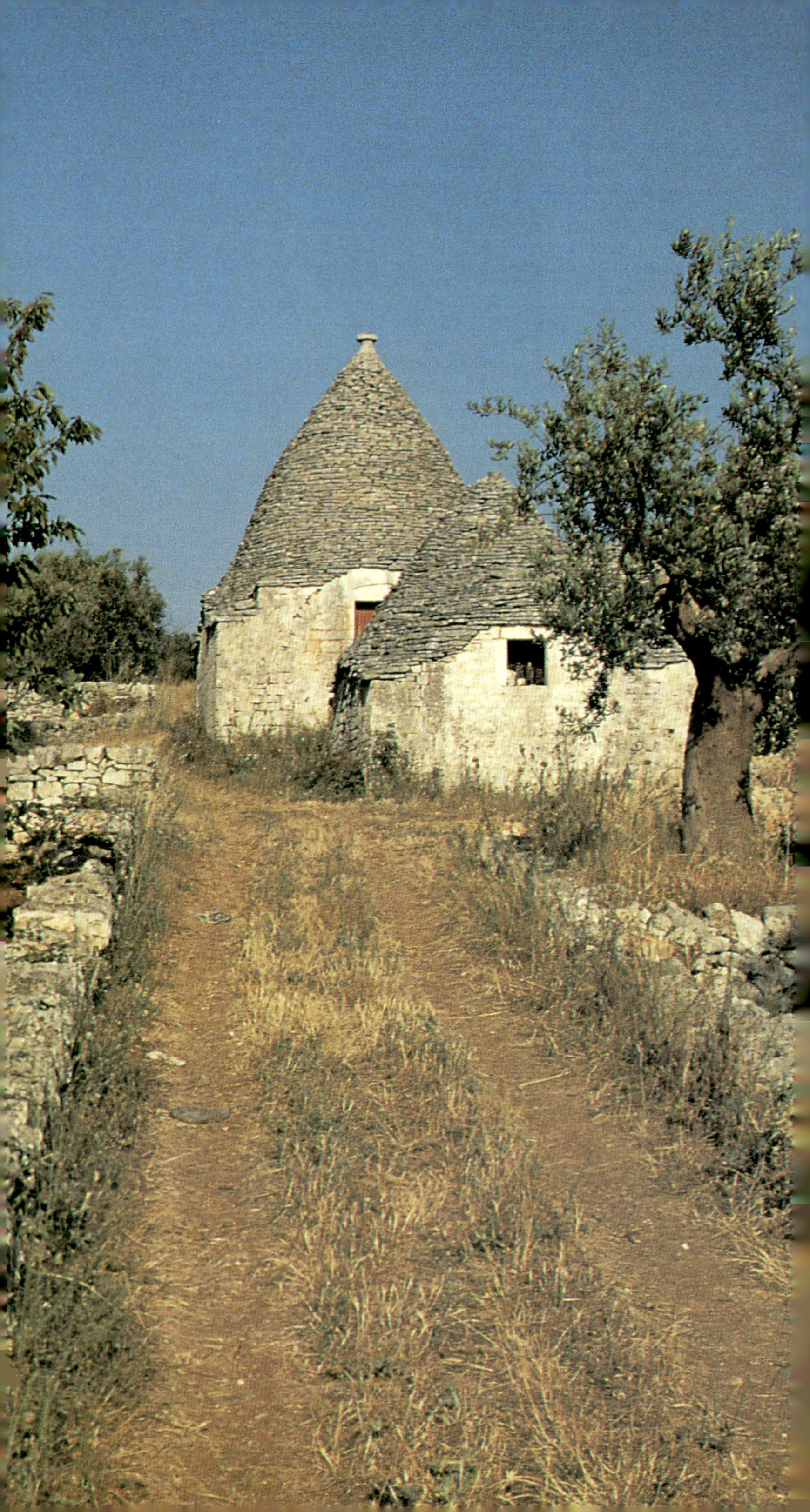

Abruzzen, Molise und Apulien

Apulien ist der »Absatz« des italienischen Stiefels, die Halbinsel Gargano der »Sporn«, und die Abruzzen und das Molise bilden den »Knöchel«. Die Bergregionen der Abruzzen und des Molise erstrecken sich entlang der Südostküste von Italien; sie waren bis 1963 vereint und unterscheiden sich kraß vom reichen Apulien.

Die Abruzzen und das Molise sind dünn besiedelt und still. In der mittleren Bronzezeit wurde die rauhe Landschaft von Apenninstämmen bewohnt, später von den Römern unterworfen, von den Normannen im 12. Jahrhundert vereint und danach von einer Reihe neapolitanischer Dynastien beherrscht. Die Abruzzen sind ein düsteres, in sich gekehrtes Land von Schafhirten. Schwindelnde Abgründe behindern den Zugang zu Bergdörfern, die sich halbverlassen an hohe Berge klammern. Das Molise ist weniger dramatisch, aber in beiden Regionen ist das Leben einfach. Legenden von Hexen halten sich ebenso wie Fruchtbarkeitsriten und Rituale, die den Wechsel der Jahreszeiten feiern.

Apulien hat seinen armen Nachbarn voraus, daß es fast eben und sehr fruchtbar ist. Es produziert die größten Mengen Olivenöl und Wein in Italien, und seine Städte – Lecce, Bari und Tarent – sind lebhafte Handelszentren. Lange stand die Gegend unter griechischem Einfluß, doch das Goldene Zeitalter kam erst unter normannischer Herrschaft und dann unter der von Friedrich II., der zwischen seiner Rückkehr aus Deutschland als Kaiser und seinem Tod 30 Jahre später nur vier Jahre außerhalb des Landes verbrachte.

In Apulien gibt es herrliche Architektur. Die *trulli*-Häuser in Zentralapulien, der Barock von Lecce und die Atmosphäre der Handelsstädte vervollständigen das Bild einer alten Landschaft, die stets mehr dem Einfluß anderer Länder als dem Italiens unterworfen war.

Traditionelle Kleidung im Städtchen Scanno in den Abruzzen

◁ **Die merkwürdigen *trulli*-Häuser in Zentralapulien, besonders häufig bei Alberobello und Locorotondo**

Überblick: Abruzzen, Molise und Apulien

BEHERRSCHT VOM REICHEN APENNIN, ist das Hinterland der Abruzzen und des Molise eine der letzten Wildnisse in Italien. Mit 2912 Metern ist der Gran Sasso der höchste Gipfel. Teile der Abruzzen sind von dichtem Wald bedeckt. Typisch für das Molise sind Hochebenen, sanfte Täler und einsame Gipfel. Zur spektakulären Halbinsel Gargano in Apulien gehört eine schöne Küste. Nach Süden erstreckt sich die fruchtbare Ebene von Tavoliere, und weiter im Süden zieht sich eine Reihe von Hochplateaus *(murge)* hinab zur trockenen Halbinsel Salentine und zur Adria.

Die ungewöhnlichen *trulli*-Häuser in Alberobello in Zentralapulien

UNTERWEGS

Die nördlichen Abruzzen sind gut erschlossen durch die A24 und A25, und die N17 durchquert das Innere der Abruzzen und des Molise. Die Küstenstraße (A14) führt nach Süden durch die Abruzzen und das Molise nach Apulien. Hinter Foggia trifft sie auf die N16 nach Tarent. Brindisi erreicht man von Bari oder Tarent. Die Straßen sind gut. Die großen Zentren werden von Zügen und Bussen angefahren, entlegenere Orte nur von Bussen.

Küste bei Vieste auf der schönen Halbinsel Gargano in Apulien

0 Kilometer 50

LEGENDE

- Autobahn
- Hauptstraße
- Nebenstraße
- Panoramastraße
- Fluß
- Aussichtspunkt

ABRUZZEN, MOLISE UND APULIEN

Auf einen Blick

Alberobello ⑮
Atri ②
Bari ⑭
Castel del Monte ⑫
Galatina ⑱
Gargano ⑧
Isole Tremiti ⑦
L'Aquila ①
Lanciano ⑥
Lecce S. 496f ⑰
Lucera ⑨
Otranto ⑲
Parco Nazionale d'Abruzzo
  S. 490f ⑤
Ruvo di Puglia ⑬
Scanno ④
Sulmona ③
Tarent ⑯
Trani ⑪
Troia ⑩

Gipfel des Gran Sasso nördlich von L'Aquila in den Abruzzen

Der überbordende Barock von Lecce, hier sichtbar an der Fensterrosette von Santa Croce

Siehe auch

- *Übernachten* S. 571f
- *Restaurants* S. 604f

Fassade von Santa Maria di Collemaggio in L'Aquila

L'Aquila ❶

64 000. FS Via XX Settembre (0862-223 06). tägl.

DIE HAUPTSTADT der Abruzzen liegt am Fuße des **Gran Sasso**, der höchsten Erhebung Italiens südlich der Alpen. An ihren alten Straßen drängen sich Kirchen und Herrenhäuser. **Santa Giusta** (1257) an der Via Santa Giusta hat eine schöne Fensterrosette und ein Martyrium des heiligen Stefanus (1615) von Cavalier d'Arpino. **Santa Maria di Paganica** an der Via Paganica besitzt eine Fassade aus dem 14. Jahrhundert und ein geschnitztes Portal. Der **Dom** (1257) an der Piazza del Duomo wurde im 18. Jahrhundert umgestaltet und später vergrößert.

Die Kirche **Santa Maria di Collemaggio** an der Piazza di Collemaggio ist ein wuchtiger Bau aus rosafarbenem und weißem Stein. Sie wurde von Pietro dal Morrone erbaut (13. Jh.), dem späteren Papst Cölestin V.
San Bernardino an der Via di San Bernardino enthält das Grab (1505) des heiligen Bernhardin von Siena von Silvestro dell'Aquila. Die Kirche, erbaut von 1454 bis 1472, besitzt eine Fassade (1527) von Cola dell'Amatrice und eine geschnitzte Decke aus dem 18. Jahrhundert von Ferdinando Mosca. In der zweiten Kapelle im Südschiff befindet sich ein Altar des Renaissancekünstlers Andrea della Robbia.

Der mittelalterliche Brunnen **Fontanelle delle Novantanove Cannelle** am Ende der Via San Iacopo erinnert an die 99 Dörfer, die Friedrich II. angeblich vereinte, als er 1240 L'Aquila gründete.

Das **Museo Nazionale d'Abruzzo** in der Burg aus dem 16. Jahrhundert enthält die Überreste eines urzeitlichen Elefanten, römische Funde und religiöse Kunstwerke.

UMGEBUNG: Nördlich von L'Aquila liegen die Ruinen eines **Theaters** und **Amphitheaters** des antiken **Amiternum**, einer Stadt der Sabiner, später römisch, und der Geburtsort des Historikers und Politikers Sallust (86– um 35 v. Chr.).

🏛 Museo Nazionale d'Abruzzo

Castello Cinquecentesco. 0862-63 31. tägl. 1. Jan, Ostern, 25. Dez.

Detail der Fontanelle delle Novantonove Cannelle in L'Aquila

Atri ❷

Teramo. 11 000. Mo.

ATRI IST das hübscheste von mehreren Bergstädtchen, ein Gewirr von Treppen, Gassen und Durchgängen, gesäumt von Kirchen und Häusern. Der **Dom** aus dem 13. Jahrhundert steht an der Stelle einer römischen Therme; die Krypta war einst ein Schwimmbecken. Ebenfalls in der Apsis befindet sich der großartige Freskenzyklus von Andrea Delito aus dem 15. Jahrhundert, auf dem er Landschaft und Architektur mit verschiedenen religiösen Szenen aus dem Alten und Neuen Testament verband. Vom Kreuzgang kann man den Glockenturm aus dem 15. Jahrhundert sehen.

UMGEBUNG: Südlich von Atri liegt das Bergdorf **Penne**. Es ist bemerkenswert einheitlich mit Gebäuden aus rötlichen Ziegeln gestaltet, die dem Dorf einen warmen Schimmer verleihen. **Loreto Aprutino**, östlich von Atri, ist bekannt für sein Fresko *Das Jüngste Gericht* (14. Jh.) in der Kirche Santa Maria in Piano.

Freskodetail aus dem 15. Jahrhundert im Dom von Atri

Sulmona ❸

L'Aquila. 24 000. FS Corso Ovidio 208 (0864-532 76). Mi, Sa.

DIE STADT IST die Heimat von Ovid und berühmt für *confetti* (gezuckerte Mandeln). In den Abruzzen wird das Brautpaar nach der Hochzeit mit *confetti* beworfen, was Glück bringen soll. Sulmona ist voller alter Gebäude, besonders entlang der mittelalterlichen **Via dell'Ospedale**; das verleiht ihr eine bezaubernde Atmosphäre. Die schönste

Sehenswürdigkeit ist die **Annunziata** am Corso Ovidio. Der Palast wurde 1320 begonnen und vereinigt gotischen Stil mit dem der Renaissance. Im Inneren befindet sich das **Museo Civico** mit historischen Gegenständen aus der Umgebung. Die zum Komplex gehörende Kirche **Annunziata** mit ihrer stattlichen Barockfassade wurde im 18. Jahrhundert umgestaltet.

Am Ende des Viale Matteotti steht der Dom von **San Panfilo**. **San Francesco della Scarpa** an der Piazza del Carmine besitzt ein Portal aus dem 13. Jahrhundert. Ein Aquädukt schlängelt sich daran vorbei bis zur **Fontana della Vecchia** (1474); früher versorgte es die örtlichen Handwerker.

UMGEBUNG: Östlich von Sulmona liegt die Maiella, ein Bergmassiv aus 61 Gipfeln. In Cocullo im Westen findet im Mai die Processione dei Serpari (Schlangenfest) statt, bei der eine Statue des Schutzheiligen, Domenico Abate, mit Schlangen behangen und durch die Stadt getragen wird. Er soll im 11. Jahrhundert die Gegend von giftigen Schlangen befreit haben.

🏛 Museo Civico
Palazzo dell'Annunziata, Corso Ovidio.
📞 0864-21 02 16. ⭘ Di–So.

DER LATEINISCHE DICHTER OVID

Ovid (Publius Ovidius Naso), geboren 43 v. Chr., war der berühmteste Sohn der Stadt Sulmona. Es erinnert jedoch nur noch wenig an ihn außer dem **Corso Ovidio**, einer modernen Statue auf der Piazza XX Settembre und einer Ruine vor der Stadt, die als **Ovids Villa** bekannt ist. Er war einer der größten Dichter des klassischen Roms und schrieb über Liebe (*Ars Amatoria*) und Mythologie (*Metamorphosen*). Im Jahre 8 wurde er ins Exil ans Schwarze Meer verbannt, der äußersten Ecke des Römischen Reiches, nachdem er zusammen mit Julia, der Enkelin des Kaisers Augustus *(siehe S. 44f)*, in einen Ehebruchskandal verwickelt gewesen war. Ovid schrieb über sein Elend; er starb 17 n. Chr. im Exil.

Scanno ❹

L'Aquila. 🚶 2400. 🚌 ℹ *Piazza Santa Maria della Valle 12 (0864-743 17).* ⭘ *Di.*

DAS MITTELALTERLICHE Bergstädtchen ist außerordentlich gut erhalten und mit seiner Lage in wildromantischer Landschaft eines der beliebtesten Ausflugsziele in den Abruzzen. Es gibt Gassen und enge Treppen, verwinkelte Höfe, in die kleine Kirchen gedrängt wurden, und uralte Herrenhäuser, durch deren Fenster man Frauen beim Spitzenhäkeln oder Sticken beobachten kann. Die Stadt liegt im Schatten der Gipfel des Apennins und am hübschen **Lago di Scanno** und ist ein guter Rastplatz auf dem Weg in den Parco Nazionale d'Abruzzo *(siehe S. 490 f)*. Im Sommer ist es hier am lebhaftesten, man kann reiten, rudern und am See campen, und im August findet ein Festival klassischer Musik statt. Bei der Festa di Sant'Antonio Abate im Januar wird vor der Kirche **Santa Maria della Valle**, die über einem heidnischen Tempel errichtet wurde, eine riesige Lasagne zubereitet.

Traditionelle Tracht in Scanno

Die hohen Gipfel des Apennins ragen über der mittelalterlichen Stadt Scanno in den Abruzzen auf

Parco Nazionale d'Abruzzo ❺

DER GROSSE PARK mit der abwechslungsreichen Landschaft aus hohen Gipfeln, Flüssen, Seen und Wäldern ist eines der bedeutendsten Naturschutzgebiete in Europa. 1877 war er Teil eines königlichen Jagdgebiets; heute bildet er eine Zuflucht für über 40 Säugetier-, 30 Reptilien- und 300 Vogelarten, unter anderem den Steinadler und einen seltenen Specht. Durch ihn führt ein dichtes Netz von Wanderwegen, und man kann reiten, Ski und Kanu fahren, was den Park für Besucher sehr attraktiv macht.

Iris

Steinadler kann man am Sangro beobachten.

Junge Gemse
Dichte Buchen- und Ahornwälder schützen die Abruzzen-Gemse. Es gibt auch Hirsche und Rehe.

Buchen- und Fichtenwälder verschönern die Landschaft.

Pescasseroli
Das Städtchen ist ein Informationszentrum für die ganze Gegend. Sie ist auf Touristen eingerichtet, hat mehrere Hotels, und in der Nähe befinden sich Wintersportmöglichkeiten.

Apennin-Wölfe
Der Park bietet Schutz für den Apennin-Wolf; es leben etwa 30 Wölfe hier. Einen davon zu erblicken ist jedoch unwahrscheinlich.

Apennin-Braunbär
Früher wurde der Bär fast bis zur Ausrottung gejagt; heute leben im Park zwischen 80 und 100 Bären.

ABRUZZEN, MOLISE UND APULIEN

INFOBOX

L'Aquila. FS Avezzano oder Alfedena, dann Bus bis Pescasseroli. Pescasseroli.
Viale Santa Lucia, 6, Pescasseroli (0863-91 07 15).

Reiten
Mit Ponys hat man eine gute Möglichkeit, die entlegeneren Ecken des Parks zu erkunden.

Die Chamosciara ist eine schöne Landschaft und Heimat vieler Tiere.

Barrea-See
Der See ist durch die Aufstauung des Flusses Sangro entstanden und von Wäldern umgeben, in denen man wandern und reiten kann.

Dichte Wälder
Buchen- und Ahornwälder, durchsetzt mit Hainbuchen, Eschen und Weißdorn, schützen die früher gejagten Bären und Wölfe.

LEGENDE
- Hauptstraße
- Nebenstraße
- Wanderweg
- Aussichtspunkt
- Auskunft

0 Kilometer 5

Lanciano ❻

Chieti. 50 000. FS
Piazza Plebiscito (0872-71 49 59).
Mi, Sa.

Für grosse Teile der Altstadt von Lanciano ist die Zeit im Mittelalter stehengeblieben. Im verfallenden Stadtteil Civitanova findet man die Kirche **Santa Maria Maggiore** aus dem 13. Jahrhundert mit einem großartigen Portal und einem silbernen Prozessionskreuz (1422) von Nicola da Guardiagrele. Hier stehen auch **Sant'Agostino** (14. Jh.) und die heute nicht mehr benutzte **San Biagio** (begonnen um 1059), außerdem die **Porta San Biagio** aus dem 11. Jahrhundert. Auf der Ruine einer römischen Brücke aus der Zeit Diokletians erhebt sich der **Dom** mit dem Glockenturm aus dem 17. Jahrhundert.

Die Ripa Sacca (jüdisches Ghetto) war im Mittelalter, der Blütezeit Lancianos, ein lebhaftes Handelszentrum. Zu dieser Zeit wurden die mächtigen Mauern der **Torri Montanara** als Bollwerk von den Aragoniern errichtet.

Isole Tremiti ❼

Foggia. San Nicola. Via Perrone 17, Foggia (0881-72 36 50).

Von allen Inseln vor der italienischen Küste werden sie am wenigsten von ausländischen Touristen besucht. Die größte ist **San Domino**, mit Sandstrand und geschützten Buchten. Julia, Enkelin von Kaiser Augustus, wurde 8 n. Chr. wegen Ehebruchs hierher verbannt und starb 28 n. Chr. Angeblich war der Dichter Ovid beteiligt (siehe S. 489).

San Nicola ist das Verwaltungszentrum der Inselgruppe und besitzt ein wichtiges Denkmal aus dem 11. Jahrhundert: **Santa Maria a Mare**. Im 8. Jahrhundert als befestigte Abtei gegründet, wurde sie seit dem späten 18. Jahrhundert als Gefängnis genutzt und war bis 1945 ein Ort, an dem politische Gefangene interniert wurden.

Küste bei Peschici auf der Halbinsel Gargano

Gargano ❽

Foggia. FS 🚌 ℹ️ *Corso Manfredi 26, Manfredonia (0884-58 19 98).*

D IE HALBINSEL GARGANO ist ein hoher, felsiger Sporn, der in das Adriatische Meer hineinragt. Die Küstenorte **Rodi Garganico**, **Peschici**, **Vieste** und **Manfredonia** sind beliebte Ferienziele. Im Osten liegt die **Foresta Umbra**, ein großes Waldgebiet mit Buchen, Eichen, Eiben und Fichten, und im Norden erstrecken sich die Salzseen **Lesina** und **Varano**, ein Paradies für Wasservögel. Durch den Gargano führt eine alte Pilgerstraße (N272) von **San Severo** im Westen bis zum Schrein bei **Monte Sant'Angelo** im Osten. Den ersten Halt bildet **San Marco in Lamis**, das von einem großen Kloster aus dem 16. Jahrhundert beherrscht wird. Ein Stück weiter suchen Pilger in **San Giovanni Rotondo** Heilung bei Padre Pio (1887–1968), einem hier begrabenen Wunderheiler. Die letzte Station ist **Monte Sant'Angelo** mit der Grotte, in der nach der Legende 490 der Erzengel Michael dem Bischof von Sipontum erschien.

Südlich von Manfredonia, bei den Ruinen der antiken Stadt Siponto, steht die orientalisch anmutende Kirche **Santa Maria di Siponto** aus dem 12. Jahrhundert.

Typische Straßenszene in Vieste auf der Halbinsel Gargano

Lucera ❾

Foggia. 🏛️ *43 000.* 🚌 🍴 *Mi.*

D IE STADT WAR EINST eine blühende römische Kolonie; am nordöstlichen Stadtrand findet man noch die Ruine eines römischen **Amphitheaters**. Lucera wurde im 13. Jahrhundert eine der stärksten Festungen in Süditalien, und seine **Burg** gehört zu den großartigsten von Apulien. Sie wurde 1233 von Friedrich II. erbaut und nach 1269 von Karl I. erweitert; ihre 900 Meter lange Wehrmauer ist von 24 Türmen unterbrochen. Von Friedrichs ursprünglichem Kastell ist nur das Fundament erhalten.

Um 1300 begann Karl II., der die meisten Sarazenen von Lucera hatte umbringen lassen, auf den Resten ihrer Moschee mit dem Bau des reizvollen **Doms**. In ihm mischen sich gotischer und romanischer Stil. Das hohe, lichte Mittelschiff ist mit Fresken und Schnitzereien ausgekleidet.

Im **Museo Civico Fiorelli** sind Szenen aus Luceras Geschichte dargestellt.

🏛️ **Museo Civico Fiorelli**
Via de Nicastri 44. 📞 *0881-54 70 41.*
⭕ *Di–So.* 🎟️

Burgruine von Lucera

Troia ❿

Foggia. 🏛️ *33 000.* 🚌 🍴 *1. u. 3. Sa im Monat.*

T ROIA WURDE 1017 als Festung gegen die Lombarden gegründet und fiel 1066 an die Normannen. Bis Friedrich II. die Stadt 1229 zerstörte, stand sie unter der Herrschaft von mehreren mächtigen Bischöfen, die einige der bemerkenswertesten Gebäude Apuliens errichteten, so den **Dom** von Troia *(siehe S. 462f).*

Der Bau begann 1093 und dauerte über 30 Jahre; die unterschiedlichsten Stile wurden dabei verwendet. Erfolgreich wurden lombardische, sarazenische und byzantinische Elemente mit denen des pisanisch-romanischen Stils verschmolzen.

Das untere Stockwerk des Doms ist mit eleganten Blendarkaden geschmückt. Die oberen Geschosse werden durch

ABRUZZEN, MOLISE UND APULIEN

kühne Bildhauerarbeit hervorgehoben – vorspringende Löwen und Stiere.

Der Haupteingang mit einem Bronzeportal (1119) von Oderisio da Beneventano wird eingerahmt von gehauenen Kapitellen und einem Architrav in byzantinischem Stil. Im Inneren befindet sich eine romanische Kanzel (1169).

Trani ⑪

Lecce. 45 000. FS Piazza della Repubblica (0883-432 95). Di.

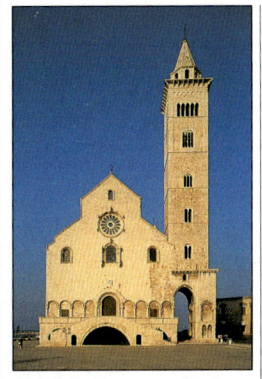

Fassade des Duomo von Trani

IM MITTELALTER WIMMELTE ES IN der kleinen, weißgetünchten Hafenstadt von merkantilem Leben und Händlern aus Genua, Amalfi, Pisa und Ravello. Sie erreichte ihre Blütezeit unter Friedrich II.

Heute ist ihr Hauptanziehungspunkt der **Dom** an der Piazza Duomo, der größtenteils von 1159 bis 1186 auf den Resten einer älteren Kirche errichtet wurde, deren Vorgänger, die Ipogei di San Leucio, aus dem 6. Jahrhundert stammt. Er ist Nikolaus dem Pilger gewidmet, einem wenig bekannten Wundertätigen (gest. 1094), der heiliggesprochen wurde aus Rivalität mit der Stadt Bari, die die Knochen eines anderen, bekannteren heiligen Nikolaus, besaß. Das eindruckvollste äußere Merkmal des Doms sind die Statuen, vor allem die um die Fensterrosette und die Bogenfenster darunter, sowie das reich verzierte Eingangsportal mit Bronztüren (1175–79) von Barisano da Trani. Kürzliche Restaurierung brachte die lebendige Innenausstattung wieder ans Licht.

Neben dem Dom befindet sich die **Burg** (1233–49), die von Friedrich II. erbaut wurde. Im 14. und 15. Jahrhundert umgestaltet, präsentiert sie sich wohlerhalten mit einer steil zur See abfallenden Mauer.

Eine Besonderheit ist der **Palazzo Caccetta** an der Piazza Trieste, ein gotisches Stadthaus aus dem 15. Jahrhundert. An der Via Ognissanti steht die romanische Kirche **Ognissanti** aus dem 12. Jahrhundert; die Kapelle der Tempelritter, die sie im Hof ihres Hospizes erbauten, ist wegen des originalen Portikus beachtenswert.

Castel del Monte ⑫

Località Andria, Bari. Comune (0883-56 98 48). Apr–Sep Di–Sa 9–17 Uhr; Okt–März Di–Sa 9–13 Uhr. 25. Dez.

Friedrich II.

EINSAM AUF DER endlosen Ebene bei Ruvo di Puglia gelegen, übertrifft das Castel del Monte, begonnen 1240, jede andere Burg von Friedrich II. Es ist eines der durchdachtesten weltlichen Bauwerke des Mittelalters. Der Kaiser hatte vielfältige Interessen, und er nutzte seine Burgen als Jagdschlösser, in die er sich mit seinen Falken, Büchern und Briefen zurückziehen konnte. Im Inneren gibt es zwei Stockwerke, jedes mit acht reizvollen Sälen mit Rippengewölbe, einige noch mit Marmor ausgelegt, die zusammen mit den Marmorskulpturen am Eingang und dem oberen Stockwerk sowie den ausgetüftelten Waschgelegenheiten die Burg zu einem Palast machen.

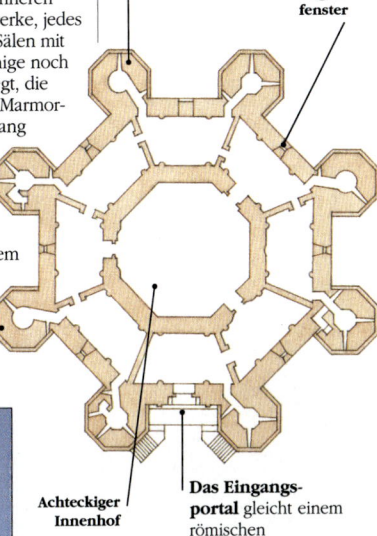

Achteckiger Turm

Anmutige Bogenfenster

Dicke, unüberwindbare Mauern

Achteckiger Innenhof

Das Eingangsportal gleicht einem römischen Triumphbogen.

GRUNDRISS DER BURG

Das Gebäude ist eine geometrische Konstruktion mit zwei Stockwerken zu je acht Räumen. Der Grund für eine solche genaue Planung dieses riesigen Achtecks ist bis heute ein Geheimnis.

Die Burg steht einsam auf einer Hügelkuppe

Ruvo di Puglia

Bari. 24 000. Sa.

DIE KERAMIKHERSTELLUNG in Ruvo di Puglia war einst für ihre »apulischen« Vasen berühmt. Es wurden archaische korinthische und attische Vorlagen benutzt, und der Stil orientierte sich an dem leuchtenden Rot und Schwarz der Originale. Das **Museo Archeologico Nazionale Iatta** bietet einen guten Überblick.

Der **Dom** aus dem 13. Jahrhundert ist ein Beispiel für den apulisch-romanischen Stil; im Portal vermischen sich byzantinische, sarazenische und klassische Motive.

🏛 Museo Archeologico Nazionale Iatta
Piazza Bovio 35. 081-81 28 48.
tägl. 1. Jan, 1. Mai, 25. Dez.

Bari

500 000. Piazza Aldo Moro 33 (080-524 22 44). tägl.

DAS RÖMISCHE Barium war ein einfaches Handelszentrum, aber unter den Sarazenen wurde es 847 Provinzhauptstadt und später Sitz des *catapan,* des byzantinischen Gouverneurs von Süditalien. Unter den Normannen, die es 1071 eroberten, entwickelte es sich zu einer bedeutenden Seemacht, die sich mit Venedig messen konnte. Heute ist es die geschäftige Hauptstadt Apuliens.

Die **Basilica di San Nicola**, eine der ersten großen normannischen Kirchen in Apulien (begonnen 1087), diente anderen als Vorbild. Ihre schlichte, hohe Giebelwand flankieren Türme. Das Portal ist apulisch-romanisch mit Bildhauerei auf dem Rahmen und Bogen in arabischem, byzantinischem und klassischem Stil. Hinter dem Chorgestühl befinden sich ein schöner Altarbaldachin aus dem 12. Jahrhundert und ein Bischofsthron (11. Jh.). Die Reliquien des heiligen Nikolaus sind in der Krypta begraben.

Der apulisch-romanische **Dom** aus dem späten 12. Jahrhundert ist nach dem Vorbild von San Nicola erbaut, mit einer Kuppel und einem erhaltenen Turm (der andere stürzte 1613 bei einem Erdbeben ein). Die Barockportale an der Eingangsseite umfassen Eingänge aus dem 12. Jahrhundert. Das Innere wurde wieder in mittelalterlicher Schlichtheit eingerichtet. Der Baldachin über dem Hauptaltar, die Kanzel und der Bischofsthron wurden nach Fragmenten der Originale rekonstruiert. Die Sakristei, die als Taufkapelle angelegt wurde, heißt auch »Trulla«. In der Krypta befinden sich die Gebeine des heiligen Sabino, des ursprünglichen Schutzheiligen von Bari.

Sehenswert ist auch das **Kastell** von Roger II., das Friedrich II. 1233–39 umbauen ließ.

Detail des Domportals in Ruvo di Puglia

Skulptur im Schloß von Bari

Das Kastell in Baris Altstadt, in der sich die meisten Sehenswürdigkeiten befinden

Alberobello

Bari. FS nach Alberobello u. Ostuni.
Piazza del Popolo (080-72 19 16).

In der trockenen, fast wüstenartigen Landschaft namens **Murge dei Trulli** gibt es viele Olivenhaine, Obst- und Weingärten und *trulli*. Letztere sind seltsame, runde Gebäude mit kegelförmigen Dächern und Kuppeldecken, erbaut aus hier gebrochenem Kalk ohne Mörtel. Die Mauern und Öffnungen sind meist getüncht, die steinernen Dachziegel entweder roh oder mit religiösen Symbolen oder Motiven aus der Volkskunst bemalt. Einige sind modernisiert, andere dienen als Bauernhäuser oder Lagerscheunen. Ihre Herkunft ist unklar; der Name wird in dieser Gegend traditionell für antike Rundgräber aus der Römerzeit verwendet.

Alberobello ist die Hauptstadt der *trulli* und damit eine Touristenattraktion. Die merkwürdigen weißen Häuser drängen sich an den engen Straßen, es gibt *trulli*-Restaurants und -geschäfte und sogar einen *trulli*-Dom.

Weißgetünchte, sonnengedörrte *trulli* in Alberobello

Umgebung: Das Bergdorf **Locorotondo** gehört zu den hübschesten Orten der Gegend, und das labyrinthische **Martina Franca** mit seinen Rokoko-Straßenbalkonen ist das vornehmste. Hier findet Ende Juli oder Anfang August ein Musikfestival statt, das Festivale della Valle d'Itria.

Aphrodite im Museum von Tarent

Tarent

245 000. FS Corso Umberto 113 (099-459 34 03).
Mo, Fr.

Wenig ist von der antiken Stadt Taras geblieben, die 708 v. Chr. von den Spartanern gegründet wurde. Ihre Blütezeit erlebte sie unter dem Philosophen und Forscher Archytas Mitte des 4. Jahrhunderts v. Chr. Im **Museo Archeologico Nazionale** verraten archäologische Funde viel über die frühe Geschichte Apuliens. Tarent ist umringt von Schwerindustrie, besonders im Bezirk Borgo. Die pittoreske **Città Vecchia**, eine Insel zwischen dem Mare Grande und dem Mare Piccolo, war einst die römische Feste Tarentum. Auf dem hektischen Fischmarkt werden immer noch Muscheln verkauft, wofür die Stadt früher berühmt war. Hier steht auch der **Dom**. Er wurde 1071 erbaut und anschließend häufig umgestaltet. Beachtenswert sind die katakombenartige Krypta mit Sarkophagen und Freskenresten und die antiken Marmorsäulen im Mittelschiff. Dahinter befindet sich die Kirche **San Domenico Maggiore** aus dem 11. Jahrhundert, an die später eine barocke zweiflügelige Freitreppe angebaut wurde. Das mächtige **Kastell**, erbaut von Ferdinand I. von Aragón (15. Jh.), bildet die Ostecke der Città Vecchia; eine Drehbrücke verbindet es mit dem Festland.

Museo Archeologico Nazionale

Corso Umberto 141. 099-459 04 11. tägl. (Nov–März nur vorm.).
1. Jan, Ostern, 25. Dez.

Die Tarantella

Der lebhafte und anmutige italienische Volkstanz Tarantella entstand aus dem Tarantismus – der Hysterie, die in Italien vom 15. bis zum 17. Jahrhundert auftrat, besonders in Tarent. Angebliche Opfer eines Tarantelbisses sollten sich heilen können, indem sie so heftig tanzten, daß sie das Gift ausschwitzten. Der Tanz besteht aus kurzen, schnellen Schritten und einem »neckenden« Flirten. Das seltsame Ritual kann man jährlich am 28. und 29. Juni beim Peter-und-Pauls-Fest in Galatina erleben, dem einzigen Ort auf der Halbinsel Salentina, in dem das Phänomen Tarantismus noch vorkommt.

Im Detail: Lecce ⑰

Die Stadt an der Spitze der Halbinsel Salentina war einst eine griechische Ansiedlung. Sie wurde zu einem bedeutenden Zentrum des Römischen Reiches; im Mittelalter bildete sich eine Tradition von Gelehrten heraus. Viele Gebäude sind im Barockstil von Lecce erbaut, der im 17. Jahrhundert beliebt war. Der durch reiche Figurendekoration charakterisierte Stil basiert wahrscheinlich auf dem Baumaterial *pietra di Lecce* – ein leicht zu behauender Stein. Giuseppe Zimbalo (Lo Zingarello) war der größte Meister dieses Stils.

Fassadendetail, Santa Croce

★ **Palazzo Vescovile und Dom**
Der Bischofspalast (1632 umgestaltet), daneben der Dom von Lo Zingarello (nach 1659) und ein Seminar umschließen die Piazza Duomo.

Chiesa del Rosario
Sie gilt als das schönste Werk von Lo Zingarello (begonnen 1691). Die Fassade ist reich verziert in seinem typischen Stil.

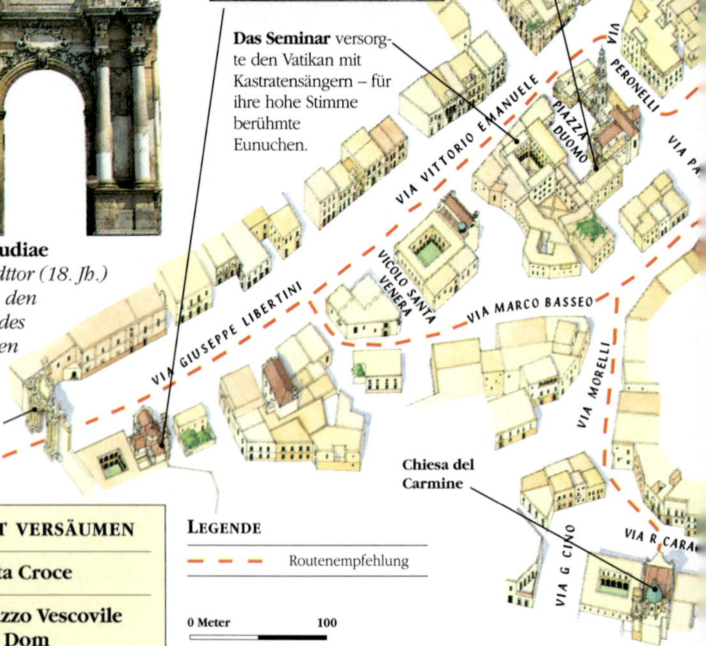

Das Seminar versorgte den Vatikan mit Kastratensängern – für ihre hohe Stimme berühmte Eunuchen.

Porta Rudiae
Das Stadttor (18. Jh.) führt zu den Ruinen des römischen Rudiae.

Chiesa del Carmine

Nicht versäumen
★ Santa Croce

★ Palazzo Vescovile und Dom

Legende
– – – Routenempfehlung

0 Meter 100

ABRUZZEN, MOLISE UND APULIEN

INFOBOX

105 000. Viale Oronzo Quarta. Torre del Bel Luogo. Via Monte San Michele, 20 (0832-31 41 17). Mo, Fr. Sant'Oronzo: 28. Aug.; Festa dei Pupi e Pastori: 3.–25. Dez.

★ Santa Croce
Erbaut 1549–1679: Gabriele Riccardi begann die Fassade und das Innere, und Lo Zingarello entwarf die Fensterrosette und den Giebel.

Das Kastell (16. Jh.) liegt zwischen der alten Stadt und den modernen Vororten. Der innere Bau (12. Jh.) wird von einer später von Karl V. errichteten Mauer umschlossen.

Auskunft

Kirche San Matteo

Colonna di Sant'Oronzo
Der heilige Oronzo wurde 57 n. Chr. von Paulus zum Bischof von Lecce ernannt und vom Kaiser Nero zum Märtyrer gemacht. Die Statue stammt von 1739.

Ein römisches Theater wurde vollständig mit Orchester und Sitzen ausgegraben.

Römisches Amphitheater
Nur die Hälfte des 1938 ausgegrabenen Amphitheaters (1. Jh. v. Chr.) ist sichtbar. Die unteren Sitzreihen blieben erhalten.

Freskodetail (15. Jh.) in Santa Caterina d'Alessandria

Galatina ⓲

Lecce. 28 000. FS Do.

DIE STADT WAR IM MITTELALTER eine bedeutende griechische Kolonie und hat ihr griechisches Flair bewahrt. Sie ist ein Zentrum der apulischen Weinindustrie; berühmter ist sie jedoch für die Tarantella, die am 28. und 29. Juni aufgeführt wird *(siehe S. 495).*

Die apulisch-romanische Kirche **Santa Caterina d'Alessandria** an der Piazza Orsini wurde von Raimondello del Balzo Orsini erbaut (begonnen 1384). In der Kirche findet man Fresken (15. Jh.) mit Szenen aus dem Alten und Neuen Testament, die die Lehnsherren Orsini preisen. Im Chor befindet sich das Grab Orsinis.

Otranto ⓳

Lecce. 4800. FS Via Panteleone Prosperio 8 (0836-80 14 36). Mi.

OTRANTO WAR EINER der wichtigsten Häfen des republikanischen Roms für den Handel mit Kleinasien und Griechenland und unter byzantinischer Herrschaft der Brückenkopf des Ostreiches in Italien. 1070 fiel es an die Normannen. Die Türken überfielen 1480 die Stadt und ermordeten ihre Einwohner. Den 800 Überlebenden wurde Gnade versprochen, wenn sie dem Christentum entsagten, doch sie weigerten sich alle.

Der **Dom** (gegründet 1080) an der Via Duomo enthält die Knochen der Märtyrer. Der Mosaikboden stammt aus dem 12. Jahrhundert, und es gibt eine schöne Krypta. Eine **Burg** (1485–98) überragt den Hafen.

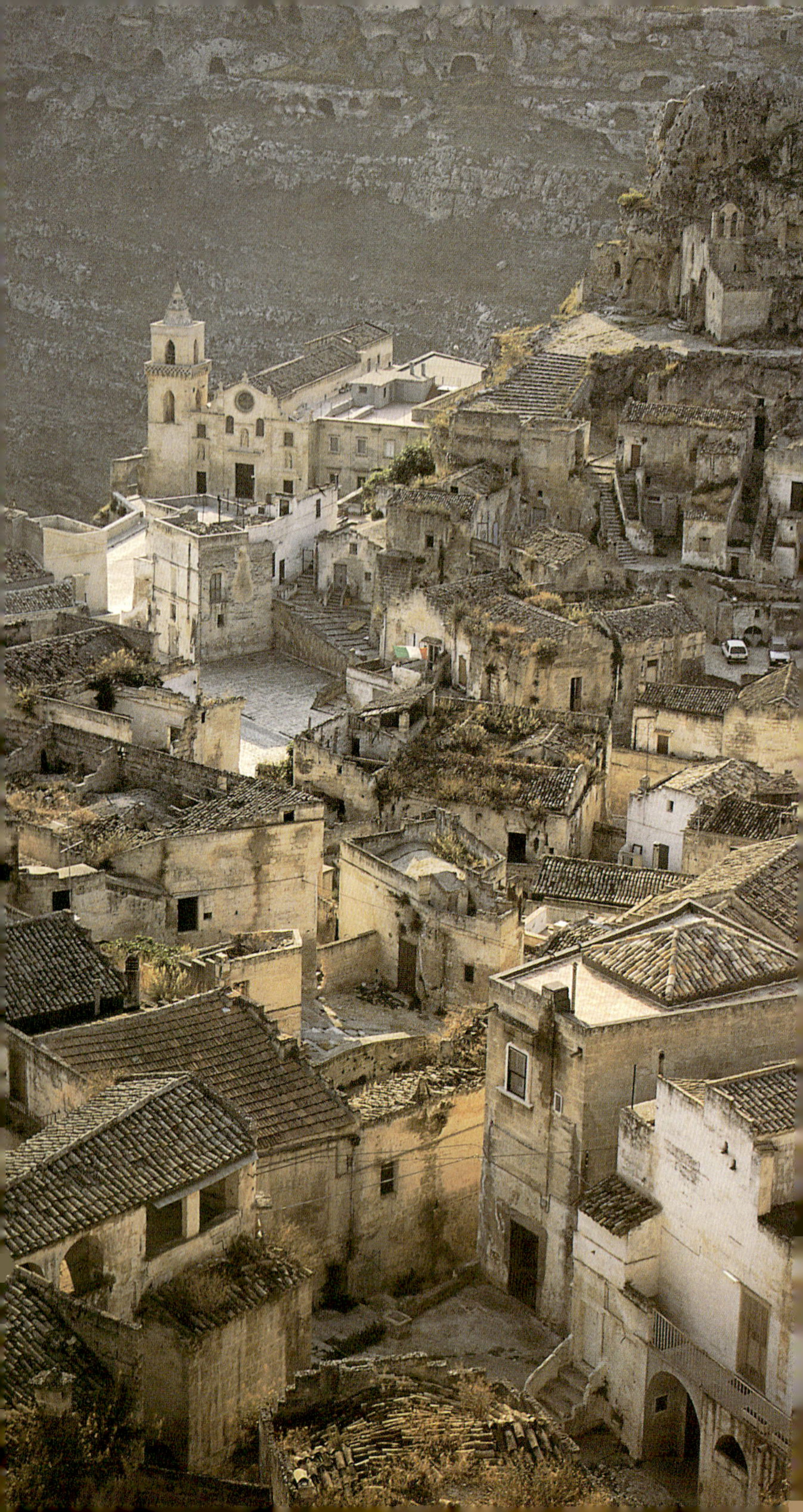

BASILIKATA UND KALABRIEN

DIE WILDE BASILIKATA *ist eine der ärmsten Gegenden Italiens. Sie ist wenig entwickelt und wird selten besucht und ist deshalb auch unberührt. Kalabrien wurde durch die Zeichnungen Edward Lears unsterblich gemacht, der es 1847 auf einem Esel bereiste und von dem »Schauder und der Größe« der wilden Landschaft beeindruckt war.*

Heute voneinander unabhängig, haben die Gebiete die gleiche Geschichte und gehörten zusammen mit Sizilien und Apulien zu Magna Graecia. Das antike Metaponto in der Basilikata war ein bedeutendes Zentrum, ebenso Kroton und Locri Epizefiri in Kalabrien.

Nach den Griechen kamen die Römer, gefolgt von den Byzantinern. Die Cattolica bei Stilo ist eine schöne Erinnerung an die byzantinische Herrschaft. Dann kamen aus dem Osten basilianische Mönche, deren religiöse Stätten interessante Denkmäler sind. Matera, wo die Mönche Zuflucht in Höhlen suchten, ist ein seltsamer und faszinierender Ort, verfallen, aber voller Leben.

Viele der historischen Stätten sind normannisch, aber es gibt auch Spuren von Hohenstaufen, Anjou, Aragón und Spanien.

Unter der Herrschaft Neapels wurden die Basilikata und Kalabrien bedeutungslos. Heute hat Kalabrien einen erschreckenden Ruf, den es der 'ndrangheta verdankt, der wilden Verwandten der Mafia. Es gibt auch noch Banditen, aber umsichtige Reisende haben nichts zu befürchten.

Infolge der Landflucht sind die Basilikata und Kalabrien wenig bevölkert und haben neben historischen Stätten viel unberührte Landschaft zu bieten. Die Küste besteht aus sandigen Stränden, das Innere bilden die zerklüfteten Gebirge von Aspromonte und Sila.

Die einsame Gegend ließ kaum Veränderungen zu. Im Pentedattilo haben sich Sitten aus byzantinischer Zeit erhalten, und um San Giorgio Albanese leben geschlossene albanische Gemeinden, die von Flüchtlingen aus dem 15. Jahrhundert abstammen.

Wenig bevölkerte, wilde Landschaft bei Stilo in Südkalabrien

◁ Der stille Bezirk Sassi in Matera und seine aus dem Fels geschlagenen Behausungen

Überblick: Basilikata und Kalabrien

DIE BASILIKATA besteht überwiegend aus Bergland und ist übersät von griechischen Ruinen (wie bei Metaponto), mittelalterlichen Abteien, normannischen Burgen (wie bei Melfi) und Bergdörfern. Die interessanteste Stadt, Matera, liegt inmitten einer Mondlandschaft. Kalabrien wird oft das Gebirge zwischen den Meeren genannt. Die Strände und die unberührte Landschaft um Tropea und Maratea sind bei Touristen beliebt. Die Hauptattraktion der ionischen Küste sind die griechischen Ruinen, wie Sybaris und Locri Epizefiri, und Bergdörfer wie Gerace und Stilo, die an ihre Stelle traten.

Auf einen Blick

Gerace ⑩
Lagopesole ③
Maratea ⑥
Matera ④
Melfi ①
Metaponto ⑤
Reggio di Calabria ⑪
Rossano ⑦
Stilo ⑨
Tropea ⑧
Venosa ②

Netzeflicken im Dorf Pizzo nordöstlich von Tropea

Das malerische Bergdorf Rivello nördlich von Maratea in der Basilikata

Legende

- Autobahn
- Hauptstraße
- Nebenstraße
- Panoramastraße
- Fluß
- Aussichtspunkt

0 Kilometer 50

BASILIKATA UND KALABRIEN

Der Hafen Maratea an der tyrrhenischen Küste der Basilikata

UNTERWEGS

Die tyrrhenische Küste ist durch die A3 gut erschlossen; eine Abzweigung führt bis Potenza in der Basilikata. Um die ionische Küste zu erreichen, umfährt man den Aspromonte auf der N106 von Reggio bis in die Basilikata. Das Gebirge kann zwar durchquert werden, nämlich auf der N208 nach Catanzaro, aber die Straßen sind schmal und führen durch einsame Gegenden. Ein Großteil der Basilikata ist noch schwerer zugänglich, und Matera erreicht man leichter von Apulien aus. In Reggio di Calabria, Lamezia (westlich von Catanzaro) und Brindisi (Apulien) gibt es Flughäfen. Die größeren Städte sind durch die Eisenbahn verbunden, kleine erreicht man mit Überlandbussen.

Landschaft bei Miglionico südlich von Matera

SIEHE AUCH

- *Übernachten* S. 572
- *Restaurants* S. 606

Das beeindruckende Schloß von Melfi, dessen Gestaltung angevinische und spätere Einflüsse zeigt

Melfi ❶

Potenza. 15 000. FS
Mi, Sa.

MELFI IST EINE düstere und heute fast verlassene mittelalterliche Stadt, gekrönt von dem großen **Schloß**, in dem Papst Nikolaus II. 1059 die Investitur von Robert Guiscard vornahm und so die Normannen im Süden anerkannte. Danach wurde Melfi die Hauptstadt der Normannen. Hier verkündete Friedrich II. die *Constitutiones Augustales* (1231), die sein Königreich zu einem Staat vereinten. Im Schloß befindet sich das **Museo Nazionale del Melfese** mit einer Sammlung byzantinischen Schmucks.

Der **Dom** nahe der Via Vittorio Emanuele wurde 1155 von Wilhelm I. begonnen, aber im 18. Jahrhundert umgestaltet.

🏛 Museo Nazionale del Melfese
Castello di Melfi, Via Castello.
0972-23 87 26. tägl.
1. Mai, 25. Dez.

Venosa ❷

Potenza. 12 000. FS Via Garibaldi 42 (selten geöffnet).
1. Sa u. 3. Do im Monat.

UM 290 V. CHR. war Venosa eine der bedeutendsten römischen Kolonien, und auf dem archäologischen Grabungsfeld entlang der Via Vittorio Emanuele sind die Reste von **Thermen** und eines **Amphitheaters** zu sehen. Der Dichter Horaz (65–8 v. Chr.) ist in dieser Stadt geboren, in der 208 v. Chr. der römische General Marcellus von Hannibal getötet wurde. Marcellus' angebliches **Grab** befindet sich in der Via Melfi. Der **Dom** an der Via Vittorio Emanuele und das **Schloß** an der Piazza Umberto I stammen aus dem 16. Jahrhundert. Auf den Resten eines Tempels steht **La Trinità**, eine Abtei, bestehend aus einer älteren Kirche, möglicherweise frühchristlich (5./6. Jh.), und einem unvollendeten Kirchenbau (11. Jh.), in dem Robert Guiscard (gest. 1085) mit seinen Brüdern und seiner ersten Frau begraben ist. Ihr Grab ist als einziges erhalten.

Lagopesole ❸

Potenza. 0971-860 83. FS bis Lagopesole Scalo, dann mit dem Bus in die Stadt. tägl. 9–12, 15–19 Uhr (Okt–März 15.30–18 Uhr).

DIE **BURG** von Lagopesole ist die beeindruckendste in der Basilikata; sie erhebt sich auf einer Hügelkuppe über dem Dorf zu ihren Füßen. Sie stammt von 1242–50, war die letzte Burg, die Friedrich II. erbaute, und wurde als Jagdschloß benutzt. Interessant sind besonders die Skulpturenköpfe über dem Portal zur Feste. Einer soll Friedrich Barbarossa darstellen (den Großvater Friedrichs II.), der andere angeblich Barbarossas Frau Beatrix. Die Gemächer und die Kapelle können besichtigt werden.

Matera ❹

51 000. FS Via de Viti de Marco 9 (0835-33 34 52). Sa.

Der Sassi-Bezirk von Matera

DIE STADT BALANCIERT am Rand einer Schlucht und besteht aus dem lebhaften oberen Viertel und dem stillen unteren **Sassi**-(Höhlen-)Bezirk, der wiederum in den Sasso Barisano und den malerischeren Sasso Caveoso unterteilt ist. Die Einwohner lebten früher hier in Wohnungen, die aus dem Fels herausgehauen waren. Die beiden Stadtteile machen Matera zu einer der faszinierendsten Städte Süditaliens.

Den besten Blick haben Sie, wenn Sie die **Strada Panoramica dei Sassi** entlanggehen und in die Höhlen hinunterse-

BASILIKATA UND KALABRIEN

hen. Vom 8. bis zum 13. Jahrhundert bildeten solche Höhlen eine Zuflucht für Mönche aus Ostanatolien. Viele Kapellen, die aus dem Stein geschlagen wurden, waren im 15. Jahrhundert von Bauern bewohnt. Nach und nach entstand das Matera der Höhlenbewohner, und im 18. Jahrhundert waren einige der Gebäude vor den Höhlen bereits Herrenhäuser und Klöster. In den 50er und 60er Jahren unseres Jahrhunderts wurden die Sassi von Schmutz und Armut heimgesucht und ihre Einwohner umgesiedelt. Carlo Levi (1912–75) machte auf ihre traurigen Lebensumstände in seinem Buch *Christus kam nur bis Eboli* aufmerksam, in dem er die Sassi-Bezirke mit Dantes *Inferno* verglich. Heute ist das Labyrinth der Straßen und Treppen in den fast leeren Sassi still.

Von den 120 *chiesi rupestri* (Höhlenkirchen) in den Sassi und im außerhalb gelegenen Stadtteil Agri enthalten **Santa Maria di Idris** im Gebiet Monte Errone und **Santa Lucia alle Malve** im albanischen Viertel Fresken (13. Jh.).

Das **Museo Nazionale Ridola** bietet Hintergrundwissen über Matera und die Sassi. Funde aus den hier entdeckten jungsteinzeitlichen Grabendörfern, Gräberfeldern und anderen Stätten sind im Museum ausgestellt.

Der apulisch-romanische **Dom** (13. Jh.) an der Piazza Duomo besitzt interessante Statuen und ein anonymes Gemälde der *Madonna della Bruna* (12. Jh.); die Schutzheilige von Matera wird am 2. Juli gefeiert. Die Via Duomo führt zur Kirche **San Francesco d'Assisi** (13. Jh., barock umgestaltet), die an den Besuch des heiligen Franziskus in Matera 1218 erinnert. Andere interessante Kirchen sind **San Domenico** und **San Giovanni Battista** an der Via San Biagio (beide 13. Jh.) und der **Purgatorio** (1770) an der Via Ridola.

🏛 **Museo Nazionale Ridola**
Via Ridola 24. 📞 0835-31 12 39.
🕒 tägl. 📷

Der Tavole Palatine in Metaponto

Metaponto ❺

Zona Archeologica, Matera. 📞 0835-74 53 27. 🚆 *FS Metaponto.* 🕒 tägl. 9–1 Std. vor Sonnenuntergang. 🚫 1. Jan, Ostern, 25. Dez. 📷 ♿

METAPONTUM wurde im 7. Jahrhundert v. Chr. gegründet und war einst das Zentrum eines Stadtstaates mit einer philosophischen Tradition im Geiste von Pythagoras, der nach seiner Verbannung aus Kroton hier lebte. Zu den Ruinen gehören der **Tavole Palatine** (6. Jh. v. Chr.) an der Brücke über den Bradano und ein dorischer Tempel, von dem noch 15 Säulen stehen. Im **Museo Nazionale di Metaponto** sind Funde zu sehen. Die Ruinen eines Theaters und des dorischen **Tempels des Apollo Lycius** (6. Jh.

Die Kirche San Francesco d'Assisi in Matera

v. Chr.) findet man an der **Ausgrabungsstätte.** Weiter südlich steht an der Stelle von Herakleia (gegründet 433 v. Chr.) das moderne **Policoro**. Dort kann man im **Museo Nazionale della Siritide** Funde besichtigen.

🏛 **Museo Nazionale di Metaponto**
Metaponto Borgo. 📞 0835-74 53 27.
🕒 tägl. 🚫 Feiertage. 📷 gilt auch für die Ausgrabungsstätte. ♿

🏛 **Museo Nazionale della Siritide**
Via Colombo 8, Policoro. 📞 0835-97 21 54. 🕒 tägl. 🚫 1. Jan, 1. Mai, 25. Dez. 📷 ♿

Maratea ❻

Potenza. 👥 5000. 🚆 🚌
ℹ️ Piazza del Gesù 40 (0973-87 69 08). 🛒 1. u. 3. Sa im Monat.

EIN KLEINES STÜCK der Basilikata grenzt an das Tyrrhenische Meer, an den Golf von Policastro. An dieser unberührten Küste liegt Maratea. Ihr Hafen (Maratea Inferiore) befindet sich unterhalb der Altstadt (Maratea Superiore). Die Straße führt von hier aus den Monte Biagio hinauf bis zu einem Gipfel mit atemberaubendem Ausblick und einer großen **Statue des Erlösers**.

UMGEBUNG: Das romantisch gelegene **Rivello** (23 km nördlich) wurde einst von Griechen bewohnt. Man erkennt den byzantinischen Einfluß an den Kirchen **San Nicola dei Greci** und **Santa Barbara**.

Der kleine Hafen Matera Inferiore mit Fischerbooten

Eine Seite aus dem kostbaren *Codex Purpureus Rossanensis*

Rossano ❼

Cosenza. 32 000.
2. u. 4. Fr im Monat.

Das hübsche Bergdorf war eines der Zentren byzantinischer Kultur in Kalabrien. Es stieg auf, als Reggio di Calabria im 9., 10. und 11. Jahrhundert von den Sarazenen beherrscht wurde. Im **Museo Diocesano** befindet sich der *Codex Purpureus Rossanensis*, ein seltenes griechisches Evangelium (6. Jh.) mit silberner Schrift und Miniaturen.

In der barocken **Kathedrale** sieht man das Fresko der *Madonna Acheropita*, eine verehrte byzantinische Reliquie (8. oder 9. Jh.).

Umgebung: Auf einem Hügel südöstlich von Rossano steht die fünfkuppelige griechische Kirche **San Marco** (10. Jh.). Die Kirche **Panaglia** (12. Jh.), ebenfalls griechisch, befindet sich an der Via Archivescovado. In beiden findet man Fragmente früher Fresken.

Santa Maria dei Patirion ist üppig geschmückt mit farbigen Ziegeln, Fliesen und Steinen. Sie steht auf einer Hügelkuppe 18 Kilometer westlich. Von hier hat man einen guten Blick über die Piana di Sibari (Ebene von Sibari), auf der angeblich die berühmte Stadt Sybaris lag, die 510 v. Chr. zerstört wurde. Die Kirche ist seit ihrem Bau um 1095 fast unverändert.

🏛 **Museo Diocesano**
Palazzo Arcivescovile. 0983-52 02 82. tägl.

Tropea ❽

Vibo Valenzia. 7000.
Piazza Ercole. Sa.

Eine der malerischsten Städte an der großzügig bebauten tyrrhenischen Küste von Kalabrien ist Tropea mit einem hervorragenden Blick auf Meer und Strände. Die Altstadt klebt an einer Steilwand gegenüber einem Felsen, der früher eine Insel war. Der Felsen wird gekrönt von **Santa Maria dell'Isola**, einst ein benediktinisches Heiligtum. Die **Kathedrale** am Ende der Via Roma stammt aus normannischer Zeit, wurde aber mehrfach umgestaltet. Im Inneren befindet sich ein Gemälde eines unbekannten Künstlers aus dem 14. Jahrhundert, die *Madonna di Romania*.

Die **Casa Trampo** (14. Jh.) und der **Palazzo Cesare** (20. Jh.) mit einem großartigen Balkon sind die interessantesten der kleinen Paläste von Tropea. Unterhalb der Stadt findet man hübsche Strände und viele Restaurants. Man kann auch die Badeorte **Palmi** im Süden und **Pizzo** im Norden besuchen.

Stilo ❾

Reggio di Calabria. 3000.
Di.

Ein kurzes Stück landeinwärts liegt Stilo, eine verfallende, erdbebengeschädigte Stadt, die sich an die Flanke des Monte Consolino klammert. Auf einem Vorsprung mit Blick über die Landschaft steht die **Cattolica**, die Stilo zum Ziel leidenschaftlicher Pilgerfahrten für Kenner byzantinischer Architektur macht. Sie wurde im 10. Jahrhundert von basilianischen Mönchen erbaut; der Backsteinbau ist mit Terrakottaziegeln gedeckt und hat einen griechischen Grundriß aus einem Kreuz in einem Quadrat. Vier antike, unterschiedliche Marmorsäulen teilen das Innere in neun Teile. Die Kapitelle befinden sich unter den Säulen statt an der Spitze, um den Triumph des Christentums über das Heidentum zu symbolisieren. Die Fresken (11. Jh.) wurden 1927 wiederentdeckt.

Die Cattolica beherrscht zwar die Stadt, aber an der Via Tommaso Campanella gibt es noch einen mittelalterlichen **Dom** sowie die Ruinen des **Klosters von San Domenico** (17. Jh.), in dem der Philosoph und Dominikanerbruder Tommaso Campanella (1568–1639) lebte. In der Kirche **San Francesco**, erbaut um 1400, befindet sich ein reich geschnitzter Holzaltar und ein schönes Gemälde, die *Madonna del Borgo* (16. Jh., Herkunft unbekannt). In Bivongi, nordwestlich von Stilo, ist in der Osterwoche die Kirche **San Giovanni** (11. Jh.) geöffnet.

🏛 **Cattolica**
2 km oberhalb von Stilo an der Via Cattolica. tägl.

Die schöne und unberührte Küste von Tropea

Die unverwechselbare Cattolica in Stilo mit ihren fünf Kuppeln

Gerace ⑩

Reggio di Calabria. 3000.

AUF EINER unbezwinglichen Klippe an der Nordostseite des Aspromonte liegt Gerace, das von Flüchtlingen aus **Locri Epizefiri** gegründet wurde, die im 9. Jahrhundert vor Sarazenenüberfällen flohen. Ihr Verteidigungscharakter wird verstärkt durch die Stadtmauern und die Ruine der einst uneinnehmbaren Burg.

Außer dem gemächlichen Tempo des Lebens hier ist die Hauptattraktion der großartigste **Dom** von Kalabrien. Der mächtige Bau weist auf die Bedeutung Geraces bis mindestens in normannische Zeit hin. Er wurde spätestens im frühen 12. Jahrhundert errichtet, im 13. umgestaltet und im 18. restauriert. Am sehenswertesten ist die Krypta. Beide, Krypta und Kirche, sind schlicht, geschmückt mit einer Reihe von antiken Säulen aus farbigem Marmor und Granit, die wahrscheinlich aus dem antiken Locri Epizephyrii stammen. Am Ende der Via Cavour liegt die Kirche **San Giovanello** aus dem 12. Jahrhundert, teils byzantinisch, teils normannisch. In der Nähe befindet sich die gotische Kirche **San Francesco d'Assisi** mit einem marmornen Barockaltar (1615) und dem Grabmal von Niccolò Ruffo aus einer berühmten kalabrischen Familie (gest. 1372) im Pisaner Stil.

UMGEBUNG: Das ausgedehnte **Locri Epizefiri**, die erste griechische Stadt mit geschriebenem Recht, war ein bekanntes Zentrum des Persephonekultes. Man findet dort noch Ruinen von **Tempeln** und einem **Theater** sowie griechische und römische **Gräber**. Im **Museum** gibt es einen Übersichtsplan und eine Sammlung von Votivstatuen, Münzen und Inschriften – Zeugnisse griechischer und römischer Besetzung.

⋂ Locri Epizefiri
SW von Locri an der N106, Contrada Marasà. 0964-39 00 23. tägl. **Museum** tägl. 1., 6. Jan, 1. Mai, 25. Nov, 25. Dez.

Reggio di Calabria ⑪

175 000. FS Corso Garibaldi 329 (0965-89 20 12). Fr.

DIE STADT SELBST ist schäbig, aber das **Museo Nazionale della Magna Graecia** ist Grund genug, sie zu besuchen. Im Museum ist eine ausgezeichnete Sammlung von Stücken aus dem antiken Rhegion – eine griechische Siedlung im Gebiet der Stadt – und anderen Ausgrabungsstätten zu sehen.

Zu den Schätzen gehören in erster Linie die Bronzestatuen von griechischen Kriegern, die 1972 vor Riace Marina aus dem Meer geborgen wurden. Statue A (460 v. Chr.) wird für ein Werk Phidias' gehalten, des athenischen Bildhauers und Hauptvertreters des klassischen Stils. Wenn das stimmt, handelt es sich um eine Seltenheit, denn seine Werke waren bisher nur durch römische Kopien bekannt. Statue B (430 v. Chr.) wird Polyklet zugeschrieben. Möglicherweise stammen beide Statuen aus dem Tempel von Delphi, dem Denkmal der Athener zur Erinnerung an den Sieg bei Marathon.

🏛 Museo Nazionale della Magna Grecia
Piazza de Nava 26. 0965-81 22 55. Juni–Sep tägl. außer 1. u. 3. Mo im Monat; Okt–Mai tägl. 1., 6. Jan, Ostern, 15. Aug, 1. Nov, 25. Dez.

Bronzestatuen von Riace (6. u. 5. Jh. v. Chr.), Museo Nazionale, Reggio

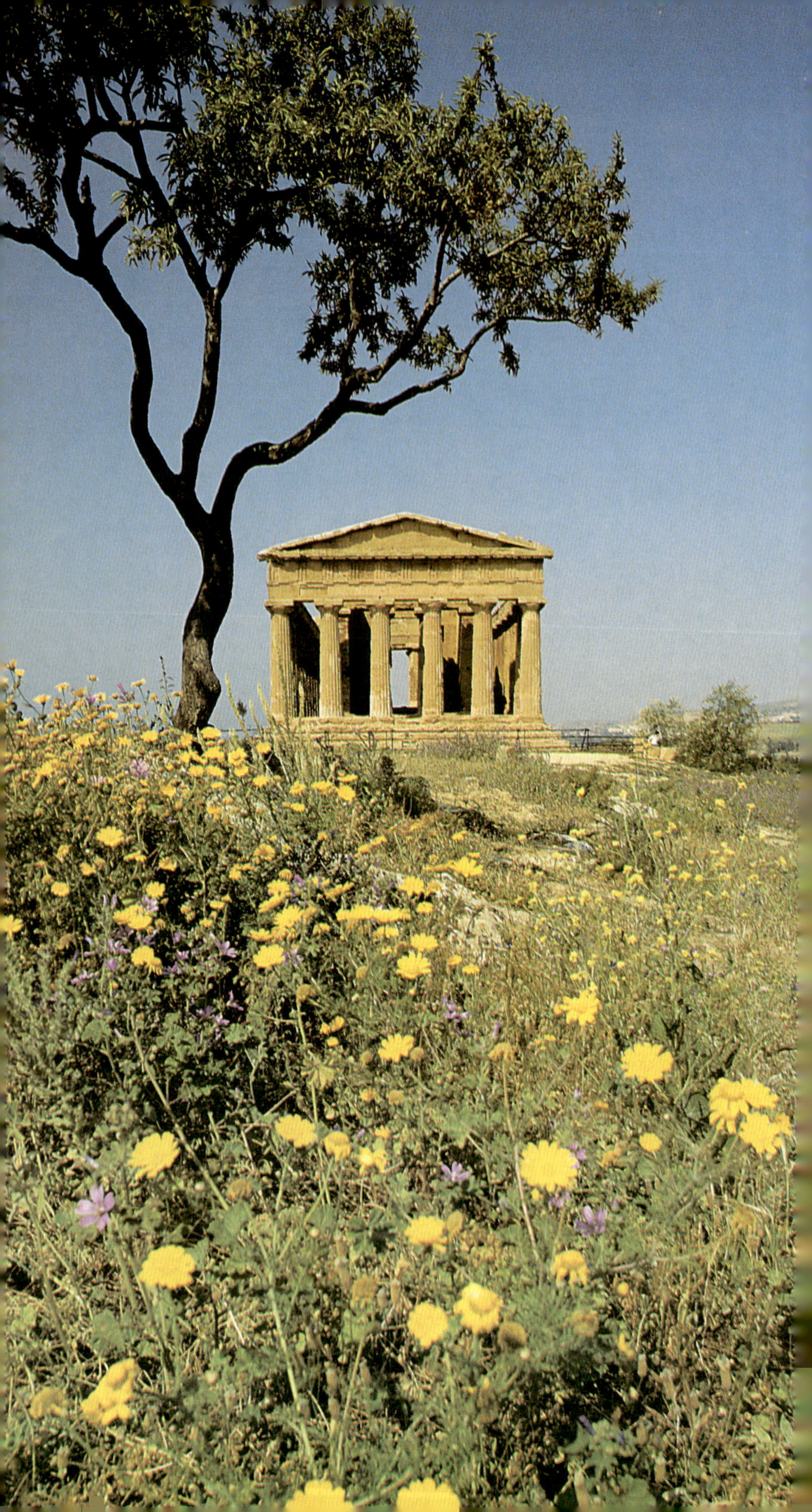

SIZILIEN

Kreuzungspunkt der *Schiffahrtsstraßen im Mittelmeer, Teil von Europa, von Afrika, aber beiden nicht zugehörig: Durch Sizilien zog die halbe Welt der Antike. Eroberer kamen und gingen und hinterließen ein mannigfaltiges kulturelles Erbe. Jeder Aspekt des täglichen Lebens weist diese quirlige Mischung auf, von Sprache, Sitten und Küche bis hin zur Kunst und vor allem der abwechslungsreichen Architektur der Insel.*

Im 6. und 5. Jahrhundert v. Chr. gab es wohl nur wenige Unterschiede zwischen Athen und den griechischen Städten auf Sizilien. Ihre Ruinen gehören zu den sehenswertesten der Antike. Im 3. Jahrhundert v. Chr. kamen die Römer, gefolgt von den Wandalen, Ostgoten und Byzantinern. Nur wenig Greifbares überlebte aus der Zeit der Araber, die vom 8. bis zum 11. Jahrhundert hier herrschten, wenn auch die Vucciria von Palermo eher ein Suk ist als ein Markt. Die normannische Zeit begann 1060 und brachte Kunstwerke wie die Kathedralen von Monreale und Cefalù hervor – die eklektizistische Architektur dieser Epoche kann man am besten an der Kirche Santi Pietro e Paolo südlich von Taormina erleben.

Der sizilianische Barock des 17. und 18. Jahrhunderts ist sehr eigenwillig. Die außergewöhnlichen Paläste und Kirchen von Palermo, in denen sich das Hofprotokoll des spanischen Vizekönigs widerspiegelt, zeugen davon. In Noto, Ragusa, Modica, Syrakus und Catania zeigt sich der Hang der Sizilianer zur Ausschmückung, der ihnen von den frühen Banden mit der arabischen Welt geblieben ist. Darin drückt sich die Natur der Sizilianer aus, deren Neigung zu Pomp beeindruckend ist.

Sizilien ist eine Kuriosität, und die Vergangenheit ist überall zu spüren. Der kulturelle Einfluß der Besatzer wurde durch die Insellage Siziliens verstärkt. Es heißt, daß in sizilianischen Adern heute weniger italienisches als phönizisches, griechisches, arabisches, normannisches, spanisches oder französisches Blut fließt. Diese Mischung – exotisch, würzig und leicht entflammbar – hat an der Spitze von Italiens Stiefel ein eigenes Volk geschaffen.

Detail eines Mosaiks aus dem 12. Jahrhundert aus dem Palazzo Reale in Palermo

◁ Der guterhaltene Tempel der Concordia (um 430 v. Chr.) im Tal der Tempel bei Agrigent

Überblick: Sizilien

DIE LANGE KÜSTE von Sizilien umfaßt viele großartige Strände, besonders bei Taormina und dem Golfo di Castellamare am Capo San Vito. Das abwechslungsreiche Binnenland besteht aus entlegenen Bergdörfern und Ebenen, unterbrochen von Gebirgszügen, die für ihre Blumen und Tiere bekannt sind. Eine herausragende Sehenswürdigkeit ist der Ätna, ein aktiver Vulkan, dessen Lavaströme das Land ungeheuer fruchtbar gemacht und für einen Überfluß an Walnußbäumen, Zitronenhainen und Weingärten gesorgt haben.

Fischer in ihren Booten bei Syrakus

AUF EINEN BLICK

Agrigent ❿
Ätna ⓰
Bagheria ❸
Catania ⓱
Cefalù ❾
Enna ⓬
Erice ❺
Marsala ❻
Messina ⓮
Monreale S. 514f ❷
Noto ⓴
Palermo S. 510f ❶
Pantalica ⓲
Piazza Armerina ⓫
Segesta ❼
Selinunt ❽
Syrakus ⓳
Taormina ⓯
Trapani ❹
Tindari ⓭

Der großartige Tempel bei Segesta

LEGENDE

▬ Autobahn
▬ Hauptstraße
▬ Nebenstraße
▬ Panoramastraße
≈ Fluß
✣ Aussichtspunkt

SIZILIEN

Siehe auch
- **Übernachten** S. 573 ff
- **Restaurants** S. 607 f

Der Dom in Palermo

ISOLE EOLIE (LIPARI)

TINDARI 13

MESSINA 14

STRETTA DI MESSINA

TAORMINA 15

16

CATANIA 17

GOLFO DI CATANIA

TROINA

NICOSIA

ENNA 12

PIAZZA ARMERINA 11

CALTAGIRONE

PANTALICA

PALAZZOLO ACREIDE

SIRACUSA 19

GOLFO DI AUGUSTA

GELA

VITTORIA

COMISO

RAGUSA

NOTO 20

GOLFO DI NOTO

FO DI GELA

MAR IONIO

Unterwegs
Die A19 verbindet Palermo und Catania, die A18 Catania und Messina, und die A20 (Palermo bis Messina) ist im Bau. Den Westen erreicht man von Palermo aus auf der A29. Fährschiffe verkehren von Messina nach Reggio di Calabria und von Palermo nach Genua oder Neapel. Zwischen den größeren Städten sind die Zugverbindungen gut, aber in kleinere Städte nimmt man besser den Bus. Catania und Palermo haben internationale Flughäfen.

Das malerische Cefalù, überragt von einer hohen Klippe

Palermo ❶

Mosaikdetail aus der Cappella Palatina

DIE STADT SCHMIEGT SICH an die schützende Flanke des Monte Pellegrino und liegt damit wie in einem natürlichen Amphitheater, das Conca d'Oro (Goldene Muschel) genannt wird. Vom Hafen La Cala aus ist der Anblick wunderschön, und die Stadt, eine orientalisch-europäische Mischung, sucht ihresgleichen. Araber und Normannen haben ein reiches architektonisches Erbe hinterlassen, das zusammen mit Barock- und Jugendstilbauten Palermo zur einzigartigen, exotischen Stadt auf Sizilien macht.

Kreuzgangruine, dahinter die Kuppeln von San Giovanni degli Eremiti

🕇 San Giovanni degli Eremiti
Via dei Benedettini. ☎ 091-651 50 19. ⃝ tägl.

Die normannische Kirche (1132–48) wurde auf den Resten einer Moschee erbaut und spiegelt mit Zwiebelkuppeln und Filigranfenstern islamische Architekturtraditionen wider. Hinter Kirche und Moschee umschließt die Kreuzgangruine eines Klosters aus dem 13. Jahrhundert einen hübschen Garten.

🕇 Palazzo Reale
Piazza Indipendenza. ☎ 091-656 11 11. **Palazzo Reale** ⃝ nur nach Voranm. bei der Polizei. ☎ 091-656 17 32 wg. Erlaubnis. **Cappella Palatina** ⃝ tägl. ⃝ Ostern, 25. Apr, 1. Mai, 25. Dez.

Der auch Palazzo dei Normanni genannte Palast war seit den Tagen byzantinischer Herrschaft der Brennpunkt der Macht; heute befindet sich das Regionalparlament darin. Der Kern des heutigen Gebäudes wurde von den Arabern erbaut, doch nach der normannischen Eroberung der Stadt (1072) vergrößert und ausgeschmückt. Besichtigen Sie die luxuriösen königlichen Gemächer, besonders die Sala di Ruggero, und die großartige Cappella Palatina. Die überwältigende Kapelle wurde von Roger II. erbaut (1132–40) und verbindet byzantinisches, islamisches und normannisches Kunsthandwerk. Sie ist großzügig mit Mosaiken und Marmor ausgeschmückt.

🔒 Gesù
Piazza Casa Professa. ⃝ tägl.

Im armen, ausgebombten Albergheria-Viertel, in der Nähe des bunten Marktes auf der Piazza Ballarò, steht diese bedeutende Barockkirche (1564–1633). Sie ist auch als Kirche der Casa Professa bekannt; das Innere ist ein gutes Beispiel für die Virtuosität sizilianischer Kunsthandwerker im Umgang mit Marmorskulpturen. Sie ist die älteste Jesuitenkirche auf Sizilien und wurde nach schweren Bombenschäden im Zweiten Weltkrieg umfassend restauriert.

Üppige Ausstattung der Cappella Palatina im Palazzo Reale

Die verschiedenen Stile der Domfassade

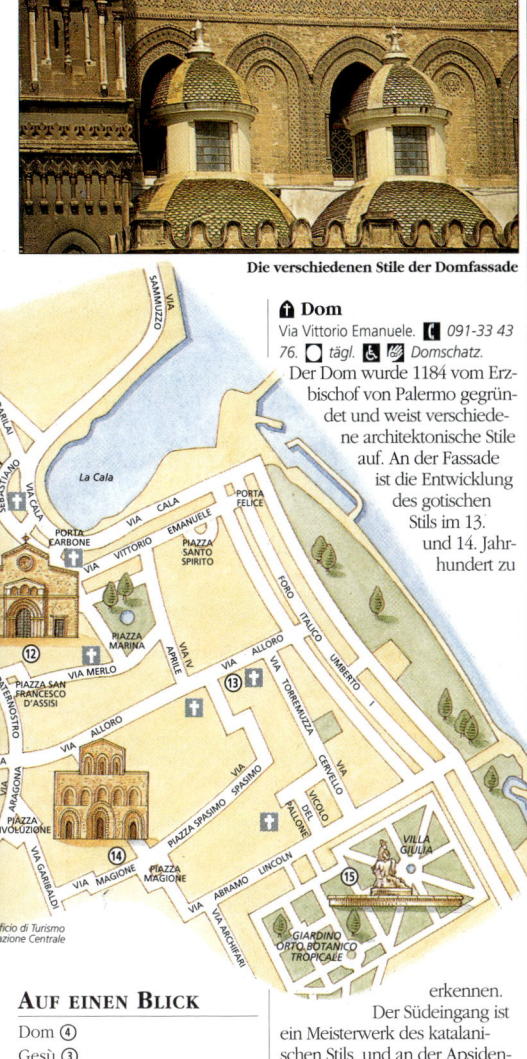

🛈 Dom
Via Vittorio Emanuele. 📞 091-33 43 76. 🕐 tägl. ♿ 💰 Domschatz.

Der Dom wurde 1184 vom Erzbischof von Palermo gegründet und weist verschiedene architektonische Stile auf. An der Fassade ist die Entwicklung des gotischen Stils im 13. und 14. Jahrhundert zu erkennen. Der Südeingang ist ein Meisterwerk des katalanischen Stils, und an der Apsidenseite kann man unter einer islamisch angehauchten Dekoration kraftvolle normannische Arbeit sehen.

Im mehrfach umgestalteten Inneren befinden sich die Grabstätten der sizilianischen Könige. In eine Ecke neben dem Südportal gepfercht, liegen Friedrich II., seine Frau Konstanze von Aragón, seine Mutter Konstanze, eine Tochter Rogers II. (der ebenfalls hier bestattet ist), und sein Vater Heinrich VI. Zum Domschatz gehört das kaiserliche Diadem von Konstanze von Aragón aus dem 12. Jahrhundert, das im 18. Jahrhundert aus ihrem Sarg entfernt wurde.

INFOBOX
👥 730 000. ✈ Punta Raisi 32 km W. 🚆 Stazione Centrale, Piazza Giulio Cesare. 🚌 Via Balsamo. ⚓ Stazione Marittima, Molo Vittorio Veneto. ℹ Piazza Castelnuovo 34 (091-58 38 47). 📰 tägl. 🎉 10.–15. Juli: U Festinu zu Ehren der heiligen Rosalia; 4. Sep: Wallfahrt zur Grotte der heiligen Rosalia; Ostern: griechisch-orthodoxe Feierlichkeiten in der Kirche La Martorana.

Fontana Pretorio, im Hintergrund Santa Caterina

🛈 Santa Caterina
Piazza Bellini. 🔴 wg. Restaurierung.

Obwohl mit dem Bau 1566 begonnen wurde, stammt die Innenausstattung dieser Kirche überwiegend aus dem 17. und 18. Jahrhundert. Sie ist ein überwältigendes Beispiel für den palermischen Barock, voller Farben, Reliefs, Statuen und Marmorintarsien. Die illusionistischen Deckenfresken (18. Jh.) stammen von Filippo Randazzo im Hauptschiff und von Vito d'Anna in der Kuppel.

Die Kirche grenzt an die Piazza Pretorio, die von der riesigen manieristischen Fontana Pretorio beherrscht wird.

AUF EINEN BLICK
Dom ④
Gesù ③
La Magione ⑭
La Martorana ⑥
Museo Archeologico Regionale ⑩
Palazzo Abatellis und Galleria Regionale di Sicilia ⑬
Palazzo Reale ②
Oratorio del Rosario di San Domenico ⑧
Oratorio di San Lorenzo ⑫
Oratorio di Santa Zita ⑪
San Domenico ⑨
San Giovanni degli Eremiti ①
Santa Caterina ⑤
Villa Giulia ⑮
Vucciria ⑦

LEGENDE
| P | Parken |
| 🛈 | Kirche |

0 Meter 250

Überblick: Palermo

Östlich der Quattro Canti, an denen sich die Via Maqueda und der Corso Vittorio Emanuele treffen, gibt es viele reich verzierte Paläste und Kirchen. Um sie herum drängt sich der Irrgarten mittelalterlicher Stadtviertel, in denen noch heute uralte, zerfallende Gebäude stehen.

La Martorana
Piazza Bellini. 091-616 16 92. tägl.

Die Kirche wird auch Santa Maria dell'Ammiraglio genannt und wurde um 1140 von Georg von Antiochien erbaut, dem Admiral von Roger II. Ihre Gestaltung ist an normannische und islamische Tradition angelehnt, die Mosaiken stammen wohl von griechischen Künstlern. Im rechten Seitenschiff empfängt König Roger das kaiserliche Diadem von Christus, im linken ist Georg von Antiochien dargestellt.

Im benachbarten Kloster, das 1193 von Eloisa Martorana gegründet wurde, beschloß 1295 das sizilianische Parlament unter dem Eindruck der »Sizilianischen Vesper«, Friedrich von Aragón die Krone von Sizilien zu geben.

Mosaik Christi mit vier Engeln in der Kuppel von La Martorana

Vucciria
Via Roma. tägl.

Nirgends sonst ist Palermos arabische Vergangenheit so sichtbar wie auf diesem mittelalterlichen, einer Kasbah sehr ähnlichen Markt, der die Ruinen des Bezirks Loggia durchzieht. Händler, Käufer und Taschendiebe bevölkern jetzt den ehemaligen Handwerkerbezirk. Die umliegenden Gassen sind noch nach den Berufen benannt: Silberschmied, Färber und Schlosser. Auf dem lebhaften Markt ist von Alltagsgegenständen bis Trödel alles erhältlich, außerdem frisches Obst, Gemüse und Fisch.

Stuckdekor im Oratorio del Rosario di San Domenico

Oratorio del Rosario di San Domenico
Via Bambinai 2. wg. Restaurierung.

Das Innere der winzigen Kapelle aus dem 16. Jahrhundert ist in elegantem Barock geschmückt vom Meister des Stucks, Giacomo Serpotta. Es war sein letztes und wohl auch sein schönstes Werk und entstand um 1725. Bemerkenswert ist Serpottas technische Virtuosität, ganz zu schweigen von seiner hier zu sehenden Sinnlichkeit und überbordenden Phantasie. Das Altarbild ist die berühmte *Rosen-Madonna*

(1624 – 28) von Anthonis van Dyck; die Wandgemälde sind von Luca Giordano und Pietro Novelli.

San Domenico
Piazza San Domenico. 091-58 48 72. tägl. **Museo del Risorgimento** 091-58 27 74. Mo, Mi, Fr vorm. Juli, Aug.

Das heutige Gebäude wurde erst 1640 begonnen, aber schon seit dem 14. Jahrhundert gab es an dieser Stelle eine Kirche. Der Architekt, dem wir die Kirchenfassade (1726) und den Vorplatz (1724) verdanken, war Tommaso Maria Napoli, einer der Meister des sizilianischen Barock.

Im Inneren ist Antonello Gaginis Basrelief der *Santa Caterina* (1528) in der dritten Kapelle auf der linken Seite besonders interessant. Neben der Kirche befindet sich ein Kreuzgang aus dem 14. Jahrhundert, der zum Museo del Risorgimento führt.

Museo Archeologico Regionale
Via Bara all'Olivella 24. 091-662 02 20. tägl.

Siziliens wichtigstes Museum ist in einem ehemaligen Kloster der Bruderschaft des Filippo Neri untergebracht und besitzt Statuen, architektonische Fragmente und Sammlungen von Keramik, Glas, Schmuck und Waffen. Sie stammen von den phönizischen, griechischen und römischen antiken Fundstätten der Insel – Tindari, Termini Imerese, Agrigent, Syrakus, Selinunt und Mozia. Den Höhepunkt bilden die Skulpturen der Friese aus antiken griechischen Tempeln in Selinunt.

Der laute, geschäftige Markt Vucciria östlich der Via Roma in Palermo

🛈 Oratorio di Santa Zita
Via Valverde 3. ☎ 091-32 27 79.
🕐 tägl.

Die kleine Kapelle ist der Jungfrau vom Rosenkranz geweiht, nach ihrem wundersamen Eingreifen bei der Schlacht von Lepanto *(siehe S. 54 f)*. Auch hier ist das Stuckrelief ein Werk von Giacomo Serpotta (nach 1688): An der Rückwand findet man die Schlacht dargestellt, andere Reliefs zeigen Szenen aus dem Neuen Testament, alles in naturgetreuem Realismus. Die benachbarte Kirche Santa Zita aus dem 16. Jahrhundert, nach der das Oratorium benannt ist, ist geschmückt mit Statuen (1517–27) von Antonello Gagini.

Die Palazzina Cinese (um 1799) im Parco della Favorita

Inneres des Oratorio di Santa Zita

🛈 Oratorio di San Lorenzo
Via Immacolatella 5. 🔵 *wg. Restaurierung.*

Die Wände des winzigen Oratoriums sind mit unglaublichen Stuckarbeiten (1699–1706) von Giacomo Serpotta ausgestattet. Die ausdrucksvollen Darstellungen belegen die Virtuosität ihres Erschaffers im Umgang mit seinem Medium. Die Wand über dem Altar zierte *Christi Geburt mit den Heiligen Franziskus und Laurentius* (1609) von Caravaggio, bevor es 1969 gestohlen wurde. Das Oratorium liegt im Schatten der Kirche San Francesco d'Assisi (13. Jh.), die vor Skulpturen förmlich überquillt. Höhepunkt ist unbestritten der Triumphbogen (1468) von Francesco Laurana und Pietro da Bonitate in der Cappella Mastrantonio.

🏛 Palazzo Abatellis und Galleria Regionale di Sicilia
Via Alloro 4. ☎ 091-616 43 17.
🕐 tägl. vorm. (Di, Fr auch nachm.).

Matteo Carnelivari erbaute den Palast und verband dabei Elemente spanischer Spätgotik und italienischer Renaissance des 15. Jahrhunderts. Er beherbergt die Galleria Regionale di Sicilia mit der *Verkündigung* (1473) von Antonello da Messina, Francesco Lauranas Marmorbüste der Eleonora von Aragón und Skulpturen der Gagini-Familie. Die benachbarte Kirche Santa Maria degli Angeli (auch La Gancia) enthält Werke von Antonello Gagini und Giacomo Serpotta.

Verkündigung (1473) von da Messina, Galleria Regionale di

🛈 La Magione
Via Magione. ☎ 091-617 05 96.
🕐 tägl.

Bei der Restaurierung nach dem Zweiten Weltkrieg wurde die ursprüngliche Form der Kirche wiederhergestellt. Sie wurde 1150 von Matteo d'Aiello, Kanzler von Roger II., erbaut. Mit ihrem einfachen, hohen Mittelschiff mit gotischen Säulen ist La Magione ein wichtiges Zeugnis der Normannen.

❀ Villa Giulia
Via Abramo Lincoln. 🕐 tägl. **Orto Botanico** ☎ 091-616 24 72. 🕐 tägl. (Sa, So nur vorm.). ● Feiertage.

Der Park der Villa wurde im 18. Jahrhundert angelegt. Früher war er mit seinen Statuen und Fontänen eine exotische Heraufbeschwörung der Antike; Goethe hielt ihn schlechthin für »wunderbar«. Heute laden die tropische Flora und das Flair vergangener Größe zu Spaziergängen ein. Im anschließenden Orto Botanico wachsen weitere großartige tropische Pflanzen. Viele Arten können in Léon Dufournys klassizistischem Gymnasium (1789) genauer betrachtet werden.

❀ Parco della Favorita
Eingang Piazza Leoni u. Piazza Generale Cascino. 🕐 tägl. **Museo Etnografico Siciliano Pitré**, Via Duca degli Abruzzi. ☎ 091-671 10 60. 🕐 Sa–Do vorm. ● Feiertage.

Der Park, von dem Bourbonenkönig Ferdinand IV. als Jagdgebiet angelegt, war umringt von Sommervillen. Eine davon, die Palazzina Cinese (um 1799), wurde im chinoisierenden Stil für die Frau des Königs, Maria Carolina, Schwester von Marie Antoinette, errichtet. Im Stall der Palazzina Cinese befindet sich heute das Museo Etnografico Siciliano Pitré mit einer Sammlung von Gegenständen des sizilianischen Alltags.

Monreale ❷

Der Dom von Monreale gehört zu den schönsten Denkmälern der Normannenzeit: großartig ausgeschmückt und mit hervorragendem Blick auf die Conca d'Oro. Er wurde 1172 von Wilhelm II. erbaut und einem Benediktinerkloster geschenkt. Im Inneren des Doms glitzern Mosaiken, die von sizilianischen und byzantinischen Künstlern ausgeführt wurden – angeregt von einem König, der mit dem Erzbischof von Palermo um die Macht konkurrierte. Wie Cefalù sollte der Dom als königliche Grabstätte dienen.

Kapitell im Kreuzgang

★ **Christus Pantokrator**
Der kreuzförmige Grundriß des Doms lenkt den Blick auf das Mosaik des Weltherrschers Christus (12./13. Jh.)

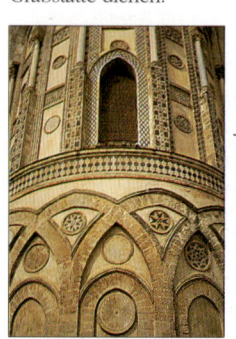

Großartig vergoldete Holzdecke

Mittel- und Seitenschiffe durch römische Säulen getrennt

Apsidenwand
Mit ihren vielfarbigen Verzierungen aus Tuff und Marmor stellen die drei Apsiden einen Höhepunkt normannischer Gestaltung dar.

Eingang zur Cappella del Crocifisso und zum Domschatz

Originaler Cosmatenboden im Chor

Das königliche Grab Wilhelms II. aus weißem Marmor befindet sich neben dem Porphyrsarkophag Wilhelms I.

Das Bronzeportal von Barisano da Trani (1179) liegt hinter einem Portikus, der von Gian Domenico und Fazio Gagini gestaltet wurde (1547–69).

★ **Mosaikenzyklus**
Die reichen, 1182 vollendeten Mosaiken zeigen Szenen aus dem Alten Testament (Mittelschiff), den Lehren Christi (Seitenschiffe, Chor und Querschiff) und den Evangelien (Seitenapsiden).

SIZILIEN 515

★ Kreuzgang
Die Säulen – glatt, behauen oder mit glänzenden Fliesen eingelegt – sind ein Meisterwerk normannischen Künstlertums aus der Zeit Wilhelms II. und stützen kunstvolle Kapitele, denen Arkaden sarazenischen Stil widerspiegeln.

INFOBOX
Piazza Vittorio Emanuele. 🚌 809, 8, 9 u. viele weitere Richtung W. **Kirche** 091-640 24 24. ⬜ tägl. 8.30–12, 15.30–18.30 Uhr. 🚻 📷 ✏ **Kreuzgang** 091-640 44 03. ⬜ Apr–Sep Mo–Fr 9–19 Uhr, Sa, So 9–12.30; Okt–März Mo–Fr 9–13 Uhr (Mo, Do auch 15–17 Uhr), Sa, So 9–12.30 Uhr. 📷 ✏

Die Südfassade und der Kreuzgang sind Überbleibsel des Benediktinerklosters.

Kleiner Brunnen in orientalischem Stil

Säulendetail
Handwerker aus Kampanien, Apulien, der Lombardei und Sizilien arbeiteten an den Kreuzgangsäulen. Hier Adam und Eva.

Der Portikus aus dem 18. Jahrhundert wird von zwei wuchtigen Türmen flankiert.

Bronzepaneel
Das schöne Bronzeportal (1185) von Bonnano da Pisa zeigt 42 Bibelszenen in kunstvollen Rahmen. Der Löwe und der Greif sind Symbole des normannischen Königreichs.

NICHT VERSÄUMEN
★ Kreuzgang
★ Mosaikenzyklus
★ Christus Pantokrator

Bagheria ❸

Palermo. 40 000. Comune di Bagheria, Via Mattarella (091-94 34 82). Mi.

Heute ist Bagheria fast ein Vorort von Palermo; früher waren die Städte durch Oliven- und Orangenhaine getrennt. Im 17. Jahrhundert baute Giuseppe Branciforte, Fürst von Butera, hier einen Sommersitz, was schnell bei den anderen Aristokraten Mode wurde. Im Herzen der Stadt finden sich viele ihrer Villen.

Die **Villa Palagonia** wurde 1705 von dem Architekten Tommaso Maria Napoli für den Fürsten von Palagonia, Ferdinando Gravina, entworfen. Ihre architektonischen Besonderheiten sind bemerkenswert: eine Freitreppe führt zum ersten Geschoß hinauf, und die zentralen Räume sind um eine gekrümmte Achse gruppiert. Ein späterer Fürst schmückte die Umfassungsmauer mit grotesken Ungeheuern, die Patrick Brydone, einen Reisenden im 18. Jahrhundert, erheiterten und Goethe abstießen, der das Haus die »Palagonische Raserei« nannte. Auf der anderen Seite der Piazza stehen Napolis **Villa Valguarnera** (begonnen 1713) mit eigenem Park und die **Villa Trabia** (um 1750); beide sind nicht zu besichtigen. Die **Villa Cattolica** (18. Jh.) beherbergt eine Galerie moderner Kunst.

Steinfigur, Villa Palagonia

Villa Palagonia
Piazza Garibaldi. 0336-89 95 51. tägl.

Villa Cattolica
Via Consolare. 091-94 33 52. Di–So.

Fischer- und Ausflugsboote im Hafen von Trapani

Trapani ❹

73 000. Piazza Saturno (0923-290 00). Do.

Das alte Trapani liegt auf einer Halbinsel. Die schönsten Gebäude sind die Kirchen, besonders die **Kathedrale San Lorenzo** (1635) und die **Chiesa del Collegio dei Gesuiti** (um 1614–40). Die Fassaden beider Kirchen und die des **Rathauses** (17. Jh.) am Corso Vittorio Emanuele zeigen die Überschwenglichkeit der Barockarchitektur Westsiziliens.

Der **Purgatorio** aus dem 17. Jahrhundert an der Via San Francesco d'Assisi enthält die *Misteri* (18. Jh.) – lebensgroße Holzfiguren, die in der Karfreitagsprozession verwendet werden. **Santa Maria del Gesù** an der Via Sant'Agostino ist einen Besuch wert wegen der *Madonna degli Angeli* von Andrea della Robbia (1435–1525) und des Baldachins von Antonello Gagani (1521). Im jüdischen Viertel westlich der Via XXX Gennaio steht der **Palazzo della Giudecca** (16. Jh.) mit einer eigenartigen Relieffassade.

Im **Museo Nazionale Pepoli** gibt es eine Sammlung örtlichen Kunsthandwerks. Bedeutsam sind die Krippenfiguren *(presepi)*, von denen hier moderne Versionen gefertigt werden. Neben dem Museum befindet sich im **Santuario dell'Annunziata** die *Madonna di Trapani*, eine von Fischern und Matrosen wegen ihrer Wunderkräfte verehrte Statue.

Museo Nazionale Pepoli
Via Conte Agostino Pepoli.
0923-55 32 69. Di–So.

Freitreppe der exzentrischen Villa Palagonia in Bagheria

Erice

Trapani. 29 000. *Viale Conte Pepoli 11 (0923-86 93 88).* Mo.

AUF EINER KLIPPE hoch über Trapani liegt Erice, einst das Kultzentrum der Fruchtbarkeitsgöttin Venus Erycina. Wo früher ihr Tempel stand, erhebt sich heute das normannische **Kastell** hinter den zur **Villa Balio** gehörenden Grünanlagen. Das antike Eryx wurde von den Arabern in Gebel-Hamed und unter den Normannen zu Monte San Giuliano umbenannt. Erst 1934 gab ihr Mussolini den heutigen Namen.

Erice ist durch und durch mittelalterlich. Der **Dom** (14. Jh.) besitzt ein Portal aus dem 15. Jahrhundert. Im Inneren befindet sich eine *Madonna mit Kind* (um 1469), Francesco Laurana oder Domenico Gagini zugeschrieben. Die säkularisierte **San Giovanni Battista** aus dem 13. Jahrhundert am Viale Nunzio Nasi beherbergt *Johannes den Apostel* (1531) von Antonello Gagini und *Johannes den Täufer* (1539) von Antonino Gagini. In **San Cataldo**, einem Bau aus dem 14. Jahrhundert, befindet sich ein Weihwasserbecken aus der Werkstatt Domenico Gaginis (um 1474). Im lohnenden **Biblioteca-Museo Comunale Cordici** ist unter anderem Antonello Gaginis *Annunziata* (1525) zu sehen.

Biblioteca-Museo Comunale Cordici

Piazza Umberto I. 0923-86 92 58. Mo-Sa vorm. Feiertage.

Typische mittelalterliche Gasse im Bergstädtchen Erice

DIE SIZILIANISCHEN INSELN

Sizilien ist von mehreren Inselgruppen umgeben. Die Isole Eolie oder Lipari (Äolische Inseln), zu denen Panaria, Lipari, Vulcano und Stromboli gehören, sind erloschene oder fast erloschene Vulkane vor der Küste von Milazzo. Die Isole Egadi (Ägadische Inseln) vor der Küste von Trapani muten noch deutlich arabisch an. Zu ihnen gehören Favignana, Levanzo (mit Zeichnungen aus der Steinzeit) und Marettimo, die kleinste. Ustica, bekannt für ihre Meeresfauna und beliebt bei Tauchern, liegt nördlich von Palermo. Im Süden findet man die bemerkenswert einsamen Isole Pelagie (Pelagischen Inseln), Lampedusa und Linosa mit nordafrikanischem Charakter. Die ferne Pantelleria liegt näher an Tunesien als an Sizilien.

Lampedusa war früher Besitz der Familie von Giuseppe Tomasi di Lampedusa, Autor von Der Leopard, *des berühmtesten Sizilienromans. Die Insel hat klare Bäche und schöne Strände.*

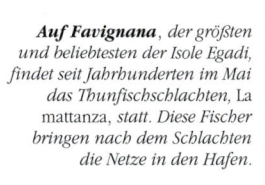

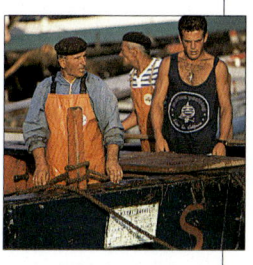

Auf Favignana, der größten und beliebtesten der Isole Egadi, findet seit Jahrhunderten im Mai das Thunfischschlachten, La mattanza, *statt. Diese Fischer bringen nach dem Schlachten die Netze in den Hafen.*

Die größte und beliebteste der Isole Eolie ist Lipari, die einen hübschen Hafen und eine Reihe von Hotels, Restaurants und Bars aufweist. Auf der nach Schwefel riechenden Nachbarinsel Vulcano gibt es heiße Schlammbäder und schöne Strände.

Marsala

Trapani. 80 000. Via Garibaldi 45 (0923-71 40 97). Di.

AUS DER HAFENSTADT Marsala kommt ein kräftiger, Wein, der seit dem 18. Jahrhundert hergestellt wird. Früher wurde die Produktion von drei auf Sizilien lebenden britischen Familien beaufsichtigt. In einer der alten Hallen, in denen der Wein hergestellt wurde, befindet sich heute das **Museo Archeologico di Baglio Anselmi** mit bedeutenden phönizischen Fundstücken.

Eine weitere wichtige Sehenswürdigkeit sind die Ruinen von **Lilybaeum**, einem Vorposten des phönizischen Reiches, gegründet 396 v. Chr. Hier wohnten die Überlebenden des Massakers durch Dionysios I. von Syrakus auf der Insel Mozia (dem antiken Motya), einem phönizischen Handelszentrum. Am schönsten sind die einzigartigen restaurierten Überreste eines punischen Schiffes, das am ersten Punischen Krieg (263–241 v. Chr.) teilgenommen haben soll. Das **Museo di Mozia** in der Whitaker-Villa besitzt die bemerkenswerte Statue eines griechischen Jünglings aus dem frühen 5. Jahrhundert v. Chr.

Die örtlichen Ausgrabungen sind sehr wichtig; alles, was wir über die Phönizier wissen, stammt vorwiegend aus der Bibel oder aus Mozia. Der **Dom**, begonnen im 17. Jahrhundert, wurde über einer früheren Kirche errichtet; beide waren dem Namenspatron von Marsala, Thomas Becket von Canterbury, gewidmet. Das Innere ist ausgestattet mit Skulpturen der Gagini-Familie, von Antonio, Domenico, Antonino und Antonello.

Das kleine **Museo degli Arazzi** hinter dem Dom besitzt großartige Brüsseler Wandteppiche aus dem 16. Jahrhundert.

🏛 Museo Archeologico di Baglio Anselmi
Via Lungomare. 0923-95 25 35. tägl.
🏛 Museo degli Arazzi
Via Garappa. 0923-71 29 03. Di.–So.
🏛 Museo di Mozia
Isola di Mozia. 0923-71 25 98. tägl. vorm.

Statue im Museo di Mozia

Segesta

Trapani. von Trapani u. Palermo. 9–1 Std. vor Sonnenuntergang.

NACH DER LEGENDE wurde die antike Stadt Segesta von Trojanern gegründet. Sie bietet eine der großartigsten Sehenswürdigkeiten der Insel: einen wuchtigen **Tempel**, der wie gestrandet auf einem einsamen Hang steht. Mit dem Bau wurde zwischen 426 und 416 v. Chr. begonnen; nach der Verwüstung von Selinunt durch die Karthager 409 v. Chr. blieb er unvollendet. Archäologen können daran gut die Entwicklungsgeschichte eines Kunstwerks studieren. Auf dem Monte Barbaro kann man die Ruine eines antiken Theaters (3. Jh. v. Chr.) besichtigen, in dem heute Sommerkonzerte stattfinden.

Selinunt

Trapani. 0924-462 77. Castelvetrano, dann Bus. 9–1 Std. vor Sonnenuntergang; Kasse schließt um 19 Uhr.

SELINUNT WURDE 651 v. Chr. gegründet und war eines der großen Zentren von Magna Graecia, dem Teil Süditaliens, der von den Griechen kolonisiert war; die Ruinen gehören zu den bedeutendsten historischen Stätten von Sizilien. Die Stadt war ein wichtiger Hafen, und man kann noch die Verteidigungswälle um die Akropolis sehen. 409 v. Chr. zerstörten die Karthager unter Hannibal die Stadt vollständig in einer berühmt gewordenen Schlacht von schrecklichem Ausmaß.

Während die Stadt selbst fast völlig verschwunden ist, ragen noch acht ihrer Tempel empor, besonders die **östliche Tempelgruppe** (E, F und G). Die Säulen des riesigen dorischen **Tempels E** (490–480 v. Chr.) sind teilweise wiederaufgestellt worden. **Tempel F** (um 560–540 v. Chr.) ist eine Ruine. **Tempel G** (spätes 6. Jh. v. Chr.) gehört zu den größten je gebauten griechischen Tempeln.

Oben in der Akropolis stehen die Ruinen der **Tempel A, B, C, D** und **O**. Die skulptierten Metopen von **Tempel C** (frühes 6. Jh.), die früher auf dem Fries zwischen den Triglyphen angebracht waren, sind heute im Museo Archeologico Regionale in Palermo *(siehe S. 512)* zu sehen, zusammen mit Keramiken, Schmuck und anderen Fundstücken von hier. Weniger bedeutende Funde sind in kleinen **Museen** am Ort und in Castelvetrano, 14 km nördlich von Selinunt, untergebracht. In der antiken Stadt wird noch gegraben; das **Nordtor** ist gut erhalten, und weiter nördlich gibt es eine **Nekropolis**.

Der spektakulär gelegene unvollendete dorische Tempel von Segesta

Cefalù

Palermo. 14 000. Corso Ruggero 77 (0921-210 50). Sa.

DIE HÜBSCHE KÜSTENSTADT mit schönen Stränden und vielen Hotels und Restaurants wird von einem großen Felsen und einer der schönsten normannischen Kathedralen auf Sizilien beherrscht. Der **Dom** wurde 1131 von Roger II. begonnen und war als religiöses Zentrum von Sizilien vorgesehen. Obwohl er diese Funktion nicht erhielt, wurde die Großartigkeit des Gebäudes nie übertroffen. Seine wunderbaren Mosaiken (1148), einschließlich eines riesigen Bildes von Christus Pantokrator, werden oft als die reinsten byzantinischen Kunstwerke auf sizilianischem Boden gerühmt.

Das **Museo Mandralisca** beherbergt ein schönes *Porträt eines Mannes* (um 1465) von Antonello da Messina und eine interessante Sammlung von Münzen, Keramiken, Vasen, Mineralien und Muscheln.

🏛 Museo Mandralisca
Via Mandralisca. 0921-215 47. Mo–Sa, So, Feiertage nur vorm.

Die Apsis des Doms von Cefalù

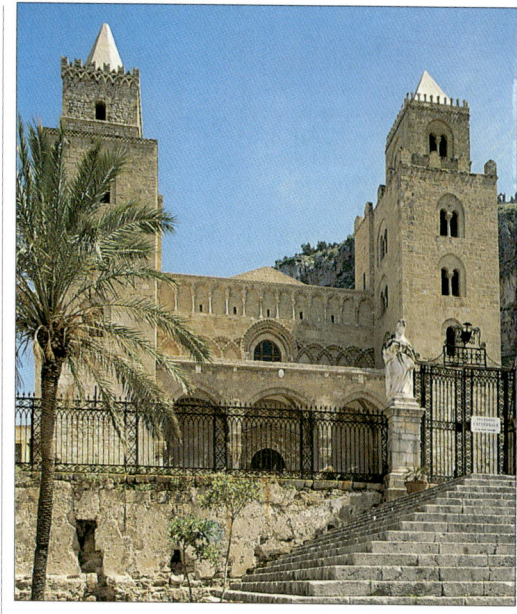

Die Fassade des normannischen Doms von Cefalù mit Zwillingstürmen

Agrigent

57 000. Via Empedocle 73 (0922-203 91). Fr.

DAS MODERNE AGRIGENT erhebt sich auf den Resten von Akragas, einer bedeutenden Stadt in der antiken griechischen Welt. Nach der Legende wurde sie von Dädalus gegründet, war für den luxuriösen Lebensstil ihrer Bewohner berühmt und außerdem eine Großmacht und Rivalin von Syrakus. 406 v. Chr. fiel sie an die Karthager, die sie nach der Flucht ihrer Bürger plünderten und brandschatzten.

Der Stadtkern mit engen mittelalterlichen Gassen erstreckt sich entlang der Via Atenea. In **Santo Spirito** (13. Jh.) findet man Stuckreliefs (1695) von Giacomo Serpotta. **Santa Maria dei Greci** wurde auf der Ruine eines Tempels aus dem 5. Jahrhundert v. Chr. errichtet. Der **Dom**, erbaut im 14. Jahrhundert und im 16. und 17. umgestaltet, weist eine einzigartige Mischung aus arabischen, normannischen und katalanischen Elementen auf.

UMGEBUNG: Der Hauptgrund für einen Besuch in Agrigent bildet die archäologische Stätte Tal der Tempel *(siehe S. 520)*. Im **Museo Regionale Archeologico** findet man eine interessante Ausstellung von Funden aus den Tempeln, einschließlich einer Sammlung von Vasen, Münzen und Statuen.

🏛 Museo Regionale Archeologico
Contrada San Nicola, Viale Panoramica. 0922-290 08. tägl. vorm.

DIE MAFIA

Heute ist die Mafia (»Feindschaft mit dem Gesetz«) eine internationale Organisation. Sie entstand als Reaktion auf einen grausamen Staat und die Ausbeutung durch den Adel. Im späten 19. Jahrhundert wandelte sie sich zu einer kriminellen Vereinigung, die von Grundstücksspekulation und Drogenhandel profitierte. Seit Tommaso Buscetta »gesungen« hat und Toto Riina verhaftet wurde, muß sich die Mafia gegen einen Staat verteidigen, der seinen Kampf gegen sie verstärkt führt. Gewalt ist zwar nichts Ungewöhnliches, richtet sich aber nicht gegen Touristen.

Eine Mafia-Hinrichtung, dargestellt in einer Szene aus dem Film *Der Pate Teil III* (1990)

Tal der Tempel

AUF EINEM HÜGELRÜCKEN südlich von Agrigent erstreckt sich das Tal der Tempel. Es gehört zu den eindrucksvollsten antiken griechischen Gebäudekomplexen außerhalb Griechenlands. Seine dorischen Tempel (5. Jh. v. Chr.) wurden bei einer Attacke der Karthager 406 v. Chr. teilweise zerstört. Im 6. Jahrhundert verwüsteten Christen die heidnischen Tempel, und nachfolgende Erdbeben richteten weiteren Schaden an. Die Ruinen dieser achäologischen Stätte können an einem Tag besichtigt werden; empfehlenswert ist der Besuch frühmorgens oder abends.

Telamon aus dem Zeustempel

Tempel des Hephaistos ①
Außer zwei unvollständigen aufrechten Säulen ist nur wenig von dem um 430 v. Chr. erbauten Tempel erhalten. Er heißt auch Vulkantempel.

Heiligtum der chtonischen Gottheiten ②
In den Schreinen wurden die Mächte der Natur verehrt.

Tempel des Herakles ⑥
Dies ist der älteste Tempel des Tals (Ende 6. Jh. v. Chr.).

Zeustempel ④
Der größte je erbaute dorische Tempel wurde um 480 v. Chr. begonnen. Bei der Attacke der Karthager war er noch nicht fertig und ist heute ein Trümmerhaufen. Gigantische Figuren, Telamonen, sind Teil der Konstruktion.

Grab des Theron ⑤
Das sind die Ruinen eines Römergrabes (1. Jh. n. Chr.).

Tempel der Hera Lakinia ⑧
Der um 450 v. Chr. erbaute Tempel hat noch viele intakte Säulen.

Kastor-und-Pollux-Tempel ③
Elemente von Tempeln aus dem 19. Jahrhundert bilden diese Mischung. Im Hintergrund das moderne Agrigent (siehe S. 519).

Concordiatempel ⑦
Der erhaltene Tempel (um 430 v. Chr.) wurde im 6. Jahrhundert zu einer christlichen Kirche umgebaut und blieb so unzerstört.

LEGENDE
- - - Routenempfehlung
🅿 Parken
— Antike Mauern

0 Meter   500

Piazza Armerina ⓫

Enna. 22 000. Via Cavour 15 (0935-68 02 01). Do.

Die aktive, überschwengliche Provinzstadt ist halb mittelalterlich, halb barock. Das interessanteste Barockgebäude ist der **Dom** (17. Jh.) an ihrer höchsten Stelle.

Im August lockt das lebhafte Festival Palio dei Normanni viele Besucher an, aber die Hauptattraktion von Piazza Armerina sind die Mosaiken aus dem 4. Jahrhundert in der **Villa Romana del Casale**, fünf Kilometer südwestlich der Stadt.

Man nimmt an, daß die riesige, einst prunkvolle Villa mit öffentlichen und privaten Räumen, Thermen und Höfen 286–305 n. Chr. Maximianus, Diokletians Mitregenten, gehörte. Sein Sohn und Nachfolger Maxentius setzte die Ausschmückung fort; bei Maxentius' Tod 312 übernahm Konstantin die Villa.

Von den Gebäuden selbst ist nur wenig übrig, aber die Böden sind geschmückt mit den schönsten Mosaiken der römischen Antike. Die mythologischen, häuslichen und Jagdszenen, die Landschaften, alle sind erstaunlich realistisch bis ins Detail ausgeführt.

Villa Romana del Casale
Contrada Paratorre. 0935-68 00 36. tägl.

Römisches Mosaik mit sporttreibenden Mädchen, Villa Romana del Casale

Enna ⓬

28 000. Piazza Colaianni 6 (0935-261 19). Di.

Uneinnehmbar auf einem Felsen über einer fruchtbaren Ebene, auf der einst Persephone spielte, die Tochter von Demeter, wurde Siziliens höchstgelegene Stadt schon immer von allen Invasoren begehrt. Der verehrte Sitz des Demeterkultes (Göttin der Fruchtbarkeit) war in Enna. Ihr Tempel stand auf der **Rocca Cerere** unweit des **Castello di Lombardia** (13. Jh.), das von Friedrich II. erbaut wurde.

Die meisten Sehenswürdigkeiten von Enna drängen sich im Altstadtkern an der Via Roma. Die Kirche **San Francesco** hat einen Turm aus dem 16. Jahrhundert. Die **Piazza Crispi** mit einem Blick auf Calascibetta wird beherrscht von einem Brunnen mit einer Nachbildung von Berninis *Raub der Proserpina*. Der **Dom** (14. Jh.), später umgebaut und ausgeschmückt, umfaßt Teile des Demetertempels.

Im **Museo Alessi** befindet sich der Domschatz und eine interessante Münzsammlung. Das **Museo Varisano** erläutert die Geschichte der Gegend von der Jungsteinzeit bis zu den Römern. Außerhalb des Zentrums steht die achteckige **Torre di Federico II** (13. Jh.).

Umgebung: Das antike Bergstädtchen **Nicosia** wurde bei dem Erdbeben 1967 beschädigt, besitzt aber noch eine Vielzahl von Kirchen. San Nicola, im 14. Jahrhundert erbaut und später ausgeschmückt, besitzt ein großartiges Portal. Im Inneren befindet sich ein Holzkruzifix (17. Jh.) von Fra Umile di Petralia. Santa Maria Maggiore beherbergt ein Marmorpolyptychon von Antonello Gagini und einen Thron, der angeblich 1535 von Karl V. benutzt wurde. Weiter östlich liegt **Troina**. Es wurde 1062 von den Normannen erobert, deren Arbeiten in der Chiesa Matrice erhalten blieben. Südöstlich von Enna hat man in **Vizzini** einen schönen Blick über die Landschaft.

Museo Alessi
Via Roma. 0935-240 72. Di–So.

Museo Varisano
Piazza Mazzini. 0935-50 03 31. Di–So.

Blick von den Hügeln auf Vizzini südöstlich von Enna

Das schön gelegene griechische Theater von Taormina mit dem Ätna im Hintergrund

Tindari ⓭

Messina. 0941-36 90 23. Patti oder Oliveri, dann Bus. tägl. 9–1 Std. vor Sonnenuntergang.

AUF EINER KLIPPE über dem Golfo di Patti stehen die Ruinen von **Tyndaris**, einer der letzten Städte, die die Griechen auf Sizilien gründeten (395 v. Chr.).

Außer den Stadtmauern sind die Ruinen meist römischer Herkunft: eine **Basilika**, ein **Theater** und Häuser. Im **Antiquarium** sind Funde ausgestellt.

Tindari ist bekannter für den Schrein der byzantinischen **Schwarzen Madonna** am Piazzale Belvedere.

Messina ⓮

275 000. Piazza Cairoli 45 (090-293 52 92). tägl.

KEINE SIZILIANISCHE Stadt hat mehr gelitten als Messina, ein Opfer von Erdbeben und Bomben im Zweiten Weltkrieg. Im **Museo Regionale** findet man Schätze aus vielen nicht mehr existierenden Gebäuden. Die Kirche **Santissima Annunziata dei Catalani** an der Piazza Catalani weist den typischen Eklektizismus der normannischen Architektur des 12. Jahrhunderts auf. Sie übertrifft den **Dom** (begonnen 1160), der nur noch ein Schatten seiner selbst ist.

Die **Fontana d'Orione** (1547) von G. A. Montorsoli ist der schönste sizilianische Brunnen des 16. Jahrhunderts. Seine **Fontana di Nettuno** (1557) feiert die Gründung von Messina und seine Bedeutung als Hafen.

🏛 Museo Regionale
Via della Libertà 465. 090-36 12 92. tägl. vorm. (Di, Do, Sa auch nachm.).

Madonna mit Kind (1473) von Antonello da Messina, Museo Regionale

Taormina ⓯

Messina. 10 000. Palazzo Corvaja, Piazza Santa Caterina (0942-232 43). Mi.

DAS WUNDERSCHÖN gelegene Taormina ist Siziliens Fenster zur modernen Welt. Der Besuch dort ist ein Genuß; die Stadt bietet viele Hotels und Restaurants, und tief unter ihr erstrecken sich Sandstrände.

Der berühmteste Zeuge der Vergangenheit ist das **Theater**. Die Griechen begannen mit dem Bau im 3. Jahrhundert v. Chr.; später wurde es von den Römern umgestaltet. Zu den klassischen Ruinen gehört das **Odeon** und die **Naumachia** (ein künstlicher See für Scheingefechte). An der Piazza Vittorio Emanuele wurde der **Palazzo Corvaia** (14. Jh.) aus Steinen eines hier errichteten Tempels erbaut. Der **Dom** (13. Jh., 1636 renoviert) gleicht einer Festung.

UMGEBUNG: Bei **Capo Schisò** südlich von Taormina stehen die Ruinen des antiken **Naxos**. Die Küste hinauf in der Val d'Agro befindet sich die Kirche **Santi Pietro e Paolo d'Agro**, teils normannisch, arabisch und byzantinisch. **Savoca** rühmt sich der **Chiesa Madre** (13. Jh.) und der **Katakomben** unter dem Cappuccini-Kloster.

Ätna

Catania. FS bis Linguaglossa oder Randazzo; Circumetnea-Bahn ab Catania bis Riposto. bis Nicolosi.
i Piazza Vittorio Emanuele 32, Nicolosi (095-91 44 88).

Der Ätna ist einer der größten aktiven Vulkane der Welt und galt im Altertum als die Schmiede des Feuergottes Vulkan. Die Behörden halten ständig Ausschau nach Eruptionen – wie die, die in der Vergangenheit wiederholt Catania verwüsteten. Bequemer betrachtet man den Vulkan aus der Circumetnea-Bahn, die von Catania bis Riposto fährt.

Catania

365 000. FS Largo Paisiello 5 (095-31 21 24). Mo–Sa (allgemein), So (Antikes u. Trödel).

Nach den Verwüstungen durch das Erdbeben von 1693 wurde Catania umfassend wiederaufgebaut und besitzt heute einige der einfallsreichsten Barockbauten Siziliens. Von der **Piazza del Duomo** aus, die mit einem Elefanten aus Lava (Wahrzeichen von Catania) geschmückt ist, hat man einen spektakulären Blick auf den Ätna. 1736 erhielt der normannische **Dom** eine neue Fassade von Vaccarini, der auch am **Rathaus** (beendet 1741) wirkte. Kraftvolle Plastizität ist sein Kennzeichen – man beachte auch die Fassade der **Sant' Agata** (1748) und die Gestaltung des **Collegio Cutelli** sowie den **Palazzo Valle** (um 1740–50).

Die Tradition Vaccarinis setzte Stefano Ittar mit **San Placido** (um 1768) fort. Die Steinverzierung des **Palazzo Biscari** (frühes 18. Jh.) wird übertroffen von Antonino Amatos ungehemmter Dekoration am **Benediktinerkloster** (1704) und an der benachbarten Kirche **San Niccolò** (1730).

An der Via Vittorio Emanuele stehen das **Museo Belliniano**, das Geburtshaus des Komponisten Vincenzo Bellini (1801–35), und das aus Lava erbaute **Teatro Romano** (21 v. Chr.). **Vergas Haus**, in dem der Schriftsteller Giovanni Verga (1840–1922) wohnte, liegt an der Via Sant'Anna. An der Via Crociferi befinden sich die Kirchen **San Francesco Borgia**, **San Benedetto** und **San Giuliano** (18. Jh.); das Innere (1760) der letzteren stammt von Vaccarini. Die Kirche **Santo Carcere**, ebenfalls an der Via Crociferi, enthält den Kerker der heiligen Agatha, die 253 n. Chr. zur Märtyrerin wurde.

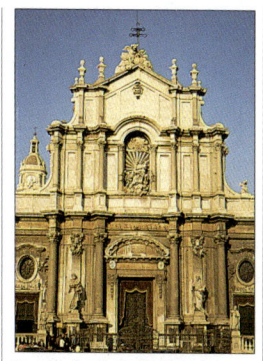

Fassade des Doms in Catania

EINFLÜSSE AUF DIE TRADITIONELLE SIZILIANISCHE KÜCHE

Sizilien besitzt die abwechslungsreichste Küche in Italien. Die Lage der Insel – zwischen Nordafrika, Europa und dem östlichen Mittelmeer – und die Eroberer, die sie anlockte, sind dafür verantwortlich. Das früheste westliche Kochbuch, die verlorene *Kunst des Kochens* (5. Jh. v. Chr.), wurde von Mithaecus, einem Griechen aus Syrakus, geschrieben. Die Fruchtbarkeit Siziliens lockte griechische Siedler an, die Öl, Weizen, Honig, Käse, Obst und Gemüse in ihre Heimat exportierten. Für die Römer war Sizilien nur eine Kornkammer. Die Araber brachten Orangen, Zitronen, Auberginen und Zuckerrohr mit.

Ihre Vorliebe für Konfekt führte zur Entstehung von *granita*, eine Art Eis in verschiedenen Geschmackssorten. Gern sagen die Sizilianer, daß ihr Eis arabischen Ursprungs sei; die Griechen und Römer jedoch kannten bereits eine Urform; sie kühlten ihren Wein mit Schnee vom Ätna. Die Bauern aßen bodenständige Kost, während der Adel sich ausgefallener Speisen erfreute, und eine der Besonderheiten der heutigen Küche ist, daß sie sowohl schlicht als auch üppig sein kann. Alle italienischen Gerichte sind erhältlich, aber interessanter sind die Variationen mit Zutaten wie Sardinen, Ricotta, roten Paprika, Auberginen, Kapern, Oliven und Mandelpaste.

Eindrucksvolle Auswahl an Oliven auf dem Markt von Palermo

Marzipanfrüchte aus Mandelpaste

Blick auf den Strand von Mazzarò bei Taormina ▷

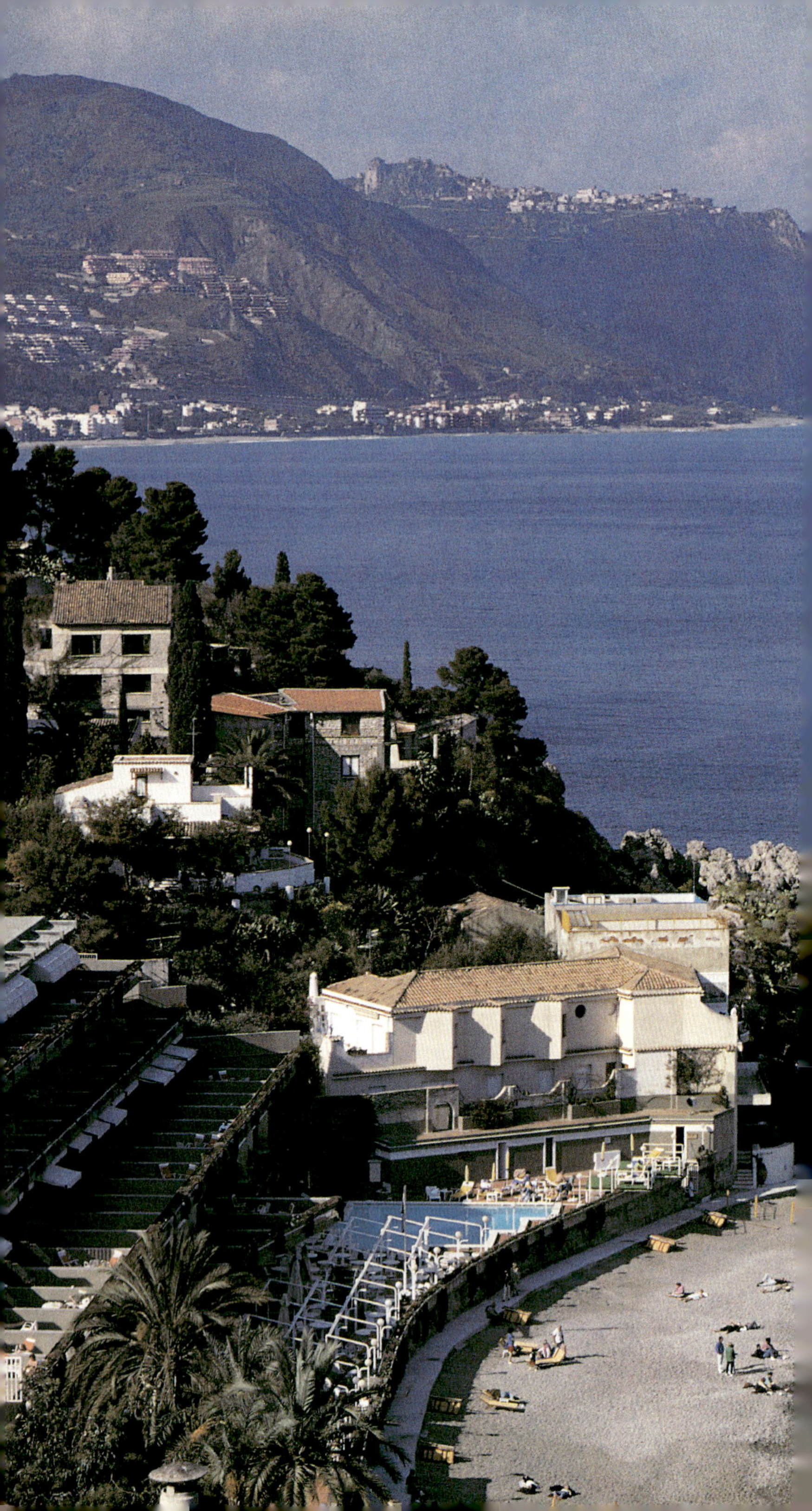

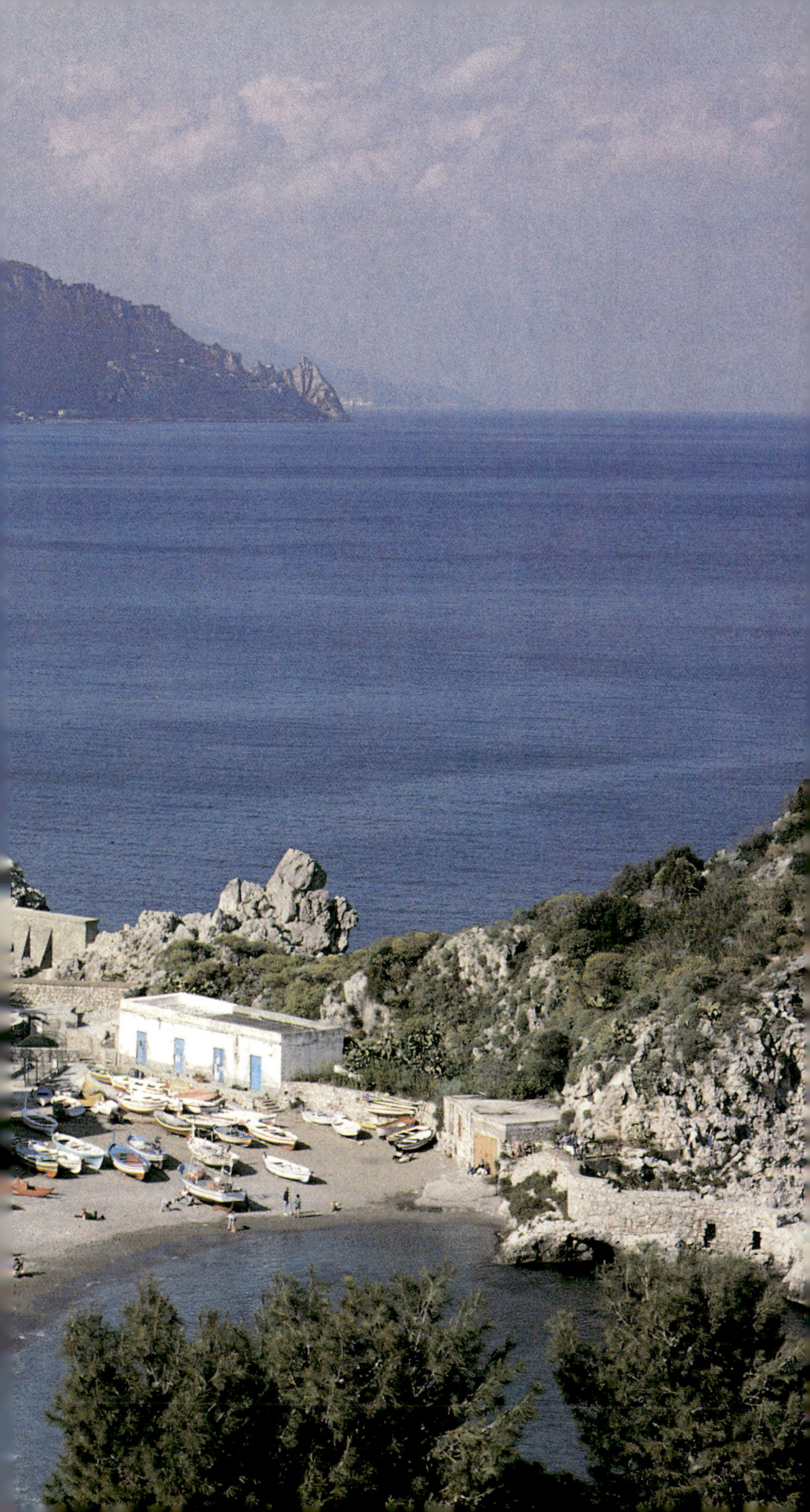

Küstenansicht von Syrakus, eine der schönsten Städte der griechischen Antike

Pantalica ⓲

Siracusa. ☎ 0923-95 36 95. 🚌 von Syrakus bis Sortino, dann 5 km zu Fuß zum Eingang, oder von Syrakus bis Ferla, dann 10 km zu Fuß. **Nekropolis** ◻ 7 Uhr – Sonnenuntergang (Okt–März 18 Uhr). ♿

WEITAB IN DEN kargen Monti Iblei mit Blick auf den Fluß Anapo liegt die **Nekropolis** von Pantalica – heute ein hübscher Ort für Spaziergänge und Picknicks. Die Toten eines großen, noch nicht ausgegrabenen Dorfes (vom 13.–8. Jh. v. Chr. bewohnt) sind hier in Höhlengräbern bestattet. Über 5000 Gräber sind in mehreren Reihen angeordnet und jeweils mit einer Steinplatte verschlossen.

Man vermutet, daß die Bewohner von Pantalica aus **Thapsos** an der Küste kamen, das nach Überfällen kriegerischer Stämme vom Festland aufgegeben wurde. In byzantinischer Zeit war der Ort wieder bewohnt; einige Gräber wurden zu Höhlenwohnungen

Felshöhlengräber in der prähistorischen Nekropolis von Pantalica

und Kapellen umgebaut. Funde aus der Nekropolis sind im Museo Archeologico Regionale in Syrakus ausgestellt.

Syrakus ⓳

👥 125 000. FS 🚌 Via San Sebastiano 43 (0931- 677 10). 🖃 Mi.

Inneres des Doms von Syrakus

SYRAKUS war eine der bedeutendsten Städte der griechischen Antike und laut dem römischen Konsul Cicero auch die schönste. Die Insel **Ortigia** bildet die abgeschlossene Altstadt. **Achradina**, **Tyche** und **Neapolis** auf dem Festland sind seit der Ausdehnung um 480 v. Chr. fast ununterbrochen bewohnt. In der Zeit Gelons, des Tyrannen von Gela, wurde Syrakus um neue Tempel, Theater und Hafenanlagen bereichert. Die Stadt war eine Großmacht bis 211 v. Chr., als sie an die Römer fiel; in dieser Schlacht starb auch der Mathematiker Archimedes, ihr berühmtester Einwohner.

Der **Dom** bildet den Höhepunkt von Ortigia; er wurde 1728 von dem Architekten Andrea Palma begonnen. Seine Barockfassade verbirgt den **Athenatempel** (5. Jh. v. Chr.), der in den Dom integriert wurde. Am Ponte Nuovo befindet sich die Ruine des ältesten dorischen Tempels, eines **Apollotempels**.

Gegenüber dem Dom steht der **Palazzo Beneventano del Bosco** (1778–88), wie auch die Kirche **Santa Lucia alla Badia** (1695–1703) ein kühnes Beispiel syrakusischen Barock. Im Rathaus bewahrt ein kleines Museum die Geschichte der ionischen Tempel, und die Galleria Numismatica erinnert mit einer Münzsammlung an den Reichtum von Syrakus. Die klassischen Schriftsteller erwähnen die **Fonte Aretusa** oft als den Punkt, an dem Arethusa der Erde entsprang, nachdem sie von Artemis in eine Quelle verwandelt wurde, um ihrem Liebhaber Alpheus zu entkommen.

An der äußersten Spitze von Ortigia erbaute Friedrich II. um 1239 das **Castello Maniace**. In der Nähe liegt das **Museo Regionale d'Arte Medioevale e Moderna** mit Gemälden wie dem *Begräbnis der heiligen Lucia* (1608) von Caravaggio. Das Gemälde stammt aus der Kirche **Santa Lucia** im Viertel Achradina. Das Gebiet wurde im Zweiten Weltkrieg dem Erdboden gleichgemacht, die Kirche aber überstand die Bom-

SIZILIEN

ben. Sie stammt vorwiegend aus dem 17. Jahrhundert mit einem normannischen Glockenturm und steht dort, wo die heilige Lucia, Schutzheilige von Syrakus, 304 n. Chr. zur Märtyrerin wurde. Achradina ist heute das Zentrum von Syrakus.

In Tyche im Norden befindet sich das **Museo Archeologico Regionale »Paolo Orsi«** mit einer bedeutenden Sammlung von Funden aus dem Paläolithikum bis zur byzantinischen Zeit aus Südostsizilien. Dazu gehören Vasen, Bronzefiguren, Votivgaben, Büsten, Statuen und Fragmente von syrakusischen Tempeln.

Im Stadtviertel Neapolis liegt der **Parco Archeologico** mit dem Teatro Romano, dem Altar von Hieron II. und dem Teatro Greco, das in den Berghang gegraben wurde. Hinter dem Nymphaeum liegen das römische Amphitheater (2. Jh. n. Chr.) und die Steinbrüche – die Latomia del Paradiso. Man glaubt, daß hier 7000 Athener eingekerkert und dem Tod überlassen wurden, nach ihrer Niederlage 413 v. Chr. in einer Schlacht, die Thukydides als die »größte Tat der hellenischen Geschichte« beschreibt.

UMGEBUNG: In **Epipolae**, acht Kilometer nördlich von Neapolis, steht das **Kastell von Euryalus** – die bedeutendste Festungsanlage der griechischen Antike.

🏛 **Museo Regionale d'Arte Medioevale e Moderna**
Palazzo Bellomo, Via Capodieci 16.
☎ 0931-653 43. ⊙ tägl. vorm.
🏛 **Museo Archeologico Regionale »Paolo Orsi«**
Viale Teocrito 66. ☎ 0931-46 40 22.
⊙ Di–So vorm.

Noto ⑳

Siracusa. 👥 21 000. 🚆
ℹ Piazza XVI Maggio (0931-83 67 44). 🚌 Mo u. 1. u. 3. Di im Monat.

NOTO WURDE im frühen 18. Jahrhundert von Grund auf neu errichtet und ersetzte Noto Antica, das 1693 von einem Erdbeben zerstört wurde. Die Stadt wurde im barocken Stil unter Verwendung des lokalen weißen Tuffs erbaut, eines Kalksteins, dessen Farbe

Fassade des Doms von Noto mit großer Freitreppe

von der Sonne in Honigbraun verwandelt wurde. Heute ist sie eine der bezauberndsten Städte Siziliens.

Der **Dom** (vollendet um 1775) mit den Zwillingstürmen, der Noto beherrscht, wird Rosario Gagliardi zugeschrieben. Er entwarf auch die Turmfassade des Seminars von **San Salvatore** (18. Jh.) an der Piazza Municipio, die Fassade von **San Domenico** (um 1732) an der Piazza XVI Maggio und das Innere von **Santa Chiara** (1730) am Corso Vittorio Emanuele. An der Via Cavour hinter dem Dom steht der **Palazzo Trigona** (1781). Der **Palazzo Villadorata** (um 1735) an der Via Nicolaci ist geschmückt mit einer herrlichen Fassade mit aufwendigen Steinbalkonen. Am nördlichen Ende der Via Nicolaci steht das **Kloster Montevergine** mit einer geschwungenen Fassade. Die Kirche **Crocifisso** (1728) von Gagliardi erhebt sich am höchsten Punkt der Stadt und enthält eine Statue der Muttergottes von Francesco Laurana (1471). Das **Rathaus** (um 1745) gegenüber dem Dom besitzt ein schönes, »geschwungenes« Erdgeschoß.

UMGEBUNG: Das Erdbeben von 1693 verwüstete auch die Städte **Modica**, etwa 30 Kilometer westlich, und **Ragusa**, ein Stück weiter. Wie Noto wurden sie im reichen, lebhaften Barockstil der Gegend wiederaufgebaut. Gagliardi arbeitete an beiden Orten, in Modica an **San Giorgio** (frühes 18. Jh.), in Ragusa an **San Giorgio** (begonnen um 1746, eines seiner Meisterwerke) und an **San Giuseppe** (Mitte 18. Jh.).

Übermütige Skulpturen an der Fassade des Palazzo Villadorata in Noto

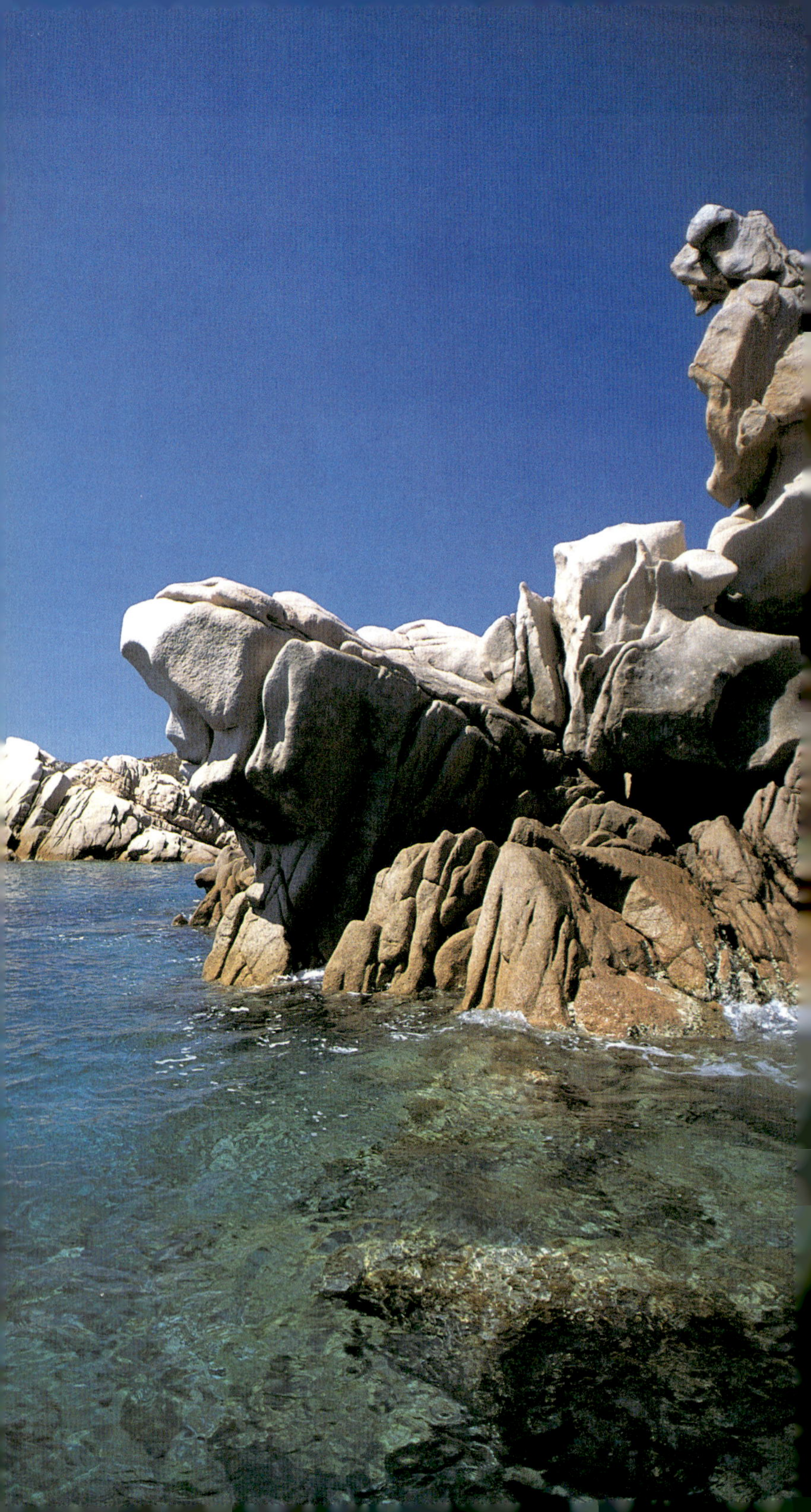

SARDINIEN

IN SEINEM REISEBERICHT *Das Meer und Sardinien* schrieb D. H. Lawrence, Sardinien sei »abseits der Zeit und der Geschichte« geblieben. Tatsächlich gehen die Uhren langsam hier, und viele Spuren der Antike sind noch zu finden – Vermächtnis der Invasionen durch Phönizier, Karthager, Araber, Byzantiner, Spanier, Savoyer und Italiener.

Antiken Ursprungs sind die zahlreichen Feste auf Sardinien, von denen einige rein christlicher, andere heidnischer Natur sind. Auf Sardinien werden mehrere unterschiedliche Dialekte und Sprachen gesprochen. So kann man in Alghero Katalanisch und auf der Insel San Pietro einen ligurischen Dialekt hören. Sogar phönizische und etruskische Überbleibsel sind vorhanden. Der Süden steht traditionell unter arabischem und spanischem Einfluß, während Menschen und Sprache in den Bergen des Gennargentu orginär sardisch sind, denn diese unwegsame Gegend mit ihren Hirtendörfern blieb von den Eindringlingen unberührt.

Von besonderem Interesse sind die über die Insel verstreuten prähistorischen Festungen, Dörfer, Tempel und Grabstätten. Die meisten liegen rund um Barumini und in der Valle dei Nuraghe. Die sogenannten Nuraghen wurden von einem Volk erbaut, dessen Ursprung eines der großen Geheimnisse des Mittelmeerraums ist. In Cagliari gewährt ein archäologisches Museum Einblick in das Leben dieser Menschen.

Sassari, Oristano, Alghero und Olbia bilden die Zentren individuell geprägter Gegenden. Rund um Sassari liegen einige bemerkenswerte pisanisch-romanische Kirchen. Olbia ist eine florierende Stadt, die durch den Tourismus und die Nähe des Jet-sets an der Costa Smeralda reich wurde. Im Gegensatz dazu hat die Stadt Nuoro, im Schatten der Berge des Gennargentu gelegen, wenig mit dem Sardinien der Reisekataloge gemein.

Siesta in dem kleinen Ort Carloforte auf der Isola di San Pietro nahe Sant'Antioco

◁ **Die Bucht von Simius östlich von Cagliari im äußersten Südosten Sardiniens**

Überblick: Sardinien

Diese Insel prägen im Landesinneren beeindruckende Berglandschaften, die mit duftender Macchia überzogen und von Gras und Myrte, wildem Thymian, Feigenkakteen und Gamander bewachsen sind. Die Küstenlandschaft charakterisieren einsame Buchten, lange Sandstrände und Höhlen. Die Berge des Gennargentu mit ihrem höchsten Gipfel von 1834 Metern umschließen eine fast unzugängliche Gegend. Im Nordosten fallen die Berge steil zur Costa Smeralda ab, Sardiniens berühmtester Küste. Weiter südlich liegt der völlig unberührte Küstenstrich um den Golfo di Orosei. Rund um Oristano im Westen erstreckt sich flaches Land bis zur Ebene von Campidano, in der das Getreide, das Gemüse und die Früchte der Insel wachsen.

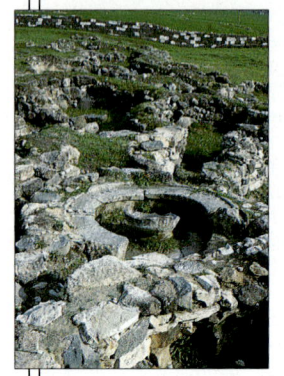

Auf einen Blick

- Alghero ❸
- Bosa ❹
- Cagliari ❾
- Cala Gonone ❻
- Costa Smeralda ❶
- Nuoro ❺
- Oristano ❼
- Sant'Antioco ❽
- Sassari ❷

Nuraghenruinen in Su Nuraxi nahe Barumini

Wäsche trocknet an einem Haus in Alghero

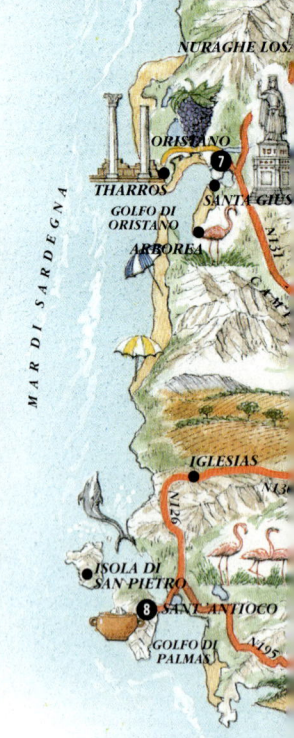

Siehe auch

- *Übernachten* S. 575
- *Restaurants* S. 609

0 Kilometer 50

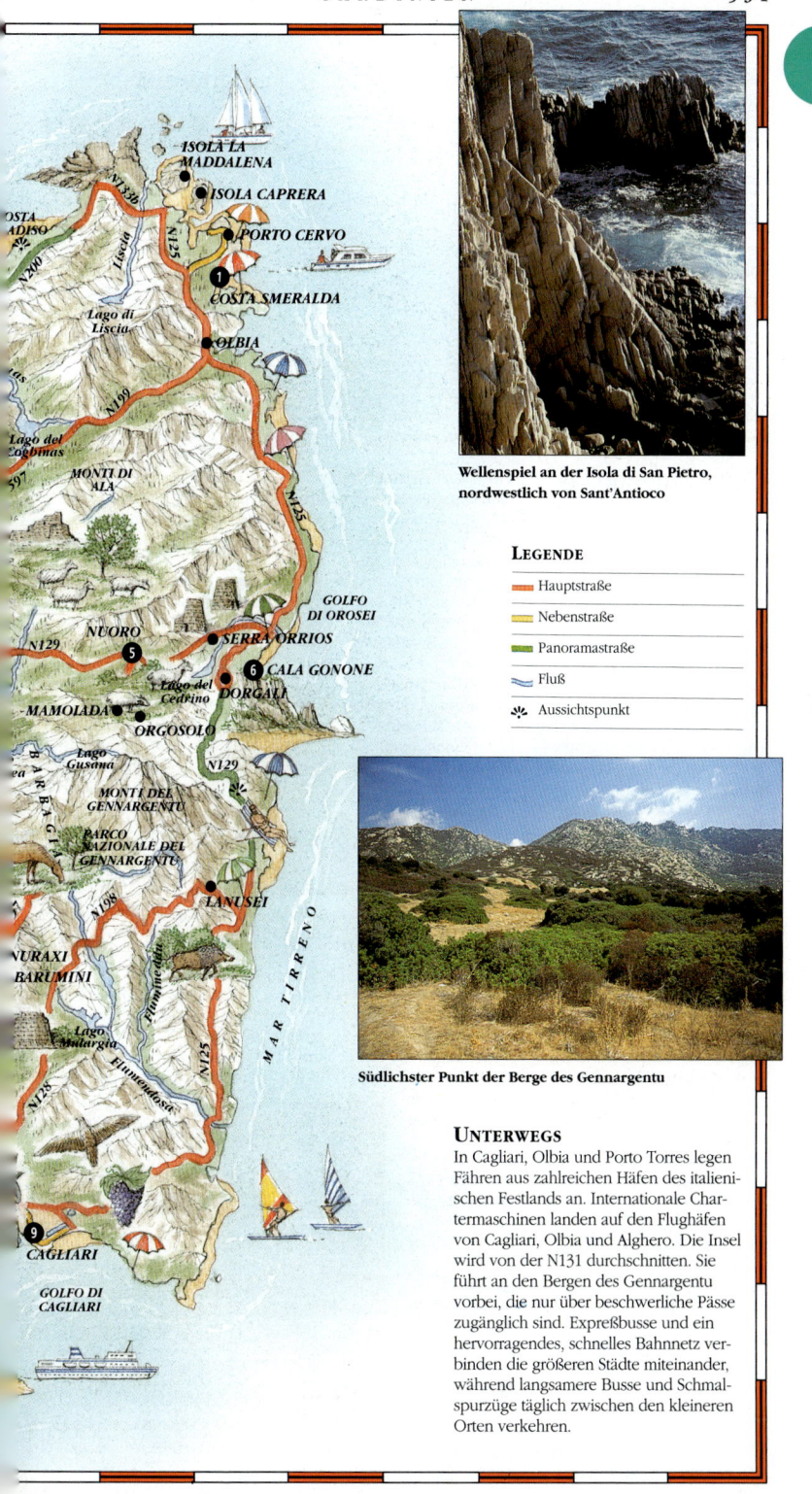

SARDINIEN

Wellenspiel an der Isola di San Pietro, nordwestlich von Sant'Antioco

Legende

- Hauptstraße
- Nebenstraße
- Panoramastraße
- Fluß
- Aussichtspunkt

Südlichster Punkt der Berge des Gennargentu

Unterwegs

In Cagliari, Olbia und Porto Torres legen Fähren aus zahlreichen Häfen des italienischen Festlands an. Internationale Chartermaschinen landen auf den Flughäfen von Cagliari, Olbia und Alghero. Die Insel wird von der N131 durchschnitten. Sie führt an den Bergen des Gennargentu vorbei, die nur über beschwerliche Pässe zugänglich sind. Expreßbusse und ein hervorragendes, schnelles Bahnnetz verbinden die größeren Städte miteinander, während langsamere Busse und Schmalspurzüge täglich zwischen den kleineren Orten verkehren.

Duftende Macchia an der wunderschönen Costa Smeralda

Costa Smeralda ❶

Sassari. FS 🚢 Olbia. 🚌 Porto Cervo. 🛈 Via Catello Piro 1, Olbia (0789-214 53).

DIE EINST UNBERÜHRTE Costa Smeralda wurde Ende der fünfziger Jahre durch ein Konsortium von Industriemagnaten unter Mitwirkung des Aga Khan zu einem der lukrativsten Urlaubsgebiete der Welt entwickelt. Ihre unverfälschte Landschaft unterliegt heute strenger Kontrolle.

In **Porto Cervo** drängen sich Boutiquen neben Nachtklubs, erlesenen Restaurants und Luxushotels. Hier sind die wirklich Reichen zu finden – gekrönte Häupter und Popstars.

UMGEBUNG: Wenn Sie dies kaltläßt, sollten Sie sich nordwärts zur **Baia Sardinia** und nach **Cannigione** orientieren. Von **Palau** verkehren Fähren nach **La Maddalena** und zur **Isola Caprera**, der Heimat Garibaldis und des **Museo Nazionale Garibaldino**.

🏛 Museo Nazionale Garibaldino
Frazione Caprera, La Maddalena.
📞 0789-72 71 62. 🕒 tägl. vorm.
⊗ 1. Jan, 1. Mai, 25. Dez.

Sassari ❷

👥 120 000. ✈ FS 🚌 🛈 Viale Caprera 36 (079-29 95 44). 🗓 Mo.

SASSARI WURDE im frühen 13. Jahrhundert von Kaufleuten aus Genua und Pisa gegründet und ist berühmt für sein Fest Cavalcata Sarda am Himmelfahrtstag. Rund um den **Dom** (11. Jh., mit barocker Erweiterung) liegt ein mittelalterliches Viertel mit vielen Kirchen, und im Norden befindet sich die sehenswerte **Fonte Rosello**, ein Brunnen aus der Spätrenaissance. Das **Museo Archeologico Nazionale »G. A. Sanna«** bietet einen guten Einblick in die Geschichte der Nuraghen dieser Region.

UMGEBUNG: Südöstlich an der N131 liegt die pisanisch-romanische Kirche **Santissima Trinità di Saccargia** (1116), in der sich der einzige noch auf Sardinien existierende Freskenzyklus aus dem 13. Jahrhundert befindet. Ein Stück weiter liegen die Kirche **San Michele di Salvenero** (12. Jh.) und in Ardara die aus Basalt errichtete romanische Kirche **Santa Maria del Regno** oder »Schwarze Kathedrale«.

Fassade der Santissima Trinità di Saccargia

🏛 Museo Archeologico Nazionale »G.A. Sanna«
Via Roma 64.
📞 079-27 22 03.
🕒 tägl. vorm.
(jeden 2. Mi im Monat auch nachm.).

Alghero ❸

Sassari. 👥 41 000. ✈ FS 🚌 🛈 Piazza Porta Terra 9 (079-97 90 54).
🗓 Mi.

IM 12. JAHRHUNDERT auf einer Halbinsel an der Bucht von Alghero gegründet und 1353 durch die Aragonier von der Genueser Familie Doria übernommen, wurde Alghero von Siedlern aus Barcelona und Valencia bevölkert. Die ursprünglichen Bewohner – Ligurier und Sarden – wurden vollends vertrieben, so daß die Altstadt Algheros eindeutig spanisch anmutet.

Das Hafenviertel der Altstadt birgt ein Labyrinth aus kopfsteingepflasterten Gassen. Gegenüber dem Giardino Pubblico liegt die massive **Torre di Porta Terra** aus dem 16. Jahrhundert, die – nach ihren Erbauern – auch als Judenturm bekannt ist. Am Rande der Altstadt befinden sich weitere Türme, die **Torre dell'Espero Reial**, die **Torre San Giacomo** am Lungomare Colombo und die **Torre della Maddalena** an der Piazza Porta Terra. Der **Dom** aus dem 16. Jahrhundert am Ende der Via Umberto ist ein überwiegend katalanisch-gotisches Bauwerk mit einem aragonischen Portal.

In einer Seitenstraße der Via Carlo Alberto liegt **San Francesco** (14. Jh.) mit einem herrlichen Kloster und einem achteckigen Campanile, der sich

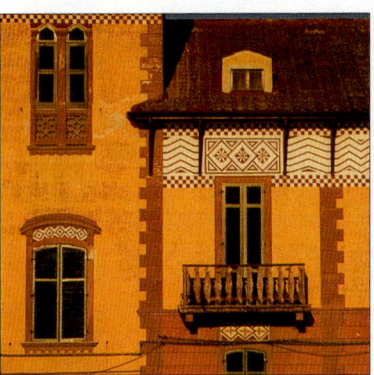

Typisches Haus in Alghero

Häuser am Ufer in Bosa

über Alghero erhebt. Die Barockkirche **San Michele** hat eine sehenswerte Kuppel aus schimmernden Ziegeln. In der Via Principe Umberto befindet sich die **Casa Doria**, das Haus, in dem die frühen spanischen Herrscher Algheros lebten. Sie besitzt ein wunderschönes Renaissanceportal und Fenster mit gotischen Bogen.

UMGEBUNG: Die spektakuläre **Grotta di Nettuno** am Capo Caccia, eine tiefe Naturhöhle, und die nahe gelegene **Grotta Verde** bieten sich für Ausflüge mit Boot oder Auto an.

Bosa ❹

Nuoro. 8500. FS Corso Vittorio Emanuele 59 (0785-37 61 07). Di.

BOSA IST EIN KLEINER, malerischer Küstenort an der Mündung des Temo. Das historische Viertel **Sa Costa** erstreckt sich über den Hang eines niedrigen Hügels, auf dem das 1122 erbaute **Castello di Serravalle** thront. Die engen Wege und Gassen haben sich hier seit dem Mittelalter kaum verändert. Am Temo liegen die **Sas Conzas** – die ehemaligen Färbereien und Werkstätten.

Das Viertel **Sa Piatta** am Flußufer ist kosmopolitischer als das übrige Bosa. Hier befinden sich der aragonisch-gotische **Dom** (15. Jh.) und die romanische Kirche **San Pietro** (11. Jh.), der im 13. Jahrhundert eine gotische Fassade hinzugefügt wurde.

NURAGHEN AUF SARDINIEN

Einzigartiges Merkmal Sardiniens sind die etwa 7000 Nuraghen, die über die ganze Insel verstreut liegen. Diese zwischen 1500 und 400 v. Chr. errichteten stumpf kegelförmigen Gebilde wurden aus riesigen Basaltblöcken erbaut, die erloschenen Vulkanen entnommen waren. Über das Volk der Nuraghier ist nahezu nichts bekannt. Sie müssen gut organisiert gewesen sein und, nach den Bauwerken zu urteilen, über beachtliche technische Kenntnisse verfügt haben; sie scheinen jedoch keinerlei geschriebene Worte hinterlassen zu haben.

Die alleinstehenden Nuraghen sind recht klein. Einige dienten als Festungen mit Wällen und anderen Verteidigungsmitteln.

Su Nuraxi bei Barumini (oben), Serra Orrios in der Nähe von Dorgali und Santu Antine bei Torralba gehören zu den bedeutendsten Nuraghenanlagen. Häuser, Tempel, Grabstätten und sogar ein Theater wurden hier gefunden.

Diese Bronzefigur eines Helden mit vier Augen und Armen gehört zu den zahlreichen Funden, die mit der nuraghischen Kultur in Verbindung gebracht werden.

LEGENDE

• Nuraghenanlagen

0 Kilometer 100

Literaturnobelpreisträgerin Grazia Deledda aus Nuoro

Nuoro

38 000. FS Piazza d'Italia 19 (0784-300 83). Fr, Sa.

DIESE STADT, wunderschön gelegen am Fuße des Monte Ortobene und des grandiosen Sopramonte, ist die Heimat mehrerer Schriftsteller, die zu den wichtigsten Autoren Sardiniens zählen. Zu ihnen gehört Grazia Deledda, die 1926 mit dem Nobelpreis für Literatur ausgezeichnet wurde. In dem hervorragenden **Museo della Vita e delle Tradizioni Popolari Sarde** ist eine umfassende Sammlung ethnischer Gegenstände zu sehen, wie traditionelle Kleidung und Schmuckstücke. Bei dem Fest Sagra del Redentore lernen Sie die Tänze dieser Gegend am besten kennen.

UMGEBUNG: Nuoro liegt am Rande der Region Barbagia, deren einsame Hirtendörfer im Schutz der Berge des **Gennargentu** sich nie der Herrschaft irgendeines Gebieters beugen mußten. Schon die Römer bezeichneten diese Gegend als Barbaria. Spuren der traditionellen Gesetzlosigkeit der Barbagia kann man in **Orgosolo** erkennen, wo Wandmalereien Sardiniens Unabhängigkeit fordern. Blutrache herrschte fast fünfzig Jahre lang zwischen rivalisierenden Familien, und die Taten einheimischer Banditen sind inzwischen Teil der örtlichen Folklore geworden.

Beim Mamuthonenfest in **Mamoiada** führen Männer mit unheimlichen Masken und in traditionellen Kostümen einen rituellen Tanz auf, der mit der symbolischen »Ermordung« eines Sündenbocks endet. Die Leidenschaft und Inbrunst, mit der dieses Ereignis begangen wird, zeugen von der starken Verwurzelung in der Tradition und einer tiefen Ablehnung jeglichen Wandels.

🏛 Museo della Vita e delle Tradizioni Popolari Sarde
Via Mereu 56. 0784-314 26. Apr–Okt tägl.; Nov–März Di–So vorm.

Cala Gonone

Nuoro. 800. Via Lamarmore 189, Dorgali (0784-962 43). tägl. zu den Höhlen (Apr–Mitte Okt). 0784-933 05.

ÖSTLICH VON NUORO liegt das kleine Dorf Cala Gonone – ein belebter Badeort und Fischerhafen mit großartigen Stränden. Entlang der unberührten Küste mit ihren einsamen Buchten **Cala di Luna** und **Cala Sisine** verbergen sich tiefe Naturhöhlen, etwa die bekannte **Grotta del Bue Marino** mit ihren unheimlich anmutenden Felsformationen. Die Gegend um Cala Gonone eignet sich bestens für Wanderungen, vor allem hinunter zur Cala Sinisi, und die Straße von Dorgali nach Baunei und Tortoli führt durch eine beeindruckende Landschaft.

Oristano

Cagliari. 32 000. FS Via Cagliari 278 (0783-741 91). Di, Fr.

Ruinen von Tharros bei Oristano

DIE PROVINZ VON ORISTANO entspricht etwa dem historischen Arborea, das unter der Herrschaft Eleonoras stand *(siehe nächste Seite)*. Eine Statue aus dem 18. Jahrhundert auf der **Piazza Eleonora** dient ihrer Erinnerung. Am Corso Vittorio Emanuele befindet sich die **Casa di Eleonora** aus dem 16. Jahrhundert und unweit davon das **Antiquarium Arborense**, das nuraghische, punische und römische Artefakte zeigt. Die **Torre di San Cristoforo** (1291) war einst Bestandteil der Stadtmauer. Der **Dom** (13. Jh.) wurde später im Barockstil umgebaut. Interessanter sind die Kirchen **Santa Chiara** (1343) an der Via Garibaldi und **San Martino** aus dem 14. Jahrhundert an der Via Cagliari.

UMGEBUNG: Die Innensäulen der **Kathedrale** in Santa Giusta stammen vermutlich aus

Eingang zur Grotta del Bue Marino, südlich von Cala Gonone

Der kleine Badeort Carloforte, Hauptstadt der Insel San Pietro

Tharros, einer punischen Siedlung aus dem 8. Jahrhundert v. Chr., deren weitläufige Ruinen 20 Kilometer westlich von Oristano liegen.

🏛 Antiquarium Arborense
Via Parpaglia 37. 📞 0783-79 12 62.
🕐 Di–So.

Sant'Antioco ❽

Cagliari. 🚉 📍 *Piazza Repubblica (0781-820 31).*

DIE GRÖSSTE STADT auf dieser unberührten Insel heißt ebenfalls Sant'Antioco. Die **Katakomben**, eine später von den Christen genutzte phönizische Grabstätte unter der Basilika **Sant'Antioco Martire** aus dem 12. Jahrhundert, zeugen von nahezu ununterbrochener Fremdherrschaft. Das **Antiquarium** zeigt phönizische Artefakte. Unweit davon befinden sich das punische **Tophet** (heilige Stätte der Göttin Tanit) und die **Nekropolis**. Von Calasetta setzt eine Fähre zu der kleinen **Isola di San Pietro** über.

⛪ Katakomben
Piazza Parrocchia.
📞 0781-830 44.
🕐 tägl. 🎟 obligatorisch. ⬤ Ostern, 15. Aug, 25. Dez.
🏛 Antiquarium
Via Regina Margherita.
📞 0781-835 90.
🕐 tägl. ⬤ 1. Jan, Ostern, 8., 25., 26. Dez.

Cagliari ❾

👥 220 000. ✈ 🚉 🚌 ⛴
📍 *Piazza Matteotti 9 (070-66 92 55).*
📅 *tägl.; auch So (Flohmarkt) u. jeden 2. So im Monat (Antiquitäten).*

DIE HAUPTSTADT SARDINIENS wurde von Phöniziern, Karthagern und Römern erobert; weitläufige Ruinen der Phönizierstadt Nora befinden sich südwestlich von Cagliari. Das in Stein gehauene **Amphitheater** aus dem 2. Jahrhundert ist ein Überbleibsel aus der römischen Ära. Die beste Einführung in die frühe Geschichte der Stadt bietet die **Cittadella dei Musei**. Dieses ehemalige königliche Arsenal beherbergt mehrere Museen, einschließlich des **Museo Nazionale Archeologico**. In der Cittadella dei Musei befindet sich auch die **Pinacoteca**, eine Kunstgalerie.

Der enge, alte Stadtkern Cagliaris besitzt auffallend nordafrikanischen Charakter. In dem hoch gelegenen Viertel beim **Schloß** errichteten die Römer Verteidigungswälle. Der prächtige **Bastione San Remy** an der Piazza Costituzione bietet einen großartigen Ausblick über die Stadt und die umliegende Landschaft. Der **Dom** aus dem 20. Jahrhundert ist der Nachbau eines romanischen Bauwerks.

Ganz in der Nähe liegt der Turm **Torre San Pancrazio** (14. Jh.). Das **Marina-Viertel**, das sich Ende des 16., Anfang des 17. Jahrhunderts über die Altstadt hinaus ausdehnte, erstreckt sich von der teilweise verfallenen **Torre dell'Elefante** an der Via dell'Università bis zum Hafen. Auf der Piazza San Cosimo stellt die im 6. Jahrhundert errichtete Kirche **San Saturnino** eines der seltenen Zeugnisse byzantinischer Herrschaft dar.

⛪ Amphitheater
Viale Sant'Ignazio. 🕐 tägl.
🏛 Cittadella dei Musei
Piazza Arsenale. **Museo Nazionale Archeologico** 📞 070-65 59 11.
Pinacoteca 📞 070-67 01 57.
🕐 tägl. ⬤ 1. Jan, 1. Mai, 25. Dez.

ELEONORA VON ARBOREA

Als Widersacherin ausländischer Herrschaft regierte Eleonora von 1383–1404 als *giudicessa* (Richterin) in Arborea, einem der vier Verwaltungsbezirke Sardiniens. Ihre Heirat mit Brancaleone Doria festigte das Interesse Genuas an Sardinien. Sie scharte die gesamte Insel zur Abwehr spanischer Invasoren um sich. Ihr bedeutendstes Vermächtnis war die Vervollständigung der von ihrem Vater begonnenen Gesetzessammlung. Diese verlangte Besitzgemeinschaft in der Ehe und einen Entschädigungsanspruch für vergewaltigte Frauen.

San Saturnino in Cagliari, im 6. Jahrhundert in Form eines griechischen Kreuzes errichtet

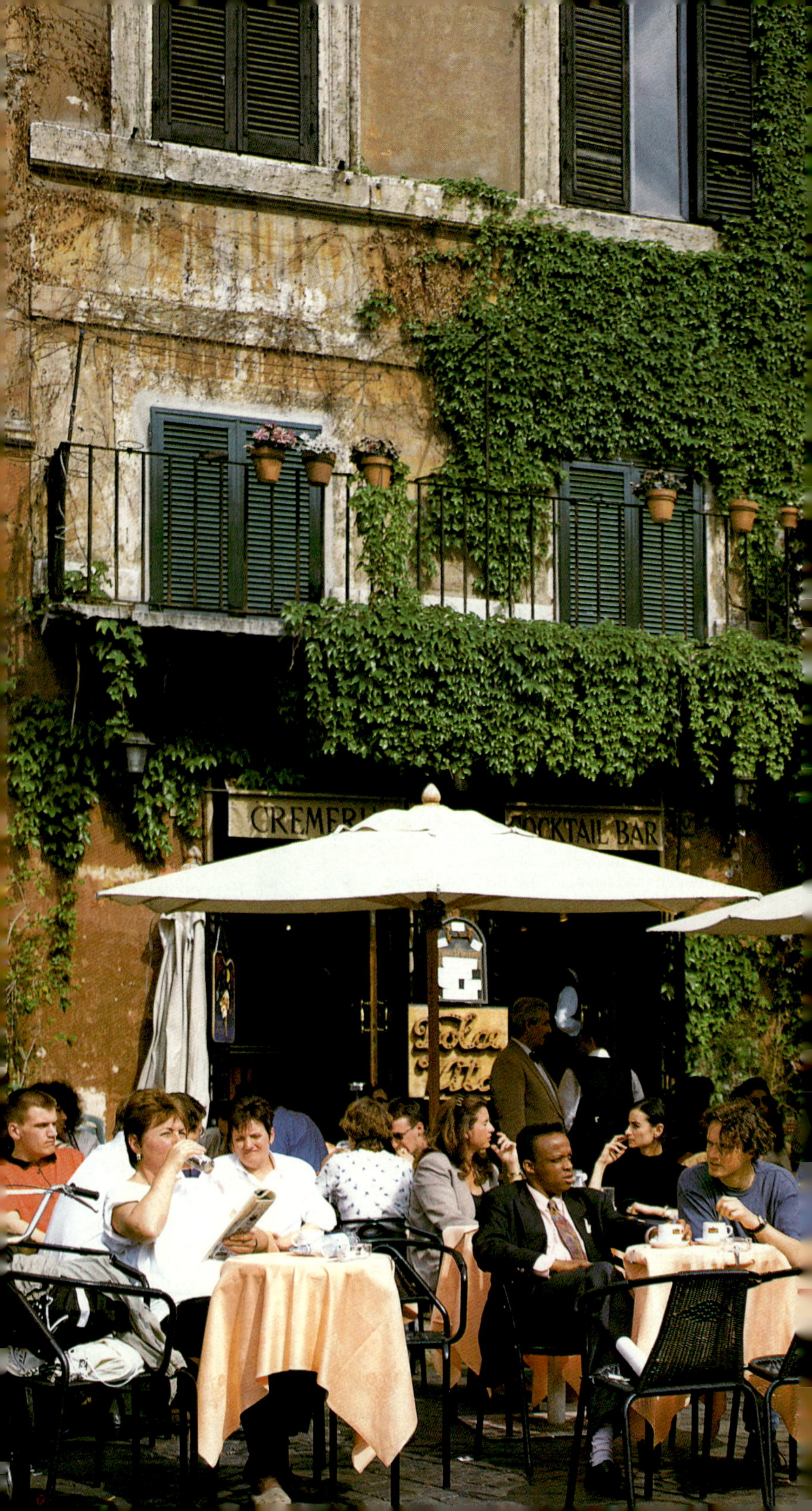
CREMERI
OCKTAIL BAR

Zu Gast in Italien

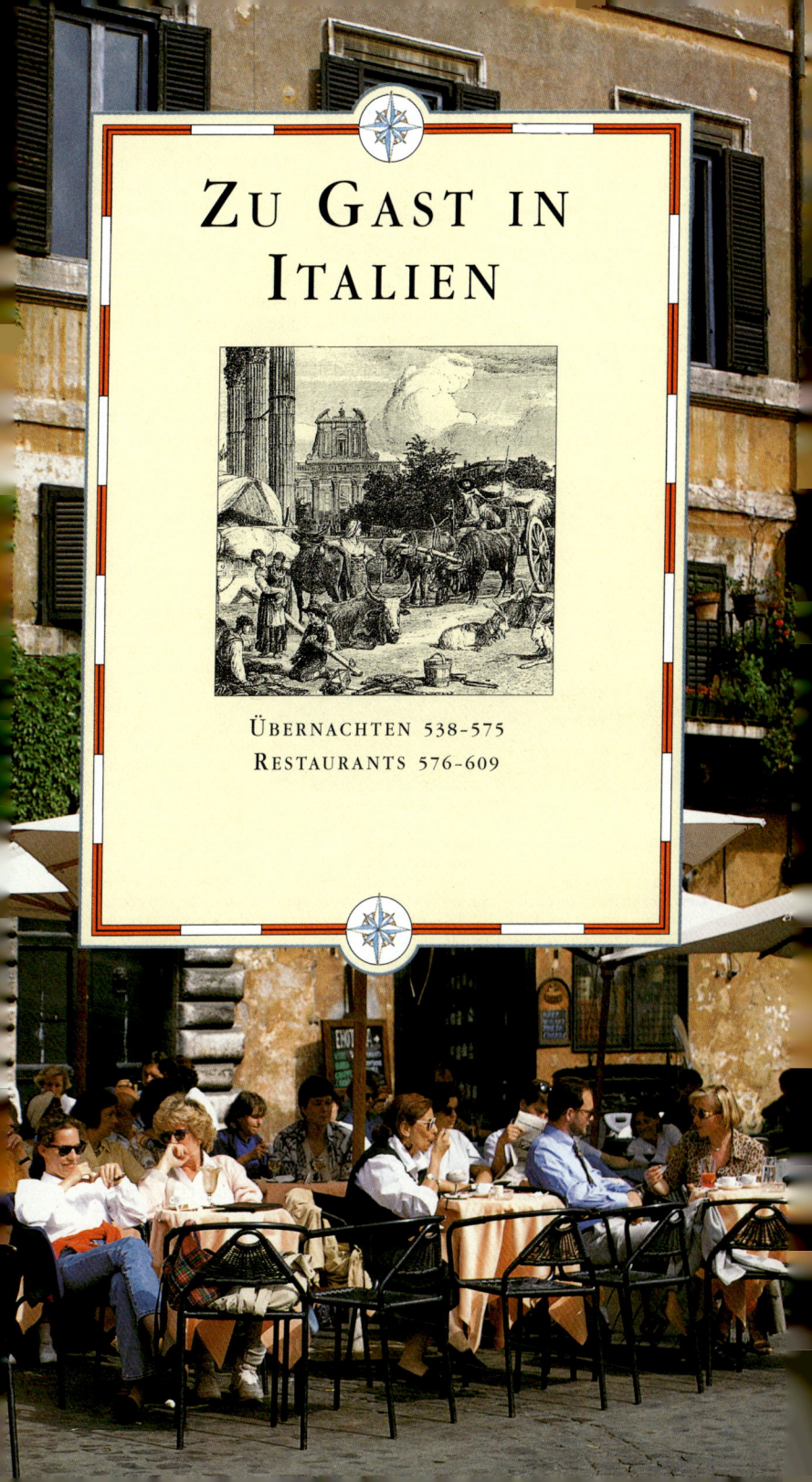

Übernachten 538-575
Restaurants 576-609

ÜBERNACHTEN

BESUCHER AUS DER ganzen Welt kommen nach Italien, und die meisten Italiener verbringen ihren Urlaub ebenfalls in ihrem Heimatland. Daher wird eine Vielzahl von Übernachtungsmöglichkeiten angeboten, die von Hotels in alten Palästen und historischen Wohnsitzen bis zu einfachen *pensioni* und Herbergen reichen. Auch Besuchern, die eine Unterkunft mit Selbstversorgung bevorzugen, wird von Villen in der Toskana bis zu Ferienwohnungen in Badeorten alles geboten. Obwohl italienische Hotels im Ruf stehen, teuer zu sein und einen mäßigen Service zu bieten, können Sie in allen Preisklassen einen exzellenten Gegenwert für Ihr Geld erhalten. Die auf den Seiten 542 ff aufgelisteten Hotels wurden nach dem besten Preis-Leistungs-Verhältnis hinsichtlich des Stils, des Komforts oder der Lage ausgewählt.

Schild eines 3-Sterne-Hotels

Der historische Palazzo Gritti – eines der besten Hotels in Venedig

KATEGORIEN

HOTELS WERDEN mit ein bis fünf Sternen bewertet. Die Bewertung basiert auf der gebotenen Ausstattung und weniger auf der Atmosphäre, und jede Region vergibt Sterne nach anderen Kriterien. Manchmal scheinen Hotels zu niedrig bewertet zu sein. Der Grund hierfür kann sein, daß das Hotel in einer niedrigeren Kategorie bleiben möchte, um höhere Steuern zu vermeiden.

ALBERGHI

ALBERGO IST DIE Bezeichnung für Hotel, aber meistens bezieht sich der Begriff auf Häuser höherer Kategorie. Die Zimmergrößen variieren: In den Stadtzentren können sogar teure Hotels kleinere Zimmer als ihre Pendants in anderen Ländern anbieten, während Zimmer außerhalb unter Umständen eher als Suiten zu bezeichnen sind. Im allgemeinen bieten *alberghi* ausschließlich Zimmer mit Dusche an, die luxuriöseren auch mit Bad.

In den Stadtzentren treffen Sie auf das Schild *albergo diurno*. Dies ist ein Tageshotel ohne Übernachtungsmöglichkeit, das Reisenden aber Bäder oder Duschen anbietet. Diese Hotels liegen meist nahe dem Hauptbahnhof.

PENSIONI

OBWOHL DER Ausdruck nicht mehr offiziell verwendet wird, beschreibt er noch immer Ein- bis Zwei-Sterne-Hotels. Im allgemeinen trifft man hier auf Sauberkeit, freundlichen Service und funktionell eingerichtete Zimmer. Da sich die *pensioni* häufig in alten Gebäuden befinden, muß man für diesen Charme oft Lärm, schlechte Wasserleitungen und dunkle Zimmer in Kauf nehmen. Abgesehen von einem Frühstücksraum bieten viele keine weiteren Aufenthaltsräume.

Die meisten verfügen über einige Zimmer mit Dusche, selten mit Bad. Wenn Sie abends ausgehen möchten, sollten Sie sich vergewissern, daß die *pensione* später noch offen ist. Nicht alle haben einen Nachtportier nach Mitternacht; in diesem Falle ist es jedoch möglich, einen Schlüssel für die Haustür zu erhalten.

Wenn Sie im Winter reisen, sollten Sie sich erkundigen, ob die *pensione* über eine Zentralheizung verfügt. Von November bis Februar ist es sogar im Süden recht kalt.

Eine *locanda* war ein Gasthaus, das preiswertes Essen und einen Schlafplatz anbot. Der Begriff ist vor allem in Mittel- und Süditalien noch gebräuchlich, heute aber ein Synonym für *pensione* und Ausdruck der Bemühung um das Wohlergehen der Touristen.

HOTELKETTEN

NEBEN EINIGEN italienischen Hotelketten der besseren Kategorie sind auch internationale Ketten vertreten. **Ciga** bietet die Opulenz der Jahrhundertwende und betreibt einige der ältesten Hotels in Italien; **Jolly** weist mehr Ähnlichkeit mit internationalen Luxusketten auf, und **Agip**, zur Forte-Gruppe gehörend,

Straßenschild mit Hinweisen auf Hotels

◁ *Beliebtes Straßencafé an der Piazza Navona in Rom*

ÜBERNACHTEN

Das Romantikhotel Villa Pagoda in Nervi *(siehe S. 555)*

bietet Motels. **Relais et Châteaux** führt Hotels in Schlössern, Villen und Klöstern mit unübertroffener Ausstattung.

MAHLZEITEN UND AUSSTATTUNG

Häufig wird in den Hotels weniger an Ausstattung geboten als in anderen Ländern. Trotz des heißen Sommers ist außer in den Fünf-Sterne-Hotels eine Klimaanlage ebenso selten zu finden wie ein 24-Stunden-Zimmerservice.

Einige Hotels bestehen auf Vollpension *(pensione completa)* oder Halbpension *(mezza pensione)*. Wenn möglich, sollten Sie dies vermeiden, zumal es sicher eine gute Auswahl an Restaurants gibt. Viele *pensioni* vermieten nur mit Frühstück, das meist aus Kaffee und Keksen oder Croissants mit Butter und Marmelade besteht. Vermeiden Sie nach Möglichkeit auch dies, da das Frühstücken in einer Bar vergnüglicher Teil des italienischen Alltags ist.

Geben Sie bei Doppelzimmern an, ob Sie zwei Einzelbetten *(letti singoli)* oder ein Doppelbett *(matrimoniale)* wünschen. Die Bäder sind in der Regel mit Duschen ausgestattet; wenn Sie eine Wanne bevorzugen, sollten Sie danach fragen (hierfür wird unter Umständen ein Aufpreis verlangt).

KINDER

Für die Italiener sind Kinder ein normaler Bestandteil des Lebens; sie sind stets willkommen. Einige der preiswerteren Hotels bieten unter Umständen keine Kinderbetten an, aber alle Hotels – vom einfachsten bis zum luxuriösesten – stellen für Familien ein oder zwei kleine Betten in ein Doppelzimmer. Im Normalfall müssen Sie pro Bett einen Zuschlag von dreißig bis vierzig Prozent des Zimmerpreises bezahlen. Die meisten der großen Hotels bieten auch einen Babysitterservice an.

PREISE

Hotels sind nicht sehr preiswert, auch wenn die Preise je nach Ort und Saison schwanken. Sie beinhalten Steuer und Service und werden pro Zimmer angegeben. Sie beginnen bei etwa 60 000 Lire für ein Doppelzimmer ohne Bad und, auch in einem Hotel mit Basisausstattung, bei 90 000 Lire für ein Zimmer mit Bad. Ein Einzelzimmer kostet etwa zwei Drittel des Doppelzimmerpreises. Für 200 000 Lire bekommt man ein komfortables Zimmer. Für 400 000 Lire und mehr erwarten Sie eine schöne Lage und lokaler oder historischer Charme. Hotels in den großen Städten und Urlaubsorten sind meist teurer.

Laut Gesetz müssen die Hotels ihre Preise im Zimmer aushängen. In Urlaubsorten kann der Unterschied zwischen Vor- und Hauptsaison hundert Prozent und mehr betragen.

Vorsicht bei Extras: Die Minibar sowie die Gebühren für Parkplätze, Wäsche und Telefongespräche vom Zimmer aus können überteuert sein.

Garten des Sant'Anselmo, Rom *(siehe S. 565)*

RESERVIERUNG

Reservieren Sie frühzeitig: Zwei Monate sollten ausreichen; während der Hochsaison können Hotels für sechs Monate im voraus voll ausgebucht sein. Im August sind die Badeorte, im Februar die Gebirgsorte überfüllt. Eine rechtzeitige Reservierung ist außerdem für Städte und Dörfer zu Zeiten kultureller Höhepunkte *(siehe S. 62 ff)* zu empfehlen.

Bei der Reservierung werden Sie um eine Anzahlung gebeten, die Sie meist mit Kreditkarte leisten können (auch in Hotels, die für die endgültige Bezahlung keine Kreditkarten akzeptieren) oder per Euroscheck oder Zahlungsanweisung. Das Gesetz schreibt vor, daß die Hotels Ihnen eine Quittung *(ricevuta fiscale)* über die Bezahlung auszustellen haben, die Sie bis zu Ihrer Ausreise aus Italien aufbewahren müssen.

Eingangshalle des Hotels Campo de' Fiori in Rom *(siehe S. 565)*

Haupteingang des Hotel Porta Rossa in Florenz (siehe S. 557)

An- und Abreise

BEI IHRER ANKUNFT im Hotel wird man Sie um Ihren Ausweis bitten, um Sie polizeilich zu registrieren. Dies ist eine reine Formalität, und Sie sollten Ihren Ausweis nach zwei Stunden zurückerhalten.

Bei der Abreise muß man das Zimmer meist bis 12 Uhr verlassen, in kleinen Hotels auch früher. Das Zimmer muß geräumt werden, aber meist können Sie Ihr Gepäck an der Rezeption hinterlassen, um es später am Tag abzuholen.

Albergo al Sole, Venedig (siehe S. 544)

Ferienwohnungen und Agriturismo

WENN SIE LÄNGER an einem Ort bleiben möchten, sind Ferienwohnungen häufig in schöner Lage zu finden.

Im ländlichen Italien gibt es mehr als 2000 Bauernhöfe, Villen und Berghütten, die im Rahmen des **Agriturismo**-Plans zu mieten sind. Die Ausstattung variiert von der eines erstklassigen Hotels in Villen oder Burgen bis zu einfachen Unterkünften bei einer Familie auf einem Bauernhof. Einige verfügen über exzellente Restaurants; andere wiederum bieten Reit- oder Angelmöglichkeiten und andere Aktivurlaube an *(siehe S. 624)*. Vor allem in der Hauptsaison ist ein Mindestaufenthalt unvermeidlich. Die Broschüren *Guida dell'Ospitalità Rurale* oder *Vacanze e Natura* sind im Fremdenverkehrsamt in Rom oder vor Ort erhältlich. Andere Ferienwohnungen können Sie über alle deutschen Reiseveranstalter, speziell über **Italia Tours**, buchen; auch hierbei sollten Sie jedoch an eine rechtzeitige Reservierung denken, da unter Umständen alles für Monate im voraus ausgebucht ist.

Zudem gibt es die *residenze*, die in den Unterkunftslisten des **ENIT** zu finden sind. Diese bieten eine Mischung aus Hotel und Ferienwohnung sowie häufig Kochgelegenheiten und eine Art Restaurantservice.

Für einen mehrmonatigen Aufenthalt oder noch länger wenden Sie sich am besten an die Vermittlungsagenturen, die in den *Pagine Gialle* (Gelben Seiten) unter dem Eintrag *Immobiliari* zu finden sind.

Preisgünstige Unterkünfte

BEIM Jugendherbergsverband **(AIG)** und in den Fremdenverkehrsämtern sind Listen privater Herbergen erhältlich. Die Preise liegen bei etwa 15 000 Lire pro Person und Nacht und damit weit unter den preiswertesten *pensioni*. Allerdings wird man hier nach Geschlecht getrennten Schlafsälen untergebracht, und an den Waschgelegenheiten herrscht oft Andrang. Ein Zimmer in einem privaten Wohnhaus ist eine andere Möglichkeit: Hier werden häufig kleine saubere Zimmer angeboten.

Der **Centro Turistico Studentesco** ist Studenten bei der Zimmersuche in Studentenheimen behilflich. Dies beschränkt sich nicht nur auf Studenten, die Kurse belegen, vor allem nicht im Sommer, wenn die dort wohnenden Studenten in Ferien sind.

Eine Alternative bietet ein Aufenthalt in einem der Konvente und Klöster. Die Zimmer sind sauber, wenn auch oft spartanisch. Zudem sind hier strenge Regeln in Kauf zu nehmen: Meist ist ein frühes Schließen am Abend üblich, und häufig ist das andere Geschlecht auch bei Ehepartnern nicht zugelassen. Eine zentrale Vermittlung gibt es für diese Klöster nicht; sie sind jedoch in den Unterkunftslisten des **ENIT** für jede Region aufgeführt.

Eine Koffergondel bringt das Gepäck zu einem Hotel in Venedig

BERGHÜTTEN UND CAMPINGPLÄTZE

Basisunterkünfte in Berghütten sind in Gebirgsgegenden zu finden, in denen Wanderungen angeboten werden. Die meisten Hütten sind im Besitz des **Club Alpino Italiano** und werden auch von diesem geführt.

Campingplätze sind in den Bergen und den Küstengebieten reichlich vorhanden. Viele bieten einfache Unterkünfte für Familien, Plätze für Zelte, Wohnwagen und Wohnmobile

Villa San Michele, ein ehemaliges Kloster in Fiesole, Toskana (siehe S. 559)

sowie Wasser, Strom und Waschgelegenheiten. Meist gibt es auch ein Restaurant und, vor allem auf den Campingplätzen am Meer, Sporteinrichtungen und -gegenstände wie Swimmingpools, Boote und Wassersportausrüstung sowie Tennisplätze. Der **Touring Club Italiano** und **Federcampeggio** veröffentlichen eine umfangreiche Liste in *Campeggi e Villaggi Turistici in Italia* (35 000 Lire).

BEHINDERTE REISENDE

Nur wenige Hotels sind behindertengerecht. Sie sind in den Hotellisten auf den Seiten 542ff mit einem Symbol gekennzeichnet. Oft werden Hotels ohne spezielle Ausstattung jedoch alles tun, um Reisenden in Rollstühlen entgegenzukommen, indem sie ihnen Zimmer im Erdgeschoß (falls vorhanden) zur Verfügung stellen und bei Aufzügen und Treppen behilflich sind.

WEITERE INFORMATIONEN

Beim staatlichen italienischen Fremdenverkehrsamt **(ENIT)** sind Unterkunftslisten erhältlich. Diese werden jährlich neu gedruckt, allerdings nicht aktualisiert. Zudem können Zimmer über **APT** (Azienda Provinciale per il Turismo) reserviert werden.

Rifugio Francesco Pastore, die höchste Hütte in den Walliser Alpen

---

AUF EINEN BLICK

ALLGEMEIN

ENIT (Ente Nazionale Italiano per il Turismo)
Via Marghera 2–6, 00185 Rom.
06-497 11.
FAX 06-446 99 07.

ENIT
Goethestraße 20, 80336 München.
089-53 03 69, 53 13 17, 505 43 74.
FAX 089-53 45 27.

ENIT
Kärntner Ring 4, 1010 Wien.
01-505 16 39, 505 43 74.
FAX 01-505 02 48.

ENIT
Uraniastraße 32, 8001 Zürich.
01-211 79 17, 211 36 33.

HOTELKETTEN

Ciga Hotels
Piazza della Repubblica 32, 20124 Milano.
02-626 61.
FAX 02-670 05 71.

Forteagip
Via Fabio Filzi 28, 20124 Milano.
02-66 98 18 81.
FAX 02-670 06 96.

Jolly Hotels
Via Bellini 6, 36078 Valdagno.
0445-41 00 00.
FAX 0445-41 14 72.

Relais et Châteaux
Hannoversche Str. 55–56, 29221 Celle.
05141- 21 71 21.
FAX 05141-271 19.

FERIENWOHNUNGEN

Agriturismo
Corso Vittorio Emanuele II 89, 00185 Rom.
06-685 23 42.
FAX 06-685 24 24.

WOHNUNGSVERMITTLUNG

Interhome GmbH
Friedberger Anlage 14, 60314 Frankfurt.
069-49 06 58.
FAX 069-494 08 99.

BERGHÜTTEN UND CAMPINGPLÄTZE

Club Alpino Italiano
Piazza Sant'Andrea 300, 00185 Rom.
06-68 61 01 11.
FAX 06-68 80 34 24.

Touring Club Italiano
Corso Italia 10, 20122 Mailand.
02-852 61.
FAX 02-852 63 62.

Federcampeggio
Via Vittorio Emanuele 11, 50041 Calenzano.
055-88 23 91.
FAX 055-882 59 18.

PREISWERTE UNTERKÜNFTE

Centro Turistico Studentesco
Via Nazionale 66, 00184 Rom.
06-467 91.
FAX 06-467 92 05.

AIG (Associazione Italiana Alberghi per la Gioventù)
Via Cavour 44, 00184 Rom.
06-487 11 52.
FAX 06-488 04 92.

Hotelauswahl

DIE IN DIESEM Reiseführer erwähnten Hotels wurden ausgewählt aufgrund ihres guten Preis-Leistungs-Verhältnisses, ihrer Lage, ihres Komforts oder Stils. Die folgende Übersicht stellt Faktoren heraus, die Ihre Wahl beeinflussen könnten, und liefert eine Beschreibung jedes Hotels. Die Einträge sind nach Preiskategorien aufgelistet; farbige Markierungen kennzeichnen die Regionen.

VENEDIG

Hotel	Preis	Anzahl der Zimmer	Restaurant	Swimmingpool	Garten/Terrasse
CANNAREGIO: *Guerrini* Calle delle Procuratie, 265. **Karte** 2 D4. ☎ 041-71 53 33. FAX 041-71 51 14. In der Nähe der Lista di Spagna erreicht man dieses Hotel durch einen Bogengang. Die Zimmer sind einfach und trotz der belebten Gegend ruhig.	ⓁⓁ	32			
CANNAREGIO: *Abbazia* Calle Priuli, 66–68. **Karte** 3 A4. ☎ 041-71 73 33. FAX 041-71 79 49. Ruhig gelegen bei der lebhaften Lista di Spagna. Die Zimmer sind groß und komfortabel, und in einem herrlichen Garten werden Getränke serviert.	ⓁⓁⓁ	36			■
CANNAREGIO: *Continental* Lista di Spagna, 166. **Karte** 2 D4. ☎ 041-71 51 22. FAX 041-524 24 32. Ein großes, modernes Hotel. Einige Zimmer bieten Aussicht auf den Canal Grande, andere mit Blick auf einen baumbeschatteten Platz sind ruhiger.	ⓁⓁⓁ	93	■		■
CANNAREGIO: *Giorgione* Santi Apostoli, 4587. **Karte** 3 B5. ☎ 041-522 58 10. FAX 041-523 90 92. Im Rialto-Viertel. Dieses renovierte Hotel in einem schönen Gebäude verfügt über einen geräumigen Eingangsbereich.	ⓁⓁⓁ	70			
CASTELLO: *Paganelli* Riva degli Schiavoni, 4182. **Karte** 8 D2. ☎ 041-522 43 24. FAX 041-523 92 67. Toller Ausblick auf die Anlegestelle San Marco aus gemütlichen Zimmern; diejenigen im Anbau sind nicht ganz so schön, dafür aber preiswerter.	ⓁⓁ	22			
CASTELLO: *Pensione Bucintoro* Riva San Biagio, 2135. **Karte** 8 F3. ☎ 041-522 32 40. FAX 041-523 52 24. Diese alte, ruhige und einfache Familienpension bietet einen schönen Ausblick und ein von Einheimischen stets gut besuchtes Restaurant.	ⓁⓁ	28	■		
CASTELLO: *Pensione Wildner* Riva degli Schiavoni, 4161. **Karte** 8 D2. ☎ 041-522 74 63. FAX 041-526 56 15. Hotel im Familienbetrieb mit einer Bar und einfachen, aber tadellosen Zimmern mit schönem Ausblick auf die Kirche San Giorgio Maggiore.	ⓁⓁ	16	■		
CASTELLO: *Scandinavia* Campo Santa Maria Formosa, 5243. **Karte** 7 C1. ☎ 041-522 36 07. FAX 041-523 52 32. Das Hotel liegt an einem der schönsten Plätze Venedigs und bietet große Zimmer, einen großzügigen Eingangsbereich und gastfreundlichen Service.	ⓁⓁⓁ	34	■		
CASTELLO: *Danieli* Riva degli Schiavoni, 4196. **Karte** 8 D2. ☎ 041-522 64 80. FAX 041-520 02 08. Dieses Luxushotel war einst der Palast der Familie Dandolo und bei Literaten und Komponisten sehr beliebt. Der Service ist tadellos.	ⓁⓁⓁⓁⓁ	233	■		
CASTELLO: *Londra Palace* Riva degli Schiavoni, 4171. **Karte** 8 D2. ☎ 041-520 05 33. FAX 041-522 50 32. Ein schönes Hotel mit Steinfassade und komfortablen, mit antikem Mobiliar sehr traditionell eingerichteten Zimmern. Die besten liegen zur Lagune hin. 1877 komponierte Tschaikowsky hier seine *Symphonie Nr. 4*.	ⓁⓁⓁⓁⓁ	54	■		
DORSODURO: *Montin* Fondamenta Eremite, 1147. **Karte** 6 D3. ☎ 041-522 71 51. FAX 041-520 02 55. Die wenigen Zimmer über einem der besten Restaurants Venedigs *(siehe S. 578)* bieten viel Charme und Charakter. Reservieren Sie frühzeitig.	Ⓛ	7	■		
DORSODURO: *Agli Alboretti* Rio Terrà Antonio Foscarini, 884. **Karte** 6 E4. ☎ 041-523 00 58. FAX 041-521 01 58. Das moderne Hotel mit einem gemütlichen Eingangsbereich und netter Atmosphäre ist bei englischen und amerikanischen Besuchern sehr beliebt. Der Laubengang ist bezaubernd, die besten Zimmer liegen zu den Innengärten.	ⓁⓁ	25	■		■

ÜBERNACHTEN

	Preise für ein Doppelzimmer pro Nacht, inklusive Steuern und Service, allerdings ohne Frühstück: Ⓛ unter 100 000 L ⓁⓁ 100 000 – 200 000 L ⓁⓁⓁ 200 000 – 300 000 L ⓁⓁⓁⓁ 300 000 – 400 000 L ⓁⓁⓁⓁⓁ über 400 000 L	**RESTAURANT** Hotelrestaurant vorhanden (manchmal nur für Gäste). **SWIMMINGPOOL** Hotelswimmingpools sind in der Regel klein und im Freien, sofern nicht anders angegeben. **GARTEN ODER TERRASSE** Garten, Innenhof oder Terrasse vorhanden, oft mit Tischen im Freien. **KREDITKARTEN** Kreditkarten wie Visa, EuroCard und American Express werden in Hotels mit Kreditkartensymbol akzeptiert.	ANZAHL DER ZIMMER	RESTAURANT	SWIMMINGPOOL	GARTEN/TERRASSE
DORSODURO: *Seguso* ⓁⓁ Zattere ai Gesuati, 779. Karte 6 E4. 041-528 68 58. FAX 041-522 23 40. Ein klassischer Hotelbetrieb mit gutem Preis-Leistungs-Verhältnis. Beim Frühstück auf der Terrasse kann man einen großartigen Blick über die Lagune genießen.			36	■		■
DORSODURO: *Pausania* ⓁⓁⓁ Rio di San Barbara, 2824. Karte 6 D3. 041-522 20 83. FAX 041-522 29 89. Eine Oase der Ruhe inmitten der hektischen Stadt. Ideale Absteige während der Sommermonate mit vernünftigen Preisen und freundlichem Service.			24			■
DORSODURO: *Pensione Accademia Villa Maravegie* ⓁⓁⓁ Fondamenta Bollani, 1058. Karte 6 E3. 041-521 01 88. FAX 041-523 91 52. In dieser eleganten Villa (17. Jh.) nahe dem Canal Grande befand sich einst die russische Botschaft. Die Räume sind etwas abgenutzt, aber mit alten Möbeln eingerichtet; der Service ist erstklassig. Reservieren Sie rechtzeitig.			27			■
GIUDECCA: *Cipriani* ⓁⓁⓁⓁⓁ Giudecca 10. 041-520 77 44. FAX 041-520 39 30. Eines der luxuriösesten und berühmtesten Hotels der Welt. Die Zimmer sind geschmackvoll und opulent eingerichtet, jedes in einem anderen Stil.			104	■	●	■
LIDO DI VENEZIA: *Villa Parco* ⓁⓁⓁ Via Rodi 1. 041-526 00 15. FAX 041-526 76 20. Ein familiengeführtes Hotel, das in einem eigenen Garten und nur wenige Minuten vom Meer entfernt an einer ruhigen Stelle unweit des Sommercasinos liegt, ideal für Reisende mit Kindern. Die Zimmer sind modern und freundlich.			23			■
LIDO DI VENEZIA: *Excelsior Palace* ⓁⓁⓁⓁⓁ Lungomare Marconi 41. 041-526 02 01. FAX 041-526 72 76. Ein auffallend maurisches Äußeres – sogar die Strandhütten sind wie arabische Zelte geformt. Service und Komfort sind gleichermaßen hervorragend.			197	■	●	■
LIDO DI VENEZIA: *Hotel des Bains* ⓁⓁⓁⓁⓁ Lungomare Marconi 17. 041-526 59 21. FAX 041-526 01 13. Dieses Hotel war Schauplatz für Luchino Viscontis Film *Der Tod in Venedig* nach der Novelle von Thomas Mann. Die Empfangsräume sind im Art-déco-Stil gehalten, die Zimmer geräumig; der Service ist erstklassig.			191	■	●	■
SAN MARCO: *Ai Due Mori* Ⓛ Calle Larga San Marco, 658. Karte 7 B2. 041-520 48 17. Diese kleine Pension verfügt nur über wenige Zimmer mit Bad, aber bietet ein gutes Preis-Leistungs-Verhältnis. Von einigen Zimmern hat man eine tolle Aussicht.			11			
SAN MARCO: *Al Gambero* Ⓛ Calle dei Fabbri, 4687. Karte 7 B2. 041-522 43 84. FAX 041-520 04 31. Das Gambero liegt in einer der Haupteinkaufsstraßen Venedigs in der Nähe der Piazza San Marco; es bietet einfache Räume, einige mit Blick auf den Kanal.			30			
SAN MARCO: *La Fenice et des Artistes* ⓁⓁⓁ Campiello Fenice, 1936. Karte 7 A2. 041-523 23 33. FAX 041-520 37 21. Ein schönes Hotel, beliebt bei Künstlern und Schauspielern. Es besteht aus zwei durch einen kleinen Patio verbundenen Häusern. Die Zimmer sind komfortabel eingerichtet; fragen Sie nach einem mit Terrasse.			68			■
SAN MARCO: *Flora* ⓁⓁⓁ Calle Larga XXII Marzo, 2283a. Karte 7 A3. 041-520 58 44. FAX 041-522 82 17. Ein bezauberndes kleines Hotel in einer abgeschiedenen Gasse unweit der Piazza San Marco. Im Sommer wird das Frühstück im Blumengarten serviert.			44			■
SAN MARCO: *San Moisè* ⓁⓁⓁ Piscina San Moisè, 2058. Karte 7 A3. 041-520 37 55. FAX 041-521 06 70. Das San Moisè liegt an einem Nebenkanal wunderbar ruhig und dennoch sehr zentral. Die Zimmer sind im venezianischen Stil mit Antiquitäten eingerichtet.			16			

Zeichenerklärung siehe hintere Umschlagklappe

Preise für ein Doppelzimmer pro Nacht, inklusive Steuern und Service, allerdings ohne Frühstück: Ⓛ unter 100 000 L ⒷⒷ 100 000 – 200 000 L ⒷⒷⒷ 200 000 – 300 000 L ⒷⒷⒷⒷ 300 000 – 400 000 L ⒷⒷⒷⒷⒷ über 400 000 L	**Restaurant** Hotelrestaurant vorhanden (manchmal nur für Gäste). **Swimmingpool** Hotelswimmingpools sind in der Regel klein und im Freien, sofern nicht anders angegeben. **Garten oder Terrasse** Garten, Innenhof oder Terrasse vorhanden, oft mit Tischen im Freien. **Kreditkarten** Kreditkarten wie Visa, EuroCard und American Express werden in Hotels mit Kreditkartensymbol akzeptiert.

Hotel	Preis	Anzahl der Zimmer	Restaurant	Swimmingpool	Garten/Terrasse
San Marco: *Santo Stefano* Campo Santo Stefano, 2957. **Karte** 6 F3. ☎ 041-520 01 66. FAX 041-522 44 60. Dieses Hotel bietet einen schönen Blick auf das Viertel Santo Stefano. Einige der traditionell eingerichteten Zimmer sind eng. Im Winter geschlossen.	ⒷⒷⒷ	11			
San Marco: *Bauer Grünwald e Grand* Campo San Moisè, 1459. **Karte** 8 D2. ☎ 041-520 70 22. FAX 041-520 75 57. Ein luxuriöses Hotel in einem restaurierten Palast (13. Jh.) mit Blick auf den Canal Grande. Einige Zimmer befinden sich im modernen Flügel.	ⒷⒷⒷⒷⒷ	210	■		
San Marco: *Gritti Palace* Santa Maria del Giglio, 2467. **Karte** 6 F3. ☎ 041-79 46 11. FAX 041-520 09 42. Ein elegantes, prachtvolles Hotel in einem Palast aus dem 15. Jahrhundert, einst im Besitz der Familie Gritti. Die Zimmer sind hervorragend, alles ist zauberhaft altmodisch. Ernest Hemingway wohnte hier.	ⒷⒷⒷⒷⒷ	93	■		■
San Marco: *Monaco e Grand Canal* Calle Vallaresso, 1325. **Karte** 7 B3. ☎ 041-520 02 11. FAX 041-520 05 01. Ein elegantes Hotel in einem Palast aus dem 18. Jahrhundert mit Blick auf den Canal Grande. Die Zimmer sind liebevoll eingerichtet.	ⒷⒷⒷⒷⒷ	74	■		■
San Polo: *Alex* Rio Terrà Frari, 2606. **Karte** 6 E1. ☎ 041-523 13 41. Ein leicht abgenutztes, familiengeführtes Hotel, das für seinen Preis jedoch guten Gegenwert bietet und sich in günstiger Lage unweit der Frari-Kirche befindet.	Ⓛ	12			
San Polo: *Hotel Marconi* Riva del Vin, 729. **Karte** 7 A1. ☎ 041-522 20 68. FAX 041-522 97 00. Ein restaurierter Palast (16. Jh.) mit opulenten Empfangsräumen. Die Zimmer sind einfacher, einige bieten einen Ausblick auf den Canal Grande.	ⒷⒷⒷⒷ	28			
Santa Croce: *Falier* Salizzada San Pantalon, 130. **Karte** 5 C1. ☎ 041-522 88 82. FAX 041-71 08 82. Das recht preisgünstige Falier liegt am Rande des Studentenviertels und somit abseits der Haupthotelgegend Venedigs. Es ist kürzlich renoviert worden.	ⒷⒷ	19			
Santa Croce: *Albergo al Sole* Fondamenta Minotta, 136. **Karte** 5 C1. ☎ 041-71 08 44. FAX 041-71 43 98. Das Haus (14. Jh.) befindet sich in günstiger und ruhiger Lage in der Nähe des Bahnhofs und bietet schöne Zimmer.	ⒷⒷⒷ	80	■		■
Torcello: *Locanda Cipriani* Piazza Santa Fosca 29. ☎ 041-73 01 50. FAX 041-73 54 33. Ein perfekter Ort abseits der Menge. Die Küche, vor allem den Fisch, sollten Sie sich nicht entgehen lassen; die Gerichte werden im Garten oder in der Galerie serviert. Sie sollten rechtzeitig reservieren.	ⒷⒷⒷⒷⒷ	5	■		■
VENETO UND FRIAUL					
Bardolino: *Kriss International* Lungolago Cipriani 3, 37011. ☎ 045-621 24 33. FAX 045-721 02 42. Modernes Hotel mit Balkon vor jedem Zimmer, schön gelegen auf einem in den See hineinragenden Hügel. Zureisende werden am Bahnhof abgeholt.	ⒷⒷ	33	■		
Bassano del Grappa: *Victoria* Viale Diaz 33, 36061. ☎ 0424-50 36 20. FAX 0424-50 31 30. Das schöne Haus unmittelbar vor der Stadtmauer bietet angenehme Zimmer. Hier kann es recht laut werden, aber für eine Stadtbesichtigung liegt es günstig.	Ⓛ	23			■
Bassano del Grappa: *Belvedere* Piazzale G. Giardino 14, 36061. ☎ 0424-52 98 45. FAX 0424-52 98 49. Dieses gefragte Hotel liegt an einem der Hauptplätze in Bassano. Die Zimmer sind komfortabel (wenn auch laut), der Service ist gut.	ⒷⒷ	91	■		

ÜBERNACHTEN

BELLUNO: *Astor* ⓁⓁ | 32
Piazza dei Martiri 26e, 32100. ☏ 0437-94 20 94. FAX 0437-94 24 93.
Das zentral gelegene Hotel ist bei Winterurlaubern sehr beliebt. Die Zimmer sind angenehm und bieten ein gutes Gegenwert für den Preis. 🛏 📺 ✉

CHIOGGIA: *Grande Italia* Ⓛ | 43
Piazza Vigo 1, 30015. ☏ 041-40 05 15. FAX 041-40 05 15.
Das schlichte, altmodische Hotel am Ende der Hauptstraße bietet angenehme Zimmer und befindet sich unweit der Bootsanlegestelle. 🛏 ✉ 🅿

CIVIDALE DEL FRIULI: *Locanda al Castello* Ⓛ | 10
Via del Castello 20, 33043. ☏ 0432-73 32 42. FAX 0432-70 09 01.
Dieses historische Gebäude mit tollem Ausblick war einst ein Schloß und Kloster, bevor ein ansprechendes und gastfreundliches Hotel daraus wurde. 🛏 📺 ✉ 🅿

CONEGLIANO: *Canon d'Oro* ⓁⓁ | 35
Via XX Settembre 129, 31015. ☏ 0438-342 46. FAX 0438-342 46.
Dieses Hotel an der Hauptstraße bietet soliden Komfort und ein herzliches Willkommen. Entspannen Sie sich im Garten bei einem Glas Prosecco. 🛏 📺 ▤ ✉ 🅿

CORTINA D'AMPEZZO: *Corona* ⓁⓁⓁ | 38
Via Val di Sotto 12, 32043. ☏ 0436-32 51. FAX 0436-86 73 39.
Eines der stilvollen Hotels Cortinas, sowohl im Sommer als auch im Winter ideal. Die Zimmer sind schön und komfortabel eingerichtet. 🛏 📺 ✉

CORTINA D'AMPEZZO: *Menardi* ⓁⓁⓁ | 53
Via Majon 110, 32043. ☏ 0436-24 00. FAX 0436-86 21 83.
Die Familie Menardi führt dieses Hotel seit 1900. Der einstige Bauernhof ist mit alten Möbeln eingerichtet und besitzt eine freundliche Atmosphäre. 🛏 📺 ✉

GARDA: *Biseti* ⓁⓁⓁ | 90
Corso Italia 34, 37016. ☏ 045-725 57 66. FAX 045-725 59 27.
In günstiger Lage in Stadt- und Seenähe. Viele Zimmer in diesem modernen Ferienhotel mit Privatstrand haben einen eigenen Balkon. 🛏 ✉ 🅿

GARDA: *Locanda San Vigilio* ⓁⓁⓁⓁ | 7
San Vigilio, 37016. ☏ 045-725 66 88. FAX 045-725 65 51.
Eines der schönsten und exklusivsten Hotels am Gardasee mit Privatstrand. Komfort und Service erfüllen alle Erwartungen. 🛏 📺 ✉ 🅿

GRADO: *Grand Hotel Astoria* ⓁⓁⓁ | 121
Largo San Grisogono 2, 34073. ☏ 0431-835 50. FAX 0431-833 55.
Das Astoria ist ein modernes Hotel mit guter Ausstattung samt Hallenbad, Freizeitklub und Babysitterservice. Die Hälfte der Zimmer sind Suiten. 🛏 📺 ▤ ✉ 🅿

MALCESINE: *Excelsior Bay* ⓁⓁ | 64
Lungolago 13, 37018. ☏ 045-740 03 80. FAX 045-740 16 75.
Das Excelsior bietet ein gutes Preis-Leistungs-Verhältnis in dieser hotelreichen Stadt. Es liegt beim See in günstiger Einkaufs- und Verkehrslage zur Stadt. 🛏 ✉ 🅿

MALCESINE: *Sailing Center Hotel* ⓁⓁⓁ | 32
Località Molini Campagnola 3, 37018. ☏ 045-740 00 55. FAX 045-740 03 92.
Ein modernes Hotel abseits der Menge gleich außerhalb der Stadt. Die Zimmer sind schön und kühl; es gibt einen Tennisplatz und einen Privatstrand. 🛏 📺 🅿

PADUA: *Donatello* ⓁⓁ | 49
Via del Santo 102, 35123. ☏ 049-875 06 34. FAX 049-875 08 29.
Ein modernes Hotel in einem alten Gebäude mit großen, angenehmen Zimmern, benannt nach dem Bildhauer der Reiterstatue auf dem Platz. 🛏 📺 ✉ 🅿

PADUA: *Grande Italia* ⓁⓁ | 64
Corso del Popolo 81, 35160. ☏ 049-65 08 77. FAX 049-875 08 50.
Die Zimmer dieses Hotels unweit der Hauptsehenswürdigkeiten der Stadt sind ein wenig abgenutzt, aber gemütlich. Die Räume auf der Rückseite sind ruhiger. 🛏 ✉

PADUA: *Leon Bianco* ⓁⓁ | 22
Piazzetta Pedrocchi 12, 35160. ☏ 049-875 08 14. FAX 049-875 61 84.
Ein zentral gelegenes Hotel mit Blick auf das Caffè Pedrocchi. Die Zimmer sind klein, aber das Personal ist freundlich. Reservieren Sie rechtzeitig. 🛏 📺 ✉ 🅿

PADUA: *Augustus Terme* ⓁⓁⓁ | 132
Viale Stazione 150, Montegrotto Terme, 35036. ☏ 049-79 32 00. FAX 049-79 35 18.
Eines der besten Hotels in Montegrotto Terme, groß, funktionell und komfortabel. Es verfügt über Tennisplätze und heiße Thermalquellen. 🛏 📺 ✉ 🅿

Zeichenerklärung siehe hintere Umschlagklappe

ZU GAST IN ITALIEN

Preise für ein Doppelzimmer pro Nacht, inklusive Steuern und Service, allerdings ohne Frühstück:
- Ⓛ unter 100 000 L
- ⓁⓁ 100 000 – 200 000 L
- ⓁⓁⓁ 200 000 – 300 000 L
- ⓁⓁⓁⓁ 300 000 – 400 000 L
- ⓁⓁⓁⓁⓁ über 400 000 L

RESTAURANT
Hotelrestaurant vorhanden (manchmal nur für Gäste).

SWIMMINGPOOL
Hotelswimmingpools sind in der Regel klein und im Freien, sofern nicht anders angegeben.

GARTEN ODER TERRASSE
Garten, Innenhof oder Terrasse vorhanden, oft mit Tischen im Freien.

KREDITKARTEN
Kreditkarten wie Visa, EuroCard und American Express werden in Hotels mit Kreditkartensymbol akzeptiert.

		Anzahl der Zimmer	Restaurant	Swimmingpool	Garten/Terrasse
PESCHIERA DEL GARDA: *Peschiera* Via Parini 4, 37010. ☎ 045-755 05 26. FAX 045-755 04 44. Dieses moderne, im regionalen Architekturstil erbaute Hotel verfügt über eine eigene Grünanlage und hohe, kühle Zimmer. Die Autobahn A4 ist in fünf Minuten zu erreichen; Zureisende werden vom Personal am Bahnhof abgeholt.	Ⓛ	30	■	●	■
PORDENONE: *Palace Hotel Moderno* Viale Martelli 1, 33170. ☎ 0434-282 15. FAX 0434-52 03 15. Ein angenehmes, kürzlich renoviertes Traditionshotel mit umfassender Ausstattung in allen Zimmern. Es liegt zentral in der Nähe des Bahnhofs. Das Restaurant ist auf traditionelle Küche, vor allem Fischgerichte, spezialisiert.	ⓁⓁ	111	■		
SAN FLORIANO DEL COLLIO: *Romantik Golf Hotel* Via Oslavia 2, 34070. ☎ 0481-88 40 51. FAX 0481-88 40 52. Ein wunderschönes Gebäude (18. Jh.), das mit Antiquitäten möbliert ist und in einer gepflegten Grünanlage mit einem Golfplatz und Tennisplätzen liegt.	ⓁⓁⓁ	15		●	■
TORRI DEL BENACO: *Hotel Gardesana* Piazza Calderini 20, 37010. ☎ 045-722 54 11. FAX 045-722 57 71. Das Hafenmeisterhaus aus dem 15. Jahrhundert mit Blick auf den Gardasee ist zu einem angenehmen Hotel umgebaut worden. Fragen Sie nach einem Zimmer auf der dritten Etage, da diese ruhiger sind und auf den See blicken.	ⓁⓁ	34	■		
TREVISO: *Ca' del Galletto* Via Santa Bona Vecchia 30, 31100. ☎ 0422-43 25 50. FAX 0422-43 25 10. In eigener Grünanlage und nur zehn Minuten Fußweg von der Stadtmauer entfernt, verfügt dieses gut geführte Hotel über geräumige, moderne Zimmer.	ⓁⓁⓁ	58	■		
TRIEST: *Jolly* Corso Cavour 7, 34132. ☎ 040-760 00 55. FAX 040-36 26 99. Ein modernes Hotel, das auf Geschäftsleute wie auf Urlaubsgäste eingerichtet ist. Die Zimmer sind geräumig, allerdings ein wenig unpersönlich.	ⓁⓁⓁ	174	■		
TRIEST: *Hotel Duchi d'Aosta* Piazza Unità d'Italia 2, 34121. ☎ 040-760 00 11. FAX 040-36 60 92. Dieses Hotel in einem Palast vergangener Zeiten bietet riesige, mit modernem Komfort ausgestattete Zimmer. Es liegt nahe der Festung.	ⓁⓁⓁⓁ	52	■		
UDINE: *Quo Vadis* Piazzale Cella 28, 33100. ☎ 0432-210 91. FAX 0432-210 92. Ein angenehmes Hotel in einer ruhigen Straße. Die Einrichtung ist unterschiedlich, aber es gibt viele Pflanzen.	Ⓛ	30			
VERONA: *Giulietta e Romeo* Vicolo Tre Marchetti 3, 37121. ☎ 045-800 35 54. FAX 045-801 08 62. Die Zimmer in diesem Hotel in einer ruhigen Straße gleich hinter der Arena sind geräumig und komfortabel ausgestattet. Frühstück wird in der Bar serviert.	ⓁⓁ	29			
VERONA: *Il Torcolo* Vicolo Listone 3, 37121. ☎ 045-800 75 12. FAX 045-800 40 58. Dieses freundliche Hotel in der Nähe der Arena ist während der Opernsaison sehr beliebt. Es verfügt über eine Frühstücksterrasse und traditionelle Zimmer.	ⓁⓁⓁ	19			■
VERONA: *Colomba d'Oro* Via Carlo Cattaneo 10, 37121. ☎ 045-59 53 00. FAX 045-59 49 74. Das alte Steingebäude in einer Fußgängerzone nahe der Arena bietet recht einfache und funktionelle Zimmer, befindet sich jedoch in günstiger Lage.	ⓁⓁⓁ	29			
VERONA: *Due Torri Hotel Baglioni* Piazza Sant'Anastasia 4, 37121. ☎ 045-59 50 44. FAX 045-800 41 30. Dieses Hotel im Herzen des mittelalterlichen Veronas ist eines der exzentrischsten Hotels in Italien. Jedes der riesigen Zimmer ist im Stil einer anderen Ära dekoriert und möbliert. Viele der Wände und Decken sind mit Fresken verziert.	ⓁⓁⓁⓁⓁ	91	■		

VICENZA: *Casa San Raffaele*   Ⓛ | 24
Viale X. Giugno 10, 36100. ☎ *0444-54 57 67.* FAX *0444-54 22 59.*
Ein ruhiges Hotel mit hervorragender Aussicht. Die angenehmen Zimmer machen dieses Haus zu einem der besten preiswerten Hotels der Gegend.

VICENZA: *Castello*   ⓁⓁ | 20
Contrà Piazza del Castello 24, 36100. ☎ *0444-32 35 85.* FAX *0444-32 35 83.*
Gleich an der Kathedrale in günstiger Lage für Zugreisende. Die Zimmer sind schön, der Ort ist recht ruhig.

VICENZA: *Campo Marzo*   ⓁⓁⓁ | 35
Via Roma 21, 36100. ☎ *0444-54 57 00.* FAX *0444-320 49.*
Ein stilvolles Hotel mit guter Ausstattung nahe dem Stadtzentrum. Die Zimmer in ruhiger Lage sind groß, hell und geschmackvoll möbliert.

TRENTINO-SÜDTIROL

BOZEN/BOLZANO: *Asterix*   ⓁⓁ | 24
Piazza Mazzini 35, 39100. ☎ *0471-27 33 01.* FAX *0471-26 00 21.*
Das Asterix im neueren Teil der Innenstadt ist ein einfaches, aber ruhiges und angenehmes Stadthotel mit einem sehr guten Preis-Leistungs-Verhältnis.

BOZEN/BOLZANO: *Luna-Mondschein*   ⓁⓁ | 73
Via Piave 15, 39100. ☎ *0471-97 56 42.* FAX *0471-97 55 77.*
Das Luna-Mondschein, eines der ältesten Hotels in Bozen, stammt von 1798, das Gebäude wurde seitdem erheblich erweitert. Es liegt in der Nähe des Zentrums und besitzt einen Garten, in dem im Sommer das Abendessen serviert wird.

BOZEN/BOLZANO: *Castel Guncina*   ⓁⓁⓁ | 18
Via Miramonti 9, 39100. ☎ *0471-28 57 42.* FAX *0471-26 63 45.*
Dieses Hotel liegt, von Bäumen umgeben, in einer attraktiven Grünanlage auf einem Hügel. Einige Zimmer mit Aussicht, andere sind recht klein.

BRIXEN/BRESSANONE: *Dominik*   ⓁⓁⓁ | 29
Via Terzo di Sotto 13, 39042. ☎ *0472-83 01 44.* FAX *0472-83 65 54.*
Das Dominik gehört zu den luxuriösen Relais-et-Châteaux-Gruppe und ist geschmackvoll mit alten Möbeln eingerichtet, obwohl das Haus selbst in den 70er Jahren erbaut wurde. Es befindet sich nahe den Rapp-Gärten.

BRIXEN/BRESSANONE: *Elefante*   ⓁⓁⓁ | 44
Via Rio Bianco 4, 39042. ☎ *0472-83 27 50.* FAX *0472-83 65 79.*
Ein gepflegtes Traditionshotel aus dem 16. Jahrhundert, das trotz des modernen Komforts eine ausgeprägt historische Atmosphäre bewahrt hat.

BRUNECK/BRUNICO: *Andreas Hofer*   ⓁⓁ | 54
Via Campo Tures 1, 39031. ☎ *0474-55 14 69.* FAX *0474-55 12 83.*
Ein freundliches Chalethotel im Familienbetrieb, das mit Holzvertäfelung und Holzmobiliar rustikal eingerichtet ist. Das Andreas Hofer liegt ruhig in einem eigenen Garten; einige Zimmer haben Balkon.

CANAZEI: *Park Hotel Faloria*   ⓁⓁ | 36
Via Pareda 103, 38032. ☎ *0462-60 11 18.* FAX *0462-627 15.*
Dieses freundliche Hotel liegt in einem gepflegten Garten und wird von den Besitzern selbst geführt. Einige Zimmer haben Balkon mit Ausblick.

CAVALESE: *Fiemme.*   ⓁⓁ | 15
Via Cavazzal 27, 38033. ☎ *0462-34 17 20.* FAX *0462-23 11 51.*
Ein modernes Hotel in ruhiger Lage mit schönem Ausblick und Sauna; Stadtzentrum und Bahnhof sind gut erreichbar.

COLFOSCO: *Cappella*   ⓁⓁⓁ | 40
Strada Pecei 17, 39030. ☎ *0471-83 61 83.* FAX *0471-83 65 61.*
Ein Chaletotel in den Dolomiten. Pioniergeist ist hier zu spüren; kürzlich hat das Hotel eine Kunstgalerie eröffnet.

FIE ALLO SCILIAR: *Turm*   ⓁⓁⓁ | 23
Piazza della Chiesa 9, 39050. ☎ *0471-72 50 14.* FAX *0471-72 54 74.*
Die ausgestellte Kunstsammlung des Besitzers ist eine der Hauptattraktionen dieses Berghotels mit Bars und zwei Swimmingpools.

KALTERN/CALDARO: *Leuchtenburg*   ⓁⓁ | 19
Campi al Lago 100, 39052. ☎ *0471-96 00 93.* FAX *0471-96 00 93.*
Dieses Hotel befindet sich in einem wunderschönen Bauernhof aus dem 16. Jahrhundert. Einige der einfachen Zimmer sind traditionell eingerichtet.

Zeichenerklärung siehe hintere Umschlagklappe

Preise für ein Doppelzimmer pro Nacht, inklusive Steuern und Service, allerdings ohne Frühstück:
- Ⓛ unter 100 000 L
- ⓁⓁ 100 000 – 200 000 L
- ⓁⓁⓁ 200 000 – 300 000 L
- ⓁⓁⓁⓁ 300 000 – 400 000 L
- ⓁⓁⓁⓁⓁ über 400 000 L

Restaurant
Hotelrestaurant vorhanden (manchmal nur für Gäste).
Swimmingpool
Hotelswimmingpools sind in der Regel klein und im Freien, sofern nicht anders angegeben.
Garten oder Terrasse
Garten, Innenhof oder Terrasse vorhanden, oft mit Tischen im Freien.
Kreditkarten
Kreditkarten wie Visa, EuroCard und American Express werden in Hotels mit Kreditkartensymbol akzeptiert.

		Anzahl der Zimmer	Restaurant	Swimmingpool	Garten/Terrasse
Kastelruth/Castelrotto: *Cavallino d'Oro* Piazza Kraus, 39040. ☎ 0471-70 63 37. FAX 0471-70 71 72. Das bezaubernde Hotel liegt in einem Dorf 26 Kilometer von Bozen entfernt, in dem noch traditionelle Kleidung getragen wird. Die Zimmer sind gepflegt.	ⓁⓁ	23	■		
Madonna di Campiglio: *Grifone* Via Vallesinella 7, 38084. ☎ 0465-420 02. FAX 0465-405 40. Ein modernes Chalethotel aus Holz in Seenähe im Skigebiet Madonna di Campiglio. Obwohl recht einfach möbliert und eingerichtet, bietet es dennoch eine für den Wintersport ideale und umfangreiche Ausstattung.	ⓁⓁⓁ	38	■		■
Mals im Vinschgau/Malles Venosta: *Garberhof* Via Nazionale 25, 39024. ☎ 0473-83 13 99. FAX 0473-83 19 50. Ein modernes Chalethotel mit großen Aussichtsterrassen. Hier wird eine umfangreiche Auswahl an Sport- und Freizeiteinrichtungen angeboten.	ⓁⓁ	29	■	●	■
Meran/Merano: *Der Punthof* Via Steinach 25, 39022. ☎ 0473-44 85 53. FAX 0473-44 99 19. Dieses Bauernhaus inmitten schöner Gärten stammt aus dem Mittelalter. Im Inneren harmonieren Holzböden und -decken mit den rustikalen Möbeln.	ⓁⓁ	20		●	■
Meran/Merano: *Castel Rundegg* Via Scena 2, 39012. ☎ 0473-23 41 00. FAX 0473-23 72 00. Ein weißgetünchtes Märchenschloß in schönem Park, von dem einige Teile aus dem 12. Jahrhundert stammen. Im Inneren lebt die romantische Atmosphäre in traditionellen Holzmöbeln, Balkendecken und Parkettböden fort.	ⓁⓁⓁ	30	■	●	■
Meran/Merano: *Castel Schloß Labers* Via Labers 25, 39012. ☎ 0473-23 44 84. FAX 0473-23 41 46. Ein romantisches Schloß beherbergt dieses erstklassige Landhotel. Hier hat man einen phantastischen Ausblick auf die Weinberge und Wälder.	ⓁⓁⓁ	32	■	●	■
Meran/Merano: *Villa Mozart* Via San Marco 26, 39012. ☎ 0473-23 06 30. FAX 0473-21 13 55. Eine bezaubernde Villa beherbergt dieses Jugendstilhotel, in dem alles bis hin zum Besteck aufeinander abgestimmt ist. Ein erholsamer Ort.	ⓁⓁⓁ	9	■	●	■
Pergine Valsugana: *Castel Pergine* Via al Castello 10, 38057. ☎ 0461-53 11 58. FAX 0461-53 11 58. Ein Schloß aus dem 13. Jahrhundert mit phantastischem Blick über die Landschaft; im Inneren einfach und mit traditionellem Holzmobiliar eingerichtet.	ⓁⓁ	21	■		
Rasen Antholz/Rasun Anterselva: *Ansitz Heufler* Rasun di Sopra 37, 39030. ☎ 0474-49 62 88. FAX 0474-49 81 99. Wunderschönes Schloß (16. Jh.) im historischen Zentrum unweit der wichtigsten Denkmäler. Es verfügt über große Zimmer und einen Garten.	ⓁⓁ	8	■		■
Riva del Garda: *Europa* Piazza Catena 9, 38066. ☎ 0464-55 54 33. FAX 0464-52 17 77. Ein um die Jahrhundertwende erbautes, farbig getünchtes Haus direkt am See und unweit des Stadtzentrums. Von vielen der einfach eingerichteten Zimmer hat man einen Ausblick auf den See. Im Sommer wird Halbpension vorausgesetzt.	ⓁⓁ	63	■		
Riva del Garda: *Lido Palace* Viale Carducci 10, 38066. ☎ 0464-55 26 64. FAX 0464-55 19 57. Tadellos geführtes Hotel in einer Landvilla, die in einer gepflegten Grünanlage am Rande von Riva del Garda liegt. Die Zimmer auf der ersten Etage sind besonders geräumig; zu den Freizeiteinrichtungen gehört ein Tennisplatz.	ⓁⓁⓁ	63	■	●	■
Sankt Paul/San Paolo: *Schloß Korb* Via Castel d'Appiano 5, Missiano 39050. ☎ 0471-63 60 00. FAX 0471-63 60 33. Dieses teilweise in einem Schloß (13. Jh.) gelegene Hotel verfügt über einen moderneren Anbau und bietet einfache Zimmer sowie einen Tennisplatz.	ⓁⓁ	65	■	●	■

ÜBERNACHTEN

SANKT ULRICH/ORTISEI: *Hell* ⓛⓛⓛ 25
Via Promenade 3, 39046. ☎ 0471-79 67 85. FAX 0471-79 81 96.
Ein schönes, in der Skisaison und während des Sommers geöffnetes Hotel in einem ruhigen Teil der Stadt mit Sauna und Gymnastikraum.

STERZING/VIPITENO: *Aquila Nera* ⓛⓛ 36
Piazza Città 1, 39049. ☎ 0472-76 40 64. FAX 0472-76 65 22.
Angenehmes Hotel für Wintersport oder sommerliche Wanderurlaube mit vielen Freizeiteinrichtungen (Sauna, Gymnastikraum) und mit bekanntem Restaurant.

TIERS/TIRES: *Stefaner* ⓛⓛ 15
San Cipriano 88d, 39050. ☎ 0471-64 21 75. FAX 0471-64 21 75.
Ein freundliches Chalethotel am Rande der westlichen Dolomiten. Die einfachen Zimmer sind hell und geräumig, die Balkone blumengeschmückt.

TRIENT: *Accademia* ⓛⓛⓛ 43
Vicolo Colico 4–6, 38100. ☎ 0461-23 36 00. FAX 0461-23 01 74.
Hotel in einem restaurierten mittelalterlichen Gebäude im historischen Zentrum. Das Interieur dieses Hotels weist trotz der modernen Einrichtung noch viele originale Merkmale auf. Auch das Restaurant ist zu empfehlen.

LOMBARDEI

BELLAGIO: *La Pergola* ⓛ 10
Piazza del Porto 4, 22021. ☎ 031-95 02 63.
Ein attraktives, verborgen am Südufer des Comer Sees gelegenes Hotel mit zauberhaft altmodischer Einrichtung und rustikaler, freundlicher Atmosphäre.

BELLAGIO: *Florence* ⓛⓛ 38
Piazza Mazzini 46, 22021. ☎ 031-95 03 42. FAX 031-95 17 22.
Das freundliche Hotel hat eine Bar, und die Zimmer bieten Ausblicke auf den Comer See. Das Hotel besitzt Charme und geschmackvolle Zimmer.

BERGAMO: *Città dei Mille* ⓛⓛ 40
Via Autostrada 3c, 24126. ☎ 035-31 74 00. FAX 035-31 73 85.
Das nicht herausragende, aber zufriedenstellende Città dei Mille am Rande von Bergamo ist gut über die Autobahn von Mailand her zu erreichen.

BRESCIA: *Park Hotel Ca' Noa* ⓛⓛ 80
Via Tiumplina 66, 25127. ☎ 030-39 87 62. FAX 030-39 87 64.
Schönes, modernes Hotel mit eigener Grünanlage, geschmackvoller und heller Einrichtung, großen Publikumsräumen und exzellentem Service.

BORMIO: *Palace* ⓛⓛⓛ 80
Via Milano 54, 23032. ☎ 0342-90 31 31. FAX 0342-90 33 66.
Ein erst kürzlich erbautes Hotel mit einem umfangreichen Angebot für Geschäftsleute und Urlauber (Gymnastikraum, Solarium, Diskothek, Pianobar).

CAPRIATE SAN GERVASIO: *Vigneto* ⓛⓛ 12
Via del Porto 5, 24042. ☎ 02-90 93 93 51. FAX 02-909 01 79.
Schönes Villenhotel mit Grünanlage; im Sommer wird das Abendessen auf der Terrasse am Ufer serviert. Angenehme Zwischenstation in Autobahnnähe.

CERVESINA: *Castello di San Gaudenzio* ⓛⓛⓛ 45
Via Mulino 1, Frazione San Gaudenzio, 27050. ☎ 0383-33 31. FAX 0383-33 34 09.
Wundervolles, beinahe kitschiges Hotel. Die Einrichtungsstücke gehören verschiedenen Perioden an; einige stammen aus dem Frankreich des 18. Jahrhunderts, andere aus dem feudalistischen 16. Jahrhundert.

COLOGNE FRANCIACORTA: *Cappuccini* ⓛⓛⓛ 6
Via Cappuccini 54, 25033. ☎ 030-715 72 54. FAX 030-715 72 57.
Ein umgebautes und restauriertes Kloster (1569 erbaut). Lange Gänge und weiße Zimmer schaffen eine angenehme, klösterliche Atmosphäre.

COMO: *Villa Semplicitas* ⓛⓛ 9
San Fedele d'Intelvi, 22010. ☎ 031-83 11 32.
Behagliches Hotel mit viel Charakter in einer bezaubernden Villa (19. Jh.); schöne Zimmer mit tollem Ausblick auf den See und die Berge.

CREMONA: *Continental* ⓛⓛ 57
Piazza della Libertà 26, 26100. ☎ 0372-43 41 41. FAX 0372-43 41 41.
Das Luxushotel stand bis 1920 im Besitz und unter der Führung der Familie Ghiraldi und befindet sich in ausgezeichneter Lage zu den Hauptsehenswürdigkeiten. Die Zimmer sind komfortabel, das Restaurant gehört zu den besten der Stadt.

Zeichenerklärung siehe hintere Umschlagklappe

	Preise für ein Doppelzimmer pro Nacht, inklusive Steuern und Service, allerdings ohne Frühstück: Ⓛ unter 100 000 L ⓁⓁ 100 000 – 200 000 L ⓁⓁⓁ 200 000 – 300 000 L ⓁⓁⓁⓁ 300 000 – 400 000 L ⓁⓁⓁⓁⓁ über 400 000 L	**RESTAURANT** Hotelrestaurant vorhanden (manchmal nur für Gäste). **SWIMMINGPOOL** Hotelswimmingpools sind in der Regel klein und im Freien, sofern nicht anders angegeben. **GARTEN ODER TERRASSE** Garten, Innenhof oder Terrasse vorhanden, oft mit Tischen im Freien. **KREDITKARTEN** Kreditkarten wie Visa, EuroCard und American Express werden in Hotels mit Kreditkartensymbol akzeptiert.	ANZAHL DER ZIMMER	RESTAURANT	SWIMMINGPOOL	GARTEN/TERRASSE

CREMONA: *Duomo* Via Gonfalonieri 13, 26100. ☎ 0372-352 42. FAX 0372-45 83 92. Angesichts des Namens überrascht es nicht, daß dieses Hotel direkt neben dem Dom im historischen Zentrum liegt; einige der Zimmer mit schöner Aussicht. 🛏 📺 ▤ 🗐	ⓁⓁ	23			
DESENZANO DEL GARDA: *Piroscafo* Via Porto Vecchio 11, 25015. ☎ 030-914 11 28. FAX 030-991 25 86. Ein schönes, altes Hotel in günstiger Stadtlage. Die Zimmer auf der Vorderseite haben Balkone mit Blick auf den geschäftigen alten Hafen. 🛏 📺 🗐	Ⓛ	32	■		
GARDONE RIVIERA: *Villa Fiordaliso* Corso Zanardelli 132, 25083. ☎ 0365-201 58. FAX 0365-29 00 11. Wunderschöne Villa mit Blick auf den Gardasee mit komfortablen Zimmern. Sie war einst der Wohnsitz Clara Petaccis, der Geliebten Mussolinis. 🛏 🗐 P	ⓁⓁⓁ	6	■		■
GARDONE RIVIERA: *Villa Del Sogno* Via Zanardelli 107, 25083. ☎ 0365-29 01 81. FAX 0365-29 02 30. Eine Villa der Jahrhundertwende mit Park, mit Antiquitäten verschiedener Perioden eingerichtet. Alle Zimmer sind geräumig und hell. Für einen luxuriösen und ruhigen Urlaub ist dieses Hotel eine gute Wahl. 🛏 📺 🗐 P	ⓁⓁⓁⓁ	33	■	●	■
GARGNANO: *Baia d'Oro* Via Gamberera 13, 25084. ☎ 0365-711 71. FAX 0365-725 68. Dieses familiengeführte Hotel liegt direkt am Ufer des Gardasees. Die Zimmer sind hell und freundlich, die Spezialität des Restaurants sind Fischgerichte. 🛏 🗐 P	ⓁⓁ	12	■		■
LIMONE SUL GARDA: *Capo Reamol* Via IV Novembre 92, 25010. ☎ 0365-95 40 40. FAX 0365-95 42 62. In überwältigender Lage am See unterhalb der Hauptstraße. Die Zimmer sind geräumig und haben alle eine eigene Terrasse. Hervorragende Sport- und Freizeiteinrichtungen (Privatstrand, Gymnastikraum und Whirlpool). 🛏 📺 P	ⓁⓁⓁⓁ	50	■	●	■
LIVIGNO: *Camana Veglia* Via Ostaria 107, 23030. ☎ 0342-99 63 10. FAX 0342-97 04 38. Ein typisches Landhaus vom Anfang des Jahrhunderts. Das Innere ist holzvertäfelt und rustikal eingerichtet. 🛏 📺 🗐 P	Ⓛ	15	■		■
MAILAND: *Antica Locanda Solferino* Via Castelfidardo 2, 20121. ☎ 02-657 01 29. FAX 02-657 13 61. Hervorragendes rustikales Gasthaus. Die Zimmer sind klein, aber liebevoll mit alten Möbeln, Gemälden und geblümten Tapeten eingerichtet. Direkt neben dem Hotel liegt ein nettes Bistro. Reservieren Sie rechtzeitig. 🛏 📺 🗐	ⓁⓁ	11	■		
MAILAND: *London* Via Rovello 3, 20121. ☎ 02-72 02 01 66. FAX 02-805 70 37. Von der Hälfte der Zimmer in diesem schönen, modernen Hotel blickt man auf die Via Rovello, die trotz ihrer Lage im Zentrum Mailands recht ruhig ist. 📺 🗐	ⓁⓁ	29	■		
MAILAND: *Cavour* Via Fatebenefratelli 21, 20121. ☎ 02-657 20 51. FAX 02-659 22 63. In günstiger Lage zu den Hauptsehenswürdigkeiten Mailands verfügt dieses moderne Stadthotel über angemessen große, komfortable Zimmer mit unaufdringlichem Mobiliar. Das Personal ist freundlich, und es gibt eine schöne Bar. 🛏 📺 🗐 P	ⓁⓁⓁ	113	■		
MAILAND: *Zurigo* Corso Italia 11a, 20122. ☎ 02-72 02 22 60. FAX 02-72 00 00 13. Modernes und innovatives Hotel, dessen zentrale Lage sowohl Geschäftsleute als auch Urlauber anzieht. Die Gäste können Fahrräder ausleihen. 🛏 📺 🗐	ⓁⓁⓁ	42			■
MAILAND: *Pierre Milano* Via de Amicis 32, 20123. ☎ 02-72 00 05 81. FAX 02-805 21 57. Luxushotel, das bei der Gestaltung des Interieurs traditionellen mit modernem Stil mischt. Das Restaurant gehört zu den besten in Mailand. 🛏 📺 🗐 P	ⓁⓁⓁⓁ	49	■		

ÜBERNACHTEN

MANTUA: *Broletto* — ⓁⓁ — 16
Via Accademia 1, 46100. 📞 *0376-32 67 84.* 📠 *0376-22 12 97.*
Kleines, sauberes Hotel in einem Stadthaus des 16. Jahrhunderts. Die hellen
Zimmer sind modern ausgestattet und haben Marmorfußboden.

MANTUA: *San Lorenzo* — ⓁⓁⓁ — 32
Piazza Concordia 14, 46100. 📞 *0376-22 05 00.* 📠 *0376-32 71 94.*
Modernes Hotel im Zentrum mit schönem Blick von der Terrasse.
Die opulenten Zimmer sind mit Antiquitäten ausgestattet.

PAVIA: *Moderno* — ⓁⓁ — 54
Viale Vittorio Emanuele 41, 27100. 📞 *0382-30 34 01.* 📠 *0382-252 25.*
Das Moderno liegt in einem restaurierten Palast und ist ein ruhiges, gut geführtes
Hotel mit herzlicher Atmosphäre und angenehmen Zimmern.

RANCO: *Sole* — ⓁⓁⓁ — 8
Piazza Venezia 5, 21020. 📞 *0331-97 65 07.* 📠 *0331-97 66 20.*
Das Restaurant ist das Highlight des Sole, das seit fünf Generationen im Besitz derselben Familie ist. Die wenigen Zimmer sind in neuen Suiten untergebracht; einige
bieten einen schönen Ausblick auf den See (diese sind etwas teurer).

RIVA DI SOLTO: *Miranda da Oreste* — Ⓛ — 22
Via Cornello 8, 24060. 📞 *035-98 60 21.* 📠 *035-98 60 21.*
Familiengeführte Pension mit einfachen, modernen Zimmern. Das Restaurant serviert
gute regionale Küche auf einer Terrasse mit Blick auf den Lago d'Iseo.

SABBIONETA: *Al Duca* — Ⓛ — 10
Via della Stamperia 18, 46018. 📞 *0375-524 74.* 📠 *0375-524 74.*
Eine schlichte, aber angenehme, familiengeführte Pension in einem Renaissancepalast im historischen Zentrum. Die Preise sind äußerst moderat.

SALÒ: *Romantik Hotel Laurin* — ⓁⓁⓁⓁ — 38
Viale Landi 9, 25087. 📞 *0365-220 22.* 📠 *0365-223 82.*
Das Familienhotel in einer Villa am Seeufer in einer verborgenen Bucht bietet
geräumige Zimmer, freundliche Atmosphäre, einen Strand und Tennisplätze.

SIRMIONE SUL GARDA: *Villa Cortine Palace Hotel* — ⓁⓁⓁⓁⓁ — 49
Via Grotte 6, 25019. 📞 *030-91 60 21.* 📠 *030-91 63 90.*
Große, freskenverzierte und mit Antiquitäten eingerichtete Zimmer werden in
diesem luxuriösen Hotel in einer Villa geboten. Exzellenter Service.

TREMEZZO: *San Giorgio* — ⓁⓁ — 26
Via Regina 81, Località Lenno, 22016. 📞 *0344-404 15.* 📠 *0344-415 91.*
Das San Giorgio liegt in einem eigenen großen Garten am Ufer des Comer Sees
und ist ein traditionsreiches Seehotel mit eleganten Terrassen und Publikumsräumen. Fragen Sie nach einem Zimmer mit Balkon.

VALSOLDA: *Stella d'Italia* — ⓁⓁ — 35
Piazza Roma 1, San Mamete, 22010. 📞 *0344-681 39.* 📠 *0344-687 29.*
Ein Haus mit Terrasse in ausgezeichneter Lage direkt am Rande des Luganer Sees.
Die Zimmer mit Seeblick sind liebevoll mit Blumendrucken und bunten Tagesdecken dekoriert. Gäste können den Strand und die Bibliothek benutzen.

VARENNA: *Hotel du Lac* — ⓁⓁⓁ — 18
Via del Prestino 4, 22050. 📞 *0341-83 02 38.* 📠 *0341-83 10 81.*
Dieses erfreulich ruhige Hotel am Comer See bietet einen wunderschönen Ausblick. Die Einrichtung ist einfach, aber komfortabel und modern.

AOSTA-TAL UND PIEMONT

ALESSANDRIA: *Domus* — ⓁⓁ — 27
Via Castellani 12, 15100. 📞 *0131-433 05.* 📠 *0131-23 20 19.*
Das Domus liegt äußerst zentral in der Nähe des Bahnhofs und ist im Inneren
dennoch ruhig und friedlich. Alle Zimmer haben ein Doppelbett.

AOSTA: *Milleluci* — ⓁⓁ — 12
Località Porossan Roppoz 15, 11100. 📞 *0165-23 52 78.* 📠 *0165-23 52 84.*
Dieses attraktive Hotel befindet sich in einem alten, sorgfältig restaurierten
Bauernhaus. In der Halle gibt es einen schönen Kamin.

AOSTA: *Valle d'Aosta* — ⓁⓁⓁ — 104
Corso Ivrea 146, 11100. 📞 *0165-418 45.* 📠 *0165-23 66 60.*
Hinter einer abschreckend modernen Fassade verbirgt sich dieses sehr komfortable Hotel. Die meisten der Zimmer sind elegant umgestaltet worden.

Zeichenerklärung siehe hintere Umschlagklappe

Preise für ein Doppelzimmer pro Nacht, inklusive Steuern und Service, allerdings ohne Frühstück:
- Ⓛ unter 100 000 L
- ⓁⓁ 100 000 – 200 000 L
- ⓁⓁⓁ 200 000 – 300 000 L
- ⓁⓁⓁⓁ 300 000 – 400 000 L
- ⓁⓁⓁⓁⓁ über 400 000 L

Restaurant
Hotelrestaurant vorhanden (manchmal nur für Gäste).
Swimmingpool
Hotelswimmingpools sind in der Regel klein und im Freien, sofern nicht anders angegeben.
Garten oder Terrasse
Garten, Innenhof oder Terrasse vorhanden, oft mit Tischen im Freien.
Kreditkarten
Kreditkarten wie Visa, EuroCard und American Express werden in Hotels mit Kreditkartensymbol akzeptiert.

		Anzahl der Zimmer	Restaurant	Swimmingpool	Garten/Terrasse
Arona: *Giardino* ⓁⓁ Corso Repubblica 1, 28041. ☏ 0322-459 94. FAX 0322-24 94 01. Angenehmes Hotel am Seeufer. Eine große Terrasse bietet einen spektakulären Ausblick auf den Lago Maggiore, die Zimmer sind geschmackvoll eingerichtet.		56	■		■
Asti: *Aleramo* ⓁⓁ Via Emanuele Filiberto 13, 14100. ☏ 0141-59 56 61. FAX 0141-300 39. Ein schickes, modernes Hotel im Stadtzentrum unweit des Bahnhofs. Die Zimmer bieten eine umfangreiche Ausstattung einschließlich Fön und Safe.		42			
Asti: *Lis* ⓁⓁ Viale Fratelli Roselli 10, 14100. ☏ 0141-59 50 51. FAX 0141-35 38 45. Zentral, aber ruhig gegenüber dem Stadtpark und nahe dem historischen Zentrum gelegen. Die Zimmer sind modern und gut ausgestattet.		29			
Asti: *Salera* ⓁⓁ Via Monsignor Marello 19, 14100. ☏ 0141-41 01 69. FAX 0141-41 03 72. Ein modernes, angenehmes Hotel, das von der Autobahn gut zu erreichen ist. Die Zimmer sind einfach, aber hübsch (mit Minibar).		50	■		
Breuil-Cervinia: *Les Neiges d'Antan* ⓁⓁ Frazione Cret-Perrères, 11021. ☏ 0166-94 87 75. FAX 0166-94 88 52. Schönes Chalethotel in den Bergen, das an eines der besten Restaurants der Gegend angeschlossen ist. Beide werden von der freundlichen Familie Bich geführt. Im Inneren gibt es überall weiße Wände und echte Holzbalken.		28	■		■
Breuil-Cervinia: *Hermitage* ⓁⓁⓁⓁ Strada Cristallo, 11021. ☏ 0166-94 89 98. FAX 0166-94 90 32. Falls Sie Luxus und Charme suchen, sind Sie hier genau richtig. Dieses gut ausgestattete, moderne Hotel verfügt über helle Zimmer.		36	■	●	
Cannero Riviera: *Cannero* ⓁⓁ Lungo Lago 2, 28051. ☏ 0323-78 80 46 (Nov–März: 0323-78 81 13). FAX 0323-78 80 48. Das in einem ehemaligen Kloster untergebrachte Hotel ist seit vier Generationen in Familienbesitz und hat trotz der Modernisierung die Atmosphäre alter Zeiten behalten. Es verfügt über Tennisplätze und ein empfehlenswertes Restaurant.		40	■	●	■
Cannobio: *Pironi* ⓁⓁ Via Marconi 35, 28052. ☏ 0323-706 24. FAX 0323-72 31 84. Dieses Hotel in einem Palast (15. Jh.) liegt in einer Fußgängerzone im historischen Zentrum und hat viele der Originalmerkmale behalten. Die Zimmer sind komfortabel und bieten Ausblicke auf den See oder die Altstadt.		12			
Champoluc: *Villa Anna Maria* Ⓛ Via Croues 5, 11020. ☏ 0125-30 71 28. FAX 0125-30 79 84. Einfaches Landhotel in einem in den 20er Jahren im Landhausstil errichteten Gebäude mit Holzvertäfelung. Das Restaurant bietet einfache Speisen an.		20	■		■
Cogne: *Bellevue* ⓁⓁⓁ Rue Grand Paradis, 11012. ☏ 0165-748 25. FAX 0165-74 91 92. Dieses wunderschön gelegene, von Wiesen umgebene Hotel bietet einen phantastischen Ausblick auf Gran Paradiso. Halbpension wird hier vorausgesetzt.		33	■	●	
Courmayeur: *La Grange* ⓁⓁ Strada la Brenva 1, Entreves, 11013. ☏ 0165-86 97 33. FAX 0165-86 97 44. Dieses gepflegte, freundliche Berghotel befindet sich in einer umgebauten Scheune, die seit dem 14. Jahrhundert im Besitz derselben Familie ist. Das Mobiliar ist neu, aber traditionell, und die Atmosphäre ist gemütlich und behaglich.		23			■
Courmayeur: *Palace Bron* ⓁⓁⓁ Via Plan Gorret 41, 11013. ☏ 0165-84 67 42. FAX 0165-84 40 15. Ein elegantes, familiengeführtes Hotel. Die meisten Zimmer haben einen Balkon mit einem wunderschönen Ausblick.		27	■		■

ÜBERNACHTEN

COURMAYEUR: *Gallia Gran Baita* ⓁⓁⓁ | 53
Strada Larzey Courmayeur, 11013. ℂ *0165-84 40 40.* 𝔽𝔸𝕏 *0165-84 48 05.*
Modernes Luxushotel für etwas besser betuchte Skifahrer mit Saunas, Fitneßcenter, Schönheitssalon und kostenloser Beförderung zu den Abhängen.

CUNEO: *Smeraldo* Ⓛ | 21
Corso Nizza 27, 12100. ℂ *0171-69 63 67.* 𝔽𝔸𝕏 *0171-69 80 76.*
Dieses preiswerte Hotel liegt in einer der Hauptstraßen im Zentrum Cuneos. Das historische Zentrum ist mit dem Bus oder zu Fuß gut zu erreichen.

DOMODOSSOLA: *Corona* ⓁⓁ | 32
Via Marconi 8, 28037. ℂ *0324-24 21 14.* 𝔽𝔸𝕏 *0324-248 42.*
Das Corona liegt im Stadtzentrum und verbindet Tradition mit modernen Annehmlichkeiten. Das Restaurant serviert regionale Speisen.

IVREA: *Castello San Giuseppe* ⓁⓁ | 17
Località Castello San Giuseppe, 10010. ℂ *0125-42 43 70.* 𝔽𝔸𝕏 *0125-64 12 78.*
Dieses ehemalige Kloster ist heute ein ansprechendes Hotel mit Garten. Die einfachen Zimmer sind geschmackvoll in traditionellem Stil eingerichtet.

LAGO MAGGIORE: *Verbano* ⓁⓁ | 12
Via Ugo Ara 1, Isola dei Pescatori, 28049. ℂ *0323-304 08.* 𝔽𝔸𝕏 *0323-331 29.*
Eine weiträumige Villa beherbergt dieses freundliche Hotel mit Seeblick. Die schön eingerichteten Zimmer haben alle einen eigenen Balkon.

NOVARA: *Italia* ⓁⓁ | 64
Via Paolo Solaroli 8, 28100. ℂ *0321-39 93 16.* 𝔽𝔸𝕏 *0321-39 93 10.*
Das Italia im Zentrum Novaras nahe der Kathedrale bietet Komfort und ist gut geführt. Auch das Hotelrestaurant ist empfehlenswert.

NOVARA: *Maya* ⓁⓁ | 94
Via Boggiani 54, 28100. ℂ *0321-45 08 10.* 𝔽𝔸𝕏 *0321-45 27 86.*
Das moderne Maya ist schön und komfortabel eingerichtet. In dem beliebten Restaurant werden jeden Samstag Tanzabende veranstaltet.

ORTA SAN GIULIO: *Bussola* ⓁⓁ | 16
Orta San Giulio, 28016. ℂ *0322-91 19 13.* 𝔽𝔸𝕏 *0322-91 19 34.*
Dieses Hotel befindet sich in einer traditionsreichen Villa in einem schönen Blumengarten mit Seeblick. Im Sommer wird Halbpension vorausgesetzt.

ORTA SAN GIULIO: *Leon d'Oro* ⓁⓁ | 32
Piazza Motta 42, 28016. ℂ *0322-902 54.* 𝔽𝔸𝕏 *0322-903 03.*
Dieses Hotel in vorzüglicher Lage am Ufer des Lago d'Orta bietet funktionelle, wenn auch hübsche Zimmer, einige mit Balkon und schöner Aussicht.

ORTA SAN GIULIO: *Orta* ⓁⓁ | 35
Orta San Giulio, 28016. ℂ *0322-902 53.* 𝔽𝔸𝕏 *0322-90 56 46.*
Von der Terrasse dieses Hotels am größten Platz in Orta San Giulio hat man Ausblick auf den See. Angenehme Atmosphäre und geräumige Zimmer.

PONT-SAINT-MARTIN: *Ponte Romano* Ⓛ | 13
Piazza IV Novembre 14, 11026. ℂ *0125-80 43 29.* 𝔽𝔸𝕏 *0125-80 71 08.*
Dieses kleine und angenehme, familiengeführte Hotel befindet sich in schöner Lage neben einer antiken Brücke und in bequemer Nähe zum Zentrum.

SAN GIORGIO MONFERRATO: *Castello San Giorgio* ⓁⓁⓁ | 11
Via Cavalli d'Olivola 3, 15020. ℂ *0142-80 62 03.* 𝔽𝔸𝕏 *0142-80 65 05.*
Ein elegantes, kultiviertes Hotel mit hervorragenden Restaurant in einem Schloß mit Park, sechs Kilometer von Casale Monferrato entfernt.

SAUZE D'OULX: *Il Capricorno* ⓁⓁⓁ | 7
Case Sparse 21, Le Clotes, 10050. ℂ *0122-85 02 73.* 𝔽𝔸𝕏 *0122-85 04 97.*
Dieses erfreulich traditionsbewußte Chalethotel mit originalem Holzgebälk und Mobiliar liegt in den bewaldeten Hügeln über dem Dorf.

SESTRIERE: *Principe di Piemonte* ⓁⓁⓁ | 94
Via Sauze di Cesana, 10058. ℂ *0122-79 41.* 𝔽𝔸𝕏 *0122-75 54 11.*
Dies war einst das Grandhotel von Sestriere und ist noch immer luxuriös und komfortabel. Hier wird Ihnen von Sauna bis zu Geschäften alles geboten.

SUSA: *Napoleon* ⓁⓁ | 62
Via Mazzini 44, 10059. ℂ *0122-62 28 55.* 𝔽𝔸𝕏 *0122-319 00.*
Das Napoleon ist ein modernes, gepflegtes Hotel, das stets von derselben Familie geführt wurde. Es befindet sich in günstiger Lage im Stadtzentrum.

Zeichenerklärung siehe hintere Umschlagklappe

Preise für ein Doppelzimmer pro Nacht, inklusive Steuern und Service, allerdings ohne Frühstück:
- Ⓛ unter 100 000 L
- ⓁⓁ 100 000 – 200 000 L
- ⓁⓁⓁ 200 000 – 300 000 L
- ⓁⓁⓁⓁ 300 000 – 400 000 L
- ⓁⓁⓁⓁⓁ über 400 000 L

RESTAURANT
Hotelrestaurant vorhanden (manchmal nur für Gäste).
SWIMMINGPOOL
Hotelswimmingpools sind in der Regel klein und im Freien, sofern nicht anders angegeben.
GARTEN ODER TERRASSE
Garten, Innenhof oder Terrasse vorhanden, oft mit Tischen im Freien.
KREDITKARTEN
Kreditkarten wie Visa, EuroCard und American Express werden in Hotels mit Kreditkartensymbol akzeptiert.

		ANZAHL DER ZIMMER	RESTAURANT	SWIMMINGPOOL	GARTEN/TERRASSE
TURIN: *Conte Biancamano* ⓁⓁ Corso Vittorio Emanuele II 73, 10128. 011-562 32 81. FAX 011-562 37 89. Ein zentral gelegenes, familiengeführtes Hotel mit hellen, geräumigen Zimmern. Die Publikumsräume sind mit Gemälden geschmückt.		25			
TURIN: *Due Mondi* ⓁⓁ Via Saluzzo 3, 10125. 011-669 89 81. FAX 011-669 93 83. Dieses preiswerte Hotel befindet sich in günstiger Lage für eine Stadtbesichtigung. Die Zimmer sind modern und mit Minibar und Safe gut ausgestattet.		40			
TURIN: *Genova e Stazione* ⓁⓁ Via Sacchi 14b, 10128. 011-562 94 00. FAX 011-562 98 96. In günstiger Lage im Stadtzentrum in der Nähe des Bahnhofs. Die Zimmer sind in einer Mischung verschiedener Stile (Art déco und 18. Jh.) eingerichtet.		59			
TURIN: *Victoria* ⓁⓁ Via Nino Costa 4, 10123. 011-561 19 09. FAX 011-561 18 06. Die komfortablen Zimmer dieses modernen Hotels verbinden Funktionalität mit innovativer Einrichtung; wählen Sie das Ägypten- oder das New-Orleans-Zimmer.		98	■		
TURIN: *Turin Palace* ⓁⓁⓁ Via Sacchi 8, 10128. 011-562 55 11. FAX 011-561 21 87. Das eleganteste Hotel Turins von 1872 bietet eine beeindruckende Auswahl an moderner Ausstattung. Die Zimmer sind mit alten Möbeln eingerichtet.		125	■		
TURIN: *Villa Sassi-El Toulà* ⓁⓁⓁⓁ Strada al Traforo del Pino 47, 10132. 011-898 05 56. FAX 011-898 00 95. Das luxuriöse Hotel in einer Villa (17. Jh.) unmittelbar außerhalb Turins hat viele der ursprünglichen Merkmale (Marmorboden, Kandelaber) bewahrt.		17	■		■
VARALLO SESIA: *Vecchio Albergo Sacro Monte* ⓁⓁ Regione Sacro Monte 14, 13019. 0163-542 54. FAX 0163-511 89. Ruhiges Hotel in einem restaurierten Gebäude (16. Jh.) am Eingang des Sacro Monte. Viele der ursprünglichen Charakteristika sind heute noch zu sehen.		24	■		■
LIGURIEN					
CAMOGLI: *Cenobio dei Dogi* ⓁⓁⓁⓁⓁ Via Cuneo 34, 16032. 0185-72 41 00. FAX 0185-77 27 96. Ein großes Luxushotel, das alles bietet, was der Preis erwarten läßt. Es verfügt über Tennisplätze, Aussichtsterrassen und einen eigenen Strand.		110	■	●	■
FINALE LIGURE: *Punta Est* ⓁⓁ Via Aurelia 1, 17024. 019-60 06 11. FAX 019-60 06 11. Eine Villa aus dem 18. Jahrhundert mit Ausblick auf den See beherbergt dieses elegante Hotel. Das Innere ist mit alten Möbeln eingerichtet, während Terrassen und Gärten schöne Aussichten bieten. Es wird Halbpension angeboten.		41	■	●	■
GARLENDA: *La Meridiana* ⓁⓁⓁⓁ Via ai Castelli, 17033. 0182-58 02 71. FAX 0182-58 01 50. Das elegante Landhotel mit komfortablen Zimmern liegt im Grünen. Gäste kommen hierher, um auf dem Platz nebenan Golf zu spielen. Zudem bietet das Hotel Tennisplätze, Fahrräder und eine Sauna. Auch Apartments stehen zur Verfügung.		32	■	●	■
GENUA: *Best Western Hotel Metropoli* ⓁⓁ Piazza Fontane Marose, 16123. 010-28 41 41. FAX 010-28 18 16. Das Hotel befindet sich in günstiger Lage für Geschäftsleute und Touristen und bietet geschmackvolle Zimmer, die mit Minibar und Fön ausgestattet sind.		46			
GENUA: *Nuovo Astoria* ⓁⓁ Piazza Brignole 4, 16122. 010-87 33 16. FAX 010-831 72 26. Schlichtes, modernes Hotel im Zentrum Genuas beim Bahnhof und einen kurzen Fußmarsch von den Hauptsehenswürdigkeiten der Stadt entfernt.		69			

MELE: *Fado 78* Via Fado 82, 16010. ☏ 010-63 18 02. Dieses bescheidene, angenehme Hotel in einem modernisierten Haus (19. Jh.) liegt in einem eigenen, hübschen Garten und bietet einen schönen Ausblick. 🛏 📺 🅿	Ⓛ	8	■		■
MONTEROSSO AL MARE: *Porto Roca* Via Corone 1, 19016. ☏ 0187-81 75 02. 🖷 0187-81 76 92. Gelegen auf einer Klippe mit Blick über das Meer in einem zauberhaften Dorf in den Cinque Terre; die Einrichtung ist bunt gemischt. 🛏 📺 🍽	ⓁⓁⓁ	43	■		
NERVI: *Villa Pagoda* Via Capolungo 15, 16167. ☏ 010-372 61 61. 🖷 010-32 12 18. Eine herrliche Villa (19. Jh.) in einem großartigen Garten. Die Zimmer sind groß, hell und gepflegt. 🛏 📺 🍽 🅿	ⓁⓁⓁ	17	■		■
RAPALLO: *Stella* Via Aurelia Ponente 10, 16035. ☏ 0185-503 67. 🖷 0185-27 28 37. Eine hohe, schmale, rote Villa mit schönem Blick auf das Meer von der Dachterrasse aus. Die Einrichtung ist spärlich, aber die Besitzer sind freundlich. 🍽 🅿	Ⓛ	27			■
PORTOFINO: *Eden* Via Dritto 18, 16034. ☏ 0185-26 90 91. 🖷 0185-26 90 47. Das Eden mit einem attraktiven Garten liegt günstig unmittelbar hinter dem Platz am schönen Hafen. Die Zimmer sind einfach, aber gut ausgestattet. 🛏 📺 🍽	ⓁⓁⓁ	9			■
PORTOVENERE: *Genio* Piazza Bastreri 8, 19025. ☏ 0187-79 06 11. 🖷 0187-79 06 11. Ein schönes Hotel, das 1924 in den Gemäuern eines mittelalterlichen Schlosses errichtet wurde. Die Zimmer sind einfach, aber der Preis stimmt. 🛏 📺 🍽	ⓁⓁ	7			■
SAN FRUTTUOSO: *Albergo da Giovanni* Via San Fruttuoso 10, Camogli, 15032. ☏ 0185-77 00 47. Normalerweise lediglich ein Ziel für eine Tagestour von Camogli aus, bietet dieses Strandhaus Gelegenheit, an einer wunderbaren Bucht zu übernachten.	Ⓛ	7			
SAN REMO: *Royal* Corso Imperatrice 80, 18038. ☏ 0184-53 91. 🖷 0184-66 14 45. Ein traditionsreiches De-Luxe-Strandhotel, das seit 1872 im Besitz derselben Familie ist. Die komfortablen Zimmer sind mit zarten Blumenmustern dekoriert; zudem werden einige Sport- und Freizeiteinrichtungen angeboten. 🛏 📺 🍽 🅿	ⓁⓁⓁⓁ	146	■	●	■
SESTRI LEVANTE: *Grand Hotel dei Castelli* Penisola 26, 16039. ☏ 0185-48 72 20. 🖷 0185-447 67. Das umgebaute Kloster liegt in sehenswertem, bis zum Meer reichendem Park und ist mit Mosaiken und maurischen Säulen verziert. Der Service ist förmlich. 🛏 📺 🍽 🅿	ⓁⓁⓁ	30	■		

EMILIA-ROMAGNA

BOLOGNA: *Commercianti* Via de Pignattari 11, 40124. ☏ 051-23 30 52. 🖷 051-22 47 33. Dies war Bolognas erstes Rathaus im 12. Jahrhundert, und einige der mittelalterlichen Merkmale sind noch erhalten. Einige Zimmer befinden sich im Turm. 🛏 📺 🍽 🅿	ⓁⓁⓁ	35			
BOLOGNA: *Orologio* Via IV Novembre 10, 40123. ☏ 051-23 12 53. 🖷 051-26 05 52. Nahezu alle Zimmer dieses ruhigen Hotels im mittelalterlichen Zentrum bieten einen großartigen Blick auf die Piazza Maggiore. 🛏 📺 🍽 🅿	ⓁⓁⓁ	32			
BOLOGNA: *Corona d'Oro 1890* Via Oberdan 12, 40126. ☏ 051-23 64 56. 🖷 051-26 26 79. Einige Teile des Gebäudes stammen aus dem 14. Jahrhundert, und seit mehr als hundert Jahren befindet sich hier ein Hotel. Heute besitzt es die Eleganz der Jahrhundertwende mit Jugendstilfriesen und allen modernen Annehmlichkeiten. 🛏 📺 🍽 🅿	ⓁⓁⓁⓁ	35			
BUSSETO: *I Due Foscari* Piazza Carlo Rossi 15, 43011. ☏ 0524-93 30 03. 🖷 0524-916 25. Dieses kitschig in mittelalterlichem Stil à la Hollywood eingerichtete Hotel mit pseudo-gotischen Fenstern und Holzgebälk ist bei Filmstars beliebt, die vor allem während der Opernsaison im Juni und Juli hierher kommen. 🛏 📺 🍽 🅿	ⓁⓁ	20	■		■
CASTELFRANCO: *Villa Gaidello Club* Via Gaidello 18, 41013. ☏ 059-92 68 06. 🖷 059-92 66 20. Der »Club« besteht aus drei geschmackvollen Suiten in einem Bauernhaus des 18. Jahrhunderts, das in einer friedvollen Grünanlage mit einem See liegt. 🛏 📺 🍽 🅿	ⓁⓁ	3	■		■

Zeichenerklärung siehe hintere Umschlagklappe

> **Preise** für ein Doppelzimmer pro Nacht, inklusive Steuern und Service, allerdings ohne Frühstück:
> Ⓛ unter 100 000 L
> ⓁⓁ 100 000 – 200 000 L
> ⓁⓁⓁ 200 000 – 300 000 L
> ⓁⓁⓁⓁ 300 000 – 400 000 L
> ⓁⓁⓁⓁⓁ über 400 000 L
>
> **Restaurant**
> Hotelrestaurant vorhanden (manchmal nur für Gäste).
> **Swimmingpool**
> Hotelswimmingpools sind in der Regel klein und im Freien, sofern nicht anders angegeben.
> **Garten oder Terrasse**
> Garten, Innenhof oder Terrasse vorhanden, oft mit Tischen im Freien.
> **Kreditkarten**
> Kreditkarten wie Visa, EuroCard und American Express werden in Hotels mit Kreditkartensymbol akzeptiert.

		Anzahl der Zimmer	Restaurant	Swimmingpool	Garten/Terrasse
Cesenatico: *Miramare* ⓁⓁ Viale Carducci 2, 47042. ☎ 0547-800 06. FAX 0547-847 85. Das Miramare liegt hervorragend sowohl für Strandfans als auch für Leute, die lieber die Umgebung erkunden möchten; es bietet eine gute Auswahl an Sport- und Freizeiteinrichtungen. 🛏 📺 🍴 🅿		30	■	●	■
Faenza: *Vittoria* ⓁⓁ Corso Garibaldi 23, 48018. ☎ 0546-215 08. FAX 0546-291 36. Dieses Hotel im historischen Zentrum nahe dem Bahnhof ist im Jugendstil gebaut; die Halle und einige Zimmer sind mit Fresken geschmückt. 🛏 📺 🍴 🍽 🅿		46	■		■
Ferrara: *Ripagrande* ⓁⓁⓁ Via Ripagrande 21, 44100. ☎ 0532-76 52 50. FAX 0532-76 43 77. Ein sehr schön restaurierter Renaissancepalast beherbergt dieses elegante, gut geführte Hotel. Die Zimmer sind hell, viele mit alten Möbeln eingerichtet; von einigen mit Balkon hat man einen schönen Ausblick über Ferrara. 🛏 📺 🍽 🅿		40	■		■
Ferrara: *Duchessa Isabella* ⓁⓁⓁⓁⓁ Via Palestro 70, 44100. ☎ 0532-20 21 21. FAX 0532-20 26 38. Ein herrliches Hotel in einem Palast (15. Jh.) im Zentrum Ferraras, benannt nach Isabella d'Este, die für ihre Feste berühmt war. Hier werden tadelloser Service und luxuriöse Zimmer mit Blick auf einen Garten geboten. 🛏 📺 🍴 🍽 🅿		27	■		■
Fidenza: *Astoria* Ⓛ Via Gandolfi 5, 43036. ☎ 0524-52 43 14. FAX 0524-52 72 63. Ein Hotel mit gutem Preis-Leistungs-Verhältnis im historischen Zentrum, nahe am Dom und dem Hauptplatz gelegen (Familienzimmer mit drei oder vier Betten). 🛏 🍽 🅿		30			
Marina di Ravenna: *Bermuda* ⓁⓁ Viale della Pace 363, 48023. ☎ 0544-53 05 60. FAX 0544-53 16 43. Dieses moderne, familiengeführte Hotel in den Pinienwäldern nahe am Strand, zehn Kilometer von Ravenna entfernt, ist einfach, aber gepflegt. 🛏 📺 🍽		23	■		■
Modena: *La Torre* Ⓛ Via Cervetta 5, 41100. ☎ 059-22 26 15. FAX 059-21 63 16. Dieses freundliche Hotel im Jugendstil, in der Nähe der Hauptsehenswürdigkeiten im historischen Stadtzentrum, hat helle und saubere Zimmer. 📺 🍽 🅿		26			
Modena: *Central Park* ⓁⓁⓁ Via Carlo Sigonio 50, 41100. ☎ 059-22 58 58. FAX 059-22 51 41. Ein gut ausgestattetes Hotel nahe dem Zentrum von Modena, das auch leicht erreichbar ist. Auf Anfrage gibt es einen Babysitterservice. 🛏 📺 🍴 🍽 🅿		48			■
Parma: *Torino* ⓁⓁ Via Angelo Mazza 7, 43100. ☎ 0521-28 10 46. FAX 0521-23 07 25. Das Torino, ein umgebautes ehemaliges Kloster, ist seit drei Generationen in Familienbesitz und bietet ruhige Unterkünfte im Herzen von Parma. Die Zimmer und Aufenthaltsräume sind mit Jugendstilartefakten eingerichtet. 🛏 📺 🍽 🅿		33			■
Parma: *Grand Hotel Baglioni* ⓁⓁⓁⓁ Viale Piacenza 12c, 43100. ☎ 0521-29 29 29. FAX 0521-29 28 28. Ein modernes Hotel im Zentrum von Parma, das zwar ein wenig unpersönlich wirkt, aber eine umfangreiche Ausstattung besitzt. 🛏 📺 🍴 🍽 🅿		169	■		
Piacenza: *Florida* ⓁⓁ Via Cristoforo Colombo 29, 29100. ☎ 0523-59 26 00. FAX 0523-59 26 72. Eine preiswerte *pensione* unmittelbar außerhalb des historischen Zentrums und in günstiger Lage zum Bahnhof. 🛏 📺 🍽 🅿		65			■
Portico di Romagna: *Al Vecchio Convento* ⓁⓁ Via Roma 7, 47010. ☎ 0543-96 70 53. FAX 0543-96 70 53. Ein hervorragendes Hotel, geschmackvoll mit schlichten alten Möbeln eingerichtet, das einen Eindruck von Geräumigkeit und Ruhe vermittelt. 🛏 📺 🍽		15	■		■

ÜBERNACHTEN

RAVENNA: *Argentario* — ⓁⓁ	30	
Via di Roma 45, 48100. ▌ 0544-355 55. FAX 0544-351 47.		
Dieses gut ausgestattete Hotel mit schönen Zimmern liegt im Herzen Ravennas gleich bei den Hauptmonumenten und den öffentlichen Gärten.		
RAVENNA: *Bisanzio* — ⓁⓁ	38	▪
Via Salara, 48100. ▌ 0544-21 71 11. FAX 0544-325 39.		
Hinter einer verwitterten Fassade verbirgt sich ein freundliches, modernes Interieur und ein hübscher Garten; in günstiger Lage im Zentrum.		
REGGIO NELL'EMILIA: *Hotel Posta* — ⓁⓁⓁ	43	
Piazza del Monte 2, 42100. ▌ 0522-43 29 44. FAX 0522-45 26 02.		
Dieses komfortable Hotel im historischen Zentrum verfügt über originales Rokokointerieur, das für den Anblick der kargen mittelalterlichen Fassade entschädigt.		
RIMINI: *Rosabianca* — ⓁⓁ	52	
Viale Tripoli 195, 47037. ▌ 0541-39 06 66. FAX 0541-39 06 66.		
Ein modernes, kürzlich renoviertes Hotel in der Nähe des Strands und des Zentrums. Die Gäste können die privaten Strandhäuschen benutzen.		
RIMINI: *Grand Hotel* — ⓁⓁⓁⓁ	120	▪ ● ▪
Via Ramuscio 1, 47037. ▌ 0541-560 00. FAX 0541-568 66.		
In günstiger Lage unweit des Meeres, des Hafens und des Bahnhofs bietet dieses große und elegante Hotel Tennisplätze und einen eigenen Strand.		
SANTARCANGELO DI ROMAGNA: *Hotel della Porta* — ⓁⓁ	22	
Via Andrea Costa 85, 47038. ▌ 0541-62 21 52. FAX 0541-62 21 68.		
Dieses in zwei Häuser geteilte Hotel liegt einige Kilometer außerhalb Riminis in einer Gegend, auf die sich Dante in seiner *Göttlichen Komödie (siehe S. 30f)* immer wieder bezieht.		
SASSO MARCONI: *Locanda dei Sogni* — ⓁⓁ	5	▪ ▪
Via Pieve del Pino 54, 40037. ▌ 051-84 70 28. FAX 051-39 83 88.		
Das Restaurant ist die Hauptattraktion dieser ruhigen und freundlichen modernen Landvilla, die wunderschön in einer gepflegten Grünanlage liegt.		

FLORENZ

FLORENZ: *Hotel Locanda Orchidea* — Ⓛ	7	
Borgo degli Albizi 11, 50122. **Karte** 2 D5 (6 F3). ▌ 055-248 03 46.		
Ein familiengeführtes Hotel in einem Gebäude aus dem 12. Jahrhundert. Die Zimmer sind zwar angenehm und gemütlich, aber einfach und etwas abgenutzt.		
FLORENZ: *Pensione Maxim* — Ⓛ	23	
Via de' Medici 4, 50123. **Karte** 6 D2. ▌ 055-21 74 74. FAX 055-28 37 29.		
Von einer Seitenstraße führen Stufen zur Rezeption hinauf. Von einigen Zimmern in diesem dreistöckigen Hotel kann man die Via dei Calzaiuoli überschauen.		
FLORENZ: *Ariele* — ⓁⓁ	39	
Via Magenta 11, 50123. **Karte** 1 A4. ▌ 055-21 15 09. FAX 055-26 85 21.		
Das Hotel mit einem gemütlichen Gesellschaftsraum liegt in einer ruhigen Nebenstraße. Die Zimmer sind geräumig und spärlich möbliert.		
FLORENZ: *Hotel Porta Rossa* — ⓁⓁⓁ	70	
Via Porta Rossa 19, 50123. **Karte** 3 C1 (5 C3). ▌ 055-28 75 51. FAX 055-28 21 79.		
Das zweitälteste Hotel Italiens stammt aus dem Jahre 1386 und besitzt eine warme Atmosphäre. Die riesigen Zimmer sind geschmackvoll eingerichtet, die gewölbte Eingangshalle ist mit edlen Ledergarnituren ausgestattet.		
FLORENZ: *Hotel Silla* — ⓁⓁⓁ	35	
Via dei Renai 5, 50125. **Karte** 4 D2 (6 E5). ▌ 055-234 28 88. FAX 055-234 14 37.		
Dieses Hotel aus dem 16. Jahrhundert erreicht man über einen eleganten Hof und eine große Treppe. Von der Terrasse hat man einen Ausblick auf den Arno.		
FLORENZ: *Splendor* — ⓁⓁⓁ	31	
Via San Gallo 30, 50129. **Karte** 2 D4. ▌ 055-48 34 27. FAX 055-46 12 76.		
Ein Familienhotel mit dunkelrotem Dekor und mit Stuckdecken, die den Eindruck eines Herrenhauses vermitteln. Es zeigt einige Anzeichen von Abnutzung.		
FLORENZ: *Hotel Aprile* — ⓁⓁⓁ	29	▪
Via della Scala 6, 50123. **Karte** 1 B4 (5 A1). ▌ 055-21 62 37. FAX 055-28 09 47.		
Auf der Fassade sind noch Überreste von Gemälden aus dem 16. Jahrhundert zu sehen, die den Triumph Davids darstellen. Andere Teile dieser Szene findet man im Empfangsbereich. Es gibt einen altmodischen Tea-Room und einen Hofgarten.		

Zeichenerklärung siehe hintere Umschlagklappe

ZU GAST IN ITALIEN

Preise für ein Doppelzimmer pro Nacht, inklusive Steuern und Service, allerdings ohne Frühstück:
Ⓛ unter 100 000 L
ⓁⓁ 100 000 – 200 000 L
ⓁⓁⓁ 200 000 – 300 000 L
ⓁⓁⓁⓁ 300 000 – 400 000 L
ⓁⓁⓁⓁⓁ über 400 000 L

Restaurant
Hotelrestaurant vorhanden (manchmal nur für Gäste).
Swimmingpool
Hotelswimmingpools sind in der Regel klein und im Freien, sofern nicht anders angegeben.
Garten oder Terrasse
Garten, Innenhof oder Terrasse vorhanden, oft mit Tischen im Freien.
Kreditkarten
Kreditkarten wie Visa, EuroCard und American Express werden in Hotels mit Kreditkartensymbol akzeptiert.

	Anzahl der Zimmer	Restaurant	Swimmingpool	Garten/Terrasse
Florenz: *Hotel Hermitage* ⓁⓁⓁ Vicolo Marzio 1, 50122. **Karte** 6 D4. ✆ 055-28 72 16. FAX 055-21 22 08. Die teureren Zimmer im obersten Stockwerk dieses mittelalterlichen Gebäudes – nur wenige Meter vom Ponte Vecchio entfernt – bieten einen tollen Ausblick. Dieses kleine Hotel verfügt über komfortable, in verschiedenen Stilen eingerichtete Zimmer.	29			
Florenz: *Hotel Villa Liberty* ⓁⓁⓁ Viale Michelangelo 40, 50125. **Karte** 4 F3. ✆ 055-68 38 19. FAX 055-681 25 95. Diese Villa liegt an einer schönen Allee im Südosten der Stadt. Eine gewundene Treppe führt in das gemütliche, altmodische Innere des Hauses.	16			
Florenz: *Morandi alla Crocetta* ⓁⓁⓁ Via Laura 50, 50121. **Karte** 2 E4. ✆ 055-234 47 47. FAX 055-248 09 54. Ein ehemaliges Kloster unter der Leitung einer Britin, die hier seit den 20er Jahren lebt. Das Innere ist mit Pflanzen und sehr alten Teppichen geschmückt.	9			
Florenz: *Pensione Annalena* ⓁⓁⓁ Via Romana 34, 50125. **Karte** 3 A3. ✆ 055-22 24 02. FAX 055-22 24 03. Ein Hotel aus dem 15. Jahrhundert mit geräumigen, einfachen, aber nett eingerichteten Zimmern. Die Publikumsbereiche befinden sich alle in einer großen Halle.	20			
Florenz: *Hotel Loggiato dei Serviti* ⓁⓁⓁⓁ Piazza della SS Annunziata 3, 50122. **Karte** 2 D4. ✆ 055-28 95 92. FAX 055-28 95 95. Die Empfangsbereiche dieses Hotels aus dem Jahre 1527 unweit des Spedale degli Innocenti haben gewölbte Decken und eine von Steinsäulen flankierte Bar.	29			
Florenz: *Hotel Tornabuoni Beacci* ⓁⓁⓁⓁ Via de' Tornabuoni 3, 50123. **Karte** 1 C5 (5 C2). ✆ 055-26 83 77. FAX 055-28 35 94. Dieser ehemalige Palast liegt an einer belebten Straße im Zentrum. Weite Korridore führen zu den mit Antiquitäten und Wandteppichen versehenen Aufenthaltsräumen. Die Betten in den luxuriösen Zimmern sind mit dicken Kissen ausgestattet.	28	●		
Florenz: *Hotel Villa Belvedere* ⓁⓁⓁⓁ Via Benedetto Castelli 3, 50124. **Karte** 3 A5. ✆ 055-22 25 01. FAX 055-22 31 63. Eine geräumige Villa aus den 30er Jahren in einer ländlichen Anlage. Von den Terrassen hat man einen schönen Ausblick auf die Boboli-Gärten.	25		●	●
Florenz: *Hotel J and J* ⓁⓁⓁⓁ Via di Mezzo 20, 50121. **Karte** 2 E5. ✆ 055-24 09 51. FAX 055-24 02 82. Ein ehemaliges Kloster (16. Jh.) beherbergt dieses schöne, ruhige Hotel, dessen Fenster zwischen alten Steinbogen und Deckenfresken eingelassen sind.	19			
Florenz: *Rivoli* ⓁⓁⓁⓁ Via della Scala 33, 50123. **Karte** 1 A4 (5 A1). ✆ 055-28 28 53. FAX 055-29 40 41. Die verwitterte Fassade läßt bereits das Alter dieses Hotels aus dem 15. Jahrhundert erahnen. Es ist überall geräumig, kühl und mit hohem Standard eingerichtet, der moderne und klassische Stile mit ungekünstelter Eleganz verbindet.	65			
Florenz: *Hotel Monna Lisa* ⓁⓁⓁⓁⓁ Borgo Pinti 27, 50121. **Karte** 2 E5. ✆ 055-247 97 51. FAX 055-247 97 55. Ein beeindruckender Steinhof führt zu diesem Renaissancepalast. Einige der Zimmer mit hohen Decken sind riesig und mit alten Möbeln eingerichtet.	30			
Florenz: *Villa Carlotta* ⓁⓁⓁⓁⓁ Via Michele di Lando 3, 50125. **Karte** 3 B4. ✆ 055-233 61 51. FAX 055-233 61 47. Dieses anmutige Hotel in einer abseits gelegenen und abgeschiedenen Gegend ist eine schöne, gemütliche, in neoklassizistischem Stil eingerichtete Villa.	32	●	●	●
Florenz: *Grand Hotel Villa Cora* ⓁⓁⓁⓁⓁ Viale Machiavelli 18, 50125. **Karte** 3 A3. ✆ 055-229 84 51. FAX 055-22 90 86. Ein überwältigendes Renaissancegebäude mit Terrassen, die mit Brüstungen versehen und durch klassizistische Säulen geteilt sind. In den Empfangsräumen gibt es Deckenfresken und lackierte Holzfußböden.	48	●	●	

ÜBERNACHTEN

FLORENZ: *Hotel Brunelleschi*   ⓁⓁⓁⓁ   96
Piazza Santa Elisabetta 3, 50122. **Karte** 6 D2. (055-56 20 68. FAX 055-21 96 53.
Dieses einzigartige Hotel wurde in einem byzantinischen Turm und den angrenzenden
Gebäuden eingerichtet. Es bietet eine kleine byzantinische Sammlung sowie
von der Dachterrasse einen überwältigenden Ausblick auf Florenz.

FLORENZ: *Hotel Continental*   ⓁⓁⓁⓁ   48
Lungarno degli Acciaiuoli 2, 50123. **Karte** 3 C1 (5 C4). (055-28 23 92. FAX 055-28 31 39.
Die Bar und die Suiten im obersten Stockwerk dieses Hotels in bester Lage in
der Nähe des Ponte Vecchio bieten Ausblicke auf den Fluß.

FLORENZ: *Hotel Excelsior*   ⓁⓁⓁⓁⓁ   192
Piazza d'Ognissanti 3, 50123. **Karte** 1 B5 (5 A2). (055-26 42 01. FAX 055-21 02 78.
Dieses Hotel mit schönem Blick über den Arno ist mit eleganten
Marmorböden und bemalten Fenstern versehen.

FLORENZ: *Hotel Helvetia e Bristol*   ⓁⓁⓁⓁⓁ   52
Via de' Pescioni 2, 50123. **Karte** 1 C5 (5 C2). (055-28 78 14. FAX 055-28 83 53.
Luxuriöses Hotel (18. Jh.), nur wenige Schritte vom Dom entfernt, mit alten Möbeln,
einer bemalten Kuppeldecke aus Glas und einer hervorragenden Bar.

FLORENZ: *Hotel Regency*   ⓁⓁⓁⓁⓁ   34
Piazza Massimo d'Azeglio 3, 50121. **Karte** 2 F5. (055-24 52 47. FAX 055-234 67 35.
Hinter dem bescheidenen Äußeren eines Florentiner Stadthauses verbirgt sich ein
großer holzgetäfelter Eingangs- und Barbereich im klassizistischen Stil.

FLORENZ: *Torre di Bellosguardo*   ⓁⓁⓁⓁⓁ   16
Via de' Michelozzi 2, 50124. **Karte** 5 B5. (055-229 81 45. FAX 055-22 90 08.
Eine Straße führt zu diesem Turm (14. Jh.) und der angrenzenden Villa (16. Jh.). Im
Inneren gewähren mächtige Holztüren Einlaß in riesige Zimmer, die mit Antiquitäten
und Perserteppichen eingerichtet sind. Spektakulärer Ausblick auf Florenz.

FLORENZ: *Villa La Massa*   ⓁⓁⓁⓁ   38
Via la Massa 24, Candeli, 50012. (055-651 01 01. FAX 055-651 01 09.
Dieses luxuriöse Hotel aus dem 17. Jahrhundert liegt am Fluß sechs Kilometer nord-
östlich von Florenz und bietet elegante Zimmer mit antikem Mobiliar.

TOSKANA

AREZZO: *Castello di Gargonza*   ⓁⓁⓁ   7
Gargonza, Monte San Savino, 52048. (0575-84 70 21. FAX 0575-84 70 54.
Eine gewundene Auffahrt führt um die Mauern dieses Schloßhotels, das auch über
18 Apartments mit Selbstversorgung verfügt. Der Ausblick ist großartig; in der mit
schönen Fresken verzierten Kapelle werden wöchentlich Messen gelesen.

CORTONA: *Hotel San Luca*   ⓁⓁ   56
Piazzale Garibaldi 2, 52044. (0575-63 04 60. FAX 0575-63 01 05.
Dieses an einem Hügel gelegene Hotel bietet einfache Zimmer und angenehme Emp-
fangsräume, die einen schönen Ausblick auf die umliegenden Täler gewähren.

CORTONA: *Hotel San Michele*   ⓁⓁ   37
Via Guelfa 15, 52044. (0575-60 43 48. FAX 0575-63 01 47.
Ein sehr schön restaurierter Renaissancepalast in einer engen Straße. Ein Labyrinth
von Gängen führt zu angenehmen Zimmern und einer tollen Mansardensuite.

CASTELLINA IN CHIANTI: *Tenuta di Ricavo*   ⓁⓁⓁ   23
Località Ricavo, 53011. (0577-74 02 21. FAX 0577-74 10 14.
Ein bezauberndes Hotel, das das gesamte Dörfchen umfaßt und mit alten und rustikalen
Möbeln eingerichtet ist. Viele der Zimmer liegen in alten Landhäusern.

ELBA: *Capo Sud*   ⓁⓁ   34
Località Lacona, 57037. (0565-96 40 21. FAX 0565-96 42 63.
Ein dörflicher Zufluchtsort mit Blick über die Bucht. Die Zimmer liegen in einem
Villenkomplex, und das Restaurant serviert Produkte aus dem eigenen Obstgarten.

FIESOLE: *Hotel Villa Bonelli*   ⓁⓁⓁ   20
Via F. Poeti 1, 50014. (055-595 13. FAX 055-59 89 42.
Dieses einfache, freundliche Hotel ist hübsch eingerichtet und bietet einen tollen Blick
über Florenz. Im Sommer wird Halbpension vorausgesetzt.

FIESOLE: *Villa San Michele*   ⓁⓁⓁⓁⓁ   36
Via Doccia 4, 50014. (055-594 51. FAX 055-59 87 34.
Dieses angeblich von Michelangelo entworfene Kloster liegt in einer großen Grün-
anlage und bietet von der Loggia aus einen Ausblick auf die Stadt.

Zeichenerklärung siehe hintere Umschlagklappe

Preise für ein Doppelzimmer pro Nacht, inklusive Steuern und Service, allerdings ohne Frühstück:
- Ⓛ unter 100 000 L
- ⓁⓁ 100 000 – 200 000 L
- ⓁⓁⓁ 200 000 – 300 000 L
- ⓁⓁⓁⓁ 300 000 – 400 000 L
- ⓁⓁⓁⓁⓁ über 400 000 L

RESTAURANT
Hotelrestaurant vorhanden (manchmal nur für Gäste).
SWIMMINGPOOL
Hotelswimmingpools sind in der Regel klein und im Freien, sofern nicht anders angegeben.
GARTEN ODER TERRASSE
Garten, Innenhof oder Terrasse vorhanden, oft mit Tischen im Freien.
KREDITKARTEN
Kreditkarten wie Visa, EuroCard und American Express werden in Hotels mit Kreditkartensymbol akzeptiert.

		Anzahl der Zimmer	Restaurant	Swimmingpool	Garten/Terrasse
GAIOLE IN CHIANTI: *Castello di Spaltenna* Via Spaltenna 13, 53013. ☎ 0577-74 94 83. FAX 0577-74 92 69. Eine schöne, ehemalige Klosterfestung mit geräumigen Zimmern, einige sind mit Whirlpool ausgestattet. Das Restaurant ist hervorragend.	ⓁⓁⓁ	21	■	●	■
GIGLIO PORTO: *Castello Monticello* Via Provinciale, 58013. ☎ 0564-80 92 52. FAX 0564-80 94 73. Dieses Schloßhotel wurde als Privathaus auf der zauberhaften Insel gebaut. Es liegt auf einem Hügel, und von den Zimmern hat man einen tollen Blick.	ⓁⓁ	30	■		■
LUCCA: *Piccolo Hotel Puccini* Via di Poggio 9, 55100. ☎ 0583-554 21. FAX 0583-534 87. Dieses gepflegte, kleine Hotel befindet sich in einem schönen, alten Steingebäude und besitzt eine attraktive Bar mit Blick auf die hübsche, enge Straße.	ⓁⓁ	14			
LUCCA: *Hotel Universo* Piazza del Giglio 1, 55100. ☎ 0583-49 36 78. FAX 0583-95 48 54. Dieses große Hotel wurde im 19. Jahrhundert gebaut. Es verfügt über große und komfortable Zimmer, von denen einige einen schönen Blick auf den ruhigen Platz bieten. Die großen, luxuriösen Badezimmer sind eine zusätzliche Attraktion.	ⓁⓁⓁ	60	■		
LUCCA: *Hotel Principessa Elisa* Via Nuova per Pisa 1952, 55050. ☎ 0583-37 97 37. FAX 0583-37 90 19. In diesem stattlichen Haus, das den Pariser Stil des 18. Jahrhunderts imitiert, herrscht eine friedvolle und luxuriöse Atmosphäre. Die Zimmer sind wunderschön mit Antiquitäten eingerichtet, zudem gibt es zwei elegante Salons.	ⓁⓁⓁⓁⓁ	10	■	●	■
MONTERIGGIONI: *Albergo Casalta* Località Strove, 53035. ☎ 0577-30 10 02. FAX 0577-30 10 02. Die nette Atmosphäre in diesem tausend Jahre alten Gebäude wird durch einen Kamin im Eingangsbereich unterstrichen. Auch das Restaurant ist sehr elegant.	ⓁⓁ	11	■		
PISA: *Royal Victoria Hotel* Lungarno Pacinotti 12, 56126. ☎ 050-94 01 11. FAX 050-94 01 80. Ein stattliches, im 19. Jahrhundert erbautes Hotel. Einige der Originalmerkmale wie die holzvertäfelten Türen sind erhalten geblieben.	ⓁⓁ	48			
PISA: *Hotel d'Azeglio* Piazza Vittorio Emanuele II 18b, 56125. ☎ 050-50 03 10. FAX 050-280 17. Vom Frühstücksraum im 7. Stock dieses modernen Hotels hat man einen hervorragenden Blick über Pisa bis zu den im Hintergrund liegenden Bergen.	ⓁⓁⓁⓁ	29			
PISTOIA: *Albergo Patria* Via Crispi 8, 51100. ☎ 0573-251 87. FAX 0573-36 81 68. Ein altes Hotel mit modernem Interieur und Zimmern aus den 70er Jahren. Die Lage im Zentrum von Pistoia macht es zu einem guten Ausgangspunkt für eine Stadtbesichtigung. Von den oberen Zimmern schaut man auf den romanischen Dom.	ⓁⓁ	28			
PISTOIA: *Hotel Piccolo Ritz* Via Vannucci 67, 51100. ☎ 0573-267 75. FAX 0573-277 98. Das kleine Hotel in Bahnhofsnähe zum historischen Zentrum macht seinem Namen alle Ehre. Es verfügt über eine schöne Bar im Caféhaus-Stil.	ⓁⓁ	24			
PORTO ERCOLE: *Il Pellicano* Località Cala dei Santi, 58018. ☎ 0564-83 38 01. FAX 0564-83 34 18. Diese exklusive und weinumrankte toskanische Villa alten Stils besitzt einen eigenen felsigen Strand und bietet eine tolle Aussicht von den zum Meer abfallenden Terrassen. Elegante, mit Antiquitäten eingerichtete Zimmer.	ⓁⓁⓁⓁⓁ	32	■	●	■
RADDA IN CHIANTI: *Villa Miranda* Siena, 53017. ☎ 0577-73 80 21. FAX 0577-73 86 68. Seit das Gebäude 1842 als Posthaus errichtet wurde, wird es von derselben Familie geführt. Die Zimmer haben Deckenbalken und Bettgestelle aus Messing.	ⓁⓁ	42	■	●	■

ÜBERNACHTEN

Hotel	Preis	Zimmer			
SAN GIMIGNANO: *Hotel Belvedere* Via Dante 14, 53037. ☎ 0577-94 05 39. FAX 0577-94 03 27. Diese schöne Terrakottavilla liegt in einem Zypressengarten mit Hängematten. Die hellen, modernen Zimmer sind in sanften Pastelltönen gestrichen.	ⓛⓛ	12		●	
SAN GIMIGNANO: *Hotel Leon Bianco* Piazza della Cisterna 13, 53037. ☎ 0577-94 12 94. FAX 0577-94 21 23. Luftige Zimmer mit schönem Ausblick und Terrakottaböden kennzeichnen den ehemaligen Palast mit Teilen des Originalgemäuers.	ⓛⓛ	25			
SAN GIMIGNANO: *Villa San Paolo* Strada per Certaldo, 53037. ☎ 0577-95 51 00. FAX 0577-95 51 13. Eine schöne Villa in Hanglage mit terrassierten Gärten und Tennisplätzen. Im Inneren verfügt sie über hübsche Zimmer und intime Aufenthaltsräume.	ⓛⓛⓛ	18		●	■
SAN MINIATO: *Hotel Miravalle* Piazza Castello 3, 56027. ☎ 0571-41 80 75. FAX 0571-41 96 81. Das Miravalle ist auf einer Schloßmauer aus dem 10. Jahrhundert errichtet und grenzt an die Überreste des Schloßturms. Das Interieur ist ein wenig abgenutzt; die Zimmer sind angenehm, und das Restaurant bietet einen tollen Ausblick.	ⓛⓛⓛ	20	■		■
SIENA: *Hotel Chiusarelli* Viale Curtatone 15, 53100. ☎ 0577-28 05 62. FAX 0577-27 11 77. Eine hübsche Villa, die trotz jüngster Restauration recht abgenutzt aussieht. Der schöne Garten ist mit Palmen bepflanzt.	ⓛⓛ	50	■		■
SIENA: *Santa Caterina* Via Enea Silvio Piccolomini 7, 53100. ☎ 0577-22 11 05. FAX 0577-27 10 87. Von den angenehmen Zimmern blickt man auf den traumhaften Blumengarten, der eine bezaubernde Aussicht über die roten Dächer Sienas bietet. Das Santa Caterina in der Nähe der Porta Romana war einst eine Villa im Privatbesitz.	ⓛⓛⓛ	19			■
SIENA: *Villa Scacciapensieri* Via di Scacciapensieri 10, 53100. ☎ 0577-414 41. FAX 0577-27 08 54. Eine altmodische Lounge mit einem großen Kamin kennzeichnet diese Villa in einem schönen Garten. Die geräumigen Zimmer bieten Ausblicke auf Siena.	ⓛⓛⓛ	33	■	●	■
SIENA: *Villa Patrizia* Via Fiorentina 58, 53100. ☎ 0577-504 31. FAX 0577-504 31. Eine weiträumige, alte Villa am nördlichen Stadtrand. Alle Zimmer liegen zur Gartenseite und sind schlicht, aber gemütlich eingerichtet.	ⓛⓛⓛⓛ	33	■	●	■
SIENA: *Hotel Certosa di Maggiano* Via Certosa 82, 53100. ☎ 0577-28 81 80. FAX 0577-28 81 89. Exklusiver, ruhiger Zufluchtsort in einem ehemaligen, 1314 errichteten Kartäuserkloster. Die Zimmer sind mit alten Gemälden geschmückt.	ⓛⓛⓛⓛ	17	■	●	■
SINALUNGA: *Locanda L'Amorosa* L'Amorosa, 53048. ☎ 0577-67 94 97. FAX 0577-67 82 16. Ein bezauberndes Gebäude aus Stein und rotem Terrakotta beherbergt dieses wunderschöne Gästehaus. Die luxuriösen Zimmer sind ruhig und komfortabel.	ⓛⓛⓛⓛ	17	■		■
VIAREGGIO: *Hotel President* Viale Carducci 5, 55049. ☎ 0584-96 27 12. FAX 0584-96 36 58. Ein elegantes Seehotel mit komfortablen und schön renovierten Zimmern. Das Dachrestaurant bietet einen tollen Ausblick auf das Meer.	ⓛⓛⓛⓛ	37	■		
VOLTERRA: *Albergo Villa Nencini* Borgo Santo Stefano 55, 56048. ☎ 0588-863 86. FAX 0588-806 01. Das Landhotel liegt nur wenige Minuten von der Stadt entfernt in einem Park; helle Zimmer, ein hübscher Frühstücksraum sowie Trattoria und Terrasse.	ⓛ	14	■		■

UMBRIEN

Hotel	Preis	Zimmer			
ASSISI: *Country House* Via San Pietro Campagna 178, Località Valecchie, 06081. ☎ 075-81 61 55. FAX 075-81 63 63. Nur 700 Meter vom Zentrum Assisis entfernt, liegt diese Villa aus den 20er Jahren in ländlicher Umgebung. Die Zimmer sind mit alten Möbeln eingerichtet.	ⓛ	9			■
ASSISI: *Dei Priori* Corso Mazzini 15, 06081. ☎ 075-81 22 37. FAX 075-81 68 04. In einem Gebäude aus dem 17. Jahrhundert im historischen Zentrum gelegen; die Zimmer sind hell, der Speiseraum hat ein attraktives Deckengewölbe.	ⓛⓛ	34	■		

Zeichenerklärung siehe hintere Umschlagklappe

Preise für ein Doppelzimmer pro Nacht, inklusive Steuern und Service, allerdings ohne Frühstück:
- Ⓛ unter 100 000 L
- ⓁⓁ 100 000 – 200 000 L
- ⓁⓁⓁ 200 000 – 300 000 L
- ⓁⓁⓁⓁ 300 000 – 400 000 L
- ⓁⓁⓁⓁⓁ über 400 000 L

RESTAURANT
Hotelrestaurant vorhanden (manchmal nur für Gäste).
SWIMMINGPOOL
Hotelswimmingpools sind in der Regel klein und im Freien, sofern nicht anders angegeben.
GARTEN ODER TERRASSE
Garten, Innenhof oder Terrasse vorhanden, oft mit Tischen im Freien.
KREDITKARTEN
Kreditkarten wie Visa, EuroCard und American Express werden in Hotels mit Kreditkartensymbol akzeptiert.

		Anzahl der Zimmer	Restaurant	Swimmingpool	Garten/Terrasse
ASSISI: *Umbra* ⓁⓁ Via degli Archi 6, 06081. ☎ 075-81 22 40. FAX 075-81 36 53. Freundliches Hotel in einer stimmungsvollen Nebenstraße im historischen Zentrum mit angenehmer Einrichtung und einer bezaubernden Restaurantterrasse. 🛏 📺 ✉		25	■		■
ASSISI: *Romantik Hotel Le Silve* ⓁⓁⓁ Località Armenzano di Assisi, 06081. ☎ 075-801 90 00. FAX 075-801 90 05. Die Anlage liegt etwa zwölf Kilometer von Assisi entfernt und bietet einen wunderschönen Ausblick auf die toskanische Hügellandschaft. Viele Sport- und Freizeiteinrichtungen und auch Apartments stehen zur Verfügung. 🛏 📺 ✉ 🅿		13	■	●	■
CAMPELLO SUL CLITUNNO: *Il Vecchio Molino* ⓁⓁ Via del Tempio 34, Località Pissignano, 06042. ☎ 0743-52 11 22. FAX 0743-27 50 97. Das Hotel in einer umgebauten Mühle mit geräumigen Zimmern befindet sich auf einer Flußinsel. Vom Garten kann man einen römischen Tempel sehen. 🛏 ✉ 🅿		13			■
CASTIGLIONE DEL LAGO: *Miralago* ⓁⓁ Piazza Mazzini 6, 06061. ☎ 075-95 11 57. FAX 075-95 19 24. Das Miralago im Stadtzentrum am Ufer des Lago Trasimeno ist ein kleines Hotel unter der Führung einer kenianischen Familie, die alle Gäste herzlich willkommen heißt. Im Restaurant wird frischer Fisch aus dem See serviert. 🛏 📺 ✉		19	■		
FONTIGNANO: *Villa di Monte Solare* ⓁⓁ Via Montali 7, Colle San Paolo, 06007. ☎ 075-83 23 76. FAX 075-835 54 62. Eine schöne, auf großem Grund gelegene Villa (18. Jh.), in der viele Elemente wie Terrakottaböden, Stilmöbel und Fresken erhalten geblieben sind. Colle San Paolo liegt 25 Kilometer von Perugia entfernt in der wunderschönen umbrischen Landschaft. 🛏 ✉ 🅿		15	■	●	■
GUBBIO: *Oderisi-Balestrieri* Ⓛ Via Mazzatinti 2/12, 06024. ☎ 075-922 06 62. FAX 075-922 06 63. Ein Hotel im mittelalterlichen Stadtzentrum; die Zimmer sind hübsch und mit Balken, Betten und Tischen aus Holz modern eingerichtet. 🛏 📺 ✉ 🅿		35			■
GUBBIO: *Bosone Palace* ⓁⓁ Via XX Settembre 22, 06024. ☎ 075-922 06 88. FAX 075-922 05 52. Das Bosone liegt im Palazzo Raffaelli, einem der ältesten Paläste im historischen Zentrum, und bietet großartige bis einfache Zimmer. In allen herrscht jedoch eine wundervoll historische Atmosphäre. 🛏 📺 ✉		30			
GUBBIO: *Villa Montegranelli* ⓁⓁ Località Monteluiano, 06024. ☎ 075-922 01 85. FAX 075-927 33 72. Eine elegante Landvilla, etwa vier Kilometer von Gubbio entfernt, mit schönen Zimmern und einem empfehlenswerten Restaurant *(siehe S. 596)*. 🛏 📺 ✉ 🅿		21	■		■
LAGO TRASIMENO: *Hotel da Sauro* Ⓛ Isola Maggiore, 06060. ☎ 075-82 61 68. FAX 075-82 51 30. Ein einfaches Hotel mit freundlichem Personal in herausragender Lage. Die Isola Maggiore liegt isoliert und macht das Hotel zu einem ruhigen Zufluchtsort. 🛏 🅿		12	■		
MONTEFALCO: *Ringhiera Umbra* Ⓛ Via G. Mameli 20, 06036. ☎ 0742-37 91 66. FAX 0742-37 91 66. Schlichtes, aber tadellos geführtes Hotel in einem historischen Gebäude im Zentrum von Montefalco. Das preiswerte Restaurant liegt in einem Gewölbe. 🛏 📺		13	■		
MONTEFALCO: *Villa Pambuffetti* ⓁⓁⓁⓁ Via della Vittoria 20, 06036. ☎ 0742-37 94 17. FAX 0742-37 92 45. Die geräumigen und komfortablen Zimmer sind alle unterschiedlich eingerichtet. Das Turmzimmer bietet einen wundervollen Ausblick. 🛏 📺 📖 ✉ 🅿		15	■	●	
NORCIA: *Garden* ⓁⓁ Viale XX Settembre 2b, 06046. ☎ 0743-81 66 87. FAX 0743-81 66 87. In der Nähe des Zentrums von Norcia gelegen, mit einfachen, aber angenehmen Zimmern. Es ist ein guter Ausgangspunkt für eine Stadtbesichtigung. 🛏 ✉		45	■		■

ÜBERNACHTEN

ORVIETO: *Villa Ciconia* ⒧⒧ | 10
Via dei Tigli 69, 05019. ☏ 0763-929 82. FAX 0763-906 77.
Das ruhige Landhaus aus dem 16. Jahrhundert, in einer wunderschönen Grünanlage, eignet sich gut als Ausgangspunkt, um Umbrien zu erkunden.

ORVIETO: *Virgilio* ⒧⒧ | 15
Piazza Duomo 5–6, 05018. ☏ 0763-34 18 82. FAX 0763-437 97.
Dieses einfache, ehemalige Privathaus im Zentrum Orvietos wurde von seinem Besitzer zu einem Hotel umgebaut. Einige Zimmer bieten Ausblicke auf den Dom.

ORVIETO: *La Badia* ⒧⒧⒧ | 26
Località la Badia 8, 05019. ☏ 0763-903 59. FAX 0763-927 96.
Ein grandioses ehemaliges Kloster (teilweise aus dem 12. Jh.) beherbergt dieses Hotel, das modernen Komfort mit mittelalterlicher Pracht verbindet.

PERUGIA: *Lo Spedalicchio* ⒧⒧ | 25
Piazza Bruno Buozzi 3, Ospedalicchio, 06080. ☏ 075-801 03 23. FAX 075-801 03 23.
Dieses Hotel liegt innerhalb der Mauern einer Festung (14. Jh.) und bietet Zimmer mit einfacher, aber angenehmer Einrichtung im Stil des Gebäudes.

PERUGIA: *Locanda della Posta* ⒧⒧⒧ | 39
Corso Vannucci 97, 06100. ☏ 075-572 89 25. FAX 075-572 24 13.
Das elegante, 200 Jahre alte Hotel befindet sich in einem bezaubernden alten Palast an der Hauptstraße der Fußgängerzone im historischen Zentrum.

PERUGIA: *Brufani* ⒧⒧⒧⒧⒧ | 24
Piazza Italia 12, 06100. ☏ 075-573 25 41. FAX 075-572 02 10.
Die Aufenthaltsräume dieses exklusiven, 1884 eröffneten Hotels wurden von Lillis, dem deutschen Innenarchitekten, ausgemalt. Die Aussicht ist spektakulär.

SPELLO: *La Bastiglia* ⒧⒧ | 22
Piazza Vallegloria 7, 06038. ☏ 0742-65 12 77. FAX 0742-65 12 77.
Eine alte, umgebaute Mühle beherbergt dieses gemütliche Hotel mit grandioser Aussicht auf die umliegende Landschaft von den großen Terrassen.

SPELLO: *Palazzo Bocci* ⒧⒧⒧ | 23
Via Cavour 17, 06038. ☏ 0742-30 10 21. FAX 0742-30 14 64.
Das Hotel im Zentrum von Spello in einem komplett restaurierten Palast (14. Jh.) kombiniert modernen Komfort mit traditionellem Charme.

SPOLETO: *Aurora* ⒧⒧ | 15
Via Apollinare 3, 06049. ☏ 0743-22 03 15. FAX 0743-22 18 85.
Preiswertes Haus im historischen Zentrum. Es ist dem Restaurant Apollinare angegliedert. Alle Zimmer sind mit Minibar ausgestattet.

SPOLETO: *Charleston* ⒧⒧ | 18
Piazza Collicola 10, 06049. ☏ 0743-22 00 52. FAX 0743-22 20 10.
Das Gebäude (17. Jh.) im Zentrum von Spoleto schafft mit einer Mischung aus moderner und traditioneller Einrichtung eine harmonische Atmosphäre.

SPOLETO: *Clarici* ⒧⒧ | 24
Piazza della Vittoria 32, 06049. ☏ 0743-22 33 11. FAX 0743-22 20 10.
Das Clarici wird von derselben Familie wie das Charleston geführt; nicht ganz so schön, bietet es aber dennoch einen exzellenten Gegenwert.

SPOLETO: *Gattapone* ⒧⒧⒧ | 15
Via del Ponte 6, 06049. ☏ 0743-22 34 47. FAX 0743-22 34 48.
Ein elegantes Hotel auf dem höchsten Punkt der Stadt, nur fünf Minuten Fußweg vom Zentrum entfernt, mit gutem Ausblick auf den Ponte delle Torri.

TODI: *Bramante* ⒧⒧⒧ | 43
Via Orvietana 48, 06059. ☏ 075-894 83 81. FAX 075-894 80 74.
Trotz Umbaus blieben Teile des Klosters aus dem 13. Jahrhundert erhalten. Das einfache Mobiliar unterstreicht die friedvolle Atmosphäre.

TODI: *Hotel Fonte Cesia* ⒧⒧⒧ | 32
Via Lorenzo Leonj 3, 06059. ☏ 075-894 37 37. FAX 075-894 46 77.
Ein wunderschöner Palast (17. Jh.) ist der Rahmen für dieses elegante und persönliche Hotel, das traditionellen Charme mit modernem Komfort verbindet.

TORGIANO: *Le Tre Vaselle* ⒧⒧⒧ | 60
Via G. Garibaldi 48, 06089. ☏ 075-988 04 47. FAX 075-988 02 14.
Hotel in einem Landhaus aus dem 17. Jahrhundert mit Terrakottaböden und Balkendecken. Es ist mit ländlichen Antiquitäten eingerichtet.

Zeichenerklärung siehe hintere Umschlagklappe

Preise für ein Doppelzimmer pro Nacht, inklusive Steuern und Service, allerdings ohne Frühstück:
Ⓛ unter 100 000 L
ⓁⓁ 100 000 – 200 000 L
ⓁⓁⓁ 200 000 – 300 000 L
ⓁⓁⓁⓁ 300 000 – 400 000 L
ⓁⓁⓁⓁⓁ über 400 000 L

Restaurant
Hotelrestaurant vorhanden (manchmal nur für Gäste).
Swimmingpool
Hotelswimmingpools sind in der Regel klein und im Freien, sofern nicht anders angegeben.
Garten oder Terrasse
Garten, Innenhof oder Terrasse vorhanden, oft mit Tischen im Freien.
Kreditkarten
Kreditkarten wie Visa, EuroCard und American Express werden in Hotels mit Kreditkartensymbol akzeptiert.

Die Marken

Hotel	Preis	Anzahl der Zimmer	Restaurant	Swimmingpool	Garten/Terrasse
Ancona: *Emilia* Poggio di Portonovo, 60020. ☎ 071-80 11 45. FAX 071-80 13 30. Vornehmes Hotel mit schöner und heller Einrichtung. Im eleganten Garten finden Konzerte des Jazzfestivals von Ancona statt; zudem verleiht das Emilia einen Kunstpreis und zeigt eine Sammlung zeitgenössischer Kunst.	ⓁⓁ	33	■	●	■
Aquaviva Picena: *Hotel O'Viv* Via Marziale 43, 63030. ☎ 0735-76 46 49. FAX 0735-76 50 54. Traditionshotel in einem schönen Palast im mittelalterlichen Stadtzentrum mit geräumigen Zimmern; von der Terrasse hat man eine hervorragende Aussicht.	Ⓛ	12	■		■
Fano: *Corallo* Via Leonardo da Vinci 3, 61032. ☎ 0721-80 42 00. FAX 0721-80 36 37. Das an der Küste gelegene Corallo ist funktionell eingerichtet und bietet einen guten Service. Das Restaurant ist auf Fischgerichte spezialisiert.	Ⓛ	27	■		
Fano: *Elisabeth Due* Piazzale Amendola 2, 61032. ☎ 0721-82 31 46. FAX 0721-82 31 47. Hinter einer modernen, anonymen Fassade verbirgt sich ein schickes, komfortables Strandhotel mit Holzvertäfelung und weichen Sofas.	ⓁⓁ	32	■		
Fano: *Grand Hotel Elisabeth* Viale Carducci, 61032. ☎ 0721-80 42 41. FAX 0721-80 42 42. Der moderne Block befindet sich in günstiger Lage zwischen Strand und Stadt; sein Interieur ist schöner, als der äußere Anschein erwarten läßt.	ⓁⓁ	37	■		
Folignano: *Villa Pigna* Viale Assisi 33, 63040. ☎ 0736-49 18 68. FAX 0736-49 18 68. Ein modernes Hotel im Stadtzentrum. Die Publikumsräume sind attraktiv und die Zimmer zufriedenstellend, wenn auch nicht außergewöhnlich.	ⓁⓁ	54	■		■
Iesi: *Federico II* Via Ancona 100, 60035. ☎ 0731-21 10 79. FAX 0731-572 21. Ein postmodernes Hotel mit einem großen Angebot: Hallenbad, Gymnastik- und Konferenzraum. Ein wenig unpersönlich, aber komfortabel.	ⓁⓁⓁ	76	■	●	■
Montecassiano: *Villa Quiete* Località Vallecascia, 62010. ☎ 0733-59 95 59. FAX 0733-59 95 59. Ein Hotel in einer Landvilla mit eigener, schöner Gartenanlage. Einige der hübschen Zimmer sind mit alten Möbeln eingerichtet. Zudem gibt es zwei Suiten.	ⓁⓁ	36	■		■
Pèsaro: *Villa Serena* Via San Nicola 6–3, 61100. ☎ 0721-552 11. FAX 0721-559 27. Angenehmes, freundliches Hotel in einem Herrenhaus aus dem 17. Jahrhundert auf einem gepflegten Gelände. Jedes Zimmer ist individuell eingerichtet.	ⓁⓁ	9	■	●	■
Pèsaro: *Vittoria* Via A. Vespucci 2, Piazzale Libertà 2, 61100. ☎ 0721-343 43. FAX 0721-652 04. Das Vittoria ist eine perfekte Kombination aus altmodischem Charme und modernem Komfort. Es bietet eine gute Ausstattung und liegt nahe am Meer.	ⓁⓁⓁ	30	■		
Portonovo: *Fortino Napoleonico* Via Poggio 166, 60020. ☎ 071-80 14 50. FAX 071-80 14 54. Diese Festung wurde während der Napoleonischen Kriege errichtet, um die Küste vor plündernden Engländern zu schützen. Sie ist schön restauriert und verfügt über eine geschmackvolle Einrichtung, Antiquitäten und einen eigenen Strand.	ⓁⓁⓁ	30	■		
San Benedetto del Tronto: *Sabbia d'Oro* Viale Marconi 46, 63039. ☎ 0735-819 11. FAX 0735-819 67. Ein modernes Strandhotel in diesem beliebten und lebhaften Badeort. Die Zimmer sind komfortabel und mit Minibar und Safe ausgestattet.	ⓁⓁ	63	■	●	■

San Leo: *Castello*   ⓛ | 14
Piazza d'Alighieri 12, 61018. 0541-91 62 14. FAX 0541-92 69 26.
Dieses Hotel befindet sich in einem restaurierten Stadthaus aus dem 16. Jahrhundert. Weiße Fliesen und helle Farben schaffen eine luftige Atmosphäre.

San Marino: *Panoramic*   ⓛ | 27
Via Voltone 89, 47031. 0549-99 14 36. FAX 0549-99 03 56.
Ein familiengeführtes Hotel in einem ruhigen Teil dieser unabhängigen Republik mitten in Italien. Das Panoramic ist besonders stolz auf sein Restaurant.

Sirolo: *Monte Conero*   ⓛⓛ | 48
Via Monteconero 26, 60020. 071-933 05 92. FAX 071-933 03 65.
Das Hotel in einem Kloster aus dem 11. Jahrhundert mit einer romanischen Kirche bietet einen großartigen Meerblick. Die Zimmer sind hell und haben einen eigenen Balkon. Im Juli und August wird Halb- oder Vollpension vorausgesetzt.

Urbino: *Due Querce*   ⓛ | 13
Via della Stazione 35, 61029. 0722-25 09.
Freundliches und herzliches Hotel in günstiger Lage unweit des historischen Zentrums; einfache Zimmer, von einigen hat man eine schöne Aussicht auf das flache Umland.

Urbino: *Locanda la Brombolona*   ⓛ | 12
Località Sant'Andrea in Primicilio 22, 61029. 0722-535 01. FAX 0722-535 01.
Hübsch gelegen in den Hügeln über Urbino, bietet dieses bezaubernde kleine Hotel eine gute Ausgangsbasis für die Erkundung der Gegend. Es ist einfach eingerichtet, doch hat man von den Zimmern einen schönen Ausblick auf die Landschaft.

Urbino: *Bonconte*   ⓛⓛⓛ | 23
Via delle Mura 28, 61029. 0722-24 63. FAX 0722-47 82.
Eine kürzlich renovierte alte Villa; neben moderneren Suiten gibt es auch einige sehr alte Einrichtungsgegenstände. Die hellen Zimmer sind gut ausgestattet.

ROM

Aventin: *Aventino*   ⓛⓛ | 23
Via San Domenico 10, 00153. Karte 6 E3. 06-574 51 74. FAX 06-578 36 04.
Ein bescheidenes Hotel mit großen, aber einfachen Zimmern. Der üppige Garten und die Glasmalerei auf den Fenstern im Frühstücksraum sind sehenswert.

Aventin: *Sant'Anselmo*   ⓛⓛ | 46
Piazza Sant'Anselmo 2, 00153. Karte 6 E3. 06-574 51 74. FAX 06-578 36 04.
Eine schöne Villa auf dem ruhigen Aventin, von der das Kolosseum zu Fuß zu erreichen ist. Sie besitzt einen abgeschiedenen Garten, und einige der hübschen Zimmer sind mit sehr alten und handbemalten Möbeln eingerichtet.

Aventin: *Domus Aventino*   ⓛⓛⓛ | 26
Via di Santa Prisca 11b, 00153. Karte 6 E3. 06-57 30 00 04. FAX 06-57 30 00 44.
Dieses Hotel in einem Kloster aus dem 14. Jahrhundert am Fuße des Aventins bietet große, einfach eingerichtete Zimmer, meist mit Balkon.

Campo de' Fiori: *Piccolo*   ⓛ | 15
Via dei Chiavari 32, 00186. Karte 2 F4. 06-68 80 25 60.
Ruhiges familiengeführtes Hotel mit sauberen, einfachen Zimmern und Fernseher im Frühstücksraum. Eines der preiswertesten Hotels in dieser Gegend.

Campo de' Fiori: *Campo de' Fiori*   ⓛⓛ | 27
Via dei Biscione 6, 00186. Karte 2 F4. 06-687 48 86. FAX 06-687 60 03.
Die kleinen Zimmer sind hübsch eingerichtet, einige haben Balken oder Gemälde an den Decken. Ein Dachgarten bietet einen schwindelerregenden Ausblick.

Campo de' Fiori: *Lunetta*   ⓛⓛ | 36
Piazza del Paradiso 68, 00186. Karte 2 F4. 06-686 10 80. FAX 06-689 20 28.
Ein gut geführtes Haus mit kleinen, sauberen Zimmern an einem kleinen Platz beim Campo de' Fiori. Bei Gruppen junger Musiker und Studenten sehr beliebt.

Campo de' Fiori: *Teatro di Pompeo*   ⓛⓛⓛ | 13
Largo del Pallaro 8, 00186. Karte 2 F4. 06-68 30 01 70, 687 25 66. FAX 06-68 80 55 31.
Kleines Hotel mit höflichem Service, dessen Frühstücksraum im Souterrain sich in den Ruinen eines Theaters befindet. Die Zimmer haben Balkendecken.

Forum: *Forum*   ⓛⓛⓛⓛ | 76
Via Tor de' Conti 25, 00184. Karte 3 C5. 06-679 24 46. FAX 06-678 64 79.
Ein altmodisches Hotel mit holzgetäfelten Aufenthaltsräumen und einem sonnigen Dachterrassen-Restaurant, mit Blick auf die Ausgrabungen.

Zeichenerklärung siehe hintere Umschlagklappe

Preise für ein Doppelzimmer pro Nacht, inklusive Steuern und Service, allerdings ohne Frühstück:
- Ⓛ unter 100 000 L
- ⒧Ⓛ 100 000 – 200 000 L
- ⒧⒧Ⓛ 200 000 – 300 000 L
- ⒧⒧⒧Ⓛ 300 000 – 400 000 L
- ⒧⒧⒧⒧Ⓛ über 400 000 L

RESTAURANT
Hotelrestaurant vorhanden (manchmal nur für Gäste).
SWIMMINGPOOL
Hotelswimmingpools sind in der Regel klein und im Freien, sofern nicht anders angegeben.
GARTEN ODER TERRASSE
Garten, Innenhof oder Terrasse vorhanden, oft mit Tischen im Freien.
KREDITKARTEN
Kreditkarten wie Visa, EuroCard und American Express werden in Hotels mit Kreditkartensymbol akzeptiert.

		ANZAHL DER ZIMMER	RESTAURANT	SWIMMINGPOOL	GARTEN/TERRASSE
PANTHEON: *Abruzzi* ⒧Ⓛ Piazza della Rotonda 69, 00186. **Karte** 2 F4. ☎ *06-679 20 21.* Dieser ockerfarbene Palast mit Blick auf das Pantheon hat Terrakottaböden. Das Abruzzi bietet saubere, einfache, aber schöne Zimmer ohne Frühstück.		25			
PANTHEON: *Santa Chiara* ⒧⒧Ⓛ Via di Santa Chiara 21, 00186. **Karte** 2 F4. ☎ *06-687 29 79.* FAX *06-687 31 44.* Ein Hotel in günstiger Lage mit einem Eingangsbereich aus Marmor und gut ausgestatteten Zimmern. Die Zimmer zur Straße können recht laut sein. 🛏 📺 ▤ ✉		97			
PANTHEON: *Holiday Inn Crowne Plaza Minerva* ⒧⒧⒧⒧Ⓛ Piazza della Minerva 69, 00186. **Karte** 3 A4. ☎ *06-69 94 18 88.* FAX *06-679 41 65.* Das Interieur aus milchigem venezianischem Glas und Marmor wurde von dem postmodernen Architekten Paolo Portoghesi entworfen; die Zimmer sind hell und geräumig. Von der Dachterrasse aus hat man eine großartige Aussicht. 🛏 📺 ▤ ✉		134	■		■
PANTHEON: *Nazionale* ⒧⒧⒧⒧Ⓛ Piazza di Montecitorio 131, 00186. **Karte** 3 A3. ☎ *06-69 50 01.* FAX *06-678 66 77.* Das Nazionale liegt dem Abgeordnetenhaus gegenüber, und seine komfortablen, teilweise riesigen Zimmer sind mit alten Möbeln eingerichtet. Es ist bei Geschäftsreisenden und gut betuchten Touristen beliebt. 🛏 📺 ✉		86	■		
PANTHEON: *Sole al Pantheon* ⒧⒧⒧⒧Ⓛ Piazza della Rotonda 63, 00186. **Karte** 2 F4. ☎ *06-678 04 41.* FAX *06-69 94 06 89.* Einige der schön modernisierten Zimmer des historischen Hotels (1467) haben bemalte, getäfelte Decken und einen großartigen Blick auf das Pantheon. 🛏 📺		29			
PIAZZA NAVONA: *Navona* ⒧Ⓛ Via dei Sediari 8, 00186. **Karte** 2 F4. ☎ *06-686 42 03.* FAX *06-68 80 38 02.* Reservieren Sie rechtzeitig in diesem bestens gelegenen Hotel mit gutem Preis-Leistungs-Verhältnis. Einfache, aber zufriedenstellende Zimmer. 🛏		21			
PIAZZA NAVONA: *Due Torri* ⒧⒧Ⓛ Vicolo del Leonetto 23–25, 00186. **Karte** 2 F3. ☎ *06-687 69 83.* FAX *06-686 54 42.* Liebenswertes Hotel, das in einem Durchgang liegt. Die Zimmer variieren in Größe und Stil. Die Räume vermitteln Landhausatmosphäre. 🛏 📺 ▤ ✉		26			■
PIAZZA NAVONA: *Raphael* ⒧⒧⒧⒧Ⓛ Largo Febo 3, 00186. **Karte** 2 F3. ☎ *06-68 28 31.* FAX *06-687 89 93.* Ein efeuumrankter Luxushotel mit einer Rezeption voller antiker Statuen und moderner Skulpturen. Es verfügt über ein Restaurant und elegant möblierte Zimmer. 🛏 📺 ▤ ✉		63	■		
PIAZZA DI SPAGNA: *Jonella* Ⓛ Via della Croce 41, 00187. **Karte** 3 A2. ☎ *06-679 79 66.* FAX *06-446 23 68.* Die niedrigen Preise und die Lage an einer der Haupteinkaufsstraßen an der Piazza di Spagna machen diese einfache *pensione* äußerst attraktiv.		5			
PIAZZA DI SPAGNA: *Margutta* ⒧Ⓛ Via Laurina 34, 00187. **Karte** 3 A1. ☎ *06-679 84 40, 322 36 74.* FAX *06-320 03 95.* Hübsche Zimmer an einer ruhigen Straße. Für eines der drei Dachzimmer, die sich eine Terrasse teilen, ist rechtzeitige Reservierung nötig. 🛏 ✉		21			
PIAZZA DI SPAGNA: *Condotti* ⒧⒧Ⓛ Via Mario de' Fiori 37, 00187. **Karte** 3 A2. ☎ *06-679 47 69.* FAX *06-679 04 57.* Ein komfortables, freundliches Hotel im Herzen des Einkaufsviertels. Die Zimmer sind mittelgroß bis groß und gut eingerichtet. Ein Zimmer besitzt eine eigene kleine Terrasse, drei andere teilen sich eine. 🛏 📺 ▤ ✉		17			
PIAZZA DI SPAGNA: *Gregoriana* ⒧⒧Ⓛ Via Gregoriana 18, 00187. **Karte** 3 B2. ☎ *06-679 42 69.* FAX *06-678 42 58.* Dieses stilvolle Hotel, bereits im 19. Jahrhundert sehr beliebt, zeigt eine interessante, vielseitige Einrichtung, zu der auch eine ungewöhnliche Tapete im Leopardenmuster gehört. Die Zimmer sind mit Blumen geschmückt. 🛏 📺 ▤ Ⓟ		19			

ÜBERNACHTEN

PIAZZA DI SPAGNA: *Scalinata di Spagna* ⓛⓛ 15
Piazza Trinità dei Monti 17, 00187. **Karte** 3 B2. ℡ *06-679 30 06.* FAX *06-69 94 05 98.*
Ein geselliges Hotel in einer kleinen Villa (18. Jh.) oberhalb der Spanischen Treppe.
Die zur Terrasse gelegenen Zimmer bieten einen tollen Ausblick.

PIAZZA DI SPAGNA: *Hassler* ⓛⓛⓛⓛⓛ 100
Piazza Trinità dei Monti 6, 00187. **Karte** 3 B2. ℡ *06-678 26 51.* FAX *06-678 99 91.*
Venezianische Kronleuchter und holzvertäfelte Badezimmer zeugen von vergangenen Zeiten. Eindrucksvolle Aussicht von der Dachterrasse.

QUIRINAL: *Grand* ⓛⓛⓛⓛⓛ 170
Via V. E. Orlando 3, 00185. **Karte** 4 D2. ℡ *06-47 09.* FAX *06-474 73 07.*
Eines der elegantesten Hotels, mit sehenswerter Jahrhundertwende-Ausstattung
und zusätzlichen Einrichtungen einschließlich Sauna und Friseur.

TERMINI: *Katty* ⓛ 11
Via Palestro 35, 00185. **Karte** 4 E1. ℡ *06-444 12 16.* FAX *06-444 13 11.*
In den sauberen, einfachen Zimmern findet sich hier und da ein antikes Möbelstück.
Bei englischsprachigen Studenten sehr beliebt, rechtzeitige Reservierung empfohlen.

TERMINI: *Mari* ⓛ 13
Via Palestro 55, 00185. **Karte** 4 E1. ℡ *06-446 21 37.* FAX *06-482 83 13.*
Ein freundliches, von drei Damen geführtes Haus mit hübschen, sauberen und
schlichten Zimmern. Falls belegt, können Sie in der Nähe untergebracht werden.

TERMINI: *Canada* ⓛⓛ 70
Via Vicenza 58, 00185. **Karte** 4 F2. ℡ *06-445 77 70.* FAX *06-445 07 49.*
Ein gutes Mittelklassehotel hinter der Stazione Termini mit höflichem Service und
einer schönen Lounge-Bar mit hübschen Rohrstühlen und weichen Sofas.

TERMINI: *Kennedy* ⓛⓛ 33
Via Filippo Turati 62, 00185. **Karte** 4 F2. ℡ *06-446 53 73.* FAX *06-446 54 17.*
Dieses neu renovierte Hotel mit seiner jungen Mannschaft liegt in der Nähe des
Bahnhofs Termini. Manche Zimmer mit schönen Ausblick.

TRASTEVERE: *Manara* ⓛ 6
Via Manara 25, 00153. **Karte** 5 C1. ℡ *06-581 47 13.*
Eines der wenigen Hotels in Trastevere, ganz in der Nähe des Hauptplatzes. Die
sauberen, einfachen Zimmer bieten einen exzellenten Gegenwert für ihren Preis.

VATICAN: *Alimandi* ⓛⓛ 32
Via Tunisi 8, 00192. **Karte** 3 D1. ℡ *06-39 72 39 48.* FAX *06-39 72 39 43.*
Eine einfache *pensione* in der Nähe des Eingangs zu den Vatikanischen Museen.
Sie besitzt eine große Terrasse, auf der Sie nach Anfrage grillen können.

VATICAN: *Colombus* ⓛⓛⓛ 100
Via della Conciliazione 33, 00193. **Karte** 1 C3. ℡ *06-686 54 35.* FAX *06-686 48 74.*
Die Rezeption des Hotels in einem ehemaligen Kloster nahe dem Petersplatz befindet sich im Refektorium; die Originalfresken sind erhalten geblieben.

VIA VENETO: *Merano* ⓛⓛ 30
Via Veneto 155, 00187. **Karte** 3 C1. ℡ *06-482 17 96.* FAX *06-482 18 10.*
Die größte Attraktion dieses etwas zu teuren, aber sehr freundlichen Hotels in einem
Palast (19. Jh.) ist der sonnendurchflutete Frühstücksraum mit Parkettboden.

VIA VENETO: *Alexandra* ⓛⓛⓛ 45
Via Veneto 18, 00187. **Karte** 3 C1. ℡ *06-488 19 43, 488 19 44.* FAX *06-487 18 04.*
Das Alexandra ist ein Hotel mit gutem Preis-Leistungs-Verhältnis in dieser Straße.
Freundlicher Frühstücksraum, jedes Zimmer ist anders eingerichtet.

VIA VENETO: *Residenza* ⓛⓛⓛ 29
Via Emilia 22–24, 00187. **Karte** 3 C1. ℡ *06-488 07 89.* FAX *06-48 57 21.*
Ein elegantes, höflich geführtes Hotel in einer ruhigen Villa mit stilvollen Räumen,
komfortablen Zimmern und einer schönen, überdachten Terrasse.

VIA VENETO: *Excelsior* ⓛⓛⓛⓛⓛ 327
Via Veneto 125, 00187. **Karte** 3 C1. ℡ *06-47 08.* FAX *06-482 62 05.*
Dieses extravagante Hotel bietet luxuriöse Aufenthaltsräume mit Marmorboden
und Brokatstoffen. Die Zimmer sind geräumig und elegant.

VIA VENETO: *Imperiale* ⓛⓛⓛⓛ 95
Via Veneto 24, 00187. **Karte** 3 C1. ℡ *06-482 63 51.* FAX *06-482 63 51.*
Freundliches Personal sorgt für eine entspannte Atmosphäre in diesem preislich
angemessenen Hotel mit schönen Zimmern und Marmorbädern.

Zeichenerklärung siehe hintere Umschlagklappe

ZU GAST IN ITALIEN

Preise für ein Doppelzimmer pro Nacht, inklusive Steuern und Service, allerdings ohne Frühstück:
- Ⓛ unter 100 000 L
- ⓁⓁ 100 000 – 200 000 L
- ⓁⓁⓁ 200 000 – 300 000 L
- ⓁⓁⓁⓁ 300 000 – 400 000 L
- ⓁⓁⓁⓁⓁ über 400 000 L

RESTAURANT
Hotelrestaurant vorhanden (manchmal nur für Gäste).

SWIMMINGPOOL
Hotelswimmingpools sind in der Regel klein und im Freien, sofern nicht anders angegeben.

GARTEN ODER TERRASSE
Garten, Innenhof oder Terrasse vorhanden, oft mit Tischen im Freien.

KREDITKARTEN
Kreditkarten wie Visa, EuroCard und American Express werden in Hotels mit Kreditkartensymbol akzeptiert.

		Anzahl der Zimmer	Restaurant	Swimmingpool	Garten/Terrasse
VILLA BORGHESE: *Villa Borghese* Via Pinciana 31, 00198. ☎ 06-841 41 00. FAX 06-841 41 00. Schönes Hotel mit privater Atmosphäre. Die Zimmer sind klein, aber komfortabel und geschmackvoll eingerichtet.	ⓁⓁⓁ	31			■
VILLA BORGHESE: *Lord Byron* Via Notaris 5, 00197. ☎ 06-361 30 41. FAX 06-322 04 05. Das Lord Byron ist ein kleines, vornehmes Hotel in einem ehemaligen Kloster im Parioli-Viertel und bietet üppig eingerichtete Aufenthaltsräume.	ⓁⓁⓁⓁⓁ	37	■		■
LATIUM					
ANAGNI: *Villa La Floridiana* Via Casilina, 03012. ☎ 0775-76 99 60. FAX 0775-76 78 46. Bezaubernde Villa mit traditioneller, verblichener roter Fassade, grünen Fensterläden und großen, angenehmen Zimmern in einem malerischen mittelalterlichen Dorf.	ⓁⓁ	9	■		■
BAGNI DI TIVOLI: *Grand Hotel Duca d'Este* Via Tiburtina Valeria 330, 00011. ☎ 0774-3883. FAX 0774-38 81 01. In der Nähe von Tivoli und der Villa Adriana liegt das modern ausgestattete Hotel (Satelliten-TV und Whirlpool). Gute Straßen- und Bahnverbindung.	ⓁⓁⓁ	184	■		■
BRACCIANO: *Casina del Lago* Via del Lago 11, 00062. ☎ 06-99 80 54 75. Das kleine, einfache Hotel liegt schön am Ufer des Sees und bietet eine wunderbare Aussicht und Tennisplätze. Die Zimmer sind einfach, aber zufriedenstellend.	ⓁⓁ	10			
FORMIA: *Castello Miramare* Via Balze di Pagnano, 04023. ☎ 0771-70 01 38. FAX 0771-70 01 38. Die Burg wurde 1910 auf einem Hügel im Zentrum von Formia errichtet und bietet einen phantastischen Meerblick. Geräumige Zimmer im spanischen Stil.	ⓁⓁ	10	■		■
GROTTAFERRATA: *Villa Fiorio* Viale Dusmet 42, 00046. ☎ 06-941 04 50. FAX 06-941 34 82. Die schöne Villa mit großen und ruhigen Zimmern wurde um die Jahrhundertwende als Sommerresidenz erbaut. Einige der Originalfresken sind noch erhalten.	ⓁⓁ	20	■	●	■
ISOLA DI PONZA: *Cernia* Via Panoramica, Chiaia di Luna, 04027. ☎ 0771-804 12. FAX 0771-80 99 54. Modernes, aber stilvolles Hotel mit dicht bewachsenem Garten in schöner Lage. Korbmöbel und Schaukelstühle schaffen eine freundliche Atmosphäre.	ⓁⓁⓁ	60	■	●	■
LADISPOLI: *La Posta Vecchia* Località Palo Laziale, 00055. ☎ 06-994 95 01. FAX 06-994 95 07. Eine prächtige Villa am Meer aus dem 17. Jahrhundert, die von John Paul Getty renoviert wurde und heute eines der luxuriösesten Hotels in Italien ist. Alle Zimmer sind erlesen und individuell mit Antiquitäten eingerichtet.	ⓁⓁⓁⓁⓁ	17	■	●	■
PALESTRINA: *Stella* Piazzale della Liberazione 3, 00036. ☎ 06-953 81 72. FAX 06-957 33 60. Ein freundliches, ruhiges Hotel mit hervorragendem Restaurant im historischen Zentrum von Palestrina unweit der Sehenswürdigkeiten der Stadt.	Ⓛ	28	■		■
SAN FELICE CIRCEO: *Punta Rossa* Via delle Batterie 37, 04017. ☎ 0773-54 80 85. FAX 0773-54 80 75. Ein bezauberndes Hotel in einem bis zum Meer reichenden Garten. Alle Zimmer haben eine Terrasse und Seeblick; zudem gibt es einen überdachten Meerwasser-Swimmingpool sowie einen zweiten am Meer.	ⓁⓁⓁⓁ	37	■	●	■
SUBIACO: *Livata* Località Monte Livata, 00028. ☎ 0774-82 60 31. FAX 0774-82 60 33. Für einen Besuch des Klosters San Benedetto ist das Livata eine gute Wahl. Es ist ein freundliches Landhotel mit Tennisplätzen und schönen Gärten.	ⓁⓁ	84	■		■

TARQUINIA LIDO: *La Torraccia* ⓁⓁ | 18
Viale Mediterraneo 45, 01010. (0766-86 43 75. FAX 0766-86 42 96.
Modernes Hotel, das in einem Pinienwald 200 Meter vom Meer entfernt liegt.
Alle Zimmer haben eine Terrasse; es gibt einen Privatstrand.

VITERBO: *Balletti Palace* ⓁⓁ | 105
Via Molini 8, 01100. (0761-34 47 77. FAX 0761-34 47 77.
Ein modernes Hotel im historischen Zentrum von Viterbo mit eleganten Zimmern.
Ein Restaurant gibt es nicht, aber das Caffè Grenier ist in der Nähe.

VITERBO: *Balletti Park* ⓁⓁⓁ | 136
Via Umbria 2, San Martino al Cimino, 01030. (0761-37 71. FAX 0761-37 94 96.
Ein modernes Hotel in eigener, großer Gartenanlage. Es bietet Sporteinrichtungen,
ein Gesundheitszentrum und einige hotelunabhängige Apartments.

NEAPEL UND KAMPANIEN

AMALFI: *Cappuccini Convento* ⓁⓁⓁ | 54
Via Annunziatella 46, 84011. (089-87 18 77. FAX 089-87 18 86.
Dieses auf einer Klippe über Amalfi gelegene, bestens restaurierte Kloster (12. Jh.)
bietet einen spektakulären Ausblick auf das Meer und alte Möbel in den Zimmern.
Gelegentlich werden in den Kreuzgängen Konzerte gegeben.

AMALFI: *Luna Convento* ⓁⓁⓁ | 45
Via Comite 33, 84011. (089-87 10 02. FAX 089-87 13 33.
Das geschmackvoll eingerichtete Kloster aus dem 13. Jahrhundert mit Meeresblick
bildet eine luxuriöse Ausgangsbasis für die Erkundung der Landschaft.

BAIA DOMIZIA: *Hotel della Baia* ⓁⓁ | 56
Via dell'Erica, 81030. (0823-72 13 44. FAX 0823-72 15 56.
Ein bezauberndes, freundliches Hotel mit Privatstrand, das von drei Schwestern
geführt wird. Die Zimmer mit Meerblick sind hübsch und angenehm.

BENEVENTO: *Grand Hotel Italiano* ⓁⓁ | 71
Viale Principe di Napoli 137, 82100. (0824-241 11. FAX 0824-217 58.
Die Familie Italiano ist zu Recht stolz auf den guten Ruf des Hotels für Höflichkeit
und guten Service. Die Aufenthaltsräume sind geräumig und elegant.

CAPRI: *Villa Sarah* ⓁⓁⓁ | 20
Via Tiberio 3a, 80073. (081-837 78 17. FAX 081-837 72 15.
Familiengeführtes Villenhotel in den Weinbergen. Die Zimmer sind hübsch und
sauber, zum Frühstück werden hausgemachte Produkte serviert.

CAPRI: *Punta Tragara* ⓁⓁⓁⓁ | 47
Via Tragara 57, 80073. (081-837 08 44. FAX 081-837 77 90.
Ein prächtiges, auf einer Klippe erbautes Hotel, das Le Corbusier entworfen hat
und das allen Komfort bietet. Keine Kinder unter zwölf Jahren.

CASERTA: *Europa* ⓁⓁⓁ | 60
Via Roma 29, 81100. (0823-32 54 00. FAX 0823-24 51 11.
Elegantes, modernes Hotel in günstiger Lage im Zentrum Casertas. Das Europa verfügt auch über einige Miniapartments mit Kochgelegenheiten.

ISCHIA: *Il Monastero* ⓁⓁ | 22
Castello Aragonese 3, Ischia Ponte 80070. (081-99 24 35.
Eine bezaubernde, einfache *pensione* in einem umgebauten Kloster mit Blick über
die Stadt Ischia. Die Wände sind mit Gemälden geschmückt, die Einrichtung ist
schlicht, aber hübsch. Im Sommer wird Halbpension vorausgesetzt.

ISCHIA: *La Villarosa* ⓁⓁⓁ | 33
Via Giacinto Gigante 5, Porto d'Ischia 80070. (081-99 13 16. FAX 081-99 24 25.
Prächtiges, elegantes Hotel in einem wunderschönen tropischen Garten. Viele der
Zimmer haben einen mit Bougainvilleen geschmückten Balkon.

NEAPEL: *Rex* ⓁⓁ | 38
Via Palepoli 12, 80132. (081-764 93 89. FAX 081-764 92 27.
Freundliches, familiengeführtes Hotel an der Küste, in günstiger Lage zu Theatern
und Strand. Die Aufenthaltsräume sind elegant eingerichtet.

NEAPEL: *Britannique* ⓁⓁⓁ | 86
Corso Vittorio Emanuele 133, 80121. (081-761 41 45. FAX 081-66 04 57.
Ein elegantes, modernes Hotel im Zentrum von Neapel. Die Zimmer sind schön
eingerichtet, von der Dachterrasse aus hat man einen großartigen Ausblick. Für längere Aufenthalte stehen Suiten mit Kochgelegenheiten zur Verfügung.

Preise für ein Doppelzimmer pro Nacht, inklusive Steuern und Service, allerdings ohne Frühstück:
- Ⓛ unter 100 000 L
- ⒧⒧ 100 000 – 200 000 L
- ⒧⒧⒧ 200 000 – 300 000 L
- ⒧⒧⒧⒧ 300 000 – 400 000 L
- ⒧⒧⒧⒧⒧ über 400 000 L

RESTAURANT
Hotelrestaurant vorhanden (manchmal nur für Gäste).
SWIMMINGPOOL
Hotelswimmingpools sind in der Regel klein und im Freien, sofern nicht anders angegeben.
GARTEN ODER TERRASSE
Garten, Innenhof oder Terrasse vorhanden, oft mit Tischen im Freien.
KREDITKARTEN
Kreditkarten wie Visa, EuroCard und American Express werden in Hotels mit Kreditkartensymbol akzeptiert.

		ANZAHL DER ZIMMER	RESTAURANT	SWIMMINGPOOL	GARTEN/TERRASSE
NEAPEL: *Paradiso* ⒧⒧⒧ Via Catullo 11, 80122. 081-761 41 61. FAX 081-761 34 49. Elegantes Hotel in einem Wohngebiet Neapels; von der Restaurantterrasse und einigen Zimmern hat man einen schönen Blick auf die Bucht und den Vesuv. Zu Fuß zehn Minuten zum Pier der Tragflügelboote nach Capri und Ischia.		74	■		■
NEAPEL: *Grande Albergo Vesuvio* ⒧⒧⒧⒧⒧ Via Partenope 45, 80121. 081-764 00 44. FAX 081-589 03 80. Das 1882 gegründete Hotel liegt mitten in Neapel am Jachthafen. Zimmer mit ansprechendem Dekor und edlen Möbeln, marmornen Bädern und Antiquitäten; Spielzimmer für Kinder mit Schaukelpferd, Mobiles und Spielzeug.		167	■		■
PAESTUM: *Le Palme* ⒧⒧ Via Sterpinia 33, 4063. 0828-85 10 25. FAX 0828-85 15 07. Friedliches Hotel am Meer mit Tennisplätzen und eigenem Strand. Die Zimmer sind behaglich, die Grünanlagen rund um das Haus idyllisch.		71	■	●	■
POSITANO: *L'Ancora* ⒧⒧ Via Colombo 36, 84017. 089-87 53 18. FAX 089-81 17 84. Modernes, zentral gelegenes Hotel mit hervorragendem Preis-Leistungs-Verhältnis im teuren Positano; recht große, komfortable Zimmer.		18			■
POSITANO: *Palazzo Murat* ⒧⒧⒧ Via dei Mulini 23, 84017. 089-87 51 77. FAX 089-81 14 19. Hübscher Palast aus dem 18. Jahrhundert mitten in der Stadt in Domnähe. Zimmer mit traditionellen Holzmöbeln, manche mit Balkon.		30			■
RAVELLO: *Graal* ⒧⒧ Via della Repubblica 8, 84010. 089-85 72 22. FAX 089-85 75 51. Das Hotel hat einen herrlichen Pool und bietet einen vorzüglichen Blick auf Ravello. Restaurant mit guten ortstypischen Spezialitäten.		35	■	●	■
RAVELLO: *Palumbo* ⒧⒧⒧⒧⒧ Via San Giovanni del Toro 28, 84010. 089-85 72 44. FAX 089-85 81 33. Dieser Palast aus dem 12. Jahrhundert ist seit über 100 Jahren in Familienbesitz. Elegantes Mobiliar, in einigen Zimmern sogar Antiquitäten. Preiswertere Zimmer im modernen Anbau.		23	■		■
SALERNO: *Fiorenza* ⒧⒧ Via Trento 145, 84100. 089-33 88 00. FAX 089-33 88 00. Hotel aus den 60er Jahren am Rand von Salerno mit Blick aufs Meer. Moderne Zimmer mit Safe, Minibar und Satellitenfernsehen.		30			■
SAPRI: *Mediterraneo* Ⓛ Via Verdi, 84073. 0973-39 17 74. FAX 0973-39 11 57. Komfortables Hotel direkt am felsigen Strand; kein Schnickschnack, dafür ein ausgezeichnetes Preis-Leistungs-Verhältnis. Garten und Terrasse mit Meerblick.		20			■
SAPRI: *Tirreno* Ⓛ Corso Italia 73, 84073. 0973-39 10 06. FAX 0973-39 11 57. Pension am Meer, die ihr Geld wert ist. Luftiges, helles Inneres, Zimmer mit eigenem Balkon. Im Restaurant werden ortsübliche Spezialitäten serviert.		47	■		
SORRENT: *Bellevue Syrene* ⒧⒧⒧ Piazza della Vittoria 5, 80067. 081-878 10 24. FAX 081-878 39 63. Ein typisches, auf Klippen thronendes Strand-Grandhotel mit leicht verblichenem Glanz. Lift hinunter zum Strand. Luxuriöse Zimmer.		74	■		■
SORRENT: *Grand Hotel Cocumella* ⒧⒧⒧⒧⒧ Via Cocumella 7, 80065. 081-878 29 33. FAX 081-878 37 12. Dieses friedliche Hotel an der Küste bei Amalfi inmitten duftender, ruhiger Gärten besticht durch verschwenderische Eleganz aus einer anderen Zeit. Tagestouren nach Capri mit dem hoteleigenen Segelboot.		55	■	●	■

ABRUZZEN, MOLISE UND APULIEN

ALBEROBELLO: *Colle del Sole* — Ⓛ — 24
Via Indipendenza 63, 70011. ℂ 080-72 18 14. FAX 080-72 13 70.
Jedes Zimmer dieses behaglichen, modernen Hotels hat einen eigenen Balkon.
Das Restaurant zeigt gelegentlich Kunst- und Fotoausstellungen.

ALBEROBELLO: *Dei Trulli* — ⓁⓁ — 30
Via Cadore 32, 70011. ℂ 080-932 35 55. FAX 080-932 35 60.
Das Hotel liegt inmitten eines kleinen *trulli*-Dorfs *(siehe S. 495)*. Einfache, oft spartanische Einrichtung; sehr schöne Grünanlagen. Halbpension im Sommer.

BARI: *Boston* — ⓁⓁ — 70
Via Piccinni 155, 70122. ℂ 080-521 66 33. FAX 080-524 68 02.
Modernes Hotel in der Nähe des historischen Stadtkerns. Stilvolle und funktionale Einrichtung, überwiegend mit dunkler Holztäfelung. Halbpension.

HALBINSEL GARGANO: *Seggio* — ⓁⓁ — 28
Via Vesta 7, 71019 Vieste. ℂ 0884-70 81 23. FAX 0884-70 87 27.
Dieser restaurierte Bau aus dem 17. Jahrhundert auf einer kleinen Klippe oberhalb des hoteleigenen Strands war früher ein Rathaus. Einfache Zimmer.

ISOLE TREMITI: *Kyrie* — ⓁⓁⓁ — 64
San Domino, 71040. ℂ 0882-66 32 32. FAX 0882-66 34 15.
Das größte und am besten eingerichtete Hotel der Tremiti-Inseln liegt in einem Pinienwald am Meer. Neben normalen Hotelzimmern auch Miniapartments für längere Aufenthalte. Nur von Juni bis September geöffnet.

L'AQUILA: *Castello di Balsorano* — ⓁⓁ — 10
Piazza Piccolomini 10, 67100. ℂ 0863-95 12 36. FAX 0863-95 05 84.
Ruhiges Hotel in einem ehemaligen Gutshof mit viel dunklem Holz und niedrigen Betten. Einige Geheimgänge schaffen eine mittelalterliche Atmosphäre.

L'AQUILA: *Grand Hotel e del Parco* — ⓁⓁ — 36
Corso Federico II 74, 67100. ℂ 0862-41 32 48. FAX 0862-659 38.
Behagliches, modernes Hotel im Zentrum von L'Aquila; Skipisten und Wanderwege des Gran Sasso sind gut erreichbar. Das Haus bietet für Gesundheitsbewußte unter anderem Saunas und türkische Bäder.

LECCE: *Grand* — ⓁⓁ — 70
Viale Oronzo Quarta 28, 73100. ℂ 0832-30 94 05. FAX 0832-30 98 91.
Diese Jugendstilvilla wurde in den 30er Jahren in ein elegantes Hotel umgewandelt. Obwohl einige Zimmer abgewohnt sind, hat es noch immer Charme.

MARINA DI LESINA: *Maddalena Club* — ⓁⓁ — 80
Via Saturno 82, 71010. ℂ 0882-950 76. FAX 0882-954 34.
Modernes Strandhotel mit vielen Sport- und Freizeitmöglichkeiten und Privatstrand. Das Restaurant wartet mit regionalen Fischgerichten auf.

MONOPOLI: *Il Melograno* — ⓁⓁⓁⓁⓁ — 37
Contrada Torricella 345, 70043. ℂ 080-690 90 30. FAX 080-74 79 08.
Luxuriöse Oase der Ruhe in einem friedlichen grünen Winkel von Apulien. Das Innere dieser Residenz aus dem 16. Jahrhundert ist verschwenderisch mit Antiquitäten ausgestattet. Tennisplätze und Privatstrand.

OTRANTO: *Albania* — Ⓛ — 10
Via San Francesco di Paola 10, 73028. ℂ 0836-80 11 83.
Ideal gelegenes, kleines, einfaches Familienhotel in Hafennähe gleich außerhalb der Stadtmauer; kurzer Fußweg zum Strand.

RUVO DI PUGLIA: *Talos* — Ⓛ — 18
Via Aldo Moro 12, 70037. ℂ 080-81 16 45.
Einfaches, modernes Hotel, ideal für preisbewußte Urlauber. Guter Ausgangspunkt für Abstecher ins Umland.

RUVO DI PUGLIA: *Pineta* — ⓁⓁ — 15
Via Carlo Marx 5, 70037. ℂ 080-81 15 78. FAX 080-81 15 78.
Modernes Hotel in friedlicher Lage am Stadtrand. Die hellen Zimmer sind schlicht eingerichtet und bieten eine schöne Aussicht.

SCANNO: *Mille Pini* — ⓁⓁ — 21
Via Pescara 2, 67038. ℂ 0864-743 87.
Freundliches, preisgünstiges Apartmenthotel am Fuße des Sessellifts zum Monte Rotondo. Einfache, rustikale und behagliche Einrichtung. Restaurant.

Zeichenerklärung siehe hintere Umschlagklappe

Preise für ein Doppelzimmer pro Nacht, inklusive Steuern und Service, allerdings ohne Frühstück:
- Ⓛ unter 100 000 L
- ⓁⓁ 100 000 – 200 000 L
- ⓁⓁⓁ 200 000 – 300 000 L
- ⓁⓁⓁⓁ 300 000 – 400 000 L
- ⓁⓁⓁⓁⓁ über 400 000 L

RESTAURANT
Hotelrestaurant vorhanden (manchmal nur für Gäste).
SWIMMINGPOOL
Hotelswimmingpools sind in der Regel klein und im Freien, sofern nicht anders angegeben.
GARTEN ODER TERRASSE
Garten, Innenhof oder Terrasse vorhanden, oft mit Tischen im Freien.
KREDITKARTEN
Kreditkarten wie Visa, EuroCard und American Express werden in Hotels mit Kreditkartensymbol akzeptiert.

		Anzahl der Zimmer	Restaurant	Swimmingpool	Garten/Terrasse
SULMONA: *Italia* Piazza Salvatore Tommasi 3, 67039. ☏ 0864-523 08. Bezauberndes, efeubewachsenes Stadthaus auf einem ruhigen Platz. Die Einrichtung von modern bis antik macht dieses Hotel sehr lebendig.	Ⓛ	27	■		
TARENT: *Plaza* Via d'Aquino 46, 74100. ☏ 099-459 07 75. FAX 099-459 06 75. Das große Stadthotel im neueren Teil von Tarent liegt günstig für alle Sehenswürdigkeiten. Maßgeschneidert für Geschäftsreisende wie für Urlaubsgäste.	ⓁⓁ	112	■		
BASILIKATA UND KALABRIEN					
ACQUAFREDDA MARATEA: *Villa Cheta Elite* Via Timpone 46, 85041. ☏ 0973-87 81 34. FAX 0973-87 81 35. Elegante Villa im »Liberty«-Stil mit atemberaubendem Blick auf eine herrliche Bucht. Wohnliche, ansprechende Zimmer im typisch süditalienischen Stil; Angestellte und Servicepersonal sind freundlich und höflich.	ⓁⓁ	20	■		■
COSENZA: *Royal* Via Molinella 24e, 87100. ☏ 0984-41 21 65. FAX 0984-41 17 77. Eines der besten modernen Hotels von Cosenza; günstige Lage im Zentrum, nicht weit vom Bahnhof.	ⓁⓁ	44	■		■
MATERA: *De Nicola* Via Nazionale 158, 75100. ☏ 0835-38 51 11. FAX 0835-38 51 13. Großes, modernes Hotel im Herzen Materas unweit des Bahnhofs; von der Autobahn aus leicht erreichbar. Funktionell eingerichtete Zimmer.	ⓁⓁ	119	■		■
METAPONTO LIDO: *Turismo* Viale delle Ninfe 5, 75010. ☏ 0835-74 19 18. FAX 0835-74 19 17. Praktisch eingerichtetes, wenngleich wenig spektakuläres Hotel am Meer mit eigenem Strand und Bar. Restaurant mit Tischen im Freien.	ⓁⓁ	61	■		■
PARGHELIA: *Baia Paraelios* Località Fornaci, 88035 (nahe Tropea). ☏ 0963-60 03 00. FAX 0963-60 00 74. Kleines Dorf mit 72 Bungalows, jeweils mit Terrasse und Wohnzimmer und phantastischem Blick auf Strand und Meer. Restaurant auf der Strandterrasse.	ⓁⓁⓁ	72	■	●	■
REGGIO DI CALABRIA: *Grand Hotel Excelsior* Via Vittorio Veneto 66, 89121. ☏ 0965-81 22 11. FAX 0965-89 30 84. Eines der am besten ausgestatteten Hotels in Süditalien. Seine Lage im Stadtkern macht es für Geschäftsreisende wie für Urlauber interessant.	ⓁⓁⓁ	84	■		■
ROSSANO SCALO: *Murano* Viale Mediterraneo 2, 87068. ☏ 0983-51 17 88. FAX 0983-53 00 88. Das Murano bietet eigene Grünanlagen, einen Privatstrand und Zimmer mit Meerblick. Pianobar und Pizzeria mit Tischen im Freien sowie ein traditionelles kalabrisches Spezialitätenrestaurant.	Ⓛ	37	■		■
STILO: *San Giorgio* Via Citarelli 8, 89049. ☏ 0964-77 50 47. FAX 0964-77 50 47. Dieses behagliche Hotel im Herzen von Stilo befindet sich in einem restaurierten Palast (17. Jh.); zur Einrichtung gehören Antiquitäten aus dem 18. Jahrhundert.	Ⓛ	14	■	●	■
TROPEA: *La Pineta* Via Marina 150, 88038. ☏ 0963-617 00. FAX 0963-622 65. Dieses typische Ferienhotel ist nur von Juni bis September geöffnet. Das Dekor ist durchschnittlich, dafür gibt es eine Tennisanlage.	ⓁⓁ	59	■		■
VENOSA: *Il Guiscardo* Via Accademia dei Rinascenti 106, 85029. ☏ 0972-323 62. FAX 0972-329 16. Die Terrasse bietet einen herrlichen Blick auf die roten Dächer von Venosas Altstadt. Die Zimmer sind elegant, die Aufenthaltsräume geräumig.	Ⓛ	34	■		■

Sizilien

Agrigent: *Colleverde Park Hotel* ⓁⓁ — 48
Via dei Templi, 92100. ☎ 0922-295 55. FAX 0922-290 12.
Friedliches Hotel im Tal der Tempel mit hervorragender Aussicht. Unter anderem stehen Zimmersafes und ein Gymnastikraum zur Verfügung.

Agrigent: *Jolly Hotel dei Templi* ⓁⓁⓁ — 146
Parco Angeli, Villaggio Mose 92100. ☎ 0922-60 61 44. FAX 0922-60 66 85.
Das große, gut ausgestattete Hotel der modernen, effizient geführten Jolly-Kette liegt am Stadtrand von Agrigent. Behaglich eingerichtete Zimmer.

Agrigent: *Villa Athena* ⓁⓁⓁ — 40
Via Panoramica dei Templi 33, 92100. ☎ 0922-59 62 88. FAX 0922-40 21 80.
Eine Villa aus dem 18. Jahrhundert am Stadtrand von Agrigent. Modernes Dekor und wunderschöne Gärten mit Blick auf den Tempel der Concordia.

Catania: *Excelsior Grand Hotel* ⓁⓁⓁ — 164
Piazza Giovanni Verga 39, 95129. ☎ 095-53 70 71. FAX 095-53 70 15.
Der anonyme Häuserblock verbirgt ein ansprechendes Inneres mit Marmor- und Holzfußböden sowie behaglicher Einrichtung. Geschäftsreisende schätzen das Hotel wegen seiner Lage und seines vorzüglichen Restaurants.

Catania: *Nettuno* ⓁⓁⓁ — 80
Viale Ruggero di Lauria 121, 95127. ☎ 095-712 52 52. FAX 095-49 80 66.
Ein anonymes, gut eingerichtetes »Turisthotel«. Das Nettuno bietet einen Blick auf den Ätna und liegt unweit vom Meer.

Cefalù: *Riva del Sole* ⓁⓁⓁ — 28
Viale Lungomare Cefalù 25, 90015. ☎ 0921-212 30. FAX 0921-219 84.
Hotel am Meer mit schöner Aussicht. Einfache Zimmer, dafür eine Terrasse zum Sonnenbaden sowie ein schattiger Innenhof mit Tischen.

Enna: *Sicilia* ⓁⓁ — 80
Piazza Colaianni 7, 94100. ☎ 0935-50 08 50. FAX 0935-50 04 88.
Das angenehme, gut geführte Hotel mitten in Enna liegt günstig zu allen touristischen Sehenswürdigkeiten. Einige Zimmer mit hervorragender Aussicht.

Isole Egadi: *Egadi* ⓁⓁ — 12
Via Colombo 17, Favignana, 91023. ☎ 0923-92 12 32. FAX 0923-92 12 32.
Die freundliche Pension ist einem der besten Restaurants der Insel angeschlossen. Favignana ist berühmt für seinen Thunfisch aus einheimischen Gewässern.

Isole Eolie: *Pensione Villa Diana* ⓁⓁ — 12
Via Diana Tufo, Lipari, 98055. ☎ 090-981 14 03. FAX 090-981 14 03.
Einige Zimmer dieses behaglichen Familienhotels mit weiten Gärten und Terrassen sind mit Antiquitäten eingerichtet. Von April bis Oktober geöffnet.

Isole Eolie: *La Sciara Residence* ⓁⓁⓁ — 62
Via Soldato Cincotta, Isola Stromboli, 98050. ☎ 090-98 60 05. FAX 090-98 62 84.
Dieses geräumige und komfortable Hotel liegt inmitten eines phantastischen Gartens voller Bougainvilleen. Es werden auch Miniapartments angeboten.

Isole Eolie: *Raya* ⓁⓁⓁ — 32
Via San Pietro, Isola Panarea, 98050. ☎ 090-98 30 13. FAX 090-98 31 03.
Moderne, trendbewußte Hotelanlage aus Häusern in Weiß und Rosa auf zum Meer hin abfallenden Terrassen. Restaurant und Bar mit Blick auf den Hafen.

Erice: *Elimo* ⓁⓁ — 21
Via Vittorio Emanuele 75, 91016. ☎ 0923-86 93 77. FAX 0923-86 92 52.
In dieser Villa (18. Jh.) sind noch etliche Originalmerkmale wie traditionelle sizilianische Wand-, Decken- und Bodenfliesen erhalten. Das Hotel liegt mitten in Erice und bietet einen spektakulären Blick bis zu den Ägadischen Inseln.

Erice: *Ermione* ⓁⓁ — 46
Via Pineta Comunale 43, 91016. ☎ 0923-86 91 38. FAX 0923-86 95 87.
Herrlich inmitten von Pinien und unweit des Zentrums von Erice gelegenes Hotel mit vorzüglichem Blick über Trapani auf die Ägadischen Inseln. Zimmer mit geschmackvollem Dekor; gefliese sizilianische Bar.

Erice: *Moderno* ⓁⓁ — 41
Via Vittorio Emanuele 63, 91016. ☎ 0923-86 93 00. FAX 0923-86 91 39.
Das Hotel im Familienbesitz hat neben den modernen Zimmern auch einige herrlich altmodische zu bieten. Grandiose Aussichtsterrasse.

Zeichenerklärung siehe hintere Umschlagklappe

Preise für ein Doppelzimmer pro Nacht, inklusive Steuern und Service, allerdings ohne Frühstück: Ⓛ unter 100 000 L ⓁⓁ 100 000 – 200 000 L ⓁⓁⓁ 200 000 – 300 000 L ⓁⓁⓁⓁ 300 000 – 400 000 L ⓁⓁⓁⓁⓁ über 400 000 L	**Restaurant** Hotelrestaurant vorhanden (manchmal nur für Gäste). **Swimmingpool** Hotelswimmingpools sind in der Regel klein und im Freien, sofern nicht anders angegeben. **Garten oder Terrasse** Garten, Innenhof oder Terrasse vorhanden, oft mit Tischen im Freien. **Kreditkarten** Kreditkarten wie Visa, EuroCard und American Express werden in Hotels mit Kreditkartensymbol akzeptiert.

Hotel	Preis	Anzahl der Zimmer	Restaurant	Swimmingpool	Garten/Terrasse
Giardini-Naxos: *Arathena Rocks* Via Calcide Eubea 55, 98035. 0942-513 49. 0942-516 90. Freundliches, strandnahes Hotel etwas außerhalb dieses betriebsamen Ferienorts. Helle, luftige Zimmer mit Blick aufs Meer oder die Hotelgärten.	ⓁⓁ	53	■	●	■
Marsala: *President* Via Nino Bixio 1, 91025. 0923-99 93 33. 0923-99 91 15. Das Restaurant dieses modernen, komfortablen Hotels einen Kilometer vom Zentrum entfernt serviert sizilianische und internationale Gerichte.	ⓁⓁ	130	■	●	■
Messina: *Paradis* Via Consolare Pompea 441, 98168. 090-31 06 82. 090-31 20 43. Ungefähr 3 km vom Zentrum entfernt, bietet das Paradis eine schöne Aussicht und ein vorzügliches Restaurant. Einfache, zufriedenstellende Zimmer.	ⓁⓁ	92	■		
Palermo: *Orientale* Via Maqueda 26, 90134. 091-616 57 27. Preiswerte Alternative im historischen Zentrum Palermos; einfache Zimmer und günstige Lage in Bahnhofsnähe.	Ⓛ	21			
Palermo: *Splendid Hotel La Torre* Via Piano Gallo 11, Mondello, 90151. 091-45 02 22. 091-45 00 33. Großes Hotel mit Tradition an einer Landspitze mit eigenem Strand. Einige Zimmer mit Balkon zum Meer.	ⓁⓁ	179	■	●	■
Palermo: *Grand Hotel Villa Igiea* Salita Belmonte 43, 90142. 091-54 37 44. 091-54 76 54. Dieses exquisite Hotel aus der Jahrhundertwende mit Jugendstil-Glasmalereien und Wandgemälden liegt in einer Grünanlage am Meer mit eigenen antiken Ruinen. Elegante Cocktailbar mit Terrasse.	ⓁⓁⓁⓁ	117	■	●	■
Sciacca: *Grand Hotel delle Terme* Viale Nuove Terme 1, 92019. 0925-231 33. 0925-217 46. Kurhotel mit Zugang zu den Mineralquellen, die schon vor mehr als 2000 Jahren von den Phöniziern genutzt wurden (gegen Aufpreis). Viele Hotelgäste sind zugleich Kurgäste. Auf Anfrage Fernseher auf dem Zimmer.	ⓁⓁ	72	■	●	■
Syrakus: *Gran Bretagna* Via Savoia 21, 96100. 0931-687 65. 0931-687 65. Kleiner, freundlicher Familienbetrieb mit gemütlichen Zimmern. Das Restaurant serviert Familienmenüs sowie sizilianische und italienische Spezialitäten.	Ⓛ	12	■		
Syrakus: *Grand Hotel Villa Politi* Via Maria Politi Laudien 2, 96100. 0931-41 21 21. 0931-360 61. Das riesige Foyer dieses etwas abgewohnten, altmodischen Hotels aus der Zeit der Jahrhundertwende stammt wirklich aus einer anderen Epoche.	ⓁⓁ	95	■	●	■
Taormina: *Romantik Villa Ducale* Via Leonardo da Vinci 60, 98039. 0942-281 53. 0942-281 54. Diese elegante Villa ist heute ein gemütliches Hotel. Unterschiedliche, mit Antiquitäten eingerichtete Zimmer mit großartigem Blick auf Ätna und Meer. Die Bibliothek hält Bücher über die Region bereit.	ⓁⓁⓁ	10			■
Taormina: *Villa Belvedere* Via Bagnoli Croci 79, 98039. 0942-237 91. 0942-62 58 30. Sehr gemütliches Familienhotel im Herzen Taorminas. Einige Zimmer mit Meerblick und Balkon. Am Pool werden kleine Mahlzeiten serviert.	ⓁⓁⓁ	47		●	■
Taormina: *San Domenico Palace* Piazza San Domenico 5, 98039. 0942-237 01. 0942-62 55 06. Das friedvolle Kloster aus dem 15. Jahrhundert wurde restauriert und mit echten Antiquitäten ausgestattet. Eines der luxuriösesten Hotels auf Sizilien mit herrlichem Park und einem eleganten Swimmingpool.	ⓁⓁⓁⓁⓁ	111	■	●	■

TRAPANI: *Astoria Park* ⓁⓁ 93
Lungomare Dante Alighieri, 91100. 0923-56 24 00. FAX 0923-56 74 22.
Modernes Hotel am Meer mit allem, was zu einem Strandurlaub gehört (Tennis, Disko). Guter Ausgangspunkt für Abstecher ins Umland.

TRAPANI: *Vittoria* ⓁⓁ 65
Via Francesco Crispi 4, 91100. 0923-87 30 44. FAX 0923-298 70.
Modernes, funktionelles Hotel in außerordentlich günstiger Lage mitten in Trapani mit sehr einfacher, aber gut konzipierter Ausstattung.

SARDINIEN

ALGHERO: *Villa las Tronas* ⓁⓁⓁ 29
Lungomare Valencia 1, 07041. 079-98 18 18. FAX 079-98 10 44.
Komfortables, elegantes Hotel in einer Villa auf einer Landspitze. In den Aufenthaltsräumen prangen Gold sowie französische Stilmöbel aus dem 18. Jahrhundert. Die Zimmer sind einfacher, aber hübsch.

CAGLIARI: *Italia* ⓁⓁ 113
Via Sardegna 31, 09124. 070-66 05 10. FAX 070-65 02 40.
Dieses leicht abgewohnte Hotel in zwei renovierten Palästen im Herzen von Cagliari ist ein günstiger Ausgangspunkt für Erkundungen des Umlands.

CAGLIARI: *Sardegna* ⓁⓁ 90
Via Lunigiana 50, 09122. 070-28 62 45. FAX 070-29 04 69.
Modernes Hotel in der Nähe des Stadtzentrums und 2 km vom Flughafen. Die Zimmer sind schlicht, aber wohnlich eingerichtet.

ISOLA DI SANT'ANTIOCO: *Club Ibisco Farm* ⓁⓁⓁ 8
Capo Sperone, 09017. 0781-80 90 21. FAX 0781-80 90 18.
Das alte Bauernhaus auf einem naturbelassenen Areal bietet einen herrlichen Meerblick und gute Sportmöglichkeiten. Mindestens eine Woche Vollpension.

ISOLA DI SAN PIETRO: *Hotel Paola e Primo Maggio* Ⓛ 21
Tacca Rossa, Carloforte, 09014. 0781-85 00 98. FAX 0781-85 01 04.
Moderne Pension mit Blick auf das Meer, schöner Aussicht und sehr vernünftigen Preisen. Mahlzeiten werden auf einer schattigen Terrasse serviert.

NUORO: *Grazia Deledda* ⓁⓁ 72
Via Lamarmora 175, 08100. 0784-312 57. FAX 0784-322 58.
Gut ausgestattetes, modernes Hotel in zentraler Lage mit amerikanischer Bar. Restaurant mit sardischen und italienischen Spezialitäten.

OLIENA: *Su Gologone* ⓁⓁ 67
Località Su Gologone, 08025. 0784-28 75 12. FAX 0784-28 76 68.
Eine weitläufige Villa in der gebirgigen Region Barbagia beherbergt dieses herrlich friedliche Hotel, das zahlreiche Sportmöglichkeiten bietet.

ORISTANO: *Mistral* ⓁⓁ 48
Via Martiri di Belfiore, 09170. 0783-21 25 05. FAX 0783-21 00 58.
Das gut und funktionell ausgestattete Hotel Mistral im historischen Zentrum von Oristano ist auch auf kleine Konferenzen eingestellt.

PORTO CERVO: *Capriccioli* ⓁⓁⓁ 50
Località Capriccioli, 07020. 0789-960 04. FAX 0789-964 22.
An der teuren Costa Smeralda bekommt man in diesem Hotel mit am meisten für sein Geld. Strandnaher Familienbetrieb mit vorzüglichem Restaurant.

PORTO CERVO: *Balocco* ⓁⓁⓁⓁ 35
Località Liscia di Vacca, 07020. 0789-915 55. FAX 0789-915 10.
Jedes Zimmer dieses ansprechenden, von Palmen umgebenen Hotels hat seine eigene Terrasse. Für die Costa Smeralda ein gutes Preis-Leistungs-Verhältnis, doch Vorsicht: In der Hauptsaison verdoppeln sich die Preise.

PORTO ROTONDO: *Sporting* ⓁⓁⓁⓁ 27
Porto Rotondo, 07026. 0789-340 05. FAX 0789-343 83.
Diese Oase des Komforts zählt zu den teuersten und luxuriösesten Hotels der exklusiven Costa Smeralda. Hoteleigener Strand und ruhige Grünanlagen; Zimmer mit Blumenterrassen. Halbpension.

SASSARI: *Leonardo da Vinci* ⓁⓁ 112
Via Roma 79, 07100. 079-28 07 44. FAX 079-28 07 44.
Großes, behagliches Hotel wenige Minuten vom Zentrum entfernt. Die Ausstattung ist funktionell, aber man hat Platz und findet Ruhe.

Zeichenerklärung siehe hintere Umschlagklappe

RESTAURANTS

ESSEN WIRD IN ITALIEN großgeschrieben. Die Italiener sind zu Recht stolz auf ihre ausgezeichnete Küche und ihre hervorragenden Weine, und viele gesellige Stunden verbringt man bei Tisch. Die regionalen Pasta-, Brot- und Käsespezialitäten sind ein besonderer Genuß. In Restaurants werden fast nur italienische Köstlichkeiten serviert. Und gut essen läßt es sich nicht nur in den teuersten Restaurants; eine einfache Trattoria serviert oft weit bessere Speisen als das internationale Restaurant nebenan. Die folgenden Tips zu Lokalen, Bestellung und Service sollen Ihnen zu denkwürdigen Gaumenfreuden verhelfen, gleichgültig, ob Sie sich nun für eine überfüllte Osteria oder ein Terrassenrestaurant mit Meerblick entscheiden.

Ober im Alberto Ciarla *(siehe S. 601)*.

VERSCHIEDENE RESTAURANTS UND BARS

TRATTORIEN UND OSTERIEN waren früher preiswerte und beliebte Alternativen zum feineren *ristorante*. Heute sind diese Bezeichnungen austauschbar, und hohe Preise garantieren nicht immer eine gute Mahlzeit.

In einer Pizzeria kann man meist recht günstig essen (mit einem Bier schon ab 15 000 Lire); das Angebot umfaßt neben Pizzas auch Pasta, Fleisch- und Fischgerichte. Vor allem Pizzerias mit Holzofen *(forno a legna)* sind oft nur abends geöffnet.

Auch die *birreria* ist ein preiswertes Lokal, in dem es Pasta und kleine Snacks zu essen gibt. In einer *enoteca* oder *vineria* kann man im Grunde nur Wein kosten, doch da in Italien Essen und Trinken eins sind, werden dort neben einer Auswahl an Weinen meist auch kleinere Mahlzeiten serviert. Die Preise sind unterschiedlich und für das Gebotene oft nicht gerade niedrig. In der *rosticceria* gibt es gebratenes Hühnchen, Pizzaecken *(pizza al taglio)* und andere Snacks zum Mitnehmen. Pizzaecken gibt es auch direkt beim Bäcker. Bars bieten belegte Brötchen *(panini)* und Sandwiches *(tramezzini)* an, einige auch heiße Mahlzeiten *(tavola calda)* für unter 10 000 Lire.

Die *gelateria* wartet oft mit einer schwindelerregenden Auswahl an Eis auf; ein nicht minder atemberaubendes Angebot an Gebäck, Kuchen und Teilchen findet man in der *pasticceria*.

ESSENSZEITEN

MITTAGESSEN WIRD IN DER Regel zwischen 13 und 14.30 Uhr serviert (vor allem im Süden hat das öffentliche Leben zu dieser Zeit Pause). Das Abendessen beginnt gegen 20 Uhr und dauert bis 23 Uhr oder noch länger. Oft sieht man um 16 Uhr noch Leute am Mittagstisch oder weit nach Mitternacht beim *digestivo* sitzen.

Das El Gato in Chioggia ist berühmt für seinen Fisch *(siehe S. 580)*.

RESERVIERUNG

WEIL GUTE RESTAURANTS in Italien sehr beliebt sind, empfiehlt sich eine Tischreservierung. Ansonsten sollte man rechtzeitig kommen, um Wartezeiten zu vermeiden. Im Winter oder während der Sommermonate haben viele Restaurants für einige Wochen geschlossen.

SPEISEKARTE

EIN ITALIENISCHES ESSEN besteht aus mindestens drei oder vier Gängen; in Restaurants wird meist erwartet, daß man mindestens zwei Gänge bestellt. Auf die Vorspeise *(antipasto)* folgt der *primo*: Pasta, Suppe oder ein Reisgericht. Der *secondo* ist der Hauptgang mit Fleisch oder Fisch, dazu Gemüse oder Salat (als *contorni*). Im Anschluß folgen Obst, Käse oder ein Dessert sowie Kaffee und ein *digestivo* (z. B. Grappa oder ein *amaro*).

Die meisten Speisekarten berücksichtigen die jeweils besten und frischesten Produkte der Jahreszeit; spezielle Tages-

Die orientalisch anmutende Villa Crespi im Piemont *(siehe S. 587)*.

gerichte werden oft direkt vom Ober empfohlen. Geben Sie nicht gleich auf, wenn Sie ihn nicht auf Anhieb verstehen.

VEGETARISCHE KOST

OBWOHL VEGETARISCHE Gerichte selten ausdrücklich angeboten werden, findet man auf jeder Speisekarte Pasta und *antipasti* ohne Fleisch; als Hauptgericht kann man verschiedene Gemüse aus dem Angebot der *contorni* wählen. Vor allem im Frühling, wenn das erste neue Gemüse auf den Markt kommt, und im Herbst, wenn es Waldpilze in Hülle und Fülle gibt, findet der Vegetarier, was sein Herz begehrt.

WEIN UND GETRÄNKE

VIELE REGIONEN haben ihren eigenen *aperitivo* vor und ihren *digestivo* nach dem Essen. In ganz Italien übliche Alternativen wären *prosecco* (ein trockener, weißer Perlwein) oder *analcolico* (ein alkoholfreier Aperitif) sowie Grappa als Digestif. Der rote oder weiße »Hauswein« ist einfach, aber meist recht wohlschmeckend. Mit Ausnahme der billigsten Lokale werden zudem noch andere Weine aus dem Umland angeboten, die speziell auf die Speisen abgestimmt sind. Aus diesem Grund findet man selten ausländische Weine.

Obwohl das Leitungswasser (*acqua del rubinetto*) stets trinkbar und oft sehr gut ist, gibt es in Italien zahlreiche Sorten Mineralwasser: *Frizzante* weist oft auf den Zusatz von Kohlensäure hin, stille oder natürlich perlende Wässer bezeichnet man als *naturale;* das beliebte Ferrarelle liegt irgendwo dazwischen. Wenn Sie ausdrücklich ein stilles Wasser möchten, verlangen Sie *non gassata.*

Das Badia a Coltibuono (11. Jh.) in Gaiole im Chianti (*siehe S. 593*).

BEZAHLUNG

OBWOHL STEUER und Bedienung im Preis enthalten sind, ist ein kleines Trinkgeld zwischen 2000 und 10 000 Lire üblich. Beachten Sie, daß in jedem Fall auch das Gedeck (*coperto*) sowie das Brot berechnet werden.

Weil vor allem in kleineren Städten kaum Kreditkarten akzeptiert werden, sollte man sich vor dem Essen danach erkundigen.

KLEIDUNG

DIE ITALIENER SIND meist tadellos gekleidet, erwarten dies jedoch nicht notwendigerweise von Urlaubern. Obwohl die meisten Restaurants keinen gesteigerten Wert auf feine Kleidung legen, kann man in schlampigem Aufzug kaum auf freundlichen Service hoffen.

KINDER

AUSSER IN DEN ALLERFEINSTEN Lokalen sind Kinder stets willkommen, und am Sonntagmittag bevölkern Großfamilien die Restaurants im ganzen Land. Nur selten gibt es Kinderstühle oder -teller, doch in den meisten Restaurants bekommt man ein Kissen und eine kleine Portion.

Die römische Trattoria Sora Lella auf der Tiberinsel (*siehe S. 599*).

RAUCHEN

DIE ITALIENER RAUCHEN sehr gern, und viele Leute greifen zwischen den Gängen zur Zigarette. Eine Warnung: Nichtraucherzonen sind selten, und wenn Sie sich durch einen Raucher gestört fühlen, dann müssen Sie Ihren Stuhl nehmen und umziehen.

FÜR ROLLSTUHLFAHRER

WENIGE RESTAURANTS sind auf Rollstuhlfahrer eingerichtet, doch nach einer telefonischen Anmeldung kann man bei der Ankunft mit einem geeigneten Tisch und der Hilfe des Personals rechnen.

Das La Marinella mit Blick auf die Küste bei Amalfi (*siehe S. 602*).

Restaurantvorschläge

DIE FOLGENDEN RESTAURANTS wurden aufgrund ihres guten Preis-Leistungs-Verhältnisses, ihrer außergewöhnlichen Gerichte und ihrer interessanten Lage ausgewählt. In der folgenden Tabelle werden die Restaurants nach Regionen aufgeführt. Die Referenzen am Rand jeder Seite orientieren sich am Farbcode der Kapitel über die entsprechenden Regionen im Hauptteil dieses Buchs. *Buon appetito!*

	Tagesmenü	Gute Weinkarte	Formelle Kleidung	Tische im Freien
VENEDIG				
BURANO: *Al Pescatore* — Via Galuppi, 371. 041-73 06 50. Auf der Karte dieses Restaurants findet man unter anderem Hummer und Tagliolini mit Tintenfisch, im Winter vorzügliche Wildgerichte. Die umfangreiche Weinkarte vereint ausländische mit italienischen Weinen. ● Mi.	ⓁⓁⓁ		▪	▪
BURANO: *Da Romano* — Piazza Galuppi, 221. 041-73 00 30. Das um 1800 gegründete Restaurant wird heute von einem Nachkommen des ersten Inhabers geführt. Hervorragender Fisch zu sehr günstigen Preisen. ● Di.	ⓁⓁⓁ			▪
CANNAREGIO: *Osteria al Bacco* — Fondamenta delle Cappuccine, 3054. Karte 2 D2. 041-71 74 93. Rustikales Restaurant mit hübschem, schattigem Hof. Man serviert vor allem Fischgerichte wie z. B. Spaghetti mit Tintenfisch in eigener Tinte. ● Mo.	ⓁⓁ			▪
CANNAREGIO: *Vini Da Gigio* — Fondamenta San Felice, 3628a. Karte 3 A4. 041-528 51 40. Gemütliches Restaurant mit traditioneller, aber innovativer venezianischer Küche. Sehr zu empfehlen ist das Brennesselrisotto mit Garnelen. ● Mo.	ⓁⓁ	▪		
CANNAREGIO: *Fiaschetteria Toscana* — San Crisostomo, 5719. Karte 3 B5. 041-528 52 81. Die Familie Busatto offeriert venezianische Gerichte wie warmen Salat mit Lagunenfisch, Aal und Steinbutt in schwarzer Butter und Kapern. ● Di.	ⓁⓁⓁ	▪		▪
CASTELLO: *Da Remigio* — Salizzada dei Greci, 3416. Karte 8 D2. 041-523 00 89. Lebhaftes Fischlokal mit mehr Venezianern als Touristen; Tischbestellung ratsam. Rustikale, schnörkellose Küche. ● Mo abends, Di.	ⓁⓁ			
CASTELLO: *Corte Sconta* — Calle del Pestrin, 3886. Karte 7 A3. 041-522 70 24. Dieses einfache Lokal hat sich zu einer Topadresse Venedigs gemausert. Fisch und hausgemachte Pasta sind gleichermaßen phantastisch. ● So, Mo.	ⓁⓁⓁ			▪
CASTELLO: *Arcimboldo* — Calle dei Furlani, 3219. Karte 8 D1. 041-528 65 69. Benannt nach dem Maler aus dem 16. Jahrhundert, der Porträts aus Obst und Gemüse malte. Die Küche ist nicht minder einfallsreich: Kosten Sie Sägebarsch mit Tomaten oder marinierten Lachs mit Zitrusfrüchten und Kräutern. ● Di.	ⓁⓁⓁⓁ	▪		▪
DORSODURO: *Da Silvio* — Calle San Pantalon, 3748. Karte 6 D2. 041-520 58 33. Ein bodenständiges Restaurant mit hübschem Garten. Die Speisekarte birgt keine Überraschungen, die Speisen werden aber stets frisch zubereitet. ● So.	Ⓛ			▪
DORSODURO: *Ai Gondolieri* — San Vio, 366. Karte 6 F4. 041-528 63 96. In dem behaglichen, restaurierten alten Gasthaus werden gute regionale Gerichte wie *sformato* (Soufflé) mit Wildkräutern serviert. ● Di.	ⓁⓁ	▪		
DORSODURO: *Taverna San Trovaso* — Fondamenta Priuli, 1016. Karte 6 E3. 041-520 37 03. Ein heiteres, lebhaftes Restaurant zwischen der Accademia und den Zattere. Man kocht ohne Kinkerlitzchen und serviert auch Pizzas. ● Mo.	ⓁⓁ			
DORSODURO: *Locanda Montin* — Fondamenta Eremite, 1147. Karte 6 D3. 041-522 71 51. Berühmtes Restaurant, in dem schon große Künstler speisten. Essen und Service sind nicht immer gleich gut, die Atmosphäre ist dafür stets lebhaft. ● Di abends, Mi.	ⓁⓁⓁ			▪

RESTAURANTS

Preise für ein Drei-Gänge-Menü und eine halbe Flasche Hauswein, inklusive Gedeck, Mehrwertsteuer und Bedienung:
Ⓛ bis 35 000 L
ⓁⓁ 35 000 – 55 000 L
ⓁⓁⓁ 55 000 – 75 000 L
ⓁⓁⓁⓁ 75 000 – 100 000 L
ⓁⓁⓁⓁⓁ über 100 000 L

TAGESMENÜ
Menü zum Festpreis, meist dreigängig.
GUTE WEINKARTE
Reichhaltiges Angebot qualitativ hochwertiger Weine.
FORMELLE KLEIDUNG
In einigen Restaurants werden Jackett und Krawatte erwartet.
TISCHE IM FREIEN
Essen unter freiem Himmel, oftmals mit schöner Aussicht.
KREDITKARTEN
Symbol zeigt an, daß die gängigen Kreditkarten akzeptiert werden.

	TAGESMENÜ	GUTE WEINKARTE	FORMELLE KLEIDUNG	TISCHE IM FREIEN
GIUDECCA: *Harry's Dolci* ⓁⓁ Fondamenta San Biagio, Sant'Eufemia, 773. **Karte** 6 D5. 041-522 48 44. Früher ein Teehaus, heute ein Restaurant, das ähnliche Gerichte wie Harry's Bar in San Marco serviert. Probieren Sie Carpaccio (mariniertes, dünn geschnittenes, rohes Fleisch), Pasta mit Bohnen und den köstlichen Schokoladenkuchen. ● Di.				■
MAZZORBO: *Antica Trattoria alla Maddalena* Ⓛ Mazzorbo 7c. 041-73 01 51. Dieses bei Einheimischen beliebte und doch recht ruhige Restaurant ist Bar und Speiselokal zugleich. Die Wildente mit Polenta wird weit und breit gelobt. ● Do.				■
SAN MARCO: *Al Conte Pescaor* ⓁⓁ Piscina San Zulian, 544. **Karte** 7 B1. 041-522 14 83. Kleines Restaurant mit vorzüglichen Fischgerichten. Hierher kommen hauptsächlich Venezianer, was eine hohe Qualität des Essens garantiert. ● So.				
SAN MARCO: *Da Arturo* ⓁⓁ Calle degli Assassini, 3656. **Karte** 7 A2. 041-528 69 74. Dieses Restaurant ist wohl das einzige Lokal Venedigs, in dem es keinen Fisch gibt. Als fleischlose Vorspeise gibt es unter anderem Auberginen in saurer Sauce. ● So.		■		
SAN MARCO: *Da Raffaele* ⓁⓁ Fondamenta delle Ostreghe, 2347. **Karte** 7 A3. 041-523 23 17. Regionale Küche in romantischem Ambiente. Sehr zu empfehlen sind *granseola* (Seespinne), *risotto di scampi* und *rombo* (Steinbutt) »alla Raffaele«. ● Do.				■
SAN MARCO: *Antico Martini* ⓁⓁⓁⓁ Campo San Fantin, 1983. **Karte** 7 A2. 041-522 41 21. Dieses feine Restaurant ist bis 1 Uhr geöffnet. Hier kocht man sehr kreativ: Versuchen Sie die Ente mit schwarzen Trüffeln. ● Di, Mi mittags.		■		■
SAN MARCO: *La Caravella* ⓁⓁⓁⓁ Calle Largo XXII Marzo, 2396. **Karte** 7 A3. 041-520 89 01. Das inzwischen einzige Restaurant im Hotel Saturnia bietet einen schönen Rahmen mit Terrasse am Canal Grande. Die Küche ist herausragend und präsentiert einfallsreiche Kreationen wie Hummersuppe oder Scampi in Champagner.		■		■
SAN MARCO: *Harry's Bar* ⓁⓁⓁⓁⓁ Calle Vallaresso, 1323. **Karte** 7 B3. 041-528 57 77. Man kommt hierher, weil die Bar so berühmt ist. Die Weinkarte und die Cocktails sind gut, das Essen trotz der Preise nicht sonderlich aufregend. ● Okt–Apr Mo.		■		
SAN POLO: *Da Silvio* Ⓛ Calle San Pantalon, 3748. **Karte** 6 D2. 041-520 58 33. Echt venezianisches Restaurant mit herrlichem Garten. Die Karte bietet keine Überraschungen, doch die Gerichte sind alle frisch und hausgemacht. ● So.				■
SAN POLO: *Antica Trattoria Posta Vecchia* ⓁⓁ Rialto Pescheria, 1608. **Karte** 3 A5. 041-72 18 22. Dieses elegante Restaurant am Fischmarkt nennt sich das älteste von Venedig und serviert hausgemachte Ravioli sowie köstliche Desserts. ● Di.				■
SAN POLO: *Da Fiore* ⓁⓁⓁ Calle del Scaleter, 2202a. **Karte** 3 B5. 041-72 13 08. Sehr zu empfehlen sind die Meeresfrüchte-*antipasti*, grillierter Fisch und *fritto misto* (ausgebackener Fisch). Kosten Sie den weißen Hauswein. ● So, Mo.		■		
TORCELLO: *Locanda Cipriani* ⓁⓁⓁ Piazza Santa Fosca 29. **Karte** 2 F4. 041-73 01 50. Eine umgebaute Fischerkneipe aus den 30er Jahren. Die Karte bietet *fritto misto* (ausgebackenen Fisch und Gemüse) sowie ein Risotto mit Gemüse aus dem Küchengarten. Eine Barkasse holt Essensgäste an der Piazza San Marco ab. ● Di.		■		■

Zeichenerklärung siehe hintere Umschlagklappe

Preise für ein Drei-Gänge-Menü und eine halbe Flasche Hauswein, inklusive Gedeck, Mehrwertsteuer und Bedienung: Ⓛ bis 35 000 L ⓁⓁ 35 000 – 55 000 L ⓁⓁⓁ 55 000 – 75 000 L ⓁⓁⓁⓁ 75 000 – 100 000 L ⓁⓁⓁⓁⓁ über 100 000 L	**Tagesmenü** Menü zum Festpreis, meist dreigängig. **Gute Weinkarte** Reichhaltiges Angebot qualitativ hochwertiger Weine. **Formelle Kleidung** In einigen Restaurants werden Jackett und Krawatte erwartet. **Tische im Freien** Essen unter freiem Himmel, oftmals mit schöner Aussicht. **Kreditkarten** Symbol zeigt an, daß die gängigen Kreditkarten akzeptiert werden.

VENETO UND FRIAUL

Asolo: *Villa Cipriani* ⓁⓁⓁ
Via Canova 298, 31011. 0423-95 21 66.
Das Restaurant befindet sich in einem der großen Hotels des Veneto. Die kreative Küche verarbeitet Zutaten der Region zu Gerichten wie Kalbsmedaillons mit Spargel.

Belluno: *Terracotta* Ⓛ
Borgo Garibaldi 61, 32100. 0437-94 26 44.
Der Familienbetrieb serviert thailändische Küche und die Spezialität des Hauses: Tagliatelle »Terracotta« mit Oregano, weißer Sauce und Tomaten. ● *Sa mittags, So.*

Caorle: *Duilio* ⓁⓁ
Via Strada Nuova 19, 30021. 0421-810 87.
Das geräumige Restaurant präsentiert eine vorwiegend aus Fisch bestehende Küche mit Pfiff. Kosten Sie den in Champagner pochierten Steinbutt. ● *Okt–Apr Mo.*

Castelfranco: *Barbesin* ⓁⓁ
Via Montebelluna 41, 31033. 0423-49 04 46.
Das Restaurant bietet Spezialitäten der Region wie Risotto mit Steinpilzen und Entenbrust mit Rosmarin. ● *Mi abends, Do.*

Chioggia: *El Gato* ⓁⓁⓁ
Campiello Sant'Andrea 653, 30015. 041-40 18 06.
Klassische, auf Meeresfrüchten basierende Küche in einem eleganten, leicht unterkühlten Rahmen. Eine Spezialität von Chioggia ist Tintenfisch mit Polenta. ● *Mo.*

Cividale del Friuli: *Zorutti* ⓁⓁ
Borgo di Ponte 9, 33043. 0432-73 11 00.
Familienbetrieb mit wohlverdient gutem Ruf für leckere, regionale Gerichte und große Portionen. Spezialität des Hauses ist *buzera*, Spaghetti mit Meeresfrüchten, Riesengarnelen oder Hummer. ● *Mo.*

Conegliano: *Al Salisà* ⓁⓁ
Via XX Settembre 2, 31015. 0438-242 88.
Das elegante Restaurant in einem alten Haus mit Tischen auch auf der hübschen Veranda bietet interessante Gerichte wie hausgemachte Fettuccine mit Radicchio und Hühnerleber sowie Steinbutt in Spinat. ● *Di abends, Mi.*

Dolo: *Alla Posta* ⓁⓁⓁⓁ
Via Ca' Tron 33, 30031. 041-41 07 40.
Dieses fabelhafte Restaurant in einem alten venezianischen Postamt bereitet Spezialitäten der Region mit frischen Zutaten und fein ausgewogenen Aromen zu. ● *Mo.*

Gorizia: *Nanut* Ⓛ
Via Trieste 118, 34170. 0481-205 95.
Alteingesessene Trattoria im Industriegebiet mit guter regionaler Küche; Gnocchi, Marktgemüse, Fleisch und freitags Fisch. ● *Sa, So.*

Grado: *Trattoria de Toni* ⓁⓁ
Piazza Duca d'Aosta 37, 34073. 0431-801 04.
Traditionelle Trattoria im historischen Zentrum. Spezialität des Hauses ist *boreto al gradese*, Fischsuppe mit Essig und Öl. ● *Dez–Jan Mi.*

Lago di Garda: *Antica Locanda Mincio* ⓁⓁⓁ
Via Michelangelo 12, 37067 Valeggio sul Mincio. 045-795 00 59.
Die ehemalige Postkutschenstation ist heute ein reizendes Restaurant mit Fresken und offenen Kaminen, das gute regionale Küche auftischt. ● *Mi abends, Do.*

Lago di Garda: *Locanda San Vigilio Regina* ⓁⓁⓁⓁ
Punta San Vigilio, 37016 Garda. 045-725 66 88.
Dieses vorzügliche Restaurant am Gardasee bietet neben dem Vorspeisenbuffet eine erstaunliche Auswahl an Fischgerichten und Meeresfrüchten. ● *Di; Nov–März.*

ODERZO: *Gambrinus Parco* ⓛⓛⓛ
Località Gambrinus 22, San Polo di Piave, 31020. ☎ 0422-85 50 43.
Traditionelle regionale Gerichte wie köstliche Süßwassergarnelen *(gamberi)*
»alla Gambrinus« und mit grobem Salz gekochter Stör. ● *Mo.* ✉

PADUA: *La Braseria* ⓛ
Via N. Tommaseo 48, 35100. ☎ 049-876 09 07.
Freundliches Restaurant mit schnörkelloser Küche. Sehr zu empfehlen sind
Penne mit Steinpilzen und der Speck. ● *So.* ✉

PADUA: *Osteria L'Anfora* ⓛ
Via dei Soncin 13, 35122. ☎ 049-65 66 29.
Traditionelle Küche des Veneto mit Elementen, die Kaufleute zur Renaissance-
zeit ins Land brachten; lebhaftes Ambiente. ● *So, Mo mittags, Sa abends.*

PADUA: *Dotto* ⓛⓛ
Via Soncin 9, 35100. ☎ 049-875 14 90.
Restaurant im Stil der 20er Jahre. Karte je nach Jahreszeit. Hausgemachte Pasta,
baccalà (gesalzener Kabeljau) und schmackhafte Desserts. ● *So abends, Mo.* ✉

PADUA: *Belle Parti* ⓛⓛⓛ
Via Belle Parti 11, 35139. ☎ 049-875 18 22.
Ein Stern der Paduaner Küche. Hier bekommt man längst vergessene Ge-
richte wie kalte Tomatensuppe mit Melonen und Garnelen. ● *So, Mo mittags.* ✉

PADUA: *San Clemente* ⓛⓛⓛⓛ
Corso Vittorio Emanuele II 142, 35123. ☎ 049-880 31 80.
Das exzellente Essen und der Service passen zum eleganten Ambiente der von
Palladio erbauten Villa. Probieren Sie Taube mit Birne. ● *So, Mo mittags.* ✉

PIEVE DI CADORE: *La Pausa* ⓛⓛ
Località Col Contras, 32044. ☎ 0435-300 80.
Das kleine Restaurant in phantastischer Lage serviert Wildgerichte sowie
Schinken- und Fleischspezialitäten. ● *Okt–Apr So abends, Mo.* ✉

PORDENONE: *Vecia Osteria del Moro* ⓛⓛ
Via Castello 2, 33170. ☎ 0434-286 58.
Vornehmes Restaurant in einem herrlich restaurierten Kloster (13. Jh.). Zu den
Tagesspezialitäten zählt Kaninchen mit Polenta. ● *So (Juli–Mitte Aug Sa, So).* ✉

ROVIGO: *Tre Pini* ⓛⓛ
Viale Porta Po 68, 45100. ☎ 0425-42 11 11.
Restaurant in einer hübschen Villa mit Garten. Zwiebelkuchen, Aal mit Kräutern,
Wildente und die fleischlosen Gerichte sind sehr zu empfehlen. ● *So.* ✉

TREVISO: *Osteria Snack Bassanello* ⓛ
Viale Cairoli 133, 31100. ☎ 0422-26 06 23.
Diese beliebte Osteria trägt feine, ortstypische Speisen auf. Zur Erntezeit wird
Radicchio vielseitig verarbeitet, dazu trinkt man einen vorzüglichen Grappa. ● *Mo.*

TREVISO: *Toni del Spin* ⓛ
Via Inferiore 7, 31100. ☎ 0422-54 38 29.
Heimeliges Restaurant und regionale Kost. Spezialitäten des Hauses sind Pasta
mit *fagioli* (Bohnen), gebackene Kutteln und Tiramisù. ● *So, Mo mittags.* ✉

TREVISO: *Agnoletti* ⓛⓛ
Via della Vittoria 190, 31040. ☎ 0422-77 60 09.
Sehr hübsch in einem Garten auf den Hügeln nördlich von Treviso gelegen.
Die Vorspeisen und vor allem die Gnocchi sind sehr zu empfehlen. ● *Mo, Di.*

TREVISO: *Ristorante alle Beccherie* ⓛⓛⓛ
Piazza Ancillotto 10, 31100. ☎ 0422-54 08 71.
Das Gebäude erinnert an den früheren Glanz Venedigs. Das Perlhuhn in
Pfeffersauce ist eine ausgesprochene Delikatesse. ● *So abends, Mo.* ✉

TOLMEZZO: *Roma* ⓛⓛⓛⓛ
Piazza XX Settembre 14, 33028. ☎ 0433-20 81.
Die Durchforstung alter Rezepte hat atemberaubende Gerichte zutage gefördert.
Kosten Sie Polenta mit Käse und Trüffeln oder Gänseleber. ● *So abends, Mo.* ✉

UDINE: *Al Passeggio* ⓛⓛ
Viale Volontari della Libertà 49, 33100. ☎ 0432-462 16.
Gut durchdachte Speisekarte mit Köstlichkeiten wie Lasagne mit Spargel und
Zucchini sowie Schokoladenfondue mit Früchten. ● *So, Mo mittags.* ✉

Zeichenerklärung siehe hintere Umschlagklappe

ZU GAST IN ITALIEN

Preise für ein Drei-Gänge-Menü und eine halbe Flasche Hauswein, inklusive Gedeck, Mehrwertsteuer und Bedienung:
- Ⓛ bis 35 000 L
- ⒶⒶ 35 000 – 55 000 L
- ⒶⒶⒶ 55 000 – 75 000 L
- ⒶⒶⒶⒶ 75 000 – 100 000 L
- ⒶⒶⒶⒶⒶ über 100 000 L

TAGESMENÜ
Menü zum Festpreis, meist dreigängig.
GUTE WEINKARTE
Reichhaltiges Angebot qualitativ hochwertiger Weine.
FORMELLE KLEIDUNG
In einigen Restaurants werden Jackett und Krawatte erwartet.
TISCHE IM FREIEN
Essen unter freiem Himmel, oftmals mit schöner Aussicht.
KREDITKARTEN
Symbol zeigt an, daß die gängigen Kreditkarten akzeptiert werden.

VERONA: *Al Bersagliere* Ⓛ
Via dietro Pallone 1, 37100. ℡ 045-800 48 24.
Traditionelle Veroneser Küche – unter anderem gemischtes gekochtes Fleisch und Polenta mit Waldpilzen – in einem alten, holzgetäfelten Speisesaal. ● *So.*

VERONA: *Baba-jaga* ⒶⒶ
Via Cabalao 11, 37030. ℡ 045-745 02 22.
Im Soave-Anbaugebiet sind Risotto mit schwarzen Trüffeln und Linguine mit Stör, Tomaten und Porree immer eine gute Wahl. ● *So abends, Mo.*

VERONA: *Arche* ⒶⒶⒶⒶ
Via Arche Scaligere 6, 37100. ℡ 045-800 74 15.
In diesem Fischrestaurant tischt man Fischsuppe mit Linsen und einen herrlichen warmen Hummersalat mit Basilikum und Rucola auf. ● *So, Mo mittags.*

VERONA: *Il Desco* ⒶⒶⒶⒶ
Via dietro San Sebastiano 5-7, 37100. ℡ 045-59 53 58.
Eines der besten Restaurants des Landes in einem prächtigen Palast präsentiert einfallsreiche Gerichte wie Kalbfleisch mit Ingwer oder Hummerrisotto. ● *So.*

VICENZA: *Al Torresan* ⒶⒶ
Via Zabarella 1, Breganze, 36042. ℡ 0445-87 32 60.
Im Herbst scharen sich hier die Einheimischen wegen der Waldpilzgerichte. Weine aus dem Umland ergänzen die herzhafte Küche. ● *Do.*

VICENZA: *Antica Trattoria Tre Visi* ⒶⒶ
Contrà Porti 6, 36100. ℡ 0444-32 48 68.
Das Haus im historischen Zentrum wurde 1483 erbaut. Man kann in die Küche hineinsehen, die hervorragende Gerichte kocht. ● *So abends, Mo.*

VICENZA: *Taverna Aeolia* ⒶⒶ
Piazza Conte da Schio 1, 36023. ℡ 0444-55 50 36.
Die Spezialität dieses in einer eleganten Villa mit Deckenfresken untergebrachten Restaurants ist gegrilltes Lamm mit Sesam. ● *Di.*

VICENZA: *Trattoria Isetta* ⒶⒶ
Via Pederiva 96, 36040. ℡ 0444-88 99 92.
Galdino Glanesins Restaurant in den Hügeln von Berici tischt Gerichte aus der Region auf, wobei Grillfleisch und Desserts im Vordergrund stehen. ● *Di abends, Mi.*

VICENZA: *Cinzia e Valerio* ⒶⒶⒶⒶ
Piazzetta Porta Padova 65-67, 36100. ℡ 0444-50 52 13.
Die Karte dieses vornehmen Restaurants kennt nur Fischgerichte wie marinierten rohen Lachs, Risotto mit Garnelen, Hummer sowie Venusmuscheln. ● *Mo.*

TRENTINO-SÜDTIROL

BOZEN/BOLZANO: *Domino* Ⓛ
Piazza Walther 3, 39100. ℡ 0471-98 16 10.
In dieser Weinbar im Zentrum bekommt man einen köstlichen Mittagsimbiß oder abends ein Glas Wein. ● *Sommer Sa mittags; So.*

BOZEN/BOLZANO: *Amadè* ⒶⒶⒶ
Vicolo Ca' de Bezzi 8, 39100. ℡ 0471-97 12 78.
Restaurant in einem Bau aus dem Spätmittelalter; für die traditionell-pfiffigen Gerichte werden nur die besten Zutaten der Region verwendet. Kosten Sie luftgetrocknetes Rehfleisch mit Johannisbeersauce und die Weißweinsuppe. ● *So.*

BRIXEN/BRESSANONE: *Oste Scuro* ⒶⒶ
Vicolo Duomo 3, 39042. ℡ 0472-83 53 43.
Das Haus im historischen Zentrum war schon Anfang des 18. Jahrhunderts ein Gasthaus. Heute konzentriert es sich auf einfallsreiche Kreationen wie Kitz in Butter und Kaninchen mit Schinkenspeck und Pilzen. ● *So abends, Mo.*

BRIXEN/BRESSANONE: *Fink* ⓁⓁⓁ
Via Portici Minori 4, 39042. 📞 *0472-83 48 83.*
Beliebt bei Einheimischen, die hier die tadellos zubereiteten Gerichte wie
schwarze Polenta oder Kartoffelsuppe genießen. ● *Di abends, Mi.*

BRUNECK/BRUNICO: *Oberraut* ⓁⓁ
Via Ameto 1, 39031. 📞 *0474-55 99 77.*
Dieses Restaurant im Tiroler Stil konzentriert sich auf Wild- und Saisongerichte.
Die Dessertkarte ist sehr verlockend. ● *Winter Do.*

CARZANO: *Le Rose* ⓁⓁ
Via XVIII Settembre 35, 38050. 📞 *0461-76 61 77.*
Dieses beliebte Restaurant hat sich auf Fisch und saisonale Küche spezialisiert.
Kosten Sie die Teigtaschen mit Austern und Zucchiniblüten. ● *Mo.*

CAVALESE: *Al Cantuccio* ⓁⓁ
Via Unterberger 14, 38033. 📞 *0462-34 01 40.*
Beliebtes Restaurant mit Spezialitäten wie Sauerkraut und Bohnensuppe, einge-
legtes Rehfleisch und Birnenstrudel. ● *Mo mittags, Di.*

CIVEZZANO: *Maso Cantanghel* ⓁⓁ
Via della Madonnina 33, Località Forte 38045. 📞 *0461-85 87 14.*
Ein vorzügliches Restaurant etwas außerhalb von Trient. Einfache, aber lecke-
re Gerichte; Wurst, Gartengemüse und hausgemachte Pasta. ● *Sa, So.*

LEVICO TERME: *Boivin* Ⓛ
Via Garibaldi 9, 38056. 📞 *0461-70 16 70.*
Mit die beste lokale Küche findet man in dieser exzellenten Trattoria;
Tischbestellung unerläßlich. Nur abends und Sonntag mittags geöffnet. ● *Mo.*

MADONNA DI CAMPIGLIO: *Hermitage* ⓁⓁ
Via Castelletto Inferiore 69, 38084. 📞 *0465-44 15 58.*
Das Hermitage in einem Privatpark am Fuße der Dolomiten wartet mit einfallsrei-
chen, aromatischen Gerichten aus der Region auf. ● *Okt–Mai.*

MALS IM VINSCHGAU/MALLES VENOSTA: *Greif* ⓁⓁ
Via Generale Vedross 40a, 39024. 📞 *0473-83 11 89.*
Der erfinderische Chefkoch kreiert Gerichte mit Zutaten aus ökologischem An-
bau, bietet vegetarische Gerichte und verwendet Vollwertmehl. ● *Mo.*

MALS IM VINSCHGAU/MALLES VENOSTA: *Weißes Kreuz* ⓁⓁ
Località Burgusio 82, 39024. 📞 *0473-83 13 07.*
Dieses Restaurant mit günstigen Preisen bietet traditionelle Speisen wie Spinatgnocchi
und Knödel, aber auch Schweinefleisch mit Gorgonzola. ● *Do, Fr mittags.*

MERAN/MERANO: *Sissi* ⓁⓁⓁ
Via Plankenstein 5, 39012. 📞 *0473-25 10 62.*
Das Sissi in einem Bau aus dem 19. Jahrhundert mitten im Zentrum serviert
Gerichte, die Traditionelles und Modernes in sich vereinen. ● *Mo.*

MERAN/MERANO: *Andrea* ⓁⓁⓁⓁ
Via Galilei 44, 39012. 📞 *0473-23 74 00.*
Die Wände dieses Hauses im Zentrum zieren Werke bekannter Künstler. Die Kar-
te ist eine interessante Mischung aus neuen und traditionellen Ideen. ● *Mo.*

MOENA: *Malga Panna* ⓁⓁⓁ
Via Costalunga 29, 38035. 📞 *0462-57 34 89.*
In diesem romantischen Restaurant mit rustikalem Flair etwa 1 km vom Zentrum
von Moena entfernt werden Pilz- und Wildgerichte gereicht. ● *Okt–Apr Mo.*

RITTEN/RENON: *Patscheiderhof* Ⓛ
Località Signato 178, 39050. 📞 *0471-36 52 67.*
Gerstensuppe, gefülltes Kaninchen und andere Köstlichkeiten bekommt man in
dieser traditionellen Trattoria etwa 10 km nordöstlich von Bozen. ● *Di, Mi mittags.*

ROVERETO: *Novecento* ⓁⓁⓁ
Corso Rosmini 82d, 38068. 📞 *0464-43 52 22.*
Das feine Restaurant ist Teil eines Hotels im Stadtzentrum und serviert sorgfäl-
tig zubereitete, ortstypische Gerichte und hausgemachte Pasta. ● *So.*

ROVERETO: *Al Borgo* ⓁⓁⓁⓁ
Via Garibaldi 13, 38068. 📞 *0464-43 63 00.*
Das Al Borgo im historischen Zentrum kreiert mit vielen verschiedenen, fri-
schen Zutaten eine Vielzahl von vorzüglichen Gerichten. ● *So abends, Mo.*

Zeichenerklärung siehe hintere Umschlagklappe

Preise für ein Drei-Gänge-Menü und eine halbe Flasche Hauswein, inklusive Gedeck, Mehrwertsteuer und Bedienung:
- Ⓛ bis 35 000 L
- ⓁⓁ 35 000 – 55 000 L
- ⓁⓁⓁ 55 000 – 75 000 L
- ⓁⓁⓁⓁ 75 000 – 100 000 L
- ⓁⓁⓁⓁⓁ über 100 000 L

TAGESMENÜ
Menü zum Festpreis, meist dreigängig.
GUTE WEINKARTE
Reichhaltiges Angebot qualitativ hochwertiger Weine.
FORMELLE KLEIDUNG
In einigen Restaurants werden Jackett und Krawatte erwartet.
TISCHE IM FREIEN
Essen unter freiem Himmel, oftmals mit schöner Aussicht.
KREDITKARTEN
Symbol zeigt an, daß die gängigen Kreditkarten akzeptiert werden.

	TAGESMENÜ	GUTE WEINKARTE	FORMELLE KLEIDUNG	TISCHE IM FREIEN
STERZING/VIPITENO: *Kronen Keller* — Ⓛ Città Vecchia 31, 39049. ☏ 0472-76 64 99. In der Weinbar im Keller des Hotels Krone bekommt man zu den Getränken kleine Mahlzeiten wie Speck, Käse und *bruschetta*. ● Mi.		■		
STERZING/VIPITENO: *Pretzhof* — ⓁⓁ Località Tulve, 39040. ☏ 0472-76 44 55. Karl und Ulli Mair führen dieses friedliche Landgasthaus und bereiten ihre Tiroler Spezialitäten aus frischen Zutaten vom eigenen Bauernhof zu. ● Mo, Di.				■
TONADICO: *Baita del Vecio* — Ⓛ Località Domadoi Passo Cereda, 38054. ☏ 0439-76 20 58. Die Speisen dieses schlichten Hotelrestaurants sind sorgfältig zubereitet; hausgemachte Pasta, Pilze je nach Jahreszeit und Käse aus dem Umland. ● Mo.				■
TRIENT: *Al Castello* — ⓁⓁ Via Val Gola 2–4, Località Ravina, 38040. ☏ 0461-92 33 33. Dieser Familienbetrieb konzentriert sich auf Grundlegendes wie hausgemachte Pasta, Gnocchi, Ricotta, Rüben- und Fleischgerichte. ● So abends, Mo.		■		■
TRIENT: *Port'Aquila* — ⓁⓁ Via Cervara 66, 38100. ☏ 0461-23 86 96. Traditionelle Speisen stehen auf der Karte dieser ausgezeichneten Trattoria im Familienbesitz in stimmungsvoller Lage unterhalb des alten Tors. ● So.		■		
TRIENT: *A le Due Spade* — ⓁⓁⓁ Via Don Rizzi 11, 38100. ☏ 0461-23 43 43. Ein einladendes Kellerrestaurant am Dom, in dem traditionelle Trienter Kost wie zum Beispiel Süßwasserfisch geboten wird. ● So, Mo mittags.	●	■		

LOMBARDEI

	TAGESMENÜ	GUTE WEINKARTE	FORMELLE KLEIDUNG	TISCHE IM FREIEN
BELLAGIO: *Silvio* — Ⓛ Via Carcano 12, 22021. ☏ 031-95 03 22. Silvio und sein Sohn Cristian fangen einen Großteil der Fische, die sie für ihre Pasteten, Pastasaucen, Ravioli und Risottos brauchen, selbst. Ein reizendes Restaurant/Hotel mit Seeblick und entspannter Atmosphäre. ● Jan, Feb.	●			
BERGAMO: *Vineria Cozzi* — Ⓛ Via Colleoni 22, 24129. ☏ 035-23 88 36. Attraktive, alte Weinhandlung im Stil des 19. Jahrhunderts. Zahlreiche leichte Mahlzeiten und Käsesorten begleiten das gewaltige Weinsortiment. Kosten Sie die Spezialität des Hauses: Polenta mit gesalzenem Kabeljau. ● Mi.		■		■
BERGAMO: *Taverna del Colleoni dell'Angelo* — ⓁⓁⓁⓁ Piazza Vecchia 7, 24129. ☏ 035-23 25 96. Elegante Taverne mit mittelalterlichem Flair. Zu den Spezialitäten zählen Pasta mit Tintenfisch, Garnelen mit Polenta und köstliche Desserts. ● Mo.	●	■		■
BORMIO: *Taula* — ⓁⓁ Via Dante 6, 23032. ☏ 0342-90 47 71. Reizendes Restaurant in einer renovierten Scheune aus dem 17. Jahrhundert. Ortsübliche Küche mit Vorspeisen aus getrocknetem und gepökeltem Fleisch. ● Di.				
BRESCIA: *Trattoria Mezzeria* — ⓁⓁ Via Trieste 66, 25121. ☏ 030-403 06. In dieser lebhaften Trattoria gibt es hausgemachte Kartoffel- oder Kürbisgnocchi sowie traditionelle Hauptgerichte wie gekochtes Huhn und Carpaccio. ● So.		■		
CASTELVECCANA: *Sant'Antonio* — Ⓛ Località Sant'Antonio, 21010. ☏ 0332-54 84 42. Dieses Restaurant liegt in einem Dorf mit großartigem Blick auf den Lago Maggiore und wartet mit schmackhaften Spezialitäten auf. ● Sep–Okt Mo–Fr.				■

Como: *Sant'Anna 1907* ⓁⓁⓁ
Via Turati 3, 22100. 031-50 52 66.
Seit drei Generationen im Besitz der Familie Fontana. Zu den Gerichten zählen Fischrisotto und Kalbfleisch mit Olivenkruste. ● *Fr, Sa mittags.*

Cremona: *Porta Mosa* ⓁⓁ
Via Santa Maria in Betlem 11, 26100. 0372-41 18 03.
Feine Trattoria mit vorzüglichen Weinen und guten, einfachen Speisen wie Ravioli, Zwiebelsuppe und Polenta mit Saucen je nach Jahreszeit. ● *So.*

Gargnano del Garda: *La Tortuga* ⓁⓁⓁ
Porticciolo di Gargnano, 25084. 0365-712 51.
Reizende Lage am See und einfallsreiche Küche. Sorgfältig zubereiteter Fisch aus dem See; kosten Sie die Renke mit Tomaten und Kapern. ● *Mo abends, Di.*

Lago di Como: *Locanda dell'Isola Comacina* ⓁⓁⓁⓁ
Isola Comacina, 22010. 0344-550 83.
Am Ufer einer sonst unbewohnten Insel gelegen. Hier wird ein fabelhaftes fünfgängiges Menü voll unerwarteter Genüsse serviert. ● *Di.*

Lecco: *Casa di Lucia* ⓁⓁ
Via Lucia 27, Località Acquate, 22053. 0341-49 45 94.
Einfache Kost wie Salami, *bresaola* (Pökelfleisch), Kaninchen und die traditionellen *pasta e fagioli*, dazu gute regionale und nationale Weine. ● *Mo; Aug.*

Mailand: *Geppo* Ⓛ
Viale G. B. Morgagni 37, 20124. 02-29 51 48 62.
Zwischen den Originalpizzas erscheint auch eine »indische« mit Curry, Tomaten, Gorgonzola und Rucola sowie eine mit Schinken und Melone. ● *So.*

Mailand: *Trattoria da Bruno* Ⓛ
Via Felice Cavalotti 15, 20122. 02-76 02 06 02.
Diese Trattoria verwöhnt ihre Gäste mit einfachen Paste und Suppen. Als Hauptgerichte werden viele Fleisch- und Fischgerichte angeboten. ● *Sa abends, So.*

Mailand: *La Capanna* ⓁⓁ
Via Donatello 9, 20131. 02-29 40 08 84.
Lassen Sie sich vom kargen Äußeren nicht abschrecken – die toskanische Küche hier ist außergewöhnlich; frische Pasta und Nachspeisen. ● *Mo abends, Sa.*

Mailand: *Lucca* ⓁⓁ
Via Castaldi 33, 20100. 02-29 52 66 68.
Sehr beliebt für Geschäftsessen und zum Abendessen, zudem gibt es ein Bistro; mediterrane Küche. ● *Mo, Sa mittags.*

Mailand: *Trattoria Pagni* ⓁⓁⓁ
Via Orti 7, 20122. 02-55 01 12 67.
In diesem rustikalen Restaurant kocht man toskanisch mit würzigen Zutaten wie Salami, Waldpilzen und frischen Kräutern. ● *Sa abends, So.*

Mailand: *Aimo e Nadia* ⓁⓁⓁⓁ
Via Montecuccoli 6, 20147. 02-41 68 86.
Kleines, schickes Restaurant, berühmt für seine köstlichen, einfallsreichen Gerichte wie gefüllte Zucchiniblüten. ● *Sa mittags, So.*

Manerba del Garda: *Capriccio* ⓁⓁ
Piazza San Bernardo 6, 25080. 0365-55 11 24.
Restaurant mit Seeblick; das Hauptaugenmerk liegt auf Fisch und Olivenöl. Versuchen Sie die Grütze aus Muskatellertrauben mit Pfirsichsauce. ● *Di abends.*

Mantua: *Ai Ranari* Ⓛ
Via Trieste 11, 46100. 0376-32 84 31.
Schlichte Trattoria ohne Schnickschnack. Ortstypische Gerichte wie Kürbisteigtaschen mit Buttersauce und Fleischpolenta als ersten Gang. ● *Mo.*

Mantua: *L'Ochina Bianca* ⓁⓁ
Via Finzi 2, 46100. 0376-32 37 00.
Ein einfaches Restaurant, das eher unbekannte regionale Köstlichkeiten auftischt wie geräuchertes Schweinefleisch mit Zucchini in Essig. ● *Mo, Di mittags.*

Mantua: *Trattoria dei Martini* ⓁⓁⓁ
Piazza Carlo d'Arco 1, 46100. 0376-32 71 01.
In diesem Restaurant gehen regionale Küche und vorzügliche Weine Hand in Hand. Kosten Sie das Kaninchen mit Pinienkernen und Traubensauce. ● *Mo, Di.*

Zeichenerklärung siehe hintere Umschlagklappe

Preise für ein Drei-Gänge-Menü und eine halbe Flasche Hauswein, inklusive Gedeck, Mehrwertsteuer und Bedienung: Ⓛ bis 35 000 L ⓁⓁ 35 000–55 000 L ⓁⓁⓁ 55 000–75 000 L ⓁⓁⓁⓁ 75 000–100 000 L ⓁⓁⓁⓁⓁ über 100 000 L	**TAGESMENÜ** Menü zum Festpreis, meist dreigängig. **GUTE WEINKARTE** Reichhaltiges Angebot qualitativ hochwertiger Weine. **FORMELLE KLEIDUNG** In einigen Restaurants werden Jackett und Krawatte erwartet. **TISCHE IM FREIEN** Essen unter freiem Himmel, oftmals mit schöner Aussicht. **KREDITKARTEN** Symbol zeigt an, daß die gängigen Kreditkarten akzeptiert werden.	TAGESMENÜ	GUTE WEINKARTE	FORMELLE KLEIDUNG	TISCHE IM FREIEN
MONT'ISOLA: *La Foresta* — ⓁⓁ Località Peschiera Maraglio, 25050. 030-988 62 10. Der Bruder des Inhabers fängt den Fisch, weshalb dieses Restaurant auch ein Mekka für Freunde von Süßwasserfisch ist. ● Mi.					■
PAVIA: *Locanda Vecchia Pavia* — ⓁⓁⓁ Via Cardinal Riboldi 2, 27100. 0382-30 41 32. Ein friedliches Restaurant im Herzen Pavias. Kreative Gerichte, regionale Spezialitäten, gefolgt von schaumig-lockeren Desserts. ● Mo, Mi mittags.			■		
PAVIA: *Vecchio Mulino* — ⓁⓁⓁ Via al Monumento 5, 27012 Certosa di Pavia. 0382-92 58 94. Berühmtes Restaurant in einer alten Mühle außerhalb von Pavia. Traditionelle Küche mit modernem Flair; exzellente Risottos. ● So abends, Mo.		●	■		■
SALÒ: *Alla Campagnola* — ⓁⓁ Via Brunati 11, 25087. 0365-221 53. Das Mutter-Sohn-Team präsentiert interessante traditionelle Rezepte wie z. B. Pasta mit Kürbis oder Auberginen gefüllt. ● Mo, Di mittags.		●	■		■

AOSTA-TAL UND PIEMONT

ACQUI TERME: *La Schiavia* — ⓁⓁⓁ Vicolo della Schiavia 1, 15011. 0144-559 39. Elegantes Restaurant im Erdgeschoß eines Palastes aus dem 17. Jahrhundert. Regionale Küche mit köstlichen Gemüse- und Fischgerichten. ● So; Aug.			■		
ALBA: *Porta San Martino* — ⓁⓁ Via Einaudi 5, 12051. 0173-36 23 35. Dieses feine Restaurant bietet viel fürs Geld – guten Service und Spezialitäten aus Alba und dem Piemont: *vitello tonnato* (Kalbfleisch mit einer Sauce aus Thunfisch und Kapern) sowie Filetsteak mit Rosmarin. ● Mo; 15. Juli–15. Aug.			■		
ALESSANDRIA: *Il Grappolo* — ⓁⓁⓁ Via Casale 28, 15100. 0131-25 32 17. Piemonteser Küche mit »Fremdeinflüssen«. Versuchen Sie Gnocchi mit Rosmarin, Risotto mit Artischocken oder Schwertfisch-Pfannkuchen. ● Mo abends, Di.		●	■		■
AOSTA: *Grotta Azzurra* — ⓁⓁ Via Croix de Ville 97, 11100. 0165-26 24 74. Diese Pizzeria tischt auch ausgezeichneten Fisch sowie Pasta und Risotto auf. Wählen Sie als ersten Gang Meeresfrüchtesalat, Risotto oder Fischsuppe. ● Mi; Juli.			■		
AOSTA: *Le Foyer* — ⓁⓁ Corso Ivrea 146, 11100. 0165-321 36. Diese bei Einheimischen beliebte Trattoria serviert Fischgerichte wie Carpaccio vom Lachs, Risotto mit Garnelen sowie Auflauf mit Rucola und Zucchini.		●			
AOSTA: *Vecchia Aosta* — ⓁⓁ Piazza Porta Pretoria 4c, 11100. 0165-36 11 86. Das Vecchia Aosta in der alten Stadtmauer wartet mit typischen regionalen Gerichten wie Gemüseterrinen und Ravioli mit Hummersauce auf. ● Mi.		●	■		■
ASTI: *Gener Neuv* — ⓁⓁⓁ Lungotanaro 4, 14100. 0141-55 72 70. Friedliches, rustikales Restaurant, etwa 1 km vom Zentrum entfernt. Der Familienbetrieb trägt liebevoll zubereitete, köstliche ortstypische Speisen auf und bietet aufmerksamen Service. ● So abends, Mo.		●	■		
BRA: *Osteria Boccondivino* — ⓁⓁ Via Mendicita Istruita 14, 12042. 0172-42 56 74. Zwangloses Restaurant mit Piemonteser Küche. Versuchen Sie gefülltes Kalbfleisch, *panna cotta* und die Trüffelgerichte. ● So, Mo mittags.			■		

RESTAURANTS

BREUIL-CERVINIA: *Les Neiges d'Antan* ⓁⓁⓁ
Frazione Cret de Perrères, 11021. ☎ 0166-94 87 75.
Elegant-rustikales Restaurant mit schöner Aussicht und sorgfältig zubereiteter, gehaltvoller Kost aus der Bergregion. ● *Mai, Juni, Okt, Nov.*

CANNOBIO: *Del Lago* ⓁⓁⓁⓁ
Via Nazionale 2, Località Carmine Inferiore, 28052. ☎ 0323-705 95.
Reizendes Restaurant am See, das mit einfallsreicher Küche und oft überraschenden Aromen einen großen Effekt erzielt. ● *Di, Mi mittags.*

CASALE MONFERRATO: *La Torre* ⓁⓁⓁ
Via Diego Garoglio 3, 15033. ☎ 0142-702 95.
Ein elegantes Restaurant fast im Zentrum mit Panoramablick. Die innovative Küche tischt unter anderem Risotto mit Paprika und Gorgonzola auf. ● *Mi.*

COGNE: *Lou Ressignon* ⓁⓁ
Rue Mines de Cogne 22, 11012. ☎ 0165-740 34.
Das uralte Gasthaus bietet Gemütlichkeit am offenen Kamin. Rustikale Küche mit Salami, Polenta und Brot, wie man sie in der Region ißt. ● *Mo abends, Di.*

COSTIGLIOLE D'ASTI: *Collavini* ⓁⓁ
Via Asti-Nizza 84, 14055. ☎ 0141-96 64 40.
Das Collavini ist recht beliebt, weil in behaglicher Atmosphäre guter Service und sorgsam zubereitete, einfache Speisen eine Einheit bilden. ● *Di abends, Mi.*

COURMAYEUR: *Pierre Alexis 1877* ⓁⓁ
Via Marconi 54, 11013. ☎ 0165-84 35 17.
Was in dieser umgebauten Scheune im Zentrum aufgetragen wird, basiert auf regionaler Tradition; Fleisch in vier Saucen und Papardelle »alla Pierre Alexis«. ● *Mo.*

CUNEO: *Osteria della Chiocciola* ⓁⓁ
Via Fossano 1, 12100. ☎ 0171-662 77.
Restaurant mit jahreszeitlicher Küche und den passenden Weinen. Im Winter reicht man einen körperreichen Roten zu Trüffeln und Risottos. ● *So.*

DOMODOSSOLA: *Piemonte da Sciolla* ⓁⓁ
Piazza Convenzione 5, 28037. ☎ 0324-24 26 33.
Historischer Bau im Zentrum; tadellos zubereitete regionale Gerichte wie Gnocchi aus Roggen und Maronen.

FEISOGLIO: *Piemonte da Renato* ⓁⓁ
Via Firenze 19, 12050. ☎ 0173-83 11 16.
Die Trattoria offeriert jahreszeitliche Köstlichkeiten in familiärer Atmosphäre, vor allem mit schwarzen und weißen Trüffeln, Tischbestellung ratsam. ● *Dez–Ostern.*

IVREA: *La Trattoria* Ⓛ
Via Aosta 47, 10015. ☎ 0125-489 98.
Ein helles Restaurant, das einfache, regionale Speisen auftischt. Die Tagesspezialitäten sind Erfindungen des Küchenchefs. ● *So.*

MONCUCCO TORINESE: *Trattoria del Freisa* ⓁⓁ
Via Mosso 6, 14024. ☎ 011-987 47 65.
Traditionelle Landtrattoria, die wochentags nur abends geöffnet hat und tadellos zubereitete Spezialitäten und Weine der Region serviert. ● *Di, Mi.*

NOVARA: *La Famiglia* ⓁⓁ
Via P. Solaroli 8, 28100. ☎ 0321-39 95 29.
Kleines, friedliches Restaurant mit Wandfresken vom Lago Maggiore. Die Küche konzentriert sich auf frischen Fisch und Risottos. ● *Fr.*

NOVARA: *Osteria del Laghetto* ⓁⓁⓁⓁ
Case Sparse 11, Veveri, 28100. ☎ 0321-62 15 79.
Das mit Blumen dekorierte, in einem Park gelegene Laghetto wartet mit frischem Fisch, Pilz- und Trüffelgerichten auf. Tischbestellung ratsam. ● *Sa mittags, So.*

ORTA SAN GIULIO: *Villa Crespi* ⓁⓁⓁⓁ
Via Generale Fava 8–10, 28016. ☎ 0322-91 19 02.
Exotisches Dekor aus Tausendundeiner Nacht. Die Küche verwendet je nach Jahreszeit Trüffeln und *foie gras* (Gänseleberpastete).

SAINT-VINCENT: *Batezar* ⓁⓁⓁⓁ
Via Marconi 1, 11027. ☎ 0165-51 31 64.
Klassische Küche mit besonderer Note (Ravioli mit Hummersauce, Fasan mit Polentakruste) in einem exzellenten Restaurant. ● *Mi, Mo–Fr mittags.*

Zeichenerklärung siehe hintere Umschlagklappe

Preise für ein Drei-Gänge-Menü und eine halbe Flasche Hauswein, inklusive Gedeck, Mehrwertsteuer und Bedienung: Ⓛ bis 35 000 L ⓁⓁ 35 000–55 000 L ⓁⓁⓁ 55 000–75 000 L ⓁⓁⓁⓁ 75 000–100 000 L ⓁⓁⓁⓁⓁ über 100 000 L	**TAGESMENÜ** Menü zum Festpreis, meist dreigängig. **GUTE WEINKARTE** Reichhaltiges Angebot qualitativ hochwertiger Weine. **FORMELLE KLEIDUNG** In einigen Restaurants werden Jackett und Krawatte erwartet. **TISCHE IM FREIEN** Essen unter freiem Himmel, oftmals mit schöner Aussicht. **KREDITKARTEN** Symbol zeigt an, daß die gängigen Kreditkarten akzeptiert werden.

Restaurant	Preis	Tagesmenü	Gute Weinkarte	Formelle Kleidung	Tische im Freien
SAN SECONDO DI PINEROLO: *La Ciau* Via Castello di Miradolo 2, 10060. ☎ 0121-50 06 11. Die regionalen Gerichte spiegeln viel Sorgfalt und Einfallsreichtum wider. ● Mi mittags, Do mittags.	ⓁⓁ		■		■
SORISO: *Al Soriso* Via Roma 18, 28016. ☎ 0322-98 32 28. Eines der am meisten gefeierten Restaurants in Italien. Die exzellente, kreative Küche verwendet Zutaten je nach Jahreszeit und läßt sich von vielfältigen italienischen und ausländischen Einflüssen inspirieren. ● Mo, Di mittags.	ⓁⓁⓁⓁⓁ		■		
TURIN: *Vincenzo Nebiolo* Via Priocco 10, 10152. ☎ 011-436 81 68. Täglich wechselnde Karte mit Piemonteser Spezialitäten. Versuchen Sie die Sardellengerichte mit hauseigenen Weinen. Nur Mittagessen. ● So.	Ⓛ	●			
TURIN: *Birilli* Strada Val San Martino 6, 10131. ☎ 011-819 05 67. Das freundliche, gesellige Restaurant wurde 1991 als Teil einer in Familienbesitz befindlichen Kette eröffnet. Die einfachen Gerichte mit Fleisch oder die Hauspasta namens »Birilli alla Birilli« sind stets gut. ● Winter So.	ⓁⓁ				■
TURIN: *Dai Saletta* Via Belfiore 37, 10125. ☎ 011-668 78 67. Restaurant mit herzlicher Atmosphäre im Zentrum. Sehr zu empfehlen sind in Barolo geschmortes Fleisch und die schaumige Zabaione. ● So; Aug.	ⓁⓁ		■		
TURIN: *Porto di Savona* Piazza Veneto 2, 10100. ☎ 011-817 35 00. Freundliches, etwas extravagantes Restaurant in einem Bau aus dem 18. Jahrhundert. Regionale Gerichte wie Gnocchi mit Gorgonzola und in Barolo geschmortes Fleisch. ● Mo, Di mittags; Juli.	ⓁⓁ		■		
TURIN: *Neuv Caval 'd Brôns* Piazza San Carlo 151, 10123. ☎ 011-562 74 83. Das elegante, geräumige Restaurant wartet mit exzellenten Speisen aus verschiedenen Sparten auf (unter anderem vegetarische). Der Minze-Schokoladen-Pudding »San Vittorio« ist berühmt. ● Sa mittags, So.	ⓁⓁⓁⓁ	●	■	●	
VARALLO SESIA: *Osteria del Muntisel* Via Fiume 1, 13019. ☎ 0163-521 55. Kleines, feines Restaurant inmitten eines öffentlichen Parks. Die Karte enthält hauptsächlich geräucherten Fisch, Salami, Käse und Suppen. ● Mo, Di.	ⓁⓁ	●			
VERBANIA PALLANZA: *Milano* Corso Zanitello 2, 28048. ☎ 0323-55 68 16. Seeblick und ein romantisches Inneres zeichnen das Milano aus. Man serviert unter anderem Tagliolini mit Süßwasserfisch und hausgemachte Pasta. ● Di.	ⓁⓁⓁⓁ				■
VERCELLI: *Il Giardinetto* Via Luigi Sereno 3, 13100. ☎ 0161-25 72 30. Das Restaurant einer eleganten Hotelvilla spezialisiert sich zur Saison auf Trüffel- und Pilzgerichte. Kosten Sie das *risotto mediterraneo*. ● Mo.	ⓁⓁ		■		■
VERCELLI: *Il Paiolo* Corso Garibaldi 72, 13100. ☎ 0161-25 05 77. Ländliche Trattoria mit regionaler Küche im historischen Zentrum. Das *risotto vercellese* ist sehr zu empfehlen. ● Do.	ⓁⓁ				
VILLARFOCCHIARDO: *La Giaconera* Via Antica di Francia 1, 10050. ☎ 011-964 50 00. Diese elegante Postkutschenstation versteht es, jahreszeitenabhängige Zutaten wie Trüffeln zu verwenden. Abends oft mit Klaviermusik. ● Mo; 20.–30. Aug.	ⓁⓁⓁ	●	■		

LIGURIEN

CAMOGLI: *La Cucina di Nonna Nina* Ⓛ Ⓛ
Via Franco Molfino 126, 16032 San Rocco di Camogli. 0185-77 38 35.
»Wenn Sie in Eile sind, entspannen Sie sich – unser Essen wird traditionell zubereitet«, heißt es auf der Karte. Freundliche Atmosphäre und herrlicher Blick auf den Golfo Paradiso. Vorwiegend ligurische Küche. ● *Mi.*

CAMOGLI: *Rosa* Ⓛ Ⓛ Ⓛ
Largo Casabona 11, 16032. 0185-77 34 11.
In einer hübschen Villa am Golfo Paradiso gelegen; vorzüglich zubereitete Fischgerichte wie *taglierini in sugo di triglie* (Pasta mit roter Meerbarbe). ● *Di.*

CERVO: *San Giorgio* Ⓛ Ⓛ Ⓛ Ⓛ
Via Volta 19, 18010. 0183-40 01 75.
Eine Tischreservierung ist unerläßlich, da die regionalen Gerichte mit Pfiff – überwiegend frischer Fisch und Meeresfrüchte – sehr beliebt sind. Der Wolfsbarsch mit Rosmarin und Bohnen ist sagenhaft. ● *Di.*

DOLCEACQUA: *Gastone* Ⓛ Ⓛ
Piazza Garibaldi 2, 18035. 0184-20 65 77.
Hausgemachte Pasta und regionale Fleischgerichte sind zwei Attraktionen dieses eleganten Restaurants im historischen Zentrum. ● *Mo abends, Di.*

GENUA: *Do' Colla* Ⓛ Ⓛ
Via alla Chiesa di Murta 10, Località Bolzaneto. 010-740 85 79.
Es lohnt sich, die paar Kilometer aus Genua hinauszufahren, um die exquisite ligurische Küche dieser einfachen Trattoria zu probieren. ● *So abends, Mo.*

GENUA: *Capun Pascia* Ⓛ Ⓛ Ⓛ
Via Boccadasse 19, 16146. 010-376 07 37.
Eine kleine Karte präsentiert die Spezialitäten des Hauses: perfekt zubereitete Gerichte, meist mit Fisch. Beginnen Sie mit dem Lachstatar. ● *Di.*

LEVANTO: *Araldo* Ⓛ Ⓛ
Via Jacopo 24, 19015. 0187-80 72 53.
Obwohl die Karte jeden Monat wechselt, bleibt sie den Erzeugnissen der Region treu. Das Innere wurde ansprechend mit Trompe-l'œil-Vorhängen dekoriert. ● *Di.*

MANAROLA: *Marina Piccola* Ⓛ Ⓛ Ⓛ
Via Discovolo 38, 19010. 0187-92 01 03.
Restaurant mit herrlichem Meerblick; die Karte mit regionalen Köstlichkeiten umfaßt Vorspeisen aus Meeresfrüchten, Pesto und gegrillten Fisch. ● *Do.*

NERVI: *Astor* Ⓛ Ⓛ
Viale delle Palme 16, 16167. 010-372 83 25.
Dieses Hotelrestaurant bietet eine gute Speisenauswahl mit Pesto, Fisch und der hier üblichen Pasta: Pansotti mit Wildkräutern und Nußsauce.

PORTOFINO: *Puny* Ⓛ Ⓛ Ⓛ
Piazza Martiri Olivetta 5, 16034. 0185-26 90 37.
Genießen Sie das Panorama der Bucht von Portofino bei gut zubereiteten Speisen und ligurischen Weinen. ● *Do.*

PORTOVENERE: *Taverna del Corsaro* Ⓛ Ⓛ Ⓛ Ⓛ
Calata Doria 102, 19025. 0187-79 06 22.
Kreative Rezepte der Region und ausschließlich Fischgerichte. Das Restaurant liegt an der Spitze der Halbinsel Portovenere. ● *Di.*

RAPALLO: *Roccabruna* Ⓛ Ⓛ Ⓛ
Via Sotto la Croce 6, Località Savagna, 16035. 0185-26 14 00.
Das abseits der Massen auf einer hübschen Terrasse am Meer gelegene Restaurant serviert nur ein Tagesmenü, von den *antipasti* bis zum Wein. ● *Mo.*

SAN REMO: *Paolo e Barbara* Ⓛ Ⓛ Ⓛ Ⓛ Ⓛ
Via Roma 47, 18038. 0184-53 16 53.
Kleines, feines Restaurant mit ligurischen und mediterranen Spezialitäten, vor allem Fisch und Meeresfrüchte.

VERNAZZA: *Gambero Rosso* Ⓛ Ⓛ Ⓛ
Piazza Marconi 7, 19018. 0187-81 22 65.
Reis mit Zitrone und Garnelen, gebratene Sardellen, *gamberoni* »im Schlafrock« und Pansotti (*siehe S. 174*) mit Kokos und Thymian sind nur einige der phantasiereichen ligurischen Gerichte. ● *Nov–Apr Mo.*

Zeichenerklärung siehe hintere Umschlagklappe

Preise für ein Drei-Gänge-Menü und eine halbe Flasche Hauswein, inklusive Gedeck, Mehrwertsteuer und Bedienung:
Ⓛ bis 35 000 L
ⓁⓁ 35 000 – 55 000 L
ⓁⓁⓁ 55 000 – 75 000 L
ⓁⓁⓁⓁ 75 000 – 100 000 L
ⓁⓁⓁⓁⓁ über 100 000 L

Tagesmenü
Menü zum Festpreis, meist dreigängig.
Gute Weinkarte
Reichhaltiges Angebot qualitativ hochwertiger Weine.
Formelle Kleidung
In einigen Restaurants werden Jackett und Krawatte erwartet.
Tische im Freien
Essen unter freiem Himmel, oftmals mit schöner Aussicht.
Kreditkarten
Symbol zeigt an, daß die gängigen Kreditkarten akzeptiert werden.

Emilia-Romagna

Bologna: *Lamma* — Ⓛ
Via dei Giudei 4, 40100. ☏ 051-26 83 62.
Zentral gelegene Trattoria mit Standardgerichten: Salat mit Bohnen, Thunfisch und Zwiebeln, Pasta mit Bohnen, Kutteln, gegrilltes Gemüse und Tiramisù. ● So.

Bologna: *Antica Trattoria del Cacciatore* — ⓁⓁⓁ
Via Caduti di Casteldebole 25, 40132. ☏ 051-56 42 03.
Der Landgasthof serviert eine Mischung aus regionaler und internationaler Küche mit hausgemachtem Brot, Wild und Trüffeln. ● So abends, Mo.

Bologna: *Pappagallo* — ⓁⓁⓁⓁ
Piazza Mercanzia 3c, 40125. ☏ 051-23 28 07.
Das elegante Restaurant in einem Palast (14. Jh.) im historischen Zentrum wartet mit Bologneser Küche auf: Tortellini und Lasagne. ● Sa abends, So.

Castell'Arquato: *Maps* — ⓁⓁⓁ
Piazza Europa 3, 29014. ☏ 0523-80 44 11.
Fischgerichte bestimmen die täglich wechselnde Karte dieser wiederaufgebauten mittelalterlichen Mühle im historischen Zentrum. ● Di.

Comacchio: *La Pace* — ⓁⓁ
Via Fogli 21, 44022. ☏ 0533-812 85.
Ein friedlicher Ort, an dem man auch übernachten kann. Die Karte bietet fast nur Fisch, vor allem gekochten Aal in allen denkbaren Variationen. ● Fr.

Faenza: *Le Volte* — ⓁⓁ
Corso Mazzini 54, 48018. ☏ 0546-66 16 00.
Ein stimmungsvolles Gebäude im historischen Zentrum. Vorzügliche Küche mit stark apulischem Einfluß. Versuchen Sie die Hähnchenbrust in Balsamico-Essig, Cannolini mit knackigem Gemüse und Lamm mit Thymian. ● So.

Ferrara: *La Sgarbata* — ⓁⓁ
Via Sgarbata 84, 44100. ☏ 0532-71 21 10.
Bescheidene Landtrattoria am Rand von Ferrara, die mit Spezialitäten der Stadt und gehaltvollen, schmackhaften Pizzas aufwartet. ● Mi, Do mittags.

Ferrara: *Quel Fantastico Giovedì* — ⓁⓁ
Via Castelnuovo 9, 44100. ☏ 0532-76 05 70.
Freundliches, kleines Restaurant, dessen wöchentlich wechselnde Speisekarte auch japanisches Sushi umfaßt. ● Mi; 20. Juli–22. Aug.

Fidenza: *Del Duomo* — ⓁⓁ
Via Micheli 27, 43036. ☏ 0524-52 42 68.
In der Nähe der Kathedrale gelegen; hausgemachte Spaghetti mit Pilzen, Steak mit Essig und Kutteln «alla parmigiana». ● Mo; 15. Juli, 1. Sep.

Goro: *Ferrari* — ⓁⓁⓁ
Via Antonio Brugnoli 240–244, 44020. ☏ 0533-99 64 48.
Direkt am Fischmarkt; die Karte berücksichtigt das Beste aus dem täglichen Fang und umfaßt, kaum verwunderlich, fast nur Fisch. ● Mi.

Modena: *Al Boschetto* — Ⓛ
Via Due Canali Nord 202, 41100. ☏ 059-25 17 59.
Rustikales Restaurant in einem riesigen Park, im Sommer mit Tischen im Freien. Im Winter brennt Feuer im offenen Kamin. Tortellini in Hühnerbrühe, Ragout und Braten am Spieß sind besonders zu empfehlen. ● So abends, Mi; 8.–25. Aug.

Modena: *Fini* — ⓁⓁⓁⓁ
Piazzetta San Francesco, 41100. ☏ 059-22 33 14.
Die vorzüglichen Gerichte sind in der regionalen Küche verwurzelt; *lasagna di maccheroni* und köstliche Desserts (z. B. *zuppa inglese*). ● Mo, Di; 21. Juli–28. Aug.

RESTAURANTS

PARMA: *Aldo* ⓁⓁ
Piazzale Inzani 15, 43100. 0521-20 60 01.
Die zwanglose Trattoria tischt Klassiker mit besonderer Note auf: geräuchertes Roastbeef und Perlhuhn mit Orangensauce. ● So abends, Mo; 15 Juli, 24. Aug.

PARMA: *Le Viole* ⓁⓁ
Strada Nuova 60a, Località Castelnuovo Golese, 43031. 0521-60 10 00.
Hier macht Essen Spaß: eine erfolgreiche Mischung aus modernen und traditionellen Ideen. So erscheint unter den Vorspeisen ein Wurstauflauf mit Steinpilzsauce, doch die Desserts sind wohl die Krönung. ● Mi, Do mittags.

PIACENZA: *Da Faccini* Ⓛ
San Antonio di Castell'Arquato 10, 29014. 0523-89 63 40.
Pasta und Wild sind die Hits dieser Trattora. Versuchen Sie Gnocchi mit Karotten, Ravioli mit Ente und Trüffeln sowie Kaninchen in Senf. ● Mi; 10.–20. Juli.

PIACENZA: *Antica Osteria del Teatro* ⓁⓁⓁⓁ
Via Verdi 16, 29100. 0523-32 37 77.
Eine fabelhafte Weinauswahl begleitet einfallsreiche, stilvoll zubereitete Gerichte aus regionalen Produkten. Auch der Rahmen, ein Palast aus dem 15. Jahrhundert, trägt zum Wohlbehagen bei. ● So abends, Mo.

RAVENNA: *Trattoria Capannetti* ⓁⓁ
Vicolo Capannetti 21, 48100. 0544-666 81.
Kreative, regionale und hausgemachte Gerichte je nach Jahreszeit. Sehr ruhiges Restaurant im historischen Zentrum. ● So abends, Mo.

RAVENNA: *Tre Spade* ⓁⓁ
Via Faentina 136, 48100. 0544-50 05 22.
Restaurant in einer Villa (19. Jh.). Die Spezialitäten des Küchenchefs sind Tortelli mit Entenragout und Lamm mit aromatischen Kräutern. ● So abends, Mo.

RIMINI: *Europa di Piero e Gilberto* ⓁⓁ
Via Roma 51, 47037. 0541-287 61.
Fischgerichte bestimmen die Speisekarte: Salat aus warmem Fisch mit Radicchio, Spaghetti mit Meeresfrüchten und gegrillte Adria-Seezunge. ● So.

RIMINI: *Il Melograno* ⓁⓁⓁ
Viale Vespucci 16, 47037. 0541-522 55.
Das Restaurant des Hotels Imperiale serviert vor allem Fisch (Steinbutt mit Kartoffelkruste, rote Meerbarbe mit Rosmarin) und gegrilltes Fleisch.

FLORENZ

FLORENZ: *Acquacotta* Ⓛ
Via de' Pilastri 51r, 50124. **Karte** 2 E5. 055-24 29 07.
Preiswertes Restaurant, das nach einer Florentiner Gemüsesuppe benannt wurde. Gegrilltes Fleisch und andere toskanische Spezialitäten. ● Di abends, Mi.

FLORENZ: *La Maremmana* Ⓛ
Via de' Macci 77r, 50100. **Karte** 4 E1. 055-24 12 26.
Einfache Trattoria mit traditioneller Kost abseits des Touristenstroms in der Nähe von Santa Croce. Das Tagesmenü ist besonders empfehlenswert. ● So.

FLORENZ: *Le Mossacce* Ⓛ
Via del Proconsolo 55r, 50122. **Karte** 2 D5 (6 E2). 055-29 43 61.
Trotz vielsprachiger Speisekarte, Papiertischdecken und allgemeinem Chaos tischt das 100 Jahre alte Mossacce bodenständige toskanische Gerichte auf. ● Sa, So.

FLORENZ: *Palle d'Oro* Ⓛ
Via Sant'Antonino 43r, 50123. **Karte** 1 C5 (5 C1). 055-28 83 83.
Karge, schlichte, makellos saubere Trattoria. Einfache, gut zubereitete Speisen und eine Theke für schmackhafte Sandwiches zum Mitnehmen. ● So.

FLORENZ: *Trattoria Mario* Ⓛ
Via Rosina 2r, 50123. **Karte** 1 C4. 055-21 85 50.
Eine bei Studenten und Marktleuten beliebte Trattoria mit Mittagstisch. Täglich wechselnde Gerichte: donnerstags Gnocchi, freitags Fisch. ● abends, So.

FLORENZ: *Buca dell'Orafo* ⓁⓁ
Volta de' Girolami 28r, 50122. **Karte** 6 D4. 055-21 36 19.
Bei Florentinern seit langem beliebtes, freundliches Lokal. Bürgerliche Küche mit hausgemachten Pasta und Tagesspezialitäten wie die typisch toskanische Pasta mit Bohnen *(fagioli)* am Samstag. ● So, Mo.

Zeichenerklärung siehe hintere Umschlagklappe

Preise für ein Drei-Gänge-Menü und eine halbe Flasche Hauswein, inklusive Gedeck, Mehrwertsteuer und Bedienung:
- Ⓛ bis 35 000 L
- ⓁⓁ 35 000 – 55 000 L
- ⓁⓁⓁ 55 000 – 75 000 L
- ⓁⓁⓁⓁ 75 000 – 100 000 L
- ⓁⓁⓁⓁⓁ über 100 000 L

TAGESMENÜ
Menü zum Festpreis, meist dreigängig.
GUTE WEINKARTE
Reichhaltiges Angebot qualitativ hochwertiger Weine.
FORMELLE KLEIDUNG
In einigen Restaurants werden Jackett und Krawatte erwartet.
TISCHE IM FREIEN
Essen unter freiem Himmel, oftmals mit schöner Aussicht.
KREDITKARTEN
Symbol zeigt an, daß die gängigen Kreditkarten akzeptiert werden.

	TAGESMENÜ	GUTE WEINKARTE	FORMELLE KLEIDUNG	TISCHE IM FREIEN
FLORENZ: *Buca Mario* ⓁⓁ Piazza degli Ottaviani 16r, 50100. **Karte** 1 B5. ☎ *055-21 41 79.* Überfülltes Restaurant, in dem Tischbestellungen oder Wartezeiten normal sind. Hausgemachte Pasta und gegrilltes Fleisch zu vernünftigen Preisen. ● *Mi, Do mittags.*				
FLORENZ: *Cafaggi* ⓁⓁ Via Guelfa 35r, 50123. **Karte** 1 C4. ☎ *055-29 49 89.* Öl und Wein dieser toskanischen Trattoria stammen vom Hof der Familie. *Crostini* (Röstbrot), *zuppa di farro* und *involtini* sind besonders gut. ● *So.*		●		
FLORENZ: *Da Pennello* ⓁⓁ Via Dante Alighieri 4r, 50100. **Karte** 4 D1. ☎ *055-29 48 48.* Es lohnt sich, lange im voraus zu reservieren. Dieses beliebte Restaurant ist berühmt für sein riesiges Vorspeisenangebot. ● *So abends, Mo.*		●		
FLORENZ: *Dino* ⓁⓁ Via Ghibellina 51r, 50122. **Karte** 4 D1 (6 E3). ☎ *055-24 14 52.* Angesehenes Restaurant in einem herrlichen Palast aus dem 14. Jahrhundert. Eine der besten Weinkarten von Florenz und abenteuerliche Gerichte wie Pasta mit Kräutern und in Papier gebackenes Schweinefilet. ● *So abends, Mo.*			■	
FLORENZ: *Paoli* ⓁⓁ Via dei Tavolini 12r, 50100. **Karte** 6 D3 (4 D1). ☎ *055-21 62 15.* Ein spektakulärer Rahmen: Der Speisesaal ist ein Gewölbe, übersät mit mittelalterlichen Fresken. Das Essen kann es mit dem Ambiente nicht aufnehmen. ● *Di.*				
FLORENZ: *San Zanobi* ⓁⓁ Via San Zanobi 33r, 50100. **Karte** 1 C4. ☎ *055-47 52 86.* Köstliche, einfallsreiche Küche in einem gediegenen, feinen Speisesaal. Die leichten, gut präsentierten Speisen entstammen der Florentiner Küche. ● *Mo.*				
FLORENZ: *Trattoria Angiolino* ⓁⓁ Via di Santo Spirito 36r, 50125. **Karte** 3 B1. ☎ *055-239 89 76.* Ansehnliches Restaurant mit der typischen Florentiner Betriebsamkeit. Die Qualität der Speisen ist sehr hoch, doch nicht immer gleich perfekt. Im Winter wärmt der eiserne Ofen in der Mitte des Restaurants. ● *So abends, Mo.*			■	
FLORENZ: *Trattoria Zà Zà* ⓁⓁ Piazza del Mercato Centrale 26r, 50123. **Karte** 1 C4. ☎ *055-21 54 11.* Kantinenartiges, stets proppenvolles Restaurant. Toskanische Küche. Vorzügliche Suppen wie *ribollita* (Gemüsesuppe) oder *passata di fagioli* (Bohnenmus).				
FLORENZ: *Alle Murate* ⓁⓁⓁ Via Ghibellina 52r, 50122. **Karte** 4 D1. ☎ *055-24 06 18.* Die junge Chefköchin dieser immer beliebteren Trattoria verbindet in Gerichten wie Ravioli mit Krabbenfüllung traditionell Italienisches mit Ideen aus der etwas entfernten Mittelmeerküche. Leichte, originelle Desserts. ● *Mo.*			■	
FLORENZ: *Cibreo* ⓁⓁⓁ Via Andrea del Verrocchio 8r, 50122. **Karte** 4 E1. ☎ *055-234 11 00.* Vorzüglich zubereitetes toskanisches Essen in lockerer Atmosphäre. Keine Pasta, dafür Spezialitäten wie Kutteln und Niere. Für zartbesaitete Gäste gibt es weniger Ausgefallenes wie z. B. Ente gefüllt mit Sultaninen. ● *Mo.*			■	■
FLORENZ: *Da Ganino* ⓁⓁⓁ Piazza dei Cimatori 4r, 50100. **Karte** 6 D3. ☎ *055-21 41 25.* Das freundliche, bei Einheimischen beliebte Restaurant serviert alle ortstypischen Standardgerichte wie Ravioli mit Butter und Salbei. ● *So.*				■
FLORENZ: *Il Francescano* ⓁⓁⓁ Via di San Giuseppe 26, 50120. **Karte** 4 E1. ☎ *055-24 16 05.* Elegant mit Marmor und Kunstobjekten eingerichtetes Restaurant. Das junge Publikum genießt Artischockentorte, Suppen und Fleischspeisen. ● *Okt–Apr Mi.*		■		

FLORENZ: *I Quattro Amici* ⒧⒧
Via degli Orti Oricellari 29, 50100. **Karte** 1 A5. ℂ *055-21 54 13.*
Vier Freunde, seit vielen Jahren im Geschäft, führen dieses Fischrestaurant. Das Innere ist kühl, ja spartanisch, doch für den Fisch aus Porto Santo Stefano wurde die Küche mit einem Michelin-Stern ausgezeichnet. ● *So.*

FLORENZ: *La Taverna del Bronzino* ⒧⒧⒧
Via delle Ruote 27r, 50129. **Karte** 2 D3. ℂ *055-49 52 20.*
Der Palast (15. Jh.), in dem sich dieses Restaurant befindet, wird mit dem Florentiner Maler in Verbindung gebracht. Die Küche ist hervorragend. ● *So.*

FLORENZ: *Le Fonticine* ⒧⒧⒧
Via Nazionale 79r, 50123. **Karte** 1 C4. ℂ *055-28 21 06.*
Das alteingesessene Restaurant serviert toskanische Küche mit besonderer Note. Das Fleisch ist von bester Qualität, die Pasta hausgemacht. ● *So, Mo.*

FLORENZ: *Enoteca Pinchiorri* ⒧⒧⒧⒧⒧
Via Ghibellina 87, 50122. **Karte** 1 A4 (5 A1). ℂ *055-24 27 77.*
Das Pinchiorri wird oft als das beste Restaurant Italiens mit dem feinsten Weinkeller Europas bezeichnet. Die Küche kombiniert Toskanisches mit der von Frankreich inspirierten *cucina nuova*. ● *So, Mo, Mi mittags.*

FLORENZ: *Sabatini* ⒧⒧⒧⒧⒧
Via Panzani 9a, 50123. **Karte** 1 C5 (5 C1). ℂ *055-28 28 02.*
Früher das beste Restaurant von Florenz; die Küche (italienisch und international) kann hervorragend sein, Ambiente und Bedienung sind tadellos. ● *Mo.*

TOSKANA

AREZZO: *Buca di San Francesco* ⒧⒧
Via San Francesco 1, 52100. ℂ *0575-232 71.*
Das Restaurant direkt neben der Kirche mit Piero della Francescas Freskenzyklus bietet sich einem förmlich an. ● *Mo abends, Di.*

ARTIMINO: *Da Delfina* ⒧⒧⒧
Via della Chiesa 1, 50041. ℂ *055-871 80 74.*
Reizendes Restaurant außerhalb eines mittelalterlichen Dorfs. Schweinefleisch mit wildem Fenchel und schwarzem toskanischem Kohl. ● *So abends, Mo.*

BAGNI DI LUCCA: *Locanda Maiola* ⒧⒧
Via della Controneria, 55022. ℂ *0583-862 96.*
Schöne Trattoria mit ausgezeichneten regionalen Spezialitäten wie *fritto misto* (mit Lamm), Pasta mit Ragout und Haselnußbeignets. ● *Di.*

CAPALBIO: *Da Maria* ⒧⒧
Via Comunale 3, 58011. ℂ *0564-89 60 14.*
Römische Politiker genießen in den Ferien gemeinsam mit Einheimischen die Spezialitäten der Maremma wie Wildschwein und Pasta mit Trüffeln. ● *Okt–Apr Di.*

CASTELNUOVO BERARDENGA: *La Bottega del Trenta* ⒧⒧⒧
Via Santa Caterina 2, Villa a Sesta, 53019. ℂ *0577-35 92 26.*
Geschmackvolles Restaurant, das abenteuerliche Kreationen serviert wie Entenbrust mit wildem Fenchel; köstliche Desserts. ● *Di, Mi, Mo–Sa mittags.*

COLLE DI VAL D'ELSA: *L'Antica Trattoria* ⒧⒧⒧
Piazza Arnolfo 23, 53034. ℂ *0577-92 37 47.*
Bürgerlicher Familienbetrieb, der sich der traditionellen Küche der Region verschrieben hat. Mittelalterlicher Rahmen und aufmerksamer Service. ● *Di.*

CORTONA: *La Loggetta* ⒧⒧
Piazza Pescheria 3, 54044. ℂ *0575-63 05 75.*
Restaurant in einer urigen, mittelalterlichen Loggia. Kühles, gediegenes Inneres. Die hausgemachten Cannelloni mit Spinat und Ricotta sind köstlich. ● *Mo.*

ELBA: *Publius* ⒧⒧
Piazza XX Settembre, 57030 Poggio di Marciana. ℂ *0565-992 08.*
Nette Trattoria mit dem besten Weinkeller auf Elba. Neben Fisch werden Waldpilzgerichte, Wild und Wildschwein aufgetragen. ● *Nov–März Mo.*

GAIOLE IN CHIANTI: *Badia a Coltibuono* ⒧⒧
Badia a Coltibuono, 53013. ℂ *0577-74 94 24.*
Das Badia, eine Abtei aus dem 11. Jahrhundert, ist das Herz eines Weinbergs, dessen Erträge im Restaurant Verwendung finden. Die Speisekarte reicht von Braten am Spieß bis zu köstlichen Desserts. Man kann das Gut besichtigen. ● *Mo.*

Preise für ein Drei-Gänge-Menü und eine halbe Flasche Hauswein, inklusive Gedeck, Mehrwertsteuer und Bedienung: Ⓛ bis 35 000 L ⓁⓁ 35 000–55 000 L ⓁⓁⓁ 55 000–75 000 L ⓁⓁⓁⓁ 75 000–100 000 L ⓁⓁⓁⓁⓁ über 100 000 L	**TAGESMENÜ** Menü zum Festpreis, meist dreigängig. **GUTE WEINKARTE** Reichhaltiges Angebot qualitativ hochwertiger Weine. **FORMELLE KLEIDUNG** In einigen Restaurants werden Jackett und Krawatte erwartet. **TISCHE IM FREIEN** Essen unter freiem Himmel, oftmals mit schöner Aussicht. **KREDITKARTEN** Symbol zeigt an, daß die gängigen Kreditkarten akzeptiert werden.			

		TAGESMENÜ	GUTE WEINKARTE	FORMELLE KLEIDUNG	TISCHE IM FREIEN
LIVORNO: *La Chiave* Scale delle Cantine 52, 57100. 0586-88 86 09. Ein elegantes, feines Restaurant; die Karte umfaßt traditionell toskanisch Fleisch- und Fischgerichte und wechselt vierzehntägig. ● Mi.	ⓁⓁⓁ				
LUCCA: *Buca di Sant'Antonio* Via della Cervia 3, 55100. 0583-558 81. Luccas berühmtestes Restaurant mit traditionell-rustikaler Küche. Hat zwar etwas nachgelassen, aber das Angebot an Speisen ist immer noch gut. ● So abends, Mo.	ⓁⓁ				
MASSA MARITTIMA: *Bracali* Frazione Ghirlanda, 58024. 0566-90 20 63. Das Familienrestaurant pflegt die Küche der Maremma: hauchdünne Scheiben Wildschwein, Taube mit Honig und Perlhuhn mit weißen Trauben. ● Di.	ⓁⓁ				
MOGGIONA: *Il Cedro* Via di Camaldoli 20, 52010. 0575-55 60 80. Reh, Wildschwein und gebratenes Gemüse zählen zu den vorzüglichen Spezialitäten von Il Cedro. Wunderbare Lage mit Blick auf Wälder und Berge. Gutes Preis-Leistungs-Verhältnis. ● Okt–Apr Mo.	ⓁⓁ				
MONTALCINO: *Taverna dei Barbi* Località Podernovi, 53024. 0577-84 93 57. Fabelhafte ländliche Küche und Brunello-Weine in einem renommierten Restaurant und zudem ein prächtiger Blick auf die umliegenden Hügel. ● Di abends, Mi.	ⓁⓁ		■		
MONTECATINI TERME: *Pier Angelo* Viale IV Novembre 99, 51016. 0572-77 15 52. Dieses gefeierte Restaurant in einer Jugendstilvilla serviert einzigartige Nouvelle Cuisine mit innovativen Ideen. ● So abends, Mo.	ⓁⓁⓁⓁ				
MONTEPULCIANO: *Il Marzocco* Piazza Savonarola 18, 53045. 0578-75 72 62. Dieser Familienbetrieb in einem Hotel aus dem 19. Jahrhundert versteht es, seine Gerichte in bescheidenem Ambiente vorzüglich zu präsentieren. ● Mi.	ⓁⓁ				
MONTERIGGIONI: *Il Pozzo* Piazza Roma 2, 53035. 0577-30 41 27. Restaurant in altem Gemäuer in dem reizenden mittelalterlichen Dorf Monteriggioni. Die toskanische Küche ist einfach und wird sehr liebevoll zubereitet. Die hausgemachten Desserts sind weithin bekannt. ● So abends, Mo.	ⓁⓁⓁ				
ORBETELLO: *Osteria del Lupacante* Corso Italia 103, 58015. 0564-86 76 18. Die Küche konzentriert sich auf Fisch und Meeresfrüchte und kann etwas abenteuerlich sein. Probieren Sie die Miesmuscheln in Marsalasauce und die Seezunge mit Mandeln und Zwiebeln. ● Okt–Apr Di.	ⓁⓁ				
PESCIA: *Cecco* Via Francesca Forti 94–96, 51017. 0572-47 79 55. Ein freundliches Restaurant mit teils herausragenden Gerichten. Versuchen Sie den Spargel von Pescia und *cioncia* (die Spezialität des Hauses). ● Mo.	ⓁⓁ		■		■
PIENZA: *Da Falco* Piazza Dante Alighieri 7, 53026. 0578-74 85 51. Freundliches Restaurant mit exzellenten Vorspeisen; zudem bietet die Speisekarte mit ortstypischen Köstlichkeiten eine Vielzahl von *primi* und *secondi*. ● Fr.	ⓁⓁ	●			■
PISA: *Al Ristoro dei Vecchi Macelli* Via Volturno 49, 56126. 050-204 24. Angenehmes Restaurant mit intimer Atmosphäre, in dem leichte toskanische Gerichte mit Pfiff serviert werden. Fisch, Meeresfrüchte und Wild werden allesamt köstlich zubereitet, die Desserts sind ein Genuß. ● So mittags, Mi.	ⓁⓁⓁ		■		

Porto Ercole: *Bacco in Toscana* ⓁⓁⓁ
Via San Paolo 6, 58018. ☎ 0564-83 30 78.
Dieses Restaurant mit behaglichem Ambiente serviert Meeresfrüchte wie
Scampi mit Zitrone und Spaghetti mit Venusmuscheln. ● *Mi.* ✉

Porto Santo Stefano: *La Bussola* ⓁⓁ
Piazza Fucchinetti 11, 58019. ☎ 0564-81 42 25.
Dieses Restaurant serviert abenteuerliche *primi*, oft Pasta mit Meeresfrüchten oder
gegrillten Fisch. Die Aussicht von der Terrasse ist überwältigend. ● *Mi.* ✉

Prato: *Il Piraña* ⓁⓁⓁ
Via Valentini 110, 50047. ☎ 0574-257 46.
Für viele eines der besten Fischrestaurants der Toskana. Lassen Sie sich vom
überladen-modernen Interieur nicht abschrecken. ● *Sa mittags, So.* ✉

San Gimignano: *Le Terrazze* ⓁⓁ
Albergo la Cisterna, Piazza della Cisterna 24, 53037. ☎ 0577-94 03 28.
Auf einer Terrasse mit Blick auf die umliegenden Hügel der südlichen Toskana
gelegen. Ein mittelalterlicher Speisesaal befindet sich in einem Palast (13. Jh.).
Gute Spezialitäten aus der Region mit einigen Neuheiten. ● *Di, Mi mittags.* ✉ ▤

Sansepolcro: *Paola e Marco Mercati* ⓁⓁⓁ
Via Palmiro Togliatti 68, 52037. ☎ 0575-73 50 51.
Auf der Karte dieses neuen Restaurants findet man schwarzen toskanischen Kohl
mit weißen Trüffeln, Gemüseravioli, gebratene Taube und Gnocchi. ● *So.* ✉

Saturnia: *I Due Cippi da Michele* ⓁⓁ
Piazza Vittorio Veneto 26a, 58050. ☎ 0564-60 10 74.
Sehr beliebtestes Restaurant der Gegend und Aushängeschild der Küche der
Maremma. Die Gerichte sind zu diesen Preisen einfach unschlagbar. ● *Di.* ✉

Siena: *Al Marsili* ⓁⓁ
Via del Castoro 3, 53100. ☎ 0577-471 54.
Vielleicht nicht mehr so köstlich wie früher, doch das Essen im Al Marsili, das als
eines der besten Restaurants von Siena galt, ist nach wie vor gut. ● *Mo.* ✉ ▤

Siena: *Osteria le Logge* ⓁⓁⓁ
Via del Porrione 33, 53100. ☎ 0577-480 13.
Sienas ansprechendstes Restaurant voll dunklem Holz und Marmor. Hausge-
machte Öle und Montalcino-Weine begleiten Gerichte wie Perlhuhn, Ente mit
Fenchel und Kaninchen mit Kapern. ● *So.* ✉

Sovana: *Taverna Etrusca* ⓁⓁ
Piazza del Pretorio 16, 58010. ☎ 0564-61 61 83.
Das kleine Restaurant besitzt einen herrlichen mittelalterlichen Speisesaal;
sorgsam zubereitete toskanische Küche mit weltoffenem Touch. ● *Mo.* ✉

Viareggio: *Romano* ⓁⓁⓁ
Via Mazzini 120, 55049. ☎ 0584-313 82.
Eines der besten Fischrestaurants der Toskana. Höflicher, freundlicher
Service und alle Weine zu einem angemessenen Preis. ● *Mo.* ✉

Umbrien

Amelia: *Anita* ⓁⓁ
Via Roma 31, 05022. ☎ 0744-98 21 46.
Schlichte, ortstypische Küche in einem einfachen Lokal: *crostini* (Röstbrot),
Fleischspießchen, Pasta mit Steinpilzen und Wildschwein. ● *Mo.* ✉

Assisi: *Medioevo* ⓁⓁⓁ
Via Arco dei Priori 4b, 06081. ☎ 075-81 30 68.
Elegantes Restaurant im alten Teil der Stadt mit mittelalterlichem Gewölbe als
Speisesaal. Hausgemachte Pasta (kosten Sie sie je nach Jahreszeit mit schwar-
zen Trüffeln). Fleischgerichte nach traditionellen Rezepten. ● *Mi; Jan, Juli.* ✉

Assisi: *San Francesco* ⓁⓁⓁ
Via San Francesco 52, 06081. ☎ 075-81 23 29.
Sorgfältig durchdachte Speisekarte mit Carpaccio (hauchdünne Scheiben) von
rohen Steinpilzen, gefüllte Gans und Filetsteak mit Trüffeln. ● *Mi, So abends.* ✉

Città di Castello: *Amici Miei* Ⓛ
Via del Monte 2, 06012. ☎ 075-855 99 04.
Restaurant in den Vorratskammern eines Palastes aus dem 16. Jahrhundert im
historischen Zentrum. Regionale Küche mit neuen Inspirationen. ● *Mi.*

Zeichenerklärung siehe hintere Umschlagklappe

	TAGESMENÜ	GUTE WEINKARTE	FORMELLE KLEIDUNG	TISCHE IM FREIEN

Preise für ein Drei-Gänge-Menü und eine halbe Flasche Hauswein, inklusive Gedeck, Mehrwertsteuer und Bedienung:
- Ⓛ bis 35 000 L
- ⓁⓁ 35 000–55 000 L
- ⓁⓁⓁ 55 000–75 000 L
- ⓁⓁⓁⓁ 75 000–100 000 L
- ⓁⓁⓁⓁⓁ über 100 000 L

TAGESMENÜ
Menü zum Festpreis, meist dreigängig.
GUTE WEINKARTE
Reichhaltiges Angebot qualitativ hochwertiger Weine.
FORMELLE KLEIDUNG
In einigen Restaurants werden Jackett und Krawatte erwartet.
TISCHE IM FREIEN
Essen unter freiem Himmel, oftmals mit schöner Aussicht.
KREDITKARTEN
Symbol zeigt an, daß die gängigen Kreditkarten akzeptiert werden.

CITTÀ DI CASTELLO: *Il Bersaglio* ⓁⓁ
Via Vittorio Emanuele Orlando 14, 06012. 075-855 55 34.
Traditionelles umbrisches Restaurant mit Spezialitäten wie *gnocchetti* (kleine Gnocchi) mit Trüffeln und Mandeldessert mit Mokkacreme. ● *Mi.*

CAMPELLO SUL CLITUNNO: *Le Casaline* ⓁⓁ
Poreta di Spoleto, 06042. 0743-52 11 13.
Diese restaurierte Mühle aus dem 18. Jahrhundert ist eine Oase ländlicher Ruhe. Kosten Sie die Gnocchi mit Pilzfüllung, Wildschwein in Wein-Tomaten-Sauce sowie die verschiedenen Salamisorten. ● *Mo.*

CAMPELLO SUL CLITUNNO: *Trattoria Pettino* ⓁⓁ
Frazione Pettino 31, 06042. 0743-27 60 21.
Ein altes, renoviertes Haus in den Bergen. Die *bruschetta* sowie die zahllosen Trüffelgerichte sind ein Gedicht. ● *Di.*

FOLIGNO: *Villa Roncalli* ⓁⓁⓁ
Via Roma 25, 06034. 0742-39 10 91.
Reizender ländlicher Gasthof mit Garten 1 km außerhalb von Foligno. Man versteht es, aus frischen Zutaten regionale Köstlichkeiten zuzubereiten. ● *Mo.*

GUBBIO: *Alcatraz* Ⓛ
Località Santa Cristina, 06020. 075-922 99 38.
Die bodenständige Kost des Agriturist-Zentrums ungefähr 25 km südwestlich von Gubbio sowie Öl, Pasta und Wein werden auf dem Hof hergestellt.

GUBBIO: *Villa Montegranelli* ⓁⓁ
Località Monteluiano, 06024. 075-922 01 85.
Eine Villa aus dem 18. Jahrhundert mit elegant-ländlichem Flair. Zu den Köstlichkeiten zählen eine Terrine mit Steinpilzen und *crostini* (Röstbrot) sowie Pfannkuchen aus Maronenmehl mit geschmolzenem Käse und Ricotta.

MAGIONE: *Associazione Agrituristica Montemelino* Ⓛ
Località Montemelino, 06063. 075-84 36 06.
Eines der einfachen, guten Agriturist-Restaurants. Hier werden Fisch aus dem eigenen See und in der Pilzsaison Ravioli mit Steinpilzfüllung serviert. ● *Okt–Apr Mo.*

NARNI: *Monte del Grano 1696* ⓁⓁⓁ
Strada Guadamello 128, Località San Vito, 05030. 0744-74 91 43.
Mit viel Sorgfalt schafft man eine angenehme Atmosphäre, in der oft raffiniert zubereitete, vorzügliche regionale Gerichte aufgetischt werden. ● *Mo.*

NORCIA: *Dal Francese* ⓁⓁ
Via Riguardati 16, 06046. 0743-81 62 90.
Trattoria im ländlichen Stil im Zentrum von Norcia. Spezialitäten der Region wie (zur Trüffelzeit) ein eigenes Trüffelmenü. ● *Okt–Apr Fr.*

ORVIETO: *La Volpe e L'Uva* Ⓛ
Via Ripa Corsica 1, 05018. 0763-34 16 12.
Verschiedene, je nach Saison wechselnde regionale Gerichte zu günstigen Preisen gibt es in dieser beliebten Trattoria im Zentrum von Orvieto. ● *Mo, Di.*

ORVIETO: *I Sette Consoli* ⓁⓁ
Piazza Sant'Angelo 1a, 05018. 0763-34 39 11.
Freundliches Restaurant mit Tischen im Garten. Kosten Sie *baccalà* (gesalzenen Kabeljau), mariniert in Apfelessig mit Kartoffelsalat, gefülltes Kaninchen, Bohnensuppe mit Fenchel und *crostini* mit geräuchertem Ricotta. ● *Mi.*

PASSIGNANO SUL TRASIMENO: *Cacciatori da Luciano* ⓁⓁⓁⓁ
Lungolago A. Pompii 11, 06065. 075-82 72 10.
Fischgerichte wie Scampisalat, Carpaccio (hauchdünne Scheiben) von rohem Seefisch, Risottos mit Garnelen und Shrimps sowie gegrillte Seezunge sind die Säulen der Küche. Einige Desserts werden mit Waldbeeren zubereitet.

PERUGIA: *Aladino* ⓁⓁ
Via delle Prome 11, 06100. 📞 075-572 09 38.
Das Aladino im historischen Zentrum serviert herrliche Gerichte mit Schwerpunkt auf sardischer Küche. Hausgemachte Desserts. ● *tägl. mittags, Mo.*

PERUGIA: *Gio Arte e Vini* ⓁⓁ
Via Ruggero d'Andreotto 19, 06124. 📞 075-573 11 00.
Berühmt für seine spektakuläre Weinkarte und gut gewählten Gerichte aus der Region mit besonderer Note. Die umbrische Minestrone sowie *trecciola di agnello* (Lamm) sind besonders empfehlenswert. ● *So abends, Mo mittags.*

PERUGIA: *Osteria del Bartolo* ⓁⓁⓁ
Via Bartolo 30, 06122. 📞 075-573 15 61.
Dieses elegante Restaurant ist ein Stützpfeiler der Kochkunst Perugias. Vieles – wie zum Beispiel Brot und Butter – ist hausgemacht. ● *So.*

SPOLETO: *Il Tartufo* ⓁⓁ
Piazza Garibaldi 24, 06049. 📞 0743-402 36.
Der Boden eines Speisesaals ist noch antik-römisch. Spezialitäten aus der Region wie, kaum verwunderlich, Trüffeln und andere Köstlichkeiten wie Gerstensuppe und Ente in Sagrantino-Sauce. ● *Mi.*

TERNI: *Da Carlino* Ⓛ
Via Piemonte 1, 05100. 📞 0744-42 01 63.
Bodenständige Kost, z. B. *crostini* mit Salami, Tagliatelle mit Trüffeln oder Entenragout, Lammbraten und Rouladen *(involtini)* mit Bohnen. ● *Mo.*

TERNI: *Gulliver* ⓁⓁⓁ
Via Sant'Alo 10, 05100. 📞 0744-42 52 25.
Ein paar junge Leute führen dieses vorzügliche Restaurant. Aus ortstypischen Zutaten entstehen kreative Gerichte wie Ravioli mit Lachs oder *orecchiette* (ohrförmige Pasta) mit Spargel und weißen Trüffeln. ● *So, Mi.*

TODI: *La Mulinella* Ⓛ
Località Pontenaia, 06059. 📞 075-894 82 35.
Das Restaurant auf dem Land, etwa 2 km außerhalb von Todi, bietet einfache, gute Speisen. *Tagliatelle al profumo di bosco* sind hervorragend. ● *Mi.*

TODI: *Lucaroni* ⓁⓁ
Strada Rosceto-Soprano 25, Località Casella, 06059. 📞 075-88 73 70.
Regionale Fisch-, Fleisch- und Wildgerichte (Feldhase, Ente und Lamm). Auch die Desserts wie *crema* mit heißer Schokolade schmecken gut. ● *Di.*

TREVI: *La Taverna del Pescatore* ⓁⓁ
Via della Chiesa Tonda 50, 06039. 📞 0742-78 09 20.
Die frischesten Zutaten der Region werden nach unkomplizierten, aber erlesenen Rezepten verarbeitet; die Atmosphäre ist leger, der Service aufmerksam. ● *Mi.*

DIE MARKEN

ANCONA: *La Moretta* ⓁⓁⓁ
Piazza Plebiscito 52, 60124. 📞 071-20 23 17.
Das bezaubernde Restaurant wartet mit vorzüglichen Gerichten auf; Polenta mit Tintenfisch und Trüffeln sowie Lamm mit Artischocken und Mandeln. ● *So.*

ANCONA: *Passetto* ⓁⓁⓁ
Piazza IV Novembre 1, 60124. 📞 071-332 14.
Im Sommer Tische im Freien und herrlicher Blick aufs Meer. Die guten Fleischgerichte werden von Fisch und Meeresfrüchten sogar noch übertroffen. ● *Mo.*

FABRIANO: *Il Convivio* ⓁⓁⓁ
Via P. Mattarella 62, 60044. 📞 0732-45 74.
Restaurant oberhalb einer *birreria* mit vorzüglichen, einfallsreichen Gerichten je nach Saison wie Taube mit Portwein-Trüffel-Sauce. ● *Mo.*

FANO: *Darpetti Quinta* Ⓛ
Viale Adriatico 42, 61032. 📞 0721-80 80 43.
Eine hervorragende, einfache Trattoria mit einfachem, aber köstlichem Tagesmenü aus Pasta mit leichten Saucen und gegrilltem Fleisch. ● *So.*

FANO: *Ristorantino da Giulio* ⓁⓁ
Viale Adriatico 100, 61032. 📞 0721-80 56 80.
Ruhiges Restaurant gegenüber vom Strand. Regionale Küche mit eigenen Ideen des Chefkochs. Die Fischvorspisen sind besonders gut. ● *Di.*

Preise für ein Drei-Gänge-Menü und eine halbe Flasche Hauswein, inklusive Gedeck, Mehrwertsteuer und Bedienung:
- ⓛ bis 35 000 L
- ⓛⓛ 35 000–55 000 L
- ⓛⓛⓛ 55 000–75 000 L
- ⓛⓛⓛⓛ 75 000–100 000 L
- ⓛⓛⓛⓛⓛ über 100 000 L

TAGESMENÜ
Menü zum Festpreis, meist dreigängig.
GUTE WEINKARTE
Reichhaltiges Angebot qualitativ hochwertiger Weine.
FORMELLE KLEIDUNG
In einigen Restaurants werden Jackett und Krawatte erwartet.
TISCHE IM FREIEN
Essen unter freiem Himmel, oftmals mit schöner Aussicht.
KREDITKARTEN
Symbol zeigt an, daß die gängigen Kreditkarten akzeptiert werden.

IESI: *Ensalada* ⓛⓛ
Via San Marcello 86, 60035. 0731-574 87.
Der Koch legt großen Wert darauf, daß nur der beste Fisch verwendet und mit äußerster Sorgfalt zubereitet wird. Fisch ist die Grundlage der meisten *antipasti* und *primi*, die Küche ist leicht und wohlschmeckend. ● Mo.

IESI: *Tana Liberatutti* ⓛⓛ
Piazza B. Pontelli 1, 60035. 0731-592 37.
Einfache, liebevoll zubereitete Speisen in einem ehrwürdigen Restaurant. Kosten Sie mariniertes Kalbfleisch oder *crostini* mit Waldpilzen als Vorspeise. ● So.

LORETO: *Andreina* ⓛⓛ
Via Buffolareggia 14, 60025. 071-97 01 24.
Das Mutter-Tochter-Team kocht traditionell: hausgemachte Pasta, Huhn, Kaninchen und Wild sowie verlockende Desserts. ● Di.

MACERATA: *Da Secondo* ⓛⓛ
Via Pescheria Vecchia 26–28, 62100. 0733-26 09 12.
Regionale Küche; *vincisgrassi* (lasagneähnlicher Auflauf) und *frittura mista* (ausgebackener Fisch) sind sehr zu empfehlen. ● Mo.

NUMANA: *La Costarella* ⓛⓛⓛ
Via IV Novembre 35, 60026. 071-736 02 97.
Eine Tischbestellung ist in diesem Fischrestaurant unerläßlich; Pasta mit Tintenfisch in eigener Tinte und gebratener Fisch mit Zucchiniblüten. ● Okt–Apr Mo.

PÈSARO: *Daniela e Umberto il Rifugio del Gabbiano* ⓛⓛⓛ
Strada Panoramica San Bartolo, Località Santa Marina Alta, 61100. 0721-27 98 44.
Stilvoll serviert, traditionelle Gerichte aus Pèsaro, vorwiegend Fisch. Kosten Sie Pasta mit Tintenfisch, Fischravioli und gebackenen Fisch. ● Mo.

PÈSARO: *Da Teresa* ⓛⓛⓛ
Viale Trieste 180, 61100. 0721-302 22.
Liebenswürdiges Restaurant mit phantasievoll zubereiteten, ortstypischen Gerichten. Neben vorzüglichem Fisch und Meeresfrüchten einige Fleischgerichte und zum Abschluß köstliche Desserts. ● So abends, Mo.

PÈSARO: *Da Alceo* ⓛⓛⓛⓛ
Via Panoramica Ardizio 101, 61100. 0721-513 60.
Das berühmte Fischrestaurant mit ausnehmend schöner Panoramaterrasse trägt Gnocchi mit Meeresfrüchten und Risotto auf. Hausgemachte Desserts. ● Mo.

SENIGALLIA: *Uliassi* ⓛⓛ
Via Banchina di Levante 6, 60020. 071-654 63.
Zwei Geschwister führen das freundliche Restaurant mit niveauvoller Küche. Spezialität des Hauses: Pasta mit Venus- und Miesmuscheln und Safran. ● Di.

SIROLO: *Rocco* ⓛⓛ
Via Torrione 1, 60020. 071-933 05 58.
Rocco tischt nur an Sommerabenden seine Köstlichkeiten auf (hauptsächlich Fisch): Gnocchi mit Venusmuscheln, Fischplatte mit Gemüse sowie Sägebarsch mit einer Sauce aus Kopfsalat und Balsamico-Essig. ● Di.

URBANIA: *Big Ben* ⓛⓛ
Corso Vittorio Emanuele 61, 61049. 0722-31 97 95.
Das Big Ben liegt im historischen Stadtzentrum. Zu seinen Spezialitäten zählen Tagliolini mit Trüffeln sowie *cicciarchiata* (ein Spezialdessert). ● Mi.

URBINO: *Vecchia Urbino* ⓛⓛⓛ
Via del Vasari 3–5, 61029. 0722-44 47.
Ländliches Restaurant mit Blick auf den historischen Stadtkern; einfach zubereitete, traditionell-bodenständige Gerichte wie *vincisgrassi* (die lokale Lasagneart), Kaninchen und Lamm mit Kräutern. ● Okt–Apr Di.

ROM

AVENTIN: *Pierilli a Testaccio* ⓁⓁ
Via Marmorata 39, 00153. **Karte** 6 E3. ▌ *06-574 24 15.*
Die archetypische, lärmende römische Trattoria serviert Stammkunden boden-
ständige, traditionelle Kost wie Artischocken und Rigatoni. ● *Mi.* ♿

AVENTIN: *Checchino dal 1887* ⓁⓁⓁⓁ
Via di Monte Testaccio 30, 00153. **Karte** 6 D4. ▌ *06-574 63 18.*
Römische Küche an alten Klostertischen in einem Gewölbe, im Winter
mit Kaminfeuer. ● *Okt–Mai Mo, So abends; Juni–Sep Mo abends, So.* 🎫 ♿

CAMPO DE' FIORI: *Al Pompiere* ⓁⓁ
Via Santa Maria dei Calderari 38, 00186. **Karte** 2 F5. ▌ *06-686 83 77.*
Dieses Restaurant liegt im Herzen des jüdischen Ghettos im ersten Stock des
Palazzo Cenci Bolognetti. Die klassische römische Küche bietet unter anderem
gebratene Zucchiniblüten und Rigatoni. ● *So.* 🎫

CAMPO DE' FIORI: *Le Maschere* ⓁⓁ
Via Monte della Farina 29, 00186. **Karte** 2 F5. ▌ *06-687 94 44.*
Eine gefliete Halle mündet in eine rustikale, überdachte Terrasse mit ländli-
chem Flair. Der Hauswein und die kräftige Küche sind kalabrisch. ● *Mo.* 🎫

CAMPO DE' FIORI: *Taverna Giulia* ⓁⓁ
Vicolo dell'Oro 23, 00186. **Karte** 2 D3. ▌ *06-686 97 68.*
Die ligurische Küche offeriert Canapés mit Lachs und Mozzarella sowie *baccalà
alla genovese*. Ruhige Atmosphäre und diskreter Service. ● *So.* 🎫 ♿

CAMPO DE' FIORI: *Il Drappo* ⓁⓁⓁ
Vicolo del Malpasso 9, 00186. **Karte** 2 E4. ▌ *06-687 73 65.*
Das behagliche, mit Stoffen dekorierte Restaurant serviert sardische Küche:
seada (süße Ravioli mit Käsefüllung) und Heidelbeerlikör. ● *So.* 🎫 ♿

CAMPO DE' FIORI: *Sora Lella* ⓁⓁⓁ
Via Ponte Quattro Capi 16, 00186. **Karte** 6 E1. ▌ *06-686 16 01.*
Benannt nach der Gründerin, einer römischen Schauspielerin. Heute führt ihr
Sohn das Restaurant mit regionaler Küche in vorzüglicher Lage. ● *So.* 🎫

CAMPO DE' FIORI: *Camponeschi* ⓁⓁⓁⓁ
Piazza Farnese 50, 00186. **Karte** 2 E5. ▌ *06-687 49 27.*
Moderne und regionale italienische Küche sowie feine französische Spezialitäten
in einem luxuriösen Interieur an einem der schönsten Plätze von Rom. ● *So.* 🎫

ESQUILIN: *Trattoria Monti* ⓁⓁ
Via di San Vito 13a, 00185. **Karte** 4 E4. ▌ *06-446 65 73.*
Franca Camerucci kennt köstliche Rezepte aus den Marken; ihr Mann Mario
ist ein aufmerksamer Ober und Sommelier. Zu den Spezialitäten des Hauses
gehört *tacchino all'aceto balsamico* (Truthahn in Balsamico-Essig). ● *Di.* 🎫

ESQUILIN: *Agata e Romeo* ⓁⓁⓁⓁ
Via Carlo Alberto 45, 00185. **Karte** 4 E4. ▌ *06-446 61 15.*
Agata kocht vorwiegend römische und süditalienische Speisen, Romeo bedient.
Ruhige Atmosphäre und reichlich Platz an den Tischen. ● *So.* 🎫 ♿

JANICULUM: *Al Tocco* ⓁⓁⓁ
Via San Pancrazio 1, Piazzale Aurelio 7, 00152. **Karte** 5 A1. ▌ *06-581 52 74.*
Efeubewachsenes Restaurant mit heimeliger Atmosphäre. Die Küche stammt aus
der Maremma: gutbürgerliche Suppen, Fisch- und Grillgerichte. ● *Mo.* 🎫 🅿 ♿

LATERAN: *Alfredo a Via Gabi* ⓁⓁ
Via Gabi 36, 00183. **Karte** 8 E3. ▌ *06-77 20 67 92.*
Geräumige, freundliche Trattoria mit großen Portionen. Kosten Sie Steinpilze,
straccetti all'ortica (Fleisch in Brennesselsauce) und *panna cotta*. ● *Di.*

PANTHEON: *Da Gino* ⓁⓁ
Vicolo Rosini 4, 00186. **Karte** 3 A3. ▌ *06-687 34 34.*
Journalisten, Politiker und Insider bevölkern die alteingesessene, traditionsreiche
römische Trattoria. Tagesgerichte wie Gnocchi, *ossobuco* und *baccalà* sowie
einige klassische, gehaltvolle Suppen. ● *So.* ♿

PANTHEON: *Sangallo* ⓁⓁⓁ
Vicolo della Vaccarella 11a, 00186. **Karte** 2 F3. ▌ *06-686 55 49.*
Kleines, elegantes Bistro mit Schwerpunkt auf regionalen Fischgerichten und
zahllosen Vorspeisen mit gepökeltem Fleisch und Meeresfrüchten. ● *So.* 🎫 ♿

Zeichenerklärung siehe hintere Umschlagklappe

> **Preise** für ein Drei-Gänge-Menü und eine halbe Flasche Hauswein, inklusive Gedeck, Mehrwertsteuer und Bedienung:
> Ⓛ bis 35 000 L
> ⓁⓁ 35 000 – 55 000 L
> ⓁⓁⓁ 55 000 – 75 000 L
> ⓁⓁⓁⓁ 75 000 – 100 000 L
> ⓁⓁⓁⓁⓁ über 100 000 L

TAGESMENÜ
Menü zum Festpreis, meist dreigängig.
GUTE WEINKARTE
Reichhaltiges Angebot qualitativ hochwertiger Weine.
FORMELLE KLEIDUNG
In einigen Restaurants werden Jackett und Krawatte erwartet.
TISCHE IM FREIEN
Essen unter freiem Himmel, oftmals mit schöner Aussicht.
KREDITKARTEN
Symbol zeigt an, daß die gängigen Kreditkarten akzeptiert werden.

		Tagesmenü	Gute Weinkarte	Formelle Kleidung	Tische im Freien
PIAZZA NAVONA: *La Taverna* Via del Banco di Santo Spirito 58, 00186. **Karte** 2 D3. 06-686 41 16. Proppenvolle römische Trattoria mit familiärer Atmosphäre. Zu den Spezialitäten des Hauses zählen Rigatoni, donnerstags traditionelle Gnocchi, freitags *baccalà* (gesalzener Kabeljau) und samstags Kutteln. ● Mo.	ⓁⓁ	●	■		■
PIAZZA NAVONA: *Papà Giovanni* Via del Sediari 4, 00186. **Karte** 2 F4. 06-686 53 08. Heute leitet Giovannis Sohn dieses Restaurant mit hervorragendem Weinkeller. Herzhafte, traditionelle Gerichte, aber auch leichte römische Küche. ● So.	ⓁⓁⓁⓁ		■		
PIAZZA DI SPAGNA: *Birreria Viennese* Via della Croce 21, 00187. **Karte** 3 A2. 06-679 55 69. Seit mehr als 60 Jahren tischt man hier Bier und österreichische Spezialitäten auf: Würstchen, Gulasch, Sauerkraut und Wiener Schnitzel. ● Mi.	Ⓛ	●			
PIAZZA DI SPAGNA: *Mario alla Vite* Via della Vite 55, 00187. **Karte** 3 A2. 06-678 38 18. Einfache, solide toskanische Kost. *Ribollita, fagioli al fiasco* (Bohnen), Steaks und Desserts entschädigen für den bisweilen willkürlichen Service. ● So.	Ⓛ				■
PIAZZA DI SPAGNA: *Al 34* Via Mario de' Fiori 34, 00187. **Karte** 3 A2. 06-679 50 91. Der perfekte Rahmen für eine Unterhaltung oder ein romantisches Tête-à-Tête. Umfangreiche Karte mit vorwiegend süditalienischen Speisen. ● Mo.	ⓁⓁ				■
PIAZZA DI SPAGNA: *Porto di Ripetta* Via di Ripetta 250, 00187. **Karte** 2 F2. 06-361 23 76. Herrlicher frischer Fisch und Meeresfrüchte in einem freundlichen Restaurant. Kosten Sie die Riesengarnelen mit Artischocken oder die Fischsuppe. ● So.	ⓁⓁⓁ	●	■	●	
QUIRINAL: *Al Moro* Vicolo delle Bollette, 00185. **Karte** 3 B3. 06-678 34 95. Diese laute und volle Trattoria ist ein sicherer Tip für traditionelle römische Küche. Aus frischen Zutaten entstehen Gerichte wie *bucatini all'amatriciana* und *spaghetti alla moro* (eine Variante der *carbonara*). ● So.	ⓁⓁ				
QUIRINAL: *Colline Emiliane* Via degli Avignonesi 22, 00187. **Karte** 3 C3. 06-481 75 38. Spezialitäten der Emilia-Romagna in einer kleinen Familientrattoria: hausgemachte Pasta, Salami, gekochtes Fleisch mit *salsa verde* (Sauce aus Petersilie, Zwiebeln und Sardellen) sowie Emilia- und Romagna-Weine. ● Fr.	ⓁⓁ		■		
QUIRINAL: *Il Posto Accanto* Via del Boschetto 36a, 00184. **Karte** 3 C4. 06-474 30 02. Der elegante Familienbetrieb verdankt seinen Erfolg einer sorgsam ausgewählten Speisekarte mit hausgemachter Pasta, Fisch und Fleisch. ● So.	ⓁⓁⓁ				
TERMINI: *Gemma alla Lupa* Via Marghera 39, 00185. **Karte** 4 F3. 06-49 12 30. Typisch römische Küche in dieser bescheidenen Trattoria mit betriebsamer Atmosphäre. Angemessene Preise und schneller Service. ● So.	Ⓛ	●			■
TRASTEVERE: *Da Lucia* Vicolo del Mattonato 2b, 00153. **Karte** 5 C1. 06-580 36 01. Stets volle Trattoria mit einfacher römischer Kost. Versuchen Sie *pasta e ceci* und *spaghetti alla gricia* (mit Pecorino, Bauchfleisch und Pfeffer). ● Mo.	Ⓛ				■
TRASTEVERE: *La Cornucopia* Piazza in Pinsicula 18. **Karte** 5 D1. 06-580 03 80. Bekannt für ausgezeichnete Antipasti und einfach zubereitete Fischgerichte wie *spigola al vapore* (gedämpfter Seebarsch). ● So.	ⓁⓁⓁ	●			■

RESTAURANTS

TRASTEVERE: *Da Paris* ⓁⓁ
Piazza San Calisto 7a, 00153. **Karte** 5 C1. ☎ *06-581 53 78.*
Bei Einheimischen beliebtes römisch-jüdisches Restaurant. Hausgemachte Pasta und traditionelle Gerichte wie *minestra di arzilla* (Rochen), Kutteln und vorzüglichen *fritto misto* (ausgebackener Fisch) mit Gemüse. ● *So abends, Mo.*

TRASTEVERE: *Peccati di Gola* ⓁⓁ
Piazza dei Ponziani 7a, 00153. **Karte** 6 E1. ☎ *06-581 45 29.*
Auf diesem efeubewachsenen Platz wird die kalabrische Küche modern interpretiert. Große Auswahl an Meeresfrüchten, Risotto und Fisch. ● *mittags, Mo.*

TRASTEVERE: *Romolo nel Giardino della Fornarina* ⓁⓁ
Via Porta Settimiana 8, 00153. **Karte** 2 E5. ☎ *06-581 82 84.*
Angeblich hat La Fornarina, Raffaels Mätresse, hier gewohnt. Im Sommer werden die römischen Gerichte im Hof serviert. ● *Mo; Aug.*

TRASTEVERE: *Alberto Ciarla* ⓁⓁⓁ
Piazza San Cosimato 40, 00153. **Karte** 5 C1. ☎ *06-581 86 68.*
Die Adresse für Fischgerichte. Eine Mischung aus Traditionellem und Modernem mit frischem Fisch vom Markt. Elegantes, expressives Dekor. ● *mittags, So.*

VATIKAN: *Tavola d'Oro* Ⓛ
Via Marianna Dionigi 37, 00193. **Karte** 2 E2. ☎ *06-321 26 01.*
Familiäre Atmosphäre in einem kleinen, lauten Saal, in dem hervorragende sizilianische Kost zubereitet wird. Großzügige Portionen. Versuchen Sie den Schwertfisch, Auberginenmus, Pasta mit Sardinen oder *involtini* (Rouladen). ● *So.*

VIA VENETO: *Cantina Cantarini* ⓁⓁ
Piazza Sallustio 12, 00187. **Karte** 4 D1. ☎ *06-48 55 28.*
Eine beliebte, typische Trattoria mit freundlichem Service. Montag bis Donnerstag mittags Fleisch-, den Rest der Woche Fischgerichte. ● *So.*

VIA VENETO: *Giovanni* ⓁⓁ
Via Marche 64, 00187. **Karte** 3 C1. ☎ *06-482 18 34.*
Hier scharen sich die Einheimischen. Traditionelle Küche aus dem Latium und den Marken wie zum Beispiel Fisch, Pasta und *ossobuco*. ● *Fr abends, Sa.*

VIA VENETO: *Tullio* ⓁⓁ
Via San Nicola da Tolentino 26, 00187. **Karte** 3 C2. ☎ *06-481 85 64.*
Die Gäste dieses echt toskanischen Restaurants sind begeistert von den Gerichten wie auf vielerlei Weise zubereitete Steinpilze. ● *So; Aug.*

VIA VENETO: *George's* ⓁⓁⓁⓁ
Via Marche 7, 00187. **Karte** 3 C1. ☎ *06-42 08 45 75.*
Ein Überrest aus einer vergangenen Zeit mit nostalgischem Flair und luxuriöser Eleganz. Tadelloser Service und eine verlockend-vielseitige Karte. ● *So.*

VILLA BORGHESE: *Al Ceppo* ⓁⓁ
Via Panama 2, 00198. ☎ *06-841 96 96.*
Zwei Schwestern servieren nach Jahreszeit variierende, traditionelle Gerichte mit Pfiff in einem gastfreundlichen Ambiente. ● *Mo.*

VILLA BORGHESE: *Relais le Jardin dell'Hotel Lord Byron* ⓁⓁⓁⓁ
Via Giuseppe de Notaris 5, 00198. ☎ *06-322 45 41.*
Der tadellose Service und Kochkunst in Vollendung werden den hohen Preisen gerecht. Die traditionsorientierte Küche kombiniert köstliche Arrangements aus Obst, Kräutern und Gemüse mit hochwertigem Fisch und Fleisch.

LATIUM

ALATRI: *La Rosetta* Ⓛ
Via del Duomo 35, 03011. ☎ *0775-43 45 68.*
Restaurant in der Nähe der antiken Akropolis. Kosten Sie die *maccheroni alla ciociaria* (mit Wein, Kräutern, Schinken und Fleisch). ● *Okt–Apr Di.*

CERVETERI: *Da Fiore* Ⓛ
Località Procoio di Ceri, 00052. ☎ *06-99 20 42 50.*
Einfache Landtrattoria. Zu den Spezialitäten gehören hausgemachte Pasta mit Ragout, Kaninchen und gegrilltes Fleisch sowie *bruschetta* und Pizza. ● *Di.*

FRASCATI: *Enoteca Frascati* ⓁⓁ
Via Armando Diaz 42, 00044. ☎ *06-941 74 49.*
Zu den mehr als 400 Weinen dieser *enoteca* gibt es zahlreiche leichte Mahlzeiten: geräucherten Fisch, Suppen und Entencarpaccio. ● *So.*

Zeichenerklärung siehe hintere Umschlagklappe

	TAGESMENÜ	GUTE WEINKARTE	FORMELLE KLEIDUNG	TISCHE IM FREIEN

Preise für ein Drei-Gänge-Menü und eine halbe Flasche Hauswein, inklusive Gedeck, Mehrwertsteuer und Bedienung:
- Ⓛ bis 35 000 L
- ⓁⓁ 35 000 – 55 000 L
- ⓁⓁⓁ 55 000 – 75 000 L
- ⓁⓁⓁⓁ 75 000 – 100 000 L
- ⓁⓁⓁⓁⓁ über 100 000 L

TAGESMENÜ
Menü zum Festpreis, meist dreigängig.
GUTE WEINKARTE
Reichhaltiges Angebot qualitativ hochwertiger Weine.
FORMELLE KLEIDUNG
In einigen Restaurants werden Jackett und Krawatte erwartet.
TISCHE IM FREIEN
Essen unter freiem Himmel, oftmals mit schöner Aussicht.
KREDITKARTEN
Symbol zeigt an, daß die gängigen Kreditkarten akzeptiert werden.

		GUTE WEINKARTE		TISCHE IM FREIEN
GAETA: *La Cianciola* Ⓛ Vicolo 2 Buonomo 16, 04024. 📞 *0771-46 61 90.* Die reizende Trattoria liegt versteckt in einer kleinen, mit Tischen vollgestellten Gasse. Kosten Sie Pasta mit Auberginen und Meeresfrüchten. ● *Okt Mo.*				■
NETTUNO: *Sangallo* ⓁⓁⓁ Via Sangallo, 04024. 📞 *06-980 44 79.* Einfache, ortstypische Kost, vor allem mit Meeresfrüchten, serviert diese Trattoria in einem mittelalterlichen Dorf. Gute Pizzas. ● *Okt–Apr Do.*		■		■
OSTIA ANTICA: *Il Monumento* ⓁⓁ Piazza Umberto I 18, 00119. 📞 *06-565 00 21.* Auf Fisch basierende Speisekarte; *spaghetti monumento* mit Meeresfrüchten ist die Spezialität des Hauses. Gutes, hausgemachtes *ragù.* ● *Mo.*				■
PALESTRINA: *Il Palestrina* ⓁⓁⓁ Via E. Toti 4, 00036. 📞 *06-953 46 15.* Gut zubereitete, leichte Mahlzeiten, die etwas von der traditionellen Küche abweichen. Marinierter Schwertfisch und Mokkadessert *(zuppone).* ● *Mo.*				
SPERLONGA: *La Bisaccia* ⓁⓁⓁ Via Romita 25, 04029. 📞 *0771-545 76.* Das Restaurant verwendet Fisch für Grillgerichte und Suppen und kann vor allem auf seine Linguine mit Spargel und Garnelen stolz sein. ● *Okt–Apr Di.*		■		■
TERRACINA: *Da Baffone* ⓁⓁ Via Appia, km 104, 04029. 📞 *0773-72 60 07.* In diesem beliebten Restaurant am herrlichen Strand von Terracina kann man in aller Ruhe gute lokale Fischgerichte genießen. ● *Okt–Apr Di.*		■		■
TIVOLI: *Villa Esedra* ⓁⓁ Via di Villa Adriana 51, Località Villa Adriana, 00011. 📞 *0774-53 47 16.* Typische Speisekarte mit einfallsreichen Vorspeisen wie Fischsalat und Carpaccio von geräuchertem Käse, abends auch Pizzas. ● *Okt–Apr Di.*				■
TREVIGNANO: *Ristorante Il Palazzetto* ⓁⓁ Via Vittorio Emanuele III 20, 00069. 📞 *06-999 92 54.* Kleines Restaurant mit Blick auf den Lago di Bracciano. Auf der Karte erscheinen Gerichte mit Süßwasserfisch wie Aalterrine, Ravioli mit Barschfüllung sowie Garnelen in Cognac. Hausgemachte Desserts. ● *Mi.*	●	■		■
TUSCANIA: *Al Gallo* ⓁⓁⓁ Via del Gallo 22, 01017. 📞 *0761-44 33 88.* Durch ungewöhnliche Varianten regionaler Gerichte ist eine exzellente Karte entstanden. Herzliche Atmosphäre und sehr freundlicher Service.		■		
VITERBO: *Porta Romana* Ⓛ Via della Bontà 12, 01100. 📞 *0761-30 71 18.* Einfache Trattoria mit einer breiten Palette an Klassikern. Versuchen Sie im Winter *pignataccia,* eine Spezialität aus im Ofen gebackenem Kalb-, Rind- und Schweinefleisch mit Sellerie, Karotten und Kartoffeln. ● *So.*				

NEAPEL UND KAMPANIEN

AGROPOLI: *'U Saracino* ⓁⓁⓁ Via Trentova, 84043. 📞 *0974-82 40 63.* Meeresfrüchte und Fisch werden großgeschrieben; Garnelen mit Artischocken, Pasta mit Bohnen und Meeresfrüchten sowie Pfannkuchen mit Fisch. ● *Di.*				■
AMALFI: *La Marinella* Ⓛ Via Lungomare dei Cavalieri di San Giovanni di Gerusalemme 1, 84011. 📞 *089-87 10 43.* Lebhaftes, freundliches Restaurant mit Blick auf die Küste bei Amalfi. Viele Fischgerichte sowie traditionelle, ortstypische Spezialitäten. ● *Okt–Apr Fr; Jan–Feb.*	●			■

RESTAURANTS

AMALFI: *Da Gemma* ⓁⓁ
Via Fra' Gerardo Sasso 10, 84011. ☎ 089-87 13 45.
Die Karte dieses Restaurants basiert vorwiegend auf Fisch. Kosten Sie als Dessert die »Schokoladenaubergine«, eine Leckerei aus Salerno. ● *Nov–Jan Mi.*

BENEVENT: *Pina e Gino* Ⓛ
Viale dell'Università, 82100. ☎ 0824-249 47.
Im historischen Zentrum gelegen; *cardone* (eine Distelart), *sfoglia al forno* (Fleisch in Blätterteig) und *orecchiette* (Pasta) mit Brokkoli. ● *So.*

CAPRI: *La Savardina da Eduardo* Ⓛ
Via Lo Capo 8, 80073. ☎ 081-837 63 00.
Gilt als das beste Restaurant auf Capri: Meerblick, Orangenbäume und köstliche Spezialitäten aus der Region wie hausgemachte Ravioli. ● *Jan, März.*

CAPRI: *Quisi del Grand Hotel Quisisana* ⓁⓁⓁⓁ
Via Camerelle 2, 80073. ☎ 081-837 07 88.
Elegantes Flair und köstliches Essen. Probieren Sie die saftige gebratene Ente mit Pfirsich und den heißen Apfelkuchen mit Calvados. ● *Nov–März.*

CASERTA: *La Brace* ⓁⓁⓁ
Piazza Madonna delle Grazie 9, Località Vaccheria, 81020. ☎ 0823-30 19 22.
Ein altmodisches Gasthaus in einem Dorf bei Caserta. *Bruschetta* und Risotto mit Steinpilzen sind sehr zu empfehlen. ● *Di.*

FAICCHIO: *La Campagnola* Ⓛ
Via San Nicola, Località Massa, 82100. ☎ 0824-81 40 81.
In einem Dorf 38 km nordwestlich von Benevent gelegen; einfache Küche. Kosten Sie *torciglioni alle melanzane* (Pasta mit Aubergine). ● *Mi.*

ISCHIA: *La Tavernetta* Ⓛ
Via Sant'Angelo 77, Località Serrara Fontana, 80070. ☎ 081-99 92 51.
Entspannen Sie sich hier beim Mittag-, Abendessen oder einer Zwischenmahlzeit aus Pasta mit mittelmeertypischen Saucen, Salaten oder Fisch.

ISCHIA: *Da Peppina di Renato* ⓁⓁ
Via Bocca 23, Località Forio, 80070. ☎ 081-99 83 12.
Einfache, traditionelle Kost in einer schlichten Trattoria; *pasta e fagioli*, Suppen, *bruschette* und Holzofenpizzas. ● *Nov–März; Apr–Mai Mi.*

NEAPEL: *Al Canterbury* ⓁⓁ
Via Ascensione a Chiaia 6, 80122. ☎ 081-41 35 84.
Gutes Essen und angenehme Atmosphäre. Kosten Sie marinierten Lachs, Auberginengratin mit Parmesan sowie Mascarpone, bestäubt mit Kakao. ● *So.*

NEAPEL: *California* ⓁⓁ
Via San Lucia 101, 80132. ☎ 081-764 97 52.
Hier gibt es gut zubereitete Dauerbrenner wie *spaghetti alla carbonara* und *bucatini all'amatriciana* sowie amerikanische Sandwiches. ● *So.*

NEAPEL: *Il Pozzo Arcigola Slow Food* ⓁⓁ
Via F. Magnoni 18b, 80132. ☎ 081-66 83 33.
Interessanter Bau aus dem 17. Jahrhundert in den Gärten eines alten Klosters. Die traditionelle Küche verwendet Zutaten der Region. ● *So.*

NEAPEL: *La Chiacchierata* ⓁⓁ
Piazzetta Matilde Serao 37, 80100. ☎ 081-41 14 65.
Bei Einheimischen beliebte Trattoria. Neapolitanische Spezialitäten wie *orecchiette* (ohrförmige Pasta) mit Kichererbsen sowie Oktopus. ● *So.*

NEAPEL: *La Cantinella* ⓁⓁⓁⓁ
Via Cuma 42, 80132. ☎ 081-764 86 84.
Eines der renommiertesten neapolitanischen Restaurants, berühmt für seine sorgsam zubereitete und gelungene regionale Küche. ● *So.*

NERANO: *Taverna del Capitano* ⓁⓁ
Piazza delle Sirene 10, 80068. ☎ 081-808 10 28.
Feines Strandrestaurant mit kreativen Spezialitäten aus der Region; versuchen Sie den gegrillten Fisch mit Minzesauce. ● *Okt–Apr Mo; Jan.*

PAESTUM: *La Pergola* ⓁⓁ
Via Nazionale 1, 84040 Capaccio Scala. ☎ 0828-72 33 77.
Innovative regionale Küche mit Spezialitäten je nach Jahreszeit; rustikales Restaurant, 3 km von den Ruinen von Paestum entfernt. ● *Mo.*

Zeichenerklärung siehe hintere Umschlagklappe

ZU GAST IN ITALIEN

Preise für ein Drei-Gänge-Menü und eine halbe Flasche Hauswein, inklusive Gedeck, Mehrwertsteuer und Bedienung:
- Ⓛ bis 35 000 L
- ⓁⓁ 35 000 – 55 000 L
- ⓁⓁⓁ 55 000 – 75 000 L
- ⓁⓁⓁⓁ 75 000 – 100 000 L
- ⓁⓁⓁⓁⓁ über 100 000 L

TAGESMENÜ
Menü zum Festpreis, meist dreigängig.
GUTE WEINKARTE
Reichhaltiges Angebot qualitativ hochwertiger Weine.
FORMELLE KLEIDUNG
In einigen Restaurants werden Jackett und Krawatte erwartet.
TISCHE IM FREIEN
Essen unter freiem Himmel, oftmals mit schöner Aussicht.
KREDITKARTEN
Symbol zeigt an, daß die gängigen Kreditkarten akzeptiert werden.

POMPEJI: *Il Principe* ⓁⓁ
Piazza Bartolo Longo 8, 80045. 081-850 55 66.
Ein feines Restaurant in der Nähe der Ausgrabungen. Vorwiegend Fischgerichte wie Ravioli mit Fischfüllung und Steinbutt mit Gemüse. ● Mo.

POSITANO: *Da Adolfo* Ⓛ
Località Laurito, 84017. 089-87 50 22.
Alle 30 Minuten fährt ein Boot vom Hafen von Positano zu dieser Trattoria; Spaghetti mit Venusmuscheln oder gegrillte Zucchini mit Mozzarella. ● Okt–Juni.

POSITANO: *La Sponda* ⓁⓁⓁⓁⓁ
Via C. Colombo 30, 84017. 089-87 50 66.
Ein luxuriöses Restaurant, das Gäste wie alte Freunde behandelt und eine verlockende Vielfalt moderner wie traditioneller Gerichte zu bieten hat.

SALERNO: *Pizzeria Vicolo della Neve* Ⓛ
Vicolo della Neve 24, 84100. 089-22 57 05.
Pizzeria im historischen Zentrum, auch mit herkömmlichen Gerichten wie Pasta mit Bohnen, *baccalà*-Kasserolle und Würstchen mit Brokkoli. ● Mi.

SALERNO: *Al Cenacolo* ⓁⓁ
Piazza Alfano I 4, 84100. 089-23 88 18.
Hier kocht man mit Leidenschaft täglich wechselnde Gerichte aus ortstypischen Zutaten. Pasta und Brot sind hausgemacht. ● So abends, Mo.

SANT'AGATA SUI DUE GOLFI: *Don Alfonso 1890* ⓁⓁⓁⓁⓁ
Piazza Sant'Agata 11, 80064. 081-878 00 26.
Restaurant in einem eleganten Garten; Lammkeule mit Kräutern sowie eine köstliche *baba au rhum* mit Zabaione. ● Okt–Juni Mo, Di.

SICIGNANO DEGLI ALBURNI: *La Taverna* Ⓛ
Via Nazionale, Frazione Scorzo, 84029. 0828-97 80 50.
Ländliches Gasthaus bei Salerno aus dem 18. Jahrhundert. Regionale Gerichte wie Salami, Bohnen- und Kichererbsensuppe sowie gegrilltes Fleisch. ● Mi.

SORRENT: *Antico Frantoio* ⓁⓁ
Via Cala 5, Località Casarlano, 80067. 081-878 58 45.
Eine breite Palette an Gerichten aus ortstypischen Zutaten für jeden Gang. Kosten Sie das Maisbrot und das Bier, das in der *birreria* nebenan gebraut wird.

ABRUZZEN, MOLISE UND APULIEN

ALBEROBELLO: *Il Poeta Contadino* ⓁⓁ
Via Indipendenza 27, 70011. 080-72 19 17.
In diesem eleganten Restaurant entspricht der vorzügliche Service dem hohen Standard. Die Küche macht einfallsreich Gebrauch von frischen, ortstypischen Zutaten und serviert Fisch- und Fleischgerichte. ● Okt–Juni Mo.

ATRI: *Campana d'Oro* ⓁⓁ
Piazza Duomo 23, 64032. 085-87 01 77.
Traditionsreiche, einladende Trattoria mit guter, einfacher Küche. Vorzüglicher Käse und Salami sowie hausgemachte Pasta und Desserts. ● Mi.

BARI: *Kilimangiaro* ⓁⓁ
Lungomare Starita 64, 70122. 080-534 76 10.
Behagliche Trattoria und Pizzeria am Meer. Sehr zu empfehlen sind *orecchiette* (ohrförmige Pasta) mit Rucola und Fleischspießchen. ● Mi.

BARI: *Murat* ⓁⓁ
Via Lombardi 13, 70122. 080-521 65 51.
Ein elegantes Restaurant im Obergeschoß des Palace Hotel mit Blick auf das historische Zentrum von Bari. Vorwiegend Speisen aus Apulien und dem Mittelmeerraum mit *orecchiette* (ohrförmige Pasta) und Meeresfrüchten. ● So.

RESTAURANTS

ISOLE TREMITI: *Al Gabbiano* ⓁⓁ
San Domino, 71040. ☎ 0882-66 34 10.
Hier verwendet man den besten Seefisch. Kosten Sie gebackenen Fisch
in Salzkruste und die Fischsuppe »Le Marche«.

L'AQUILA: *Ernesto* ⓁⓁ
Piazza Palazzo 22, 67100. ☎ 0862-210 94.
Friedliches, anspruchsvolles Speiselokal, auf dessen Karte sich verschiedene
kulinarische Strömungen vereinen. Weinbar im Haus. ● *So, Mo.*

LECCE: *Taverna di Carlo V* ⓁⓁ
Via G. Palmieri 46, 73100. ☎ 0832-24 11 13.
Nach außen hin ein Gasthaus aus dem 16. Jahrhundert, innen heimelig und
schlicht; sehr gut zubereitete traditionelle Spezialitäten. ● *Mi.*

LECCE: *Barbablu* ⓁⓁⓁ
Via Umberto 7, 73100. ☎ 0832-24 11 83.
Ein alter Palast im historischen Zentrum bietet den idealen Rahmen für einfalls-
reiche, köstliche Speisen aus frischen, ortstypischen Zutaten. ● *So abends, Mo.*

LOCOROTONDO: *Centro Storico* ⓁⓁ
Via Eroi di Dogali 6, 70010. ☎ 080-931 54 73.
Diese kleine Trattoria liegt versteckt im Straßengewirr des historischen
Zentrums und wartet mit feiner, teils innovativer apulischer Küche auf. ● *Mi.*

OTRANTO: *Vecchia Otranto* ⓁⓁⓁ
Corso Garibaldi 96, 73028. ☎ 0836-80 15 75.
Gute Fisch- und andere regionale Spezialitäten wie Pasta mit Seeigel und
Pfeffersauce in einer urigen Trattoria. ● *Okt–Jan Mo.*

OVINDOLI: *Il Pozzo* Ⓛ
Via dell'Alpino, 67046. ☎ 0863-71 01 91.
Stimmungsvolles Restaurant im historischen Stadtzentrum mit herrlichem Berg-
panorama. Hier werden lokale Spezialitäten aufgetischt. ● *Okt–Apr Mi.*

PORTO CESAREO: *L'Angolo di Beppe* ⓁⓁⓁ
Via Zanella 24, 73050. ☎ 0833-56 53 05.
Gemütliche Atmosphäre und elegantes Dekor, im Winter mit Kaminfeuer. Die
Küche mischt ortsübliche und internationale Traditionen. ● *Sep–Juni Mo.*

ROCCA DI MEZZO: *La Fiorita* Ⓛ
Piazza Principe di Piemonte 3, 67048. ☎ 0862-91 74 67.
Ein Familienbetrieb mit effizientem, freundlichem Service; die Speisen basieren
auf regionalen Erzeugnissen aus den Abruzzen. ● *Juni.*

SULMONA: *Rigoletto* ⓁⓁ
Via Stazione Introacqua 46, 67039. ☎ 0864-555 29.
In der Nähe des Zentrums; ein sicherer Tip sind die hausgemachten Pasta mit
Bohnen, *scamorza* (Knetkäse), Kaninchenragout und Trüffeln. ● *Mo.*

TARENT: *Al Faro* ⓁⓁ
Via Galeso 126, 74100. ☎ 099-471 44 44.
Ignorieren Sie das unattraktive Innere dieses Fischrestaurants: Risotto, Vorspeisen
und Grillgerichte aus vor Ort gefangenem Fisch und Meeresfrüchten. ● *So.*

TARENT: *Le Vecchie Cantine* ⓁⓁⓁ
Via Girasoli 23, Frazione Lama, 74020. ☎ 099-777 25 89.
Restaurierte Lagerhallen außerhalb Tarents bilden den Rahmen für schmackhafte
Fischgerichte wie Carpaccio vom Schwertfisch und Fusilli mit Sardinen. ● *Mi.*

TRANI: *Torrente Antico* ⓁⓁⓁⓁ
Via Fusco, 70059. ☎ 0883-479 11.
Vorzügliche, leichte Speisen auf der Grundlage traditioneller, regionaler Rezepte
mit modernen Einschlägen. Sehr umfangreiche Weinkarte. ● *So abends, Mo.*

VIESTE: *Il Trabucco dell'Hotel Pizzomunno* ⓁⓁⓁⓁ
Spiaggia di Pizzomunno, 71019. ☎ 0884-70 73 21.
Umgeben von Gärten und in der Nähe des Meeres gelegen. Die Küche mit
kreativem Pfiff trägt leichte, schmackhafte Gerichte auf. ● *Nov–März.*

VILLETTA BARREA: *Trattoria del Pescatore* Ⓛ
Via Virgilio 175, 67030. ☎ 0864-891 52.
Einfache Trattoria in Familienbesitz im Abruzzen-Nationalpark. Regionale Ge-
richte wie hausgemachte *chitarrini* (durch Drahtgitter gepreßte Pasta).

Zeichenerklärung siehe hintere Umschlagklappe

Preise für ein Drei-Gänge-Menü und eine halbe Flasche Hauswein, inklusive Gedeck, Mehrwertsteuer und Bedienung:
- Ⓛ bis 35 000 L
- ⓁⓁ 35 000 – 55 000 L
- ⓁⓁⓁ 55 000 – 75 000 L
- ⓁⓁⓁⓁ 75 000 – 100 000 L
- ⓁⓁⓁⓁⓁ über 100 000 L

TAGESMENÜ
Menü zum Festpreis, meist dreigängig.
GUTE WEINKARTE
Reichhaltiges Angebot qualitativ hochwertiger Weine.
FORMELLE KLEIDUNG
In einigen Restaurants werden Jackett und Krawatte erwartet.
TISCHE IM FREIEN
Essen unter freiem Himmel, oftmals mit schöner Aussicht.
KREDITKARTEN
Symbol zeigt an, daß die gängigen Kreditkarten akzeptiert werden.

BASILIKATA UND KALABRIEN

BIVONGI: *Vecchia Miniera* Ⓛ
Contrada Perrocalli, 89040. 0964-73 18 69.
Das Restaurant in einem Dorf bei Stilo serviert ungewöhnliche Speisen wie die im antiken Rom beliebten Pasta mit *sugo di capra* (Ziegenragout). ● *Juli–Aug.*

MARATEA: *Taverna Rovita* ⓁⓁ
Via Rovita 13, 85046. 0973-87 65 88.
Das elegant-ländliche Restaurant tischt regionale Gerichte auf. Risotto mit Spargel und Rehfleisch sind vorzüglich. ● *Okt–Apr Di.*

MATERA: *Al Casino del Diavolo* ⓁⓁ
Via La Martella, 75100. 0835-26 19 86.
Hervorragende, ortstypische Gerichte in diesem eleganten, traditionsreichen Restaurant außerhalb der Stadt. Kosten Sie *orecchiette* mit Rüben. ● *Mo.*

MATERA: *Il Terrazzino* ⓁⓁ
Vicolo San Giuseppe 7, 75100. 0835-33 25 03.
Restaurant im Bezirk Sassi *(siehe S. 502)* mit Panoramaterrasse. Weizen- und Kichererbsensuppe sowie gegrillte *involtini* (Rouladen) vom Lamm. ● *Di.*

MATERA: *Venusio* ⓁⓁⓁ
Via Lussemborgo 2, Borgo Venusio 75100. 0835-25 90 81.
Elegantes Restaurant 6 km südlich von Matera mit Spezialitäten wie gebackener Fisch in Brotteig, Trüffeln und warme Vorspeisen. ● *Mo.*

MELFI: *Vaddone* ⓁⓁ
Corso da Sant'Abruzzese, 85025. 0972-243 23.
Die bekannte Trattoria serviert köstliche Suppen mit Hülsenfrüchten und gegrilltes Fleisch. Für die einfachen Speisen etwas teuer. ● *So abends, Mo.*

POTENZA: *Fuori le Mura* Ⓛ
Via IV Novembre, 85100. 0971-254 09.
Eines der ältesten Restaurants von Potenza. Die Trattoria/Pizzeria mit regionalen Spezialitäten wird von einer Kooperative ehemaliger Angestellter geführt. ● *Mo.*

REGGIO DI CALABRIA: *Villeggianti* Ⓛ
Via Eremo-Condera 31, 89125. 0965-250 21.
Eine Institution: gute, einfache Kost und ein familiärer Rahmen. Kosten Sie Spaghetti mit Brokkoli oder die gehaltvollen, würzigen Würste. ● *So.*

ROSSANO: *Arca* Ⓛ
Corso da Cultura Centrale ENEL, 87068. 0983-56 53 79.
Einfache und frische ortsübliche Zutaten werden geschickt und ideenreich zu köstlichen, typischen Speisen verarbeitet.

SCILLA: *La Grotta Azzurra* ⓁⓁ
Via Marina, 89058. 0965-75 48 89.
Herrliche Lage am Strand, an dem der Legende zufolge Odysseus an Land ging. Die einfache Trattoria trägt vorwiegend Fischgerichte auf. ● *Okt–Apr Mo.*

TROPEA: *Pimm's* ⓁⓁ
Largo Migliarese 2, 88038. 0963-66 61 05.
Herrliche Lage im historischen Zentrum. Ortstypische Kost, gut zubereitet und nett serviert. Beginnen Sie mit *crostini* mit Meeresfrüchten oder geräuchertem Schwertfisch, danach Pasta mit Seeigel und gefüllter Tintenfisch. ● *Okt–Apr Mo.*

VENOSA: *Taverna Ducale* ⓁⓁ
Piazza Municipio 2, 85029. 0972-355 35.
Ein Bau aus dem 15. Jahrhundert bietet den Rahmen für neu entdeckte, uralte Gerichte wie *preferito di Orazio* (das Lieblingsgericht des Dichters) und *triticum* (eine Mischung aus Hülsenfrüchten und Gemüse). ● *Mo.*

SIZILIEN

AGRIGENT: *Kalos* ⓁⓁ
Piazza San Calogero, 92100. ☎ 0922-263 89.
Helles Restaurant mit gut zubereiteten, authentischen Speisen. Kosten Sie Pasta mit Pistazien und Gorgonzola, gegrillten Fisch und *cassata* mit Ricotta. ● So.

AGRIGENT: *Le Caprice* ⓁⓁ
Via Panoramica dei Templi, 92100. ☎ 0922-264 69.
Gutes Restaurant in hervorragender Lage im Tal der Tempel. Sorgsam zubereitete, regionale Speisen; das Vorspeisenbuffet ist sein Geld wert.

AGRIGENT: *Trattoria del Pescatore* ⓁⓁⓁ
Via Lungomare 20, Località Lido di San Leone, 92100. ☎ 0922-41 43 42.
Der Chefkoch sucht den Fisch selbst aus und verarbeitet ihn, teils roh, mit Öl und Zitronensaft zu einfachen, köstlichen Gerichten. Die Spaghetti mit Schwertfisch, Aubergine und Basilikum sind sehr zu empfehlen. ● Nov–Apr Mi.

BAGHERIA: *Don Ciccio de Figlio* Ⓛ
Via del Cavaliere 78, 90011. ☎ 091-93 24 42.
Diese Trattoria im Stadtzentrum konzentriert sich auf regionale Spezialitäten. Achten Sie auf Maccheroncini mit Sardinen, Brokkoli oder Thunfisch. ● So, Mi.

CATANIA: *I Vicere* ⓁⓁ
Via Litteri 59, 95129. ☎ 095-711 66 06.
Man ißt auf einer Terrasse mit grandioser Aussicht. Gutes Essen, lohnend vor allem das saftige Schweinefilet in Mandarinensauce. ● Okt–Apr mittags; Mo.

CEFALÙ: *L'Antica Corte* ⓁⓁ
Cortile Pepe 7, 90015. ☎ 0921-232 28.
Trattoria an einem alten Innenhof im historischen Zentrum. Ortstypische Küche mit zum Teil fast vergessenen, alten sizilianischen Rezepten. ● Do.

ENNA: *Ariston* ⓁⓁ
Via Roma 353, 94100. ☎ 0935-260 38.
Restaurant im Herzen von Enna mit vielen Fisch- und Fleischgerichten wie gefülltes Lamm, aber auch Bohnen- und Erbsensuppe und Omeletts *(frittata)*. ● Aug.

ERICE: *Cortile di Venere* ⓁⓁ
Via Sales 38, 91016. ☎ 0923-86 93 62.
Reizendes Restaurant in einem Bau aus dem 17. Jahrhundert mit schöner Aussicht. Speisen aus Sizilien und dem Mittelmeerraum. ● Okt–Apr Mi.

ERICE: *Monte San Giuliano* ⓁⓁ
Via San Rocco 7, 91016. ☎ 0923-86 95 95.
Das Restaurant liegt mitten im Zentrum; sizilianische Kochtradition wie frische Pasta mit Sardinen und Kuskus mit Fisch. ● Mo.

ISOLE EOLIE: *Filippino* ⓁⓁ
Piazza del Municipio, 98055 Lipari. ☎ 090-981 10 02.
Im wesentlichen sizilianische Fischgerichte wie Schwertfisch, hausgemachte Maccheroni und ein exzellentes *cassatta siciliana*. ● Nov–Apr Mo.

MARSALA: *Delfino* Ⓛ
Via Lungomare Mediterraneo 672, 91025. ☎ 0923-99 81 88.
Drei reizende Räume, alle mit Blick aufs Meer oder den Garten. Kosten Sie die »Sonnenblumenspaghetti« oder die Pasta mit Aalragout. ● Nov–Apr Di.

MARSALA: *Mothia* Ⓛ
Contrada Ettore Inversa 13, 91016. ☎ 0923-74 52 55.
Einfache, köstliche Küche: selbstgebackenes Brot, Pasta, üppige Desserts und Kuchen. Die Hummersuppe ist ganz besonders lecker. ● Nov–Apr Mi.

PALERMO: *Simpaty* ⓁⓁ
Via Piano Gallo 18, Località Mondello, 90151. ☎ 091-45 44 70.
Vom Speisesaal aus sieht man den Strand von Mondello; das Menü besteht fast ausschließlich aus Fisch. Versuchen Sie *ricci* (kleine Seeigel), entweder als Vorspeise oder in der Pastasauce, Oktopus und Tintenfisch. ● Di.

PALERMO: *Temptation* ⓁⓁ
Via Torretta 94, Località Sferracavallo, 90148. ☎ 091-691 11 04.
Sferracavallo ist ein lebhafter Teil von Palermo. Diese Trattoria bietet eine umfangreiche Karte mit herrlich zubereiteten Meeresfrüchte-Vorspeisen, hausgemachter Pasta und *secondi* aus Fisch vom selben Tag oder dem Vorabend. ● Do.

Zeichenerklärung siehe hintere Umschlagklappe

	Tagesmenü	Gute Weinkarte	Formelle Kleidung	Tische im Freien

Preise für ein Drei-Gänge-Menü und eine halbe Flasche Hauswein, inklusive Gedeck, Mehrwertsteuer und Bedienung:
- Ⓛ bis 35 000 L
- ⓁⓁ 35 000 – 55 000 L
- ⓁⓁⓁ 55 000 – 75 000 L
- ⓁⓁⓁⓁ 75 000 – 100 000 L
- ⓁⓁⓁⓁⓁ über 100 000 L

TAGESMENÜ
Menü zum Festpreis, meist dreigängig.
GUTE WEINKARTE
Reichhaltiges Angebot qualitativ hochwertiger Weine.
FORMELLE KLEIDUNG
In einigen Restaurants werden Jackett und Krawatte erwartet.
TISCHE IM FREIEN
Essen unter freiem Himmel, oftmals mit schöner Aussicht.
KREDITKARTEN
Symbol zeigt an, daß die gängigen Kreditkarten akzeptiert werden.

	Tagesmenü	Gute Weinkarte	Formelle Kleidung	Tische im Freien
PALERMO: *La Scuderia* ⓁⓁⓁ Viale del Fante 9, 90146. 091-52 03 23. In diesem eleganten Restaurant im Parco della Favorita werden traditionelle sizilianische Gerichte sorgsam und köstlich zubereitet. So.		■		■
RAGUSA: *La Ciotola* ⓁⓁ Via Archimede 23, 9710. 0932-22 89 44. Ein elegantes, modernes Restaurant im Zentrum mit leckeren Spezialitäten wie Maccheroncini mit Auberginen sowie zahlreiche Fischgerichte. Mo.		■		
SCIACCA: *Hostaria del Vicolo* ⓁⓁ Vicolo Sammaritano 10, 92019. 0925-230 71. Ruhiges Restaurant im historischen Zentrum. Überwiegend sizilianische Küche mit Gerichten wie Tagliatelle mit Garnelen, Auberginen und *bottarga* (Thunfischrogen), gekochte Seezunge »à la Sciacca« sowie feinen Desserts. So, Mo abends.		■		
SELINUNT: *Lido Azzurro* ⓁⓁ Via Marco Polo 51, Località Marinella, 91020. 0924-462 11. Von der Terrasse dieser lebhaften Trattoria sieht man die Spitze der Akropolis. Zahlreiche *antipasti* am Vorspeisenbuffet, *primi* wie Fettuccine mit Thunfischrogen und gegrillter Fisch als *secondo*. Nov–Apr Mo.	●			■
SYRAKUS: *Minerva* Ⓛ Piazza Duomo 20, 96100. 0931-694 04. Eine Pizzeria im historischen Zentrum mit zahlreichen und recht originellen Pizzavarianten. Tische im Freien auf dem Domplatz. Mo. ♿				■
SYRAKUS: *La Foglia* ⓁⓁ Via Capodieci 29, 96100. 0931-662 33. Gemüse und Hülsenfrüchte sind die Grundlage der Karte dieses Restaurants im Zentrum. Frische Pasta mit Gemüse oder Fisch und delikate Suppen. ♿				
SYRAKUS: *Jonico 'a Rutta 'e Ciauli* ⓁⓁ Riviera Dionisio il Grande 194, 96100. 0931-655 4Q. Sizilianische Küche mit einigen einfallsreichen Neuschöpfungen traditioneller Rezepte. Ansprechender, heller Speisesaal mit sizilianischer Keramik und alten bäuerlichen Kunstwerken an den Wänden. Di. ♿		■		
TAORMINA: *Pizzeria Vecchia Taormina* Ⓛ Vicolo Ebrei 3, 98039. Traditionelle Pizzeria im alten jüdischen Viertel von Taormina. Zahllose sizilianische Pizzavarianten sowie köstliche Vorspeisen. Mi.				
TAORMINA: *Al Duomo* ⓁⓁ Vicolo Ebrei 11, 98039. 0942-62 56 56. Sizilianisches Restaurant im historischen Zentrum. Pasta mit Brotkrumen, Fisch, Lamm und famose *involtini* (Rouladen) mit Schwertfisch. Mi.				■
TAORMINA: *La Giara* ⓁⓁⓁ Vicolo La Floresta 1, 98039. 0942-233 60. Hübsches Restaurant mit herrlichem Blick auf die Bucht. Kosten Sie Ravioli mit Auberginen und *involtini* (Rouladen) mit wildem Fenchel. Nov–März Mo.	●	■		■
TRAPANI: *Da Peppe* ⓁⓁ Via Spalti 50, 91100. 0923-282 46. Hier werden Gerichte aus Trapani sowie beliebte Hausspezialitäten serviert. Grundlage der Küche ist Fisch, vor allem Thunfisch. Nov–März Sa.		■		■
TRAPANI: *P&G* ⓁⓁ Via Spalti 1, 91100. 0923-54 77 01. Dieses Restaurant ist eine Institution in Trapani. Mittelmeerküche wie z.B. Kuskus gibt es auf höchstem Niveau. Während der alljährlichen Thunfisch-*mattanza* wird Thunfisch in allen Variationen aufgetischt. So. ♿				

SARDINIEN

ALGHERO: *Al Tuguri* ⓁⓁ
Via Maiorca 113, 07041. 〖 079-97 67 72
Ein hübsches Restaurant in einem Bau aus dem 15. Jahrhundert im historischen
Zentrum mit interessanten, gut zubereiteten Mittelmeerspezialitäten. ● So. 🍴 ⚡

ALGHERO: *La Lepanto* ⓁⓁⓁ
Via Carlo Alberto 135, 07041. 〖 079-97 91 16.
Ideenreiche Kreationen wie warmer Oktopus oder Scampi mit Pecorino stehen
neben regionalen Gerichten wie *bottarga* (Thunfischrogen). ● Nov–Apr Mo. 🍴 ♿

BOSA: *Mannu* ⓁⓁⓁ
Viale Alghero, 08013. 〖 0785-37 53 06.
Fabelhafte ortstypische Fischgerichte in einem feinen, modernen Restaurant.
Bosa ist berühmt für frischen Hummer, der hier in Selleriesauce serviert wird.

CAGLIARI: *Nuovo Saint Pierre* ⓁⓁ
Via Coghinas 13, 09122. 〖 070-27 15 78.
Zu den traditionellen Gerichten zählen Wildschwein mit Linsen, Risotto mit Spar-
gel, Lamm mit Artischocken und gefülltes Rindfleisch, im Sommer Fisch. ● So. 🍴

CAGLIARI: *Dal Corsaro* ⓁⓁⓁⓁ
Viale Regina Margherita 28, 09124. 〖 070-66 43 18.
Bei gutem Service und in angenehmer Atmosphäre genießt man sorgsam zube-
reitete regionale Gerichte (Ravioli mit Zwiebeln), Neukreationen (Tagliatelle mit
Zucchini und Venusmuscheln) sowie einige wiederentdeckte Klassiker. ● So. 🍴

CALASETTE: *Da Pasqualino* ⓁⓁ
Via Roma 99, 09011. 〖 0781-884 73.
Köstliche lokale Spezialitäten, vorwiegend mit Fisch (wie z.B. Thunfisch-
rogen und Hummer) in einer schlichten, legeren Trattoria. ● Okt–Mai Di. 🍴 ▤

NUORO: *Canne al Vento* ⓁⓁ
Viale Repubblica 66, 08100. 〖 0784-20 17 62.
Dieses Restaurant mit regionaler Küche tischt gegrilltes Fleisch, vorzüglichen
Käse, Oktopussalat und eine heiße *sebalda* (ein Honigdessert) auf. ● So. 🍴

OLBIA: *Bacchus* ⓁⓁ
Via Gabriele d'Annunzio, 07026. 〖 0789-216 12.
Elegantes Restaurant mit Meerblick. Die kreative Küche mit regionalen Einschlä-
gen trägt Fisch, Lamm mit Artischocken und Krebse auf. ● So. 🍴 ⚡ ♿

OLIENA: *CK* ⓁⓁ
Via M. L. King 24, 08025. 〖 0784-28 80 24.
Die Spezialitäten dieses Familienbetriebs sind unter anderem Wild
mit Kräutern sowie *maharrones hurriaos* (frische Käsegnocchi). ● Mo. 🍴 ▤

ORISTANO: *Faro* ⓁⓁⓁ
Via Bellini 25, 09170. 〖 0783-700 02.
Eines der besten Restaurants auf Sardinien serviert regionale Spezialitäten aus
frischen Zutaten vom Markt, vor allem Fisch und Meeresfrüchte. ● So. 🍴 ▤ ♿

PORTO CERVO: *Gianni Pedrinelli* ⓁⓁⓁⓁ
Bivio Pevero, 07020. 〖 0789-924 36.
Eine regionale Speisekarte mit viel Fisch. Kosten Sie *porcettu allo spiedo* (Spieß-
braten vom Schwein), die sardische Spezialität des Hauses. ● Nov–Feb. 🍴

PORTO ROTONDO: *Da Giovannino* ⓁⓁⓁⓁ
Piazza Quadra, 07026. 〖 0789-352 80.
Beliebt bei italienischen Politikern und Medienleuten, die hier teure, vorzüglich zubereitete und aufmerksam servierte Mittelmeerspezialitäten genießen,
dazu sehr passend ausgesuchte Weine. ● Nov–Apr Mo. 🍴 ⚡

PORTOSCUSO: *La Ghinghetta* ⓁⓁⓁⓁ
Via Cavour 26, 09010. 〖 0781-50 81 43.
Restaurant in einem reizenden Fischerdorf; die Karte weist fast nur Fischgerichte
auf und bietet ortstypische Spezialitäten mit Pfiff. ● So; Okt–Apr. 🍴 ▤ ⚡

SASSARI: *Florian* ⓁⓁ
Via Bellieni 27, 07100. 〖 079-23 62 51.
Auf der Karte steht je nach Jahreszeit das Beste, was Meer und Umland zu
bieten haben: im Herbst Pilze, im Sommer Meeresfrüchte und ganzjährig
das dazu passende Gemüse. ● So. 🍴 ♿

Zeichenerklärung siehe hintere Umschlagklappe

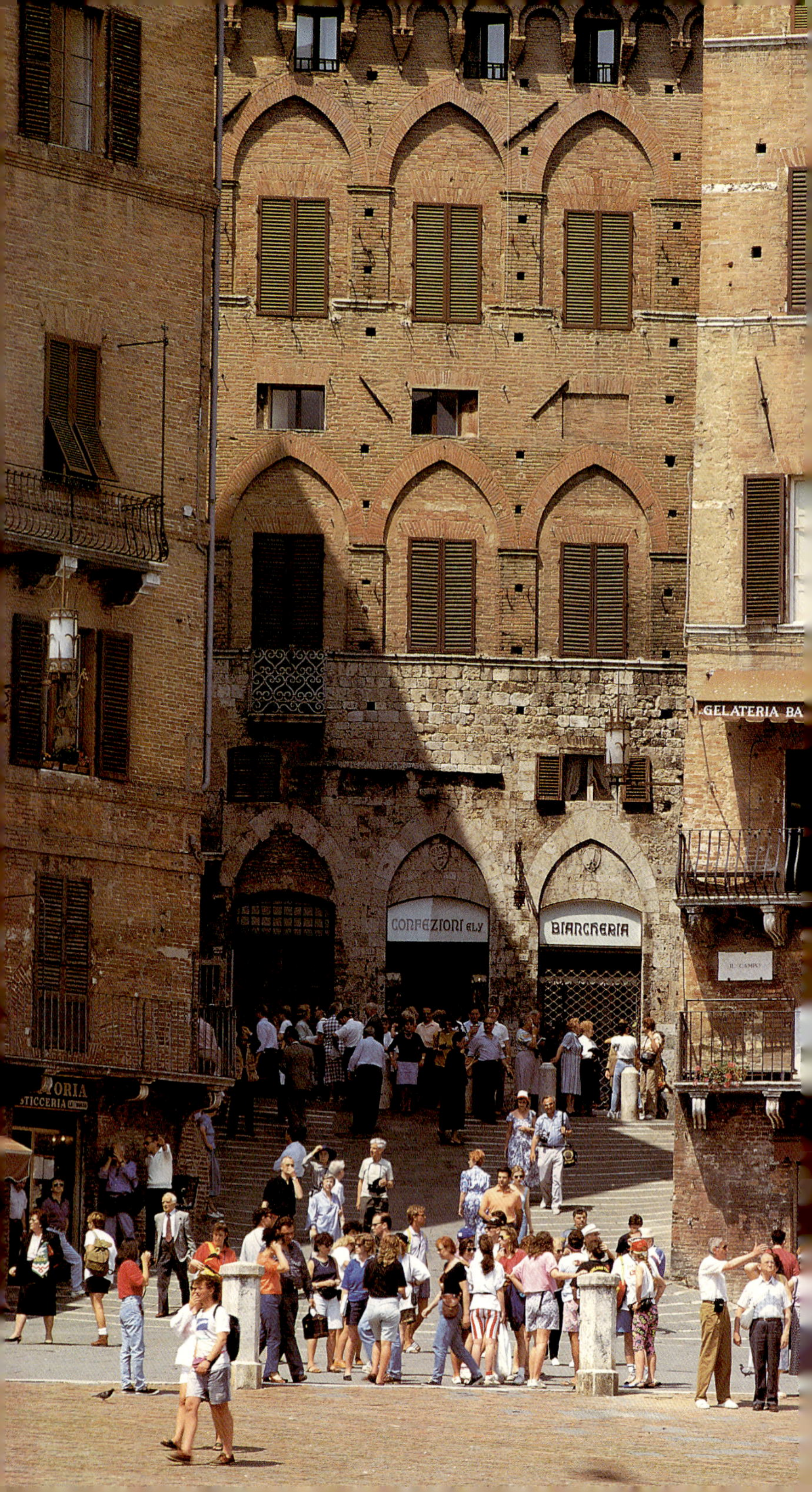
GELATERIA BA
CONFEZIONI ELY
BIANCHERIA

Grund-
informationen

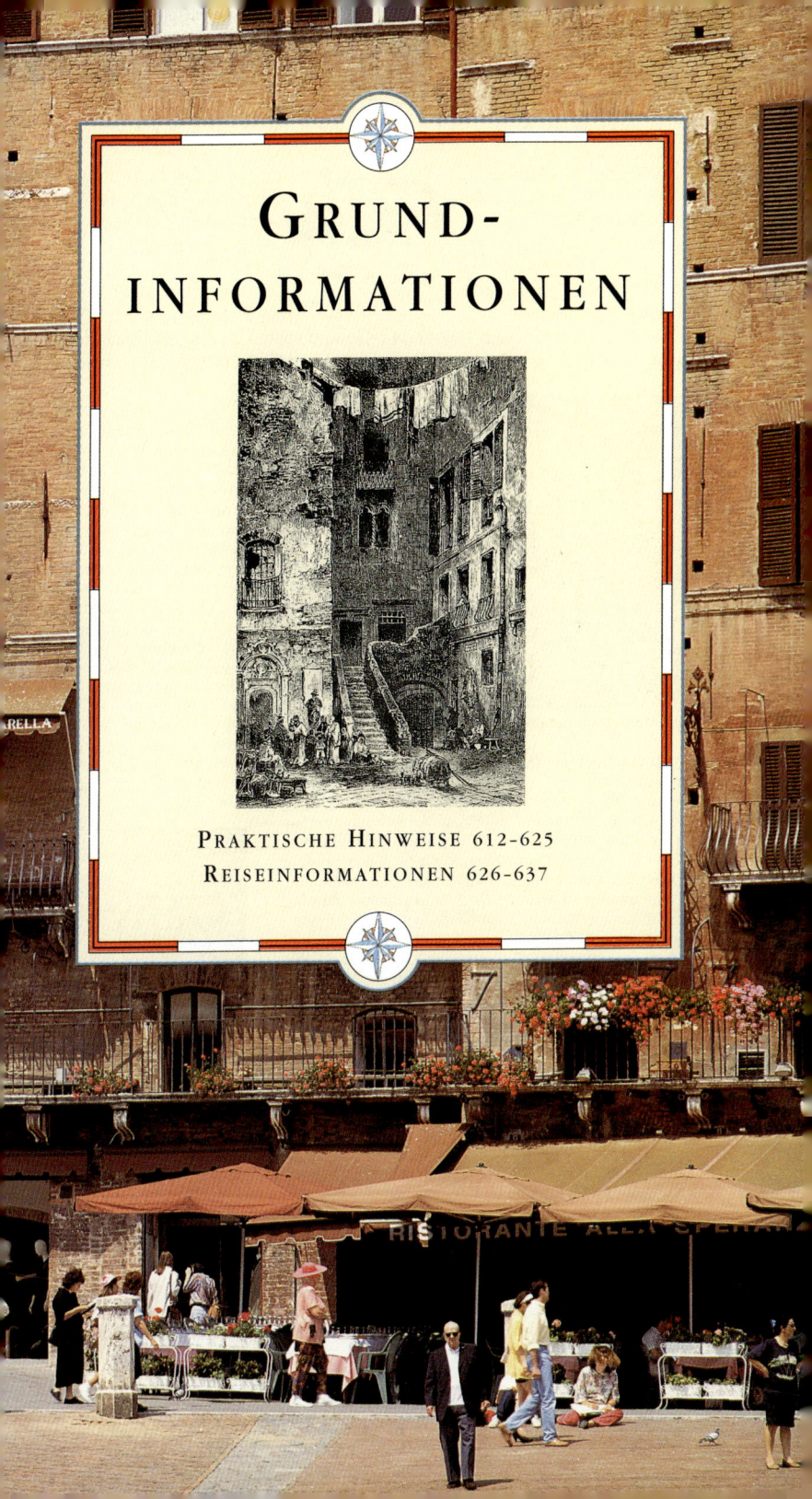

Praktische Hinweise 612–625
Reiseinformationen 626–637

PRAKTISCHE HINWEISE

JEDER ITALIENER WIRD Ihnen bestätigen, daß Italien das schönste Land der Welt sei, und das ist vielleicht gar nicht so falsch. Doch der Reiz Italiens täuscht leicht über die eventuell auftretenden praktischen Probleme hinweg. Informationen bekommt man selten so ohne weiteres; in Behörden und Banken muß man meist mit langen Schlangen und dem Amtsschimmel rechnen, und die Post ist berühmt für ihren Schlendrian. Die folgenden Seiten, ein wenig Planung und eine Portion Geduld sollten Ihnen helfen, mit den italienischen Eigenarten fertig zu werden.

Fremdenverkehrs-Logo

Touristen auf dem Ponte della Paglia in Venedig *(siehe S. 105)*

VISA UND AUFENTHALTSGENEHMIGUNG

STAATSBÜRGER DER EU brauchen für einen Aufenthalt von bis zu drei Monaten kein Visum. Jeder Besucher benötigt zur Einreise einen Reisepaß oder Personalausweis und muß sich rein rechtlich binnen acht Tagen bei der italienischen Polizei melden. Dies wird meist vom Hotel oder dem Campingplatz erledigt; andernfalls wenden Sie sich an die Polizeistation *(questura)* vor Ort.

Wer länger als drei Monate bleiben will, muß sich mit erheblichem bürokratischem Aufwand bei einer größeren Polizeistation *(questura di provincia)* eine Aufenthaltsgenehmigung *(permesso di soggiorno)* beschaffen. Je nach Grund Ihres Aufenthalts müssen Sie entweder eine Arbeits- *(lavoro)* oder Studienerlaubnis *(studio)* beantragen. Hierfür sind ein schriftlicher Antrag *(domanda)*, Paßfotos und Kopien Ihres Passes erforderlich. Zusätzlich zur Arbeitsgenehmigung brauchen Sie eine Bestätigung Ihres Arbeitsverhältnisses in Italien oder einer anderen finanziellen Absicherung.

Wenn Sie sich um eine Studienerlaubnis bewerben, benötigen Sie einen Brief Ihrer Schule oder Universität, der Ihren Studiengang näher beschreibt. Senden Sie diesen Brief anschließend an das italienische Konsulat Ihres Heimatlands, um von dort einen offiziellen Begleitbrief oder eine Erklärung zu erhalten. Sie brauchen überdies eine Garantie, daß bei Unfall oder Krankheit Ihre Arztrechnungen bezahlt werden. Eine umfassende Versicherung ist hierfür ausreichend *(siehe S. 616)*.

BESTE REISEZEIT

BEI DER PLANUNG Ihrer Reise sollten Sie berücksichtigen, daß die Städte und Sehenswürdigkeiten Italiens außerordentlich beliebt sind. Rom, Florenz und Venedig sind von Frühjahr bis Herbst überlaufen, weshalb man Hotelzimmer weit im voraus buchen sollte. Im August geht es in den Städten meist etwas ruhiger zu, weil die Einheimischen selbst Urlaub machen. An Ostern ist Rom fest in der Hand von Pilgern und Touristen, im Februar verdreifacht sich die venezianische Bevölkerungszahl wegen des Karnevals *(siehe S. 65)*. Badeorte sind im Juli/August stark besucht, im Juni und September hingegen genauso heiß, aber weniger überlaufen. Am Anfang des Sommers sind Meer und Strände merklich sauberer. Von Dezember bis März ist Skisaison, obwohl es oft schon im November schneit. Die meisten Sehenswürdigkeiten sind ganzjährig geöffnet, außer an Feiertagen *(siehe S. 65)* und – in der Regel – an zwei Montagen im Monat *(siehe S. 614)*.

Nach der Stadtbesichtigung ins berühmte Café Tazza d'Oro in Rom

SAISONALE UNTERSCHIEDE

NORDITALIEN IST generell milder als der Süden mit seinem Mittelmeerklima. Die Monate zwischen Juni und September sind heiß, im Hochsommer auch feucht. Sommerstürme sind manchmal recht heftig, dauern jedoch oft nur ein paar Stunden. Frühjahr und Herbst bieten sich wegen der milden Temperaturen für Stadtbesichtigungen an. Der Winter ist vor allem im Norden oft sehr kalt *(siehe auch S. 68f)*.

◁ **Die schöne Piazza del Campo in Siena, Treffpunkt für Besucher und Einheimische**

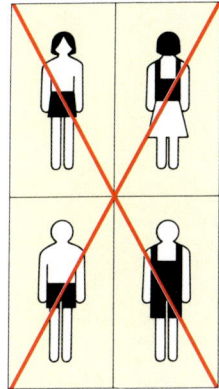

Unangemessene Kleidung in Kirchen: Männer wie Frauen müssen Oberkörper und -arme bedecken

VERHALTENSHINWEISE UND TRINKGELD

Die Italiener sind in der Regel gegenüber ausländischen Besuchern recht freundlich. Beim Betreten oder Verlassen eines Geschäfts oder einer Bar ist es üblich, mit *buon giorno* (Guten Tag) oder *buona sera* (Guten Abend) zu grüßen bzw. sich zu verabschieden. Man gibt auch gern Auskunft, wenn man nach dem Weg gefragt wird. Wenn Ihr Italienisch kärglich ist, reicht oft schon ein *scusi* und der Ort, den Sie suchen. Auf *grazie* (Danke) entgegnet man stets *prego* (Bitte).

Sind in einem Restaurant die 15 Prozent für den Service nicht im Preis inbegriffen, erwartet man ein Trinkgeld. In Familienbetrieben ist dies nicht üblich, und 15 Prozent wären hier sehr großzügig. Ein hilfsbereiter Taxifahrer oder Hotelportier erwartet ein paar tausend Lire. Runden Sie einfach die Rechnung auf den nächsten Fünftausender auf.

Italiener sind sehr modebewußt, und schlampige Kleidung fällt auf. In vielen Kirchen gelten strenge Kleidungsvorschriften *(siehe Abb. oben)*.

ZEIT

Auch in Italien gilt die mitteleuropäische Zeit (MEZ), und von März bis September werden die Uhren zur mitteleuropäischen Sommerzeit eine Stunde vorgestellt.

ZOLLFREIE WAREN UND ZOLLINFORMATIONEN

EU-Bürger dürfen zum eigenen Verbrauch folgende Waren zollfrei nach Italien einführen: 800 Zigaretten, 200 Zigarren, 400 Zigarillos, 1 kg Rauchtabak, 10 Liter Spirituosen, 90 Liter Wein und 110 Liter Bier. Für die Einreise aus einem Nicht-EU-Land gelten geringere Mengen: 400 Zigaretten, 100 Zigarren, 200 Zigarillos oder 500 Gramm Rauchtabak, 1 Liter Spirituosen oder 2 Liter Wein und 50 Gramm Parfüm. Was Sie aus Italien in ein Nicht-EU-Land ausführen dürfen, sagt Ihnen die Zollbehörde des jeweiligen Landes.

MEHRWERTSTEUER

Die Mehrwertsteuer (in Italien IVA) beträgt je nach Artikel zwischen 12 und 35 Prozent. Bürger eines Nicht-EU-Landes können sich die IVA für jeden Kauf über 65 000 Lire rückerstatten lassen, müssen sich jedoch auf eine lange Prozedur gefaßt machen. In Geschäften mit dem Zeichen »Euro Free Tax« ist der Rückerstattungsvorgang einfacher. Nachdem Sie dem Verkäufer Ihren Paß gezeigt und ein Formular ausge-

Die Uhr von San Giacomo di Rialto in Venedig *(siehe S. 93)*

füllt haben, wird die IVA von der Rechnung abgezogen. Alternativ dazu können Sie bei der Ausreise am Zoll Ihre gekauften Waren samt Belege vorlegen. Nachdem man Ihre Belege dort abgestempelt hat, senden Sie sie zurück zum Verkäufer der Ware, der Ihnen anschließend die Rückerstattung postalisch zustellt.

STROMADAPTER

Die Wechselspannung im italienischen Stromnetz beträgt 220 Volt. Eurostecker passen in die meisten Steckdosen, für Schukostecker ist jedoch ein Adapter erforderlich. In Italien selbst gibt es ohne ersichtlichen Grund Stecker in verschiedenen Größen. Auch hier kann man sich mit Adaptern behelfen oder oft auch nur die Stecker austauschen. Nehmen Sie einen Adapter mit, da diese in Italien schwer erhältlich sind. Die meisten Drei- oder Vier-Sterne-Hotels bieten Föne auf dem Zimmer.

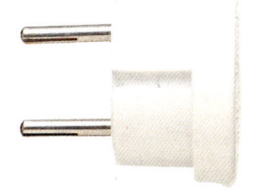

Standardstecker

KARTENVORVERKAUF

Telefonische Kartenreservierung ist nicht in allen Theatern möglich; Sie müssen schon selbst an den Kartenschalter gehen. Es gibt jedoch Vorverkaufsagenturen wie **Box Office** und **Cangrande**, die für Sie Karten reservieren. Opernkarten werden Monate im voraus verkauft, und man behält nur einige bis zwei Tage vor der Vorstellung zurück. Karten für Rock- und Jazzkonzerte bekommt man auch in den auf den Veranstaltungsplakaten aufgeführten Läden.

AUF EINEN BLICK

VORVERKAUFSSTELLEN

Box Office
Viale Giulio Cesare 88, Rom.
Karte 3 C1. *Karten für klassische Musik, Rock-, Pop- u. Jazzkonzerte u. einige Sportveranstaltungen.*
06-52 20 03 42.

Cangrande
Via Giovanni della Casa 5, Verona. *Opernkarten.*
045-800 49 44.

GRUNDINFORMATIONEN

TOURISTENINFORMATION

DAS ITALIENISCHE Fremdenverkehrsamt **ENIT** hat Zweigstellen in aller Welt und bietet allgemeine Informationen über Italien. Bei spezielleren Anfragen wenden Sie sich an die Fremdenverkehrsämter vor Ort; Adressen und Telefonnummern finden Sie unter der jeweiligen Stadt oder auf den Stadtplänen. Ein EPT *(Ente Provinciale di Turismo)* liefert Informationen über die Stadt und das Umland, während sich APTs *(Azienda di Promozione Turistica)* auf einzelne Städte beschränken. Beide Ämter helfen bei praktischen Dingen wie Zimmerbuchung oder Stadttouren und stellen zudem kostenlose Stadtpläne und Führer in verschiedenen Sprachen zur Verfügung. Die EPT- und APT-Ämter können Ihnen Fremdenführer für Besichtigungstouren vermitteln und geben Tips für Ausflüge und Rundfahrten. In Kleinstädten gibt es *Pro-Loco*-Fremdenverkehrsämter, die manchmal nur während der Saison geöffnet sind. Sie befinden sich meist im Rathaus *(comune)*.

TOUREN UND FÜHRUNGEN

VIELE REISEVERANSTALTER bieten Busfahrten mit Fremdenführern zu den wichtigsten Sehenswürdigkeiten an. Die American-Express-Büros in Rom, Florenz, Venedig und

Eine Studentin entspannt sich in der Sonne in Gaiole im Chianti

Mailand organisieren Besichtigungstouren vor Ort, **CIT** bietet Busfahrten über Land an. Für alle, die etwas Persönlicheres und Ausgefalleneres suchen, inserieren Reiseveranstalter und -unternehmen im Lokalteil der Tageszeitungen. Auch das örtliche Fremdenverkehrsamt kann Ihnen weiterhelfen. Engagieren Sie nur offizielle Fremdenführer, und machen Sie das Honorar im voraus aus. Weitere Informationen auf S. 624 f.

Zeichen für Information

GENEHMIGUNGEN FÜR BESICHTIGUNGEN

FÜR BESTIMMTE Sehenswürdigkeiten Roms wie die Bibliothek des Vatikans benötigt man eine schriftliche Genehmigung; sie wird erteilt von:

Comune di Roma Ripartizione X
Piazza Campitelli 7, Rom. **Karte** 3 A5.
C 06-67 10 30 64.
FAX 06-67 10 31 18.

ÖFFNUNGSZEITEN

ITALIENISCHE MUSEEN passen sich vor allem im Norden allmählich den neuen Gepflogenheiten an und haben täglich außer an zwei Montagen im Monat 9–19 Uhr geöffnet. Im Winter bleibt es jedoch oft bei Dienstag bis Samstag 9–14 Uhr und Sonntag 9–12.30 Uhr. Private und kleinere Museen haben eigene Öffnungszeiten, weshalb man vorher anrufen sollte. Archäologische Sehenswürdigkeiten sind meist Dienstag bis Sonntag von 9 Uhr bis eine Stunde vor Sonnenuntergang geöffnet. Kirchen öffnen meist 7–12.30 und 16–19 Uhr. Da während der Gottesdienste häufig keine Besichtigung gestattet wird, ist der Sonntag nicht zu empfehlen.

Stadtrundfahrt auf einem ruhigen Kanal in Venedig

EINTRITT

DIE EINTRITTSPREISE liegen meist zwischen 2000 und 12 000 Lire (Kirchen in der Regel umsonst). Nicht immer gibt es Studentenermäßigungen, doch viele staatliche Museen und Ausgrabungsstätten gewähren EU-Bürgern bis 18 Jahren und über 60 Jahren freien Eintritt. Auch große Gruppen bekommen oft Ermäßigungen. Wenn Ermäßigungen gewährt werden, müssen Sie einen gültigen Studentenausweis oder Paß vorzeigen.

HINWEISE FÜR STUDENTEN

DIE NATIONALE Reisegesellschaft für Studenten, **CTS** (Centro Turistico Studentes-

Führung durch die Straßen von Florenz

co), hat überall im Land sowie im restlichen Europa Zweigstellen. Hier sind sowohl der Internationale Studentenausweis (ISIC) als auch die Youth International Educational Exchange Card (YIEE) erhältlich. Zusammen mit einem Personalausweis bekommt man damit Ermäßigungen in Museen und anderen Sehenswürdigkeiten. Mit dem ISIC-Ausweis hat man überdies Zugang zu einem 24-Stunden-Servicetelefon, das allgemeine Beratung und Information anbietet. Neben den Studentenausweisen bietet CTS auch preisgünstige Mietwägen an und organisiert Reisen und Kurse. Einzelheiten über Jugendherbergen erfahren Sie bei der **Associazione Italiana Alberghi per la Gioventù** (dem italienischen Jugendherbergswerk), vorausgesetzt, Sie sind Mitglied.

ISIC-Ausweis

MIT KINDERN UNTERWEGS

DIE ITALIENER LIEBEN Kinder, manchmal auf eine fast übertriebene Art und Weise. In den meisten Trattorien und Pizzerias sind sie gerngesehene Gäste, und niemand verbietet ihnen den Zutritt zu einer Bar. Auch die Hotels sind kinderfreundlich, wenngleich kleinere Häuser diesbezüglich meist weniger gut ausgestattet sind. Einige Hotels der gehobeneren Klasse bieten einen Babysitterservice an. Vor allem im Sommer sieht man Kinder oft bis spätabends draußen spielen. Die meisten Städte haben Spielplätze, und in vielen gibt es auch Sommerfeste. Für die kleinen Wasserratten ist das ruhige Mittelmeer ideal.

BEHINDERTE REISENDE

DIE ALLGEMEINHEIT ist sich der Bedürfnisse Behinderter kaum bewußt. Die Situation verbessert sich jedoch langsam, und in einigen Städten fahren inzwischen behindertengerechte Busse; Museen und einige Kirchen werden allmählich mit Rampen und Aufzügen nachgerüstet. Die **Associazione Nazionale Andicappati** (mit Büros in ganz Italien) bietet Informationen über Hotels, Dienstleistungen, behindertengerechte Einrichtungen und allgemeine Hilfe an.

Treppenlift für Rollstuhlfahrer über eine Brücke

GOTTESDIENSTE

DIE ITALIENISCHE Bevölkerung ist zu fast 85 Prozent katholisch. Sonntagsmessen werden im ganzen Land gefeiert, in den großen Kirchen werden auch unter der Woche Gottesdienste abgehalten. Einige Kirchen der Großstädte wie San Silvestro (Piazza San Silvestro) in Rom bieten fremdsprachige Gottesdienste und Beichtmöglichkeiten an. Manche Besucher verbinden ihren Romaufenthalt mit einer Audienz beim Papst *(siehe S. 409).*

Obwohl Italien überwiegend katholisch ist, sind auch die anderen großen Konfessionen vertreten. Nähere Informationen bei den wichtigsten Zentren in Rom.

Taubenfüttern auf der Piazza Navona in Rom

AUF EINEN BLICK

REISEVERANSTALTER

Associazione Italiana Alberghi per la Gioventù
Via Cavour 44, Rom.
Karte 3 C5. (06-487 11 52.

Associazione Nazionale Andicappati
Via Tommaso Fortifiocca 100, Rom. (06-781 07 72.

CIT
Piazza della Repubblica 64, Rom.
Karte 4 D3. (06-487 17 30.

CTS
Presidenza Nazionale
Via Genova 16, Rom.
Karte 4 D3. (06-467 91.

FREMDENVERKEHRSÄMTER

ENIT Deutschland
Kaiserstraße 65, 60329
Frankfurt/M. (069-23 74 30.

ENIT Österreich
Kärntner Ring 4, 1010 Wien.
(01-505 43 74.

ENIT Schweiz
Uraniastraße 32, 8001 Zürich.
(01-211 36 33.

ENIT Rom
Via Marghera 2. **Karte** 4 F3.
(06-497 11.

APT Florenz
Via Cavour 1r. **Karte** 2 D4.
(055-29 08 32.

APT Siena
Piazza del Campo 56.
(0577-28 05 51.

APT Venedig
Castello 4421. **Karte** 3 B5.
(041-522 63 56.

RELIGIÖSE ORGANISATIONEN

Katholisch
Ufficio Informazioni Vaticano,
Piazza San Pietro, Vaticano, Rom.
Karte 1 B3. (06-69 88 44 66.

Jüdisch
Unione delle Comunità Ebraiche Italiane, Lungotevere Sanzio 9,
Rom. **Karte** 6 D1. (06-580 36 70.

Moschee
Centro Islamico Culturale d'Italia,
Viale della Moschea, Rom.
(06-808 22 58.

Sicherheit und Notfälle

ITALIEN IST IM allgemeinen ein sicheres Land, aber es empfiehlt sich, vor allem in größeren Städten stets auf sein persönliches Eigentum zu achten. Es fällt auf, daß im ganzen Land Polizei präsent ist, und im Notfall oder bei einem Verbrechen kann Ihnen jeder Polizist helfen und Sie darüber informieren, wo in Ihrem Fall Anzeige zu erstatten ist. Im Krankheitsfall erhalten Sie zunächst einmal in einer Apotheke fachkundigen Rat oder Informationen über weiterführende medizinische Hilfe. Notfälle werden in der Ambulanz *(pronto soccorso)* jedes Krankenhauses behandelt.

Commissariato di polizia – eine Polizeiwache

Polizeiwagen

»Grünes Kreuz« – Ambulanz in Venedig

Römisches Löschfahrzeug

DIEBSTAHL

DELIKTE WIE Taschendiebstahl, Handtaschenraub und das Aufbrechen von Autos sind weit verbreitet. Ein Diebstahl muß innerhalb von 24 Stunden bei der nächsten Polizeistation *(questura* oder *commissariato)* gemeldet werden.

Lassen Sie nichts, auch nicht Ihr Autoradio, unbeaufsichtigt und sichtbar im Auto. Wenn Sie Gepäck im Auto lassen müssen, suchen Sie sich ein Hotel mit hauseigenem Parkplatz. Zählen Sie bei einem Kauf stets das Wechselgeld nach, und bewahren Sie Ihren Geldbeutel vor allem in Bussen oder Menschenansammlungen nie in der Gesäßtasche auf. Geldbeutel und »Geldkatzen«, auf die Taschendiebe ganz besonders spekulieren, sollten Sie gut kaschieren. Tragen Sie auf dem Gehsteig Taschen und Fotoapparate immer auf der der Straße abgewandten Seite, um keine motorisierten Diebe anzulocken; abseits der Touristenpfade nie eine teure Kamera oder Videoausrüstung zur Schau stellen. Wer hohe Geldsummen mitführen will, fährt am sichersten mit Reise- oder Euroschecks. Bewahren Sie für den Fall eines Verlustes oder Diebstahls Scheckkarte und Schecks stets getrennt auf, zusammen mit einer Kopie Ihrer wichtigsten Dokumente. Es ist überdies ratsam, vor der Reise eine umfassende Reiseversicherung abzuschließen. Um Ihren Anspruch auf Versicherungsleistungen geltend zu machen, brauchen Sie eine Kopie des Berichts *(denuncia)* der Polizeidienststelle, der Sie den Vorfall gemeldet haben. Bei Verlust Ihres Ausweises wenden Sie sich an Ihre Botschaft oder Ihr Konsulat, den Verlust von Reiseschecks melden Sie Ihrer Scheckgesellschaft.

RECHTSBEISTAND

EIN UMFASSENDES Versicherungspaket sollte auch Rechtshilfe und -schutz beinhalten. Sollten Sie keinen Versicherungsschutz haben, wenden Sie sich, z. B. nach einem Unfall, so schnell wie möglich an Ihre Botschaft. Die Botschaft kann Sie beraten und an deutsch- und italienischsprachige Rechtsanwälte verweisen, die sowohl das deutsche als auch das italienische Rechtssystem kennen.

PERSÖNLICHE SICHERHEIT

OBWOHL HÄUFIG leichte Delikte verübt werden, sind Gewaltverbrechen selten. Es kann jedoch vorkommen, daß Leute in einem Streitfall einen aggressiven Ton anschlagen. Meist läßt sich die Situation durch ruhiges und höfliches Verhalten entschärfen. Hüten Sie sich vor inoffiziellen Fremdenführern, Taxifahrern oder Fremden, die Ihnen bei der Suche nach Hotels, Restaurants oder Geschäften gegen Bezahlung helfen wollen.

TIPS FÜR FRAUEN

FRAUEN, DIE AUF eigene Faust Italien bereisen, erregen meist große Aufmerksamkeit. Obwohl dies oft eher lästig als gefährlich ist, sollten Sie sich nachts nicht in einsame, unbeleuchtete Straßen und Bahn-

Carabinieri in der Uniform der Verkehrspolizei

hofsviertel wagen. Wer schnell und bestimmt seines Wegs geht, zieht am wenigsten ungewollte Blicke auf sich. Das Personal von Hotels und Restaurants behandelt weibliche Singles meist besonders aufmerksam und zuvorkommend.

POLIZEI

IN ITALIEN GIBT es verschiedene Polizeieinheiten, die unterschiedliche Funktionen wahrnehmen. Die Staatspolizei, *polizia*, trägt blaue Uniformen und fährt blaue Wagen. Sie ist für fast alle Verbrechen zuständig. Die *carabinieri* haben eine militärische Ausbildung; ihre Uniform ist dunkelblau und schwarz mit rot gestreiften Hosen. Sie befassen sich mit unterschiedlichen Delikten vom organisierten Verbrechen bis zu Geschwindigkeitsüberschreitungen und können auch stichprobenartig Sicherheitsüberprüfungen durchführen. Die *guardia di finanza*, das Betrugsdezernat, trägt graue Uniformen mit gelb gestreiften Hosen. Die *vigili urbani*, die städtische Verkehrspolizei, trägt im Winter blauweiße, im Sommer weiße Uniformen. Obwohl die *vigili urbani* offiziell keine Polizeibeamten sind, können sie Verkehrs- und Parksündern hohe Geldstrafen auferlegen. Sie sind für sämtliche Belange im Straßenverkehr zuständig.

Stadtpolizist

DOLMETSCHER

ÜBERSETZER und Dolmetscher bieten ihre Dienste oft in Zeitungen und fremdsprachigen Buchläden an. Übersetzungsbüros inserieren in den Gelben Seiten (*Pagine Gialle*), und der Dolmetscherverband AITI (*Associazione Italiana di Traduttori e Interpreti*) verfügt über eine Liste mit qualifizierten Mitgliedern. Im Notfall kann Ihnen auch Ihre Botschaft einen Übersetzer nennen.

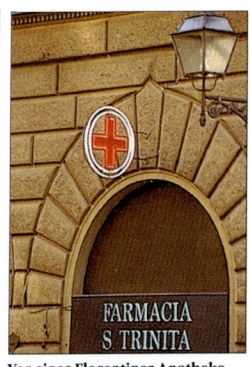

Vor einer Florentiner Apotheke mit dem roten Kreuz

MEDIZINISCHE VERSORGUNG

BÜRGER DER Europäischen Union haben Anspruch auf kostenlose medizinische Notfallbehandlung. Besorgen Sie sich vor Reiseantritt bei Ihrer Krankenkasse das Formular E111 (Urlaubskrankenschein), das Ihnen im Notfall eine medizinische Behandlung sichert. In Italien muß dieses Formular bei Bedarf im allgemeinen gegen ein Gutscheinheft eingetauscht werden (nähere Informationen liefert das Begleitheft zum Urlaubskrankenschein). Das Formular deckt jedoch weder die Kosten für eine Rückführung noch Zusatzkosten wie Unterkunft, Verpflegung und Flug einer Begleitperson ab. Hierfür ist eine Zusatzversicherung erforderlich.

Besucher von außerhalb der EU sollten sich mit einer umfassenden privaten Krankenversicherung gegen alle Eventualitäten absichern. Suchen Sie im Notfall die Ambulanz (*pronto soccorso*) des nächstgelegenen Krankenhauses auf.

FÜR ALLE FÄLLE

MEDIKAMENTE SOWIE homöopathische Mittel sind in der Apotheke (*farmacia*) erhältlich, viele sind aber rezeptpflichtig. In großen und den meisten kleineren Städten hat immer eine Apotheke Nacht- bzw. Wochenenddienst (*servizio notturno*), worüber

AUF EINEN BLICK

BOTSCHAFTEN UND KONSULATE

Deutschland
Botschaft: Via Po 25c, Rom.
06-88 47 41.
Konsulate: S. Marco 2888,
Venedig, 041-522 51 00.
Via Crispi 69, Neapel,
081-761 33 93.

Österreich
Botschaft: Via Pergolesi 3, Rom.
06-855 82 41.

Schweiz
Botschaft: Via Oriani 61, Rom.
06-808 36 41.

NOTFALL

Notruf 113.
Polzei (Carabinieri)
112.
Feuerwehr 115.
Notarzt 118.

der Lokalteil der Tageszeitungen sowie ein Schild an der Apothekentür informiert.

In den am »T«-Zeichen (*siehe unten*) leicht erkennbaren Tabakläden (*tabacchi*) erhält man zahlreiche nützliche Utensilien. Neben Tabak, Zigaretten und Streichhölzern, Süßigkeiten oder gar Souvenirs bekommt man hier Rasierer, Batterien, Bus- und Metro-Fahrscheine, Telefonkarten und -münzen (*gettoni*). In einigen kann man sogar Briefmarken kaufen und Pakete wiegen und frankieren lassen.

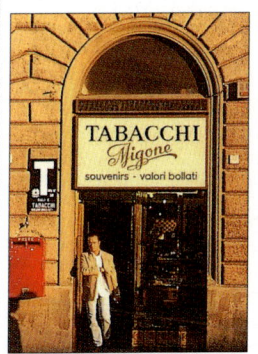

Tabakladen mit dem typischen weißen »T«-Zeichen

Währung und Geldwechsel

Eurocheck-Logo

INZWISCHEN AKZEPTIEREN praktisch alle italienischen Hotels, viele Geschäfte sowie große Restaurants und Tankstellen die wichtigsten Kreditkarten und Eurochecks. In entlegeneren Gegenden kommt man hingegen kaum ohne Bargeld aus. Bei Bezahlung mit Kreditkarte muß man unter Umständen den Ausweis vorzeigen. Bargeld kann man in den meist überfüllten Banken wechseln. Alle Banken wechseln Reiseschecks, und Geldautomaten *(bancomat)* akzeptieren Euroscheckkarten mit Geheimnummer, einige sogar EuroCard (Access), Visa- und American-Express-Karten. Obwohl Banken oft die besten Kurse haben, sind Wechselstuben und -automaten unter Umständen zweckmäßiger.

Elektronischer Wechselautomat

Geldautomat, der auch Kreditkarten nimmt

GELDWECHSEL

DIE ÖFFNUNGSZEITEN der Banken sind etwas restriktiv und oftmals undurchsichtig. Vergleichen Sie mehrere Umtauschstellen, da die Kurse oft voneinander abweichen.

Elektronische Geldwechselautomaten, wie es sie an den größeren Flughäfen, Bahnhöfen und Banken gibt, ermöglichen einen bequemen Umtausch. Die Bedienungsanleitung der Automaten ist mehrsprachig, der Kurs wird auf dem Display angezeigt. Man steckt einfach bis zu zehn Banknoten derselben ausländischen Währung hinein und bekommt dafür Lire heraus.

Wechselstuben findet man in allen größeren Städten. Sie ermöglichen einen unkomplizierten Umtausch, bieten jedoch meist schlechtere Kurse und verlangen höhere Umtauschgebühren als Banken.

EUROCHECKS

AN KASSEN MIT DEM Eurocheck-Logo kann man mit der Scheckkarte bezahlen. Eurochecks werden als Zahlungsmittel für viele Waren und Dienstleistungen angenommen. Die meisten Geschäfte, Hotels und Restaurants der gehobenen Klasse nehmen Eurochecks. Man kann auch unter Vorlage der Scheckkarte Eurochecks bis zu 300 000 Lire bei jeder Bank mit dem Eurocheck-Logo eintauschen.

REGIONAL UNTERSCHIEDLICHE LEBENSHALTUNGSKOSTEN

UNGEACHTET ZAHLREICHER Ausnahmen ist der Norden im allgemeinen teurer als der Süden. Restaurants und Hotels abseits der ausgetretenen Pfade bieten meist mehr fürs Geld, und wenn man Touristenfallen ausweicht, stimmt beim Kauf ortstypischer Produkte auch das Preis-Leistungs-Verhältnis.

Die in Banken üblichen Sicherheitstüren mit Metalldetektoren

ÖFFNUNGSZEITEN

DIE BANKEN HABEN in der Regel Montag bis Freitag von 8.30–13.30 geöffnet. Die meisten öffnen auch nachmittags etwa zwischen 13.30 und 14.30 oder 14.30 und 15.30 Uhr für eine Stunde. Keine Geschäftszeiten an Wochenenden und Feiertagen, auch am Tag vor einem wichtigen Feiertag schließt man zeitig. Wechselstuben haben oft ganztägig, gelegentlich auch bis spätabends geöffnet.

IN DER BANK

AUS SICHERHEITSGRÜNDEN haben die meisten Banken elektronische, mit Metalldetektoren versehene Doppeltüren, die nur jeweils einem Kunden Zutritt gewähren. Metallische Gegenstände sollte man vorher im Foyer in einem Schließfach deponieren. Drücken Sie den Knopf, um die Außentür zu öffnen, und warten Sie, bis diese sich hinter Ihnen schließt; danach öffnet sich die Innentür automatisch. Lassen Sie sich nicht von den bewaffneten Wachleuten abschrecken, die in den Banken Dienst tun.

Angesichts der Formulare und Menschenschlangen kann sich das Geldwechseln zu einer frustrierenden Prozedur entwickeln. Zunächst muß man sich beim *cambio*-Schalter anstellen, an der *cassa* bekommt man dann sein italienisches Geld. Damit Sie sich nicht bei der falschen Schlange anstellen, sollten Sie im Zweifelsfall nachfragen.

Wenn Sie sich Geld nach Italien schicken lassen wollen, können Banken in Ihrer Heimat Geld per Telex an eine italienische Bank senden, was jedoch eine Woche dauert.

PRAKTISCHE HINWEISE

Währung

DIE ITALIENISCHE WÄHRUNG ist die *lira* (Plural *lire*); sie wird meist mit L oder Lit abgekürzt. Die vielen verschiedenen Scheine sind anfangs recht verwirrend, doch anhand der Farbe lassen sie sich gut unterscheiden. Immer wieder bekommen die bekannten Münzen und Scheine ein neues Design oder werden ungültig, wenngleich das Vorhaben, die Grundeinheit zu ändern, bislang noch nicht realisiert wurde. Sie werden feststellen, daß die letzten drei Nullen im gesprochenen Italienisch häufig unter den Tisch fallen: *cinquanta* bedeutet meist 50 000 Lire und nicht 50 Lire.

Die meisten Laden- und Barbesitzer sind nicht begeistert, wenn man kleine Beträge mit großen Scheinen bezahlt; versuchen Sie deshalb, schon beim Geldwechseln kleine Scheine zu bekommen. Sparen Sie sich immer ein paar Münzen für Trinkgelder und Münzautomaten für die Innenbeleuchtung von Kirchen auf.

Banknoten
Alle Banknoten werden von der Banca d'Italia ausgegeben. Die einzelnen Scheine sind durch unterschiedliche Farben und Bilder von historischen Persönlichkeiten – wie Caravaggio auf dem 100 000-Lire-Schein – gekennzeichnet. Als zusätzliche Hilfe steigt ab 2000 Lire mit dem Wert auch die Größe des Scheins.

1000 Lire

2000 Lire

5000 Lire

10 000 Lire

50 000 Lire

100 000 Lire

Münzen
Münzen, hier in Originalgröße abgebildet, gibt es zu 500, 200, 100 und 50 Lire. Alte 100- und 50-Lire-Münzen sind noch im Umlauf sowie die 20- und 10-Lire-Münzen von minimalem Wert. Die Telefonmünzen (gettoni) *sind 200 Lire wert.*

50 Lire (neu)    **100 Lire (neu)**    **500 Lire**

50 Lire (alt)    **100 Lire (alt)**    **200 Lire**    **Gettone (200 Lire)**

Kommunikation

OBWOHL DIE ITALIENISCHE POST für ihre Bummelei verschrien ist, sind ihre anderen Dienstleistungen, zumindest in den Städten, weit besser. Telefax, Kurierdienste und Telefon sind die beliebtesten Kommunikationsmittel. In allen Metropolen und den meisten größeren Städten sind fremdsprachige Tageszeitungen und Zeitschriften erhältlich. Obwohl sich staatliches und privates Fernsehen den Markt teilen, bekommt man fremdsprachige Programme nur im Radio oder über Satellit.

Logo der Telefongesellschaft

ÖFFENTLICHE TELEFONE

DIE ITALIENISCHE Telefongesellschaft SIP wurde 1994 in Telecom Italia umbenannt, es werden jedoch immer noch beide Namen benutzt. Münztelefone werden zusehends von den neueren Telefonen verdrängt. Obwohl viele der neuen Telefone auch Münzen nehmen, sind einige ausschließlich mit Telecom-Kreditkarten zu bedienen. Telefonkarten (*carta* oder *scheda telefonica*) sind in Bars, Zeitungskiosken und *tabacchi* erhältlich. Die neuesten öffentlichen Fernsprecher bieten eine Bedienungsanleitung auf italienisch, englisch, französisch und deutsch, die über den Knopf ganz rechts oben angewählt wird. Münztelefone, meist in Bars und Restaurants, nehmen Münzen zu 100, 200 und 500 Lire sowie *gettoni* (die alten Telefonmünzen zu 200 Lire). Ein Ortsgespräch kostet 200 Lire. Bei Fern- oder Auslandsgesprächen sollten Sie mindestens 2000 Lire in Münzen bereithalten. Wenn Sie am Anfang nicht genügend Münzen einwerfen, werden Sie unterbrochen und bekommen Ihr Geld nicht zurück. Eine einfachere Alternative ist ein *telefono a scatti* mit Gebührenzähler. Fragen Sie einen Bar- oder Restaurantbesitzer, ob Sie das Telefon benutzen können. Die Einheiten werden vom Zähler abgelesen und nach dem Gespräch bezahlt.

Telefonsymbol

In einem der neuen öffentlichen Fernsprecher oder *interurbani*

MÜNZ- UND KARTENTELEFON

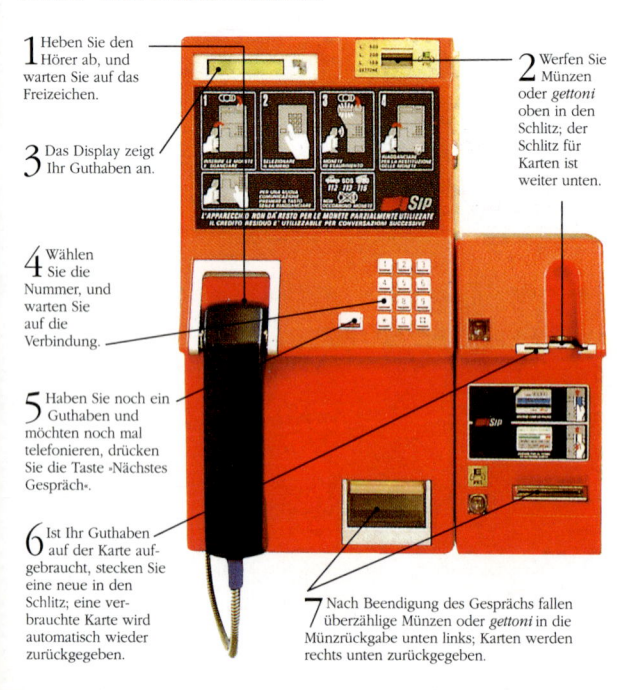

1 Heben Sie den Hörer ab, und warten Sie auf das Freizeichen.

2 Werfen Sie Münzen oder *gettoni* oben in den Schlitz; der Schlitz für Karten ist weiter unten.

3 Das Display zeigt Ihr Guthaben an.

Telefonkarten gibt es zu 5000 oder 10 000 Lire.

4 Wählen Sie die Nummer, und warten Sie auf die Verbindung.

5 Haben Sie noch ein Guthaben und möchten noch mal telefonieren, drücken Sie die Taste »Nächstes Gespräch«.

Knicken Sie die markierte Ecke ab, und stecken Sie die Karte in Pfeilrichtung ein.

6 Ist Ihr Guthaben auf der Karte aufgebraucht, stecken Sie eine neue in den Schlitz; eine verbrauchte Karte wird automatisch wieder zurückgegeben.

7 Nach Beendigung des Gesprächs fallen überzählige Münzen oder *gettoni* in die Münzrückgabe unten links; Karten werden rechts unten zurückgegeben.

200 L   **500 L**

100 L   ***Gettone***

Auf einen Blick

Für handvermittelte Gespräche wirft man 200 Lire ein, die anschließend zurückgegeben werden.

Wer vor und nach einem Anruf von einem privaten Telefon aus * 40 # wählt, erfährt die Zahl der Einheiten. Der Billigtarif gilt von 22 bis 8 Uhr und den ganzen Sonntag.

Telefoninfo

Telefonauskunft Inland
☎ 12.

Telefonauskunft Ausland
☎ 176.

Italcable
☎ 17 90 (für R- und Kreditkartengespräche).

Vorwahlnummern

Für Gespräche von Italien aus nach Deutschland, Österreich und in die Schweiz gelten folgende Landesvorwahlnummern (die Null der jeweiligen Ortsnetzkennzahl weglassen!):

☎ 00 49 – Deutschland.
☎ 00 43 – Österreich.
☎ 00 41 – Schweiz.

Für Gespräche nach Italien gelten folgende Vorwahlnummern:

☎ 00 39 – aus Deutschland und der Schweiz.
☎ 040 – aus Österreich.

Fernsehen und Radio

In Italien gibt es die drei öffentlich-rechtlichen Fernsehstationen RAI Uno, RAI Due und RAI Tre, dazu Fininvest (Retequattro, Canale Cinque und Italia Uno) sowie zahlreiche Lokalstationen. Die meisten ausländischen Programme werden italienisch synchronisiert, obwohl Kanäle wie Sky, CNN und RTL, die über Satellit ausstrahlen, Nachrichten und Sportsendungen in mehreren Sprachen senden. Es gibt drei nationale Radiostationen und zudem mehrere hundert Lokalsender.

Zeitungen

Die wichtigsten nationalen Tageszeitungen sind *La Stampa*, *La Repubblica* und der *Corriere della Sera*. Detaillierte Informationen über die italienischen Großstädte bekommt man in *Il Mattino* (Neapel), *Il Messaggero* (Rom) und *Il Giornale* (Mailand). In allen Zeitungen findet man einen Lokalteil sowie Kino-, Theater- und Konzertprogramme. Die römische und Mailänder Ausgabe von *La Repubblica* enthält Beilagen mit Veranstaltungskalender (*TrovaRoma* bzw. *TrovaMilano*). Die Wochenmagazine *Firenze Spettacolo* und *RomaC'è* geben Auskunft über das Unterhaltungsangebot von Florenz bzw. Rom. Ausländische Zeitungen wie *Frankfurter Allgemeine*, *Kurier* und *Neue Zürcher Zeitung* sind in den großen Städten erhältlich.

Zeitungsstand mit nationalen und internationalen Publikationen

Postamt

In Postämtern sowie in einigen Tabakläden kann man Briefe auswiegen und frankieren lassen. Postämter in Gemeinden und Städten haben wochentags von 8.25–13.50 Uhr und samstags von 8.25–12 Uhr geöffnet, Hauptpostämter von 8.25–19 Uhr. Der Vatikan und San Marino haben ihr eigenes Postsystem und eigene Briefmarken. Briefe und Postkarten in europäische Länder kosten dasselbe wie innerhalb Italiens. Die roten Briefkästen (im Vatikan blau) haben meist zwei Schlitze: *per la città* (Stadtbereich) und *tutte le altre destinazioni* (andere Richtungen). Die italienische Post ist für ihre Unzuverlässigkeit bekannt, und Briefe sind oft zwischen vier Tagen und zwei Wochen unterwegs.

Schild eines Postamts

Wer es gern schneller hat, schickt seine Briefe expreß (*espresso*). Zuverlässigere Versandmöglichkeiten sind Einschreibebriefe mit und ohne Rückschein (*raccomandata con ricevuta di ritorno* bzw. nur *raccomandata*). Wertvolle Sendungen sollte man als versicherte Post schicken (*assicurata*).

Mit dringenden Sendungen wende man sich an die staatlichen Kurierdienste *Posta celere* und *Cai post* in allen großen Postämtern. Sie garantieren die Auslieferung innerhalb von 24 bis 72 Stunden und sind weit billiger als private Kuriere. Größere Postämter bieten zudem Telegramm-, Telex- und Telefaxdienste an, letzteren jedoch nicht in alle Länder. Zudem kann man eine postlagernde Sendung (*fermo posta*) an ein Postamt schicken lassen und gegen eine geringe Gebühr dort abholen.

Regionen und Provinzen

Italien besteht aus 20 Regionen, die wiederum in Provinzen unterteilt sind. Jede Provinz hat einen *capoluogo* (Provinzhauptstadt) und eine *sigla*, ein Kürzel für diese Stadt. So steht zum Beispiel »FI« für den *capoluogo* Florenz (*Firenze*). Die *sigla* erscheint auf den Nummernschildern von Autos, die vor 1994 registriert wurden, und weist auf die Herkunft des Wagenbesitzers hin.

Italienischer Briefkasten

Einkaufen

SEI ES SCHICKE KLEIDUNG, schnittige Sportwagen oder stilvolle Haushaltswaren – Italien ist bekannt für seine hochwertigen Designerprodukte. Das Handwerk hat eine lange Tradition, und auf zahlreichen Märkten werden Spezialitäten feilgeboten. Von den städtischen Märkten einmal abgesehen, sind Schnäppchen selten, doch bei einem Schaufensterbummel wird man dafür reich entschädigt.

Frisches Gemüse an einem Florentiner Marktstand

ÖFFNUNGSZEITEN

GESCHÄFTE SIND IN DER REGEL Dienstag bis Samstag von 8–13 und von ca. 15.30–20 Uhr geöffnet (Montag nur nachmittags), wenngleich die Ladenbesitzer vermehrt flexiblere Öffnungszeiten bevorzugen. Es gibt nicht allzu viele Kaufhäuser, doch jede größere Stadt hat Standa oder Upim und vielleicht auch Coin oder Rinascente. Diese Häuser sind oft durchgehend (*orario continuato*) Montag bis Samstag von 9–20 Uhr geöffnet. Boutiquen öffnen meist später; Musik- und Buchläden haben gelegentlich bis nach 20 Uhr und auch sonntags geöffnet.

LEBENSMITTELGESCHÄFTE

OBWOHL ES ÜBERALL in Italien Supermärkte gibt, sind die kleineren Läden immer noch am interessantesten, auch wenn man höhere Preise in Kauf nehmen muß. Beim *fornaio* bekommt man das beste Brot, beim *macellaio* das beste Fleisch (Schweinefleisch in der *norceria*). Gemüse vom Markt oder vom *fruttivendolo* ist am frischesten. Kuchen gibt es in der *pasticceria*, Milch in der *latteria*, und die *alimentari* bieten oft ein beeindruckendes Sortiment an Pasta, Schinken, Käse und anderen Lebensmitteln. Hier bekommt man auch Wein, wenngleich man in der *enoteca*, der *vineria* oder beim *vinaio* eine weit größere Auswahl qualitativ besserer Weine hat und oft auch den Wein vor dem Kauf kosten kann.

MÄRKTE

ALLE STÄDTE HABEN regionale Wochenmärkte. In Großstädten werden etliche kleinere tägliche Märkte abgehalten, und am Sonntag finden regelmäßig Flohmärkte statt. Dieser Führer nennt für die jeweilige Stadt die wichtigsten Markttage. Die Händler bauen bereits um 5 Uhr ihre Stände auf und packen gegen 13.30 Uhr wieder zusammen. Lebensmittel werden nach *etto* (100 Gramm) oder *chilo* (Kilo) berechnet. Erzeugnisse der jeweiligen Jahreszeit sind an Marktständen meist frischer und preiswerter als in den Geschäften. Beim Kauf von Lebensmitteln wird in der Regel nicht gehandelt, während es sich durchaus lohnen kann, bei Kleidung und anderen Produkten nach einem Rabatt *(sconto)* zu fragen.

Tragetasche mit Designerzeichen

SAISONALE PRODUKTE

DA ITALIEN zu jeder Jahreszeit ein reichhaltiges Angebot an landwirtschaftlichen Erzeugnissen hervorbringt, empfiehlt es sich, besonderes Augenmerk auf die saisonalen Produkte zu legen. Im Herbst sieht man auf den Märkten ein großes Angebot an Trauben und Pilzen, während der Frühling die Saison für Spargel, Erdbeeren und römische Artischocken ist. Im Winter sind Gemüsesorten wie Blumenkohl und Brokkoli sowie Zitronen aus Amalfi und sizilianische Blutorangen besonders zu empfehlen. Der Sommer ist die Zeit der Pflaumen, Birnen und Kirschen, der Zucchini, Auberginen, Tomaten und Melonen.

Souvenirladen in Ostuni bei Brindisi (Apulien)

KLEIDUNG UND DESIGNERLÄDEN

DIE ITALIENISCHE Modeindustrie ist weltberühmt. Mailand ist die Modehauptstadt, und die Via Monte Napoleone im Stadtzentrum wird gesäumt von den berühmtesten Designerboutiquen. In allen Großstädten findet man, meist dicht gedrängt, zahlreiche Designerläden. Preiswertere Kleidung in eher klassischem Stil erhält man auf Märkten und an den Hauptgeschäftsstraßen. Das Schild *saldi* kündigt den Schlußverkauf an. Secondhandläden sind meist ziemlich teuer, bieten

Boutique mit eleganter Designerkleidung in Treviso

Farbenprächtige Auslage mit eleganten Handtaschen in Florenz

dafür oft qualitativ sehr gute Ware. Auf größeren Märkten findet man Stände mit stapelweise Kleidung zwischen 1000 und 10 000 Lire. Wer ein wenig wühlt, findet auch schon mal ein echtes Schnäppchen. Oft werden kopierte Rayban-Sonnenbrillen, Lacoste-T-Shirts und Levi's-Jeans angeboten. Einige Läden laden zwar mit dem Hinweis *ingresso libero* zum Herumstöbern ein, doch kaum hat man ihn betreten, ist man auch schon von Verkäufern umringt.

SCHMUCK UND ANTIQUITÄTEN

FUNKELNDER GOLDSCHMUCK ist in Italien sehr beliebt, und jede *gioielleria* (Juwelier) hat ein reichhaltiges Sortiment. Stücke etwas abseits der Norm findet man in einer *bigiotteria* oder in Kunsthandwerkläden *(oreficeria)*. Antiquitätenläden *(antichità* und *antiquariato)* verkaufen Möbel und Ziergegenstände in allen Preis- und Qualitätsklassen. Ein echtes Schnäppchen ist eine Seltenheit, außer vielleicht auf den *fiere dell'antiquariato* (Antikmessen), die im ganzen Land abgehalten werden.

WOHNDESIGN UND HAUSHALTSWAREN

AUCH IM BEREICH Wohndesign haben große italienische Namen ihren Preis; viele Geschäfte haben sich dem modernen High-Tech-Stil verschrieben. In praktisch jeder Stadt findet man Läden mit Haushaltswaren. Besonders auffällig sind italienische Küchengeräte aus Edelstahl oder Kupfer. Die besten Preise bekommt man nicht in Touristenläden, sondern möglicherweise direkt beim Hersteller. Zu den preiswerteren Dingen zählen die auf allen Märkten erhältlichen typischen braunen Espresso- und Cappuccinotassen.

REGIONALE SPEZIALITÄTEN

ZAHLREICHE REGIONALE Spezialitäten aus Italien haben Weltruhm erlangt, wie z. B. Parmaschinken, Chianti-Wein, Olivenöl und Grappa. Bekannt sind auch regionale Süßigkeiten wie das *panforte* aus Siena und sizilianisches Marzipan oder auch verschiedene Käsesorten wie Gorgonzola aus der Lombardei und Parmesan aus der Emilia-Romagna.

Auslage mit dekorativem Geschirr aus der Toskana

Das traditionelle Handwerk ist in Italien noch sehr lebendig; man denke nur an Spitzen und Glas aus dem Veneto sowie Leder, Schmuck und marmoriertes Papier aus Florenz oder an italienische Keramik wie die kunstvollen Töpferwaren aus der Toskana, handbemaltes Geschirr aus Amalfi oder De Simones stilisierte Designerteller aus Sizilien.

UMRECHNUNGSTABELLE							
Damengrößen							
Italien	38	40	42	44	46	48	50
Deutschland	34	36	38	40	42	44	46
Herrengrößen							
Italien	46	48	50	52	54	56	58
Deutschland	44	46	48	50	52	54	56

Aktivitäten für Individualisten

Das Land zu Pferd entdecken

Was Kultur, Sport und Freizeit betrifft, hat Italien ein vielseitiges Angebot. Kurzfristige Aktivitäten sind jedoch oft teuer und schwer zu finden. Fremdenverkehrsämter, die in diesem Führer unter den jeweiligen Städten vermerkt sind, geben Auskunft über die aktuellen Sport- und Freizeitmöglichkeiten einer Region. Einzelheiten über jährlich stattfindende Feste finden Sie unter *Das Jahr in Italien* auf den Seiten 62 ff. Hier nun einige Vorschläge für beliebte, aber auch eher ungewöhnliche Aktivitäten.

Auf dem Drahtesel durch die Po-Ebene

Wandern, Radfahren und Reiten

Einige italienische Zweigstellen des **World Wide Fund for Nature (WWF)** organisieren Wanderungen und Trekkingtouren, der **Club Alpino Italiano (CAI)** unternimmt Trekking- und Bergtouren, und mit dem **Italienischen Vogelschutzbund (LIPU)** kann man wandern und Vögel beobachten. Die militärischen *IGM*-Landkarten sind am genauesten, aber leider nur in speziellen Kartenläden erhältlich.

Radfahren gilt als Nationalsport, obwohl Italien sehr bergig ist. Im Po-Delta kann man hingegen kilometerweit durch atemberaubend schöne Ebenen radeln. In Reisebuchläden finden Sie Publikationen über Radwanderungen.

Viele Reitschulen bieten Ausritte an, die zum Teil auch in Zeitungen angekündigt werden. Allgemeine Informationen erhalten Sie bei der **Federazione Italiana di Sport Equestre**.

Skifahren und Klettern

Die berühmtesten Skiorte liegen in den Dolomiten. Kleinere und preiswertere Skigebiete findet man in den Apenninen und auf Sizilien. Am günstigsten sind außerhalb Italiens gebuchte Skiurlaube. Eine Liste mit Kletterschulen bekommt man bei der **Federazione Arrampicata Sportiva Italiana**.

Skilift am einsamen Falzarego-Paß in den Dolomiten

Ausgrabungen

In Italien führt die **Gruppo Archeologico Romano** in verschiedenen Landesteilen vierzehntägige Ausgrabungen, im Sommer wie im Winter, durch, an denen sowohl Erwachsene als auch Kinder teilnehmen können. Die Gruppe unterhält auch gute Kontakte zu archäologischen Organisationen vor Ort.

Italienische Sprache und Kultur

Das italienische Konsulat in Ihrem Land stellt Ihnen auf Anfrage umfangreiches Material über Kurse und Schulen in Italien zur Verfügung. Die **Società Dante Alighieri** bietet für Anfänger und Fortgeschrittene ganztags und halbtags Kurse in Italienisch, Kunstgeschichte, Literatur und Kultur an. Die Gelben Seiten *(Pagine Gialle)*, fremdsprachige Buchläden sowie Tageszeitungen informieren über die zahllosen Sprachschulen der italienischen Großstädte. **Intercultura** bietet einen mehrwöchigen, monatlichen und einjährigen Schüleraustausch an, inklusive Sprachkurse, Unterbringung bei italienischen Familien und Teilnahme am italienischen Schulunterricht.

Bergtour in den Dolomiten *(siehe S. 78)*

PRAKTISCHE HINWEISE

Kochkurs auf Sizilien

Seit einigen Jahren erfreuen sich Kochurlaube großer Beliebtheit, die von Experten der italienischen Küche organisiert werden. Diverse Veranstalter bieten Rundreisen zur Weinverkostung und wöchentliche Kurse in italienischer Kochkunst mit Unterkunft in herrlichen Privatquartieren an. Fremdenverkehrsämter vor Ort organisieren Rundfahrten zur Weinverkostung. Die Università per Stranieri in Perugia bietet Kurse in italienischer Kultur, Geschichte und Kochkunst an.

WASSERSPORT

AN DEN MEISTEN SEEN und in vielen Badeorten kann man Segelboote, Kanus oder eine Windsurfausrüstung mieten; Klubs, meist mit obligatorischer Mitgliedschaft, bieten Kurse an. Eine Liste autorisierter Verbände erhält man bei der **Federazione Italiana di Canoa e Kayak** und der **Federazione Italiana di Vela**. Segelurlaube und -kurse für eine Woche oder ein Wochenende werden in der Zeitschrift *Avventure nel Mondo* angeboten; einen Segelurlaub kann man auch in den meisten Reisebüros buchen.

Freibäder in Italien sind teuer; in vielen Fällen erhält man nur Monatskarten und muß einen Mitgliedsbeitrag zahlen. Einige Luxushotels machen gegen hohe Eintrittsgebühren ihre Pools für die Öffentlichkeit zugänglich. Das Erlebnisbad mit Schwimmbecken, Rutschen, Wellenmaschinen und Spielmöglichkeiten ist sehr beliebt. Bevor man in einen See, Fluß oder direkt vor Großstädten ins Meer springt, sollte man sich vergewissern, wie sauber das Wasser ist. Die **Federazione Italiana di Attività Subacquee** bietet Tauchkurse an und informiert über regionale Tauchzentren.

FLUGSPORT

IM GANZEN Land gibt es Schulen, die Drachenflug- und Flugstunden anbieten; die Kurse dauern jedoch mindestens einen Monat. Informationen erhalten Sie beim **Aeroclub Italiano**. Zum Fliegen braucht man einen Flugschein, und alle Fluggeräte müssen beim Aeroclub registriert werden.

ANDERE SPORTARTEN

DA GOLF IN ITALIEN sehr beliebt ist, kann man sich unter vielen Plätzen den richtigen aussuchen. Eine Klubmitgliedschaft im eigenen Land sowie ein Handicap sind oft Voraussetzung für tagesweisen Zugang zu einem Klub. In italienischen Tennisklubs sind meist nur Mitglieder zugelassen, es sei denn, man wird als Freund eines Mitglieds eingeladen. Die **Federazione Italiana di Tennis** verfügt über eine Liste aller Tennisklubs in Italien. Fußball ist eine italienische Leidenschaft, und in jedem Park, am Strand oder auf Freiflächen sieht man Leute laut und fröhlich ums Leder kämpfen.

Segeln ist ein beliebter Freizeit- und Wettkampfsport.

AUF EINEN BLICK

Aeroclub Italiano
Via Roberto Ferruzzi 38,
00143 Rom.
📞 06-51 95 70 42.

Club Alpino Italiano
Piazza Sant'Andrea 300, Rom.
📞 06-68 61 01 11.

Federazione Arrampicata Sportiva Italiana
Via San Secondo 92, Turin.
📞 011-568 31 54.

Federazione Italiana di Attività Subacquee
Viale Tiziano 70, 00186 Rom.
📞 06-323 38 18.

Federazione Italiana di Canoa e Kayak
Viale Tiziano 70, 00196 Rom.
📞 06-323 66 49.

Federazione Italiana di Sport Equestre
Viale Tiziano 74, 00196 Rom.
📞 06-323 38 06.

Federazione Italiana di Tennis
Viale Tiziano 70, 00196 Rom.
📞 06-323 38 07.

Federazione Italiana di Vela
Via GG Belli 27, 00153 Rom.
📞 06-321 03 71.

Gruppo Archeologico Romano
Via degli Scipioni 30a,
00192 Rom.
📞 06-39 73 36 37.

Intercultura
Ufficio di Segretaria Generale,
Corso Vittorio Emanuele 187,
00186 Rom.
📞 06-687 72 41.

Italienischer Vogelschutzbund (LIPU)
Vicolo San Tiburzio 5,
40300 Parma.
📞 0521-23 34 14.

Società Dante Alighieri
Piazza Firenze 27, 00184 Rom.
📞 06-687 36 94.

World Wide Fund for Nature
Via Garigliano 57, 00198 Rom.
📞 06-84 49 71.

REISEINFORMATIONEN

Von den modernen Straßen-, Bus- und Eisenbahnnetzen des Nordens bis hin zu den langsameren, etwas antiquierten Transportnetzen des Südens läßt sich Italien auf höchst unterschiedliche Weise bereisen. Zahlreiche ausländische Fluggesellschaften fliegen die großen Flughäfen des Landes an, während die staatliche Gesellschaft Alitalia und etliche kleinere Linien ein dichtes Inlandsflugnetz betreiben. Die Straßenverbindungen zum übrigen Europa sind gut, wenngleich die Benutzung der Alpenstraßen oft vom Wetter abhängt. Die Autobahnen im Land sind im allgemeinen tadellos, an Wochenenden und zu Stoßzeiten jedoch staugefährdet. Ein effizientes, im Sommer stark ausgelastetes Netz von Fähren verbindet Italien mit Sizilien, Sardinien und etlichen kleineren Inseln.

Alitalia-Flugzeug

Mit dem Flugzeug

LANGSTRECKENFLÜGE STEUERN VOR ALLEM den römischen Flughafen Leonardo da Vinci (Fiumicino) und Malpensa in Mailand an. Mailands Flughafen Linate wickelt überwiegend innereuropäische Flüge ab; die meisten Linien fliegen auch Venedig, Turin, Neapel und Pisa an. Zahlreiche Gesellschaften bedienen inzwischen auch kleinere Städte wie Florenz, Genua und Bologna, während Charterflüge zur Urlaubszeit auch Ziele wie Catania, Olbia und Rimini ansteuern.

Teil des Anbaus des Flughafen Fiumicino in Rom

INTERNATIONALE FLÜGE

Von allen größeren internationalen Flughäfen in Deutschland, Österreich und der Schweiz gibt es Flüge nach Italien. Je nachdem, von welchem Flughafen aus Sie fliegen, dauert ein Flug nach Rom etwa eineinhalb bis drei Stunden.

INLANDSFLÜGE

Alitalia und ihre Inlandstochter ATI verkehren regelmäßig zwischen zahlreichen italienischen Städten. In Rom und Mailand kann man problemlos von Langstrecken- auf Inlandsflüge umsteigen. Reisende aus dem europäischen Ausland erreichen die meisten großen Städte per Linienflug mit Ausnahme von Palermo und Catania auf Sizilien (hierzu muß man meist auf einem der größeren Flughäfen in Italien umsteigen). Da Inlandsflüge teuer und zu Spitzenzeiten stark frequentiert sind, bietet sich die Eisenbahn mit ihren zahlreichen Verbindungen als lohnende Alternative an.

Beachten Sie, daß Flugverbindungen von und nach Norditalien, vor allem nach Mailand und Turin, im Herbst und Winter oft durch Nebel behindert werden.

Alitalia-Tickets

TICKETS UND PREISE

Die Flieg-&-Spar- und Super-Flieg-&-Spar-Tarife für Linienflüge nach Italien sind generell am günstigsten, müssen jedoch zwischen 7 Tage und einem Monat im voraus gebucht werden. Hin- und Rückflug sind zeitlich festgelegt, Sie können diese Flüge gar nicht oder nur gegen eine hohe Gebühr umbuchen oder annullieren. Deshalb ist es ratsam, eine Reiserücktrittskostenversicherung abzuschließen, was in allen Reisebüros möglich ist.

Es lohnt sich, die Kleinanzeigen und Inserate von Tageszeitungen nach günstigen Charterflügen und preisreduzierten Linienflügen durchzusehen. Charterflüge landen oft auf dem zweiten (und weniger günstig gelegenen) Flughafen einer Stadt. Die Flugpreise schwanken im Jahresverlauf erheblich; die

FLUGHAFEN
Rom (Fiumicino)
Rom (Ciampino)
Mailand (Linate)
Mailand (Malpensa)
Pisa (Galileo Galilei)
Venedig (Marco Polo)
Venedig (Treviso)

REISEINFORMATIONEN

Halle des Flughafens von Pisa

Sommermonate, Weihnachten und Ostern sind am teuersten. Erkundigen Sie sich wenn möglich nach Studentenermäßigungen.

PAUSCHALREISEN

Shuttlebus in Rom-Fiumicino

P AUSCHALREISEN NACH ITALIEN sind fast immer preiswerter als Reisen auf eigene Faust, es sei denn, man hat ein sehr kleines Budget und nächtigt auf Campingplätzen und in Jugendherbergen. Rom, Florenz und Venedig werden oft einzeln oder zusammen als Pauschalreise angeboten; auch die Toskana, Umbrien, Sizilien, die italienischen Seen, die italienische Riviera und die Amalfi-Küste sind beliebte Ziele für Pauschalreisen. Im Winter sind Pauschalangebote für Skiorte in den Alpen erhältlich. Themenspezifische Pauschalreisen wie Koch-, Wander- und Kunsturlaube erfreuen sich zunehmender Beliebtheit. In den Städten arbeiten verschiedene Reiseveranstalter oft mit bestimmten Hotels zusammen, weshalb es sich lohnt, nach den angenehmsten (und am zentralsten gelegenen) Hotels zu suchen. Der Transport vom Flughafen in die Stadt ist oft schon im Pauschalpreis enthalten, gelegentlich auch eine Stadtführung.

FLY-AND-DRIVE-ANGEBOTE

V IELE REISEBÜROS und Autoverleihfirmen haben spezielle Fly-and-Drive-Angebote: Man bucht einen Flug, und bei Ankunft am Zielort wartet bereits der Leihwagen. Dies ist in der Regel preiswerter und erfordert weniger bürokratischen Aufwand, als nach der Ankunft einen Wagen zu mieten. Die meisten Verleihfirmen wie Hertz, Avis und Budget (sowie etliche kleinere Firmen) haben Büros in den großen italienischen Flughäfen.

AUF EINEN BLICK

FLUGGESELLSCHAFTEN

Alitalia
Rom
(06-656 01.
Mailand
(02-628 11.
Pisa
(050-50 15 70.
Venedig
(041-521 63 33.

Lufthansa
Rom
(06-466 01.
Mailand
(02-58 37 21.
Neapel
(081-551 54 40.
Palermo
(095-28 16 88.

Austrian Airlines
Rom
(06-488 33 03.
Mailand
(02-86 46 12 00.
Venedig
(041-98 86 66.

Swissair
Rom
(06-847 05 55.
Mailand
(02-66 70 22.

Kai am Flughafen Marco Polo in Venedig

INFORMATION	ENTFERNUNG ZUM STADTZENTRUM	TAXIPREIS ZUM FLUGHAFEN	ÖFFENTLICHE VERKEHRSMITTEL ZUM STADTZENTRUM
(06-65 95 44 55	30 km	75 000 L	FS 30 Min.
(06-79 49 41	15 km	70 000–80 000 L	M 50 Min.
(02-70 20 02 47	7 km	25 000–30 000 L	20 Min.
(02-749 11 41	50 km	100 000–120 000 L	1 Std.
(050-50 07 07	2 km	10 000–15 000 L	FS nach Pisa: 5 Min. FS nach Florenz: 1 Std.
(041-260 92 60	10 km	90 000 L u. Wassertaxi	50 Min. 20 Min.
(0422-023 93	30 km	80 000 L nach Venedig	nach Treviso: 20 Min. nach Venedig: 30 Min.

Anreise mit Schiff, Bahn und Bus

Logo des Orient-Expreß

ITALIEN UNTERHÄLT ein dichtes Straßen- und Bahnnetz sowie internationale Fährverbindungen. Es bestehen Straßen- und Schienenverbindungen mit Frankreich, der Schweiz, Österreich und Slowenien, Züge verkehren sogar nach Moskau, London und Barcelona. Die Zufahrtsstraßen nach Italien sind meist Autobahnen, wenngleich bei schlechtem Wetter oder in der Hauptreisezeit Verzögerungen an einigen Alpenpässen und Tunnels auftreten können.

Frei zugängliche Informationsterminals mit Reiseinformationen

Fahrkartenschalter im Bahnhof Santa Maria Novella in Florenz

MIT DEM AUTO

DIE ANREISE MIT DEM AUTO nach Italien führt meistens über einen Alpenpaß oder durch einen Tunnel.

Die Hauptroute von Mitteleuropa zur Apenninenhalbinsel führt über den ganzjährig geöffneten Brennerpaß und als Autobahn weiter über Bozen und Trient nach Verona, Florenz und Rom. Die Alternativroute von Norddeutschland führt über das Oberrheintal und die Schweiz nach Mailand, Turin und Genua. Eine weitere stark frequentierte Verbindung (aus der Schweiz) nutzt den St.-Bernhard-Paß und -Tunnel und überquert kurz vor Aosta die italienische Grenze. Ins östliche Oberitalien gelangt man am bequemsten über die Tauernautobahn und den Felbertauerntunnel. Von Wien führt die Autobahn über Klagenfurt nach Triest und Venedig.

Schnee und Nebel können den Verkehr auf den Bergstraßen stark behindern. Die Gebühr der überwiegend mautpflichtigen Autobahnen ist an der Ausfahrt zu entrichten.

MIT DER BAHN

NEBEN DEM FLIEGEN ist eine Zugfahrt die erholsamste Möglichkeit der Anreise. Zahllose Züge (viele mit Schlafwagen) verbinden italienische Städte mit so entfernten Zielen wie Brüssel, Moskau und Barcelona. Verbindungen ab Paris führen nach Mailand, Venedig oder entlang der italienischen Westküste nach Rom und Neapel. Zudem bestehen Verbindungen von deutschen, schweizerischen und anderen nordeuropäischen Städten nach Mailand, Turin, Venedig und Verona, außerdem von Wien, Spanien und Südfrankreich. Überdies fahren Autoreisezüge von einigen deutschen Städten wie z.B. Düsseldorf, Köln, Frankfurt, Stuttgart oder München nach Italien.

Internationale Zugverbindungen sind zwar angenehm, aber im allgemeinen, vor allem auf längeren Distanzen, nicht viel billiger als das Flugzeug. Senioren und Reisende unter 26 Jahren bekommen oft Sonderpreise. In den Stoßzeiten, besonders Freitag und Samstag abend sowie während der Weihnachts- und Osterferien, sind die Züge mehr als ausgelastet. Auch Juli/August sind die Wagen oft sehr voll, vor allem auf den Strecken von Deutschland und den süditalienischen Hafenstädten mit Fährverbindungen nach Griechenland.

»Bahnsteig«

»Ausgang«

Schlafwagen eines Eurocity-Zugs

MIT DEM SCHIFF

DIE MEISTEN URLAUBER, die per Schiff nach Italien einreisen, kommen aus Griechenland und fahren von Korfu oder Patras nach Brindisi oder steuern andere süditalienische Häfen an. In den Sommermonaten sind die Fähren oft überfüllt.

Zudem bestehen internationale Fährverbindungen von Malta und nordafrikanischen Häfen nach Palermo, Neapel und anderen süditalienischen Hafenstädten. Fähren verkehren auch zwischen Südfrankreich und Genua, Livorno und Häfen an der italienischen Riviera.

Mit dem Bus

EINE BUSREISE nach Italien ist verhältnismäßig preiswert (wenngleich oft nicht viel billiger als die Bahn), doch angesichts der langen Fahrzeiten nicht besonders angenehm. Einige Busgesellschaften bieten inzwischen kombinierte Bus-Flug-Reisen, bei denen man eine Strecke mit dem Bus bewältigt und die andere fliegt. Die **Deutsche Bahn** unterhält Reisebuslinien zu Zielen wie z. B. Cortina d'Ampezzo (ab München); Touring-Busse verkehren auf der Strecke München–Abano Terme (Informationen bei: **Deutsche Touring GmbH**, Am Römerhof 17, 60486 Frankfurt).

Auf italienischer Seite ist es vor allem die Busgesellschaft **Eurolines**, die die großen Städte mit den europäischen Metropolen verbindet. Die italienischen Städte rücken dank der Busverbindungen der Firma **Lazzi** näher zusammen.

SITA-Bus am Bahnhof von Florenz

Mit der Fähre unterwegs

ANGESICHTS DER VIELEN KÜSTENNAHEN INSELN verfügt Italien über ein großes Netz von Fährlinien sowie über Verbindungen zum restlichen Europa und nach Nordafrika.

Moby-Lines-Autofähre auf dem Mittelmeer

Fähren

DIE HERRLICHEN INSELN vor dem italienischen Festland lassen sich bequem mit der Autofähre erreichen. Von Civitavecchia (nördlich von Rom), Livorno und Genua fahren Schiffe nach Sardinien, von Neapel und Reggio di Calabria nach Sizilien. Von den größeren sizilianischen Häfen verkehren Fähren zu den Ägadischen und Äolischen Inseln sowie zu den unzähligen kleineren Inseln vor Sizilien (zu letzteren teilweise nur Personenfähren).

Von Piombino werden Elba und die kleineren Inseln vor der toskanischen Küste (z. B. Capraia) angesteuert. Von Häfen in der Nähe von Rom fahren Fähren nach Ponza und den umliegenden Inseln, von Neapel nach Capri und Ischia. Von der Halbinsel Gargano gelangt man zu den Isole Tremiti vor der Ostküste.

Auf vielen Linien unterstützen Tragflügelboote die herkömmlichen Fähren, vor allem auf den stark befahrenen Strecken nach Capri und Ischia.

Im Sommer ist bei vielen Fährverbindungen mit Wartezeiten zu rechnen, wer im Juli oder August nach Sardinien möchte, sollte weit im voraus buchen. Buchungen können durch Reisebüros oder Reedereiagenturen vorgenommen werden.

STRECKE	REEDEREI	TELEFONISCHE AUSKUNFT
Piombino – Elba	Moby Lines	0586-89 03 25 (Livorno)
Livorno – Elba	Navarma	0565-91 81 01 (Portoferraio) 0586-89 03 25 (Livorno)
Genua – Sardinien	Tirrenia	070-66 60 65 (Cagliari) 0789-246 91 (Olbia) 010-275 80 44 (Genua)
Livorno – Sardinien	Sardinia Ferries Navarma	0789-252 00 (Olbia) 010-59 33 01 (Genua) 0789-279 27 (Olbia)
Genua/Livorno – Palermo	Grandi Traghetti	091-58 78 32 (Palermo)
Neapel – Palermo	Tirrenia	091-602 11 11 (Palermo)
Neapel – Cagliari	Tirrenia	070-66 60 65 (Cagliari)

Mit der Bahn unterwegs

FS-Logo

DIE BAHN EIGNET SICH hervorragend für eine Erkundung des Landes: Die Fahrkarten sind preiswert, die Züge fahren häufig und zählen zu den modernsten in Europa. Die Verbindungen sind meist stark ausgelastet, doch die Zeiten des Gedrängels sind so gut wie vorbei. Auf den Bahnstrecken kommt man oft angenehmer von Stadt zu Stadt als mit dem Auto oder dem Flugzeug. Nur im Süden oder in der tiefsten Provinz sind die Verbindungen langsam und unregelmäßig.

Der schnelle Pendolino

Die Halle der Stazione Termini an der Piazza dei Cinquecento in Rom

DAS BAHNNETZ

DER GROSSTEIL des italienischen Bahnnetzes ist ein staatseigenes System, das von den Ferrovie dello Stato (FS) betrieben wird. Privatbahnen ergänzen Lücken der FS, doch in der Regel lassen sich mit einem Fahrschein beide Netze befahren. FS und Privatbahnen nutzen meistens (jedoch nicht immer) denselben zentralen Bahnhof (*stazione*) und verlangen vergleichbare Fahrpreise.

ZÜGE

DIE FS IST IM BEGRIFF, die Zugkategorien zu ändern, doch auch in Zukunft werden dieselben groben Einteilungen gelten. Für den schnellen Pendolino und eine Handvoll anderer, spezieller Schnellzüge ist eine Platzreservierung unerläßlich. Intercity- (IC) und Eurocity-Züge (EC) halten nur an größeren Bahnhöfen und sind für erste und zweite Klasse zuschlagpflichtig (*supplemento*). Den Zuschlag kann man auch im Zug bezahlen – hier ist er jedoch etwas höher. Espresso- (Espr) und *diretto*-Züge (Dir), die gelegentlich auch als *regionali* und *interregionali* bezeichnet werden, halten öfter und sind zuschlagsfrei. *Locali* machen an jedem Bahnhof Halt.

Die Züge selbst haben sich in den letzten Jahren verbessert, und vor allem die Intercity-Züge sind inzwischen modern, meist klimatisiert und bieten oft behindertengerechte Einrichtungen. Auf Nebenlinien verkehren bisweilen noch uralte Waggons.

Zug der FS im Bahnhof von Verona

FAHRKARTEN UND -PREISE

ES GIBT EINZEL- (*andata*) oder Rückfahrkarten (*andata e ritorno*) in der ersten (*prima*) oder zweiten Klasse (*seconda classe*). Man erhält sie bei einigen Reisebüros oder am Fahrkartenschalter (*biglietteria*) jedes Bahnhofs. Häufig sieht man auch schon Fahrkartenautomaten, und Fahrscheine für Fahrten bis zu 250 Kilometer (*biglietto a fascia chilometrica*) bekommt man immer öfter bei Kiosken oder Tabakläden am Bahnhof. Wer seinen Fahrschein nicht vor Hin- und Rückfahrt entwertet, muß mit einem Bußgeld rechnen. Da Fahrkarten in der Regel ab dem Kaufdatum gültig sind, muß man unbedingt den genauen Reisetag angeben, wenn man sie im voraus kauft. Die Fahrpreise werden nach Kilometern berechnet und zählen zu den niedrigsten in Westeuropa.

BAHNPÄSSE

DIE FS BIETEN drei verschiedene Bahnpässe an: das zwei Monate gültige *Biglietto Chilometrico*, mit dem bis zu fünf Personen 20 Fahrten über insgesamt 3000 Kilometer unternehmen können; den *Flexipass*, mit dem man ohne Kilometerbegrenzung innerhalb von neun Tagen vier Tage, innerhalb von 21 Tagen acht Tage oder innerhalb eines Monats 12 Tage fahren kann; und das 8, 15, 21 oder 30 Tage gültige *Biglietto Turistico Libera Circolazione* für beliebig viele Fahrten.

FAHRPLÄNE

WER HÄUFIG MIT der Bahn fahren möchte, sollte sich unbedingt einen Fahrplan (*orario*) holen. Der offizielle FS-Fahrplan ist unhandlich und rasch ausverkauft. An Zeitungsständen erhält man den kleinen, weit praktischeren, zwei Jahre gültigen *Pozzorario*.

GÜLTIGKEIT UND RESERVIERUNGEN

EINZEL- ODER Rückfahrscheine sind ab Kaufdatum zwei Monate gültig. Bei einer zusätzlichen Platzreservierung wird

REISEINFORMATIONEN

AUF EINEN BLICK

BAHNHÖFE

Florenz (Santa Maria Novella)
055-27 87 85.

Mailand (Centrale)
02-675 00.

Rom (Termini)
06-47 30.

Venedig (Santa Lucia)
041-71 55 55.

---

der Reisetag dagegen automatisch auf die Fahrkarte aufgestempelt. An Zeitungsständen erhält man zudem Fahrscheine für Fahrten bis zu 250 Kilometern ohne Datumsangabe, die am Reisetag entwertet werden müssen. Platzreservierungen für die Schnell-, Intercity- und Eurocity-Züge, die bei Fahrten an Feiertagen anzuraten sind, können an den meisten großen Bahnhöfen vorgenommen werden. Größere Bahnhöfe haben eigene Schalter für Reservierungen *(prenotazioni)*.

ERMÄSSIGUNGEN

VIERKÖPFIGE FAMILIEN erhalten einen Preisnachlaß von 20 Prozent mit der Familienkarte *(Carta Famiglia)*, Reisende zwischen 12 und 26 Jahren mit der *Carta Verde* und Reisende über 60 Jahren mit der *Carta d'Argento*. Die Pässe gelten ein Jahr außer an Weihnachten und zu bestimmten Zeiten im Hochsommer; man bekommt sie in allen größeren Bahnhöfen. Die *Rail Europe Family Card* bietet Ermäßigungen von bis zu 50 Prozent für Erwachsene und von bis zu 75 Prozent für Kinder unter 12 Jahren.

GEPÄCKAUFBEWAHRUNG

GROSSE BAHNHÖFE haben in der Regel eine Gepäckaufbewahrung, meist mit Personal (in kleineren Bahnhöfen nur Schließfächer); wer Gepäck deponieren oder abholen will, muß seinen Personalausweis vorzeigen. Die Gebühr wird pro Gepäckstück erhoben.

»Gepäckaufbewahrung«

FS-FAHRKARTENAUTOMATEN

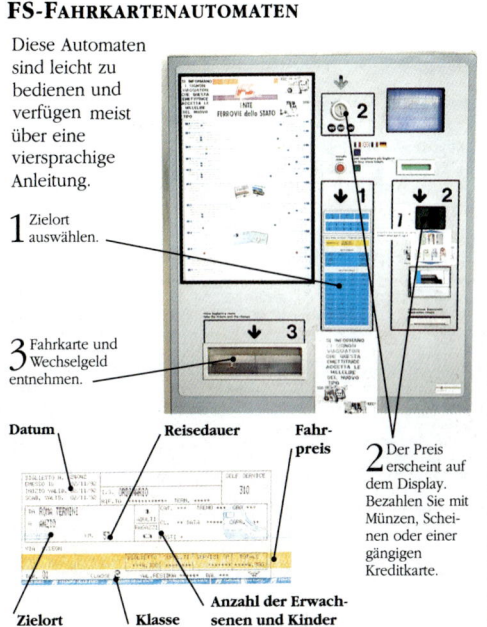

Diese Automaten sind leicht zu bedienen und verfügen meist über eine viersprachige Anleitung.

1 Zielort auswählen.

3 Fahrkarte und Wechselgeld entnehmen.

2 Der Preis erscheint auf dem Display. Bezahlen Sie mit Münzen, Scheinen oder einer gängigen Kreditkarte.

Datum — Reisedauer — Fahrpreis

Zielort — Klasse — Anzahl der Erwachsenen und Kinder

HAUPTNETZ DER FS

Die italienische Staatsbahn betreibt verschiedene Zugkategorien. Prüfen Sie das Angebot vor dem Kauf Ihrer Fahrkarte.

LEGENDE

● Hauptbahnhöfe
○ Andere Bahnhöfe
— Hauptstrecken
-- Strecke mit Fähre

Mit dem Auto unterwegs

Der klassische Fiat 500

PRAKTISCHER ALS MIT DEM AUTO läßt sich Italien nicht entdecken, trotz hoher Benzinpreise, Parkplatzmangel in vielen mittelalterlichen Städten und dem etwas unberechenbaren Fahrstil der Einheimischen. Auf dem Land und für Rundfahrten ist ein Auto unerläßlich, für die Besichtigung von Großstädten mit ihren zum Teil chaotischen Verkehrsverhältnissen jedoch weniger geeignet.

Blaue Schilder für Bundesstraßen und grüne Schilder für Autobahnen

Automatische Mautstation an der Autobahn außerhalb von Florenz

DOKUMENTE

AUTOFAHRER, die mit dem eigenen Wagen nach Italien reisen, müssen mindestens 18 Jahre alt sein sowie Führerschein *(patente)* und Fahrzeugpapiere mitführen; die Grüne Versicherungskarte wird empfohlen. Fahrer aus der EU, die nicht den üblichen rosafarbenen Führerschein haben, brauchen eine italienische Übersetzung ihres Führerscheins, die bei den meisten Automobilklubs und den italienischen Fremdenverkehrsämtern im eigenen Land erhältlich ist. Für den Notfall müssen Sie stets ein Warndreieck mitführen.

BENZIN

IN KAUM EINEM europäischen Land ist Benzin *(benzina)* so teuer wie in Italien; Diesel *(gasolio)* ist etwas billiger. Trotz Selbstbedienung wird man an vielen Tankstellen noch von einem Tankwart bedient. Sagen Sie ihm, für wieviel Lire Sie tanken wollen oder einfach nur »il pieno« (volltanken). Weil die meisten Tankstellen die üblichen Öffnungszeiten befolgen, sollte man um die Mittagszeit oder an Feiertagen stets einen vollen Tank haben; Autobahntankstellen sind meist rund um die Uhr geöffnet.

STRASSEN

ITALIEN VERFÜGT ÜBER ein gut ausgebautes Autobahnnetz, auch wenn die meisten nur zweispurig und deshalb staugefährdet sind. Stark befahrene Strecken sind die A1 Bologna–Florenz und die Autobahn zwischen Bologna, Parma und Mailand. Fast alle Autobahnen sind gebührenpflichtig, was an Wochenenden und zur Urlaubszeit an den Mautstationen wiederum zu Staus führt. Man bezahlt an der Ausfahrt mit Bargeld oder vorab gekauften Magnetkarten, sogenannten VIAcards, die in Tabakläden und beim ACI erhältlich sind.

Die Bundesstraßen – *Nazionali* (N) oder *Strade Statali* (SS) – sind nicht immer in gutem Zustand, vor allem im Süden des Landes. Bergstraßen sind meist gut in Schuß, auf vielen Paßstraßen sind im Winter Schneeketten unerläßlich. Einige Nebenstraßen (*strade bianche* oder »weiße Straßen«) sind trotz des Schotterbelags in den Straßenkarten verzeichnet und bei vorsichtiger Fahrweise langsam, aber in der Regel gut passierbar.

Verkehrsregeln
Italienische Verkehrszeichen folgen der europäischen Norm. Fahrzeuge von rechts haben Vorfahrt. Sicherheitsgurte (la cintura) *vorne und hinten sind Pflicht. Kinder sollten altersgemäß gesichert werden. Höchstgeschwindigkeit im Stadtbereich 50 km/h, auf Landstraßen 90 km/h, auf zweispurigen Bundesstraßen 110 km/h, auf Autobahnen* (autostrade) *110 km/h für Wagen unter 1100 cm³, 130 km/h für stärkere Wagen. Alle notwendigen Papiere müssen mitgeführt werden.*

Einbahnstraße

Absolutes Halteverbot

Aufhebung des Tempolimits

Fußgängerzone – kein Autoverkehr

Gegenverkehr hat Vorfahrt

Parkverbot

Gefahrenstelle

REISEINFORMATIONEN

Büros der Autoverleihfirmen auf dem Flughafen Fiumicino in Rom

LEIHWAGEN

LEIHWAGEN *(autonoleggio)* in Italien sind teuer und sollten idealerweise schon vor der Abreise im Rahmen eines Fly-and-Drive-Pakets *(siehe S. 627)* oder bei Firmen mit Filialen in Italien gebucht werden. Falls Sie erst in Italien einen Wagen mieten möchten, sind Firmen vor Ort unter Umständen preiswerter als die großen, internationalen Konkurrenten. Verleihfirmen, die auf den meisten Flughäfen Büros haben, finden Sie in den Gelben Seiten *(Pagine Gialle)* unter »Autonoleggio«.

Um ein Fahrzeug zu mieten, müssen Sie über 21 und seit mindestens einem Jahr im Besitz eines Führerscheins sein. Achten Sie auf ausreichenden Versicherungsschutz.

AUTOVERLEIHFIRMEN

Eurodollar (Rom)
06-487 20 98.

Europcar (Rom)
06-52 08 11.

Hertz (Rom)
06-39 37 88 07.

Maggiore (Rom)
06-22 93 51.

UNFÄLLE UND PANNEN

SCHALTEN SIE im Falle einer Panne oder eines Unfalls die Warnblinkanlage ein, und stellen Sie 50 Meter hinter dem Wagen das Warndreieck auf. Rufen Sie dann unter der Nummer 116 den Pannendienst des ACI, die Polizei oder Unfallrettung (Tel. 112 bzw. 113). Der Pannendienst wird Ihren Wagen zur nächsten ACI-Vertragswerkstatt schleppen; dieser Service sowie bestimmte Reparaturen sind für Mitglieder ausländischer Automobilklubs kostenlos.

Wenn Sie einen Unfall haben, bleiben Sie ruhig und tauschen Sie mit allen Unfallbeteiligten Name, Adresse, Automarke sowie die Namen der Versicherungen aus.

PARKEN

IN DEN MEISTEN italienischen Städten ist Parken ein Problem. Viele Altstädte sind tagsüber nur eingeschränkt befahrbar und verfügen über ein unergründliches Einbahnstraßensystem. Bestimmte Bereiche sind Anwohner-Parkzonen *(riservato ai residenti)*. In einigen Städten ist Parken mit Parkscheibe *(disco orario)* gestattet; Mietwagen haben bereits Parkscheiben, sonst kann man sie an Tankstellen kaufen. Parken Sie verkehrswidrig, kann Ihr Wagen abgeschleppt oder mit Parkkrallen lahmgelegt werden.

Parkscheibe

SICHERHEIT

IN ITALIEN WERDEN HÄUFIG Autos aufgebrochen. Lassen Sie nichts im Auto, nach Möglichkeit auch nicht Ihr Autoradio. Parken Sie, soweit möglich, auf einem bewachten Parkplatz. Fahren Sie vor allem nachts besonders vorsichtig, wenn die Italiener noch unbekümmerter fahren als sonst und viele Ampeln nur noch blinken. Man sollte nicht per Anhalter *(autostop)* fahren, vor allem nicht als alleinreisende Frau.

Offizieller Parkplatz mit Parkwächter

ENTFERNUNGSTABELLE

Entfernung in Kilometern

ROM									
286	ANCONA								
748	617	AOSTA							
383	219	401	BOLOGNA						
645	494	449	280	BOZEN					
278	262	470	106	267	FLORENZ				
510	506	245	291	422	225	GENUA			
601	614	1220	822	1097	871	1103	LECCE		
575	426	181	210	295	299	145	1029	MAILAND	
219	409	959	594	856	489	714	393	786	NEAPEL
673	547	110	332	410	395	170	1150	138	884	TURIN
530	364	442	154	214	255	397	967	273	741	402	VENEDIG

In der Stadt unterwegs

Fußgängerzone

Es gibt keine allgemeingültige Regel, wie man eine italienische Stadt am besten besichtigt. In Rom empfiehlt sich der Bus, in Mailand die Metro, und in Venedig ist man auf Boote angewiesen. In Rom und Mailand gibt es zudem noch Straßenbahnen. Während man mit dem Auto fast überall den kürzeren zieht, lassen sich die engen Altstadtgassen italienischer Städte zu Fuß oft am bequemsten erkunden. In Florenz sind bestimmte Bereiche der Innenstadt nur eingeschränkt für den Straßenverkehr zugänglich.

Römische Straßenbahn im Orange der ATAC

Einer der charakteristischen orangefarbenen Stadtbusse von Verona

Busse und Strassenbahnen

Praktisch jede größere italienische Stadt hat ein Busnetz. Die Systeme sind alle sehr ähnlich, gut ausgebaut und so leistungsfähig, wie der Verkehr und die engen Straßen es gestatten. An den Haltestellen (*fermate*) findet man immer öfter umfangreiche Informationen über die dazugehörigen Buslinien. Die Busse (*autobus*) fahren in der Regel von etwa 6 Uhr morgens bis Mitternacht; in größeren Städten verkehren zudem Nachtbusse (*servizio notturno*). Die Bahnhöfe der größeren Städte sind ausnahmslos durch Zubringerbusse vom Bahnhofsvorplatz mit dem Zentrum verbunden.

Fahrkarten

Fahrkarten (*biglietti*) kauft man in der Regel vor dem Einsteigen bei Verkaufsstellen der Busunternehmen (ATAC in Rom, ATAF in Florenz), in Bars oder in Tabakläden (*tabacchi*) mit dem Zeichen des Busunternehmens. In einigen Städten stehen Fahrkartenautomaten an den wichtigsten Knotenpunkten. Es lohnt sich, immer gleich mehrere Karten zu lösen, da die Verkaufsstellen oft schon nachmittags oder frühabends schließen. Es werden auch Fahrscheine zu ermäßigten Preisen (*bloccheto*) sowie Tages- und Wochenkarten und Pässe für Touristen angeboten (*tessera* oder *tesserino*). In einigen Städten, vor allem in Rom und Florenz, gelten die Fahrkarten für beliebig viele Fahrten innerhalb eines bestimmten Zeitraums.

Fahrten mit Bus und Strassenbahn

Man steigt hinten oder vorne in den Bus ein und in der Mitte wieder aus. Die meisten Busse sind ohne Schaffner (nicht jedoch die Nachtbusse). Aus diesem Grund müssen die Fahrkarten in den Entwertern im Bus entwertet werden. Schwarzfahrern droht ein hohes Bußgeld, das augenblicklich zu entrichten ist. In den meisten größeren Städten befinden sich am Hauptbahnhof oder auf größeren Plätzen Informationsbüros des Personennahverkehrs, in denen kostenlose Stadt- und Fahrpläne sowie Fahrkarten erhältlich sind.

Die meisten Stadtbusse sind orange; die Endstation (*capolinea*) wird vorne oberhalb der Windschutzscheibe angezeigt.

Haltestellenschild

U-Bahn

Rom und Mailand haben eine U-Bahn (*metropolitana*, kurz *la metro*). Das römische U-Bahn-Netz besteht nur aus den zwei Linien A und B, die sich an der Stazione Termini, dem römischen Hauptbahnhof, treffen. Etliche Stationen liegen in der Nähe von Sehenswürdigkeiten, obwohl das System in erster Linie auf Pendler abgestimmt ist. Zu Stoßzeiten läßt sich die Stadt mit der U-Bahn am schnellsten durchqueren. Die Haltestellen sind ziemlich schmuddelig, wenngleich selten gefährlich, und in den Wagen kann es im Sommer unerträglich heiß sein. Das besser ausgebaute Mailänder U-Bahn-Netz verfügt über drei Hauptlinien – MM1 (rot), MM2 (grün) und MM3 (gelb) –, die sich an den Knotenpunkten Stazione Centrale, Duomo, Cadorna

Metro-Schild

Metro-Station Termini in Rom

REISEINFORMATIONEN

Taxi an einem offiziellen Taxistand in Florenz

und Lima kreuzen. Mit diesen Linien gelangt man zu fast allen wichtigen Sehenswürdigkeiten der Stadt.

In beiden Städten bekommt man U-Bahn-Fahrkarten auch dort, wo Bus- und Straßenbahnfahrscheine verkauft werden, sowie an Automaten und Fahrkartenschaltern in den U-Bahnhöfen. In Rom gelten die Fahrkarten nur für eine Fahrt; das BIG-Ticket gestattet die ganztägige Benutzung von Bus, Straßenbahn und Metro. In Mailand ermöglicht eine herkömmliche Metro-Fahrkarte hingegen beliebig viele Fahrten (auch mit Bussen und Straßenbahnen!) innerhalb von 75 Minuten.

ZU FUSS DURCH DIE STADT

EIN SPAZIERGANG durch die Städte und Ortschaften Italiens ist oft ein besonderer Genuß, da die eigentliche Altstadt meist kleiner ist, als man erwartet. Der Verkehr ist ein permanentes Ärgernis, vor allem in engen Gassen, doch immer mehr Städte schaffen Fußgängerzonen oder schränken den Autoverkehr rund um Sehenswürdigkeiten ein. Die italienischen Städte haben zahllose schattige Plätze und Cafés, in denen man Schutz vor der sommerlichen Hitze findet oder bei einem gemütlichen Drink die Welt an sich vorüberziehen lassen kann.

Auch Kirchen und Kathedralen sind kühle Oasen der Ruhe während eines Besichtigungsprogramms. Die meisten

Bleiben Sie unbedingt auf dem Gehsteig

Straße vorsichtig überqueren

Sehenswürdigkeiten sind gut ausgeschildert. Nehmen Sie sich vor allem im Sommer nicht zuviel auf einmal vor, und bewahren Sie Ihre Wertsachen sicher und gut getarnt auf. Die kühlen Morgenstunden oder der frühe Abend, wenn die Italiener selbst ihre *passeggiata*, den rituellen Spaziergang vor dem Abendessen, machen, bieten sich für einen Rundgang an.

TAXIS

FAHREN SIE NUR in offiziellen Taxis, die entweder gelb (in Rom) oder weiß (in Florenz) sind und ein Taxischild auf dem Dach haben. Entgegen ihrem Ruf sind die meisten Fahrer ehrlich, aber sie können eine Vielzahl von zulässigen Zuschlägen erheben. So wird z. B. für jedes Gepäckstück, das im Kofferraum untergebracht wird, für Fahrten zwischen 22 und 7 Uhr sowie an Sonn- und Feiertagen und für Fahrten vom und zum Flughafen ein Aufpreis verlangt. Vor allem in Rom und Neapel lohnt es sich, vor einer Fahrt vom und zum Flughafen den Fahrpreis zu vereinbaren.

Im Falle einer Meinungsverschiedenheit notieren Sie sich die Nummer des Taxis, und bitten Sie einen Polizisten zu vermitteln. Es ist schwer, ein Taxi auf der Straße anzuhalten; sie warten am Bahnhof, großen Plätzen oder in der Nähe von Sehenswürdigkeiten.

FAHRRADVERLEIH

VOR ALLEM IN STÄDTEN und Ortschaften, die bei Touristen beliebt sind, kann man stundenweise oder für einen ganzen Tag Fahrräder und Motorroller mieten. Unter Umständen müssen Sie im Laden Ihren Ausweis als Kaution hinterlegen. Fahren Sie jedoch sehr vorsichtig, wenn Sie mit dem Fahrrad im dichten Stadtverkehr unterwegs sind.

VON STADT ZU STADT MIT DEM REISEBUS

Fernbusse *(pullman* oder *corriere)* zwischen Städten sind mit Nahverkehrsbussen vergleichbar; Fahrkarten kauft man meist im Bus, und die Linien werden oft von verschiedenen Gesellschaften mit verschiedenfarbigen Bussen befahren (Fernbusse sind meist blau, Stadtbusse orange). In manchen Gegenden (vor allem in Florenz und in der Toskana) fahren Busse verschiedener Gesellschaften, oft mit unterschiedlichen Haltestellen. Die Busse fahren vor Bahnhöfen oder vom zentralen Stadtplatz ab. Im Zweifelsfall informiert das Fremdenverkehrsamt. An Wochenenden gilt oft ein eingeschränkter Fahrplan.

Fernbus

Rom
Cotral
📞 06-591 55 51.
Lazzi
📞 06-884 08 40.
Appian
📞 06-488 41 51.

Toskana
Lazzi
📞 055-21 51 54.
Sita
📞 055-48 36 51.
Tra-In
📞 0577-20 41 11.

Landesweit
Lazzi
📞 055-21 51 55.
Sita
📞 055-21 47 21.

Unterwegs in Venedig

FÜR JEDEN BESUCHER VENEDIGS sind die *vaporetti* oder »Wasserbusse« *(siehe S. 130f)* recht unterhaltsame Fortbewegungsmittel, auch wenn man innerhalb der Stadt zu Fuß meist schneller ist. Die Hauptstrecke der *vaporetti* ist der Canal Grande; sie steuern auch Ziele in der Peripherie von Venedig an und schaffen Verbindungen zu den Inseln. Die wichtigste Linie für den Venedigbesucher ist die Linie 1, die von einem Ende des Canal Grande zum anderen verkehrt. Die Boote fahren so langsam, daß man die grandiosen Paläste auf beiden Seiten der Wasserstraße ausgiebig bewundern kann *(siehe S. 84ff)*.

Ein *vaporetto* hält an der Station San Marco

Eines der kleineren, schmäleren und schnelleren *motoscafi*

BOOTSTYPEN

DIE FRÜHEN *vaporetti* wurden noch mit Dampf betrieben (*vaporetto* heißt »kleiner Dampfer«), heute laufen sie mit Diesel. Obwohl man gern alle Boote als *vaporetti* bezeichnet, heißen so im Grunde nur jene großen, breiten Boote, die auf langsamen Strecken wie der Linie 1 eingesetzt werden und eine hervorragende Aussicht bieten. Die *motoscafi* sind schmäler, kleiner und schneller. Die zweistöckigen *motonavi* fahren zu den Inseln.

FAHRKARTEN

DER PREIS DER FAHRKARTE hängt nicht von der Länge der Fahrt, sondern von der jeweiligen Linie ab.

An Bord sind die Fahrkarten teurer als am Kiosk jeder Anlegestelle. Ein Heft mit zehn oder zwanzig Fahrscheinen ist zwar nicht billiger als die entsprechende Zahl Einzelfahrkarten, aber man muß sich nicht immer neu anstellen.

Eine echte Ersparnis sind 24- oder 72-Stunden-Tickets, die beliebig viele Fahrten auf fast allen Linien ermöglichen. Noch wirtschaftlicher sind die an den Fahrkartenschaltern erhältlichen Wochen- oder Monatskarten (*abbonamento*). Inhaber einer »Rolling-Venice«-Karte (die ein Informationspaket für 14- bis 30jährige sowie diverse Ermäßigungen umfaßt) können den Drei-Tages-Jugendpaß *Tre Giorni Giovane* erwerben.

Mit dem neuen »Inselticket« kommt man mit der Linie 12 nach Murano, Mazzorbo, Burano und Torcello und kann sich einen Tag dort aufhalten (für die Rückfahrt ist ein neuer Fahrschein erforderlich).

Gelegentlich muß man für jedes größere Gepäckstück eine Fahrkarte lösen. Vergessen Sie nicht, die Fahrscheine zu entwerten.

Vaporetto-Anlegestelle an den Giardini Pubblici in Venedig

FAHRPLAN

DIE HAUPTSTRECKEN werden bis zum frühen Abend im 10- oder 20-Minuten-Takt befahren. Nachts, vor allem nach 1 Uhr, gilt ein eingeschränkter Fahrplan. Zwischen Juni und September fahren die Boote häufiger. Einzelheiten über die wichtigsten Linien finden Sie in der Broschüre *Un Ospite di Venezia*. Von Mai bis September sind viele Linien überfüllt.

VAPORETTO-INFORMATION

ACTV (Informationsbüro)
Corte dell'Albero, San Marco 3880, Venedig. **Karte** 6 F2.
☎ 041-528 78 86.

TRAGHETTI

TRAGHETTI SIND Gondelfähren, die an sieben Stellen den Canal Grande überqueren und Fußgängern wertvolle Dienste leisten. Die wenigsten Touristen nutzen diesen preiswerten Dauerservice (600 Lire pro Fahrt). Die Ablegestellen der *traghetti* am Canal Grande sind mit gelben Schildern versehen und im Kartenteil eingezeichnet *(siehe S. 120ff)*.

Eine zweistöckige *motonave* auf dem Weg nach Torcello

GONDELN

GONDELN SIND Luxustransportmittel, die von Venezianern nur zur Hochzeit und sonst von Besuchern benutzt werden. Holen Sie vor der Abfahrt die offiziellen Tarife ein, und vereinbaren Sie mit dem Gondoliere einen Preis. Der offizielle Tarif beträgt ungefähr 70 000 Lire für 50 Minuten, nach 20 Uhr bis zu 90 000 Lire. In der Nebensaison kann man günstigere Preise aushandeln.

Mit dem *traghetto* über den Canal Grande

WASSERTAXIS

WER WENIG ZEIT und genügend Geld hat, kommt mit dem Wassertaxi am schnellsten ans Ziel. Diese Boote sind schmal und weiß oder aus Naturholz und haben eine Kabine. Ihre Fahrzeit vom und zum Flughafen beträgt gerade einmal 20 Minuten. Es gibt 16 Wassertaxistände, so auch am Flughafen und am Lido. Achten Sie auf Zuschläge für Gepäck, Wartezeit,

Wassertaxi

Nachtfahrten oder Bestellung. Wenn die *vaporetti* streiken, sind Taxis Mangelware.

WASSERTAXISTÄNDE

Funktaxi (in ganz Venedig)
☎ 041-522 23 03.

Ferrovia (Santa Lucia)
Karte 1 C5. ☎ 041-71 62 86.

Piazzale Roma
Karte 5 B1. ☎ 041-71 69 22.

San Marco
Karte 7 B3. ☎ 041-522 97 50.

DIE HAUPTSTRECKEN

① Dieses langsame Boot auf dem Canal Grande hält an jedem Landungssteg und trägt den sinnigen Namen *accelerato* (»Schnellboot«). Es fährt ab Piazzale Roma durch den Canal Grande Richtung San Marco und weiter nach Osten zum Lido.

⑧② Die schnellere Linie auf dem Canal Grande mit nur acht Anlegestellen. Sie fährt nach Westen zur Tronchetto (der Parkplatzinsel), dann ostwärts entlang der Giudecca nach San Zaccharia und zurück. In der Hauptsaison wird die Strecke von San Marco bis zum Lido erweitert.

⑤② Die Linie 52 versorgt die Peripherie Venedigs und somit auch Murano und den Lido. Sie ermöglicht eine Besichtigungstour durch Venedig, aber man muß an den Fondamente Nuove umsteigen, um die Rundfahrt zu vollenden.

①② Diese Linie fährt etwa im Ein-Stunden-Takt ab Fondamente Nuove zu den wichtigsten Inseln der nördlichen Lagune: Murano, Mazzorbo, Burano und Torcello.

EINE FAHRT MIT DEN *VAPORETTI*

1 Fahrkarten erhält man an den meisten Landungsstegen, in einigen Bars, Geschäften und Tabakläden mit dem ACTV-Zeichen. Die Fahrt zum nächsten Halt kostet genausoviel wie entlang der gesamten Linie; manche Strecken sind teurer als andere, und einige Preise werden im Sommer erhöht.

2 Das Schild zeigt, an welchem Ende man das Boot besteigen soll.

3 Vor jeder Fahrt die Fahrscheine am Landungssteg entwerten. Nur selten fahren Kontrolleure mit, was es Touristen (und Einheimischen) leichtmacht, ohne entwertetes Ticket zu fahren, doch Schwarzfahrer zahlen ein hohes Bußgeld.

4 Eine Tafel am Bug jedes Bootes informiert über die Nummer der Linie und die wichtigsten Anlegestellen.

5 Eine gelbe Tafel gibt den Namen des Landungsstegs an. Die meisten Anlegestellen haben zwei Landungsstege, weshalb man ohne weiteres das Boot in die falsche Richtung besteigen kann, wenn bei großem Andrang die Fahrtrichtung nicht ersichtlich ist. Achten Sie darauf, aus welcher Richtung das Boot kommt, oder fragen Sie den Mann am Steuer.

Textregister

Die **gefetteten** Seitenzahlen beziehen sich auf den Haupteintrag.

A

Aachen, Vertrag von (1748) 56
Abbadia dell'Isola 324
Abbadia di San Salvatore
   Festivals 65
Abbazia di Monte Maria *siehe* Marienberg
Abbazia di Novacella *siehe* Kloster Neustift
Abbazia di San Fruttuoso 232
Abruzzen, Molise und Apulien **485 ff**
   Hotels 571 f
   Klima 69
   Restaurants 604 f
   Überblick 486 f
Acaia, Familie 211
Accademia (Venedig) 86, **102 f**
Accademia, Galleria dell' (Florenz) 267
Achradina 526
Acquafredda Maratea
   Hotels 572
Acqui Terme
   Restaurants 586
ACTV (Informationsbüro, Venedig) 636
Aeroclub Italiano 625
Aga Khan 532
Agatha, Heilige 523
Agnelli, Gianni 212
Agnes, Heilige 389, 431
Agnolo, Baccio d' 273
Agostino di Duccio 258, 343
Agricola, Heiliger 257
Agrigent 464, **519**
   Festivals 65
   Hotels 573
   Restaurants 607
   Tal der Tempel 458, **520**
Agrippa 394, 401
Agriturismo **540**, 541
Agropoli 482
   Restaurants 602
Aiello, Matteo d' 513
AIG (Associazione Italiana Alberghi per la Gioventù) 541
Aistulf, Langobardenkönig 47
Alarich, Westgotenkönig 46
Alatri 454
   Restaurants 601
Alba
   Festivals 64
   Restaurants 586
Albaner Berge 451
Albenga 227
Alberghi (Hotels) 538
Alberobello **495**
   Hotels 571
   Restaurants 604
   trulli-Häuser 485, 486
Alberti, Leon Battista
   Basilica di Sant'Andrea (Mantua) 199
   d'Este-Statuen 253
   Palazzo Rucellai (Florenz) 289
   Santa Maria Novella (Florenz) 27, 245, **288**
   Santo Stefano Rotondo (Rom) 424

Tempio Malatestiano (Rimini) 258
Über die Malerei 52
Alemanno 363
Aleramo 221
Alesi, Jean 67
Alessandria 51
   Hotels 551
   Restaurants 586
Alessi 17, 34
Alexander Severus, Kaiser 376
Alexander VI., Papst 391, 417
   Appartamento Borgia, Vatikanische Museen (Rom) 410, **413**
Alexander VII., Papst 390, 408
Alfieri, Vittorio 220
Alfons von Aragón 52, 476
Alghero 530, **532 f**
   Hotels 575
   Restaurants 609
Alinari, Brüder 289
Alitalia 626, 627
Allegorien des guten und des schlechten Regiments (Lorenzetti) 330
Alpe Cermis 167
Alpe di Siusi 166
Alpe Tognola 167
Alpen
   Monte Bianco 206
   Monte Cervino 206
   Tunnels 628
Alpinsport 624
Alto-Adige *siehe* Trentino-Südtirol
Alunno, Nicolò 351
Amadeo, Giovanni Antonio 195, 196
Amalfi 481
   Festivals 63
   Hotels 569
   Restaurants 577, 602 f
Amalfi-Küste 469, 481
Amati, Andrea 198
Amati, Niccolò 198
Amato, Antonino 523
Amatrice, Cola dell' 363, 488
Ambrogio da Predis 189
Ambrosius, Heiliger 192
Amelia
   Restaurants 595
Amici della Musica (Florenz) 64
Amiternum 488
Ammanati, Bartolomeo
   Grabmal des Marco Benavides 152
   Fontana di Nettuno (Florenz) 282
   Ponte Santa Trinità (Florenz) 284
   San Lorenzo (Florenz) 286
   Villa Giulia (Rom) 430
Amor und Psyche (Canova) 185
Ampezzo 156
Anacapri 482
Anagni **454**
   Hotels 568
Anbetung der Heiligen Drei Könige (Pinturicchio) 413
Ancona **362 f**
   Hotels 564
   Restaurants 597
Andrea da Firenze 470
Andrea del Castagno 115, 266, 318
Andrea del Sarto 294, 391
   Mariä Geburt 269

Andreotti, Giulio 20
Angelico, Fra 251, 349
   Altarbilder 343
   Christusbild 315
   Convento di San Marco, Fresken (Florenz) 268
   Grab 394
   Kreuzabnahme 268
   Kreuzigung 319
   Madonna mit Kind, Engeln und Heiligen 319
   Thronende Muttergottes mit Kind und Heiligen 28
   Vatikan, Fresken 413
   Verkündigung 23, 266, 322
   Verspottung Christi 268
Anguillara (Latium) 450
Anguillara, Rodolfo 419
Anjou, Haus von 52
Annigoni, Pietro 287
Ansicht des Forum Romanum (Piranesi) 57
Antelami, Benedetto 220, 250, 251
Antinori, Familie 289
Antiquitäten 623
Antonelli, Alessandro
   Dom (Novara) 219
   Mole Antonelliana (Turin) 216
Antonello da Messina
   Madonna mit Kind 522
   Porträt eines Mannes 519
   Porträt eines unbekannten Mannes 213
   Verkündigung 513
Antoniazzo Romano 394, 450
Antonius von Padua, Heiliger 152
Aosta 207
   Festivals 65
   Hotels 551
   Restaurants 586
Aosta, Herzöge von 207
Aosta-Tal und Piemont **203 ff**
   Burgen und Schlösser 206
   Hotels 551 ff
   Klima 68
   Restaurants 586 ff
   Überblick 204 f
Apollo und Daphne (Bernini) 429
Apollodorus aus Damaskus 378
Apotheken 617
Appian (Busunternehmen) 635
Appius Claudius Caecus 431
APT Florenz 615
APT Siena 615
APT Venedig 615
Apulien *siehe* Abruzzen, Molise und Apulien
Aquädukt, römisches 42
Aquarien
   Acquario Marino (Trieste) 159
   Acquario Tirrenico (Camogli) 232
   siehe auch Fauna; Zoo
Aquaviva Picena
   Hotels 564
Aquileia 73, **158**
Aquin, Thomas von 28, 473
Ara Pacis (Rom) 400
Aragón, Haus von 52
Archimedes 37, 42, 464, **465**, 526

Architektur **26 f**
  Mittelitalien 244 f
  Nordwestitalien 178 f
  Rom und Latium 370 f
  Romanische Kirchen in Umbrien 350 f
  Süditalien 462 f
  Venedig und Veneto 76 f
Archytas 465, 495
Ardara 532
Area Sacra di Largo Argentina (Rom) 393
Arezzo **319 ff**
  Festivals 64
  Hotels 559
  Restaurants 593
  San Francesco 320 f
Ariost, Ludovico 253
Armani, Giorgio 17, 20, 35
Arno, Fluß 61, 315
Arnolfo di Cambio
  Madonna mit den Glausaugen 271
  Peterskirche 409
  Siena, Dom, Kanzel 332
  Ziborien 419, 432
Arona 185
  Hotels 552
Arpino 454
Arpino, Cavalier d' 488
Arsenale (Venedig) 116
Artemide 34, 35
Artimino **318**
  Restaurants 593
Äschylus 464
Ascoli Piceno 356, **363**
Asolo **143**
  Restaurants 580
Aspertini 311
Assisi 239, 344 ff
  Basilica di San Francesco **344 f**
  Festivals 64
  Hotels 561 f
  Restaurants 595
Associazione Italiana Alberghi per la Gioventù 615
Associazione Nazionale Andicappati 615
Assunta (Tizian) 94
Asti **220 f**
  Festivals 64
  Hotels 552
  Restaurants 586
Asti, Gandolfino d' 220
Atlas-Sklave (Michelangelo) 25
Ätna, Vulkan 459, 464, 523
  Ausbruch 55
Atrani 481
Atri **488**
  Restaurants 604
Atti, Isotta degli 258
Attila, Hunnenkönig 119
Auer (Ora), Festivals 62
Auferstehung (Piero della Francesca) 322
Auffindung des Leichnams des heiligen Markus (Tintoretto) 25
Augustinus, Heiliger 53, 195
Augustus, Kaiser (Oktavian) 44
  Aquileia 158

Ara Pacis (Rom) 400
Augustusbogen (Susa) 210
Augustusforum (Rom) 379
Bronzebüste 139
Haus der Livia (Rom) 384
Haus des Augustus (Rom) 384
Mausoleum des Augustus (Rom) 400
Palatin (Rom) 385
Ravenna 260
Schlacht von Actium 43
Statuen 45, 412
Via Appia Antica (Rom) 431
Augustusforum (Rom) 379
Aulus Metellus 269
Aurelianswall 46
Ausgrabungen 624
Austrian Airlines 627
Auto 623 f
  Anreise 628
  Benzin 632
  Fähren 629
  Leihwagen 627, 633
  Museo dell'Automobile (Turin) 216 f
  Pannen 633
  Parken 633
  Sicherheit 633
  Straßen 632
  Unfälle 633
  Verkehrsregeln 632
Autobahnen 632
Autorennen 66, 67
Aventin und Lateran (Rom) **421 ff**
  Hotels 565
  Restaurants 599
Avenzo, Jacopo 153
Avigliana 211

B

Babington's Tea Rooms (Rom)
  Detailkarte 398
Bacanal del Gnoco (Verona) 65
Bacchus (Caravaggio) 278
Bacchus (Michelangelo) 275
Bacchus, Heiliger 137
Baceno 218
Baciccia, Il 393
Baciocchi, Elisa 310
Bacon, Francis 101, 410
Badia Fiorentina (Florenz)
  Detailkarte 271
Badoglio, Pietro 60
Baggio, Roberto 67
Bagheria **516**
  Restaurants 607
Bagni di Crodo 218
Bagni di Lucca 309
  Restaurants 593
Bagni di Tivoli
  Hotels 568
Bahn *siehe* Zug
Bahnpässe 630
Baia Domizia
  Hotels 569
Baia Sardinia 532
Balzi Rossi 226
Bandinelli, Baccio 273
Banditaccia *siehe* Cerveteri
Banken 618
Banknoten 619

Barbarigo, Antonio 153
Barbera d'Alba, Wein 176
Barberini, Familie 401
Barcelona, Vertrag von (1529) 54
Bardolino 142
  Hotels 544
Bardonecchia 210
Barga 308
Bargello (Florenz) **275**
  Überblick 271
Bari 463, **494**
  Hotels 571
  Restaurants 604
Barisano da Trani
  Bronzetür (Monreale) 514
  Dom (Ravello) 481
  Dom (Trani) 493
Barocci, Federico 361
Barock
  Architektur 27, 371, **462 f**
  Kunst 54 f
  Musik 32 f
Barolo, Wein 176, 177
Barovier, Angelo 117
Barrea-See 491
Bars 576
Bartolini, Lorenzo 267
Bartolo di Fredi 335
  Christus 335
  Die Schöpfung 334
Bartolomeo, Fra 313
Barumini 458, 533
Basilica di San Francesco (Assisi) 344 f
Basilica di San Marco (Venedig) 26, 105, **106 ff**
  Baptisterium und Kapellen 109
  Detailkarte 105
  Mosaiken 109
  Museo Marciano 109
  Pala d'Oro 109
  Überblick 108 f
Basilica di Superga 217
Basilikata und Kalabrien **499 ff**
  Hotels 572
  Klima 69
  Restaurants 606
  Überblick 500 f
Bassano del Grappa 133, **143**
  Hotels 544
Bau von Alessandria (Aretino) 51
Beatrix 502
Becket, Thomas 313, 518
Befana, La (Rom) 65
Begegnung Joachims und Annas an der Goldenen Pforte, Die (Giotto) 22
Behinderte Reisende 615
  Hotels 541
  Restaurants 577
Beisetzung des heiligen Bernhardin (Pinturicchio) 375
Belisar 46
Bellagio 184
  Hotels 549
  Restaurants 584
Bellini, Gentile 90
Bellini, Giovanni 193, 215, 253, 281
  Altarbild von San Giobbe 24, 103

Der heilige Hieronymus mit den Heiligen Christophorus und Augustinus 91
Krönung Mariens 358
Madonna mit Kind und Heiligen 24, 29, 115
Madonna der schönen Augen 90
Madonna zwischen den Heiligen Johannes der Täufer und Magdalena 102
Muttergottes 90
Muttergottes mit Kind und Heiligen 95
Pietà 104, 413
Polyptychon 114
Taufe Christi 146
Bellini, Vincenzo 33
Museo Belliniano (Catania) 523
Belluno **155**
Hotels 545
Restaurants 580
Bembo, Kardinal Pietro 143
Benavides, Marco
Grabmal 152
Benedetto da Maiano
Grabmal der Strozzi (Florenz) 289
Palazzo Strozzi (Florenz) 285
Sant'Agostino, Altar (San Gimignano) 335
Verkündigung 473
Benedikt XI., Papst
Grabmal 343
Benedikt, Heiliger 352, 453
Benediktiner 453
Benetton 18
Benevent 42, **480 f**
Hotels 569
Restaurants 603
Beneventano, Oderisio da 493
Bentivoglio, Annibale 255
Bentivoglio, Antonio Galeazzo
Grabmal 255
Bergamo 178, 183, **193**
Hotels 549
Restaurants 584
Berghütten 541
Bergognone 195
Altar (Susa) 210
Certosa di Pavia 196 f
Berio, Luciano 33
Berlinghieri, Bonaventura
Altar des heiligen Franziskus 22
Berlioz, Hector 399
Berlusconi, Silvio 20, 61
Bernhard von Aosta, Heiliger 206
Bernhard von Clairvaux, Heiliger 453
Bernhardin von Siena, Heiliger 198, 342
Grabmal 488
Bernini, Gian Lorenzo 27, 392, 394, 422
Apollo und Daphne 429
Brunnenentwurf 85
David 4, 429
Die Verzückung der heiligen Theresa 55, **402**
Die Verzückung der seligen Ludovica Albertoni 419
Engel 399
Fontana dei Quattro Fiumi (Rom) 366, 389

Fontana del Moro (Rom) 389
Fontana del Tritone (Rom) 19
Peterskirche (Rom) 408
Piazza della Minerva, Obelisk (Rom) 371, 392, 394
Piazza San Pietro (Rom) 406
Pluto und Persephone 429
Porträt 54
Raub der Proserpina 521
Sant'Andrea al Quirinale (Rom) 401
Santa Maria del Popolo (Rom) 400
Bernini, Pietro 399, 428
Berruguete, Pedro
Herzog Federico 361
Berry, Jean de 213
Bertini, Giovanni 473
Bertini, Pacio 473
Berufung des Matthäus, Die (Caravaggio) 390
Besichtigungen, Genehmigungen für 614
Bessarion, Kardinal 53
Bevagna 352
Bialetti 34
Bianco, Bartolomeo 230
Biason, Micky 67
Bicchieri, Kardinal Guala 220
Biennale (Venedig) 63
Bildungsurlaub 624 f
Birreria 576
Bisagno, Fluß 231
Bivongi
Restaurants 606
Bizzaccheri, Carlo 422
Boboli-Garten (Florenz) 295
Boccaccino 198
Boccaccio, Giovanni **30**, 32, 331, 472
Das Dekameron 30
Geburt 50
Boccanegra, Doge Simon 51
Boccioni, Umberto 188
Einmalige Formen der Kontinuität im Raum 60
Bodoni, Giambattista 35
Boethius 195
Bologna 21, 247, **254 f**
Detailkarte 254 f
Hotels 555
Restaurants 590
Römerstraßen 43
Bolsena 449
Bolsena, Lago di 449
Bomarzo 449
Bon, Bartolomeo
San Rocco (Venedig) 97
Santa Maria Gloriosa dei Frari, Lettner (Venedig) 94
Santi Giovanni e Paolo, Steinmetzarbeiten (Venedig) 114
Santo Stefano, Portal (Venedig) 113
Scuola Grande di San Rocco (Venedig) 96
Bon, Familie 99
Bonanno da Pisa 515
Bonaparte, Joseph, König 57
Bonifatiusfresko (Giotto) 426
Bonifatius VIII., Papst 50, 454
Bonitate, Pietro da 513
Bordone, Paris 25

Borghese, Camillo 429
Borghese, Kardinal Scipione 428, 429
Borghese, Pauline 57, 429
Borgia, Lucrezia 253
Borgo San Martino
Festivals 63
Borgomaggiore 358
Bormio 194
Hotels 549
Restaurants 584
Borromäische Inseln 185
Borromeo, Carlo 54, 218
Denkmal 185
Borromeo, Kardinal Federico 189
Borromini, Francesco
Collegio di Propaganda Fide (Rom) 398
Palazzo Spada (Rom) 391
San Carlo alle Quattro Fontane (Rom) 401
San Giovanni in Laterano (Rom) 426
Sant'Agnese in Agone (Rom) 389
Sant'Ivo alla Sapienza (Rom) 389, 390
Torre dell'Orologio (Rom) 388
Bosa 533
Restaurants 609
Boscheto 314
Bosco della Mesola 259
Bossea 221
Botschaften 617
Botticelli, Sandro 186, 193, 215, 477
Augustinus in der Studierstube 289
Die Geburt der Venus 24, 279, 281
Grabmal 289
Madonna del Mare 267
Madonna mit Kind und Johannes dem Täufer 250
Madonna vom Thron 189
Palazzo Ducale (Urbino) 361
Primavera 280 f
Sixtinische Kapelle (Rom) 416
Bourbonen, Dynastie 58
Box Office (Rom) 613
Bozen (Bolzano) **166**
Festivals 64
Hotels 547
Restaurants 582
Bolzano *siehe* Bozen
Bra
Restaurants 586
Bracciano 450
Hotels 568
Bracciano, Lago di 450
Bramante, Donato di Angelo 417, 418
Basilika (Loreto) 363
Castello Sforzesco (Mailand) 186
Dom (Pavia) 195
San Satiro (Mailand) 189
Santa Maria del Popolo (Rom) 400
Santa Maria della Consolazione (Todi) 244, 349
Santa Maria della Pace (Rom) 388, 390
Santa Maria delle Grazie (Mailand) 192
Tempietto (Rom) 27, **419**
Brancacci, Felice 290
Brancacci-Kapelle *siehe* Cappella Brancacci

TEXTREGISTER 641

Brancaccio, Kardinal Rinaldo
   Grabmal 472
Branciforte, Giuseppe, Fürst von
   Butera 516
Brancusi, Constantin
   Vogel im Raum 101
Braque, Georges 101
Brenta-Kanal 154
Brenta, Fluß 143, 154
Brescia **195**
   Hotels 549
   Restaurants 584
Bressanone siehe Brixen
Breuil-Cervinia 206
   Hotels 552
   Restaurants 587
Briosco, Andrea »Il Riccio« 90, 152
Brixen (Bressanone) 162, **165**
   Hotels 547
   Restaurants 582f
Bronzino, Agnolo 215, 267, 281
   Das Martyrium des heiligen
   Laurentius 286
   Palazzo Vecchio, Gemälde 283
   Porträt der Lucrezia Panciatichi 25
Browning, Pen 99
Browning, Robert 86, 143
   Ca' Rezzonico (Venedig) 99
Brueghel, Pieter 193
Bruneck (Brunico) 165
   Hotels 547
   Restaurants 583
Brunelleschi, Filippo 317
   Cappella de' Pazzi siehe Santa
   Croce
   Dom (Florenz) 27, 52, 245, 263,
   271, **273**
   Opferung Isaaks 275
   Ostportal des Baptisteriums
   (Florenz) 274
   Palazzo Pitti (Florenz) 294
   Piazza della Santissima Annunziata
   (Florenz) 269
   San Lorenzo (Florenz) 286
   Santa Croce (Florenz) 244, 276
   Santo Spirito (Florenz) 292, 293
   Spedale degli Innocenti (Florenz)
   267, 269
Brunello di Montalcino, Wein 242,
243
Bruni, Leonardo
   Grabmal 276
Brunico siehe Bruneck
Bruno, Giordano 54, 391
Brustolon, Andrea 99, 155
Brutus 379, 393
Brydone, Patrick 516
Bugno, Gianni 66
Buontalenti, Bernardo
   Brunnen und Wasserspeier 293
   Forte di Belvedere (Florenz) 295
   San Lorenzo (Florenz) 286
   Uffizien (Florenz) 278, 281
   Villa di Artimino (Artimino) 318
Burano 81, 117
   Restaurants 578
Bürgerkrieg (80 v. Chr.) 43
Buscetta, Tommaso 519
Busreisen 629, 635

Bussana Vecchia 226f
Busse 634
   Buslinien in Rom 442f
Busseto
   Hotels 555
Byron, Lord 56
   Palazzo Mocenigo (Venedig) 86
Byzantinisches Reich 46f
   Architektur 26, 462f
   Ravenna 260

C

Ca' d'Oro (Venedig) 77, 90f
Ca' Foscari (Venedig) 99
Ca' Rezzonico (Venedig) 99
Caccini, Giovanni 293
Cäcilia, Heilige 419
Caesar, Julius 31, 42
   Basilica Julia (Rom) 380
   Caesarforum (Rom) 379
   Ermordung 43, 393
Caesarforum (Rom) 379
Caetani, Familie 454
Caffè Greco (Rom)
   Detailkarte 398
Cagliari 535
   Fähren 629
   Festivals 62
   Hotels 575
   Restaurants 609
Cagliostro, Graf 358
Caius Cestius, Pyramide des (Rom)
427
Cala di Luna 534
Cala Gonone 534
Cala Sisine 534
Calasette
   Restaurants 609
Calcio Fiorentino (Florenz) 63, 66
Caldaro siehe Kaltern
Caligula, Kaiser 44
Callisto, Kirchenfürst 157
Cambiaso, Luca 230
Camogli 232
   Hotels 554
   Restaurants 589
Camosciara 491
Campanella, Tommaso 504
Campanile (Florenz) 8, 333
Campanile (Venedig) 113
Campello sul Clitunno
   Hotels 562
   Restaurants 596
Campi, Gebrüder 198
Campingplätze 541
Campo de' Fiori (Rom) 391
   Hotels 565
   Restaurants 599
Campo Santa Margherita (Venedig)
   Detailkarte 98
Canal Grande (Venedig) 10, **84 ff**
Canaletto 99, 103, 193, 281
Canazei 166f
   Hotels 547
Cangrande (Verona) 613
Cannae, Schlacht (216 v. Chr.) 42
Cannaregio (Venedig)
   Hotels 542
   Restaurants 578

Cannero Riviera
   Hotels 552
Cannigione 532
Cannobio 185
   Hotels 552
   Restaurants 587
Canova, Antonio
   Amor und Psyche 185
   Grabmal 95
   Museo Correr (Venedig) 113
   Napoleon, Bronzestatue 190
   Venus 57
   Venus Italica 294
   Venus Victrix 429
Caorle
   Restaurants 580
Capalbio
   Restaurants 593
Capo Schisò 522
Capodanno 65
Cappella Brancacci (Florenz) 290f
Cappella degli Scrovegni (Padua)
148f
Cappella Sistina siehe Sixtinische
Kapelle
Cappelle Medicee (Florenz) 287
Cappello, Bianca
   Palazzo di Bianca Cappello
   (Florenz) 292
Capponi, Familie 296
Caprarola 370, 445, 449
Capri 467, 482f
   Hotels 569
   Restaurants 603
Capriate San Gervasio
   Hotels 549
Carabinieri (Polizei) 616, 617
Caracalla 277
Caracalla-Thermen (Rom) 427
Caravaggio 281, 391
   Bacchus 278, 281
   Begräbnis der heiligen Lucia 526
   Christi Geburt mit den Heiligen
   Franziskus und Laurentius 513
   Die Bekehrung Pauli 400
   Die Berufung des Matthäus 390
   Die Kreuzigung Petri 400
   Grablegung 413
   Johannes der Täufer 377, 418
   Medusa 281
   Obstkorb 189
   Opferung Isaaks 281
   San Luigi dei Francesi 389, 390
   Schlafender Amor 294
   Sieben Werke der Barmherzigkeit 471
Carbonari 58
Carignano, Familie 215
Carloforte 529, 535
Carlone 230
Carnelivari, Matteo 513
Caroline, Königin von England 184
Carpaccio, Vittore 281
   Der heilige Augustinus 53
   Der heilige Georg tötet den Drachen
   116
   Heilung des Besessenen 103
   Marientod 90
   Porträt eines jungen Mannes mit
   rotem Hut 113

Scuola di San Giorgio degli
  Schiavoni 116
  Verkündigung 90
Carpano, Antonio Benedetto 215
Carpione, Giulio
  Palazzo Chiericati (Vicenza) 146
Carrà, Carlo 188, 410
  Mutter und Sohn 190
Carracci, Annibale 391
Carracci, Familie 257
Carracci, Ludovico 251
Carrara 308
Carreras, José 33
Carretto, Ilaria del
  Grabmal 312
Carso 157
Carzano
  Restaurants 583
Casale Monferrato
  Restaurants 587
Cascata di Balma 209
Cascate delle Marmore 353
Cascate di Nardis 168
Caserta 462, 480
  Hotels 569
  Restaurants 603
Caserta Vecchia 480
Casole d'Elsa 305
Cassini, Gian Domenico 36, 256
Cassius 379, 393
Castel Gandolfo 451
Castel Sant'Angelo (Rom) 407
Castelfranco
  Hotels 555
  Restaurants 580
Castelfranco Veneto 143
Castell'Arquato 250
  Restaurants 590
Castellamonte, Amedeo di 216
Castelli Romani 451
  Festivals 64
Castellina in Chianti
  Hotels 559
Castello (Venedig)
  Hotels 542
  Restaurants 578
Castello di Avio 169
Castelluccio 341, 352
Castelnuovo Berardenga
  Restaurants 593
Castelnuovo di Garfagnana 308
Castelrotto *siehe* Kastelruth
Castelveccana
  Restaurants 584
Castiglione del Lago 343
  Hotels 562
Castiglione Falletto 176
Castiglione, Achille 34
Castiglione, Giovanni Benedetto 230
Catanei, Vannozza 391
Catania 523
  Hotels 573
  Restaurants 607
Catull 385
Cavalese 167
  Hotels 547
  Restaurants 583
Cavallini, Pietro 343, 419, 432
  Das Jüngste Gericht 22

Szenen aus dem Marienleben 366
Cavour, Graf Camillo di 58, 59, 215
Cefalù 462, 509, 519
  Hotels 573
  Restaurants 607
Cellini, Benvenuto 275, 391
  Perseus 283
Cembra 167
Cenacolo di Santo Spirito (Florenz)
  Detailkarte 292
Centro Turistico Studentesco 541
Ceresole Reale, Lago di 210
Cernobbio 184
Certosa di Pavia 173, 196f
Cervesina
  Hotels 549
Cerveteri 366, 450
  Restaurants 601
Cervo 224, 227
  Restaurants 589
Cesena, Biagio da 416
Cesenatico 249, 258
  Hotels 556
Cézanne, Paul 189
Chagall, Marc 101, 258
Challant, Herren von 207
Champoluc
  Hotels 552
Charles VIII, König von Frankreich 53
Châtelard, Burgruine 203, 206
Cherubini, Luigi 266
Chiaiolella 483
Chianti
  Festivals 64
  Restaurants 577
Chianti Classico, Wein 242, 243
Chiesa Nuova (Rom) 390
  Detailkarte 388
Chigi, Agostino 390, 400, 418
Chini, Galileo 309
Chioggia
  Hotels 545
  Restaurants 576, 580
Chiusi 322
Christdemokraten 20, 60
Christentum 39
  Frühchristliche Symbole 158f
  Konstantin 46, 193, 424
  siehe auch Katholische Kirche
Christine, Königin von Schweden 418
Christophorus, Heiliger 90
Christus (Bartolo di Fredi) 335
Cicero 31, 385, 482, 526
  Geburtsort 454
  Senat 43
Ciga Hotels 541
Cignani, Carlo
  Flora 252
Cilento 482
Cima da Conegliano 90, 116, 155
Cimabue
  Der heilige Franz 344
  Kreuzigung 276
  Maestà 280
  Thronende Muttergottes mit Engeln und Propheten 22
  Thronender Christus 314
Cino da Pistoia 317
Cinque Terre 233

Cinque Torri 78
Ciociaria, La 454
Cione, Nardo di 288
Cipriani, Giuseppe 87, 104
Cislano 194f
Città di Castello
  Restaurants 595f
Città Vecchia 495
Civezzano
  Restaurants 583
Cividale del Friuli 135, 157
  Hotels 545
  Restaurants 580
Civitali, Matteo 312, 313
Civitavecchia
  Restaurants 601
Claude Lorrain 215, 394, 428
Claudius, Kaiser 44
Club Alpino Italiano 541, 625
Cocullo 489
  Festivals 62
Codex Purpureus Rossanensis 504
Coducci, Mauro 91, 113, 115
Cogne 209
  Hotels 552
  Restaurants 587
Cölestin V., Papst 488
Colfosco
  Hotels 547
Colle del Gran San Bernardo 206
Colle di Val d'Elsa
  Restaurants 593
Collegio di Propaganda Fide (Rom)
  Detailkarte 398
Colleoni, Bartolomeo 193
Colleoni, Reiterstandbild des
  Condottiere (Venedig) 115
Collezione Peggy Guggenheim
  (Venedig) 87, **100 f**
Collodi, Carlo 30
Cologne Franciacorta
  Hotels 549
Colonna dell'Immacolata (Rom)
  Detailkarte 398
Colonnata 308
Comacchio 259
  Restaurants 590
Comer See 181, 184f
  Restaurants 585
Como 184, 185
  Hotels 549
  Restaurants 585
Comune di Roma Ripartizione X
  614
Condottieri 50, 115
Conegliano 155
  Hotels 545
  Restaurants 580
Conero 363
Constantia 431
Contarini, Marino 90
Convento di San Marco (Florenz) **268**
  Detailkarte 266
Coppo di Marcovaldo
  Madonna mit Kind 22
Cordonata (Rom)
  Detailkarte 374
Corelli, Arcangelo 33
Cornaro, Familie 402
Cornaro, Königin Caterina 143
Corniglia 233

TEXTREGISTER

Corradini, Antonio 471
Correggio, Antonio da 281
　Himmelfahrt Mariens 25, 251
　Vision des Evangelisten Johannes in Patmos 251
Correr, Teodoro 113
Corsa del Palio (Siena) 63
Corsini, Familie 418
Cortenuova, Schlacht (1237) 49
Cortina d'Ampezzo 135, 155
　Hotels 545
Cortona 306, 322
　Hotels 559
　Restaurants 593
Cosenza
　Hotels 572
Cossa, Francesco del 257
Costa Smeralda 532
Costa, Lorenzo 254
　San Giacomo Maggiore, Fresko (Bologna) 255
　San Petronio 254
Costiera Amalfitana siehe Amalfi-Küste
Costigliole d'Asti
　Restaurants 587
Cotral (Busunternehmen) 635
Courmayeur 206
　Hotels 552 f
　Restaurants 587
Couture, Thomas
　Die Römer der Verfallszeit 385
Craxi, Bettino 61
Cremona 198
　Hotels 549 f
　Restaurants 585
　Schule von Cremona 198
Crete Senesi 324, 325
Cristo degli Abissi 232
Crivelli, Carlo 193, 362, 363
　Madonna della Candeletta 191
Croce, Baldassare 448
Cronaca (Simone del Pollaiuolo) 285, 293
CTS 615
Cuneo 221
　Hotels 553
　Restaurants 587

D

D'Annunzio, Gabriele
　Villa il Vittoriale 142
D'Ascanio, Corradino 35
d'Este, Alfonso I 253
d'Este, Beatrice
　Grabmal 196
d'Este, Borso 253
d'Este, Ercole I 253
d'Este, Familie 252, 253
d'Este, Ferrante 253
d'Este, Giulio 253
d'Este, Kardinal Ippolito 452
d'Este, Leonello 193
d'Este, Nicolò II 253
d'Este, Nicolò III 253
d'Este, Parisina 253
d'Este, Ugo 253
da Porto, Luigi
　Grabmal 146

Dädalus 519
Dalí, Salvador 101
Damian, Heiliger 28
Dandolo, Doge Andrea
　Grabmal 109
Dandolo, Doge Enrico 48
Dante
　Baptisterium 272
　Casa di Dante (Florenz) 271
　Denkmal 138
　Geburt 49
　Geburtsort 270, 271
　Göttliche Komödie 30, 50, 189, 252, 288
　Grabmal 261
　Inferno 50, 169, 256, 324, 416, 503
　Paradiso 363
　Purgatorio 358
　Sala di Dante (San Gimignano) 335
　Verona 136
Dante erläutert die Göttliche Komödie (Michelino) 273
Danti, Ignazio 410
David (Bernini) 4
David (Donatello) 23, 275
David (Michelangelo) 267, 282
De Chirico, Giorgio 101, 189
De Sica, Vittorio 19, 61
Debussy, Claude Achille 399
Decius, Kaiser 296
Deledda, Grazia 534
Delito, Andrea 488
della Rovere, Familie 400
Delphische Sibylle (Pinturicchio) 400
Demeter 465
Desenzano del Garda
　Hotels 550
Design 34 f
Designerläden 622 f
Dialectica (Veronese) 112
Diano Marina
　Festivals 63
Dickens, Charles 399
Diebstahl 616, 633
Diokletian, Kaiser 46, 107, 358
Dionysios I. von Syrakus 518
Dionysios II. von Syrakus 465
Dogana di Mare (Venedig) 87
Dogenpalast (Venedig) siehe Palazzo Ducale
Dolce e Gabbana 61
Dolceacqua 226
　Festivals 65
　Restaurants 589
Dolcetto, Wein 176
Dolmetscher 617
Dolo
　Restaurants 580
Dolomiten 72, 78 f, 161, 163
　Canazei 166 f
　Cortina d'Ampezzo 155
　Madonna di Campiglio 168
　Parco Nazionale dello Stelvio 194
　San Martino di Castrozza 167
　Skifahren 624
Dome (Kathedralen)
　Agrigent 519
　Alghero 532
　Amalfi 481

Anagni 454
Aosta 207
Arezzo 319
Ascoli Piceno 363
Assisi 345
Asti 220, 221
Atri 488
Bari 494
Belluno 155
Benevent 480
Bosa 533
Bozen (Bolzano) 166
Brescia 195
Brixen (Bressanone) 165
Cagliari 535
Carrara 308
Castelfranco Veneto 143
Catania 523
Cefalù 519
Chiusi 322
Cividale del Friuli 157
Como 185
Conegliano 155
Cremona 198
Enna 521
Erice 517
Fidenza 250
Fiesole 319
Florenz 27, 50, 245, 272 f
Gaeta 455
Genua 228, 229
Gerace 505
Grado 158
Gubbio 342
L'Aquila 488
Lanciano 491
Lodi 195
Lucca 311, 312
Lucera 492
Mailand 173, 187
Mantua 199
Marsala 518
Massa Marittima 325
Matera 503
Melfi 502
Messina 522
Modena 252
Monreale 458, 514 f
Montefiascone 449
Montepulciano 323
Monza 178, 193
Neapel 471
Norcia 353
Noto 527
Novara 219
Oristano 534
Ortigia 526
Orvieto 26, 348 f
Otranto 497
Padua 148, 149
Palermo 509, 511
Parma 251
Pavia 195
Perugia 51, 342
Piacenza 250
Piazza Armerina 521
Pienza 244, 323
Pinerolo 211
Pisa 238, 305, 314

643

Pistoia 317
Pitigliano 337
Pordenone 156
Prato 318
Ravello 481
Rossano 504
Ruvo di Puglia 494
Salerno 482
San Leo 358
San Miniato 318
Sassari 532
Sermoneta 454
Siena 27, 328, 332 f
Spoleto 350
Stilo 504
Susa 210
Syrakus 27, 463
Taormina 522
Tarent 495
Terracina 455
Todi 349
Trani 493
Treviso 154
Trient 168
Triest 159
Troia 463, 492 f
Tropea 504
Turin 212 f
Udine 156
Urbino 361
Venosa 502
Vercelli 220
Verona 139
Vicenza 144
Viterbo 448
Volterra 324
Domenichino 451, 471
Domenico Abate, Heiliger 489
Domenikus, Heiliger 28
  Grabmal 254, 257
Domingo, Plácido 33
Dominikanerorden 49
  Santa Maria Novella (Florenz) 288
  Santa Maria sopra Minerva (Rom) 394
Domitian, Kaiser
  Caesarforum (Rom) 379
  Domus Flavia (Rom) 385
  Piazza Navona 389
  Rilievi della Cancelleria 412
  Statue 20
  Titusbogen (Rom) 381
Domodossola 218
  Hotels 553
  Restaurants 587
Donà, Doge Leonardo 113
Donatello 274, 328, 332
  David 23, 275
  Der heilige Georg 270, 275
  Evangelist Johannes 271
  Gattamelata 149, 152
  Grabmal des Kardinal Brancaccio 472
  Judith und Holofernes 283
  Kanzel (Prato) 318
  La Maddalena 271
  Madonna mit Kind 333
  Marzocco 282
  Orsanmichele (Florenz) 275

San Lorenzo, Bronzekanzeln (Florenz) 287
San Rossore 315
Verkündigung 276
Donizetti, Gaetano 33, 59
  Grabmal 193
Doppelporträt (Lombardo) 90
Doria, Brancaleone 535
Doria, Familie 226, 228, 532
Dorsoduro (Venedig)
  Detailkarte 98 f
  Hotels 542 f
  Restaurants 578
Dosio 476
Drachenfliegen 625
Dramatiker 30 f
Drei Alter des Menschen (Giorgione) 294
Drei Grazien (Raffael) 418
Dreifaltigkeit (Masaccio) 288
Drovetti, Bernardo 214
Duccio di Buoninsegna
  Madonna der Franziskaner 331
  Madonna Rucellai 22
  Maestà 280, 328, 333
Duchamp, Marcel 101
Dufourny, Léon 513
Dürer, Albrecht 193, 231, 391
Dyck, Anthonis van 215, 230
  Rosen-Madonna 512

E

Eco, Umberto 30
Egesta 464
Einkaufen 622 f
Einmalige Formen der Kontinuität im Raum (Boccioni) 60
Eintritt 614
Eintrittskarten 613
Eisenzeit 40
Ekstase des heiligen Franz, Die (Giotto) 345
El Greco 251
Elba 336
  Fähren 629
  Hotels 559
  Restaurants 593
Elea 482
Eleonora von Aragón 332, 513
Eleonora von Arborea 534, 535
Eleonora von Toledo 288
Elisabeth (Mutter von Karl III.) 474
Elymianer 464
Emanuele Filiberto, Herzog Savoyens 203, 215
Emilia-Romagna 247 ff
  Hotels 555 f
  Klima 68
  Restaurants 590 f
  Überblick 248 f
Engel befreit den heiligen Petrus, Der (Raffael) 24
ENIT (Ente Nazionale Italiano per il Turismo) 541, 615
ENIT Deutschland 615
ENIT Österreich 615
ENIT Rom 615
ENIT Schweiz 615
Enna 521

Hotels 573
Restaurants 607
Enoteca 576
Entdecker 36 f
Entfernungstabelle 633
Epipolae 527
Erasmus 418
Ercolano *siehe* Herculaneum
Erfindungen 36 f
Erice 517
  Hotels 573
  Restaurants 607
Ermäßigungen
  Bahnfahrkarten 631
  Studenten 615
Ernst, Max 101, 410
Erster Weltkrieg 60
Eryx 464
Esquilin (Rom)
  Restaurants 599
Essen und Trinken 20
  Einkaufen 622, 623
  Kochkurse 625
  Mittelitalien 240 f
  Nordostitalien 74 f
  Nordwestitalien 174 f
  Rom und Latium 368 f
  Süditalien 460 f
  Traditionelle sizilianische Küche 523
  Weine Mittelitaliens 242 f
  Weine Nordwestitaliens 176 f
  siehe auch Restaurants
Este, d' *siehe* d'Este
Etrusker 40 f, 42
  Architektur 26, 370
  Cerveteri 366, 450
  Chiusi 322
  Museo dell'Accademia Etrusca (Cortona) 322
  Museo Etrusco (Pitigliano) 337
  Necropoli del Crocifisso del Tufo (Orvieto) 349
  Norchia 450
  Sutri 450
  Tarquinia 450
  Volterra 324
Eudoxia, Kaiserin 402
Euganeen 153
EUR 432
Eurodollar 633
Europäische Wirtschaftsgemeinschaft 61
Europcar 633
Euroschecks 616, 618
Eusebio di San Giorgio 343
Eusebius, Heiliger 218
Evangelisten, Symbole 28 f
Evelyn, John 139
Eyck, Jan van 215

F

Fabriano
  Restaurants 597
Faenza 258
  Hotels 556
  Restaurants 590
Fähren 628 f
Fahrkarten
  Busse und Straßenbahnen 634
  Flugzeuge 626 f

Unterwegs in Venedig 636f
Züge 630f
Fahrpläne 630
Fahrradfahren 624
Faicchio
  Restaurants 603
Fallopio, Gabriele 153
Falzarego-Paß 624
Fancelli, Luca 470
Fano 357, 359
  Hotels 564
  Restaurants 597
Fantiscritti 308
Fanzago, Cosimo 473, 476
Farnese, Alessandro 250
Farnese, Familie
  Museo di Capodimonte (Neapel) 477
  Palazzo Farnese (Caprarola) 427, 449
  Palazzo Pilotta (Parma) 251
  Villa Farnesina (Rom) 418
Farnese, Ranuccio 250
Faschismus 60, 432
Fattori, Giovanni
  Die Rotunde von Palmieri 295
Fauna
  Dolomiten 79
  Maremma 336f
  Parco Nazionale d'Abruzzo 490f
  Parco Nazionale del Gran Paradiso 208f
  Po-Delta 259
  siehe auch Aquarien; Zoo
Favignana 517
Faxgeräte 621
Federazione Arrampicata Sportiva Italiana 625
Federazione Italiana di Attività Subacquee 625
Federazione Italiana di Canoa e Kayak 625
Federazione Italiana di Sport Equestre 625
Federazione Italiana di Tennis 625
Federazione Italiana di Vela 625
Federcampeggio 541
Feiertage 65
Feisoglio
  Restaurants 587
Feltre
  Festivals 63
Fénis 206, 207
Fénis, Burg 205
Ferdinand I., Großherzog 269, 318
Ferdinand I., König von Aragón 476
Ferdinand II., Großherzog 58, 277
Ferdinand IV., König von Spanien 480, 513
Ferienwohnungen **540**, 541
Fermi, Enrico 37
Fernsehen 621
Ferragamo 17
Ferrara 247, 253
  Hotels 556
  Restaurants 590
Ferrara, Schule 254, 256, 257
Ferrari (Autos) 34, 217, 252

Ferrari, Defendente 211, 214
Ferrari, Enzo 252
Ferrari, Gaudenzio
  Maria mit dem Kind 219
  Petrus und ein Schenker 214
  San Cristoforo, Fresken (Vercelli) 220
  Santa Maria delle Grazie, Fresken (Varallo) 218
Ferrata, Ercole 388
Ferraù da Faenza 349
Ferri, Ciro 294
Festa d'o' Cippo di Sant'Antonio (Neapel) 65
Festa degli Aquiloni (San Miniato) 62
Festa dei Candelieri (Sassari) 63
Festa dei Ceri (Gubbio) 62
Festa dei Due Mondi (Spoleto) 63
Festa dei Noiantri (Rom) 63
Festa dei Popoli (Florenz) 64
Festa del Mare (Diano Marina) 63
Festa dell'Uva (Bolzano) 64
Festa della Fragola (Borgo San Martino) 63
Festa della Madonna che Scappa in Piazza (Sulmona) 62
Festa della Madonna della Bruna (Matera) 63
Festa della Madonna di Loreto (Loreto) 65
Festa della Mela (Ora) 62
Festa della Salute (Venedig) 64
Festa della Santa Maria del Carmine (Neapel) 63
Festa di San Domenico Abate (Cocullo) 62
Festa di San Francesco (Assisi) 64
Festa di San Giovanni (Turin) 63
Festa di San Marco (Venedig) 62
Festa di San Sebastiano (Dolceacqua) 65
Festa di San Sebastiano e Santa Lucia (Sassari) 64
Festa di Sant'Ambrogio (Mailand) 65
Festa di Sant'Andrea (Amalfi) 63
Festa di Sant'Efisio (Cagliari) 62
Festa di Santa Orsa (Aosta) 65
Festivals 62f
Feuerwehr 616, 617
Fiaccole di Natale (Abbadia di San Salvatore) 65
Fiat 35
  Lingotto-Gebäude (Turin) 179
  Palazzo Grassi (Venedig) 86
  »Topolino« 60
  Turin 212, 216
Fidenza 250
  Hotels 556
  Restaurants 590
Fie allo Sciliar
  Hotels 548
Fiera del Tartufo (Alba) 64
Fiesole 318f
  Hotels 541, 559
Filangieri, Fürst Gaetano 472
Filarete 186, 409
Filippucci, Memmo di
  Paar beim Zubettgehen 335
Filmfestival (Venedig) 63

Finale Ligure
  Hotels 554
Firenze *siehe* Florenz
Fiumicino, Flughafen (Rom) 626f
Flora (Cignani) 252
Florentiner Schule 280
Florenz 262ff
  Architektur 244f
  Bahnhof 631
  Beste Reisezeit 612
  Cappella Brancacci 290f
  Detailkarte: Rund um den Dom 270f
  Detailkarte: Rund um San Marco 266f
  Detailkarte: Um die Piazza della Repubblica 284f
  Dom 27, 50, 245, 272ff
  Einkaufen 623
  Festivals 62, 63, 64
  Hotels 540, 557ff
  In der Stadt unterwegs 634
  Kartenteil 297ff
  Landkarte 12
  Märkte 622
  Oltrarno 292f
  Palazzo Pitti 294f
  Piazza della Signoria 282f
  Restaurants 591ff
  San Lorenzo 286f
  Santa Croce 276f
  Santa Maria Novella 27, 245, 288f
  Überblick 264f
  Überflutungen 61
  Uffizien 238, 278ff
Flucht nach Ägypten (Tintoretto) 96
Fluggesellschaften 627
Flughäfen
  Ciampino (Rom) 626f
  Galileo Galilei (Pisa) 626f
  Fiumicino (Rom) 626f
  Linate (Mailand) 626f
  Malpensa (Mailand) 626f
  Marco Polo (Venedig) 626f
  Treviso (Venedig) 626f
Flugsport 625
Flugverkehr 626f
Fly-and-drive-Angebote 627
Folignano
  Hotels 564
Foligno
  Restaurants 596
Fontana dei Tritoni (Rom)
  Detailkarte 422
Fontana di Trevi (Rom) 370, **400f**
Fontana, Carlo 449
Fontana, Domenico 403, 477
  Grabmal 473
Fontignano
  Hotels 562
Foresta Umbra 492
Formia
  Hotels 568
Forteagip 541
Fortezza da Basso
  Festivals 65
Forum (Rom) 380ff
  Hotels 565

Forza Italia 20, 61
Foscari, Doge Francesco 99
   Monumento Foscari 94
Francesco di Giorgio Martini 342, 358
Francesco I., Großherzog 292
Franchetti, Baron Giorgio 90
Francia, Francesco 255
François I, König von Frankreich 53
Franken 47
Franz von Assisi 49
   Basilica di San Francesco (Assisi) 344f
   San Francesco d'Assisi (Matera) 503
   San Francesco a Ripa (Rom) 419
   Schriften 31
Franziskanerorden 49
Frari (Venedig) *siehe* Santa Maria Gloriosa dei Frari
Frascati 451
   Restaurants 601
   Wein 369
Freitreppe (Rom)
   Detailkarte 374
Freizeitaktivitäten 624f
Fremdenverkehrsämter 541, **614**, 615
Freskotechnik 23
Friaul *siehe* Veneto und Friaul
Friedrich Barbarossa 181, 502
   Krönung 49, 195
Friedrich I. *siehe* Friedrich Barbarossa
Friedrich II., Kaiser 49
   L'Aquila 488
   Bari, Kastell 494
   Castel Capuano (Neapel) 470
   Castel del Monte 493
   Castello dell'Imperatore (Prato) 318
   Castello di Lombardia (Enna) 521
   Castello Maniace (Ortigia) 526
   Constitutiones Augustales 502
   Grabmal 511
   Lagopesole 502
   Lucera 492
   San Miniato 318
   Trani 493
   Troia 492
Friedrich III., Kaiser 332
Friedrich von Aragón 512
Friso, Alvise dal 100
Frühling in Italien 62
FS (Ferrovie dello Stato) 630f
Fuga, Ferdinando
   Gesù Nuovo (Neapel) 473
   Palazzo Corsini (Rom) 418
   Santa Maria Maggiore (Rom) 403
   Teatro di Corte (Neapel) 477
Führerschein 632
Führungen 614
Fumiani, Gian Antonio 97
Funktaxi (Venedig) 637
Fußball 20, 61, 66, 67, 625
Fußballweltmeisterschaft 61
Futurismus 60

G

Gaddi, Agnolo 318
Gaddi, Taddeo 276, 277
Gaeta **455**
   Restaurants 602
Gagini, Antonello 516, 518, 521

Johannes der Apostel 517
Oratorio di Santa Zita, Statuen (Palermo) 513
Santa Caterina 512
Gagini, Antonino 517, 518
Gagini, Antonio 518
Gagini, Domenico 517, 518
Gagini, Fazio 514
Gagini, Gian Domenico 514
Gagliardi, Rosario 463, 527
Gaiole in Chianti 614
   Hotels 560
   Restaurants 593
Galatina 497
Galerie mit Ansichten des antiken Roms (Pannini) 56f
Galerien *siehe* Museen und Galerien
Galgano, Heiliger 325
Galilei, Galileo 36, **37**
   Campanile (Venedig) 113
   Geburt 54
   Grabmal 276
   Konflikt mit der Inquisition 55, 394
   Museo di Storia della Scienza (Florenz) 277
   Palazzo del Bo (Padua) 153
   Schiefer Turm von Pisa 316
   Università von Padua 37
Gallier 41
Gallo, Francesco 221
Galuppi, Baldassare 117
Gambara, Kardinal 449
Gambello, Antonio 115, 116
Garda **142**
   Hotels 545
Gardasee 142
   Restaurants 580
Gardone 142
Gardone Riviera
   Hotels 550
Garessio 221
Garfagnana 308
Gargano 485, 486, **492**
   Hotels 571
Gargnano del Garda
   Hotels 550
   Restaurants 585
Garibaldi, Anita 231
Garibaldi, Giuseppe 215
   Isola Caprera 532
   Quarto dei Mille 231
   Museo Nazionale Garibaldino (Isola Caprera) 532
   Risorgimento 58f
Garlenda
   Hotels 554
Gärten *siehe* Parks und Gärten
Gastmahl im Hause des Levi, Das (Veronese) 103
Gattamelata, Statue 149, **152**
Gattapone 342, 350f
Gatti 198
Gauguin, Paul 189
Geburt der Venus, Die (Botticelli) 279
Gegenreformation 54, 55
   Architektur 371
Geißelung Christi (Piero della Francesca) 360
Gela 464

Gelateria 576
Geld
   Banken 618
   Lokale Währung 619
Geldautomaten 618
Geldwechsel 618
Gelon, Tyrann 526
Genehmigungen für Besichtigungen 614
Gennargentu-Berge 531, **534**
Gennaro, Heiliger 470, 471
Gentile da Fabriano
   Anbetung der Könige 23, 280
   Madonna 315
Gentileschi, Artemisia 294, 391, 401
   Judith 294
Genua 224, **228ff**
   Detailkarte 228f
   Fähren 629
   Hotels 554
   Restaurants 589
Genzano
   Festivals 63
Georg von Antiochien 512
Gepäckaufbewahrung 631
Gerace 505
Gerolamo Romanino 168
Geschichte 39ff
Geschwindigkeitsbegrenzungen 632
Gesù, Il (Rom) 27, 371, **393**
   Detailkarte 393
Gesualdo, Carlo 32
Gesundheit 617
Getränke
   Kaffee 369
   Rom und Latium 369
   Wasser 369, 577
   Weine Mittelitaliens 242f
   Weine Nordostitaliens 75
   Weine Nordwestitaliens 176f
Gewitter, Das (Giorgione) 102
Ghetto (Rom) 391
Ghibellinen 49, 50
Ghiberti, Lorenzo 275, 328
   Baptisterium, Portale (Florenz) 23, 271, 272, **274**
   Glasfenster 273
   Opferung Isaaks 275
Ghirlandaio, Domenico 269, 283, 293
   Christus in der Glorie 324
   Das Leben des heiligen Franziskus 284
   Das Leben Johannes' des Täufers 289
   Das letzte Abendmahl 268, 289
   Fresken (San Gimignano) 335
   Madonna mit Heiligen 312
   Madonna della Misericordia 289
   Porträt des Christoph Kolumbus 231
   Sixtinische Kapelle (Rom) 416
   Verkündigung 334
Ghirlandaio, Ridolfo del 267
Giambelli, Pietro 269
Giambologna 250
   Der Raub der Sabinerinnen 283
   Fontana di Nettuno (Bologna) 254
   Merkur 271, 275
   Ozeanusbrunnen 295

Reiterstatue von Herzog Ferdinand I 269
Giambono, Michele 103, 359
Gian Nicola di Paolo 342, 349
Giardini-Naxos
   Hotels 574
Giardino dei Semplici (Florenz)
   Detailkarte 267
Giglio Porto
   Hotels 560
Gioco del Ponte (Pisa) 63
Giordano, Luca 471, 472, 512
Giorgione 97
   Casa di Giorgione (Castelfranco Veneto) 143
   Das Gewitter 24, 102
   Drei Alter des Menschen 294
   Ruhende Venus 279
Giostra del Saracino (Arezzo) 64
Giotto **151**, 152
   Bonifatiusfresko 426
   Campanile (Florenz) 272
   Cappella Bardi, Fresken (Florenz) 277
   Cappella degli Scrovegni, Fresken (Padua) 148f
   Das Leben des heiligen Franz 344
   Der heilige Franz erscheint den Mönchen von Arles 346f
   Die Begegnung Joachims und Annas an der Goldenen Pforte 22
   Die Ekstase des heiligen Franz 345
   Freskenzyklus (Assisi) 239
   Madonna aus Ognissanti 278, 280
   Mosaik 409
   Stefaneschi-Triptychon 413
   Tod (1337) 50
   Traum Papst Innozenz' III. 49
Giovanna I., Königin von Neapel 51
Giovanni d'Alemagna 115
Giovanni da Verona 473
Giovanni de' Santi 90
Giovanni di Bartolo 137
Giovanni di Simone 314
Giovine-Italia-Bewegung 58
Giudecca (Venedig)
   Hotels 543
   Restaurants 578f
Giugiaro, Giorgio 34
Giuliano da Maiano 470
Glaswaren (Murano) 117
Goethe, Johann Wolfgang von 398, 513
   in Bagheria 516
   Goethe in der römischen Campagna 56
Gogh, Vincent van 189
Goldoni, Carlo 31, 56
Goletta-Wasserfall 208
Golf 625
Gondeln **84**, 104, 637
Gonzaga, Familie 199
Gonzaga, Federico II 199
Gonzaga, Lodovico 199
Gonzaga, Vespasiano 198
Goritz, John 390
Gorizia **157**
   Restaurants 580
Goro

Restaurants 590
Goten 46, 186
Gothik, Architektur 27
Goya y Lucientes, Francisco José de 281
Gozzoli, Benozzo 315, 335, 349
   Leben des heiligen Franz 351
   Sermoneta 454
   Zug der heiligen drei Könige 53
Grabmal des Herzogs von Nemours, (Michelangelo) 287
Grado 158
   Hotels 545
   Restaurants 580
Gran Sasso 487, 488
Grand Prix von Monza 67
Grand Prix von San Marino 66
Grand Tour 56 f
Grandi Traghetti 629
Graves, Michael 34
Gravina, Ferdinando, Fürst von Palagonia 516
Greco, Emilio 149
   Museo d'Arte Moderna «Emilio Greco» (Orvieto) 348
Gregor I., Papst 407
Gregor VII., Papst 48
Gregor IX., Papst 49
Gregor XI., Papst 51, 330
Gregor XIII., Papst 390
Griechen, Antike
   in Süditalien 464 f
   Riace, Bronzestatuen 505
   Segesta 508, **518**
   Selinunt 518
   Tal der Tempel 519, **520**
   siehe auch Paestum; Syrakus
Griechische Dramen (Syrakus) 62
Grotta Azzurra (Capri) 482
Grotta del Bue Marino 534
Grotta del Gigante 159
Grotta di Nettuno 533
Grotta Verde 533
Grottaferrata 451
   Hotels 568
Grotte di Frasassi 362
Grotte di Toirano 227
Gruppo Archeologico Romano 625
Gualdo, Matteo da 345
Guardi, Francesco 99, 193
Guardiagrele, Nicola da 491
Guariento
   Himmlische Heerscharen 152
Guarini, Guarino
   Cappella della Sacra Sindone (Turin) 54, 213
   Palazzo Carignano (Turin) 178, 215
   Palazzo dell'Accademia delle Scienze (Turin) 214
   San Lorenzo (Turin) 179, 216
Guarneri del Gesù 198
Gubbio 341, **342**
   Festivals 62
   Hotels 562
   Restaurants 596
Gucci 35
Guelfen 49, 50, 285
Guercino 359, 391, 394
   Dom (Piacenza) 250

Mariä Himmelfahrt 313
Guggenheim-Museum (Venedig) *siehe* Collezione Peggy Guggenheim
Guggenheim, Peggy 101
   siehe auch Collezione Peggy Guggenheim
Guglielmo da Pisa 317
Guicciardini, Francesco 293
Guidetto da Como 312
Guido da Como 314
Guido d'Arezzo 32
Guidoriccio da Fogliano 50, 330
Guillaume le Moine 476
Guinigi, Paolo 312, 313
Guiscard, Robert 48, 502

H
Hadrian, Kaiser 44
   Mausoleum 407
   Pantheon (Rom) 392, 394
   Tempel der Venus und der Roma (Rom) 381
   Tivoli 45
   Villa Adriana (Tivoli) 452
Hanbury, Sir Thomas 226
Hannibal 250, 502, 518
   Schlacht am Lago Trasimeno 343
   überquert die Alpen 42
Harry's Bar (Venedig) 87
   Detailkarte 104
   Restaurants 579
Hartmann von Aue 165
Hauteville, Robert de 48
Hawkwood, Sir John 325
   Reiterstandbild 272
Hayez, Francesco
   Der Kuß 190
heilige Augustinus, Der (Carpaccio) 53
heilige Barbara, Die (Palma il Vecchio) 115
heilige Cäcilia, Die (Raffael) 257
Heilige Familie, Die (Michelangelo) **279**, 281
heilige Franz, Der (Cimabue) 344
heilige Franz erscheint den Mönchen von Arles, Der (Giotto) 346f
heilige Georg, Der (Donatello) 270, 275
heilige Georg tötet den Drachen, Der (Carpaccio) 116
heilige Hieronymus, Der (Leonardo da Vinci) 411, 413
heilige Hieronymus mit den Heiligen Christophorus und Augustus, Der (Bellini) 91
Heilige in der italienischen Kunst 28f
Heiliges Römisches Reich Deutscher Nation 47, 181, 355
Heilung des Besessenen (Carpaccio) 103
Heimsuchung Christi, Die (Tintoretto) 97
Heinrich IV., Kaiser 48
Heinrich VI., Kaiser 511
Heinrich VII., Kaiser 230
Helena 41
Helena, Tochter Konstantins 431
Heliodorus, Heiliger 118
Hemingway, Ernest 104

Herakleia 464
Herbst in Italien 64
Herculaneum 464, 479
   Museo Archeologico Nazionale (Neapel) 474
Herniker 454
Herodes, König 158
Hertz 633
Herzog Federico (Berruguete) 361
Heston, Charlton 402
Hieronymus, Heiliger 29
Himmelfahrt Mariens (Correggio) 25
Himmlische Heerscharen (Guariento) 152
Hippokrates 464
Hochrenaissance, Kunst 24 f
Höhlen
   Balzi Rossi 226
   Bossea 221
   Grotta Azzurra (Capri) 482
   Grotta del Bue Marino 534
   Grotta del Gigante 159
   Grotte di Frasassi 362
   Grotta di Nettuno 533
   Grotte di Toirano 227
   Grotta Verde 533
   Matera 502 f
Holbein, Hans 193
Homer 147, 455, 465
Horaz 30, 482, 502
Hotelketten 538 f, 541
Hotels **538 ff**
   Abruzzen, Molise and Apulien 571 f
   Agriturismo 540
   Alberghi 538
   An- und Abreise 540
   Aosta-Tal und Piemont 551 ff
   Basilikata und Kalabrien 572
   Behinderte Reisende 541
   Emilia-Romagna 555 ff
   Ferienwohnung 540
   Florenz 557 ff
   Fremdenverkehrsämter 541
   Hotelketten **538 f**, 541
   Kategorien 538
   Kinder 539
   Latium 568 f
   Ligurien 554 f
   Lombardei 549 ff
   Mahlzeiten und Ausstattung 539
   Marken 564 f
   Neapel und Kampanien 569 f
   Pensionen 538
   Preise 539
   Preisgünstige Unterkünfte 540
   Reservierung 539
   Rom 565 ff
   Sardinien 575
   Sizilien 573 ff
   Toskana 559 ff
   Trentino-Südtirol 547 ff
   Trinkgeld 613
   Umbrien 561 ff
   Venedig 542 ff
   Veneto und Friaul 544 ff

I

Iesi **362**
   Hotels 564
   Restaurants 598
Ignatius von Loyola, Heiliger 55, 393, 395
Infiorata (Genzano) 63
Innozenz III., Papst 49
Innozenz VIII., Papst 410
Innozenz X., Papst 389, 390
   Porträt 394
Intercultura 624
Interhome 541
Internationale Telefonauskunft 621
Internationales Filmfestival (Taormina) 63
Ischia 467, **483**
   Hotels 569
   Restaurants 603
Ischia Ponte 483
Ischia Porto 483
Iseo, Lago d' 194 f
Islam, Gottesdienste 615
Isola Bella 173, 183, **185**
Isola Caprera 532
Isola d'Elba *siehe* Elba
Isola di Ponza
   Hotels 568
Isola di San Pietro 529, 531, 535
   Hotels 575
Isola di Sant'Antioco
   Hotels 575
Isola Maggiore 343
Isola San Giulio 219
Isole Egadi 517
   Hotels 573
Isole Eolie 517
   Hotels 573
   Restaurants 607
Isole Pelagie 517
Isole Tremiti **491**
   Hotels 571
   Restaurants 605
Issime 206
Issogne 206, **207**
Italcable 621
Italienische Sprachkurse 624
Italienischer Vogelschutzbund (LIPU) 625
Ittar, Stefano 523
IVA (Mehrwertsteuer) 613
Ivrea
   Hotels 553
   Restaurants 587

J

Jacopone da Todi
   Grabmal 349
Jakob von Ulm 256
James, Henry 86, 97
Janiculum (Rom)
   Restaurants 599
Janusbogen (Rom)
   Detailkarte 423
Jesuiten 57
   Gegenreformation 54
   Il Gesù (Rom) 27, 393
   Sant'Andrea al Quirinale (Rom) 401
   Sant'Ignazio di Loyola (Rom) 395
Johann von Durazzo 473
Johannes der Täufer 28, 193
Johannes der Täufer (Caravaggio) 377
Johannes Paul II., Papst 61
Jolly Hotels 541
Joseph II., Kaiser 57
Judith (Gentileschi) 294
Jugendherbergsverband 540
Julia 489, 491
Julius II., Papst
   Grabmal 267, 402
   Porträt 53
   Santa Maria del Popolo (Rom) 400
   Sixtinische Kapelle (Rom) 414
   Stanzen Raffaels (Rom) 417
   Statue 342
   Vatikanische Museen (Rom) 410
Julius III., Papst 430
Julius, Heiliger 219
Jungfrau Maria 28, 29, 54
Jüngste Gericht, Das (Cavallini) 22
Jüngste Gericht, Das (Michelangelo) 416
Jüngste Gericht, Das (Signorelli) 349
Jupitertempel (Rom)
   Detailkarte 375
Justinian, Kaiser 46 f
Juvarra, Filippo
   Basilica di Superga 217
   Chiesa Vecchia (Santuario d'Oropa) 218
   Dom (Como) 185
   Palazzo Madama (Turin) 213
   Palazzo Reale (Turin) 216
   Santa Cristina (Turin) 215
   Stupinigi 217
Juvenal 31

K

Kaffee 369
Kalabrien *siehe* Basilikata und Kalabrien
Kalixt I., Papst 418
Kaltern (Caldaro)
   Hotels 547
Kampanien *siehe* Neapel und Kampanien
Kanäle
   Brenta-Kanal 154
   Venedig 10, 84 ff
Kandinsky, Wassily 101
Kapitol (Rom)
   Detailkarte 374 ff
Kapitolinische Museen (Rom) 367, 374, 376 f
Karl der Große, Kaiser 47
   Krönung 195
   Santi Apostoli (Florenz) 284
Karl I. 49, 476, 492
Karl II. 492
Karl III., König 56, 474, 477, 480
Karl V., Kaiser 54, 216, 521
   Besuch in Rom 375
   Kastell (Lecce) 497
   Schlacht von Pavia 53
Karl von Kalabrien
   Grabmal 473
Karneval
   Mamoiada 65
   Venedig 56, 65
   Viareggio 65
Karthago 42

Karwoche 62
Käse
  Nordwestitalien 175
  Parmesan 251
  Süditalien 461
Kastelruth (Castelrotto)
  Hotels 548
Kastelruth *siehe* Castelrotto
Katakomben (Rom) 432
Katharina von Alexandria, Heilige 29
Katharina von Österreich
  Grabmal 472
Katharina von Siena, Heilige
  Casa di Santa Caterina (Siena) 330
  Grabmal 394
  Reliquie 331
Kathedralen *siehe* Dome
Katholische Kirche 21
  Gegenreformation 54
  Gottesdienste 615
  Heilige und Symbole in der italienischen Kunst 28 f
Keats, John 56
  Grab 427
  Keats-Shelley-Haus (Rom) 398
Keramik
  Faenza 258
Khubilai Khan 37, 48
Kinder
  in Hotels 539
  in Restaurants 577
  mit Kindern unterwegs 615
Kino 19 f
  Italienisches Kino seit dem Zweiten Weltkrieg 61
Kirchen
  Gottesdienste 615
  Kleidung 613
  Öffnungszeiten 614
  Romanische Kirchen in Umbrien 350 f
  siehe auch Dome und Städte
Kirchenstaat 55
Kisling, Moisè 190
Klara, Heilige 147, 345
Klassische Architektur 27
Klee, Paul 101, 189
Kleidung
  Designermode in Mailand 189
  Einkaufen 622 f
  in Kirchen 613
  in Restaurants 577
  Umrechnungstabelle, Größen 623
Kleiner St. Bernhard 206
Klemens V., Papst 50
Klemens VII., Papst 54, 349
  Grabmal 394
Klemens X., Papst 399
Klemens XII., Papst 376
  Grabmal 426
Klemens, Heiliger 425
Kleopatra 43, 139, 379
Klima 68 f, 612
Klöster in Latium 453
Kloster Neustift (Abbazia di Novacella) 165
Kochkurse 625
Kolosseum (Rom) 367, 373, 383

Kolumbus, Christoph 36, 252
  in Genua 229, 230
  Porträt 230, 231
Kommunikation 620 f
Komponisten 32 f
Königreich beider Sizilien 59
Königreich Italien 59
Konstantin I., Kaiser 107
  Bekehrung zum Christentum 46, 158, 193, 424
  Denkmal 192, 367, 377
  Eiserne Krone 193
  Konstantinische Schenkung 46
  Konstantinsbasilika (Rom) 382
  Konstantinsbogen (Rom) 379
  Peterskirche (Rom) 408
  San Giovanni in Laterano (Rom) 426
  Villa Romana del Casale (Piazza Armerina) 521
Konstantinopel 46, 52, 106, 107
Konstantinsbogen (Rom) 26, 370, **379**
Konstanze von Aragón
  Grabmal 511
Konsulate 617
Kosmas, Heiliger 28
Kreditkarten 618
  in Restaurants 577
Kreuzabnahme (Fra Angelico) 268
Kreuzabnahme (Lorenzetti) 344
Kreuzigung (Cimabue) 276
Kreuzigung (Tintoretto) 96
Kreuzzüge 49
Krönung Mariens (Bellini) 358
Kroton 465
Kulinarische Rundreisen 625
Kunst
  Freskotechnik 23
  Frühchristliche Symbole 158 f
  Heilige und Symbole 28 f
  Hochrenaissance 24 f
  Mittelalter und Frührenaissance 22 f
  siehe auch Architektur
Kunst und Kultur 19 f
Kunstgalerien *siehe* Museen und Galerien
Kunstgeschichtskurse 624 f
Kuß, Der (Hayez) 190

L

L'Aquila 488
  Hotels 571
  Restaurants 605
Ladislaus, König von Neapel
  Grabmal 470
Ladispoli
  Hotels 568
Lago d'Iseo 194 f
Lago di Misurina 79
Lago di Scanno 489
Lago di Vico 449
Lago Maggiore, 173, 183, **185**
  Hotels 553
Lago Massaciuccoli 309
Lago Trasimeno 343
  Hotels 562
  Schlacht am (217 v. Chr.) 343
Lagopesole 502

Lamberti, Giorgio 67
Lampedusa, Giuseppe Tomasi di 517
Lanci, Baldassare 333
Lanciano 491
Landini, Francesco 32
Landkarten und Übersichtspläne
  Abruzzen, Molise und Apulien 486 f
  Antike Griechen in Süditalien 464 f
  Aosta-Tal und Piemont 204 f
  Basilikata and Kalabrien 500 f
  Bologna 254 f
  Byzantinische Territorien 46
  Eisenbahnnetz 631
  Emilia-Romagna 248 f
  Etruskische Königreiche 40
  Florenz 264 f
  Florenz: Oltrarno 292 f
  Florenz: Rund um den Dom 270 f
  Florenz: Rund um San Marco 266 f
  Florenz: Um die Piazza della Repubblica 284 f
  Florenz und Umgebung 12
  Republik und Kaiserzeit 42 f
  Gardasee 142
  Genua 228 f
  Italien 10 f
  Italien 650 v. Chr. 40
  Italien 600 n. Chr. 46
  Italien 1350 n. Chr. 50
  Italien im Jahre 1492 52
  Italien im Jahre 1550 54
  Italien im Jahre 1861 58
  Italien, Königreich 58
  Lago di Como 184
  Latium 446 f
  Lecce 496 f
  Ligurien 224 f
  Lombardei 182 f
  Lucca 310 f
  Mailand 186 f
  Maremma 336 f
  Marken 356 f
  Mittelitalien 238 ff
  Mittelmeerraum um 1250 48
  Neapel 470 f
  Neapel und Kampanien 468 f
  Nordostitalien 72 f
  Norditalien 12 f
  Nordwestitalien 172 f
  Padua 148 f
  Palermo 510 f
  Parco Nazionale del Gran Paradiso 208 f
  Pompeji 478 f
  Ravenna 260 f
  Römisches Reich 44
  Rom: Abstecher 428
  Rom: Aventin und Lateran 421
  Rom: Buslinien 442 f
  Rom: Das antike Rom 373
  Rom: Das Kapitol 374 f
  Rom: Der Nordosten 397
  Rom: Piazza della Bocca della Verità 422 f
  Rom: Piazza di Spagna 398 f
  Rom: Um das Pantheon 392 f
  Rom: Um die Piazza Navona 387, 388 f
  Rom und Umgebung 15

TEXTREGISTER

Rom und Latium 366f
Rom: Vatikan und Trastevere 405
San Gimignano 334f
Sardinien 14, 530f
Sardinien: Nuraghen 533
Siena 328f
Sizilianische Inseln 14, 517
Sizilien 508f
Süditalien 14f, 458f
Strada delle Dolomiti 78
Tal der Tempel 520
Toskana 306f
Trentino-Südtirol 162f
Turin 212
Umbrien 340f
Venedig 13, 73, 82f
Venedig: Dorsoduro 98f
Venedig: Piazza San Marco 104f
Venedig: San Polo 92f
Venedig: *Vaporetto*-Linien 130f
Veneto und Friaul 134f
Verona 136
Vicenza 144f
Lanfranco 471, 473
Lascaris, Giorgio 91
Lateinische Literatur 31
Lateran *siehe* Aventin und Lateran
Latium *siehe* Rom und Latium
Laurana, Francesco 513, 517, 527
 Madonna 476
 Madonna mit Kind 517
 Palazzo Ducale (Urbino) 239
Laurana, Luciano 360
Laurentius, Heiliger 28
Laureti, Tommaso 254
Lavinia Vecellio (Tizian) 477
Lawrence, D. H. 233, 529
Lazzi (Busunternehmen) 635
Le Corte, Giusto 101
Lear, Edward 499
Leben Johannes' des Täufers, Das (Ghirlandaio) 289
Lebenshaltungskosten, regionale Unterschiede 618
Lebensmittelmärkte 623
Lecce 459, 463, 487
 Detailkarte 496f
 Hotels 571
 Restaurants 605
Lecco 184, 185
 Restaurants 585
Lega Nord 18
Legende des Wahren Kreuzes (Piero della Francesca) 320f
Léger, Fernand 101
Legros, Pierre
 Triumph der Religion über die Häresie 393
Leichtathletik 67
Leihfahrzeuge
 Autos 627, 633
 Fahrräder 635
Lenzi, Lorenzo 288
Leo III., Papst 417
Leo IV., Papst 47, 417
Leo X., Papst 53, 417
Leo XIII., Papst 391
Leo, Heiliger 358
Leonardo da Vinci **36**, 417

Atlantikkodex 189
Das letzte Abendmahl 24, 192
Der heilige Hieronymus 411, 413
Die Proportionen des menschlichen Körpers 24
Dom (Pavia) 195
Geburt 52
Geburtsort 317
Madonna in der Felsengrotte 24
Mona Lisa 24
Museo Leonardiano (Vinci) 317
Porträt 52
Porträt eines Musikers 189
Selbstporträt 216
Verkündigung 281
Leone, Sergio 61
Leonello d'Este (Pisanello) 193
Leopardi, Alessandro 115
Leopold, Großherzog der Toskana 57
Lepanto, Schlacht (1571) 54f
Lerici 233
Lesina 492
letzte Abendmahl, Das (Leonardo da Vinci) 192
Levanto
 Restaurants 589
Levanzo 517
Levi, Carlo 503
Levi, Primo 30
Levico Terme 169
 Restaurants 583
Lido di Venezia (Venedig)
 Hotels 543
Ligorio, Pirro 452
Ligurien **223 ff**
 Hotels 554f
 Klima 68
 Restaurants 589
 Überblick 224f
Ligurische Riviera 223, 224, 233
Lillaz 209
Lilybaeum 518
Limone sul Garda
 Hotels 550
Linosa 517
Lipari 517
Lippi, Filippino 231, 267, 335, 392
 Carafa-Kapelle, Fresken (Rom) 394
 Die Heiligen Helena, Hieronymus, Sebastian und Rochus 311
 Die Madonna erscheint dem heiligen Bernhard 271
 Madonna mit Kind 293
 Santa Maria Novella, Fresken (Florenz) 289
 Szenen aus dem Leben Petri 290f
Lippi, Fra Filippo
 Das Leben Johannes' des Täufers 318
 Madonna del Ceppo 318
 Madonna mit Kind 294
 Madonna mit Kind und Engeln 23, 280
 Marienleben 350
Liszt, Franz 398
Literatur 30f
Livia 384
Livigno
 Hotels 550

Livius 31
Livorno
 Fähren 629
 Restaurants 594
Lo Scheggia 267
Lo Spagna 351
Lo Zingarello (Giuseppe Zimbalo) 463, 496
Locorotondo 485, 495
 Restaurants 605
Locri Epizefiri 465, 505
Lodi 195
Loggia del Bigallo (Florenz)
 Detailkarte 270
Lombardei **181 ff**
 Hotels 549ff
 Klima 68
 Restaurants 584ff
 Überblick 182f
Lombarden 46f, 181
Lombardischer Städtebund 49, 181
Lombardo, Familie 114
Lombardo, Pietro
 Grabmal von Andrea Vendramin 115
 Grabmal von Nicolò Marcello 114
 Grabmal von Pietro Mocenigo 114
 Santa Maria dei Miracoli (Venedig) 91
 Santa Maria Gloriosa dei Frari, Lettner (Venedig) 94
Lombardo, Tullio 91
 Doppelporträt 90
Longhena, Baldassare
 Ca' Rezzonico (Venedig) 99
 Santa Maria della Salute (Venedig) 101
 Santi Giovanni e Paolo (Venedig) 115
Longhi, Pietro 99, 103
Loren, Sophia 19
Lorenzetti, Ambrogio 280, 325
 Allegorien des guten und des schlechten Regiments 330
 Weltkarte 330
Lorenzetti, Pietro 280
 Kreuzabnahme 344
 Kreuzigung 322
 Landschaft 331
Lorenzo da Viterbo 448
Loreto 356, **363**
 Festivals 65
 Restaurants 598
Loreto Aprutino 488
Losey, Joseph 147
Lothringen, Herzöge 56, 295
Lotto, Lorenzo 137, 154, 195, 363
Louis XIV., König von Frankreich 399
Lucca **310f**
 Detailkarte 310f
 Festivals 62
 Hotels 560
 Restaurants 594
 San Martino 312
Lucera 492
Lucia, Heilige 29, 84, 527
Lucius 400
Ludovico il Moro
 Grabmal 196

Ludovisi, Kardinal 395
Lufthansa 627
Lukas, Heiliger 29
Luther, Martin 256
Lutyens, Sir Edwin 428
Lysippos 475

M

»Macchiaioli« 295
Macerata
   Restaurants 598
Machiavelli, Niccolò 53
   Grab 276
Maddalena, La (Rom) 395
Maddalena, La (Sardinien) 532
Maderno, Carlo 401, 409
Madonna (Sängerin) 61
Madonna aus Ognissanti (Giotto) 278, 280
Madonna dei Raccomandati (Memmi) 348
Madonna del Ceppo (Lippi) 318
Madonna dell'Orto (Venedig) 90
Madonna della Candeletta (Crivelli) 191
Madonna della Misericordia (Ghirlandaio) 289
Madonna della Seggiola (Raffael) 294
Madonna di Ca' Pesaro (Tizian) 24
Madonna di Campiglio 163, **168**
   Festivals 62
   Hotels 548
   Restaurants 583
Madonna di Nicopeia 108
Madonna erscheint dem heiligen Bernhard, Die (Lippi) 271
Madonna mit dem langen Hals (Parmigianino) 25, 281
Madonna mit dem Zeisig (Raffael) 281
Madonna mit Heiligen (Simone Martini) 315
Madonna mit Kind (Antonello da Messina) 522
Madonna mit Kind und Engeln (Lippi) 280
Madonna mit Kind und Heiligen (Bellini) 29
Madonna Rucellai (Duccio di Buoninsegna) 22
Madonna zwischen den Heiligen Johannes der Täufer und Magdalena (Bellini) 102
Maestà (Duccio di Buoninsegna) 328, 333
Mafia 20, **519**
Magalhães, Fernão de 145
Magenta, Schlacht (1859) 59
Maggio Musicale (Florenz) 62
Maggiore, Lago siehe Lago Maggiore
Magione
   Restaurants 596
Magistretti, Vico 34
Magritte, René 101
Mailand 173, **186 ff**
   Architektur 27, 179
   Bahnhof 631
   Designermode 189
   Festivals 65
   Flughäfen 626 f

   Hotels 550
   Pinacoteca di Brera 190 f
   Restaurants 585
   Stadtplan 186 f
Mailänder Edikt (313) 46, 193
Maitani, Lorenzo 348, 349
Malatesta, Familie 359
Malatesta, Sigismondo 258
Malcesine 142
   Hotels 545
Malles Venosta siehe Mals im Vinschgau
Mals im Vinschgau (Malles Venosta) **164**
   Hotels 548
   Restaurants 583
Mamertinischer Kerker (Rom) 379
Mamoiada 534
   Festivals 65
Manarola 233
   Restaurants 589
Manerba del Garda
   Restaurants 585
Manfredonia 492
Manin, Daniele 58
Manin, Ludovico 157
»Mann mit der eisernen Maske« 211
Mantegna, Andrea 152
   Altar von San Zeno Maggiore (Verona) 140
   Ankunft des Kardinals Francesco Gonzaga 23
   Der heilige Sebastian 90
   Der tote Christus 24, 191
   Palazzo Ducale, Fresken (Mantua) 199
   Geburtsort 199
Mantua 199
   Hotels 551
   Restaurants 585
Manzoni, Alessandro 184
Maratea 501, **503**
   Restaurants 606
Marcellinus 431
Marcello, Doge Nicolò 114
Marcellus, General 502
Marciana Marina 336
Marconi, Guglielmo 36
Maremma 336 f
Marettimo 517
Margarethe von Brabant
   Grabmal 228, 230
Maria Carolina, Königin 513
Maria Egiziaca, Heilige 423
Mariä Geburt (Andrea del Sarto) 269
Mariä Vermählung (Raffael) 191
Maria von Aragón 473
Maria von Valois
   Grabmal 473
Marie Louise von Lucca 312
Marienberg (Abbazia di Monte Maria) 164
Marienkrönung (Veneziano) 102, 103
Marina di Lesina
   Hotels 571
Marina di Pisa 18
Marina di Ravenna
   Hotels 556
Marinetti, Filippo 60

Marini, Marino 101, 317
Marinus, Heiliger 358
Mark Anton 43, 139
Mark Aurel, Kaiser 44, 45
   Ehrensäule (Rom) 395
   Reiterstandbild 374
Marken, Die 355 ff
   Hotels 564 f
   Klima 69
   Restaurants 597 f
   Überblick 356 f
Märkte 622
Markus, Heiliger 28, 29
   Basilica di San Marco (Venedig) 107
Marmolada 78
Marmor, Carrara 308
Marocchetti, Carlo 215
Marostica
   Festivals 64
Marsala 518
   Hotels 574
   Restaurants 607
Martin IV., Papst
   Grabmal 342
Martin V., Papst 52
Martina Franca 495
Martorana, Eloisa 512
Martyrium des heiligen Laurentius, Das (Bronzino) 286
Masaccio
   Der heilige Paulus 315
   Der Zinsgroschen 23
   Dreifaltigkeit 288
   Szenen aus dem Leben Petri (Cappella Brancacci) 290 f
Masaniello, Aufstand (1647) 55
Maserati 252
Maso di Bartolomeo 360
Masolino da Panicale 425
   Madonna mit Kind 349
   Szenen aus dem Leben Petri 290 f
Massa Marittima 325
   Restaurants 594
Massaciuccoli, Lago 309
Massari, Giorgio 86, 99
Matas, Niccolò 276
Matera 499, **502 f**
   Festivals 63
   Hotels 572
   Restaurants 606
Mathilde, Markgräfin 48, 252
Matisse, Henri 189, 258
Matterhorn siehe Monte Cervino
Matthäus, Heiliger 29
   Grabmal 482
Maultasch, Margarete 161
Mausoleum des Augustus (Rom) 400
Maxentius, Kaiser
   Kampf an der Milvischen Brücke 46, 379
   Konstantinsbasilika (Rom) 382
   Villa Romana del Casale (Piazza Armerina) 521
Maximian, Erzbischof von Ravenna 47
Maximianus, Kaiser 107, 521
Maximilian, Erzbischof 159

Mazedonische Kriege 43
Mazzini, Giuseppe 58, 215
   Grab 231
Mazzoni, Guido
   Pietà 473
Mazzorbo (Venedig)
   Restaurants 579
Medici, Alessandro de' 54
Medici, Anna Maria Lodovica de' 280
Medici, Cosimo de' (il Vecchio) 52, 268, 281, 287
Medici, Cosimo I de'
   Cavalieri di Santo Stefano 315
   Fortezza Medicea (Siena) 333
   Mausoleum 287
   Palazzo Vecchio (Florenz) 283
   Porträt 281
   Statue 315
   Uffizien (Florenz) 278
Medici, Cosimo III de' 281
Medici, Familie 52f
   Boboli-Garten (Florenz) 295
   Cappelle Medicee (Florenz) 287
   Corridoio Vasariano (Florenz) 277
   Florenz 263
   Palazzo Madama (Rom) 389
   Palazzo Pitti (Florenz) 238, 294f
   San Lorenzo (Florenz) 286
   Uffizien (Florenz) 280
   Verschwörung 391
   Wappen 56, 292
Medici, Ferdinando de' 399
Medici, Francesco I de' 278
Medici, Lorenzo de' (der Prächtige) 52, 53, 295
   Grab 287
   Poggio a Caiano 318
Medici, Maria Maddalena de' 269
Medici, Piero de' 52
Medizinische Versorgung 617
Mehrwertsteuer 613
Melanzio, Francesco 351
Mele
   Hotels 555
Melfi 502
   Restaurants 606
Melozzo da Forlì 39
Memmi, Lippo 278
   Madonna dei Raccomandati 348
   Maestà 334, 335
Menabuoi, Giusto de' 148, 149
Menaggio 184
Menelaus
   Statue 388
Mengoni, Giuseppe
   Galleria Vittorio Emanuele II (Mailand) 27, 179, **188**
   Mercato Centrale (Florenz) 287
Meran (Merano) 164
   Hotels 548
   Restaurants 583
Merano *siehe* Meran
Mercato Centrale (Florenz) 287
Mercato Nuovo (Florenz)
   Detailkarte 285
Merello, Rubaldo
   Pinien 231
Merkur (Giambologna) 271
Messe von Bolsena, Die (Raffael) 417

Messina 55, 60, **522**
   Aufstand (1848) 58
   Hotels 574
Messina, Straße 465
Metapontion 465
Metaponto 503
Metaponto Lido
   Hotels 572
Metropolitana (U-Bahn) 634f
Mezzogiorno 17, 467
Michelangelo 257
   Atlas-Sklave 25
   Bacchus 275
   Brutus 275
   Das Jüngste Gericht 25, 349, 416
   David **267**, 282, 308
   Der Erlöser 394
   Die Heilige Familie **279**, 281
   Dom (Padua) 149
   Geburt 53
   Genius des Sieges 283
   Grabmal 276
   Grabmal des Herzogs von Nemours 287
   Grabmal Julius' II 402
   Kapitol (Rom) 374
   Kapitolinische Museen (Rom) 376
   Madonna mit dem Kind und dem jungen Johannes dem Täufer 275
   Moses 402
   Museo Nazionale Romano (Rom) 402
   Palazzo Farnese (Rom) 391
   Peterskirche (Rom) 366, 408
   Piazza del Campidoglio (Rom) 375
   Piazzale Michelangelo (Florenz) 296
   Pietà 271, 409
   Pietà Rondanini 186
   San Lorenzo (Florenz) 286, 287
   Sixtinische Kapelle (Rom) 53, 54, **414ff**
   Skulpturen im Dom von Siena 332
   Sterbender Sklave 24, 402
   Vier Gefangene 267
   Villa Giulia (Rom) 430
Michelino
   Dante erläutert die Göttliche Komödie 273
Michelozzo
   Cappella del Crocifisso (Florenz) 296
   Convento di San Marco (Florenz) 268
   Grab des Kardinals Rinaldo Brancaccio 472
   Mariengürtelreliquie (Prato) 318
   Santissima Annunziata (Florenz) 269
Miel 216
Miglionico 501
Milvischen Brücke, Schlacht an der 46, 379
Mincio, Fluß 199
Minias, Heiliger 296
Minori 481
Miracolo di San Gennaro (Neapel) 64, 65
Miretto, Nicola 149

Miró, Joan 101
Misurina 79
Mithaecus 523
Mittelalter 50f
   Kunst 22f
Mittelitalien 238ff
   Architektur 244f
   Regionale Spezialitäten 240f
   Überblick 238f
   Wein 242f
Mitternachtsmesse 65
Moby Lines 629
Mocenigo, Doge Pietro
   Grabmal 114
Mochi, Francesco 250
Mode
   Design 35
   Geschäfte 622f
   Mailand 189
Modena **252**
   Hotels 556
   Restaurants 590
Modica 527
Modigliani, Amedeo 188
   Moïse Kisling 190
Moena
   Restaurants 583
Moggiona
   Restaurants 594
Molise *siehe* Abruzzen, Molise und Apulien
Momo, Giuseppe 407
Moncucco Torinese
   Restaurants 587
Mondrian, Piet 101, 189
Monopoli
   Hotels 571
Monreale 458, **514f**
   Architektur 26, 462
Mont Blanc 206
Mont'Isola
   Restaurants 586
Montagna, Bartolomeo 146, 147, 155
Montalcino 323
   Festivals 64
   Restaurants 594
Monte Argentario 337
Monte Baldo 142
Monte Bianco 206
Monte Bondone 169
Monte Cervino 206
Monte Epomeo 483
Monte Rosa 206
Monte Sant'Angelo 492
Monte Spinale 161
Monte Subasio 352
Monte Vettore 352
Montecassiano
   Hotels 564
Montecassino 453
Montecatini Terme 309
   Restaurants 594
Montefalco 351
   Hotels 562
Montefeltro, Federico da, Herzog von Urbino 52
   Bibliothek 359
   Palazzo Ducale (Urbino) 360
   Porträts 279, 361

TEXTREGISTER **653**

Montefeltro, Herzöge 342, 358
Montefiascone 449
Montepulciano **323**
  Restaurants 594
Monteriggioni **324**
  Hotels 560
  Restaurants 594
Monterosso al Mare 233
  Hotels 555
Montesiepi 325
Monteverdi, Claudio **32f**, 55, 198
Monti dell'Uccellina 337
Monti Sibillini 352
Montmayer 206
Montorsoli, G. A. 522
Monza 178, **193**
Moore, Henry 308
Morandi, Giorgio
  Stilleben 188
Moravia, Alberto 31
Morazzone, Pier Francesco 219
Morelli, Cosimo 388
Morello 216
Moretto 25
Moro, Aldo 61
Mosaiken
  Basilica di San Marco (Venedig) 109
  Monreale (Palermo) 514f
  Ravenna 260f
Mosca, Ferdinando 488
Moscato d'Asti, Wein 177
Moscheen 615
Moses (Michelangelo) 402
Moses verteidigt die Töchter Jitros (Rosso Fiorentino) 25
Mostra Mercato Internazionale dell'Artigianato (Florenz) 62
Mostra Vini Spumanti (Madonna di Campiglio) 62
Mühlbach 165
Mullooly, Pater 425
Multscher, Hans 164
Münzen 619
Murano 117
Murat, Joachim, König von Neapel 57
Murge dei Trulli 495
Murillo, Bartolomé Estéban 418
Museen und Galerien
  Accademia (Venedig) 86, **102f**
  Accademia, Galleria dell' (Florenz) 267
  Ägyptisches Museum (Turin) *siehe* Museo Egizio
  Antiquarium (Sant'Antioco) 535
  Antiquarium Arborense (Oristano) 534, 535
  Antiquarium Forense (Rom) 381
  Armeria Reale (Turin) 216
  Bargello (Florenz) 275
  Biblioteca-Museo Comunale Cordici (Erice) 517
  Ca' d'Oro (Venedig) 90
  Ca' Rezzonico (Venedig) 86, **99**
  Casa di Petrarca (Arquà Petrarca) 153
  Castelvecchio (Verona) 137
  Cittadella dei Musei (Cagliari) 535
  Civiche Raccolte d'Arte Antica (Mailand) 186
  Civico Museo d'Arte Contemporanea (Mailand) 188f
  Collezione Peggy Guggenheim (Venedig) 87, **100f**
  Diözesanmuseum (Brixen) 165
  Eintritt 614
  Galleria d'Arte Moderna (Nervi) 231
  Galleria dell'Accademia (Florenz) *siehe* Accademia
  Galleria dell'Accademia Carrara (Bergamo) 193
  Galleria Ferrari (Modena) 252
  Galleria Nazionale d'Arte Antica (Rom) 418
  Galleria Nazionale dell'Umbria (Perugia) 343
  Galleria Regionale di Sicilia (Palermo) 513
  Galleria Sabauda (Turin) 214f
  Heimatmuseum (Sankt Ulrich) 166
  Kapitolinische Museen (Rom) 367, 374, **376f**
  Keats-Shelley-Haus (Rom) 398
  Krippenmuseum (Brixen) 165
  Ladinisches Museum (Vigo di Fassa) 167
  Multscher-Museum (Sterzing) 164
  Musei Civici (Pèsaro) 358, 359
  Musei Civici e Galleria di Storia e Arte Antica (Udine) 156, 157
  Museo Alessi (Enna) 521
  Museo Alinari (Florenz) 289
  Museo Archeologico (Ascoli Piceno) 363
  Museo Archeologico (Florenz) 267, **269**
  Museo Archeologico (Massa Marittima) 325
  Museo Archeologico (Tarquinia) 450
  Museo Archeologico (Terracina) 455
  Museo Archeologico (Verona) 139
  Museo Archeologico dell'Antica Capua (Capua) 480
  Museo Archeologico di Baglio Anselmi (Marsala) 518
  Museo Archeologico di Val Camonica 194
  Museo Archeologico Etrusco (Artimino) 318
  Museo Archeologico Faina (Orvieto) 348
  Museo Archeologico Nazionale (Aquileia) 158
  Museo Archeologico Nazionale (Cividale del Friuli) 157
  Museo Archeologico Nazionale (Ferrara) 253
  Museo Archeologico Nazionale (Neapel) 459, **474f**
  Museo Archeologico Nazionale (Parma) 251
  Museo Archeologico Nazionale (Sperlonga) 455
  Museo Archeologico Nazionale (Tarent) 495
  Museo Archeologico Nazionale dell'Umbria (Perugia) 343
  Museo Archeologico Nazionale delle Marche (Ancona) 362, 363
  Museo Archeologico Nazionale »G. A. Sanna« (Sassari) 532
  Museo Archeologico Nazionale Iatta (Ruvo di Puglia) 494
  Museo Archeologico Oliveriano (Pèsaro) 358, 359
  Museo Archeologico Regionale (Palermo) 512
  Museo Archeologico Regionale »Paolo Orsi« (Syrakus) 527
  Museo Belliniano (Catania) 523
  Museo Borghese (Rom) 429
  Museo Chiaramonti (Rom) 412
  Museo Civico (Belluno) 155
  Museo Civico (Cremona) 198
  Museo Civico (Fano) 359
  Museo Civico (Neapel) 476
  Museo Civico (Novara) 219
  Museo Civico (Orvieto) 348
  Museo Civico (Pavia) 195
  Museo Civico (Piacenza) 250
  Museo Civico (Pordenone) 156
  Museo Civico (Prato) 318
  Museo Civico (Rovereto) 169
  Museo Civico (San Gimignano) 335
  Museo Civico (Sansepolcro) 322
  Museo Civico (Siena) 330
  Museo Civico (Sulmona) 489
  Museo Civico (Treviso) 154
  Museo Civico (Vicenza) 146
  Museo Civico Borgogna (Vercelli) 220
  Museo Civico d'Arte Antica (Turin) 213
  Museo Civico del Marmo (Carrara) 308
  Museo Civico di San Francesco (Montefalco) 351
  Museo Civico Eremitani (Padua) 152
  Museo Civico Fiorelli (Lucera) 492
  Museo Correr (Venedig) 104, **113**
  Museo Cristiano (Cividale del Friuli) 157
  Museo d'Arte e di Ammobiliamento (Stupinigi) 217
  Museo d'Arte Medioevale e Moderna (Arezzo) 319
  Museo d'Arte Moderna »Emilio Greco« (Orvieto) 348
  Museo degli Alpini (Bassano del Grappa) 143
  Museo degli Arazzi (Marsala) 518
  Museo del Duomo (Arezzo) 319
  Museo del Duomo (Mailand) 188
  Museo del Sannio (Benevent) 481
  Museo del Tesoro (Aosta) 207
  Museo del Tesoro di San Lorenzo (Genua) 229
  Museo del Tessuto (Prato) 318
  Museo dell'Accademia Etrusca (Cortona) 322
  Museo dell'Automobile (Turin) 216f
  Museo dell'Opera del Duomo

(Florenz) 271
Museo dell'Opera del Duomo (Lucca) 310, **312f**
Museo dell'Opera del Duomo (Orvieto) 348
Museo dell'Opera del Duomo (Pisa) 315
Museo dell'Opera del Duomo (Siena) 328, 333
Museo della Cattedrale (Chiusi) 322
Museo della Cattedrale (Ferrara) 253
Museo della Miniera (Massa Marittima) 325
Museo della Vita e delle Tradizioni Popolari Sarde (Nuoro) 534
Museo delle Arti Popolari (Tolmezzo) 156
Museo di Anatomia Umana Normale (Bologna) 257
Museo di Architettura e Scultura Ligure (Genua) 230
Museo di Capodimonte (Neapel) 477
Museo di Mozia (Marsala) 518
Museo di San Marco (Florenz) 268
Museo di Storia dell'Arte (Trieste) 159
Museo di Storia della Scienza (Florenz) 277
Museo Diocesano (Cortona) 322
Museo Diocesano (Rossano) 504
Museo Diocesano (Salerno) 482
Museo Diocesano (San Miniato) 318
Museo Diocesano (Urbino) 361
Museo Diocesano Tridentino (Trient) 168
Museo Egizio (Turin) 214
Museo Etnografico (San Pellegrino in Alpe) 308
Museo Etnografico Siciliano Pitré (Palermo) 513
Museo Etrusco (Pitigliano) 337
Museo Etrusco-Romano (Todi) 349
Museo Faesulanum (Fiesole) 319
Museo Filangieri (Neapel) 472
Museo Geologico e Mineralogico (Predazzo) 167
Museo Gregoriano Egiziano (Rom) *siehe* Vatikanische Museen
Museo Gregoriano Etrusco (Rom) *siehe* Vatikanische Museen
Museo Gregoriano Profano *siehe* Vatikanische Museen
Museo Guarnacci (Volterra) 324, 325
Museo Internazionale delle Ceramiche (Faenza) 258
Museo Leonardiano (Vinci) 317
Museo Mandralisca (Cefalù) 519
Museo Marciano (Venedig) 109
Museo Navale Romano (Albenga) 227
Museo Nazionale (Ravenna) 259
Museo Nazionale Archeologico (Cagliari) 535
Museo Nazionale Archeologico (Palestrina) 452
Museo Nazionale Cerite (Cerveteri) 450
Museo Nazionale d'Abruzzo (L'Aquila) 488
Museo Nazionale dei Balzi Rossi (Balzi Rossi) 226
Museo Nazionale del Melfese (Melfi) 502
Museo Nazionale del Risorgimento (Turin) 215
Museo Nazionale della Ceramica Duca di Martina (Neapel) 477
Museo Nazionale della Magna Grecia (Reggio di Calabria) 505
Museo Nazionale della Siritide (Policoro) **503**
Museo Nazionale di Metaponto (Metaponto) 503
Museo Nazionale di San Martino (Neapel) 476
Museo Nazionale di San Matteo (Pisa) **315**
Museo Nazionale di Villa Guinigi (Lucca) 313
Museo Nazionale Etrusco (Chiusi) 322
Museo Nazionale Etrusco (Rom) 430
Museo Nazionale Garibaldino (Isola Caprera) 532
Museo Nazionale Pepoli (Trapani) 516
Museo Nazionale Ridola (Matera) 503
Museo Nazionale Romano (Rom) 402
Museo Paleocristiano (Aquileia) 158
Museo Pio Clementino *siehe* Vatikanische Museen
Museo Pio Cristiano *siehe* Vatikanische Museen
Museo Poldi-Pezzoli (Mailand) 186
Museo Preistorico della Val Varatella (Grotte di Toirano) 227
Museo Principe di Aragona Pignatelli Cortes (Neapel) 476
Museo Provinciale (Gorizia) 157
Museo Provinciale (Salerno) 482
Museo Provinciale (Trient) 168
Museo Regionale (Messina) 522
Museo Regionale Archeologico (Agrigent) 519
Museo Regionale d'Arte Medioevale e Moderna (Ortigia) 526
Museo Serpero (Monza) 193
Museo Storico della Guerra (Rovereto) 169
Museo Storico Navale (Venedig) 116
Museo Stradivariano (Cremona) 198
Museo Teatrale (Mailand) 187
Museo Varisano (Enna) 521
Museo Vetrario (Murano) 117
Museo Zuccarelli (Pitigliano) 337
Museo-Pinacoteca (Loreto) 363
Öffnungszeiten 614
Palazzo Carignano (Turin) 215
Palazzo Davanzati (Florenz) 285
Palazzo dei Conservatori (Rom) 377
Palazzo dei Diamanti (Ferrara) 253
Palazzo Ducale (Genua) 228
Palazzo Ducale (Mantua) 199
Palazzo Ducale (Urbania) 359
Palazzo Ducale (Urbino) 360f
Palazzo Ducale (Dogenpalast, Venedig) 110ff
Palazzo Pitti (Florenz) 293, **294f**
Palazzo Sturm (Bassano del Grappa) 143
Palazzo Venezia (Rom) 374
Pinacoteca *siehe* Vatikanische Museen
Pinacoteca Ambrosiana (Mailand) 189
Pinacoteca Civica (Ascoli Piceno) 363
Pinacoteca Civica Tosio Martinengo (Brescia) 195
Pinacoteca Comunale (Assisi) 345
Pinacoteca Comunale (Spoleto) 351
Pinacoteca Comunale e Galleria d'Arte Moderna (Ancona) 362, 363
Pinacoteca di Brera (Mailand) 190f
Pinacoteca e Musei Civici (Iesi) 362
Pinacoteca e Museo Civico (Volterra) 324, 325
Pinacoteca Malatestiana (Fano) 359
Pinacoteca Nazionale (Bologna) 257
Pinacoteca Nazionale (Siena) 331
Scuola dei Merletti (Burano) 117
Scuola di San Giorgio degli Schiavoni (Venedig) 116
Scuola Grande di San Rocco (Venedig) 96f
Städtisches Museum (Bozen) 166
Uffizien (Florenz) 278ff
Vatikanische Museen (Rom) 407, **410ff**
Villa Cattolica (Bagheria) 516
Volkskundemuseum (Bruneck) 165
Musik 32f
Mussolini, Benito
 Erice 517
 Faschismus 60
 Palazzo Venezia (Rom) 374
 Pontinische Sümpfe 445
 Republik von Salò 142
Mutter und Sohn (Carrà) 190
Muttergottes mit Kind und Heiligen (Bellini) 95
Muttoni, Antonio 147

N
Nanni di Banco
 Vier gekrönte Märtyrer 23
Napoleon I. 39
 Accademia (Venedig) 102
 Elba 336
 Eroberung Italiens 56, 57
 Farnesischer Herkules 475
 Pala d'Oro (Venedig) 109

Venus Italica 294
Napoli, Tommaso Maria 512, 516
Narni
  Restaurants 596
Nationalparks
  Monti Sibillini 352
  Parco Naturale delle Alpi Apuane 308
  Parco Nazionale d'Abruzzo 458, 490 f
  Parco Nazionale del Gran Paradiso 172, **208 f**
  Parco Nazionale dello Stelvio 194
Navarma 629
Naxos 522
Neapel 470 ff
  Fähren 629
  Festivals 63, 64, 65
  Geschichte 55, 56
  Hotels 569 f
  Karte 470 f
  Museo Archeologico Nazionale 474 f
  Restaurants 603
Neapel und Kampanien 467 ff
  Hotels 569 f
  Klima 69
  Restaurants 602 f
  Überblick 468 f
Neapel, Herzog 48
Neapolis 526
Neapolitanischer Sängerwettstreit (Neapel) 64
Nekropolen der Etrusker 26, 450
Nelli, Ottaviano 342
Nemi 451
Nemi, See 451
Nemours, Herzog von
  Grabmal 287
Neorealismus, Kino 61
Nera, Fluß 353
Nerano
  Restaurants 603
Neri, Filippo 388, 390, 512
Nero, Kaiser 44, 497
  Colosso 383
  Kryptoportikus (Rom) 385
Nervi 231
  Hotels 539, 555
  Restaurants 589
Nervi, Pier Luigi 27, 179
Nervia, Fluß 226
Nettuno
  Restaurants 602
Neue Welt (Tiepolo) 99
Neujahrstag 65
Niccolò di Tommaso
  Der Sündenfall 317
Nicola di Bari 257
Nicolò di Pietro 91
Nicosia 521
Niederfall 68 f
Nigetti, Matteo 286
Nikolaus, Heiliger 494
Nikolaus der Pilger, Heiliger 493
Nikolaus II., Papst 502
Nikolaus V., Papst 413
Ninfa 454
Noasca 210

Nobel, Alfred 226
Norchia 450
Norcia 339, **352 f**
  Hotels 562
  Restaurants 596
Nordostitalien
  Regionale Spezialitäten 74 f
  Überblick 72 f
Nordwestitalien
  Architektur 178 f
  Regionale Spezialitäten 174 f
  Überblick 172 f
  Weine 176 f
Normannen 48, 462
Notfall 617
Noto 527
Novara 219
  Hotels 553
  Restaurants 587
Novelli, Pietro 512
Numa Pompilius, König von Rom 40
Numana 363
  Restaurants 598
Nuoro 534
  Hotels 575
  Restaurants 609
Nuraghen (Sardinien) 458, **533**

O

Obstkorb (Caravaggio) 189
Oderzo
  Restaurants 581
Öffnungszeiten
  Banken 618
  Geschäfte 622
  Kirchen 614
  Museen 614
Ognissanti (Florenz) 289
Oktavian *siehe* Augustus, Kaiser
Olbia
  Restaurants 609
Oliena
  Hotels 575
  Restaurants 609
Olivenöl 461
Olivetti 17, 34, 35
Oltrarno (Florenz)
  Detailkarte 292 f
Olympische Spiele 61, 432
Ombrone-Mündung 336
Oper 33
  Kartenvorverkauf 613
Opernfestival (Verona) 63
Opferung Isaaks (Brunelleschi) 275
Oratorio dei Filippini (Rom)
  Detailkarte 388
Orbetello 337
  Restaurants 594
Orcagna, Andrea 275
  Cappella Strozzi, Fresken (Florenz) 288
  Cenacolo di Santo Spirito, Fresko (Florenz) 292
  Loggia dei Lanzi (Florenz) 283
  Thronender Christus mit Muttergottes und Heiligen 23
Orden des heiligen Johannes von Jerusalem 220

Orgosolo 534
Oristano 534 f
  Festivals 62
  Hotels 575
  Restaurants 609
Ormea 221
Oronzo, Heiliger 497
Orsanmichele (Florenz) 275
  Detailkarte 270
Orseolo, Doge Pietro 48, 104
Orsini, Herzog Vicino 449
Orsini, Raimondello del Balzo 497
Orta San Giulio 219
  Hotels 553
  Restaurants 587
Orta, Lago d' 219
Ortigia 526
Ortisei *siehe* Sankt Ulrich
Orvieto 26, **348 f**
  Architektur 350
  Dom 348 f
  Hotels 563
  Restaurants 596
Orvieto Classico, Wein 243
Osker 42
Osteria 576
Ostern 62
Ostia Antica **451**
  Restaurants 602
Ostuni 622
Otranto 497
  Hotels 571
  Restaurants 605
Ovid 30, 31, **489**, 491
  Geburtsort 488
  Metamorphosen 391
Ovindoli
  Restaurants 605
Ozeanusbrunnen (Giambologna) 295

P

Paar beim Zubettgehen (Filippucci) 335
Padua 73, **148 ff**
  Cappella degli Scrovegni 150 f
  Detailkarte 148 f
  Hotels 545
  Restaurants 581
  Universität 37, 149
Paestum 41, 464, **482 f**
  Hotels 570
  Restaurants 603
Paläste
  Annunziata (Sulmona) 489
  Ca' d'Oro (Venedig) 77, **90 f**
  Ca' Foscari (Venedig) 99
  Ca' Pesaro (Venedig) 77, 85
  Ca' Rezzonico (Venedig) 86, **99**
  Casa Trampo (Tropea) 504
  Palazzina Cinese (Palermo) 513
  Palazzo Abatellis (Palermo) 513
  Palazzo Altieri (Rom) 393
  Palazzo Antinori (Florenz) 289
  Palazzo Barbaro (Venedig) 86
  Palazzo Barberini (Rom) 401
  Palazzo Barzizza (Venedig) 87
  Palazzo Benevantano del Bosco (Syrakus) 526
  Palazzo Bianco (Genua) 230 f

Palazzo Biscari (Catania) 523
Palazzo Borromeo (Isola Bella) 185
Palazzo Braschi (Rom) 388
Palazzo Capello Malipiero (Venedig) 86
Palazzo Carignano (Turin) 178, 215
Palazzo Cesare (Tropea) 504
Palazzo Chiericati 76
Palazzo Corsini (Rom) 418
Palazzo Corvaia (Taormina) 522
Palazzo Dario (Venedig) 87
Palazzo Davanzati (Florenz) 284, **285**
Palazzo dei Capitani del Popolo (Ascoli Piceno) 363
Palazzo dei Conservatori (Rom) 377
Palazzo dei Normanni (Palermo) 507
Palazzo dei Priori (Perugia) 343
Palazzo dei Priori (Viterbo) 448
Palazzo dei Rettori (Belluno) 155
Palazzo del Capitanio (Padua) 148
Palazzo del Capitano (Verona) 138
Palazzo del Governatore (Parma) 17
Palazzo del Tè (Mantua) 199
Palazzo della Cancelleria (Rom) **390f**
Palazzo della Fraternità dei Laici (Arezzo) 319
Palazzo di Bianca Cappello (Florenz) 292
Palazzo di Parte Guelfa (Florenz) 285
Palazzo Doria Pamphili (Rom) 392, **394**
Palazzo Ducale (Genua) 228
Palazzo Ducale (Mantua) 199
Palazzo Ducale (Urbania) 359
Palazzo Ducale (Urbino) 239, 244, **360f**
Palazzo Ducale (Dogenpalast, Venedig) 105, **110ff**
Palazzo Farnese (Caprarola) 370, 449
Palazzo Farnese (Rom) 391
Palazzo Garzoni (Venedig) 86
Palazzo Giustinian (Venedig) 99
Palazzo Grassi (Venedig) 86
Palazzo Gritti-Pisani (Venedig) 87
Palazzo Guadagni (Florenz) 292
Palazzo Guicciardini (Florenz) 293
Palazzo Labia (Venedig) 84
Palazzo Madama (Rom) 389
Palazzo Madama (Turin) 213
Palazzo Maffei (Verona) 138
Palazzo Malatesta (Fano) 359
Palazzo Michiel dalle Colonne (Venedig) 85
Palazzo Mocenigo (Venedig) 86
Palazzo Orsini (Pitigliano) 337
Palazzo Pandolfini (Florenz) 266
Palazzo Papale (Viterbo) 448
Palazzo Pfanner (Lucca) 313
Palazzo Piccolomini (Pienza) 323
Palazzo Piccolomini (Siena) 331
Palazzo Pitti (Florenz) 238, **294f**
Palazzo Pitti: Detailkarte 293

Palazzo Reale (Caserta) 462, 480
Palazzo Reale (Turin) 216
Palazzo Rucellai (Florenz) 289
Palazzo Spada (Rom) 391
Palazzo Strozzi (Florenz) 244, 284, **285**
Palazzo Tau (Pistoia) 317
Palazzo Trigona (Noto) 527
Palazzo Valmarana Braga (Vicenza) 144
Palazzo Vecchio (Florenz) 283
Palazzo Vendramin Calergi (Venedig) 85
Palazzo Venezia (Rom) 374
Palazzo Vescovile (Montalcino) 323
Palazzo Villadorata (Noto) 527
Palazzo Zenobio (Venedig) 98
siehe auch Villen
Palatin (Rom) 384f
Palau 532
Palermo 509, **510ff**
  Fähren 629
  Hotels 574
  Karte 510f
  Restaurants 607f
Palestrina 447, **452**
  Hotels 568
  Restaurants 602
Palestrina, Giovanni Pierluigi da 32, 54
Palio (Asti) 64
Palio (Feltre) 63
Palio (Siena) 63, **331**
Palladio, Andrea 27, **76f**, 251
  Accademia (Venedig) 102
  Arco Bollani (Udine) 156
  Denkmal 144
  La Rotonda (Vicenza) 147
  Loggia del Capitaniato (Vicenza) 144
  Palazzo Chiericati (Vicenza) 76, 146
  Palazzo Ducale (Venedig) 112
  Palazzo Valmarana Braga (Vicenza) 144
  Piazza dei Signori (Vicenza) 145
  Piazza della Loggia (Brescia) 195
  Ponte degli Alpini (Bassano del Grappa) 133, **143**
  Porträt 54, 76
  San Giorgio Maggiore (Venedig) 77, 116
  Santa Maria Gloriosa dei Frari (Venedig) 95
  Teatro Olimpico (Vicenza) 146
  Vicenza 144f
  Villa Barbaro (Masèr) 76f, 143
  Villa Emo (Fanzolo) 143
  Villa Foscari (Malcontenta) 154
Palma il Vecchio
  Die heilige Barbara 115
Palma, Andrea 463, 526
Palmi 504
Pamphili, Familie 394
Panaria 517
Panciatichi, Lucrezia 25
Panetta, Francesco 67
Pannen mit dem Auto 633
Pannini, Giovanni
  Galerie mit Ansichten des antiken Roms 56f

Pantaleone, Heiliger 481
Pantalica 526
Pantelleria 517
Pantheon (Rom) 367, 371, 394
  Detailkarte 392f
  Hotels 566
  Restaurants 599f
Papst Innozenz X. (Velázquez) 394
Päpstlicher Ostersegen (Rom) 62
Paradies (Tintoretto) 112
Parghelia
  Hotels 572
Parks und Gärten
  Boboli-Garten (Florenz) 245, 295
  Bomarzo 449
  Botanischer Garten (Rom) 418
  Giardino Giusti (Verona) 139
  Ninfa 454
  Orto Botanico (Bormio) 194
  Orto Botanico (Padua) 153
  Orto Botanico (Pania di Corfino) 308
  Orto Botanico (Turin) 215
  Palazzo Borromeo (Isola Bella) 185
  Palazzo Pfanner (Lucca) 313
  Palazzo Reale (Caserta) 480
  Paradisia-Alpengarten 209
  Parco dell'Orecchiella 308
  Parco della Favorita (Palermo) 513
  Parco Municipale (Nervi) 231
  Parco Nazionale d'Abruzzo 458, **490f**
  Parco Nazionale del Gran Paradiso 172, **208f**
  Parco Naturale delle Alpi Apuane 308
  Parco Nazionale dello Stelvio 182, **194**
  Parco Savelli (Rom) 421
  Sacro Bosco *siehe* Bomarzo
  Stupinigi 217
  Villa Barbarigo (Valsanzibio) 153
  Villa Borghese (Rom) 428f
  Villa Durazzo-Pallavicini (Pegli) 231
  Villa Giulia (Palermo) 513
  Villa Hanbury 226
  Villa Lante (Viterbo) 445, 448, **449**
  Villa Medici (Rom) 399
  Villa Taranto (Verbania) 185
Parma 17, 251
  Hotels 556
  Restaurants 591
Parmaschinken 251
Parmesan, Käse 251
Parmigianino 251
  Madonna mit dem langen Hals 25, 281
Parodi 230
Partita a Scacchi (Marostica) 64
Paschalis I., Papst 419, 424
Paschalis II., Papst 402
Pasolini, Pier Paolo 19
Pasquino (Rom)
  Detailkarte 388
Passignano sul Trasimeno 343
  Restaurants 596
Passo di Gavia 182

TEXTREGISTER

Pasticceria 576
Paul III., Papst 375, 416
  Palazzo Farnese 391
Paul IV., Papst 391
Paul V., Papst 428
  Grab 403
Paulus, Heiliger 44, 431
  Mamertinischer Kerker (Rom) 379
Pauschalreisen 627
Pavarotti, Luciano 19, 33
Pavia **195**
  Certosa di Pavia 196f
  Hotels 551
  Restaurants 586
Pavia, Schlacht von (1525) 53
Pazzi-Kapelle *siehe* Santa Croce (Florenz)
Pelagische Inseln 517
Penne 488
Pensionen 538
Pergine Valsugana
  Hotels 548
Permesso di soggiorno 612
Persephone 465
Perseus (Cellini) 283
Persönliche Sicherheit 616f
Perugia 50, **342f**
  Hotels 563
  Restaurants 597
Perugino, Pietro 417
  Certosa di Pavia, Altar 197
  Palazzo dei Priori, Fresken (Perugia) 343
  Perugia 342
  Schlüsselübergabe an Petrus 52
  Sixtinische Kapelle (Rom) 24, 52, **416**
Peruzzi, Baldassare 418
Pesarina-Tal 156
Pèsaro **358f**
  Festivals 63
  Hotels 564
  Restaurants 598
Pescasseroli 490
Peschici 492
Peschiera del Garda
  Hotels 142, 546
Pescia
  Restaurants 594
Pest 51
Peter von Aragón 50
Peter von Illyrien 427
Peterskirche (Rom) 405, 406, **408f**
Petralia, Fra Umile di 521
Petrarca 31, 50, 253
  Casa di Petrarca (Arquà Petrarca) 153
  Porträts 50, 148
Petrus und ein Schenker (Ferrari) 214
Petrus, Heiliger 28, 432
  Mamertinischer Kerker (Rom) 379
  Martyrium 44
  Peterskirche (Rom) 408f
  San Pietro in Vincoli (Rom) 402
  Symbole 29
  Tempietto (Rom) 419
  Via Appia Antica (Rom) 431
Phidias 505
Phönizier 518, 535

Piacenza 248, 250
  Hotels 556
  Restaurants 591
Piaggio 35
Piano Grande 352
Piano, Renzo 179, 229
Pianta, Francesco 96
Piazza Armerina 521
Piazza Colonna (Rom) 395
Piazza del Campidoglio (Rom) 375
  Detailkarte 375
Piazza del Campidoglio (Rom)
  Detailkarte 375
Piazza della Bocca della Verità (Rom)
  Detailkarte 422f
Piazza della Repubblica (Florenz)
  Detailkarte 284f
Piazza della Signoria (Florenz) 282f
Piazza di Montecitorio (Rom) 395
Piazza di Spagna (Rom) **399**
  Detailkarte 398f
  Hotels 566f
  Restaurants 600
Piazza Navona (Rom) 366, **387ff**
  Detailkarte 388f
  Hotels 566
  Karte 387
  Restaurants 600
Piazzale Michelangelo (Florenz) 296
Piazzetta, Giovanni Battista 102
Picasso, Pablo 189
  Der Dichter 101
  Keramiken 258
Piccolomini, Familie 331
Picenter 363
Piemont *siehe* Aosta-Tal und Piemont
Pienza 244, **323**
  Restaurants 594
Piero della Francesca 186
  Altarbilder 343
  Auferstehung 23, 322
  Der Traum des Konstantin 23
  Die heilige Magdalena 319
  Geißelung Christi 360
  Herzog und Herzogin von Urbino 279, 280
  Legende des Wahren Kreuzes 320f
  Madonna del Parto 322
  Malatesta und der heilige Sigismund 258
  San Francesco, Fresken (Arezzo) 23, 319
Piero di Cosimo 269
Pierozzi, Antonino 268
Pietà (Bellini) 104, 413
Pietà (Mazzoni) 473
Pietà (Michelangelo) 271, 409
Pietro da Cortona
  Chiesa Nuova (Rom) 390
  Der Raub der Sabinerinnen 377
  Palazzo Barberini, Fresken (Rom) 401
  Palazzo Pitti (Florenz) 294
  Santa Maria della Pace (Rom) 388, 390
  Verkündigung 322
Pietro da Domenico 331
Pietro Leopoldo, Großherzog von Florenz 275

Pieve di Cadore
  Restaurants 581
Pigafetta, Antonio 145
Pila, Jacopo della 473
Pilze 241
Pinacoteca di Brera (Mailand) 190f
Pinerolo 211
Pinien (Merello) 231
Pininfarina 34
Pinocchio 30
Pinturicchio 335
  Anbetung der Heiligen Drei Könige 413
  Appartamento Borgia (Vatikan) 410
  Beisetzung des heiligen Bernhardin 375
  Delphische Sibylle 400
  Madonna mit Kind 350
  Piccolomini-Bibliothek, Fresken (Siena) 332
  Verkündigung 352
Pinzolo 168
Pio, Padre 492
Piola, Domenico 230, 231
Pippin, König der Franken 47
  Grab 140
Piramidi di Segonzano 167
Pirandello, Luigi 31
Piranesi, Giovanni Battista
  Ansicht des Forum Romanum 57
Pirelli 17, 27, 179
Pisa 305, **314ff**
  Dom 305
  Festivals 63
  Flughafen 626f
  Hotels 560
  Restaurants 594
  Schiefer Turm 238, **316**
Pisanello, Antonio 90, 199
  Der heilige Georg und die Prinzessin 138
  Leonello d'Este 193
  Verkündigung 137
Pisano, Andrea 348
  Baptisterium, Portale (Florenz) 272
  Madonna del Latte 315
  Taufe Johannes' des Täufers 22
Pisano, Bonanno 314
Pisano, Giovanni 317, 333, 472
  Baptisterium (Pisa) 314
  Fontana Maggiore (Perugia) 342
  Grab von Margarethe von Brabant 228, 230
  Sant'Andrea, Kanzel (Pistoia) 22
  Madonna mit Kind 315
Pisano, Nicola 315
  Anbetung der Könige (Lucca) 312
  Arca di San Domenico 257
  Baptisterium (Pisa) 22, 314
  Dom, Kanzel (Siena) 332
  Fontana Maggiore (Perugia) 50, 342
Piscopia, Elena
  Denkmal 149
Pisis, Filippo de 188
Pistoia 317
  Hotels 560
Pitigliano 336f
Pitti, Luca 238, 294
Pius II., Papst 258

Logge del Papa (Siena) 329
Piccolomini-Bibliothek (Siena) 332
Pienza 244, 323
Pius V., Papst 413
Pius VII., Papst 57
Pius IX., Papst 59
Pizzerias 576
Pizzo 500, 504
Placidia 260
Plato 465
Plinius der Ältere 138, 479
Historia Naturalis 31, 37
Plinius der Jüngere 479
Pluto und Persephone (Bernini) 429
Po-Delta 248, **259**
Poccetti, Bernardino 268
Poeten 30f
Poggi, Giuseppe 296
Poggio a Caiano 245, **318**
Poldi-Pezzoli, Giacomo 186
Policoro 503
Politik 20
Polizei 616, **617**
Pollaiuolo, Antonio 275
Porträt einer jungen Frau 186
Tobias und der Erzengel Raffael 214f
Pollaiuolo, Piero 214f
Krönung Mariens 335
Pollaiuolo, Simone del *siehe* Cronaca
Pollock, Jackson 101
Polo, Maffeo 49
Polo, Marco 37, **48f**, 50
Polo, Nicolò 48f
Polyklet, Bildhauer 412, 505
Pomarancio, Niccolò 424
Pompeji 56, 459, **478f**
Haus der Vettii 44f
Museo Archeologico Nazionale (Neapel) 474ff
Restaurants 604
Pompejus 42, 43, 391
Pont-Saint-Martin
Hotels 553
Ponte dei Pugni (Venedig)
Detailkarte 99
Ponte Santa Trinità (Florenz)
Detailkarte 284
Ponte Vecchio (Florenz) 277
Ponti 27, 179
Pontormo, Jacopo 269, 281
Venus und Amor 267
Verkündigung 296
Ponzio, Flaminio 403, 429
Pordenone 92, **156**
Hotels 546
Restaurants 581
Pordenone (Maler) 154
Portico di Romagna
Hotels 556
Porto Cervo 532
Hotels 575
Restaurants 609
Porto Cesareo
Restaurants 605
Porto Ercole 337
Hotels 560
Restaurants 595
Porto Rotondo

Hotels 575
Restaurants 609
Porto Santo Stefano 337
Restaurants 595
Porto, Luigi da 139
Portoferraio
Fähren 629
Portofino 173, 223, **232**
Hotels 555
Restaurants 589
Portonovo 357, 363
Hotels 564
Portoscuso
Restaurants 609
Portovenere **233**
Hotels 555
Restaurants 589
Porträt einer jungen Frau (Pollaiuolo) 186
Porträt eines jungen Mannes mit rotem Hut (Carpaccio) 113
Porträt der Lucrezia Panciatichi (Bronzino) 25
Porträt des Alfonso I d'Este (Tizian) 253
Poseidonia 464
Positano 20, **481**
Hotels 570
Restaurants 604
Post 621
Potenza
Restaurants 606
Poussin, Nicolas 215, 428
Pozzo, Andrea 55, 392, 395
Prähistorische Stätten
Pantalica 526
Sardinische Nuraghen 533
Val Camonica 194
Praiano 481
Prato 49, **318**
Restaurants 595
Praxiteles 429
Predazzo 167
Preisgünstige Unterkünfte 540, 541
Preti, Mattia 471, 472
Primavera (Botticelli) 280f
Prizzi
Festivals 62
Procida 467, **483**
Festivals 62
Profanbauten 244
Proportionen des menschlichen Körpers, Die (Leonardo da Vinci) 24
Protestantischer Friedhof (Rom) 427
Provinzen 621
Prozession der Macchina di Santa Rosa (Viterbo) 64
Prozession der Trauernden Madonna (Procida) 62
Puccini, Giacomo 33, 388
Casa di Puccini (Lucca) 310, **311**
Museo Villa Puccini (Torre del Lago Puccini) 309
Punische Kriege 42, 43
Punta Colomion 210
Pyramide des Caius Cestius (Rom) 427
Pyrrhos, König 42
Pythagoras 464, 465, 503

Q

Quercia, Jacopo della 256, 274
Fonte Gaia, Reliefs (Siena) **329**, 331
Grabmal der Ilaria del Carretto 312
Grabmal des A. G. Bentivoglio 255
Madonnengemälde 253
San Frediano, Altarbild (Lucca) 311
Taufbecken (Siena) 332
Quirinal (Rom)
Hotels 567
Restaurants 600

R

Radda in Chianti
Hotels 560
Radfahren 624
Fahrradverleih 635
Radrennen 66
Radio 621
Raffael 53, 193, 343, 477
Casa Natale di Raffaello (Urbino) 361
Der Engel befreit den heiligen Petrus 24
Die heilige Cäcilia 257
Die Messe von Bolsena 417
Die Schule von Athen 24, 189, **417**
Die Stumme 361
Donna Velata 294
Drei Grazien 418
Grabmal 394
La Fornarina 401
Madonna della Seggiola 294
Madonna mit dem Zeisig 24, 281
Madonna von Foligno 413
Mariä Vermählung 191
Palazzo Pandolfini (Florenz) 266
Papst Julius II. 53
Santa Maria del Popolo (Rom) 400
Sibyllen 388, 390
Stanzen Raffaels (Vatikan) 406, 410, **417**
Transfiguration 413
Vertreibung des Heliodor 410
Raffaello da Brescia 257
Ragusa 463, 527
Restaurants 608
Raimondo, Fürst 471
Rainulf 48
Rallye von San Remo 67
Ranco
Hotels 551
Randazzo, Filippo 511
Rapallo 232
Hotels 555
Restaurants 589
Rasen Antholz (Rasun Anterselva)
Hotels 548
Rassegna del Chianti Classico (Chianti) 64
Rasun Anterselva *siehe* Rasen Antholz
Ratchis, König 157
Ratschingstal 164
Raub der Sabinerinnen, Der (Giambologna) 283
Raub der Sabinerinnen, Der (Pietro da Cortona) 377

TEXTREGISTER

Rauchen im Restaurant 577
Ravello 469, **481**
  Hotels 570
Ravenna 46f, **258ff**
  Hotels 557
  Karte 260f
  Restaurants 591
Rechtsbeistand 616
Regata Storica (Venedig) 64
Reggio di Calabria **505**
  Hotels 572
  Restaurants 606
Reggio nell'Emilia
  Hotels 557
Reiseinformationen **626ff**
  Abruzzen, Molise und Apulien 486
  Auto 628, **632f**
  Aosta-Tal und Piemont 205
  Basilikata und Kalabrien 501
  Busse 442f, 629, 634, 635
  Emilia-Romagna 249
  Entfernungstabelle 633
  Fähren 628f
  Fahrräder 635
  Flugzeuge 626f
  in der Stadt unterwegs 634f
  Kinder 615
  Latium 447
  Ligurien 225
  Lombardei 183
  Marken 357
  Neapel und Kampanien 469
  Sardinien 531
  Sizilien 509
  Straßenbahnen 634
  Taxis 635
  Toskana 307
  Trentino-Südtirol 163
  U-Bahn 634f
  Umbrien 340
  Veneto und Friaul 135
  Venedig 83, 636f
  Wandern 635
  Zug 628, **630f**
Reisepässe 612
Reiseschecks 616
Reiseveranstalter 615
Reiseversicherung 616
Reiten 624
Reitturnier 66
Relais et Châteaux 541
Religiöse Organisationen 615
Rembrandt 215, 281
Remus *siehe* Romulus und Remus
Renaissance **52f**
  Architektur 27, **370f**
  Kunst 22f
  Wissenschaftler 36
Reni, Guido 257, 315, 359, 363
  Salome 418
Renon *siehe* Ritten
Republik 58
Reservationen
  Hotels 539
  Restaurants 576
Respighi, Ottorino 33, 429
Restaurants **576ff**
  Abruzzen, Molise und Puglien 604f
  Aosta-Tal und Piemont 586ff

Basilikata und Kalabrien 606
Bezahlung 577
Emilia-Romagna 590f
Essenszeiten 576
Florenz 591ff
in Hotels 539
Kinder 577
Kleidung 577
Latium 601f
Ligurien 589
Lombardei 584ff
Marken 597f
Neapel und Kampanien 602ff
Rauchen 577
Reservierung 576
Restaurants und Imbisse 576
Rom 599ff
Rollstuhlfahrer 577
Sardinien 609
Sizilien 607f
Speisen 576f
Toskana 593ff
Trentino-Südtirol 582ff
Trinkgeld 577, 613
Umbrien 595ff
Vegetarier 577
Venedig 578f
Veneto und Friaul 580ff
Wein und Getränke 577
siehe auch Essen und Trinken
Rettungsdienste 616
Rezzonico, Familie 99
Rialto (Venedig) 93
  Detailkarte 93
Rialto-Märkte (Venedig)
  Detailkarte 92
Riario, Kardinal Domenico 418
Riario, Raffaele 390f
Ribera, José 472, 473
Riccardi, Gabriele 497
Ricci, Marco 103
Ricci, Sebastiano 155
Riccio *siehe* Briosco, Andrea
Rienzo, Cola di 51
Riina, Toto 519
Rimini 43, 258
  Hotels 557
  Restaurants 591
Riomaggiore 225, 233
Risorgimento 58f, 203
Ritten (Renon)
  Restaurants 583
Riva del Garda
  Hotels 548
Riva di Solto
  Hotels 551
Rivello 500, 503
Riviera di Levante *siehe* Ligurische Riviera
Riviera Ponente 224, 225
Rizzo, Antonio 110, 112, 154
Robbia, Andrea della 488
  Madonna degli Angeli 516
  Spedale degli Innocenti, Medaillons (Florenz) 267, 269
Robbia, Giovanni della 317
Robbia, Luca della 296
  Santa Croce (Florenz) 244, 271, **276**

Robert der Weise 50, 472
  Grab 473
Roberti, Ercole de' 257
Rocca di Mezzo
  Restaurants 605
Rochus, Heiliger 29, 96
Rodi Garganico 492
Rodriguez, Kardinal 403
Roger II., König von Sizilien 48
  Dom (Cefalù) 462, 519
  Grab 511
  Kastell (Bari) 494
  La Martorana (Palermo) 512
  Palazzo Reale (Palermo) 510
Roger, König von Neapel 481
Rollstuhlfahrer *siehe* Behinderte Reisende
Rom **364ff**
  Abstecher 428ff
  Antikes Rom 373ff
  Aventin und Lateran 421ff
  Bahnhöfe 631
  Beste Reisezeit 612
  Buslinien 442f
  Detailkarten:
    Das Kapitol 374f
    Um das Pantheon 392f
    Um die Piazza della Bocca della Verità 422f
    Um die Piazza di Spagna 398f
    Um die Piazza Navona 388f
  Festivals 62, 63, 64, 65
  Flughäfen 626f
  Forum Romanum 380ff
  Goldenes Zeitalter 44f
  Hotels 539, 565ff
  In der Stadt unterwegs 634f
  Kapitolinische Museen 367, 376
  Karte 15
  Kartenteil 433ff
  Kolosseum 367, 373, **383**
  Nordosten Roms 397ff
  Palatin 384f
  Peterskirche 366, 405, 406, **408ff**
  Piazza della Bocca della Verità 422f
  Piazza Navona 366, **387ff**
  Restaurants 599ff
  San Clemente 425
  San Giovanni in Laterano 367, **426**
  Santa Maria Maggiore 367, **403**
  Sixtinische Kapelle 406, **414ff**
  Stanzen Raffaels 406, 410, **417**
  Trajansforum und -märkte 378
  Vatikan und Trastevere 405ff
  Vatikanische Museen 407, **410ff**
  Villa Giulia 430
Rom und Latium **364ff**
  Architektur 370f
  Essen 368f
  Karte 366f
  Klima 69
  Hotels 568f
  Latium 445ff
  Klöster 453
  Restaurants 601f
  Überblick: Latium 446f
Romanische Architektur 26, **462f**
  Kirchen in Umbrien 350f
Romano, Giulio

Dom, Stuckarbeiten (Mantua) 199
Palazzo del Tè, Fresken (Mantua) 25, 199
Romeo und Julia 139
Römer der Verfallszeit, Die (Couture) 385
Römisch-katholische Kirche
 siehe Katholische Kirche
Römische Überreste
 Aosta 207
 Area Sacra di Largo Argentina (Rom) 393
 Brescia 195
 Caracalla-Thermen (Rom) 427
 Fano 359
 Forum Romanum (Rom) 380 ff
 Lecce 496 f
 Lucca 312
 Lucera 492
 Ostia Antica 451
 Pompeji 478 f
 Rom: Antikes Rom 373 ff
 Santa Maria Capua Vetere 480
 Spello 352
 Sperlonga 455
 Tempel des Forum Boarium (Rom) 422, **423**
 Terracina 455
 Tindari 522
 Tivoli 452
 Venosa 502
 Verona 136, **137**
 Villa Romana del Casale (Piazza Armerina) 521
 Zuglio 156
Römische Verträge (1957) 61
Römisches Reich 39
 Architektur 370 f
 Edikt von Mailand 193
 Goldenes Zeitalter 44 f
 Republik und Kaiserzeit 42 f
 Schlacht am Lago Trasimeno 343
 Schriftsteller 31
 Zerfall 46 f
Romulus und Remus 40, 445
 Haus des Romulus (Rom) 384
 Legende 385
Rossano 504
 Restaurants 606
Rossano Scalo
 Hotels 572
Rossellini, Roberto 61
Rossellino, Antonio 473
Rossellino, Bernardo
 Dom (Pienza) 244
 Grabmal des Leonardo Bruni (Florenz) 276
 Madonna della Misericordia 319
 Palazzo Piccolomini (Siena) 331
 Piazza Pio II (Pienza) 323
Rossini, Gioachino **32**, 33
 Geburtsort 358 f
Rossini-Festival (Pèsaro) 63
Rosso Fiorentino 315
 Santissima Annunziata, Fresken (Florenz) 269
 Kreuzabnahme 322, 324
 Moses verteidigt die Töchter Jitros 25

Rosticceria 576
Rotunde von Palmieri, Die (Fattori) 295
Rovereto
 Restaurants 583
Rovigo
 Restaurants 581
Rubens, Peter Paul 199, 231, 418
 Chiesa Nuova, Gemälde (Rom) 390
Rubicon 43
Rucellai, Giovanni 289
Ruffo, Niccolò 505
Ruggieri, Ferdinando 296
Ruina Dantesca 169
Ruskin, John 90
Ruvo di Puglia 463, **494**
 Hotels 571

S

Sa Sartiglia (Oristano) 62
Sabbioneta 198
 Hotels 551
Sabino, Heiliger 494
Sacra di San Michele 211
Sagra del Tordo (Montalcino) 64
Sagra dell'Uva (Rom) 64
Sagra delle Mandorle in Fiore (Agrigent) 65
Sagra Musicale Lucchese (Lucca) 62
Saint-Vincent
 Restaurants 587
Salerno 48, **482**
 Hotels 570
 Restaurants 604
Salimbeni, Giacomo 361
Salimbeni, Lorenzo 361
Sallust 488
Salò 142
 Hotels 551
 Restaurants 586
Salome (Tizian) 392
Salute (Venedig) *siehe* Santa Maria della Salute
Salvi, Nicola 400
Sammartino, Giuseppe
 Verschleierter Christus 471
San Barnaba (Venedig)
 Detailkarte 99
San Benedetto del Tronto
 Hotels 564
San Carlo alle Quattro Fontane (Rom) 401
San Cassiano (Venedig)
 Detailkarte 92
San Clemente (Rom) 425
San Domenico 319
San Domino 491
San Felice Circeo
 Hotels 568
San Floriano del Collio
 Hotels 546
San Francesco (Arezzo) 320 f
San Francesco a Ripa (Rom) 419
San Francesco di Assisi *siehe* Basilica di San Francesco
San Fruttuoso
 Hotels 555
San Galgano 325
San Giacomo dell'Orio (Venedig) 93

San Giacomo di Rialto (Venedig)
 Detailkarte 93
San Giacomo Maggiore (Bologna) 255
San Gimignano 19, **334 f**
 Detailkarte 334 f
 Hotels 561
 Restaurants 595
San Giorgio in Velabro (Rom)
 Detailkarte 423
San Giorgio Maggiore (Venedig) 77, **116 f**
San Giorgio Monferrato
 Hotels 553
San Giovanni Crisostomo (Venedig) 91
San Giovanni Decollato (Rom)
 Detailkarte 422
San Giovanni Elemosinario (Venedig)
 Detailkarte 92
San Giovanni in Bragora (Venedig) 116
San Giovanni in Laterano (Rom) 367, **426**
San Giovanni Rotondo 492
San Leo 358
 Hotels 565
San Leucio 480
San Lorenzo (Florenz) 286 f
San Luigi dei Francesi (Rom) 390
 Detailkarte 389
San Marco (Rom)
 Detailkarte 374
San Marco (Venedig) 76
 Hotels 543 f
 Restaurants 579
San Marco in Lamis 492
San Marco, Basilica di (Venedig)
 siehe Basilica di San Marco
San Marino 355, **358**
 Hotels 565
San Martino (Lucca) 312
San Martino di Castrozza 167
San Miniato 318
 Festivals 62
 Hotels 561
San Miniato al Monte (Florenz) 296
San Nicola 491
San Nicolò dei Mendicoli (Venedig) 100
San Pantalon (Venedig) 97
San Paolo *siehe* Sankt Paul
San Paolo fuori le Mura (Rom) 432
San Pellegrino in Alpe 308
San Petronio (Bologna) 254
San Pietro in Montorio (Rom) 419
San Pietro in Valle 353
San Pietro in Vincoli (Rom) 402
San Polo (Venedig) **93**
 Detailkarte 92
 Hotels 544
 Restaurants 579
San Remo 172, 225, **226**
 Hotels 555
 Restaurants 589
San Rocco (Venedig) 97
San Sebastiano (Venedig) 100
San Secondo di Pinerolo
 Restaurants 588
San Severo 492

TEXTREGISTER 661

San Teodoro (Rom)
  Detailkarte 423
San Zaccaria (Venedig) 115
San Zanipolo (Venedig) *siehe* Santi Giovanni e Paolo
San Zeno Maggiore (Verona) 140 f
Sanctis, Francesco de 399
Sangallo, Antonio da 449
  Fortezza Medicea (Arezzo) 319
  Palazzo Farnese (Rom) 391
  Pozzo di San Patrizio (Orvieto) 349
Sangallo, Francesco da 273, 275
Sangallo, Giuliano da
  Basilika (Loreto) 363
  Palazzo Strozzi (Florenz) 285
  Poggio a Caiano 245, **318**
  Santa Maria delle Carceri (Prato) 318
  Santo Spirito (Florenz) 293
Sangro di Sansevero, Fürsten von 471
Sangro, Fluß 491
Sankt Paul (San Paolo)
  Hotels 548
Sankt Ulrich (Ortisei) 166
  Hotels 549
Sanmicheli, Michele 139
Sanquirico 479
Sansepolcro 322
  Restaurants 595
Sansovino, Andrea
  Anna selbdritt 390
  Basilika (Loreto) 363
  Santa Maria in Domnica (Rom) 424
Sansovino, Jacopo 109
  Madonna mit dem Christuskind 90
  Madonna del Parto 390
  Palazzo Ducale (Venedig) 110
  Zecca (Venedig) 105
Sant'Agata sui Due Golfi
  Restaurants 604
Sant'Agnese fuori le Mura (Rom) 431
Sant'Agnese in Agone (Rom)
  Detailkarte 389
Sant'Agostino (Rom) 390
Sant'Andrea al Quirinale (Rom) 371, **401**
Sant'Andrea della Valle (Rom)
  Detailkarte 388
Sant'Andrea delle Fratte (Rom)
  Detailkarte 399
Sant'Angelo 483
Sant'Antioco 535
Sant'Apollonia (Florenz)
  Detailkarte 266
Sant'Aponal (Venedig)
  Detailkarte 92
Sant'Ignazio di Loyola (Rom) 395
  Detailkarte 392
Sant'Ivo alla Sapienza (Rom) 371, **390**
  Detailkarte 389
Sant'Omobono (Rom)
  Detailkarte 422
Santa Cecilia in Trastevere (Rom) 419
Santa Costanza (Rom) 431
Santa Croce (Florenz) 276 f
Santa Croce (Venedig)
  Hotels 544
Santa Felicità (Florenz) 296
Santa Maria Capua Vetere 480

Santa Maria dei Carmini (Venedig)
  Detailkarte 98
Santa Maria dei Miracoli (Venedig) 91
Santa Maria del Popolo (Rom) 400
Santa Maria della Concezione (Rom) 401
Santa Maria della Consolazione (Rom)
  Detailkarte 423
Santa Maria della Pace (Rom) 390
  Detailkarte 388
Santa Maria della Salute (Venedig) 87, **101**
Santa Maria della Vittoria (Rom) 402
Santa Maria Formosa (Venedig) 115
Santa Maria Gloriosa dei Frari (Venedig) 94 f
Santa Maria in Aracoeli (Rom) 375
  Detailkarte 375
Santa Maria in Cosmedin (Rom) 424
  Detailkarte 422
Santa Maria in Domnica (Rom) 424
Santa Maria in Trastevere (Rom) 418 f
Santa Maria Maggiore (Rom) 367, **403**
Santa Maria Novella (Florenz) 27, 245, **288 f**
Santa Maria sopra Minerva (Rom) 394
  Detailkarte 392
Santa Prassede (Rom) 402
Santa Sabina (Rom) 427
Santa Trinità (Florenz)
  Detailkarte 284
Santarcangelo di Romagna
  Hotels 557
Santi Apostoli (Florenz)
  Detailkarte 284
Santi Giovanni e Paolo (Venedig) 114 f
Santi Quattro Coronati (Rom) 424
Santissima Annunziata (Florenz) 269
  Detailkarte 266
Santo Spirito (Florenz) 293
  Detailkarte 292
Santo Stefano (Venedig) 113
Santo Stefano Rotondo (Rom) 424
Santuario d'Oropa 218
Sapri
  Hotels 570
Sarazenen 47
Sardinien 529 ff
  Fähren 629
  Geschichte 56
  Hotels 575
  Karte 14
  Klima 68
  Nuraghen 458, **533**
  Restaurants 609
  Überblick 530 f
Sarre 206
Sassari 532
  Festivals 63, 64
  Hotels 575
  Restaurants 609
Sasso Lungo 78
Sasso Marconi
  Hotels 557
Saturnia
  Restaurants 595

Sauris, Lago di 156
Sauze d'Oulx 210
  Hotels 553
Savoca 522
Savonarola, Girolamo 282
  Convento di San Marco (Florenz) 268
  Hinrichtung 52, 53
Savoyen, Herzöge von 56, 211
Savoyen-Carignano, Familie 211, 215
Sawaya & Moroni 34
Sawaya, William 34
Scaliger, Cangrande I 136, 137
  Grab 138
Scaliger, Cangrande II 137
Scaliger, Cansignorio 138
Scaliger, Familie 136
  Grabmal 138
Scaliger, Mastino II 138
Scamozzi, Vincenzo 146, 198
Scanno 485, **489**
  Hotels 571
Scanno, Lago di 489
Scarlatti, Alessandro 33
Scarpagnino 96
Schecks
  Euroschecks 616, 618
Schiefer Turm von Pisa 238, 314, **316**
Schiffe
  Anreise 628 f
  Fähren 629
  Unterwegs in Venedig 636 f
  Venezianische Galeere 48
  Venezianische Gondeln **84**, 104
  Venedig, *vaporetto*-Linien 130 f
  Wassersport 625
Schlacht am Regillus-See (499 v. Chr.) 41
Schlösser und Burgen
  Bari 494
  Burg Churburg (Castel Coira) 164
  Castel Beseno 169
  Castel del Monte 493
  Castel dell'Ovo (Neapel) 477
  Castel Nuovo (Neapel) 476
  Castello del Buonconsiglio 168
  Castello del Miramare 159
  Castello dell'Imperatore (Prato) 318
  Castello di Aymavilles 208
  Castello di Casotto 221
  Castello di Fénis 178, 206, 207
  Castello di Graines 206
  Castello di Issogne 206, 207
  Castello di Lerici 233
  Castello di Lombardia (Enna) 521
  Castello di San Giusto (Trieste) 159
  Castello di Serravalle (Bosa) 533
  Castello di Velturno 165
  Castello Estense 253
  Castello Maniace (Siracusa) 526
  Castello Orsini-Odescalchi (Bracciano) 450
  Castello Sforzesco (Mailand) 186
  Castelvecchio (Verona) 137
  Châtelard 203, 208
  Dolceacqua 226
  Fortezza Medicea (Arezzo) 319
  Fortezza Medicea (Siena) 333

Kastell von Euryalus (Epipolae) 527
Lagopesole 502
Landesfürstliche Burg (Castello Principesco) 164
Lecce 497
Melfi 502
Mittelalterliche Schlösser im Aosta-Tal 206
Montmayer 206
Otranto 497
Rapallo 232
Rocca Albornoz (Spoleto) 351
Rocca Maggiore (Assisi) 345
San Leo 358
Sarre 206
Schloß Rodeneck (Castello Rodengo) 165
Schloß Tirol 164
Trani 493
Ussel 206
Verrès 206
Schlüsselübergabe an Petrus (Perugino) 52
Schmuck 623
Schöpfung, Die (Bartolo di Fredi) 334
Schriftsteller 30 f
Schuhgrößen, Umrechnungstabelle 623
Schule von Athen, Die (Raffael) 417
Schwarzer Tod 51
Schwimmen 66, 67, 625
Sciacca
　Hotels 574
　Restaurants 608
Scilla
　Restaurants 606
Scoppio del Carro (Florenz) 62
Scrovegni, Enrico 148 f
Scuola di San Giorgio degli Schiavoni (Venedig) 116
Scuola Grande dei Carmini (Venedig)
　Detailkarte 98
Scuola Grande di San Rocco (Venedig) 96 f
Sebastiano del Piombo 91, 418, 477
Segeln 625
Segesta 508, **518**
Selinunt **518**
　Restaurants 608
Sella Chianzutan 156
Seneca 31, 474
Senigallia
　Restaurants 598
Sentino, Fluß 362
Septimius Severus, Kaiser 45
　Bogen des Septimius Severus (Rom) 380, 382
　Caracalla-Thermen (Rom) 427
　Domus Augustana (Rom) 384
　Palast des Septimius Severus (Rom) 385
Seravezza 308
Sergius, Heiliger 137
Sermoneta 454
Serpotta, Giacomo
　Oratorio del Rosario di San Domenico, Stuckrelief (Palermo) 512
　Oratorio di Santa Zita, Stuckrelief (Palermo) 54, 462, 513
　Santo Spirito, Stuckrelief (Agrigent) 519
Sestri Levante
　Hotels 555
Sestriere 210
　Hotels 553
Settimane Musicali di Stresa 63
Seufzerbrücke (Venedig)
　Detailkarte 105
Seyter 216
Sforza, Battista 279
Sforza, Familie 181
Sforza, Francesco 186, 198
Sforza, Galeazzo Maria 52, 188
Shakespeare, William 33
　Romeo und Julia **139**, 146, 199
Shakespeare-Festival (Verona) 63
Shelley, Percy Bysshe 56, 233, 427
　Keats-Shelley-Haus (Rom) 398
Sicherheit 616 f
Sicignano degli Alburni
　Restaurants 604
Siena 239, **328 ff**
　Detailkarte 328 f
　Dom 332 f
　Festivals 63
　Hotels 561
　Palio 331
　Restaurants 595
Sieneser Schule 323, 331
Sigismund, Erzherzog 164
Signorelli, Luca 363
　Das Jüngste Gericht 349
　Geißelung Christi 90
　Höllenfahrt der Verdammten 24
　Kreuzabnahme 322
　Kreuzigung 322
　Madonna mit Kind und Heiligen 324
　Sixtinische Kapelle (Rom) 416
Silvester, Papst 46
Silvestro dell'Aquila 488
Simius-Bucht 529
Simone dei Crocifissi 257
Simone Martini
　Guidoriccio da Fogliano 50, 330
　Madonna mit Heiligen 315
　Maestà 330
　Szenen aus dem Leben des heiligen Martin 345
　Verkündigung 278, 280
　Vision des heiligen Martin 22
　Wundertaten des Agostino Novello 331
Sinalunga
　Hotels 561
Sirmione 142
Sirmione sul Garda
　Hotels 551
Sirmione-Halbinsel 142
Sirolo 363
　Hotels 565
　Restaurants 598
Sita (Busunternehmen) 635
Sixtinische Kapelle (Rom) 24, 406, **414 ff**
　Decke 414 f
　Wände 416

Sixtus I., Papst 390
Sixtus IV., Papst 39
　Kapitolinische Museen (Rom) 376
　Santa Maria del Pace (Rom) 390
　Santa Maria del Popolo (Rom) 400
　Sixtinische Kapelle (Vatikan) 53
　Vatikanische Museen (Rom) 410
Sixtus V., Papst 403
Sizilianische Vesper 50
Sizilien 507 ff
　Architektur 462
　Erdbeben 55
　Fähren 629
　Geschichte 56
　Hotels 573 ff
　Inseln 517
　Karte 14
　Klima 69
　Mafia 519
　Regionale Spezialitäten 523
　Restaurants 607 f
　Risorgimento 59
　Überblick 508 f
Skifahren 67, 624
　Cortina d'Ampezzo 155
Snacks 576
Società Dante Alighieri 625
Sodoma 24, 331
Solari, Cristoforo
　Grabmal von Ludovico il Moro und Beatrice d'Este 196
Solferino, Schlacht von (1859) 59
Solimena 473
Sommer in Italien 63
Sonnenscheindauer pro Tag 68 f
Sophokles 146
Soriso
　Restaurants 588
Sorrent 481
　Hotels 570
　Restaurants 604
Sorri, Pietro 330
Sottsass, Ettore 34, 35
Sovana 336
　Restaurants 595
Spada, Kardinal Bernardino 391
Spanische Treppe (Rom) 397, **399**
　Detailkarte 398
Spartakus 43, 480
Spedale degli Innocenti (Florenz) 53, **269**
　Detailkarte 267
Speisen 576 f
Spello 352
　Hotels 563
Sperlonga 447, **455**
　Restaurants 602
Spinello Aretino 296
　Bau von Alessandria 51
Spitzen (Murano) 117
Spoleto 350 f
　Festivals 63
　Hotels 563
　Restaurants 597
Sportveranstaltungen 66 f
Sprachkurse 624
Stabiae 479
Stanzen Raffaels (Vatikan) 406, 410, **417**

Stefaneschi-Triptychon (Giotto) 413
Stelvio, Parco Nazionale dello 194
Sterzing (Vipiteno) 164
  Hotels 549
  Restaurants 584
Stilleben (Morandi) 188
Stilo 499, **504f**
  Hotels 572
Strada delle Dolomiti 78
Stradivari, Antonio 32, **198**
Straßen 632
  Römerstraßen 43
Straßenbahnen 634
Stresa 185
  Festivals 63
Stromadapter 613
Stromboli 517
Strozzi, Bernardo 103, 230
Strozzi, Filippo 285
Studenten, Hinweise für 614f
Stumme, Die (Raffael) 361
Stupinigi 217
Su e zo per i ponti (Venedig) 62
Su Nuraxi 458, 530
Subiaco 453
  Hotels 568
Süditalien
  Antike Griechen 464f
  Architektur 462f
  Karte 458f
  Regionale Spezialitäten 460f
Sueton 31
Sulla 431, 452
Sulmona 488f
  Festivals 62
  Hotels 572
  Restaurants 605
Sündenfall, Der (Niccolò di Tommaso) 317
Susa 210
  Hotels 553
Sustermans, Justus 295
Sutri 450
Swanson, Gloria 217
Swissair 627
Sybariten 465
Symbole
  Frühchristliche Symbole 158f
  in der italienischen Kunst 28f
Syrakus 508, **526f**
  Dom 27, 463
  Festivals 62
  Hotels 574
  Restaurants 608
Szenen aus dem Leben Petri (Masaccio) 290f
Szenen aus dem Leben des heiligen Martin (Simone Martini) 345
Szenen aus dem Marienleben (Cavallini) 366

T

Tacca, Pietro 269
Tacitus 31, 479
Taddeo di Bartolo 324
  Himmelfahrt 323
  Madonna mit Kind 335
  Marienleben 330
  Weltgericht 335

Taglioni, Marie 90
Tal der Tempel 519, **520**
Tamagni, Vincenzo 324
Tancredi 188
Tanz der Teufel und des Todes (Prizzi) 62
Tanzio da Varallo 218, 219
Taormina 522
  Festivals 63
  Hotels 574
  Restaurants 608
Tarantella 495
  Hotels 572
  Restaurants 605
Taras 465
Tarent 495
  Hotels 572
  Restaurants 605
Tarpejischer Felsen (Rom)
  Detailkarte 375
Tarquinia 40, 41, 42, **450**
Tarquinia Lido
  Hotels 569
Tarquinius Superbus, König von Rom 41
Tasso, Torquato 253
Tassoni, Alessandro 252
Taufe Johannes' des Täufers (Andrea Pisano) 22
Tavarone 230
Taxis 635
  Trinkgeld 613
Teatro Olimpico (Vicenza) 146f
Telefon 617, **620f**
  Telefonauskunft 621
Tempel des Forum Boarium (Rom) 423
  Detailkarte 422
Tempelritter 493
Tempesta, Antonio 424
Tempietto (Rom) 27, **419**
Tennis 625
Termini (Rom)
  Hotels 567
  Restaurants 600
Terni
  Restaurants 597
Terracina 455
  Restaurants 602
Tesero 167
Testa Grigia 206
Tetrarchen 107
Tevere Expo (Rom) 63
Thapsos 526
Theater
  Reservierung 613
Theodelinde 46, 193
Theoderich, König der Ostgoten 46
Theodora 402
Théudon 393
Thronende Muttergottes mit Kind und Heiligen (Fra Angelico) 28
Thronender Christus mit Muttergottes und Heiligen (Orcagna) 23
Thukydides 527
Tibaldi, Pellegrino 407
Tiberinsel (Rom) 391
  Restaurants 577
Tiberio d'Assisi 351

Tiberius, Kaiser 44, 455
  Villa Jovis (Capri) 483
Ticino, Fluß 195
Tiepolo, Giambattista 193, 281
  Hochzeit des Ludovico Rezzonico mit Faustina Savorgnan 99
  Neue Welt 99
  Palazzo Arcivescovile (Udine) 156
  Palazzo Labia (Venedig) 84
  Scuola Grande dei Carmini, Deckengemälde (Venedig) 98
  Villa Pisani (Strà) 154
  Villa Valmarana ai Nani, Fresken 147
Tiepolo, Giandomenico 99, 147
  Via Crucis del Tiepolo 93
Tiers (Tires)
  Hotels 549
Tindari 522
Tino da Camaino 314, 473
Tintoretto, Domenico 117
  Paradies 112
Tintoretto, Jacopo 109, 252, 294
  Auffindung des Leichnams des heiligen Markus 25
  Der heilige Markus befreit einen Sklaven 103
  Die Heimsuchung Christi 97
  Die Hochzeit zu Kanaa 101
  Flucht nach Ägypten 96
  Grab 90
  Kreuzigung 92, 96
  Paradies 110, 112
  San Giorgio Maggiore, Bilder (Venedig) 117
  San Rocco, Gemälde (Venedig) 96f
  Scuola Grande di San Rocco (Venedig) 96f
  Taufe Christi 139
Tires *siehe* Tiers
Tirol, Grafen von 164
Tirrenia 629
Titus 381
Tivoli 452
  Restaurants 602
Tizian 153
  Assunta 94
  Bildnis eines Edelmannes 294
  Christus trägt das Kreuz 97
  David und Goliath 25
  Geburt 53
  Lavinia Vecellio 477
  Madonna di Ca' Pesaro 24, 94
  Mariä Himmelfahrt 139
  Portrait des Alfonso I d'Este 253
  Porträt von Papst Paul III. Farnese mit seinen Neffen 25
  Salome 392
  Santa Maria della Salute, Bilder (Venedig) 101
  Venus von Urbino 25, 279, 281
  Verkündigung 154
Tod des heiligen Franziskus (Giotto) 277
Todi 339, **349**
  Architektur 244
  Hotels 563
  Restaurants 597
Tolfa-Hügel 446

Tolmezzo 156
　Restaurants 581
Tomba, Alberto 67
Tonadico
　Restaurants 584
Torcello 118 f
　Hotels 544
　Restaurants 579
Torgiano
　Hotels 563
Torquemada, Kardinal Juan de 394
Torre del Lago Puccini 309
Torre del Merlo, Giovanni 227
Torre dell'Orologio (Rom)
　Detailkarte 388
Torre dell'Orologio (Venedig) 113
Torre Ercolana, Wein 369
Torri del Benaco
　Hotels 546
Torri del Vaiolet 79
Torritis, Jacopo 403
Toscanini, Arturo 185
Toskana 305 ff
　Hotels 559 ff
　Klima 68
　Restaurants 593 ff
　Überblick 306 f
tote Christus, Der (Mantegna) 191
Touren 614
Touring Club Italiano 541
Tra-In (Busunternehmen) 635
Traghetti (Gondelfähren) 636
Traini, Francesco
　Szenen aus dem Leben des heiligen Dominikus 315
　Triumph des Todes 23
Trajan, Kaiser 44, 45
　Anaglypha Traiani (Rom) 382
　Caesarforum (Rom) 379
　Trajansbogen (Benevent) 480
　Trajanssäule (Rom) 44, **378**, 395
Trajansforum und -märkte (Rom) 378
Trani 493
　Restaurants 605
Trapani 516
　Hotels 575
　Restaurants 608
Trasimenischer See *siehe* Lago Trasimeno
Trastevere (Rom) *siehe* Vatikan und Trastevere
Trattorien 576
Trauben
　Mittelitalien 243
　Nordwestitalien 177
Traum des Konstantin, Der (Piero della Francesca) 23
Traum Papst Innozenz' III (Giotto) 49
Tre Cime di Lavaredo 79
Tremezzo
　Hotels 551
Trentino-Südtirol 72, **161 ff**
　Hotels 547 ff
　Klima 68
　Restaurants 582 ff
　Überblick 162 f
Trevi 351
　Restaurants 597
Trevignano

Restaurants 602
Treviso 154
　Flughafen 626 f
　Hotels 546
　Restaurants 581
Trient 168 f
　Hotels 549
　Restaurants 584
　Konzil von Trient (1545–63) 54, 168, 256
Triest 159
　Hotels 546
Trinità dei Monti (Rom)
　Detailkarte 398
Trinkgeld 613
　in Restaurants 577
Trinkwasser 369, 577
Triumph der Religion über die Häresie (Legros) 393
Triumph des Mordechai (Veronese) 25
Triumph des Todes (Traini) 23
Troia 463, **492 f**
Troina 521
Tropea 504
　Hotels 572
　Restaurants 606
Trubetskoi, Prinz 90
Trüffeln 176, 241
trulli-Häuser 485, 486, 495
Tschaikovsky, Peter Iljitsch 226
Tura, Cosmè 253
Turin 172, 205, **212 ff**
　Architektur 27, 178, 179
　Festivals 63
　Hotels 554
　Karte 212
　Restaurants 588
　Wahrzeichen der Stadt 216
Turiner Grabtuch 213
Tuscania 448
　Restaurants 602
Twain, Mark 281
Tyche 526, 527
Tyndaris 464, 522
Tyrrhenische Küste 501

U

U-Bahn 634 f
Uccello, Paolo
　Santa Maria Novella, Fresken (Florenz) 288
　Schlacht von San Romano 23, 280
　Sir John Hawkwood 272
Udine 73, **156 f**
　Hotels 546
　Restaurants 581
Uffizien (Florenz) 238, **278 ff**
　Frührenaissance 280 f
　Gotik 280
　Grundriß 278 f
　Hochrenaissance und Manierismus 281
　Infobox 279
　Spätere Gemälde 281
Umberto I., König 60
Umbrien 339 ff
　Hotels 561 ff
　Klima 69
　Restaurants 595 f

Romanische Kirchen 350 f
　Überblick 340 f
Umgangsformen 20, 613
Unfälle mit dem Auto 633
Ungarelli, Pater 411
Urban III., Papst 325
Urban IV., Papst 49
　Grab 342
Urban VIII., Papst 408
　Berninis *David* 429
　Emblem 390
　Palazzo Barberini (Rom) 401
　Urbania 359
　Wappen 405
Urbania 359
　Restaurants 598
Urbino 55, 239, **360 f**
　Hotels 565
　Palazzo Ducale 360 f
　Restaurants 598
Urbino, Herzog von
　Grab 287
Ussel 206
Ustica 517
Utens, Giusto
　Palazzo Pitti 293
Utrecht, Frieden von (1713) 56

V

Vaccarini 523
Vaccaro 473
Vaga, Pierin del 407
Val Camonica 194
Val di Rhêmes-Notre-Dame 208
Val Genova 168
Val Sugana 169
Valentino 35, 189
Valerian, Kaiser 107
Valeriano 473
Valli di Comacchio 259
Valnerina 353
Valnontey 209
Valsolda
　Hotels 551
Vanni, Andrea 331
Vanni, Francesco 330
Vanvitelli, Luigi 462, 480
Vaporetti (Wasserbusse) 636 f
Varallo 218
Varallo Sesia
　Hotels 554
　Restaurants 588
Varano 492
Varenna 184
　Hotels 551
Vasari, Giorgio
　Casa di Vasari (Arezzo) 319
　Corridoio Vasariano (Florenz) 277
　Das Jüngstes Gericht 273
　Grabmal des Michelangelo 276
　Monteoliveto, Fresken (Neapel) 473
　Palazzo Vecchio (Florenz) 283
　Salone dei Cinquecento, Fresken (Florenz) 282
　Santa Felicità (Florenz) 296
　Scuola Normale Superiore (Pisa) 315
　Uffizien (Florenz) 278

Villa Giulia (Rom) 430
Vassalletto, Familie 426
Vatikan (Rom) 406 ff
　Hotels 567
　Museen 410 ff
　Restaurants 601
　Sixtinische Kapelle 406, **414 ff**
Vatikan und Trastevere (Rom) 405 ff
　Hotels 567
　Restaurants 600 f
Vatikanische Museen (Rom) 407, **410 ff**
　Ägyptische und assyrische Kunst 412
　Frühchristliche und mittelalterliche Kunst 413
　Griechische, etruskische und römische Kunst 412
　Grundriß 410 f
　Infobox 411
　Kunst des 15. bis 19. Jahrhunderts 413
Vegetarische Gerichte 577
Veii 41
Velázquez, Diego Rodríguez de Silva y 193, 252
　Papst Innozenz X. 394
Vendramin, Andrea
　Grab 115
Venedig 80 ff
　Accademia 102 f
　Architektur 76 f
　Aufstieg 48 f
　Bahnhof 631
　Basilica di San Marco 26, 76, 105, **106 ff**
　Beste Reisezeit 612
　Canal Grande 10, **84 ff**
　Detailkarten:
　　Dorsoduro 98 f
　　Piazza San Marco 104 f
　　San Polo 92 f
　　Torcello 118 f
　Festivals 62, 63, 64, 65
　Flughäfen 626 f
　Gondeln **84**, 104
　Hotels 538, 542 ff
　Karneval 56, 65
　Karten 13, 73
　Kartenteil 120 ff
　Palazzo Ducale 105, **110 ff**
　Piazza San Marco 104 f
　Restaurants 578 f
　San Marco *siehe* Basilica di San Marco
　Santa Maria dei Miracoli 91
　Santa Maria Gloriosa dei Frari 94 f
　Santi Giovanni e Paolo 114 f
　Scuola Grande di San Rocco 96 f
　Überblick 82 f
　Unterwegs in Venedig 634, 636 f
　Vaporetto-Routen 130 f
Veneto und Friaul 133 ff
　Architektur 76 f
　Hotels 544 ff
　Klima 69
　Regionale Spezialitäten 74 f
　Restaurants 580 ff

Überblick 134 f
Wein 75
Veneziano, Paolo 142
　Marienkrönung 102, 103
Venier, Doge Sebastiano
　Statue 114
Venosa 502
　Hotels 572
　Restaurants 606
Venus (Canova) 57
Venus von Urbino (Tizian) 279, 281
Verbania Pallanza
　Restaurants 588
Verbrechen 616, 633
Vercelli 172, 204, **220**
　Restaurants 588
　Schule von Vercelli 219
Verdi, Giuseppe 33, 59, 199
Verga, Giovanni
　Vergas Haus (Catania) 523
Vergil 30, 31, 417, 445
　Geburtsort 199
　Statue 199
Verkehrsschilder 632
Verkündigung (Antonello da Messina) 513
Verkündigung (Fra Angelico) 266
Verkündigung (Ghirlandaio) 334
Verkündigung (Leonardo da Vinci) 281
Verkündigung (Pinturicchio) 352
Verkündigung (Pontormo) 296
Verkündigung (Simone Martini) 278, 280
Vernaccia di San Gimignano, Wein 242
Vernazza 233
　Restaurants 589
Verona 72, 133, **136 ff**, 634
　Festivals 63, 65
　Hotels 546
　In der Stadt unterwegs 634
　Infobox 137
　Karte 136
　Restaurants 582
　Romeo und Julia 139
　San Zeno Maggiore 140 f
Veronese, Paolo 109, 146
　Das Gastmahl Gregors des Großen 147
　Das Gastmahl im Hause des Levi 103
　Dialectica 112
　Die Heilige Theresa 413
　Grab 100
　Kreuzabnahme 137
　Martyrium des heiligen Georg 139
　Raub der Europa 112
　San Giacomo dell'Orio, Bilder (Venedig) 93
　San Sebastiano, Bilder (Venedig) 100
　Triumph des Mordechai 25
　Villa Barbaro (Masèr) 143
Verrès 206
Verrocchio, Andrea del 275, 318
　David 23
　Putto-Brunnen 283
　Reiterdenkmal des Bartolomeo Colleoni 24

Verschleierter Christ (Sammartino) 471
Verspottung Christi (Fra Angelico) 268
Vertreibung des Heliodor (Raffael) 410
Verzückung der heiligen Theresa, Die (Bernini) 55, 402
Verzückung der seligen Ludovica Albertoni, Die (Bernini) 419
Vespasian, Kaiser 412
　Kolosseum (Rom) 367, **383**
　Titusbogen (Rom) 381
Vespucci, Amerigo 36, 289
Vespucci, Familie 289
Vestalinnen 381
Vesuv 44, 470, **479**
Vezzano 169
Via Aemilia 43
Via Appia 43
Via Appia Antica (Rom) 431
Via Lattea 210
Via Veneto (Rom)
　Hotels 567
　Restaurants 601
Viareggio 309
　Festivals 65
　Hotels 561
　Restaurants 595
Vicenza 72, **144 ff**
　Detailkarte 144 f
　Hotels 547
　Restaurants 582
　Teatro Olimpico 146 f
Vico, Lago di 449
Vieste 486, 492
　Restaurants 605
Vignola, Giacomo Barozzi da
　Il Gesù (Rom) 27
　Palazzo Farnese (Caprarola) 449
　Peterskirche (Rom) 409
　Villa Giulia (Rom) 430
　Villa Lante (Viterbo) 445, 448, 449
Viligiardi, Arturo 322
Villarfocchiardo
　Restaurants 588
Villen
　La Rotonda (Vicenza) 147
　Poggio a Caiano 245, **318**
　Stupinigi 217
　Villa Adriana (Tivoli) 452
　Villa Barbarigo (Valsanzibio) 153
　Villa Barbaro (Masèr) 76 f, 143
　Villa Borghese (Rom) **428 f**
　　Hotels 568
　　Restaurants 601
　Villa Carlotta (Como) 184, **185**
　Villa Cattolica (Bagheria) 516
　Villa d'Este (Tivoli) 452
　Villa di Artimino (Artimino) 318
　Villa Doria (Pegli) 231
　Villa Durazzo-Pallavicini (Pegli) 231
　Villa Emo (Fanzolo) 143
　Villa Farnesina (Rom) 418
　Villa Floridiana (Neapel) 477
　Villa Foscari (Malcontenta) 154
　Villa Giulia (Rom) 430
　Villa Gregoriana (Tivoli) 452
　Villa Hanbury 226
　Villa Jovis (Capri) 483
　Villa Lante (Viterbo) 445, 448, **449**

Villa Luxoro (Nervi) 231
Villa Manin (Codroipo) 157
Villa Medici (Rom) 399
Villa Opicina (Triest) 159
Villa Palagonia (Bagheria) 462, 516
Villa Pisani (Strà) 154
Villa Romana del Casale (Piazza Armerina) 521
Villa Rotonda *siehe* La Rotonda
Villa Taranto (Verbania) 185
Villa Trabia (Bagheria) 516
Villa Valguarnera (Bagheria) 516
Villa Valmarana ai Nani (Vicenza) 147
Villa Widmann-Foscari (Mira) 154
siehe auch Paläste
Villetta Barrea
  Restaurants 605
Vincenzo di Michele 313
Vinci 317
Vineria 576
Vino da Tavola 242
Vino Nobile di Montepulciano, Wein 242, 243
Vinzenz Ferrer, Heiliger 114
Violinen
  Museo Stradivariano (Cremona) 198
Vipiteno *siehe* Sterzing
Visa 612
Visconti, Bianca 198
Visconti, Familie 181, 188
  Castello Sforzesco (Milan) 186
  Verona 136
Visconti, Gian Galeazzo 51, 187, 188
  Grab 196
Visconti, Luchino 19, 61
Vitale da Bologna 257
Viterbo 448 f
  Festivals 64
  Hotels 569
  Restaurants 602
Vitruv
  Statue 138
Vittoria, Alessandro 112
Vittorio Amedeo II, Herzog 217
Vittorio Emanuele II, König 330
  Palazzo Carignano (Turin) 215
  Risorgimento 58, 59
  Sarre 206

Denkmal für Vittorio Emanuele (Rom) 374
Vivaldi, Antonio **32**, 33, 56
Vivarini, Alvise 90
Vivarini, Antonio 115
Vivarini, Bartolomeo 115, 116
Vizzini 521
Vogel im Raum (Brancusi) 101
Voiello 34
Volta, Alessandro 36
Volterra 51, **324 f**
  Hotels 561
Vorwahlnummern 621
Vulcano 517

W

Wagner, Richard 398, 481
  Palazzo Giustinian (Venedig) 99
  Palazzo Vendramin Calergi (Venedig) 85
Währung 619
Walliser Alpen 541
Walther von der Vogelweide
  Statue 166
Wandern 624, 635, 641
Wasserball 66
Wasserbusse *(vaporetti)* 636 f
Wasserfälle
  Cascata di Balma 209
  Cascate delle Marmore 353
  Cascate di Nardis 168
  Goletta-Wasserfall 208
Wassersport 625
Wassertaxis (Venedig) 637
Weibliche Reisende 616 f
Weihnachten 65
Wein 577
  Etikett 177, 243
  Mittelitalien 242 f
  Nordostitalien 75
  Nordwestitalien 176 f
  Rom und Latium 369
  Süditalien 461
  Zollfreie Mengen 613
Wetter **68 f**, 612
Wien, Frieden von (1735) 56
Wiener Kongreß (1815) 57
Wilhelm I. 470, 502
  Grab 514

Wilhelm II. 462
  Grab 514
Wiligelmus 252, 253
Winter in Italien 65
Wissenschaftler 36 f
Wohndesign 623
World Wide Fund for Nature 625
Wundertaten des Agostino Novello (Simone Martini) 331

Y

Yeats, William Butler 233

Z

Zanotta 34
Zanussi 17
Zecca (Venedig)
  Detailkarte 105
Zeit 613
Zeitungen 621
Zelotti 143, 153, 154
Zen, Kardinal
  Capella Zen 109
Zeno, Heiliger
  Grab 140
Zevico, Stefano de 137
Zevio, Altichiero da 152, 153
Zigarretten
  in Restaurants 577
  Zollfreie Waren 613
Zimbalo, Guiseppe *siehe* Lo Zingarello
Zinsgroschen, Der (Masaccio) 23
Zisterzienserorden 453
  San Galgano 325
  siehe auch Klöster im Latium
Zollfreie Waren 613
Zollinformationen 613
Zoo
  Villa Borghese (Rom) 428
Zuccarelli, Francesco 103
  Museo Zuccarelli (Pitigliano) 337
Zuccari, Gebrüder 273, 449
Zug **630 f**
  Anreise 628
Zug der Heiligen Drei Könige (Gozzoli) 53
Zuglio 156
Zweiter Weltkrieg 60

Danksagung/Bildnachweis

DER VERLAG bedankt sich bei allen, die bei der Herstellung dieses Buches tatkräftig mitgewirkt haben.

DIE AUTOREN
Paul Duncan ist ein Experte für Kunst und Kunstgeschichte und veröffentlichte bereits Führer über Sizilien und über die italienischen Gebirgsstädte.
Tim Jepson, der frühere Romkorrespondent des *Sunday Telegraph*, schrieb Reiseführer über die Toskana, Umbrien, Rom und Venedig, den Italienführer *Italy by Train* und *Wild Italy*, einen Führer über die italienischen Naturreservate.
Andrew Gumbel, der ehemalige Reuters-Korrespondent in Rom, schrieb zahlreiche Reiseführer und arbeitet als Korrespondent für den *Independent* in Rom.
Christopher Catling schrieb bereits Reiseführer über Florenz und die Toskana, das Veneto sowie die italienischen Seen und ist besonders interessiert an Archäologie.
Sam Cole arbeitet für Reuters in Rom und wirkt als Koautor regelmäßig an Führern über Rom und Latium mit.

WEITERE AUTOREN
Dominic Robertson, Mick Hamer, Richard Langham Smith.

ERGÄNZENDE FOTOGRAFIE
Peter Chadwick, Andy Crawford, Philip Dowell, Mike Dunning, Philip Enticknap, Steve Gorton, Dave King, Neil Mersh, Roger Moss, Poppy, Kim Sayer, James Stevenson, Clive Streeter, David Ward, Matthew Ward.

ERGÄNZENDE ILLUSTRATIONEN
Andrea Corbella, Richard Draper, Kevin Jones Associates, Chris Orr and Associates, Robbie Polley, Martin Woodward.

KARTOGRAFIE
Jane Hugill, Samantha James, Jennifer Skelley.

GRAFIK- UND REDAKTIONSASSISTENZEN
Ros Belford, Hilary Bird, Isabel Boucher, Caroline Brooke, Margaret Chang, Elspeth Collier, Cooling Brown Partnership, Gary Cross, Mandy Dredge, Michael Ellis, Danny Farnham, Angela-Marie Graham, Caroline Greene, Vanessa Hamilton, Tim Hollis, Tim Jepson, Steve Knowlden, Sarah Martin, Ferdie McDonald, Adam Moore, Jennifer Mussett, Alice Peebles, Jake Reimann, David Roberts, Evelyn Robertson, Carolyn Ryden, Simon Ryder, Giuseppina Russo, Alison Stace, Elaine Verweymeren, Ingrid Vienings.
DER VERLAG bedankt sich für die Mithilfe beim Zustandekommen dieses Buches bei: Azienda Autonoma di Soggiorno Cura e Turismo, Neapel; Azienda Promozione Turistica del Trentino, Trient; Osservatorio Geofisico dell'Università di Modena; Bell'Italia; Enotria Winecellars.

GENEHMIGUNG FÜR FOTOGRAFIEN
DER VERLAG bedankt sich bei den folgenden Institutionen für die freundlich gewährte Fotografieerlaubnis:
Assessorato Beni Culturali Comune di Padova; Le Soprintendenze Archeologiche di Agrigento, di Enna, di Etruria Meridionale, per il Lazio, di Napoli, di Pompei, di Reggio Calabria e di Roma; Le Soprintendenze per i Beni Ambientali e Architettonici di Bolzano, di Napoli, di Potenza, della Provincia di Firenze e Pistoia, di Ravenna, di Roma, di Siena e di Urbino; Le Soprintendenze per i Beni Ambientali, Architettonici, Artistici e Storici di Caserta, di Cosenza, di Palermo, di Pisa, di Salerno e di Venezia; Le Soprintendenze per i Beni Artistici e Storici della Provincia di Firenze e Pistoia, di Milano e di Roma; den zahlreichen Kirchen, Museen, Hotels, Restaurants, Geschäften, Galerien und Sehenswürdigkeiten, die wir aus Platzmangel leider nicht einzeln nennen können.

BILDNACHWEIS
o = oben; ol = oben links; om = oben Mitte; or = oben rechts; mlo = Mitte links oben; mo = Mitte oben; mro = Mitte rechts oben; ml = Mitte links; m = Mitte; mr = Mitte rechts; mlu = Mitte links unten; mu = Mitte unten; mru = Mitte rechts unten; ul = unten links; u = unten; um = unten Mitte; ur = unten rechts.

Wir haben uns bemüht, alle Urheber ausfindig zu machen und zu nennen. Sollte dies in einigen Fällen nicht gelungen sein, bitten wir dies zu entschuldigen. In der nächsten Auflage werden wir versäumte Nennungen nachholen.

Folgende Kunstwerke wurden mit freundlicher Genehmigung der Copyrightinhaber reproduziert: © ADAGP, Paris, und DACS, London, 1996: *Bird in Space* von Constantin Brancusi 101ml; © DACS, 1996: *Mutter und Sohn* von Carlo Carrà 19o.

DER VERLAG bedankt sich für die Mithilfe bei: Eric Crighton: 79mro, Fiat: 212m, Gucci Ltd: 35mr, Prada, Mailand: 35m, Museo Nazionale Archeologico, Neapel: 479u, National Maritime Museum, London: 36m, Royal Botanic Gardens, Kew: 79mo, Science Museum, London: 36mlo, Telecom Italia: 620om.

Der Verlag bedankt sich bei den folgenden Personen, Vereinigungen und Bildarchiven für die freundliche Genehmigung zur Reproduktion ihrer Fotografien:

ACCADEMIA ITALIANA: Sue Bond 479m; AFE, Rom: 34mlu, 34mu, 35ol; Giuseppe Carfagna 188u, 194u, 210ol, 210u, 214ol, 216u, 217o, 227o; Claudio Cerquetti 64o, 65ul, 65o; E. Lodi/Vision 66mo; Enrico Martino 54ml, 62or; Roberto Merlo 228u, 231o, 231u; Piero Servo 259o, 261u; Gustavo Tomsich 219u; ARCHIVIO APT MONREGALESE 221o; ACTION PLUS: Mike Hewitt 66mo; Glyn Kirk 66u, 67mo, 67or; ALITALIA: 626o, 626u; ALLSPORT: Simon Bruty: 67ol; ANCIENT ART AND ARCHITECTURE: 39o, 465ur; ARCHIV FÜR KUNST UND GESCHICHTE, London: 24ul, 30b, *Rossini* (1820), Camuccini, Museo Teatrale alla Scala, Mailand 32ur, 33ul, 37ur, *Papst Sixtus IV. ernennt Platina zum Präfekten der Bibliothek*, Melozzo da Forlì (1477), Pinacoteca Vaticana, Rom 38, 40ol, *Statue des Augustus an der Prima Porta* (1. Jh. v. Chr.) 45ol, *Die Konstantinische Schenkung* (1246), Oratorio di San Silvestro, Rom 46ml, *Kaiser Friedrich Barbarossa auf dem Kreuzzug* (1188), Biblioteca Apostolica Vaticana, Rom 49ul, 52tl, *Schlüsselübergabe an Petrus*, Perugino (1482), Sixtinische Kapelle, Vatikan, Rom 52mlo, 52ul, *Machiavelli*, Santi di Tito, Palazzo Vecchio, Florenz 53ur, *Andrea Palladio*, Meyer 54mu, *Goethe in der römischen Campagna*, Tischbein (1787), Städelsches Kunstinstitut, Frankfurt 56ml, *Venezianischer Karneval im 18. Jahrhundert*, anon. (19. Jh.) 56mlu, *Napoleon überquert die Alpen*, David, Schloß Charlottenburg, Berlin 57mr, 57ul, 102o, 102u, 191u, 192u, 346/47, 450u, *Archimedes*, Museo Capitolino, Rom 465ul, 489o, 493m; *Der heilige Franziskus erscheint den Brüdern von Arles* (1295–1300), Stefan Diller, San Francesco, Assisi 49ol; *Markgraf Gualtieri von Saluzzo erwählt die arme Bauerntochter Griseldis zu seiner Frau*, di Stefano, Galleria dell'Accademia Carrara, Bergamo 30mru, *Die Vision des hl. Augustinus* (1502), Carpaccio, Chiesa di San Giorgio degli Schiavoni, Venedig 53mr, 214u, 260u, 475u; ARCHIVIO IGDA, Mailand: 196o, 196m, 197u, 505ul, 505ur; EMPORIO ARMANI: 20ml, 35om; ARTEMIDE, GB Ltd: 35mlu.

MARIO BETTELLA 519m, 526m; FRANK BLACKBURN 259m; OSVALDO BÖHM, Venedig: 85o, 90m, 107o; BRIDGEMAN ART LIBRARY, London: Ambrosiana, Mailand 189o; Bargello, Florenz 271u, 275m; Bibliothèque Nationale, Paris: *Marco Polo kommt aus Indien mit Elefanten und Kamelen in Hormus am Persischen Golf an*, Livre des Merveilles Fr 2810 f.14v 37o; British Museum, London *Etruskische Vase mit kämpfenden Boxern* 41ol, *Glasflasche mit christlichen Symbolen* 46ol, *Attische Vase mit Odysseus und den Sirenen*, Stamnos 465mu; Galleria dell'Accademia Carrara, Bergamo 193o; Galleria degli Uffizi, Florenz 22ol, 25tl, 25br, *Selbstporträt*, Raphael Sanzio von Urbino 53ul, 279u, 281u; K & B News Photo, Florenz 268ol; Santa Maria Novella, Florenz 289u; Museo Civico, Prato 318b; Louvre, Paris: *Statuette des Herakles* 464o; Mausoleo di Galla Placidia, Ravenna 260or; Museo di San Marco, Florenz 289u; Musée d'Orsay, Paris-Giraudon: *Die Römer der Verfallszeit*, Thomas Couture 385o; Museo delle Sinopie, Camposanto, Pisa 23mlu; Palazzo Reale, Palermo: *Szenen mit Kentauern aus dem Zimmer des Königs Ruggero* 507u; Pinacoteca di Brera, Mailand 190m, 190u, 191o; Privatsammlung: *Theoderich I., ostgotischer König von Italien* 46u; San Francesco, Arezzo 23or; San Francesco, Assisi 345m; San Sebastiano, Venedig 25mru; San Zaccaria, Venedig 29m, 29or, 95m; Santa Croce, Florenz 276ul, 277mu; Santa Maria Gloriosa dei Frari, Venedig 24ol; Santa Maria Novella, Florenz 23mlo; Cappella degli Scrovegni, Padua 22or; Scuola di San Giorgio degli Schiavoni, Venedig 116u; Staatliche Museen, Berlin: *Septimius Severus und Familie* 45u; Vatikanische Museen, Rom 411u; Walker Art Gallery, Liverpool: *Äschylus und Hygieia* 464u; BRITISH MUSEUM, London: 42ml.

CEPHAS PICTURE LIBRARY: Mick Rock: 2/3, 19o, 20o, 176o, 177u, 177or, 234/35, 243ol, 243or, 456/57, 610/11; L. J. CHARMET, Paris: 343ur, 479o; CIGA HOTELS: 87mu; FOTO ELIO E STEFANO CIOL: 73mro, 158ul, 158ur, 159ul, 159um, 159ur; COMUNE DI ASTI: 64ml; STEPHANI COLASANTI: 72ul; JOE CORNISH: 18o, 78or, 132, 154o, 236/37, 304, 354, 445u, 521u; GIANCARLO COSTA: 9m, 30o, 31mr, 31or, 31ol, 71m, 171m, 176ol, 457m, 537m, 611m.

IL DAGHERROTIPO: Archivio Arte 199o; Archivio Storico 31u, 198u, 253u; Salvatore Barba 490o; Alberto Berni 217ul; Riccardo Catani 485u; Marco Cerruti 172o, 205u, 207u, 208u; Antonio Cittadini 182u, 186u, 194t; Gianni Dolfini 534u; Riccardo d'Errico 66or, 239o, 260m; Maurizio Fraschetti 480; Diane Haines 167ur, 625ur; Maurizio Leoni 63m; Marco Melodia 490mu, 491u, 531o, 624ol, 624ml; Stefano Occhibelli 65m, 246; Giorgio Oddi 239mr, 244o, 497or; Bruno Pantaloni 67ul; Donato Fierro Perez 517mu; Marco Ravasini 164o, 533m; Giovanni Rinaldi 62ul, 63ol, 173ul, 223u, 357o, 363o, 450m, 466, 483o, 490ul, 490ur, 491m, 517mr, 535o, 535m; Lorenzo Scaramella 452m; Stefania Servili 166o; JAMES DARELL: 338; C. M. DIXON: 411mu; CHRIS DONAGHUE THE OXFORD PHOTO LIBRARY: 113o.

ELECTA: 150m, 151m, 151o; ET ARCHIVE: 32um, 41m, 42ol, 45mr, 48mr/49ml, 53ol, 55ol, 59u, 465o, 515u; MARY EVANS PICTURE LIBRARY: 30mlu, 31ml, 37mo, 58u, 58mru, 59mr, 60mu, 76o, 237m,

DANKSAGUNG/BILDNACHWEIS

310o, 316o, 381mo, 383ul, 399u, 432m, 495mr, 534o.

ARCHIVIO STORICO FIAT, Turin: 60or; FERRARI: 34u; APT FOLIGNATE E NOCERA UMBRA: 351o; WERNER FORMAN ARCHIVE: 41ur, 47or, 425ur; CONSORZIO FRASASSI: 362u.

STUDIO GAVIRATI, Gubbio: 342m; APT GENUA: Roberto Merlo 230ul; GIRAUDON, Paris: *Aphrodite überredet Helena, dem Paris nach Troja zu folgen,* Museo Nazionale di Villa Giulia, Rom 41mlu, *Apotheke,* Museo della Civiltà Romana 44mu, *Große Chronik von Frankreich: Krönung Karls des Großen durch Leo III. in der Peterskirche,* Musée Goya, Castres 47ol, *Eroberung Konstantinopels,* Basilica San Giovanni Evangelista, Ravenna 49mr, *Dantes Hölle mit Kommentar von Guiniforte delli Bargigi* (Ms 2017, fol 245), Bibliothèque Nationale, Paris 50mu, *Porträt des hl. Ignatius von Loyola,* Rubens, Musée Brukenthal, Sibiu 55mo, *Die Flotte Karls III. vor Neapel am 6. Oktober 1759,* Joli de Dipi, Museo del Prado, Madrid 56or, *Eröffnung der Bahnstrecke Neapel–Portici ,* Fergola (1839), Museo Nazionale di San Martino, Neapel 58mlu, *Piemonteser und Franzosen in der Schlacht von San Martino, 1859,* anon., Museo Centrale del Risorgimento, Rom 59ol, 102m, 103o, 191m, 260ol; ALINARI-GIRAUDON: *Der hl. Markus erscheint den Venezianern,* Tintoretto (1568), Pinacoteca di Brera, Mailand 25or, *Schrein,* Haus der Vettii, Pompeii 45mu, *Der heilige Gregor in seinem Studierzimmer* (Inv 285), Pinacoteca Nazionale, Bologna 47ul, *Porträt von Vittore Emanuele II,* Dugoni (1866), Galleria d'Arte Moderna, Palazzo Pitti, Florenz 58ol, 103u, 190o, *Lodovico Gonzaga und sein Hofstaat,* Andrea Mantegna (1466–74), Museo di Palazzo Ducale, Mantua 200/01, 279ol/or, *Die Geschichte Papst Alexanders III.: Die Errichtung Alexandrias,* Aretino Spinello (1407), Palazzo Pubblico, Siena 51mr; ALINARI-SEAT-GIRAUDON: 219m; FLAMMARION-GIRAUDON: *Gedicht von Donizo zu Ehren der Markgräfin Mathilde,* Biblioteca Apostolica, Vatikan 48mu; LAUROS-GIRAUDON: *Porträt Petrarcas* 50u, *Liber notabilium Philippi Septimi, francorum regis a libris Galieni extractus* (Ms 334 569, fig 17), *Guy von Pavia* (1345), Musée Condé, Chantilly 51u, *Galerie der Ansichten des antiken Rom,* Pannini (1758), Musée du Louvre, Paris 56mr/57ml, *Porträt des Künstlers,* Bernini, Privatsammlung 54ol, *Vier Engel und die Symbole der Evangelisten* 28or/29omr; ORSI-BATTAGLINI-GIRAUDON: *Madonna der Schatten,* Museo di San Marco, Florenz 28m, *Exekution des Savonarola,* anon. 52ml; THE RONALD GRANT ARCHIVE: 61b; Paramount: *Der Pate Teil III* (1990) 519u; Riama: *La Dolce Vita* (1960) 61ol; TCF: *Boccaccio '70* (1962) 19ml, *Der Name der Rose* (1986) 30mlo; PALAZZO VENIER DEI LEONI, COLLEZIONE PEGGY GUGGENHEIM, Venedig: 87mlu.

PHOTO HALUPKA: 116o; ROBERT HARDING PICTURE LIBRARY: 1m, 66ol, 185u, 262, 380ml, 404, 409u, 615u, 624u; Richard Ashworth 21o; Dumrath 261m; H. P. Merton 160, 624or; Roy Rainford 483mr; JOHN HESELTINE: 451o; MICHAEL HOLFORD: 43mo, 374u; HOTEL PORTA ROSSA: 540o; HOTEL VILLA PAGODA: 539o; THE HULTON DEUTSCH COLLECTION: 60ur, 85mlo, 86mlo, 86ur, 151ur, 365m; Keystone 60mo, 61om; Reuter/Luciano Mellace 35or.

THE IMAGE BANK, London: 324u; Marcella Pedone 181u; Andrea Pistolesi 247u; Guido Rossi 10u, 43mu; IMPACT: 305u; INDEX, Florenz: 274m, 317o, 317mr; ISTITUTO E MUSEO DI STORIA DELLA SCIENZA DI FIRENZE: Franca Principe 36u, 277m.

TIM JEPSON: 341o.

FRANK LANE PICTURE AGENCY: 208o, 209o, 209m, 209u; Marco Melodia/Panda 490mo.

MAGNUM, London: Abbas 61mlu; THE MANSELL COLLECTION: 48ml, 383ol; MARCONI LTD: 36o; MASTERSTUDIO, Pescara: 488m; MIRROR SYNDICATION INTERNATIONAL: 36mlu; MOBY LINES: 629u; FOTO MODENA: 258o, 361m; TONY MOTT: 449u, 454o; MUSEO DIOCESANO DI ROSSANO: 504o.

NHPA: Laurie Campbell 79mru; Gerard Lacz 79ur; Silvestris Fotoservice 79mr; NATIONAL PORTRAIT GALLERY, London: (Detail) *Percy Bysshe Shelley,* Amelia Curran (1819) 56ol; GRAZIA NERI: 48ol; Marco Bruzzo 64ur; Cameraphoto 104ul; Marcello Mencarini 84ur; NIPPON TELEVISION NETWORK: 414m/415m, 414o, 414u/415ul, 415o, 415ur, 416u; PETER NOBLE: 308o, 326/27, 331u, 616u.

L'OCCHIO DI CRISTALLO/STUDIO FOTOGRAFICO DI GIORGIO OLIVERO: 221u; APT ORVIETO: Massimo Roncella 348o; OXFORD SCIENTIFIC FILMS: Stan Osolinski 337m.

PADOVA - MUSEI CIVICI - CAPPELLA SCROVEGNI: 73mr, 150o, 150mlo, 150mlu, 151mro, 151mru, 151ul; PADOVA - MUSEI CIVICI AGLI EREMITANI: 152o, 152m; LUCIANO PEDICINI - ARCHIVIO DELL'ARTE: 352u, 394o, 459o, 470ul, 474o, 474mo, 474mu, 474u, 475o, 475mo, 475mr, 477o, 514u; APT PÈSARO - LE MARCHE: 358m; PICTURES COLOUR LIBRARY: 530o, 532l; ANDREA PISTOLESI: 16; POPPERFOTO: 60ol, 61mo, 61mu.

SARAH QUILL, Venedig: 86o, 9ou, 96ol.

RETROGRAPH ARCHIVE: 33m; REX FEATURES: 33o.

SCALA, Florenz: 22u, 23u, 24ur, 25mo, 32ol, *Porträt von Claudio Monteverdi*, Domenico Feti, Accademia, Venedig 32ul, *Portolane von Italien* (16. Jh.), Museo Correr, Venedig 39u, *Etruskische Bronzeleber*, Museo Civico, Piacenza 40ml, *Ohrringe*, Museo Etrusco Guarnacci, Volterra 40ur, 40mr/41ml, *Krater von Pescia Romana*, Museo Archeologico, Grosseto 41um, *Terrakottavase in Elefantenform*, Museo Nazionale, Neapel 42mr, *Cicero denunziert Catilina*, Palazzo Madama, Rome 43ol, 43ul, *Zirkusszenen-Mosaik: Kämpfender Gladiator*, Galleria Borghese, Rom 44o, 44ur, *Theodelinde schmilzt Gold für die neue Kirche* (15. Jh.), Familie Zavattari, Dom, Monza 46mlu, 46mr/47ml, 47u, *Grabrelief, das eine Schule darstellt*, Matteo Gandoni, Museo Civico, Bologna 48u, *Detail einer Ambo Friedrichs II.* (13. Jh.), Kathedrale, Bitonto 49mu, *Guidoriccio da Fogliano während der Belagerung von Note Massi*, Simone Martini, Palazzo Pubblico, Siena 50ml, 51ol, *Die Rückkehr Gregors XI. aus Avignon* Giorgio Vasari, Sala Regia, Vatikan 51mu, 52ur, 52mr/53ml, 53mru, *Klemens VII. im Gespräch mit Karl V.*, Giorgio Vasari, Palazzo Vecchio, Florenz 54mlo, *Porträt des Pierluigi da Palestrina*, Istituto dei Padri dell'Oratorio, Rom 54ur, *Aufstand von Masaniello*, Domenico Gargiulo, Museo di San Martino, Neapel 55mru, 56ur, 57ol, 57mru, 58mlo, 58mr/59ml, 59mru, 91m, 96m, 114ur, 140m, 214or, 218u, 252o, 255o, 257o, 261o, 266m, 266u, 267o, 268m, 268u, 269o, 269u, 272, 274or, 275or, 275u, 278o, 278m, 278u, 279mo, 279mu, 280o, 280m, 281o, 282m, 283ul, 284o, 284u, 285o, 285ul, 286o, 286m, 287o, 288ul, 290o, 290ml, 290mro, 290mru, 290u, 291o, 291mlo, 291mlu, 291mr, 291ul, 291ur, 293ul, 294or, 294ol, 294m, 295o, 295ml, 295u, 315m, 315u, 320o, 320mlo, 320m, 320mo, 320mr/321ml, 320mu, 320u, 321mr, 321mu, 321mro, 321o, 321u, 322o, 322u, 328u, 330o, 331ml, 334mlo, 335u, 344o, 344m, 345u, 348u, 349m, 360o, 360u, 361o, 361ul, 367ur, 374m, 390ul, 392o, 394m, 401m, 406ol, 406m, 406u, 407o, 408u, 409o, 410o, 410mu, 411m, 413o, 413m, 413u, 417o, 417u, 495m, 497ol, 513u, 514or, 520o, 521o, 522u, 533u; SCIENCE PHOTO LIBRARY: 11o; Argonne National Laboratory 37mr; JOHN FERRO SIMS: 20u, 21u, 80, 170/71, 355u, 364/65, 444, 526u; AGENZIA SINTESI, ROM: 616ol; MARIO SOSTER DI ALAGNA: 541m; FRANK SPOONER PICTURES: Diffidenti 532u; Gamma 61mr; Daniel Simon 189u; SPORTING PICTURES: 66mlu, 66mru, 67mu, 67mro; TONY STONE IMAGES: 79mlo; Stephen Studd 27or, 179mr; AGENZIA FOTOGRAFICA STRADELLA, Mailand: Bersanetti 185m; Lamberto Caenazzo 530o; Francesco Gavazzini 208m; F. Giaccone 510m; Mozzati 360mlu; Massimo Pacifico 491o; Ettore Re 483mru; Ghigo Roli 483u; Giulio Vegi 517o; Amedeo Vergani 202, 206u, 226o, 249o; SYGMA: 63or.

TASTING ITALY: Martin Brigdale 625o; TATE GALLERY PUBLICATIONS: 60ul; APT DELL'ALTA VALLE DEL TEVERE: Museo del Duomo 50ol; TOURING CLUB ITALIANO: 196u, Cresci 518o; ARCHIVIO CITTÀ DI TORINO: Settore Turismo: 213o, 213u; Davide Bogliacino 205o; FOTOTECA APT del TRENTINO: Foto di Banal 168o; Foto di Faganello 167o, 169m.

VENEDIG-SIMPLON-ORIENT-EXPRESS: 628ol; VILLA CRESPI: 576u.

CHARLIE WAITE: 17u; EDIZIONE WHITE STAR: Marcello Bertinetti 81u; Giulio Veggi 8/9, 70/71, 133u; FIONA WILD: 524/25; PETER WILSON: 5o, 88/89; WORLD PICTURES: 536/37.

VORDERE UMSCHLAGINNENSEITE:
JOE CORNISH: lmru, rc, romr; IL DAGHERROTIPO: Marco Melodia lul; Stefano Occhibelli rol; Giovanni Rinaldi rul; JAMES DARELL: rml; ROBERT HARDING PICTURE LIBRARY: lm, H. P. Merton roml; JOHN FERRO SIMS: lor, rum; AGENZIA FOTOGRAFICA STRADELLA, Mailand: Amadeo Vergani lol.

HINTERE UMSCHLAGINNENSEITE:
ROBERT HARDING PICTURE LIBRARY: Rolf Richardson lo.

TITEL:
FERRARI: ul; GIRAUDON: Niccolò Orsi Battaglini mru; HULTON DEUTSCH COLLECTION: Reuter mro.

RÜCKSEITE:
PETER WILSON: ul.

Sprachführer

NOTFÄLLE

Hilfe!	Aiuto!
Halt!	Fermate!
Rufen Sie einen Arzt.	Chiama un medico
Rufen Sie einen Krankenwagen.	Chiama un' ambulanza
Rufen Sie die Polizei.	Chiama la polizia
Rufen Sie die Feuerwehr.	Chiama i pompieri
Wo ist ein Telefon?	Dov'è il telefono?
Wo ist das nächste Krankenhaus?	Dov'è l'ospedale più vicino?

GRUNDWORTSCHATZ

Ja/Nein	Si/No
Bitte	Per favore
Danke	Grazie
Entschuldigung	Mi scusi
Guten Tag	Buon giorno
Auf Wiedersehen	Arrivederci
Guten Abend	Buona sera
Vormittag	la mattina
Nachmittag	il pomeriggio
Abend	la sera
gestern	ieri
heute	oggi
morgen	domani
hier	qui
dort	la
Was?	Quale?
Wann?	Quando?
Warum?	Perchè?
Wo?	Dove?

NÜTZLICHE REDEWENDUNGEN

Wie geht es Ihnen?	Come sta?
Danke, sehr gut.	Molto bene, grazie.
Ich freue mich, Sie kennenzulernen.	Piacere di conoscerla.
Bis bald.	A più tardi.
Das ist in Ordnung.	Va bene.
Wo ist/sind ...?	Dov'è/Dove sono ...?
Wie weit ist es nach ...?	Quanto tempo ci vuole per andare a ...?
Wo geht es nach ...?	Come faccio per arrivare a ...?
Sprechen Sie Deutsch?	Parla tedesco?
Ich verstehe nicht.	Non capisco.
Bitte sprechen Sie langsamer.	Può parlare più lentamente, per favore?
Verzeihung.	Mi dispiace.

NÜTZLICHE WÖRTER

groß	grande
klein	piccolo
heiß	caldo
kalt	freddo
gut (Adj.)	buono
schlecht	cattivo
genug	basta
gut (Adv.)	bene
offen	aperto
geschlossen	chiuso
links	a sinistra
rechts	a destra
geradeaus	sempre dritto
nahe	vicino
weit	lontano
oben	su
unten	giù
früh	presto
spät	tardi
Eingang	entrata
Ausgang	uscita
Toilette	il gabinetto
frei	libero
Eintritt frei	gratuito

TELEFONIEREN

Ich möchte ein Ferngespräch führen.	Vorrei fare una interurbana.
Ich möchte ein R-Gespräch führen.	Vorrei fare una telefonata a carico del destinatario.
Ich versuche es später nochmals.	Ritelefono più tardi.
Kann ich eine Nachricht hinterlassen?	Posso lasciare un messaggio?
Bitte warten Sie.	Un attimo, per favore.
Könnten Sie bitte etwas lauter sprechen?	Può parlare più forte, per favore?
Ortsgespräch	telefonata locale

EINKAUFEN

Wieviel kostet das?	Quant'è, per favore?
Ich hätte gerne ...	Vorrei ...
Haben Sie ...?	Avete ...?
Ich schaue mich nur um.	Sto soltanto guardando.
Nehmen Sie Kreditkarten?	Accettate carte di credito?
Wann öffnen/ schließen Sie?	A che ora apre/ chiude?
das hier	questo
das da	quello
teuer	caro
billig	a buon prezzo
Kleidergröße	la taglia
Schuhgröße	il numero
weiß	bianco
schwarz	nero
rot	rosso
gelb	giallo
grün	verde
blau	blu

LÄDEN UND GESCHÄFTE

Antiquitätengeschäft	l'antiquario
Bäckerei	il forno/il panificio
Bank	la banca
Buchhandlung	la libreria
Metzgerei	la macelleria
Konditorei	la pasticceria
Apotheke	la farmacia
Delikatessen	la salumeria
Kaufhaus	il grande magazzino
Fischgeschäft	il pescivendolo
Blumenhändler	il fioraio
Gemüseladen	il fruttivendolo
Lebensmittelgeschäft	alimentari
Friseur	il parrucchiere
Eisdiele	la gelateria
Markt	il mercato
Kiosk	l'edicola
Postamt	l'ufficio postale
Schuhgeschäft	il negozio di scarpe
Supermarkt	il supermercato
Tabakhändler	il tabaccaio
Reisebüro	l'agenzia di viaggi

SEHENSWÜRDIGKEITEN

Kunstgalerie	la pinacoteca
Bushaltestelle	la fermata dell'autobus
Kirche	la chiesa / la basilica
Garten	il giardino
Bibliothek	la biblioteca
Museum	il museo
Bahnhof	la stazione
Fremdenverkehrsamt	l'ufficio di turismo
an Feiertagen geschlossen	chiuso per la festa
in den Ferien geschlossen	chiuso per le ferie

Im Hotel

Haben Sie Zimmer frei?	Avete camere libere?
Doppelzimmer mit Doppelbett	una camera doppia con letto matrimoniale
mit zwei Betten	una camera con due letti
Einzelzimmer	una camera singola
Zimmer mit Bad, Dusche	una camera con bagno, con doccia
Gepäckträger	il facchino
Schlüssel	la chiave
Ich habe reserviert.	Ho fatto una prenotazione.

Im Restaurant

Haben Sie einen Tisch für ...?	Avete una tavola per ... ?
Ich möchte einen Tisch reservieren.	Vorrei riservare una tavola.
Frühstück	colazione
Mittagessen	pranzo
Abendessen	cena
Die Rechnung, bitte.	Il conto, per favore.
Ich bin Vegetarier/in.	Sono vegetariano/a.
Kellnerin	cameriera
Kellner	cameriere
Tagesmenü	il menù a prezzo fisso
Tagesgericht	il piatto del giorno
Vorspeise	antipasto
erster Gang	il primo
Hauptgang	il secondo
Gemüse	il contorno
Nachspeise	il dolce
Gedeck	il coperto
Weinkarte	la lista dei vini
blutig	al sangue
halb durchgegart	al puntino
durchgebraten	ben cotto
Glas	il bicchiere
Flasche	la bottiglia
Messer	il coltello
Gabel	la forchetta
Löffel	il cucchiaio

Speisekarte

l'acqua minerale gassata/naturale	Mineralwasser mit Kohlensäure/still
agnello	Lamm
aceto	Essig
aglio	Knoblauch
al forno	gebacken
alla griglia	gegrillt
l'aragosta	Hummer
arrosto	geröstet
la birra	Bier
la bistecca	Steak
il brodo	Brühe
il burro	Butter
il caffè	Kaffee
i calamari	Tintenfisch
i carciofi	Artischocken
la carne	Fleisch
carne di maiale	Schwein
la cipolla	Zwiebel
i contorni	Gemüse
i fagioli	Bohnen
il fegato	Leber
il finocchio	Fenchel
il formaggio	Käse
le fragole	Erdbeeren
il fritto misto	gemischtes Frittiertes
la frutta	Obst
frutti di mare	Meeresfrüchte
i funghi	Pilze
i gamberi	Garnelen
il gelato	Eis
l'insalata	Salat
il latte	Milch
lesso	gekocht
il manzo	Rind
la melanzana	Aubergine
la minestra	Suppe
l'olio	Öl
il pane	Brot
le patate	Kartoffeln
le patatine fritte	Pommes frites
il pepe	Pfeffer
la pesca	Pfirsich
il pesce	Fisch
il pollo	Huhn
il pomodoro	Tomate
il prosciutto cotto/crudo	Schinken gekocht/geräuchert
il riso	Reis
il sale	Salz
la salsiccia	Würstchen
le seppie	Tintenfisch
secco	trocken
la sogliola	Seezunge
i spinaci	Spinat
succo d'arancia/ di limone	Orangen-/Zitronensaft
il tè	Tee
la tisana	Kräutertee
il tonno	Thunfisch
la torta	Kuchen/Torte
l'uovo	Ei
vino bianco	Weißwein
vino rosso	Rotwein
il vitello	Kalb
le vongole	Muscheln
lo zucchero	Zucker
gli zucchini	Zucchini
la zuppa	Suppe

Zahlen

1	uno
2	due
3	tre
4	quattro
5	cinque
6	sei
7	sette
8	otto
9	nove
10	dieci
11	undici
12	dodici
13	tredici
14	quattordici
15	quindici
16	sedici
17	diciassette
18	diciotto
19	diciannove
20	venti
30	trenta
40	quaranta
50	cinquanta
60	sessanta
70	settanta
80	ottanta
90	novanta
100	cento
1000	mille
2000	duemila
5000	cinquemila
1 000 000	un milione

Zeit

eine Minute	un minuto
eine Stunde	un'ora
eine halbe Stunde	mezz'ora
ein Tag	un giorno
eine Woche	una settimana
Montag	lunedì
Dienstag	martedì
Mittwoch	mercoledì
Donnerstag	giovedì
Freitag	venerdì
Samstag	sabato
Sonntag	domenica

Stadtzentrum von Rom

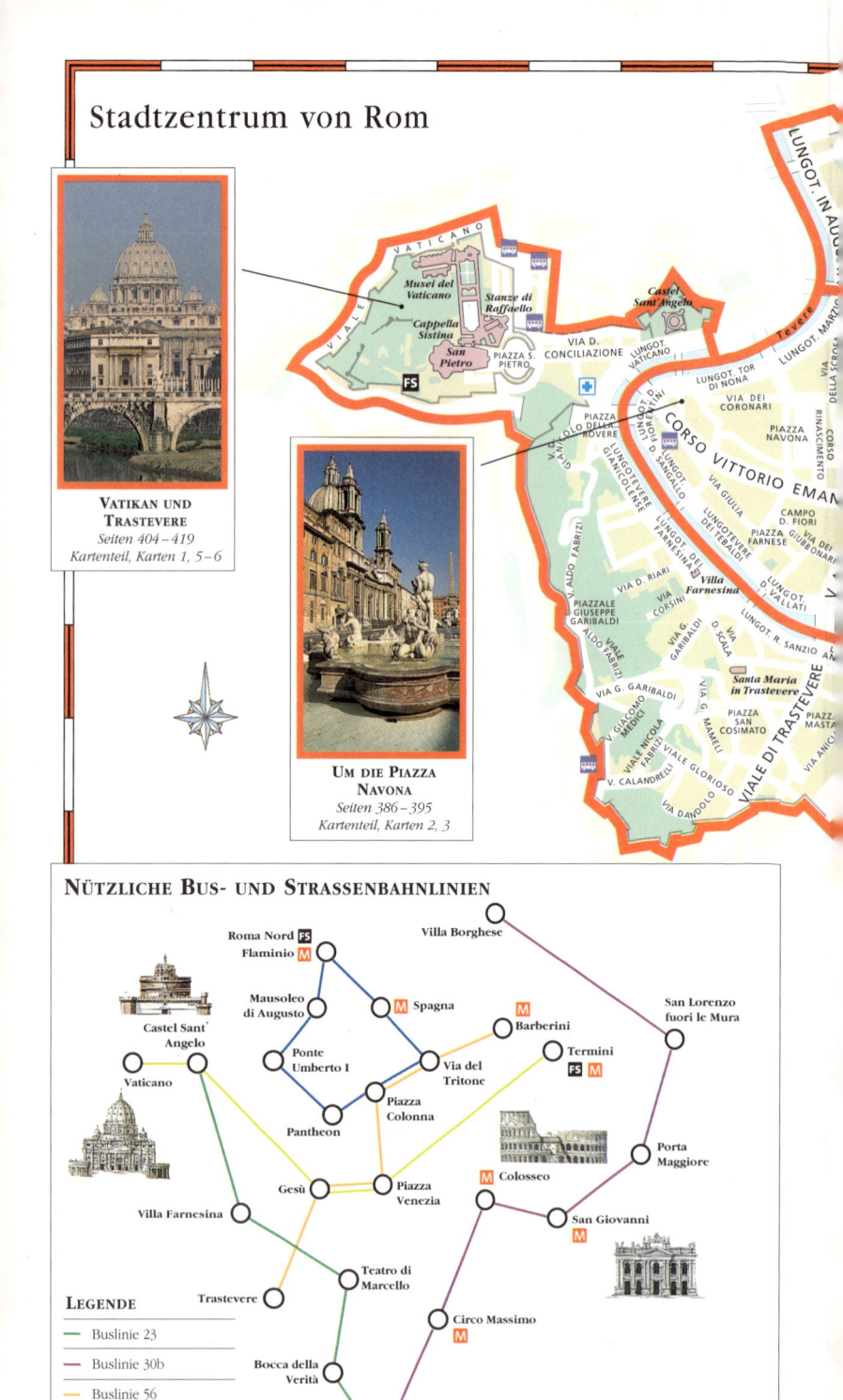

VATIKAN UND TRASTEVERE
Seiten 404–419
Kartenteil, Karten 1, 5–6

UM DIE PIAZZA NAVONA
Seiten 386–395
Kartenteil, Karten 2, 3

Nützliche Bus- und Strassenbahnlinien

Legende
- Buslinie 23
- Buslinie 30b
- Buslinie 56
- Buslinie 64
- Buslinie 119